奥威尔作品全集

· 奥威尔纪实作品全集

《巴黎伦敦落魄记》

《通往威根码头之路》

《向加泰罗尼亚致敬》

· 奥威尔小说全集

《缅甸岁月》

《牧师的女儿》

《让叶兰继续飘扬》

《上来透口气》

《动物农场》

《一九八四》

· 奥威尔散杂文全集

奥威尔杂文全集（上、下）

奥威尔书评全集（上、中、下）

奥威尔战时文集

George Orwell

奥威尔散杂文全集

奥威尔书评全集

Collected Literary Reviews of George Orwell

（上）

[英]乔治·奥威尔 著　陈超 译

上海译文出版社

图书在版编目(CIP)数据

奥威尔书评全集/(英)乔治·奥威尔(George Orwell)著;
陈超译. —上海:上海译文出版社,2019.11
书名原文:Collected Literary Reviews of George Orwell
ISBN 978-7-5327-8159-1

Ⅰ.①奥… Ⅱ.①乔… ②陈… Ⅲ.①书评-英国-
现代-全集 Ⅳ.①G236

中国版本图书馆 CIP 数据核字(2019)第 211955 号

George Orwell
Collected Literary Reviews of George Orwell

奥威尔书评全集

〔英〕乔治·奥威尔 著 陈 超 译
策划/冯 涛 责任编辑/宋 金 装帧设计/胡 枫

上海译文出版社有限公司出版、发行
网址:www.yiwen.com.cn
200001 上海福建中路 193 号
江阴金马印刷有限公司印刷

开本 850×1168 1/32 印张 50.75 插页 18 字数 897,000
2019 年 11 月第 1 版 2019 年 11 月第 1 次印刷
印数:0,001—5,000 册

ISBN 978-7-5327-8159-1/I·5026
定价:198.00 元(全 3 册)

上册目录(1929—1940)

约翰·高尔斯华绥①

　　"生于 1867 年，在哈罗公学与牛津大学接受教育，原本要进入法律公会，却从未执业，喜欢文学胜于喜欢法律。"这可以是许多温文尔雅的英国作家的写照。他们所写的作品无非都是一些譬喻式的短篇故事和关于西班牙画家或意大利巴洛克建筑的散文。

　　但约翰·高尔斯华绥是完全不同的作家。他没有写出那种优雅绅士式的文学作品。他的才华和缺陷让他更为关注的不是艺术，而是他那个时代他的祖国的残忍、不公和愚昧。他写了二十五部戏剧和二十五部小说，还有一系列短篇故事。他主要是一个道学家和社会哲学家。他生于中产上层阶级（这个富裕的资产阶级贡献了英国人数最多的立法议员、律师、陆军和海军军官，还有那些附庸风雅的人和二流诗人）。他以这个阶层作为攻击的目标，是他所写的每一部作品的主题——养尊处优的庸人与难以言说但性情更加温柔更加敏锐和没有那么霸道的阶层之间的矛盾，并不满足于只是讲述故事。

　　让我们看看他的小说。它们在他的作品中是最不成功的，但要衡量它们的优点和缺点则相对简单一些。最值得一提的无疑是

---

① 刊于 1929 年 3 月 23 日《世界报》。本文由珍妮特·珀西瓦尔（Janet Percival）和伊安·魏理森（Ian Willison）翻译成英文。约翰·高尔斯华绥（John Galsworthy, 1867—1933），英国作家，曾获 1932 年诺贝尔文学奖，作品有《福尔赛世家》、《小男人》、《岛国法利赛人》等。

《有产业者》，我们还可以加上后续的《白猴子》、《大法官法庭》等作品。《有产业者》是对福尔赛世家这户英国中上阶层家庭的细致深入的写照。福尔赛世家出了律师、银行家、商人，都非常富有，看着他们的财富日渐增长。这些人的突出特征是他们关心的就只有财产，而他们不会承认这一点。不仅土地、房产、铁路或动物，就连人在这些人的眼中也是财产。他们生命中唯一关心的事情就是攫取和保卫他们的财产。

一个来自另一个世界的敌对阵营的女人，走进了这个家庭——她没有财产意识，福尔赛世家的一位成员娶了她。对于他来说，妻子和其它东西一样都是私人财产。他对她很好，但当她是豢养的一条狗或一匹马，当她爱上了另一个男人时，她的丈夫以暴力行使了自己的"权利"。他认为这么做是合情合理的（因为这是合法的）。一直到死他都无法理解为什么她会和他作对并最终离开他。这个女人对福尔赛世家产生了奇怪而烦扰的影响。她的美貌激起了男人的占有欲，但他们无法理解她，只能认为她是一个水性杨花的女人。她代表了他们的世界所有法则的崩溃。

他的其它小说探讨的是不同的主题，却也带着同样的主旨。在他们身上我们看到了英国人麻木不仁、大胆专横、掠夺成性的一面与更为软弱敏感的另一面之间的斗争。我们可以看到这些中产阶层的英国人——富人、法官、警察和士兵——他们强势霸道的性格。他们的对立面是画家、思想家、"堕落"的女人、罪犯和弱者。到处都有恃强凌弱的事情发生。

《别墅》与《自由的土地》是对土地财富和英国农业问题的探讨。《岛国法利赛人》是对同一个问题的更加不留情面的讽刺。《远方》讲述了一个年轻英国女人的故事。她是一个外国画家的妻子，富有理想和慷慨，但很愚蠢。这个画家是个斯文而敏感的人，但性情喜怒无常。这两夫妻由于相互之间没有了解而忍受着巨大的痛苦。在《友爱》中，我们看到一群中产上层阶级的人竭力维持着斯文而有教养的外表，除了他们之外，还有那些遭到虐待的工人阶级的孩子，那些工人阶级衬托了他们的体面。有产者与无产者之间，压迫者与被压迫者之间的矛盾无处不在。

约翰·高尔斯华绥并没有犯下只是抨击作为个体的压迫者的错误。他的目标是使得压迫成为可能的体制和思维习惯。他为人公正，不会进行廉价的嘲讽。但他的抨击带有一种怨恨的情绪和对于人的残忍的厌恶，他并没有煞费苦心去隐藏。你会觉得他的作品中带有一种令人钦佩的不倦的热情。

说完这些后，你或许会给予约翰·高尔斯华绥的小说最高规格的赞美。你可以将它们视为劝世的道德文章并赞美它们，但它们是二流的小说，与以前和现在最好的英国小说相比根本不可同日而语。它们的情节很肤浅，里面的"情景"总是人为堆砌的，没有任何追求真实的想法。那些角色总是类型化而不是鲜活的个体，刻画潦草，而且不能令人信服。没有哪个角色有合理的演变，每个角色从开始到结束都没有改变。原本应该是最重要的对话几乎总是很薄弱。而不幸的是，书中还缺乏幽默。

但是，我们应该注意到，劝世小说——那种呈现并批评当代生活的小说而不是直白的故事——只在英国有过短暂但名声不是很好的主导时期，如果我们愿意承认的话。在年轻一代的英国作家里，要求一位艺术家应该完全是或大体上是一个道德君子的传统已经式微。它曾存在过几年，为英国贡献了萧伯纳、赫伯特·乔治·威尔斯、高尔斯华绥等作家，但从来没有诞生过一流的作品。高尔斯华绥的小说在二十年前似乎很受推崇，但它并未能持续下去，而且似乎已经过时了。我们对它们的结论是，它们并没有实现一度被拿来与《安娜·卡列尼娜》相提并论的《有产业者》的承诺。你能相信今天欧洲有人会作出这么一番比较吗？

那么，即使我们认为高尔斯华绥的小说只是历史和社会的批判，它们也经不起考验。它们缺乏幽默感，总是思想阴郁，对女人怀有荒谬而过时的态度——简而言之，感伤主义扼杀了它们。总而言之，它们没有描绘出真实而可信的生活情景。它们确实很诚恳，而且从来不会与人文主义情怀的美好的品味产生抵触，但它们缺乏一种能够成为传世之作的品质。

但如果我们从高尔斯华绥的小说转移到他的戏剧和短篇故事的话，要赞美他就变得容易一些了。在舞台上，他的主要缺点——无处不在的道德宣扬和不合情理的地方——没有那么令人不快。道德宣扬在剧院里不会显得别扭，而由于表演的作用，不合情理的地方不会引起注意。高尔斯华绥的戏剧结构精妙，而且他是一位舞台艺术大师。在小说中显得很薄弱的对话在舞台上显得很流畅可信。道德的重要性从未被掩盖，它的优点在于没有那些烦人的萧伯纳式的演讲。弱者与强者、敏感的人与麻木不仁的人之间的矛盾是高尔斯华绥的作品的基石，并诞生出活跃而富有张力的戏剧。

最著名而且无疑最好的作品是《正义》。在这里我们看到一个软弱而敏感的年轻文员挪用了公款并和他心爱的女人私奔。他被逮捕了，并被判处四年徒刑。作者向我们呈现了他在残暴的英国的司法体制下所遭受的折磨。没有人想要伤害他——法官、典狱长甚至他的受害者——都很可怜他，但他对社会犯下了罪行，正如他们所说的，他必须承受后果。当他出狱后，他一辈子留下了污点。他为自己的错误遭到了惩罚，但这并没有为他带来救赎。最后，他结束了自己的生命。在这部戏剧里，监狱的场景构思精巧，表现了单独囚禁的可怕折磨带来的仇恨。一幕没有对话的情景特别具有震撼力，那个囚犯像一个疯子一样敲打着牢房的门，想要打破监狱可怕的寂静。

　　几乎所有他的戏剧都有社会主题。在《鸽子》里，我们看到一个思想高雅的年轻女人拒绝从事社会提供给她的低贱的工作，但她知道只有卖淫才是出路。在现实的逼迫下，她来到泰晤士河投河自尽。在《银匣》和《长子》里，我们看到最强有力的控诉：富人和穷人在相同情况下的不同遭遇。在《银匣》里，一个"家境良好"的年轻人偷了一个妓女的钱包。当时他喝醉了，在无意识下偷了东西。与此同时，一个穷鬼也喝醉了，也是在无意识的情况下从那个富家子的父亲的寓所里偷了一个银烟匣。两个人都被逮捕了。那个"家境良好"的年轻人解释说他喝了太多香槟，警察微笑着给予了他警告，然后就把他放走了。那个穷人也说自己喝醉了，并说这就是他作出偷窃行为的原因。警察告诉他这根本不是理由，只会让他罪加一等，他被关进了监狱。在《长子》里，我们看到一个富有的地主，他被灌输了最死板的道德观念，突然间被迫想到自己的儿子要和一个婢女结婚，而她给他生过一个孩子。想到这场不幸的结合，他对道德的推崇突然间烟消云散。《争执》是高尔斯华绥的另一部著名的戏剧，讲述了工厂里的一次大罢工。一场尖锐但最终徒劳无功的斗争的发展与左拉[①]在

---

① 埃米尔·弗朗科伊斯·左拉（Émile François Zola，1840—1902），法国著名作家及政治自由运动先驱，代表作有《卢贡—马卡尔家族》、《三城记》等。

《萌芽》里的描述颇为相似。

我们应该注意到——这是对约翰·高尔斯华绥作为剧作家的技巧的褒扬——他的戏剧总是受到欢迎。当时英国的大部分戏剧充斥着低俗而无聊的内容，我们必须承认一位能够写出流行而严肃的作品的戏剧家所作出的贡献。无疑，《正义》与《越狱》（高尔斯华绥的一部关于监狱生活的新剧）对英国的民意产生了深刻的影响①。

和他的戏剧一样，高尔斯华绥的短篇故事要高于英国的平均水准。他的同胞们在这个体裁从未取得成功，而他已经写出了几篇很了不起的作品。《一个斯多葛派学者》是关于一个虚伪但可爱的人，像佩特罗尼乌斯·阿比忒②那样面对死亡，还有爱情故事《苹果树》，这两篇可以被视为他最好的作品。比起他的小说，它们更有可能成为传世之作。

我们会问，高尔斯华绥的作品能够流传多久呢？一百年后它们还会被记住吗？还是会被遗忘？

或许他会被遗忘，但说到底，这件事情重要吗？我们对他的推崇基于许多事情。确实，他是一个多愁善感的人，而且他没有真正的创造性的才华，而且是一个说教式的作家，过于关注当时的问题。但他是一个诚恳而且没有利益动机的人，向残酷和愚蠢提出强有力的抗议。他所作出的影响都是正面的。让我们感激他的诚恳，因为要当一个诚恳的人终究不是一件容易的事情。许多比他更有才华的作家并没有将它善加利用。

---

① 笔者注：《正义》里对单独囚禁的刻画使得当时还是自由党人的内政大臣的温斯顿·丘吉尔在1911年起草了改革这一做法的法案。

② 皮特尼乌斯·佩特罗尼乌斯·阿比忒（Petrenius Petronius Arbiter，27—66AD），古罗马暴君尼禄的权臣，据说是讽刺小说《萨提利孔》（*The Satyricon*）的作者。他被指控叛国罪被逮捕，在狱中从容自杀。

评刘易斯·芒福德的《赫尔曼·梅尔维尔》[①]

　　这是一本令人钦佩的传记，但它的主旨是分析梅尔维尔的思想——用芒福德先生的话说："他的理想、他的感情、他的热情和他的生活观。"里面有很多细节揭示了梅尔维尔在航海结束后所置身的庸碌惨淡的现实。我们看到的他是一个过度辛劳的天才，身边的人觉得他只是一个无聊得难以言喻的失败者。我们了解到贫穷如何威胁他，即使当他在写《白鲸》时也是如此，而且折磨了他将近四十年之久，令他如此孤独和痛苦，几乎彻底摧毁了他的才华。芒福德先生不会让这个贫穷的背景被遗忘，但他宣称要进行阐述、批评——这个词不是令人很愉快但很有必要——还有诠释。

　　正是这个目的导致了这本书最大的缺陷。以探究每一个行为的最深层的含义和原因的批评用在一个人身上很合适，但用于诠释一件艺术品则很危险。绝对而彻底的分析使得艺术走向虚无。因此，当芒福德先生在诠释梅尔维尔时——分析他的哲学、心理、宗教和性生活——他写得很好，但当他继续去诠释梅尔维尔的诗歌，就没有那么成功了。因为你在"诠释"一首诗时只能将

[①] 刊于 1930 年 3 月至 5 月《新艾德菲报》。刘易斯·芒福德（Lewis Mumford，1895—1990），美国哲学家、历史学家，代表作有《乌托邦的故事》、《黄金时代》等。赫尔曼·梅尔维尔（Herman Melville，1819—1891），美国小说家，代表作有《白鲸》、《台比：波利尼西亚生活一瞥》。

它归结为譬喻——好比吃苹果是为了它的果核一样。就像古老的丘比特与赛姬①的传说那样，有时候不要寻根问底会比较好。

芒福德先生在评论《白鲸》时是最不开心的。他很有鉴赏力，而且有高贵的情怀，但他过于热切地想要探寻内在的含义。事实上，他要求我们认为《白鲸》首先是一个譬喻，然后才是一首诗歌：

> "《白鲸》……在本质上是一则关于邪恶的神秘与宇宙的不仁的寓言。白鲸代表了凶残的力量……而亚哈是人类精神的写照，渺小而软弱，但意志坚定，以弱小对抗强大，以目的性去对抗混沌而愚昧的力量……"

没有人会否认这些，但遗憾的是芒福德先生却钻了牛角尖。他继续说，捕鲸是存在和生存象征，普通的鲸鱼（与白鲸作对立）是容易驯服的大自然，裴廓德号的船员是人类的象征——等等等等。这是从字里行间追寻意义的老错误。下面是一个过度敏感的诠释的例子：

> "……在《哈姆雷特》中，无意识的乱伦的欲望使得主人公无法与他喜爱的女孩缔结连理……"

---

① 丘比特与赛姬（Cupid and Psyche）：希腊神话传说中，爱神丘比特与美女赛姬在一座宫殿里，每晚恩爱，但丘比特为了不让赛姬察觉自己的身份，会在天亮前离开。有一天晚上，赛姬点亮油灯想看清丘比特的真面目，灯油烫醒了丘比特，悲痛地告诉她："爱情与怀疑是无法共存的。"然后离开。后来几经艰辛，赛姬才与丘比特最后结合。

你会觉得这番话很有见地，但要是不说出来会更好！你会想起菲尔丁笔下的地狱里的幽灵，他们折磨着莎士比亚，想知道"熄灭灯火，然后消灭光明"这句话的含义。其实莎士比亚先生本人已经忘记了——谁又会去在乎它是什么意思呢？它是一句美妙的话，就这样吧。《白鲸》也是一样，对它的手法进行解析要更好一些，因为手法是诗歌的重要内容，而不要去理会"含义"。

花费一点工夫去解释这个缺点很有必要，但它并没有严重地破坏这本书，因为芒福德先生关心梅尔维尔的全部思想，而不只是他的艺术性。在这个意义上分析诠释的方法是最适合的。梅尔维尔奇怪而自相矛盾的品质第一次被解开。显然，他和路西法一样高傲，就像他笔下的亚哈一样与神明进行抗争，但充满了天真乐观的精神，让他即使看到生命的残酷也能够去拥抱生命。他是一个以享乐作为修行的苦行僧，却又拥有超乎常人的忠贞，而找到美好的事物时又充满了爱慕。比他的力量更重要的是，他拥有敏锐而热烈的感情——根据书里的暗示，这才是他真正的力量。大海对他来说比对别人更加深邃，天空更加宽广，美丽更加真实，欺压与羞辱更加痛苦。除了梅尔维尔之外，谁会从鲸鱼这么一头滑稽的动物身上看到美丽和恐怖呢？还有谁能写得出像《雷德伯恩》里欺负哈利或《白大褂》里的恐怖又滑稽的截肢那样的场景呢？这些内容是由一个情感比普通人更加敏锐的人写的，就像一只茶隼的视力比一头鼹鼠更加敏锐一样。

芒福德先生的书写得最好的是将梅尔维尔与他的时代联系在一起的那几个章节，并表明世纪的精神变迁如何造就和影响了他。显然，梅尔维尔受美国的自由传统影响很深——在《密西西比河上的生活》和《草叶集》里所体现的美国的蛮荒精神。梅尔维尔过着窘迫的生活，而且穷苦潦倒，但至少他年轻时曾经阔过。和许多欧洲人一样，他不是一个体面和绝望的人。内战前的美国或许对于一个有文化的人来说是一个蛮荒之地，但至少不会挨饿。年轻人总是不愿意被安稳的工作束缚，他们能够四海为家——十九世纪有很多美国艺术家在年轻时和梅尔维尔一样渴望冒险，不负责任而且行为粗野。后来，当工业主义收紧了它的控制，梅尔维尔的精神也随着时代而枯萎。美国受"进步"的影响而堕落了，恶棍飞黄腾达，闲暇与自由思想逐渐衰败——他的快乐和他的创造力在那些年头里必然步入衰退。但旧时的更加自由的美国仍是《白鲸》里的背景，在《台比》和《雷德伯恩》，那种清新的气息更是无法模仿的。

这本书在尽力维护梅尔维尔的名誉，任何在力量面前不会忐忑不安的人一定会热爱梅尔维尔，他们也会向芒福德先生的书致敬，因为它充满热情的赞扬和敏锐的洞察力。它无法让那些心存疑虑的人去认同梅尔维尔（有哪本书能够做到这一点呢？），但它能让梅尔维尔的崇拜者了解到很多内容，而且一定会说服他们更加深入地阅读他的作品，而不只是两三本他为人所熟知的成功作品。

评埃迪丝·西特韦的《亚历山大·蒲柏》、谢拉德·瓦因斯的《英国古典主义的演变》^①

将所有的艺术分为古典艺术和浪漫艺术或许有可能，也很有必要。你会看到两个截然不同的事物，一个是精心修剪的古典主义花园，另一个是狂野的浪漫主义丛林，充满令人惊叹的美丽，却又遍布沼泽和茂密的野草。但是，这两个阵营在步步进逼，吞没中间地带，有时候很难分清哪一边是花园哪一边是丛林。这就是接下来我要评论的两本书的内容。它们探讨的是同一主题，而且有一点取得了共识，那就是：蒲柏是一位杰出的诗人——从某种程度上说是英国最伟大的诗人，但他们称赞他的品质不仅并不相同，而且根本互相抵触。谢拉德·瓦因斯先生坚守古典传统，认为蒲柏是古典主义的象征，而西特韦小姐是一位浪漫主义作家，在蒲柏身上发掘到浪漫主义的品质，并对之大加称赞。他们都认同蒲柏，但在诗歌的根本原则上他们的意见却互相矛盾。

谢拉德·瓦因斯先生对古典主义的源流作了令人激赏的介绍，他认为古典主义的思想既强大又优雅，既高贵又谦和，既简

---

① 刊于 1930 年 6 月至 8 月《艾德菲报》。埃迪丝·西特韦（Edith Sitwell，1887—1964），英国女作家，代表作有《我生活在黑色的太阳下》、《小丑之家》等。亚历山大·蒲柏（Alexander Pope，1688—1744），英国诗人，曾翻译《荷马史诗》，代表作有《弥赛亚》、《卷发遭劫记》等。沃尔特·谢拉德·瓦因斯（Walter Sherard Vines，1890—1974），英国作家、学者，代表作有《两个世界》、《金字塔》等。

洁又深刻。它非常美妙，但没有杂音，没有标新立异，没有华丽的词藻，没有故作神秘。所有浪漫主义的视觉、听觉和想象的感官刺激都被认为是一种上不了台面的东西：

> "'迷惑'和'魅惑'的词语已经悄悄地侵入了现代诗歌的领域，它们毫无斯文可言，它们只是哥特式的作品。《卡托》是政治悲剧的经典，里面没有怪力乱神的恼人描写，而且更加均衡，更贴近中国哲人的思想，而不是贴近迷信的英国人的思想……这是一个乖张离奇的时代，推崇《哈姆雷特》，却忽略《卡托》……"

还有：

> "音乐有自己的审美标准，而诗歌另有一套标准。当二者产生碰撞时，它们遵循的不应该是神秘的理论，而是歌剧与清唱剧会合的宽阔的海德公园……"

这番话是对所有浪漫主义诗歌的粗暴回应。谢拉德·瓦因斯先生一定对莎士比亚很苛刻，而且对雪莱、柯尔律治[①]和华兹华斯[②]很粗暴。他只能这么做，因为从古典主义的角度看，这些作家打破了一切规矩，他们的才华大部分寄托于音乐，而音乐正是优

[①] 萨缪尔·泰勒·柯尔律治(Samuel Taylor Coleridge，1772—1834)，英国浪漫主义诗人，代表作有《古舟子咏》、《忽必烈汗》等。

[②] 威廉·华兹华斯(William Wordsworth，1770—1850)，英国浪漫诗人，代表作有《抒情诗集》、《远足》等。

雅的敌人。因此，在谢拉德·瓦因斯先生看来，诗歌是智慧、庄严和美妙品味的结合，而不是"魔法"和魅惑的音韵，而蒲柏是"洗练简洁"的诗人，文笔不过不失，是这种艺术的杰出典范。

但读到西特韦小姐，我们立刻回到了咒语与魅惑。下面就是西特韦小姐对技巧的解读：

> "诗人在他敏锐的双手里把玩着诗，感受着它确切的重量……让诗在他的血液里成长……通过他敏锐的双手，诗人知道《颂歌》就好像海水般冰冷的大理石，它有神圣的常春藤深绿色的纹理（就像冷杉林那样寒冷）——它的纹理似乎翻滚着爱琴海的波浪，充满了光明——这正是它与火热的天鹅绒般的抒情诗之间的区别……"

这并不是古典主义对"魔法"的批评，西特韦小姐发现蒲柏的魅力就像弗朗西斯·汤普森①或杰拉德·曼利·霍普金斯②，她将蒲柏与莎士比亚、雪莱和柯尔律治并列——她甚至将《愚人志》与《古舟子咏》相提并论，而谢拉德·瓦因斯先生对《古舟子咏》的评价是它"描写了一只不可信的信天翁"。她说对诗歌的评价最重要的并不是它的主题，也不是格律，而是"质感"，也就是音韵，蕴含于音节之间，带来美妙或厌恶感的一种无法解释的巨大力量。

---

① 弗朗西斯·汤普森(Francis Thompson, 1859—1907)，英国诗人，代表作有《天堂的猎犬》、《神的国度》等。
② 杰拉德·曼利·霍普金斯(Gerard Manley Hopkins, 1844—1889)，英国耶稣会牧师、诗人，代表作有《死尸的安慰》、《致基督我们的主》等。

大部分人都会认同这一立场，但看到像蒲柏这样的作家主要是因为音韵的美而得到赞许，你的感觉不是很踏实。西特韦小姐对韵律学的着迷几乎达到了狂热的地步。她的研究如此细致，对"浑厚而压抑的以 M 为首韵的手法"和"振聋发聩的以 B 为首韵的手法"如此敏感，她忘记了即使是悦耳动听的诗句也不能有情感上的缺陷。譬如说，她会告诉你像下面这段诗"精妙而轻快"：

> 此时正值日神为夜晚而隐退，
> 飞升的月神投下银色的光辉，
> 在举世庄严的庆典中，
> 轻快的马车由她驾驭，
> 上面挂着珍珠般的露珠。

显然她没有注意到它也带着一股难以忍受的陈腐平庸的气息。她还发现自己从下面这两句很平常的诗中深受启发：

> 布鲁恩很注意自己的身材，
> 长得圆鼓鼓地送去喂熊。

你不会去指责西特韦小姐夸张其辞，在蒲柏的作品中发掘出太多音韵的深刻之处，并为它们喝彩。但当你读到"小号尖锐而愤怒的高鸣"、"令人惊愕的朦胧的美丽"这样的字眼被用于形容蒲柏的温文尔雅的诗句时，你会开始猜想不重视韵律的古典诗歌见解是不是更有道理。

因此，在崇拜蒲柏因为他不同于莎士比亚的古典主义者和崇拜蒲柏因为他很像莎士比亚的浪漫主义者之间，你会觉得无所适从。但是，无论为古典主义辩护的言论多么有道理，有思想的人谁会放弃莎士比亚呢？你也会记得即使是古典的规矩也只是暂时性的。谢拉德·瓦因斯先生的书里有一段话，说莎士比亚在"golden lads and lasses"这句话里使用了"lad"这个词语表明他是一个浪漫主义者——恰当的古典主义词语应该是"youths"，而其他权威评论家则有相反的意见，认为"lads"是古典的用词，而"youths"是浪漫的用词，这表明有时候探究古典主义与非古典主义用词的区别已经到了吹毛求疵的地步。然后莪相①出现了，他显然不是一个古典主义作家，但被与他同一时代的一些批评家所接受。谢拉德·瓦因斯先生说弗斯利②是古典作家，但不是最正统的古典作家。但你记得弗斯利是唯一不让布雷克感到反感的作家——也就是说，他受到一位浪漫主义优秀作家的推崇。因此，即使是正统的花园里，丛林已经侵袭而来。

应该补充的是，谢拉德·瓦因斯先生以简短的篇幅对一个如此宏大纷繁的主题完成了一次探讨。西特韦小姐的蒲柏传记为他进行了热烈的辩护。她的英语古怪而造作，但她喜欢使用铿锵洪亮的词语，自有其魅力。她的这本书印刷精美，有几幅插图很有趣。

---

① 莪相(Ossian)，苏格兰诗人詹姆斯·麦克珀森(James Macpherson，1736—1796)出版的诗集中托名的三世纪的爱尔兰吟游诗人。

② 亨利·弗斯利(Henry Fuseli，1741—1825)，瑞士画家、作家，长期定居英国，代表作有《梦魇》、《美术评论十二讲》等。

评约翰·布伊顿·普雷斯利的《天使之路》^①

普雷斯利先生放弃了描写乡村生活，将注意力转移到伦敦，在这本小说里描写了一个名叫戈尔斯比的先生。他是一个很有能力的浪子，来到一间苦苦挣扎的公司，悄悄地让它破产，然后溜之大吉。它的主旨是描述伦敦的浪漫，从城里的一间办公室编织出的平静沉闷的生活中找出美的模式。普雷斯利先生其实是在说：你要抛弃对工业文明的不屑，你应该记住那些在交通高峰期像蚂蚁一样鱼贯穿过伦敦桥的讨厌的小职员们和打字员们，这些你打心眼里鄙薄的小人物们——他们也是人——他们也有浪漫情怀。到此为止，谁会反对他的看法呢？小职员们也是我们的兄弟，是艺术描写的好素材——因此，我们要以他们为题材的作家鼓掌欢呼。

但不幸的是，对于一个小说家的要求不是要有好的宗旨，而是要能表达出美。当你为普雷斯利先生要把小职员和打字员写得有趣的努力鼓掌后，你必须补充说没有一页内容体现出这一效果。并不是他的文笔不好，或内容平淡无奇，或刻意营造廉价的效果，只是他的作品没有达到值得被缅怀的水平。你拿这六百页满满当当的内容与其它描写伦敦的小说如阿诺德·本涅特^②先生

---

① 刊于 1930 年 10 月《艾德菲报》。约翰·布伊顿·普雷斯利（John Boynton Priestley，1894—1984），英国作家、剧作家、广播员，作品诙谐而具批判精神，倾向社会主义。

② 阿诺德·本涅特（Arnold Bennett，1867—1931），英国作家，一战时曾任法国战局情报主任，代表作有《巴比伦大酒店》、《皇宫》等。

的《莱瑟曼的台阶》、康拉德的《密探》、狄更斯的《荒凉山庄》进行比较（当你对普雷斯利先生作了那一番评价之后，你必须进行这一番比较），你会难以置信地猜想是否真的有人认为普雷斯利是一位文学大师。他的作品没有致命的缺点，但从未闪现过一丝美妙的光芒，也没有深邃的思想，甚至没有值得记住的幽默。整本书只有绵延六百页的平庸文字，情感与才智都只是中庸文章的水平，没有强烈的情感或能够令人受益的内容。

"沃里克的餐馆……或许是法式，或意大利式，甚至是西班牙式，或匈牙利式，没有人知道，但它肯定是一个没有国家特色的餐馆，就像是国联创建的。"

"……巴士在荒凉漆黑的皇家板球场外面停了下来，吞没了两个拎着大包小包戴着滑稽帽子的女人（这是圣诞节即将到来的明确信号，因为别的时候你看不到这些拎着大包小包戴着滑稽帽子的女人），一通忙乱之后继续前行……"

这两段节选与《天使之路》里任何一段的内容一样好，里面有数千句这样的句子，既糟糕不到哪里去，也不会写得更好，永远只是停留在事物的表面。但是，想想普雷斯利先生以浅薄轻松的方式所描写的都是什么样的主题！一场狡诈的商业诈骗，在一位伯爵的城堡里参加晚宴，一座斯托克·纽因顿别墅的鹅卵石小道，一张医院里的停尸床，一宗未遂的谋杀，一场正在筹划的自杀！你会猜想这些事情由别的作家去写会是怎样，譬如说，你会猜想康拉德以自己阴沉的方式去描写蒂尔吉，那个一脸麻子的失恋的小职员，或哈代描写蒂尔吉尝试自杀却没有一先令买煤气的那一幕，或赫伯特·乔治·威尔斯先生以早期的风格去描写那个醉醺醺的二手掮客佩兰普顿先生的对话，或本涅特先生去描写女子旅社里一个老仆女开始渴望冒险。但你不会看到与这些作家的作品同样品质的内容，就像你拿伦敦的生啤和用啤酒花酿的啤酒进行比较那样。你所得到的是六百页平庸的文章，很有可读性，但也很容易就被遗忘。当情节需要有强烈的情感时，内容就像是这样：

> "他坐在那儿，堕入了梦幻般的奉献的喜悦，在梦中他记得的亲吻就像星星一样闪烁不停。"

当一本小说缺少难以言喻却又确凿无疑的我们称之为美的东西时，你会去寻找合理的角色刻画，或情景所营造的幽默，或诙谐的语言。但在《天使之路》里你找不到这些——普雷斯利先生是一个聪明人，但他绝不是一个值得记住的作家。他的所有角色——无能的商人德尔辛汉先生、热衷冒险的浪子戈尔斯比先生、无聊的打字员玛特菲尔德小姐、干瘪的会计史密斯先生——都不像是现实中的人，只是休·沃波尔先生[①]和阿诺德·本涅特先生的书页里被压扁的幽灵。所有的对话都千篇一律，既不至于离奇，又不至于没有可读性，但很没趣，而且不贴近生活。所有的分析和思考也都一样，它们都很好理解，而被理解之后就被遗忘了。就连观察描写也不可信。这本书的结尾描写了一场桥牌的牌

---

① 休·沃波尔（Hugh Walpole, 1884—1941），英国作家，其作品在二三十年代广受欢迎，代表作《浪人哈里斯》系列、《绿镜》、《金色稻草人》等。

局，里面有两个错误，细心的观察者不会犯这样的错误。这只是一个细节，但它证实了普雷斯利先生写作时过于随意这个印象，没有像优秀的小说那样经过精雕细琢——或者说经过文字"经营"，取的是这个词的褒义。

要不是普雷斯利先生得到过于夸张的褒奖，你并不会去非难一本还过得去的作品。他被夸张地拿来与狄更斯相提并论，当一个小说家被捧成狄更斯时，你会想去了解原因。或许普雷斯利先生受到欢迎是因为他坦率的乐观主义？确实，在《天使之路》中，他描写的是阴郁的题材，但从字里行间看——根据他的文风——他还是像以往那样乐观。他不是一个职业的打气者，但他可以被认为是这样的作家，而且对于某些人来说，他似乎是反抗被认为败坏了英国文学的那些阴郁淫秽的高端作家的代表人物。正是因为这一点，一个明显的二流作家被捧为狄更斯和文学、心理学和智慧的大师。在这个荒唐的褒奖被澄清后，我们就能够向普雷斯利先生真正的品质致敬，并正确地评价《天使之路》——一本优秀的休闲小说，内容很轻松惬意，花 10 先令 6 便士的价钱去读这么厚厚一本书很划算。

评卡尔·巴茨的《卡宴的惨剧》，碧翠丝·马歇尔译本[①]

这是一个在法国卡宴的囚营以囚犯的身份呆了十四年的德国人对自身经历的记述。里面有些事件几乎可以肯定被夸张渲染了，但大体上你能够认为这本书是真实的记录，因为造假的话会写得更有艺术气息。它是对恐怖事情的天真描写。卡宴的犯人似乎得像牲畜一样在种植园干活，对狱卒唯命是从，他们只要一句话就能让犯人被单独囚禁六十天，得用偷来的东西孝敬讨好他们。那里的食宿条件甚至不如牲畜，打架和同性恋是犯人们仅有的消遣。许多人试图逃到荷属几内亚，但很少有人能够成功，因为丛林里到处都是黑人，他们每割下一个逃亡者的头颅就能得到十法郎的赏钱。只有几个人能够活到刑期结束，攒够钱建立起属于自己的小种植园。大部分人死于热带疾病，而监狱恶劣的条件加速了死亡的进程。作者被押送过来，因为作为一个法国外籍军团的德国士兵，他在战争开始时发动兵变。遗憾的是，他没有提到一个本应该更加为人所熟知的事实，那就是法国人不仅将兵变者送到卡宴，还有许多基于良心而拒服兵役者。战争结束后，政府拒绝出资送他们回国，结果，有些人滞留在那里直到1929年。

---

① 刊于1930年12月《艾德菲报增刊》。卡尔·巴茨（Karl Bartz），碧翠丝·马歇尔（Beatrice Marshall），情况不详。

这本书的文字很粗浅，或许译文对文字作出了改善，不能被列为一部杰出的作品，但它是对文明的副产品的第一手描述，很有可读性。

评奥斯伯特·伯迪特的《卡莱尔的两面》①

　　这本书内容深刻而平实，主要描写了卡莱尔的婚后生活，还对他的思想进行了敏锐的分析，应该有助于广大读者正确看待卡莱尔的盛名。

　　伯迪特先生对卡莱尔的总结是：他是一个以自我为中心的人，而且在文学层面上或许可以说他是一个非常隐晦的自我主义者和一个雄辩家。当然，只有历史学家才能评判他的历史作品，但如果我们拿《英雄与英雄崇拜》去考察他——这很公道，因为那正是他的信条，而且是在他的盛年完成的——我们发现的只有雄辩的言辞。里面有美妙的修辞和优美的形容词——那些自成一派的生僻形容词给人以深奥的感觉——却没有真正有深度的思想。它只是在华丽的词藻下的几个老掉牙的卑劣理念。除开语言不谈，整本书的主旨就是：世界上有不容置疑的普世价值，而伟人（指的是成功人士）是这些价值的工具。真正的英雄是那些站在命运的一边奋斗的人，就像是穿着神明赐予的铠甲的阿基里斯，获准蹂躏和践踏凡人。我们被要求以虔诚的态度去崇拜他们，而且还要以成功去衡量他们。只有成功才能流传——为那些被征服的人致哀！

---

① 刊于 1931 年 3 月《艾德菲报》。奥斯伯特·伯迪特（Osbert Burdett），情况不详。

> "我允许它以武力、以言语和任何方式在这个世界上进行斗争……坚信它将征服一切值得征服的事情。它不会抛弃比它自己更好的事物,只会抛弃比它糟糕的事物。"

这只是意味着征服——为没有机关枪撑腰的信念致哀!但这段文字的雄辩,那些美好而含糊的关于穆罕默德、路德和克伦威尔的布道,则是另一回事。

显然,卡莱尔的这一伟人崇拜是自我主义和被埋葬的野心的体现。伯迪特先生指出,随着卡莱尔越来越有钱,他的英雄变得越来越叱咤风云和庄严高大。他从伯恩斯写到克伦威尔,从克伦威尔写到弗雷德里克一世——从成功的叛军写到成功的恶棍。简而言之,他对征服者的热爱和对战争场面的热爱是一种代偿性的凌辱。但是,你不能忘记它是无意识的自我主义,他的丑陋信条里有一种神秘主义,他有一种世界使命感("世界上伟大而深刻的法则"),他确实觉得他那些征服一切的英雄们在进行比他们自身更加伟大的事业。他有一种半是诗情画意的情怀,为时间和历史的流逝而感叹。这总是隐藏于他的作品中,缔造了他最优美的句子。"梅罗文加王朝的国王们乘着牛车缓缓地穿过巴黎的街道,长发在飞扬,缓缓地前行,直到永恒。"这些话语背后是一个非常简单的理念,但是,多么华丽的词藻啊!像这样的语句是卡莱尔的思想最好的证明。

卡莱尔的自我主义的其它体现是他的郁郁寡欢。即使你对他的生平一无所知,只要读上十页他的书,你就会惊诧于那种病态、古怪、别扭的形容词("噢,海绿色的先知"等等),那种出自本能的轻蔑。在最糟糕的时候(比方说,在他对兰姆①和赫兹里特②的恶毒评论或在 1870 年法国战败后欢庆胜利的丑陋嘴脸），他的怨怼暗示着他是一个命运多蹇的男人。但是，卡莱尔的不快并非不可避免。他的健康情况并不算太糟糕——至少"长期的疼痛"没有阻止他活到八十六岁。他的婚姻本身并不是不开心的事情，那只是两个不开心的人的结合。他刚刚步入中年就获得了成功。卡莱尔夫人的不快活也是可以理解的，因为她身子病弱而且没有孩子。但是，卡莱尔总是很不快活，而且在某种程度上他作品中尖酸刻薄的语气反映了这一点。

"血液如黏土般黏稠，头脑里想的是加尔文主义，为消化不良所苦"，这就是伯迪特先生的判断。他指出即使卡莱尔有时候会为穷苦人疾呼，但目的是为了抨击社会而不是发自善心。当然，卡莱尔的性情可以用"乖戾"这个词加以形容，那是一个无意识的自我主义者的乖戾，对这件事情或那件事情横加指责，揭发新的罪恶。读一读下面这段在介绍夏洛特·德·科黛③时关于马拉④的卑劣而恶毒的描写：

　　"泡在公共浴室里，受着病痛的折磨，革命的热情引发了高烧——不知道还有哪些历史上没有说的病痛。这个可怜

---

① 查尔斯·兰姆(Charles Lamb，1775—1834)，英国作家，代表作有《伊利亚随笔集》、《尤利西斯历险记》等。
② 威廉·赫兹里特(William Hazlitt，1778—1830)，英国作家、评论家，代表作有《时代的精神》、《艺术的批判》等。
③ 玛丽-安妮·夏洛特·德·科黛(Marie-Anne Charlotte de Corday，1768—1793)，在法国大革命中刺杀了雅各宾派的让-保罗·马拉，后被宣判死刑，送上断头台。
④ 让-保罗·马拉(Jean-Paul Marat，1743—1793)，法国政治家、理论家，法国大革命时雅各宾派的主要人物，遇刺而亡。

的、贫病交加的男人，身上只有 11 个半便士的现钞，穿着拖鞋与浴袍坐在稳固的三角凳上准备写书，看着他这副尊容——你会称呼他是洗衣女工……"

　　这应该是怜悯而不是嘲讽的时刻，但含糊的恶意促使卡莱尔去谴责马拉，于是他对马拉横加指责，在描述事实时，使用重复的手法，甚至使用标点符号，每一个冒号都是侮辱。它是卡莱尔的谩骂具有奇怪的感染力的一个例子。当然，没有人像他那样是贬低手法的大师。即使是他最空洞的嘲讽（他对惠特曼的评价是"我还以为他是个大人物，因为他生活在一个大国"），也能使被贬低的对象真的似乎矮小了一些。这就是一个雄辩家的力量，一个精通修辞的人却把它用于卑劣的用途。

　　值得补充的还有，伯迪特先生的书几乎有一半的篇幅用于描写卡莱尔和简·威尔士结婚前的生活。他说他们的爱情并不算是畸恋，但很不同寻常，值得记录。它揭示了已婚人士的想法，以及在最真挚的爱情中令人惊诧的自私，内容很有趣。除了那些对卡莱尔特别感兴趣的读者之外，还会有很多人喜欢这本书。

评莱昂内尔·布里顿的《饥饿与爱情》、曼恩的《阿尔伯特·格洛普》①

　　《饥饿与爱情》并不像是小说，更像是关于贫穷的独白。它的主角亚瑟·菲尔普斯是一个生于贫民窟的前途光明的年轻人。他先是给人家跑腿，每星期挣 12 先令。后来他自学成才，当上了书店的店员，周薪涨到了 27 先令。这时战争爆发了，结束了他的一生。他不是一个很好相处的年轻人，但周薪才 27 先令，你还能想要他怎么样。这本书的魅力在于，它确实是从周薪 27 先令的角度去诠释生活的。大部分小说是由饱食终日的人为饱食终日的人描写饱食终日的生活。这本书是吃不上饱饭的人写的书，一个没有技术的工人眼中的世界——他的头脑很清醒，知道在自己身上发生了什么事情。如今像这样的人有很多，他们日日夜夜都在琢磨这个世界。他们的想法是这样的（这也展现了布里顿先生的有趣的风格）：

　　　"他们一直在折磨你，永远让你生活在堕落和肮脏中——领子磨破了脖子、鞋子扭曲了脚趾，早上起床没办法洗澡，穿着满是汗臭体味的衣服，水槽是臭的，厕所是臭的，生

---

① 刊于 1931 年 4 月《艾德菲报》。莱昂内尔·厄斯金·布里顿（Lionel Erskine Britton, 1887—1971），英国作家，代表作有《饥饿与爱情》、《动物的思想》等。曼恩（F O Mann），情况不详。

活、睡觉、工作，干着卑微的工作，消磨着生命的活力：你能过着这样的生活而对这一人性的丑恶毫不知情吗？"

像这样的想法反反复复地出现——类似一种精神上的溃疡，永远对卑劣的事情感到不满。对于那些饱食终日的人来说，抱怨靴子太紧似乎是怯懦的行为，因为他们生活在另外一个世界——在那个世界里，如果靴子太紧了大可以换一双，他们的思想不会被琐碎的不舒服所扭曲。但当收入到了一定水平以下时，小事就会将大事排挤掉，你不会去专注于艺术或宗教，而是关注糟糕的食物、板硬的床铺、辛苦的工作和被解雇。"当你失业时，文化、爱情和美都是扯淡。"一个寒冷国度的穷人不可能感受到宁静，就连他活跃的思维也只会去进行毫无意义的抱怨。

你应该记住这一点，《饥饿与爱情》的优点在于它让你体会到贫穷那令人痛苦、荒废光阴的本质，那些可恶、卑劣的小事慢慢累积，使周薪低于两英镑的生活与周薪三四英镑的生活有着天渊之别。亚瑟·菲尔普斯无时无刻不被提醒这个世界在和他作对。他想要舒适和干净，但他得到的是一间拥挤的、贫民窟里的卧室，在廉价饭馆里胖子往他的盘子里吐痰。他想要休闲，但他得每周干六七十个小时无聊琐碎的工作。他想要知识，而他得到的是寄宿学校的"教育"，当他的老板没有看着他的时候就埋头苦读。他想要爱情，但爱情需要花钱，他得到的是与无知的售货员或妓女的一夜欢情。无论他如何抗争，他都被拉回贫穷的生活中，就像一只陷入泥沼的绵羊。作为一份社会纪实，对永无休止的苦难的描写，这本书写得很合理。

但是，说了这么多，你必须补充说《饥饿与爱情》作为一本小说几乎毫无价值。显然，对于这么重要的素材——一个有思想的穷人的世界——应该是将它写成一个值得记住的故事。但是，在这本书里，我们看到的是冗长而不着边际的漫谈，讲述着生活的真相，但没有尝试写得有可读性。它的文体技巧，特别是那些重复，在读完几章之后就变得很乏味。（布里顿先生说了好几百次地球以每秒 18.5 英里的速度绕着太阳公转——这突出了人类在宇宙中的渺小。这一点值得知道，但你不想每读两页就被提醒一遍。）无疑布里顿先生会说他的目的是讲述真相，而不是写出一本精致的小说，但即便如此也不应该乱用标点符号去讲述真相。一个懂得选择取舍的作者会将这本书从 700 页缩减到 200 页，而且不会有内容上的损失。如果布里顿先生做到这一点，并保持他的题材的真实性，《饥饿与爱情》会是一本一流的小说而不只是一本另类的小说。但不管怎样，它确实是一部不同寻常的作品。

《阿尔伯特·格洛普》与《饥饿与爱情》遥相呼应。《阿尔伯特·格洛普》也是关于一个生于长于贫民窟的男人的故事，但那是走马观花式的贫民窟，而不是臭气熏天的贫民窟。《饥饿与爱情》有不满也有天文学的内容，或许还有一点詹姆斯·乔伊斯的笔触，而《阿尔伯特·格洛普》则有狄更斯的色彩——注水的狄更斯。男主角一开始当店员，后来当上了书商，然后去当广告经纪，最后成为有钱人，有美满的婚姻。他很像褪色的大卫·科波菲尔的画像，或许这就是作者的目的。男主角乐观而简单的性格，以及他遇到的那些离奇古怪的角色，本来可以写得更具有原创性。

评赛珍珠的《大地》①

　　这是一本极不寻常的书。开头不知所云，风格蹩脚，就像对《奥德赛》拙劣的模仿。但读者不用为此感到担心，因为它的故事直接切入了真相的核心。书中没有情节，没有一个多余的事件，没有抒情的描写，只有对生活的忠实白描，扼杀了乐观。对一座东方城市的黄包车苦力的描写尤为打动人心。任何见过黄包车夫像老马一样跑在两根车辕之间的那丑陋一幕的人都会认同这一段描写。显然，对于作者来说，中国就是她的故乡，却又远离了它相当长的一段时间，注意到一个中国人会忽略的事情。《大地》可以被归入讲述东方故事的为数不多的一流作品之列。

　　它讲述了关于一个中国农民王龙的故事。王龙出身贫寒，靠一把木锄垦地，只能喝热水，因为茶叶太贵，逢年过节才有肉吃。他是那种非常典型的东方人，思想狭隘，老实本分，出奇地愚昧，又像牲畜一样卖力地干活。他对土地的渴望远远胜过其它一切，其它一切——所有的恶习和所有利他的行为——完全不放在心上。有的男人爱美女，而他则爱土地。他的思想总结起来就只有这么一句话："有地万事足，卖地大傻瓜。"他终究是一个农民。

---

① 刊于 1931 年 6 月《艾德菲报》。1932 年，《大地》获得普利策奖，1938 年获得诺贝尔文学奖。

或许书中最精彩的部分是王龙和他的妻子欧兰的关系。欧兰是一个婢女，因为长得丑而被挑中，因为漂亮女人（小脚女人）在地里根本干不了活儿。她为王龙生了一个又一个孩子，直到分娩前还在他身边干活，就像狗一样听话。王龙对她的感情根本不是我们所理解的爱情，只是责任。有些事情就是得由她去干，就像有些事情得由牛去干一样，在这种事情上他从来不会弄错。她只是一件工具，爱上她会让他有点难为情，就像鬼迷心窍一样，好比爱上一头牛。一个人怎么能爱上一个大脚女人呢？爱是留给妾侍的。当欧兰由于操劳过度和生了几个孩子，最后奄奄一息地躺在床上时，王龙看着她，觉得她是那么丑陋。他知道她是个贤惠的妻子，甚至心里暗暗觉得他或许会为她感到难过，但他并没有难过。他实在是太讨厌她那双大脚了。但是，他知道自己的责任是什么，为她买了一副昂贵的棺材。

评厄尼斯特·罗伯特·库尔修的《法国的文明》，奥莉弗·怀恩译本①

　　这本书尝试从纯粹的文化和非政治的角度去描写法国对文明的特殊贡献。它的作者是一个博学多才的德国人，但对生命和思想的整体态度带有浓厚的英国色彩。库尔修先生对法国的批评是德国人认为法国人的思想格局较小，但更加完美精致，而且或许更加成熟，就像你与古人碰面时的感觉一样。因此，"法国诞生不了黑格尔、叔本华、尼采，他们会摧毁文明的花园和人性的王国。无限的概念无法在法国的哲学中自由存在"。换句话说，法国文化是人本古典主义，对于那些身处古典传统之外的人来说，它看上去就像一件精美的紧身衣。这就是库尔修先生的结论，除了书中所展现的博学之外，可以说这是任何英国人都会得出的结论。

　　但是，对不同的国家进行比较的真正价值在于历史。假定法国思想确实是古典和静态的，而且比起英国或德国，法国更停留在十八世纪，为什么会有这个区别呢？库尔修先生将一部分原因追溯到古罗马(法国人传承了古罗马文化)，一部分原因追溯到法国人混杂的血统造成的人种差异。无疑这些都有其影响，但近代

---

① 刊于 1932 年 5 月《艾德菲报》。厄尼斯特·罗伯特·库尔修(Ernst Robert Curtius, 1886—1956)，德国文学评论家、语言学家，代表作有《法国的文明》、《欧洲文学与拉丁中世纪》等。奥莉弗·怀恩(Olive Wyon, 1881—1966)，英国女作家、翻译家，代表作有《祈祷者》、《祭坛之火》等。

生活，特别是近代的经济生活要比远古的凯尔特人或拉丁人影响更大，难道不是吗？如果你去了解十九世纪的历史，你会发现法国一直是一个政治动荡不安的农业国家，无法发展成为真正的现代国家。十九世纪，英国等国家迅速完成了城市化和高度整合，与此同时，人民群众被逐渐剥夺财产，而法国直到不久前仍然生活在先前的时代——政府孱弱，公共舆论有很强的影响力，财富分配相对平均。即便是现在，法国仍比我们更像是一个农业国。而农民总是有更好的品味但没什么新思想，而且他们对大自然并不感兴趣——这符合法国文学的基本特征。你在法国生活得出的结论就是：法国人与我们并没有本质的区别，只是有点落后于时代，这是好事还是坏事则不得而知。

除了品味之外，还有其它法国特征能够被解释为非现代的思维习惯。譬如说，对于公平的热情，库尔修先生认为这是法国人的特征，这是正确的，它确实是旧式的激进主义的特征。在萨科和范泽迪①被处决的几天前，我站在一间英国人在马赛开办的银行的台阶上，和几个文员交谈时，一群工人鱼贯而过，打着"释放萨科与范泽迪"的旗号。这种事情在十九世纪四十年代的英国或许会发生，但绝对不会发生在二十世纪二十年代。那些人——数以万计的人——真的对一桩不公的事情感到义愤填膺，认为失去一天的工资去喊出自己的心声是天经地义的事情。听到那几个文员（英国人）说"噢，你就得把这些该死的无政府主义者给吊死"，

---

① 尼古拉·萨科（Nicola Sacco, 1891—1927）、巴托罗米奥·范泽迪（Bartolomeo Vanzetti, 1888—1927），意大利裔美国无政府主义者，鼓吹暴力革命，被指控抢劫波士顿一间鞋厂及谋杀案，在1927年8月23日被处决。

你会心生感慨。当有人问及萨科与范泽迪是否真的犯了他们被指控的罪名时，他们觉得很吃惊。在英国，一个世纪的政府高压统治使得欧·亨利所说的"对于警察根深蒂固的恐惧"到了任何公共抗议似乎都是不体面的事情的程度。但在法国，每个人都记得一定程度的民间混乱，就连工人们也在小酒馆里谈论"革命"——意思是下一场革命，而不是上一场革命。高度社会化的现代思想，将富人、政府、警察和大型报纸糅合而创造出的神明还没有演变出来——至少现在还没有。

你只能说还没有，因为问题的关键是法国会不会坚持它在文明世界中的特殊地位。库尔修先生认为国家文化主要由传统决定，他认为法国的传统太强大而且太自信，很难发生改变。另一方面，如果决定思想的因素是经济生活，那么法国人的思想一定会发生改变，而且会很快发生。自从一战之后，法国已经成为一个工业国家，我们与工业主义联系在一起的进程——譬如说，年轻一代的农民离开土地和小生意人被摧毁——已经开始了。假如这种情况继续下去的话，即使是扎根最深的法国特征或许也会消失。库尔修先生注意到，法国人没有肤色歧视，并认为这是英国人和德国人所缺乏的品质。但十八世纪的英国人似乎也没有什么肤色歧视，因此，这一丑陋的情感在某种程度上与我们的近代史有关，我们知道法国人很快就会产生这种情感，并达到吉卜林式的程度。我们现在所了解的法国知识分子的典型人物或许是拉封丹①，但经过一个世纪的机械文明，这种类型将会很快改变，难道

---

① 让·德·拉封丹(Jean de La Fontaine，1621—1695)，法国作家、诗人，代表作有《故事诗》、《拉封丹寓言》等。

不是吗？或许到了公元 2000 年的时候，法国将会诞生他们的华兹华斯，他们的鲍德勒博士①、他们的惠特曼、他们的布什将军②——或其他现在似乎与法国格格不入的人。

库尔修先生的一个意见值得特别关注，那就是法国的天主教会正在逐渐掌握权力，并在与政府的对抗中占据了上风，这是个坏消息，但在我们见过英国教会的恢复能力之后并不让人觉得吃惊。

这本书介绍了法国文学和思想，以及非政治层面的法国简史，内容很有趣而且很有意义。这本书的译文似乎很不错。

---

① 托马斯·鲍德勒(Thomas Bowdler, 1754—1825)，英国医生，曾出版《莎士比亚作品家庭版》，对内容进行了删减改动。
② 布什将军，原名威廉·布什(William Booth, 1829—1912)，英国卫理公会牧师，于 1878 年创建救世军慈善机构。

评卡尔·亚当的《天主教的精神》，多姆·贾斯汀·麦克·卡恩的译本[①]

这是一本不同寻常的书，而且很值得一读，虽然里面有很多这样的句子：

> "由于基督精神的继承者是集体而不是个体，因此它的彰显特别体现于这份至关重要的团结。因此，教会这个看得见的实体将它的彰显奉为真正的原则，它的团结超越了个体，并以看得见的形式去支持、维持和保护这一团结。"

要在这些词藻里发掘出含义是很困难的事情，但关心天主教主义复兴的人会觉得这番辛苦是值得的。

这本书与现在涌现的宣扬天主教的作品之间的区别在于它并不想引起争议。我们为天主教辩护的英国作家都很擅长辩论，但他们都在避免说出有真正信息含量的话。没有几个人能够自圆其说，因此，他们只能对生物学家和新教历史学家进行讽刺和侮辱，或尝试将信仰的根本难题马虎地糊弄过去。亚当神父并没有

---

① 刊于 1932 年 6 月 9 日《新英语周刊》。卡尔·博罗玛斯·亚当（Karl Borromäus Adam，1876—1966），德国天主教神学家，代表作有《天主教的精神》、《上帝之子》等。多姆·贾斯汀·麦克·卡恩（Dom Justin McCann），情况不详。

遵循这些方针。他并没有尝试将对手斥为傻瓜，而是去解释天主教信徒的内在想法，而且他并没有去争辩信仰的哲学基础。将他的书与几本有相同倾向的英语作品进行比较是很有趣的事情——譬如说，马丁代尔神父的新作《罗马人的信仰》。信仰单纯的天主教徒与总是想证明自己的信仰的皈依者之间的区别，就像是一个佛教徒与一个带有表演性质的苦行僧之间的区别。马丁代尔神父认为信仰的本质是理性的，既无法直面困难又无法将它们漠然置之。结果，他狡猾地回避了这些问题。他回避了进化论，将常识抛到九霄云外；他回避了邪恶这个问题，就像一个人躲开门口的讨债人那么鬼鬼祟祟。亚当神父一开始就说信仰不能以"亵渎神明的科学"去解释，认为天主教的信条不受"世俗"批评的影响，这样一来，他的立场就牢固多了，让他有机会阐述他自己的理念，并说出一些有建设性和有趣的内容。

那么，不信奉天主教的人能从这本关于天主教信仰的书里学到什么呢？从某种意义上说，什么都学不到，因为信徒与非信徒之间几乎没有真正的交流。正如亚当神父所说的："怀有活跃的信仰的天主教徒单凭自己就能够进行钻研（天主教教义的本质），"而其他人由于带着嗔恨或无可救药的愚昧，自绝于真理之外。但客观地说，你还是能够了解到一些内容的，或者说，重新了解到一些内容。譬如说，希伯莱式的骄傲和真正的天主教徒的思想排外。当亚当神父写到圣徒的团契时，你会觉得教会与其说是一个思想体系，倒不如说是一个荣耀的家族银行——一个支付丰厚红利的有限公司，而非会员则完全得不到好处。下面是亚当神父的话：

> "圣徒们在人世间的生命中积聚了一份属职责之外的财富……圣徒的财富就是教会的财富，是神圣家族的遗产，它属于全体基督教成员，特别是那些病弱的成员。"

最小的股东也能领取由奥古斯丁或阿奎纳创造的利润。但重点是，"家族"只意味着教会，而其他人，除了迷途的圣徒之外，都是无关紧要的人，对于他们只有一丝勉强的同情，因为"教会之外别无救恩"，而且正如亚当神父所说："教条的不宽容是对无限的真理的责任。"亚当神父认可非天主教的善行是普遍存在的，但那些人其实就是天主教信徒，只是他们不知道这一点而已，因为任何存在于教会之外的善行一定是"无形中"源自教会。除了虚无飘渺的特别恩典之外，"所有的异教徒、犹太人、异端和分裂教会者将会被剥夺永恒的生命，且注定在永远燃烧的烈火中受苦。"

这番话非常直接，比我们从为天主教辩护的英国作家那里得到的印象更加深刻。这些话，以及公学式辩论的处理方式，让人强烈地觉得英国没有一个人会想去反驳他们。几乎我们所有的反宗教情绪都指向可怜的、并不惹嫌的英国国教。如果有人反对罗马教廷，那只是关于耶稣会①阴谋或从修女院的地板下挖出婴儿尸体的无稽传闻。除了天主教信徒自己之外，很少有人把教会当回事。因此，像这样的有真正的学识，而且不卖弄小聪明的书都很有价值。

---

① 耶稣会（the Society of Jesus），由西班牙人伊格纳修·罗耀拉（Ignatius of Loyola）创立，名义上属罗马教廷管制。

评查尔斯·杜·博斯的《拜伦与死亡的宿命》，埃塞尔·科尔伯恩·梅恩的译本[①]

　　这本书探讨了拜伦与他同父异母的妹妹乱伦的原因，而且你会觉得——因为只有一位专家才会去记录拜伦那么多的作品——它很有深度。杜·博斯先生的主题是拜伦做出乱伦之举和其它更加糟糕的行为是因为他是那种需要感受到自己受到命运主宰的人。他缔造了一个神话，而他自己就是主角，就像俄狄浦斯一样注定会犯下无可避免的滔天罪行。它以乱伦作为形式，或许是因为家族内部通婚的传统，杜·博斯先生说它对拜伦总是有着病态的吸引力。这个故事很吸引人，但写到拜伦短暂的婚姻生活时——拜伦从一开始就讨厌自己的妻子，并故意让她知道自己有乱伦之举——它成了真正的悲剧。书中唯一没有完整地对其行为进行解释的人是奥古斯塔·莉，那个同父异母的妹妹。她似乎并不是一个坏女人，但她应该是一个性格软弱暧昧的人，到了近乎白痴的地步。（她对与同父异母的哥哥的关系是这么说的："我最亲近的人给我带来了最大的不幸。"）或许从一开始她就不明白自己在做什么，至少她显然把所有的罪名都推到拜伦身上。

[①] 刊于 1932 年 9 月《艾德菲报》。查尔斯·杜·博斯（Charles Du Bos，1882—1939），法国评论家、作家，代表作有《近似值》、《什么是文学？》等。埃塞尔·科尔伯恩·梅恩（Ethel Colburn Mayne，1870—1941），爱尔兰女作家、评论家，代表作有《拜伦》、《没有人说过的故事》等。

但是，虽然杜·博斯先生对拜伦很公平，但有一件对拜伦有利的事情他没有说，那就是乱伦在当时并不是什么大不了的事情。拜伦对妻子的所作所为令人不齿，但乱伦本身并不是什么大逆不道的事情。奥古斯塔·莉只是拜伦的同父异母妹妹——杜·博斯先生在作完介绍之后一直用"妹妹"去指代她，这是很有误导性的——而且他们是分开被抚养大的。在有些社会里（譬如说古希腊），与不是同一个母亲的姐妹结婚是可以被接受的习俗，因此，它并没有遭到强烈的、本能的反对。而且，杜·博斯先生的描述表明拜伦并不觉得自己的所作所为有悖常理。确实，怀着"对于死亡的渴望"，他很高兴利用这次机会去作践自己。乱伦带有地狱之火的气息（它能涤荡罪恶，也是精神上的兴奋剂），因此对他很有吸引力。但显然那是很自然的吸引力——事实上，在杜·博斯先生的笔下，奥古斯塔是唯一深深吸引拜伦的女人。他的情感使他成为该死的罪人，而凡人的情感则是优点，这是不公平的，而且可能会让人在评判他的诗歌时蒙上偏见，以为他是一个冷血无情的浪荡子。

这一点值得记住，因为在精神上有两个拜伦，乱伦这件事掩盖了这位流芳百世的诗人的优秀品质。正如杜·博斯先生所说，拜伦生来"有两个自我"。一个是写《曼弗雷德》的拜伦——"那个受宿命支配的人"，他英俊潇洒，邪气十足——用萨缪尔·巴特勒先生的话说，所有正经的女孩子一听到迈索隆吉翁①的名字就会流泪。另一个自我是唐璜式的拜伦，拥有无与伦比的诗才——自

---

① 迈索隆吉翁（Missolonghi），希腊地名，希腊独立战争时起义军的总部所在地，1824 年 4 月 19 日，拜伦病逝于该地。

从他死后一个世纪还没有出现能与他相提并论的人物。我们这个时代缺少了某些东西，特别是像唐璜那样的充满荣誉感的清醒、踏实而放荡的精神，难道不是吗？更加突出的是拜伦对公正和诚实的热情，让他对所有反叛者都怀着同情——同情法国大革命，同情卢德运动的暴动者①，同情反抗欧洲王公贵族的拿破仑，同情反对土耳其人的希腊。在一个远比拜伦的时代更加堕落的时代，谁能够写出像《审判日的幻像》这样的诗呢？

> 他曾为一个弑君者写过赞歌，
>
> 他曾为列王写过赞歌，
>
> 他曾为四方各地的共和国写过赞歌，
>
> 然后决绝地加以抨击，
>
> 他曾为大同世界鼓与呼，
>
> ——而那其实是无视道德的体制，
>
> 于是他轻松地摇身一变，
>
> 成为热情的反雅各宾分子。

　　这就是当时的桂冠诗人，稍作改动或许适用于我们当代的政治记者，这是一番多么不同凡响的话啊！《希腊群岛》也是一样——它几乎是唯一精彩的爱国诗篇，虽然里面的祖国并不是英国。浪漫民族主义在今天已经失去了意义，但《希腊群岛》的内在情感和条理清晰的雄辩永远都具有价值。拜伦最好的作品所体

---

　　① 卢德运动（the Luddite Movement），指十九世纪英国爆发的反抗工业革命的民间运动，工人们捣毁资本家的纺织机，以发泄机器代替人力导致工人大规模失业的不满。

现的男子气概和道义与他对女人的行径证实了杜·博斯先生的那番话：拜伦"生来有两个自我"。

这是一本持中而论而且切中肯綮的书，任何想要清楚了解拜伦与他的妻子和同父异母的妹妹之间的事情的读者会对它有兴趣。杜·博斯先生对这本书的译者很满意，她本身也写了一本很有名的拜伦的传记。

评鲁丝·皮忒的《冥府的珀尔塞福涅》①

　　这是一首有点不同寻常的诗：一首以真正的古典风格写成的诗，而不是虚有其名的矫揉造作的仿古诗。举一节诗为例：

> 寒冬突至，万林皆倒，
> 浸透了泪水，被狂风蹂躏，
> 四野苍茫，藤萝凌乱
> 肆虐着苦苦支撑的榆树。

　　这是一首不过不失的诗，所有的形容词都是精心挑选的，以避免带来低俗的效果。但是，它并不是一首仿作，而是传承——似乎是从蒲柏一脉相承。这么一首诗唤起了混杂的感情，你会钦佩它的韵律之精妙，但你又会忍不住觉得如今这种古典诗太斯文、太没有活力了。事实上，形式主义的整个传统与不过不失的要求与我们的心灵格格不入。在最活跃的时代，古典主义总是伴随着世俗甚至粗鄙的思想，而这并不是现代人的天性。几乎每一位十八世纪的作家都会让你本能地觉得他有一个大家庭，而且能够找到一份优差。这或许并不适合每个人，但十八世纪的人正是

---

① 刊于 1932 年 9 月《艾德菲报》。埃玛·托马斯·"鲁丝"·皮忒（Emma Thomas "Ruth" Pitter，1897—1992），英国女诗人，代表作有《冥府的珀尔塞福涅》、《干旱的结束》等。

从他们不讲究灵性这一特征中获得力量。他们与玛丽·科雷利①完全不一样，要么比她更低俗，要么比她更高雅。一个现代英国人绝不会罔顾灵性，而且如果他坚持古典主义的话，他就将自己的一部分思想割舍了。但是，掌握古典主义的技巧还是有好处的——它本身就是一件美妙的事情。在这首诗里你能体验到一种清冷的感觉，几乎让人战栗，当华而不实的作品消逝后，它仍有可能流传下来。像下面的诗句：

> 黄花飘香引群蜂，
> 银盘寂寥空余蜜。

任何有耳朵的人都听得出这两句话蕴含着真正的才华。这是一首不同凡响的诗，在技巧上很让人钦佩。

---

① 玛丽·科雷利(Marie Corelli, 1855—1924)，英国女作家，其作品在一战前非常畅销，以哥特式的幻想风格闻名，代表作有《莉莉斯的灵魂》、《宿怨》、《神奇的原子》等。

评波里斯·斯克尔泽的《果戈理》①

　　无论你对果戈理的了解有多么少——我承认我只知道果戈理写了《死魂灵》，很多年前读过——这都是一本有趣的书，因为它让人了解到文学才华的成长和枯萎。

　　果戈理是那种一开始的时候非常高产的作家，然后就像种在浅浅的泥土中的植物一样突然枯萎了。他在普希金的鼓励下开始创作，一本接一本地写，几乎没有停歇，那几部讽刺俄国的国民性和体制的作品写得最好。屠格涅夫②认为果戈理的戏剧《钦差大臣》是"迄今为止最具毁灭性（即颠覆性）的作品。"果戈理年纪轻轻就写出了《死魂灵》的第一部，然后，突然间，他发生了改变。他悔恨自己所做过的一切。他认为（他是非常虔诚的信徒）写出颠覆性的滑稽作品是亵渎神明之举。自此之后，他尽写一些思想高贵、抚慰人心的书。最重要的是——虽然果戈理以讽刺见长，但他是一个彻底的反动派，认为农奴制是天经地义的事情——这很符合他的阶级出身。那是以小说作为伪装的长篇大论的布道，宣扬"奴隶们，要听你们的主人的话"。《死魂灵》的第一部揭示了

---

　　① 刊于 1933 年 4 月《艾德菲报》。波里斯·菲奥多维奇·斯克尔泽（Boris Fyodorovich Schlözer，1881—1969），俄裔法国翻译家、音乐理论家，曾将许多俄国文学作品翻译为法文，代表作有《果戈理》、《现代音乐的问题》等。尼古莱·瓦西里耶维奇·果戈理（Nikolai Vasilievich Gogol，1809—1852），俄国作家、代表作有《钦差大臣》、《死魂灵》等。
　　② 伊万·谢尔盖耶维奇·屠格涅夫（Ivan Sergeyevich Turgenev，1818—1883），俄国作家，代表作有《猎人笔记》、《父与子》等。

最卑劣的人性，第二部则想表明在沙皇体制和东正教的双重祝福下，人性能够升华到怎样的高度。

这个创作计划彻彻底底失败了。可以这么说，从果戈理皈依的那一刻起，他不仅失去了幽默才华，更失去了创作能力。在他剩下的生命里，大约有十年之久，他完全枯竭了。他不停地从一个地方搬到另一个地方，仰仗朋友的救济，在一本烂书的迷宫中挣扎，再也写不出任何东西。他渐渐变成了一个宗教偏执狂，不停地对朋友布道，在狂热的牧师的命令下进行自我忏悔，有一次甚至到圣地朝圣。《死魂灵》的第二部总是"就要写出来了"，但一直写不出来。果戈理在临终前几个月将手稿付之一炬。他享年43岁，显然是死于绝望，而不是什么明确的疾病。在他最后的十年里，除了大部分内容是书信集的《护教书》外，他什么也没写出来。

果戈理的问题的本质是什么并不清楚，但斯克尔泽先生将它归因于情感上的萎靡，或他本人对这件事的察觉。他似乎是性无能，而且更严重的是，他是那种无法体验到激情和真实情感的人。斯克尔泽先生说他不知道情爱的意义。果戈理写了一本名叫《死魂灵》的书，虽然"魂灵"只是意味着农奴，但这本书的名字很贴切，而他自己也意识到这一点。里面所有的角色不仅粗俗不堪，而且没有任何精神上的活力——他们都是死去的灵魂。斯克尔泽先生认为果戈理渐渐意识到自己也是一个死去的灵魂，无法领略真正的爱和真正的忏悔——在一个死气沉沉的地方，作为一个基督徒，他想要活着。他所有的高贵和令人感到心安的情怀都是谎言，而且他知道它们都是谎言，因为他的心没有得到"救赎"。他在生命中的最后十年与命运进行抗争，尝试让自己死去的灵魂复活，但失败了。这种精神上陷入萎靡，无法采取行动的情况在奉行加尔文主义的国家很普遍。有趣的是，在一个非常正统的东正教信徒的身上它也会起作用。

如果果戈理生活在我们这个时代，或许除了思想上的失败之外，还得加上可怕的饥饿的故事。但幸运的是，十八世纪的传统在俄国似乎一直持续到他的时代（1810—1850），有天赋的艺术家可以领救济金，可以从事闲职。即使如此，他努力想要重新获得失去的创作能力这个故事以非常清醒和敏锐的方式讲述出来，仍让人觉得心情很郁闷。

评埃尼德·斯塔基的《波德莱尔》^①

这本书首先是波德莱尔的传记，然后才是一本文艺批评，不过它引用了一些诗歌，通常都是全文引用。它的内容如此详实而且文献完整，让人觉得再出英文版的波德莱尔传记显得很多余。

波德莱尔悲惨的一生已是众人皆知，但似乎要比你所想象的更糟糕。他的父母虽然慈祥可亲，却没办法理解他；他有一个黑白混血的情妇；他债台高筑，得了梅毒，因为作品内容淫秽而被指控，欠债更多，文学创作完全陷入停顿，年仅四十六岁就全身瘫痪而死——这些只是故事的一部分。波德莱尔挣扎于债主和继父之间，或许无力挣钱和成名是对他最沉重的打击。他获得成功的机会因为被控告内容淫秽而遭摧毁，这件事使得所有拥有影响力的批评家都抵制他——而在法国，文坛就像在英国一样似乎是肮脏的名利场，至少在当时情况就是这样。圣伯夫^②清楚地知道波德莱尔是一位天才，但他一直拒绝公开承认他的才华。高迪埃^③被

---

① 刊于 1933 年 8 月《艾德菲报》。埃尼德·玛丽·斯塔基(Enid Mary Starkie, 1897—1970)，爱尔兰作家，作品多是文化名人的传记，代表作有《波德莱尔》、《福楼拜》等。

② 查尔斯-奥古斯丁·圣伯夫(Charles-Augustin Sainte-Beuve, 1804—1869)，法国作家、批评家，代表作有《十六世纪法国诗歌与戏剧概述》、《情欲》等。

③ 皮埃尔·儒尔·特奥菲尔·高迪埃(Pierre Jules Theophile Gautier, 1811—1872)，法国诗人、作家，代表作有《莫萍小姐》、《珐琅与珠玉》等。

波德莱尔捧为自己的导师（很难理解个中原因，这两人简直天差地别，不是吗），甚至不肯去参加他的葬礼。或许没有哪个拥有同等才华的诗人死得这么悄无声息。

现在，波德莱尔不仅受到那些"高雅的批评家"的推崇，而且那些虔诚的信徒囫囵接受了他的作品，显然，他的痛苦来源于他并不归属的那个时代的幻觉。他对待生命的愤愤不平的态度，那些可怕的悔恨和绝望，那种充斥着其主题的致命的厌倦——在十九世纪五十年代一定显得如此荒谬！在形容我们对生命缺乏热爱时，他写道：

> 犹如一个穷奢的浪子，
> 吮吸着老迈的娼妓干瘪的乳房。

这是对一个乐观的时代真正的亵渎。但是，今天我们真正理解它的含义。他对酒色沉迷怀有真正的恐惧（而卫道士则将这些描绘得很有吸引力），而且斯塔基小姐强调他有着"深刻的虔诚"，这么说是对的，这些内容在时代的荒谬被排除之后能够被更好地理解和欣赏。波德莱尔被缅怀的原因是他无可比拟地清晰表达了典型的现代心态。读着像《珠宝》或《阿尔巴特罗》（除了一行诗之外）这样的诗歌，你就会理解他的修辞已经达到了几乎完美的地步。

斯塔基小姐的文笔很业余（比方说，"他不怎么知道"这种句子），但内容很公允深刻，展现了对于十九世纪法国文学的深厚造诣。出版商说它将会颠覆"波德莱尔的传说"，或许这指的是波德莱尔被视为一个浪子和色情作家。如果这个传说仍然存在，这本书将会对终结这个传说起到帮助，而且或许拯救了波德莱尔，让他不至于被约翰·斯奎尔爵士①评头品足。18 先令的定价似乎不是很合理，考虑到这本书的印刷用纸非常低劣。

---

① 约翰·科林斯·斯奎尔（John Collings Squire，1884—1958），英国诗人、作家、编辑，代表作有《花语：文学作品的文字与形式》、《反思与回忆》等。

评吉尔伯特·基思·切斯特顿的《对查尔斯·狄更斯作品的批评和意见》①

切斯特顿先生研究狄更斯的方法有一个优点，那就是它并不是单纯地从文字角度进行探讨。大部分现代文学批评只从文学角度作探究，别无其它——也就是说，它专注于作者的风格，认为关注题材是很庸俗的事情。无疑，这一类型的文学批评的影响很健康（没有像萧伯纳的时代那样陈词滥调地告诉我们莎士比亚是一位伟大的道德导师什么的，而像布里厄②这样的家伙则被硬生生地推销给我们），但对于狄更斯这么一个作家会有所欠缺。狄更斯是一位卫道士，不能把他当成福楼拜去研究。

作为一位卫道士，狄更斯并不是单纯地为角色而创造角色，而是将角色作为他喜欢和不喜欢的人性品质的体现。或许这正是他们的生命力的秘密。作为一个有道义的人，狄更斯爱憎分明。当他能对社会问题有理解时，他总是站在弱者的一方对抗强者。正如切斯特顿先生所说的，狄更斯"看到许多形式的下面只有一个事实，那就是人对人的欺压。当他看到欺压时他就会对它进行抨击，无论那是新的事情还是旧的事情"。情况确实如此。狄更斯的生命观有时候是片面的，而且他无法摆脱一种让人觉得很讨

---

① 刊于 1933 年 12 月《艾德菲报》。
② 尤金·布里厄(Eugène Brieux, 1858—1932)，法国剧作家，代表作有《损害的货品》、《独立的女人》等。

厌的小资产阶级的阶级情感，但大体上他的本能是合理健康的。只有当他气急败坏的时候，他才会在艺术上或道德上迷失方向。

最好的例子是《大卫·科波菲尔》。正如切斯特顿先生所指出的，《大卫·科波菲尔》在艺术上的崩溃有伦理上的原因。显然，《大卫·科波菲尔》是一本自传（当然是想象中的自传），而且很显然，到了结尾处狄更斯开始扯谎。他歪曲了这本书的自然发展脉络，写出了一个合乎传统的快乐结局，不仅无法令人信服，而且显得很一本正经。朵拉无缘无故就被写死了，莽撞而可爱的角色被安排去了澳大利亚，大卫娶了讨厌的艾格尼丝——就像维多利亚时代小说里的婚姻一样，暗示着乱伦。这个结局非常糟糕，以可怕的农神节似的狂欢作为结束，一切都被颠覆，狄更斯暂时失去的不只是他的喜剧才华，甚至连道义感也不复存在。最后一章的监狱描写实在令人觉得恶心，那是埃德加·华莱士才写得出的内容。狄更斯的内心有一些阴暗之处是切斯特顿先生显然不愿意探究的。但是，那篇关于《大卫·科波菲尔》的文章写得很好，是这本书中最有趣的内容。

当然，切斯特顿先生肯定是要借狄更斯说出自己的想法。当狄更斯的想法与切斯特顿先生的想法不谋而合时，譬如说在英国的济贫法这件事情上，他会强调那就是狄更斯的思想。而如果两人的意见不一致，譬如说在中世纪、法国大革命或罗马天主教会这些问题上，切斯特顿先生的解释是狄更斯并不是真的那么想，或只是以为自己是那么想的。狄更斯被当作是打击所有现代小说家和大部分十九世纪小说家（包括萨克雷）的武器。（为什么狄更斯和萨克雷总是被拿来比较呢？他们根本没有相似之处。与狄更斯同一时代的小说家中最像他的是苏迪斯。）此外，狄更斯的一些缺点——譬如说，病态的恋尸情结——被吹捧成优点，因为切斯特顿先生要么也有这些缺点，要么觉得自己也应该像他一样。虽然他没有明言，但他尝试将狄更斯与中世纪联系在一起——罗马天主教徒所钟爱的神秘的中世纪，那时候农民们总是醉醺醺的，但奉行一夫一妻制，没有农奴制度，也没有宗教法庭。但是，有一件事情切斯特顿先生没有提及，为此他值得受到尊敬。他没有说如果狄更斯稍有头脑的话，原本会皈依罗马天主教。许多为天主教辩护的人士已经这么说了。谎称切斯特顿先生不是一位天主教的卫道士未免荒唐，但至少他还不至于说出新教徒所写的书都不堪卒读这种话。

切斯特顿先生描写狄更斯的作品是他最好的作品。有一点他和狄更斯很像，那就是：无论你有多么不认同他，甚至觉得他是一个糟糕低俗的作家，你都会忍不住喜欢他。看到他别具一格的批评方式用在其他重要的小说家身上——特别是菲尔丁，将会是一件有趣的事情。

评迈克尔·罗伯茨的《诗歌的批评》[①]

　　罗伯茨先生在他这本书的开头引用了篇幅很长的帕特[②]的话——这么做很让人提不起兴趣，十个读者中有九个看到那个可怕的名字就会立刻合上书。但是，当你遇到一个对每个人都进行夸奖的批评家时，你不应该抱怨。除了出版社在星期天报纸的吹捧之外，大部分英国的批评家更关心的是不让读者欣赏他们不认同的作品，而不是增添他们的快乐。当前盛行的批评是，年轻一辈人希望切断我们与米尔顿、华兹华斯、雪莱和济慈的联系，并把我们的手脚绑紧，献给艾略特先生那冷峭孤傲的缪斯女神。

　　这本书有两个有趣的地方，其一是指出爱伦坡在《金甲虫》中的算术错误——它与诗歌技巧之间有什么关系则不是很清楚。另一个是探讨视觉化思考者与非视觉化思考者之间的区别。很多人都没有意识到或总是忘记思想的过程因人而异，有的人主要是依靠一系列视觉形象进行思考的，而有的人则几乎只进行抽象思考。罗伯茨先生似乎认为视觉化的思维要比非视觉化的思维更加原始——这个看法很有争议性，因为视觉化的能力是在抽象思维能力的基础之上获得的。但这是一个很有意思的问题。

---

① 刊于 1934 年 3 月《艾德菲报》。迈克尔·罗伯茨（Michael Roberts，1902—1948），本名是威廉·爱德华·罗伯茨（William Edward Roberts），英国诗人、作家、批评家，代表作有《诗歌的批评》、《现代意识》等。
② 沃尔特·帕特（Walter Pater，1839—1894），英国作家、诗人、文学及绘画批评家，对文艺复兴时代的名家有独到见解。

评由奥古斯都·西奥多·巴塞洛缪编选的 《萨缪尔·巴特勒的札记片段后续节选》 [①]

这是《札记》的第二本选集，内容让人略感失望，或许这是不可避免的事情。巴特勒更关心的是自己的思想，而不是纯粹的文学创作，而为了做到自圆其说，他不得不反反复复地重复着自己。第一本选集的独特魅力在很大程度上并不是它们所体现的思想，而是那些简短而讲述精当的、巴特勒亲眼目睹或在街头和酒吧道听途说的奇闻轶事。它们的篇幅都很短，其中有一些拥有的神秘魅力可以比肩——譬如说——《亨利四世》第一幕里马夫之间的对话。无疑，许多故事是巴特勒自己想出来的，但他是一位理想的生活观察者。他善于倾听，而且比起大部分小说家来说，更能真正地理解市井俚语。

这本选集里有几则有趣的评论，譬如说：

> "我在伍尔威奇的教堂墓地里见过一块墓碑，上面写着：'上帝需要他。'想起这句话所说的背景，我觉得写这些话的人似乎在暗示死者是一个混蛋。"

---

① 刊于 1934 年 4 月《艾德菲报》。奥古斯都·西奥多·巴塞洛缪（Augustus Theodore Bartholomew, 1882—1933），书志学家、剑桥大学资深图书管理员。

这是典型的巴特勒式的奇思怪想，将《马太福音》第二十一章第三节①与那段石匠的陈腐文字联系在一起。但像这样的墓志铭只是偶尔才会出现。大部分墓志铭俗不可耐，只是将流行的话加以颠倒（"耶稣啊，虽然你有着种种缺陷，我仍然爱你"等等）——萧伯纳和切斯特顿是这种庸俗把戏的始作俑者，而这些评论则将它发挥到了无以复加的程度。这本选集或许编得不好，但更有可能是因为第一版已经将札记的精华汲取殆尽。

另一方面，这本书对于那些对巴特勒感兴趣的人来说很有价值。它的优点在于以编年体的方式进行编排，而且有许多兴之所至的文学批评——而最好的内容是关于布雷克、但丁、维吉尔和丁尼生的。有许多条目的内容有亵渎神明和反对教会的色彩，或许会起到误导的作用。巴特勒不喜欢基督和基督的教诲，但他是否真的反对基督教——即反对教会——则值得怀疑。他本人在某处曾经说过他的天敌是"像达尔文和赫胥黎这样的人"，而不是牧师。虽然他曾经想描写一个晕船的主教，但他显然对神职人员怀有隐秘的热情。

这是一本零乱而且并不令人满意的书，但和巴特勒所写的所有内容一样，它会让你喜欢上作者。他总是那么可亲，即使他在装疯卖傻。这本书里有一幅巴特勒坐在书桌旁的相片，里面的他很有魅力。

---

① 该节的内容是："若有人对你们说什么，你们就说：主要用他。那人必立时让你们牵来。"

评哈斯·库珀曼的《史蒂芬·马拉美的美学》、克莱普顿的《波德莱尔：悲剧的哲学家》[①]

库珀曼先生的书一部分内容是对马拉美先生的诗歌的解读，不是他的早期诗歌，而是后来那些难以理解的作品，另一部分内容是对马拉美先生的象征主义和他的诗歌与瓦格纳的音乐之间的联系进行探讨。

对于大多数读者来说，这本书最有趣的内容是解释为什么马拉美会写那些极其晦涩难懂的诗。简而言之，库珀曼先生解释说，马拉美刻意让他的诗晦涩含糊，是因为他在追求抽象。他表面是一个热烈而任性的诗人，但他真正追求的是达到个体的对立面——绝对的存在。他的诗的变化在几年来总是向更加抽象和更加模糊的方向发展，原因是模糊笼统的词语比确切具体的词语更接近于真实（根据柏拉图的理解）。库珀曼先生逐句分析了几首诗，解释每一首诗的更替变化。

他的分析非常仔细且富于洞察力。有几处地方读来非常有趣，但坦白说，这并不能帮助读者更深入地理解，至少对于像《掷骰子》这样的诗无能为力。马拉美没有使用任何连词，而且

---

① 刊于 1934 年 5 月《艾德菲报》。哈斯·库珀曼（Hasye Coopeman），情况不详。史蒂芬·马拉美（Stéphane Mallarmé，1842—1898），法国诗人、批评家，代表作有《牧神的午后》、《掷骰子》等。克莱普顿（GT Clapton），情况不详。

拿标点符号和排版进行试验。你知道只有"理想读者"才能理解他，而每一百万人当中可能就只有一两个。你不用采取斯奎尔—普雷斯利式的对待高雅文学的态度，就会觉得这么一个才华横溢的诗人会写出几乎无法理解的诗一定是出了什么问题，而你这么想是可以原谅的——他承认这些诗只是为了"理想读者"而写的，需要经过学者们的大量研究才能理解个中含义。（库珀曼先生的文献索引足足有 28 页。）或许真相是，过去七十年来非常普遍的艺术上的含糊只是我们没落的文明的病态症状之一，可以直接追溯到经济上的原因。遗憾的是，你可以预料到，艺术家们向它屈服，而大体上越有才华的作者就越是如此。

　　克莱普顿先生的这篇文章很有可读性，但很乖戾。在最后几页他写道："我对波德莱尔进行研究绝不是为了进行正统意义的道德谴责。"而事实上，整本书都是在道德上进行谴责，或与道德谴责没有什么区别。他实际上是在指责波德莱尔是一个自相矛盾甚至虚伪的作家，因为他没有按照规矩进行撒旦崇拜主义的游戏。克莱普顿先生说他接受了基督教的二元对立论，像一个正统的撒旦崇拜主义者那样将它颠倒过来。但是，在合适的时机，他会从非基督徒的角度抨击基督教的伦理道德，这使他自己的反基督教的态度变得毫无意义。这无疑是真的，但克莱普顿先生似乎没有想过，要一个人无时无刻不在践行撒旦崇拜就好像要一个人把全身涂黑才能演奥赛罗。撒旦崇拜本来就不像正统的基督教信仰那样一以贯之，因为它无法达到同样虔诚的程度，没有哪个真心信奉那个睚眦必报的基督徒的上帝的人会冒险去和他作对。

　　但是，虽然波德莱尔的态度显然前后不一，但那是可以理解而且情有可原的，不是吗？他坚持基督教背景的伦理道德，因为他是在基督教的传统中长大的，而且因为他认为像原罪、天谴这些概念要比他从半吊子的人文主义无神论中所了解到的理念更加真切。在精神上，基督教的世界很适合他，虽然他总是喜欢去颠覆它。但是，他当然不是而且也不会让自己成为那种星期天去教堂的信徒。因此，他是从外部而不是从内部去抨击基督教的伦理。

这或许是一个很复杂的态度，但在宗教信仰正步入衰退的时候这是很自然的事情，而且它并没有影响波德莱尔的创作能力。恰恰相反，它造就了他。但克莱普顿先生似乎对波德莱尔的诗人身份并不在意，只是在最后几页不大情愿地作出评价。但是，他对波德莱尔的生平作了深入的研究。他的这本书内容非常详实，而且文笔优美，已经了解波德莱尔的诗歌和生平主要事迹的人会很有兴趣去阅读。

评《雷纳·玛利亚·里尔克的诗歌》，詹姆斯·布莱尔·莱斯曼翻自德文的译本[①]

从一首译文诗里你基本不可能了解到原来那首诗的意境，当你不懂原文的语言时更是如此。但是，有时候译本能够精确地表达原意，而且本身就是好诗。英语很缺乏韵脚，特别是那些非常重要的词语（"死亡"、"自我"、"爱情"、"受伤"等）都没有韵脚，因此，译者必须首先是一个富有才华的韵文诗人。莱斯曼先生肯定通过了这个考验。他的韵文非常精彩，而且他还有其它优点。这本书的开头那首诗就是非常好的译本：

> 在那茅屋渐稀的地方，
>
> 竖起了新的窄腰房屋，
>
> 穿过凌乱的脚手架和呛人的灰尘，
>
> 彼此询问田野到底在哪里：
>
> 只剩下苍白惨淡的泉水，
>
> 支架和篱笆后是炙热的夏日，

---

① 刊于 1934 年 8 月《艾德菲报》。雷纳·卡尔·威廉·约翰·约瑟夫·玛利亚·里尔克（Rainer Karl Wilhelm Johann Josef Maria Rilke，1875—1926），波希米亚—奥地利诗人，代表作有《杜伊诺挽歌》、《致俄狄浦斯的十四行诗》等。詹姆斯·布莱尔·莱斯曼（James Blair Leishman），情况不详。

孩子们和樱桃树病恹恹的，

秋天还有待时日才能带来慰藉。

请注意第二节的那些精妙的韵脚，它忠实于传统，却又避免了英文十音节诗句的拗口效果。同时还请注意"ailing"与"reconciling"顺耳的谐音。无韵诗《俄尔普斯、欧律狄刻、赫耳墨斯》是一首杰作，而《亚香提》也是，它开头的那节诗隐约让人想起波德莱尔，但"lithe"这个词用得不怎么好。

这是一本光凭自身就能够带来愉悦的好作品，但并不能让读者更深入地了解雷纳·玛利亚·里尔克。你所得到的主要印象是淡淡的哀愁——忧郁，希望这个词不会让人想起《漂亮的乔》——或许任何时代或国家的任何诗人都是这样。

评克里斯朵夫·道森的《中世纪的宗教》[①]

　　对于任何不是研究历史的人来说，要知道对中世纪作何观感是越来越困难的事情。波瓦洛[②]的"世风日下"和维多利亚时代所塑造的穿着锁子甲、上唇蓄着"阳刚髭须"的童子军导师同样让人觉得难以置信，而且我们没有明确的事物取代他们的位置。但是，唯一重要的问题当然是：中世纪有过精神上的统一和我们现在已经失去的欧洲共同文明吗？道森先生的回答是"有过"，但语气不是很肯定。他似乎认为中世纪只是在十三世纪短暂地实现了整合，而瓦解的种子在那时就已经种下了。

　　他的书大部分内容与文化发展有关，我认为它展现了非凡的博学。他对通过普罗旺斯传到欧洲北部并带来对浪漫爱情的推崇的阿拉伯影响的评论格外有趣。关于《皮尔斯·普劳曼》[③]的那篇文章本身是一篇好作品，但它无视几个世纪来的冷遇证明朗兰的作品根本不堪卒读这个事实。

　　这本书几乎没有我们已经认为信奉罗马天主教的英国人一定会说的废话。事实上，它似乎出自一个法国人的手笔。发现即使

---

① 刊于 1934 年 11 月《艾德菲报》。克里斯朵夫·亨利·道森（Christopher Henry Dawson, 1889—1970），英国作家，代表作有《诸神的时代》、《进步与宗教》等。

② 尼古拉·波瓦洛-德普雷奥（Nicolas Boileau-Despréaux, 1636—1711），法国诗人、批判家，代表作有《讽刺诗》、《诗艺》等。

③ 《皮尔斯·普劳曼》（Piers Plowman），中世纪诗人威廉·朗兰（William Langland）所著的梦幻式叙事诗。

在英国仍然有能够比骂骂咧咧的贝洛克①和嗤嗤傻笑的诺克斯②更好的天主教作家，实在是一件幸事。

---

① 约瑟夫·希莱尔·皮埃尔·热内·贝洛克（Joseph Hilaire Pierre Rene Belloc，1870—1953），作家，拥有英国、法国双重国籍，笃信天主教，持反犹立场，代表作有《奴役国家》、《欧洲与信仰》、《犹太人》等。
② 罗纳德·阿布斯诺特·诺克斯（Ronald Arbuthnott Knox，1888—1957），英国神学家，曾是英国圣公会牧师，后改宗罗马天主教，曾将拉丁文《圣经》重译为英文《圣经》。

评肯尼思·桑德斯的《东西方的理念》^①

.

　　这本书由作者在加利福尼亚伯克利太平洋宗教学院发表的关于世界各大宗教体系的一系列讲座构成，大部分内容很空洞。最有趣的部分是摘自中国、印度、日本和其它地方的作品的语录，包括一些广为流传的格言警句。但即使在这部分内容里，有许多是没有必要引述的。（如："弟子入则孝，出则悌。"——孔子）我至少能够想到三则东方的格言要比它所引用的大部分内容更充实。这本书的结尾是想象中的五种宗教的代表在进行对话，他们都想通过干巴巴的向上的热情去压倒对方。

　　桑德斯先生的写作方式有时候就像是在拙劣地模仿熟悉的《美国东方智慧研究》，让人怀疑他是故意这么做的。或许他不是刻意为之，但你一打开书就看到这么两句诗：

　　　　爱能够改变异端者的态度，
　　　　让他们更接近至福。

　　你很难不去怀疑。就是这种书使得亚洲和美国陷入不必要的猜忌。

----

① 刊于 1934 年 12 月《艾德菲报》。肯尼思·桑德斯(Kenneth Saunders)，情况不详。

评杰克·希尔顿的《卡利班的尖叫》①

这本机智而不同寻常的书或许可以被称为非叙事式的自传。希尔顿先生让我们隐约了解到他是一个棉花工人，过去几年来有一搭没一搭地工作，在那场战争（应指一战）的末期曾在法国服役，而且曾经流浪过，还蹲过监狱等等。但他很少花费笔墨进行解释，而且对那些情况没有一点描写。事实上，他的书就是一系列对于一个人每周只挣两英镑甚至更少时的生活的评论。比方说，下面是希尔顿先生对自己婚礼的描述：

> 虽然我们都知道婚姻会带来的种种困境，但这件可恶的事情还是发生了。没有神秘而诱人的洞房，也没有让人心神激荡的糖公公和糖婆婆②，有的只是我们的决心：无论发生什么事情，不管家具店的供款有没有还清，房租是否付讫，我俩——我和妻子——将在每个星期天早上吃火腿煎蛋当早餐，纪念我们的婚姻。我们比怀着疯狂的爱情为小白鸽写诗的诗人更加疯狂。云云

① 刊于 1935 年 3 月《艾德菲报》。这是第一篇署名为"乔治·奥威尔"的书评。杰克·希尔顿(Jack Hilton, 1900—1983)，英国作家，工党活动家，代表作有《卡利班的尖叫》、《斗士》、《英国方式》等。卡利班(Caliban)，莎士比亚的戏剧《暴风雨》中一个半人半鱼的怪物。
② 糖公公和糖婆婆(Darby and Joan)，英文中指代一辈子相濡以沫白头到老的老夫老妻。

这种写作方式明显有不利的地方——特别是它先入为主地假定了许多读者并没有的广泛经历。另一方面，这本书有一种品质是那类客观写实的书几乎都欠缺的。它从内部对主题进行挖掘，结果它带给读者的不是关于贫穷的流水账式的事实，而是让读者生动地了解到贫穷是怎样一番滋味。在你阅读的时候，你似乎听到了希尔顿先生的声音，而且你似乎听到他讲述出了无数产业工人的心声。那幽默的勇气、充满恐惧的现实主义和完全漠然的中产阶层的理想，这些就是混得最好的产业工人的特征，全部都蕴含于希尔顿先生的说话方式中。这本书是那些成功表达出了所思所想的作品之一，这要比仅仅讲述一个故事更加困难。

像这些出自真正的工人和展现了真正的工人阶级世界观的书是极为罕见的，因此非常重要。它们表达了原本沉默寡言的群体的心声。在整个英国，每一个工业城镇都有数以万计的人，如果他们能表达出自己对于生活的态度，如果他们所有人能将自己的想法写到纸上，那将会同希尔顿先生所写的一样，我们英国人的整个思想将被改变。当然，他们当中有的人在尝试这么做，但几乎每一次尝试，不可避免地，他们都搞得一团糟！我曾经认识一个流浪汉，他正在写自传。他年纪轻轻，但已经有了非常有趣的人生，别的且不说，他居然在美国越过狱，他能绘声绘色地讲述这段经历。但一旦他拿起笔，他写的东西就变得不仅无聊透顶，而且根本狗屁不通。他的文风是仿照《琴报》①的文风（"我惊叫一声，颓然倒下"等等），根本不懂得遣词造句，读完两页生硬的描写后你甚至不能肯定他想要描写什么。回顾那本自传和一系列

---

① 《琴报》（Peg's Paper），一份二十世纪二十年代在英国发行的女报。

我读过的类似文本，我意识到希尔顿先生的这本书凝聚了多少文学才华。

至于希尔顿先生所提供的社会信息，我只找到了一点错误。显然在战后的那几年他没有在收容所里呆过，他似乎相信了过去几年来广泛宣传的谎言，以为流浪汉们现在吃午饭的时候能吃上一顿"热饭"。除此之外，他所描写的事实在我看来是非常准确的，而他对监狱生活的评论不含任何恶意，是我读过的最有趣的评论之一。

评艾米·克鲁兹的
《维多利亚时代的人和书》①

这是一本曲折而臃肿的书，但它有许多有用的信息。它的主旨是告诉读者，在维多利亚时代的每一个时期，人们在读什么书，对它们有怎样的评价。不过，它总是背离这个主旨。

这类调查会让读者关注几件事情。第一件事情当然是十九世纪英国与欧洲在文化上的隔绝。在整个十九世纪，除了美国作品和《圣经》之外，似乎没有一本外国作品能够引起公众的关注。另一个事实或许没有那么明显，那就是对于读书的歇斯底里的狂热和对华而不实的作家的过度褒扬——事实上，是书籍的盛大闹剧——在当时就像现在一样盛行。在小说身上这一点尤为明显。很难相信在读过沃波尔与古尔德②的作品后，维多利亚时代的人还像我们一样严肃地对待小说。男男女女都像小孩子一样热切地阅读小说。克里米亚的战地医院里，受伤的军官吵着要看夏绿蒂·玛丽·杨格③的作品。麦考利④读着《董贝父子》时会"撕心裂肺地哭泣"（这是

---

① 刊于 1935 年 8 月《艾德菲报》。艾米·克鲁兹（Amy Cruse），情况不详。
② 杰拉德·古尔德（Gerald Gould，1885—1936），英国作家、书评家，代表作有《德谟克利特或未来的笑声》、《当代英语小说》等，曾为《观察报》撰写文学评论。
③ 夏绿蒂·玛丽·杨格（Charlotte Mary Yonge，1823—1901），英国女作家，代表作有《当代忒勒玛科斯》、《家里的顶梁柱》等。
④ 乔治·麦考利·特里维廉（George Macaulay Trevelyan，1876—1962），英国历史学家，代表作有《斯图亚特王朝治下的英国》、《一位历史学家的消遣》等。

他的原话）。就连最忙碌的人也似乎有时间不仅去阅读小说，还能在写给朋友的私人信件里撰写长篇书评。克鲁兹小姐对每一部流行小说都引用了最意想不到的人所写的严肃的长篇书评，从斯温伯恩①到格莱斯顿②，从弗罗伦斯·南丁格尔③到爱德华·菲茨杰拉德④。就连女王也有时候会公开谈论小说。而且，那时候的名声要更加持久。那时候没有"他是位天才——曾经是！"你一旦成为伟大作家，那你就一直是伟大作家，至少在你早期的仰慕者们死去之前是这样。事实上，"伟大作家"这个名号是如此牢靠，即使最名不符实的作家如今仍被视为伟大作家。

还有一点，虽然不是很突出，但值得一提，那就是体面的观念的改变。确实，从 1840 年到 1890 年是神经过敏的时代——虽然苏迪斯⑤和马里亚特⑥写了一些精彩的下流笑话，但我们这个时代同样神经过敏，只是形式不同。对于维多利亚时代的人来说，虽然他们对淫秽内容很害怕，但他们并不惧怕恐怖的描写。那一代人觉得《简·爱》是一本危险的书，却能够接受爱伦坡的《故

---

① 阿尔杰农·查尔斯·斯温伯恩（Algernon Charles Swinburne, 1837——1909），英国诗人，对回旋诗体进行了创新发展，曾获六次诺贝尔文学奖提名，但未能获奖。代表作有《回旋诗百首》、《阿尔杰农·查尔斯·斯温伯恩诗集》等。

② 威廉·伊华特·格莱斯顿（William Ewart Gladstone, 1809—1898），英国自由党政治家，曾四度担任英国首相（1868—1874、1880—1885、1886、1892—1894），是英国历史上年纪最大的首相。

③ 弗罗伦斯·南丁格尔（Florence Nightingale, 1820—1910），英国护士，因其人道主义精神和对医护工作的贡献而被奉为护士这一职业的精神象征。

④ 爱德华·菲茨杰拉德（Edward FitzGerald, 1809—1883），英国诗人、作家，代表作有《文学与诗歌残篇》、《鲁拜集》（波斯诗人译本）等。

⑤ 罗伯特·史密斯·苏迪斯（Robert Smith Surtees, 1805—1864），英国作家，代表作有《汉德利十字架》、《希灵顿大厅》等。

⑥ 弗雷德里克·马里亚特（Frederick Marryat, 1792—1848），英国海军军官、作家，代表作是少年作品《新福里斯特的孩子们》。

事集》，《荒凉山庄》中库鲁克的死那一幕几乎不会让读者犯嘀咕。如果《故事集》的初版是在现在的话，或许会引发惊恐的抗议。当然，在各个国家和各个时代，体面的观念总是在改变。

这本书的所有趣味都在于它的题材。它的文笔很糟糕，内容胡乱拼凑，而且带有不加选择的热情。克鲁兹小姐对像查尔斯·金斯利①和汤姆·休斯②那样猥琐的低教会派童子军导师怀有特殊的热情。但是，就算在这一部分里她也提出了很有意思的事情。她记录了一句话，漂亮地总结了十九世纪中产阶级新教徒的思想，这句话就是金斯利所说的"亚平宁山脉是'天主教的亚平宁'"。

---

① 查尔斯·金斯利(Charles Kingsley，1819—1875)，英国作家、牧师，代表作有《圣人的悲剧》、《向西进发！喝！》。
② 托马斯·休斯(Thomas Hughes，1822—1896)，英国作家、历史，代表作是校园小说《汤姆·布朗的校园生活》系列。

评帕特里克·汉密尔顿的《天空下的两万条街道》、凯瑟琳·威廉姆斯的《社会的进步》、罗伯特·戈弗雷·古德耶的《我独自静躺》[①]

这三本小说以不同的方式尝试呈现"真实"生活的图景。我认为最好的方式是根据篇幅从长到短进行评论——而它们的价值则是由小到大。

《天空下的两万条街道》是一部长篇小说——确切地说，是三部曲小说，但印成一本书——描写了一个酷爱文学的酒保，一个心地善良、无望地爱着这个酒保的酒吧女侍应和一个一无是处、从这个酒保身上坑钱的妓女之间并不是非常复杂的关系。下面是一段我认为很有代表性的文字：

> "从桌子走到门口，珍妮没有提起土耳其软糖。事实上，她小心翼翼地不去看土耳其软糖一眼——或许太过于小心了。不管怎样，汤姆心想，如果他不买到土耳其软糖的话，整个晚上似乎就危险了。因为在所有大自然恩赐的享受中，珍妮最想要的就是土耳其软糖。"

---

① 刊于 1935 年 8 月 1 日《新英语周刊》。帕特里克·汉密尔顿（Patrick Hamilton, 1904—1962），英国作家、剧作家，代表作有《绳索》、《孤独的囚徒》等。凯瑟琳·威廉姆斯（Katharine M Williams），情况不详。罗伯特·戈弗雷·古德耶（Robert Godfrey Goodyear），情况不详。

这本书有 753 页，每一页都是这个水平。可以看得出，它的文风是所谓的贪多嚼不烂的风格——也就是说，那种什么事情都要扯上一通而不是简单地一笔带过的文风。汉密尔顿先生师从的显然是普雷斯利，出于真心想写一本关于"真实的生活"的小说，但普雷斯利式认为"真实的生活"意味着一个大城镇里的中层阶级下层群体的生活，如果你能在小说里塞进在街角的一间里昂斯茶馆喝上五十三回茶的描写，你就达成目的了。你能预料到这会出现什么结果：一部有很好的立意的鸿篇巨著，内容杂乱无章，就像一堆青蛙卵那样了无生机。

但是，虽然《天空下的两万条街道》写的都是没有什么意思的题材，但内容前后一致，而且没有故意卖弄低俗或虚假的描写。无论你对它的质量有什么看法，对它的分量你应该还是很满意的：753 页的书只卖 8 先令 6 便士很划算。普雷斯利先生撰写了序文，为叶芝先生那句知名的隽语①作了解释。

《社会的进步》的篇幅稍短一些，题材更加斯文。事实上它不能算是一本小说，而是一系列故事和白描，描写的是英国南部沿海地区的文学圈子里的成员。这些人是我读过的最令人沮丧的老古董。他们毫无例外地过着难以言状的空虚生活，几乎每个人都老得只记得爱德华七世时代的事情。就我而言，我不能肯定伯恩茅斯的文学圈子（是伯恩茅斯吗？）是不是像书里所描写的那么糟糕。但是，威廉姆斯小姐显然偏爱这些沉闷沮丧的人。当然，没有什么恐怖的事情发生——没有把头伸进煤气炉里或类似的事

---

① "有哪只狗会去赞美它的虱子呢？"

情，只有那些现在已经老去而且从来没有好好活过的人的平和而死气沉沉的生活。所有的内容都弥漫着上层阶级的腐朽气息：寄宿旅馆、固定年金、假牙、胶套鞋和浴室椅。未曾活过的生活——这大概就是威廉姆斯小姐的主题。

但奇怪的是，对这类幻灭式作品的推崇有点像旧时基督教的自我禁欲类作品。思想的钳制只是换了一个形式。理想的基督教的圣洁不复存在，现在是理想的完整的生活——同样是大部分人无法企及的生活。在波德莱尔的时代，你在一间妓院里醒来，哀叹自己不再是一个纯洁的人。现在你坐在浴室椅子上，被推着走在伯恩茅斯的路上，心里五味杂陈，对你在 1897 年没有搞成的外遇这件事既感到凄楚又觉得欣慰。或许这是精神上的堕落。但这本书很有可读性。它是一本典型的女性读物（或许它受到了凯瑟琳·曼斯菲尔德①的影响），夹杂着感伤和幻灭。第四个故事《缅怀埃塞尔》是一个非常好的故事——构思精巧而且文笔很优美。

《我独自静躺》的题材要狭窄得多。事实上，它只不过是对一个角色的深入描写。莉蒂·格塞特是一个极其粗俗、没有思想的老女仆。书中通过点点滴滴、相当隐晦的方式介绍了她真正的性格。一开始的时候，你会以为她是现实中和小说里那种典型的老母鸡式人物——那种亲切的，会做温李果冻和黄花酒，还为穷苦人缝补衣服的"老大妈"。但是，随着故事逐步展开，读者越来越清楚地意识到她是个一无是处的女人，一心只想着吃喝。在整本

---

① 凯瑟琳·曼斯菲尔德（Katherine Mansfield，1888—1923），新西兰女作家，代表作有《花园酒会》、《幸福》等。

书里，几乎每一页她都在吃东西，或准备吃东西，或在回味肮脏而"美味"的一顿饭，要么就是她正穿着法兰绒的睡衣在一张羽绒床上沉睡。古德耶先生的描写很冷漠无情。我觉得没有哪一位绅士①会这样去描写一位女士：

> 她在黑暗中摸索着，打了个嗝。"黄瓜，"她说道，拍了拍胸脯。
>
> 她热切地切开那个蛋糕，一股温暖的水果芳香弥漫着整个房间。那些黑乎乎的切片冒出一股淡淡的蒸汽。

到了结尾处，这本书成了记叙文，或许水平有所下降。莉蒂为了父亲一辈子守在家里，他的死也带走了养老金。像莉蒂这样的女人当然没有积蓄，也找不到工作。她依赖亲戚的施舍，生活搞得一团糟，越来越酗酒无度，最后在公立赡养院里悲惨地死去。这是一个悲哀的故事，但很有趣。读完之后你会比以前更清楚地了解为什么饕餮被列为七宗罪之一。这本书的原创性在于它的题材而不是它的手法。从我上面所引用的摘录你可以了解到它的文笔平淡无奇。这本书是由读书协会推荐的。

---

① 原文是 preux chevalier。

评罗杰·维塞尔的《科南上尉》、卡西的《一个成功人士的私生活》、汤普森的《六便士之歌》、顿·特雷西的《交叉》、理查德·赫尔的《保持肃静》[①]

　　如今书评家最需要的是一组新的形容词。不仅是因为字典里所有最强烈的形容词（"极其美妙的"、"令人瞠目结舌的"、"难以忘怀的"等等，不过还有两三个词语没有被发现，最好不要泄露它们是哪些词）已经被用得如此俗套，没有哪个体面人会再去使用它们，而且还因为目前的情况是：对于真实价值相距万里的书籍，无论是褒扬或贬斥，用的都是几乎一模一样的词语。如果你要为戴尔[②]或迪平[③]写书评，将它们贬得一无是处并不会起到什么帮助。你必须严肃地对待它们，这意味着用上那些你准备用于评述司汤达或莎士比亚的作品的词汇。这就像是用一台给鲸鱼称重的秤去给一只虱子称重。任何诚实的书评家都会承认《格列佛游

① 刊于 1935 年 9 月 26 日《新英语周刊》。罗杰·维塞尔（Roger Vercel，1894—1957），法国作家，代表作有《伊甸园在望》、《科南上尉》等。卡西（W.F. Casay），情况不详。汤普森（T. Thompson），情况不详。顿·特雷西（Don Tracy，1905—1976），美国作家，代表作有《切诺基》、《交叉》等。理查德·赫尔（Richard Hull），情况不详。
② 埃塞尔·梅·戴尔（Ethel May Dell，1881—1939），英国女作家，其作品多为浪漫言情小说。
③ 乔治·华威·迪平（George Warwick Deeping，1877—1950），英国作家，其作品在二三十年代非常畅销，代表作有《福克斯庄园》、《猫咪》、《十诚》等。

记》和《神探福尔摩斯》都是好书。他甚至会用"极其美妙的"、"令人瞠目结舌的"、"难以忘怀的"等词语去形容这两本书。但是，显然它们有着明确的区别——但大部分评论家并没有明确地指出它们的区别。既然没有那些急需的形容词（而我们应该是找不到那些形容词的），最好的解决方法就是更加精确地对小说进行分类。它们应该被严格地分为不同的等级，就像荣誉勋章有不同的等级一样。"一本精彩的九流小说"或"一本差强人意的一流小说"——这就是我们所需要的分类。

我之所以提起这个问题，是因为我手头的这张小说清单碰巧都是水平很差的作品。你能够将它们区分开来，并说这一本比较好而那一本比较糟，但其实它们都差不多，都是水平低劣之作。《科南上尉》是法文英译本，或许可以被归为四流或五流的小说。它讲述了一战后在罗马尼亚和保加利亚的法国驻军的故事。主角科南上尉曾经是一位英雄和令人讨厌的恶棍。他是一个天生的战士，那种人的理想就是一辈子都打仗和时不时能沉迷酒色。在打完这场战争并立下赫赫功勋和肆意享乐后，他还想方设法在战争结束后打了几个月的仗。但最后他复员了，在这本书的结尾我们匆匆一瞥，看到十几年后他的惨状。当然，和平把他给毁了。三十五岁的他成了一个臃肿、生病而且惧内的男人，因为倦怠和肝硬化而死气沉沉。文风很生硬造作，而且无疑那就是原文的风格。但是，译者没有把握好一件重要的事情，那就是：在翻译一门外语的对话时，你要么必须忠实地翻译它，表达出原文的异国情调，要么你必须忽略准确性，让那些角色像英国人一样说话。他在法式文风和英国口语之间徘徊，结果就是，所有的对话都是这样：

"看好了，"他结结巴巴地说道，"手雷可不是橘子，你知道的。它们被分发下来就是要拿来用的，是要把该炸的人炸个稀巴烂的——我的朋友，随你怎么说都行，事情就是这样！"

没有哪一个时代或哪一个国家的人会这么说话。

《一个成功人士的私生活》是一本更加为人熟悉的作品。主角玛格罗夫是一个典型的现代"大人物"——那种美国商业学院会想方设法让你相信你也可以成为的人物。他拥有不计其数的企业，包括"文化有限公司"，而且他沾沾自喜地觉得自己有点像拿破仑。不消说，他的私生活一片空虚而且无法满足。他的妻子鄙视他，其他女人让他觉得厌烦，等等等等。（去描写一个不会对自己的"伟大"感到失望的"大人物"是多么富于原创性和可怕！）作者显然有机会近距离观察诺斯克里夫勋爵①。但他的小说与另一本十几年前同一主题的小说不可同日而语——或许现在它已经被遗忘了，但它是一本好的小说——已故的沃尔特·莱昂内尔·乔治②的《卡利班》。

读着《六便士之歌》的开头，我看到这么一句话："走在这片荒芜的棕色和紫色的土地上，他回到了精神家园。"有那么一会

---

① 阿尔弗雷德·查尔斯·汉姆斯沃（Alfred Charles William Harmsworth，诺斯克里夫子爵，1865—1922），英国报业大亨，《每日快报》和《每日镜报》的创办人。
② 沃尔特·莱昂内尔·乔治（Walter Lionel George，1882—1926），英国作家，代表作有《社会进步的动力》、《英国人的培养》等。

儿我还以为自己在读"黑土地"文学，在干草堆后面摘花呢。但是，《六便士之歌》不是这类书籍。它更像是一本非常朴实的传记，就像是在闲庭信步，你会一直觉得很快就会有"情节"发生，但是"情节"从未出现。主角扎克·凯伊是一个离家出走的兰开夏的男孩，遇上了一个小贩，自己也当上了小贩，令人难以置信地轻松地发财了（他卖的主要是咳嗽糖浆）。很快他娶了女房东，或者说是她娶了他——里面有太多的"俏皮话"，如果"俏皮"是正确的兰开夏词语的话——他当上了镇议员，然后当上了市长，失去了妻子，失去了金钱，最后，在年近五十的时候，回到路上去当小贩。这是一个很有趣的故事，我相信所有北方的读者都会为里面的角色说的那些粗俗的方言而感到高兴。

> "俺在寻思，"扎克腼腆地说道，"如果俺让你家莎莉到俺那儿料理家务，我会给她好报酬的，她的手头也能松动一些。"

还有：

> "他将会满足镇里大家的要求，"她说道："他是个思想坚定的家伙，他的马厩里的马每一头都能拉得动大象。"

这些对话应该说到兰开夏人的心坎里了，不是吗？我是很反对这种写法的。我觉得真实生活里已经有太多的北方口音了，不应该把它写进小说里。

另外两本书是犯罪小说。《交叉》是"硬朗"的美国作品。"硬朗"的美国作品会让你抗议说海明威是始作俑者，但它们的数量表明海明威只是一个表征而不是原因。或许文风"硬朗"的作品可能会突然间消失，甚至没有时间去揭穿海明威的真面目。《保持肃静》是温文尔雅的英国作品，但对于这本书的护封，我要说的是，我觉得费伯出版社能够把它做得更好一些。

评埃迪丝·朱莉亚·莫利的《亨利·克拉布·罗宾逊的生平与时代》[①]

亨利·克拉布·罗宾逊生于 1775 年，卒于 1867 年，一生丰富多彩，而且酷爱文艺。他在德国当过报纸的通讯记者，后来在拿破仑战争期间担任驻西班牙的通讯记者，与歌德和其他几位德国诗人相识，而且认识十九世纪上半叶几乎每一个英国文坛的名人。因此，他应该不是像这本书所描写的那种沉闷乏味的人。这是一本胡乱拼凑的作品，大部分内容是日记和书信的节选，但作了一些改动以将它们编排成一本传记。一个传记作者所需要的品质是同情心和智慧，莫利教授的同情心过于泛滥。她对亨利·克拉布·罗宾逊说过和做过的每一件事情都表现出几乎病态的兴趣，以教科书式的严谨去探究书信中模糊的含义。研究现代文学病理学的人会对第 53 页的脚注感兴趣。[②]

亨利·克拉布·罗宾逊的日记和回忆录很快就会更齐全地出版，而且它们或许会引发读者们的兴趣，因为他似乎是那个时代非常典型的英国人。他属于清教徒有产阶层，这个阶层是在旧贵

---

① 刊于 1935 年 10 月《艾德菲报》。埃迪丝·朱莉亚·莫利（Edith Julia Morley, 1875—1964），英国女作家、女权活动家，代表作有《女性的七种职业调查》。亨利·克拉布·罗宾逊（Henry Crabb Robinson, 1775—1867），英国律师，伦敦大学创始人之一。

② 莫利教授对克拉布·罗宾逊的词"garvance"进行了考证，得出的结论是它应该是"caravanzes"，一种像鹰嘴豆的豆子。

族的废墟上崛起的，他们有自由派的思想，在保持安全距离的时候喜欢向暴君挥舞拳头。和华兹华斯一样，他一开始对法国大革命充满热情，最后像许多英国人一样，因为英国与法国打了一场漫长的战争而对法国怀有无法消除的偏见。他对那个时代的科学发明怀有浓厚的兴趣，仔细地记录了吸入氯仿（他是英国第一个这么做的人）和1833年乘坐火车的感受。对氯仿的记录和乘坐火车的行记，以及关于1849年已经在使用的安全剃刀的信息，是我从莫利教授的这本书里得到的唯一收获。

评亨利·米勒的《北回归线》和罗伯特·弗朗西斯的《门口的恶狼》 [①]

　　现代人就像一只被切成两半的黄蜂，不停地吞食着果酱，就连它的腹部被切掉也假装满不在乎。正是对这一事实的察觉，让像《北回归线》这样的书（再过一段时间像这样的书或许将会越来越多）问世。

　　《北回归线》是一本关于美国人在巴黎的小说，或许毋宁说是一部自传的集合——不是那些腰缠万贯的附庸风雅的人，而是那些一无是处、衣衫褴褛的穷光蛋。书里面有许多精彩的描写，但最引人注目的，或许也是最主要的特征，是它对性接触的描写。这些描写很有趣，不是因为有什么情欲上的吸引力（恰恰相反），而是因为它们试图描写出事实。它们以街头流浪汉的角度对性生活进行描写——但必须承认的是，那些流浪汉都是些非常卑劣的角色。书里面几乎所有的角色都是妓院的常客。他们的行动和对自己行动的描述都带着冷漠和低俗，这在小说里很罕见，但所有这些都是在现实生活中司空见惯的事情。大体上这本书甚至可以被称为对人类本质的亵渎。或许你会问，对人类的本质进行亵渎

---

　　① 1935 年 11 月 14 日刊于《新英语周刊》。亨利·米勒（Henry Miller，1891—1980），美国作家，作品因描写性爱和颓废的主题而遭受文坛非议，代表作有《南回归线》、《北回归线》、《黑色的春天》等。罗伯特·弗朗西斯（Robert Francis，1900—1987），美国诗人，代表作有《与我同行》、《镜中的脸》等。

会有什么益处呢？我必须对我上面的评论进行详细的论述。

　　宗教信仰分崩离析的一个结果就是对物质生活的庸俗理想化。在某种程度上这是很自然的事情。因为如果死后没有来生，显然要面对生老病死这些事会变得更加艰难，而且在某些层面，这些事情令人感到厌恶。当然，在基督教主导的世纪里，悲观的生命观被视为天经地义的事情。《祈祷书》写道："人为妇人所生，日子短少，多有患难。"语气似乎是在揭示一件非常明显的事情。但当你相信坟墓就是你这一生最后的尽头时，承认生命充满了患难就是另外一回事了。以某个乐观的谎言安慰自己变得更加容易，于是就有了《潘趣》那些插科打诨的幽默，于是就有了巴利①和他的风信子，于是就有了威尔斯②和他那些挤满了赤身裸体的学校女教师的乌托邦社会，最重要的是，于是就有了过去一百年来大部分小说里怪诞的对性主题的描写。像《北回归线》这么一本坚持描写关于性的事实的书无疑走向了极端，但它的方向是正确的。人不是一只耶胡③，但他确实很像耶胡，需要不时地提醒他这一点。你对这一类的书的所有要求就是它能顺利地表达主题，不要忸怩作态——我认为这本书都做到了。

　　或许，虽然米勒先生选择了描写丑陋的事情，但他并不能被冠名为悲观主义者。他甚至写了很惠特曼式的几段热情洋溢的章节，赞美生命的过程。他想表达的似乎是，如果你硬起心肠去思

　　① 詹姆斯·马修·巴利（James Matthew Barrie，1860—1937），苏格兰诗人、剧作家，代表作有《小飞侠彼得·潘》、《婚礼的客人》等。
　　② 赫伯特·乔治·威尔斯（Herbert George Wells，1866—1946），英国著名科幻作家，代表作有《时间机器》、《透明人》、《世界大战》等。
　　③ 耶胡（Yahoo），出自英国作家乔纳森·斯威夫特（Jonathan Swift）的作品《格列佛游记》，一种野蛮低俗的动物。

考丑陋的事情，你将会发现生命并非更加不值得活下去，而是更加值得活下去。从文学的角度看，他的这本书写得不错，但谈不上特别精彩。它主题坚定，很少陷入典型的现代文学的窠臼。如果它引起批评家的关注，它一定会与《尤利西斯》相提并论，这是很不恰当的。《尤利西斯》不仅质量要高得多，而且创作主旨也很不一样。乔伊斯主要是一位艺术家，而米勒先生则是一个对生活有话想说的目光敏锐但老于世故的男人。我发现他的文章很难加以引用，因为里面到处是无法刊印的文字，但这里有一段例子：

潮汐正在退去，只留下几只染了梅毒的美人鱼被搁浅在泥泞中，圣母院看上去就像一座被旋风肆虐过的射击场。一切正缓缓地溜回下水道里。大约一个小时，四周一片死寂，那些呕吐物就在这个时候被清扫干净。突然间树林开始发出尖叫。从大道的一头到另一头，一首癫狂的歌曲响起。那是宣布职业介绍所关门的信号。希望被一扫而空。是时候把最后满满一泡尿撒掉了。白天就像一个麻风病人悄悄地降临……

这段文字很有韵律感。美国英语没有英国英语那么灵活精致，但或许更加充满活力。我不认为《北回归线》是本世纪一部伟大的小说，但我认为它是一本好书，我强烈推荐能够买到这本书的人好好读一读。

而《门口的恶狼》我们就更加熟悉了。在某种程度上它就是

《北回归线》的对立面，因为它属于"逃避文学"的范畴。当然，问题总是："你要逃到哪里去？"在这本书里，逃匿的地方是一个小孩子所居住的虚幻而细节非常丰富的宇宙。哈弗洛克·霭理士①先生为这个故事撰写了序文，故事讲述的是 1870 年战争后法国北部一个家境一穷二白的农家女孩的"梦境"。我可以引用一段文字，让你知道它的质量。

　　我把我的书《亡者祷文》和《鲍修埃②思想录》摆在座位前面，我们跪在那块有我的牙齿那么高的小木板前。要是祈祷进行得太久的话，我会把《思想录》上面的红漆吮下来，把嘴唇染成红色。那个星期天我咬了那块香特克鲁斯木，我记得特别清楚的是它的味道，有点像松香，上面覆盖着我们那些小手的油脂——我的一个门牙给磕断了……

像这样的描写一直进行下去，就像一条湍急浑浊的河流，几乎没有段落，写了四百页。有两件事情会让你感到惊讶。其一，你不会想到一个法国作家会写出一本这么散漫的书。其二，无论散漫与否，它蕴含着确凿无疑的力量。在每一页里，几乎在每一行里，都有类似小孩子将祈祷书上面的红漆吮下来那样的笔触。大体上说，这本书是富于想象和解构的杰作。那些喜欢有童年氛围的书籍的人（而且没有多愁善感的描写——没有那种小儿女的心

---

① 亨利·哈弗洛克·霭理士（Henry Havelock Ellis，1859—1939），英国作家，性学先驱，代表作有《男人与女人》、《新的精神》等。
② 雅克-比奈因·鲍修埃（Jacques-Bénigne Bossuet，1627—1704），法国神学家，曾任路易十四的宫廷教士。

态）会从中得到快乐。你一定会觉得，要是作者能花点心思做点删节和修改工作的话，他能写出更好的作品。但是，我说这番话的时候心里很犹豫，一部分原因是所有的法国批评家似乎都把这本书捧为一本杰作，一部分原因是我读的不是原本。

至于翻译问题，除了那些对话和没办法摆脱的生硬感之外，读起来不像是翻译的作品，你可以认为它是相当不错的译本。

拉迪亚·吉卜林①

　　拉迪亚·吉卜林是这个世纪唯一不算糟糕得彻头彻尾的英国流行作家。当然，他之所以流行，主要是因为迎合了中产阶级。在战前的普通中产阶级家庭，特别是驻印度的英国家庭中，他享有崇高的声望，是当代任何作家都无法企及的。他就像伴随着你成长的家庭守护神，你会理所当然地认为他是一位伟大的作家，无论你喜不喜欢他。我自己十三岁的时候很崇拜吉卜林，十七岁的时候很不愿意读他的书，二十岁的时候很喜欢读他的书，二十五岁的时候则很鄙夷他，现在又很崇拜他。一旦你读过他的书，你就不可能忘记他。他的某些故事，比方说《奇异旅程》、《船舷的锣鼓》和《魔鬼的烙印》，写出了那类故事所能达到的最佳水平。而且，它们讲述得非常精彩。至于他的文风粗俗这个问题，那只是表面的瑕疵。在没有那么显眼的结构和用语简洁方面，他是最出色的。毕竟，写写无关痛痒的散文要比讲述一个好故事容易得多（见《时代文学增刊》）。而他的韵文诗虽然几乎成了劣作的代名词，却有一种过目难忘的奇特品质。

---

① 1936 年 1 月 23 日刊于《新英语周刊》。约瑟夫·拉迪亚·吉卜林（Joseph Rudyard Kiping，1865—1936），英国作家、诗人，1907 年诺贝尔文学奖得主，生于印度孟买，作品多颂扬大英帝国的统治，代表作有《七海》、《丛林之书》等。

"我失去了不列颠，我失去了高卢，我失去了罗马，而最糟糕的是，我失去了鸣鹃鹛！"

或许这只是一段押韵的文字，而《通往曼德勒之路》或许还称不上是一段押韵的文字，但它们确实"保持了一致的风格"。它们让你想到，即使要成为这样一个代名词也需要有一定的才华。

吉卜林的作品中比无病呻吟的情节或粗俗的风光手法更让人觉得倒胃口的，是他将才华都用在宣扬帝国主义上面去了。你最多只能说，他作出那个选择在当时要比在现在更能被人原谅。"八十年代"和"九十年代"的帝国主义是多愁善感、无知而危险的，但它并不全然是可耻的。那时候"帝国"所唤起的画面里有辛勤工作的官员和边境的冲突，而不是比弗布鲁克勋爵①和澳大利亚的黄油。那时候一个人仍有可能既是一个帝国主义者，又是一位绅士，就吉卜林的个人品质而言，无疑他就是这样的人。值得记住的是，他是我们这个时代最受到广泛欢迎的作家，但是，或许没有哪个作家如此一以贯之地克己自制，从不庸俗地招摇展示自己的个性。

如果他从来没有受到帝国主义的影响，或许他会成为一名舞厅歌曲的作者，他原本是会走上这条路的，那或许他会成为更优秀更可爱的作家。可在现实中他选择了这么一个角色，当你长大之后，你总是会把他想象成为一个敌人，一个风格独特的怪才。但现在他已经死了，我不禁希望我能以某种形式向这位对于我的童年如此重要的讲述故事的人致敬——如果可以的话，鸣炮致敬。

---

① 比弗布鲁克勋爵（Lord Beaverbrook），威廉·麦斯威尔·艾特金（William Maxwell Aitken, 1879—1964），英国报业大亨，《每日邮报》、《伦敦标准晚报》和《星期天快报》的老板，曾任英国内阁的掌玺大臣。

评托马斯·伯克的《破碎的夜晚》、玛丽·顿斯坦的《支离破碎的天空》、希尔达·刘易斯的《完整的圆圈》、肯尼思·罗伯茨的《活跃的女士》、莫利的《战妆》、桑德森夫人的《长长的影子》、理查德·科尔的《是谁归家?》、桃乐丝·塞耶斯的《狂欢夜》、托马斯·库尔松少校的《间谍女王》、莫妮卡·萨尔蒙德的《闪亮的铠甲》①

什么时候一本小说不再是一本小说呢?

将《琴报》或《紫罗兰报》中的任何连载作品照搬下来,然后以符合文法的方式划分段落,取一个深奥的书名(手法是选一个应该有"the"但"the"被省略了的书名),这部作品和如今冒充为小说的大部分作品没什么两样。事实上,我手头这份清单里有几

---

① 刊于 1936 年 1 月 23 日《新英语周刊》。托马斯·伯克(Thomas Burke, 1886—1945),英国作家,代表作有《莱姆豪斯的夜晚》、《伦敦的间谍》等。玛丽·顿斯坦(Mary Dunstan),情况不详。希尔达·威妮弗雷德·刘易斯(Hilda Winifred Lewis, 1896—1974),英国作家,代表作有《会飞的轮船》、《英格兰的玫瑰》等。肯尼思·刘易斯·罗伯茨(Kenneth Lewis Roberts, 1885—1957),美国作家,代表作有《黑魔法》、《西北通道》等。莫利(F. V. Morley),情况不详。桑德森夫人(Lady Sanderson),情况不详。理查德·科尔(Richard Curle, 1883—1968),苏格兰作家、旅行家,代表作有《人生如梦》、《走进东方》等。桃乐丝·塞耶斯(Dorothy Sayers, 1893—1957),英国女作家、诗人、翻译家,代表作有《公诸于众的凶手》、《神曲》英译本等。托马斯·库尔松少校(Major Thomas Coulson),情况不详。莫妮卡·萨尔蒙德(Monica Salmond),情况不详。

本书还不如《琴报》，因为它们同样幼稚低俗，而且还没有《琴报》那样的活力。但是，我得去评论这十本书，没有时间去哀悼英国小说的现状。下面是书评的内容：

伯克先生的《破碎的夜晚》是非常温和的鬼故事。我觉得伯克先生在写灵异故事的时候并没有发挥出他最好的水平，但《昨日的街道》这个故事还不赖。顿斯坦小姐的《支离破碎的天空》是浪漫作品——阿尔卑斯山和失散已久的同父异母兄弟。《完整的圆圈》是一部史诗式的长篇小说，涵盖了两三代人的故事。它的内容是关于犹太人，但那些犹太人显然不遵守犹太律法，也没有因为他们的犹太血统而遭到迫害，那些内容放在其它异教徒身上也很合适。里面有不可避免的家族仇恨、不可避免的罗密欧—朱丽叶式的主题和不可避免的为时已晚的和解。这是一本沉闷乏味的小书，但文笔很不错。

《活跃的女士》和《战妆》都是历史小说，讲述大致上同一个时代的事情——拿破仑战争的时代。《活跃的女士》的作者是一个美国人。内容是关于1812年那次战争中海盗劫掠的血腥和暴烈，最有趣的内容是展现了十九世纪旧式的美国人仍很强烈的傲慢自大（"让我们时不时畅饮鲜血祭奠自由"等等）。《战妆》的作者虽然是一个英国人，但内容也与美国人有关。它是一个非常天真的冒险故事，与此同时带有切尔西退休医院的玩笑色彩。我并不反对老笑话——事实上，我很尊重老笑话。当晕船和同居不再有趣时，西方文明也就不复存在。但故事的情节则是另外一回事。我觉得我们有权利希望读到新的内容。我想提醒莫利先生他的书其中一章与柯南·道尔的《带条纹的箱子》里面的一则故事之间的雷同。

然后，让我们一头栽入文学的粪坑吧。我看不到有任何理由要对《长长的影子》保持礼貌。它就是一本废话。只引用一段话就够了：

> "……那座房子被包裹于夜的寂静中，在黑暗中什么也看不见，走进它的时候，你会感受到历史的幽灵从它长久的安眠中被惊醒，带给那些它的阴影会降临其上的人怎样的快乐与悲伤？"

《是谁归家？》或许要好一点。它是一个解谜故事，而且勾起读者的兴趣想了解到底会有什么事情发生。但那都是什么英语啊！有的人能够年复一年地写书而文笔还是这么糟糕，真是有趣。下面是一个例句（社会历史学家会有兴趣去研究）解释为什么坏人会成为坏人：

> "戈尔的出身是简朴的资产阶级，但或许在很久以前家族里曾经出了一个因为道德而沮丧的诗人，或许其影响神秘地在他身上融合。"

道德似乎从来不会让一个诗人感到沮丧失意。

《观察者报》对《狂欢夜》的评价是它使塞耶斯小姐"跻身伟大作家之列"，但我并不这么认为。不过，就文学才华而言她确实要比这里我所评论的作家好得多。但是，就算是她，如果你仔细去阅读的话，它仍没有摆脱《琴报》的窠臼。说到底，以一位爵士作为主角是非常老套的手法。塞耶斯小姐比大部分作家更聪明的地方在于如果你假装把它当成一个笑话，你能够更好地进行发挥。表面上她对彼得·温姆西爵士和他的高贵的祖先进行了些许讽刺，这使她能够拿势利作文章（"爵士阁下"等等等等），比明目张胆的势利鬼做得更过火。而且，她巧妙的文笔使得许多读者没能看清她的侦探故事其实很糟糕这个事实。它们缺少侦探故事所需要的最低限度的合理性，而且罪行总是以极其扭曲和无趣的方式进行。在《狂欢夜》里，哈莉特·文妮最后屈服于彼得爵士的爱情攻势。因此，如今四十五岁的彼得爵士可以安顿下来，不再从事侦探工作了。但是，不消说，他是不会退休的。他和他的头衔太有价值了，怎么能让他退休呢。一只穿着黄色夹克的小鸟刚刚对我说，明年在图书馆里又会有一具尸体，彼得爵士和哈莉特（温姆西子爵夫人？）将会展开新的冒险。

最后两本书不是小说，而是关于战争的书。《间谍女王》是关于露易丝·德·贝蒂尼①，协约国一位知名间谍的故事，她最后被俘遇害。根据库尔松少校的描写，是她告知了法国总参谋部德国在1916年的大型攻势将会以凡尔登为目标的情报。和许多小说一样，糟糕的文笔盖过了有趣的内容。库尔松少校其实应该避免这类描写的（它在书中单独成段）："那些心灵的创伤，它们并不因为我们以微笑掩饰而减轻伤痛！"

《闪亮的铠甲》描写了一位志愿救助队队员②所经历的历史。它是一个有趣的故事，因为它忠实地记录了事实，或许是由某个

---

① 露易丝·玛丽·珍妮·亨莉特·德·贝蒂尼（Louise Marie Jeanne Henriette de Bettignies, 1880—1918），法国女间谍，于一战期间为法国军方刺探德军情报，后被德军逮捕，在狱中死去。
② 志愿救助队（the Voluntary Aid Detachment, 简称 the V. A. D.），英国在一战与二战期间由护士与妇女组成的志愿战地救助服务团体。

不会虚构情节的人写出来的，而且文笔很是糟糕。下面是一则例子：

> "我和那猎人般机灵的还在读书的女儿分开了，连见上一面都没有，心中感到万分悲痛——要不是事情的总和如此紧迫，那将会多么难受。"

总和会紧迫吗？它听上去像是算术和几何的混合体。业余作者如果能够掌握一条非常简单的原则，会为自己和读者减少很多麻烦。这条原则就是：能用主动语态时绝对不用被动语态。萨尔蒙德小姐似乎很喜欢使用被动语态。因此，当她准备描写她看到头顶上有齐柏林飞艇时，她是这么写的："它们在漆黑的天空中被察觉到了。"让人摸不清头脑到底是谁"察觉到了"它们。

我想有许多人会觉得《闪亮的铠甲》很有趣，因为它有明确的主旨，而且让人了解到在一个护士的眼中战争是什么情形。我想侦探故事的爱好者不会不去读《狂欢夜》。但至于这份清单中的其它作品——不！

评乔治·摩尔的《以斯帖水域》、辛克莱尔·刘易斯的《我们的伦恩先生》、海伦·阿什顿的《瑟罗科尔德医生》、克罗斯比·加斯廷的《猫头鹰之屋》、多恩·伯恩的《刽子手之屋》、威廉·魏马克·雅各布的《古怪的手艺》、巴蒂米乌斯的《海军纪事》、佩勒姆·格伦威尔·沃德豪斯的《我的仆人吉弗斯》、玛格特·阿斯奎斯的《自传》两卷本[①]

企鹅丛书只卖 6 便士真是太值了，如果其它出版社有头脑的

[①] 刊于 1936 年 3 月 5 日《新英语周刊》。乔治·奥古斯都·摩尔（George Augustus Moore, 1852—1933），爱尔兰作家，代表作有《以斯帖水域》、《异教徒之诗》等。辛克莱尔·刘易斯（Sinclair Lewis, 1885—1951），美国作家、剧作家，曾获 1930 年诺贝尔文学奖，代表作有《巴比特》、《大街》等。海伦·罗莎琳·阿什顿（Helen Rosaline Ashton, 1891—1958），英国女医生、作家，代表作有《瑟罗科尔德医生》、《自耕农的医院》等。克罗斯比·诺曼·加斯廷（Crosbie Norman Garstin, 1847—1926），爱尔兰画家、作家，代表作有《海滨小屋》、《水塘》等。多恩·伯恩（Donn Byrne, 1889—1928），爱尔兰作家，代表作有《荣誉战场》、《陌生人的宴席》等。威廉·魏马克·雅各布（William Wymark Jacobs, 1863—1943），英国作者，擅于撰写幽默故事，代表作有《驳船上的女士》、《水手的绳结》等。巴蒂米乌斯（Bartimeus），本名刘易斯·安瑟尔姆·达·科斯塔·里奇（Lewis Anselm da Costa Ricci, 1886—?），英国作家，长期在英国海军部门任职，代表作有《海军纪事》、《虚幻》等。佩勒姆·格伦威尔·沃德豪斯（Pelham Grenville Wodehouse, 1881—1975），英国作家，代表作有《杰弗斯与伍斯特系列》、《要我是你》、《布兰丁斯城堡》等。牛津与阿斯奎斯伯爵夫人玛格特·阿斯奎斯（Margot Asquith, Countess of Oxford and Asquith, 1864—1945），苏格兰裔英国女作家，丈夫是赫伯特·亨利·阿斯奎斯（Herbert Henry Asquith, 曾于 1908 年至 1916 年担任英国首相），代表作有《我对美国的印象》、《各地各人》等。

话，它们会联合起来抵制它并把它打垮。当然，以为廉价书籍会为书业带来好处是一个大错。事实上，情况刚好相反。比方说，你有五先令可以花，一本书的正常价格是半克朗，你可能会把五先令都花掉去买两本书。但如果书只卖六便士一本的话，你不会买十本书，因为你不会想去读十本书。早在读到第十本书之前你就已经读够了。或许你会买三本六便士的书，然后把五先令花剩的钱拿去看几场电影。因此，书越便宜，花在书上的钱就越少。从读者的角度看这是好事，而且无关紧要，但站在出版社、印书厂、作者和书商的角度，它则是一场灾难。

至于现在这批企鹅丛书——第三批有十本书——当中最好的当然是《以斯帖水域》。我不是很熟悉摩尔的作品，但我无法相信他能写出比这本书更好的作品。它的文笔拙劣，而且没有掌握写小说最基本的技巧，譬如说，如何引入一个新的角色，但这本书的诚恳使得表面的缺点几乎可以忽略。作为小说家，摩尔的一大优点在于没有过度泛滥的同情心。因此，他能够抵制住让他的角色比现实生活中更多愁善感的诱惑。《以斯帖水域》足以与《人性的枷锁》相媲美——两本书都有很多文学上的缺点，但应该能够成为传世之作。

辛克莱尔·刘易斯的《我们的伦恩先生》是一部有缺陷的早期作品，似乎不值得重印。它被选中或许是因为《巴比特》或《埃尔默·甘特利》的版权太贵了。《瑟罗科尔德医生》是它那类作品中的好书——它描写了一个乡村医生的生活中的一天——你不能用结尾那个糟糕的句子去评价它。据德拉菲尔德[1]小姐所说，

---

[1] 德拉菲尔德（E. M. Delafield）是英国女作家埃德米·伊丽莎白·莫妮卡·达斯伍德（Edmée Elizabeth Monica Dashwood, 1890—1943）的笔名，代表作有《村妇日记》、《阿基里斯之踵》等。

在小说里医生能出现的地方就只有监狱。阿什顿小姐本人就是医生，显然注意到了这个倾向并避开了。我无法忍受克罗斯比·加斯廷，也无法忍受多恩·伯恩——后者仍然很有名气，但对我来说他太像一个职业爱尔兰人。去了解威廉·魏马克·雅各布是否仍然是一位受欢迎的作家会是一件有趣的事情。在他水平不济的时候他仍算得上是一位优秀的短篇小说作家。他的故事浑然天生，但题材的范围很狭窄，而且它们依赖《潘趣》式的观念，拿工人阶级开涮，认为这些人毫无荣誉感可言。我希望有一个共产主义者指责《古怪的手艺》是意识形态的毒草，而它确实就是毒草。

　　我想我不应该粗暴地对待《海军纪事》，在战前的童年这本书带给了我很多欢乐。那时候海军很受欢迎。小男孩们穿着水手服，每个人都是某个海军联盟的成员，还戴着卖一先令的铜质勋章，流行的口号是："八艘无敌舰，少年莫等闲！"我猜想巴蒂米乌斯想要成为海军界的吉卜林，却成功地成为了另一个更天真浪漫的伊安·赫伊①。沃德豪斯比《我的仆人吉弗斯》更好的作品没有被选中是一桩遗憾。它是系列作品的第一部，至少有一个故事已经改写和重版。但不管怎样，沃德豪斯先生创造的吉弗斯是一大成就，他摆脱了喜剧的范畴，在英国喜剧总是会蜕变为纯粹的闹剧。吉弗斯的魅力在于（虽然他曾经说过尼采是绝对不能说出口的名字），他超越了善与恶的区别。

　　最后是阿斯奎斯夫人的两卷本自传。我承认我一直没办法投

---

① 伊安·赫伊（Ian Hay, 1876—1952），英国作家，代表作有《一家之主》、《第一笔十万英镑》等。

入地去阅读这本书，它初版的时候是这样，现在也是这样。如果你生于一个统治阶级家庭，一辈子都在政治圈子里度过，你一定会遇到有趣的人，但你似乎不一定能够写出像样的英文。我记得某位法国小说家对他从一位贵族夫人那里收到的信作如是评价："她写的东西就像是出自一个知客的手笔。"

作为读者我要为企鹅丛书喝彩，作为作家我要诅咒它。霍奇森出版社现在也准备出版类似的丛书，但只是它自己的书。如果其它出版社有样学样的话，结果就是廉价重版书籍的泛滥，这将使借阅图书店破产（它是小说家的养母）并影响新小说的出版。这对于文学来说或许是好事，但对于书业是非常糟糕的事情。当你必须在艺术和金钱之间作出选择时——好吧，你自己看着办吧。

评迈克尔·法兰克尔的《私生子之死》、保罗·该隐的《诡计》、约瑟夫·希尔琳的《金紫罗兰》、穆丽尔·海恩的《一个不同的女人》、奈欧·马什与亨利·杰尔利特的《看护院的谋杀》①

不久前我为一本不同寻常的名为《北回归线》的书写了书评，我提到它对待生活的独特态度源于死亡就是终点而不是新生的起点这个现代观念。这个星期摆在我面前的书也是一个美国人写的，更加直接地描写同样的主题——事实上，死亡就是它公开承认的主题。

不幸的是，我发现我几乎看不懂《私生子之死》。《北回归线》除了结构略显散漫之外，大体上采取了普通的小说形式。《私生子之死》几乎不是一部小说。它由一系列独立的、彼此之间没有明显关联的段落构成——其实是微散文——这些或许是一部小

---

① 刊于 1936 年 4 月 23 日《新英语周刊》。迈克尔·法兰克尔（Michael Fraenkel，1896—1957），美国作家，曾是亨利·米勒的室友，《北回归线》中波利斯的原型，代表作有《威瑟的弟弟》、《白天的一面和黑夜的一面》等。保罗·该隐（Paul Cain），情况不详。约瑟夫·希尔琳（Joseph Shearing），英国女作家加百列·玛格丽特·坎贝尔（Gabrielle Margaret Campbell，1885—1952）的笔名，代表作有《上帝的玩偶》、《信仰的捍卫者》等。穆丽尔·海恩（Muriel Hine），情况不详。奈欧·马什（Ngaio Marsh，1895—1982），新西兰女作家，代表作有《正义的天平》、《罪案的艺术家》等。亨利·杰尔利特（Henry Jellett），情况不详。

说的骨架。我随意挑选出两三个段落：

> "我匆忙走过荒凉的街道，我的眼睛被刺痛了——我的面前是一片古老、萧条的景象。我不敢去直面他们……男人、女人、孩子、狗、猫、小鸟、树、水、房子。那是惨不忍睹的苦难。"

> "光线渐渐昏暗下来，他走过山丘，思乡之情油然而生——距离的伤痛，他乡的伤痛。"

> "要变得强壮，要保持现在的力量，那是不可探测的深邃、神秘与圣洁。现在是自我实现的时刻，让自我获得圆满的死亡。"

你会看到，这些内容很晦涩难懂，那些就像章节的标题一样散布于页边的注解也没能让它们好懂一些。我希望我能说我对这本书的整体理解要好于对个别篇章的理解，但我做不到。在我看来，作者的主旨似乎是尝试达到更完整的对于死亡的理解——完全地实现作为绝对存在的死亡（我们所知道的唯一的绝对存在）；其次，不再让自己进行寻常的思维过程，让思考可以重新开始。这就是我能表述的全部内容——事实上，我作为书评家的职能就是向比我更具备抽象思维的人指出有这么一本书。我愿意冒险说这是一本了不起的书，而亨利·米勒为这本书写了序言，我能够理解他的文字，他的看法让我觉得这么说心里很踏实。

《诡计》也是一部美国作品，却是不同种类的书。护封对它的描述是"一股背叛、陷阱和谋杀的旋风"。下面是一个段落样本：

"那个小个子男人快步走进房间，狠狠地朝凯尔斯的头部一侧踢了一脚。凯尔斯放开了罗丝，罗丝站起身，拍了拍身上的尘土，然后走上前朝凯尔斯的头和脸又踢了几脚。他的脸阴沉平静，正喘着粗气。他踢凯尔斯的时候很仔细，先是把脚收回瞄准，然后非常狠准地踢出去。"

这种令人恶心的垃圾文字（当它以比较优美的海明威式文笔出现时被誉为"天才之作"）正渐渐流行起来。你可以在伍尔沃斯超市买到的一些卖三便士的《扬基杂志》除了这些内容就别无其它。请注意英国文学的一个重要分支已经出现的狰狞改变。的确，菲尔丁①、梅雷迪斯②、查尔斯·里德③等人的小说里已经有很多暴力的描写了，但是

　　那时候，我们的主子
　　至少仍是我们的同胞。

在旧式的英语小说里，你把敌人打倒在地后会很有骑士风范地等他起身再把他打倒，而在现代美国小说里，敌人刚一倒下你就趁机朝他的脸猛踢。不幸的是，我没有篇幅去探讨英语小说里的打架斗殴这个问题。我只能简略地说它并不像萧伯纳在《卡希

---

① 亨利·菲尔丁（Henry Fielding，1707—1754），英国作家，代表有《汤姆·琼斯》、《从此生到来生之旅》等。
② 乔治·梅雷迪斯（George Meredith，1828—1909），英国作家、诗人，代表作有《利己主义者》、《哈利·里奇蒙历险记》等。
③ 查尔斯·里德（Charles Reade，1814—1884），英国作家，代表作有《修道院与壁炉》、《此情可待成追忆》等。

尔·拜伦的职业》的序言中所说的那样源于虐待狂的心理，而是有更深层次而且更下流无耻的原因。

《金紫罗兰》是三十年代一个三流女作家安吉莉卡·考利的故事。她嫁给了一个面目可憎的牙买加种植园主，私底下有一个情人，是一个黑人白人混血儿，在恰当的时机谋杀了她的丈夫，然后嫁给了牙买加的总督，最后又为大家闺秀写提升品位的小说。大体上这是一本不错的小说，有几处地方内容像是大杂烩，但牙买加的气氛描写得很好。

《一个不同的女人》是一本垃圾作品，而且是有点危害的垃圾作品。女主人公卡拉嫁给了一个自私的丈夫，他是那种没心没肺的恶棍，希望自己的妻子在只有三个仆人的情况下操持家务。她有一个迷人的情人，名叫阿拉里克（从这个名字我们就知道他是个怎样的男人①，而且他有"一张勾人魂魄的脸庞，因为它刚强而略显忧伤，但当他微笑时，忧伤就消失无踪"），但是最后私奔并没有发生，因为阿拉里克在车祸中丧生。然而，他短暂地还魂，并带着卡拉参观了当她也与世长辞后两人将会居住的爱巢。

《看护院的谋杀》是一个很不错的侦探故事。谋杀的动机和方式都很沉闷，但线索掩饰得很好，有很多混淆视线的人物出现。被害者是内政部长，而嫌疑人中有熟悉的共产党人或无政府主义者，这两个名称被混着使用。你看，到了 1936 年，英国人仍然觉得共产党人和无政府主义者是同一伙人。有些人就是这么麻木不仁，除非用高性能炸药把他们给轰醒。

---

① 阿拉里克（Alaric），公元 410 年帅军攻陷罗马城并劫掠三天的蛮族领袖。

评艾里克·布朗的《中产阶级的命运》^①

    贵族阶层只有在贵族可能挨穷的时候才会存在。因此就有了《李尔王》中那句一言成谶的奇怪台词"骑士债还清"^②。一旦要当一个骑士必须年收入至少在1 000英镑以上，否则他就不再是骑士的想法被视为天经地义，那么贵族阶层就沦落为富人阶层了。

    在英国，过去几个世纪以来，我们所谓的贵族阶层涌进了一波又一波靠欺诈发家致富，其地位完全是用钱垫起来的恶棍和无赖。上议院的典型议员是伪装成十字军的放高利贷者，在他的锁子甲下面垫着厚厚一沓钞票。但在地位稍微低一点的社会阶级中，拜金主义还没有完全取得胜利，在中产阶级的各个阶层仍然保留着体面的观念，比金钱更加高贵，不能被金钱所收买。这一点是那些只看到"经济现实"的共产主义者倾向于和或许想要忽略的。布朗先生是一位正统的共产主义者，单从金钱的角度解释阶级，因此将不靠股息红利和周薪生活的人也纳入了中产阶层。照这个定义，从成功的专业人士到乡下的补鞋匠都是"中产阶级"，他们之间唯一的差别只是收入上的差别，而（打个比方）一个神职人员、一个零售肉店的屠夫、一个航海的船长和一个簿记员如果收入刚好差不多的话，就应该有着大致相同的生活态度。事

---

    ① 刊于1936年4月30日《新英语周刊》。艾里克·布朗（Alec Brown），情况不详。
    ② 此句出自莎士比亚的《李尔王》，朱生豪译本。

实上，大家都知道，经济状况相似的人如果在体面的观念上有所区别的话，他们的差异会非常大。因此，在英国，一位年收入600英镑的军官宁死也不愿承认收入和他一样的杂货店老板和他是同一类人。正是这种独特的自负，当中产阶级学会了共同行动时，为某种形式的法西斯主义铺平了道路。

至于其它的内容，布朗先生的这本书很有趣，文风生动但写得很粗枝大叶，对工业资本主义向金融资本主义的转变有着非常精妙的讲述。

评艾里克·布朗的《中产阶级的命运》[①]

　　看到一位正统的共产党人对英国的阶级体制这么一个复杂的事物进行阐述既让人感到有趣，又非常令人沮丧。那就像看着一个人拿着斧子去剁烤鸭一样。布朗先生只考虑经济状况，完全无视其它的一切，将食利阶层和挣工资的奴隶统统归为中产阶级。律师、酒店老板、零售店主、神职人员、小股东和乡村补鞋匠似乎都是"中产阶级"，而且布朗先生对这类人的探讨就好像他们之间除了收入高低之外就没有深刻的区别了。这种分类方式的意义就像把人分为秃子和有头发的人。

　　在现实中，关于英国阶级体制的最重要的事实是它并不能完全从金钱的角度去作解释。共产党人坚持"金钱关系"，这是正确的，但它被虚伪的阶级体制渗透了。英国没有贵族阶层，而且说到底，金钱能够买到一切。但是，贵族的传统仍然流传下来，人们愿意依照这一传统行事。于是就有了每一个制造商人或股票经纪在挣够钱之后就会改名换姓成为一位乡绅这种情况；于是也有了一个每周挣 3 英镑吐字带着 H 音的人会认为——而且在某种程度上别人也这么认为——自己要比每周挣 10 英镑但说话不带 H 音的人身份更加优越这种情况。后面这个事实非常重要，因为正是如此，那些讲究吐字要发出 H 音的群体倾向于与他们的敌人站

在同一阵营，并与工人阶级作对，即使他们对经济方面的问题有着清晰的了解。"每一个意识形态都是经济状况的反映"这番话很有解释力，但它并没有解释存在于英国中产阶级的那种奇怪的、有时候带着带有英雄主义色彩的势利自负心态。

这本书最好的地方是对英国的资本主义不再出口商品，转而开始输出资本之后所发生的改变作出的解释——但重复得太频繁了。和布朗先生的其它作品一样，这本书文风生动但写得很粗枝大叶，而且里面有些夸张的表述原本或许可以避免。譬如说，"我们有四分之一的人口在忍受饥荒"这一说法是很荒唐的，除非"饥荒"指的其实是营养不良。赫伯特·乔治·威尔斯先生被挑选为中产阶级作家的典型代表，对他的分析写得很精彩，但我要再强调一遍，它并没有考虑到中产阶级自身内部的阶层分化。

评瓦迪斯·费舍尔的《我们被背叛了》、乔治·布雷克的《大卫与乔安娜》、尼古拉·古斯盖的《离奇事件》、伊丽莎白·詹金斯的《凤凰巢》[①]

为什么大家都说典型的英国小说呆板拘谨，而典型的美国小说总是吵吵闹闹，充满"动感"和暴力呢？我想根本原因是在美国，十九世纪的自由传统仍然还活着，虽然那里的现实生活和这里一样死气沉沉。

在英国，生活是顺从和拘谨的。每件事情都由家庭纽带、社会地位和谋生难易所决定，而这些事情是如此重要，没有哪个小说家能够忘记它们。在美国，它们要么不起作用，要么小说家很容易摆脱它们。因此，一部美国小说的主人公不会是社会机器的一个齿轮，而是一个无拘无束、没有责任感、争取自我救赎的个体。如果他想去西雅图，或当一个卖花生的小贩，或和妻子离婚寻找一个精神伴侣，他总是可以这么做，只要他有钱——而到了那个时候他似乎总是会有钱。维里达·亨特——《我们被背叛

[①] 刊于 1936 年 5 月 23 日《时代与潮流》。瓦迪斯·阿尔瓦罗·费舍尔（Vardis Alvero Fisher, 1895—1968），美国作家，代表作有《人的证言》、《上帝或恺撒》等。乔治·布雷克（George Blake, 1893—1961），苏格兰作家，代表作有《苏格兰之心》、《别无选择》等。尼古拉·古斯盖（Nicolai Gubsky），情况不详。玛格丽特·伊丽莎白·詹金斯（Margaret Elizabeth Jenkins, 1905—2010），英国女作家，作品多为文学人物传记，代表作有《简·奥斯汀》、《亨利·菲尔丁》等。

了》里面的年轻人——据说因为"黑暗而恐怖的童年"而受到创伤，但他其实是命运的主人，从某种程度上说这在英国是不可想象的。他是那种典型的粗人——从小就是摩门教徒——他有头脑，来到城市里接受教育，想要从事"写作"。在读大学的时候他就莽撞地结了婚。很快他去当兵，当修车店的机修工，当私酒贩子，当英语文学老师，当公寓看更，同时写他的小说，研究哲学和神学，时不时酗酒和无缘无故地与人吵架。他一直没办法摆脱自己的妻子。她很漂亮却很傻气，而且全心全意爱着他。不幸的是，他将自己奉献给了她。他尝试对她不忠，但总是在关键时刻作罢。显然，为了他的灵魂他必须摆脱她。他已经有了两个孩子，但这并不是很重要。

> "……你的责任就是买食物和尿布，并尽好做妻子的责任。"
> "这对你意味着什么？"
> "我要对自己诚实……"等等等等。

维里达或作者似乎都没有意识到其它责任。最后，维里达似乎并没有成功摆脱妻子。他只是让她忧郁地自杀了。最后那几幕——自杀、绝望而徒劳地想要把妻子救活、停尸房和火葬场的恐怖以生动的文笔写得触目惊心。

这是一本很有水平的书，而且能让一个人去通读那350页本身就是了不起的成就。它的主人公是一个半吊子的混蛋，但和许多美国小说一样，它的效果大部分来自大量的省略。

《大卫与乔安娜》也是一部关于年轻人追求自我救赎的故事，

但方式不同。一个年轻人和一个女孩逃离了他们那些令人无语的亲戚和丑陋贫穷的工业重镇格拉斯哥，整整一个夏天都在高地度过，而且没有结婚。当然，这种事情不可能永远持续下去。很快冬天就来了，一个孩子就要出世了。他们回到家里，顺从地结了婚，找了一份安稳的工作，觉得牢笼般的生活的阴影正开始降临在大卫身上。但是，乔安娜仍在秘密筹划逃跑。她决定孩子生下来后就放弃这份安稳的工作，回到高地去，种一小块地，摆脱可恨的工业世界。我很怀疑她或作家是否意识到这意味着怎样的生活。布雷克先生的文笔很好，但我希望他不要那么喜欢用"潇洒"①这个词。

《离奇事件》是关于一个糊里糊涂的年轻人的故事。结尾和开头一样，他不知道自己想要什么。他只知道他不想做自己——略有私产的上流阶层的成员。在丢掉几份工作和与乏味的上流阶层的太太离婚之后，他加入了共产党，然后又脱离了它，因为他发现了共产党高层的真面目。作者对待共产主义的态度很暧昧。他允许激烈的长篇演说打断故事，有的演说写得很有文采，赞同共产主义，但他把党派政治描写成恐怖主义和阴谋诡计的结合体，让人无法肯定他到底是赞同还是反对。

那些知道詹金斯小姐讲述一个"直白的"故事的能力的人看到她尝试写一本历史小说会感到很难过，它总是让人觉得有刻意雕琢的痕迹，甚至像是在进行写作练习。这个关于伊丽莎白女王统治时期的舞台生活的故事写得很舒缓，温和到就连马洛在客栈的争吵中被刺死这个故事的高潮也似乎很平静。男主角是一个演

---

① 原文是"trig"。

员，由于演出马洛①、基德②、格林③等人的作品而走红一时。她的意志很坚定，没有提到莎士比亚。

---

① 克里斯朵夫·马洛（Christopher Marlowe，1564—1593），英国诗人、戏剧家，代表作有《马耳他岛的犹太人》、《浮士德博士》等。
② 托马斯·基德（Thomas Kyd，1558—1594），英国剧作家，代表作有《西班牙的悲剧》、《哈姆雷特》等。
③ 罗伯特·格林（Robert Greene，1558—1592），英国剧作家，代表作有《些许的智慧：一百万英镑的忏悔》、《我眼中的伦敦与英格兰》等。

评詹姆斯·斯泰德的《寻宝》、庞德少校的《夏天海上的太阳》、沃尔特·斯塔基的《高贵的吉卜赛人》①

当《寻宝》的作者斯泰德先生在 1928 年加入萨坎巴亚探险队时，他只是道听途说了一个很离奇的故事，只有天生的冒险家才会去关注它。这个故事说，玻利维亚山区的某座修道院有几个耶稣会的教士埋了一大笔金银珠宝，后来他们被递解出境。那是十八世纪末的事情，显然，探险队的领袖们希望找到这笔仍然被埋在那里的宝藏。他们一定非常容易相信人。你、我或其他思想下作的人会以为如果那些耶稣会会士真的埋了这么一笔宝藏，他们或许后来已经回去把它给挖走了。

斯泰德先生说探险需要花钱，钱"滚滚涌来"。而且需要人力——候选人被警告说他们将去一个昆虫能把人生吞活剥的地方，那里什么都没得吃，即使没有被强盗宰了也几乎肯定会死于黑尿热，而且挖掘工作会折了他们的腰。但仍有四百人"踊跃"报名。最后，有二十人被选中。探险队来到玻利维亚时，情况要比他们预想的更加恶劣，因为把机器运到作业现场实在是太辛苦

---

① 刊于 1936 年 7 月 11 日《时代与潮流》。詹姆斯·斯泰德(James Stead)，情况不详。庞德少校(Major S E G Ponder)，情况不详。沃尔特·菲茨威廉·斯塔基(Walter Fitzwilliam Starkie, 1894—1976)，爱尔兰学者、作家，代表作有《杂色》、《高贵的吉卜赛人》。

了。任何到过一个没有道路的国家的人都知道这意味着什么。他们只能用人力将重达数吨的机器拖过连骡子都难以攀越的山区。当他们最后来到传说中的埋宝地点时，他们疯狂地挖掘了四个月，直到雨季来临使得进一步的挖掘无法继续下去。那时候他们已经快挖到一座大山的中心了，不消说，根本没有找到宝藏。探险结束了，斯泰德先生乘第一艘船去了加拿大，找到了一份捕鳟鱼的工作。能有这么充沛的精力真好。

斯泰德先生接下来的冒险——在加拿大他发现了一座铜矿，但因为没有交通配套而毫无价值；在瓜地马拉他去寻找失落的蒙特苏马的宝藏，因为步枪走火而把左手打穿了一个洞——都很有趣，但没有书里的第一部分那么有趣。许多这类的书籍内容虽然有趣，但文笔非常糟糕。进行探索和寻宝的探险总是得有完整的人员配备：医生、工程师、昆虫学家等等，遗憾的是，他们没有想到至少带上一个有文笔的人，能够在事后用像样的英语描写他们的冒险。

庞德少校从香港被调到马耳他，但他没有直接去那儿，而是请了七个月的假，向东出发，路经澳大利亚、新西兰、美国和英国。结果他写了一本非常"轻松"而且很有可读性的游记。它主要描写的是酒店和寻常的景点，并没有唤起我热切地想要追随他的足迹的心情。这是一本适合在酒店大堂消磨半个小时的读物，但价格贵得离谱①，或许是因为里面的相片，虽然拍得很不错，但不算很特别。

《高贵的吉卜赛人》详细记述了"一个热爱音乐的强盗骑着一

---

① 原注：16 先令，那时候一本书的售价大概是 7 先令 6 便士。

匹欢快的马进行冒险的故事"。内容都是关于西班牙和衣着破烂斑斓的吉卜赛人的栩栩如生的描写，甚至很有亚瑟·拉克汉姆①的插画的感觉。如果你喜欢猎奇，这本书就很适合你。如果你和我观感一样，这本书会让你很倒胃口。不过，里面的照片拍得很不错。

---

① 亚瑟·拉克汉姆(Authur Rackham，1867—1939)，英国插画家，画作多以神话和传说为题材。

评马克·查宁的《印度马赛克》^①

对于一个生活在印度的英国人来说，比孤独或烈日更重要的事情，就是风景的陌生。一开始的时候，这里的异域风光让他感到很无聊，然后他会痛恨它，到最后会爱上它，他始终意识到这一点，他的所有信念都神秘地受到它的影响。查宁先生知道这一点，而且贯穿故事的始终——因为他对印度教的"朝圣之旅"算得上是一个故事——他让读者领略到印度的风光。

查宁先生曾经是驻印度的军官，隶属后勤运输部门而不是普通的军团，这对他来说或许是一件幸事，因为他有机会四处游历，摆脱兵营和欧洲人俱乐部的气氛。看着他从一个鄙视"土著"、只喜欢打猎、没有思想的年轻人变成波斯文学和印度哲学的谦卑学生是一件很有意思的事情。印度的一个悖论是，英国人和穆斯林的相处比和印度教徒的相处要好一些，但他们无法彻底摆脱印度教的影响。不过，大体上他对印度教的反应是无意识的——只是他思想里多了泛神论的色彩——虽然查宁先生谦卑地向一位大师学习瑜珈，并相信我们从印度身上所学的要比它从我们身上所学的要多得多。但他并不相信印度能够实现自治。这本书的结尾是异样而天真的对印度的神秘推崇和吉卜林式的帝国主

---

① 刊于 1936 年 7 月 15 日《听众》。马克·查宁（**Mark Channing**），情况不详。

义情怀。

要领略这本书，你不需要有查宁先生的信仰或太过在意他描写的那些奇奇怪怪的事情。所有的信仰都带有地理特征——印度认为是深奥真理的内容可能在英国就成了陈词滥调，反之亦然。或许最根本的区别是，在热带烈日下的个性没有那么突出，而失去个性也不是什么重要的事情。但就算对印度教不感兴趣的人也会觉得这本书很有价值，因为它生动地描写了营地、森林、巴扎集市、圣徒、士兵和动物——这些图景一开始时似乎显得很突兀，但到最后构成了一幅和谐而美妙的图案。

评罗莎·金的《墨西哥的暴风雨》、弗雷德·鲍尔的《流浪的石匠》[①]

读着《墨西哥的暴风雨》和《流浪的石匠》，你会想到康拉德说过的那句话：冒险不会发生在冒险家的身上。

这两本书的作者都了解极度饥饿、危险和无家可归的滋味，如果可以的话，两人都是那种希望过上平静生活的人。金夫人是一个英国女人，生活在墨西哥，先是开了一间茶铺，然后在库埃瓦纳卡小镇开了一间生意很红火的旅馆。1911 年，墨西哥革命爆发，她的几个孩子的生活和教育都依靠这间旅馆，虽然战斗一直在小镇周边和里面进行了六年，但她不愿意弃它而去。即使她躲到相对安全的墨西哥城，当库埃瓦纳卡就要被叛军切断联系并会面对长期围城的恐怖的时候，她仍执意要回去。当所有东西都被吃光后，每天都有几十人饿死，司令官决定将整个小镇的人口撤离。接着是穿越山区的惨绝人寰的撤退，他们几乎没有食物，没有水或驮重的动物，叛军日夜追击着队伍，杀死掉队的人。金夫人很幸运，没有吃枪子儿，但她被一头驮满了弹药的死骡子压在身上受了重伤，要不是一个年轻的墨西哥军官朋友用自己的马驮她，或许她就没命了。最后他们抵达安全地点，出发时的队

---

① 刊于 1936 年 7 月 18 日《时代与潮流》。罗莎·金(Rosa E King)，情况不详。弗雷德·鲍尔(Fred Bower)，情况不详。

伍——男男女女老老少少——有八千多人，最后只剩两千人。

当联邦军重新夺回库埃瓦纳卡时，金夫人回到她的旅馆，却发现它已经毁了。她没办法夺回旅馆，因为新政府将它转给了另一个业主。但是，她似乎并不怨恨任何人，甚至为那些最凶神恶煞的革命党说好话。即使叛军在追杀她，她也会理解他们之所以这么做的原因（他们是反抗封建地主的被剥削的印地安人），觉得他们这么做是情有可原的，"换了我是他们，我也会这么做。"事实上，这本书最了不起的地方就是它没有憎恨的情绪。

弗雷德·鲍尔先生是一个石匠，在利物浦的贫民窟长大，但他去过很多国家，在美国呆得最久，一边操持他的行当，一边宣扬社会主义。你再一次看到对事业的献身会让最平和的人去从事冒险。鲍尔先生在工作之余就是经历一系列的街头争吵（不久前在美国宣传社会主义是很危险的事情）和被警察找麻烦，在身无分文的时候他只能去扒火车或流落街头找活儿干，艰辛地横渡大西洋，有时候当消防员，有时候给农场免费打工，有一两次还持有假护照。最后，在六十二岁的时候，他得了矽肺，病情因为营养不良而恶化，现在靠着国民健康保险基金一周十先令的收入生活。过去几年来，他一直住在大篷车里节省房租（有一回还住在一辆报废的囚车里），当地的卫生官员时不时会把他赶跑。值得注意的是，他似乎很开心。他觉得可以忍受每星期十先令的生活，而且死于街头的前景几乎不会让他感到难过。他的一生有两个目标，一个是当个好石匠，另一个是为社会主义奋斗，正如他所说的，"我没有遗憾。"顺便提一下，他为自己奠定了不朽，把一本《号角》和一份自己写的革命宣言埋在利物浦大教堂的地基深处。

普及教育一个令人振奋的结果就是，从真正的工人阶级立场出发的作品正开始时不时地出现。杰克·希尔顿的《卡利班的尖叫》就是一本这样的作品。弗兰克·理查德①的《老兵阁下》是另一本，而这本书是第三本。或许终有一天，工人阶级作家将学会用自己的语言代替标准的南方英语进行创作，那时候我们将迎来新的文学，它将把大部分虚伪傻帽的内容一扫而空。

---

① 弗兰克·理查兹(Frank Richards，1883—1961)，英国作家，曾入伍英国驻印度军队，根据这段经历写出了代表作《老兵不死》、《老兵阁下》等作品。

评西里尔·康纳利的《石潭》、约瑟夫·康拉德的《奥迈耶的痴梦》、厄尼斯特·布拉玛的《开龙的钱包》、阿诺德·本涅特的《五镇的安娜》、亨利·克里斯朵夫·贝利的《求求你，弗岑先生》、乔治·普里迪的《罗赫利茨》[1]

西里尔·康纳利先生几乎是英国唯一不让我觉得讨厌的小说评论家，因此我兴致勃勃地读了这本书——他的第一本小说。

对于第一本小说，通常人们会说它展现了非常大的潜力，但作者还没能完全驾驭他的主题。而对于康纳利先生的小说，我要说的是，情况正好相反。这本书的文风成熟老练——读来好像是花了好几年的时间写成的——但它的主题，尤其是考虑到它是第一本小说，却很无聊。这个故事可以说是海拉斯[2]的传说的现代版本。一个年轻的英国人，那种地位半高不低，有钱有文化的年轻

---

[1] 刊于 1936 年 7 月 23 日《新英语周刊》。西里尔·弗农·康纳利(Cyril Vernon Connolly, 1903—1974)，英国作家、书评家，代表作有《石潭》、《承诺的敌人》等。厄尼斯特·布拉玛(Ernest Bramah, 1868—1942)，英国作家，代表作有"开龙说书"系列和"侦探马克斯·卡拉多斯"系列。亨利·克里斯朵夫·贝利(Henry Christopher Bailey, 1878—1961)，英国作家，代表作有侦探故事弗岑系列、约书亚·可兰克系列。乔治·普里迪(George R Preedy)，英国女作家玛尤利·博雯(Marjorie Bowen, 1885—1962)的笔名，代表作有《蒙面女郎》、《年轻俏寡妇》等。

[2] 海拉斯(Hylas)，古希腊神话中的人物，曾是大力士赫拉克勒斯的亲密伙伴，在取水时被水泽仙女垂青，将其勾引至水中，离开了赫拉克勒斯。

人，一个老派的温彻斯特学院的校友和根本无一技之长的笨蛋——说老实话，他就是三十年代萧伯纳笔下典型的英国人——来到可怕的海外殖民地，身边是自诩为艺术家的外派人员，这些人遍布于二十世纪二十年代的法国。他决定以超脱和科学的方式去研究他们，就像你在研究一个池塘的物群一样。但是，小心啊！超脱并非他所想象的那么简单。他立刻就掉进池塘里，被拽到和水底的栖息动物一样的境况，如果有可能的话甚至会堕落到更加低下的境地。很快他就和他们一样酗酒、乞讨和纵欲，在最后一页，他透过潘诺酒的朦胧端详着这个世界，心里隐隐觉得现在堕落的生活要比在英国体面的生活好一些。

我说像这样的主题不能令人满意有两个原因。首先，在阅读关于地中海地区艺术家群体的小说时，你一定会想起很久以前已经写过这类题材的诺曼·道格拉斯①和奥尔德斯·赫胥黎②。一个更加严肃的反对意见是，就连想要描写将绘画挣来的钱花在鸡奸上的所谓艺术家也暴露了某种精神上的缺陷。因为康纳利先生显然很推崇他所描写的那些令人生厌的禽兽，他喜欢他们甚于喜欢礼貌的、温顺如绵羊的英国人。他甚至将与体面的生活进行无休止的战争的他们比喻为抵抗西方文明的悍勇的蛮荒部落。但你知道这只是对正常生活和正派体面的反感，就像许多人那样，你可以躲在基督教会的羽翼之下，表达出这一看法。显然，如果你放任自由的话，机械化的现代生活会变得非常无聊。可怕的金钱的

---

① 乔治·诺曼·道格拉斯(George Norman Douglas, 1868—1952)，英国作家，代表作有《南风》、《迟来的收获》等。
② 奥尔德斯·赫胥黎(Aldous Huxley, 1894—1963)，英国作家、诗人，出身名门赫胥黎世家，代表作为《美丽新世界》、《猿猴与本质》、《约拿》等。

奴隶这一身份束缚着每个人，放眼望去只有三种逃避的方式。一种方式是宗教，另一种方式是不停地工作，第三种方式是以反道德和律法作为唯一的信仰——躺在床上赖到下午四点钟，喝着潘诺酒——康纳利先生似乎很羡慕这种方式。当然，第三种方式是最坏的，但不管怎样，最根本的邪恶是想要逃避。我们像抓住救生圈那样紧紧抓住不放的一个事实，就是我们既想当一个普通的体面人，又不愿成为行尸走肉，而这是可能实现的。康纳利先生似乎在暗示只有两种情况：要么躺在床上赖到下午四点，喝着潘诺酒，要么向成功的神明屈服，成为一名伦敦文艺界鬼鬼祟祟的钻营者。正统的基督教试图将你逼入一个非常相似的困境。但这两种困境都是虚幻的，其压迫是毫无必要的。

我对康纳利先生的主题提出批评，因为我认为，要是他能去关注更普通的人，他能写出一本更好的小说。但我并不是说这本书不值得一读。事实上，去年我只读到两本让我更感兴趣的新书，而我想我还没有读到过哪怕一本书能比它更有趣。这本书大概是因为触及诽谤的法律在英国禁止出版——里面并没有猥亵下流的描写。方尖碑出版社①为出版那些不能在这里出版的书作出了很大的贡献。遗憾的是，他们觉得有必要假意大肆宣扬和标榜他们专门出版色情读物。

这一回企鹅出版社的挑选眼光没有之前那么好了。在康拉德的所有作品中，干吗要选《奥迈耶的痴梦》呢？除了某种隐含的情怀之外，这本书没有什么值得念想的，而除非你在东方生活

---

① 方尖碑出版社（the Obelisk Press），由英国人杰克·卡汉（Jack Kahane）于1929年在法国巴黎创办的英语出版社，作风前卫大胆，亨利·米勒的《北回归线》便是在该出版社发行第一版。

过，否则你根本感受不到那种情怀。它创作于康拉德的英语远远称不上完美的时期——他不仅使用了外国的俚语（这一习惯延续到后来相当长的一段时间），而且他并不理解某些惯用表达的低俗含义，因此，这本书充斥着诸如"那个诡谲之人"这样的语句。康拉德目前是一位过气的作家，表面上是因为他讲究修饰的文风和冗繁的形容词（在我看来，我倒是喜欢讲究修饰的文风。如果你的格言是"删去形容词"，那倒不如做得更绝一些，就像动物那样哼哼唧唧不是更好？）但我猜想真正的原因是他的绅士风度，这种人遭到现代知识分子的嫉恨。可以很肯定地说，他会再度受到欢迎。他的才华一个最确凿无疑的迹象就是女人不喜欢他的书。但《奥迈耶的痴梦》只有间接的趣味性，因为它是康拉德的第一部作品，而且因为它记录了高尔斯华绥的轶事，但我认为那些事情并没有复述的意义。

广受赞誉的《开龙的钱包》在我看来实在乏善可陈。或许它如此出名的一部分原因是贝洛克赞赏过它。贝洛克对所有的现代作品都加以谴责，但奇怪的是，有四五部作品例外。出版厄尼斯特·布拉玛的优秀侦探故事像《马克斯·卡拉多斯》、《马克斯·卡拉多斯之眼》会更好一些。这些故事，连同柯南·道尔和理查德·奥斯丁·弗里曼的故事，是自爱伦坡之后唯一值得再去阅读的侦探故事。顺便说一下，厄尼斯特·布拉玛是当代文坛中凤毛麟角的人物。他讨厌出名，虽然他的作品广受欢迎大获成功，但他过着非常低调的生活，只有几位密友知道他的笔名与真名①的关系。《五镇的安娜》是阿诺德·本涅特的次要作品，时至今日已经

---

① 厄尼斯特·布拉玛的真名是：厄尼斯特·布拉玛·史密斯。

不值得去读了。《求求你，弗岑先生》是一部糟糕的作品，说的是一个傻乎乎的短暂的信仰，而《罗赫利茨》是一部我读不下去的历史小说，但如果你了解德国历史的话或许可以接受。但大体上，企鹅书籍保持着高水准。下一批的十部作品里有几本非常好，放在一起堆在壁炉架上，它们看上去并不像想象中的售价六便士的读物那么扎眼。

评彼得·弗莱明的《来自鞑靼的消息》、维金将军的《我所了解的阿比西尼亚》、罗兰德·雷温-哈特少校的《泛舟尼罗河》[①]

乘火车、汽车或飞机旅行并不是事件，而是事件的间歇，交通工具越快旅途就越无聊。中亚干草原或沙漠的游牧民族或许得忍受各种不适，但至少在他旅行的时候他是活着的，不像豪华游轮上的乘客，只是陷入暂时的死亡。彼得·弗莱明先生从北京出发，骑马穿越新疆，然后经过帕米尔高原进入印度（行程超过两千英里），清楚地知道这一点。他所记录的路途的不适——冰冷彻骨的寒风、挨饿、没办法洗澡和与被磨伤的骆驼和疲惫的马驹作斗争——都不会让人觉得不寒而栗和感谢上帝赐予现代化的舒适，而是觉得很羡慕。

> "我们和杜赞王子走了十七天……大篷车带给我们安心的感觉……二百五十头骆驼排成一队，有条不紊地蜿蜒前行，穿越荒凉空旷的土地。在队伍的最前头，引领着第一队人

---

① 刊于 1936 年 8 月 15 日《时代与潮流》。罗伯特·彼得·弗莱明（Robert Peter Fleming, 1907—1971），英国冒险家、游记作家，代表作有《来自鞑靼的消息》、《北平围城》（描写义和团运动）等。维金将军（General Virgin），情况不详。罗兰德·雷温-哈特少校（Major Rowland Raven-Hart），情况不详。

马，总是一个骑着白马驹的老女人，一个面容扭曲干瘪枯瘦的老太婆，戴着圆锥形的毡帽，看上去很像一个巫婆。分散在两翼，游离于大部队之外是四五十个骑手……那些马驹在它们的主人身上穿着的鼓鼓胀胀的羊皮大衣的衬托下显得很矮小。每个人都斜背着老式的毛瑟枪或带着叉状支架的火绳枪，有几个中国人带了连发的卡宾枪，大部分是太原府兵工厂制造的，看上去都很不牢靠。有几个人还背着阔剑。"

这趟旅程不仅需要坚强的意志，而且需要高明的策略和机警，因为它得经过禁区，而弗莱明先生和他的同伴（一位女士）都没有正式护照。此外还有语言上的不便和旅途装备不足带来的困难。举个例子，他们有两部便携打字机（要带着它们横穿中亚实在是很辛苦），却只有一口煎锅。他们的食物大部分有赖于打猎，而唯一有用的武器就是一把点22口径的猎枪。弗莱明先生更喜欢用步枪而不是散弹猎枪，因为它的声音没有那么大，而且弹药比较轻便。但这是很大胆的事情，因为除非你的猎物静止不动等着被打，否则步枪的用处不是很大。顺便说一下，弗莱明先生说自己在400码距离内用步枪打死过一只羚羊。他说他步量过距离，我忍不住想（我只能低声说出来）他的步子应该很短。

弗莱明先生作这趟旅行似乎主要是为了好玩，但另外一部分目的是了解新疆的局势。他的结论是苏联已经控制了这个省份的部分地区，并且企图染指剩下的地方，但不是为了这片土地本身，而是作为阻止日本扩张的战略跳板。值得注意的是，他似乎很反对苏联新的帝国野心。当我们发现苏联人比其他人好不到哪里去时总是很吃惊，这是对苏联人的品德的古怪恭维。

我毫不怀疑这本书会成为畅销书。它的一部分内容写得很糟糕——为什么游记作者要那么辛苦地尝试插科打诨呢？但那些令人心醉神迷的材料弥补了缺陷。真正的成就不是写出这本书，而是完成旅程。里面的相片大部分都是弗莱明先生自己拍的，都很不错，而且数量很多，让这本书 12 先令 6 便士的价格显得很划算。

《我所了解的阿比西尼亚》不是维金将军这部作品的贴切的书名（它是由内奥米·沃尔福德小姐从瑞典文翻译过来的译本），因为作者只在阿比西尼亚呆了一年，担任皇帝的军事顾问。他拼凑出了一本书，一部分内容是这个国家的日常生活，一部分内容是对阿比西尼亚的近代史的介绍，还有一部分内容是探讨导致这场意大利与阿比西尼亚战争的事件。当然，第三部分的内容是最有趣的。英国是否真的有人相信意大利人是正义的一方值得怀疑，因为亲意大利派的人提出的唯一理由其实是积非成是的狡辩。但是，这本书所揭露的事实使得问题比以往更加清晰。顺便提一下，萧伯纳等人认为如果阿比西尼亚人不是认为国联会以武力支持他们的话，他们或许就会不进行任何抵抗，而是直接投降，这个谬论得到了权威的驳斥。

《泛舟尼罗河》是一部令人愉快的作品，描写了一种一定很愉快的旅行方式——乘着独木舟沿尼罗河顺流而下，时不时去参观只能以这种方式到达的努比亚神庙。雷温-哈特少校对埃及古物学很感兴趣，文字里充满了热情。最后，他完整地记录了自己带去的装备。任何人去作一趟相似的旅行一定很有意义，但一路顺河而行却不带上钓鱼竿，真是太可惜了。

评卡尔·拉斯旺的《阿拉伯的黑帐篷》、劳伦斯·格林的《神秘的非洲》、威廉姆斯的《在最光明的非洲和最黑暗的欧洲》、埃里克·穆斯普拉特的《入乡随俗》、爱德华·亚历山大·鲍威尔的《飞一般的奥德赛》①

《失乐园》结尾的诗句有一个很长的譬喻：

> 荒凉的平原，
>
> 塞里卡纳平原，中国人在那里
>
> 乘风扬帆，藤制的货船轻快出发。

这句话独特的魅力在于，它唤醒了对古时古地的缅怀，几乎就像肉体上的疼痛一样真切，我们这个时代的人喜欢拿它来折磨自己。或许这是一种有害的情感，但我们都对它很熟悉，如果一

---

① 刊于 1936 年 9 月 12 日《时代与潮流》。卡尔·莱茵哈德·拉斯旺（Carl Reinhard Raswan, 1893—1966），英国马类专家，研究阿拉伯马的专家，代表作《沙漠之子》、《阿拉伯人与马》等。劳伦斯·乔治·格林（Lawrence George Green, 1900—1972），南非记者、作家，代表作有《时代之鼓》、《神秘的非洲》等。威廉姆斯（P B Williams），情况不详。埃里克·穆斯普拉特（Eric Muspratt, 1899—1949），英国旅行家、作家，代表作有《归家之旅》、《希腊群海》等。爱德华·亚历山大·鲍威尔（Edward Alexander Powell, 1879—1957），美国战地记者、作家，代表作有《荣誉之路》、《欧洲惊雷》等。

本行记没办法唤醒这种情感，我们不会认为它是一本好书。

《阿拉伯的黑帐篷》通过了这个考验，虽然它的篇幅很短，而且内容零乱无章。它是一本有趣的书。作者——他显然是日耳曼人，虽然这本书是用地道的英语写的，而且没有提到是译本——在阿拉伯的边远地区生活了二十年，为欧洲种马购买配种的阿拉伯马，与贝都因人亲密无间地生活在一起。他与鲁拉的一个酋长歃血为盟结为兄弟，曾经参与劫掠和大规模迁徙，曾经在沙漠里饿过肚子，打过狼，吃过蜥蜴和蝗虫，拿贝都因少女用瞪羚的粪便做成的香水熏头发。他的书里有很多关于骆驼、阿拉伯马、打猎和驯鹰（显然，猎鹰连瞪羚都可以捕到）的离奇故事，还有一个爱情故事，一开始的时候像阿拉伯《一千零一夜》一样浪漫，但结局很恐怖，你会觉得它一定是真人真事。如果你想要了解阿拉伯内陆沙漠的风情，彻底摆脱那份办公室工作和 8 点 15 分赶到城里的交通，这或许就是你要找的书。

另一方面，《神秘的非洲》是有点趣味性的游记，但没有营造出唤醒思乡之情的氛围。作者是一个幸运儿，能够周游世界收集荒诞的故事——就像护封上的广告所说的"古怪而充满魅力的神秘谜团"。非洲的巫医如何治病、逆戟鲸的大规模自杀、布希曼人和霍屯都人的长寿、钻石偷盗、渡渡鸟、利口酒、毒蛇、蜥蜴、杀人树和狼蛛都是它的题材的一部分。我自己很高兴地了解到度度鸟的灭绝是因为引进的猪把它们的蛋给吃了，狒狒看到男人就会逃跑，但不怕女人，南非的布希曼人在臀部积聚脂肪以备断粮，他们的平均寿命有 120 岁。我希望这些故事都是真的，因为我可能会去告诉别人。

我的清单里的另外一本关于非洲的书籍《在最光明的非洲和

最黑暗的欧洲》是非常"轻松"的小说。它的内容很滑稽，很有伊安·赫伊的风格，记录了作者担任英国驻南非警察、在世界大战中服役和后来成为一名勘探员的经历。我觉得这本书读起来很累，但它的所有收益都会捐给英国军团，你会钦佩作者的慷慨，即使你不会去钦佩他的文笔。

《入乡随俗》是一本令人失望的作品。但是，它记录了两个了不起的成就——驾驶排水量30吨的帆船横渡北大西洋和在一个真正的荒岛上生活几个星期，那是每个人都想去的荒岛，有棕榈树、清泉、任人捕捉和挤奶的野山羊、有很多热带鱼的清澈海水。一本像这样的书应该扣人心弦，但不幸的是，里面尽是大段大段的旁枝末节，似乎是仓促写成的，大部分内容是关于穆斯普拉特先生无果的恋爱。这是一个遗憾，因为穆斯普拉特先生显然拥有真正的文学才华，能够写出一本更加出色的作品，如果他愿意的话。

《飞一般的奥德赛》描写了环绕加勒比海的空中旅行，并展示了乘飞机旅行的缺点。你能以极快的速度从一个地方抵达另一个地方，但行程中什么也看不见，甚至当你着陆时你也看不见什么风景，因为一刻钟后飞机就将再度起飞。作者（一个美国人）显然参考了许多旅游指南的内容。能够乘坐客机旅行一定是很美妙的事情，但我认为不应该把像这样的旅程称为历险记。如果奥德赛离开特洛伊是搭飞机而不是乘帆船，他可能半个小时就到家了，而佩内洛普就不会至少吃三回醋了①。

---

① 奥德修斯在归家的旅途中曾经先后遇到喀尔刻、卡吕索普、塞壬女妖的诱惑。

评亨利·米勒的《黑色的春天》、爱德华·摩根·福斯特的《印度之行》、理查德·埃尔丁顿的《一个英雄的死亡》、厄普顿·辛克莱尔的《丛林》、查尔斯·爱德华·蒙塔古的《逃跑的雌鹿》、伊安·赫伊的《一根安全火柴》①

当亨利·米勒的《北回归线》去年出版时，我很谨慎地去读这本书，因为和许多人一样，我不希望被认为只是为了里面那些淫秽的描写。但它给我留下了强烈的印象，现在我意识到我没有给予它应有的赞誉，在我评论他的新书《黑色的春天》之前，我希望再提一下这本书。

《北回归线》的价值在于，它在知识分子和下里巴人之间架起了一座桥梁，消除了二者之间巨大的鸿沟。层次稍高的英语作品大部分是文人为了文人而写的关于文人的内容，而层次较低的作

---

① 刊于1936年9月24日《新英语周刊》。爱德华·摩根·福斯特（Edward Morgan Forster, 1879—1970），英国作家，代表作有《看得见风景的房间》、《印度之行》等。理查德·埃尔丁顿（Richard Aldington, 1892—1962），英国诗人、作家，代表作有《一个英雄的死亡》、《生命的追求》等。厄普顿·辛克莱尔（Upton Sinclair, 1878—1968），美国作家，社会主义者，曾因揭露美国肉制品加工业的黑幕而激起美国公众的强烈关注，促成了"食物与药品法案"的出台。代表作有《丛林》、《西尔维娅》等。查尔斯·爱德华·蒙塔古（Charles Edward Montague, 1867—1928），英国记者、作家，代表作有《早晨的战争》、《判决》等。

品则基本上是被写烂了的"逃避文学"——老女仆意淫伊安·赫伊笔下的处男或胖乎乎的小个子男人幻想自己是芝加哥的黑帮老大。关于普通人过着普通人的生活的作品很少，因为它们只能由能够站在普通人的立场又能够跳出普通人的立场的人写出来，就像乔伊斯能够站在布罗姆的立场，又能跳出布罗姆的立场一样。但这意味着承认你自己在绝大部分时间里就是一个普通人，没有哪个知识分子会想要这么做。比起《尤利西斯》，《北回归线》的地位要低一些，不能算是一部艺术作品，而且没有尝试对不同状态的意识进行分析。但在某种程度上它比《尤利西斯》更成功地消弭了有思想的人和没有思想的人之间的鸿沟。它不认为思想敏锐的人需要偷偷去做告解，就像艾略特的斯温尼，而是认为这是天经地义的事情。这本书的立场其实是惠特曼的立场，但没有惠特曼式的清教徒主义（伪装成某种昂扬的自然主义）或他那美国式的傲慢。非常有意思的是，它把有思想的人从他那高不可攀的优越地位拉下来，与下里巴人接触。遗憾的是，它不幸地发生在哈普街。

《黑色的春天》描写的是不同寻常的内容。它不再去描写日常生活的事件，或只是将它们作为核心，而是营造出一个米老鼠式的世界，在这个世界里，事情不依照时空法则而发生。每一个章节或每一段文字以现实作为出发点，然后被吹成一个幻想的气球。举个例子：

"……男男女女在人行道上散步：这些奇怪的生物，半是人体，半是赛璐珞，在半疯狂的状态下漫步于街头。他们的牙齿闪闪发亮，他们的眼睛炯炯有神。女人们穿着漂亮的服装，每个人都露出冷冻的微笑……带着迷乱闪烁的眼神对生活露出微笑，旗帜在飘扬，带着甜美的性欲漂过下水道。我带着一把手枪，我们来到四十二大街我就开枪了。没有人去在意。我左一枪右一枪把他们撂倒，但人群并没有散去。活着的人踏过死者，一直保持着微笑，炫耀他们那美丽洁白的牙齿。"

从这段文字你会看到一个本应是普通的现实生活的场景如何转变为纯粹的梦境。没有必要对"现实"的含义进行形而上学的探讨。重要的是，里面的文字侵略了属于电影的领域。一部米老鼠电影要比任何作品更肆意地打破常理的约束，但因为它是视觉作品，它可以被透彻地理解。如果你尝试用文字去描述，你会以失败告终。更糟糕的是，没有人会去阅读你的文字。事实上，如果文字过于脱离二加二等于四的现实世界，它就会丧失它的力量。在亨利·米勒之前的作品里显然有着将白日梦化为文字的倾向。我认为他非凡的驾驭文字的功力引领着他在那个方向上走得更远，他能够轻松游走于现实与梦幻之间，不着痕迹地从尿壶写到天使而毫无违和感。在技术的层面这本书比起其它作品是一个进步。在最糟糕的时候，他的文字平淡而富于韵律感，就像上面我所引用的那段文字，而在写得最精彩的时候它给人以惊艳的感觉。和往常一样，我没办法引用任何最精彩的篇章，因为里面有不能刊印的文字，但如果你能够找到这本书，看一看第 50 页到第 64 页的那部分内容，当我读到那些文字时，我很想鸣炮 21 响以示敬意。

我建议你去找这本书读一读，如果你碰巧有这本书的初版，好好保存，因为将来它会很值钱。①但我喜欢之前的作品，我希望米勒先生能够再写一些他那些不体面的朋友的冒险故事，因为他似乎非常适合写这样的内容。

企鹅丛书上一次发行的作品里有一些好书。《印度之行》不是关于印度的最完美的作品，但它是迄今为止最好的作品，而且可能是将来最好的作品，因为它是在机缘巧合之下由一个能够写出美妙的小说的作家在印度呆了很久并吸收了那里的气氛而写出来的。一战的时候我年纪太小，没有参战，因此，我对一战的看法毫无价值。但我一直认为《一个英雄的死亡》是英国最好的战争作品，至少是最好的战争小说。苏联政府似乎也是这么想的，批准它的译本进入俄国。这本书写得很生动，对战斗的写实描述并没有与前半部分离奇古怪的气氛有太大的冲突。如果你喜欢事实，《丛林》是一本好书——你能够确定它写的就是事实，因为还没有人能够起诉厄普顿·辛克莱尔诽谤并获胜。和蒙塔古的所有作品一样，《逃跑的雌鹿》读起来很累，而且内容空洞。他是那种"愉快而机智"的作家，内容都是泡泡又没有味道，就像苏打水一样。

我不会引用《一根安全火柴》的内容，但我会引用护封上面已故的塞恩斯伯里②教授在出版时写给作者的文字：

祝贺尊作《一根安全火柴》的出版，我很久没有读到过

---

① 珍版书籍网站 abebooks.com 上，方尖碑出版社在三十年代出版的亨利·米勒的作品均价在 1 000 美元以上，1936 年 6 月出版的《黑色的春天》售价 1 250 美元。

② 乔治·爱德华·贝特曼·塞恩斯伯里（George Edward Bateman Saintsbury，1845—1933），英国作家及文学史专家。

这么精彩的作品了。

请注意，塞恩斯伯里或许是欧洲读书最广博的学者，这表明文学教授对当代作品的评价都很不靠谱。

评约翰·沃勒尔的《生命的热情》，克劳德·纳比尔从荷兰文的译本；休·马辛汉姆的《我脱下了领带》[①]

总的来说，没有哪一个能够描述热带地区气氛的人愿意在那里久呆到将其吸收为止。因此，现在关于远东的好的小说只能由像约瑟夫·康拉德这样的怪人写出来。

沃勒尔先生和康拉德并不在同一个档次，但两人有几点共同之处。他是一个丹麦人，在东印度公司服役了三十年，对爪哇和苏门答腊怀有深切的回忆，而且他是从某个与欧洲文化有联系的人的角度去写的，但他的接触并不是很深入，否则他就不会说西格莉德·温塞特[②]和吉尔伯特·基思·切斯特顿是"两位最像北欧人的知识分子"了。（顺便提一句，切斯特顿先生听到自己被称呼为"北欧人"一定会气坏的！）但或许他又太了解欧洲文化了，能够与身边的军官相处友好，一起喝杜松子酒。这本书的主题是奇怪的双重思乡情绪，这是对背弃祖国的惩罚。出游是一件错事——或者说，你只应当像一个水手或游牧民那样去旅行，而不是在异国他乡扎根。与烈日下的棕榈树和蚊子为伍，闻着大蒜的

---

① 刊于 1936 年 10 月 17 日《时代与潮流》。约翰·沃勒尔（Johann Woller），情况不详。克劳德·纳比尔（Claude Napier），情况不详。休·马辛汉姆（Huge Massingham），情况不详。

② 西格莉德·温塞特（Sigrid Undset, 1882—1949），挪威女作家，曾获 1928 年诺贝尔文学奖，代表作有《甘纳的女儿》、《圣人传》等。

味道，听着牛车吱吱嘎嘎的声音，你会向往欧洲，直到最后你愿意拿整个所谓的东方的美景去交换，为的是看一片雪花、一口冰封的池塘或一个红色邮筒。回到欧洲，你能记得的就只有鲜红的木槿花和在头顶尖叫的狐蝠。但是，机器文明很快就会将世界上的所有地方变得没什么两样，思乡情绪也很快就会被消除，这似乎是一个遗憾。

这本书最好的地方是来自作者年轻时的回忆，一桩事件——虚构的事件，却是典型的事实——发生于 1900 年至 1912 年的荷兰殖民战争。它描写了对一个村民的虐待，他知道，或者说荷兰人以为他知道一个叛军领导人的藏身之地。除了以丰富的想象力描绘出生动的场面之外，它揭露了帝国主义本质上的罪恶，而这是一千本政治宣传册做不到的，因为里面所描写的那些残忍的举动是不可避免的。当一个被统治的民族揭竿而起时，你只能将其镇压，而你只能采取让所谓的西方文明的优越性荡然无存的方式去这么做。要统治蛮夷你自己就得变成蛮夷。按照沃勒尔先生的说法，荷兰人是最人道的殖民者，如果真是这样的话，天知道其他殖民者是什么样子。

这是一本有趣但很零碎的书，有时候在无意间生动地刻画出一个敏感的男人远离文明的中心时内心世界的波澜。我无意去评价这个译本，但我想说的是译文很糟糕。

马辛汉姆先生的旅行是垂直的，而不是水平的。他觉得"伦敦东区对于我们来说就像特罗布里恩群岛那么神秘"（这么说有点夸张，但也不算太离谱），于是他去了伦敦东区情况最糟糕的区域，找了一栋出租屋租了两间没有家具的房间，然后找到了一份临时工作当收租人。他很难找到一个更合适的认识人的方式，而事实上，他和他们混得太熟了，因为很快由于一个误会，他背起了起诉一个失业者拖欠房租的罪名。之后他被一群群的孩子穷追不放，他们嚷嚷着："谁把收租人放进来了？"还朝他扔石头和烂苹果。他不在的时候人们闯进他的房间，偷走和捣毁他的财物。这是特别卑劣的迫害，但马辛汉姆先生似乎没有恨意。他说被扔烂苹果可不比看一位公爵夫人冰冷的嘴脸更糟糕，而且你总是能够扔点什么东西作为反击。后来，他设法澄清了不实的罪名，真的放下架子，与生活在伦敦东区的人平等相待，欣赏他们真正的优点。

这本书的题材要比文笔好得多。最有价值的是约翰斯顿的写照。他是一个破落的公学毕业生，靠救济金生活，一直保留着反对工人阶级的最恶毒的态度。约翰斯顿是一类很重要的人，因为他反映了这么一个事实：在紧要关头中产阶级会投身法西斯主义而不是社会主义。

评威尔弗雷德·麦卡尼的
《张开血盆大口的高墙》
由康普顿·麦肯齐撰写序言、结语和
章节评论[①]

这本非常有价值而且引人入胜的书记录了在潘赫斯特监狱十年劳役监禁的生活，展现了关于监狱生活的两个不为大众所理解的事实。第一个事实是，英国监狱体制的邪恶不在于虐待，而在于体制本身。当你和一个曾经蹲过监狱的人聊天时，他一般会强调那些难吃的伙食、在小事情上的不公待遇、个别典狱长的残酷等等，让你以为只要每间监狱的这些小恶能被改正的话，我们的监狱就会变得可以忍受。事实上，英国现代监狱冷漠刻板的纪律、里面的孤独死寂、亘古不变的关锁和开锁(这些都是拜那些监狱改革者所赐，始作俑者是托奎曼达[②])要比中世纪野蛮的刑罚更加残忍和令人意气消沉。比失去自由更痛苦的，比性剥夺更痛苦

---

① 刊于 1936 年 11 月《艾德菲报》。威尔弗雷德·麦卡尼(Wilfred Macartney，1899—1970)，英国作家，曾参加一战，1927 年被控告"意图盗窃军事情报"和"间谍罪"(被俄国收买)，判处十年监禁，出狱后他将狱中经历写成了《张开血盆大口的高墙》。康普顿·麦肯齐(Compton Mackenzie，1883—1972)，苏格兰作家，苏格兰民族主义者，苏格兰民族党创建人之一，代表作有《祭坛之阶》、《牧师之路》与《天国之梯》三部曲。
② 托马斯·德·托奎曼达(Tomás de Torquemada，1420—1498)，十五世纪西班牙宗教法庭大法官，狂热鼓吹反犹主义和反伊斯兰主义，曾迫害和处死许多异教徒。

的是无聊。麦卡尼先生对富有象征意味的细节观察很敏锐，并将这一事实阐述得很到位。他说，在周末孤独地被关押 44 个小时，没有任何刊物可以读。结果，最微小的消遣变得非常重要。显然，潘赫斯特监狱的许多犯人总是会找到玻璃碎片，偷偷地把它们磨成透镜——这得花几个月的时间——然后用牛皮纸卷做成望远镜，用它瞭望牢房窗外的景色。只有无聊得半发疯的人才会不厌其烦地做这种事情，有时候还得冒着吃不上面包和水的危险。

　　麦卡尼先生揭示的另一件事情是我们的监狱体制就像英国生活的其它方面一样，真正的权力掌握在尸位素餐、睁一只眼闭一只眼的官员手里，他们根本不在乎当前的政府或公众舆论。显然，就连一位典狱长在那帮继承了一个残忍野蛮的体制，以经验法则实施管理的"混蛋"面前也几乎毫无作为。读到潘赫斯特的官员审查监狱图书馆的书籍时我实在是觉得非常有趣。他们特别焦虑，不想让那些犯人看到"有颠覆性"的文学作品，而那些书其实没有"颠覆性"可言。似乎唯一曾经与监狱体制的残酷惰性进行过斗争的内政大臣就是温斯顿·丘吉尔。事实上，工党的内政大臣克里尼斯①本人努力取缔了犯人的几项福利。难怪大多数长期服刑的犯人都是托利党人！

　　这本书最可怕的章节是《监狱性生活记》。当我读到这一章时，心里很是震惊，因为它突然间让我理解了几年前一段对话的意义。我曾经询问一个缅甸犯人为什么他不喜欢蹲监狱。他一脸嫌恶地用一个词作了回答："鸡奸。"当时我以为他只是在说犯人

---

① 约翰·罗伯特·克里尼斯(John Robert Clynes，1869—1949)，英国工党政治家，曾于 1929—1931 年担任英国内政大臣一职。

里有几个同性恋者会骚扰其他人，但麦卡尼先生点明任何人在监狱里呆过几年，虽然经过苦苦挣扎，最后都会变成同性恋。他有一篇可怕的描写，讲述了自己如何被同性恋渐渐征服的，最开始的时候是以梦境作为媒介。在服刑监狱里，同性恋非常普遍，就连狱卒也身受其害。事实上，真的有狱卒和罪犯为了同一个俊男的垂青而争风吃醋。至于自慰，那是"公开而且毫不在乎的事情"。如果你恨一个人，那就把他送到监狱去长期服刑。这就是那些亲爱的、善良的改革者在消除十八世纪监狱的混乱上所取得的成就（见查尔斯·里德的《浪子回头》）。

　　这是一本不同寻常的书。它结构松散，而且文笔很糟糕，但描写了很多关键的细节。作者是个非常勇敢、机智而且好脾气的人。他是共产主义者（他因替苏联政府进行某项未有成效的间谍工作而被判处重刑），但我想不算是非常正统的共产主义者。如果我说他是个太正统的人，没办法做到"意识形态"上的正确，或许他不会觉得高兴。康普顿·麦肯齐先生的序言和评论乍一看似乎并没有必要，但事实上它们起到了统筹全书的作用，并提供了有力的证言。没有麦肯齐先生的帮助这本书或许无法出版，正是因为这样，每个在乎道义的人一定都会深深地感激他。

评斯克勒姆·阿希的《纸牛犊》、朱利安·格林的《午夜》，维维安·霍兰德从法文的译本①

从东欧蜂拥而来的社会纪实小说只能作为历史文献进行批评，因为它们的作者有意或无意地回避小说家真正的问题。另一方面，它们以具有可读性的形式介绍了当代历史，具有非常重要的意义。它们应该得到宣传，因为任何让英国人意识到外国人真的存在而且生机勃勃充满渴望的作品，尤其是激动人心的作品，都应该受到欢迎。

我认为《纸牛犊》并不应该被归为小说，但我发现它很有趣，而且虽然篇幅很长，我读了几回就把它读完了。它描绘了恶性通货膨胀时期德国社会的全景。法国人统治着鲁尔区，马克像乘了火箭一样贬值，囤积居奇的商人发了大财（他们有一套美妙而简单的系统，能够赊账买到东西，直到马克贬值后再付钱），饥肠辘辘的人民吃着连猪食都不如的东西，希特勒和他那一小撮亡命之徒正开始出名。所有这些都通过两三户彼此间有联系的家庭的历史加以呈现，很有左拉的气派。这么一部作品不能被视为艺术

---

① 刊于 1936 年 11 月 12 日《新英语周刊》。斯克勒姆·阿希（Sholem Asch，1880—1957），犹太裔美国作家，代表作有《护教者》、《我的民族的传说》等。朱利安·格林（Julien Green，1900—1998），美国作家，代表作有《黑暗之旅》、《黑暗中的每一个人》等。维维安·霍兰德（Vyvyan Holland，1886—1967），代表作有《奥斯卡·王尔德》、《梦想者》等。

佳作的原因在于它的创作方式很马虎敷衍。作者写的其实是一本教科书，在他认为合适的时候把角色给摆放进去，就像一个人按照配方做蛋糕一样。他似乎在喃喃说道："反犹主义正在兴起——那我们就加进几户犹太人家庭吧。纳粹分子正在崛起——那我们就加进几个纳粹分子吧。然后，当然，还有食物紧缺——那我们就加进几个囤积食物的投机商人和一个饿肚子的邮递员吧。"诸如此类。但没有哪一幕情景、哪一个角色或哪一段对话是他觉得必须写下来的，而那些材料应该是小说家感觉到自己必须写下来的内容。这并不是社会小说的本质缺陷——事实上，大部分值得一读的小说都是带有目的性的小说。比方说，和左拉进行比较——左拉在《萌芽》和《崩溃》里描写的那些暴力场面象征着资本主义的没落，但它们也是真实的情景。左拉并没有捏造出这些场面。他是受到驱动去进行创作的，不像一个业余的厨师那样按照克里斯托纳牌蛋糕粉袋子上面的说明去做蛋糕。

但是，正如我所说的，每个人都应该读一读《纸牛犊》，即使只是因为它阐明了纳粹分子取得胜利或必将取得胜利的原因。作者本人似乎就是犹太人，他似乎对反犹主义的真正原因心存疑惑。不过，奇怪的是，他无意间提供了一条线索。在一幕场景里，一个犹太人（一个年轻的布尔什维克军官）罕见地成为被推崇的角色。那一幕会让你想到，如果你希望了解反犹主义的原因，最好得去读一读《圣经·旧约》。

回到《午夜》，你将置身于另外一个世界。它以最彻底和谨慎的方式回避了任何当代的问题——甚至时间，里面的时间背景无法和哪一个年代确切地联系在一起。虽然许多情景带有自然主义的伪装，这个故事与现实生活的联系却像那些德国剪纸电影一样，演员都只是黑乎乎的轮廓。

下面是它的情节，如果你能够称之为情节的话。第一章描写了一起毫无意义的自杀，死者有一个女儿，名叫伊丽莎白，才十二岁，成为无家可归的孤儿。她去找了三个疯疯癫癫的姨妈，最后一个姨妈是个有华裔血统的疯子，把她给吓跑了。她在街上遇到一个好心的老头，收养了她。三年过去了，伊丽莎白又被收养了，这一次是她死去的母亲的情人。最后的事件占据了大半本书的篇幅，发生在两天内。这起事件由始至终都是可怕的梦魇。伊丽莎白去的地方是森林中一座破败的房子，里面住着各种各样的疯子。最可怕的地方是，伊丽莎白不知道里面到底住了多少人。在死寂的夜里，她既害怕又好奇，偷偷地走遍了整座房子，从钥匙孔里窥探，悄悄地拧开门把手，每个房间里都遇到某个新的恐怖的人。最后她遇到了房子里唯一清醒的人，一个十七岁的凶恶的农家男孩，很快就同意和他一起逃跑。里面有一点色情描写，或接近于色情描写的内容，他勾引了她，然后是一桩谋杀、一桩意外死亡、另一宗自杀，然后故事就结束了。

如果这种故事以普通的英语小说的水平写出来，你可能读完几章就读不下去了。但格林先生的思想带有一种确凿无疑的独特魅力，你会一直读到结尾，然后问自己："这本书到底在讲些什么？"我觉得答案就是，它毫无意义可言。

显然，它是在尝试营造埃德加·爱伦坡式的气氛，从某种意义上说它成功了，至少那种恐怖和神秘的感觉很到位。但重要的区别在于，虽然爱伦坡是一个幻想作家，但他从来不会随心所欲地去写。即使是他自然主义色彩最淡的故事（《黑猫》、《厄瑟尔家族的没落》等等）在心理层面上都有可以理解的动机。而《午夜》

就不是这样——情节没有应当发生的最细微的理由。我觉得它是一个富有才华的头脑的产物，没有低俗或自作多情的描写，我愿意相信它的法语原文很美妙，但它确实毫无意义。

　　之前我从没有读过朱利安·格林的小说，我很高兴能够读完这本书，因为我觉得现在我知道他是个怎样的作家了。这本书的自然主义笔触写得很好，表明他原本可以成为福楼拜或莫泊桑式的优秀小说家。他似乎步入了歧途，或许因为他太害怕写出像《纸牛犊》这样的另一个极端的作品。事实上，我们这个年代并不适合那些关于破败屋子里的疯子的神秘浪漫作品，因为你无法漠视当代的现实。你无法忽视希特勒、墨索里尼、失业、飞机和无线电广播。你只能假装看不见，这意味着砍掉你的意识的大部分内容。回避日常生活并操纵着黑纸剪影，假装自己真的对它们感兴趣，这是一厢情愿的游戏，因此似乎没有什么意义，就像在黑暗中讲鬼故事一样。

评纳德·霍姆伯的《沙漠遭遇》，赫尔加·霍尔贝克从荷兰文的译本；奥扎恩的《椰子与克里奥耳人》[1]

《沙漠遭遇》的作者纳德·霍姆伯在 1931 年去麦加的途中被阿拉伯军队杀害。这本书是他在前一年开车横穿北非的行记。剑桥大学的人类学讲师杰克·赫尔伯特·德里博格[2]先生在序文中对霍姆伯的评价是："我们失去了一个潜在的托马斯·爱德华·劳伦斯[3]。"——这是一个很不恰当的比喻，因为这两个人除了都热爱阿拉伯和能够与他们相处融洽之外，并没有什么共同之处。

霍姆伯的旅程大部分是沙漠，他的车子水箱总是漏水，每开上几英里就会爆胎，能够完成旅程已实属不易，而他的书动人之处在于他已经皈依了伊斯兰教，而且穿着阿拉伯人的服装旅行。因此，他能够与阿拉伯人，特别是贝都因人平等相待，了解他们对于欧洲征服者的真正想法。他的结论似乎是，虽然他们并不是

---

① 刊于 1936 年 11 月 21 日《时代与潮流》。纳德·瓦尔德玛·霍姆伯（Knud Valdemar Holmboe, 1902—1931），丹麦记者，代表作有《沙漠遭遇》。赫尔加·霍尔贝克（Helga Holbek），情况不详。奥扎恩（J. A. F. Ozanne），情况不详。

② 杰克·赫尔伯特·德里博格（Jack Herbert Driberg, 1888—1946），英国人类学家，代表作有《兰戈人：乌干达部落研究》。

③ 托马斯·爱德华·劳伦斯（Thomas Edward Lawrence, 1888—1935），英国军人，曾在阿拉伯地区反抗土耳其奥斯曼帝国的起义中发挥了重要的作用，被称为"阿拉伯的劳伦斯"，曾将他的阿拉伯世界的所见所闻写成作品，代表作有《智慧的七柱》、《沙漠的起义》等。

特别喜欢法国人，但意大利人是世界上最糟糕的殖民地统治者。他们总是针对阿拉伯"自由民"发起残酷的战争，甚至用水泥封了他们的水井，大规模枪杀或绞杀所谓的叛军，而这些"叛军"其实只是想保卫祖辈的牧场。

> "……在法国大革命时期，每天有三个人被处决，每年大约有一千两百人。而我在昔兰尼加那段时间，每天有三十个人被处决，这意味着每年有一万两千名阿拉伯人被处决，还没有算上在战争中被杀的或被流放的人，以及意大利领地的埃里特利人部队……"

特别恶劣的是，意大利人似乎对他们所统治的民族不闻不问，甚至认识阿拉伯人都被认为有损意大利官员的尊严。显然，他们的目标就是消灭所有碍事的人，有时候甚至公开这么说。不过，霍姆伯承认意大利人在修建道路和规划城镇上干得很不错，而且他落在他们手中时得到的待遇要比预料中的好一些。因为虽然意大利官员对于一个身穿阿拉伯人服饰的白人心存疑虑，但当他穿越危险的地区时还是给予了他保护，至少有一回救过他和同伴的命，让他们不至于死在沙漠里。

这是一本令人印象深刻的书，由于它的天真更是如此。墨索里尼在英国有许多崇拜者，他们应该好好读一读这本书。里面的照片都很平淡无奇。

《椰子与克里奥耳人》（这个书名很不适合，因为它让人觉得这是一部无聊的作品）探讨的是同一主题——殖民统治的失政。但是，书里并没有毁井、轰炸村庄和草率处决的描写，而是惯常的英国式的好心办坏事。作者是一个神职人员，在印度洋的皇家殖民地塞切尔斯担任教堂牧师四年。他仔细地记录了岛上的生活，清楚地表明那里的情况很糟糕。失业非常严重，许多人靠乞讨为生，椰子种植业和捕鱼业没有被开发得当，官员们光靠薪水没办法填饱肚子，警察都腐败不堪，卖淫极其普遍，宗教偏执很严重，而且性道德的标准很低，经作者之手受洗的孩子里有四成多是私生子。一个潜在的弊端似乎是没有像样的教育体制。高等教育掌握在拜圣母兄弟会的手里，他们威胁要把送孩子进公立学校的家长逐出教会，成功地抵制教育改革。结果，克里奥耳人的中产阶层就像印度的欧亚混血儿，失去了过上体面生活的机会。

作者是一个英国圣公会的牧师，对罗马天主教会怀有明显无疑的偏见，你必须考虑到这一点。即使如此，他所说的大部分内容都让人觉得可信。这是一本结构很零乱的书，但很有文采，作了许多注解，而且对帝国的问题提出了一些很有意义的间接意见。那些照片拍得非常糟糕。

评艾德里安·贝尔的《露天的野外》①

　　《露天的野外》（费伯出版社，售价 7 先令 6 便士）是艾德里安·贝尔的选集，刊登了一系列文章，主要是描写乡村生活各个方面的散文，让人意识到旧式的英国乡村文化已经彻底消失了。它让人觉得风光独特这个事实证明它已经无法复原了。或许这就是为什么在那么多讴歌乡村生活的作家的作品里——乔治·斯图特②、科贝特③乃至威廉·亨利·哈德森④——你会有一种虚伪的感觉。贝尔先生的选集专注于两件事情：手工艺和劳动者的独立。有趣的事情是，在很多作家的摘录中，养猪的主题总是会出现。这是一件很重要的事情，因为英国养猪业的衰败意味着比早餐吃丹麦熏肉更加严重的后果。贝尔先生没有陷入窠臼，描写风景的文章不是很多，只有几篇在探讨运动。顺便提一下，理查德·杰弗里斯⑤的引文或许可以有更好的选择。杰弗里斯以非农业的眼光观察乡村，只有在描写野生动物的时候，他才写得出最

---

① 刊于 1936 年 12 月 2 日《听众》。艾德里安·贝尔（Adrian Bell，1901—1980），英国作家，代表作有《郊野的声音》、《从日出到日落》等。

② 乔治·斯图特（George Sturt，1863—1927），英国作家，代表作有《乡村的改变》、《一年的放逐》。

③ 威廉·科贝特（William Cobbett，1763—1835），英国作家、代表作有《乡村经济》、《rural ride》。

④ 威廉·亨利·哈德森（William Henry Hudson，1841—1922），英国作家，代表作有《绿色的高楼大厦》、《很久以前在那遥远的地方》。

⑤ 约翰·理查德·杰弗里斯（John Richard Jefferies，1848—1887），英国作家，代表作有《南方乡村的野生动物》、《业余偷猎者》等。

好的文字。比方说，当他描写钓鱼时，没有人能够模仿他。这本书鲜有熟悉的内容。随便翻开哪一页，你几乎会一直读下去。但即使整本书没有其它有价值的内容，光有两个题材就已经让它有阅读价值了。一个是杰拉德·曼利·霍普金斯那首有趣的诗《菲利克斯·兰德尔》，光是读这个名字就能感受到它的韵律，像是余烬上的青烟。另一个是出自劳伦斯的《查泰莱夫人的情人》的几行诗，里面所描写的乡村学校的孩子们上音乐课的吵吵闹闹已经成为了绝响。

评菲利普·亨德森的《今日小说》[①]

　　菲利普·亨德森先生的《今日小说》这本书从马克思主义者的角度对当代小说进行调查。它谈不上是一本很好的书，事实上，它可以被称为米尔斯基[②]的《大不列颠知识分子》的降级版本，由某个不得不住在英国的人撰写，他不想得罪太多的人。但这本书还是蛮有趣的，因为它提出了艺术与宣传的问题，现在这个问题在每一次进行批判性讨论时就会经历一番折腾。

　　上一次《潘趣》刊登一则真正有趣的玩笑是六七年前的事情了，那是一幅漫画，画着一个让人无法忍受的年轻人告诉他的姑妈，他要从大学里退学，准备从事"写作"。"那你准备写些关于什么的作品呢，亲爱的？"他的姑妈问道。"我亲爱的姑妈，"那个年轻人断然说道，"用不着关心写什么，只管写就行了。"这是对当时文学内情一针见血的批评。那时候"为艺术而艺术"的风气很盛，比现在还要严重，虽然"为艺术而艺术"那句话本身已经被视为九十年代的事物而被抛弃。"艺术与道德无关"是当时最时髦的口号。人们心目中的艺术家在道德、政治和经济的缝隙间跳来跳去，总是在追求被称为"美"的事物，而它总是与你相距

---

　　① 刊于 1936 年 12 月 31 日《新英语周刊》。菲利普·亨德森（Philips Henderson），情况不详。

　　② 迪米特里·佩特洛维奇·西亚托波尔克·米尔斯基（Dmitry Petrovich SvyatopolkMirsky, 1890—1939），俄国作家、翻译家，曾将许多苏俄作品翻译为英文，并将英国的作品翻译为俄文。

一步之遥。文学批评应该完全"中立"，也就是说，要以抽象的美学标准去处理，完全不受其它想法的影响。承认你因为一本书的道德或宗教倾向而喜欢或不喜欢它，甚至承认你注意到它有某种倾向，是粗俗得难以启齿的事情。

这仍然是正统的态度，但它已经开始被抛弃。比方说，亨利·巴比塞①的《俄国观察》花了许多篇幅，几乎就快说凡是关于"资产阶级"人物的小说都不可能是一部好的小说了。这么说是很荒唐的，但在某种程度上它并非不好的立场。任何持之以恒地坚持这一立场的评论至少在表明喜欢或不喜欢某些书的原因（通常与审美无关）时做了有意义的工作。但不幸的是，"为艺术而艺术"虽然名声败坏，但它就发生在不久前，仍未被遗忘，在遇到困难的时候总是会诱惑你折回去，因此就有了让人害怕的知识分子的虚伪，在几乎所有政治宣传性质的评论中都可以看到。他们运用的是双重标准，在这两个标准间摇摆不定，就看哪一个标准合他们的心意。他们赞扬或贬斥一本书的原因是它有共产主义、天主教、法西斯主义等思想倾向，但与此同时，他们假装是以纯粹的美学基础对其进行判断。很少有人能有勇气坦白地说艺术和宣传就是一回事。

你可以从几份罗马天主教的报纸上那些所谓的书评中看到这一行径最糟糕的一面。事实上，宗教报纸基本上都是如此。《教会时报》的编辑团队一提到"现代诗"（即丁尼生②诗派之后的诗作）

---

① 亨利·巴比塞（Henri Barbusse，1873—1935），法国作家，法国共产党员，代表作有《炼狱》、《烈火中》等。
② 阿尔弗雷德·丁尼生（Alfred Tennyson，1809—1892），维多利亚时代英国桂冠诗人，代表作有《抒情诗集》、《轻骑兵进击》等。

就会咬牙切齿（那是假牙），跺着他们的胶套鞋，但奇怪的是，他们对托马斯·斯特恩斯·艾略特却不这么看。据说艾略特是英国天主教徒，因此，他的诗作虽然是"现代诗"，却必须加以褒扬。左翼的评论也诚实不到哪里去。在大部分情况下，亨德森先生一直在伪装严格的中立批判，但奇怪的是，他的审美判断总是和他的政治倾向不谋而合。普鲁斯特、乔伊斯、温德汉姆·刘易斯[①]、弗吉尼亚·伍尔夫[②]、奥尔德斯·赫胥黎、威尔斯、爱德华·摩根·福斯特（他们都是"资产阶级"小说家）都被劈头盖脸地在不同程度加以鄙薄。劳伦斯（从无产阶级变成资产阶级，更是糟糕）受到恶毒的攻诘。另一方面，海明威受到了相当程度的推崇（因为据说海明威对共产主义有好感），巴比塞受到致敬，艾里克·布朗先生写的那本大部头平庸之作《阿尔比恩的女儿》得到了长篇累牍的褒扬，因为你终于有了真正的"无产阶级"文学——就像其它所有的"无产阶级"文学一样，是由一位中产阶级的成员写的。

这种事情对于任何关心社会主义事业的人来说是非常令人沮丧的，因为它除了将最司空见惯的沙文主义加以颠倒之外还有什么呢？它只是让你觉得共产主义比起它的对立面好不到哪里去。不过，这些秉承马克思主义文学批评观的书对于那些想研究马克思主义者的思想的人来说很有价值。所有正统马克思主义者的通病是，他们掌握了一套似乎能解释一切的系统，他们从来不肯劳

---

① 多米尼克·贝文·温德汉姆·刘易斯（Dominic Bevan Wyndham Lewis，1891—1969），英国作家，罗马天主教徒，曾担任《每日邮报》的文学编辑。

② 弗吉尼亚·伍尔夫（Virginia Woolf，1882—1941），英国女作家，代表作有《日日夜夜》、《年华》等。

心费神去探究别人心里在想些什么。这就是为什么过去十几年来，在每个西方国家，他们都被对手玩弄于股掌之间。在一本文学批评的书里，不像一篇探讨经济学的文章，马克思主义者无法以他最喜欢的多音节单词作为掩护。他不得不暴露在明处，你可以看到他戴着什么样的有色眼镜。

我不会推荐这本书，它写得很糟糕，而且通篇很沉闷无趣。但对于那些还没有读过这本书的人，我会建议出版于1935年的米尔斯基的《大不列颠的知识分子》。那是一本极其恶毒但写得非常好的书，它以扭曲的方式进行了一番非同寻常的综合探究。它是马克思主义文学批判的原型。当你读这本书的时候，你就会明白——当然，这并不是作者的本意——法西斯主义兴起的原因，明白为什么就连一个很明智的局外人也会被如今那个非常流行的低劣谎言"共产主义和法西斯主义其实是一回事"所迷惑。

评埃拉·梅拉特的《禁断之旅》，由托马斯·麦克格里维从法文翻译[①]

　　每个人无疑都会记得出版于一年前的彼得·弗莱明的《来自鞑靼的消息》这本书。它记录了横跨中亚的旅程，先是乘火车和卡车从北平到兰州，然后开始骑马、骑骆驼、骑驴到喀什，然后翻越喜马拉雅山到印度，历时六个月，在世界上最难以抵达的地区行经两千英里。现在他的旅途同伴梅拉特小姐出版了自己的游记，所以我们得以从两个不同的角度去看待这段不同寻常的经历。

　　事实上，外在的事件记录非常相似。沙漠与高山，炎热与苦寒，无休止地挨饿，与虱子进行斗争，骑着可怜巴巴的负重动物，累垮了就由得它们在山隘上死去——所有这些与弗莱明先生的描写没什么两样。不同的是叙述的方式。我不愿意说梅拉特小姐的文风很"女性化"——对于能够徒步骑马穿越中亚的女人来说，她并不是普通意义上的柔弱性别，如果真有柔弱性别这种事情的话。但她的态度更加被动，思想性没有那么突出，而且更加宽容。或许她是最完美的旅行家，那种希望旅途一直不会结束的

---

① 刊于 1937 年 9 月 4 日《时代与潮流》。埃拉·梅拉特(Ella Maillart, 1903—1997)，瑞士冒险家、游记作家，代表作有《禁断之旅》、《航海与马帮》等。托马斯·麦克格里维(Thomas MacGreevy, 1893—1967)，爱尔兰诗人、作家，代表作有《荒废之地》、《六个绞刑犯》等。

人，对横穿空旷的草原和行经荒废的庙宇比在家里写书更感兴趣，但与此同时，保持着一个文明人在荒野中的疏离感。

"我只是在延续我在俄国突厥斯坦的旅程。我熟悉了骆驼的味道和它们反刍时臭烘烘的气息。我们在灌溉地点休息，我见过收集粪便当燃料……我了解夜晚的静谧，当你的眼睛经过一天的风吹而发疼时。我喜欢原始的生活方式，重新让我将吃进去的每一口食物都化为切实的满足感。"

能够忍受这一切并去欣赏它是一种非凡的天赋。这种人怀着一颗赤子之心去周游世界，只有他们能在边远的国度旅行，而不会在这个过程中感到失望。当然，他们的秘密一部分在于强健的身体，但不能说他们坚强绝情。如果你在旅行时要求过得舒服，那是最要命的，那只会意味着曾经充满魅力的名字勾起的回忆只有臭虫和无聊。

像梅拉特小姐这样的人过着优裕的生活，遗憾的是他们成为了灭绝的人种。像这样的周游世界增长见识的旅行不会再被容忍下去多久了。随着通讯的改善，外国不仅变得越来越不值得一去，而且探访也变得更加困难。在沙漠中活下来比穿越边境更加容易，而除非你有足够的金钱或愿意犯法，稍有趣味的旅行也已经成为不可能实现的事情。梅拉特小姐写了一本很有趣的书，没有弗莱明先生的书那么睿智，但我觉得它揭示了更加迷人的性格。里面的相片拍得不错，但并不令人感到振奋。

评埃里克·泰克曼爵士的《突厥之旅》[①]

埃里克·泰克曼爵士横穿新疆的旅程与那一年早些时候弗莱明先生和梅拉特小姐的行程起点与终点一致，但他走的是一条更北的路线，大部分路程乘坐的是福特牌卡车，有一辆坏了，不得不丢弃在路上。从喀什开始，他的交通工具变成了牦牛、马和飞机。

大体上，这本书没有梅拉特小姐和弗莱明先生的书那么有趣，或许是因为作者的旅行带有明确的正式目的，和所有担任要职的人一样，他没有说出他全部知情的内容。显然，虽然他没有说出来，但他被派到新疆是对俄国影响的程度和性质做考察报告。从他的描述可以了解到，虽然俄国还没有正式吞并新疆，但当时机成熟时他们就会这么做。苏俄在经济上统治着这个省份——出于地理原因这是必然之举——而软弱的中国政府只能依靠俄国的部队勉强维持统治。而且根据埃里克爵士所说，英国显然接受了这一现状。从我们的角度说，这一点很重要。

十年前，苏联实际控制了东突厥的消息会引起不悦。现在——虽然埃里克爵士有反共偏见，而且他不加隐瞒——苏联的扩张被抱以友好的微笑，或看上去像是友好的微笑。毋庸置疑，

---

① 刊于 1937 年 9 月 25 日《时代与潮流》。埃里克·泰克曼（Erik Teichmann，1884—1944），英国外交家、东方学者，代表作有《中国西北行》、《西藏东部行》等。

原因就是英国的政策不再仇视俄国，因为俄国可能会是对抗德国和日本的盟友。对于任何有思想的人来说这是非常可怕的事情。因为如果我们的统治阶级正变成亲俄派，但肯定不会支持社会主义，我们或许会与苏联结成军事同盟，而被扣上发动帝国主义战争的帽子。而且，大英帝国能够不带敌意地对待苏联的扩张这件事表明剧烈的变动正在发生。

　　新疆在世界的另一头，基本上欧洲的旅行者不会到那里去，因此，要了解过去几年来所发生的事情或许要等上很久。这本书很有可读性，作者与大部分旅行家不同，他总是对旅途的危险和困难轻描淡写。里面的相片拍得很不错。

评玛丽·楼尔与胡安·布里亚的《红色的西班牙札记》、提莫曼斯的《阿尔卡扎的英雄》、马丁·阿姆斯特朗的《西班牙马戏团》①

　　《红色的西班牙札记》生动地描写了忠于共和国政府的巴塞罗那和马德里的前线与后方在这场战争革命热情更饱满的早期的情形。必须承认这是一本有党派倾向的作品，但这或许并非什么坏事。两位作者都是马联工党的成员，那是最极端的革命政党，被政府镇压了。马联工党在外国一直被丑化，特别是在共产党的报刊中，但迫切需要有人为他们发言呼吁。

　　直到今年五月，西班牙的形势都非常奇怪。一伙互相仇视的政党为了活命而一起反抗共同的敌人，与此同时，彼此之间对这场战争是不是一场革命展开了激烈的争执。明确的革命事件发生了——土地被农民瓜分，工业被收归集体化，大资本家被处决或赶跑，教会被镇压——但政府的结构并没有本质的改变。那时候的局势或者会迈向社会主义，或者会回归资本主义。而现在情况很清楚：假如佛朗哥获得胜利，资本主义共和国将会复辟。但与此同时，革命理念的形成或许要比短暂的经济改变更加重要。几个月来，许多人民群众相信所有人都是平等的，而且能够为信仰

---

① 刊于 1937 年 10 月 9 日《时代与潮流》。玛丽·楼尔（Mary Low），情况不详。胡安·布里亚（Juan Brea），情况不详。提莫曼斯（R Timmermans），情况不详。马丁·阿姆斯特朗（Martin Armstrong），情况不详。

付出行动。结果出现了在我们这个充满铜臭味的环境里很难感受到的解放与希望的感觉。而《红色的西班牙札记》正是在这一点上凸显了它的价值。一系列深入的日常刻画（大体上都是一些小事：一个擦鞋匠拒绝小费，妓院张贴告示："请对我们的小姐以同志相待。"）向你展现了当人努力要活出人样而不是资本主义机器的齿轮时会是什么模样。在人们仍然相信革命的那几个月去过西班牙的人永远不会忘记那种奇怪而感人肺腑的经历。它留下了任何独裁者都无法抹除的印记，就连佛朗哥也做不到。

有政治倾向的人所写的每本书，你都必须注意其阶级偏见。这本书的作者是托派分子——我想他们有时候令马联工党很尴尬，该党并不是一个托派组织，但有一段时间托派分子在里面从事工作——因此，他们对共产党怀有偏见，总是不能做到持中而论。但共产党对托派分子就能做到公平吗？西里尔·莱昂内尔·罗伯特·詹姆斯[①]先生是《世界革命》这部杰出作品的作者，为本书写了序文。

《阿尔卡扎的英雄》重新讲述了去年秋天的围城故事：一支主要由士官生和国民卫队组成的卫戍部队在寡不敌众的情况下坚持了 72 天，直到佛朗哥的军队解救了托尔多。这是一桩英勇的壮举，没有必要因为你同情他们的对立面而去否认它。围城生活的某些细节很有趣。特别有独创性的描写是卫戍部队将汽车引擎与手磨组合起来用来磨谷粒。但这本书的文笔很糟糕，风格呆板拙劣，对"赤匪"极尽羞辱谩骂之能事。叶芝·布朗少校撰写了序

---

① 西里尔·莱昂内尔·罗伯特·詹姆斯（Cyril Lionel Robert James，1901—1989），英国记者、作家，代表作有《辩证主义：论黑格尔、马克思与列宁》、《国家资本主义与世界革命》等。

文，他大度地承认并非所有"赤匪民兵"都是"残忍狡猾之徒"。保卫者的集体照让人想起了这场内战最可悲的地方。他们和保卫政府的民兵没什么两样，如果两者易地而处，没有人能把他们区分开来。

最后是一百年前的西班牙。《西班牙马戏团》讲述了卡洛斯四世、戈多伊①（"和平王子"）、拿破仑、特拉法尔加、宫廷阴谋、戈亚的肖像画②——这些就是那段时期的情形。现在我发现要读这种书很困难。我一想到西班牙就会想起血流成河的战壕、机关枪的哒哒声、食物短缺和报纸里的谎言。但如果你希望摆脱西班牙的这一面，这或许就是你要找的书。它的文笔很好，而且我觉得它是很准确的历史研究作品。阿姆斯特朗先生并没有探究戈多伊和玛利亚·路易莎的丑闻，这一点值得所有简史作家学习。

---

① 堂·曼努尔·弗朗西斯科·多明戈·德·戈多伊（Don Manuel Francisco Domingo de Godoy，1767—1851），西班牙政治家，曾于1792—1797年与1801年至1808年担任西班牙首相，曾获"和平王子"的称号。
② 弗朗西斯科·何塞·德·戈亚（Francisco José de Goya y Lucientes，1746—1828），西班牙画家、版画家。

评 1937 年 9 月《拥趸》 [1]

　　罗伯特·格雷弗斯 [2] 先生曾在某处讲述过这么一个故事：有一个人来到米德兰郡的一座大城镇，化名为拉姆斯博顿、塞德博顿、温特博顿、苏弗尔博顿、希金博顿、瓦金博顿和博顿，花了整整一年的时间认识镇上的每一个人。和他们混熟之后，他邀请了所有人参加晚宴，到了最后一刻他却溜之大吉。当晚宴上菜时，他们发现就一个菜：后腿牛排。

　　这个故事有趣吗？不，很没趣，或许这就是重点。如果你想要做一件像浪费一年的生命就为了开一个玩笑这样的完全没有意义的事情，有什么比这个玩笑一点都不好笑更没有意义呢？这是面对现代生活的一种态度，但或许不是最令人满意的一个解释：作出最没有意义的姿态，如此不可理喻、毫无意义的蠢事。相比之下，卡里古拉 [3] 让他的马当执政官还显得很有理性。这是对希特

---

① 刊于 1937 年 10 月 21 日《新英语周刊》。

② 罗伯特·冯·格雷弗斯（Robert von Graves，1895—1985），英国诗人、作家，对古希腊与古罗马文化有深入的研究，代表作有《反智的岛屿》、《破碎的雕像》等。

③ 盖乌斯·恺撒·奥古斯都·日耳曼尼库斯（Gaius Caesar Augustus Germanicus，12—41），古罗马帝国皇帝，卡里古拉（Caligula）是他的小名。卡里古拉行事荒唐，好大喜功，挥霍无度，后被近卫军指挥杀死。据称卡里古拉曾牵着他最喜欢的种马进元老院，要求元老院指定这匹马作为执政官。

勒、斯大林、罗瑟米尔勋爵①等人的一种反击方式，不过却是安全而软弱的方式。

我提起这本书是因为我相信这就是隐藏在《拥趸》后面的动机。我觉得它在刻意写出无法超越的没有意义的书。《拥趸》的简介告诉我们该刊曾经是"美国乡村俱乐部带有官方色彩的喉舌"，但现在由阿尔弗雷德·佩雷斯②、劳伦斯·德雷尔③、亨利·米勒等作家掌控。编辑人员很自谦地说：

"我们基本上都是变节者、过客、叛逆者。没有合乎伦理的道德力量，没有韧劲，没有荣誉，没有忠诚，没有原则……当我们缺乏材料时，我们就从报纸或其它杂志甚至资料室和大英百科全书那里借。干吗不借呢？我们可不怕堆砌二手材料……"

"我们不准备改造世界，没有信条，没有要捍卫的意识形态。我们严格恪守中立和消极态度，而且一事无成。我们不希望将《拥趸》搞成功。恰恰相反，我们的目标是让它早点关门大吉……"

"如果您希望看到编辑本人，请到卡尔弗夫人名下的索拉特村7号摁响门铃……如果您光临敝舍，请带上面包……"

---

① 哈罗德·西德尼·哈姆斯沃（Harold Sidney Harmsworth，1868—1940），封号为罗瑟米尔子爵，诺斯克里夫子爵的弟弟，《每日快报》和《每日镜报》的创始人之一。
② 阿尔弗雷德·佩雷斯（Alfred Perlès，1897—1990），奥地利作家，代表作有《变节者》、《陌生的谷物》等。
③ 劳伦斯·乔治·德雷尔（Lawrence George Durrell，1912—1990），英国作家、诗人，代表作有《黑皮书》、《爱尔兰的浮士德》等。

等等等等。

看到这么一篇序文，你会觉得被开了一个玩笑。当你抵挡不住诱惑，寄去五法郎，满心以为会收到（举个例子）一本完全空白的杂志或打开时会有一枚炮仗爆炸，但这些事情并没有发生。你得到的是一本非常普通、傻帽、附庸风雅的杂志，这类杂志在二十年代就像蒙帕纳斯的五月的苍蝇一样朝生暮死。

里面有什么内容呢？一篇不算糟糕的名为"本诺，婆罗洲的野人本诺"的幻想式描写，由亨利·米勒执笔；几首诗（你可以猜到是什么样的诗，因为现在还有多少种诗可言呢？）；一张拍得很好的铁扶手椅的相片；一幅由亚伯·拉特纳①画得不算太难看的画；几篇法语文章，但我没有心情去读；一篇关于体育的滑稽文章和几则平淡的社会启事（"巴黎的雷菲布小姐与雷菲布先生最近受邀成为法郎士·拉辛夫人的茶会客人"等等等等）。此外，作为一份特别增刊，还有一封写于 1925 年的致纽约公园理事的长信，保证内容的真实性，抱怨说公园里的树木需要修剪了。这本杂志唯一有趣的地方是那些广告。里面有很多广告，我曾有过惨痛的经历，知道要去争取这些广告是多么辛苦的事情。巴黎—美国的所有势利的商店——专业美容师、时尚鞋匠什么的——似乎都上钩了。无疑他们以为他们的广告将刊登在某本时髦的社交杂志上，出现在酒店大堂并引起富有的美国游客的注意。希望《拥趸》能得到广告的预付款。

---

① 亚伯拉罕·拉特纳（Abraham Rattner, 1893—1978），美国画家，风格以色彩浓厚丰富见称，作品多以宗教为题材。

关于《拥趸》就说这么多了。它有趣吗？不，正如上面我所说过的，或许这就是重点。值得去买它吗？或许吧，因为这种杂志迟早将成为稀有的珍品。与此同时，你只需付75法郎就能订阅整年的《拥趸》，付500法郎就能终生订阅。至于是你的"终生"还是《拥趸》的"终生"①就没有明说了，但这一点似乎很重要，因为我想象不出《拥趸》能得以善终。

---

① 《拥趸》创刊于1937年9月，停刊于1939年复活节(4月)。

评詹姆斯·汉利的《碎波水域》、贝尔尼·雷的《我想要有一双翅膀》 [①]

詹姆斯·汉利先生的小说《复仇三女神》展现了非凡的天赋和强烈而真挚的情感，但它有"无间断式"小说常有的缺陷：重要的事件和琐碎的事件之间没有明显的区别。或许很多人没有意识到每一个富于想象力的作家都在尝试让他的读者进入几种不同的意识状态。有的篇章描写了大体的氛围，跨越漫长的时间；有的篇章改变了行文的节奏，好几页都在描写一分钟的事情，有的篇章必须勾起或避免视觉印象，等等等等。作者面对的重要困难是在转折点上——也就是承接点上——而"无间断式"的写作方式就是无意识地避开这个困难的方式。但在《碎波水域》中，虽然一开始的时候它确实让人想起了《复仇三女神》，但汉利先生已经摆脱了许多早前的缺点。这是一本更有选择性的书，以更加多变的口吻写成，而且无疑主题有了进步。

它类似于一部自传，但显然并没有写完汉利先生的生平。大体上它描写了战前和战争期间那几年他当水手的经历。他的选材能力有了显著提高，虽然他在战争的最后一两年去当兵了，但他

---

① 刊于 1937 年 11 月 6 日《时代与潮流》。詹姆斯·汉利（James Hanley，1897—1985），爱尔兰裔英国小说家，代表作有《水手之歌》、《封闭的港口》等。贝尔尼·雷（Beirne Lay，1909—1982），美国飞行员、作家，代表作有《我想要有一双翅膀》、《十二点正上空》等。

几乎没有描写打仗。有两段文字写得很精彩，甚至让人觉得很有震撼力。一段描写了一艘满载士兵的运兵船，那些士兵忧心忡忡，等候着一艘德国潜艇发射鱼雷。另一段描写了汉利先生年约十四岁的时候看到一个乘务员从轮船的栏杆上翻落，抓住他的手很长一段时间，最后因为力竭而只能眼睁睁地看着他掉进黑漆漆的海水里淹死。后面这段文字写得非常精彩。汉利先生写海洋要比写陆地强得多，或许是因为一艘船的空间约束了他的想象力。

这本书里描写了几个古怪的角色。"在海上你永远不会结下深厚的友谊，"汉利先生写道，"所有人来来往往，没有时间将对一个人的好感凝固下来，一张张的脸庞就像阵风一样来了又走。"结果就是，船上的水手就像大部分关于海洋的作品里面所描写的那样，都是怪诞离奇的人，但我们不能责怪汉利先生出于幽默的目的对他们进行描写。

《我想要拥有一双翅膀》与《碎波水域》颇有相似之处，就像汉利先生早年渴望当一个水手一样，作者渴望当一个飞行员。而其它方面则很不一样——文风华而不实，而且总是在卖弄机灵，一部分内容借用了美国的《君子》这类杂志的内容。作者在最后如愿以偿，几经艰辛加入了美国空军。似乎大部分候选人无法通过种种考验，包括体能、精神和意志的考验。自始至终他所描写的他在飞行学校所面对的野蛮竞争和与病态恐惧的抗争，就像你在美国杂志的广告里看到的那些提高效率的广告一样。这本书最有趣的地方是结尾处的附录，解释了一些关于飞行的术语。书中的照片拍得很糟糕。

评沃尔特·汉宁顿的《贫困地区的问题》、詹姆斯·汉利的《灰色的孩子》、尼尔·斯图亚特的《争取宪章的奋斗》①

正如每个人都知道的——或者说,应该知道的——汉宁顿先生比任何人都更努力和高效地为英国的失业人群而奋斗。他对萧条地区非常了解,他是每一次示威和饥饿游行的核心领袖,由于他的行动,他至少有五次被捕入狱。而最重要的是,全国失业工人运动②的发起很大程度上是他的功劳。全国失业工人运动这个组织不仅帮助失业群体不至于沦为牺牲品,而且做了大量工作阻止他们成为大规模破坏工人阶级利益的工贼,而原本这或许是很容易就会发生的事情。

他的这本书一部分内容是对当前萧条地区的现状调查,一部分内容是对历届政府对解决失业问题有何作为的质问——当然,答案是"什么都没干"。时不时地会有关于"土地方案"的讨论——向失业人群分发一小块土地——正如汉宁顿先生意识到

---

① 刊于 1937 年 11 月 27 日《时代与潮流》。沃尔特·汉宁顿(Walter Hannington, 1896—1966),英国共产党创始人之一,英国失业工人运动领袖。代表作有《法西斯主义的危险和失业者》、《十年萧条》等。尼尔·斯图亚特(Neil Stewart, 1912—1999),澳大利亚作家,代表作有《争取宪章的奋斗》、《谋杀者的骗局》等。

② 全国失业工人运动(the National Unemployed Workers' Movement),由英国共产党于 1921 年组织的工人运动,帮助工人在一战后的经济萧条中保护自身的权益。

的，这纯粹是表面文章。唯一积极的行动是建立所谓的社会服务中心，在最好的情况下，它们顶多是慈善性质的贿赂；而在最糟糕的情况下，它们只是为当地政府提供了免费的劳动力。与此同时，失业依然有增无减。工作能力测验拆散了家庭，并导致众多密探和告密者的出现，据估计英国有两千万人营养不良。

有一两点我与汉宁顿先生的意见不一致。他清楚地意识到大规模失业将导致法西斯主义崛起的危险，但他将法西斯主义与希特勒和莫斯利等同起来。如果英国的法西斯主义出现的话，它要比那更加狡猾。事实上，奥斯瓦尔德爵士[①]的黑衫军只是转移人们注意力的掩饰。而且汉宁顿先生为解决贫困地区提出的详尽的"应急计划"太过于乐观。在书面上它是一个可行的计划，而且长期推行的话无疑将能解决问题，但它的措施包括对富人大幅征税，这在我们当前的政府体制中只会是异想天开。但或许汉宁顿先生知道这一点，并希望道德能发挥力量。

汉利先生的这本书只描述了南威尔士，但它与汉宁顿先生的作品有很好的衔接，二者互相补充。汉宁顿先生为你提供事实和数字，汉利先生通过记录一系列与失业人士的对话，让你了解到进行工作能力测试是什么样的感受。这是一本逐步推进的、非常有感染力的作品。汉利先生的文笔有了很大的进步。虽然他的考察范围要小一些，但他对这个问题的了解似乎在某些方面要比汉宁顿先生更加深入——他对贫困地区的人们的所思所感更加感兴

---

① 奥斯瓦尔德·厄尔纳德·莫斯利（Sir Oswald Ernald Mosley，1896—1980），
英国政治家，英国法西斯联盟的创始人，希特勒的崇拜者，仿照德国的
"褐衫军"（the Brownshirt）创建了"黑衫军"（the Blackshirt），1940 年—
1943 年因为从事纳粹活动被英国政府软禁。

趣。而且他知道学究式的社会主义根本未能与普通工人阶级有接触，特别是在当前，整场社会主义运动因为内耗而自毁长城。正如他所说的，在肮脏和堕落中，社会主义政党为了托洛茨基是否有罪这个问题而斗得你死我活，真是太可怕了。这本书比汉宁顿的作品给人留下了更加深切的无助感。或许这是好事，因为正如汉利先生所说的："情况非常糟糕，而唯一让人们了解这一点的方式，就是坚持这么说。"

《争取宪章的奋斗》是一部优秀的宪章运动简史。正如马克思所指出的，如果人民宪章（人类解放）最重要的一点能够在提出要求时实现的话，它其实就是革命，因为在"饥饿的四十年代"绝大部分人口是拥护革命的工人阶级。后来，当普选制成为法律后，它并没有起到任何作用，因为那时候英国已经是一个繁荣的国度，大部分工人阶级的成员成了"体面人"。虽然悲惨的情况一再发生，他们仍然保持着体面，而英国政治的轮岗游戏仍在继续，几乎没有改变。顺便提一下，在宪章运动中，那些中产阶级领袖的行为值得相信人民阵线的人好好去研究。

评麦林·米切尔的《席卷西班牙的风暴》、阿诺德·伦恩的《西班牙的演习》、艾利森·皮尔斯的《加泰罗尼亚的不幸》、何塞·卡斯蒂勒罗的《西班牙的理念之战》、何塞·奥特加·加塞特的《失去了风骨的西班牙》①

　　《席卷西班牙的风暴》听起来像是一部战争作品，涵盖了一段包括内战的时间，但作者对战争本身写得很少——显然这个题材令她讨厌。正如她所说的，双方如此热情地传播战争惨剧不是出于左翼或右翼的义愤，纯粹只是为了战争。

　　她的书有几点价值，但特别之处在于，不像大部分描写西班牙的英国作家，她对西班牙的无政府主义者很公允。无政府主义者与工团主义者在英国一直被歪曲，英国群众仍然保留着十八世纪的思维，认为无政府主义就是无法无天。任何人如果想要知道西班牙的无政府主义代表什么理念和它在革命的头几个月所取得

---

① 刊于 1937 年 12 月 11 日《时代与潮流》。麦林·米切尔（Mairin Mitchell），情况不详。阿诺德·亨利·莫尔·伦恩（Arnold Henry Moore Lunn，1888—1974），英国登山家和作家，曾对天主教的教义提出批评，后皈依天主教，并撰书为其辩护。埃德加·艾利森·皮尔斯（Edgar Allison Peers，1891—1952），英国学者、作家，研究西班牙的专家，代表作有《西班牙的困境》、《西班牙、教会与秩序》等。何塞·卡斯蒂勒罗·杜阿特（José Castillejo Duarte，1877—1945），西班牙作家，代表作有《西班牙的理念之战》。何塞·奥特加·加塞特（José Ortega Gasset，1883—1955），西班牙政治家、哲学家，对自由主义哲学有深入研究，代表作有《形而上学课程》、《歌德的内心》等。

的杰出成就，特别是在加泰罗尼亚，都应该去读一读米切尔小姐这本书的第七章。遗憾的是，无政府主义者所取得的成就已经被清除了，表面上是因为军事需要，实际上是为战争结束后资本主义的复辟进行准备。

阿诺德·伦恩先生是佛朗哥的支持者，相信"赤化"的西班牙（他没有去过那里）的生活就是一场无休止的屠杀。他认为亚瑟·布莱恩特的意见很有权威性，因为他是"一位懂得权衡史据的历史学家"，他估计战争开始之后"赤匪"屠杀的平民的数目是35万人。而且似乎"用汽油焚烧修女或将保守党商人的腿给锯断"在"民主"西班牙是司空见惯的事情。

我在西班牙呆了六个月，身边的人几乎都是社会主义者、无政府主义者和共产党人，如果我没有记错的话，我从来没有见过一个保守党商人的腿被锯断。如果真有这种事情，我想我会记得的，无论它在伦恩先生和布莱恩特先生眼中是多么的司空见惯。但伦恩先生会相信我吗？不会的。与此同时，另一边也正在炮制类似的愚蠢故事，两年前清醒的人现在正热烈地接受。显然，这就是战争对人的思想的影响，即使那是发生在别国的战争。

艾利森·皮尔斯教授是英国研究加泰罗尼亚的权威。他记载了这个省份的历史，以及目前的情况，最有趣的内容是结尾部分描写战争和革命的那几章。与伦恩先生不同，皮尔斯教授了解共和政府的内情，这本书的第八章对各个政党之间的矛盾和压力作了相当精彩的描述。他相信这场战争会持续数年之久，佛朗哥将可能获得胜利，而且战争结束后西班牙没有希望成为一个民主国家。这些都是令人感到很消沉的结论，但前两个结论或许是正确的，而最后一个结论几乎可以肯定将会成为现实。

最后两本书都属于较早的时期，对内战的起因进行了探讨。《西班牙的理念之战》是关于西班牙教育的专著。我没有能力对它进行评判，但我很钦佩在内战的恐怖中它所表现出的思想的超脱。卡斯蒂勒罗博士是马德里大学的教授，过去三十年来一直为西班牙的教育改革而努力。现在他看着自己毕生的努力堕入敌对的狂热情绪的深渊，难过地意识到思想宽容在这场战争后将不复存在。《失去了风骨的西班牙》是一本文集，大部分文章发表于1920年前后，对西班牙的国民性进行了分析。奥特加·加塞特先生是一位凯泽林①式的作家，用人种、地理和传统（事实上，什么都可以作为分析依据，但他就是没有谈及经济）去解释一切，他的言论总是没有结论但很有启发意义。翻开《失去了风骨的西班牙》，你会立刻意识到你在与一个非凡的头脑打交道。继续读下去，你会发现自己不知道这本书到底在说些什么。但他仍有非凡的头脑，如果这本书给你留下的印象是含糊甚至杂乱，至少每一段文字都能够勾起有趣的想法。

---

① 赫尔曼·亚历山大·格拉夫·凯泽林（Hermann Alexander Graf Keyserling，1880—1946），德国哲学家，希望德意志帝国放弃军国主义，建立民主制度，代表作有《一位哲学家的行记》等。

深奥的诱惑[①]

避免思考的一个方式就是钻牛角尖。以任何合乎情理的结论为例——譬如说，女人没有胡子吧——把这个结论加以扭曲，强调个别情况，再旁敲侧击混淆视听，你就能推翻或动摇这个结论。把一块桌布撕成布条，你就可以似是而非地否定它是一块桌布。有许多作家就经常以这样或那样的方式干这种事情。凯泽林就是一例。谁没有读过凯泽林的文章呢？谁又读过凯泽林的一本完整的书呢？他的话总是很有启发意义——他所写的章节单独去看会让你惊呼他有杰出的头脑——但他并不能让你获得进步。他的思想有太多的方向，同时在捕捉太多的目标。奥特加·加塞特先生也是这样，他的文集《失去了风骨的西班牙》最近刚被翻译和重印。

我随意挑选了下面这段文字作为例子：

> "每一个种族都有其原始的灵魂和理想的风景，试图实现自己的极限。卡斯提尔极为荒芜，因为卡斯提尔人内心很荒芜。我们的民族接受了它的干燥，因为它切合了他们自身灵魂的干瘪。"

[①] 刊于 1937 年 12 月 30 日《新英语周刊》。

这是一个有趣的想法，每一页都有类似的内容。而且，你会察觉到整本书带着一种超脱的态度，一种体面正派的思想，远比如今只是卖弄小聪明的文字要罕见。但是，说到底，它在说什么？这是一本文集，大部分内容描写的是 1920 年前后，从多个方面对西班牙的国民性进行探讨。护封上的介绍说它将让我们清楚了解"西班牙内战背后的原因"。但它并没有让我有更加清楚的了解。事实上，我在这本书里找不到任何结论。

奥特加·加塞特如何解释他的祖国的苦难？西班牙的灵魂、传统、古罗马历史、西哥特人败坏的血统、地理对人的影响和人对地理的影响、没有西班牙本土思想家——等等等等。我总是有点怀疑那些凡事都以血统、宗教、太阳神经丛、民族灵魂等去解释一切的作家，因为他们显然在回避某些事情。他们所回避的就是枯燥的马克思主义对历史的"经济学"诠释。马克思是一个晦涩难懂的作家，但他的一则粗浅的教条被数百万人信奉，并进入了我们的思想。每个流派的社会主义者都能够像演奏手摇风琴那样去宣讲这一教条。它是如此简单！如果你有这个或那个想法，那是因为你的口袋里有多少多少钱。它在细节上并不准确，许多杰出的作家浪费时间对其发起抨击。奥特加·加塞特先生写了一两页关于马克思的内容，至少有一两条批评意见开启了有趣的思想过程。

但如果历史的"经济学"理论就像地球是平的这个理论一样并不真实，那么为什么他们要劳心费神去抨击它呢？因为它并非完全不真实。事实上，它很真实，足以让每一个有思想的人感到不自在。因此就有了构建起总是罔顾明显事实的对立理论的诱惑。西班牙最重要的问题，无论是现在还是过去几十年，就是可怕的贫富悬殊。《失去了风骨的西班牙》护封上的介绍宣称西班牙战争并不是"阶级斗争",而情况非常明显地表明它的确就是一场阶级斗争。在一个农民饥肠辘辘,地主无所事事却拥有面积和英国差不多大的庄园,资产阶级正在崛起却心怀不满,劳工运动由于遭受迫害而不得不转入地下的国度,内战的所有条件都凑齐了。但这不就是社会主义留声机播放的那一套嘛!不要去谈论每天靠两比塞塔吊命的安达卢西亚的农民,不要去谈论在食品店外乞讨的癞痢头小孩。如果西班牙出事了,那就去怪西哥特人吧。

结果就是——我必须指出——这种逃避的手法正是缘于思想的过度丰盈。太过微妙的思想构思出了太多的旁枝末节。思想成为了四处奔淌的洪流,形成了值得怀念的湖泊和池塘,却都是一潭死水。我会对别人推荐这本书,但只是作为一本读物。它确实是杰出头脑的产物。但不要指望它对西班牙内战作出解释。从最枯燥乏味的社会主义者、共产党人、法西斯分子或天主教徒的教条那里你能够得到更好的解释。

评乔治·罗瑟·斯蒂尔的《格尔尼卡的树》、亚瑟·科斯勒的《西班牙的证言》[①]

毋庸赘言，每个描写西班牙战争的人都是站在某个立场上去写的。而或许没有那么明显的事情是，由于动摇乃至威胁到政府的巨大分裂，每一个支持政府的作家都被卷入了争议中。他们在为政府进行创作，但他们也在为反对共产党人或反对托派分子或反对无政府主义者而进行创作（但他们总是予以否认）。斯蒂尔先生的书也不例外，但他与大部分支持政府的作家的不同之处在于，他有不一样的偏见，因为他不是在西班牙的东部而是在巴斯克乡村目睹这场战争的。

从某种程度上说那里的问题更加简单。巴斯克人是信奉天主教的保守党人，即使在大城镇左翼组织也很弱小（正如斯蒂尔先生所说，"毕尔巴颚并没有发生社会革命"），巴斯克人最想要的是获得地区自治，而比起佛朗哥，他们更有可能从人民阵线政府那里获得。斯蒂尔先生完全站在巴斯克人的立场去写这本书，而且他有很强烈的英国色彩，那就是，在赞扬一个民族时一定会贬斥另一个民族。他支持巴斯克人，因此他认为必须去反对西班牙人，也就是说，既反对共和政府又反对佛朗哥。结果，他的书对阿斯

① 刊于 1938 年 2 月 5 日《时代与潮流》。乔治·罗瑟·斯蒂尔（George Lowther Steer, 1909—1944），南非记者、作家，代表作有《格尔尼卡的树》、《阿比西尼亚的皇帝》等。

图里亚人和其他忠于共和政府的非巴斯克人极尽嘲讽之能事，让你对他的证言的可靠性产生怀疑——这是一个遗憾，因为他有过极少英国人能够拥有的机会。

这本书的副标题是《现代战争的实地研究》，但事实上很难弄清楚哪些是他亲眼所见而哪些是他在复述道听途说的事情。几乎每一个事件的描写都似乎表明他是目击证人，但显然斯蒂尔先生不可能同时出现在所有地方。但是，在一件非常重要而且争议很大的事件上他的发言拥有毋庸置疑的权威——那就是轰炸格尔尼卡（或格尼卡）。轰炸发生的时候他就在格尔尼卡附近，他的记述清楚表明这个小镇不是"被赤匪民团焚毁"，而是遭受了极其残忍的有系统的轰炸。格尔尼卡并不是一个战略要地。最可怕的想法是，摧毁一座不设防的小镇只是现代武器正确而合乎逻辑的运用，因为它的目的就是屠杀和震慑平民——不是摧毁战壕，从空中轰炸要做到这一点很困难——而这就是轰炸机存在的目的。这本书的照片拍得很好。所有关于西班牙战争的书籍的照片都很相似，但这些照片要比大部分照片拍得更有特色。

亚瑟·科斯勒先生是《新闻纪实报》的通讯记者，当共和国部队撤离时留在了马拉加——这是勇敢的举动，因为他已经出版了一本有对奎波·德·拉诺将军[1]不友好言论的书。他被叛军关进了监狱，与西班牙数以万计的政治犯遭受同样的命运，也就是说，未经审判就被判处死刑，然后被关押了几个月，大部分时间是单独监禁，从钥匙孔彻夜倾听枪声，他的狱友以六人一组或十

---

[1] 冈萨罗·奎波·德·拉诺（Gonzalo Queipo de Llano, 1875—1951），西班牙军人，在佛朗哥发动政变后与佛朗哥保持联系，牵制忠于共和国的军队。

二人一组被枪毙。和往常一样——这种事情似乎司空见惯——他知道他被判了死刑，却不知道到底被控以什么罪名。

这本书描写监狱的部分主要是日记。它的心理描写非常有趣——或许是迄今为止西班牙战争制造的最诚实和不同寻常的文献。前半部分比较平淡，而且有几处地方似乎是为了取悦左翼书社而"编辑"过。这本书比斯蒂尔先生的书更加赤裸裸地揭示了现代战争最大的邪恶——事实上，就像尼采说的："与恶龙搏斗太久的人自己变成了恶龙。"

科斯勒先生写道：

> "我再也无法假装客观……如果有人用眼睛、神经、心灵和肠胃感受到马德里地狱般的惨状——然后还要假装客观，那他就是骗子。如果那些言论能够出版的人在这样的兽行面前保持中立客观，那欧洲就完蛋了。"

我很同意。对于空投炸弹你无法做到客观。这些事情带给我们的恐怖导致这么一个结论：如果有人轰炸你的祖国，那就加倍轰炸他的祖国。其它报复方式包括将房屋炸成粉末，把人给炸得七零八落，用铝热剂在孩子的头上烧出洞来，或被那些比你在这些事情上更狠心决绝的人所奴役，除此无它。直到目前为止，还没有人能指出一条切实的出路。

评芬纳·布洛威的《工人阵线》[①]

　　过去一两年来，每一个社会主义者，无论他愿不愿意，都被卷入了关于人民阵线政策的激烈争论。这个争议在方方面面勾起了仇恨，它提出了非常重要、不可忽略的问题，不仅对于社会主义者是这样，对于局外人，甚至仇视社会主义运动的人也是如此。

　　布洛威先生的书是从现在被斥为"托派"的立场去写的。他的呼吁是人民阵线（也就是团结资本家和无产阶级，目的是抵抗法西斯主义）只是敌人达成的联盟，从长远来看一定会起到巩固资产阶级的统治地位的效果。这番话无疑是正确的，不久前没有几个人会去否定它。直到 1933 年，任何社会主义者或反对社会主义的人在无拘无束的时候都会告诉你，阶级合作（"人民阵线"或"民主阵线"是这一现象的客套说法）的历史用那首尼日尔的年轻女士的打油诗[②]就可以进行概括。但不幸的是，希特勒的上台所带来的威胁使得客观地审视情势变得非常困难。橡胶警棍和蓖麻油使得大多数人忘记了法西斯主义和资本主义归根结底是一回事。于是就有了人民阵线——由剥削者和被剥削者组成的同盟。在英国，

<hr />

[①] 刊于 1938 年 2 月 17 日《新英语周刊》。亚奇伯德·芬纳·布洛威（Archibald Fenner Brockway, 1888—1988），英国反战主义者，代表作有《工人阵线》、《殖民地的革命》等。

[②] 这首诗的内容是："有一位来自尼日尔的小姐，她去骑老虎，老虎和小姐都回来了，小姐在老虎的肚子里，老虎的脸上还带着微笑。"

人民阵线还只是一个想法，但如果这一政策真的实现的话，将会制造出一幕令人作呕的情景——主教、共产党人、可可巨头、出版商、公爵夫人、工党议员手拉手肩并肩高唱《大不列颠颂》，一起撒开脚丫朝防空洞跑去。

布洛威先生强调说，只有抗击法西斯形式和非法西斯形式的资本主义才能战胜法西斯主义，因此，法西斯的唯一真正的敌人是资本主义体制中的非受益者，也就是工人阶级。遗憾的是，他总是用"工人阶级"的狭隘定义，那就是，和几乎所有社会主义作家一样，总是认为"无产阶级"就只有体力劳动者。在所有西方国家现在产生了一个庞大的中产阶级，他们的利益与无产阶级是一致的，但他们并不知道这一点，在危急时刻总是与资产阶级敌人站在同一阵营。而这件事的一部分原因无疑是社会主义宣传的不智。或许你只能寄希望于社会主义运动能够摆脱它的十九世纪措辞。

布洛威先生的这本书大部分内容用于批评共产党的策略——这是必然的，因为整场人民阵线运动与佛朗哥—俄国同盟和过去几年来共产国际的 180 度大转弯有关。它的背后隐藏着一个更为重大的问题，在对人民阵线进行讨论时总是会被触及，但很少被公开表明。这个问题就是：在苏联发生的巨大但无法捉摸的改变。我们所有人的命运都与之相关，无论是直接还是间接。这本书在这个时刻从最不受待见的角度进行描写，不应该被忽视，即使是那些对它的主旨表示仇视的人。

匿名评论莫里斯·科里斯的《缅甸审判》[①]

这是一本不矫揉造作的书，以罕有的清晰笔触阐明每一个帝国官员所面临的两难处境。科里斯先生在 1930 年的多事之秋担任仰光的治安法官，负责审判在当地人眼中重大的案件。很快他就发现自己没办法既秉公执法又让欧洲人感到满意。最后，在宣判一名英国军官危险驾驶入狱三个月之后，他立刻遭到训斥并被调到另一个岗位。而同样的罪行本地人是肯定会被判刑的。

真相是，在印度的每一个英国治安法官在审判英国人与本地人产生利益冲突的案件时都没有立场可言。理论上他要秉公执法，但实际上他是一部保卫英国人利益的庞大机器的一个组成部分，总是得在牺牲个人原则和前途尽毁之间作出选择。但是，由于印度民政服务的高尚传统，印度司法要比人们想象中的更加公正——顺带提一句，这让商人圈子很不高兴。科里斯先生对情况很有了解，他知道缅甸被攫取了巨额财富，却并没有因此而受益，而且 1931 年那场绝望的起义背后有着真切的愤懑。但他是一个有良心的帝国主义者，正是因为在乎英国司法的美名，他不止一次与自己的同胞势成水火。

1930 年他对桑·古普达进行审判——此人是国大党的领袖之

---

① 刊于 1938 年 3 月 9 日《听众》。莫里斯·斯图亚特·科里斯（Maurice Stewart Collis，1889—1973），英国作家，曾担任驻缅甸行政官，代表作有《黑暗之门》、《三界之主》等。

一，当时担任加尔各答的市长，飞抵仰光进行了一场煽动性的演讲。审判的记录很有可读性——外面是群情汹涌的印度群众，科里斯先生不知道自己会不会被打中脑袋，而坐在审判席上的犯人正在读报纸，明确表示自己不承认英国法庭的判决。科里斯先生的宣判是监禁十天——这是一个明智的抉择，因为它没有让桑·古普达成为烈士。后来两人私底下见面时谈起了这件事。按照描述这个印度人与这个英国人的会面非常友好，彼此都知道对方的动机，认为对方是正人君子，但说到底仍视对方为敌。这一幕有着奇怪的感染力，让人希望国内政治也能够以同样的道义精神去运作。

评约翰·高尔斯华绥的《惊鸿一瞥与反思》①

约翰·高尔斯华绥是哈罗公学的校友，但他并不在意这个身份；在人到晚年时，他重新拾起了这个身份。这个过程几乎可以说是正常的，但在高尔斯华绥身上则是有趣的事情，因为正是他早年的人生观的偏激赋予了他的作品无可否认的力量。

《惊鸿一瞥与反思》是短篇小说和致报刊的信件合集，大部分内容是关于驯养八哥和骑着羸马出行。没有人会想到这个人曾经写出被认为具有煽动性的危险书籍，而且带有病态的悲观主义色彩。高尔斯华绥的大部分后期作品都是平庸之作，但他早年的小说与戏剧（《有产业的人》、《别墅》、《公正》、《友爱》等）至少形成了一种风格和营造了一种气氛——一种很不健康的沮丧、夸张、遗憾的气氛，夹杂着乡村景致和对上流社会晚宴的描写。他所尝试刻画的图景是难以言状的残酷的世界，金钱统治的世界——一个由大腹便便饱食终日的乡绅、律师、主教、法官和股票经纪构成的世界，永远骑在贫民窟的多愁善感的居民、仆人、外国人、堕落女人和艺术家群体的背上。那是爱德华时代的真实写照，那时候英国的资本主义仍然似乎不可动摇。但突然间，事情发生了。高尔斯华绥与社会的私怨（无论它是怎么一回事）结束了，或许只是被压迫的阶级似乎没有那么悲惨了。从那时开始，

---

① 刊于 1938 年 3 月 12 日《新政治家与国家报》。

他与他曾经抨击的人没什么两样了。

在这本书的信件和文章里，他俨然成了动物关爱之家的理想成员，认为当代社会除了人口过多和对动物不人道之外没有其它弊端。他对所有经济问题的解决方案就是移民——把那些失业的人赶走就没有失业问题了。他为矿井里的马匹所遭受的折磨痛心疾首，却不为矿工感到难过，他引用亚当·林赛·戈登①的"生命就是一场梦幻泡沫"这句话，并说这就是他的"哲学和宗教格言"。有趣的是，他似乎迫切地想搪塞他的几部戏剧里所蕴含的明显的革命意味。

或许许多人随意翻开这本书，看到亚当·林赛·戈登的话或名为《与鸟兽玩乐》这样的文章会厌烦地掉头而去，感谢上帝，他们都是艾略特时代之后和战后的人。但此书的意义并不只在于此。高尔斯华绥是一个糟糕的作家，他的内心挣扎因为他的敏锐而变得更加痛苦，这几乎让他成为一个优秀作家。他的不满自然痊愈了，他回到了身份的原点，这一点值得我们停下来去思考到底发生了什么事情。

---

① 亚当·林赛·戈登（Adam Lindsay Gordon，1833—1870），澳大利亚诗人、作家，代表作有《秋之歌》、《泳者》。

评尤金·莱昂斯的《乌托邦的任务》①

　　要完全理解我们对苏联正在发生的事情的无知程度，我们可以试着将审判托派这个过去两年来最轰动的俄国事件移植到英国的背景，做一番调整，让左派变右派，右派变左派，你就会看到这么一篇东西：

　　流亡葡萄牙的温斯顿·丘吉尔先生正阴谋推翻大英帝国，在英国建立共产主义。他接受了俄国无限制的金钱支持，成功组建了一个庞大的丘吉尔分子组织，成员包括议员、工厂经理、罗马天主教的主教和基本上整个樱草会②。几乎每一天都有龌龊的破坏行为被曝光——有时候是阴谋炸毁上议院，有时候是皇家赛马场爆发口蹄疫。伦敦塔百分之八十的卫兵③被发现是共产主义第三国际的奸细。邮政部的一个高官厚颜无耻地承认贪污挪用了邮政汇票，金额高达500万英镑，还做出了"大不敬"之举，在邮票肖像上画八字胡。纽

---

① 刊于1938年6月9日《新英语周刊》。尤金·莱昂斯（Eugene Lyons，1898—1985），美国记者、作家，早年信奉共产主义，后与共产主义决裂，代表作有《当代沙皇斯大林》、《胡佛传》等。
② 樱草会（the Primrose League），成立于1883年，以传播保守党理念为使命的英国政治组织。温斯顿·丘吉尔在纪念其父的书中写道："樱草会规模最盛之时有一百万名付费会员，他们下定决心，以推动托利党（即保守党）的事业为己任。"
③ 原文是Beef-eaters，指守卫伦敦塔的皇室御前侍卫（the Yeomen Warders）。

菲尔德勋爵①被诺曼·伯克特②先生盘问了 7 个小时，坦白自1920 年以来他一直在自己的工厂煽动罢工。每一期报纸的半英寸时事通告栏目都会宣布又有五十个丘吉尔分子的偷羊贼在威斯特摩兰郡被枪决，或科茨沃尔德的某个乡村店铺老板因为舔了牛眼糖然后再放回瓶子里而被流放到澳大利亚。与此同时，丘吉尔分子（在罗瑟米尔勋爵被处决后被称为丘派—哈姆斯沃分子）一直宣称他们是资本主义的真正保卫者，张伯伦和他的同党只是伪装起来的布尔什维克。

任何留意过俄国审判的人都知道这并不是什么拙劣的模仿。问题是，像这种事情会在英国发生吗？显然不会。在我们看来，整件事不仅无法被认为是一场真正的阴谋，甚至就连一场诬陷都让人觉得难以置信。它是一个黑暗的谜团，唯一能够把握的事实——它的手段实在是太狠毒了——就是这里的共产主义者认为它是宣扬共产主义的一个好方法。

了解关于斯大林政权的真相是最重要的事情，假如我们真的能够对它有所了解的话。它是社会主义吗？过去两年来使得生活变得面目狰狞的所有政治争论都是围绕着这个问题展开的，但因为几个原因它很少被摆到台面上。去俄国很困难，到了那里也不可能进行充分的调查，你对这个问题的认识只能来自要么刻意地"支持"要么恶意地"反对"的书籍，其偏见大老远外就可以察

---

① 威廉·理查德·莫里斯（William Richard Morris, 首任纽菲尔德子爵，1877—1963），英国汽车制造商，创办了莫里斯汽车有限公司，并热心慈善事业，成立纽菲尔德基金会和牛津大学纽菲尔德学院。
② 威廉·诺曼·伯克特（William Norman Birkett, 1883—1962），英国律师、法官、政治家，长期担任英国最高法院法官，曾出任纽伦堡审判英方代表法官。

觉。莱昂斯先生的书肯定是属于"反对"这一类，但它给人的印象是它要比大部分的书靠谱得多。从他的写作风格看，他显然不是一个低俗的宣传工作者，他在俄国呆了很久（1928年至1934年），由共产党推荐担任合众社的通讯记者。和许多满怀希望去俄国的人一样，他的希望渐渐幻灭，和某些人不一样的是，他最终选择了讲述关于俄国的真相。不幸的是，任何对当前俄国政权的负面批评都会被当成是反对社会主义的宣传。所有的社会主义者都知道这一点，诚恳的讨论根本无法进行。

　　莱昂斯先生在俄国呆的那几年正值艰难时期，以1933年的乌克兰大饥荒为顶点，在这场灾难中估计有不少于三百万的人被饿死。现在，在第二个五年计划取得成功后，生活条件无疑有了好转，但似乎没有理由认为社会气氛发生了大的改变。莱昂斯先生描绘的画面洋洋洒洒，细节详实，我不认为他扭曲了事实。但是，他有耽于自己的痛苦的迹象，我认为他或许夸大了俄国人的不满情绪。

　　他曾经访问过斯大林，发现他很有人情味、简朴而且讨人喜欢。值得注意的是，赫伯特·乔治·威尔斯也说过同样的话，实在是令人伤感：电影里的斯大林有一张讨人喜欢的脸。不是有这种说法：艾尔·卡彭[1]是最好的丈夫和父亲，而约瑟夫·史密斯[2]（因为"浴室杀女案"而声名大噪）在七个妻子中深深地爱着正室，在他杀人的间隙总是会回到她身边吗？

---

[1] 艾尔·卡彭（Al Capone，1899—1947），美国意大利裔人，芝加哥黑手党的头目。

[2] 乔治·约瑟夫·史密斯（George Joseph Smith，1872—1915），英国连环杀手，生平曾以伪造身份的手段结过七次婚，骗取女方钱财，于1915年以残忍手法在出租房的浴室杀死三名女性，后被判处谋杀罪名成立，处以绞刑。

评杰克·康蒙的《街上的自由》①

　　杰克·康蒙本应该是一个更加出名的作家，但他有可能成为左派的切斯特顿。他从一个有趣而陌生的角度对社会主义这个题材进行探讨。

　　他出身无产阶级，比大部分这类出身的作家更忠诚地保持了他的无产阶级观点。这样一来，他接触到了社会主义运动的一个主要难题——"社会主义"这个词所意味的事情对于工人阶级来说与对于中产阶级马克思主义者来说是不同的。对于那些实际手中掌握着社会主义命运的人来说，体力工人们说起"社会主义"时所指的每一件事情都是言不及义或异端思想。正如康蒙先生在一系列有关联的散文中所表明的，机器文明里的体力工人带有被他们所生活的环境强迫形成的特征：忠诚、目光短浅、慷慨、痛恨特权，通过这一切他们得出了对未来社会的看法。无产阶级心目中的社会主义理念是平等。这与接受马克思主义作为导师的中产阶级的社会主义理念很不一样——后者就像是一位未卜先知的人，一个赛马内幕消息贩子，不仅告诉你要选择哪匹马，而且还会告诉你哪匹马不能赢的原因。

　　康蒙先生的文风带着弥赛亚式的希望和开朗的悲观主义，有

---

　　① 刊于 1938 年 6 月 16 日《新英语周刊》。杰克·康蒙（Jack Common，1903—1968），英国小说家，代表作有《好邻居》、《在最白色的英国》。

时候在周六夜晚的廉价啤酒吧幽静一些的角落里能够找到这种精神。他认为我们都将被炸弹轰到地狱，但无产阶级专政注定会实现。

是的，但如何能够保证这种事情定会发生，难道每个社会主义者的责任不就是期盼战争和为战争进行准备吗？如今有哪个在思考的人敢这么说呢？

对于许多人来说，"无产阶级专政"这个词代表着噩梦、希望和怪物。事情是这么开始的——因为说到底，大部分中产阶级人士就是这么开始的——他们先是想："如果它真的发生了，愿上帝保佑我们！"最后他们想的是："它没有发生，真是太遗憾了！"在康蒙先生的笔下，似乎无产阶级专政就要实现了——这是一个虔诚的希望，但事实似乎并不能保证它会实现。似乎无产阶级运动会一次又一次地被顶层的阴谋家利用和背叛，然后是新的统治阶层的兴起。平等是永远不会实现的。群众永远没有机会以与生俱来的道义去掌控事务，因此，你被迫产生愤世嫉俗的想法，认为人只有在没有权力的时候才会是好人。

与此同时，这是一本有趣的书，比起其它作品，它没有过分地讲述经济理论，而更加着重信仰体系本身，甚至倡导一种生活方式。我特别推荐两篇文章，名为《对庸俗者的审判》和《好心人的法西斯主义》。这是普通人的真实心声，以文学作品的形式进行表述。如果他们能取得成功，将会为无产阶级运动注入新的道义，但他们似乎永远无法实现目标，只能去战壕、血汗工厂和监狱。

评罗伯特·森科特的《西班牙的考验》、无名氏的《佛朗哥的统治》①

对于任何有思想的人来说，要歌颂独裁体制并不是一件容易的事情，因为，当独裁体制得势时，显然有思想的人会首当其冲被消灭。或许温德汉姆·刘易斯仍然认同希特勒，但希特勒会不会认同刘易斯先生呢？希特勒会站在关于艾略特先生肖像画的争论②的哪一边呢？确实，俄国的独裁体制比德国的独裁体制更过分，但对于一个西欧人来说，危险没有那么紧迫。我们仍然能够在炮火的射程之外去崇拜它。

结果，虽然支持西班牙共和政府的书很糟糕，支持佛朗哥的书则更加糟糕。几乎我读过的所有这类书——我将艾利森·皮尔斯教授的书排除在外，他只是不温不火的佛朗哥的支持者——都是由罗马天主教徒写的。森科特先生的书没有堕落到阿诺德·伦恩的《西班牙的演习》的地步，但它的主题是一样的。佛朗哥是信奉基督教的正人君子，瓦伦西亚政府是一伙强盗，巴达乔斯大屠杀没有发生，格尔尼卡没有遭受轰炸而是被赤匪民兵肆虐焚毁，等等等等。真相是，这类书籍里所有关于"谁挑起的"和谁

---

① 刊于 1938 年 6 月 23 日《新英语周刊》。罗伯特·森科特（Robert Sencourt，1890—1969），英国作家，代表作有《拿破仑：现代帝王》、《英语文学中的印度》等。
② 1938 年，英国皇家学院禁止温德汉姆·刘易斯的艾略特肖像画参与展览。

制造了哪一出惨剧的争论都是在浪费时间，因为它并没有告诉你真正的动机矛盾。要是每个人能够坦率直言，"我的钱押在了佛朗哥（或内格林）身上，管它惨剧不惨剧的"，问题就会简单得多，因为那才是每一个采取政治立场的人内心真正的想法。

但森科特先生与伦恩先生、叶芝-布朗先生①等人不同，因为他对西班牙很有了解，而且热爱西班牙人；因此，虽然他对"赤匪"怀有敌意，但他并没有庸俗的恨意。但和几乎每一个写到这场战争的人一样，他的一大劣势是只能从单方面去了解情况。他对战前情况的讲述或许很符合真相，但他对共和政府内部情形的描写却很有误导性。他过分夸大了市民生活的混乱，虽然他概述了各个政党之间的斗争，但他误解了大部分政党的角色和目标，因为他觉得自己有必要将"赤匪"和"坏人"等同起来。他口中的共产主义只不过是毁灭性的力量，而且他将"无政府主义"与"无法无天"混用，这就像是在说保守党人都是老古董一样。但是，这并不是一本别有用心或存心不良的书，如今在政治范畴内有这么一本书已经很了不起了。

《佛朗哥的统治》只是罗列了佛朗哥统治区所发生的惨剧。有被枪毙者的长长的名单，在格拉纳达省有 2 万 3 千人被屠杀等等等等。我不能说这些故事都是不真实的——显然，我没办法对它们加以判断，我猜测里面有真有假。但这类书籍的出现令人感到非常不安。

无疑，惨剧会发生，但当战争结束时，却只能确定几个孤

---

① 弗朗西斯·查尔斯·克雷顿·叶芝-布朗（Francis Charles Claypon Yeats-Brown，1886—1944），英国军人、右翼分子，二战前多次撰文为法西斯主义运动辩护，代表作有《战争的疯狗》、《孟加拉长枪兵的生平》。

例。在战争的前几周，特别是一场内战，一定会有对平民的屠杀、纵火、劫掠和强暴。如果这些事情发生，对它们加以记录和谴责是对的，但我并不知道被这个问题深深吸引的人编撰整本充斥着惨剧故事的书的动机。他们总是告诉你他们要挑起"反对法西斯主义"或"反对共产主义"的仇恨，但你会注意到他们中间很多人感兴趣的是这件事本身。我相信没有士兵会去编撰一本惨剧故事。你会猜想有些受虐狂就是喜欢描写强暴和大屠杀。

有谁相信从长远看这是抗击法西斯主义或克服共产主义弊端的最佳方式呢？亚瑟·科斯勒先生被佛朗哥囚禁时一定经受了可怕的精神折磨，应该对他加以原谅，在他的《西班牙证言》里他告诉我们要摈弃客观，种下仇恨。《佛朗哥的统治》的无名氏编辑还鄙薄地提到了"客观性神经官能症"。我希望这些人能够停下来去思考他们正在做的事情。战斗，或呼吁别人进行战斗是一回事，但到处煽风点火激起仇恨则是另一回事，因为：

"与恶龙搏斗太久的人自己变成了恶龙，如果你久久地凝视深渊，深渊会凝视着你。"

这本书的副标题是《回到中世纪》，这对中世纪是不公平的。那时候没有机关枪，而且宗教审判法庭的做法很业余。说到底，就算托奎曼达也只在十年里烧死了两千人。在当代德国或俄国，他们会说这根本不算什么。

评弗兰克·耶里内克的《西班牙内战》①

　　弗兰克·耶里内克描写巴黎公社的书有其瑕疵，但它表明他是一个思想不凡的人。他展现了抓住历史真实事件和波澜壮阔的事件背后社会和经济变化的能力，并能做到笔触生动。在这方面那些资产阶级历史学家大体上文笔要好得多。从整体上看，他的新书——《西班牙内战》——兑现了另外一本书的承诺。它有匆忙写就的痕迹，有一些歪曲的描写，这些我在稍后会指出来，但它或许是接下来一段时间里我们能找到的从一个共产主义者的角度描写这场西班牙战争的最好的书。

　　这本书大部分最有意义的内容是在前半部分，里面描写了导致战争的一长串原因和形势岌岌可危的基本问题。寄生的贵族阶层和农民极其艰苦的条件（在战前，西班牙65%的人口只占有6.3%的土地，而4%的人口则占有60%的土地），西班牙资本主义的落后和外国资本家的统治地位，教会的堕落腐败，社会主义和无政府主义工人运动的兴起——这些内容在几个章节里有精彩纷呈的描写。耶里内克先生为胡安·玛奇②作了小传，胡安是一个走私香烟的惯犯，是法西斯政变幕后人物之一（不过，奇怪的是，据

---

① 刊于1938年7月8日《新领袖报》。弗兰克·耶里内克(Frank Jellinek)，个人信息不详。
② 胡安·阿尔伯托·玛奇·奥迪纳斯(Juan Alberto March Ordinas, 1880—1962)，西班牙商人、银行家，西班牙内战中投靠佛朗哥将军，是西班牙首富和世界上最富有的人之一。

说他是个犹太人），这篇传记讲述了一个精彩的、关于堕落的故事。要是玛奇只是埃德加·华莱士笔下的一个人物，那他会值得一读，但不幸的是，他是真有其人。

关于教会的那个章节清楚地解释了为什么加泰罗尼亚和阿拉贡东部几乎每座教堂在战争爆发时都被焚毁。顺便提一下，如果耶里内克先生的数字正确的话，原来耶稣会会士在全世界只有22 000人，真是有趣，单从效率而言，他们远远胜过世界上的任何政党，而耶稣会在西班牙的"理事"曾经是四十三家公司的董事！

这本书的结尾部分有一篇结构得当的章节，讲述在战争的头几个月所发生的社会变化，还有一篇附录，内容是加泰罗尼亚的集体化法案。和大部分英国观察家不同的是，耶里内克先生并没有鄙夷西班牙的无政府主义者。但是，当他写到马联工党的时候，无疑他就不公允了，而且是故意地不公——这一点是确凿无疑的。

我自然而然地首先翻到描写1937年5月巴塞罗那的战斗的部分，因为耶里内克先生和我当时都在巴塞罗那，这让我有了检验他的描写是否准确的标准。他对战斗的描写没有当时共产党的出版刊物里面的描写那么强调政治宣传，但它确实有一边倒的倾向，对于那些不了解情况的人很有误导性。首先，有好几处地方他似乎认同马联工党其实是伪装的法西斯组织的传言，提到了"决定性地"证明了这个或那个的"文件"，却没有告诉我们这些神秘文件更多的内情——事实上，这些文件从来不曾存在过。他甚至提到了那份著名的署名为"N"的文件（不过他承认"N"或许并不代表尼恩①），罔顾司法部长伊鲁乔宣布这份文件"毫无价值"，纯属伪造这一事实。他只是说尼恩被"逮捕"了，并没有提到尼恩失踪，几乎可以肯定被谋杀了。而且，他没有明确地按照时间进行纪事——无论是有意还是无意——让人觉得所谓的揭发法西斯阴谋、逮捕尼恩等事件是紧跟在五月的战斗之后发生的。

这一点很重要。对马联工党的镇压并不是紧跟在五月的战斗之后。中间相隔了五个星期。战斗于 5 月 7 日结束，尼恩在 6 月 15 日被捕。镇压马联工党是发生在后面，几乎可以肯定是瓦伦西亚政府变动的结果。我已经注意到报刊好几次想尝试蒙混这些日期。原因再明显不过了，但这件事情是确凿无疑的，因为所有的重要事件当时都被好几份报纸记录了。

奇怪的是，大约在 6 月 20 号《曼彻斯特卫报》驻巴塞罗那的通讯记者寄来一份文件，在里面他对针对马联工党的指控提出了反驳——在当时的情况下这是非常勇敢的行动。这位通讯记者几乎可以肯定就是耶里内克先生本人。②时过境迁，出于宣传的目的，如今他认为有必要复述一个似乎更加不可信的故事，真是令人遗憾。

他对马联工党的评论占了这本书很大的篇幅，这些评论带有

---

① 安德鲁·尼恩·佩雷兹（Andreu Nin Pérez，1892—1937），西班牙共产主义者，马联工党创始人，1937 年 6 月被西班牙政府逮捕，死于狱中。

② 奥威尔错以为《曼彻斯特卫报》的通讯记者就是耶里内克。1939 年 1 月 13 日，他给《新领袖报》写了一封更正信，其标题是"更正一处错误"。内容如下："在对弗兰克·耶里内克先生的《西班牙内战》的书评中，我曾说耶里内克先生表达了与他自己发往《曼彻斯特卫报》的一篇报道相左的意见。现在我发现这份文件其实并不是耶里内克先生发的，而是出自另一个通讯记者的手笔。我对这个错误深感抱歉，希望您能拨冗将其更改过来。"

偏见，即使是那些对西班牙政治党派一无所知的人也能明显感觉出来。他认为甚至有必要诋毁尼恩作为司法顾问所做的有意义的工作，小心翼翼地不提马联工党与法西斯暴动进行第一次斗争或在前线起到的重要作用。在他关于马联工党的报纸"挑衅态度"的所有报道中，他似乎没有想到另一个阵营也有寻衅滋事的举动。从长远看，做这种事情会自作自受。比方说，它让我觉得，"要是这本书在我所知道的事实方面不可靠的话，那我怎么能相信我不知道事实的那一部分内容呢？"许多人都会和我有一样的想法。

耶里内克先生不像大部分描写这场西班牙战争的人，他真的了解西班牙：它的语言、它的人民、它的地区和过去几百年来的政治斗争。没有几个人能比他更有资格写出一部这场西班牙战争的有权威性的历史。或许终于一天他会这么做。但那或许会是很久之后的时期，当"托派—法西斯主义"的阴影让位于别的主题。

评阿瑟尔公爵夫人的《西班牙探照灯》、弗兰克·耶里内克的《西班牙内战》、罗伯特·森科特的《西班牙的考验》[①]

虽然没有人能不慌不忙地面对出版一本书只卖七先令六便士（给作者的利润是九便士）的生意，但企鹅丛书已经表明它的"特别丛书"有上佳的判断力。阿瑟尔公爵夫人的《西班牙探照灯》或许不像《开历史倒车的德国》或《墨索里尼的罗马帝国》那样具有原创性，但也算是一本有价值的后续作品。作为一部平易近人的西班牙内战简史，它文笔简练而且内容详实，直到这场战争结束应该也不会有更好的作品了。

它最大的优点就是内容平衡得当，而且能够以正确的角度去看待重大史实。它最大的缺点是几乎所有关于西班牙战争的书所共有的——政治上的党派偏袒。正如我在别的地方提到过的，即使在支持共和国政府的群体里也没有一个关于西班牙战争的广为接受的"版本"。忠于共和国的人包括社会主义者、共产党人、无政府主义者和"托派分子"——你或许会加上巴斯克人和加泰罗尼亚人——他们永远无法对这场战争的性质取得共识。每一个支

---

① 刊于 1938 年 7 月 16 日《时代与潮流》。凯瑟琳·玛尤莉·斯图亚特-穆雷（Katharine Marjory Stewart-Murray, 1874—1960），封号阿瑟尔公爵夫人（Duchess of Atholl），英国左翼女政治家，因在西班牙内战中积极支持西班牙共和政府而被称为"红色公爵夫人"，后与共产主义运动决裂，反对苏联对波兰、捷克斯洛伐克和匈牙利的控制。

持政府的英国作家都毫无保留地接受某个政党的"纲领"，不幸的是，他总是这么做，却又声称自己恪守中立。阿瑟尔公爵夫人完全遵循共产党的纲领，在阅读她的这本书时一定要记住这一点。当她描写叛乱的起因、战争的军事阵营和不干涉政策的丑闻时，一切都写得很好，但我会谨慎地接受她对内部政治形势的叙述，它的内容一边倒，而且过于简略。

在最后一章《它对我们意味着什么》里，她指出法西斯主义在西班牙获得胜利后或许会发生的后果——英国或许会失去地中海的控制权，而且法国将会有一个带着敌意的邻国。这或许引出了整场西班牙内战最神秘的问题。为什么我们的政府会有这样的作为？无疑，英国内阁政府的做法似乎是希望佛朗哥获胜，但如果佛朗哥获胜——最糟糕的结局意味着失去印度。阿瑟尔公爵夫人揭示了事实，但并没有解释张伯伦先生的态度的原因。其他作家则没有那么谨慎。过去两年来英国外交政策的真正含义得到西班牙战争结束之后才会得以澄清，但在尝试对其进行解释时，我倾向于认为英国内阁不是傻瓜，而且他们不会放弃任何利益。

耶里内克先生的书与《西班牙探照灯》的角度大致相同，但篇幅更长，分量更重，而且没有那么"通俗易懂"。它写得最好的部分是解释这场战争的起因，其中关于教会、土地所有制和西班牙劳工运动的兴起那几个章节尤为突出。它与耶里内克先生之前关于巴黎公社的作品有着同样的优点和缺点——对政治运动和个人动机相互影响的精准把握，但文笔很拙劣。耶里内克先生有能力写出一本关于西班牙战争的权威作品，或许终有一天他能够写出来，但得等上很久，等到炮火平息，仇恨没有那么激烈的时候。

森克特先生支持佛朗哥，但是——正如《婚姻时代》里的广告所说的——他并不偏执。不像其他大肆斥责"赤匪"的作家，他对西班牙有着深切的爱，而且不相信无人区以东的每一个西班牙人都是恶魔。但是，他完全误解了左翼政党的动机。他认定共产党人一定是煽动革命的极端主义分子，而无政府主义与"无法无天"是一回事——这是词语上的混淆。那些影子军队和俄国志愿军再一次被当作事实。森克特先生似乎接受了德·克里利斯①认为有 1 万名到 1 万 5 千名俄国正规军的看法。现在，不可否认俄国提供了飞行员、技术专家和政治密探，但另一方面，几乎任何到过忠于共和国的西班牙领土的人都会证明那里没有俄国的陆军部队。数以百计的人已经这么做了。有必要继续认为所有这些人都是骗子吗？

---

① 亨利·卡洛克·德·克里利斯(Henri Calloc'h de Kérillis, 1889—1958)，法国飞行家、记者，右翼政治分子。

评阿瑟尔公爵夫人的《西班牙探照灯》^①

时至今日几乎没有必要指出西班牙战争不止有两个版本。即使是政府的支持者也有三个版本：共产党人的版本、无政府主义者的版本和托派分子的版本。在英国，我们对托派分子的版本了解不多，对无政府主义者的版本几乎一无所知。而共产党人的版本则是权威版本。阿瑟尔公爵夫人的书遵循着熟悉的纲领——事实上，将一小部分内容删掉，它可以被认为出自一个共产党人的手笔。我不知道里面有没有以前没有说过的内容，因此，与其谈论这本书本身，或许思考一下为什么这类书籍会出现更有意义。

现在出一个支持共产主义的公爵夫人并不是什么稀罕的事情。几乎所有参与左翼运动的有钱人遵循"斯大林纲领"是理所当然的事情。无政府主义或托洛茨基主义对于年收入 500 英镑以上的人没有多少吸引力，但真正的问题不是为什么有钱人会是"斯大林主义者"，而是为什么他们会参加左翼运动。几年前他们并没有这么做。为什么公爵夫人会支持西班牙政府而不是佛朗哥？这不是因为她是另类的怪人。许多与英国资本主义体制密切相关的人——贵族、报业巨头和教会高层人物，都奉行同样的纲领。这是为什么？说到底西班牙战争是一场阶级战争，而佛朗哥是有产阶级的捍卫者。为什么这些人在国外是虔诚的社会主义

---

① 刊于 1938 年 7 月 21 日《新英语周刊》。

者，而在国内却是虔诚的保守党人呢？

这个问题乍一看很简单：因为法西斯政权威胁到大英帝国。阿瑟尔公爵夫人本人在《它对我们的意义》这一章也给出了答案，解释了由法西斯分子统治西班牙的危险。德国和意大利将会扼住我们前往印度的通道，法国将必须多出一个敌国等等等等。在这里"反法西斯"和帝国主义是不相悖的。顺便说一句，这个系列有几本书揭示了这一道德观。似乎无论谁在保卫大英帝国就是在保卫民主——对于任何了解大英帝国实际运作的人来说，这似乎站不住脚。

但事情并不是这么简单，因为虽然英国的统治阶层有很多人持反对佛朗哥的立场，但大部分人无论是主观还是客观都支持佛朗哥。张伯伦和他的朋友们以鲜有匹敌的卑鄙和伪善，由得西班牙共和国被扼杀。你如何解释这个明显的自相矛盾？如果你相信大谈"反法西斯主义"的阿瑟尔公爵夫人和牧师们真的担心英国的利益，你就得相信张伯伦并不担心英国的利益——而这是难以置信的事情。

张伯伦正在准备与德国打仗。重整军备、与法国达成军事共识、空袭预警和各方不怀好意地鼓噪着推行征兵制没办法以其它方式去解释。很有可能他把事情搞砸了，使得战略形势更加恶化，这种事情的发生一部分原因是他对西班牙被俄国控制和被意大利控制同样害怕。不管怎样，他正在备战。当政府在进行实际的备战工作时，那些总是在煽动仇恨和自命正义的所谓的左翼政党则负责精神层面的工作。军工厂在生产大炮，像《新闻纪实报》这样的报纸在创造使用大炮的意愿。我们都记得当大利拉说"非利士人杀来了，参孙"的时候发生了什么事情。当英国的利益一遇到真正的危险，十个英国社会主义者就有九个会变成沙文主义者。

保守派反法西斯主义者起到了什么作用呢？他们是联络员。现在英国的左翼人士都是坚定的帝国主义者，但理论上他们仍然仇视英国的统治阶级。那些阅读《新政治家报》的人幻想着与德国打仗，但他们也认为嘲笑毕灵普上校是必要之举。但是，当战争一打响，他们就会在毕灵普上校的炯炯目光下走起方步。事先达成和解是有必要的。我觉得这就是像阿瑟尔公爵夫人的这本书、乔治·立特尔·加雷特先生①的《墨索里尼的罗马帝国》、塔波伊斯夫人②所说的那些预言式的言论以及其他人的言论的真正作用。这些人正在把左翼人士和右翼分子联系在一起，而这是备战的必要之举——当然，不是有意这么做。西班牙战争——事实上是自阿比西尼亚危机以来的整个形势，但西班牙战争的影响尤为重要——对英国的民意造成了灾难性的影响，将几年前未能预料到的事情结合到了一起。有很多事情还不是很明朗，但我不知道如何去解释爱国的共产党人和信奉共产主义的阿瑟尔公爵夫人，除非这伙人即将面临战争。

---

① 乔治·威廉·立特尔·加雷特（George William Littler Garrett，1852—1902），英国发明家、作家，发明潜水艇的先驱。
② 日内维耶·塔波伊斯（Geneviève Tabouis，1892—1985），法国女历史学家、记者，代表作有《尼布甲尼撒》、《所罗门王的私生活》等。

评弗朗兹·伯克瑙的《共产国际》[①]

当伯克瑙博士的《西班牙战场》出版时，西班牙战争已经打了将近一年，这本书只描写了头六七个月的事件。但是，它依然是关于这个题材最好的作品，而且，它与双方几乎所有出版的作品有所不同。当你打开这本书时，你就会意识到在大肆叫嚣的宣传工作者中，这里有一个成熟的人，一个能够在了解真相的情况下仍然冷静地写书的人。不幸的是，如今的政治作品几乎都是由傻瓜或不学无术的人写的。如果一个撰写政治题材作品的作家能够保持超脱的态度，那总是因为他不知道自己在说些什么。要理解一场政治运动，你就必须参与它，而一旦你参与其中，你就会成为宣传工作者。但伯克瑙博士除了有思想有才华之外，还有一个特别的优势：他曾经加入德国共产党八年，并一度担任共产国际的官员，最后转而信奉自由主义和民主。这种情况就像一个人从信奉天主教转而信奉新教一样罕见，但很难有一位社会工作者能有他那样的背景。

伯克瑙博士回顾了共产国际二十年的历史，将其划分为三个时期。第一个时期是一战之后那几年，欧洲掀起了真正的革命热潮，而共产国际是一个真正以世界革命为己任的组织，并不完全接受俄国的影响。第二个时期它成为斯大林的斗争工具，先是反

[①] 刊于 1938 年 9 月 22 日《新英语周刊》。

对托洛茨基—季诺维也夫一伙人，然后反对布哈林—李科夫一伙人。第三个时期就是我们所处的时期，它公然成为俄国外交政策的工具。与此同时，共产国际的政策在"左倾"和"右倾"之间摇摆不定。正如伯克瑙博士所指出的，早期的改变并不是很重要，而近期的改变则造成了灾难性的结果。共产主义政策在1934年和1936年之间改弦更张，事实上，它的变化如此剧烈，公众还没有来得及理解。在1928年至1934年的"极左"时期，"社会法西斯主义"时期，革命是如此纯洁，每一个劳工领袖都被斥责为在领取资本家的报酬，俄国对破坏分子的审判"证明"布伦姆先生和其他第二共产国际的领导人在阴谋策动对俄国的侵略，任何支持社会主义者与共产党人组建联合阵线的人都被斥为叛徒、托派分子、疯狗、豺狼。社会主义民主被指责为工人阶级真正的敌人，法西斯主义被视为无足轻重的事情，而这个愚昧的理论甚至在希特勒上台后仍在坚持。但接着德国开始恢复军备，佛朗哥与俄国签订了协议。几乎一夜之间非法西斯主义国家的共产主义政策转向人民阵线和"保卫民主"，反对与自由党与天主教徒进行合作的人又成了叛徒、托派分子、疯狗、豺狼等等。当然，这种政策的改变只有在苏联境外每一个共产党每隔几年就新招一批党员的情况才可能实现。是否还会再来一波左倾运动似乎不好说。伯克瑙博士认为斯大林最终可能会被迫解散共产国际，作为巩固与西方民主国家的同盟的代价。另一方面，应该记住，民主国家的统治者并不是傻瓜，他们知道共产国际以"左翼"话语从事煽动工作并不会带来严重的危险。

　　伯克瑙博士认为，共产国际之所以采取如此的政策，根本原因是马克思和列宁所预言的革命和俄国实际发生的革命在先进的西方国家是不可想象的，至少在现在不行。我认为他是对的。但我与他的不同看法在于，他说西方民主国家必须在法西斯主义和通过所有阶级进行合作实现有秩序的重建之间作出选择。我不相信第二种方式可能实现，因为我不相信一个年收入5万英镑的人和一个周薪只有十五先令的人能够或愿意进行合作。他们的关系的本质很简单，就是一个人在剥削另一个人，没有理由认为那个剥削者会突然间悔过自新。因此，似乎如果西方资本主义的问题要得到解决，它必须通过第三种方式去实现，一场真正的革命运动，也就是愿意进行激烈的变革和在有必要的时候使用暴力，但它不会像法西斯主义那样背离民主的核心价值。这样的事情并非不可想象的。这么一场运动的萌芽存在于几个国家，而且它们能够发展起来。不管怎样，如果不是这样，我们将无法摆脱目前这种肮脏的处境。

　　这是一本深刻而有趣的书。我没有充分的专业知识去判断它的准确性，但我认为可以断定它对一个有争议性的题材进行了不带偏见的评论。或许考验它作为一本历史作品的价值的最佳方式就是看看共产党的刊物对它的评价——大体上是"评价越低就是越好的作品"。我希望伯克瑙博士不仅能够继续写下去，而且能够找到模仿者，在听到五万部留声机播放同一首调子之后，听到一个人的声音真是很令人振奋。

评埃德加·艾利森·皮尔斯的《西班牙的教会》、伊奥因·奥杜菲的《西班牙的十字军东征》①

　　虽然艾利森·皮尔斯教授是佛朗哥的党羽，而且说话尖利刻薄，但他是一个值得严肃对待的作家。而且我猜想他是一个天主教徒，他关心西班牙教会的命运是天经地义而且正当的事情。没有人会指责他为教堂被焚毁和教士遭受屠杀或驱逐感到气愤。但我觉得很遗憾的是，他没有更加深入地去探讨这些事情会发生的原因。

　　在重新讲述从中世纪开始对西班牙教会的诸多迫害时，他指出了四个主要原因。前三个原因是教会与国王的斗争、教会与国家的斗争和十九世纪的反教权主义。最后一个原因是"广义的共产主义的兴起"，即一系列互相关联但不尽相同的无产阶级运动，共同的特征是否定上帝。所有焚烧教堂、枪毙教士和反教权主义的暴力通常被认为根源在于共产主义和西班牙式的无政府主义，它们都"仇恨上帝"。皮尔斯教授认为这不是仇视腐败的教会，而是"试图摧毁整个国家的宗教体制的冷酷阴谋"。

　　现在，无可否认，共和政府统治范围内的西班牙教堂都被摧

---

① 刊于 1938 年 11 月 24 日《新英语周刊》。伊奥因·奥杜菲(Eoin O'Duffy，1892—1944)，爱尔兰政治家、军人，曾担任爱尔兰共和军参谋长，支持欧洲的法西斯运动。

毁了。众多政府的支持者努力粉饰自己的所作所为，佯称教堂之所以被摧毁，是因为它们在战争伊始被当作巷战的堡垒。这是一个彻头彻尾的谎言。每个地方的教堂都被摧毁，无论是城镇还是乡村，直到 1937 年 8 月为止，只有几座新教的教堂获准开放并举行仪式。否认无政府主义和马克思社会主义对所有宗教都怀有敌意也是没有意义的。但这并不能让我们真正了解为什么西班牙的教堂会被摧毁。皮尔斯教授的《加泰罗尼亚的不幸》表明他要比大部分作家更了解西班牙政府的内部情形，或许他也清楚与这个问题有关的两个事实。第一个事实是，在这场战争中俄国政府利用它在西班牙的影响力反对而不是支持反教权主义的暴力和革命极端主义。第二个事实是，洗劫教堂发生于无产阶级控制局势的早期。当卡巴勒罗①政府垮台，中产阶级重新掌权后，教堂开始重新开放，教士们也不再躲躲藏藏。换句话说，暴力形式的反教会运动是一场西班牙本土的人民运动。它并非植根于马克思主义或巴枯宁主义，而是扎根于西班牙人民本身的处境。

在战争的第一年，加泰罗尼亚和阿拉贡有两件事给人留下了深刻的印象。一件事情是，人民群众看上去并没有宗教情感。必须承认，当时要公开承认宗教信仰是一件危险的事情——但是，你不会被这种事情完全蒙蔽。第二件事情是，我所看到的大部分被捣毁或破坏的教堂都是新教堂，它们的前身在更早前的动乱里就已经被焚毁了。这引发了一个问题：上一次英国的教堂被焚毁是什么时候的事情？或许自从克伦威尔之后就没有发生过了。英

---

① 弗朗西斯科·拉尔格·卡巴勒罗（Francisco Largo Caballero, 1869—1946），西班牙政治家，西班牙社会主义工人党早期领袖之一，全国总工会创建人之一，曾于 1936—1937 年担任西班牙共和国总理。

国农民暴动洗劫教堂几乎是不可想象的事情。为什么？因为现在阶级斗争的条件在英国并不存在。在西班牙，过去一个世纪来，数百万人的生活条件糟糕得无法忍受。在大片大片的土地上，农民沦为奴隶辛苦地劳作，工资却只有每天六便士。这样的条件会产生英国所没有的恶果：对现状的真切仇恨和想要杀人放火的戾气。教堂是现状的一部分，它偏袒的是富人一方。在许多村庄，巨大、华丽的教堂旁边是难看的土房子，这一定被视为财富体制的象征。当然，天主教作家一直在否认这一点：教会并不腐败，它并没有巨额财富，很多教士是拥戴共和国的良民等等等等。答案是，西班牙的人民群众在这件事情上才有发言权，他们并不这么认为。在他们许多人的眼里，教会只是一帮骗子，而教士、大亨和地主都是一伙人。教会失去了对他们的号召力，因为它辜负了自己的职责。天主教徒如果能够面对这个事实，而不是将一切都归结于人性本恶或莫斯科的唆使会比较好。苏联政府在迫害国内的信徒，但他们在其它国家却支持教会。

奥杜菲将军在西班牙的历险在某种程度上有点像十字军东征，因为他们的事迹都一团糟，而且一事无成。除此之外，他的这本书并不能让你有多少了解。它的大部分内容是老套而乏味的对佛朗哥将军的歌功颂德（"佛朗哥将军是伟大的领袖与爱国者，是民族主义运动的首领，体现了西班牙的伟大和高贵，为了保卫基督教文明而战斗"等等等等），伴随着习以为常的、对另一个阵营所发生的事情的无知歪曲，甚至把几个西班牙工会和政党的名字弄错了。佛朗哥的宣传没有对方阵营的隐晦宣传那么令人感到愤怒，但我必须承认我对"俄国部队"的传闻感到厌倦了（没有记录表明他们的靴子上是否有雪①），据说他们参加了马德里前线的战役。

通过我在西班牙的见闻和我在英国所读到的相关内容，我明白了为什么沃尔特·拉利②爵士会把他那本《世界历史》付之一炬。如果：

> 伟大的真理必将彰显，
> 即使无人在意。

人们越早不对这场西班牙战争怀有强烈的感情，情况就会越好。现在谎言的气氛弥漫在方方面面，令人感到窒息。奥杜菲的这本书写得很糟糕，而且内容很无趣。

---

① 一战时的谜团：在西线战事的关键时刻，有传闻说俄国部队从东线被调动到那里，有人声言见到俄国军队在英国北部出现，"靴子上还带着雪"。

② 沃尔特·拉利（Walter Raleigh，1554—1618），英国探险家，曾对北美新大陆进行探索，为英国建立北美殖民地做出贡献。曾担任英国海军副司令一职。英国民间风传他与女王伊丽莎白一世有染。1592 年 6 月至 8 月，沃尔特·拉利因与伊丽莎白一世的一名侍女私通而被囚禁于伦敦塔中。

评马丁·布洛克的《吉卜赛人》^①

　　马丁·布洛克先生的书主要描写的是欧洲东南部的吉卜赛人，他们比英国的吉卜赛人数量更多，而且生活条件显然要更加原始落后。他们睡的是帐篷，养牛和驼畜，而不是养马和睡大篷车。他们从来不坐椅子，脏得难以想象，和自己人用吉卜赛语沟通，从事传统的像锁匠、引路和制作木勺木盆的行业。很不幸的是，布洛克先生没有为吉卜赛语写上一章，但他编撰的大部分内容非常有趣，而他的相片不像大部分书籍的"插图"，它们是真正的实例。遗憾的是，据我所知，还没有人写出一本关于英国吉卜赛人的同样详实和反映最新情况的书。

　　事实上，这些带着鲜明民族特征的原始游民存在于英国这么一个狭窄的国度真是一件很有趣的事情。为什么他们继续当吉卜赛人？根据所有的先例，他们应该很久以前就已经被文明的好处诱惑了。在英国，"真正的"吉卜赛人或许比普通的农场帮工拥有更多的财产，生活水平也要高出一点点，但他们只能遵循他们不断地违法的独特生活方式。你只能总结说他们这么做是出于喜欢。吉卜赛人的生活一部分得靠行乞，结果，当他认为能从你身上捞点好处时，他会奴颜婢膝地利用他那巧舌如簧的口才和他那

---

　　① 刊于 1938 年 12 月《艾德菲报》。马丁·布洛克（Martin Block，1891 — 1972），德国历史学家、人类学家。

蹩脚的英语滔滔不绝地说着低俗肉麻的奉承话。但如果碰巧你的境况和吉卜赛人一样——或者说当他们巴结你不能捞到什么好处时——你会得到完全不一样的印象。他们对工业文明根本不感到羡慕，而是对其嗤之以鼻。他们鄙视"非吉卜赛人"柔弱的体格、堕落的性道德观和最主要的一点：没有自由。比方说，在军队里服役在他们看来只是可耻的奴役。他们保持着游牧民族的大部分思维特征，包括对未来和过去完全不感兴趣。因此就有了这么一件怪事：虽然他们直到十五世纪才在欧洲出现，但没有人知道他们从何而来。西方的吉卜赛人是最接近于"高贵的野蛮人"的，这么说或许并不是空想。考虑到他们让人羡慕的体格、严肃的道德——以他们独特的道德规范来说，确实如此——和他们对自由的热爱，你不得不承认他们确实有着高贵的气质。

他们似乎活得很好。布洛克先生对世界上吉卜赛人的数目作了估计。如果你算上印度的吉卜赛部落的话，数字大约是五百万人，而光是欧洲，只计算"真正的"吉卜赛人，即那些有着纯正或半纯正吉卜赛血统的人，数字大概是一百万到一百五十万；英国估计有 18 000 人，而美国有 100 000 人。考虑到任何游牧民族的人口都很少，这两个数字都很可观。

他们能存活下去吗？布洛克先生的书似乎是在 1937 年初次出版，但不幸的是，它没有提到欧洲最近的政治变化对吉卜赛人产生了什么影响。在德国，真正的吉卜赛人似乎非常少了，但奥地利和俄国的吉卜赛人仍有很多。希特勒正怎么对付吉卜赛人呢？斯大林呢？这两个极权体制国家以开化的名义消灭这些人是几乎不可能失败的事情。在过去他们成功逃过了无数将他们彻底消灭的尝试。布洛克先生写道："西欧或中欧没有哪个国家没有尝试过以残酷的迫害手段消灭吉卜赛人。但是，没有哪个国家获得过成功。"但现代迫害手段的可怕之处在于我们无法肯定它们不会取得成功。宗教法庭失败了，但不能肯定对犹太人和托派分子的"清算"就会失败。有可能这些可怜的吉卜赛人和犹太人一样，已经成为牺牲品，只是因为他们没有办报的朋友，所以我们对此一无所知。或许集中营里面已经关满了他们。如果是这样的话，让我们希望他们能活下来。没有哪个文明人会想要去效仿吉卜赛人的习惯，哪怕只是一小会儿，但这并不是说你愿意看到他们消失。他们在抛弃了他们的文明中挣扎求存，让我们因为大地的辽阔和人性坚韧的力量而感动。

评伯特兰·罗素的《力量：一则新社会的 分析》①

　　如果伯特兰·罗素先生的这本书《力量》里有某些部分看上去很空洞，这只是表明现在我们已经沉沦到重申明显的事情成了有识之士的第一要务的地步。情况不仅仅是目前以赤裸裸的武力进行统治几乎遍及每一个国家，或许情况一直都是这样。这个时代与之前的时代的不同之处在于，这个时代缺少自由的知识分子。披上各种伪装的暴力崇拜已经成为了一种普世宗教，而"机关枪就是机关枪，即使它的扳机被一个'好人'扣住也一样"这样的自明之理——而这正是罗素先生所说的话——已经变成了说出来会有危险的异端思想。

　　罗素先生的书最有趣的地方是在前面几章，他对各种力量进行了分析——宗教的力量、寡头统治的力量、独裁的力量等等。在分析当前的局势时，他的话不是很让人满意，因为和所有的自由派一样，他更擅长于指出什么是好事，而不擅长于解释如何去实现它。他清楚地看到今天的根本问题是"驯服权力"，除了民主体制之外我们不能信赖任何体制不会让我们陷于无以言状的恐怖。而没有经济上的平等和倡导宽容与坚强意志的教育，民主体制毫无意义。但不幸的是，他没有告诉我们该怎么做去实现这些

---

① 刊于 1939 年 1 月《艾德菲报》。

事情。他只是表达出一个虔诚的期盼，认为当前的状况不会一直持续下去。他指出历史上所有的暴政最终都土崩瓦解，"没有理由相信（希特勒）会比在他之前的暴君统治得更加长久。"

这番话下面隐含着"真理终将获胜"的理念。但是，当下的恐怖特别之处在于，我们不能肯定情况会是这样。我们有可能落入一个领导一发话，二加二就等于五的时代。罗素先生指出，独裁者所依赖的那个有组织地撒谎的庞大体系使得他们的追随者无法了解事实，因此与那些知道事实的人相比处于不利的地位。情况的确如此，但这并不能证明独裁者所希望实现的奴隶社会将不会稳固。很容易想象这么一个社会，它的统治阶级欺骗了其追随者，但自己并未遭受蒙骗。有谁敢肯定这种事情没有成为现实吗？你只需要想想教育被电台和国家控制这些可怕的事情的可能性，就会意识到"真理必胜"只是一个祈祷，而不是一个公理。

罗素先生是当代最富可读性的作家之一，知道有这么一个人让人觉得很心安。只要他和像他这样的人还活着，没有被关进监狱，我们就知道世界仍然没有完全陷入癫狂。他奉行中庸思想，在句子的交替之间，他能写出忽而肤浅忽而深刻而有趣的内容。在这本书中，有时候他并没有像其主题那么严肃。但他的思想正派而得体，像一位精神上的骑士，这要比只是聪明更为难得。过去三十年来，没有几个人能像他那样一直不受时下流行的消极言论的影响。在一个恐慌和谎言变得十分普遍的时代，他是一个很好相与的人。正因为如此，这本书虽然没有《自由与组织》那么好，但非常值得一读。

评弗朗西斯·弗兰克·席德的《共产主义与人类》^①

这本书——从天主教的角度对马克思社会主义的反驳——文笔出奇地平和。它没有运用如今在大的争议话题上常用的谩骂式歪曲，而是比大部分马克思主义者在评论天主教时更中立地对马克思主义和共产主义进行阐述。如果它失败了，或结尾写得没有开篇那么有趣，这或许是因为比起他的反对者，作者还没有准备好将自己的思想观点坚持到底。

正如他清楚地看到的，社会主义和天主教的激进分子区别在于个体不朽这个问题。今生是来生的准备，在这种情况下灵魂是最为重要的；又或者，死后再无生命，在这种情况下个体只是整体一个可以替换的细胞。这两种理论是不可调和的，以此为基础所建构的政治和经济体系必定会互相对立。

但是，席德先生拒绝承认的是，接受天主教的立场意味着愿意看到当前社会的不公继续下去。他似乎在说一个真正的天主教社会将包含大部分社会主义者所希望的事情——这就有点希望"左右逢源"的味道了。

个体的救赎意味着自由，天主教作家总是将其延伸到私有财

---

① 刊于 1939 年 1 月 27 日《和平新闻报》。弗朗西斯·约瑟夫·席德（Francis Joseph Sheed, 1897—1981），美国律师、天主教作家，代表作有《神学入门》、《如何了解耶稣基督》等。

产权上。但在我们已经达到的工业发展的阶段，私有财产权意味着剥削和虐待数百万同胞的权利。因此，社会主义者会争辩说，只有漠视经济平等的人才会去捍卫私有产权。

天主教徒对这一问题的回答并不是很让人满意。并不是教会宽恕资本主义的不公——情况恰好相反。席德先生指出有几任教皇对资本主义体制提出了非常尖锐的抨击，而社会主义者总是忽视这一点，他说的确实没错。但与此同时教会拒绝唯一可能的真正解决之道。私有财产将继续存在，雇主—雇员的关系将继续存在，甚至"富人"与"穷人"的差别也将继续存在——但公义和公平分配将会出现。换句话说，富人将不会被没收财产，他们只会被规劝要做好自己的本分。

> （教会）不把人看成为剥削者和被剥削者，并认为推翻剥削者是她的责任……在她的眼中，富人是罪人，需要得到她的爱与关怀。在别人眼中，他们是骄傲、成功的强者，但在她看来，他们是徘徊于地狱旁边的可怜的灵魂……基督已经告诉了她，富人的灵魂特别危险，而照顾灵魂是她主要的任务。

对这一观点的反对意见是，它根本没有任何实质成效。富人被要求忏悔，但他们从不忏悔。在这件事情上，信奉天主教的资本家似乎和其他资本家没有什么明显的区别。

显然，如果人类能被信任做好自己的本分，任何经济体制都能实现平等，但长期的经验已经表明，事关财产的时候只有极少数人能做到比被要求的更好。这并不意味着天主教对财产的态度是站不住脚的，但它意味着这一态度很难实现经济上的公平。在现实中，接受天主教的立场意味着接受剥削、贫穷、饥荒、战争和疾病，并认为这些是天经地义的事情。

由此可见，如果天主教会要重新获得精神上的影响力，它必须更大胆地界定自身的位置。它要么必须修正自己对私有财产的态度，要么必须明确地说明它的天国不在这个世界，比起拯救灵魂，养育肉身是无足轻重的事情。

它实际上说的就是这么一回事，但说得很别扭，因为这不是现代人想要听到的话。结果就是，过去一段时间以来，教会的立场很诡异，而一件有代表性的事情就是，教皇一边在谴责资本主义体制，一边又向佛朗哥将军授勋。

此外，这是一本有趣的书，风格简洁，没有歹毒和低俗的卖弄机灵。如果所有为天主教辩护的作家都能像席德先生一样，教会就不会树敌众多了。

评约翰·麦克穆雷的《历史的线索》 [①]

麦克穆雷教授这本书的主要论点可以用这番话加以表述:

"人类社会不可避免地必定会迈进大同共产主义。最主要的障碍是二元论的纠缠,只有犹太教的思想能摆脱它的束缚。因此,犹太人的思想一直是人类进步的推动力,而这主要是通过它的产物基督教进行的。法西斯主义,尤其是希特勒式的法西斯主义,是西方世界摆脱其宿命的最后努力。它不可避免会遭受失败,希特勒的特殊作用是摧毁西方生活的根基,并以开辟自由和平等的人类社会的形式实现犹太人的天国。"

我个人同意麦克穆雷教授认为人类社会必将要么向共产主义的方向前进,要么步入灭亡,而在实践中,它不会步入灭亡这一看法。但很难不注意到他赋予犹太人的特殊角色。这是该书的中心主题,在目前格外重要。而值得指出的是,它建立在一个非常不稳固的前提之上。

麦克穆雷教授一开始时指出,希伯莱文化是迄今世界所见的

① 刊于 1939 年 2 月《艾德菲月刊》。约翰·麦克穆雷(John Macmurray, 1891—1976),苏格兰哲学家,代表作有《当代世界的自由》、《解读宇宙》等。

宗教文化的唯一范例。他没有提到印度教文化，虽然你只有在补充说明"宗教"指的就是"希伯莱教"的前提下才能说希伯莱文化是宗教文化，而印度教文化不是宗教文化。事实上，像这样的论证对于麦克穆雷教授来说是很有必要的，因为他还宣传"宗教意识"是与接受阶级分化不相容的。显然，这将把印度教文化排除在外，虽然种姓制度不应该和阶级同日而语。但这里你会遇到一个严肃的难题。有什么证据表明"犹太人的意识"比其它民族更加自由地摆脱了"二元论"呢？巴勒斯坦的犹太人或许已经摆脱了"今生—来世"这一熟悉的二元论。确实，在《圣经·旧约》中没有明确地提到来世，但从他们对待今生的态度看，他们似乎已经成为最无可救药的二元论的奴隶，因为他们以"犹太人—非犹太人"看待一切。大部分民族都或多或少有着四海之内皆兄弟的情感，而他们似乎全无这一概念。《圣经·旧约》在很大程度上是一本讲述仇恨和自命正义的文学作品。他们不承认任何对异邦人的义务，消灭敌人是一种宗教上的责任和命令。耶和华可谓是最为糟糕的部落神明。最初，耶稣出现了，他是犹太人中的异数，麦克穆雷教授将其描述为"犹太人意识"的顶峰。但是，犹太人比任何异教徒国家更加决绝地拒绝耶稣。

当谈到犹太人在当代的角色时，麦克穆雷教授似乎有好几次险些屈服于某种人种神秘论。首先，他一直在大谈"犹太人的意识"、"希腊人的意识"等等，似乎这些是和硬币或棋子一样的实体。而且，他似乎在暗示"犹太人的意识"从圣经时代一直延续到当代——当然在不断地发展，但可以被辨识为同一个事物。如果这是事实的话，那马克思主义就是一派胡言，而麦克穆雷教授似乎接受这一看法。说到底，一个典型的现代犹太人，比方说一个纽约律师，与青铜时代的某个嗜血的游牧民有多少相似之处呢？真有"犹太人的意识"这么一回事吗？根据麦克穆雷教授的说法，希特勒所发现的伟大真理是"迈向进步、平等、自由和普遍人性的动力之源就是——犹太人"。但在后面他似乎推翻了这一说法，指责犹太人的"排他的种族主义"，他们"自我封闭于人类共同体之外"。但不管怎样，有什么证据表明犹太人比其他民族在人类进步上作出的贡献是多是少呢？你或许可以争辩说每一次进步运动背后的原动力都来自耶稣的教会，而耶稣就是一个犹太人。但第一个意见非常值得怀疑，而第二个意见需要进行许多检验。社会主义运动总是有犹太人的参与，马克思就是一个犹太人，但你不能说社会主义就是一场犹太人的运动。俄国共产主义很难称得上是一场犹太人运动，这一点已经清楚地表明了。在一场可怕的迫害中，犹太难民根本没有到俄国去的想法。事实上，他们宁愿去别的任何地方。当然，在这一点上，他们并不是基于身为犹太人作出反应，而是基于身为西欧人而作出反应。事实上，关于犹太人的真相或许可以这么看：因为以前他们遭受了迫害，而且他们遵循了东方文化的做法，不与异邦人通婚，所以他们与身边的人有着很大的差异，成为了方便的替罪羊。

谈到麦克穆雷教授对基督教教义的诠释，它能够自圆其说，但似乎没办法被犹太人的教义所证实。简单地说，他把基督教描述成完全是此生的宗教，似乎在主张犹太人并不相信个体的不朽。这不仅被耶稣的言语所否决，而且他没有说出口的内容更具有决定性。我不知道这是不是很重要，因为事实上对福音书的每一番解读都是在断章取义，但将人类的进步归功于犹太人，知道这将会造成什么样的结果，则是另外一回事了。

我们看得出麦克穆雷教授在说希特勒是正确的。这一点他坦然地承认了。"犹太人的意识"对于雅利安人来说是"毒药"，而希特勒对这一点的察觉"证明了他是一个天才"。唯一的区别是，希特勒不赞成正在发生的事情，而麦克穆雷教授则表示赞成。我不知道他有没有想过如果这个问题真的存在，或相信它存在，几乎每个人都会站在希特勒那边。麦克穆雷教授说道："想到'犹太人的意识'所取得的胜利，我便满心喜悦。"别人可不会有这种反应。如果你能使得西方文明正被一个外来民族的影响渐渐侵蚀这一看法普及开去，结果会是整个世界都会跪在希特勒的脚下。颠覆一则理论并不能对它造成损害。指出希特勒发现了真理，却扮演着路西法的角色只会对反犹主义起到推波助澜的作用。现在是传播这些理论的最糟糕的时机。在西方人的眼中，犹太人是神秘而阴险的民族。告诉人们犹太人除了是犹太人之外，他们也是人，这在当下要比任何时候都更加重要。

当然，这并不能否定麦克穆雷教授的理论。或许他是对的，但考虑到说出这番话的邪恶后果，我怀疑一个人应不应该提出这么一个理论，如果他得将其理论建立在如此虚无缥缈的诸如"犹太人的意识"、"希腊人的意识"和"罗马人的意识"上——这些都是不可能加以定义，而且可能根本是子虚乌有的事情。

评温德汉姆·刘易斯的《神秘的布尔先生》、伊格纳齐奥·席隆的《独裁者学院》[①]

我并不认为说温德汉姆·刘易斯先生已经"左倾了"是不公允的说法。他在《神秘的布尔先生》里说过，他是一个"革命者"，而且"支持穷人和反抗富人"，这些在他早期的作品里根本不可想象。他甚至说他在不久前已经"修正"了自己的某些想法，如今这是非常勇敢的坦承，而几乎每一本关于政治话题的书的副标题都是"我告诉过你的"。

当然，像刘易斯先生这样的人不可避免地迟早会"修正"他的想法——一个人在希特勒获得胜利后怎么会继续支持他呢？只有法西斯主义处于守势，或只是在进行权斗，它才可能被视为开明专制或富有活力的保守主义，将把我们从刘易斯先生义正词严地谴责的"左翼正统思想"中解救出来。但问题是，一旦独裁者真的开始实施独裁，人们一下子就看出他并不是一个开明的君主，而最重要的是，他并不是一个保守党人，他只是民主体制的产物，类似于用单车气泵吹大的斯特鲁布的"小男人"[②]。像刘易

---

① 刊于 1939 年 6 月 8 日《新英语周刊》。温德汉姆·刘易斯（Wyndham Lewis，1882—1957），英国作家、画家，漩涡主义画派的创始人之一，代表作有《人类的时代》、《爱的复仇》等。伊格纳齐奥·席隆（Ignazio Silone，1900—1978），意大利作家，代表作有《雪下的种子》、《一个谦卑的基督徒的故事》等。

② 英国漫画家西德尼·斯特鲁布（Sydney Strube）创作的政治讽刺漫画系列。

斯先生这样的男人生活在现代独裁体制下会有怎样的命运呢？作为一个画家，他将成为犹太马克思主义者或资产阶级形式主义者，作为一个作家，或许他在第一波大清洗中就被除掉了。当下我们只能在当一个民主主义者和一个受虐狂之间作出选择。不管怎样，无论他的动机是什么，一个曾经反对左派的骂骂咧咧的人正坐在忏悔席上，甚至接受了洗礼，虽然并没有完全皈依。

　　和绝大多数忏悔者一样，他有矫枉过正的倾向。当然，他没有被《新闻纪实报》的鼓吹战争的作家所吸引，他预见到了，也不喜欢我们正被逼进行的"维持现状的战争"，而且他觉得所谓的右翼和左翼的政策其实并没有什么区别。奇怪的是，他轻易地相信左翼领袖比他们的政敌更加诚实，并全盘地接受了他们的"反法西斯"热情。我本应想到自1935年以来所发生的事件已经清楚表明大部分（并非全部）以"反法西斯"的名义正在进行的事情只是沙文帝国主义的伪装，而无所事事的有产阶层知识分子把事情变得更加复杂。我觉得刘易斯先生对英国人的性格过分的宽容很关键。他对英国人的评价是老生常谈——他们热爱和平，友善，没有偏见等等等等。这本书的最后一段完全可以被刊登为《每日电讯报》的社论。但是，事实上，过去一百年来，这些好心肠的英国人一直在以历史罕见的程度冷酷自私地剥削自己的同胞。确实，正如刘易斯先生所指出的，帝国的每一次扩张版图都引起了民众的抗议，但是，重要的是，这些抗议从来就没有真切到采取实际行动的程度。当大英帝国受到威胁时，昨天还在反对帝国的人总是会为了直布罗陀海峡的安危而变得歇斯底里。事实上，在一个繁荣发达的国家，特别是一个奉行帝国主义的国家，左翼政治大部分是一厢情愿。潜规则总是："怎么闹都行，不出格就可以了。"个别像克里普斯①这样坦诚的人并不能改变大局。

刘易斯先生在书中的前半部分吃力不讨好地尝试追溯英国人的血统。谁是英国人？只有苏格兰低地人才是真正的英国人，而英国的南方人只是撒克逊人吗？诺曼人征服英国之前的英国历史就像万花筒那样扑朔迷离，甚至到现在也不可能获得金发碧眼人种特征的广泛性的可靠数据。在政治意义上，英国人杂乱的血统其实是一个优势，因为它使得他们能和其他民族一样推行"种族主义"，同时又能将他们的种族主义引向任何想要引导的方向，就像一根灵活的消防软管一样。于是，从 1870 年到 1914 年，我们是"条顿人"，在 1914 年 8 月 4 日，我们不再是"条顿人"，到了 1920 年前后我们变成了"诺曼人"，或者说直到希特勒崛起之前一直都是"诺曼人"。但说到底，这样有意义吗？

或许这么说很无礼，但我很希望刘易斯先生能够读一读席隆的《独裁者的学院》。它探讨了政治圈子内部的钩心斗角，而刘易斯先生则心虚地站在外围起哄。席隆是一个诚实的革命者。（这引起了那个古老的问题："这两个八竿子打不着的人是怎么扯在一起的？"）因此，无消说，他被驱逐了。他的书以想独裁美国的威尔逊先生、一位名叫皮卡普教授的亲切的傻老头和一个用了太多化名而忘了本名的玩世不恭的政治难民托马斯之间的对话为体裁。皮卡普教授是典型的学院派，满脑子都是无用的学识，真诚地相信专制政府是好事，但另外两个人并没有这样的幻想。他们知道

---

① 理查德·斯塔福德·克里普斯(Richard Stafford Cripps，1889—1952)，英国政治家，工党成员，曾于 1947 年至 1950 年担任英国财政大臣。1942 年，克里普斯受丘吉尔委任，赴印度进行谈判，希望获得印度为英国提供全面的战争支持，但谈判因为英国政府与印度国大党的互不信任而失败。

独裁者的目的就是推行独裁，他们讨论了很多例子，从阿加托克勒斯①到佛朗哥将军。威尔逊先生唯一感兴趣的就是获得和保住权力。这本书的魅力在于它的作者亲身参与了左翼运动，但他的思想从未沾染上左翼思想的标志性的弊病：阴谋、站队、背叛、暴动、内战、大清洗、谋杀、诽谤，这些内容充斥着自从这场战争有文字记载以来的欧洲的政治史，但不像有的政治作家那样干喊口号，也不像那些自以为无事不知的百事通那样啰嗦。席隆是过去五年来出现的最有趣的作家之一。他的《苦泉》是企鹅丛书最抢眼的作品之一。他被法西斯分子斥为共产党人，又被共产党人斥为法西斯分子，这种人的数目仍不是很多，但正在逐渐增加。不难想象刘易斯先生本人或许将会属于这个群体。与此同时，我真的相信他能从阅读这本书中获益，因为目前他能够独立地去思考政治问题，而且不无敏锐的闪光点，但大体上很天真幼稚。

---

① 阿加托克勒斯（Agathocles，前361—前289），古希腊叙拉古城邦的暴君。

评克拉伦斯·科斯曼·斯特雷的《团结起来，就是现在》①

　　十几年前如果有人预言今天的政治版图划分的话，他一定会被视为疯子。但是，事实上，当前的形势——当然不是指细节，而是指大体情形——应该在希特勒上台前的黄金时代就可以预料到的。一旦英国的安全受到严重威胁，像这样的事情就必然会发生。

　　在一个繁荣昌盛的国家，尤其是在一个帝国主义国家，左翼政党所说的话总有一部分是虚伪的。改造社会一定会导致英国生活水平的下降，至少暂时会是这样。换句话说，大部分左翼政治家和宣传工作者毕生都在争取他们并不真心想要的事情。如果一切进展顺利，他们都是热血的革命志士，但一到真正的危机出现，他们便立刻撕破了伪装。苏伊士运河一有威胁，"反法西斯"和"保卫英国的利益"就被发现是同一回事情。

　　要说现在所谓的"反法西斯"只是对英国利益的关心，除此无它，这是非常肤浅而且不公平的。但确实，过去两年来那种猥琐的政治气息和糟糕的滑稽表演，每个人贴着假鼻子在舞台上穿梭奔走——贵格党人大声呼吁要扩军，共产党人挥舞着英国米字

　　① 刊于 1939 年 7 月《艾德菲月刊》。克拉伦斯·科斯曼·斯特雷（Clarence Kirschmann Streit, 1896—1986），美国记者，大西洋运动的中心人物，他所发起的大西洋联合委员会是"北大西洋公约组织"的前身。

旗，温斯顿·丘吉尔伪装成民主人士——没有"我们都在同一条贼船上"这种罪恶感的话，是不可能发生的。在很不情愿的情况下，英国政府被迫站在反对希特勒的立场上。他们仍有可能会改变这一立场，但他们正在备战，因为战争很有可能爆发。当他们自己的利益受到侵犯时，几乎可以肯定的是，他们一定会力主战争，虽然到目前为止他们一直在牺牲别人的利益。与此同时，所谓的反对力量不是尝试阻止战争的到来，而是踊跃向前，为战争铺平道路并提前封堵任何可能出现的批评。到目前为止，你会发现英国人仍然非常反对战争，但他们开始向战争妥协，要负起责任的不是那些军国主义者，而是五年前那些"反军国主义者"。工党一边胡搅蛮缠地反对征兵制，一边又进行使得真正反对征兵制的斗争无法实现的政治宣传。布朗式机关枪从工厂里被鱼贯制造出来，像《下一场战争中的坦克战》、《下一场战争中的毒气战》这种标题的书籍层出不穷，而《新政治家报》的斗士们以"和平阵营"、"和平阵线"、"民主阵线"这些字眼掩盖这一过程的真相，伪称这个世界是正邪不两立的两个壁垒分明的阵营，可以根据国界线进行清晰的划分。

在这个意义上，有必要了解一下斯特雷先生那本引发了许多探讨的作品《团结起来，就是现在》。与"和平阵营"的参与者一样，斯特雷先生希望民主国家团结起来对抗独裁国家，但他的书有两大突出的地方。首先，他比大多数人走得更远，提出了一个虽然令人震惊却很有建设性的计划。其次，虽然带有十九世纪末和二十世纪初美国式的天真，他不失为一个堂堂正正的君子。他真心厌恶战争这个念头，而且没有沦落到愤世嫉俗地认为任何国家都能被收买或欺压，将它们纳入大英帝国的版图后就会立刻成为民主国家。因此，他的作品成为了一个试金石。在这本书里你看到"正邪不两立"这个理论最淋漓尽致的阐述。如果你无法接受这种形式，左翼书社派发的那种小册子所阐述的形式你也肯定无法接受。

简而言之，斯特雷先生想要说的是，他所列出的十五个民主国家应该自发组成共同体——不是结盟或同盟，而是类似于美利坚合众国那样的共同体，有共同的政府、共同的货币和完全自由的内部贸易。这十五个国际当然就是美国、法国、英国、大英帝国的自治领和不包括捷克斯洛伐克的其它欧洲民主小国，在这本书完书时捷克斯洛伐克依然存在。之后，其它国家如果"证明其自身价值"，则可以被吸纳进入该共同体。书里暗示说，该共同体里所有的国家都享受着和平和繁荣，让其它每一个国家都艳羡不已，渴望成为其中的一员。

值得注意的是，这个计划听起来很美妙，却很虚无缥缈。当然，这个计划是不可能实现的，任何由空有美好愿望的文人所提出的计划都是不可能实现的。而且有一些难题斯特雷先生没有提及，但按照事情的内在逻辑却是有可能发生的。从地理位置上说，比起和大英帝国联合，美国和西欧民主国家更有可能成为一个整体。他们能进行贸易，在其疆域之内，他们能实现自给自足。而且斯特雷先生说的或许有道理：它们联合起来将会如此强大，足以抗击任何国家的进攻，即使苏联和德国联手也不足为惧。那为什么这个计划只要看上一眼就知道有问题呢？它有着一股什么样的味道呢？当然，它的确有一股味道。

它所散发出的味道就是伪善和自负正义。斯特雷先生本人并非一个伪善者，但他的视野有局限性。再看一看他所列出的正与邪的名单。你无须对邪恶势力的名单（德国、意大利和日本）感到惊讶，它们的的确确就是，就该狠狠地教训他们一顿。但看看正义之师！如果你不去深究的话，美国或许还能蒙混过关。但是法国呢？英国呢？比利时和荷兰呢？就像他所属的学派的每一个人那样，斯特雷先生平静地将大英帝国和法兰西帝国一同归入了民主国家的行列！——究其本质它们就是剥削压榨有色人种廉价劳动力的机制。

这本书中到处都可以看到民主国家的"附庸"这个词语，虽然不是很频繁。"附庸"的意思就是被统治的民族。书里解释道，它们将继续充当附庸，它们的资源将由共同体统一分配，那些有色人种民族将不会有在共同体里投票的权利。除非以数据表格的形式进行罗列，否则你猜不到究竟有多少人口牵涉在内。比方说印度，它的人口比那十五个民主国家的人口总和还要多，但它在斯特雷先生的书里只有区区一页半的篇幅，解释说印度仍不实施自治，因此其现状必须继续维持下去。到了这里，你开始意识到，如果斯特雷先生的计划得以实施，那将意味着什么。大英帝国和法兰西帝国统治着六亿被剥夺了公民权的国民，将只会接纳新的警察部队；美国的强大力量将会用于对非洲和印度进行大肆劫掠。斯特雷先生放出了口袋里的魔鬼。但所有像"和平阵线"、"和平阵营"等等的说辞都意味着进一步紧紧控制现有的体制。那句没有说出来的话总是"不用把黑人算在内"。因为，如果我们一边削弱自家的实力，我们怎么能"坚定地抗击"希特勒呢？换句话说，除非我们推行更大的不公，否则我们怎么能"抗击法西斯主义"呢？

这当然是更大的不公。我们总是忘记一件事，那就是，英国的绝大多数无产者并不是生活在不列颠岛，而是生活在亚洲和非洲。比方说，并不是希特勒让一小时一便士成为司空见惯的工资报酬，这种情况在印度是非常正常的，而且我们正努力让工资保持在这一水平。当你想到英国的人均年收入是 80 英镑，而印度只有 7 英镑时，你就会对英国和印度真正的关系有所了解。一个印度苦力的腿比英国人的胳膊细是很普遍的情况。这不是人种的问题，因为吃得上饱饭的人民体格总是正常的。这只是饥饿的问题。这就是我们全部人所赖以生存的体制。当它没有被改变的危险时，我们会对它进行谴责。然而，到了近来，一个"优秀的反法西斯者"的首要任务就是编织关于它的谎言，帮助它继续存在下去。

这些纲领有多少真正的价值可言呢？即使成功地打倒了希特勒的纳粹体制，以维护某个更加庞大而且究其本质同样卑劣的事物，又有什么意义呢？

但明显的是，因为缺乏真正的反对意见，这将是我们的目标。斯特雷先生的独创性理念将不会付诸实施，但某个倡导成立"和平阵营"的提议或许会实现。英国政府和俄国政府仍然在角力、僵持和含糊其辞地威胁说要改弦更张。但迫于形势，它们或许仍会并肩作战。然后呢？无疑，这个联盟将使战争延缓一到两年。然后希特勒的行动将会是寻找一处软肋或在某个没有防备的时刻发起进攻，然后我们的行动将会是进一步的武装，进一步的军事化，进行更多的宣传和战争洗脑——诸如此类，速度进一步加快。漫长的备战是否比战争本身要道德一些实在是值得怀疑。甚至有理由认为或许它是更糟糕的事情。只需要过三两年，我们或许就会无可阻挡地堕落成为某个本土化的极权法西斯国家。

或许再过一两年，作为对这种情况的反应，英国将出现前所未有的事物——一场真正的法西斯运动，因为它将有勇气坦白地说它将囊括那些原本应该反对它的人。

　　比这更长远的事情就难以预料了。我们正在堕落，因为几乎所有的社会主义领袖，在紧要关头时都只会反对王室，没有人知道如何利用英国人的道义——当你与人交谈而不是阅读报纸的时候到处都会接触英国人的这股道义。接下来的两年，除非出现一个真正代表群众的政党，它的第一承诺就是拒绝战争和纠正帝国主义的不公，否则将没有什么能够拯救我们。但如果当前真有这么一个政党存在的话，它只是一个可能性，就像干涸的土壤里零星分布的几个微小的嫩芽。

评格林的《司汤达》[①]

　　格林先生的《司汤达》据说是六十年来第一部关于司汤达的英文作品。这或许表明传记作家和小说家创作时需要有不同的材料。司汤达的生平在局内人的眼中非常有意思，就像他的小说中的部分章节一样，但并不特别适合写成传记，因为他一直默默无闻，而且有好几年根本没有特别的事情发生。他从来不是一个受欢迎的偶像，也没有骇人听闻的丑闻，从未在阁楼里挨饿或在债务人的监狱里进行创作。在长达 59 年的活跃生涯里（1783 年至1842 年），他的经历似乎和不成功的普通人没什么两样。

　　但有一点不同，那就是他曾近距离地观察战争。司汤达曾经在拿破仑的部队中担任后勤，而且经历了莫斯科撤退，这次经历对于普通人来说一辈子都足够了。这种事情似乎从来不会发生在一个有成功潜质的作家身上，但对于我们来说它发生在司汤达身上无疑是一种幸运。他似乎从来没有描写过莫斯科战役，但他并不觉得战争是一件无聊的事情，否则他就不会创作出描写滑铁卢战役的名篇，那应该是他最早期的写实战争文学作品。司汤达先是一名士兵，后来在领事馆服务，他似乎很勇敢能干，但和大部分思维敏锐的人一样，他觉得军事行动很乏味。在莫斯科的战火中他阅读了《保罗与维珍尼》的英文译本，在 1830 年的革命中他

<hr />

　　① 刊于 1939 年 7 月 27 日《艾德菲报》。格林（F C Green），情况不详。

在街上听到隆隆的炮声，但没有想要加入的冲动。让他最受感动的事物似乎是风景和不断地谈恋爱，而他是一个很成功的情场高手。他还得了梅毒，这件事一定在某种程度上影响了他的思想，但正如格林教授所指出的，在易卜生①和布里厄大肆对其抨击之前，梅毒只是被视为一种普通的疾病。

作为一个作家，司汤达的地位很尴尬，因为每个人都读过他的两本书，而除了少数崇拜者之外，没有人会去读其它作品。格林教授对他的四本最重要的小说进行了有趣的长篇探讨，但发现很难去解释司汤达的魅力是什么。毋庸置疑，司汤达的作品很有魅力。他能营造一种精神氛围，使得他能够避免一般的感官小说的缺点。至于小说家惯犯的自我陶醉这个毛病，他能够沉溺其中而不会令人感到不快。在那两本众所周知的名著里，为什么《红与黑》能够感人至深，是因为它拥有其它小说似乎缺乏的中心主题。格林教授指出它的主题是阶级仇恨，这是正确的。于连·索雷尔是一个聪明而野心勃勃的农家孩子，在反动获得胜利而正直是愚蠢的同义词的那个时代，他以伪善的姿态进入教会，因为教会是唯一能够往上爬的职业。作为一个贵族家庭的穷巴巴的食客，他打心眼里讨厌身边那些势利而傻帽的贵族。但这本书的基调是他的仇恨与艳羡交织在一起，而现实生活正是如此。于连是典型的革命者，他们当中十有八九是口袋里揣着炸弹的羡缘者。说到底，那些被仇恨的贵族深深地吸引着他们。玛蒂尔德·德拉莫尔是最迷人的，因为她骄纵任性，"多么可怕的女人！"于连在

_____

① 亨利克·易卜生(Henrik Ibsen, 1828—1906)，挪威剧作家、诗人，现实主义戏剧的先驱，代表作有《玩偶之家》、《群魔》等。

心里说道，而她的可怕立刻使她变得更加迷人。拿《红与黑》和另一本描写势利的杰作《远大前程》进行对比是一件有趣的事情。后者的故事背景设置在一个较低的社会阶层，但主题有着相似之处。它的魅力还在于对糜烂堕落的事情的描写。《红与黑》的一个缺点是枪杀勒纳尔夫人，这使得于连被送上了断头台。格林教授认为这可以通过阶级仇恨进行解释。或许是这样，但读过这本书的人都会认为这是一桩毫无意义的暴行，之所以会发生是因为于连必须死在聚光灯下。一个更符合情理的结局会让他在决斗中被玛蒂尔德的某个心怀嫉妒的亲人杀死。或许司汤达觉得这么写太流俗了。

《帕尔玛修道院》似乎并没有同样明确的主题，但是你在阅读它的时候会觉得它拥有一个主题，因为就像格林教授所说的，司汤达特别擅长于营造"基调的统一"。如果他不是拥有非常精妙的平衡感，或许他无法如此到位地描写不合情理的事情。事实上，《帕尔玛修道院》的主题是"宽容"。与现实中的人不同，里面的主要角色都有体面的思想。除了滑铁卢战役之外，整本书是一个架空的时代，让人进入了莎士比亚式的幻想世界里。必须承认，里面的角色展现的是一种奇怪的"宽容"，但这正是司汤达的才华的体现：你会觉得桑瑟维利纳公爵夫人是一个比寻常的"良家妇女"更贤良淑德的好女人，虽然她参与了几宗诸如谋杀、乱伦的罪行。她与法布里斯甚至莫斯卡一样行事下流卑鄙，但这种事情在犹太—基督教的道德体系里算不了什么。和其他一流的小说家一样，司汤达的感觉敏锐而深刻，而且非常成熟，或许正是这个不寻常的组合，构成了他的特殊风格的基础。

格林教授的书有几个部分，尤其是开头那几章不是很好读懂，但要写出这些内容一定很难。除了辛苦的研究之外，还需要将传记与批评结合在一起。我不知道还有没有什么作品能做到更富于技巧和对得起良心，特别值得称赞的是格林教授避免了马洛伊斯①的笔触，忽略了司汤达的背景中的风云历史——法国革命、拿破仑等等。他坚持题材，当他对事实有疑惑时，他会直白地说出来。这本书的出版很有必要，而且将会是司汤达的英文传记中的经典。

---

① 安德烈·马洛伊斯（André Maurois，1885—1967），原名埃米尔·所罗门·威廉·赫佐格（Émile Salomon Wilhelm Herzog），法国作家，一战时曾担任英法两军的翻译官，二战时流亡英国，并担任法国战场的观察员，积极参与"法国解放运动"。

评《外国通讯记者：十二位英国记者》、刘易斯·伯恩斯坦·纳米尔的《历史的边缘》、费迪南德·泽宁伯爵的《欧洲走啊，走啊，走了》[①]

这三本杂乱无章的书全部都围绕着同一个主题。如今希特勒将板球挤出头版头条，不知道什么是暴动和清洗的人们在写名为《风暴来袭》的书，我想没有必要说这本书的主题是什么。它就是卡斯勒罗斯勋爵[②]所说的"主题"。

《外国通讯记者》绝大部分内容是"目击材料"，因为它的内容来自十二位不同的记者，水平自然参差不齐。或许最活跃的撰稿人是亚瑟·科斯勒先生，他描写了巴勒斯坦之旅和非正式访问耶路撒冷的穆夫提。科斯勒先生并没有而且或许不会宣传他以完全没有偏见的眼光去看待巴勒斯坦问题（他支持犹太人，而且在某种程度上反对阿拉伯人），但他仍以和《西班牙的证言》一样友好敏锐的文风进行创作。亚历山大·亨德森[③]先生对九月危机时的

---

① 刊于 1939 年 8 月 12 日《时代与潮流》。刘易斯·伯恩斯坦·纳米尔（Lewis Bernstein Namier, 1888—1960），英国历史学家，代表作有《衰落的欧洲》、《纳粹时代》等。费迪南德·泽宁伯爵（Count Ferdinand Czernin），情况不详。

② 瓦伦丁·奥古斯都·勃朗宁（Valentine Augustus Browne, 1825—1905），封号为卡斯勒罗斯子爵（Viscount Castlerosse），英国自由党政治家。

③ 亚历山大·亨德森（Alexander Henderson, 1850—1934），英国金融家、自由党政治家。

布拉格的生活作了详实而悲哀的记述。卡尔·罗布森[1]先生平静地描写了 1938 年初佛朗哥统治下的西班牙。道格拉斯·里德[2]先生的文章很琐碎无聊，斯蒂尔先生在写阿比西尼亚的皇帝时老想插科打诨，把文章给写砸了。弗雷德里克·奥古斯都·沃伊特[3]先生描写了 1920 年卡普暴动时的经历，很值得一读。它让人了解到西班牙内战时的那种让人根本无从了解真相的噩梦一般的气氛。如果你置身于沃伊特先生所描写的事件当中（他在鲁尔区，那里被"赤匪"占领了几天），你什么都不知道，只知道炸弹在爆炸，而如果你置身事外就什么都知道，还知道一切都出错了。将这则描写与书里的其它描写进行比较（特别是开头那一章，加拉格尔[4]先生将中日战争描写成一场大笑话），你就会知道作为一个目击证人和一个自称是目击证人的人之间的区别。

纳米尔教授有时候会写一些离题的内容，他的书里有一系列并没有紧密关联的文章，有一半的内容描写的是拿破仑与十八世纪。其中有一部分内容只是书评，几乎不值得重印。或许这本书最有趣的部分是《犹太文物》，里面纳米尔教授探讨了欧洲犹太人的现状。他站在犹太人的立场进行表述，但似乎了解他的题材的方方面面，而且他很清楚地表明了犹太人的处境。作为一个特征鲜明的民族，他们的问题只有成立自己的国家才能够得以解决。

---

① 卡尔·罗布森(Karl Robson)，情况不详。
② 道格拉斯·里德(Douglas Reed，1895—1976)，英国作家，持反犹立场，代表作有《疯人院》、《以防我们遗憾》等。
③ 弗雷德里克·奥古斯都·沃伊特(Frederick Augustus Voigt，1892—1957)，德裔英国作家，反对独裁和集权主义，翻译了许多德文著作，代表作有《直到恺撒为止》、《不列颠治下的和平》等。
④ 加拉格尔(O D Gallagher)，情况不详。

但即使在他的表述中，这是否意味着不受限制地移民到巴勒斯坦是一件好事似乎也不是很明确。这本书的第一部分描写的是欧洲的现状，在结尾处有一系列关于冯·比洛①和世界大战爆发前几位奥地利政治领袖的文章。大部分文章是十或十五年前写的，但前面的文章是今年或去年才写的。纳米尔教授虽然学识渊博而且思想独立，但并未能摆脱我们都身陷其中的泥沼。这本书的结尾提到了托马斯·爱德华·劳伦斯，内容很有趣。

最后是泽宁伯爵，他在开头嘲笑欧洲的情况，最后发现这其实只是一个笑话。他是一个奥地利人，当然，是一个被放逐者。他是一个典型的正人君子，厌恶极权主义，但并不是左翼人士。他认为布尔什维克主义和法西斯主义最后将会同流合污，无论是其中一方被征服还是双方达成协议。

> 选择不是，而且永远不会是布尔什维克主义还是法西斯主义，但问题永远是极权主义与民主体制，奴役与自由之间的斗争……要获得胜利，民主必须奉行明确的纲领进行斗争。

如果问题真的这么简单就好了！这本书的前半部分大体上都是这些内容：

> 西班牙人很狂野，富有魅力，而且你不能把女孩子放心

---

① 伯纳德·海恩里希·卡尔·马丁·冯·比洛（Bernhard Heinrich Karl Martin von Bülow, 1849—1929），德国政治家，曾担任外交部长与总理等职务。

地交给他们，特别是金发的女孩子，这表明西班牙人都是翩翩君子。等等等等。

　　护封上称这本书有"无与伦比的智慧"。事实上，它并没有这么高明，《1066 年那些事儿》在很多年前就已经有人写了这些内容。但这仍然是一本很有水平的书。沃尔特·格茨①先生有许多幅插图画得很漂亮。

---

① 沃尔特·格茨(Walter Goetz，1911—1995)，德裔画家、漫画家。

评乔治·史蒂芬斯与斯坦利·昂温的《畅销书》[①]

这本书由两位与出版业有关的人共同写成（弗兰克·斯温纳顿[②]先生撰写了第三篇文章，但不知道为什么在封面上没有提及），旨在探究到底畅销书是本身的品质造就的还是炒作出来的。无消说，里面没有对被探讨的书籍的价值进行无谓的评判。问题很简单，尝试去探究为什么这本书或那本书能够"火起来"并不会得出什么正面的结论。这是理所当然的，而原因很简单：任何知道怎么写出畅销书的人自己会赶快去写，根本不会告诉别人。

而且，书里面没有探讨一个对大部分畅销书很关键的因素，那就是时机。譬如说，了解为什么《人猿泰山》和《如果冬天来临》这两本书能够在1920年前后风靡书市或许能够让你了解战争在精神上的后期效应。但是，我们这三位作者所做的主要工作是让人了解到广告对卖不动的书起不到帮助。这则信息针对的主要是小说家，他们似乎将所有的闲暇时间都用在写信给他们的出版商，鼓动他们更频繁地刊登更大篇幅的广告。另一方面，似乎通过拉关系和"前期运作"能够达成很多事情，下面是一个很典型

---

① 刊于1939年9月《艾德菲报》。乔治·史蒂芬斯（George Stevens），情况不详。斯坦利·昂温（Stanley Unwin, 1911—2002），英国喜剧演员、作家，曾为英国广播电台主持许多逗乐的节目。
② 弗兰克·亚瑟·斯温纳顿（Frank Arthur Swinnerton, 1884—1992），英国作家、评论家，代表作有《忠实的伴侣》、《来自西西里的女人》等。

的例子：

> 《伊丽莎白和埃塞克斯》老练地以 28 000 字的篇幅在
> 《女性之家》杂志里连载。出版商和编辑商谈时想出了这么
> 一句话作为卖点——"处子王后的爱情生活"，并以微妙的暗
> 示语句进行包装，成为这本书的"切入点"。

三位作者都坚持说广告无助于卖书。史蒂芬斯先生重复了好
几遍，还总是着重强调。那么，为什么出版商会继续打广告呢?
三位作者都没有提到真正的原因，但史蒂芬斯先生对此有所
暗示：

> 或许那些报纸将一部分篇幅用于刊登书评是因为他们需
> 要证明继续将这些篇幅用于刊登书评是值得的。

用简单的英语说，这意味着如果一个出版商不登广告的话，
他的书就得不到书评。他如此关心广告的每一英寸地方，但真正
的广告并不应该是书评。下面是一个我知道的例子。一个专注于
神学作品的小出版商突然间决定出版一本他觉得很有价值的小
说。（我知道它其实是一本平庸的小说，但不比已经出版的百分之
九十的作品差。）他花了很多钱在这本书上，准备了特别书展等活
动。一个月后，他沮丧地告诉我这本小说只收到了四篇书评，只
有一篇的篇幅多于几行文字，而这篇书评刊登于一本汽车杂志
上，想利用这个机会宣传这本小说里描写的一个地方是开车自驾
游的好去处。出版社碰巧不是他们自己人，不能为大报的书籍闹

剧带来利润，因此他们根本不去理会他。

　　当然，这种事情是双向的。如果一家出版商得不到好的书评，他就会停止刊登广告，正是这一事实主导着周日报纸专栏的那些乱七八糟的内容。如今文学刊物的编辑把待评的书送出去，并明确要求对方要么唱赞歌，要么就干脆把书送回来已是司空见惯的事情。对于大部分书评家来说，一基尼意味着一大笔钱。这种事情的影响几乎无须点明。

　　总有一天会有某人写文章揭穿书籍的闹剧，它将只能以手稿的形式流传。与此同时，事实上，有出版行业的三个人能够从商业角度写一本书，坦白地将书当作像肥皂和奶酪一样的商品，却几乎没有提及书评也是一门买卖，这从侧面表明英国人和美国人是多么虚伪。

评莫里斯·辛杜斯的《绿色的世界》、威廉·霍尔特的《行装未卸》^①

这两本书都算是自传，共同点只有一个——俄国。

辛杜斯先生是俄国西部一个富农的儿子，十四岁的时候和母亲移民到美国。他的书描写了两个村庄的故事——他童年时的中世纪式的村庄，有干不完的活儿，时时刻刻都在挨饿，有泥泞、苍蝇、饿狼、跳舞、唱歌、迷信和早夭，而那座繁荣整洁的战前年代的美国小镇则有高工资、先进的机器设备、荒野策马、长雪橇派对和浸礼会教堂的集会。几年后他回了两趟老家，那时候内战的创伤还没有平复，第二次正值第一个五年计划正在进行。第一次的时候情况没有什么改变，只是农民们已经瓜分了地主的土地，立刻摧毁了数英里宽的山毛榉林。第二次发生在七年后，泥泞还是那么厚，房子还是那么破，但是——

学校里的孩子们知道什么是牙刷，而且在托儿所里他们习惯了用自己的毛巾和脸盆，虽然自己的家里没有这些。一个分娩的女人不会再用自家厨房的刀子割脐带……在莫斯

---

① 刊于 1939 年 10 月 21 日《时代与潮流》。莫里斯·格尔斯孔·辛杜斯 (Maurice Gerschon Hindus, 1891—1969)，俄裔美国作家，代表作有《俄国农民与革命》、《被连根拔起的人性》等。威廉·霍尔特（William Holt，1897—1977），英国作家，代表作有《一潭死水》、《冒险的代价》等。

科，领袖们或许会在争权夺利的斗争中勾心斗角和自相残杀，但在旧时的乡村里，掌握新机器和新的生活方式的动力将不会停止。

他确信没有什么事件，无论是内部事件还是外部事件，能够阻止集体化的进程。而且，如果"革命"在美国发生，将不会有那种玷污斯大林政权的丑陋野蛮的行径发生。霍尔特先生的这本书有两点很有价值：回到俄国时他对那里的实际状况并没有抱着幻想，而且他对农业很有了解。正如他所说的，大部分对合作农场有着狂热幻想的"浪漫主义者"是那些看到红毛罗德鸡也不认识的人。但单纯作为一本自传，它讲述了一个来自中世纪的男孩惊奇地站在汽水售卖机和脱粒机前面，想要了解美国女孩的心思。它的内容很有趣，而且有几处地方感人至深。

霍尔特先生的自传现在读起来比较司空见惯了，但里面有更丰富和刺激的冒险故事。磨坊工人、世界大战的士兵、水手、西班牙和德国的英语教师、共产党人、小说家、政治犯、西班牙战争的通讯记者——这就是故事的部分内容。1930 年时他以工会代表的身份探访苏联，回来时充满了希望，而不是幻灭，但后来与共产党分道扬镳，原因很简单——他不愿意撒谎。他最了不起的一部作品是他的第一部历史小说《日本阳伞下》。他自费出版了这本书，挨家挨户地上门推销，并挣了一小笔钱。最后一章写到他回了纺织厂，但觉得自己即将迎来新的冒险——从这本书的其它内容看，他的预感或许没有错。

评克莱顿·波蒂厄斯的《伙伴》 [①]

　　有人害怕我们正在步入机器时代，在这个时代里，人类将失去与土地接触的欲望，对他们来说，这本书应该会让人心安。作者在曼彻斯特长大，在棉花业有美好的前途，却放弃了他的工作，从底层学习了解农场经营。他在几家农场呆了几年，当他最后离开，去一份报社任职时，那只是因为他想挣到足够多的钱，将来回归土地，"自己当家作主"。

　　他这本书的魅力在于真正地描写了工作。一年到头在农场干活，寻找丢失的牛，驯服驽马，让人累得折了腰地搬运一捆捆的草料，衬衣下扎痒的芒刺，用耕犁、条播犁、地耙和圆盘式碎土机迎着寒风耕田的痛苦（每一次的感觉都不一样），明媚的三月天肥料清新的味道，结霜的早晨马掌在路上打滑，马车在下山时拼命往后倒——这些与许许多多其它细节描写得非常细致，而且从来不会令人觉得乏味，因为作者的热情很有感染力。即使是似乎很枯燥的工作，像将石头门柱从地里撬出来，在波蒂厄斯先生的笔下也成了有趣的事情。

　　书里有两个农夫，一个是旧式的自食其力的本分人，一个真正的艺术家；另一个更加贴近时代，更有商业头脑。最后，波蒂

---

① 刊于 1939 年 11 月 23 日《听众》。莱斯利·克莱顿·波蒂厄斯（Leslie Crichton Porteous, 1901—1991），英国作家，代表作有《农民的信条》、《土地的召唤》等。

厄斯理解和钦佩这两种人。他这本书深刻地阐明了独立的农夫和受雇的长工之间的巨大鸿沟。事情的真相是，发于自然的对土地的热爱引发了一个难题——即使在苏联也没有得到彻底解决，因为单凭经济改善无法消除拥有自己的土地和给别人种地之间的区别。人到中年的阿贝尔是波蒂厄斯先生的工友，在巴希尔先生的农场打工，生活非常艰难，是一位社会主义者，谴责"无所事事的富人"，包括巴希尔，但希望能够拥有自己的土地——对于他来说这就好比是买一辆劳斯莱斯。

金斯利·库克①的版画大部分描绘的是"郊野风光"，里面有一两幅画得很好的农场规划，是那种真正有阐述意义的图例，每一本这类书籍都应该有。

---

① 约翰·金斯利·库克(John KingsleyCook，1911—1994)，英国画家。

评南希·约翰斯通的《会飞的旅馆》[①]

西班牙和其它地方有多少百万人现在回首西班牙战争并问自己这场战争到底是怎么一回事呢？欧洲的万花筒已经转出了新的花样，之前这场战争似乎已经毫无意义，几乎每一个牵涉其中的外国人都觉得自己就像是做了一场噩梦。几个月前我和一个英国士兵交谈，他乘一艘日本渡轮从直布罗陀海峡返回英国。一年前他从直布罗陀海峡守卫部队里逃跑，几经辛苦来到瓦伦西亚准备参加西班牙政府的部队。刚到那里他就被当成间谍逮捕并关进监狱，然后被遗忘了六个月。接着英国领事馆设法把他救出来，送回直布罗陀海峡，在那里因为逃兵罪又被关了六个月。这几乎可以说是西班牙战争的讽喻式历史。

约翰斯通夫人的书是上一部作品的续集，描写了战争过去十八个月来的情形，在这段时间里西班牙政府显然大势已去。她与丈夫在加泰罗尼亚沿海的托萨开了一间旅馆，那里成了记者、探访的文人和形形色色的政治人物的集会地。这本书开篇描写的是1937年仍然弥漫的滑稽剧的气氛，接着逐渐出现食物短缺、香烟短缺、空袭、间谍狂热和难民儿童，最后是可怕的撤往法国之旅和佩皮尼昂集中营恶臭肮脏的条件。这场战争期间在西班牙呆过

---

① 刊于 1939 年 12 月《艾德菲报》。南希·约翰斯通（Nancy Johnstone），情况不详。

的人对那种气氛会非常熟悉。永远吃不上饱饭，稀里糊涂，效率低下，对正在发生的事情困惑、猜疑，红头文件和暧昧的政治猜忌——里面都写到了，还有许多赤裸裸的肉体折磨的描写。约翰斯通夫人对西法边境的集中营的描写非常恐怖，但她观察到一件事情，而这一点应该加以强调，那就是：法国政府是唯一对逃出法西斯国家的难民作出道义之举的国家。英国政府掏出 12 000 英镑给西班牙难民，法国政府刚开始的时候每天拿出 17 000 英镑用于救济难民，现在需要花的钱也少不了多少。我们应该记住，过去十年来法国十分之一的人口由外国人构成，大部分是政治难民。说到底，"资产阶级民主"还是有值得夸奖之处的。

这本书描写了撤退的情形，无疑有助于填补历史空白，但我不觉得它是一本非常好的作品。为什么这类自传式的报道总是一定得以诙谐的文风去写呢？我翻开这本书，看到它的文风就开始寻找丑角。这类书里总是有一个丑角在插科打诨，而这个角色是由约翰斯通夫人的丈夫担任的。一本关于西班牙战争的真正的好书应该出自一个西班牙人之手，或许是一个没有政治意识的西班牙人。好的战争作品总是从受害者的角度去写的，因为在战争中普通人往往都是受害者。戕害了这一世界观的人是西班牙的外国人，特别是英国人和美国人，在他们的意识深处他们知道或许最后能够从西班牙顺利逃脱。而且，如果他们主动地参加这场战争，他们应该知道这场战争的性质，或以为自己知道。但对于西班牙的广大群众来说它意味着什么呢？我们还不知道。回忆与农民、店主、街头小贩和民兵的不经意的接触，我猜想这些人中大部分人对战争并不抱有任何情感，只是希望它能够结束。在约翰斯通夫人笔下，海港小镇托萨的居民冷漠迟钝，无意间证实了这一点。有一个问题还没有得到满意的答案，那就是：为什么这场战争会持续这么久。从 1938 年初开始，任何有军事知识的人都知道政府无法获胜，甚至从 1937 年夏天就知道局势对佛朗哥有利。西班牙的人民群众真的认为即使在战争中遭受可怕的折磨也要比投降好吗？他们继续战斗是因为从莫斯科到纽约的左翼思想在驱使他们继续打下去吗？只有当我们开始听到西班牙的士兵和平民对于这场战争的看法，而不是外国志愿者的看法时，我们才能够知道答案。

评伯纳德·纽曼的《波罗的海巡游》、约翰·吉本斯的《青苔不沾我身》、马克斯·雷尔顿的《一个在东方的人》[①]

　　在一个越来越狭窄的世界里，职业旅行家仍在游走四方，就像伦敦外围的林地里的狐狸和狼獾。如果你将亚洲四分之三的地区、非洲和南美的部分地区、任何内海周边的国家和任何最近正在发生战争的国家排除在外的话，有些地方还是可以去的——当然，你得有足够多的钱、一部相机和一本上面没有犯罪记录的护照。但每一年都有新的地方被封锁起来。《波罗的海巡游》的作者伯纳德·纽曼先生一定会看着地图上的很多名字，不知道什么时候他才能再见到那里的人。1935年他去了阿尔巴尼亚，1936年去了西班牙，1937年去了捷克斯洛伐克，正如他所说的，灾难很快就降临了。1938年他去了波罗的海数国，环绕波罗的海骑行，旅程2995公里，每天的生活费是五先令，总路费是两先令——在拉脱维亚修了一回单车。

　　那些波罗的海小国听上去像是美妙的人间天堂！它们似乎什么都有，就是没有保卫自己的军事实力。它们当中的宝石，至少

----

① 刊于1939年12月2日《时代与潮流》。伯纳德·查尔斯·纽曼(Bernard Charles Newman, 1897—1968)，英国作家，擅长描写间谍题材，代表作有《间谍》、《中东之旅》等。约翰·吉本斯(John Gibbons)，情况不详。马克斯·雷尔顿(Max Relton)，情况不详。

在纽曼先生眼中，显然是芬兰。芬兰这个名字唤起了对山毛榉林、白雪、拉普人、驯鹿和——如果你的地理知识有点迷糊的话——爱斯基摩人的想象。但事实上，虽然人口稀少，它是一个繁荣进步的国家，有开明的法律，不公或赤贫的现象很少。每个人都拥有一小块土地，每个律师或医生会定期回家族的农场进行耕种。那里没有文盲，读书的数量是欧洲人均之最，男男女女可以赤身露体地行走，不会引来关注。芬兰人孕育了努尔米[1]，对自己的体育记录非常自豪，纽曼先生满怀希望地说："赫尔辛基将光荣地举办1940年的奥运会。"他没有说参赛者是否需要戴着毒气面罩进行比赛。

吉本斯先生在葡萄牙一个多雨的乡村度过冬天，这本书是对波罗的海的遥相呼应。当然，这里一切都更加原始，卫生条件更差一些，但或许更加丰富多彩。这里的食物听上去很好吃（每本好的游记都会介绍食物），但如果你喝了太多廉价的红酒的话，你会染上酒菌——那种有时候长在酒桶上的一大团东西——听起来怪吓人的。吉本斯先生向往贝洛克的思想流派、热情的拉丁欧洲人、大家庭、天主教会、牛车和传统舞蹈。他的书一气呵成，记录了这座小山村的日常事件：牛车在橄榄树林边行进，窗外在杀猪等，但大部分内容都很有可读性。他是萨拉查博士[2]的崇拜者，后者是平衡国家预算的大师，并决心让葡萄牙保持非工业化的农业共和国状态。或许他是对的——至少后山的农民似乎很快乐，

---

① 帕沃·约翰尼斯·努尔米（Paavo Johannes Nurmi, 1897—1973），芬兰著名长跑运动员，曾获得9枚奥运会长跑金牌。

② 安东尼奥·德·奥利维拉·萨拉查（António de Oliveira Salazar, 1889—1970），葡萄牙政治家，曾于1932年至1968年担任葡萄牙总理。

要比住在谢菲尔德和曼彻斯特的人更快乐。

《一个在东方的人》有好的素材，但被沉重拖沓的文风糟蹋了。它记录了穿越中国西部和印度支那的行程，里面有关于中日战争以及法国在远东统治方式的有趣的内容。但它太"文艺"而且思想沉重，对红灯区和说着蹩脚英语的大都市游客开了太多的玩笑。雷尔顿先生照了一张恶俗的手持猎枪脚踩死老虎的相片，每次看到这样的相片我都会想看到一张相片照的是一头老虎骑在一个捕猎大型动物的猎人身上。这三本书都有插图，但除了《波罗的海巡游》里的一两张相片之外，其它相片都没有什么艺术价值。

评塞吉斯蒙多·卡萨多的《马德里最后的日子》（鲁伯特·克罗夫特-库克译本）、托马斯·库斯伯特·沃斯利的《战斗的背后》①

虽然 1939 年初之前西班牙境外听说过他的人不多，卡萨多上校的名字将是与西班牙内战联系在一起的被记住的名字之一。他颠覆了内格林政府，并参加了马德里的投降谈判——考虑到实际上的军事形势和西班牙人民的苦难，很难不觉得他这么做是对的。真正可耻的事情，正如克罗夫特-库克先生在序言中所强调的，是这场战争能够僵持这么久。卡萨多上校和他的党羽被全世界的左翼报刊斥为叛徒、隐藏的法西斯分子等等，但不幸的是，这些指责来自那些早在佛朗哥进入马德里前就只顾着自己逃命的人之口。贝斯特罗②曾为卡萨多服务，后来留在马德里与法西斯分子交涉，他也被斥为"亲佛朗哥派"。贝斯特罗被判刑三十年！法

---

① 刊于 1940 年 1 月 20 日《时代与潮流》。塞吉斯蒙多·卡萨多·洛佩兹（Segismundo Casado López, 1893—1968），西班牙军人，曾担任第二共和国司令。1939 年 3 月 28 日，卡萨多联合右翼政党发动政变，推翻内格林政府，并与佛朗哥进行谈判。3 月 28 日，佛朗哥的军队进入马德里，卡萨多流亡委内瑞拉，直到 1961 年才返回西班牙。鲁伯特·克罗夫特-库克（Rupert Croft-Cooke, 1903—1979），英国作家，代表作有《顶天立地》、《废墟中的上帝》等。托马斯·库斯伯特·沃斯利（Thomas Cuthbert Worsley, 1907—1977），英国教师、作家，代表作有《穿法兰绒的傻瓜：三十年代生活一瞥》、《野蛮人与非利士人：民主与公学》等。

② 朱利安·贝斯特罗·费尔南德斯（Julián Besteiro Fernández, 1870—1940），西班牙社会主义政治家，曾担任总工联主席，马德里沦陷后被佛朗哥的军队逮捕，被判入狱 30 年，死于狱中。

西斯分子对待他们的朋友真是奇怪。

　　或许卡萨多上校的这本书的主旨是揭露俄国人对西班牙的干涉和西班牙人对此的反应。虽然心怀善意的人在当时会否定这一点，但从 1937 年年中开始直到战争结束，西班牙政府无疑受到莫斯科的直接控制。俄国人最终的动机仍无法肯定，但不管怎样他们的目标是在西班牙建立乖乖听命的政府，而内格林政府就是这么一个政府。但他们为了争取中产阶级的支持而许下的承诺造成了始料未及的复杂局面。在战争早期，共产党夺取权力的敌人主要是无政府主义者与左翼社会主义者，因此共产党的宣传重点是"温和"政策。结果就是，权力落入了拥护"资产阶级共和体制"的军官和官员手中，卡萨多上校成为他们的领袖。但是，这些人首先是而且归根结底是西班牙人，他们痛恨俄国人的干涉，几乎就像他们痛恨德国人和意大利人的干涉一样。结果就是，共产党人与无政府主义者的斗争结束后取而代之的是共产党人与共和派的斗争。最后，内格林政府被推翻，许多共产党人被杀害。

　　这引发的一个非常重要的问题就是，一个西方国家能不能真的由共产党人控制并服从俄国人的命令。或许当德国的左派发动革命时，这个问题将再度引起人们的关注。从卡萨多上校的这本书看，似乎西方人民不会容忍自己被莫斯科统治。虽然他对俄国人和他们在西班牙的共产主义组织怀有偏见，但他的描述清楚地表明俄国人的统治在西班牙遭到广泛而深切的痛恨。他还指出，正是因为知道俄国人的干涉才使得英国和法国由得西班牙政府自生自灭。这似乎让人觉得很疑惑。如果英国和法国政府真的希望抵制俄国的影响，那最便捷的方式就是为西班牙政府提供武器，因为有一件事从一开始就非常清楚：哪一个国家提供武器，它就能够控制西班牙的政策。你只能得出这么一个结论：英国和法国政府不仅希望佛朗哥获胜，而且无论发生什么情况都宁可要一个由俄国控制的政府，也不要一个由卡巴勒罗担任领袖的社会主义者—无政府主义者联合政府。

卡萨多上校的书详细地描述了所有导致投降协议的事件，它将是以后史学家们解读这场西班牙战争时必须研究的文献史料之一。它并不是一本了不起的书，也没有这个念头。沃斯利先生的书文笔要更好一些，而主题也更加为人熟悉——轰炸、巴塞罗那的政局等等。故事以作者和史蒂芬·斯彭德[①]先生代表西班牙政府进行业余的情报工作作为开始。后来，沃斯利先生在一辆救护车上找到了更有意义也更适合他的性情的工作，并经历了一些有趣的事情，包括被裹挟入马拉加撤退的难民潮中。但我认为它是这一类西班牙战争作品的绝唱了。

[①] 史蒂芬·哈罗德·斯彭德(Stephen Harold Spender，1909—1995)，英国作家、诗人，代表作有《法官的审判》、《世界中的世界》等。

评路德维格·伦恩的《战争》、爱德华·路易斯·斯皮尔斯准将的《胜利的前奏》[①]

我们永远不会知道有多少本名为《席卷虚空的风暴》的书在苏德宣布结盟的那个毁灭性的上午被销毁，但看一看各个出版社的清单就知道数量一定不少。路德维格·伦恩的《战争》——从马克思主义的角度对各个时代的战争进行分析——是那些不幸早出版了几周的书籍中的一本。虽然在描写古代和中世纪的战争时有几段挺有趣的描写，但它受到戕害的很大一部分原因是它在关注正在逼近的战争。伦恩理所当然地认为这是一场"民主国家"对抗三个轴心国强权的战争。无疑，几乎没有必要指出这为他的理论蒙上了什么色彩。但在思想上可耻的是，如果伦恩现在写这本书的话，如果他仍然是一个"优秀党员"的话（我觉得他仍会是一个"优秀党员"），他会写出与几个月前所写的截然相反的内容。遗憾的是，在他的内心深处他并没有"优秀党员"的思想。在那个流亡的马克思主义者下面仍然是那个普鲁士王国的士兵，坚强，务实，对军队的行军速度和罗马投石机的有效范围感兴趣。他或许能够写出真的很有趣的关于战争艺术的历史，但不是

---

① 刊于 1940 年 2 月《地平线》。路德维格·伦恩（Ludwig Renn, 1889—1979），德国作家，代表作有《战争之后》、《没有战斗的死亡》等。爱德华·路易斯·斯皮尔斯（Edward Louis Spears, 1886—1974），英国军人，在两次世界大战中曾担任英法联军的联络官。

基于"唯斯大林马首是瞻"的基调，按照这个基调写出的书基本上三个月后就会过时。

斯皮尔斯准将的书与这本书完全不同。它详细地记述了导致1917年法国那场失败的进攻（"尼维尔攻势"①）的事件，背后有一个非常重要的心理学故事。1917年那场战役的梗概广为人知。霞飞②退休后，曾在凡尔登立下战功的尼维尔将军被任命为法军的最高指挥官，并在接下来的战役中担任英军的最高指挥官。他将霞飞之前进行准备的有限进攻扩展为一场大规模的正面进攻，准备一举将德国人逐出法国的领土。进攻的准备工作在1916年至1917年的寒冬进行——与此同时，德国人已经退到兴登堡防线，正在有条不紊地摧残法国——并在1917年的春末发动攻势。英军在维尔米山脉的辅攻获得成功，但法军的主要攻势则遭受了惨痛的失败，不仅未能取得战果，还付出了十五万士兵的伤亡，并在随后导致大规模的兵变。

这个故事的有趣之处在于，几乎没有哪个有判断力的人相信这场进攻会取得成功。尼维尔和身边的一小撮军官相信会成功，少数几位政治人物相信会成功，普通士兵们深信不疑，但基本上整个军官阶层，包括尼维尔的所有指挥官，都事先就知道失败是注定的。那为什么还要尝试发动进攻呢？斯皮尔斯将军的书回答了这个问题，揭示了战争运作极其复杂的机制。

战争总是会以愚蠢的方式进行的有几个原因是很容易想到

---

① 罗伯特·乔治·尼维尔（Robert Georges Nivelle, 1856—1924），法国军人，于1916年接替霞飞担任法军总司令，因"尼维尔攻势"未能取得理想战果和法军士兵哗变而被解职，由贝当元帅代替。

② 约瑟夫·雅克·塞泽尔·霞飞（Joseph Jacques Césaire Joffre, 1852—1931），法国军人，曾担任一战法军总司令、法国国防委员会主席等职务。

的。首先，士兵们都很愚笨；其次，掌握最高权力的政客总是会插手，但他们对军事一无所知，听凭游说他们的军人的影响。任命尼维尔为最高指挥官首先是劳合·乔治[①]一手撮合的结果，他非常希望英军和法军能够联合指挥，并且对海格[②]的军事思想持怀疑态度。但这场没有意义的进攻会推行下去的最主要的原因似乎是这么一场军事行动的规模太庞大了，无法正确地去看待它。一个正在准备一场大战的将军是世界的中心人物之一。数以亿计的眼睛在盯着他，而他知道这一点。在他的眼中，战斗本身成为了目的，基本上不会去考虑它可能会造成的后果。此外还有军事纪律的负面影响——一个士兵不可能当面对他的上级军官提出批评。召开军事会议导致了更加糟糕的结果，在这些会议上，人们遭到反对时会捍卫他们并不相信的理论，各种各样的政治猜忌和私人恩怨在表面下激荡。在准备进攻的时候曾经召开过几次盟军会议，都以同样的方式开始和告终。尼维尔的一位将军向某位政治人物表露了他的疑虑，那位政治人物非常担心，召开了会议。在会议上，那位心存疑虑的将军在上司的眼皮底下否认了自己的疑虑，尼维尔比以往更加自信，他压倒了同僚，但这场胜利并没有让他战胜德国人。让人觉得很遗憾的是，斯皮尔斯将军没有描述在进攻失败后召开的国会会议，因为这场会议或许能够表明尼维尔到底有多么相信他的作战计划，还是说他只是想占据最高指挥官的位置不放。最微不足道的情况促使了这场注定会失败的军事

---

① 大卫·劳合·乔治（David Lloyd George, 1863—1945），英国自由党政治家，1908 年至 1915 年曾任英国首相。
② 道格拉斯·海格（Douglas Haig, 1861—1928），英国军人，曾担任一战英国陆军元帅。

进攻发生。据斯皮尔斯将军的记述，尼维尔的参谋长德·阿伦孔上校是此次进攻的狂热支持者，对任何提出反对进攻的报告的军官百般刁难。当时德·阿伦孔得了肺炎，已经时日无多，他的愿望就是在死前和美国人抵达之前看到一场法国大捷。尼维尔是一个新教徒，这使得他和某些法国的左翼政治人物很亲近，让他的地位更加巩固。

　　但不管怎样，当这么一场军事行动开始进行时，几乎不可能让它停下来。要为一场动用两百万兵力的战役进行准备是一项庞大的工程，它意味着数以千万计的人民忙碌工作好几个月。在候命的军队后面，工厂在日夜运作，数百英里的公路和铁路正在修筑，炮弹在巨大的仓库里堆积如山，医院、机场和混凝土炮架正在修建，如果战役不发生的话它们就没有用处，政治家和俯首帖耳的劳工领袖正在国内进行巡回演讲，数万台打字机正在噼哩啪啦地打字，数以亿计的金钱正被挥霍。被煽动起情绪的公众舆论会为每件事鼓噪，即使是一场血淋淋的失败——它总是能暂时被蒙混为一场胜利——也比战斗没有发生要好一些。到了1917年的春末，尼维尔的进攻已经是箭在弦上不得不发，虽然那时候只有少数军官相信它会成功。它是大大小小的原因共同作用下形成的，就像一个年轻人被卷入一场不适合他的婚姻或一个银行职员的妻子违背了她的判断力订购了一台新吸尘器一样。只是这件事牵涉到两百万人的性命，还不包括德国人在内。

　　斯皮尔斯将军写到进攻失败后就停笔了，没有提到紧随其后发生的大规模兵变——这让人觉得很遗憾，因为他无疑很了解这些兵变的情况。这些兵变具有重要的历史意义，对它们的回忆或许影响了现在这场战争的战略。或许斯皮尔斯将军觉得兵变是不应提及的事情，但那并不是他给人的印象。他是一个坦率直言的人，但不至于胡言乱语。读过他更早的作品《1914 年的联络工作》的人都记得它夹杂了详细的一手信息和强烈的宗派主义。他曾在蒙斯和沙勒罗伊撤退中担任英军和法军第五军团的联络官。在他的书里，他或许对兰勒扎克将军①有不公正的言论，后者从比利时前线的撤退固然草率，但至少让他的军队摆脱了被合围的困境。关于 1914 年那场战役的争议夹杂了英法两国的猜忌，虽然斯皮尔斯将军富于文学才华，但他是从一位英国职业军人的角度去看待问题的。当他听到兰勒扎克将军在战斗的进程中引用古罗马诗人贺拉斯的诗句时，诚挚协定②的基础更加牢固了。不管怎样，《1914 年的联络工作》是一部杰出的作品，有许多撤退的照片，多年后你仍会记得它们。《胜利的前奏》没有引起那么大的争议，但同样让人觉得非常生动。显然，作为一位联络官能够比一位普通军官对战役的计划更有了解，而且能够时时看到前线部队的惨状，这些都是写出一部好的战争作品的素材。和之前那本书一样，那些相片拍得很糟糕，但具有一定的纪实价值。

---

① 查尔斯·兰勒扎克将军(Charles Lanrezac，1852—1925)，法国军人，一战时曾受命于英国军队配合作战，但与英军指挥官约翰·弗兰奇关系不和。
② 诚挚协定(the Entente Cordiale)，指 1904 年英国和法国签订的停止争夺海外殖民地的冲突，并展开合作共同对抗德国的协议。

评露丝·皮特的《灵魂在凝望》[①]

下面的内容出自一首描写一只欧鸽之死的诗：

> 时代不会让我，
> 为如此卑贱死去的人哭泣，
> 我将为所有不应有的苦难，
> 承受百年的忧伤。
> 温柔的眼眸和蓝色的羽毛，
> 比雨更温柔的叫声，
> 踩着露珠的双脚，
> 我们在田野上洒下有毒的谷粒。

正是它们与"时代"的联系，使得皮特小姐的诗歌总是很另类，并让很多人在推崇之余内心会感到困惑，就好像你对一根冰柱或一朵天南星百合的感觉。它们立刻打动人的地方在于它们的主题，即使在韵文诗中也不能被忽略的主题，与当今时代并没有关系。过去几年来，最广泛阅读和最好的英文诗大体上都以政治为题材，不是因为失业、内战等本身是好的题材，而是因为人们

---

① 刊于 1940 年 2 月《艾德菲报》。埃玛·托马斯·露丝·皮特（Emma Thomas Ruth Pitter, 1897—1992），英国女诗人、作家，代表作有《寻找天堂》、《旱灾的结束》等。

在描写当时他们心里真正所思所想的事情时，能够写出最好的作品。皮特小姐似乎真的可以不去理会当代历史，或者更确切地说，不去理解它。这本书里有几首诗，其中最好的一首诗（《渔民》）大概写于1910年。有必要将这本书里的那首"政治"诗《1938年》与奥登①的那首内容相似的作品《欧洲1936年》进行比较。我不是说我更喜欢奥登的创作手法，在这个例子中我更喜欢皮特小姐的手法。如果你将这两首诗放在一起阅读的话，她对我们正在进行的意识形态战争的冷漠令人印象深刻。

在如今这个时代，这种"超脱"是正当之举吗？答案是，如果不是在装腔作势的话，它就是正当之举，而在一位作家身上，你总是能够辨别得出那是不是在装腔作势。皮特小姐无疑有权利继续耕耘她那块孤独的田地，继续留恋那些在梦魇开始之前似乎很重要的事情。与如今大部分从事写作的人不同，她或许不会去描写她没有体会的感情。在手法上，她的韵文诗总是有一种朴素的特征，这种特征被误认为是古典情怀，因为它在部分程度上有赖于对形容词非常敏锐的运用。这种方式的缺点在于过分地追求精致或"诗意"的词语。（第一首诗《痛苦的神秘》，第三首诗里的"昨年"，而《恐惧的结束》这首诗的结尾是典型的豪斯曼②的手法。）我认为这本书里最好的一首诗是《军队里的琴师》：

他扬起双手，那个古旧的杯子是大卫王的饮具，

---

① 威斯坦·休·奥登（Wystan Hugh Auden，1907—1973），英国/美国诗人，代表作有《死亡之舞》、《阿基里斯之盾》等。
② 阿尔弗莱德·爱德华·豪斯曼（Alfred Edward Housman，1859—1936），英国学者、诗人，代表作有《西洛普郡的少年》、《最后的诗集：亨利·霍尔特和同伴们》等。

他全身贯注于诗歌，是国王也是天真的诗人，

在沉睡中歌唱着扫罗王，

古代的恶魔惊慌失措，被天使的大军追赶。

他来到了没有拇囊炎的地方，

那里没有烟土的气息，也没有人咒骂，

他穿着浆硬的睡衣，

戴上黄铜桂冠，闪耀着永恒的光芒，

不需要油腻腻的抹布，也不需要"士兵之友"①。

或许诗歌的作用就是把我们带到没有拇囊炎的地方——或许不是这样。皮特小姐显然相信这就是诗歌的作用，由于她的信念是真诚的，而且她有非常精妙的听觉，她继续写出能在读者的回忆里一直萦绕的诗歌，而不是写出在五分钟内造成强烈的冲击，然后就被遗忘的诗歌。

---

① "士兵之友"是一战时许多士兵为枪支和铭牌抛光时使用的清洁剂。

评戈弗雷·莱尔斯的《捷克斯洛伐克的贝内斯》、弗兰克·欧文的《三个独裁者》[①]

　　捷克斯洛伐克这个国家，或筹建这个国家的规划，是在世界大战时形成的，这让协约国的政客们感到很尴尬。他们希望将奥地利分而治之，并认为那时候不适宜支持奥地利帝国内部的自治运动。然而，这些运动已经存在，在战争的紧张状态下，贝内斯[②]和马萨利克[③]等人过去几年来所进行的地下工作开始发挥影响。数以万计的捷克士兵一有机会就当了逃兵，并在法国重新集结，有可能组建一支捷克国民军和协约国并肩作战。这使得贝内斯和马萨利克被视为捷克和斯洛伐克人民的代表，在和平协议上承认了他们的地位，这是在别的情况下他们或许无法得到的。二十年来，捷克斯洛伐克共和国是欧洲统治最得当和最民主的国家之一。但是，当德国再一次觉得自己足够强大，可以发动战争时，它再度沦为被奴役的国家，情况比在哈布斯堡王朝时期更糟糕。

---

① 刊于 1940 年 2 月 17 日《时代与潮流》。戈弗雷·莱尔斯（Godfrey Lias，生卒时间不详），英国作家，代表作有《捷克斯洛伐克的贝内斯》、《我还活着》等。汉弗莱·弗兰克·欧文（Humphrey Frank Owen，1905—1979），英国记者、作家，曾担任《标准晚报》和《每日邮报》的编辑。
② 爱德华·贝内斯（Edvard Beneš，1884—1948），捷克斯洛伐克政治家，曾于 1935 年至 1938 年和 1940 年至 1948 年担任总统。
③ 托马斯·马萨利克（Thomas Masaryk，1850—1937），捷克斯洛伐克共和国缔造者和首任总统。

正如莱尔斯先生所说的，捷克斯洛伐克的故事体现了自决问题最痛苦的情况。当小国获得独立时，它们没有能力保护自己。而当它们没有获得独立时，它们总是会陷入统治不当。除非欧洲采纳邦联制，否则没有哪一个解决方案能够兼顾经济和民族情感。贝内斯作为一个小国的领导人和一个比大部分人更有远见卓识的政治家，从一开始就知道唯一的希望是坚持国际法，如果有必要的话以武力捍卫自己。但不幸的是，事实上当时国际法并不存在，只有国联。贝内斯能否采取切实的行动拯救他的国家尚未可知，但他在1935年与俄国缔结军事同盟或许加速了它毁灭的命运。莱尔斯先生在这件事情上为他辩护，但结盟是一个拙劣的外交错误。俄国人并不会提供任何实质性的帮助，与此同时，结盟让纳粹分子得以打出他们的王牌，利用了西方对"布尔什维克主义"的恐惧。莱尔斯先生以尖刻的讽刺语调描写慕尼黑会议，但没有一年前他可能作出的反应那么激烈。慕尼黑协议在道德上是可鄙的，但从过去六个月来的情况看，它或许并非是不明智的举动。

莱尔斯先生的书写得很简略，或许太简略了一点。它所描写的贝内斯即使称不上是一个富有魅力的人物，也称得上是一个杰出的人物。在政治上，特别是小国政治上，要做到完全诚实是不可能的。和其他人一样，贝内斯有时候得做出钻营、推诿、讨价还价和丢车保帅的勾当。但他的记录要比欧洲绝大部分政治家干净得多，而且无疑立场坚定。他对自由、真理和公义有着真诚的信仰，在事不可为的情况下仍努力坚持自己的信念。他仍不算太老，当这场战争结束时，他还有希望能够东山再起。

欧文先生的书包括了希特勒、斯大林和墨索里尼的三篇短传。这本书的文风既俏皮又有纪实色彩，针对的是对政治不感兴趣的读者，而在我看来并没有歪曲事实。不久前像这样一本准确地描述当代欧洲历史的"流行"书几乎是不可能出现的，但过去五年来我们经历了许多事情，认为社会主义就是瓜分金钱而法西斯主义就是让火车准点的人将很快成为少数派。

评汤姆·哈里森与查尔斯·马奇的《本土战争的开始》①

《本土战争的开始》是"大众观察"对于英国民众士气的第一份报告。在经过四个月的战争后（这本书在 12 月完成），他们发现大部分人感到厌倦、困惑，且有点恼怒，但与此同时，他们过分乐观，以为赢下这场战争只是小事一桩，而这是完全错误的想法。正如"大众观察"了解到的，本土战线的主要缺陷是阶级结构和当前的政府过时的思想。基本上他们所做的每一次调查，无论是关于食物价格、空袭恐慌、撤退转移还是战争对于足球和爵士乐的影响，都表明一个事实：我们现在的统治者根本不了解民众的看法，甚至不知道这很重要。他们的本土防御计划和他们的宣传（最好的例子是那些非常乏味的红色海报，"大众观察"对此有很多话想说），总是以普通人的生活水平每周在 5 英镑以上这个模糊的设想作为根据。假如他们肯纡尊降贵地去了解民意的话，他们又会参照日报得出看法，而日报与贸易买卖有紧密的联系，总是会造成误导。与此同时，随着战争的关键时期的临近，很快就必须作出牺牲，而人们对此毫无精神上的准备。大体上，这是

---

① 刊于 1940 年 3 月 2 日《时代与潮流》。汤姆·哈尼特·哈里森（Tom Harnett Harrisson, 1911—1976），英国博学家，代表作有《与食人族同住》、《酒吧与人民》等。查尔斯·亨利·马奇（Charles Henry Madge, 1912—1996），英国社会学家、记者，社会调研组织"大众观察"的创始人之一。

让人感到很沮丧的图景。

　　但是，我相信这份报告有点误导倾向。英国的不满、冷漠、迷惑和战争造成的疲惫或许并没有"大众观察"所说的那么严重。事实上，任何这类调查都会或多或少蒙上先入为主的色彩。几年前"大众观察"刊登了一篇关于乔治六世加冕的报道。它揭示了许多有趣的事情，但它并没有提及或几乎没有提及忠于王室的情感仍存在于英国。但是，你知道这就是实情，否则像加冕这种事情（它并不是那么有趣，只是一场表演，还比不上旅行马戏团好玩）就不会有那么多人参加了，只会被视若无物。《本土战争的开始》也是一样。那些编纂者似乎没有遇到的事物是爱国情怀。如果你要猜测个中的原因，那就是：能够在"大众观察"里工作的人一定都很特别——特别到不像普通人那样有朴素的爱国情感。结果就是，怨言总是会被过度放大。人们会因为灯火管制、撤退转移、交通困难等等而抱怨。是的，但这些人在战前不就在抱怨别的事情吗？每个地方的大部分人总是会对他们的遭遇感到不满，而在允许自由言论的国度，对于政府友好的言论是最罕有的事情，但实际上这又有什么影响呢？

　　《本土战争的开始》有一篇序文，在里面"大众观察"解释了他们的调查方式。这篇序文让我觉得主观因素（观察者的反应）并没有被完全排除，而它是应该而且可以被排除的。但是，这并不是说他们所做的工作没有意义。比起其它时候，现在最重要的就是去尝试引起尽可能多的人对这种事情的关注。在战争中，平民的士气，特别是工人阶级的士气是长期的决定性因素。没有多少迹象表明政府意识到了这一点。根据哈里森和马奇的说法：

新闻部要求我们的组织对政府的红色海报进行大规模调查时，我们发现，正如我们在这本书里简短描述的那样，这些海报根本没有取得预想中的效果。白厅有传闻说，某个身居高位的内阁部长看完这份报告后，他的评价是："干得好。但如果我们会得出不愉快的结论，那最好还是没有结论。"

我不知道这个故事是不是杜撰的，我真的希望它是杜撰的。因为如果它是真人真事，愿上帝保佑我们！

查尔斯·狄更斯[①]

狄更斯是那种值得去剽窃的作家。如果你想一想，把他的遗体安葬在威斯敏斯特大教堂这件事也算得上是一种剽窃的行为。

当切斯特顿为人人丛书版[②]的《狄更斯作品集》作序时，他觉得将自己那标志性的中世纪精神加在狄更斯身上是再自然不过的事情。不久前马克思主义作家托马斯·杰克逊先生[③]殚精竭虑将狄更斯描述为一个嗜血的革命者。马克思主义者说他"几乎"称得上是马克思主义者，天主教信徒说他"几乎"称得上是天主教徒，双方都歌颂他是无产者的捍卫者（或者用切斯特顿的说法，"穷苦人"的捍卫者）。另一方面，娜德斯达·克鲁普斯卡娅[④]在她那本关于列宁的小书中写到，列宁在临死前去看了由《炉边蟋蟀》改编的戏剧，觉得狄更斯的"中产阶级式的多愁善感"实在

---

① 刊于 1940 年 3 月 11 日《葬身鲸腹与杂文集》。

② 人人丛书（Everyman's Library），由英国出版人约瑟夫·马拉比·邓特（Joseph Malaby Dent）创立的经典文学重印系列，于 1906 年推出首版书籍，现为兰登书屋集团旗下出版系列之一。

③ 托马斯·杰克逊（Thomas Jackson，1879—1955），英国社会主义党（英国共产党前身）创始人之一，著名共产主义活动家与报纸编辑，代表作有《属于她自己的爱尔兰》、《辩证法》等。

④ 娜德斯达·克鲁普斯卡娅（Nadezhda Krupskaya，1869—1939），苏联领导人列宁的妻子，布尔什维克革命家，曾担任苏联教育部副部长。

是难以忍受，在一幕戏演到一半的时候就离场了。

把"中产阶级"理解为克鲁普斯卡娅或许想表达的意思，或许这个判断要比切斯特顿和杰克逊的判断更加贴近事实。但值得注意的是，这段话里所隐含的对狄更斯的厌恶有点不同寻常。许多人觉得狄更斯的书难读，但似乎很少人对他作品中的主旨反感。几年后，贝克霍弗·罗伯茨先生①出版了一本小说，对狄更斯展开了大规模的批判（《这边厢的盲目崇拜》），但那只是人身攻击，大部分内容是关于狄更斯如何对待自己的妻子。里面写到的事情一千个狄更斯的读者中可能没有一个人听说过，而且这件事根本对他的作品不会有任何影响，就像一张算不上最好的床不会对《哈姆雷特》有任何影响一样。这本书真正揭示的只不过是，一个作家的文学风格和他私人的个性没有多大的联系。私人生活中的狄更斯很有可能就像是贝克霍弗·罗伯茨先生所描绘的那种麻木不仁、唯我独尊的人。但在他出版的作品中，他所体现的性格与之大相径庭，赢得的朋友要比招惹的敌人多得多。情况原本很可能是另外一番情景，因为就算狄更斯是一个资产阶级作家，他肯定是一个颠覆性的作家，一个激进派，或许可以笃定地说，是一个叛逆的作家。任何曾广泛阅读他的作品的人都会感觉到这一点。比方说，狄学研究最好的作家基辛②自己也是一个激进派，但是他并不认同狄更斯的叛逆气质，希望这一气质不曾存在，但他从来没有想过要否认它。在《雾都孤儿》、《艰难时世》、《荒凉

---

① 卡尔·埃里克·贝克霍弗·罗伯茨（Carl Eric Bechhofer Roberts，1894—1949），英国作家、记者，代表作有《美国的文艺复兴》、《著名的美国审判》等。
② 乔治·基辛（George Gissing，1857—1903），英国作家，代表作有《地下世界》、《古怪的女人》等。

山庄》、《小杜丽》里，狄更斯对英国的制度痛加批判，程度之猛烈可谓后无来者。但他却能够在做到这一点的同时不让自己遭到忌恨。更有甚者，那些被他抨击的人完全接纳了他，而他自己则变成了英国的象征。英国公众对狄更斯的态度就像一头察觉到被人拿着拐杖打的大象，觉得那是在给它挠痒痒，怪舒服的。我十岁前被学校里的老师逼着囫囵吞枣地阅读过狄更斯的作品，尽管当时我还小，但我觉得那些老师很像克里科先生。你无须别人告诉你就知道律师们喜欢布兹福斯大律师，而《小杜丽》是内政部里最受欢迎的一本读物。狄更斯似乎成功地做到了对每个人进行抨击，却又不会得罪任何人。这自然会让人怀疑到底他是不是在真诚地对社会进行批判。他到底持什么样的社会立场、道德立场和政治立场？和往常一样，你可以从排除他不属于哪一类人入手，这样可以比较容易地作出判断。

第一，他不是切斯特顿和杰克逊等诸位先生们所描述的"无产阶级"作家。首先，他写的不是无产者，在这一点上他和过去和现在的大多数作家没什么两样。如果你在小说世界里，特别是英文小说世界里寻找描写工人阶级的作品，你会发现那是一片空白。或许这番话需要加以修正。出于显而易见的理由，农业劳动者（在英国是无产者）在小说里有相当精彩的描写，关于罪犯和流浪汉也有很多作品，而最近关于工人阶级知识分子的作品也不少。但那些普通的城镇无产者，推动着社会前进的那些人，总是被小说家们忽略了。当他们勉强挤进书里面的时候，他们几乎都是怜悯的对象或滑稽的消遣。狄更斯的故事的主要情节几乎都是发生在中产阶级的环境里。如果仔细探究他的小说，你会发现他真正的主题是伦敦的商业资产阶级和他们的帮闲——律师、职员、掮客、客栈老板、手工匠和仆人。他从未描写过一个农场工人,只描写过一个产业工人(《艰难时世》里的史蒂芬·布莱克普尔)。《小杜丽》里的普罗尼斯一家或许是他对一个工人家庭最好的描写——而佩格蒂一家并不能算作工人阶级——但大体上他并不擅长描写这类人物。如果你问一个普通读者记得哪一个狄更斯的无产阶级角色,几乎可以肯定的是,他会说比尔·赛克斯、山姆·威勒和甘普太太。一个窃贼、一个男仆和一个酗酒的产婆——并不是真正意义上的英国工人阶级各个阶层的代表。

第二,按照"革命"这个词通常为人所接受的含义,狄更斯算不上是"革命"作家。但在这里要对他的立场作一些说明。

无论狄更斯是一个什么样的人,他不是一个藏头露尾的灵魂救赎者,那种出于一片好心的白痴,以为你只要修改几条法规,纠正几个反常的现象,这个世界就会变得完美无瑕。譬如说,拿他和查尔斯·里德进行比较就很有意思。里德要比狄更斯更有学识,从某种程度上说更具有公益精神。他真的痛恨他所能理解的弊端,并在一系列小说中对其进行揭露,虽然这些小说很荒谬可笑,但很有可读性。而且或许他帮助改变了舆论对于一些虽小却很重要的问题的看法。但他无法认识到,在现存的社会体制下,有些罪恶是不可能得以矫正的。抓住这个或那个小弊端,揭露它,将它送到英国的一个陪审团面前,就万事大吉了,这就是他的观点。狄更斯至少不会幻想你把脓疱割掉就算是把它治好了。在他的作品中,每一页你都可以看到,他意识到这个社会从根源上出了问题。当你问出"是哪个根源"这句话时,你就开始理解他的立场了。

事实上,狄更斯对社会的批判几乎都是在道德层面上的。因此，他的作品里根本没有什么有建设性的意见可言。他批判法律、议会政府、教育体制等等等等，但从未明确指出他准备用什么去替代。当然，一个作家或讽刺家并没有义务提出有建设性的意见，但关键是，狄更斯的态度说到底并非一味只是破坏。他没有明确地表示要推翻现存的社会秩序，或他相信推翻这个社会将会带来很大的改观，因为事实上他的目标并非改造社会，而是改造"人性"。很难在他的作品中找出某一章节在批评经济制度在整体上出了问题。比方说，他从不批判私人企业或私有财产。甚至在《我们共同的朋友》这本讲述死者的力量通过愚蠢的遗嘱影响活人的书里，他也没有想到要表明个人不应该掌握这种不负责任的力量。当然，你可以自己得出这么一个结论，你也可以从《艰难时世》里庞德贝的遗嘱中再次得出这一结论。事实上，从狄更斯的全部作品中你可以得出自由放任的资本主义充满邪恶这个结论，但狄更斯自己并没有作出这一番结论。据说麦考利①拒绝评论《艰难时世》，因为他不赞同其"忧愤的社会主义"。显然，麦考利对"社会主义"这个词的理解就像二十年前素食主义或立体主义画作被称为"布尔什维克主义"一样。这本书里没有哪一行文字可以被恰如其分地被称为"有社会主义倾向"；事实上，要真的说它有政治倾向，它的倾向是支持资本主义，因为它的整体道德说教就是资本家应该仁慈，而不是鼓励工人应该进行反抗。庞德贝是一个好吹牛的恶霸，而葛拉格林一直是道德上的白痴，但如果他们没有那么卑劣的话，这个体制就可以运作良好。这就

---

① 托马斯·巴宾顿·麦考利（Thomas Babington Macaulay，1800—1859），英国历史学家、政治家，代表作有《英国史》、《论马基雅弗利》等。

是该书从头到尾隐含的意思。就社会批判而言，没有人能从狄更斯的作品里找出比这更深入的见解，除非他刻意要曲解狄更斯的思想。他所要表达的全部"信息"乍一看就像一篇冗长的陈词滥调：如果人人都能体面行事，世界就会变得美好。

自然，这就需要少数有权有势的角色能做出体面的事情。因此，"有钱的大善人"这种狄更斯式的人物反复不停地出现。这种人物在狄更斯乐观的早年作品中屡见不鲜。他经常会是一个"商人"（我们不需要了解他究竟从事什么行当），他总是一个无比仁慈善良的老绅士，到处奔波忙碌，给雇员们涨工资，抚摸孩子们的头，把欠债人保出监狱，扮演着救苦救难神仙教母的角色。当然，他纯粹是一个梦幻中的人物，现实生活中根本找不到这样的人，比士括尔斯或米考伯更加不切合现实。就连狄更斯有时也意识到，一个热衷于慷慨解囊的人本来就不应该会是有钱人。比方说，匹克威克先生以前是"城里人"，但很难相信他能在那里发财。但是，这个角色就像草蛇灰线一般在他早期大部分作品中贯穿始终。匹克威克、切里伯一家、老崔述伟、斯克鲁奇——同样的人物反复不停地出现，有钱的大善人在派发金币。但是，在这方面狄更斯确实展示出进步的迹象。在他中期的作品里，这类有钱的大善人在某种程度上消失了。在《双城记》或《远大前程》里没有安排这一类角色——事实上，《远大前程》明确地对"施舍"提出了批判——在《艰难时世》中，这个角色由改过自新的葛拉格林来扮演，描写很含糊暧昧。这个角色在《小杜丽》和《荒凉山庄》中分别以米格尔斯和约翰·詹迪斯这两个绝然迥异的形象再次出现——你或许可以加上《大卫·科波菲尔》里面的贝奇·特洛伍德。但在这几本书里，有钱的大善人从"商贾阶层"矮化成了"食利阶层"。这是意味深远的事情。食利阶层是有产阶级的一部分,他们能让别人为他们工作,而且几乎不知道这一点,但他们并没有直接的力量,不像斯克鲁奇或切里伯一家那样通过给大家涨工资把问题摆平。从五十年代狄更斯所写的那非常消沉的作品中或许可以得到这么一个结论:到了这一时期,他已经意识到善良的好人在堕落的社会里的无助。然而,在他最后一部完整的作品《我们共同的朋友》中(于 1864 年 5 月出版),有钱的大善人以博芬的形象重新闪亮登场。博芬原本是个无产者,因为继承了一笔遗产而成为有钱人,但他是那些司空见惯的"天外救星"①,到处撒钱解决每个人的问题。他甚至像切里伯一家"到处奔走"。从几个方面来说《我们共同的朋友》回归了狄更斯早期作品的路数,而且这个回归并不算不成功。狄更斯的思想似乎兜了一个完整的圆圈。再一次,个人的良知成了包治百病的灵丹妙药。

狄更斯对他那个时代一桩可怕的罪恶很少提及,那就是童工。在他的书里有许多对遭受痛苦折磨的孩子的描写,但他们遭受折磨的地方是学校而不是工厂。他对童工唯一仔细的描写是《大卫·科波菲尔》中年幼的大卫在"摩德斯通和格林比货仓"洗瓶子。这当然就是对狄更斯本人十岁时的生活的描写,他曾经在斯特朗大街的沃伦鞋油厂工作过,情况和这里所讲的很相似。那对他来说是一段十分苦涩的回忆,一部分是因为他觉得这件事有辱父母的颜面,他甚至对妻子隐瞒了这件事,直到婚后很久才告诉了她。回首这段往事,他在《大卫·科波菲尔》里面写道:

① 原文是拉丁文"*deus ex machina*"。

即使到了现在，我仍对此事觉得诧异，在那么小的年纪就被轻易地扔出家门。一个能力出众、善于观察、敏捷、热情、斯文的孩子很快就遭受到身心的创伤。我觉得很奇怪，没有人对我有所表示。什么也没有发生。十岁的时候我成了一个小童工，在摩德斯通和格林比货仓打工干活。

在描述完和他一同工作的粗野的孩子后，他再次写道：

当我沦落到与这帮人为伍时，没有言语能够表达灵魂那种隐秘的痛苦……我觉得我成为一个有学问的精英这个希望在我的心中被碾碎了。

显然，说出这些话的人不是大卫·科波菲尔，而是狄更斯本人。在几个月前开始动笔却又搁置的自传里，他写了几乎只字不差的内容。狄更斯说，一个有天赋的孩子不应该每天干十个小时往瓶子上贴标签的工作，这当然是对的；但他并没有说，任何孩子都不应该遭受这样的命运，而且没有理由能够推断他有这个想法。大卫逃离了货仓，但米克·沃克和"粉土豆"还有其他孩子仍然在那里，而没有迹象表明狄更斯对此感到特别难过。和平时一样，他所展现的是，他不知道社会的结构是可以改变的。他鄙夷政治，不相信议会能促成什么善事——他曾在议会当过速记员，那无疑是一段让他幻灭的经历——他对那时候最有希望的工会运动抱有一点敌意。在《艰难时世》里工会运动被当成比敲诈勒索好不了多少的事情，之所以会发生是因为雇主不能像家长那么和蔼。史蒂芬·布莱克普尔不肯加入工会在狄更斯眼中是一种美德。而且，杰克逊先生已经指出，在《巴纳比·拉奇》中，西姆·塔佩蒂所属的学徒协会或许是对狄更斯时代所有非法或勉强合法的工会那些秘密集会及暗语等事情的攻讦。显然，他希望工人们有好的待遇，但没有什么迹象表明他希望工人们靠自己的双手把握命运，而最不应该做的，就是以公开的暴力形式抗争。

实际上，狄更斯在《巴纳比·拉奇》和《双城记》这两本小说里描写了狭义的革命。《巴纳比·拉奇》里描写的实际上是暴动而不是革命。1780 年的"戈登暴动"①虽然有坚持宗教理念作为借口，似乎不过是一场茫无目标的劫掠。狄更斯的初始想法是将这次暴动的领袖写成三个从疯人院里逃出来的疯子，不难看出他对这种事情的态度。他后来没有这么做，但书中的主角的确是一个村野白痴。在描写暴动的那几章里，狄更斯流露出对民众的暴力怀有刻骨的恐惧。他津津有味地描写着人群中的那些"渣滓"兽性大发地为非作歹。这些章节描写了很有趣的心理，因为它们表明狄更斯深刻地思考过这个问题。他所描写的事情只能是出自他的想象，因为在他这辈子里没有发生过同等规模的暴动。例如，这里有一段他的描写：

　　即使贝德兰疯人院②的大门统统打开，也不会像那个疯狂的夜晚一样涌出这么多疯子。有人在花圃上蹦跳着践踏

---

① 戈登暴动(The Gordon Riots)，指发生于 1780 年法国的反天主教运动，是天主教徒与新教徒之间的宗教冲突，1779 年贵族乔治·戈登(George Gordon)成为新教徒协会的主席，反对教皇至上令，领导了此次暴动，因而得名。政府派出军队镇压，造成约 500 人伤亡。
② 贝德兰皇家医院(the Bethlem Royal Hospital)，是英国第一所专门收治精神病人的医院，后来成为疯人院的代名词。

着，仿佛是在践踏着敌人，将它们的茎梗扭断，就像野人拗断人的脖子。有的人把点着的火把扔到空中，掉到他们的头上和脸上，在皮肤上烧灼出又深又丑的烧伤。有的人冲向火堆，在火中比划着划桨的姿势，似乎在水上划船。其他人被死死拉住才不至于栽入火中以满足他们对死亡的渴望。有一个醉酒小伙子——看他的样子还不到二十岁——躺在地上，嘴里叼着酒瓶，屋顶的铅片像液体的火焰一般倾泻而下到他的脑壳上，白热的铅像熔化蜡烛一样熔化了他的脑袋……但在这一帮吵吵闹闹的暴民中，没有人从这一幕幕情景中心生怜悯，或觉得恶心，也没有人对这些暴烈、愚蠢、毫无理智的暴行感到倒胃作呕。

你或许会以为自己是在阅读一篇佛朗哥将军的走狗描写的"赤化"西班牙的文章。当然，你必须记住，当狄更斯写下这段文字时，伦敦的"暴民"依然存在。（如今已经没有暴民了，只有一帮乌合之众。）低工资和人口的增长变迁造成了庞大而危险的贫民窟无产者，而直到十九世纪中叶才有了警察。当砖块开始飞舞时，除了紧闭窗户和命令军队开火之别无他法。在《双城记》中，狄更斯描写了确有其事的革命，他的态度有所不同，但并非全然不同。事实上，《双城记》是一本容易形成不实印象的书，过了一段时间之后尤其如此。

每个读过《双城记》的人都记得的一件事情，就是"恐怖统治"。整本书被断头台所统治——高声穿梭的运尸车、血腥的铡刀、滚进筐子里的头颅、狰狞的老太婆一边看着砍头一边织毛衣。确实，这些场景只是出现在几个章节里，但描写极具张力，而全书的其它部分则很拖沓。但《双城记》并不是《红花侠》的姐妹篇。狄更斯清楚地认识到法国大革命注定会爆发，许多被处死的人纯属罪有应得。他写到，如果你像法国贵族那样行事，必定会遭到报应。他一再重复着这一点。我们总是被这样的文字所提醒："我的主子舒舒服服地躺在床上，四个身穿制服的男仆服侍他喝巧克力，外面的农民却在忍饥挨饿。而森林里某处一棵树正在成长，很快就会被锯成木板，搭建起他的断头台。"有了这些原因，恐怖时期便不可避免了，并以最清晰的语句表述了出来：

> 以这种方式去谈论这场可怕的革命实在是太过分了，就好像它是天底下唯一没有经过播种的收获一样——好像它的发生是没有来由的，或其来由可以忽略不计一样——就好像没有观察者看到数百万悲惨的法国人和那些原本可以让他们获得繁荣却没有被善加利用，而是被滥用的资源，在多年之前就预见到这种事情的发生是不可避免的一样，就好像他们没有将看到的一切以明明白白的话加以记录一样。

还有：

> 所有自从想象被记录之后能被想象得到的饕餮无厌的怪物，都结合为一体，化身为断头台的形象。法国有多种多样的土壤和气候，却没有一根青草、一片树叶、一条树根、一口泉水、一粒胡椒能像这段恐怖时期一样在水到渠成的情况下必然会发生。用铁锤将人性砸得稀巴烂，它将以同样的扭

曲形态再次出现。

换句话说，法国贵族是在自掘坟墓。但是，这里并没有现在被称为历史必然性的认识。狄更斯知道凡事有因必有果，但他认为这些原因或许是可以避免的。法国大革命是因为法国农民遭受了几个世纪的压迫，过着非人的生活而发生的。如果邪恶的贵族能够像斯克鲁奇那样改邪归正，革命就不会发生，没有扎克雷起义①，没有断头台——那就会好得多。这是与"革命"态度相悖的。从"革命"观点看，阶级斗争是进步的主要动力，因此贵族们剥削农民，迫使他们进行暴动是在扮演着必要的角色，就像把贵族送上断头台的雅各宾派一样。狄更斯从未在哪里写过一行可以理解为这种意思的文字。在他看来，革命只是暴政催生的一个恶魔，总是以吞噬它的制造者而告终。西德尼·卡尔顿在断头台的脚下预见到德法奇和其他恐怖统治的领导人也将全部在同一把铡刀下丧生——事实上，这的的确确发生了。

狄更斯认定革命就是一头怪兽。这就是为什么每个人都记得《双城记》中的革命场景。它们就像噩梦一样，而那是狄更斯本人的噩梦。他一次又一次地描写毫无意义的革命的恐怖——大屠杀、公义沦丧、令人提心吊胆的无处不在的间谍、嗜血的恐怖暴民。那些对巴黎暴民们的描写——比方说，他描写了在九月大屠杀之前一群群杀人凶手争相围着磨刀石打磨自己的凶器，准备痛宰囚犯的场面——超出了《巴纳比·拉奇》中的任何描写。在他

---

① 扎克雷起义（Jacquerie rebel），指 1358 年的法国农民起义。扎克雷（Jacquerie）源自 "Jacques Bonhomme"（法国农民的服饰），后来，扎克雷一词用于泛指农民起义。

眼中，那些革命者只是堕落的野蛮人——事实上，他们就是一群疯子。他以高度的、奇妙的想象力描写他们的疯狂。例如，他描写他们跳着"卡玛尼奥之舞"①：

> 这里至少得有五百个人，就像有五千个魔鬼在跳舞……他们伴随着流行的革命歌曲起舞，一同咬牙切齿，营造出恐怖的气氛……他们前进、后退，互相拍手、互相抓头，单独转圈圈，抓住对方，成双成对地转圈圈，直到许多人倒了下去……突然间，他们停了下来，一动不动，然后重新开始。他们排成几行，宽度覆盖了整条街道，头颅低垂，双手高举，尖声大叫着横冲直撞。没有什么打斗能有这种舞蹈一半的恐怖。那是一种如此堕落的举动——曾经纯洁无辜的举动，却完全受到魔鬼的蛊惑。

他甚至写到这些恶棍当中有几个人喜欢砍孩子的头。你应该完整读完我上面所节选的段落。它和其他章节表明狄更斯对革命歇斯底里的恐惧有多么深。比方说，请留意"头颅低垂，双手高举"这样的笔触，还有它所呈现的恐怖的景象。德法奇夫人确实是一个可怕的人物，肯定是狄更斯所塑造的反派中最成功的一个。德法奇等人只不过是"在旧世界的废墟中崛起的新的压迫者"，革命法庭被"最低俗、最残忍、最卑劣的人"所主宰，等等等等。由始至终狄更斯刻意在描写革命时期梦魇般的不安全感，

---

① 卡玛尼奥之舞(the 'Carmagnole)是法国大革命时期兴盛一时的歌曲《卡玛尼奥之歌》(La Carmagnole)的伴舞，歌词的内容是讽刺法国路易十六的王后玛丽·安托瓦内特(Marie Antoinette)的专横骄奢。

在这方面他展现了非凡的预见性："有罪推断的法律将自由和生命的一切保障剥夺殆尽，把无辜的好人交给了罪孽深重的坏人，监狱里关满了奉公守法的良民，他们没办法获得聆讯的机会。"——这种情况用在当前几个国家实在是非常贴切。

为革命辩护的人通常总是试图将革命的恐怖轻轻带过，而狄更斯的动机则是将其夸大——从历史的观点看，他确实夸大其词了。即使是恐怖时期也远远没有他所描写的那么恐怖。虽然他没有列举数字，但他让读者觉得这是一场持续了多年的疯狂大屠杀，而这场恐怖所造成的所有死亡的数字比起拿破仑发动的一场战役根本就是小儿科。但血淋淋的铡刀和来来回回的运尸车在他的心目中形成了一幕特别邪恶的景象，并成功地传递给了一代代的读者。由于狄更斯的描写，就连"拖车"①这个词听起来也显得格外凶险，我们忘记了"拖车"只是一种农车而已。时至今日，对于普通英国民众来说，法国大革命就是堆成金字塔形状的血淋淋的头颅。奇怪的是，狄更斯比与他同一时代的英国人对大革命的理念怀有更深切的同情，却对造成这一印象起到了如此大的作用。

如果你痛恨暴力又不相信政治，唯一的救赎就是教育。或许社会已经无可救药，但希望总是存在于个别人身上——如果你能从小就对其进行教育的话。这个信念在部分程度上解释了狄更斯关心童年的原因。

没有哪个人，至少没有哪个英国作家，在描写童年上比狄更斯更出色。虽然从那时开始到现在积累了很多知识，虽然如今孩

---

① 原文是"tumbril"。

子们被相对理性地对待，但没有一个小说家展现出进入孩子的思想的同等能力。我第一次读到《大卫·科波菲尔》的时候大概才九岁。开头几章的氛围立刻让人觉得似曾相识，让我隐约觉得它们出自一个小孩子的手笔。但当一个人长大了再重读这本书，比方说，见到摩德斯通一家从可怕的巨人矮化成滑稽的小丑，这些章节依然魅力不减。狄更斯能自由穿梭出入于孩子的思想，同一个情景可以显得既荒诞滑稽又恐怖真实，视读者的年龄而定。比方说，看看大卫·科波菲尔被冤枉偷吃了羊肉的那一幕，或《远大前程》里面皮普从赫维莎姆小姐的家里回来，发现自己完全没办法描述自己所目睹的情景，于是编出了一系列荒诞不经的谎言——当然，这些谎言被信以为真。童年的孤独感跃然纸上。而且他无比准确地记录了孩子的思维图像化和对某些印象特别敏感的心理机制。他讲述了他小时候对亡故双亲的印象是从他们的墓碑上形成的：

> 父亲的墓碑上的字体让我产生了古怪的印象，觉得他是个矮壮黝黑、长着国字脸和黑色卷发的男人。从"其妻乔治安娜合葬于此"这几个字的字体和笔锋，我得出一个幼稚的结论：我妈妈是一个长着雀斑的病恹恹的女人。在他们的坟墓旁边是五个大约一尺半长的菱形小石碑，摆成了整齐的一行，那是纪念我那五个早夭的小兄弟。我有一个类似于宗教的信念，那就是，他们是躺着生下来的，双手插在裤袋里，一直没有把手伸出来过。

在《大卫·科波菲尔》里有类似的章节。咬了摩德斯通先生的手后，大卫被送去学校，还被逼在背上挂着一块牌子，上面写着"小心，他会咬人"。他看着操场上那扇男生刻着名字的大门，从每个人的名字的字体他似乎就知道那个男孩在朗读牌子时的腔调：

> 有一个男孩——名叫斯蒂尔沃思——把名字刻得特别深特别多，我想他一定会很大声地念出来，然后揪住我的头发。还有一个名叫汤米·特拉德斯的男孩，我很怕他会以此为乐，假装很害怕我。第三个男孩叫乔治·邓波儿，我猜想他会像唱歌一样把那些字念出来。

我小时候读到这一段时，觉得那些特别的名字确实会勾起这样的想象，原因当然是这些名字的读音引起的联想（邓波儿【Demple】与"寺庙"【temple】听起来很像；特拉德斯【Traddles】——或许与"仓皇而逃"【skedaddle】很像）。但在狄更斯之前有多少人注意到像这样的事情呢？对孩子抱以同情的态度在狄更斯的时代要比在现在罕见得多。十九世纪早期是孩子们生不逢时的时代。狄更斯年轻时孩子们仍然"在刑事法庭受到庄严的宣判，他们被高高举起示众"，十三岁的孩子因为小偷小摸而被处以绞刑直到不久前才废止。要让孩子"俯首帖耳"的信条盛行一时，《费尔柴尔德一家》直到那个世纪末仍是标准儿童读物。这本可恶的书如今的发行本被删节得所剩无几，但其全本很值得一读。它让你对孩子们有时候所受的管束严苛到何种程度有所了解。譬如说，当费尔柴尔德先生逮到他的孩子们吵架时，先是把他们鞭打一顿，每用藤条抽一鞭嘴里就念叨着瓦茨医生说过的一句话:"让你们这些狗崽子乱吠乱咬",然后把他们带到吊着杀人犯腐尸的绞刑架下面呆上一个下午。在十九世纪的前半叶,成千上万的儿童,有的才六岁大,真的在煤矿和纺纱厂里工作到活生生累死。而就连在时髦的公学里,学生也会因为在背诵拉丁诗句时犯了一个错误而被鞭子打得鲜血直流。狄更斯似乎认识到一个大部分同时代的人没有认识到的问题,那就是鞭笞的性虐待成分。我觉得可以从《大卫·科波菲尔》和《尼古拉斯·尼克贝》中推测出这一点。但对一个小孩进行精神虐待和肉体虐待一样让他义愤填膺。他笔下的学校教师基本上都是恶棍,虽然有几个是例外。

除了大学和几所大型公学之外,当时英国的每一种教育都遭到狄更斯的抨击。其中有布林伯博士的学院,在那里小男生被希腊文灌输得几乎快炸开了;还有那时候令人作呕的慈善学校,培养出了像诺亚·克雷波尔和尤莱亚·希普这样的人;还有塞伦学校和多斯比男校,以及沃普索先生的姑婆办的那所寒酸的女子学校。狄更斯所讲述的情况甚至到了今天仍是事实。塞伦学校是现代"预科学校"的老祖宗,其现况仍然与之非常相像。至于沃普索先生的姑婆办的那间学校,在几乎每座英国小镇里仍有同样的骗局在进行。但是,和往常一样,狄更斯的批判既没有建设性也没有破坏性可言。他明白以希腊词汇和末梢涂了蜡的鞭子为基础的教育体制的愚昧;另一方面,他认为五六十年代出现的孜孜求实的"现代"学校也一无是处。那么,他到底想要什么呢?和往常一样,他想要的似乎是现存的事物的道德化版本——旧式的学校,但没有鞭笞,没有欺压,没有饿肚子,没有那么多希腊文课程。大卫·科波菲尔逃离摩德斯通和格林比的学校后去的那所斯特朗博士的学校就是没有那些缺点又有浓厚的"旧灰石"气氛的塞伦学校：

> 斯特朗博士的学校是一间优秀的学校，与克里科尔先生的学校完全是善与恶的不同。它非常肃穆，布置得整整有条，而且制度健全，一切都有利于激发男生的荣誉感和诚实……产生了奇迹般的效果。我们都觉得自己对学校的管理和维持它的校风与尊严起到了一定的作用。因此，很快我们就对它产生了热情——我很肯定自己就是其中的一员，而且我从来不知道有哪一个男生不是这样——用心学习，渴望为学校争取荣誉。课余的时候我们进行高贵的游戏，畅享自由，即使在那个时候，我们也受到镇里人的赞许，几乎从来没有人因为仪表或举止给斯特朗博士或斯特朗博士的学校抹黑。

从这一段零乱含糊的话你可以看出狄更斯完全缺乏任何教育理论。他能想象出一所好学校的道德氛围，但也就仅此而已。孩子们"用心学习"，但他们学的是什么？毫无疑问，他们学的是布林伯博士的课程，只是略打折扣。考虑到狄更斯的小说里到处暗示着他对社会的态度，你不能不惊诧于他居然把大儿子送去了伊顿公学，还让所有的孩子都完成了死板冗长的正规教育。基辛似乎认为他这么做是因为他痛苦地意识到自己没读过多少年书。这里基辛或许受到了自己对于古典教育的喜爱的影响。狄更斯基本上没有受过正规教育，但他并没有失去什么，大体上他似乎对这一点是清楚的。如果他想象不出一所比斯特朗博士的学校更好的学校，或在现实生活中比伊顿公学更好的学校，这应该归结于一种智识上的缺陷，而不是基辛所指出的那个原因。

狄更斯对社会的每一个批评似乎都着眼于精神上的改变，而不是结构上的改变。要想断定他提出过什么具体的解救措施是徒劳的，而要判断出他的政治信念更是没有希望。他的方针总是停留在道德层面上，而他的态度可以用他认为斯特朗的学校与克里科尔的学校之间的区别就像是"善与恶的不同"那句话进行总结。两个事物可以非常相似，却又有天壤之别。天堂和地狱只在一念之间。改变制度而不"改造人心"是无济于事的——这就是贯穿其作品的主旨。

要只是这样的话，他或许只不过是一个粉饰太平的作家，一个反动的骗子。"改造人心"其实是那些不想改变现状的人的借口。但狄更斯除了在一些小事情上之外并不说假话。一个人读完他的作品后最强烈的印象是他对暴政的仇恨。前面我说过，狄更斯不是一个公认意义上的革命作家。但仅限于道德的社会批评并不一定就不如时下流行的政治经济批判"革命"——毕竟，革命意味着颠覆一切。布莱克不是政治家，但他那首诗"我漫步走过每一条特许的街道"要比四分之三的社会主义文学更理解资本主义社会的本质。事实上，进步不是幻想，但它很缓慢，而且总是令人失望。总是有一个新的暴君在等着接替旧的暴君——通常来说没有前任那么坏，但仍然是个暴君。因此，有两个论点总是成立的。第一个观点是，你不改变社会体制，又谈何改良人性？第二个观点是，在人性没有变好之前，改变体制又有什么用呢？这两个观点吸引了不同的个体，而且在一定的时候有轮番出现的趋势。道德家和革命者总是在互相攻讦诋毁。马克思在道德者的立场下埋了一百吨的烈性炸药，我们仍然生活在那震聋发聩的爆炸的回音里。但不知道在什么地方，工兵队已经在动手，新的炸药正在填埋，准备把马克思炸到月球上。然后马克思或别的类似他的人物，将带着更多的炸药卷土重来，这一过程反复进行，至于会是什么样的结局我们都无法预料。最重要的问题——如何防止权力的滥用——并未得到解决。狄更斯并不知道私有财产是进步的障碍，但他知道"如果人们能体面地行事，世界就会变得体面起来"并不是一番陈词滥调。

二

或许比起大部分作家，狄更斯可以更完整地用他的社会出身进行诠释，虽然你很难从他的小说里推断出他的家族史。他的父亲是政府文员，通过他母亲的家庭关系，他在陆军和海军里都认识人。但从九岁起他就在伦敦长大，周围都是些生意人，大体上总是挣扎在贫困线上。在思想上他属于城郊的小资产阶级，而他碰巧是这个阶层里的一个特别好的样本，所有的"特点"都高度发达。这也是造就他成为如此有趣的一个人的原因之一。如果要在现代作家中找到相似的人，最接近的是赫伯特·乔治·威尔斯，他的生平与之非常类似，而且作为小说家，在某些方面继承了狄更斯的衣钵。阿诺德·本涅特也基本上是同样的人，但和他们俩不一样，他出身于制造业和非英国国教背景，而不是商业和英国国教背景。

作为生活在郊区的小资产阶级的一大缺点，或许也是一个优点，是他局限的世界观。他认为世界就只是中产阶级的世界，在此之外的一切要么可笑，要么有点邪恶。一方面，他没有与工业或农业接触的经验；另一方面他和统治阶级没有往来。任何人只要细读过威尔斯的作品就会发现虽然他视贵族如寇仇，但他对财阀并不特别反感，而且对无产阶级没有热情可言。他最痛恨的人，认为应该对一切罪恶负责的人，是国王、地主、牧师、民族主义者、士兵、学者和农民。乍一眼看上去这张由国王始至农民终的清单有点像大杂烩，但事实上所有这些人都有着一个共同的特征。他们都是旧时代的人，被传统束缚，眼睛只看着过去——而新崛起的资产阶级则刚好相反，他们把赌注押在未来上，历史在他们眼中只是不能变卖的资产。

事实上，虽然狄更斯生活在资产阶级崛起的时代，但他在这方面所展现的特征并没有威尔斯那么强烈。他几乎毫不关心未来，对于田园风光却有着一种漫不经心的热爱（"古意盎然的教堂"等等）。不过，他最痛恨的人的清单与威尔斯的清单惊人地相似。他似乎与工人阶级站在同一阵营——对他们怀有某种笼统化的同情，因为他们是被压迫的人——但实际上他对他们了解甚少。他们在他的作品中主要是仆人，而且是可笑的仆人。在天平的另一端，他痛恨的是贵族——而且还包括大资本家，这一点要比威尔斯好一些。他的同情以匹克威克先生为上限，巴基斯先生为下限。但狄更斯所痛恨的"贵族"一词含义很模糊，需要加以澄清。

事实上，狄更斯的批判对象并不是那些大贵族，他的书里很少写到这类人，写得比较多的是他们的旁支，居住在梅菲尔区破烂公寓里靠接济度日的遗孀、官僚和职业军人。在他的所有作品中有着对这类人不胜其数的怀着敌意的描写，几乎没有任何善意可言。比方说，地主阶级里基本上没有一个好人。可能只有莱斯特·戴洛克爵士勉强算是个例外，此外就只有沃德尔先生（他是个老套角色——一个"善良的老乡绅"）和《巴纳比·拉奇》中的赫尔戴尔，他得到狄更斯的同情，因为他是一个遭受迫害的天主教徒。士兵（包括军官）基本上也没有好人，而海军更是如此。至于他笔下的官僚、法官和地方行政官，大部分人到了"兜圈办"①会觉得很自在。狄更斯唯一示以善意的官员是警察，这实在耐人寻味。

　　狄更斯的态度在英国人看来是很好理解的，因为这是英国清教徒传统的一部分，直到今天还没有湮灭。狄更斯所属的阶级，或至少是他安身立命的阶层，在经过几个世纪的低调后突然间暴富起来。这个阶层主要在大城镇蓬勃发展，与农业没有联系，在政治上毫无作为，按照它的经验，政府不是在干涉他们就是在迫害他们。因此，这是一个没有公共服务传统，没有作出什么贡献的阶层。现在让我们对这个新冒起的财大气粗的阶层觉得惊讶的是，他们完全不负责任。他们只在乎个人的成功，对社区几乎不闻不问。另一方面，一个泰特·巴纳克尔式的官僚②即使在玩忽职守时，心里也知道所罔顾的职守到底是什么。狄更斯绝不是一个不负责任的人，更加不会奉行一心捞钱的斯迈尔斯③的信念，但在他的内心深处，他总是觉得整个政府机制没有存在的必要。议会

---

① "兜圈办"（the Circumlocution Office），狄更斯在《小杜丽》中杜撰的一个政府机构，鞭挞英国政府的官僚主义和文牍作风。
② 泰特·巴纳克尔（Tite Barnacle），《小杜丽》中在"兜圈办"任职的人物，象征碌碌无为的官僚。
③ 萨缪尔·斯迈尔斯（Samuel Smiles，1812—1904），苏格兰励志作家，代表作有《自助》、《论节俭》、《生命与劳动》等。

只有库德尔爵士和托马斯·杜德尔爵士在唱双簧，大英帝国只是贝格斯托克少校和他的印度仆人在演二人转，陆军只是乔瑟上校和斯拉莫医生在侃相声，公共服务只有一连串的错误和让人晕头转向的兜圈办——等等等等。他没有看到的，或只是断断续续看到的是，库德尔和杜德尔以及其他从十八世纪遗留下来的僵尸正在执行匹克威克和博芬根本不会去在乎的职责。

　　当然，这种目光上的狭隘对他来说在某种意义上是好事，因为一个讽刺画家了解太多是很要命的。从狄更斯的观点看，"上流"社会就是一群乡村愚夫愚妇的集合。他们都是些什么人啊！蒂萍丝夫人！高文太太！威利索夫爵士！鲍勃·斯塔布斯阁下一家！斯巴丝夫人（她的丈夫是一个小偷）！像泰特·巴纳克尔那样的官僚！努普金斯！这基本上就是一本疯癫症的手册。但与此同时，他与地主—军人—官僚阶级的疏离让他没有能力进行全面的讽刺。只有当他把他们描写成精神有缺陷的人物时他才获得了成功。狄更斯在世时总是有人抨击他，说他"写不出一个绅士"，这一批评虽然滑稽，但从这个意义上讲并没有错，他攻讦"绅士"的那些话很少有真正的杀伤力。比方说，莫尔伯利·霍克爵士就是一次对坏男爵失败的刻画。《艰难时世》里的哈瑟豪斯要好一些，但对于特罗洛普①或萨克雷②来说只是普通的成就。特罗洛普的思想几乎跨不出"绅士"阶级的圈子，但萨克雷的有利条件在于他生活在两个道德群体中。从某种程度上说，萨克雷的世界观

---

　　① 安东尼·特罗洛普（Anthony Trollope，1815—1882），英国作家，代表作有《三个小职员》、《巴切斯特塔》、《美国参议员》等。
　　② 威廉·梅克皮斯·萨克雷（William Makepeace Thackeray，1811—1863），英国作家，以讽刺作品著称，代表作有《名利场》、《男人的妻子们》、《菲利普历险记》等。

和狄更斯类似。和狄更斯一样，他认同清教徒有产阶层，反对打牌欠债的贵族阶层。在他眼中，十八世纪延伸进入十九世纪的代表人物是邪恶的斯泰恩勋爵。《名利场》是狄更斯在《小杜丽》中几个章节的加长版本。从出身和接受教育这两个方面，萨克雷更加接近于他所嘲讽的那个阶层。因此，他能写出像潘登尼斯少校和罗尔丹·克罗利这样比较深刻微妙的角色类型。潘登尼斯少校是个肤浅的老势利鬼，而罗尔丹·克罗利是个心地歹毒的恶棍，觉得多年来欺负那些生意人没什么不对。但萨克雷意识到，根据他们自己扭曲的道德观念，他们都不是什么坏人。比方说，潘登尼斯少校从不开空头支票；罗尔丹肯定会这么做，但他不会在危难时刻丢下朋友不管。这两人如果上了战场都会是勇敢的人——这一点在狄更斯看来并没有什么吸引力。结果是，到了最后，你会觉得潘登尼斯少校很好玩，对他予以宽容，而对于罗尔丹则产生类似敬意的感觉。但是，你清楚地看到那种在上流社会的边缘溜须拍马和死乞白赖的生活绝对的腐朽性，这比任何抨击或责难更加有效。这一点狄更斯就做不到。在他的笔下，罗尔丹和潘登尼斯少校两人会矮化成传统的漫画人物。大体上，他对"上流"社会的攻讦只是流于表面。在他的作品中，贵族阶级和大资本家主要是作为一种"幕后的声音"而存在，是在舞台边上发出的哈哈哈的笑声，就像波兹斯纳普的晚宴宾客在谈笑风生。当他描绘出一幅真正精致而具有杀伤力的肖像时，就像约翰·杜利特或哈罗德·斯金普尔，那通常只是某个二流的次要角色。

狄更斯有一点非常突出，特别是考虑到他所生活的年代，那就是他没有庸俗的民族主义。所有进入民族国家阶段的人都会看不起外国人，但说英语的民族是最无礼的人这一点则没有什么疑问。从他们一旦充分了解某个外国民族就为他们起个侮辱性的外号这件事就可以看出这一点。沃普人①、达戈人②、弗罗基人③、方头人④、凯子⑤、滑头⑥、黑鬼、外国佬⑦、清朝人⑧、油头⑨、黄肚皮⑩——这些只不过是从中挑选出的一部分而已。在1870年之前这张清单可能要短一些，因为那时候的世界地图与现在的不一样，英国人只充分了解三四个外国民族。但针对这几个民族，特别是针对最为接近和最为痛恨的法国，英国人傲慢自大的态度令人无法忍受，至今仍有着"傲慢"和"仇外"的名声。当然，即使到了今天这两个指责也并非全无道理。直到最近，几乎所有的英国孩子都被教导去鄙视南欧民族，而学校的历史课上所教的都是英国获胜的战役。但你得读一读三十年代的《季度评论》才能知道什么是真正的自吹自擂。那时候英国人把自己吹嘘成"坚强的岛民"和"橡树坚实的芯木"，甚至一个英国人抵得上三个外国人被当成类似于科学的事实。贯穿十九世纪的始终，小说和幽默画报上都有"弗罗基人"这个传统的丑角——一个矮小滑稽的男人，留着一撇小胡须，戴着尖顶的高礼帽，总是在嘟嘟囔囔指手画脚，自负轻佻、喜欢吹嘘自己的军功，但一旦遇到真正的危险就逃之夭夭。他的对立面是"约翰牛"、"坚强的英国自耕农"或

① 沃普人（Wop），指南欧的意大利人。
② 达戈人（Dago），泛指西班牙人、意大利人和葡萄牙人。
③ 弗罗基人（Froggy），对法国人的蔑称。
④ 方头人（Squarehead），指德国或斯堪的纳维亚人
⑤ 凯子（Kike），对犹太人的蔑称。
⑥ 滑头（Sheeny），对犹太人的蔑称。
⑦ 外国佬（Wog），尤指东方国度的国民。
⑧ 清朝人（Chink），对中国人的蔑称。
⑨ 油头（Greaser），对东方人的蔑称。
⑩ 黄肚皮（Yellowbelly），对亚洲人的蔑称。

（更有公学色彩的说法）"坚强沉默的英国人"，像查尔斯·金斯利、托马斯·休斯和其他人。

以萨克雷为例，他也有这种观念，虽然有时候他看得很透彻，对此大加嘲讽。他在心目中牢牢地记住了一个史实，那就是，滑铁卢战场的胜利者是英国。读他的书时你总是动不动就会被提醒这件事。他觉得英国人是不可战胜的，因为他们力大无穷，都是吃牛肉吃出来的。和他那个时代的大部分英国人一样，他有种奇怪的幻觉，以为英国人要比其他民族块头大一些（而事实上，萨克雷的体格确实要比大部分人来得高大），因此他写下了这样的章节：

> 我跟你说，你比法国人强。我甚至可以跟你打赌，正在读这本书的你身高肯定不止五尺七寸，体重达十一英石；而一个法国人只有五尺四寸高，体重不足九英石。法国人吃的是一盘菜，而你吃的是一盘肉。你是与之不同的更优越的人种——打败法国人的人种（几百年来的历史已经向你证实了这一点）。等等等等。

在萨克雷的作品里到处是类似的段落。狄更斯就从来不会干出这种事情。要是说他从未取笑过外国人，那未免太夸张了。当然，和十九世纪所有的英国人一样，他对欧洲文化毫无感觉。但他从来不会像典型的英国人那样自吹自擂，说出"岛国民族"、"纯种斗牛犬"、"公义而团结的岛国"这类话。在整本《双城记》中，没有一句话可以理解为："瞧瞧这些坏心肠的法国人都做些了什么！"唯一他似乎展现出对于外国人的惯常仇恨的地方是《马丁·瞿述伟》中提到美国的章节。但是，这只是慷慨大方的心灵对于谎言所作出的反应。要是狄更斯活到今天，他会去苏俄走一趟，回来的时候写一本像纪德的《苏联归来》这样的书。但他没有把民族看成个体那样的愚蠢之见。他甚至很少拿民族开玩笑。比方说，他不会讥讽滑稽的爱尔兰人和威尔士人，这并不是因为他反对定型的角色和现成的笑话——显然，他并不反对这些。或许更重要的是，他没有表现出对犹太人的偏见。确实，他认为销赃赃的人是犹太人是天经地义的事情（见《雾都孤儿》和《远大前程》），在当时情况或许就是这样。但英国文学中直到希特勒上台之后方才平息的拿犹太人开涮的习惯在他的作品中并没有出现，在《我们共同的朋友》中他为犹太人辩护，态度很是虔诚，但不是很有说服力。

狄更斯没有狭隘的民族主义展现了他真正大度的精神，而这一部分源于他没有建设性的负面政治态度。他是个地道的英国人，但他几乎没有意识到这一点——当然，想到自己是一个英国人并不会让他觉得高兴。他没有帝国主义情怀，对外交政策没有明确的观点，对军国主义传统毫无感觉。在气质上他非常接近那些不信奉英国国教的小生意人，他们看不起"红衣兵"，而且觉得战争是邪恶的——这种看法固然片面，但说到底战争的确是邪恶的。值得注意的是，狄更斯即使在谴责战争时也很少对其进行描写。他有非凡的描述能力，能描写他从未见过的事物，但他从来没有描写过一场战斗，除非你把《双城记》中攻占巴士底狱的战斗也算在内。或许他对描写这一题材不感兴趣，而且他不相信战场是一个解决争端的地方。他的观点接近于中低阶层的清教徒思想。

三

狄更斯成长的时候过着几近穷苦的生活，对贫穷怀有恐惧。虽然他是个大度的人，他无法摆脱破落户那种特殊的偏见。他时常被称呼为一位"流行"作家，"受压迫的大众"的捍卫者。他就是这样的人，只要他认为他们是被压迫者，但他的态度受到两件事情的制约。首先，他是个英国南方人，而且是个伦敦佬，因此与真正受到压迫的工人和农民脱离了联系。看着另一个伦敦佬切斯特顿总是把狄更斯捧为"穷人"的代言人，而不知道到底谁是真正的穷人，实在是很有趣。对于切斯特顿来说，"穷人"意味着小店主和仆人。他说山姆·韦勒"是英国文学对英国特有的人民的描写中一个伟大的符号"，而山姆·韦勒是一个贴身男仆！另一件事情是，狄更斯早年的经历让他对无产阶级的粗鄙很是畏惧。每当他写到那些住在贫民窟的穷人中的穷人时，总是会明确无疑地暴露这一点。在写到伦敦贫民窟时，他的笔下总是流露出丝毫不加掩饰的厌恶：

> 这里的路肮脏狭隘，店铺和房屋破败凋零，人们衣不蔽体，酒气冲天，遍遍肮脏，丑陋不堪。蜿蜒的街道上，陋巷和拱道就像许多臭水潭发出呛人的恶臭，排出垃圾和生命。整个地方充斥着犯罪、污秽和苦难。等等等等。

在狄更斯的作品里有许多类似的章节。从这些章节中你会得出这样的印象：他所描写的整个下层群体都是化外之民。而如今教条派的社会主义者以同样的方式将一大批人轻蔑地斥为"流氓无产者"。

狄更斯对罪犯的了解并没有读者对他期许的那么高。虽然他很清楚犯罪的社会原因和经济原因，但他似乎总是觉得人一旦违反了法律，就等于自绝于人类社会了。在《大卫·科波菲尔》的后半段有一章写到大卫去监狱探望服刑的拉蒂默和尤莱亚·希普。狄更斯似乎认为那些可怕的"模范"监狱太人道了，而查尔斯·里德则在《浪子回头》里对此进行了令人难忘的抨击。狄更斯抱怨说那里的伙食太好了！每当他写到犯罪或最最低贱的贫穷时，他总是让人察觉到他那种"我总是得保持体面身份"的心态。在《远大前程》里，皮普对待麦格维奇的态度（显然就是狄更斯本人的态度）非常有趣。皮普一直知道自己亏欠了乔，但他并不觉得自己亏欠了麦格维奇。当他知道多年来一直在帮助他的人其实是个逃犯时，他感到无比的厌恶。"我对这个男人的憎恨，我对他的恐惧，我不愿接近他的反感，即使他是一头可怕的畜生都无法超越。"等等等等。从文章里你可以发现，这并不是因为皮普小时候在教堂墓地里被麦格维奇惊吓过，而是因为麦格维奇是一个罪犯和囚徒。皮普觉得他理所当然不能接受麦格维奇的钱，虽然这些钱并不是犯罪得来的，而是正当挣来的，但它们是一个曾经是囚犯的人的钱，因此是"肮脏的钱"，这一点更有"独善其身"的味道。从心理学的角度看这是没有错的。在精神刻画上，《远大前程》的后半部是狄更斯写得最好的作品。在读到这些章节时，读者会觉得："是的，皮普应该就会这么做。"但重点是，在对待麦格维奇这件事情上，皮普的态度就是狄更斯的态度，而他的态度说到底就是势利。结果就是，麦格维奇属于福斯塔夫那一类古怪的角色，或许像是堂吉诃德——比作者设想的更加可悲的角色。

在写到没有犯罪的穷人，那些普通的、体面的、辛勤劳动的穷人时，狄更斯的态度当然不是轻蔑鄙薄。他对像佩格蒂一家和普罗尼斯一家这些人怀有最真挚的敬意，但至于他是否能和他们平等相待则有待商榷。把《大卫·科波菲尔》第十一章和狄更斯自传的片段（一部分记载在《福斯特的一生》中）放在一起读会是很有趣的事情，在里面狄更斯所表达的对于鞋油厂经历的感觉要比在小说里所表现的强烈的多。在后来二十多年的时间里，这段回忆对他来说是那么痛苦，他宁肯绕路也不会经过斯特朗大街的那个地方。他说"经过那个地方时，虽然我最大的孩子都会说话了，我还是会哭出来"。这段文字很清楚地表明在当时和后来回顾时，最伤害他的，是被迫与"出身低微"的同事进行接触：

> 没有言语能够表达我和他们为伍时内心隐秘的痛苦，我每天见的这些人怎能比得上我那更加快乐的童年中所见到的人。但我在鞋油仓库也有一点地位……很快我的双手就和其他男孩子一样灵巧而熟练。虽然我和他们混得很熟，但我的言行举止和他们截然不同，让我们产生了隔阂。他们，还有那些大人，总是把我称为"那个年轻的绅士"。有一个人……和我说话时偶尔会叫我"查尔斯"。但我想，只有在我们非常亲近的时候他才会这样……保尔·格林曾经发起过一次反抗，不让人用"那位年轻的绅士"这个称呼，但鲍勃·法金很快就解决了他。

你看到，"我们之间有距离"是应该的。无论狄更斯多么钦佩工人阶级，他并不想变得和他们一样。考虑到他的出身和他所生活的时代，这也许是无可避免的。在十九世纪早期，阶级对立或许并不比现在更加尖锐，但阶级之间表面上的差别要大得多。"绅士"和"平民"似乎就像两个不同的物种。狄更斯站在穷人的立场反对富人确实是出于真诚，但要他不把工人阶级的外表看作耻辱几乎是不可能的事情。在托尔斯泰的一则寓言中，某个村子的农民会通过看手判断每一个到村子里来的陌生人，要是他的掌心因为劳动而变得硬邦邦的，他们就让他进去。要是他的掌心软绵绵的，他就被拒之门外。狄更斯会觉得这不可思议。他心目中的英雄掌心都是软绵绵的。他那些年纪轻轻的主人公们——尼古拉斯·尼克贝、马丁·瞿述伟、爱德华·切斯特、大卫·科波菲尔、约翰·哈蒙——总是那些被称为"活脱脱的绅士"的人。他喜欢赋予他们资产阶级的外表和资产阶级（不是贵族阶级）的口音。关于这一点的一个有趣的特征就是，他不肯让扮演正面形象的人物说起话来像个工人。一个像山姆·韦勒这样的滑稽角色，或像史蒂芬·布莱克普尔这样一个可怜虫说起话来可以带着土音，但年轻的主角总是操着一口英国广播电台式的口音，即使在会显得荒谬可笑的时候也是如此。以小皮普为例，他是由说着埃塞克斯郡乡音的人带大的，但他小小年纪说起话来就像英国上流社会的人。事实上，他说起话来应该像是乔伊，至少应该像葛吉瑞夫人。比迪·沃普索、莉兹·赫斯曼、希丝·祖普、奥利弗·特维斯特也是如此——或许你还可以加上小杜丽。即使是《艰难时世》里的瑞琪尔也几乎没有兰开夏口音，而就她的情况而言这是不可能的事情。

要理解一个小说家在阶级问题上的真正情感，有一件事情可以给予提示，那就是阶级与性发生碰撞时他所采取的态度。在这件事情上要说谎实在是太痛苦了，因此，这是无法守住"我不是一个势利鬼"的姿态的要害部位之一。

　　你可以看到，阶级差异最明显的地方就是肤色差异。在纯白人的社区里，某种像是殖民者的态度（"土著女人"可以随便上，但白人女人则神圣不可侵犯）以遮遮掩掩的方式存在，造成了双方尖锐的怨恨。当这个问题出现时，小说家常常就会回归到他们在别的时候会矢口否认的朴素的阶级情感。安德鲁·巴顿①的《克罗普顿人》这本业已被遗忘的小说就是一个很好的例子。显然，作者的道德观念与阶级仇恨交织在一起。他觉得一个有钱人勾引一个穷苦女孩是一桩暴行，是玷污清白之举，与她被同一阶层的某个男人勾引根本不可同日而语。特罗洛普曾两次写过这一主题（《三个小职员》和《阿灵顿的小屋》），你可以猜想得到，完全是从上流社会的角度出发。在他眼中，和吧女或女房东的女儿惹出了桃色风波只是必须摆脱的"纠缠"。特罗洛普的道德标准很严，他不允许勾引真的发生，但其隐含的意义总是，工人阶级女孩的感情并不是什么大不了的事情。在《三个小职员》中他甚至暴露了典型的阶级反应，说那个女孩"体味很重"。梅雷迪斯（《罗达·弗莱明》）的观点更是很有"阶级意识"。萨克雷则总是很犹豫。在《潘登尼斯》（范尼·博尔顿）中，他的态度基本上和特罗洛普一致，在《悲惨华丽的故事》中，他的态度则更接近梅雷迪斯。

---

　　① 安德鲁·巴顿（Andrew Barton），情况不详。

从特罗洛普、梅雷迪斯或巴顿如何处理"阶级—性爱"这一主题，你就可以把他们的社会出身猜个八九不离十。因此你也可以把这一套用在狄更斯身上，但和往常一样，你看到的是他更倾向于认同中产阶级而不是无产阶级。唯一一件似乎与这相矛盾的事件，是《双城记》中马奈特医生讲述一个年轻农村女孩的故事的手稿。然而，这只是一出古装剧，插进来的目的是为了解释德法奇夫人的不共戴天的仇恨，对于这份仇恨狄更斯并没有表示赞同。在《大卫·科波菲尔》中，狄更斯描写了一桩典型的十九世纪的勾引，阶级问题在他看来似乎并不是最重要的。维多利亚时代的小说有一条金科玉律，那就是性犯罪必将遭到惩罚，因此斯蒂福兹淹死在雅茅斯的沙滩上，但狄更斯、佩格蒂，甚至汉姆似乎都不认为斯蒂福兹因为是富家子弟而应该罪加一等。斯蒂福兹一家受阶级动机的驱使而行事——但佩格蒂一家并不是这样——即使斯蒂福兹太太与老佩格蒂发生争吵时也一样。当然，如果他们有阶级意识的话，他们就不但会像与斯蒂福兹对立，也会与大卫对立了。

在《我们共同的朋友》中狄更斯处理尤金·雷博恩和莉兹·赫萨姆的那段故事的手法非常写实，没有展现出阶级偏见。根据"放开我，你这个禽兽！"的传统路数，莉兹应该要么"一脚踢开"尤金，要么被他糟蹋，然后从滑铁卢大桥上投河自尽；尤金应该要么是个负心汉，要么是个与社会决裂的英雄。两人根本没有这么做。莉兹被尤金的求爱吓得竟从他身边跑开了，但几乎没有假装讨厌他的表白；尤金被她所吸引，却又太讲究体面，没有尝试去勾引她，又因为自己的家庭而不敢娶她。最后两人结婚了，除了失去几顿预定了的晚餐的特温罗太太之外，没有人因此而受损。这很像现实生活中会发生的情形，但要是由一个"有阶级意识"的小说家执笔的话，或许会把她许配给布拉德利·赫德斯通。

但是，如果情况掉转过来——如果是一个穷人渴望得到某个"凌驾"于他的女人，狄更斯立刻回归中产阶级的态度。他很喜欢维多利亚时代对于一个女人（是大写的女人）地位在男人之上这件事情的观念。皮普觉得埃斯特拉的地位高于自己，埃斯特·萨默森的地位"高于"古比，小杜丽的地位"高于"约翰·切维利，露丝·马奈特的地位"高于"西德尼·卡顿。这些情况中有的只是道德方面的优越，但有的则是社会地位的优越。当大卫·科波菲尔发现尤莱亚·希普打算娶艾格尼斯·威克菲尔德时，他的反应无疑是一种阶级反应。那个讨厌的尤莱亚突然宣布他爱上了她：

> "噢，科波菲尔少爷，我对艾格尼斯走过的土地怀着纯纯的爱意。"
>
> 我想我当时一时头脑错乱，想从火堆里拿起烧得火红的拨火棍将他刺个透明窟窿。我真的大吃一惊，就像吃了枪膛里射出的枪子儿。但想到艾格尼斯被这头红头发的畜生玷污，这一幕情景一直停留在我的脑海里（我看着他歪歪斜斜地坐着，似乎他那卑贱的灵魂攫住了他的身体），让我觉得头晕……"我相信艾格尼斯·威克菲尔德的身份远远在你之上（大卫后来说道），就像天上的月亮一样，你根本高攀不上。"

考虑到希普的出身是那么低微——他那低声下气的态度和说

话不带 H 音等等——在书中一直被反反复复地提起，关于狄更斯的情感本质并没有太多的疑问。当然，希普在扮演坏人的角色，但就算坏人也有性生活。让狄更斯真正觉得恶心的，是他想到"纯洁"的艾格尼斯和一个说话不带 H 音的人同床共枕。但他惯用的路数是让一个男人爱上一个地位在他之上的女人变成一场笑话。这是自马尔弗里奥①以来英国文学的陈腐的笑话之一。《荒凉山庄》里的古比就是一个例子，约翰·切维利又是一例，而这一主题在《匹克威克外传》的"晚宴"中被加以恶意地描写。在这里，狄更斯描述这些巴斯温泉的仆人过着梦幻般的生活，模仿他们的"主子"举行晚宴，自欺欺人地以为他们年轻的女主人爱上了他们。显然他觉得这十分可笑。这确实有点可笑，虽然你或许会问，让一个仆人拥有这种幻想会不会比循规蹈矩地接受自己的地位要好一些。

在对待仆人的态度上，狄更斯并没有超越自己的时代。在十九世纪，反对家政仆役的运动正刚刚兴起，让所有年入 500 英镑以上的人都觉得很恼火。十九世纪的滑稽画报中有许多笑话都是关于仆人的"以下犯上"。有好几年《潘趣》杂志一直在刊登名为《奴仆翻身》的笑话，都是以当时会令人觉得惊诧的"仆人也是人"这件事展开的。狄更斯本人有时候也会做出这种事情。他的书里尽是那些滑稽可笑的普通仆人：他们不诚实（《远大前程》），不能干（《大卫·科波菲尔》），对好好的饭食看不上眼（《匹克威克外传》）等等——都是以郊区主妇对待饱受蹂躏、兼作厨子的用人的态度而写的。但奇怪的是，作为一个十九世纪的激进派，当

---

① 马尔弗里奥（Malvolio），莎士比亚的作品《十二夜》中奥莉维亚的管家。

他想要刻画一个惹人同情的仆人的形象时，他所创造的都是些明眼人一看就知道的封建式的人物。山姆·韦勒、马克·特普雷、克拉拉·佩格蒂都是封建人物。他们属于"老家奴"那一类人。他们认为自己和主子是一家人，对其忠心耿耿亲密无间。马克·特普雷和山姆·韦勒无疑是在某种程度上仿效斯莫利特，也就是受塞万提斯的影响。但有趣的是，狄更斯竟然会被这种类型的人所吸引。山姆·韦勒的态度的确是中世纪的，他故意让自己被捕，为的是追随匹克威克先生进入弗里特街，后来拒绝结婚，因为他觉得匹克威克先生仍然需要他的照顾。他们之间有一个典型的场景：

> "不管有没有工钱，有没有饭吃，有没有地荒住，俺山姆·韦勒就像您当初在巴罗的那间旧旅店，无论花生什么事情，都跟随您的左右……"
>
> 韦勒先生对自己的激动有点难为情，坐了下来。"我的好伙计，"匹克威克先生说道，"你还得考虑那个年轻女子呢。"
>
> "我确实考虑过那个年轻女子，老爷，"山姆说道，"我考虑过的。我跟她说了。我告诉她我的情况。她愿意等到我准备好为止，我相信她会等的。要是她不等，她就不是那个我要的女人了，我会毫不犹豫地晃弃她。"①

---

① 在英语原文中，山姆·韦勒的口音是省去了 H 的土音，译者对他的咬字进行了处理，"地荒"、"花生"、"晃弃"都不是笔误，目的是突出山姆·韦勒的土音。

不难想象在现实生活中那个年轻女人对此会说些什么。但请注意那种封建的气氛。山姆·韦勒觉得为了主子牺牲几年的生活是理所当然的事情，而且他可以在主子面前坐下来。这两件事情是一个现代的男仆绝对不会想到的。狄更斯在仆人这个问题上的观点除了主子和仆人应该相亲相爱之外就再无更深入的看法。《我们共同的朋友》中的斯洛比虽然作为小说人物是一个可怜的失败品，却像山姆·韦勒一样代表着同样的忠诚。当然，这种忠诚是自然而合乎人情的，很招人喜欢，但这就是封建思想。

和往常一样，狄更斯所做的似乎是在寻求现存的事物理想化的版本。在他写作的时候，家政仆役被视为一种完全无可避免的弊端。那时候没有节约劳动的设备，财富不公极其悬殊。那是大家庭的时代，吃的是装模作样的饭食，住的是很不方便的房屋，在地下室厨房像奴隶般每天干十四小时的苦工是再正常不过的事情，没有人会觉得有什么好奇怪的。既然奴役这个事实无法改变，封建关系就成了唯一可以容忍的关系。山姆·韦勒和马克·特普雷是理想化的角色，不亚于切里伯一家。如果一定要有主仆的话，主人是匹克威克先生而仆人是山姆·韦勒该有多好。当然，如果奴仆根本不复存在，那就更好了——但这一点或许是狄更斯所无法想象的。没有机械的高度发展，人与人之间的平等几乎是不可能的。狄更斯也证明了这是不可想象的。

四

狄更斯从来不写与农业有关的事情，而老是在写吃吃喝喝，这并非出于偶然。他是个伦敦人，伦敦是世界的中心，就像肠胃是身体的中心一样。这是一座消费的城市，人们很有教养，却一无所长。当你对狄更斯的作品进行深层次的阅读时，你会惊讶地发现，和十九世纪的作家一样，他非常愚昧无知。他对世界上所发生的事情知之甚少。乍一看这个论断似乎没有道理，需要进行一番证明。

狄更斯曾经亲眼目睹过"低贱"的生活是什么样的情形——比方说，债务监狱里的生活——他也是一个流行小说家，能写出形形色色的普通人的角色。十九世纪所有的有代表性的英国小说家都是这样。他们在自己生活的世界里觉得非常自在，而现在的作家却绝望地与世隔绝，典型的现代小说是写小说家自己的小说。比方说，乔伊斯花了十年左右的时间耐心地与"普通人"接触，而他笔下的普通人最后变成了一个犹太人，还是个有点装腔作势的犹太人。狄更斯至少不会犯这样的毛病。他在描写普通的动机：爱情、野心、贪婪、报复等主题的时候毫无困难，但他基本上不怎么写关于工作的事情。

在狄更斯的小说里，任何与工作有关的事情都是在幕后发生的。他塑造的众多主角中，只有一个人有一份像模像样的工作，他就是大卫·科波菲尔，一开始他是一个速记员，然后成为了小说家，就像狄更斯本人。至于其他主角，他们谋生的方式总是不为人知。比方说，皮普在埃及"做生意"，但我们不知道做什么生意。而且皮普的工作生涯在整本书中只占了半页的篇幅。克伦南曾经在中国做过语焉不详的生意，后来又和多伊斯合伙做同样语焉不详的生意。马丁·瞿述伟是一个建筑师，但似乎并没有投入多少时间从事业务。他们的故事基本上都与工作没什么相干。在这方面狄更斯与——比方说——特罗洛普的对比是令人惊讶的，而之所以会这样的一个原因无疑是狄更斯对他笔下的角色所从事的工作了解甚少。葛拉格林的工厂里到底在做什么？波德斯纳普是怎么挣钱的？摩德尔是怎么行骗的？读者知道狄更斯永远没办法像特罗洛普那样细致地描写议会选举和股票交易所骗局的内情。一旦他要写到贸易、金融、工业或政治的题材，他就含糊地一笔带过或语带嘲讽。甚至在法律程序上也是如此，而关于这方面他应该有很多的了解。比方说，拿狄更斯写过的法律诉讼和《奥利农场》的法律诉讼相比就知道了。

这在部分程度上解释了狄更斯的小说里为何出现那些没有必要的旁枝末节，那种糟糕的维多利亚式的"情节"。的确，并非他所有的小说都像这样。《双城记》的故事非常引人入胜而且精当，《艰难时世》也是如此，只是表现方式不同。但这两本作品总是被认为"不像出自于狄更斯的手笔"——碰巧它们不是在月刊里刊登出版的。那两本第一人称的小说抛开支线情节不谈，故事也算得上精彩，但典型的狄更斯小说如《尼可拉斯·尼克贝》、《雾都孤儿》、《马丁·瞿述伟》、《我们共同的朋友》总是围绕着情节剧的框架而存在。对于这些书，读者恐怕都记不得它们的中心故事到底讲的是什么了。另一方面，我想任何人读过这些书都会对个别章节产生深刻的记忆，直到死去的那天。狄更斯以极其生动的眼光观察人类，但观察的是他们的私生活，是"书中的人物"，而不是社会中履行功能的成员。也就是说，他是静态地观察他们。因此，他最成功的作品《匹克威克外传》根本谈不上是一个故事，只是一系列的白描，鲜有推动故事发展的尝试——那些人物只是像白痴一样在无休止地周而复始。一旦他想让人物动起来，情节剧就开始了。他无法让人物的动作围绕着他们的职业而进行，因此出现了巧合、阴谋、谋杀、伪装、埋藏的遗嘱、失踪已久的兄弟等谜团。最后，就连像斯奎尔斯和米考伯这样的人也被卷入了那场阴谋之中。

当然，要说狄更斯是个含糊不清的或者只会写情节剧的作家是很荒谬的。他所写的内容大部分很考究事实，谈到勾起视觉效果的能力或许无出其右者。狄更斯所描述过的事物你这辈子都不会忘记。但从某种意义上说，他的意象的鲜活程度表明他遗漏了另一些东西。因为，那毕竟是漫不经心的旁观者经常看到的景象——外在的、没有实际功能的事物表象。而真正的画中人，却是看不到他置身其中的图画的。虽然狄更斯能精彩地描写出事物的表象，但他并不经常描写过程。他成功地留在读者记忆中的栩栩如生的画面几乎都是在闲暇的时刻看到的事物的图画：在乡村客栈的咖啡厅，或透过一辆马车的车窗。他所注意到的事物有客栈的招牌、黄铜门环、漆水壶、商店和私宅的内部装修、衣服、脸庞以及食物。每一样事物都是从消费者的角度观察到的。当他描写科克斯镇时，他能用区区几个段落就刻画出在一个对其有点讨厌的南方来客的眼中一座兰开夏城镇的氛围。"小镇里有一条黑色的沟渠，还有一条被恶臭的颜料染成紫色的河流；一栋栋开满窗户的高楼，整天都在颤抖着咔哒咔哒作响，蒸汽机的活塞单调地上上下下地运作，就像一头哀伤而癫狂的大象在摇晃着脑袋。"狄更斯对作坊的机器运作的描写基本上就到此为止了。一个工程师或棉花商人对其会有不同的观感，但两者都没办法写出像大象的脑袋这般令人印象深刻的文字。

从一种迥然不同的意义上说，他对生活的态度完全脱离了劳动。他是一个靠眼睛和耳朵生活的人，而不是靠他的双手和肌肉。事实上，他的生活习惯并非像这句话所暗示的那样沉静。虽然体格孱弱健康欠佳，他却非常活跃，到了没办法消停的程度。他这辈子总是健步如飞，而且他的木工很好，能搭建舞台背景。但他不是那种觉得需要使用双手的人。譬如说，很难想象他在挖菜沟的样子。他没有透露出对农业的任何了解，而且明显对任何游戏或运动一无所知。比方说，他对拳击没有兴趣。考虑到他写作的年代，你会觉得在狄更斯的小说里很少有肉体上的施暴描写是多么奇怪的事情。譬如说，马丁·瞿述伟和马克·特普雷对老是拿左轮手枪和博伊刀威胁他们的美国佬态度极其温和。换了一般的英国或美国作家，早就一拳挥向下巴，漫天子弹乱飞了。狄更斯是个太体面的人，做不出这种事情。他明白暴力是愚蠢的，他也属于谨小慎微的都市阶层，对斗殴避之不及，哪怕只是嘴上说说。他对体育的态度与社会情感交织在一起。在英国，地理是主要的决定因素，运动，尤其是野外运动，与势利密不可分地纠结在一起。例如说，当英国的社会主义者获悉列宁热衷于打猎时，总是表示怀疑。在他们的眼中，开枪、打猎等事情只是那些地主乡绅的势利习俗。他们忘记了这些在像俄国那样有广袤的处女地的国家可能是完全不同的事情。在狄更斯看来，几乎任何一种运动充其量只是嘲讽的对象。因此，十九世纪生活的一面——拳击、赛马、斗鸡、捕獾、打猎、捉鼠这一方面的生活，这些从利奇①的插画到苏迪斯的小说都得到精彩的体现——却被摈除在他的创作之外。

---

① 约翰·利奇（John Leech, 1817—1864），英国漫画家，曾为狄更斯的作品、《潘趣》杂志等作品创作插画。

更令人惊讶的是，他似乎是个"进步"的激进派，却毫无机械头脑。他对机械的细节或机械能做的事情毫无兴趣。正如基辛所说，狄更斯从未以他乘坐马车旅行时的热情描写过乘火车旅行。在他几乎所有的作品中，你会有一种奇怪的感觉，仿佛自己生活在十九世纪的前二十五年。事实上，他确实希望回到那个年代。《小杜丽》写于五十年代中期，讲述的是二十年代晚期的事情。《远大前程》（1861）没有写明年代，但显然说的是二三十年代的事情。促使现代世界成为可能的几样发明和发现（电报、后膛装填的步枪、印度橡胶、煤气、木浆造纸）在狄更斯在世的时候就出现了，但他很少在书里写到这些东西。再没有什么能比他在《小杜丽》里提到多伊斯的发明时含糊其词更奇怪的了。那是一件极其精巧和革命性的发明，"对他的祖国和同胞十分重要"，同时也是该书一条重要的支线。但是，他从来没有告诉过我们那个"发明"到底是什么！另一方面，关于多伊斯的身体外表描写带有典型的、惟妙惟肖的狄更斯色彩：他动起拇指来很奇怪，这是工程师们的一个特征。自此多伊斯就牢牢地印在了你的记忆中，但是，和往常一样，狄更斯是通过紧紧抓住外部特征做到这一点的。

有的人（丁尼生就是其中一例）缺乏机械才能，却能看到机械化社会的可能性。狄更斯没有这种想法。他对未来漠不关心。当他谈到人类进步时，谈的总是道德上的进步——人类变得越来越好。或许他绝不会承认，只有在技术发展允许的情况下人类才会变好。在这一点上，狄更斯和现代与他相对应的作家赫伯特·乔治·威尔斯的分歧是最大的。威尔斯把未来像磨盘一样挂在脖子上，但狄更斯那没有科学意识的头脑同样有害，只是形式不同而已。而这使得他很难对任何事物形成正面的态度。他对封建农业的过去怀着仇恨，与当前的工业时代也没有真正的接触。那么，剩下的就只有未来（也就是科学，"进步"什么的），而这几乎没有进入他的想法中。因此，在攻击他所看到的一切的时候，他并没有明确的比较标准。正如我已经指出的，他攻讦当时的教育体制是完全合情合理的；但是，说到底，除了要校长们和蔼一些之外，他提不出什么解决的办法。为什么他不指出一所学校应该是什么样子呢？为什么他不让自己的儿子接受他自己所设想的教育，而是把他们送到公学接受希腊文的填鸭呢？因为他缺乏那种想象力。他的道德意识无可指摘，却没有智识上的好奇。到了这儿你就了解了狄更斯的一大缺陷，那件使十九世纪似乎离我们十分遥远的事情——那就是，他没有工作的念头。

除了大卫·科波菲尔（他就是狄更斯本人）勉强算是例外之外，你找不到他的哪一个主角寄情于自己的工作。他的主角们工作是为了谋生和与女主角结婚，而不是因为他们对某一份职业抱有热情或兴趣。比方说，马丁·瞿述伟并不是一个热情洋溢的建筑师，让他当个医生或律师也能凑合。不管怎样，在典型的狄更斯小说里，在最后一章天外救星会带着一袋金子登场，主人公从此不需要继续挣扎。那种"这就是我来到这个世界的使命。其它一切都没有意思。我就要做这个，就算饿肚子也无所谓"的感觉，这种感觉让性格各异的人成了科学家、投资家、艺术家、牧师、冒险家和革命家——在狄更斯的作品中几乎找不到这一主题。众所周知，狄更斯本人工作非常卖力，对自己的作品很有信心，没有几个小说家能像他这样。但是，除了写小说（或许还有演戏），他似乎想象不出还有哪种职业的召唤值得人们这般奉献。说到底，考虑到他对社会所持的反对态度，这是很自然的事情。到最后，除了体面之外，他认为没有什么是值得羡慕的。科学是无趣的，机器是残忍而丑陋的（就像大象的脑袋），做生意只有像庞德贝那样的人才吃得开，至于政治——就让泰特·巴纳克尔那些人去处理好了。他们没有目标，只想和女主角结婚，安居乐业，过着慵懒的生活，与人为善，而过着私密的生活就可以更好地实现这些。

在此，或许你可以瞥见狄更斯的秘密世界。他认为最美好的生活方式是怎样的呢？当马丁·瞿述伟与叔叔和好，当尼古拉斯·尼克贝娶了富家女，当博芬赠予约翰·哈曼财富时，他们会做什么呢？

答案很明显，他们什么也不做。尼古拉斯·尼克贝把妻子的钱拿去和切里伯一家投资，"成了一个兴旺富商"，但他立刻就归隐德文郡，我们可以认为他工作并不十分努力。斯诺德格拉斯先生和太太"买了一小块田耕种，为的是有事情做，而不是为了利润"。这就是狄更斯大部分作品的结尾所体现的精神——一种容光焕发的无所事事。他并不赞同年轻人游手好闲（哈特豪斯、哈利·格温、理查德·卡尔斯通、洗心革面前的雷博恩），那是因为他们玩世不恭，道德沦丧，或因为他们成了别人的负担。而要是你是个"好人"，而且能够自立，你大可以五十年就只靠收利息生活。光有家庭生活就足够了。说到底，这就是他那个时代一般人的想法。"家境殷实"、"丰衣足食"、"生活无忧"（或者是"小康生活"）——这些词汇让你了解到十八世纪和十九世纪中产阶级那种奇怪空虚的幻梦。那是完全无所事事的梦想。查尔斯·里德在《夺命金》的结尾里完美地表达了这种精神。《夺命金》的主人公阿尔弗雷德·哈迪是典型的十九世纪小说的主人公（就读公学的那种人），按照里德所说，是个"才华横溢"的天才。他从伊顿公学毕业，是牛津大学的学者，大部分希腊文和拉丁文的经典著作都谙熟于心，他能与拳击手打比赛并赢得"亨利钻石船橹奖"①。他经历了匪夷所思的冒险，当然，在历险中他展现了无可挑剔的英雄气概。然后，在二十五岁的时候，他继承了一笔财富，娶了他的朱莉娅·多德，在利物浦的郊区定居，和他的岳父岳母同住。

> 全赖阿尔弗雷德，他们一起生活在阿尔比恩别墅……噢，那快乐的小别墅！那就像人世间的天堂。但是，有一天，家里再也住不下那些快乐的亲人了。朱莉娅为阿尔弗雷德生了一个可爱的男丁，请来了两个保姆，别墅就要挤爆了。又过了两个月，阿尔弗雷德与他的妻子搬到了下一栋别墅，相距只有二十码远。搬家还有另一个原因。就像久别重逢后会发生的那样，上天赐予了上尉和多德太太另一个孩子在他们膝下承欢。等等等等。

这就是维多利亚式的快乐结局——三代或四代同堂的大家庭相亲相爱，生活在同一屋檐下，不停地繁衍，就像一床牡蛎。它的特点在于它所暗示的那种完全舒适的、安逸的、不需要努力的生活。它甚至不像乡绅韦斯特恩的生活那么横行霸道为非作歹。

狄更斯的城市背景和他对有流氓习气的运动和军事方面的生

---

① 亨利钻石船橹奖(the Diamond Challenge Sculls)，自 1844 年以来在泰晤士河上举行的亨利皇家赛舟节(Henley Royal Regatta)的男子单橹奖项。

活不感兴趣影响很深远。他的主人公一旦有了钱,"就安顿下来",不仅不从事工作,甚至从不骑马、打猎、射击、决斗、与女演员私奔或赌马。他们就呆在家里,过着舒舒服服的体面生活。最好隔壁就住着一个亲戚,过着一模一样的生活:

> 尼古拉斯成为有钱的商人之后做的第一件事,就是买下父亲的旧宅。随着光阴流逝,他有了一群可爱的孩子,旧宅经过整改和扩建,但那些老屋都没有被拆掉,那些老树也没有被连根拔起,凡是与过去有关的一切都没有被搬走或换掉。
>
> 就在一箭之遥外是另一处可以听见孩子们的欢声笑语的地方,这里住的是凯特……同一个真诚温柔的人儿,同一个亲密的姐妹,同样爱着她身边的人,就像她当姑娘的时候一样。

这与前面所引用的里德的篇章里那种一大家子关起门来,自得其乐的气氛一样。显然,这就是狄更斯的理想结局。在《尼古拉斯·尼克贝》、《马丁·瞿述伟》和《匹克威克外传》完美地实现了这一点,几乎所有其它作品也不同程度地实现了这一点。只有《艰难时世》和《远大前程》是例外——后者确实有一个"快乐的结局",但与该书的整体主旨相抵触,而这是应巴尔沃-立顿的要求而改写的。①

---

① 爱德华·乔治·厄尔·巴尔沃-立顿(Edward George Earle Lytton Bulwer-Lytton, 1803—1873),英国诗人、作家,代表作有《尤金·阿拉姆》、《庞贝古城的最后日子》等。他与狄更斯颇有私交,曾劝说他修改《远大前程》的结局(原结局是皮普与埃斯特拉最后未能在一起)以适应公众的品味。

因此，狄更斯所追求的理想似乎是这样子的：十万英镑、一座爬满了青藤的古雅老宅、一个贤惠温顺的妻子、一群小孩、不用上班。一切都那么安稳、舒服、祥和，而最重要的是，富有家庭气息。在路的那头长着青苔的教堂墓地里是在快乐大结局之前逝世的亲人的坟墓。仆人们滑稽而带着封建气息，孩子们围在你的脚边牙牙学语，老朋友们围坐在你的壁炉边，谈论着往昔的日子，隆重的宴席没完没了地进行，大家说着冷笑话，喝着雪莉酒，羽绒床铺里放着暖床器，圣诞节派对玩字谜游戏和蒙眼睛捉迷藏。但是，什么事情也没有发生，只有每年添丁。奇怪的是，这是一幕真正幸福的画面，至少狄更斯让它看起来显得十分幸福。想到那样的生活，他就感到心满意足。仅此一点就足以告诉你，自狄更斯的第一部作品出版以来，已经过去了一百多年。没有哪一个现代作家能把这么茫无目标的生活写得如此生机盎然。

五

任何喜爱狄更斯的读者读到这里或许会生我的气了。

我一直只是在讨论狄更斯所传达的"寓意"，几乎没有谈及他的文笔。但每一个作家，尤其是每一个小说家，都有"寓意"，无论他承认与否，而他的作品的枝微细节都会受其影响。所有的艺术都是宣传。狄更斯或维多利亚时代的绝大部分作家都不会想否认这一点。另一方面，并非所有的宣传都是艺术。正如我前面所说的，狄更斯是值得剽窃的作家之一。马克思主义者和天主教信徒，最夸张的是保守党人，都在剽窃他。问题是，有什么东西值得去剽窃？为什么大家都重视狄更斯？为什么我会重视狄更斯？

这样的问题并不容易回答。一般来说，审美意义上的喜好要么没办法解释清楚，要么被非审美的动机所腐蚀，让人怀疑到底文学批评这档子事情是不是废话连篇。在狄更斯身上，让问题变得更加复杂的因素是他的家喻户晓。他碰巧是那些"伟大作家"之一，每个人在孩提时期就被灌输。在当时这一灌输引起了叛逆和作呕，但在后来的生活中或许会有不同的后续影响。譬如说，几乎每个人都对小时候背得滚瓜烂熟的爱国诗歌怀有隐秘的热情——《英格兰的水手》、《轻骑兵的冲锋》等等。你所喜欢的并不是这些诗歌本身，而是它们所唤醒的回忆。而在狄更斯身上，同样的联想力量也在起作用。或许，在大部分英国家庭里都藏有一两本他的书。许多孩子在识字前就认识他笔下的角色，因为狄更斯很幸运地有一帮插图画家。一个人在那么小就吸收的东西不会遭到批判性的评判。当你想到这一点时，你就会想到狄更斯作品里一切糟糕而傻帽的描写——固定不变的"情节"、不会摆脱框架的人物形象、冗长拖沓的文字、大段大段的无韵诗、糟糕的"抒情"章节。然后你就会产生这样的想法：当我说我喜欢狄更斯时，我只是在说我喜欢回忆起我的童年吗？狄更斯只是一个习俗吗？

如果是这样的话，他是无法摆脱的习俗。你要隔多久才会真正地想起一位作家，即使是一位你在乎的作家，是很难判定的事情。我想没有人能够在读过狄更斯的作品后，在一个星期之内不想起他的个别章节。无论你认不认同他，他都在那里，就像纳尔逊之柱①。在任何时候，某个情景或某个人物，可能来自于你甚至

---

① 纳尔逊之柱（Nelson's Column）位于伦敦市特拉法尔加广场，纪念 1805 年的特拉法尔加海战英国击败法国与西班牙联合舰队的胜利。

记不起名字的某本书，会浮现在你的脑海中。米考伯的信件！证人席上的温克尔！甘普太太！韦特利太太和图姆利·斯纳菲姆爵士！托吉尔的小店！（乔治·基辛说当他经过纪念碑时，他想到的从来不是伦敦大火，而总是托吉尔的小店。）利奥·亨特太太！斯奎尔斯！赛拉斯·维格和俄国的衰亡！米尔斯小姐和撒哈拉沙漠！沃普索扮演哈姆雷特！杰利比太太！曼塔里尼、杰利·克兰切、巴基斯、潘博舒克、崔西·塔普曼、斯金普尔、乔伊·加格雷、佩克斯尼夫——没完没了。那不只是一系列作品，更像是一个世界。而且不是一个纯粹喜剧的世界，因为你所记得的狄更斯作品中的一部分是他的维多利亚时代的病态、恋尸癖、血腥暴力的场面——赛克斯之死、克鲁克的自燃、费金被关在死牢、在断头台边织毛衣的女人。所有这一切甚至进入了那些对狄更斯不屑一顾的人们的脑海中，实在令人称奇。音乐厅的喜剧演员可以（至少不久之前可以）在舞台上演活米考伯或甘普夫人，并能很有把握地让观众明白他们在演什么，虽然观众里通读过狄更斯一本作品的人大概不到二十分之一。即使是那些假装鄙夷他的人也会不自觉地引用他。

从某种程度上说，狄更斯是一个可以被模仿的作家。在真正的通俗文学里——譬如说，伦敦象堡的斯温尼·托德①——他遭到了恬不知耻的剽窃。但是，狄更斯被模仿的只是他从以前的小说家那里师承并发展的一项传统，即塑造角色的怪癖。无法被模仿

① 斯温尼·托德（Sweeny Todd）是英国作家詹姆斯·马尔科姆·赖默（James Malcolm Rymer，1814—1884）和托马斯·佩克斯特·普雷斯特（Thomas Peckett Prest，1810—1859）所创作的人物，其身份是理发师，利用他的理发店残杀上门的顾客。

的事物，是他蓬勃的创造力——他所创造的不是角色，更不是"情景"，而是语句的变化和具体的细节。狄更斯的作品有一个显著而确凿无疑的特征，那就是不必要的细节。这里有一个例子可以诠释我的意思。下面给出的故事并不特别有趣，但是里面有一句话就像指纹一样极具个人风格。杰克·霍普金斯先生在鲍勃·索耶的派对上，讲述一个小孩吞了姐姐的项链珠子的故事。

　　第二天，那个孩子吞了两颗珠子。第三天，他吞下了三颗珠子，就这样下去，一个星期内他就把整根项链都吞下去了——总共二十五颗珠子。他的姐姐是个勤劳节俭的女孩，很少给自己添置什么首饰，丢了项链后眼睛都哭肿了，到处上下翻寻，但不用我说，哪儿都找不到那条项链。几天后，一家人在吃晚饭——烤羊肩，下面垫着土豆——那个孩子不饿，正在房间里玩耍。突然响起了可怕的响声，像是下了一阵小冰雹。"别闹了，宝贝。"父亲说道。"我什么也没干。"那个孩子说道。"好了，别再闹了。"父亲说道。屋里安静了一小会儿，然后又开始了那种响声，比刚才更响。"要是你不听话，孩子，"父亲说道，"你就得上床睡觉，这会儿就得去。"他把孩子晃了一下要他服从命令，这时响起了大家以前没有听过的咔哒咔哒的声音。"我的天哪，是孩子身体里发出来的，"父亲说道，"他的哮喘怎么发错地方了！""不，我没有，爸爸，"那个孩子开始哭哭啼啼的，"是那条项链，我把它吞了，爸爸。"父亲抱起孩子，带着他朝医院跑去，肚子里的那些珠子随着一路的颠簸而咔哒咔哒作响，人们抬头望天又低头看地，想找出那奇怪的声音是从哪儿来的。"现在他住院了。"杰克·霍普金斯说道，"他一走路就发出那种怪声，他们不得不把他裹在一件守夜人的大衣里，担心他会吵醒病人。

大体上，这个故事可能来自十九世纪的幽默画报，但那处确凿无疑的狄更斯的笔触，那个没有旁人能够想到的细节，就是烤羊肩和下面垫着的土豆。这对故事的推进有帮助吗？答案是否定的。那是完全没有必要的描写，是书页边上的花纹，只是，正是这些花纹营造出了狄更斯作品独特的氛围。另一件你在这里会注意到的事情，是狄更斯会花很长的时间讲述一个故事。一个有趣的例子是《匹克威克外传》第四十四章中山姆·韦勒讲述的那个牛脾气病人的故事。这个例子太长了，没办法在这里引用。碰巧的是，我们有一个比较的标准，因为狄更斯盗用了前人的内容，也不知他是有意还是无意。某位古希腊作家曾经讲述过这个故事。现在我找不到原文了，但许多年前我曾经在学校里读过那一节，大体上内容是这样的：

有一个色雷斯人出了名的固执，医生警告他说，如果他喝上一壶酒的话，就会死于酗酒。听到医生这么说，那个色雷斯人喝了那壶酒，然后立马从屋顶上跳下来，摔死了。他说："这么一来，我就能证明害死我的不是酗酒。"

这就是希腊文版的整个故事——大概就只有六行字。而山姆·韦勒所讲述的故事足有上千字。在讲述到要点之前，我们听到的全是那个病人的衣着、他的伙食、他所阅读的报纸，甚至还有医生的马车的特殊构造如何遮掩了马车夫的裤子与大衣款式不合的瑕疵。然后才是医生和病人之间的对话。"脆饼很有益处，医生，"病人说道。"脆饼没有益处，阁下，"医生说道，"太热气了。"等等等等。到最后，原来的故事淹没在种种细节中。最具狄更斯风格的所有章节都是这样。他的想象力就像某种杂草吞没了一切。斯奎尔斯站起身对他的学生致辞，我们立刻听到了波尔德的父亲少交了两英镑十先令，而莫布斯的继母听说莫布斯不肯吃肥肉而气得卧床不起，希望斯奎尔斯先生给他一顿鞭笞，做通他的思想工作。利奥·亨特太太写了一首诗"快断气的青蛙"，书中引用了整整两节。博芬喜欢假装是个吝啬鬼，我们立刻沉浸在十八世纪的吝啬鬼的卑劣传记中，听到了像秃鹫霍普金斯、布鲁伯利·琼斯教士这样的人名，还有像"羊肉馅饼的故事"和"粪堆里的财宝"这样的章节标题。甚至在纯属虚构的哈里斯太太身上也堆砌了比寻常小说里三个人物还多的细节描写。比方说，在一个句子的中间，我们了解到有人曾经在格林尼治展会上看到她那还是小婴儿的侄子被盛在一个瓶子里，连同一个长着粉红色眼睛的女士、一个普鲁士侏儒和一具活生生的骷髅被展览。乔·葛吉瑞讲述了强盗是如何闯进谷物种子商潘博舒克的家里——"他们抢走了他的钱柜，取走了他的现金盒，喝了他的酒，吃了他的食物。他们打他耳光，揪他的鼻子，把他绑在床柱上，狠狠地揍了他一趟，用开花的一年生植物塞住他的嘴不让他叫嚷。"再一次，确凿无疑的狄更斯的笔触又出现了——开花的一年生植物。换作是别的小说家，只会提到上述的一半暴行。什么东西都堆积在一起，细节叠加细节，修饰叠加修饰。要提出反对的意见，说这种写法是洛可可①风格，那是徒劳的——你倒不如以同样的理由去反对结婚蛋糕。要么你喜欢这种风格，要么你不喜欢这种风格。其他十九世纪的作家——苏迪斯、巴哈姆②、萨克雷，甚至马里亚特——都有狄更斯这种喋喋不休滔滔不绝的风格，但他们实在是望尘莫及。这些作家的吸引力如今部分有赖于他们的年代感。虽然马里亚特严格来说仍然是"少年读物"作家，而苏迪斯在狩猎者中享有传奇盛名，但或许大部分读者都是些书呆子。

值得注意的是，狄更斯最成功的几部作品（并不是他最好的作品）是《匹克威克外传》（这并不是一本小说）、《艰难时世》和《双城记》（而这两本书并不有趣）。作为一位小说家，他与生俱来的旺盛精力大大地阻碍了他，因为他从来未能遏止的滑稽描写总是会闯进原本正经严肃的场景。在《远大前程》的开篇就有一个好例子。逃犯麦格维奇在教堂墓地抓住了六岁大的皮普。在皮普看来，那一幕的开头十分恐怖。那个逃犯全身泥泞，腿上拖着锁链，突然间从墓碑间跳了出来，抓住这个孩子，把他倒拎起来，洗劫了他的口袋。然后他开始恐吓他带吃的和一把钢锉过来：

> 他把我的双臂举高，摁在墓碑顶端，继续说着那些狠话：
>
> "明天一早给我带一把钢锉和吃的过来。把东西带到那

---

① 洛可可（Rococo）：十八世纪源于法国的一种艺术风格，讲究精细的细节刻画、淡雅的色调和流畅优美的线条组合。

② 理查德·哈里斯·巴哈姆（Richard Harris Barham, 1788—1845），英国国教牧师、幽默作家，代表作是志怪杂文《英格尔兹比故事集》。

边的老炮台给我。乖乖地照做，不许说一个字，不许做什么小动作，不许透露你见过我这么一个人或见到过别的什么人，那我就饶你一命。要是你不听话，或有任何违背我的命令的地方，哪怕再小的违命，我就会把你的心和肝给掏出来烤了吃。你别以为我落单了。还有一个小伙子和我在一起，和那个人比起来我就是一菩萨。我说什么他都会照听。那个年轻人有自己的怪癖，喜欢抓一个小男孩吃他的心肝。小孩子要想和他捉迷藏是没用的。你可以锁上门，躲在暖和的床上，盖上被子，把衣服蒙在头上，以为自己平安无事，但那个小伙子会悄悄地溜到你跟前，把你撕开。我现在可以保你，不让那个小伙子伤害你，但那是很难的事情。要让那个小伙子不跑到你家里去可不容易。好了，你有什么要说的？"

在这里狄更斯向诱惑屈服了。首先，没有哪个饥肠辘辘的逃犯会像那样说话。而且，虽然这番话展现了他十分了解小孩子的思维活动，但那些字眼和后面的情节很不合调，把麦格维奇变成了童话剧里的邪恶大叔，或者说，在孩子的眼中，变成了可怕的怪物。在这本书的后半段，他变得不像是这两种形象了，而且他那夸张的感恩戴德是剧情的转折，就因为这一番话而变得不可信。和往常一样，狄更斯的想象力吞没了他。那些栩栩如生的细节写得太好了，没办法舍弃。甚至在那些比麦格维奇更加前后一致的角色身上，他也总是因为某句有诱惑力的话而犯下错误。譬如说，摩德斯通先生早上在教完大卫·科波菲尔的课程之前总是会给他出一道算术难题，"如果我去一间乳酪铺，买四千份双层格洛斯特乳酪，每块四个半便士，我得付多少钱？"事情总是这么开始的。这又是典型的狄更斯式细节：双层格洛斯特乳酪。但对摩德斯通来说这一点太有人情味了，他原本应该说是买五千个钱柜。这一基调的每次出现都会影响小说的统一性。这并不是什么大不了的问题，因为狄更斯显然是一个局部大于整体的作家。他尽写一些片段和细节——整座建筑破破烂烂，但却修了栩栩如生的石像鬼——当他营造某个行为前后不一致的角色时，那是他最妙笔生花的时候。

当然，并不是很多人批评狄更斯的人物前后不一。大体上，批评他的意见恰恰相反。他的角色被认为都是"典型化"的人物，每个人粗糙地象征着某一个特征，贴上了供人辨认的标签。狄更斯只是"一个漫画式作家"而已——这就是经常听到的批评，这对他或多或少有些不公平。首先，他并没有认为自己是一个漫画式作家，他总是让那些原本应该是纯粹静态的人物动起来。斯奎尔斯、米考伯、摩彻尔小姐①、维格、斯金普尔、佩克斯尼夫和其他人最后都被卷入了与他们根本无关的"情节"中，做出种种离奇的行为。刚开始时他的故事就像是幻灯片，后来变成了一部三流电影。有时候你能指出一句话，证明原来的那种意象被破坏了。在《大卫·科波菲尔》里就有这么一句话。在那次有名的晚宴后（就是那一次羊腿没烤熟的晚宴），大卫领着客人出去。他在楼梯顶部阻止了特拉德尔斯：

---

① 原注：狄更斯将摩彻尔小姐写成了类似于女主人公的角色，因为他所讽刺的真实的女人读了前面几个章节，觉得受到了深深的刺痛。原本他是想将她写成一个反角，但这么一个角色的任何行为似乎都是不符合性格的。

"特拉德尔斯，"我说道，"米考伯先生并没有恶意，可怜的家伙。但要是我是你，我什么也不会借给他。"

"我亲爱的科波菲尔，"特拉德尔斯微笑着回答道，"我可什么东西都没得借。"

"你有名声可以借，你知道的。"我说道。

在这个地方读到这句话时，你会觉得有点刺耳，虽然这种事情不可避免迟早是会发生的。这个故事很有现实色彩，大卫正在成长，最终他一定会认清米考伯先生的为人：一个死乞白赖的混混。当然，到了后来，狄更斯的多愁善感战胜了他，让米考伯洗心革面。但从这里开始，原来那个米考伯再也不那么鲜明动人了，虽然狄更斯花费了很多笔触在这个角色上。通常，狄更斯的人物所卷入的"情节"并不是特别可信，但至少它装出贴近现实的姿态，而他们所属的世界却是虚无缥缈的地方，类似于永恒的国度。但就是在这里，你看到"只是一个漫画式作家"并不真的就是贬义词。尽管狄更斯总是在努力不想被认为是一个漫画式作家，但大家都认为他就是一个漫画式作家。或许这是他的天赋最淋漓尽致的体现。他所创造的丑陋形象虽然与有一定可信度的情节剧掺杂在一起，但它们仍然作为丑陋形象为人们所铭记。它们所带来的第一冲击是那么鲜活生动，后来所发生的事情无法将其磨灭。就像你从小认识的人一样，你似乎总是记得他们的某一种特定的态度，做着某一件特定的事情。斯奎尔斯太太总是在舀出硫磺石和蜜糖，古密奇太太总是在哭哭啼啼，加格雷太太总是摁着她老公的头去撞墙，杰利比太太总是在涂鸦，而把她的孩子们丢在一边——她们就在那里，就像鼻烟壶盖子上面闪闪发亮的微缩肖像，永远固定在那里，完全是空想的，令人难以相信的人物，却又比严肃作家所写的人物更加实在一些，更加难以忘怀。即使以他那个时代的标准去衡量，狄更斯也是一个格外矫揉造作的作家。正如拉斯金所说，他"选择了在一圈舞台的火光中创作"。他的角色甚至比斯莫利特的角色更加扭曲而简单化。但小说创作是没有定式的，对于任何艺术品来说，考验的标准只有一个值得费心——那就是流传下去。狄更斯的人物经受住了这个考验，即使记得他们的人几乎不认为他们是人类。他们是怪物，但不管怎样，他们是存在的。

尽管如此，描写怪物有一点不利之处。那就是，狄更斯只能谈及某些情绪。人类的精神世界有很大的领域是他从未触及的。他的作品中没有诗情画意的感觉，没有真正的悲剧，甚至几乎没有写到性爱。事实上，他的作品并非像有时候被评说的那样无关性爱。考虑到他创作的年代，他还是相当直白的。但在他的作品中你找不到在《曼侬·莱斯戈》、《萨朗波》、《卡门》、《呼啸山庄》里面的那种感觉。根据奥尔德斯·赫胥黎所说，戴维·赫伯特·劳伦斯曾经说过巴尔扎克是一个"巨人般的侏儒"；从某种意义上说，狄更斯也是这样。有许多完整的世界他要么一无所知，要么根本不想提及。除非绕个很大的弯，否则你别想从狄更斯身上了解到什么。这么说就会让人立刻想起那些十九世纪伟大的俄国作家。为什么托尔斯泰的气场似乎要比狄更斯的气场大得多呢？——为什么他似乎能告诉你如此多的关于你自己的事情呢？这并不是因为他更有天赋，说到底，甚至不是因为他更有智慧，而是因为他写的是正在成长的人。他的人物在挣扎着塑造自己的灵魂，而狄更斯的人物已经定型了，臻于完美了。在我自己的脑海里，狄更斯的人物要比托尔斯泰的人物出现得更加频繁，更加生动，但总是一成不变的态度，就像几幅图画或几件家具。你无法像和彼得·贝佐霍弗①那样的人物进行想象中的对话那样和狄更斯的人物进行想象中的对话。这不仅仅是因为托尔斯泰要更加严肃，因为有一些滑稽的人物你也可以想象自己在和他们对话——比方说，布伦姆或佩库切特，甚至威尔斯笔下的波利先生。这是因为狄更斯的人物没有精神生活。他们完美地说了自己必须要说的话，但你无法想象他们还能说点别的。他们从不学习，从不思考。或许，他的角色里思考得最多的是保罗·董贝，而他的思想乱成一锅粥。这是否意味着托尔斯泰的小说要比狄更斯的小说"好一些"呢？答案是，硬要比较出孰优孰劣是很荒谬的事情。如果一定要我比较托尔斯泰和狄更斯，我会说，从长远来看托尔斯泰的吸引力要更广泛一些，因为狄更斯脱离了英语文化就很难读懂。另一方面，狄更斯可以很俗，而托尔斯泰则做不到。托尔斯泰的人物能跨越国界，而狄更斯的人物可以画在香烟卡片上。但你没有必要在这两者之间进行选择，就好像你无须在香肠和玫瑰之间进行选择一样。两人的创作目的几乎没有交集。

六

如果狄更斯只是一个滑稽作家，那么现在就不会有人记得他

---

① 即皮埃尔·贝佐霍弗（Pierre Bezukhov），托尔斯泰的作品《战争与和平》的男主角。

的名字了。或者，他顶多只有几本书能流传下来，就像《弗兰克·法尔雷》①、《韦登·格林先生》②和《考德尔夫人的垂帘讲演》③那样作为对维多利亚时代氛围的缅怀——那股生蚝和棕烈啤的迷人味道。谁不会有时候觉得狄更斯竟然为了写《小杜丽》和《艰难时世》这样的书而舍弃了《匹克威克外传》的风格呢？人们总是要求一个流行的小说家一遍又一遍地写同样的书，却忘记了如果一个人会把同样的书写上两遍，他根本就连第一遍也写不出来。任何还没有完全丧失生命力的作家都会呈现抛物线的趋势，上升的曲线就已经昭示了下降的曲线。乔伊斯的开山之作《都柏林人》呈现出一种拘谨的文采，而收山之作《芬尼根守灵夜》则有如梦呓，但《尤利西斯》和《艺术家的肖像》都是那条抛物线的一部分。促使狄更斯迈向本不属于他的艺术层面并使得我们铭记他的因素，就在于他是个道德家，他清楚地知道"自己有话要说"。他总是在进行布道说教，这就是他的创造力的终极秘密。你只有真正地在乎一件事，才能进行创造。像斯奎尔斯和米考伯这种类型的人物不会是一个一心取乐的文丐写得出来的。值得一笑的笑话背后总是有一个理念在支撑，而且总会是一个离经叛道的理念。狄更斯能够一直那么搞笑，是因为他厌恶权威，而权威总是他嘲讽的对象。总是有地方能让他再扔一块蛋糕馅饼。

---

① 《弗兰克·法尔雷》，是英国作家弗朗西斯·爱德华·斯梅德利（Francis Edward Smedley，1818—1864）的作品。
② 《韦登·格林先生》，是英国作家爱德华·布拉德利（Edward Bradley，1827—1889）的作品。
③ 《考德尔夫人的垂帘讲演》，英国作家道格拉斯·威廉·杰罗尔德（Douglas William Jerrold，1803—1857）的作品。

他的激进情绪总是非常虚无飘渺，但读者总是意识到它的存在。这就是一个道学家和一个政治家之间的区别。他没有建设性的意见，甚至不清楚他所攻讦的社会的本质，只是觉得出了岔子。他最后只能说："做人要堂堂正正"，而正如我在前面所说的，这番话并不像它听起来的那么肤浅。绝大多数革命者都是潜在的保守党人，因为他们以为只要改变社会的形态，一切就可以拨乱反正。一旦改变发生——有时候事情就是这样——他们就认为没有必要再进行改变了。狄更斯没有这种糟糕的思想。他的不满是含糊的，这是它不变的标志。他所反对的并不是这个或那个制度，而是如切斯特顿所说的"人类脸上的一个表情"。大体上说，他的道德是基督教的道德，但虽然他是英国国教出身，他基本上是一个只崇尚《圣经》的基督徒，而在他写遗嘱的时候也特意强调了这一点。不管怎样，他不能被称为虔诚的人。他"信教"，这一点毫无疑问。但礼拜意义上的宗教似乎并没有进入他的思想。[1]他是个基督徒表现在他近乎本能地与被压迫者站在同一阵线反抗压迫者。事实上，在任何时刻和任何地方他都与被欺压的一方并肩而立。要合乎逻辑地做到这一点，当被压迫者成为压迫者时，你就必须改变阵营，而狄更斯就是这么做的。譬如说，他讨厌天主教会，但一旦天主教徒受到迫害（《巴纳比·鲁奇》），他就站在他们那边。他更加讨厌贵族阶层，但一旦他们真

---

① 原注：出自他写给小儿子的一封信(1868)："你得记住，在家里的时候你从来不会被宗教仪式或繁文缛节所困扰。我一直注意不拿这些事情烦扰我的孩子，他们长大之后自然会形成关于这些规矩的看法。因此，你会更清楚地了解，现在我以最庄重的态度，向你讲述基督教的真理与美。它来自基督本人，如果你谦卑而真诚地尊重它，你将不会步入歧途……千万不要放弃早晚独自祈祷这个有益的习惯。我自己从来没有放弃过，我深深地了解它所带来的安慰。"

的被推翻（参阅《双城记》中描写革命的章节），他的同情就掉转了过来。只要他一偏离这一情感态度，他就会迷失方向。一个众所周知的例子是《大卫·科波菲尔》的结局，每个读到这里的人都会感觉到不对头。而不对头的地方就是，结尾的那几章弥漫着隐隐约约但不是很明显的对成功的膜拜。那是斯迈尔斯的福音，而不是狄更斯的福音。那些迷人又卑微的人物不见了，米考伯发了财，希普进了监狱——这两件事都显然是不可能发生的——就连朵拉也为了给艾格尼丝让位而死掉了。如果你喜欢，你可以将朵拉解读为狄更斯的妻子，而艾格尼斯是他的妻妹。最重要的一点是，狄更斯"变得体面了"，戕害了自己的本性。或许这就是为什么艾格尼斯是他所有的女主人公里最不讨人喜欢的一个——一个维多利亚浪漫小说里真正的无腿天使，几乎像萨克雷笔下的劳拉一样糟糕。

任何成年的读者在阅读狄更斯的作品时都会感觉到他的局限。但是，他天生慷慨的思想依然故我，而这就像船锚，总是把他固定在属于他的地方。或许，这就是他广受欢迎的核心秘密。好脾气的狄更斯式反律法主义是西方流行文化的标志之一。在民间故事和滑稽歌曲中，在米老鼠和大力水手这样的卡通角色里（这两者都是巨人杀手杰克①的化身），在工人阶级社会主义史中，在反对帝国主义的群众抗议中（这些抗议总是没有什么效果，但并非总是在做做样子而已），在一个有钱人的车子碾过一个穷人而陪审团会有判处过高赔偿的冲动中，你都可以看到它。这是一种你与

---

① 巨人杀手杰克（Jack the Giant-killer），英国民间传说中亚瑟王时代（King Arthur）凭借智慧和勇气击杀数位巨人的英雄人物。

受压迫者站在一起，与弱者一同对抗强者的感情。从某种意义上说，那是落伍了半个世纪的感觉。普通人仍然生活在狄更斯的精神世界里，但几乎每一个现代知识分子都已经投奔某种形式的极权主义了。在马克思主义者或法西斯分子的眼中，几乎所有狄更斯所代表的价值观都可以被斥为"资产阶级道德观"。但是，在道德层面上，没有人能比英国的劳工阶层更加"资产阶级化"。西方国家的普通人还从未在精神上进入"现实主义"和权力政治的世界。或许很快他们就会进去了，那样的话，狄更斯就会像拉车的马一样过时。但是，在他的时代和我们的时代，他广受欢迎，因为他能以幽默而洗练、令人过目难忘的笔触表达出普通人与生俱来的正派观念。重要的是，从这一点出发，不同类型的人都可以被称为"普通人"。英国这个国度虽然存在阶级分化，但某种文化上的凝聚力的确存在。贯穿基督教时代，特别是自法国大革命以来，自由和平等这两个理念一直萦绕着西方世界。虽然它们只是理念，影响却波及社会的每个阶层。最令人发指的不公、残暴、谎言和势利无处不在，但没有多少人能像一个古罗马奴隶主那样对这些事情无动于衷。就连那些百万富翁也被隐约的罪恶感所困扰，就像吃着偷来的羊腿的小狗。几乎每个人，无论他的实际作为怎么样，都在感情上认同"四海之内皆兄弟"的理念。狄更斯道出了一个法则，这个法则从以前到现在仍大体上为人所信奉，即使那些违反这一法则的人也信奉它。否则很难解释为什么他的作品为工人阶级所阅读（这种事情不会发生在其他地位与他相当的小说家的身上），他的身体却又被葬在威斯敏斯特大教堂。

当你读到带有强烈的个人色彩的文字时，你会感觉似乎透过页面能看到一张脸。那不一定就是作者的脸。在阅读斯威夫特、笛福、菲尔丁、司汤达、萨克雷、福楼拜的时候我会有这种强烈的感觉，虽然有的时候我不知道这些人长什么样，也不想去知道。你看到的，是那个作者应该长的脸。在阅读狄更斯的作品时，我看到的那张脸不是相片里的狄更斯，虽然颇有几分相似。那是一张年约四旬的脸，留着小胡子，脸色红润。他在大笑，笑声里带着愤怒，但没有洋洋自得，不怀恶意。那是一个总是在反抗某个事物的人的脸，但他是在公开地、毫无畏惧地抗争，那是一个义愤填膺的男人的脸——换句话说，是一个十九世纪的自由主义者和自由知识分子的脸，这种人为所有那些散发出恶臭的正统思想所痛恨，这些正统思想如今正在争取我们的灵魂。

葬身鲸腹①

一

1935 年亨利·米勒的小说《北回归线》问世时，文坛对其报以相当谨慎的褒扬，显然是出于担心被人以为是在享受里面的情色描写。对其赞扬的作家有托马斯·斯特恩斯·艾略特、赫伯特·里德、奥尔德斯·赫胥黎、约翰·德斯·帕索斯②、伊兹拉·庞德③——大体上都是一些现在不受欢迎的作家。事实上这本书的主题及其营造的氛围属于二十年代，而不属于三十年代。

《北回归线》是一本第一人称的小说，或者说，是一本小说形式的自传体作品，无论你怎么看都好。米勒本人坚称这本书是直白的自传，但节奏和叙事方式都是小说风格。它讲述了一则美国人在巴黎的故事，但情节颇不落俗套，因为里面所描写的美国人都是穷人。在美元泛滥、法郎汇率又低的景气年代，巴黎到处是画家、作家、学生、附庸风雅者、观光客、浪荡子和无所事事的

① 刊于 1940 年 3 月 11 日同名散文集。
② 约翰·罗德里格·德斯·帕索斯(John Roderigo Dos Passos，1896—1970)，美国作家，代表作有《三个士兵》、《美国三部曲》等。
③ 埃兹拉·庞德(Ezra Pound，1885—1972)，美国流亡诗人、文学批评家，二十世纪现代主义文学运动前锋之一，曾翻译一系列东方文学(包括孔子的作品)，促进东西文化交流。二战时庞德投靠墨索里尼，效忠纳粹政府，战后被收押精神病院长达 13 年。代表作有《灯火熄灭之时》、《在地铁站内》等。

人，实在是世人未曾目睹的奇观。在巴黎的有些区域，那些所谓的艺术家肯定要比工薪阶层的人还多——事实上，据估计在二十年代末巴黎有三万名画家，大部分都是滥竽充数的。巴黎人对画家非常冷漠，那些穿着灯芯绒马裤、声音沙哑的女同性恋者和穿着古希腊或中世纪服饰的年轻人走在街上时根本没有人会去看他们一眼。在塞纳河畔巴黎圣母院一带，素描画架摆得几乎水泄不通。那是黑马和未被发现的天才的年代。每个人的口头禅都是："等我发达了。"结果，没有人"发达"。当经济萧条像另一个冰河世纪降临时，这些大都市的画家消失得无影无踪，而蒙帕纳斯区那些大型咖啡厅十年前原本直到凌晨还有许多吵吵闹闹、装腔作势的人流连光顾，如今变成了黑漆漆的陵墓，但里面甚至连幽灵都没有。这就是米勒所描述的世界——其它小说，如温德汉姆的《塔尔》也描写过这个世界——但他只描述这个世界的底层生活，那个流氓无产阶层，他们能够在大萧条下生存，因为他们当中有的是真正的艺术家，有的则是真正的恶棍。那些未被发现的天才偏执狂，那些总是"准备"写出一部让普鲁斯特相形见绌的小说的偏执狂，只有在不用去张罗下一顿饭的时候才能发挥自己的才华。书中的大部分内容描述的是工人旅社里臭虫横行的房间、打架斗殴、狂喝滥饮、廉价妓院、俄国难民、死乞白赖、坑蒙拐骗和临时工作等。在一个外国人的眼中，巴黎贫民区的整个风貌——铺着鹅卵石的小巷、酸臭的垃圾、有着油腻腻的镀锌柜台和破烂的铺砖地板的小酒吧、塞纳河绿油油的河水、共和国卫队蓝色的斗篷、破破烂烂的铁铸的小便器、地铁站奇怪的甜香、支离破碎的香烟、卢森堡花园的鸽子——这些都在里面；或者说，它们所营造的气氛就在里面。

乍一看再没有比这更没有成功希望的素材了。当《北回归线》出版时，意大利军队正开往阿比西尼亚，希特勒的集中营正在膨胀。思想界的中心在罗马、莫斯科和柏林。一本杰出的小说似乎不大可能会去描写美国流浪汉在巴黎的拉丁区讨酒喝。当然，小说家并不一定非得描写当代历史不可，但一个对当前重大事件视若无睹的小说家不是一个呆子就是一个纯粹的大傻瓜。单就内容主旨而言，大部分人或许会认为《北回归线》只是二十年代遗留的下流污秽的作品。事实上，几乎每个读了这本书的人都会立刻看出它根本不是那种类型的书，而是一本非同凡响的书。这本书为什么了不起？了不起在哪里？这两个问题并不好回答。我想，先讲述一下《北回归线》在我的脑海中留下的印象会比较好。

当我第一次翻开《北回归线》，看到里面充斥着不宜刊印的字眼时，我的第一反应是觉得反感。我想大部分人的反应可能和我一样。然而，读了一会儿，书的氛围和纷繁的细节似乎以某种奇妙的方式留在了我的记忆里。一年后，米勒的第二部作品《黑色的春天》出版了。到了这时《北回归线》比我第一次阅读的时候留下了更加栩栩如生的印象。我对《黑色的春天》的第一感觉是它的水平下降了。事实上，它的整体性不如《北回归线》。但是，一年后《黑色的春天》的许多章节也在我的记忆里扎根了。显然，这两本书是那种读后会让人有所感想的书——正如他们所说的，"自成天地的书"。自成天地的书不一定都是好书，有可能是蹩脚的好书，像《莱福士》或《神探福尔摩斯》，有可能是乖张病态的书，像《呼啸山庄》或《安了绿色百叶窗的房子》。但有时候一本小说开辟新天地的方式并不在于揭示了新奇的事情，而在于揭示了为人所熟悉的事情。以《尤利西斯》为例，这本书的真正不凡之处在于，它描写的是普通的生活。当然，《尤利西斯》的特点并不只是这一点，因为乔伊斯是一位诗人，同时也是一个笨拙的书呆子，但他真正的成就在于将平淡的题材化为文字的功力。他敢于——在这件事情上，勇气与技术一样重要——暴露内心世界的愚钝，而通过这样，他发掘了一个就在大家眼皮底下的美国。书中呈现了一个你本以为本质上是不可表达的完整的世界，而有位作家将它表达了出来。它所营造的效果就是，有那么一刻，人类所置身其中的孤独被打破了。当你阅读《尤利西斯》的某些章节时，你会觉得乔伊斯与你心心相印，他对你完全了解，虽然他从未听说过你的名字。在某个脱离了时间和空间的世界里，你和他在一起。虽然在其它方面亨利·米勒与乔伊斯不同，但在这一文学特质上两人有异曲同工之妙。但不是每处地方都一样，因为他的作品质量参差不齐，有时候会流于啰唆空洞或耽于超现实主义的柔软潮湿的世界，特别是《黑色的春天》这部作品。但是，读上他的作品五页或十页，你就会感觉到那种奇怪的宽慰，这种宽慰与其说来自理解他，毋宁说是来自被理解。你会觉得"他完全了解我，他就是为了我而写出这本书的"。似乎你可以听见一个声音正在对你说话，那是一个友好的美国人的声音，不会说一句谎言，没有道德说教的目的，只是默默地假定我们每个人其实都是一样的。你得以暂时躲开普通的小说，甚至质量很高的小说里面那些谎言、简而化之的归纳和风格化的牵线木偶式特征，去探究那种可以被感知的人类的体验。

但那是什么样的体验呢？什么样的人呢？米勒描写的是一个流落街头的男人，而不幸的是，街头碰巧到处都是他的弟兄。这就是离开祖国的惩罚。它意味着将你的根移植到浅浅的泥土里。放逐对于一个小说家的伤害或许比对一个画家或甚至诗人的伤害更甚，因为放逐让他无法接触工作生活，将他的世界压缩到了街头、咖啡厅、教堂、妓院和画室。大体上，在米勒的书中，你会读到生活在异国他乡的人物：他们酗酒、聊天、思考和滥交，而不是上班、结婚、生儿育女。这实在是一件憾事，因为他本应该将这两类活动都付诸笔端的。在《黑色的春天》里有一段关于纽约的精彩倒叙，那是欧·亨利时代的到处都是爱尔兰人的纽约，但巴黎的章节是最棒的；尽管咖啡厅里的那些酒鬼和流浪汉是完全没有社会价值的人，他们却被刻画得栩栩如生，艺术手法之高超是所有近期的小说所无法企及的。这些人物不仅真实可信，而且为人所熟悉。你会对发生在他们身上的事情感同身受。他们并没有令人称奇的冒险经历。亨利获得一份工作，辅导一个忧郁的印度学生，大冬天又在一所野鸡法语学校谋得一份差事，里面的厕所结了脏兮兮的冰；在勒阿弗尔和他的朋友科林斯船长狂喝滥饮；去逛窑子，那里有漂亮的黑人女子；和他的朋友小说家范·诺登聊天，后者在酝酿着一部惊世之作，却从未让自己开始动笔。他的朋友卡尔在饥肠辘辘之际被一个有钱寡妇收留，她还想和他结婚。卡尔在思考挨饿与陪老太婆睡觉二者哪个更糟糕的时候，就像哈姆雷特一样说着冗长的对白。他极其详细地讲述了自己去探访这个寡妇，他如何穿着最好的衣服去酒店，他在去之前忘了撒尿，结果整个晚上变成了漫长的、越来越难熬的折磨等等。而说到底，这些都不是真的，根本没有那个寡妇——卡尔只是虚构出这个女人，让自己显得重要。整本书基本上就是这种调调。为什么这些怪诞的平凡琐事会如此引人入胜呢？原因很简单，你对整本书的气氛非常熟悉，因为你一直觉得这些事情就发生在你身上。你之所以会有这种感觉，是因为有人选择了放弃普通小说的外交式语言，将内心思想的挣扎斗争暴露出来。在米勒的作品里，他并没有费心去挖掘思想的运作机制，而是坦白地描写出日常生活的事实和情感。因为事实上，许多普通人，或许是大部分普通人，就是像书中所写的那样在说话和行动。《北回归线》里的人物对话非常粗俗，在小说中实属罕见，但在真实生活中却是再平常不过的事情。我反复听到像这样的对话从那些甚至不知道自己在说脏话的人口中说出来。值得注意的是，《北回归线》不是一部年轻人的作品。该书出版的时候米勒已经年过四旬，虽然在那以后他又出版了三四本著作，但显然这第一本书已经酝酿多年了。它是那种在贫穷和默默无闻中慢慢成熟的书，出自那些知道自己的使命因此能够等待的作者的手笔。它的文笔很令人着迷，而《黑色的春天》的部分章节甚至写得还要好。不幸的是，我无法引用那些几乎无处不在的不宜刊印的字眼。但拿起《北回归线》或《黑色的春天》，阅读头一百页，它们让你觉得即使到了现在，英语的文笔仍然有改善的余地。在这两本书中，英语被呈现为一种口头语言，却又是一种无所畏惧的口头语言——它不畏惧修辞，也不畏惧生僻或诗情画意的字眼。形容词在被放逐十年后重新回来了。那是通顺饱满的文字，很有韵律感的文字，和时下风行的那些单调谨慎的描写和快餐店对话很不一样。

当像《北回归线》这样的书出现时，人们自然而然地关注的第一件事就是它的淫秽描写。以我们当前对于体面文章的观念，要以超然的态度去阅读这么一本不宜刊印的书并不容易。读者的反应要么是震惊厌恶，要么是病态的激动，要么是下定决心不为它的内容所打动。最后的反应可能是最普遍的反应，结果就是，那些不宜刊印的书籍没有得到应有的关注。一个流行的说法是：再没有比写一本淫秽读物更容易的事情了，还说人们写这种书只是为了让自己被人谈论和挣钱等等。显然，情况并不是这样，在警察和法庭眼中属于淫秽作品的书并不常见。如果写一写污言秽语就可以轻松挣钱，那许多人都可以挣这个钱。但是，由于"诲淫诲盗"的书并不常有，因此人们倾向将它们归在一起，而这是很不公平的。《北回归线》被拿来与另外两本书《尤利西斯》和《茫茫黑夜漫游》相提并论，但它与这两本书并没有多少相似之处。米勒与乔伊斯的共同之处在于，两人都愿意描写日常生活中那些乏味和肮脏的事情。抛开文字上的技巧不谈，《尤利西斯》对葬礼的描写就可以放入《北回归线》中。整个章节像是在忏悔，将人类内心世界可怕的麻木不仁暴露于人前。但相似就到此为止了。作为一本小说，《北回归线》远比《尤利西斯》逊色。乔伊斯是一位艺术家，而米勒不是，或许他也不希望是，而且他作出了更多的尝试。他在探究不同状态下人类的意识：梦境、臆想（参阅《点铜成金》这一章）、酗酒等等，将它们统统整合到一个庞大而复杂的模式里面，几乎就像维多利亚时期的"故事情节"。米勒只是一个饱经沧桑的人在谈论生活，一个拥有智慧、勇气和文学天赋的普通美国商人。或许他看上去就符合每个人对于一个美国商人的想象。至于和《茫茫黑夜漫游》相比较，那更是风马牛不相及。两本书都写了不宜刊印的字眼，两本书在某种程度上都是自传体作品，但仅此而已。《茫茫黑夜漫游》是一本目的明确的书，那就是抗议现代生活——事实上，是生活本身——的恐怖和空虚。那是无法忍受的厌恶的疾呼，是从粪坑里发出的声音。

《北回归线》则几乎相反。书里的事情是如此不寻常，几乎达到了畸态的地步。但它是一本快活人所写的书——《黑色的春天》也是，但快乐的程度略有降低，因为很多地方的描写带着乡愁。经过多年的流氓无产阶级的生活——挨饿、流浪、肮脏、失败、露宿、和移民官抗争、为了一点钱而争得你死我活后，米勒发现自己还是活得很开心。让塞林[1]觉得恐怖的那些生活的方方面面却让他为之着迷。他没有提出抗议，而是逆来顺受。"逆来顺受"这个词让人想起了和他属于真正一类人的另一个美国人：沃尔特·惠特曼。

　　但在二十世纪三十年代当惠特曼是一件很奇怪的事情。我们不能肯定如果惠特曼当时还在世的话，他还会不会写出像《草叶集》这样的作品。因为他所说的无非就是"我愿意接受"，而现在的"逆来顺受"和当时的"逆来顺受"已经不可同日而语。惠特曼的创作年代适逢史上仅有的繁荣时期，而且，他生活在一个自由并非空谈的国度。他经常写到的民主、平等和同志情谊并不是虚无飘渺的理想，而是活生生地存在于他的眼前。在十九世纪中叶，美国人觉得自己是自由的，平等的，那是纯粹的共产主义社会之外所能实现的最高程度。贫穷和阶级差别确实存在，但除了黑人，没有人会永远生活在社会的底层。每个人的心里都怀着坚定的信念，坚信自己不需要奴颜婢膝也可以体面地生存。当你读到马克·吐温笔下密西西比河的船夫和引水员，或布雷

---

① 路易斯-费迪南德·塞林（Louis-Ferdinand Celine, 1894—1961），法国作家，本名是路易斯·费迪南德·奥古斯特·德图斯（Louis Ferdinand Auguste Destouches），其作品的文风对法国文学和世界文学有着深刻影响，代表作有《茫茫黑夜漫游》、《从城堡到城堡》等。

特·哈特①的西部淘金矿工时，他们似乎比石器时代的食人族更加遥远。原因很简单，他们是自由的人。但就连安宁的、有文化的美国东部各州也是这样，那个《小妇人》、《海伦的宝贝们》和《从班格尔飞驰而下》中的美国。当你阅读的时候，你能感受到生活有一种乐观的、无忧无虑的品质，那种感觉就像切实的生理感觉。这就是惠特曼讴歌的主题，但其实他写得很糟糕，因为他是那种告诉你应该有什么感受而不是让你有所感受的作家。幸运的是，他逝世得早，没有看到伴随着大规模工业的兴起和对廉价移民劳动力的剥削后美国生活的衰败。

　　米勒的世界观与惠特曼很相似，几乎每个读过他的作品的人都会这么说。《北回归线》的结尾是典型的惠特曼式文风，经过放荡、欺骗、抗争、酗酒和犯傻后，米勒只是坐下来看着塞纳河流过，莫名地接受了事情的现状。但是，他接受了什么呢？首先，他接受的不是美国，而是欧洲古老的骨骸堆，这里的每一寸土地都曾经历过无数具人类的躯体。其次，他接受的不是扩张和自由的时代，而是恐惧、暴政和管制的时代。在我们这个时代说"我接受了"就等于在说你接受了集中营、橡胶警棍、希特勒、斯大林、炸弹、飞机、罐头食品、机关枪、政变、大清洗、口号、贝多②传送带、毒气面罩、潜水艇、间谍、内奸、出版审查、秘密监狱、阿司匹林、好莱坞电影和政治谋杀。当然不止这些事情，但这些事情是其中的一部分。大体上这就是亨利·米勒的态度，但

① 弗朗西斯·布雷特·哈特（Francis Bret Harte, 1836—1902），美国作家、诗人，代表作有《波克公寓的放逐者》、《失窃的雪茄盒》等。
② 查尔斯·尤金·贝多（Charles Eugène Bedaux, 1886—1944），二十世纪初法国商业巨子，以泰勒主义的科学管理理念，对机械化大规模生产进行改良。

并不总是这样，因为有时候他展现出了那种司空见惯的怀旧文学的特征。在《黑色的春天》的前半部分有一段很长的篇幅在讴歌中世纪，堪称是近年来文笔最美妙的散文作品之一，但在态度上和切斯特顿并没有太大的区别。《马克斯和白细胞》对现代美国文明进行了攻讦（早餐麦片、玻璃纸等），阐述的角度是文人骚客惯常的对工业主义的痛恨。但总体来说，他的态度是"让我们接受所有的一切吧"。因此就有了表面上对生活中下流肮脏的一面的专注。那只是表面，因为事实上，日常生活的恐怖远比小说家愿意承认的要大得多。惠特曼自己就"接受了"许多和他同一时代的人觉得难以启齿的事情。因为他不仅描写田园风光，还在城市里游走，看到自杀者摔得粉碎的头骨、"手淫者灰扑扑的病态的脸庞"等等。但毫无疑问，我们这个时代，至少在西欧地区，要比惠特曼创作的时代更加萎靡绝望。和惠特曼不同，我们生活在一个渐渐缩小的世界。"民主的远景"的尽头是铁丝网。创造和成长的感觉越来越少，越来越偏离摇篮，不停地摇啊摇；越来越像是茶壶，被架在火上炖烧。接受文明的现状意味着接受腐朽。它不再是一种奋发昂扬的态度，而是变成了一种消极被动的态度——甚至"腐朽"，如果这个词有什么含义的话。

但恰恰由于从某种意义上说，米勒是对经历逆来顺受的人，他能够比那些目的性更强的作家更接近普通人，因为普通人也是被动的。在小范围内（家庭生活，或许扩展到工会和地区政治）他觉得自己是命运的主人，但在重大事件面前他就像面对大自然一样无助。他根本不会去尝试影响未来，只是躺倒在地，任凭事情降临到自己头上。过去十年来，文学与政治的纠缠越来越紧密，结果就是，比起过去两个世纪，普通人的空间变得更加局促。只要比较一下描写西班牙内战的作品和描写1914—1918年的作品，你就可以了解到主流文学态度的转变。那些描写西班牙战争的英文书籍会立刻让人注意到它们写得极其枯燥蹩脚。而更重要的是，几乎所有的作品，无论是右派的还是左派的，都是由自以为是的盲从者从某一个政治角度出发撰写的，告诉你应该如何去思考，而那些讲述那场世界大战的书是由那些甚至没有假装对一切了然于胸的普通士兵或低阶军官所写的。像《西线无战事》、《火线》、《永别了，武器》、《一个英雄的死去》、《再见了，一切》、《一位步兵军官的回忆录》、《索姆河的一个中尉》都不是由宣传人员，而是由战争的受害者撰写的。事实上，这些作品都在说："这到底是怎么一回事？天知道。我们能做的就只有忍受。"虽然他并不是在描写战争，而且并不是以悲剧为主题，这大致上就是米勒的态度，而不是现在流行的全知全能的态度。他曾担任过一份短命的刊物《支持者》的兼职编辑，这份刊物在广告中总是标榜自己的宗旨是"不参与政治，不涉足教育，不谈及进步，不合作，无关伦理，无关文学、没有一以贯之的理念，不关心当代的事务"，这些评价几乎可以全盘套用在米勒自己的作品身上。那是来自群众的呼声，来自下层人的呼声，来自三等车厢的呼声，来自被动的、对政治和道德漠不关心的普通人的呼声。

我一直在用"普通人"这个词，用得很泛滥，我理所当然地认为这些"普通人"仍然存在，但现在有些人认为"普通人"不存在了。我不是说亨利·米勒所描写的人构成了大部分人，更不是说他所描写的是无产阶级。目前为止还没有哪个英国或美国作家严肃地尝试过这一主题。而且，《北回归线》里的那些人都不是普通人，他们无所事事、卑鄙可耻，而且或多或少有点"艺术气息"。正如我已经说过的，这是一个遗憾，但这是流离异国他乡的必然结果。米勒的"普通人"既不是体力工人，也不是郊区的业主，而是被遗弃的、没有阶级的冒险者，无根又无钱的美国知识分子。但是，这种人的生活经验与那些更为正常的人有许多重合之处。米勒一直能最大程度地利用他那些极为局限的素材，因为他一直有勇气对它们表示认同。这个普通的男人，"平庸、感性的男人"，被赋予了说话的能力，就像巴兰的驴子①。

我们将会了解到，这是过时的思想，至少是不合时宜的思想。平庸、感性的男人不合时宜了。专注于性爱和内心生活的真实不合时宜了。美国人的巴黎不合时宜了。像《北回归线》这么一本书，在这么一个时候出版，要么是单调空洞矫揉造作的读物，要么是不同寻常的作品，我认为大部分读过它的人都会认为它不是前者。我们有必要去尝试发掘这种对当代文学时尚的逃避意味着什么。但是，要做到这一点，你必须将它放在其背景中进行考察——即放在那场世界大战之后二十年英语文学的大体演变潮流中进行考察。

二

当一个人说某个作家很受欢迎时，他的意思是说他受到三十岁以下的读者的推崇。在我所提到的那段时期的开始阶段，即战争期间和随后的那几年，对有思想的年轻人影响最深的作家几乎可以肯定是豪斯曼。在那些在 1910 年至 1925 年度过青春期的人

---

① 巴兰的驴子，出自《圣经·民数记》。巴兰是米所波大米的一个术士，摩押王巴勒重金礼聘他对以色列人进行诅咒，巴兰受利欲所诱，骑着自己的驴子前往摩押，半途中驴子看到天使拦路，于是口吐人言，训斥巴兰。

中，豪斯曼有着莫大的影响力，现在这是很难以理解的一件事情。1920 年的时候我十七岁，我熟读了整本《什罗普郡的小伙子》。我不知道现在《什罗普郡的小伙子》对一个思想差不多的同龄男孩还有多大的影响。毫无疑问，他应该听说过这本书，甚至可能略微读过。或许这本书会让他觉得低俗而机灵——或许就是这样而已。但是，我和我的同龄人经常对着自己反复吟诵着书中的那些诗，觉得莫名地快乐，就像上一辈人吟诵梅雷迪斯的《爱在深谷》、斯温伯恩的《珀尔塞福涅的花园》等等。

> 我的心中充满了悔恨，
> 为了我曾有过的金子般的朋友，
> 为了那许多如玫瑰般娇艳的少女，
> 还有那许多矫健的少年。
>
> 在宽阔的水波不兴的河流，
> 躺着矫健的少年，
> 那些如玫瑰般娇艳的少女正在沉睡，
> 就在那玫瑰凋零的地方。

这首诗很俗。但在 1920 年时我们并不觉得这是一首俗气的诗。为什么泡沫总是会破灭？要回答这个问题，你必须考虑到让某些作家在某些时候受到欢迎的外部条件。豪斯曼的诗作刚出版时并没有引起多大的注意。它们拥有什么样的品质，对 1900 年前后出生的那一代人，就这么一代人，有着如此深刻的影响力呢？

首先，豪斯曼是一位"田园诗人"。他的诗作都是在描写被掩埋的村庄的魅力，克兰顿、克兰伯里、奈特顿、拉德罗等地名勾起的怀旧之情——"在温洛克埃奇山上"、"布雷顿的盛夏"——盖着茅草的屋顶，铁匠叮叮当当打铁声，牧场里的野黄水仙，回忆中蓝色的山峦等等。除了描写战争的诗歌之外，1910 年至 1925 年英国的文学大部分描写的是"田园风光"。原因无疑是食利阶层和专业人士阶层正逐渐与土地彻底断绝真正的联系，但当时对于乡村的谄媚心态和对城镇的鄙视心态要比现在更加盛行。那时候的英国和现在一样并不能称得上是一个农业国家，但在轻工业开始蓬勃蔓延之前，将英国想象成为一个农业国家要更加简单一些。大部分中产阶级人士在童年时期见过农村，自然而然地对农村生活诗情画意的一面情有独钟——耕地、收割、打谷等等。除非他自己干过农活，否则一个小孩是不会意识到锄芜菁、凌晨四点钟给奶牛开裂的奶头挤奶等等是多么可怕的辛苦活儿。那场战争前后——以及战时——是"自然诗人"的黄金年代，是理查德·杰弗里斯和威廉·亨利·哈德森的全盛时期。鲁伯特·乔纳·布鲁克①的《格兰切斯特》，1913 年的名作，也只不过是"田园情怀"的宣泄，好像是从塞满了地名的肚子里涌出积食难化的呕吐物。《格兰切斯特》作为一首诗，比毫无价值还要糟糕，但作为那时候有思想的中产阶级年轻人的写照，它是一份很有价值的文献。

不过，豪斯曼并不热衷于以布鲁克和其他人的周末消遣的心态去描写攀缘玫瑰。"田园"主旨一直存在，但主要是作为背景。

---

① 鲁伯特·乔纳·布鲁克（Rupert Chawner Brooke，1887—1915），英国诗人，代表作有《士兵》、《伟大的爱人》等。

他的大部分诗都有人文思想的主题，一种理想化的乡土情怀，而在现实中，斯特雷丰或科里登已经实现了现代化。这本身就拥有一种深刻的吸引力。经验表明，过度文明化的人喜欢阅读描写乡土风情的读物（关键词是"亲近土地"），因为他们认为乡下人比自己更加原始和富于激情，因此就有了谢拉·凯伊-史密斯的小说《黑土地》等作品。那时候一个中产阶级的小男孩因为有对土地的好感而认同农民，但他绝不会对城镇里的工人产生这种感觉。大部分男孩在脑海里对庄稼汉、吉卜赛人、偷猎者或猎区看守人有着理想化的形象，总是想象他们是狂野而且自由奔放的斗士，过着猎兔、斗鸡、骑马、喝啤酒、泡妞的生活。梅斯菲尔德①的《永恒的仁慈》，另一部有价值的时代篇章在战争那几年很受男生的欢迎，以非常粗俗的方式让你了解到那时候的情景。但豪斯曼的《莫里斯一家和特伦斯一家》能被严肃对待，而马斯菲尔德的《索尔·凯恩》则不能。在这方面，豪斯曼是带有忒奥克里托斯②色彩的马斯菲尔德。而且，他的所有主题都在迎合青少年——谋杀、自杀、悲剧的爱情、早逝。它们探讨的是那些简单而可以被理解的灾难，让你觉得生活的"本质"在与你作对：

> 太阳照耀着收割了一半的山丘，
>
> 这时鲜血已经干结，

---

① 约翰·爱德华·梅斯菲尔德（John Edward Masefield，1878—1967），英国作家、诗人，曾获英国桂冠诗人称号，代表作有《午夜的民族》、《快乐的匣子》等。

② 忒奥克里托斯（Theocritus，约前310—前250），古希腊著名诗人、学者，西方田园诗派的创始人。

莫里斯静静地躺在干草堆中，
我的匕首就在他的身边。

还有：

他们把我们关进了什鲁斯伯里的监狱，
吹着心伤的口哨。
火车整晚在铁轨上呻吟，
向拂晓就要死去的人致意。

内容大致就是这么一个基调。一切都无可救药。"内德永远躺在了墓地，汤姆永远躺在了监狱。"你还会注意到那种精致的自怜自伤——"没有人爱我"的心情：

钻石从饰物上掉落，
在低矮的草丛间。
那是黎明的眼泪，
哭泣，但不是为了你，

命运就是如此不幸，老伙计！像这样的诗或许正是专门为青少年而写的。那种不变的、情欲的悲观情绪（女孩总是死去或嫁给别人）对于共同生活在公学里，觉得女人不可企及的男孩子们来说就像是真知灼见。我不知道豪斯曼的作品对女孩子是否有着同样的吸引力。他的诗作并没有考虑到女人的感受，她只是水泽仙女、塞壬女妖、狰狞的半人怪兽，引着你走了一小段路，然后将你绊倒。

但豪斯曼的作品还有另一个特征，让他广受1920年那些年轻人的喜爱，而这个特征就是他的亵渎神明的、反道德的"愤世嫉俗"的特征。两代人之间经常发生的斗争在那场世界大战结束后变得格外激烈，一部分原因是战争本身，一部分原因是由俄国革命间接造成的，但不管怎样，那时候正在进行一场思想上的挣扎。由于英国的生活很轻松安全，即使是战争也没有造成多大的影响，许多人在十九世纪八十年代甚至更早之前所形成的思想观念一直延续到了二十世纪二十年代，几乎没有怎么改变。而在年轻一代的心中，正统的信念就像沙筑的城堡一样坍塌。譬如说，宗教信仰的土崩瓦解令人瞠目结舌。那几年间，老人与年轻人之间的对立演变成了真正的仇恨。参加战争的那一代人从大屠杀中幸存下来，发现他们的长辈仍在高喊着1914年的口号，年纪稍轻一些的男生在独身的、思想龌龊的校长的淫威下瑟瑟发抖。豪斯曼那隐晦的性反叛和他对于上帝的私愤吸引的正是这些人。确实，他是个爱国主义者，但那只是无伤大雅的传统价值观，他只会哼唱着英国的军歌和"天佑吾王"，而不是戴上钢盔和高喊"吊死德国皇帝"。而且他满足了反基督教的人士——那是一种苦涩而轻蔑的异教徒思想，坚信生命苦短，而神明总是与你作对，正好迎合了当时年轻人的心态，以几乎都是单音节的单词撰写出那些富有魅力而脆弱的诗句。

读者们可以看到，我在讨论豪斯曼时似乎把他当成了一个政治宣传的鼓吹手，高喊着有引用价值的只言片语的格言。显然，他绝非如此简单。我们不能因为几年前高估了他而现在就把他低估了。虽然如今一个人这么说的话会惹上麻烦，但他有几首诗（譬如说《潜入我心中的戾气》和《我的伙伴正在耕种吗?》)不大可能会一直不受待见。但说到底，让一个作家受欢迎或不受欢迎的根本原因，是他的创作倾向——他的"动机"，他的"主旨"。关于这一点的证明就是你很难从一本严重摧毁你最深刻的信仰的作品中领略到任何文学上的优点。没有哪本书能真的做到中立。在诗文和散文中总是有某种倾向能被察觉，即使那只不过是对形式的决定和对意象的选择。但是，像豪斯曼这样的家喻户晓的诗人通常都是格言式的作家。

战争结束后，豪斯曼和自然诗派过去之后，一群有着完全不同的创作倾向的作家涌现出来——乔伊斯、艾略特、庞德、劳伦斯、温德汉姆·刘易斯、奥尔德斯·赫胥黎、里顿·斯特拉奇①。二十年代的中后期，这是一场"文学运动"，就像过去几年奥登—斯彭德这个群体是一场"文学运动"那样。确实，并非那个时代的所有才华横溢的作家都属于这一模式。譬如说，虽然爱德华·摩根·福斯特在1923年左右写出了他最好的作品，但他是属于战前的人物。叶芝在他的两个创作阶段似乎都与二十年代脱节。其他依然在世的作家——摩尔、康拉德②、本涅特、威尔斯、诺曼·道格拉斯——早在战前就已经江郎才尽。另一方面，有一位作家应该被归入这个群体，但从狭义的文学层面上说他几乎不属于这个群体，他就是萨默赛特·毛姆③。当然，时间不会完全吻合，

---

① 贾尔斯·里顿·斯特拉奇(Giles Lytton Strachey, 1880—1932)，英国作家，其传记作品以细腻描写及心理阐述而见长。

② 约瑟夫·康拉德(Joseph Conrad, 1857—1924)，波兰籍英国作家，现代主义先驱者，代表作有《胜利》、《吉姆老爷》、《黑暗之心》等。

③ 威廉·萨默赛特·毛姆(William Somerset Maugham, 1874—1965)，英国作家，曾到过远东及中国旅行，代表作有《月亮与六便士》、《刀锋》、《周而复始》等。

这些作家大部分人在战前就出版过作品，但他们能被归入战后作家的群体，就像现在正在创作的年轻一代的作家能被归入大萧条后的作家群体一样。当然，同样的，你或许在通读了当时大部分文学刊物后，仍然不知道这些人就是"文学运动"的成员。那时候与其它时候的不同在于，文坛大腕们都在忙着伪装上上个时代还没有结束。斯奎尔掌控着《伦敦信使》，吉布斯①和沃波尔是借书部的神明，那时候很时兴快乐向上和男子气概、啤酒和板球、石南烟斗和一夫一妻制，写篇文章贬斥"高雅人士"就能挣到几基尼。但不管怎样，是那些被鄙视的高雅人士吸引了年轻人。欧洲吹来了新风，远在 1930 年前它就已经把喝啤酒玩板球的那帮人吹得赤身裸体，只剩下他们的爵士头衔了。

但对于上面我所提到的那群作家，你首先会注意到的是，他们看上去并不像一个小群体。而且他们当中有几个人与另外几个人可谓是水火不容。劳伦斯和艾略特在现实生活中格格不入，赫胥黎崇拜劳伦斯，却被乔伊斯排斥。大部分人都看不起赫胥黎、斯特拉奇和毛姆。刘易斯则与每个人为敌，事实上，他作为一个作家的名声大部分建立于这些攻讦之上。虽然现在看起来他们在气质上确实明显有相似之处，但在十几年前人们并不是这么看的。那其实是悲观主义的人生观，但有必要澄清悲观主义是什么意思。

如果说乔治时代的诗人创作的基调是"大自然的美"，战后作家的基调则是"生活的悲剧感"。而以豪斯曼的诗作为例，它们背

---

① 菲利普·吉布斯（Philip Gibbs，1877—1962），英国作家、新闻工作者，曾担任两次世界大战的战地记者，1918 年受册封为勋爵。

后蕴涵的精神不是悲剧感，只是牢骚，是享乐主义失望的产物。哈代的作品也是如此，但是《列王》应该归为例外。但乔伊斯—艾略特这个群体稍后才出现，清教徒主义不是他们主要的敌人，从一开始他们就能"看透"他们的前辈为之奋斗的大部分事情的本质。他们都对"进步"这个观念持敌对的态度，认为进步不仅不会发生，而且不应该发生。当然，上面我所提到的那些作家除了在这一点上相似之外，他们的方式都不尽相同，而且才华也有高下之分。艾略特的悲观主义一部分是对人类苦难视若无睹的基督教式的悲观主义，一部分是对西方文明走向没落的哀叹（"我们是空洞的人，我们是饱食终日的人"等等），一种类似于"诸神的黄昏"的情感，最后引领他，譬如说，在《斯温尼·阿格尼斯特斯》中，艰难地将现代生活描写得比实际上更加不堪。在斯特拉奇身上，那是文质彬彬的十八世纪的怀疑主义夹杂着揭露真相的快感。而在毛姆身上，那是一种斯多葛式的弃世，苏伊士运河以东板着面孔的白人老爷，就像某位安东尼式的大帝①那样，对自己的职责没有信仰，但仍然坚持做下去。乍一眼看上去，劳伦斯并不是一个悲观主义的作家，因为和狄更斯一样，他是个"心情阴晴不定"的人，总是坚称如果你能以不同的角度去看待当下的生活，一切都会好起来的。但他希望远离我们的机械化文明，而这是不可能发生的。因此，他对现状的恼怒变成了对过去的理想化。这一次是安逸而神秘的遥远过去：青铜时代。劳伦斯喜欢的是伊特鲁里亚人（他的伊特鲁里亚人），而不是我们。我们很难不

---

① 指古罗马皇帝安东尼·庇护（Antoninus Pius，公元138—161年在位），罗马五贤帝之一。

认同他，但是，说到底，那是一种失败主义，因为那并不是世界前进的方向。他所向往的那种生活，围绕着简单而神秘的事物而展开的生活——性爱、地、火、水、血——只是一个失落的理由。因此，他所能做到的，就是希望事情以明显不会发生的方式发生。他说道："要么是仁慈的浪潮，要么是死亡的浪潮"，但显然地平线的这一头并没有仁慈的浪潮，于是，他逃往墨西哥，四十五岁的时候就死了，比死亡的浪潮袭来的时候早了几年。读者们可以再次看到，我在讨论这些作家时似乎不把他们当成艺术家看待，似乎他们只是传达"信息"的宣传人员。但我要再强调一遍，他们并不只是在从事宣传工作。譬如说，将《尤利西斯》看成只是一部揭露现代生活和如庞德所说的"《每日邮报》的丑陋年代"的恐怖之处的作品，会是一件荒唐可笑的事情。事实上，比起大部分作家，乔伊斯更接近于一位"纯粹的艺术家"。然而，《尤利西斯》不是一个纯粹只是改变词语模式的作家可以写出来的作品。它是一种特别的人生观的产物，那是一个失去信仰的天主教徒的人生观。乔伊斯所表达的是："这就是没有上帝的生活。看一看吧！"而他在文字技巧方面的创新虽然很重要，却主要是为这一创作目的而服务的。

但关于这些作家有一点值得注意，那就是他们的"创作意图"都非常形而上。他们不去关注当下紧急的问题，不谈论狭义上的政治问题。我们的视线被引到罗马、拜占庭、蒙帕纳斯、墨西哥、伊特鲁里亚人、潜意识、太阳神经丛——除了正在发生大事的地方之外的任何地方。回顾二十年代，欧洲所发生的每一件大事都被英国知识分子忽略了，再没有比这更古怪的事情了。譬如说，俄国革命从列宁逝世到乌克兰大饥荒——大约十年间的所有事件都不为英国人所知。那段时间俄国意味着托尔斯泰、陀斯妥耶夫斯基和驾着出租马车的流放公爵。意大利意味着画廊、废墟、教堂和博物馆——而不是黑衫军。德国意味着电影、裸体主义和精神分析学说——但没有人关注希特勒，他的名字要直到1931年才为人所了解。在"文化圈"里，为艺术而艺术演变成了一种毫无意义的崇拜。文学被认为是纯粹的文字推敲。以主题去判断评判一本书是不可原谅的罪恶，甚至连对主题有所了解也被视为没有品位的举动。《潘趣》自战后总共出产过三则真正好笑的漫画，其中一则大约是刊登于1928年，里面描绘了一个叫人无法容忍的年轻人正跟他的姑妈说他打算"写点东西"。"你准备写些什么呢？"姑妈问道。"我亲爱的姑妈，"那个年轻人干脆地回答，"用不着关心写什么，只管写就行了。"二十年代最好的作者并不信奉这一教条，他们的"宗旨"在大部分情况下是非常明显露骨的，但那些都是以"道德—宗教—文化"为纲的"宗旨"。用政治术语去诠释这些宗旨，没有一个是"左倾"的理念。从某种程度上说，这个群体的所有作家都可以归为保守派。譬如说，刘易斯多年来一直在狂热地搜捕"布尔什维克主义"，在非常不可能出现的地方他也能察觉得出来。最近他的某些看法改变了，或许是为希特勒对艺术家的处置所影响，但可以肯定地说，他再左也左不到哪里去。庞德似乎已经明确无疑地投靠了法西斯主义，至少是意大利的变种。艾略特依然高高在上，但如果用手枪指着逼他在法西斯主义和更加民主的社会主义之间作出选择的话，他可能会选择法西斯主义。赫胥黎从一开始就对生活感到绝望，然后，在劳伦斯的"黑暗的子宫"的影响下，尝试着追求某个名为"生命崇拜"的信仰，最后投身和平主义——这是一个站得住脚的立场，而且在当前是值得尊敬的立场。但从长远的角度看，他们可能会拒绝社会主义。还有一件事情值得注意，那就是，这个群体的大部分作家都对天主教会抱以善意，虽然这种善意对于一个正统的天主教徒来说并不能接受。

悲观主义和反动思想之间的精神联系毫无疑问是非常明显的。或许没有那么明显的一件事情是，为什么这些二十年代的杰出作家中大部分人的思想都很悲观。为什么他们总是想着堕落、骷髅头与仙人掌、对失落的信仰的渴望和不可能实现的文明呢？说到底，难道这不是因为这些人都生活在一个极为舒适的年代吗？只有在这样的年代，"宇宙的绝望"才能够兴盛。饥肠辘辘的人从来不会对世界感到绝望，他们甚至不会去考虑世界的问题。1910年到1930年是繁荣的时代。即使在战争那几年，如果你正好身处协约国内的后方，生活也是可以忍受的。至于二十年代，那是食利阶层—知识分子的黄金时代，一个前所未见的没有责任感的年代。战争结束了，新的极权国家还没有崛起，一切道德和宗教的约束都不见了，金钱滚滚而来。"幻灭"成为了时髦的事情。任何一年能稳挣五百英镑的人都变成了有文化的人，开始陶冶自己的倦怠感。那是一个鹰旗与松脆饼①、温和的绝望、自家后院的哈姆雷特、当夜往返的廉价车票的年代。在富有时代特色的二流小说里，比如说像《痴人妄语》，那种对生活绝望的自怜自伤的氛围就像在蒸土耳其浴桑拿。就连当时最好的作家也采取了一种高高在上的姿态，对紧迫的现实问题袖手旁观。他们对生活有着深

---

① 出自T.S.艾略特的一首诗《一枚老蛋》（"A Cooking Egg"）。鹰旗象征古罗马的荣光，松脆饼代表现代社会普通人的安逸平庸。

刻的洞察，比他们之前或之后的文坛同行要深刻得多，但他们是从望远镜错误的一端去观察生活。这并不会影响他们的作品作为书籍的价值。任何艺术品的第一个考验是它能否流传下来，确实，许多创作于 1910 至 1930 年的作品得以流传下来，而且似乎可能会继续流传下去。你只需要想到《尤利西斯》、《人性的枷锁》、大部分劳伦斯的早期作品，特别是他的短篇，和艾略特直到 1930 年前后的几乎所有诗作，你就会怀疑现在所写的那些作品能否像它们一样成为传世之作。

但是，突如其来地，在三十年代的头五年，一些事情发生了。文坛的气候改变了。一个新的作家群体——奥登、斯彭德和其他人——开始崭露头角，虽然在技巧上这些作家受到了文坛前辈的影响，他们的"倾向"却与之完全不同。突然间，我们从诸神的黄昏一下子进入了童子军般光着膝盖集体歌唱的氛围。典型的文人不再是斯文的、怀着投身教会的念头的被放逐者，变成了热情的、向往共产主义的男生。如果说二十年代的作家们的创作基调是"生命的悲剧感"，这些新锐作家的创作基调则是"严肃的目的"。

路易斯·麦克尼斯先生①在《现代诗艺》一书中对这两个流派之间的区别进行了比较详尽的探讨。当然，这本书完全是从新锐作家的角度出发，认为他们的标准更加优越是天经地义的事情。根据麦克尼斯先生所说，新文学运动（1932 年）的诗人与叶芝和艾略特不同，在感情上有自己的倾向。叶芝宣称他会背对欲望与仇

---

① 弗雷德里克·路易斯·麦克尼斯（Frederick Louis MacNeice, 1907—1963），爱尔兰诗人、剧作家，代表作有《天空的洞穴》、《现代诗艺》等。

恨，艾略特远远地观察着别人的感情，感到倦怠和讽刺的自怜自伤……另一方面，奥登、斯彭德、戴伊·刘易斯等人的诗歌表明他们是爱憎分明的人，而且他们认为有些事情理应被热爱，有些事情理应被仇恨。

还有：

> 新文学运动的诗人回归到……古希腊时代重视内容或阐述的传统。首先，你必须言之有物；其次，你必须尽量讲述得当。

换句话说，"主题先行"的文风又回来了，年轻一代的作家已经"投身政治"。正如我已经指出的，艾略特和他的同仁并不真的像麦克尼斯先生所说的那样没有政治倾向。但是，从广义上说，二十年代的文学中心确实更多地放在文字技巧而不是像现在那样放在创作主题上。

这个群体的领军人物是奥登、斯彭德、戴伊·刘易斯①、麦克尼斯，还有长长一串有着相同倾向的作家的名字：伊舍伍德②、约翰·勒曼③、亚瑟·卡尔德-马歇尔④、爱德华·厄普华、埃里克·

---

① 塞西尔·戴伊·刘易斯(Cecil Day Lewis, 1904—1972)，爱尔兰诗人，曾翻译古罗马诗人维吉尔的作品，代表作有《从羽毛到坚铁》、《天马座与其它诗集》等。
② 克里斯朵夫·威廉·伊舍伍德(Christopher William Isherwood, 1904—1986)，英国作家，代表作有《再见，柏林》、《纪念碑》等。
③ 鲁道夫·约翰·勒曼(Rudolf John Lehmann, 1907—1987)，英国诗人、作家，曾创办《新写作》与《伦敦杂志》两本刊物，代表作有《低语的画廊》、《猎人基督》等。
④ 亚瑟·卡尔德-马歇尔(Arthur Calder-Marshall, 1908—1992)，英国作家，代表作有《被判缓刑的人》、《荣誉的时刻》等。

布朗、菲利普·亨德森和许多其他作家。和前面一样，我将这群人归在一起，只是根据他们的创作倾向。显然，他们的才华有着非常大的区别。但当你将这些作家和乔伊斯—艾略特那一代人进行比较时，最显眼的事情就是将他们纳入一个群体要容易得多。在技巧上他们更加接近，而在政治上他们几乎没有区别，他们对彼此作品的批评总是（说得客气点）出于善意。二十年代的杰出作家出身差异很大，只有少数几个完成了压迫个性的英国普通教育（顺带提一句，他们当中最好的作家，除了劳伦斯，都不是英国人），大部分人曾经与贫穷、漠视甚至露骨的迫害进行过抗争。另一方面，几乎所有的年轻作家都遵循着"公学—大学—布鲁姆斯伯里"的成长模式。少数几个无产阶级出身的作家早早就摆脱了自己的出身，先是拿到了奖学金，然后进入伦敦的文化界漂白。值得注意的是，这个群体的作家里有几个不仅是公学的学生，后来还当上了公学的老师。几年前我形容奥登是"没有胆量的吉卜林"。作为批评意见，这没有什么价值可言，事实上，这只是怀恨在心的意见。但事实上奥登的作品，特别是他早期的作品，有一种道德说教的气氛——很像吉卜林的《如果》或纽波特的《加油，加油，全力争胜！》——似乎从未远离。譬如说，像《现在你们就要出发，一切都交给你们了，小伙子们》这首诗，它就是纯粹的童子军团长的说教，和那些关于自渎的十分钟演讲没什么两样。无疑，里面有他刻意为之的戏仿痕迹，但还有一种他无意为之的更深层次的相似。当然，这些作家一本正经的道学腔是一种解脱的征兆。他们将"纯粹的艺术"抛到一边，让自己从害怕被嘲笑的恐惧中获得解放，大大地扩展了他们的视野。例如，马克思主义预见性的一面就是写诗的新素材，拥有非常大的可能性。

我们一无是处，

我们已经堕落，

来到黑暗的国度，应该遭到毁灭。

但想一想，在这漆黑一片中，

我们怀着一个秘密的想法，

在灿烂的阳光下，车轮在未来的年头里飞转。

（斯彭德的《一位法官的审判》）

　　但与此同时，成为马克思主义文学并不能更加接近人民群众。即使假以时日，奥登和斯彭德也不会像乔伊斯和艾略特那么受欢迎，更别说与劳伦斯相比。就像以前一样，有许多当代作家置身于这场潮流之外，但关于这场潮流的本质则没有多少疑问。三十年代中后期，奥登、斯彭德等人主导着"文学运动"，就像乔伊斯、艾略特等人主导着二十年代的"文学运动"一样。这场运动的方向是定义含糊不清的所谓共产主义。早在1934年或1935年，不在某种程度上"左倾"被认为是咄咄怪事。而在一两年后，左翼思想被确立为正统思想，在某些问题上，出于体面和礼节的需要，必须体现某些思想。作家必须积极投身"左派"，否则就写不出好作品的理念开始普及（参阅爱德华·厄普华和其他作家）。到了1935年到1939年间，共产党对于四十岁以下的作家有着一种几乎无法抗拒的魔力。听到某某某"已经入党"是司空见惯的事情，就像几年前当罗马天主教吃香时，听说某某某已经"皈依"经常发生一样。大概有三年的时间，事实上，英国文学的主流几乎是在共产主义的直接掌控之下。这种事情怎么可能发生呢？与此同时，什么是"共产主义"？先回答第二个问题会比较好。

　　西欧的共产主义运动开始的时候是一个以推翻资本主义为己任的激烈运动，而几年后就变成俄国外交政策的工具。当世界大战所引发的这股革命狂热消退后，或许这是不可避免的事情。据我所知，关于这一主题的唯一完整的历史记述是弗朗兹·博克瑙的作品《共产国际》。伯克瑙的事实比他的断言更清楚体现的是，要是革命的情感存在于工业国家的话，共产主义原本是不会按照当前的纲领发展起来的。譬如说，在英国，过去几年来这种感情显然并不存在。所有极端主义政党可怜兮兮的党员数字清楚地展现了这一点。因此，英国的共产主义运动自然是由那些情感上唯俄国是从的人所控制，真正的目的是操纵英国的外交政策以迎合俄国的利益。当然，这样一个目标是不能公开承认的，正是这个事实，赋予了英国共产党独特的性格。共产党员以国际社会主义者的面目出现，却是俄国公关宣传的喉舌。在平时要装出这个姿态很容易，但在危机时刻就难了，因为苏联在外交政策上并不比其它列强更加审慎。结盟、改变阵营等等，只有将国际社会主义视为强权政治的一部分才解释得通。每一次斯大林变换盟友，"马克思主义"就得被改造成一种新的形态。这包括了突如其来且剧烈的"改弦更张"、大清洗、谴责告发、系统地摧毁党派文学作品等等等等。每一个共产党员事实上都不得不在任何时刻改变他最深刻的信念，或者退党。星期一还无可置疑的信念或许到了星期二就成为了备受谴责的异端邪说，等等等等。这种事情在过去十年间至少发生了三次。结果就是，在任何一个西方国家，共产党总是很不稳定，而且总是规模很小。它的长期党员都是知识分子的内部小圈子，他们认同俄国的官僚体制，而稍微大一点的群体则是由工人阶级构成的，他们对苏俄保有忠心，但并不一定理解它的政策。除此之外就只有变动不定的党员，伴随着每一次"纲领"的改变，一批人来了，而另一批人走了。

在1930年，英国共产党是一个很小的、几乎不合法的组织，它的主要活动就是对工党进行造谣诽谤。但到了1935年，欧洲的面目已经改变了，左翼政治也随之改变。希特勒已经上台，开始进行军备重整，俄国的五年计划已经获得了成功，重新成为一个军事大国。在所有人眼中，希特勒的三大攻击目标将是英国、法国和苏联，这三个国家被迫达成和解。这意味着英国或法国的共产党员不得不成为爱国者和帝国主义者——也就是说，要去捍卫他们过去十五年来一直在抨击的事情。共产国际的口号突然间从红色褪成了粉红色。"世界革命"和"社会主义—法西斯主义"让位于"保卫民主"和"阻止希特勒"。从1935年到1939年是反法西斯和人民阵线的年头，是左翼书社的全盛时期，那时候"红色公爵夫人"和"思想开明"的主持牧师都到西班牙内战的战场进行巡游，而温斯顿·丘吉尔是个阅读《工人日报》的长着蓝色眼眸的年轻人。当然，从那时候起，又经历了一次"纲领"的改变。但是，对于我的主旨重要的是，在"反法西斯"的阶段年轻一代的英国作家被共产主义所吸引。

法西斯—民主的混战无疑本身就很吸引人，但那个时候他们的皈依原本也适逢其时。显然，自由放任的资本主义结束了，必须进行某种重建。在1935年的世界里几乎不可能保持政治上的漠然。但是，为什么这些年轻人会被俄国共产主义这么陌生的事情所吸引呢？真正的答案就蕴含于在大萧条前和希特勒上台前已经不言自明的事情之中：中产阶级的失业。

　　失业不仅仅是没有工作。即使在最糟糕的时候，大部分人都能找到活儿干。糟糕的是，在 1930 年前后，除了科学研究、艺术和左翼政治之外，一个有思想的人什么也无法相信。对西方文明的揭露达到了高潮，"幻灭感"广泛传播。现在谁能认为以普通的中产阶级的方式当一名士兵、牧师、股票经纪、印度公务员或别的职业过一辈子是天经地义的事情呢？我们的爷爷辈的价值观还有多少能够被严肃对待呢？爱国主义、宗教、帝国、家庭、婚姻的神圣、母校情谊、生儿育女、荣誉、纪律——任何接受过普通教育的人都能在三分钟之内就将它们彻底揭穿。但说到底，你将爱国主义和宗教这些最根本的事情打倒之后得到了什么呢？你并不能够消灭信仰的需要。几年前曾经出现过一丝虚幻的曙光，那时候许多年轻的知识分子，包括几位很有才华的作家（伊夫林·沃、克里斯朵夫·霍利斯等人）躲进了天主教会中。有意思的是，这些人几乎都选择了罗马天主教会，而不是英国国教、希腊教会或新教等教派。他们加入的是一个世界性的教会组织，有严格的纪律，有权力和名望撑腰。也许同样值得注意的是，在这些当代的宗教皈依者中，唯一真正具有一流才华的艾略特选择的不是罗马天主教，而是英国天主教，它相当于教会里的托洛茨基主义。但我想如果你要探究为什么三十年代的作家都蜂拥加入共产党或对其持赞同态度，这个原因就已经足够了：因为它是一个信仰。它相当于一个教会、一支军队、一个正统思想、一个纪律、一个祖国——从 1935 年前后起，还有了一个元首。知识分子们似乎已经摈除的所有的忠诚和迷信几乎不加掩饰地蜂拥重现。爱国主义、宗教情怀、帝国气象、军事荣耀——一切都可以归入一个名字：俄国。慈父、贤君、领袖、英雄、救主——一切都可以归入一个名字：斯大林。上帝——斯大林。魔鬼——希特勒。天堂——莫斯科。地狱——柏林。所有的空白都被填补完整。因此，说到底，英国知识分子的"共产主义"是再明显不过的事情了，那就是业已被消灭的爱国主义。

三

如果说现在有可能创立一个文学流派，亨利·米勒或许就是这个文学流派的先驱。不管怎样，他出人意表地改变了文学创作的方向。在他的作品里，你离开了那些"政治动物"，回到不仅彰显个人主义而且完全被动的风格——以一个相信世界的进程完全在他的控制之外，而且不愿去控制它的人的视野进行观察。

1936年底我第一次与米勒见面，当时我路经巴黎准备去西班牙。让我对他印象最深的是，我发现他对西班牙战争完全不感兴趣。他只是坚定地告诉我，在这个时候去西班牙是傻瓜才会做的事情。他觉得去那里的人都是纯粹出于自私的原因，譬如说好奇，而掺杂上诸如责任感这种事情纯属愚蠢。我那些抗击法西斯主义和捍卫民主等等的观点都是胡扯。我们的文明将被完全不同的事物所横扫和取代，我们几乎无法将那个事物认同为有人性的事物——他说他才不在乎这种事情。他的作品从头到尾都暗含了这样的观念。处处都有那种灾难降临的感觉，而且几乎每一处地方都隐含着无所谓的态度。就我所知，他公开出版的唯一一篇政论文章完全是负面的。大约在一年前，一本美国杂志《马克思主义者季刊》向许多美国作家发出一份问卷，请他们对战争这一主题进行表态。米勒的回答体现了极端的和平主义，他不愿参战，却不想说服别人和他想法一致——事实上，这无异于一份不负责任的宣言。

但是，不负责任的方式并不止一种。一般说来，对当前的历史进程不予认同的作家要么会无视它，要么会与它进行抗争。如果他们能够无视它，那或许他们都是一群傻瓜。如果他们对它有深入的了解，希望与之抗争，或许他们心里知道自己不可能获胜。譬如说，读一读像《博学的吉卜赛人》这首诗，它在斥骂"现代生活的离奇弊病"，并以华丽的失败主义的譬喻作为结束。它表达了一个正常的文学态度，或许就是过去一百年来主流的态度。另一方面，那些"进步分子"，那些乐观的人，像萧伯纳和威尔斯那样的作家，总是在大步向前，拥抱自我形象的投射，误以为那就是未来。大体上，二十年代的作家接受的是第一个纲领，而三十年代的作家接受的是第二个纲领。当然，在任何时候，总是会有许多像巴利、迪平和戴尔这样的作家，他们完全没有察觉到底发生了什么事情。米勒的作品之所以具有重要的特征，是因为它抗拒这些态度。他既没有推动世界的进程，也没有尝试着将它拉回来，但他却又没有对其视若无睹。我可以说，他比绝大多数"革命作家"更坚定地相信西方文明将沦为废墟，但他不愿意去做任何事情。罗马正在燃烧，而他就在袖手旁观，而且，和大部分袖手旁观的人不一样的是，他的脸就正对着火焰。

在《马克斯与白细胞》中有几篇富有启发的文章，米勒在讨论别人的时候也透露了许多关于他本人的信息。该书包括了一篇探讨艾纳丝·宁①的日记的长文，她的日记我只读过零星片段，我相信也还没有出版过。米勒宣称这些日记是迄今为止仅见的真正的女性作品，但女性作品意味着什么则没有明言。不过，有一篇文章很有意思：他把艾纳丝·宁——显然，她是一位完全逆来顺受和内向腼腆的作家——比喻为鲸腹中的约拿。他顺带提到几年前奥尔德斯·赫胥黎写过的一篇关于埃尔·格列柯②的画作《菲利普二世的梦》的文章。赫胥黎评价说埃尔·格列柯的画作中的人总是看上去似乎置身于鲸鱼的肚子里一样，并觉得置身于"鲸腹的监狱"是一件极其恐怖的事情。米勒反驳说，恰恰相反，有很多事情比被鲸鱼吞进肚子里更加糟糕。这段话表明他自己认为置身鲸腹是一件很有意思的事情。他在里面所探讨的或许是一个传播广泛的幻想。或许值得注意的是，几乎每一个人，至少是每一个说英语的人，都会谈起约拿和鲸鱼。的确，吞食了约拿的那头生物是一条鱼，《圣经》里就是这么说的（《约拿记》第一章第十七节），但孩子们总是自然而然地以为那是一头鲸鱼。这个儿时幼稚的只言片语被习惯性地带到了后来的生活中——或许这是约拿的神话对我们的想象力的影响的一个证明。因为事实上，置身于一头鲸鱼的腹中是非常舒服、惬意、温馨自在的想法。历史上的约拿，如果他真的叫这个名字的话，会很高兴自己能从鲸腹中逃出来，但有无数的人在白日梦中羡慕他。当然，个中原因是很明显的。鲸鱼的腹部就像一个大得能装下成年人的子宫。你躲在漆

---

① 艾纳丝·宁（Anaïs Nin, 1903—1977），美国女作家，代表作有：《火焰：来自爱的日志》、《艾纳丝日志》等。

② 埃尔·格列柯（El Greco, 1541—1614），西班牙画家、雕塑家、建筑师，本名为多米尼克·迪奥托克波洛斯（Doménikos Theotokópoulos）。

黑柔软、刚好容纳你的空间里，在你和现实之间隔着好几码厚的鲸脂，无论发生了什么事情你都能够保持完全漠然的姿态。你几乎听不到一场足以摧毁全世界所有战舰的风暴的回响。你甚至没办法察觉得到鲸鱼本身的行动。他或许会在波涛中翻滚或潜入漆黑一片的深海中（据赫尔曼·梅尔维尔所说，足有一英里深），但你永远不会注意到那有什么不同。除了死亡，它就是终极的、无可超越的不负责任。无论艾纳丝·宁的情况是怎样的，米勒本人就葬身鲸腹之中是毋庸置疑的。他最好的、最具特色的文章都是从约拿的角度而写的，一个心甘情愿的约拿。他并不是一个只生活在内心世界里的人——恰恰相反，他的那头鲸鱼是透明的。只是他根本不想去改变或控制自己正在经历的过程。他像约拿一样，完成了最重要的行动：那就是让自己被吞没，被动地接受了自己的命运。

可以看得出，这实际上是一种寂灭主义，暗示着完全没有信仰或信奉神秘主义。那是"与我何干"或"虽然他要杀我，但我还是信任他"①的态度，无论你想要从哪一个角度去看待它。实际上这两个态度是相同的，其道德含义是："应有所为而无所作为"。但在我们这个时代，这是一个合适的态度吗？请注意，要不去问出这个问题是几乎不可能的事情。目前谈到写作，我们认为书籍必须是正面的、严肃的和"有建设性的"，觉得这是天经地义的事情。十几年前，这个想法会遭到讥讽。（"我亲爱的姑妈，不用关心写什么，只管写就行了。"）然后钟摆从"艺术只在于技巧"这个轻佻的概念摆离，但摆到了认为一本书只有建立在"真

---

① 出自《圣经·旧约·约伯记》。

实的"生命观上才会是"好书"这个极端上。当然，信奉这一理念的人也认为自己掌握了真理。譬如说，信奉天主教的评论家宣称只有那些体现了天主教教义的书才是"好书"。信奉马克思主义的评论家更加直白地赞美马克思主义的著作。譬如说，爱德华·厄普华先生(在《被囚禁的思想中》中的《文学作品的马克思主义诠释》)声称：

> 希望体现马克思主义精神的文学批评必须宣称，当前只有那些从马克思主义的观点或接近于马克思主义的观点所写的书才是"好书"。

许多作家也表达了类似的意见。厄普华先生强调了"当前"二字，因为他意识到，譬如说，你不能说《哈姆雷特》不是好作品，因为莎士比亚不是马克思主义者。他这篇有趣的文章只是对这个难题进行了简短的探讨。事实上，许多流传至今的文学作品弥漫着信仰的色彩(例如，对灵魂不朽的信仰)如今在我们看来愚蠢而可笑。但是，假如以作品能否得以流传作为考验的标准，它们都是"好的"文学作品。毫无疑问，厄普华先生会回答说几个世纪前正当的信仰现在可能就变得落伍了，因此现在失去了意义。但这并不能让人有进一步的认识，因为这种观念认为在任何时代都有一个信念最为接近真理，而当时最好的文学作品与这个信念或多或少是相吻合的。事实上，这种一致性根本不曾存在。譬如说，在十七世纪的英国，宗教和政治之间的决裂就像今天左派与右派那样水火不容。回顾历史时，绝大多数的当代人会觉得资产阶级清教徒的信念要比封建阶级天主教信徒的信念更加接近真理。但是，当时最好的作家并不都是清教徒，甚至连一半都不够。而且，有的优秀作家的世界观在任何时代都是错误愚昧的。埃德加·爱伦坡就是一个例子。爱伦坡的世界观充其量只能称之为狂野浪漫主义，在医学意义上已经接近疯狂。那为什么像《黑猫》、《泄密的心》、《乌谢尔家族的衰落》等等这样的故事，它们几乎就像是出自一个疯子的手笔，却不会让人感到虚伪呢？因为它们在某个框架内是真实的，它们遵循着自己的小天地的规则，就像日本画一样。但如果要成功地描写这么一个世界，你必须对其抱有信仰。在我看来，如果你拿爱伦坡的《故事集》与尝试营造相似气氛的朱利安·格林的《子夜》进行比较的话，你立刻能够看到两者之间的区别。你会立刻注意到《子夜》里的那些故事根本没有发生的理由。一切都是完全随意的，没有情感上的连贯性。但当你在阅读爱伦坡的故事时，你不会有这种感觉。它们那些疯狂的逻辑在自身的情景里显得非常合乎情理。譬如说，当那个醉汉抓住那只黑猫，用他的小刀将它的眼睛挖出来时，你确实知道为什么他会这么做，甚至会觉得你也会做出同样的事情。因此，对于一个有创造力的作家来说，似乎掌握"真理"并没有情感上的真挚那么重要。就连厄普华先生也不会宣称一个作家只需要进行马克思主义的教育。他还需要有才华。但显然，才华是能够去关怀事物，能够真的相信自己的信仰，无论这个信仰是真实的还是虚伪的。譬如说，塞林与伊夫林·沃之间的区别就在于感情的热烈程度。那是真正的绝望和至少有点虚伪的绝望之间的区别。除此之外，还有另一个或许没有那么明显的问题值得思考：有时候一个"虚伪"的信仰要比一个"真实"的信仰更有可能被虔诚地信奉。

如果你考察关于 1914 年至 1918 年那场战争的个人回忆录，你会注意到几乎所有过了一段时间仍具备可读性的作品都是从消极负面的角度写成的。他们记录了一场完全没有意义的战争，发生在虚无中的梦魇。那其实并不是关于这场战争的真相，但那些都是真实的个人反应。冲进机关枪封锁线或站在积水齐腰深的战壕里的士兵只知道那是可怕的经历，他根本做不了什么。而他从无助和无知的角度所写出的书要比他假装对整场战争有清楚的了解所写出的书来得好一些。至于那些在战争期间所写的书，它们几乎都是那些对战争不闻不问，假装这场战争根本没有发生的作家所写的。爱德华·摩根·福斯特先生曾经描述在 1917 年读到艾略特的《普鲁弗洛克》和其它早期诗歌时的感受，和那个时候他读到这些"全无公共精神"的诗歌时内心有怎样的触动：

> 它们在讴歌私人的厌恶和胆怯，讴歌那些因为毫无魅力或软弱无能而显得真实的人……这是一个抗议，一个虚弱无力的抗议，因为这样而显得更加真挚……他可以置身事外，抱怨女人和会客厅等事情，但他保留了我们的一丝自尊，延续了人类的传统。

这段话说得很精彩。在我已经提及的那本书里，麦克尼斯先生引用了这段话，并自鸣得意地补充写道：

> 十年后，诗人们发出了不那么虚弱无力的抗议，并以不同的方式延续人类的传统……观察分崩离析的世界成为一件

乏味的事情，艾略特的继承者更关心的是重拾山河。

类似的评论散布于麦克尼斯先生的书中。他希望我们相信的是，艾略特的"继承者"（指麦克尼斯先生和他的朋友们）提出了比艾略特在协约国进击兴登堡防线时发表《普鲁弗洛克》更加有影响的"抗议"。我不知道这些"抗议"从何说起。比较福斯特先生的评论和麦克尼斯先生的谎言，那是一个了解1914年至1918年的那场战争和一个几乎已将那场战争遗忘的人之间的区别。事实的真相是，在1917年，一个有敏锐思想的人无法去做什么，只能尽可能地保留自己的人性。而做出一个无助的姿态，即使只是一个轻微的举动，或许就是做到这一点的最好方式。要是我是一名参加那场世界大战的士兵，我宁愿去读《普鲁弗洛克》，而不愿去读《第一批十万大军》或赫拉修·博顿利①的《致战壕里的男儿的信》。和福斯特先生一样，我会觉得艾略特通过置身事外和坚持战前的情怀而传承了人类的文明。在那个时候读到一个人到中年、长着秃斑的知识分子的踌躇和忧郁让人觉得心里很安慰。它与拼刺刀训练根本是两码事！在经历了轰炸、领取食物的长队和征兵海报后，听到一个人的声音！多么让人感到安慰！

但是，说到底1914年至1918年的那场战争只是一场几乎延绵不断的危机的巅峰时刻。到了今天，几乎不需要一场战争让我们意识到社会的分崩离析和所有正派的人与日俱增的无助感。正

---

① 赫拉修·威廉·博顿利（Horatio William Bottomley，1860—1933），英国政治家、记者、报纸老板，曾创办宣传大英帝国主义的报纸《约翰牛》，擅长公众演讲和自我宣传，后因涉嫌在发行"约翰牛胜利债券"时舞弊谋利而被捕入狱，于1922年被判7年徒刑。

是基于这个原因，我认为米勒的作品中所体现的消极和不合作态度有其合理性。无论它表达的是不是人们**应有的**感受，或许它或多或少表达出了人们**真实的**感受。它是炸弹的爆炸声中另一声人类的呐喊，而且是一个友善的美国人的呐喊声，"全无公共精神"。它没有在说教，只是讲述出主观的真相。显然，按照这一思路，仍然有可能写出一部好的小说。不一定是一本有教化意义的小说，却是一本值得一读的小说，而且在读后可能会被读者所铭记。

就在我写这篇文章的时候，另一场欧战爆发了。它可能持续上几年，将西方文明彻底摧毁，也有可能不了了之，为另一场战争铺平道路，而下一场战争就将彻底摧毁西方文明。但战争只是"和平的强化"。显然，正在发生的事情，无论有没有战争，都是自由放任的资本主义体制和自由主义—基督教文化的瓦解。至于作家，他正坐在融化的冰山上。他只是一个不合时宜的人，是资产阶级时代的遗老，就像一头河马那样在劫难逃。在我看来，米勒是一个不同寻常的人，因为他比大部分同时代的人要早得多地看到并宣布了这一事实——事实上，那时候许多人正在喋喋不休地大谈文学的复兴。几年前温德汉姆·刘易斯曾经说过，英语已经走完了它的历史，但他是基于其它琐碎的理由得出这个结论的。但从现在起，对于有创造力的作家来说，最重要的事实是，那将不会是作家的世界。这并不意味着他不能在创造新社会中出一份力，但他不是以作家的身份参与这个过程。因为身为作家，他是自由主义者，而当前正在发生的事情是自由主义的毁灭。因此，很有可能在言论自由剩下的年头里，任何值得一读的小说将或多或少遵循米勒所遵循的写作纲领——我指的不是作品的技巧或主旨，而是它所隐含的世界观。消极的态度将会回归，而且会比以前更加有意识地消极。进步和反动都被证明是谎言。除了寂灭主义之外别无出路——承认现实的恐怖，以这种方式将它消解。葬身鲸腹——或承认你就在鲸腹中（这就是你的境地）。让你自己被世界潮流所吞没，不要再与之抗争或假装你能控制它。你只是接受它，忍受它，记录它。这似乎就是准则，任何敏锐的小说家现在可能都会接纳它。现在很难想象会有一本小说有更加正面、更加"有建设性"的宗旨，并能做到感情上的诚实。

但我是在说米勒是一位"伟大作家"，英语文学的新希望吗？并不是这样。米勒本人绝对不愿说出这样的话，也不想自己被认可为伟大作家。毫无疑问，他会继续写作——任何开始创作的人总是会继续创作下去——有几个作家和他志同道合：劳伦斯·杜雷尔、迈克尔·法兰克尔等人，几乎可以构成一个"文学流派"了。但在我看来，他是一个只能写出一本好书的作者。我认为他迟早会沦落为一个平庸的作家或写出不知所云的内容，他后期的作品就体现出了这两个特征。他的上一本书《南回归线》我还没有读过，不是因为我不想去读，而是因为警察和海关一直让我没办法弄到这本书。但是，要是它的水平接近《北回归线》或《黑色的春天》开头那几章的水平的话，我会觉得很吃惊。就像某些自传体作家一样，他是只能写出一部完美作品的作家，而他已经写出来了。考虑到二十世纪三十年代的小说是什么样的水平，那实在是一部了不起的作品。

米勒的作品由巴黎的方尖碑出版社出版。现在战争爆发了，而出版人杰克·卡汉逝世了，我不知道方尖碑出版社会何去何从，但不管怎样，那几本书仍然能够弄到。我强烈推荐任何还没有读过米勒作品的人去读一读《北回归线》。只要动一动脑筋，或付比原价高一点的价格，你就能弄到这本书。即使它的部分内容会让你觉得恶心，但它会印在你的记忆里。这也是一本"重要"的书，其意义与世界所习惯的意义有所不同。大体上，一本小说之所以被认为是重要的作品，要么它是对某件事情的"深刻控诉"，要么它引入了某种手法上的创新。这两种情况都不适合《北回归线》。它的重要性只在于兆示意义。我觉得他是过去几年来英语世界里唯一有价值的且有独创性的散文作家。即使这么说会被认为言过其实，但或许应该承认米勒是一位不同寻常的作家，值得你好好读一读。说到底，他是一个完全消极、没有建设性、不讲道学的作家，只是鲸腹中的约拿。他被动地接受罪恶，像是置身于尸体中的惠特曼。每年英国有五千本小说出版，其中四千九百本都是废话，它的意义比这些书要大得多。它表明这个世界只有在摆脱了自身的状态，进入新的时代，才可能诞生出意义重大的文学作品。

评希特勒的《我的奋斗》[①]

就在一年前，赫斯特与布莱凯特出版社[②]出版了未删节的《我的奋斗》，从支持希特勒的角度进行编辑，从中我们可以了解到事情发展的速度。显然，译者的序言和注解的目的是舒缓原作的凶残，以尽可能柔和的基调烘托希特勒的形象，因为当时希特勒仍然备受尊敬。他镇压了德国劳工运动，为此拥有财富的阶层愿意原谅他，无论他做过什么事情。左派和右派都非常肤浅地认为国家社会主义只不过是保守主义的一个版本而已。

接着，我们突然间发现希特勒根本不是什么好人。结果赫斯特与布莱凯特出版社的版本换了个书皮重新出版，并解释说所有的利润都会捐给红十字会。但是，从《我的奋斗》的内容看，很难相信希特勒的目标和想法经历过真正的改变。当你拿一年前左右他所说过的话和他十五年前所说过的话进行比较时，你会惊讶于他的思想极其顽固，他的世界观根本没有进步过。那是一个偏执狂的固执看法，似乎不会受强权政治的权宜之计的影响。或许，在希特勒的心中，苏德条约只不过意味着时间表发生了调整。《我的奋斗》所制订的计划第一步是消灭俄国，并暗示下一步

---

① 刊于 1940 年 3 月 21 日《新英语周刊》。

② 赫斯特与布莱凯特出版社(Hurst and Blackett's)，英国出版社，创建于 1812 年，后被哈钦森出版社(Hutchinson)收购，后者现在是兰登书屋旗下出版社之一。

将是扫平英国。而从现在的情况看，他首先要对付的是英国，因为俄国人更好贿赂。但英国一旦被搞定，就轮到俄国了——这就是希特勒的如意算盘。当然，事情会不会如他所算计的那样进展则是另一个问题了。

假设希特勒的计划真的可以付诸实现。他所预料的百年之后，德国将是一个泱泱上国，二亿五千万德国人将拥有足够的"生存空间"（疆域一直延伸至阿富汗附近）。那将是一个可怕的、愚昧的帝国，在这个国度里，除了训练年轻人备战和当炮灰之外就没有别的事情发生。他是如何将这个可怕的决定付诸实现的呢？可以说，在他的政治生涯的一个阶段，他得到了工业巨头的资助，因为那些巨头认为他是镇压社会主义和共产主义的合适人选。但如果他没有以如簧巧舌煽动起一场庞大的运动的话，他们是不会支持他的。德国当时有七百万人失业，显然，煽动家会如鱼得水。但是，如果不是自身人格上的吸引力的话，希特勒或许不会战胜那么多竞争对手。从《我的奋斗》蹩脚的文笔中你也可以感受到他的人格魅力，而当你听到他的演讲时，你一定会被其感染。我要声明一点，我从来没有讨厌过希特勒。自他上台之后——和所有人一样，直到不久前我还误以为希特勒是个无足轻重的人——我曾经想过，如果我能接近他的话，一定会把他给暗杀掉，但我与他并没有私人恩怨。事实上，他是个很有魅力的人。当你看到他的照片时，你会再次感觉到这一点——我强烈推荐赫斯特与布莱凯特出版社的版本开头那幅照片，是希特勒在组建褐衫军时的早期相片。那是一张可怜兮兮的狗一样的脸，是一张遭受了无可忍受的冤屈的男人的脸。它以更有男人味的方式重现了无数的耶稣受难相的神韵。显然，那就是希特勒对自己的观感。他对世界不满的最初个人原因我们只能揣测，但不管怎样，他确实心怀不满：他是受难者和殉道者，被绑在岩石上的普罗米修斯，抱着牺牲自我的决心挑战不可能的任务的孤胆英雄。如果他杀死的是一只老鼠，他知道怎么将其吹嘘成一条恶龙。你会觉得，就像拿破仑一样，他正在和命运进行抗争，他无法获得胜利，但那是值得去做的事情。这一姿态确实很有吸引力，你所观看的电影里有一半都是基于这一主题。

而且他抓住了享乐主义生活态度的虚伪本质。自从上一场战争之后，几乎所有的西方思想，当然包括所有的"进步"思想，都心照不宣地认为人类的追求不过就是舒适、安全和逃避痛苦。这种人生观与爱国主义和军国主义是不相容的。当社会主义者发现自己的孩子在玩玩具士兵时，他总是会觉得不高兴，但他想不出用别的什么替代那些铁皮士兵，总不能拿铁皮和平主义者代替吧。希特勒本人不知道快乐为何物，因此他以非凡的能力意识到人类不仅想要舒适、安全、缩短工作时间、卫生、生育控制和理性，他们还希望斗争和自我牺牲，愿意在鼓点和旗帜中进行表忠心的游行，至少时不时愿意这么做。虽然法西斯主义和纳粹主义是经济理论，但在思想上它们比任何享乐主义的思想都更加高尚。独裁者通过向民众施加无法忍受的负担，强化了自己的权力。当社会主义，甚至资本主义对人民说道"我会让你们过上好日子"时，希特勒对民众们说的是："我将带给你们斗争、危险和死亡。"结果，整个国家都匍匐在他的脚下。或许到后来，就像上次战争的末期那样，他们会对此感到厌倦并改变想法。经过几年的杀戮与饥荒，"最多数人的最大快乐"是一句很动听的口号，但当下，"一个恐怖的结局胜过没有结局的恐怖"占了上风。我们要对抗的是喊出这句口号的人，我们不应该小觑这句话所蕴含的情感上的煽动力。

评《波格尼军士 1812 年至 1813 年回忆录》[①]

　　直到前不久，关于战争的真相才开始被视为可以出版的东西；波格尼军士的《回忆录》写于 1835 年，或许是最早的现实主义战争作品。同一时期有类似的作品出版，但大部分作品的内容是不真实的，而波格尼的故事每一行都在讲述真相。

　　波格尼是拿破仑的皇家卫队的士兵，他从西班牙被调遣过来，参加了 1812 年到 1813 年那场灾难性的俄国战役。即使到了现在，你对更大的灾难记忆犹新，但莫斯科撤退仍然读来让人觉得触目惊心。

　　拿破仑在九月中进驻莫斯科，但由于食物缺乏，根本不可能在那里过冬。因此，到了十月底法军开始长途跋涉准备返回欧洲，并纵火焚毁莫斯科城，满载着劫掠到的财宝的马车几乎无法挪动。这支军队是从欧洲一半的民族中匆忙拼凑的，从一开始就纪律涣散，而雪一开始下就抛却了一切纪律的伪装。连续几个星期，他们的粮食就只有马肉。数以万计的人死于严寒、饥饿和哥萨克骑兵的长矛。俄国人的伤亡和法国人一样惨重，但他们一路追击到立陶宛，在雪中展开了无数次战斗。在全面崩溃中有非凡的英雄气概的行为。在强渡布列津纳河时，工兵队在齐胸高的漂着浮冰的河水中接力修筑桥梁，一个工兵被冻死了，另一个工兵

---

　　① 刊于 1940 年 3 月 29 日《论坛报》。

就顶替他的位置。最后，来到莫斯科的那五十万人中，只有两万人回到法国。

波格尼没有参加博罗迪诺战役①，但除此之外他经历了这场战役的所有最恐怖的惨状。他讲述了冻得硬邦邦的、堆积如山的尸体，令人毛骨悚然，饥肠辘辘的士兵扑在死马的身上，想把它生吞活剥，舔着冰结的血块或洒了一桶白兰地酒的雪块解渴。有一回他吃了一只死乌鸦。军队里有许多女人，甚至还有孩子。在撤退中至少有一个孩子出世，几天后就冻死在母亲的怀抱里。

让波格尼的描述拥有特别的魔力之处是他没有带着自怜自伤的情绪进行写作。他是那个时期典型的横行霸道的士兵，总是在喝酒或打架，一有机会就会进行劫掠。在俄国战役期间他似乎至少有两个临时的"妻子"，而且还罗列了一份很有趣的清单，记录他在莫斯科偷到的财宝。他的故事的现实主义笔触和准确程度就像是昨天才创作出来的。但是，他所得出的并不是一个现代人会得出的结论。

他从来没有想过战争的本质是愚蠢的。和大部分皇家卫队的士兵一样，他狂热地忠于拿破仑，而且觉得皇帝的"伟大"让自己也连带沾光。拿破仑是最早的现代独裁者——第一位元首——在他的一生中，古代世界与现代世界以最奇怪的方式激烈碰撞。波格尼描述了一个或许会在中世纪出现的情景。

> 海瑟-卡塞尔王子埃米尔和我们在一起，他的队伍是几个

---

① 博罗迪诺战役（the Battle of Borodino），发生于 1812 年 9 月 7 日，是法国人侵俄国最惨烈的战斗，交战双方投入超过 25 万人的兵力，伤亡超过 7 万人。

骑兵和步兵军团。大约有一百五十名龙骑兵还活着，但他们的马匹都被吃了，所有人都只能步行。这些勇敢的士兵几乎冻僵了，在这个可怕的夜晚宁肯牺牲自己也要拯救未及弱冠的王子。整个晚上，他们站在他的身边，身上裹着白袍，紧紧地挨在一起，保护王子不受寒风侵袭。第二天早上，他们有四分之三被冻死了，被埋在雪下。

这是典型的封建主义——对于一个王朝、一个名字和一个我们如今很难想象的事物的忠诚。另一方面，拿破仑的激励效忠的方式听起来很有现代的感觉。

> 皇帝经过我们身边时，转头对着我们。他看着我们的时候就像他单独看着卫队中的一员那样。在这个不幸的时刻，他似乎在以充满自信和勇气的目光鼓舞着我们。

波格尼那天真的头脑没有想到或许其它的军团觉得自己才是皇帝最宠爱的部队。拿破仑的一个秘密就是他对下属虚伪的关怀。他会凑在某个老兵的耳边对他说："你不是曾经和我在耶拿吗？"然后我们知道这个老兵会成为他的奴隶，情愿为他付出生命。在撤退最糟糕的时期，那些士兵宁愿被冻死也愿意献出自己的柴火让皇帝能够享受温暖。但这并没有阻止他一渡过布列津纳河就抛下军队，匆忙回到法国。

在衣不解带地行军近两个月后波格尼在普鲁士东部洗了第一个澡。洗完之后他的战友们没有认出他，因为变化实在是太大了，连脸庞的颜色都变了！但他并不是最惨的士兵，只是有一只脚被冻伤了，而且还留着从莫斯科劫掠到的价值40英镑的黄金和几个价值不菲的戒指，这些他很快就送给了漂亮的小妞。这些法国士兵直到进入德国西部才真的安全，因为这个时候普鲁士开始造反抵抗拿破仑。

拿破仑在1806年征服普鲁士时，将他们的军队削减到12000人。后来，普鲁士人违反了条约的限制，就像他们在一个世纪后违反了凡尔赛条约的限制一样。就在最后一个士兵从俄罗斯跋涉回来之前，拿破仑已经召集起另外一支庞大的军队，他们将战死在莱比锡的战场上。在他人生的尾声，这个希特勒的前身对欧洲造成的伤亡在人口比例上与1914年至1918年那场世界大战不相上下。波格尼军士的故事戛然而止，但他应该是在1813年被俘虏了，在监狱里关押了一两年。他活到很大的年纪。

不知为何，关于莫斯科撤退的作品不是很多。著名法国小说家司汤达也经历了这次撤退，但他从未详细地描写过它。英国作家最好的作品或许是哈代的那部奇怪的戏剧《列王》。托尔斯泰的《战争与和平》也对它进行了描写。

但是，没有人像这位头脑简单的士兵那样留下如此生动可信的描述，他是现代文学的鼻祖，但自己并不知道这一点。这本书的售价是一先令九便士，价格很划算。在眼下这个时代，如果你不反对阅读战争类作品，我会推荐你读一读这本书。

评乔斯·奥拉维·汉努拉的《芬兰的独立战争》、乔治·阿斯顿爵士的《秘密任务》[①]

　　这本书虽然揭示了鲜为人知的俄国革命的侧面，但或许对芬兰目前的处境并没有提供多少信息。1918年的那场芬兰战役就像俄国对现在这场战争的宣传——红军与白军之间的内战，红军代表了绝大多数的群众。只是农民站在白军一方，而外国干涉则更偏向于红军一方，大体上的情况就像西班牙内战一样。战争的初期发生了无数互不相干的小规模战斗，让人觉得像是屠宰店里的小打小闹，即使有地图也几乎无法追踪。后来，红军没有利用自己的兵力优势，战争在芬兰南部陷入了僵持，曼纳海姆[②]得以成立一支白军民团，以地方宪兵性质的国民卫队作为他们的骨干，而很像早期的西班牙民兵的红军部队在对方阵营集结。俄国的卫戍部队大部分加入了红军，后来他们得到了俄国的人力和物力支援。而德国当时正与布尔什维克政权打仗，他们有了理由站在白军一方进行干涉。虽然遭到宣传的诋毁，不难看出曼纳海姆是一

---

　　① 刊于1940年4月《地平线》。乔斯·奥拉维·汉努拉（Joose Olavi Hannula，1900—1944），芬兰军人、历史学家，代表作有《芬兰的独立战争》、《克劳塞维茨军事思想》等。乔治·格雷·阿斯顿（George Grey Aston，1861—1938），英国海军军官、情报部官员，代表作有《新旧战争的启示》、《政治家与市民的战争研究》等。

　　② 卡尔·古斯塔夫·埃米尔·曼纳海姆（Carl Gustaf Emil Mannerheim，1867—1951），芬兰军事家、政治家，芬兰独立战争的领袖，1944年至1946年曾担任芬兰总统。

位能力非凡的指挥官。战斗到1918年5月结束。就像所有的内战一样，双方都推行征兵制；就像在西班牙一样，双方都对自己的外国"友军"报以怀疑。无疑，双方都犯下了屠杀的罪行，而汉努拉上校只提到了那些由红军犯下的屠戮，而这些并没有得到这场战争的其它描述的证实。除此之外，他似乎对红军很友好，总是称赞他们的勇气和军事技能。这本书有一定的历史价值，但内容太过详细，读起来很费劲。

一本出版于1930年的关于英国间谍方式的书如果揭露了任何重要内容的话，或许不会现在重版。事实上，这本书大部分内容是奇闻轶事，包括那两位星期天报纸的常客卡尔·罗迪[①]和玛塔·哈莉[②]，结尾是一些非常粗浅的关于密码和隐显墨水的介绍。你所得出的印象就是，大部分间谍是非常业余的人士，他们相信难以置信的消息（罗迪真的相信并报告了俄国部队行经英国的消息）并因为幼稚的错误而暴露了自己。但情况并不是这样，因为那些大国总是能够精确掌握对方的军备武装情况。乔治·阿斯顿爵士举了几个西线战斗的例子，双方的指挥官清楚地知道敌军的兵力。但他并没有说这些情报是如何获得的。你从这本好战但很有可读性的书中得出的结论是，那些洞察秘密的人永远不会透露秘密。

[①] 卡尔·汉斯·罗迪（Carl Hans Lody，1877—1914），德国间谍，一战时在英国被捕，并被处死。

[②] 玛塔·哈莉（Mata Hari）是荷兰女演员玛格丽特·吉特露伊达（Margaretha Geertruida，1876—1917）的艺名。在一战时被指控为德国从事间谍活动被法国政府处死。

评莱纳德·阿尔弗雷德·乔治·斯特朗的《水面上的太阳》、凯伊·布伊尔《疯狂的猎人》、史蒂芬·朗斯特利的《十年》、詹姆斯·麦康诺伊的《斯蒂芬·艾尔斯》、弗朗西斯·格里斯沃尔德的《海岛》①

认为美国小说比英国小说优秀是一种时尚。确实，别的且不说，美国作家在内容的生动方面就拥有先天的优势。

当你比较《水面上的太阳》和《疯狂的猎人》（英国小说）与《十年》和《斯蒂芬·艾尔斯》（美国小说），你会意识到对于一个小说家来说，生活在一个民主国家是多么美妙的福音。英国受到阶级体制的诅咒，这个体制是经济体制的外在表达，是无可救药的老古董。这使得几乎每个人在生下来之后命运就注定了。矿工、海军军官、杂货店老板和银行职员无法凑在一起交谈，而他们在美国就可以。每个人从摇篮到坟墓都生活在同一阶层，只和自己那个阶层的人交往，被偏见构筑的高墙阻断与其他人的交流。

---

① 刊于 1940 年 4 月 12 日《论坛报》。莱纳德·阿尔弗雷德·乔治·斯特朗（Leonard Alfred George Strong, 1896—1958），英国作家、诗人，代表作有《最后的敌人》、《缺席者》等。凯伊·布伊尔（Kay Boyle, 1902—1992），美国女作家、代表作有《雪崩》、《白夜》等。史蒂芬·朗斯特利（Stephen Longstreet, 1907—2002），美国作家，代表作有《艺伎》、《巴黎的年轻人》等。詹姆斯·麦康诺伊（James McConnaughey），情况不详。弗朗西斯·格里斯沃尔德（Francis Griswold），情况不详。

那些有闲暇写小说的人几乎都属于中产阶级。他无法与体力工人接触，就算他想要去接触也做不到。和他同一阶层的大部分人要比无产阶级更有智慧，会看不起他，认为他在"装模作样"。无论他喜不喜欢，他都会被逼着回到那个死气沉沉的小天地，就像奥尔德斯·赫胥黎或弗吉尼亚·伍尔夫，由于缺乏创作题材而被毁了。

　　以莱纳德·阿尔弗雷德·乔治·斯特朗先生的短篇小说为例。它们都是好故事，只是里面什么事情也没有发生。下面是第一篇故事的情节，我可以将它缩略成三四行文字。一个伤兵在海滨疗养，但康复似乎没有进展。一天下午来了几个怪人，经过一番周折，他们开始和他交谈，并和他分享了他们的茶。在那之后，他突然间觉得身体好多了。这就是整个故事。它可以用一段话去描述——但在斯特朗先生的笔下，它占了57页的篇幅！

　　又或者以凯伊·布伊尔小姐的短篇小说为例。布伊尔小姐的文笔很优美，但如果她能摆脱戴维·赫伯特·劳伦斯的影响的话，她能写出更好的作品。劳伦斯是一位优秀的小说家，但影响很不好。它也是一部文笔精妙但内容空洞的作品。

　　下面就是为这本书命名的故事。一个十七岁的女孩有一匹马，是她心爱的宠物，突然间它瞎了。它应不应该被处死呢？这就是整个故事——145页。这些故事，以及其它无数和它们一样的故事，属于一个陷入窠臼的文明，一个有能力写书的人没有办法与真正的生活接触的文明。回到美国小说，你来到了一个完全不同的世界：一个充满了暴力行为的世界，成为百万富翁、和妻子离婚或从摩天大楼上跳下来都是家常便饭。

但是，美国作家的优势也就仅此而已。阅读像《十年》这么一本书（辛克莱尔与海明威式的文风），你会想到生活在一个稳定的、有着刻板的行为标准的文明里终究还是有好处的。无论现代美国的情景是怎样的，美国小说家的世界在道德上和现实中都一片混乱。没有人有一丝公共精神，或者说，在他们的内心深处只有成功这么一个标准，总是伪装成"自我表达"。结果就是，那些美国小说，它们的情节发生得很急促，机关枪式的对白和爱得天昏地暗的爱情故事的确比起那些在英国发生的平淡无奇的故事来说要有趣一些，却没有那么感人。里面没有深刻的感情。什么事情都可以做，因此，什么事情都不重要。

　　《十年》是一部动感十足的书。它讲述了一个百万富翁之家（在故事开始不久之后他们就不再是百万富翁了，全拜大萧条所赐）在1929年到1939年的遭遇。有离婚、自杀、洪水、龙卷风、复杂的交易、鸡尾酒会、勾引、非法经营和在西班牙内战中死了个人，还有监狱和疯人院的插曲。而且还有那些简洁的、令英国模仿者感到绝望的美国式对话，但它的缺点是让每个人说起话来都一样。作者是美国式的"左派"——也就是说，在外国是左派，而在国内就成了右派。作为一本对当代历史进行研究的作品，这本书完全是从1939年的角度写成的，因此每个人都有未卜先知的能力。

　　《斯蒂芬·艾尔斯》描写的是相似的背景，但更加优秀。它讲述了中西部的工业在经济繁荣和大萧条中的故事。男主人公（这本书以他的名字命名）是那种你经常读到的标榜美国式"成功"的广告，那些靠努力和干劲获得成功的雄心勃勃的白领人士。这种价值观念在整本书中被视为天经地义的事情，因此这本书就像是从巴比特的角度写成的《巴比特》①。

它的价值在于，作者知道自己在写什么，并告诉我们很多关于钢铁工业状况的有趣细节。而且，他有意无意地揭露了自由资本主义与生俱来的道德矛盾。男主人公是一个体面的人，而他的环境不容他做一个体面的人。你光顾着往自己口袋里塞钱，这并不是在造福社会，但美国的巴比特们却虔诚地相信自己就在造福世界——直到大萧条给了他们教训。我推荐这本书给任何想要了解大萧条的日子是什么样的人；比起工人，它更适合那些挣扎着想要保住生意的诚实小商人。

《海岛之女》是关于南部的某户家庭的"故事"，从美国内战延伸到二十世纪二十年代。它的篇幅很是惊人——大概有五部普通的小说那么长——而且护封上的宣传告诉我们它花了七年的时间才完成。它是那种当你读完前两百页时才会开始对它感兴趣的书。但我不会推荐它，除非你有一周的闲暇时间，而且没有别的书可读。

总而言之，《疯狂的猎人》和《水面上的太阳》——文笔洗练但主题有所欠缺。《十年》和《斯蒂芬》——内容生动但思想幼稚。我得说，这四本书目前代表了美国和英国文学的差别。但当英国再度活跃起来时（天知道接下来的几年会发生什么事情），我相信我们会发现英国作家更加成熟、更加敏锐的创作方式会更有希望。

---

① 《巴比特》，美国小说家辛克莱·刘易斯在 1922 年发表的长篇小说，其中塑造了一个典型的商人形象"巴比特"。

评朱利安·格林的《个人行记,1928——1939》(乔斯林·戈德弗洛伊译)[①]

朱利安·格林的日记,在十年前乃至五年前看起来可能会让人觉得平平无奇,现在却引起了人们非常浓厚的兴趣。它们所记载的,是一个审美时代的黄昏,是富有教养的食利阶层第二代的最后喘息。格林先生有高度的敏锐,文风几乎没有男子气概,是二十世纪二十年代极富代表性的人物,在那段时期,只是坚守住审美的原则似乎就已经足以回报靠继承遗产而得来的生活。虽然日记里记录了到伦敦、欧洲各地及美国(格林先生生于美国,却用法语写作)的游览,读者却会觉得好像一直都在巴黎,那个涂着黄色油漆的旧房子和种着悬铃木的巴黎,也是首夜演出、私家风景与纪德[②]、格特鲁德·斯泰因[③]和诺艾莱夫人[④]长谈的巴黎。作者以永不疲倦的敏锐感觉记录下一切,将他的经历变成文字,就像一头奶牛自发把青草变成牛奶:

---

① 刊于 1940 年 4 月 13 日《时代与潮流》。乔斯林·戈德弗洛伊(Jocelyn Godefroi, 1880—1969),英国翻译家,曾于英国皇室的宫务大臣办公室任职逾四十年,曾翻译出数部法语作品。

② 安德烈·保罗·吉拉姆·纪德(André Paul Guillaume Gide, 1869—1951),法国作家,曾获 1947 年诺贝尔文学奖,代表作有《窄门》、《人间的粮食》等。

③ 格特鲁德·斯泰因(Gertrude Stein, 1874—1946),美国女作家、诗人,代表作有《每个人的自传》、《世界是圆的》等。

④ 安娜·德·诺艾莱(Anna de Noailles, 1876—1933),罗马尼亚裔法国女作家,代表作有《永恒的力量》、《生者与死者》等。

12 月 19 日。冬日的黄昏，乌云盖天，在一间门房的玻璃门后面亮起了一盏煤气灯。这是一本小说多么美妙的开头！今天，整整一个小时，我的脑海里一直浮现着这幅美好的画面。

2 月 2 日。在凡尔赛……当我看着藤蔓上的叶子精致的淡黄色边缘时，我感到一股忧伤，想到在我生命的终点，我将看到美好的事物，而我却没有时间对它们进行描写。

他描写了许多关于他的创作的事情，和他在创作时遇到的困难（和大部分作家一样，他从来没有写东西的心情，却总是能把书给写出来），描写了他的梦，那些梦似乎对他醒着时的生活有很大的影响，还描写了他所记得的在"战前"黄金时代的童年。几乎他的所有念头都带着怀旧的色彩。但让这些文字读起来很有趣的是，他非常睿智，不会以为自己的生活方式或价值体系将永远存在下去。虽然他对政治完全不感兴趣，但他早在二十年代就预见到自由主义的时代行将结束，战争、革命和独裁即将到来。一切都在分崩离析。希特勒的阴影几乎总是萦绕在书页之间：

我们即将看到生活就在我们的眼前改变。带给我们欢乐的一切事物将从我们身边被夺走……我渐渐习惯了这个世界上我所热爱的一切将从眼前消失这个想法，因为我们似乎正走到一个漫长的时代的尽头。我们还将沉睡多久？……巴黎将生活在隐伏的恐慌中……在 1934 年的欧洲，一场杀戮不可避免地会引发另一场杀戮。到战争爆发之前，这种情况还能持续多久呢？……战争的谣言一如既往地继续。每个人似乎都生活在恐惧中……莱茵兰已经被重新占领……有人叫我在电台上就《午夜》发表观点，似乎到了这种时候，像这样的事情有什么要紧似的！但是，你只能继续假装……

过去七年来，一直困扰着许多人的那种在阴风阵阵的房间里等着枪声响起的无能为力和世事无常的感觉在他 1939 年以后的日记中随处都可以感受到，而且变得越来越强烈。或许得到一定的年纪才会有这种感觉（朱利安·格林还不到 40 岁），称得上年轻，对生命仍抱有期望，却又算得上年老，记得"战前"的情形。事实上，那些现在才二十岁的年轻人似乎没有注意到世界正走向毁灭。但这本日记吸引人的地方是它彻底的固执，它对时代潮流的抗拒。它是一个文化人的日记，他意识到野蛮即将获得胜利，却又不能让自己变成一个没有文化的人。新的世界即将诞生，那将是一个没有他容身之处的世界。他看到了太多的事情，无力与之抗争。另一方面，他不会假装喜欢这个世界；而过去几年来，年轻一代的知识分子就喜欢耍这一招。这本书有如幽灵一般的真挚深深地打动人心。它拥有一种"百无一用是书生"的魅力，这种人已经完全过气了，没有一丝新鲜的色彩。

评爱德华·香克斯的《拉迪亚·吉卜林》^①

如今或许香克斯先生关于吉卜林的书——算不上一本传记，而是一本批判性的研究——不可避免地带有辩护的基调。二十年来，吉卜林一直是沙文帝国主义的代名词。虽然香克斯先生不完全认同他的政治观点，但他知道他被误解了，对此很是同情。吉卜林最激昂热烈的心情属于九十年代，在布尔战争以前就已经烟消云散。他至死都是一个专制主义者，不相信民主，但他相信法治，而不是赤裸裸的武力。虽然他被随随便便地冠以"法西斯主义者"的帽子，但有趣的是，他并不喜欢纳粹分子，当希特勒上台时，他把书封上的卐字徽统统给弄掉了。

香克斯先生的书作为纯粹的文学批评不能令人满意，因为他是一个过于虔诚的信徒，而且过于热心捍卫吉卜林的名誉。这使得他给予了吉卜林的"严肃"作品以最高的赞誉，而那些几乎都是他最糟糕的作品。事实上，吉卜林最低俗的时候也正是他最富有生命力的时候。例如，他的韵文诗几乎都值得赞赏，但当他想写出好诗时情况就不是这样了。香克斯先生引用了许多诗歌的片段，那些只不过是丁尼生式的平淡如水的内容。而且他似乎更喜欢吉卜林后期的作品，而不是他那几部精彩的作品，其中《斯托

---

① 刊于 1940 年 4 月 25 日《听众》。爱德华·理查德·巴克斯顿·香克斯
（Edward Richard Buxton Shanks, 1892—1953），英国作家，被誉为"一战诗
人"，代表作有《遗迹的人民》、《着魔的村庄》等。

基与伙伴们》达到了最高的水平。奇怪的是，他对那部优秀的小说《消失的光芒》评价却很低。

　　但不管怎样，如果你将吉卜林视为一位艺术家去评价他，为他辩护的最有力的一点是，大部分反对他的评论都是事实：他只配为歌舞厅写歌，没有哪个斯文人在阅读他最具个人色彩的作品时不会感到肉麻恶心。但是，不知怎的，他的作品流传下来了。他比许多在思想水平、审美标准和道德操守上比他更优秀的作家更经得起时间的考验。而且他的名誉或许没有受损。这体现在他的警句妙语成为了英语的一部分。要度过一周而不去引用吉卜林的话不是一件容易的事情，而你在引用他时是怀着敬意还是语带嘲讽并不要紧。他是一个突出的例子，表明生命力与优雅的品位并不是同一回事。要成为代名词需要有旺盛的生命力，而要一直保持代名词的地位，被两代人嘲笑，并在那些嘲笑过他的人被遗忘后继续被人阅读——这就需要才华了。如果香克斯先生强调的是这一点，而不是尝试着为吉卜林最糟糕的缺点开脱，或许他能写出更好的作品；不过，这本书还是很有可读性的。

评马尔科姆·马格里奇的《三十年代》[①]

    马格里奇先生的"主旨"——因为它表达了一个信息，虽然是负面的信息——从他写《莫斯科的冬天》以来一直没有改变。归根结底，他不相信靠人类的力量能在地球上建造一个完美的，甚至只是一个可以容忍的社会。在本质上，它是删除了虔诚祈祷的《圣经·传道书》。

    毫无疑问，每个人都很熟悉这一思想。虚空的虚空，一切皆是虚空。地上天国永远无法实现。每次人类尝试追求自由，到头来都会遭受暴政的蹂躏。暴君走马灯般地轮换，从强盗式资本家到"行业引导者"，从"行业引导者"到纳粹地方长官，利剑让位给了支票簿，而支票簿让位给了机关枪，巴别塔总是起了又倒倒了又起。这是基督徒的悲观情绪，但在基督教的计划里有一个重要的区别，那就是：天国终将降临，恢复平衡：

> 耶路撒冷，我的快乐伙伴，
> 我将回到上帝的怀抱！
> 上帝将会结束我的苦难，
> 我将得享您的快乐！

---

① 刊于 1940 年 4 月 25 日《新英语周刊》。

说到底，就连你在人间的"苦难"也没有什么大不了的，只要你真的"拥有信仰"。生命是短暂的，就连"炼狱"也并非永恒，因为不久之后你必定会置身耶路撒冷。不消说，马格里奇先生拒绝这一慰藉。没有什么能证明比起信任人类他更信奉上帝。因此，除了不分青红皂白地斥责所有的人类活动之外，他什么也不愿意接受。但是，作为一名社会历史学家，这并不能使他的作品失去价值，因为我们所生活的时代需要这种作品。在这个时代，每一种正面的态度都已经被证明会引至失败。每一种信条、党派、纲领一个接一个地以失败告终。唯一能证明自己的"主义"就是悲观主义。因此，现在的好书可以从瑟赛蒂兹①的角度去写，虽然或许不会有很多。

我认为马格里奇先生对"三十年代"的历史记述并不十分准确，但我认为它要比任何"建设性"的观点更加接近本质真相。他只看到黑暗的一面，但有没有光明的一面能看到实在值得怀疑。多么糟糕的十年！放纵而骇人听闻的愚蠢突然间变成了梦魇，观光火车的终点是行刑的房间。它起始于战后"启蒙"时代的残余，拉姆西·麦克唐纳②在麦克风前轻声细语地说话，国联在背后扑扇着看不见的翅膀，终结于两万架轰炸机遮蔽了天空，希姆莱那帮戴着面具的行刑者将女人的头颅摆放在从纽伦堡博物馆借来的箱子里，中间是政治保护伞和手雷的年代。政府介入，准备"拯救英镑"；麦克唐纳像柴郡猫一样凭空消失；

---

① 瑟赛蒂兹(Thersites)，《荷马史诗》中希腊联军的士兵，说话时总是阴阳怪气，内容低俗淫秽。
② 詹姆斯·拉姆西·麦克唐纳(James Ramsay MacDonald，1866—1937)，英国工党政治家，英国首位工党首相，于1929—1931、1931—1935年组阁。

鲍德温①靠着裁军赢得大选，为的是重整军备（然后以失败告终），六月大清洗、俄国大清洗、逊位事件的蹩脚谎言，一团糟的西班牙战争的意识形态之争，共产党挥舞着米字旗，保守党的议员欢庆英国的船只遭到轰炸，教皇为佛朗哥送去祝福，英国国教的显赫人物看着巴塞罗那被炸成废墟的教堂露出微笑，张伯伦从慕尼黑的飞机中走出来，引用了错误的莎士比亚名言，罗瑟米尔勋爵宣称希特勒是"一位正人君子"，当第一批炸弹落在华沙时，伦敦响起了错误的空袭警报。不受"左翼"圈子待见的马格里奇先生总是被斥为"反动分子"，甚至被斥为"法西斯分子"，但我不知道有哪个左翼作家以同样的热情斥责麦克唐纳、鲍德温和张伯伦。每天，低俗的刊物发表着白痴的言论，中间夹杂着会议的嗡嗡声和大炮的轰鸣声。占星术、后车厢谋杀案、牛津团契②成员们一起分享和祈祷；斯蒂弗基的牧师③（他是马格里奇先生的最爱，被提到了好几次）被拍到与赤身裸体的相识女人在一起，最后沦落到在木桶里忍饥挨饿，被狮子吞食的命运；詹姆斯·道格拉斯④和他的狗班奇、戈弗雷·韦恩⑤和他那条更爱吐的狗和他对政治的思

---

① 斯坦利·鲍德温（Stanley Baldwin，1867—1947），英国保守党政治家，曾于1923—1924、1924—1929及1935—1937年担任首相，奉行绥靖政策，无法节制法西斯主义在欧洲大陆的步步崛起和进逼。
② 牛津团契（the Oxford Group）是由美国传教士弗兰克·布奇曼（Frank Buchman）于1921年创办的基督教团体。
③ 哈罗德·弗朗西斯·戴维森（Harold Francis Davidson，1875—1937），曾担任斯蒂弗基的教区牧师，1932年因不道德罪被教会解除教职。
④ 詹姆斯·道格拉斯（James Douglas，1803—1877），英国殖民头子，长期担任北美英属哥伦比亚（今加拿大卑诗省）总督和殖民贸易企业"哈德逊湾公司"的高管。
⑤ 戈弗雷·赫伯特·韦恩（Godfrey Herbert Winn，1906—1971），英国记者、专栏作家，代表作有《人间团契》、《或许我错了》等。

考("上帝与张伯伦先生——我认为，把这两个名字凑在一起并没有在亵渎神明")；招魂术、《现代女郎》、裸体主义、赛狗、秀兰·邓波儿、电影院、口臭、夜晚禁食——是不是应该找个医生呢？

这本书的结尾体现了走向极端的失败主义。不是和平的和平演变成为一场不是战争的战争。每个人所期盼的史诗般的事件终究没有发生，弥漫于一切的消沉仍像以前一样继续下去。"没有形状的形体，没有光彩的颜色，瘫痪的军队，一动不动的姿态。"马格里奇先生似乎说的是，英国面对新的敌人时软弱无力，因为他们不再拥有坚定的信仰，不再愿意作出牺牲。那是没有信仰的人与信仰伪神的人之间的斗争。我不知道他是不是对的。真相是，英国人真正的所感所想是无从得知的，无论是关于战争还是关于别的什么。在批判挂帅的那些年，这是根本不可能做到的事情。我自己不相信他是对的，但没有人能够肯定。只有某件本质确凿无疑的事情才能让人民群众明白他们正生活在怎样的世界——或许那将会是一场重大的灾难。

对我来说，最后那几章有很深的感染力，而因为它们所表达的绝望和失败主义并非完全出自本心，更是加深了其感染力。马格里奇先生似乎接受了灾难，但有一件事情他没有承认，那就是他终究还是有所信仰——对英国的信仰。他不想看到英国被德国征服，虽然从前面那几章看你或许会问，这有什么关系呢？几个月前有人告诉我他离开了情报局参军去了，我相信之前那些鼓噪着战争的左翼人士中没有哪一个会这么做。我很清楚最后那几章隐含着什么。那是一个在军事传统家庭中长大的中产阶级男人的情怀，在危难时刻他发现自己终究有着一颗爱国心。当一个"进步"和"开明"的人士，嘲笑毕灵普上校，宣称你不受一切传统忠诚的束缚确实很好，但当沙漠被鲜血染红，我为你，英国，我的英国，做了些什么呢？我就是在这种传统环境里长大的，我能从奇怪的掩饰下认出它，并且同情它，因为即使最愚蠢和最感情用事的它也要比左翼知识分子肤浅的自命正义更加神圣庄严。

评理查德·赖特的《土著之子》、特拉文的《丛林里的桥》与《死亡之船》、弗雷德·厄克特的《我爱上了水手》、菲利普·乔丹的《她已经走了》、莱昂·福伊希特万格的《巴黎公报》、杰弗里·特里斯的《天生如此》①

能够宣布有一些好书总是一件愉快的事情，而且当这些书都是"左翼书籍"时更是一大乐事。人们总是说魔鬼能够奏出最美妙的乐章，不幸的是，直到不久前大部分最好的小说家都有反动倾向。但是，这种情况正在结束，因为在新一代的作家里，当一个"左派"不再是异样的事情，因此小说家能够进行他的创作，不用停下来去布道。

我得将这一周的大部分篇幅用于介绍理查德·赖特的《土著之子》，因为它的确是一本非常了不起的书，任何想了解肤色仇恨的本质的人都应该读一读。它也是一部一流"惊悚"小说，但那

---

① 刊于 1940 年 4 月 26 日《论坛报》。理查德·纳撒尼尔·赖特（Richard Nathaniel Wright, 1908—1960），非洲裔美国作家，代表作有《黑孩子》、《土著之子》等。特拉文（B Traven）是某位德国作家的笔名，个人情况不详，代表作有《死亡之船》、《马德雷山脉的财宝》等。弗雷德·厄克特（Fred Urquhart, 1912—1995），苏格兰作家，代表作有《垂死的种马》、《艰苦的比赛》等。菲利普·乔丹（Philip Jordan），情况不详。莱昂·福伊希特万格（Lion Feuchtwanger, 1884—1958），犹太裔德国作家，代表作有《丑陋的公爵夫人》、《伪君子》等。杰弗里·特里斯（Geoffrey Trease, 1909—1998），英国作家，作品多是少年文艺作品，代表作有《落入陷阱的夜莺》、《狂野的心》等。

只是无心插柳。

男主人公，如果可以这么称呼他的话，是芝加哥黑人区的一个黑人男孩。他因为强奸和谋杀一个白人女孩而被送上电椅。事实上，他并没有强奸或谋杀她，只是失手杀了她，然后惊慌失措之下毁坏了她的尸体。他一被怀疑就遭到通缉，并在种族仇恨的狂潮中被判处死刑，根本没有任何公正可言。但这并不是问题的关键所在。重点是这个可怜的男孩确实是一个杀人犯。社会逼得他喘不过气来，他只能通过犯罪去表达自己和感觉自己真的活着。

作者通过让他立刻再次犯下一桩谋杀案表明这一点，这一次是真正的谋杀。他并没有谋杀那个白人女孩，但他想过要杀死她，因为她是白人，更重要的原因是，她想要和他做朋友。她是一个思想"进步"的女孩，她与她的共产党员爱人努力要与这个黑人男孩平等相待。他觉得这只是一个恩惠，而说到底，或许它确实是一个恩惠。

事实上，只要肤色情感依然存在，白人就无法把黑人当人看待。他们只会认为他是一个奴隶或宠物。那个男孩从小到大一直觉得白人横亘在他与太阳之间，让他丝毫感觉不到生命的意义。

> "你知道白人住在哪里吗？就在我的肚子里，我能够感觉
> 到他们。"
> "是的，而且在你的胸口和喉咙里。"古斯说道。
> "就像被火烧一样。"
> "有时候你喘不过气来……"

他"知道"迟早他会杀人。换句话说，他总是想要杀人。只有在犯罪和逃亡的那24个小时里他才感觉到自己是一个完整的人，掌控着自己的命运，在采取行动而不是被主宰。他所作出的可怕的事情让他获得了解放的感觉。没有白人能够理解这个事实，除了那个为他辩护的犹太律师，而他拒绝承认这一点。

这本书已经被拿来与《罪与罚》相提并论，无疑将来还会被拿来比较。我不会将它们等量齐观，但有一点这位作家确实很像陀斯妥耶夫斯基，那就是他有能力让一桩临时起意的犯罪读起来很可信。他了解让人作出似乎毫无意义的举动的内在必然性。因此，你一直抱以同情的是那个黑人男孩，即使在他最凶残的时候也是这样。我的建议是，不要错过这本书。

不要错过的还有特拉文的《丛林里的桥》。它"不够分量"，只是讲述了某个偏僻的墨西哥村子里一个印地安小男孩的死亡的故事。但它很有感染力，因为它向你展现了死亡在那些纯朴无邪、不会虚伪做作的人眼中是怎样的。另一方面，特拉文另一本出版的次数更多的作品《死亡之船》（它似乎在海外卖出了将近两百万本）在我眼中只是一本冗长而且令人感到厌烦的书。

《她已经走了》虽然有一个罕见的情节，但背景更加令人熟悉——法西斯主义、武器讹诈和西班牙内战。《巴黎公报》也是一样，它讲述了从纳粹德国逃脱的难民的故事。我觉得这个主题比起多姿多彩的中世纪和十八世纪的德国并不适合福伊希特万格先生，他以后者为背景的《犹太人萨斯》和《丑陋的公爵夫人》大获成功。这本书最有趣的地方是它描写了被放逐的人垮掉的精神。它值得一读是因为难民已经在精神上和经济上造成了很大的麻烦，而且或许我们当中有些人有一天会成为难民。

弗雷德·厄克特先生是一个短篇小说作家，比起这个体裁的其他作家，他拥有旺盛的生命力。他的故事有一个鲜明的特征，那就是它们有丰富多彩的主题，从血汗工厂到"文质彬彬"的中产阶层生活，从美国到格拉斯哥的贫民窟。这本书里有十九个故事，只有四个写得不好。《穿七码的疯女人》、《格拉斯哥总是下雨》和作为书名的故事都是短篇小说的杰作。但我希望厄克特先生不要去写同性恋题材，他总是不顾它是否与故事相关就把它扯进来。

　　如果我说我"发现"了杰弗里·特里斯先生，有人会理直气壮地说我本该早就发现他的，但事实上，直到几个月前我才听说他的名字。他是我们早就需要的人，一个"轻度"左翼作家，思想叛逆但很有人情味，类似于接受了马克思主义的佩尔汉·格伦威尔·沃德豪斯。

　　他的故事讲述了生活在西部乡村小镇的一个年轻人和一个女孩，两人没办法结婚，因为他们都是老师①，但以某个借口一起生活。它描绘了很有趣的英国乡下生活，它的虚伪、魅力和荒唐。当你读到这样的句子时："由于故事发生之前的原因，布鲁斯和这个女人缘分已尽。下个生日他就二十三岁了……"你就知道这个故事会很有趣，而且它的确很有趣。不要错过这本书。

　　这个星期我推荐了不止三本书。但值得赞扬就不应该吝于赞扬。而且，读三本书去借书部毕竟也只需要花六便士而已。

---

① 原注：一战前女老师结婚后就会被辞退。

评《我的一生，哈弗洛克·霭理士的自传》①

　　随着十九世纪残存的作家渐渐凋零，你会觉得他们死得很及时。再过十年，甚至五年，他们或许会从他们所帮助创造的世界惊恐地逃开去。当哈弗洛克·霭理士出生时，《物种起源》是一个崭新的丑闻；当他去世时，德国人进军布拉格。中间这八十年的"进步"与"启蒙"就是像霭理士那样的人以耐心和勇气将基督教文明的根基渐渐侵蚀。这是必须去做的事情，但结果却与当初的目的大相径庭。从哈弗洛克·霭理士所写的每一句话——甚至从该书封面上所刊登的他的照片——你可以看到他在追求什么：一个理性、干净、友好的世界，没有恐惧，没有不公。在八十年代的那些充满希望的日子里，为最伟大的事业而不停地奋斗一定充满了快乐——而且有那么多事业可以选择。谁能预见得到事情会如何结束呢？

　　在他的自传中，哈弗洛克·霭理士并没有过多地提及自己的作品。他只是讲述了生平的故事，那是刻苦用功、没有什么真实的冒险可言的生活，最主要的事件就是他与奥丽芙·施蕾娜②的友谊（里面有一幅她的非常动人的照片，长着一张生动妩媚的脸，或许是犹太人，留着 1879 年那种丑陋的发型，神采飞扬）在 1890 年

---

① 刊于 1940 年 5 月《艾德菲报》。
② 奥丽芙·施蕾娜（Olive Schreiner，1855—1920），南非女作家，代表作有《一座非洲农场的故事》、《妇女与劳动》等。

发展为婚姻。那是社会主义、素食主义、新思想、女权主义、土布纺织和蓄着大胡子等事物朦朦胧胧交织在一起的年代才有可能发生的奇怪姻缘中的一例。他的妻子是一位知识渊博而且富有理想的女性，深深地爱着他，但并不是出于肉体上的欲望被他所吸引，而他对她的感情也是如此。婚后不久她就开始有同性恋的倾向，过了几年他们就不再"一起过日子"。但他们仍继续在别的意义上共同生活在一起，深深爱慕着对方。有一天，他们显然觉得婚姻关系必须结束，于是他离婚了，但他们仍像以前一样生活。霭理士讲述这件不同寻常的事情时那种方式让人想起了他的作品，和与他的缺点同在的品质。

他是那种如今已经绝迹的人：完全理性和文质彬彬的男人。或许他绝不会挥拳揍人、骂一句脏话，甚至说出一句低俗的俏皮话。而伴随着这一点，他完全没有"幽默感"，在这本书里比他的其它作品表现得更为明显。在第二章里他记录了关于他的母亲的一些细节，一千个人当中或许没有一个会愿意提起这些细节，更别说将它们写进书中。但正是这种要命的严肃感和不认为任何事情荒唐或下流的性格，使他写出他的那些作品。任何事情都是值得学习的，没有什么是可笑的。他不是一个登徒子，正是因为如此，他能一直耐心地探寻淫秽的本质——我忘记是在哪本书里面了。在他的杰出作品中，他探讨性的本质。这带出了性变态的话题。但什么是正常的性？——普通人根本不会费神去思考这个问题。这个问题引导着他出版了或许是英语文学有史以来最诡异和恐怖的纪实作品；但是，由于他的写作手法，整个主题不仅没有受到影响，而且有着某种说不清道不明但的的确确存在的高贵感。没有哪个能"理解"一则黄色笑话的人能做到这一点。

或许，在 1939 年去世的霭理士能比十九世纪大部分自由主义者更加满足地看待当今世界。他的作品依然很有可读性，至少在眼下是这样。比起五十年前，我们对性题材的看法没有那么伪善、无知和猥琐了，而这有他的一部分功劳。这种情况将维持多久则是另一个问题。但至少目前我们已经摆脱了 1898 年的那种氛围，那一年，卖霭理士作品的书店被指控"贩卖一本名为《性心理研究：性的颠倒》的淫荡下流、诲淫诲盗的书籍"。霭理士在序言中提到了这次迫害，并在书里再次提起，这表明这段回忆给他带来了痛苦。如今《性心理研究》摆上了大部分乡村图书馆的书架，如果那位审判该案件的法官的名字仍然被人记住的话，或许就是因为他与该案件的关系而不是因为其它。霭理士去世的消息登上了《每日电讯报》的头版，只是略有提及，但的确上了头版。因此，世界一直在进步——或者说，至少直到不久前它一直在进步。

评《新写作的对开本》（1940 年春季刊）[①]

现在人民阵线一派风平浪静，之前为《新写作》贡献了最具刊物风格特征的稿件的文学流派突然间销声匿迹了。但是，《新写作》从自己的灰烬中获得重生，以略微改变的面目重新出现，仍然是左倾的刊物，但少了左翼书社的气息，没有那么刺耳，大体上说，水平有了很大的提高。

和以前一样，它刊登了许多杂乱的散文和诗歌，但这一次没有文学批评；除了乔治·巴克[②]的一篇奇怪的短文之外，没有与政治直接关联的文章。罗莎蒙德·勒曼[③]小姐发表了一则篇幅有一万字的散文故事，名为《红头发的丹特莉斯小姐》，或许是迄今为止回忆"战前"（另一场战争）黄金时代的最好的作品。它唤醒了爱德华时代那种平和而倦怠的气氛，很难讲述它是如何做到的。它只是描写了一个生活小康的中产阶级家庭，他们的无聊和庸俗，他们的团结和本质上的善良。值得注意的是，现在许多年过三旬的作家开始描写"战前的岁月"，而且没有那种几年前被认为天经地义的轻蔑。或许这并不表示对过去的向往，而是他们第一次真正地意识到那段特别的历史真的已经结束了。

---

① 刊于 1940 年 5 月 16 日《听众》。
② 乔治·格兰维尔·巴克（George Granville Barker, 1913—1991），英国诗人、作家，代表作有《字母动物园》、《盲人眼中的世界》等。
③ 罗莎蒙德·尼娜·勒曼（Rosamond Nina Lehmann, 1901—1990），英国女作家，代表作有《尘封的答案》、《街上的天气》等。

亨利·格林①先生写了一段很有魅力的描写，算不上是一个故事，讲述了那段时期的一所预备学校的生活。乔治·弗雷德里克·格林②的《无罪释放》和拉尔夫·埃维尔-萨顿③的《逃兵》（倒霉运的故事）以及约翰·索姆菲尔德④的《第一堂课》（法西斯的暴行）都更加接近旧时《新写作》的风格，但勒曼小姐写活了艾哈迈德·阿里，她的《德里的早晨》是一篇精致的作品，就像一幅美妙的水彩画。另一篇东方作家的文章——柏平才⑤的《沿着滇缅公路》则比较平淡无奇。安德烈·尚松⑥的日记选集（现在他在马奇诺防线）清晰地描写了现代战争的特征和如今正在发生的价值颠覆。

另一方面，那些诗歌大部分都写得不怎么样。里面有一首史蒂芬·斯彭德写的不算特别突出的诗，奥登和麦克尼斯没有作品刊登，戈隆威·里斯⑦的《一个女孩说》应该刊登在妇女杂志里。但威廉·普罗默⑧从《寡妇的阴谋》或《发生在她身上的事情》开始有了充满希望的新起点，它类似于滑稽的民谣，很像穿越到现

---

① 亨利·格雷厄姆·格林（Henry Graham Greene, 1904—1991），英国作家、批评家，代表作有《安静的美国人》、《人的因素》等，曾是英国共产党党员，后皈依天主教。
② 乔治·弗雷德里克·格林（George Frederick Green, 1911—1977），英国作家，代表作有《没有英雄的国度》、《巧手》等。
③ 拉尔夫·埃维尔-萨顿（Ralph Elwell-Sutton），情况不详。
④ 约翰·索姆菲尔德（John Sommerfield, 1908—1991），英国作家，代表作有《西班牙志愿军》、《幕后真相》等。
⑤ 柏平才（Pai Ping-chei），情况不详。
⑥ 安德烈·尚松（André Chamson, 1900—1983），法国作家，代表作有《道路》、《义人的罪行》等。
⑦ 戈隆威·里斯（Goronwy Rees, 1909—1979），威尔士记者、作家，代表作有《莱茵河》、《短暂的接触》等。
⑧ 威廉·查尔斯·弗兰克丁·普罗默（William Charles Franklyn Plomer, 1903—1973），南非裔英国作家，代表作有《西塞尔·罗德斯》、《侵略者》等。

在的布雷特·哈特，这首诗让我们觉得滑稽诗或许有望再次超越《潘趣》的水平。就篇幅而言，战争时期的《新写作》不是那么物有所值，但它的品质并没有下降，让我们满怀希望，觉得它会是这场战争无法消灭的事物之一。

评史蒂芬·斯彭德的《差生》、托马斯·曼的《吾皇陛下》、汉斯·法拉达的《铁打的古斯塔夫》、莫里斯·辛杜斯的《儿子与父亲》、亚瑟·卡尔德-马歇尔的《通往圣地亚哥之路》、本·赫克特的《奇迹之书》、辛克莱尔·刘易斯的《贝瑟尔·梅利戴》①

关于现在这场战争的一件充满希望的事情是中产阶级的贫困，它必将导致英国教育体制由上至下的改革。无疑，许多人最近在描写他们上学时的情景时心里知道变革即将到来——比起几年前内容要更有洞察力。

斯彭德先生的小说是很长一段时间以来我所读过的关于男孩子的生活最好的作品，让人从侧面了解到中产阶级教育可怕的一面。它的内容是关于一座"预备学校"，那种又小又脏（大体上是这样）、为考进男校公学进行准备的预科学校。顺便提一下，这些学校的老板都是唯利是图的人，而教师们都是工资低廉、滥竽充数的庸才，许多被怪罪到公学头上的伤害其实是他们造成的。大部分中产阶级的男孩子在十三岁之前被这些学校永远戕害了思想。

---

① 刊于 1940 年 5 月 24 日《论坛报》。汉斯·法拉达（Hans Fallada，1893—1947），德国作家，代表作有《小男人现在怎么办？》、《每个人都死于孤独》等。本·赫克特（Ben Hecht，1894—1964），美国导演、编剧。

那个小男生(他的名字叫乔弗利·布兰德，但显然这个故事有自传的色彩)是一个差生，思维非常敏锐，被身为名人的父亲和几个比他更聪明的兄弟压得透不过气来，突然间从舒适的家被送到了一座条件艰苦的寄宿学校。

　　那是一座非常廉价的学校，这意味着不仅伙食难以下咽，而且那种势利做作的气氛要比一座昂贵点的学校更加糟糕。校长是一个夸夸其谈的小丑，舍监是一个喜欢窥私打探的老太婆，副校长是一个骗子，突然间带着十几个挖走的学生成立了另一所学校打对台戏。可怜的乔弗利在同学中挣扎，勉强能在打架和体育比赛中立足，但总是不受欢迎，而且相信自己命该如此(许多孩子都有这种想法)。有时候他会偷偷地反抗，更经常发生的事情是他晚上躺在床上睡不着，为自己的邪恶本性感到忧虑，因为他认为自己的卑劣、虚伪、害羞和性渴望是自己才有(这又是一个很普遍的错觉)。

　　没有人帮助他恢复自信。他那"精明的"父亲事实上比校长更加愚钝。没有人意识到一个孩子与一个成年人之间的不同绝非源于孩子自身的问题。在这里你能了解到仍在践行的中产阶级教育一个最本质的秘密。

　　整件事情不仅仅是在遵守仪式，而且是一场考验和磨砺的过程。狭义上的教育几乎不是它所考虑的内容。它的目的是将一个孩子变成"品德高尚"的人，也就是一个麻木不仁好勇斗狠的人，对什么事情都不抱疑问，而且没有内心生活。它的目标是禁欲主义和愚昧的结合，在十个孩子里面的九个身上它都成功地实现了目标，而第十个孩子则成为社会的另类。我会向任何对研究童年感兴趣的人推荐这本书。校园故事，即使是有思想的校园故事，并不是每个人都喜欢的，但在校园故事里这本书很不错。

托马斯·曼的《吾皇陛下》是一本古怪、精致、富有魅力的书，但算不上是真正的小说。它的气氛更接近于童话故事，或十八世纪的那种将童话故事与讽刺作品结合在一起的传说。它讲述了三四十年前一个荒诞的日耳曼小公国，那种理想王国，它最大的公共支出就是制服。但故事的主人公克劳斯·海因里希王子是一个非同寻常的人。

他思想纯朴而且不自私，他的一条胳膊残废了，这赋予了他对待生活的羞怯态度。但是，他与他深爱的人民几乎断绝了联系。他的地位就像是一面玻璃幕墙，将他与现实隔绝开来。农民们为他欢呼，向他的马车里扔鲜花，但他们被沉重的赋税压得透不过气来，而他只是通过一连串偶然事件隐约察觉到了这一点。一次到医院的例行视察让他了解到还有像饥饿和失业这样的事情，与一个鞋匠的偶遇让他知道原来宫廷里的官员都是贪官污吏。最后，他迎娶了一个美国百万富翁的女儿，解决了公国的财政问题，而正是在这里托马斯·曼展现了他的艺术才华，避免了原本会非常容易写出的"快乐的结局"。

这本书的结尾带着感伤的气氛。克劳斯·海因里希和他的新娘继续在王宫里生活，知道虽然自己心怀善意，但他们仍然与人民相隔绝，是他们的"高贵身份"的囚徒。

我的清单中的其它作品我可以一笔带过。

如果你喜欢的是分量，那么《铁打的古斯塔夫》就是一本好书。它讲述了1914年后的德国，战争、革命、物价飞涨——但那些事情我们已经听到过许多回了。

另一个我们经常听到的故事是莫里斯·辛杜斯的《儿子与父

亲》，它讲述了关于俄国革命的故事。那个父亲是布尔什维克政委，而儿子是一个懦弱的自由主义知识分子，知道了这些，你就知道故事是什么内容。

《通往圣地亚哥之路》是一本左倾的惊悚小说，混杂了当代共产主义政治和"精神分析"段落（以没有标点符号的间谍故事作为手法），但终究无法掩饰它是一本平庸的惊悚小说这个事实。

《奇迹之书》是粗话连篇的垃圾。我不是很肯定"亵渎神明"这个词是否有确切的含义，但如果真的有"亵渎神明"这回事，这本书就是。

最后，辛克莱尔·刘易斯先生，他才气不继了。《贝瑟尔·梅利戴》讲述了一个女演员的故事。虽然刘易斯先生没有写过了无生机的作品，但这本书确实奄奄一息。我相信原因是他在寻找一个贴近现实又能够让他回避战争、革命、罢工、法西斯主义、大清洗和集中营的主题。要描写这样的主题，你要么得去写非常愚蠢的人，要么得去写生活在与世隔绝的天地里的人，而演员当然就是这样的人。但问题是，刘易斯先生本人对这个世界并不感兴趣。他属于街头市井，而不属于孤立的小天地——即使是一个旅行演员的肮脏破败的小天地——我希望在他的下一本书里他能回到属于自己的地方。

评《新的启示：批评、诗歌和故事选集》、亨利·特里斯的《三十八首诗》[①]

新的文学运动总是以尝试屠杀他们的前辈作为开始，而启示派也不例外。他们的主要敌人，正如你可以猜想到的，是和他们最为接近的人：超现实主义者。这次文学运动的目标在詹姆斯·芬德利·亨德利[②]的引言和亨利·特里斯的一篇文章里得以阐述，而那似乎大致就是有节制的超现实主义。潜意识被释放了，但只是假释——听上去就是这么一回事。

文学手法的改变总是和政治的改变紧密联系在一起，无疑这就是为什么有的文学流派的作品其实并没有价值，却能留下回忆。达达主义仍然被缅怀，但达达主义者写出的那些垃圾早就被遗忘了。或许达达主义是对世界大战的反应，而超现实主义是对过去二十年来肤浅的"常理"的反应。启示运动似乎对极权主义进行了萝卜鬼灯式的刻画。据亨德利先生所说，它的目标似乎是：

> 通过瓦解主体—客体关系而实现哲学上的人与物的结

---

① 刊于 1940 年 6 月《生活与文学》。亨利·特里斯(Henry Treece，1911—1966)，英国作家、诗人，代表作有《黑暗的季节》、《诗集：王冠与镰刀》等。

② 詹姆斯·芬德利·亨德利(James Findlay Hendry，1912—1986)，苏格兰作家、诗人，代表作有《苏格兰短篇故事集》、《陌生的世界》等。

合，通过极权主义的崩溃和"国家"成为超人概念实现人与政府的融合，通过将艺术带入生活，实现人与艺术的融合。

这个群体的实际成就，正如这两本书所展现的，在我看来并没有多了不起。那些短篇小说（迪伦·托马斯①、詹姆斯·芬德利·亨德利、亨利·特里斯和多利安·库克②）和诗歌与"现实"脱节了，但不是所有的短篇都写得很糟糕。有许多似乎有某种"含义"。下面是两首诗的节选：

闪亮的言语之喙比以往更尖锐，
在一张时间表中，诱惑着我纤细的手指，
即使我的脑壳萌发出了词语，
在我的梦境中像小鸟一样啼叫呜咽，
在沙漠里迷失，或像是曼德拉草的惨叫，
在午夜的墓碑中，是一篇华丽的墓志铭。
（亨利·特里斯）

飞狐的狞笑覆盖着大地，
在鲸鱼的鳍肢尖上的瓶子中翻滚，
我会寄给你一包交叉的手指，
抱着一只兔子的爪子蜷缩在角落里，

---

① 迪伦·玛莱斯·托马斯（Dylan Marlais Thomas，1914—1953），威尔士诗人，代表作有《夜疯狂》、《死亡没有疆界》等。
② 多利安·库克（Dorian Cooke，1916—2005），英国诗人、作家，代表作有《南斯拉夫的衰亡》、《由秋至夏》等。

举着一个招牌抵御寒冷。

（诺曼·麦克凯格[1]）

　　第一首诗的内容很简单，但要从第二首诗里归纳出散文式的意义则似乎是不可能的事情。有趣的是，这两本书中大部分诗歌，无论好不好懂，都是普通的十音节诗歌。这或许是有意识的屈服的结果。过去的五十年表明，有才华的诗人迟早总是会摈弃普通意义的诗歌形式。

　　但这本书里有什么值得严肃对待的内容吗？当你读到像上面所引用的第二首诗（它是很有代表性的例子）这样的作品时，你会对它作何评价呢？你只能不予置评，而你完全可以这么做，因为时间总是能够解读那些读不懂的作品。经过一段时间之后，大概会是十年，要么它变得好懂了，要么它根本就不值得去关注。但我愿意下重注赌这两本书里的大部分诗歌在十年后不会有人记得，原因很简单：脱离"现实"的写作总是没有雕塑那么成功，原因再明显不过了。

　　有一件事情或许会证明我错了。这个群体包括迪伦·托马斯，他是一个古怪但非同寻常的诗人。他在早年就备受关注，不过，正所谓少时了了，大未必佳，他还没有写出有分量的作品，但毫无疑问他拥有从词语中提炼出纯粹的韵律的才华。例如：

　　　　英格兰的号角，奏出清亮的声音，

---

　　[1] 诺曼·亚历山大·麦克凯格（Norman Alexander MacCaig, 1910—1996），苏格兰诗人和教师，代表作有《骑着光明》、《不同的世界》等。

召唤起你那些满身是雪的骑士，和挂着四条弦的山丘，

海里翻腾着响声，让岩石活了过来。

还有：

人鱼的渔人，

爬上潮汐奏响竖琴，沉下施了魔法的弯针，

以黄金面包引诱新娘。

这首诗没有什么"含义"，但伊丽莎白时代的歌曲的副歌也没有含义。迪伦·托马斯是那种几乎绝迹的天才，一个浪漫的诗人，能够像小鸟那样歌唱，不需要写出有含义的内容。但这种才华是学不来的，因此在创建"诗派"时派不上什么用场，甚至或许只有三十岁之前的人才能拥有这一才华。

评吉姆·费伦的《监狱之旅》[①]

    这本非常生动而且可读性很高的书里所反映的非常重要的事情就是费伦先生直截了当地对监狱的性生活所作的探讨。当前的刑罚体制根本忽略了男人是有性欲的动物这个事实。在费伦先生的书里，特别是在第十四章到第十六章，你可以了解到这么做的结果，它们读来令人触目惊心。那是真正的恐怖，而不是伪装的色情描写。

    监狱的本质是，它是一个你无法接触到异性的地方。正如费伦先生所指出的，光说这是惩罚的一部分是不够的，它就是惩罚。性剥夺不仅意味着失去了一件奢侈品，像没有烟抽一样，更是一种强烈本能的饥饿，它会以种种方式进行报复。每个人都知道，即使只是道听途说，几乎所有的囚犯都会长期手淫。而且还有同性恋，在刑期长的监狱里十分普遍。如果麦卡尼的《张开血盆大口的高墙》可信的话，有的监狱是罪恶的温床，就连典狱长也身受影响。费伦先生所揭露的事实没有那么恶心，但它们也是很糟糕的事情。他说现在达特摩尔和帕克赫斯特这两座监狱里有六十多种不正常的性行为在发生。这种事情被视为天经地义，而

---

    ① 刊于 1940 年 6 月《地平线》。吉姆·费伦(Jim Phelan)，真名是詹姆斯·列奥·费伦(James Leo Phelan, 1895—1966)，爱尔兰作家，以流浪为生，写过多本关于流浪生活和监狱生活的作品，代表作有《抛锚的流浪汉》、《无期徒刑犯人》。

且囚犯、典狱长和其他与监狱有关的人员都拿它们开玩笑。与此同时，公众讨论对这个问题连提都不能提。所有的当代文明社会最终都依赖监狱和集中营，而监狱和集中营的本质是难以启齿的。费伦先生提出的问题是，"他们"那些认为监狱"对你有好处"的体面人——神职人员、童子军导师和贞洁的夫人小姐们——是否知道被囚禁意味着什么。他的结论就是他们确实知道，而且当他自己服刑时，他甚至相信他们知道这件事后很开心。他在记录中（如果是真的话就非常有趣）提到大部分女人在路上遇到一群囚犯时会想象里面有暴露狂。就连监狱的改革者也总是为囚犯应该获准过正常的性生活这个提议感到惊讶。（千篇一律的回答是："噢，但这是不可能的事情！"）他们高声反对脚镣和面包清水，但他们愿意容忍鸡奸。事实上，只要监狱存在，它就会被忍受。

　　费伦先生因为杀人罪而进了监狱（他被判终身监禁，但服刑十三年后就被释放）；就算是故意杀人犯也不是一般意义上的罪犯。这无疑解释了费伦先生那种超脱温和的态度。在他的书里完全没有监狱文学常见的那种怨怼的基调。大体上，他是在进行记录，而不是在发表评论，虽然他的记录比任何谩骂都更加深刻，但他并没有提出什么正面的建议。他似乎满足于指出我们现在对付罪犯的方法比没有意义更加糟糕，而且就说到这里为止。在监狱里他不停地挣扎着保持思想的完整，以免陷入他见到周围到处存在的神经衰弱和彻底疯狂。他花了几年的时间筹划越狱（最别具心思的越狱，但最终只能放弃），研究象棋和学习外语，让自己成为一个手艺高超的铁匠和一流的园丁，并用偷来的纸进行创作。（他没有说他是怎么将作品偷偷送出监狱的。当然，那会是告密，但这番提示或许在如今会很有用。）他所介绍的监狱俚语还有各种讹诈和地下娱乐十分有趣。这是一部个人主义者的作品，带有一种幼稚的虚荣，但一个更加谦逊的人或许无法保持理性，也就写不出这本书了。

评西里尔·密契逊·乔德的《透过战争思想之旅》、安东尼·威茅斯的《一位心理学家的战时日记》、赫克托尔·博莱索的《美国的期望》①

　　乔德先生是一位优秀的自由主义者，也就是说，现在这个时候是一个无可救药的老古董。他代表了"常理"的思想，认为享乐主义对于人类这种动物来说是理所应当的，并以对许多人已经不再起作用的动机去分析当代历史。

　　从享乐主义的角度看，几乎所有正在发生的事情都毫无意义。乔德先生的基本设想是人类想要得到的是舒适、安全、卫生、游戏、郊野散步、快乐的性生活和些许自由——还有一点奢侈品。显然，这些东西对于我们来说是很容易得到的，结论就是我们不应该互相厮杀，而是应该团结一致，以更加理性的方式去组织这个世界。但为什么我们不这么做呢？乔德先生观察四周去寻找原因，将目光固定在国家这个狰狞的偶像上，它已经不再发挥作用，却又依然存在，以旗帜、疆土这些愚昧的事情为名义屠杀了数以百万计的人。我们必须做的就是废除主权国家，取而代

---

① 刊于 1940 年 6 月 8 日《时代与潮流》。西里尔·密契逊·乔德(Cyril Edwin Mitchinson Joad, 1891—1953)，英国著名广播员，曾主持《智囊团》节目而名噪一时。安东尼·威茅斯(Anthony Weymouth)，情况不详。赫克托尔·博莱索(Hector Bolitho, 1897—1974)，新西兰作家，代表作有《奇迹的岛屿》、《斯特朗大街的战争》等。

之以联邦制度——这一次是真正的联盟，没有国家军队、关税或其它——然后人们将忘记愚昧的仇恨和虚伪的忠诚，过着幸福快乐的生活。就像自由主义者们所提出的几乎每一个解决方案一样，这只是阐述了目的，并没有提到实现的手段。说我们应该在欧洲实现联邦制有什么用呢？问题是如何去实现它，而直到不久前，乔德先生仍拒绝讨论预备手段。但是，《新闻纪实报》最近刊登了一封信件(5 月 22 日)，表明他已经修正了一些观点，并有道义上的勇气说出来。

困扰着乔德先生和像他这样的人的问题是，他们在尝试探讨他们未曾经历过，因此也就无法理解的情感。过去二十年来英语国家的特殊气氛使得知识分子自己摆脱了爱国主义，而他们就据此争辩说爱国主义并不存在。与此同时，整部当代史在和他们唱反调。事实上，比起进行罢工争取更高的工资，大部分人更愿意"为了祖国"而死。因此，难道不是符合常理的"享乐主义式"的生活观出了差错吗？乔德先生记录了对六个代表人物的访谈，一个是普通、体面的爱国者，两个是更为激进的爱国者，一个是信奉个人主义的和平主义者，一个是共产党员，还有一个是虔诚的和平主义者。这份名单里他唯一能够理解的人是第四个——一个完全不受狂热情感影响的人，却无足轻重。在战争时期，和乔德先生思想一致的人——如此警觉、敏感、谨慎和温和，却完全无法理解正在发生的事情——一定会感到难过和绝望，因为未来，至少是不久的未来，并不掌握在"理性"的人的手中，而是掌握在那些狂热分子手里。这些人将才华浪费在指出某种狂热与另一种狂热其实一样糟糕，而这只会使得那种更邪恶的狂热更容易获得胜利。

威茅斯博士写了很多侦探故事,电台收听者都知道他——他是乔德先生所描述的六种人中的第一种人——体面的、出自本能有爱国心的人,不痛恨德国,但很轻易就相信惨剧故事,对战争的每一阶段都怀着天真的乐观。因为他是一位医生(几乎任何描写医生或医生笔记的书都很有可读性),而且因为他见到过的大人物数量如此之多,所以他的战时日记值得一读,但是内容基本上都是最不正经的闲谈。而且,考虑到这场战争要求的牺牲,看到这个儿子入读伊顿公学的男人感慨说"巨额收入已是过眼烟云"时,你会很是不屑。

《美国的期望》是赫克托尔·博莱索先生周游美国的记述,对普尔曼卧铺车等事情进行了有趣的反思。通常这种文学作品被称为"淡啤"。我倾向于认为它绝对不含酒精。

评米盖尔·尤勒维奇·莱蒙托夫的《我们这个时代的英雄》、格兰特·威尔逊的《祭司岛》、赫伯特·乔治·威尔斯的《电影故事》①

莱蒙托夫是一个世纪前的俄国作家，和他的导师普希金一样，他年纪轻轻就死于一场毫无意义的决斗。他去过高加索地区，那是俄国人占有但几乎没有了解的地方，就像我们占有印度一样，差不多是第一位描写高加索地区的幻想作家。这本书的译者将他与吉卜林相提并论，但为他辩护说他不是"帝国主义者"。事实上，那时候他不可能是吉卜林式的"帝国主义者"。他属于一个对我们来说就像金字塔那么遥远却又有趣得多的时代。

《我们这个时代的英雄》是一本奇怪的书，事实上它是一系列故事和思考的零碎合集。它的魅力在于它对高加索山脉和居住在那里的野蛮的穆斯林的描绘。他们是马上民族，挥舞着镶嵌宝石的匕首，热爱自由，既有骑士风范又匪气十足，就像今天摩洛哥山区的柏柏尔人。但这并不是莱蒙托夫真正要写的。书名的"英雄"是一则反讽，那个出现在大部分故事里的年轻人显然就是莱

---

① 刊于 1940 年 6 月 21 日《论坛报》。米盖尔·尤勒维奇·莱蒙托夫（Mikhail Yuryevich Lermontov，1814—1841），俄国诗人、作家、画家，代表作有《诗人的死亡》、《我们这个时代的英雄》等。格兰特·威尔逊（Grant Wilson），情况不详。

蒙托夫本人的写照。他是拜伦时代的失望的知识分子，1840 年版的乔伊斯的《一个年轻画家的肖像》里的史蒂芬·迪达勒斯。

这本书自始至终弥漫着强烈的拜伦式气氛，无疑这在部分程度上是因为受到他的直接影响。故事里的那个年轻人，也就是莱蒙托夫本人，就像是从《唐璜》里走出来的。他年轻勇敢、温文尔雅、学识渊博、英俊潇洒、机智聪明——事实上，什么事情都难不倒他，可他就是不能体体面面地做人。就像拜伦笔下的主角一样，更像拜伦本人，他发现自己总是会不由自主地去做出一些自己知道很卑劣可恶的事情。如果他对一个女人感兴趣，那只是因为别人爱她；如果他进行决斗，那一定是因为某件根本不值一提的小事。他唯一能够感受到的情感就是他知道这么做对不起自己。

这种奇怪的思维方式究竟是为什么呢？现在我们或许会觉得奇怪，但在一百年前它却非常普遍，一个表现就是有一个专门的词形容它："spleen"（乖张暴戾），现在这个词已经不用了。无疑，真正的解释在于宗教信仰的消失，又没有什么能够取代它的地位。基督教信仰的崩溃，其中最要紧的是对于灵魂不朽的信仰的崩溃，使得欧洲的生活失去了"意义"，结果就是，十九世纪许多最杰出的思想者被空虚感所困扰。直到不久前，另外一个"意义"才开始显现。《我们这个时代的英雄》是一本有趣的书，气氛和问题如此久远，或许它应该被归入"逃避文学"的范畴。

《祭司岛》有着更强烈的逃避文学的特征，题材是经久不衰的荒岛故事。所有的荒岛故事都是好故事，但其中一些要比另一些更好。我觉得《祭司岛》在这类作品里只能归于下乘，因为它过度关注故事的心理层面，没有对扣人心弦的现实生活细节进行充分的描写。而那正是一则荒岛故事真正有趣之处——如何挣扎求存的具体细节。你不会想知道男主人公在想什么，你想知道的是他是不是有一把削笔刀或鱼钩，还有他怎么想办法生火。

《祭司岛》在这些方面的描写很失败，原因是为男主人公所作的安排太便利了。他是一个年轻的苏格兰人，因为偷羊而被放逐（书里没有写日期，但大概是一百年前）到赫布里底群岛的一个小岛上。后来，一个女人听说了他的故事，自愿到岛上跟随他，还带去了山羊、母鸡和其它足以开设一座小农场的牲畜。但早在她到达岛上之前，男主人公已经让自己过得很舒服了，而这在现实中是不可能的。他耽误了耕种季节，只有一把锄头去开垦硬邦邦的处女地，却能够种出足以支持他挨过冬天的土豆，我根本不会相信。

而且我还拒绝相信接下来的那一年，他用一把土制木犁，靠自己拉犁妻子扶犁就能够开垦出足够的土地种上一茬燕麦。威尔逊先生还信口开河地提到"捕"野鸭，却没有解释这么高难度的事情是怎么做到的。这些批评似乎很琐碎，但一则荒岛故事的有趣之处都在于生活的细节，这些细节应该是准确的。但就像爱情故事一样，这本书带有一定的"黑土地"元素，写得很好，而且在岛上出没的那个幽灵（因此就有了这么一个岛名）比大部分鬼故事更加可信。

《电影故事》由《未来的秩序》和《行奇迹的男人》两个剧本构成。第二个剧本原本是一个精彩而很不"严肃"的短篇小说，但威尔斯先生觉得要将它进行改写以便和第一个剧本相吻合。这两个剧本合在一起，很全面地概括了威尔斯式的物质"进步"和人类的缺陷。我不知道在希特勒统治的第八个年头，威尔斯先生现在对这两个问题有什么想法。

小说家对现实事件到底有多大的影响值得商榷，但威尔斯先生肯定是我们这个时代最有影响力的小说家，至少在英语世界是这样。如果说直到 1930 年有一个小说家能看着周围并说："这就是我的作品。我创造了这个世界"，那个作家就是威尔斯。"进步"的概念（意味着飞机和钢筋水泥建筑），那个想象中的乌托邦世界——由机器为你做所有的事情——成为了现代思想的一部分，而这在很大程度上应该归功于他。在《未来的秩序》这本写于 1932 年的书里，威尔斯先生预见到了进步与反动之间永恒的斗争。人类经历了艰难的时代，有战争、独裁、瘟疫、毁灭，但是，不消说，进步会最后获得胜利。电影以熟悉的基调结束，热情、年轻的未来公民乘坐着火箭准备去探索月球。

问题是，就像威尔斯先生的所有预言那样，至少直到不久前，他将机械化的进步与公正、自由和道义混淆在一起。接受机器和鄙视过去的思想被认为一定会通往自由和平等的世界。同样的二元对立——这已经被证明是荒谬的——贯穿威尔斯先生的作品始终：一个阵营是科学家和机械师，带来甜蜜和光明；另一个阵营是反对派、浪漫主义者、遗老遗少，在马上驰骋和发动战争。威尔斯先生从来没有想到这两个阵营或许会混淆在一起，或许是反动分子会最大程度地利用机器，而科学家可能会利用他的头脑炮制出种族理论和毒气。但那真的发生了，现在我们就在希特勒的大炮的射程内；威尔斯式的乌托邦——一个由仁慈的科学家建造的超级维尔温花园城①——失去了说服力。

---

① 维尔温花园城（Welwyn Garden City），于二十世纪二十年代由伊比内扎·霍华德爵士（Sir Ebenezer Howard）倡导建立，希望营造一座集合健康生活、先进工业和合理规划于一身的现代城镇，摆脱工业化城镇的弊端。

《行奇迹的男人》是一本比较轻松的作品，改编成电影后却被糟蹋了。但它仍有原来那个故事的闪光点和原有的威尔斯的风格；他最杰出的才华，虽然他从来没有意识到这一点，是他能够刻画出 1890 年至 1914 年间的黄金时代的气氛。

评杰克·希尔顿的《英国方式》
约翰·米德尔顿·默里作序，约翰·迪克森·斯科特摄影①

杰克·希尔顿的作品讲述了一个流浪汉横穿半个英国然后又折回来的故事。他与妻子用一辆手推车装上帐篷和其它财物，他引用了或许是出自克拉布②或某位同一流派的诗人的诗句：

因为他本可以是俄国人，

法国人、土耳其人或普鲁士人，

或者是意大利人。

但不管有多么大的诱惑，

去投奔另一个国家，

他仍然是英国人，

他仍然是英国人！

多么光荣的英国人！就像一头得奖的西里汉㹴犬或莱亨鸡，

---

① 刊于 1940 年 7 月《艾德菲报》。约翰·米德尔顿·默里（John Middleton Murry, 1889—1957），英国作家，代表作有《致未知的神明》、《济慈与莎士比亚》、《耶稣的生平》等。约翰·迪克森·斯科特（John Dixon Scott），英国摄影师，生卒时间不详。

② 乔治·克拉布（George Crabbe, 1754—1832），英国诗人、牧师，作品多描写中产阶级和工人阶级的生活，代表作有《图书馆》、《村庄》等。

他拥有成为一个讽刺作家的所有"素质"。里顿·斯特拉奇在他评论司汤达的文章里写道：民族特征过于夸张的人总是不受同胞的待见。他举了雪莱与纳尔逊为例，如果这篇文章是后来写的话，或许他会加上戴维·赫伯特·劳伦斯。杰克·希尔顿也是这样，他那几乎反社会的浪子心态的生活态度只是比英国人天生的无政府主义倾向更加过分了一些而已。

在这本书中，他有一两次提到自己是一个"流氓无产者"。他不至于如此，但他确实属于比较贫穷的工人阶级，这些人是构成英国人口的主体，平时我们根本不曾听闻关于他们的事情。读着杰克·希尔顿的作品，你会意识到在所有那些总是试图提升他们的水平的大鼻子帕克[①]式人物的眼中，他们是多么不令人满意。比方说，他们毫无宗教情怀。在天主教时代，他们或许不是这样，但在那时之后，教会失去了对他们的控制力，只能在乡村地方进行勒索敲诈，而各个教派也没有取得多少进步。其次，虽然他们有很深的道德观念，但他们并不是清教徒式的人物。他们所选择的娱乐正是宗教和世俗的改革者共同反对的，譬如说，赌博。显然，杰克·希尔顿是一个积习难改的赌徒，但只是小打小闹。他最经常去的旅行地点是德比郡，而阿斯科特赛马周则是第二选择。他去皇家板球场买的是廉价座票，在皇室举行婚礼时列队站在街头，为足球博彩贡献一份利润，至少他明白这一点。在德比郡他在皇家围场外面等候着，想目睹国王驾临，而看到国王乘坐的只是一辆汽车而不是六驭马车时心里觉得很失望。虽然他的一

---

① 大鼻子帕克(Nosey Parker)，即好管闲事者。据说这个典故出自十六世纪坎特伯雷大主教马修·帕克(Matthew Parker)，因严苛地审问打探教会事务外加他的大鼻子而被时人戏谑。

部分思想能看透这些并加以鄙视，他也喜欢一点光彩和炫耀，并不反对女士们穿 50 英镑的礼服，绅士们戴灰色的高礼帽，穿海绵包一样的裤子。你会本能地觉得他最推崇的国王是查尔斯二世和爱德华七世。

但在教条社会主义者的眼中，这么一个人也是毫无希望的。当然，杰克·希尔顿是"左派"，任何每周收入在 10 英镑以下的有思想的人都一定是左派，但即使是最温和的社会主义者所要求的正统思想对他来说也是不可能实现的。他是一个实用主义者，痛恨理论，深深地受到英国式的修修补补和"将就妥协"的传统的影响，而最重要的是，他并不是一个不开心的人。要让一个人成为社会主义者，让他心怀不满是必要之举，而在一个高度繁荣的资本主义社会这并不是一件很容易的事情。而且，在现代英国，阶级斗争的条件并不存在。你可以从杰克·希尔顿的作品中随处看到这一事实。他为无关痛痒的阶级差别而感到苦恼，有点讨厌资产阶级，但就算他有能力做到的话，他也不会屠杀他们。他放眼四顾身边的社会，所看到的优点几乎和缺点一样多。当他看到一个污秽的贫民窟，他会对它进行谴责，因为它就应该被谴责。但另一方面，当他看到一大片贫民窟被清除时（或许是保守党的所为），他几乎是热烈地加以歌颂。因为"有美好的事情我们就必须歌颂，有丑陋的事物我们就必须予以鞭挞"——当然，这是惊人之语，但它或许让你比从马克思主义教科书里更加真实地了解到无产者的想法，它让人了解到一场无产阶级革命会是什么情景，如果这种事情真的可能发生的话。

我们的文明对两场世界大战之间那几年的情况进行了详细的

纪录。如果大英博物图书馆能躲过轰炸和接下来二十年的搜捕异端的话，公元2000年的人对我们的了解将胜过我们对我们的祖先的了解。这本书里所描写的生活大部分是由下至上的视角，是当代历史的有益补充。它的内容远比我提到的更多，因为它碰巧是一位个人主义者的作品，一个热爱乡村比热爱城镇更甚的人，并不讨厌孤独，拥有欣赏树木和花朵的目光，喜欢手工制作甚于喜欢大规模生产。但总的来说，它的价值在于它让人了解到资本主义时代末期英国工人阶级的生活、手提包、赛狗、足球博彩、伍尔沃斯超市、电影院、格蕾丝·菲尔兹①、和路雪牌冰淇淋、薯片、纤烷丝袜、飞镖盘、弹珠台、香烟、茶点和周六晚上的啤酒吧。天知道这个建立在外国投资之上并忽略了农业的文明有多少能保存下来，但当它仍然存在的时候，它不失为一个好的文明，在这个文明中成长的人将带着它的体面和温文尔雅步入即将到来的钢铁时代。

---

① 格蕾丝·菲尔兹（Gracie Fields，1898—1979），英国女演员、歌手，二三十年代英国电影圈和歌舞厅的当红明星。

评阿尔弗雷德·詹姆斯·詹金森的《男生和女生在阅读什么?》①

　　这本书的大部分内容是根据发放给中小学教师和学生的问卷编纂的,是一项很有意义的社会调查,类似于"大众观察"研究的详细脚注。

　　詹金斯先生的主要目的是了解当前的英国文学教育是否有意义,以及它与儿童的成长之间真正的关系。他的结论是,让十四岁的孩子去读艾迪生②的散文是没有意义的,虽然这并不会有什么坏处,而文学最好不要被当作一门可以用考试评估的科目。不过,他的研究还解释了几件有趣的事情。其一是读中学的孩子和同样年纪但读的是"高小"(小学的高年级)的孩子之间的巨大差别。读中学的孩子被奖学金制度筛选出来,属于比较聪明和晚熟的类型。读中学的女生在十四岁的时候仍然是孩子,有很高的文学品味。同样年纪但还在读小学的女生大部分情况下已经是一个还没有充分发育的大人,已经在读感官刺激的色情小说和最幼稚的"幽默"故事。另一个要点是大部分十二岁到十四岁的孩子所经历的庸俗化阶段。还有一点是"血腥"读物(或"一便士恐怖故

---

① 刊于 1940 年 7 月《生活与文学报》。阿尔弗雷德·詹姆斯·詹金森(Alfred James Jenkinson, 1878—1928),英国学者、翻译家,曾翻译古希腊哲学家亚里士多德的作品。
② 约瑟夫·艾迪生(Joseph Addison, 1672—1719),英国作家、政治家,《清谈客》、《看客》的创始人。

事")对孩子的重要影响。几乎所有的英语老师现在都意识到了这一点，不再尝试去阻止阅读"血腥读物"，有的老师甚至说他们在上课时会使用这些读物。

但最明显的事情是孩子的文学能力和智力显然得到了改善。詹金森先生的起始标准很高，但似乎低估了这一点。他详细列出了学校图书馆里的书目，虽然里面有很多垃圾读物，但那些男生女生也会在闲暇时间自发去读很多"好书"。狄更斯（特别是《大卫·科波菲尔》）、笛福、史蒂文森是最受喜爱的作家，还有威尔斯、吉卜林、布莱克莫尔①、托马斯·休斯、柯南·道尔和吉尔伯特·基思·切斯特顿都出现在清单中。对于诗歌的描写没有那么清晰，最受喜爱的诗歌总是爱国的战争作品，但莎士比亚似乎有很多人在读。考虑到接受研究的孩子们的年纪介乎十二岁到十五岁之间，而且属于最贫穷的阶级，这个结果让人很受鼓舞。而且几乎所有的孩子现在都读报纸，除了看漫画之外还会了解新闻。不幸的是，最受欢迎的报纸是《每日邮报》，但孩子所选择的报纸是由父母决定的。除了《先驱报》之外，没有哪份左翼报纸似乎在学生群体中普及开来。

想要了解社会变迁的学生应该去读一读这本书。它解释了社会前进的方向，如果能够被善加利用的话，将为左翼宣传工作者带来有益的启示，他们到现在还完全没办法和群众打好交道。

---

① 理查德·多德里格·布莱克莫尔（Richard Doddridge Blackmore，1825—1900），英国作家，代表作有《黑海的号角》、《罗纳·多拉》等。

评道格拉斯·古德林的《面对逆境》^①

主题：古德林先生对生活的反思，特别是建筑、法国旅行、文学、法西斯主义和张伯伦。古德林先生进退两难：他是一个热爱历史的社会主义者，与乔治王时代建筑社团和古建筑保护协会长期保持联系，他不仅要与伦敦建筑的破坏者进行斗争，还要与那些认为"尊重手艺或历史的观念是反动的感伤主义"这一思想进行斗争。有一章描写星期天在伦敦漫步，看着河边那些没有多少人知道的小酒馆、被忽略的格林威治的美丽和斯比特菲尔德、肖尔迪奇、霍克斯顿、克拉肯威尔、潘顿维尔和伊斯灵顿等地方的伦敦古遗迹，写得很精彩。

准确性和可读性：古德林先生所写的每一件事都很有可读性。他不仅是一位文笔高超的记者，而且文风直抒胸臆、热情洋溢。至于准确性，有一件小事很惹眼。他说："自 1931 年以来为国民政府^②的外交政策辩护的独立作家中，连二流角色都没有。"这并不是事实，你只需看一看那些法西斯和亲法西斯的报刊就知道了。英国作家中的亲法西斯派的才华并不比其他人逊色。

---

① 刊于 1940 年 7 月 5 日《论坛报》。
② 指 1931 年到 1939 年由工党领袖拉姆西·麦克唐纳和保守党领袖斯坦利·鲍德温与内维尔·张伯伦执政的英国政府。

评杰克·伦敦的《铁蹄》、赫伯特·乔治·威尔斯的《沉睡者醒来》、奥尔德斯·赫胥黎的《美丽新世界》、厄尼斯特·布拉玛的《工会的秘密》①

杰克·伦敦的《铁蹄》的重印让读者们又能接触到这本在法西斯主义猖獗的年代备受关注的作品。就像杰克·伦敦的其它作品一样，很多德国人都读过他的这本书，它被誉为准确预测希特勒掌权的杰作。事实上它并不是什么预言，只是对资本主义的剥削压迫的描写，但在那时候要预测到孕育法西斯主义的各个条件——例如，民族主义的大规模复兴——并不是一件容易的事情。

但是，伦敦独特的洞察力在于他意识到向社会主义的转变不会是自然而然的事情，甚至不会是一件容易的事情。资产阶级不会就像一朵花到了花季结束时就凋零那样"因为自身的矛盾而消亡"。资产阶级聪明得很，知道会发生什么事情，会平息自身的内部纠纷，对工人发起反击。最终的斗争将会是世界前所未见的极其血腥和不择手段的惨剧。

有必要将《铁蹄》和另外一本幻想未来的小说——赫伯特·乔治·威尔斯的《沉睡者醒来》作比较。后者的成书要更早一些，而且对前者产生了一定的影响。通过这么一番比较，你可以

① 刊于 1940 年 7 月 12 日《论坛报》。

看到伦敦的局限，而由于他不像威尔斯那样是一个完全的文明人，因此享有一定的优势。《铁蹄》是一部低劣得多的作品，文笔糟糕，没有科学依据，男主人公是一个没有思想的人形留声机，这种人就连在社会主义的宣传手册里也看不到了。但是，由于伦敦本人的性情中有野蛮的色彩，他能理解威尔斯所不能理解的事情，那就是：享乐主义社会并不会一直存在下去。

每一个读过《沉睡者醒来》的人都记得，它描绘了一个辉煌而狰狞的世界，社会演变成一个种姓体制，工人阶级永远沦为奴隶。那是一个没有目的的世界，奴役工人阶级的上层阶级完全是一帮没有信仰的柔弱而偏激的人，没有明确的生活目标，没有革命热情，也没有宗教献身情怀。

奥尔德斯·赫胥黎的《美丽新世界》对战后威尔斯式的乌托邦进行了滑稽的模仿，乌托邦的特征被大大夸张，享乐主义的原则被渲染到无以复加的地步，整个世界变成了一间里维埃拉酒店。但尽管《美丽新世界》是一部杰出的时代（1930 年）讽刺画，或许它对未来并没有启示意义。那样的社会在一两代人之后就会垮台，因为一心只想着享乐的统治阶级很快就会丧失活力。一个统治阶级必须拥有严谨的道德，对自己怀有类似于宗教的信仰，一种神秘的情怀。伦敦意识到了这一点，虽然他将统治了世界七个世纪之久的寡头统治阶层描写成非人的怪物，但他并没有将他们描写成无所事事的人或感官主义者。他们能够保住自己的地位，是因为他们真心相信自己一力捍卫着文明，因此，从某种意义上说，他们就像反对他们的革命者那样勇敢、能干、崇高。

伦敦在思想上接受了马克思主义的结论，他认为资本主义的"矛盾"——无法消耗掉多余的商品等等——即使在资产阶级将自己组织成一个法人团体之后仍将存在。但在性情上他与大多数马克思主义者非常不同。他钟爱暴力和肢体力量，信奉"自然的贵族"，怀有动物崇拜，讴歌原始的事物，在他身上或许带有可以称为"法西斯特征"的东西。这或许有助于他理解占据支配地位的阶层在受到严重的威胁时会采取什么措施。

而这正是马克思社会主义者总是没有考虑到的。他们对历史的解读总是机械呆板的，无法预料到对于那些从来没有听说过马克思的人来说极为明显的危险。有时候马克思被指责说没有预测到法西斯主义的崛起。我不知道他是否预测到了——在那个时候他只能以非常空泛的概念进行预测——但不管怎样，可以肯定的是，他的追随者们没能看到法西斯主义的危险，直到他们自己被送到集中营门口。希特勒掌权一两年后，正统的马克思主义仍在宣称希特勒是个无足轻重的小角色，而"社会法西斯主义"（即民主体制）是真正的敌人。或许伦敦就不会犯这样的错误。他的本能或许会警告他希特勒是个危险人物。他知道经济法则不会像重力法则那样起作用，他们会长久地被像希特勒这样对自己的命运信心十足的人所摆布。

《铁蹄》和《沉睡者醒来》都是从流行文学的角度去写的。《美丽新世界》，虽然其主旨是对享乐主义的抨击，也是对极权主义和特权统治的隐晦抨击。拿它们和另外一部不是那么出名的乌托邦作品进行比较是很有趣的事情，这部作品从上层阶级或中产阶级的角度去看待阶级斗争，它就是厄尼斯特·布拉玛的《工会的秘密》。

《工会的秘密》写于1907年，那时正值劳工运动的兴起，中产阶级开始感到恐慌，他们错误地以为自己受到来自下层百姓的威胁，而不是来自上层阶级。在政治预测上它不足为道，但它对启示中产阶级的思想斗争很有意义。

作者想象一个劳工政府得到了绝大多数人的拥戴而执政，根本不可能将他们赶下台。但是，他们并没有建立起完全的社会主义经济。他们只是继续运作资本主义，为了自己的利益不停地涨工资，创建了一支庞大的官僚队伍，并对上层阶级大肆课税，将他们统统消灭干净。以同样的方式，英国变得"凋零破败"。而且劳工政府在外交政策上就像1931年到1939年时的国民政府。中产阶级和上层阶级在密谋反抗，如果你将资本主义视为内部事务，他们的叛乱方式很有创意：以消费的方式进行反击。两年来，那些上层阶级偷偷地囤积汽油，将烧煤的电厂换成烧汽油的电厂。然后他们突然抵制英国的经济支柱煤矿业。那些矿工面临这么一个局面：他们在两年内卖不出煤炭。由此引发了大规模的失业和不满，以爆发内战作为结束。在这场内战中（比佛朗哥将军早了三十年！）那些上层阶级得到了外国的援助。他们获得胜利后，废除了工会，建立起"强势"的非国会政体——换句话说，一个我们现在称之为法西斯的政体。这本书的基调是善意的，至少做到了在那个时代最大程度的善意。但那种思维倾向是明确无疑的。

为什么像厄尼斯特·布拉玛这么一个正派善良的作家会认为镇压无产阶级是一件好事呢？那正是一个挣扎中的阶级感到它的行为准则和生活方式而不是经济地位受到威胁时所作出的反应。在另一位名气更大的作家乔治·基辛那里你可以看到同样的对于工人阶级纯粹的敌意。时代和希特勒教会了中产阶级很多东西，或许他们再也不会和他们的压迫者站在同一阵营，与他们天然的盟友为敌。但是，他们会不会这么做在部分程度上取决于他们受到怎样的对待，还有某些社会主义宣传不够明智，它总是轻视"小资产阶级"，要负起相当大的责任。

评保罗·萨菲尔公爵夫人的《波兰介绍》[①]

我们已经在悬崖边上生活了七年，但直到不久前大部分人才注意到这一点；因此，这本书所体现的幻灭感，那种坐在一个阴风阵阵的地方等候着可怕的事情发生的感觉，从某种程度上说是事后的感觉。即使在 1933 年的波兰，社会秩序应该还比较稳定。作者提供了许多证据表明直到最后的灾难发生前不久，"体面"的波兰舆论仍然视希特勒为友人。

虽然萨菲尔公爵夫人的故事是一部自传，她并没有讲述很多关于自己的事情，也没有解释她嫁给一个比她矮几寸而且语言完全不通的波兰公爵的动机。她只是写到他们俩曾一同在巴黎求学，经过十年后，两人都结过婚离过婚，再度相逢，突然间不顾家人的反对就结婚了。之后的内容就成了一个从小到大相信个人自由和人性本善的现代美国女性要让自己适应一个天主教和封建主义环境的斗争。当然，有许多内容让人想起沙皇时代的俄国小说。在庞大的贵族阶层里，每个人都和其他人有关系，无休止的晚宴、攀比、乘雪橇、捕狼——戈林元帅曾到萨菲尔公爵的庄园打猎，但一无所获，不过知道他的来意的农民们乖觉地献上了一头死狼——还有那些封建式的家人般的老仆人。与这些夹杂在一

[①] 刊于 1940 年 7 月 13 日《新政治家与国家》。保罗·萨菲尔公爵夫人（Princess Paul Sapieha，生卒时间不详），一个嫁给波兰公爵的美国女人，代表作有《波兰介绍》、《波兰的教训》等。

起的是波兰生活的另一面，自1918年后蓬勃发展的大规模工业和反动资本主义体制下失业的惨状。但是，直到1939年一切都还很好。然后，萨菲尔公爵突然匆忙回到家里，找出他的军装，那套军装自从抗击布尔什维克党的战争之后他就再也没有穿过。"俄国和德国已经签署了和约。一切都完了。"果然，一切都完了。几个星期后，公爵夫人和她的孩子们混在难民里，越过罗马尼亚边境，城堡被罗马尼亚农民洗劫一空，公爵不知所踪，或许是死于战斗中。

关于捷克斯洛伐克和西班牙的书籍有很多，但关于波兰的书则不是很多，这本书再一次勾起了小国的存亡这个痛苦的问题。事实上，我看到一份左翼报纸对它的评论有这么一则标题：《法西斯波兰不配存在下去》，隐含的意思是独立的波兰的情况如此糟糕，希特勒建立的赤裸裸的奴隶制倒还好一些。像这样的想法在战争爆发后到1940年6月之间无疑很普遍。在人民阵线时期，左翼思想一心想要推翻凡尔赛条约的体系，但苏德条约颠覆了过去几年来的"反法西斯"正统思想。而且认为波兰和纳粹德国"同样卑劣"成为一种时尚。事实上，如果萨菲尔公爵夫人的描写是真实的，波兰并不是那么卑劣。过去几个星期来的事件已经澄清了几个错误的观念。首先，希特勒自称是穷苦百姓的朋友，在和"西方寡头垄断政权"进行斗争，但当你看到在法国是什么样的人和他合作时，这番话就不足为信了。而且，在战争的僵持时期，有人说波兰的崩溃如此之快证明它已经腐朽透顶。但事实上，在寡不敌众的情况下，波兰军队抵抗的时间并不比法国军队短，而且波兰在战争中没有改变立场。事实上，这个有三千万人口的国家有着抗击帝国和沙皇的悠久传统，在独立主权国家的世界里值得有一席之地。和捷克人一样，波兰人将会再度屹立，但古老的封建生活、城堡领地里的私人教堂和由男爵的义弟担任猎场看守都会一去不复返。

评伊利亚·伊尔夫与尤金·佩特洛夫的《屁股下的钻石》（伊丽莎白·希尔与多利斯·穆迪译本）、路易斯·布罗姆菲尔德的《孟买之夜》、埃里克·奈特的《让我们为祖国祈祷》、埃塞尔·曼宁的《在露珠中翻滚》、亚瑟·乔治·斯特里特的《耕田的恶棍》、查尔斯·约翰·卡特克里夫·莱特·海恩的《凯特尔船长的冒险》、《小个子红发船长》、《凯特尔船长》、《凯特尔船长的新冒险》[①]

大概是在十年前，有一本非常有趣而且略带讽刺的苏俄小说，名叫《小金牛犊》。卢纳察斯基[②]为它写了一篇语带贬斥的序

[①] 刊于 1940 年 8 月 9 日《论坛报》。伊利亚·伊尔夫（Ilya Ilf）和尤金·佩特洛夫（Eugene Petro）是伊利亚·阿诺尔多维奇·菲恩兹博（Ilya Arnoldovich Faynzilberg, 1897—1947）和伊弗格尼·佩特洛维奇·卡塔伊夫（Evgeny Petrovich Kataev, 1903—1942）的合作笔名，代表作有《纯粹的灵魂》、《一千零一日》等。路易斯·布罗姆菲尔德（Louis Bromfield, 1896—1956），美国作家，曾获普利策奖，代表作有《早秋》、《当代英雄》等。埃里克·奥斯瓦尔德·莫布雷·奈特（Eric Oswald Mowbray Knight, 1897—1943），英国作家，代表作有《这是最重要的事情》、《拉西归家记》等。埃塞尔·埃迪丝·曼宁（Ethel Edith Mannin, 1900—1984），英国女作家，代表作有《达特摩尔的夕阳》、《妇女与革命》等。亚瑟·乔治·斯特里特（Arthur George Street, 1892—1966），英国农民、作家，代表作有《农民的荣耀》、《祖国》等。查尔斯·约翰·卡特克里夫·莱特·海恩（Charles John Cutcliffe Wright Hyne, 1866—1944），英国作家，代表作有《失落的大陆：亚特兰提斯》、《凯特尔船长系列》等。

[②] 安纳托利·瓦斯利耶维奇·卢纳察斯基（Anatoly Vasilyevich （转下页）

文，他无法确定幽默在无产阶级文学里是否有一席之地。他说大笑的功能是消灭暴君，但假如暴君都已经被消灭了呢？在一个完美的社会里不应该有值得嘲笑的东西。那是很久之前的事情了，当时正值新经济政策时期，乌克兰的饥荒和大清洗还没有发生。《屁股下的钻石》似乎成书于同一时间。在那时之后，俄国发生了许多大事，有好事也有坏事，站在局外人的角度判断，你必须承认可笑的事情没有那么多了。因此，这个精彩的故事，介乎十八世纪的流浪故事和罗伯森·赫尔①的闹剧之间，已经在部分程度上成为那个时代的遗篇。

故事的情节是这样的：一位资产阶级绅士在革命中死里逃生——他曾经是"贵族元帅"，无论这个称号有什么含义——在政府里找到一份工作。他发现他的岳母临终前在革命时期将她的珠宝藏在了一张扶手椅的座位里。一个利用信众的忏悔为自己谋利的乡村牧师也发现了这个秘密。两人开始寻找这张失踪的椅子，两人都想着蒙骗对方。不幸的是，款式一模一样的椅子有十二张，散布于俄国的各个地方。或许你可以想象接下来的一系列冒险会是什么情景。

那个可怜的资产阶级绅士名叫希波莱特，与一个残暴的恶棍相遇，那个恶棍如果在西方的话要么会是武器走私犯，要么会是诈骗犯，他认为革命是他实施骗局的好机会。比方说，当他想要捞上几百卢布作为旅途费用时，他会诱骗几个商人卷入纯属子虚

（接上页）Lunacharsky，1875—1933），俄国革命家，与列宁、托洛茨基是革命同志，苏维埃政权建立后曾担任教育部长，代表作有《革命的背影》和一系列关于俄国沙皇时代作家的评论。

① 约翰·罗伯森·赫尔(John Robertson Hare，1891—1979)，英国演员，以出演舞台滑稽闹剧而成名。

乌有的沙皇的阴谋，然后以威胁要向秘密警察告发他们实施勒索。椅子被一张张地找到，但没有一张里面藏有钻石。那个牧师阴差阳错之下去寻找一套不同款式的椅子，死在高加索地区的一座山上。最后，希波莱特吃了一番苦头后变得心肠狠毒，在第十二张椅子就快被找到的时候突然谋杀了他那个恶棍同伴。但是，呜呼哀哉！第十二张椅子里也没有那些钻石。不久前它们就被找到并卖掉了，卖得的钱为铁路工人建了一座像样的俱乐部。这个结局弥漫着一股美好的社会主义道德的味道。

这本小说最突出的特征是，或许因为它写于 1928 年，当时的社会气氛与沙皇时代很相似。当然，故事的情节属于新经济政策时期，与现在的经济体制格格不入。但是，虽然从那以后发生了许多改变，能读到一则关于现代俄国的心平气和的故事让人觉得很心安。事实上，一百个人中，有九十九个人会认为俄国意味着大清洗和秘密监狱。我们的本地共产党员一直在努力地让人们觉得情况就是这样，因为他们自己很享受追捕异端。他们使得人们相信俄国是这么一个地方：最小的"行为偏差"也会立刻招致惩罚，一颗子弹会射进你的后脑。

在现实中这并不是全部真相，而这本小说就告诉了人们这一点。由于这一点和这本书自身的价值，它值得一读。

以印度为题材而不至于彻底不堪的小说如此之少，《孟买之夜》值得一读，但如果它是关于其它任何题材，它只是一本再平庸不过的作品。它描写了印度不为人知的另一面：大都市的有产阶层、欧化的王公贵族、信奉拜火教的商人、犹太人和亚美尼亚人放高利贷者和昂贵的头牌妓女交织在一起，还有地位更高的英国商人圈子。看看他们这帮人！除了一个角色，一位当医生的传教士，卷入了这个圈子，故事里的每个人都在酗酒、通奸、玩赌注极高的牌局或实施某个骗局。

但是，这么一个社会无疑存在于印度，而且在它很快被横扫一空之前值得记录下来。但我发现女主角的蜕变根本令人难以置信：一个曾在马戏团呆过的女孩，喜欢香槟和钻石，开始了人生新的篇章，嫁给了那个传教士，并和他到疾病肆虐的乡村行医，用哥罗丁对抗高温和蚊蝇。

《让我们为祖国祈祷》是一本友善而细致的小说，关于两场战争之间苦难的年头里约克郡煤矿区的情况。

《在露珠中翻滚》是一本亢奋的、对"开明"社会的禁酒和素食主义者的讽刺。书里描绘了天体主义者、高端的思想者和灵媒团体的充满魅力的图景，这些人在瑞士山区靠喝羊奶和吃米糠为生。讽刺这些人似乎就像朝一只坐着的兔子开枪，但事实上他们的数目如此之多——或者说，由于他们在不知疲倦地布道，他们让自己显得数量如此之多——时不时发起反击是可以理解的。他们对社会主义造成了很大的危害，让人们觉得社会主义者都是以吃坚果为生，穿拖鞋或滴酒不沾。

《耕田的恶棍》是一则荒唐但讲述得很美妙的故事。一个年轻人为一个身份尊贵的销赃者充当中间人，伪装成英国南部的一个牲畜贩子，目的是为了有不在场证明。他对农业很有认识和天赋，到最后，他告别了犯罪，满怀热情从事畜牧业，被任命为太平绅士。如果你能忍受这个离奇的情节，这本书还是很有可读性的。

我在这里承认这四本凯特尔船长系列作品我只读过一本（《小个子红发船长》）。但我猜想我在很久以前就读过大部分故事内容了，在爱德华国王（七世）统治这个国家的美妙的旧时光里，那时候夫人小姐们还穿着及地的长裙。长着红胡子的枪法如神的凯特尔船长，以无情的手段处置叛变的船员，在船上亵渎神明，到了岸上却十分虔诚。他并不能和人猿泰山或神探福尔摩斯相提并论，但仍然是一个值得怀念的角色。

这些书写于九十年代，除了讲述优秀的冒险故事之外，还带着时代的特征。它们讲述了一个还有许多地方有待探索的世界，货品靠摇摇晃晃的小船运送，工作和生活条件极其恶劣，只有靠踢打和手枪才能让水手们干活。凯特尔船长是一个残暴的人，但人们在当时似乎并不这么认为，要不是他和像他那样的人，世界贸易或许根本无从发展。

查尔斯·里德[1]

　　自从查尔斯·里德的作品发行了廉价版后,你可以认为他仍然会有追随者,但很少会看到有人主动去阅读他的作品。对于大部分人来说,他的名字似乎最多唤醒的是学校放假时布置了阅读《修道院与壁炉》这个作业的模糊回忆。对他来说,因为这么一部作品而被记住真是不幸;就像马克·吐温一样,由于电影的影响,人们对他的记忆主要就是《亚瑟王宫中的扬基佬》。里德写过几本很沉闷的书,《修道院与壁炉》就是其中之一。但他也写过三本我个人认为将比梅雷迪斯和乔治·艾略特[2]的全部作品流传更加久远的小说,此外还有几个很不错的中篇,例如《百事通先生》和《一个盗贼的自传》。

　　里德的吸引力是什么呢?说到底那是你在理查德·奥斯汀·弗里曼[3]的侦探小说或海军上校古尔德[4]的志怪搜奇里面所找到的同样的魅力——无用的知识的魅力。里德是那种你或许会称为"一便士百科全书"式的人物。他知道许多不成体系的信息,而

---

① 刊于 1940 年 8 月 17 日《新政治家与国家报》。
② 玛丽·安妮·伊文斯(Mary AnnEvans, 1819—1880),笔名乔治·艾略特 (George Eliot),英国女作家、记者,代表作有《亚当·贝德》、《弗罗斯河上的磨坊》等。
③ 理查德·奥斯汀·弗里曼(Richard Austin Freeman, 1862—1943),英国作家,代表作有侦探小说《桑戴克博士》系列、《社会的腐朽与重生》等。
④ 鲁伯特·托马斯·古尔德(Rupert Thomas Gould, 1890—1948),英国海军军官、作家,代表作有《水蛇座的案件》、《航海时计的历史和发展》等。

生动的描述天赋让他能把它们编排成至少过得去的小说。如果你能从了解日期、名单、目录、详实的细节、过程的描述、古董店的橱窗以及过期的《贸易和集市》中获得快乐，如果你喜欢确切了解一部中世纪的投石车如何运作或一座 1840 年的牢房里有哪些物品，那你一定会喜欢里德。当然，他本人并不是这么看待他的作品的。他为自己的详实准确感到自豪，主要通过新闻剪报的方式撰写他的作品，但他所收集的那些奇奇怪怪的事情从属于他所认为的"创作主旨"，因为他是一个碎片化的社会改革者，对种种丑恶现象如卖血、血汗工厂、私家疯人院、神职人员守贞和紧身蕾丝发起激烈的抨击。

我自己最喜欢的作品一直是《卑鄙游戏》，这本书并没有针对哪个具体的事情发起抨击。和大部分十九世纪的小说一样，《卑鄙游戏》内容很杂，无法对其进行总结，但它的主要故事讲述的是一个名叫罗伯特·潘福德的年轻神职人员，他被不公地判处伪造文件罪，被流放到澳大利亚，乔装打扮后潜逃，由于发生了船难，与女主人公流落一座孤岛。当然，在这方面里德可谓如鱼得水。他是有史以来最适合写孤岛故事的作家。确实，有的孤岛故事要比别的孤岛故事写得差，但只要坚持描写挣扎求存的事实细节，它们都不会差到哪里去。一张船难幸存者的物品清单或许是小说里最能吸引眼球的描写，甚至比审判场面更有吸引力。读完巴兰汀[①]的《珊瑚礁岛》将近三十年后，我仍然记得那三个主角身上的东西（一个望远镜、一条六尺长的鞭绳、一把削笔刀、一枚铜

[①] 罗伯特·迈克尔·巴兰汀（Robert Michael Ballantyne, 1825—1894），苏格兰作家，作品多是迎合青少年的冒险故事，代表作有《食人岛》、《北方的巨人》等。

戒指和一个铁环）。就连《鲁宾逊漂流记》这么一本无趣的书——整本书可谓不堪卒读，没有几个人知道它还有第二部——当它写到鲁宾逊费尽心力做一张桌子、制作陶器和种一茬麦子时，内容还是很有趣的。但是，里德是一位描写孤岛的专家，或者说，他很熟悉当时的地理教科书。而且，他自己就亲身在孤岛上生活过。他绝不会像鲁宾逊那样对发酵面包这么一个简单的问题束手无策；而不像巴兰汀，他知道现代人根本没有钻木取火的本事。

《卑鄙游戏》的男主角和里德笔下的男主角一样，就像是超人。他集英雄、圣人、学者、绅士、运动员、拳击手、航海家、生理学家、植物学家、铁匠和木匠于一身，里德真心以为所有这些本事都是英国的大学教出来的。不消说，一两个月刚过，这位神奇的神职人员就把那座孤岛经营得像是一座伦敦西区的宾馆。甚至在到达孤岛前，那艘破船最后的幸存者在四面敞开的船上就快渴死时，他就展现出非凡的天分，用一个水罐、一个热水瓶和一根管子做出了一个过滤设备。但最能展现他有才的描写是他如何想方设法离开孤岛。他是被悬赏通缉的人，原本留在岛上会很开心，但女主人公海伦·罗尔斯通并不知道他是罪犯，自然而然地渴望离开。她叫罗伯特开动他的"聪明才智"解决这个难题。当然，首先第一个难关就是了解孤岛确切的位置。不过，幸运的是，海伦仍然戴着她的手表，上面显示的是悉尼的时间。罗伯特在地上插了根棍子，通过观察它的影子知道了中午的确切时间，接下来算出经度就是小事一桩了——因为像他这种天纵英才之人知道悉尼的经度是天经地义的事情。同样地，他还能根据植物的类型算出纬度是多少，误差只在一两度之内。但下一个难题是给外面的世界传达信息。罗伯特动了一番脑筋，把海豹的膀胱做成

查尔斯·里德　　0447

一张张薄片，在上面写下信息，墨水是用胭脂虫做成的。他注意到候鸟们总是在这座孤岛上歇脚，于是他认定野鸭是最好的信差，因为每只野鸭迟早都会被开枪打死。他用印度人常用的伎俩抓到了几只野鸭，把信息绑在它们的腿上，然后把它们放生。当然，最后其中一只野鸭飞到一艘船上，这对情人获救了，但到了这里故事还没有讲到一半。接着是无数的情节分支、计策和将计就计、阴谋、胜利和厄运，最后罗伯特被宣判无罪，两人共结连理。

在里德的三部最好的作品《卑鄙游戏》、《夺命金》和《浪子回头》里，如果要说读者只是对技术上的枝末细节感兴趣就有失公允了。他的叙事才华，尤其是他描写激烈动作场面的天赋也非常具有震撼力，而且在连载故事这一层面上，他很擅长编排情节。作为小说家，他很难被严肃地看待，因为他根本不知道何谓人物性格或情节的合理性，但他本人对自己的故事中最荒诞不经的细节深信不疑，这是他的一个优势。和许多维多利亚时代的人一样，他是这么看待自己所描写的生活的：生活就是一系列耸人听闻的情节剧，每一次正义都将获胜。在所有仍然读得下去的十九世纪的小说家里，他或许是唯一完全与自己的时代保持同步的人。因为虽然他离经叛道，但他有"创作主旨"，他渴望揭露不公，但从来没有作出过深刻的批评。除了一些表面的罪恶之外，他看不到功利社会将金钱与美德等同起来、虔诚的百万富翁和奉行埃拉斯都主义①的神职人员等弊病。在《卑鄙游戏》的开头介绍罗伯特·潘福德时，他提到他是一位学者和板球运动员，然后才

---

① 埃拉斯都主义：指德国神学家托马斯·埃拉斯都（Thomas Erastus, 1524—1583）提出的神学理念，认为国家高于教会，宗教应受国家支配。

几乎漫不经心地补充说他是一位牧师，或许没有什么比这更能暴露他内心的想法了。

这并不是说里德的社会良知本身有问题，在几个小的方面他或许对引导公共舆论起到了帮助。在《浪子回头》里他抨击了监狱制度，直到今天或直到不久之前他的意见仍然很有道理。据说他的医疗理论要远远领先于他的时代。他的缺点是没能意识到铁路时代早期的特殊价值观是不会永远持续下去的。当你记起他是温伍德·里德①的哥哥时，你会感到惊讶。尽管温伍德的《人类的牺牲》如今看起来是那么武断而失衡，但这本书展现了惊人的视野广度，或许就是如今非常流行的"理念"未受承认的鼻祖。查尔斯·里德或许写过骨相学、如何做柜子和鲸鱼习性的"纲要"，但没有描写过人类历史。他是一位中产阶级绅士，只是比大部分绅士多了一点良知，一位喜欢科普甚于喜欢古典文学的学者。正因为如此，他是我们所拥有的最好的"逃避文学"作家之一。比方说，《卑鄙游戏》和《夺命金》是送给士兵们忍受驻守战壕的各种苦楚时的好读物。这两本书没有揭露问题，没有真切的"主旨"，只有一个很有天赋的头脑在狭小的范围内进行运作的魔力，让读者完全远离现实生活，就像在下象棋或玩拼图游戏。

---

① 威廉·温伍德·里德(William Winwood Reade，1838—1875)，英国历史学家、探险家，代表作有《人类的牺牲》、《荒岛求生》等。

评马克·宾尼的《大风车》、艾丽卡·曼的《黯淡的灯光》、乔治与韦登·格罗史密斯的《小人物日记》[①]

马克·宾尼是年轻一辈作家中比较有趣的一个人，但在这里"年轻一辈"并不是通常意义上的"六十岁以下"。我敢说他的年纪大约是三十岁。他的有趣之处在于他的局限性：他对其他同龄人深有感触的重大问题完全漠然。

譬如说，他似乎毫无政治意识。意识形态的斗争对他毫无影响。他没有描写现代小说中司空见惯的自由知识分子被极权主义手段摧残的题材，而是为你描绘了由下等人、破落户和臭味相投的一无是处之人构成的世界，对他们来说所有的社会都同样残暴，而且说到底他们都同样没有力量去进行抗争。他的第一本书《下等人》是我们这个时代最好的关于流氓无产阶级的作品。它描述了对社会现状犬儒式的逆来顺受，而这正是罪犯和无赖的特征之一。法律的存在就是为了压迫你，你的存在就是为了犯法，

---

① 刊于 1940 年 8 月 23 日《论坛报》。马克·宾尼（Mark Benney, 1910—1973），英国作家、社会活动家，代表作有《下等人》、《慈善》等。艾丽卡·朱莉亚·海德薇格·曼（Erika Julia Hedwig Mann, 1905—1969），德国女演员、作家，父亲是作家托马斯·曼，代表作有《野蛮人的教育：纳粹党统治下的教育》、《逃避生活》等。乔治·格罗史密斯（George Grossmith, 1847—1912），英国喜剧演员、作家。沃尔特·韦登·格罗史密斯（Walter Weedon Grossmith, 1854—1919），英国作家、剧作家，兄弟共同创作的代表作有《小人物日记》、《海滩上的宝贝》等。

这就是生活的正常秩序，你不会想去反抗它。众所周知，窃贼通常会投票给保守党。感化院和监狱至少有一个好处，那就是拥有大型图书馆，风味独特的监狱文学就此诞生了。当然，它所描写的世界是非理性的，但并不比股票经纪或专利药品贩子的世界更加疯狂。

《大风车》并没有直接描写监狱，但它描写了迟早会进监狱的人。那是伦敦的地下世界，那个由弹珠台、廉价的夜总会和带家具的单人房构成的可怕的世界，在那里运动、犯罪、卖淫、行乞和报业都交织在一起。书名就让你感觉到那种气氛。风车指的是有时候仍能在过时的灌溉站或荒凉的"游乐场"看到的那种游乐设施，在轮子上有小小的舱房，付六便士你就能够兜一圈俯瞰屋顶。但是，这是一个特别的大风车，有一种特别的功能。那些舱房的门上没有窗户，而且这个大风车转一圈需要十分钟，因此，它被当成了方便的临时妓院，为老板带来了丰厚的利润——各种犯罪、勒索和堕落的故事层出不穷，有几个还很感人。

它的突出特征就是接受了流氓无产阶级的思想，认为告密、拉皮条、八便士的寄宿旅馆、患脑病的拳击手和种族仇恨就像金字塔一样是永恒不变的。或许重要的一点是，这个故事发生于1933年，那是有思想的英国人可以不去关注欧洲的最后一个年头。伦敦的地下世界，或像它所描写的地下世界，并不会长久地持续下去。它属于资本主义时代的末期，这个社会先是漠视了你，然后迫害你，但它至少让你活下来。即将到来的新社会要么会杀了你，要么会把你搞定。不知道像马克·宾尼这样的人能否适应这个时代，但他通过描写他所了解的生活，而不是他应该过的生活，已经写出了两三本值得关注的作品。

《黯淡的灯光》几乎是《大风车》的对立面。它是一本宗旨明确的小说——但事实上它并不是一本小说，而是一系列素描和短篇，所有的内容都在讲述德国的一座小镇和希特勒上台后小镇发生的事情。无消说，它记录了谎言、恐怖和荒谬。纳粹德国的生活真的这么糟糕吗？是的，它无疑就像书里所描写的那么糟糕。

但是，它真的坏得如此明显吗？正是在这一点上你看到了大部分出版于 1939 年之前的和许多现在出版的"反法西斯"作品的缺点，无论是虚构还是非虚构作品。它们将纳粹主义写成明确无疑的骗局，而且是无法忍受的暴政，人民群众在与它进行抗争。几乎所有左翼书社的出版作品都是遵循这一路数。而像现在正在上演的克里福德·奥德兹[①]的《直到我死去的那天》等戏剧作品和里德[②]的《疯人院》也是这样。他们描绘了一幅难以言状的画面，没有哪个清醒理智的人能够接受它。

但是，日益明显的事实是德国人民确实接受了希特勒，我们正为过去夸张的描写付出沉重的代价，因为它的效果是传播纳粹德国绝对经不起战争冲击的误解。《黯淡的灯光》里的部分描写确实很悲惨，而且大部分描写或许很贴近现实生活，但或许眼下我们已经听够了关于集中营和迫害犹太人的事情。一本能够告诉我们为什么希特勒得到支持和当一个纳粹分子是什么样的感觉的书会更有实际意义。

《小人物的日记》的主人公查尔斯·普特——如果他能够被称

---

① 克里福德·奥德兹(Clifford Odets, 1906—1963)，美国剧作家、演员，代表作有《直至我死去的那天》、《金童》等。
② 亨利·里德(Henry Reed, 1914—1986)，英国记者、诗人，代表作有《战争的教训》、《水手的港湾》等。

为主人公的话——白痴程度介于十九世纪四十年代的《潘趣》和今天的罗伯森·赫尔的闹剧这两者中间——当然，这考虑到了不同时代的差异。所有这些角色都带有家族的相似特征。他们是滑稽的堂吉诃德，有善良温柔的灵魂，总是遭受本不应该发生的灾难。给罗伯森·赫尔蓄上两边鬓须，穿上法袍，戴上烟囱帽，让他在 1893 年住进霍洛威（那个时候相当于如今的温布尔登）的半独立屋，你就得到一个很像普特先生的人物了。或许住在郊区的白痴的黄金年代要稍晚一些，那是巴里·佩恩①和佩特·里奇②的年代，但普特是一个非常好的例子。这本书值得重印，特别是它配的那些插图。它是现有最好的床头读物之一。

如果人人丛书想要发掘十九世纪九十年代那些二流的小说，我建议去重印久负盛名的《粉红报》的"投手"亚瑟·莫里斯·宾斯泰德③的作品（或许是《高尔的随笔》）。人有时候必须逃离他们的环境，而马毛裙撑和二轮轻便马车的遥远世界要比最新的好莱坞黑帮电影更加令人耳目一新。

---

① 巴里·埃里克·奥德尔·佩恩（Barry Eric Odell Pain, 1864—1928），英国作家、记者、诗人，擅长创作幽默故事，代表作有《百重门》、《看不见的影子》等。
② 威廉·佩特·里奇（William Pett Ridge, 1859—1930），英国作家，代表作有《聪明的妻子》、《国家之子》等。
③ 亚瑟·莫里斯·宾斯泰德（Arthur Morris Binstead, 1861—1914），英国作家，代表作有《高尔的随笔》、《投手》等。

评《1640年：英国革命》，编辑克里斯朵夫·希尔^①

————————————

  劳伦斯与维索特出版社^②出版一本关于英国内战的书这件事本身就提前让你知道它会对战争作出怎样的解读。阅读它的主要乐趣是了解"唯物主义"方法有多么庸俗或有多么微妙。显然，马克思主义对内战的解读一定是它代表了新兴的资本主义和阻碍进步的封建主义之间的斗争，而事实的确如此。但是，人们不会为了名为资本主义或封建主义的事物而死，他们会为了名为自由或忠诚的事物而死，漠视一组动机与漠视另一组动机同样都会让人步入歧途。但是，这本书的作者们真的忽略了这一点。在第一篇文章的开头有这么一段熟悉的话：

  人们所说所写都是宗教的语言这一事实并不能阻止我们意识到在貌似纯粹的神学理念下隐藏着社会性的内容。每一个阶级都在创造并希望推广最适合它自己的需要和利益的宗教思想。而真正的斗争是在这些阶级利益之间进行的。这并不是否定"清教徒的革命"是宗教斗争而不是政治斗争，但

————————————

① 刊于 1940 年 8 月 24 日《新政治家与国家报》。约翰·爱德华·克里斯朵夫·希尔(John Edward Christopher Hill, 1912—2003)，英国马克思主义历史学家、作家，代表作有《英国革命》、《宗教与政治》等。
② 劳伦斯与维索特出版社(Lawrence & Wishart)，创建于 1936 年，英国著名的左翼出版社，与英国共产党有密切的合作。

它绝不仅仅只是宗教斗争。

　　这本书的第三篇文章是埃德格尔·里克沃德[①]先生写的，内容是对米尔顿的评论，他被形容为"革命知识分子"，其主要身份是一个宣传作家，在 31 页的文章里，关于《失乐园》与《复乐园》只用了不到一句话提及。三篇文章中最有趣的一篇是玛格丽特·詹姆斯[②]小姐写的，内容是十七世纪中期的唯物主义社会分析。和后来的革命一样，英国革命有失败的左派，他们走在时代的前头，当他们帮助新的统治阶级获得权力后就被抛弃了。遗憾的是，詹姆斯小姐没有将十七世纪的情形与现在的情形进行比较。无疑，这个类比是成立的，虽然从正统的马克思主义角度去看，后来那些相当于掘土派和平权主义者[③]的人都是不可以提及的禁忌。

[①] 约翰·埃德格尔·里克沃德(John Edgell Rickword，1898—1982)，英国诗人、记者，共产党员，《向天使祈祷》、《文学与社会》等。

[②] 玛格丽特·詹姆斯(Margaret James)，情况不详。

[③] 掘土派和平权主义者(diggers and levellers)，指十七世纪英国追求社会公义和平等的左翼人士，掘土派的思想理念更为左倾，要求均分土地，让人民自由耕种，后来遭到克伦威尔的镇压。

评弗朗西斯·威廉姆斯的《革命战争》^①

　　威廉姆斯先生是逐渐涌现的军人的声音中的一个，他们意识到在旧的口号"国王与祖国"的引导下，这场战争是打不下去的，因为我们的获胜机会在于我们认识到它的本质是什么：一场内战。时间因素是至关重要的，一切取决于我们能否在为时已晚之前将这个理念传播给足够多的人，而威廉姆斯先生的书应该朝这个方向做出了有益的工作。

　　在开篇里他详细地讲述了民主与独裁体制或任何形式的暴政的对抗是比较新颖的信条。这个观点很有价值，因为苏德条约以及因此而产生的德国新的宣传方针混淆了在西班牙内战时原本很清晰的事情：法西斯主义的本质是反动而落后的这一事实。在本质上，它是过去对未来的反扑。但这个事实可以在很长的时间里不被发觉，因为纳粹分子作出了一个重要的心理学发现——他们已经将它付诸实践——那就是，只要你告诉人们他们想要听到的事情，进行自相矛盾的政策宣传是不会有问题的。在讲述法国沦陷的那一章里，威廉姆斯先生详细地对这个问题进行了补充说明。纳粹分子在法国进行了最大规模的宣传工作。他们赢得了工业巨头、持保守思想的军官阶层、农民和一部分城镇工人的支

---

　　① 刊于 1940 年 9 月《劳动者服务公告》。爱德华·弗朗西斯·威廉姆斯（Edward Francis Williams，1903—1970），英国编辑，曾担任英国首相艾特礼的顾问和英国广播公司的主管。

持，对他们许以完全自相矛盾的承诺，但这些承诺满足了各个阶层的愿望。但是，第三共和国的覆灭最终澄清了真相，并掀开了希特勒的宣传的伪装。那些真的想要投降并从中捞点好处的人不是希特勒信誓旦旦要与之为友的工人，而是银行家、老糊涂的将军和卑鄙无耻的右翼政客。正如威廉姆斯先生所指出的，和法国一样，英国也存在着同样的矛盾，虽然英国的团结更加真实，但如果在漫长的战争中社会不公一直持续下去的话，我们的作战能力将会以同样的方式遭到削弱。

结论就是，我们只能通过实现真正的民主来保证自身的安全，并从现在开始就尽最大的努力放弃帝国主义剥削。在第四章里，威廉姆斯先生阐述了德国人的"理由"，并列举了希特勒统一欧洲的计划——这个计划意味着建立种姓社会，以日耳曼人为统治阶级，被征服的欧洲各国沦为奴隶。他说得很对，我们不能以为欧洲人民会自发反抗这个计划。它至少为他们提供了低水平但安稳的生活，而且希特勒在德国的成功本身就表明许多人渴望安全甚于渴望自由。他们愿不愿意像接受本国的统治者那样接受外国的统治者，甘心自己沦落到半奴隶的地位则尚未可知——威廉姆斯先生没有谈到这个问题。更迫切的问题是希特勒在美洲的宣传。由于英国的封锁，南美的食物生产商失去了市场，与此同时，被征服的欧洲人口陷入了饥荒。显然，德国的宣传将把罪责推到英国身上，而同样明显的是，现在掌权的那些人将无法作出有效的回应。就欧洲人口而言，我们别无选择，只要希特勒仍然掌控着那些领土，我们就只能继续实施封锁，但我们必须为美洲找到新的市场去满足他们，而新的市场或许就是印度和非洲。这意味着重新分配贸易，在当前的私有资本主义体制下，根本无法做到这一点。无论你朝哪个方向张望，无论是最广泛的世界战略问题还是最细微的本土防御问题，你都能看出除非打破当前的统治阶级的支配，否则真正的战争努力根本无从谈起。

如果说威廉姆斯先生的书有缺陷的话，那就是它过分地从意识形态的角度进行分析，而军事角度的分析稍显不足。确实，除非我们建立社会主义民主体制，否则我们无法争取到欧洲人民，但同样可以肯定的是，只有政治改革也无法为我们赢得盟友。我们必须比希特勒更强大，在道德上占领更高的制高点。但是，我们必须进行一场精神革命，认识到社会主义的需要，而革命的基础已经存在了。近二十年来，英国的人们第一次准备好了革命的变革。但他们需要被推动，像威廉姆斯先生的这本书这样的作品越多，他们就会更快地作出反应。

评撒切维尔·西特韦尔的《闹鬼》①

　　根据报纸的记载，闹鬼的事情经常发生，但只有少数几宗闹鬼得到彻底的调查，因为大体上，它们不会在陌生人面前"闹事"。不过，有几宗可以确认真有其事的闹鬼事件——西特韦尔先生详细描述了最为人所熟知的四宗，除此之外还有几宗——表明闹鬼并不是寻常意义上的空想。

　　这些事件总是非常相似：有一系列歹毒恐怖的恶作剧，总是带有诲淫诲盗的意味。餐具被打烂，东西在空中以不可思议的方式飞舞，有激烈的响声，时而有剧烈的爆炸和震耳欲聋的铃声。而且，有时候还有神秘的说话声和动物的幻象。虽然也有例外，但在许多事件里，家里会出现一个年轻人，经常是正值妙龄的少女，她就是灵媒。大体上，她总是会被抓到，并承认就是她在作祟，然后闹鬼就平息了。但事情并不像表面所反映的那么简单。首先，有的闹鬼事件似乎不是在装神弄鬼，而在其它闹鬼事件里，灵媒似乎是在他或她的"灵力"开始衰弱后才装神弄鬼的。但在所有的闹鬼事件中最令人惊讶的事情是即使那些灵媒是在装神弄鬼，他们似乎也拥有他们本不应有的能力。他们有高超的杂

---

① 刊于 1940 年 9 月《地平线》。撒切维尔·西特韦尔（Sacheverell Sitwell，1897—1988），英国作家，代表作有《哥特时代的欧洲》、《阿伽门农的陵墓》等，他的姐姐埃迪丝·西特韦尔（Edith Sitwell，1887—1964）与哥哥奥斯波特·西特韦尔（Osbert Sitwell，1892—1969）也都在英国文坛享有一定名气，姐弟三人并称为"西特韦尔诗派"（the Sitwell School）。

耍技艺。比方说，那些神秘的说话声显然是腹语术，这可不比学走钢丝容易。在几宗闹鬼事件里，骚扰一直持续了好几年，没有人被抓到。

对灵异现象有三种解释。一种解释是，真的有"鬼"。一种解释是催眠和幻觉。还有一种解释是装神弄鬼。没有哪个理性的人会接受第一种解释，而有大量的证据能够证明第三种解释。比方说，霍迪尼①热衷于证明所有的灵异现象都可以捏造出来，在他的传记里还提供了一些细节。西特韦尔先生认为所有的闹鬼现象都是人在搞鬼，无论是有意识的还是无意识的，但正如他所指出的，有趣的事情才刚刚开始。鬼一点儿也不有趣，精神的错乱才有趣。在闹鬼事件里，你会看到家里的某个成员陷入了癫狂，被迫对其他人进行恐怖的恶作剧，而且还展现了恶魔般的隐秘和狡诈。为什么他们会做出这种事情？他们得到了什么快乐？这些问题完全不为人知。同样的事情每隔几个世纪就会再次发生这个事实或许就是一条线索。如果你认为根本没有闹鬼这种事情，一切只是谎言，那么你会遇到一个更加奇怪的心理学上的问题——那么多的家庭集体产生幻觉或串通起来讲述会让他们遭到耻笑的故事。

西特韦尔先生认为这个问题一方面与性的歇斯底里有关，另一方面与巫术有关，在这里幻觉与前基督时代的生育崇拜的残余联系在一起。在臭名昭著的女巫安息日里，巫女与魔鬼苟合或许是通过自我暗示和药物作用而产生的梦境。据西特韦尔先生所

---

① 哈利·霍迪尼（Harry Houdini，1874—1926），匈牙利裔美国魔术师，擅长表演绝境求生。

说，她们坐上扫帚之前往身上涂抹的药膏现在被证明含有药物成分，能让一个睡着的人产生正在飞翔的幻觉。直到最近巫术才得到了严肃的研究，因为直到最近对它的"超自然"解释才被最终否定了。闹鬼也是如此，只要它被认为是真正的幽灵或老虔婆的故事，真相就无从得知。或许它两样都不是，而是一种罕见而有趣的精神错乱的形式。当它被进一步分析时，或许就像招魂术一样，我们可以更加了解幻觉和群体心理学。

评厄普顿·辛克莱尔的《世界的尽头》、菲利丝·博顿的《面具与脸庞》、保罗·杜克斯爵士的《盖世太保传》 [①]

我一直没办法确认厄普顿·辛克莱尔先生到底是一位优秀的小说家还是一位糟糕的小说家,因为多年来我一直在阅读他的作品,如果我说我从他的小说里和从其他人的作品里得到了同样的快乐,这个问题似乎就已经得到了回答。但说到底,小说是什么呢?《汤姆·琼斯》、《儿子与情人》、《绅士爱金发美女》、《人猿泰山》都被归为小说,这本身就足以表明这个文学类别的内涵是多么模糊。

辛克莱尔先生的作品虽然被归为小说,实际上它们是宣传册,一种旧式的宗教宣传册的社会文学变体,在年轻人步入沉沦之际听到一篇振聋发聩的布道,从此不再去碰比可可更刺激的东西。这些作品之所以拥有文学魅力,是因为它们的作者相信它们,当然不是因为它们展现了任何对于真实生活的了解或任何意义的角色塑造。辛克莱尔先生的情况就是这样。他就像希伯莱的先知,知道这个世界充满了邪恶,而他深邃的情感赋予了一系列冗长的布道

---

① 刊于 1940 年 9 月 13 日《论坛报》。菲利丝·福布斯·丹妮丝(Phyllis Forbes Dennis, 1884—1963),英国女作家,笔名是菲利丝·博顿(Phyllis Bottome),代表作有《黑塔》、《危险信号》等。保罗·亨利·杜克斯(Sir Paul Henry Dukes, 1889—1967),英国军情六处军官,代表作有《秘门》、《盖世太保传》。

以生命力，它们以故事的形式讲述，或许是得不偿失的事情。

他在不同的年代写了不同的"揭露作品"：采煤业、屠宰业、石油贸易和别的行业，但我不记得了。这一次，在《世界的尽头》里，他要揭露的是军火贸易。当你知道主人公兰尼·巴德，一个才华横溢心地善良的美国少年，靠着父亲从事机关枪、手雷和其它杀人工具的贸易挣得的利润在最文雅的欧洲上流社会长大，你应该就知道这个故事了。因为在这个故事里，就像辛克莱尔先生的所有作品一样，没有任何严格意义上的情节，只是揭示一个社会主题和一个人的意识逐渐觉醒，到最后一章他就会投身社会主义。

但是，辛克莱尔先生的精彩描写在于他讲述的事实。他或许是我们这个时代揭露罪恶最多的作家，而且你可以肯定他说的就是真相，甚至只是真相的一部分。我毫不怀疑书中对巴西尔·扎哈罗夫①爵士和其他人（书里写的是真人真事）赤裸裸的欺诈与无所顾忌地贩卖战争等行为的描写是真实而准确的。迄今为止，没有人能够对辛克莱尔先生提出成功的诽谤诉讼——当你考虑到他所作出的指控后，你就会了解到当今社会的情形。

至于他对资本主义的控诉能否对那些已经信奉社会主义的人之外的群体达到效果则是另一个问题了。他最好的早期作品之一《丛林》揭露了芝加哥屠宰业的可怕状况，内容非常有感染力，光是穷苦的欧洲农民被引诱到美国，在工厂里当苦工一直到死的命运本身就是一件值得同情的事情。但这本书所揭露的真相只有一点真正影响了公众的想法——那就是屠宰业的卫生条件和感染

---

① 巴西尔·扎哈罗夫（Basil Zaharoff，1850—1936），土耳其军火商人，由于一战对英国的贡献而被授予爵号。

的尸体总是会被拿去贩卖。工人们的苦难没有引起关注。"我想要打动公众的心，"辛克莱尔后来写道，"但我却击中了腹部。"我不知道《世界的尽头》会触动公众的哪个部位，它所描写的社会阶段已经过去了。但它记录了一些有趣的污言秽语。它是一部好的历史，却是平庸的小说。

博顿小姐的故事写得非常好——书中的第一个故事，对一个以自我为中心的女演员的刻画，或许是以莎拉·贝恩哈特①为原型，写得很美——但和其它短篇小说一样，如今它们似乎小题大做了。其中有一篇故事是美国作家让我们已经习以为常的"惊悚"故事——讲述了一个驯兽师被他最心爱的狮子杀死的故事。要是在一年前它会是一个很恐怖的故事，但在写这篇文章的时候，我正经历轰炸，伦敦东部的整片天空被熊熊的火焰映红了。在这种情况下，逃跑的狮子、芝加哥黑帮什么的很难勾起读者的热情。

另一方面，十九世纪八十年代一位乡村牧师平静的爱情故事或许可以被人接受。《纽约客》最近刊登了一幅漫画，画着一个男人正朝书报摊走去，书报摊上贴满了海报，宣布"北海爆发大型海战"、"法国爆发大规模陆战"等消息。那个男人说道："来本《动作故事》。"直到不久前我们对待小说的态度就是这样，但现在战争杀到了我们家门口，情况或许会发生改变。小说或电影可没有真正发生的事情那么刺激。

《盖世太保传》并不是一部小说。它是一篇真实的故事，讲述了战争爆发前在德国的一次冒险。它是一个非常怪异的故

---

① 莎拉·贝恩哈特（Sarah Bernhardt，1844—1923），法国女演员，在十九世纪七八十年代红极一时。

事，背后有未被解释的动机，或许我们得到将来才能了解全部的真相。

一个有钱的捷克商人为逃到英国进行了准备，然后，在出发之后，他神秘地消失了。保罗·杜克斯爵士受他在英国的朋友所托，对他失踪的原因进行调查。为什么他会接受这么一个奇怪而危险的任务是这个故事的最大的谜团，你会猜想这可能与秘密情报任务有关，现在他不能开口。最后，经过难以置信的一系列谎言和贿赂之后，结局是阴森恐怖的掘尸描写。保罗·杜克斯爵士得出的结论就是，那个捷克商人并不是像每个人所想的那样被盖世太保谋杀了，而是死于一次铁路事故。

这本身是一个蹩脚的结局，但无心插柳的启示则非常有意思。读着这本书的时候，你会对独裁国家的败坏有所了解。在这么一个社会里，说谎成了家常便饭，而且几乎无法相信其他人所说的话会是真相。而且，有趣的是，虽然英国和德国显然即将交战，保罗·杜克斯爵士到处都能得到特别优待，甚至与盖世太保的人员关系很融洽，因为大家都知道他是布尔什维克的敌人。如果战前的德国真像他所描写的那样，苏德条约一定让数十万纳粹党员感到万分惊讶。

纳粹分子在多大程度上在英国的意图上被欺骗了？就像广泛报道的那样，里宾特洛甫宣称英国绝对不会参战，这是真的吗？这个问题非常重要，因为德国人对我们的了解程度取决于他们打败我们的把握。保罗·杜克斯爵士对纳粹分子的心理描写让人觉得很靠谱，而且这本书很有可读性。

评埃曼努尔·米勒的《战争神经官能症》、爱德华·格罗夫的《恐惧与勇气》①

　　这两本书，其中一本记载了由几位调查人员进行的关于战争神经官能症的详细临床研究，另一本则是关于同一主题非常"科普式"的鼓舞士气的演讲，在某种程度上两本书是互补的。《战争神经官能症》的几位作者探讨的是个案历史和使用催眠与药物手段的效果，而格罗夫博士关心的是战争士气，尤其是平民的士气这个更广泛的话题。两本书的不幸是它们成书于现在这波空袭之前，而这场空袭或许动摇了空袭预防措施原本当作依据的心理学设想。

　　《战争神经官能症》所反映的最主要的事实是要区分不同程度的失常很困难。诈病、"弹震症"、脑震荡和常见的胆怯很难去辨别。大部分材料来自 1914 年至 1918 年那场战争，那时候的做法是，除非有明确的身体损伤，否则所有"弹震症"案例都被一视同仁地认为是在诈病。从军事角度看这么做或许是对的，因为如果"弹震症"被视为战斗受伤并成为离开前线的正当理由，大家都知道很快它就会变得更加普遍。因此，医生在战争时期对心理

---

　　① 刊于 1940 年 9 月 14 日《新政治家与国家》。埃曼努尔·米勒（Emanuel Miller, 1893—1970），英国心理学家，著作有《思想如何运作》、《青少年心理学研究》等。爱德华·乔治·格罗夫（Edward George Glover, 1888—1972），英国心理学家，代表作有《战争、虐待狂与和平主义》、《弗洛伊德还是荣格？》

创伤的态度非常冷漠无情。《战争神经官能症》列出的案例表明，右臂突然瘫痪的士兵或许遭受了比怯懦的伪装更复杂的痛苦。许多人的瘫痪或耳聋或种种症状在战争过去多年之后仍然没有痊愈，有时候这些症状会等到病人完全脱离危险之后才出现，背后的原因经常是早前与战争不相干的失常。有一位军官在庆祝他获得英勇勋章的晚宴上突然病倒，然后瘫痪多年。最后人们发现在他作出英勇行为差不多同一时候，他在炮火下拒绝救助一名伤兵。背后的原因是常见的弗洛伊德式的神经官能症，或许它的真正起因是罪恶感。这样的情况显然非常普遍，而且在战争时期无法得到适当的照料。1922 年国防部成立的弹震症调查委员会提出了合理的建议（这本书的附录里提供了摘录），认为许多身体健康的人在精神上不适合参战，应该尽可能提早从军队里除名。但这个建议似乎没有被采纳，除了在英国空军和美国海军之中。陆军依然以每个人都同样勇敢或同样懦弱为指导思想进行征兵工作。无疑，这是民主的做法，但造成了许多不必要的折磨，并影响了作战效率。

《战争神经官能症》的作者描写的是个体，几乎没有去关注战争的社会和政治层面。格罗夫博士超越了个体的层面。开头的几个章节很啰嗦，讲述了间谍狂热、如何在空袭时保持冷静等话题，这时他惊讶地发现自己陷入了对战争目标的讨论，然后热烈地为英国辩护。他这么做无疑是正确的。战争士气与政治密不可分。像英国的正规军这样的雇佣军士兵或许非常勇敢，但那是因为他们所拥有的传统能够代替战争目标。平民士兵必须对他所为之奋战的事物怀有信仰，不然的话他就会陷于崩溃。结论似乎就是：一个国家要成为军事强国，要么必须有一支训练有素的雇佣军，要么有合理的社会体系。格罗夫博士顺带提到在西班牙内战中，"弹震症"的比例很低。这是很有趣的事情，或许值得进一步调查。事实上，在西班牙内战的头一年半，政府军的士兵几乎都怀有强烈的政治信念。而且那段时期政府军这边几乎没有听说有逃兵，而佛朗哥的军队那边则经常有士兵逃跑。对战争神经官能症和战争目标之间的关系的研究或许会比对各种用药在歇斯底里病人身上疗效如何的最详细研究更有成果。

评托马斯·库斯伯特·沃斯利的
《蛮夷与非利士人：民主与公学》①

　　这本书的标题的立意并不是进行谴责。它指的是马修·阿诺德②所区分出的旧式内陆国家贵族阶层的"蛮夷"精神和自 1830 年起就逐渐将他们盖过的金钱资产阶级的"非利士人"精神。英国的大部分公学创建于十九世纪中期，而那些已经存在的公学到了同一时期已经变得面目全非了。掌握了权力的新阶层，自然而然地想要进比汤姆·休斯所描述的玩橄榄球的学校更有文化的地方，经过阿诺德博士和其他改革者的努力，他们实现了这一点。但贵族阶层并没有消失，而是与资产阶级联姻，并深深地影响了他们的生活观，新的学校也随之发生改变。那种"野蛮的"品质固执地体现于对思想的仇恨和对体育的崇拜，而这不是阿诺德所预见到或希望实现的。大英帝国需要行政官员，比起打江山的人，他们的冒险精神没有那么强烈，但更加可靠，这一现实促使公学培养出勇敢、愚蠢而讲究体面的庸才，直到今天他们仍然是公学的典型产品。事实上，自十九世纪八十年代起，这个体制并没有发生明显的改变。

　　沃斯利先生从一位左翼知识分子的角度进行写作，自然对公

---

① 刊于 1940 年 9 月 14 日《时代与潮流》。
② 马修·阿诺德(Matthew Arnold, 1822—1888)，英国诗人、文化批评家，代表作有《文化与无政府状态》、《上帝与圣经》等。

学抱以敌意，但它的批评是否切入肯綮则值得怀疑。大体上说，他的指控是公学里"没有民主"。这无疑是真的。几乎所有这些学校的气氛都有着深深的反动气息。公学里面一百个学生有九十九个会投票给保守党，如果他们能有投票权的话。但这并不是说公学里培养的都是亲法西斯派——而沃斯利先生认为公学里培养的就是亲法西斯派。恰恰相反，英国统治阶级的一个突出特征就是他们根本无法理解法西斯主义，无论是与之战斗还是对其进行模仿，而渗透于公学中的旧派保守主义要对此担负一部分责任。再一次，当他说公学孕育着一种非民主的气氛时，他似乎在说它们没有培养出能适应平等权利、言论自由、思想宽容和国际合作的学生。如果真有这么一个世界呈现在我们面前的话，这番批评是可以成立的。但不幸的是，比起封建制度，那种民主更是注定会以失败而告终。迎接我们的不是一个理性的时代，而是一个轰炸机的时代，沃斯利先生设想中的"民主人士"在这个时代甚至比普通的公学学生情况更糟，后者至少不会被塑造成和平主义者或对国联存有幻想。公学生活有其粗暴的一面，总是蔑视知识分子，但它不失为迎接现实生活的好的训练。问题是，在其它方面，这些学校仍然停留在十九世纪，孕育着特权阶级，当他们面对现实时，他们一定会失去自信。

单单去取笑公学，走比奇康莫①的路线，是没有价值的。这太容易了，而且这是在鞭策一匹死马，或一匹奄奄一息的马，因为大概有三四所公学会在这场战争中倒闭。沃斯利先生对纽波特公

---

① 比奇康莫（Beachcomber），1919 年至 1975 年《每日快报》的专栏《顺便说一句》集体创作的笔名。

学那句著名的校训"传递生命之炬"①嘲笑了一番，但他也提出了有建设性的意见。他认为公学体制的大部分内容适合十六岁以下的男生。到那个年纪为止，男生们可以从忠于团体忠诚、崇尚体育和同志情谊的气氛中获益，对他们造成伤害的是最后两年的教育。他倡导建立一个大学预科的体制，在这些学校里，那种到了十六岁后仍是可施教之材的男生将在相对成熟的氛围里继续接受教育。这场战争，无论它会以什么方式结束，将给我们留下一些教育方面的大问题，当公学最终消失时，我们将看到它们的价值，而这些价值是我们现在看不到的。但这么说仍为时过早，而沃斯利先生对这套陈腐体制的抨击，即使并不能总是做到平心而论，它带来的好处也会大于坏处。

① 原文是"Vitai Lampada"。

评罗伯特·冯·格雷弗斯的《第九军团的兰姆军士》、康斯坦斯·道奇的《麦克拉伦的好运》、塞西尔·斯科特·福雷斯特的《人间乐园》、莫里斯·贝瑟尔·琼斯的《被征服者的觉醒》[1]

当你得为四本历史小说写书评，而只有一本值得被当作一本书严肃对待时，你很难不开始猜想这一类文学作品到底出了什么问题，为什么几乎每一本历史小说，无论作者的意图是什么，都像是拙劣的文字练习，就像聪明的孩子剽窃的冒险故事。

无疑，一个原因是很难相信我们的祖先是像我们一样的人。从乔叟的作品中你就能够体会到这一点，这个困难并不局限于我们这个时代。我们在庄严的场合习惯使用古语，因此，很难想象"请勿多言，你这下流坏子"这句话就像"闭嘴，你这个该死的畜生"一样是自然的俚语。在像哈里森·安斯沃思[2]这种作家的作品里，对话就像咏叹调那样拗口，整本书的基调就像"'当真！'那个壮汉说道"或"他胆怯地拍了拍他的脊梁"。另一件难以置信的

---

① 刊于 1940 年 9 月 21 日《新政治家与国家》。康斯坦斯·道奇（Constance W Dodge），情况不详。塞西尔·斯科特·福雷斯特（Cecil Scott Forester，1899—1966），英国作家、诗人，代表作有《霍雷肖·霍恩布洛尔船长》系列，《纳尔逊》等。莫里斯·贝瑟尔·琼斯（Maurice Bethell Jones），情况不详。

② 威廉·哈里森·安斯沃思（William Harrison Ainsworth，1805—1882），英国作家，代表作有《伦敦塔》、《现代骑士阶层》等。

事情是我们的祖先能有消停的一刻。这个时代要比以前任何一个时代有更多的变故，过去两个星期来落在伦敦的炸药要比过去一百年的战争加起来还要多，但是，大家仍然相信以前比现在更加刺激。这个信念影响了几乎所有的历史小说，就连最好的小说也不例外。历史小说里的每一个角色总是在行动，总是在筹划、打架、逃命、匿藏、捣毁村庄、朝圣或诱拐牧羊人的女儿。没有人似乎有一个温馨的家或一份稳定的工作。

　　经历了许多变迁，这个血腥而激烈的传统一直流传了下来。我的清单里最后三本小说的作者写得很努力——琼斯先生就显得太努力了——想要做到简洁自然，而且写出真实可信的人物，但不知怎地情节变得稀里糊涂，而且出现了许多流血事件。在福特·马多克斯·福特①的《明眸善睐的女士》之后，历史小说似乎有了新的手法。人们认识到过去的生活也有比较轻松的一面，在细节的准确性上无疑有了很大的进步。一个好例子就是马克·吐温的《亚瑟王宫廷里的扬基佬》，这本书是对维多利亚时代哥特风格作品的反抗和对糟糕的旧时代的美国式谩骂，但事实上它与它所抨击的事物非常相似。从中你会觉得整个中世纪，从查理曼大帝到拜占庭帝国的覆灭，都是在同一时间发生的。但丁在写《炼狱》，阿尔弗雷德在烤蛋糕。在城堡的大厅里，刚刚参加完十字军东征的男爵正在几个仆人的伺候下暖脚。宗教法庭的法官正在地下室拔掉阿尔比教徒②的指甲。在阁楼里，宫廷诗人正写完一首叙

---

① 福特·马多克斯·福特（Ford Madox Ford, 1873—1939），英国作家、诗人，代表作有《阿尔斯顿河——伦敦的之魂》、《犯罪的本质》等。
② 阿尔比教派（Albigensianism），中世纪兴盛于法国南部阿尔比城的基督教派别。后被罗马天主教会宣布为异端，遭到宗教裁判所的暴力镇压而最终消亡。

事诗。至少这三本小说的作者并没有犯错。他们都非常了解他们所描写的时代，知道封建领地和三桅帆船的索具，能够描写巫医如何使用草药。但是，他们都无法像描写自己的时代的作家那样写出内容有趣的、关于普通人内心生活的作品。

《人间乐园》虽然内容平淡无奇，却可能是这三本小说中最好的一部。它讲述了哥伦布最后一次航海的故事，还描写了西班牙人所犯下的杀戮，他们认为中美洲的印第安人都只是拥有黄金而且很容易抢夺的异教徒。在一个加泰罗尼亚人的眼中（他是新资产阶级的代表，比同行的卡斯提尔冒险者更有人情味一些）故事的结局甚至有点感人，不是因为故事本身，而是因为当你想到那些灭绝的古代美洲文明时总会感到的愤怒。《麦克拉伦的好运》是一个好故事，如果你能够忍受它的题材，而我承认做不到。虽然它以美国的冒险作为结局，大部分内容却是关于 1745 年起义的。我承认我对于苏格兰，特别是高地人、凯尔特人、苏格兰人生活的浪漫一面怀有成见，但为了避免造成不实的印象，我要说的是道奇小姐还没有把查尔斯·爱德华与邦尼王子爱德华混为一谈。

《被征服者的觉醒》严格来说要比其它书有趣一些，因为正如我上面所提到的，琼斯先生勇敢地尝试摆脱历史小说惯有的毛病，但没有成功。它讲述了诺曼人征服英国的故事，以黑斯廷斯战役[①]作为结束（1066 年的那场，不知道在这本书刊印之前会不会爆发另一场黑斯廷斯战役），以及各种乱糟糟的阴谋和背叛。他努力地写出逼真的内容，并向自己和其他人证明古时候的萨克逊人其实也

---

① 黑斯廷斯战役（The Battle of Hastings），发生于 1066 年 10 月 14 日，对战双方是诺曼底公爵威廉一世与英国国王哈罗德二世。这场战役奠定了诺曼人征服英国的胜势。

是人。琼斯先生插进了几段非常现代的对话，还对那时候司空见惯的谋杀、战斗和通奸进行了"心理学分析"。

> 这是一场典型的女人的复仇，那种直接的报复，原始而简单的颠倒黑白的还击，令不安分的女性的头脑感到快慰……他似乎堕入了梦乡：那时候我依然年轻而充满魅力，爱上了来自东英格兰的一个女孩，我们策马穿过长满雏菊的草地，身上沾满了金凤花……对于我的品味来说，它有点太现代了——和爱德华时代的一切事物一样，太诺曼化了，这块石头太冰冷太没有人情味了。

这段话并不令人觉得可信。读完之后你会觉得一个目不识丁的萨克逊国王，一个豪饮啤酒和擅使战斧的男人，不会真的这么思考和说话。我们的祖先仍然是一个心理学上的谜团。我们无法与他们产生心理上的共鸣，在小说里刻画他们的形象。当他们哈哈大笑拿着匕首以命相搏，却又拥有现代大学毕业生的情感时，让人觉得难以置信。但是，琼斯先生仍然感受到了问题的本质。他或许可以向《萨朗波》学习，这是仅有的几部成功解决这个问题的作品之一。

《第九军团的兰姆军士》的情况就不一样了，但它并不是一部真正的小说，而是一部自传《告别一切》的篇幅很长的脚注。它不仅是一部杰出的战争作品，而且是一部杰出的社会史，那种只有在机缘巧合之下才会出现的作品。它描写了1914年之前的旧式雇佣军——现在已经变了，但还不至于面目全非——只有一个能够随时游走于体制内外的人才写得出来。不幸的是，1914年至

1918 年的事件对格雷弗斯先生造成了深刻的影响，他一直没有办法摆脱那个时代。他的这本书回归了那个时代，以小说的形式讲述了兰姆军士的冒险，他先是在第九军团服役，后来被调到第二十三军团，后来隶属威尔士火枪兵，就是格雷弗斯先生以前所在的军团。他参加过美国独立战争的加拿大战役，与印第安人一起结伴旅行，而且曾被美国人俘虏。因此，格雷弗斯先生写的其实是军团的历史，而不是小说，而且他对十八世纪中期普通士兵的生活进行了详尽而有趣的介绍。鞭刑似乎并没有你想象的那么可怕，除此之外，每天的兵饷是六便士，在那时候应该要比现在的两先令六便士优厚得多。无消说，格雷弗斯先生对珍珠、河狸、异装癖、山毛榉树皮独木舟、怎么割头皮非常了解，能够写出十八世纪的散文而不至于陷入拙劣的模仿。但这本书其实是《告别一切》的点缀，作为对他仍然牵挂的军团的致意，但我敢说，这个军团并不会因为它的军官食堂里曾经出过一位诗人而感到骄傲。

评佩勒姆·格伦威尔·沃德豪斯的《快速服务》、安吉拉·瑟克尔的《幸福突如其来》、奥尔加·罗斯曼尼斯的《乘客名单》、弗兰克·贝克的《哈格里夫斯小姐》、达玛利斯·阿克罗的《一如所惧》①

怀特海德②教授曾经评论说，每一种哲学都带有隐秘的幻想背景的色彩，但那并不是它的正式教条的一部分。显然，这番评论更适合小说，但或许人们没有意识到这句话最适合所有非常低俗的"轻松"小说，那种由埃德加·华莱士和埃塞尔·梅·戴尔这类"天生的"作家信笔写出的东西。在这两个作家身上你会发现他们的故事背后的真正动机是奢迷梦幻的生活，但或许他们从来不会承认这一点。大体上，越低俗的小说家会越彻底地暴露自己，就像那些每天吃早餐时讲述自己做了什么梦的人一样。譬如说，司汤达幻想自己是一位公爵的儿子，但他清楚地知道自己天生的势利心态，不会让它毫无掩饰地暴露在纸上。在他的小说

---

① 刊于 1940 年 10 月 19 日《新政治家和国家报》。安吉拉·玛格丽特·瑟克尔(Angela Margaret Thirkell, 1890—1961)，澳大利亚女作家，代表作有《南十字星座的军队》、《高楼大厦》等。奥尔加·罗斯曼尼斯(Olga L Rosmanith)，情况不详。弗兰克·贝克(Frank Baker, 1908—1982)，英国作家，代表作有《与魔鬼对话》、《亦敌亦友》等。达玛利斯·阿克罗(Damaris Arklow)，情况不详。

② 阿尔弗雷德·诺思·怀特海德(Alfred North Whitehead, 1861—1947)，英国数学家、哲学家，代表作有《数学原理》、《过程与存在》等。

里，势利的动机要么被颠倒过来（《红与黑》），要么以精神贵族的姿态重新出现（《帕尔玛修道院》）。像爱德华·弗雷德里克·本森①、"萨基"②、迈克尔·阿尔伦③这样的作家没有这么隐晦，只会将自恋倾注于纸上，不知道自己在写些什么。结果就是，无论他们是多么蹩脚的小说家，或许他们会是了解他们那个时代的流行幻梦的可靠向导。

除了《一如所惧》这部讽刺作品之外，上面那张清单中的所有作品都可以被归为"轻松小说"，至少有三本带有非常强烈的幻想元素。奇怪的是，虽然有许多人在阅读沃德豪斯先生的作品并崇拜他，他的作品的这个方面似乎从未被研究过。他首先是一位"幻想"作家，一个活在梦中的作家，描绘出他希望生活其中的生活图景。通过他们所写的题材你就知道他们是怎样的人。沃德豪斯先生的作品题材几乎都是不变的爱德华时代的豪宅派对、可笑的仆人、有私产的无所事事的年轻人。这些滑稽的事件背后体现了红利将永远涌进而皇家板球场会比金字塔更长久的生命观。我可以很肯定地告诉沃德豪斯先生的崇拜者，《快速服务》是一部布兰丁斯城堡④式的作品。里面有常见的别墅、高大威严的管家、错综复杂的情节，没有犯罪前科的人会干起偷鸡摸狗的勾当、美国百万富翁和大团圆结局。里面的修辞（"他甚至能从土豆泥里套

---

① 爱德华·弗雷德里克·本森（Edward Frederic Benson，1867—1940），英国作家、考古学家，代表作有《痛苦的天使》、《露西亚》系列等。
② 萨基（Saki）是英国作家赫克托·休·芒罗（Hector Hugh Munro，1870—1916）的笔名，代表作有《和平的玩具》、《讲故事的人》等。
③ 迈克尔·阿尔伦（Michael Arlen，1895—1956），亚美尼亚裔英国作家，代表作有《飞翔的荷兰人号》、《伦敦历险记》等。
④ 布兰丁斯城堡（Blandings Castle），沃德豪斯的作品中反复出现的一个虚构地点。

出话来"）很有水平。但最值得注意的，正如沃德豪斯先生所有的作品一样，这本书体现的是彻底的寄生虫思想。我一直在读他的书，读了二十五年，我不记得他有哪本书里的年轻男主人公真的靠工作谋生。他的主人公要么有私人收入，像伯尔蒂·伍斯特；要么在某个百万富翁那里挂个闲职，而且根本不把它放在心上，显然，这就是他心目中年轻人的理想生活。他的整个生命观在他的第一部大作《迈克》中就得到了体现，这本书大概是在1912年前后出版的。

当沃德豪斯先生被德国人囚禁时，据说他曾对一个朋友说道："或许经过这件事情之后我得写一本严肃的书了。"如果他真的这么做的话，那会是很有趣的事情。但我认为他肯定不能再把史密斯和吉弗斯的那一套把戏耍下去了。那些都已经落伍了几十年。伯尔蒂·伍斯特是爱德华时代的角色，1914年以前的纨绔子弟，却是比如今的阔少好得多的人。但现在那种生活方式已经被摧毁殆尽，即使在小说里也是如此。布兰丁斯堡住满了被疏散的市民，伯尔蒂·伍斯特的股票变成了废纸，巴克斯特进了新闻部，一颗炸弹摧毁了他们消遣度日的俱乐部。我希望德国人体面地对待沃德豪斯先生，并希望将来他能写出那本严肃的作品。我们这个时代没有几位作家拥有他那么洗练的文字技巧，或是像他那样挥霍才华。

瑟克尔小姐的《幸福突如其来》又是一部幻想作品，但更加贴近时代。它其实是一部站在燃烧的甲板上的小男孩的幻想作品，也是破落潦倒的贵族在萧瑟的庄园里喝掉最后一瓶红酒的幻想作品。它描写了沉闷的战争初年一个乡村小镇的轻松而非常有趣的生活故事。书里有一些有趣的社会历史的写照。在探讨疏散问题时，它所持的是反对态度，这种态度要比没有多少人生活在安置区的左翼记者所理解的更加全面，而且有更多的发言权。但这本书的主旨大致上是："作为从事政府职能和专业工作的中产阶级，我们希望保持我们的地位。面临国家危亡、收入减少和不愉快的社会接触，我们应该保持我们所习惯的生活方式，继续将一切视为一个巨大的玩笑。"整本书弥漫着一股斯文的挑衅气氛。它描写的人绝大部分在海军和陆军里服役，或生活在郊区，在战争打响的第一天就可以穿上卡其布军装。瑟克尔小姐是一位敏锐的观察者，知道这个阶层在军队和政府的地位受到了威胁，而且她怀着坚定的信仰描写战争引起的不可避免的社会冲突。故事描写了一所"优秀"公学不得不接纳来自伦敦的一间"差校"，后者的老师都是热诚的马克思主义者，说话带着土音。或许你可以想象书里会有什么样的对话。我认为对"郊区"的描写总是要比现实中更加美好。它的道德观似乎是谦逊含蓄、坚守岗位的人只会认真地履行职责，不会聒噪"反法西斯主义"的那一套，他们要比那些社会主义者和外国难民好得多。

与此同时，瑟克尔小姐的生活观要比沃德豪斯的生活观更有可能流传下来。她所崇拜的人虽然没有头脑，但并不是彻底的寄生虫，而且对工作比对金钱更感兴趣。他们的爱国主义是他们最深刻的情感，或许将帮助他们在面对"乡村社会"不复存在的世界时作出必要的调整。但愿他们能够像瑟克尔小姐在书里所写的那么机智幽默。

《乘客名单》是一本更加普通的女性小说，属于那种自恋的作品，书中那个长着一头红发的漂亮女孩被一个能说会道前途光明的年轻人求爱。故事发生在一艘航行在巴拿马海峡的豪华游轮上，虽然出现了一起杀人未遂事件和一个跛脚的女孩对姐姐怀着病态仇恨的心理描写，我发现这本书的节奏很拖沓。《哈格里夫斯小姐》体现了几百页被挥霍的才华，或许是为了练笔而写的。它的内容触及荒诞不经的魔法题材，却又保持着现实主义的笔触。男主角在去参观爱尔兰时，虚构了一个维多利亚时代的女诗人，名叫康斯坦丝·哈格里夫斯，并说他从童年时就认识她了。当他回到英国时，那个虚构的女诗人突然间出现了，并开始纠缠着他，差点把他的生活给毁了。它原本会是一篇优秀的短篇小说，但写成一本长篇就让人觉得很乏味。贝克先生应该能够写出一本更好的小说。

《一如所惧》虽然有一点矫情，但它是对肃反时期苏俄社会的讽刺。它的文风很精致，如果它描写的是其它国家，你或许会说它是描写理想王国的优秀喜剧作品。不幸的是，苏联不只是一个有争议的题材，关于这个题材你根本无法了解真相。有许许多多的证据表明苏联人民是世界上最饥饿又吃得最好、最开心又最悲惨、最自由又最不自由、最先进又最落后的人口。无论你多么轻描淡写地去探讨这个题材，你都会让自己陷入争议。这本书会在《观察者报》中得到一篇正面的书评，在《工人日报》上得到一篇负面的书评，而二者都没有从文学价值的角度对它进行评价。我自己觉得它很有趣，如果要我对它的准确性发表评论，而我又没有资格这么做，我会说对于工厂生活的描写要比对一支伞兵部队的描写更让人觉得可信，那支伞兵部队在错误的地方着陆，一个年轻的军官因为开枪打死了一个饥肠辘辘的、生吃了一个红菜头的女人而被褒扬为"苏维埃英雄"。

评哈德利·坎特里尔的《来自火星的侵略》^①

差不多两年前，奥森·威尔斯^②先生在纽约的哥伦比亚广播公司电台上播放了一出广播剧，以赫伯特·乔治·威尔斯的幻想作品《世界大战》为蓝本。这出广播剧的目的并不是恶作剧，但它产生了令人惊讶而且始料未及的后果。数以千计的民众误以为那是新闻广播，在头几个小时真的相信火星人已经入侵美国，迈着一百英尺高的钢铁长腿在郊野行军，用热射线杀死并烤干每一个人。有的听众如此紧张，开着车逃跑了。当然，确切的数字无法得到，但这份调查的编纂者（由普林斯顿大学的一个研究机构进行）认为大约有六百万人听到了广播，而超过一百万人在某种程度上感染了恐慌。

当时这件事情让全世界都乐了，拿"美国佬"的轻信盲从开涮。但是，大部分海外的报道都在某种程度上存在误导性。奥森·威尔斯的剧本已经全文披露，除了开头的声明和结尾的一段对话之外，整部戏都是以新闻报道的形式写成的，就像真的报道一样，附上了各个电台的名字。制作这么一出戏剧用上这一手段是顺理成章的事情，但许多人在广播剧开始之后才打开收音机，

---

① 刊于 1940 年 10 月 26 日《新政治家与国家报》。哈德利·坎特里尔（Hadley Cantril，1906—1969），美国公共舆论研究专家，代表作有《电台心理学》、《了解公共舆论》等。
② 乔治·奥森·威尔斯（George Orson Welles，1915—1985），美国演员、导演、制片人，电影代表作品有《公民凯恩》、《世界大战》等。

以为自己听到的是新闻报道也是顺理成章的事情。因此，这涉及了两个信念：一、这出舞台剧是新闻报道；二、新闻报道是真实的。这份调查的有趣之处正在于此。

在美国，无线电广播是传播新闻的主要方式。那里有许多电台，几乎每一户家庭都拥有收音机。调查的编纂者甚至令人惊讶地说拥有收音机比订阅报纸更加普遍。因此，将这个事件移植到英国，你或许可以想象火星人入侵的新闻出现在各大晚报的头版。无疑，这种事情会激起轩然大波。大家都知道报纸总是没有报道真相，但大家也知道它们不会刊登过于出格的谎言，任何人看到报纸上巨大的新闻头条宣布火星的机械怪兽来了，或许都会相信自己所读到的内容，至少会花几分钟时间去了解真相。

但是，真正令人惊讶的是，没有几个听众尝试去进行调查。这份调查的编纂者详细描写了 250 个误以为舞台剧是新闻报道的人。有超过三分之一的人根本不去查证，他们一听到世界末日降临时不假思索就接受了。有一些人认为那其实是德国人或日本人的入侵，但大部分人相信是火星人，包括从邻居那儿听说"侵略"的人，还有几个一开始的时候知道他们听的是一出广播剧的人。

下面是几则他们所说的话：

"我去探望牧师的妻子，一个小男孩过来说：'星星掉下来了。'我们打开收音机——我们都觉得世界就要灭亡了……我还跑出去告诉邻居世界就要灭亡了。"

"我打电话给丈夫：'丹，你干吗不换套好衣服？你可不想穿着工作的衣服死掉。'"

"我的丈夫带着玛丽躲进了厨房，告诉她上帝让我们来到这个世上是为了他的荣耀，他会告诉我们什么时候应该离开人世。爸爸一直叫嚷着：'噢，上帝啊，尽您的所能拯救我们吧。'"

"我看着冰盒，看到里面还有一些星期天的晚餐剩下的鸡肉……我对侄子说：'或许我们可以把鸡肉吃掉——明天早上我们就都不在人世了。'"

"我开心地盼望着人类灭亡——如果我们让法西斯统治世界，那生存也没有什么意义。"

这份调查并没有给出一个能够全面回答恐慌的解释。它得出的结论是：最有可能受到影响的人是那些贫穷的、没有受过良好教育也没有稳定经济来源或生活不快乐的人。个人的不幸和愿意想象离奇的事情之间明显的联系是最有趣的发现。像"世上的一切都这么糟糕，什么事情都有可能发生"或"只要每个人都得死，那就没什么大不了的"这样的话在问卷的回答中非常普遍。那些失业的人或活在破产的边缘十年之久的人听到文明将被毁灭或许心里会松口气。正是类似的想法使得整个国家投身于某个救世主的怀抱中。这本书是萧条世界的历史脚注，虽然文笔很糟糕，尽是美国心理学家的行内话，但它仍具有极高的可读性。

评约翰·梅斯菲尔德的《巴斯里萨》、巴希尔·伍恩的《眺望西方》、威廉·福克纳的《村庄》 ①

我们对吉本笔下的著名人物查士丁尼一世的妻子狄奥多拉皇后②的看法似乎是错误的。拜占庭的历史如此复杂，到了第三卷之后，对《罗马帝国衰亡史》的主要记忆就成了一团乱麻，关于狄奥多拉皇后的丑闻尽是一些离奇的事件，但它们好像全都不是真相。它们反映的并不是狄奥多拉本人，而是她的妹妹克蜜托，就连克蜜托在最后也嫁出去了，成了贤妻良母，而狄奥多拉本人从一开始就是虔诚的典范。

约翰·梅斯菲尔德爵士讲述的这个故事很平淡，由于拜占庭已经离我们非常遥远了，在它的争斗中你不会像在英国内战或法国大革命中那样偏袒某一方。故事的主要情节是一场阴谋——那种在吉本后来那几卷里每一页会出现两回的阴谋——推翻在位的皇帝，并阻止继承人查士丁尼一世登上帝位。在狄奥多拉的帮助下，这个阴谋被挫败了，她从导师圣提谟修斯身上学到了处世的

---

① 刊于 1940 年 11 月 9 日《时代与潮流》。巴希尔·迪隆·伍恩（Basil Dillon Woon，1893—1974），美国作家，代表作有《等候召唤的人》、《朝圣之旅》等。威廉·卡斯伯特·福克纳（William Cuthbert Faulkner，1897—1962），美国作家，曾获 1949 年诺贝尔文学奖，代表作有《押沙龙！押沙龙！》、《喧哗与骚动》等。

② 狄奥多拉皇后（Theodora，500—548），拜占庭皇帝查士丁尼一世的妻子，协助夫君执政，镇压尼卡暴动，维护拜占庭帝国的稳定和繁荣。

智慧。它让我们从侧面了解到拜占庭政治的一些有趣事情，它的蓝绿党争和很有现代意味的伪造选举结果的手段。但大体上，这个故事并没有约翰·梅斯菲尔德爵士赋予其它遥远过去的异国故事的那种生命力和色彩。

伍恩先生是一个幸运儿，他的自传经过大量的压缩仍然填满了一本厚书。他出身一户体面的中产阶级家庭，十六岁的时候渴望移民加拿大，从那时起——那是1910年左右——他的冒险似乎从未中断。这本书所暗示的命运是他会最终成为一名记者，但他花了很长的时间，辞掉了许多份工作，最后才从事一份固定的工作。他当了几年流浪汉，像杰克·伦敦在《路》里面所描述的那样搭火车逃票。他从事过伐木工、水果采摘工、厨师、厨房洗碗工、淘金者、铜矿的矿工和许多其它工作。他报道了墨西哥革命，在1914年至1918年那场战争中加入美国空军，在和平谈判期间在巴黎当新闻记者。最后，他回到英国，打心眼里觉得它不如美国——直到战争爆发，他才发现自己真正热爱的是哪一个国家。这是一本生动的书，文风有点过分俏皮，但前半部分内容很能体现出时代的特征。

很难说对威廉·福克纳先生应该作何评论，他被视为当代最"重要"的美国作家之一。他提出一个作家应该光凭他是"知识分子"就被严肃对待，因为他的作品中体现了思考。下面的这个句子是信手选来的，体现了福克纳先生刻意为之的文风：

> 现在他得戴着眼镜读书了，迅速而费力地躲开光亮的地方，穿着他那身格格不入的衣服，穿过欢声笑语的年轻男女，他们身上穿的衣服比他来到这里之前见到过的任何衣服

都要漂亮，他们不再盯着他看，而是全然无视他的存在，当他是灯柱一样，直到两年前他来到这里的时候他才见到过灯柱。

整本书就是以这种文风写成的，一个段落篇幅可以长达三页，读起来很累人。阅读的困难来自福克纳先生将他脑海里想到的事情都塞进一句话里，但那些想法与主题并没有紧密的联系。和卡莱尔之后的其他作家一样，他描写的是思想的过程而不是结果。我仔细阅读了《村庄》，我只能说我无法抓住它的故事情节。我只能肯定地说它是关于美国南部各州的人，那些人的名字很难听——什么弗雷姆·斯诺普斯和厄克·斯诺普斯——他们坐在乡村小店的台阶上，咀嚼烟草，互相小打小闹地诈骗，时不时会整出一起强奸案或谋杀案。读第二遍的时候——读一本这么长的书要花几天的工夫——或许我的理解会更加清晰，但我真的不认为值得这么做。

评厄尼斯特·雷蒙德的《潮流之歌》、亚瑟·斯图亚特-蒙泰斯·哈钦森的《他在寻找一座城市》、玛丽·露蒂恩斯的《家族的发色》、苏珊·吉尔斯比的《他们去了卡拉西亚》①

　　要成为一个代名词需要有旺盛的生命力，但单靠一本书就成为代名词，而后来写出来的作品要好得多却截然不同，就太不走运了。过去两三年来，有好几次我尝试说服我认识的人，厄尼斯特·雷蒙德的《我们是被告》是一本杰出的小说。我得到的回答只有："厄尼斯特·雷蒙德？噢，《告诉英国》的作者嘛。"——然后就是思想高雅的人被要求唱印度情歌时那种冷淡而吃惊的表情。但是，《我们是被告》是一本杰出的小说，而《潮流之歌》虽然没有那么成功，但至少值得一读。

　　和《我们是被告》一样，它讲述了一宗谋杀案。如果它没有营造出像前一部小说那样的悲剧效果，我猜想那是因为雷蒙德先生在最后一刻放弃了描写更为丑恶的细节。但事实上，《我们是被

---

① 刊于 1940 年 11 月 16 日的《新政治家与国家》。厄尼斯特·雷蒙德（Ernest Raymond，1888—1974），英国作家，代表作有《对英国的宣言》、《城市与梦想》等。亚瑟·斯图亚特-蒙泰斯·哈钦森（Arthur Stuart-Menteth Hutchinson，1879—1971），英国作家，代表作《西蒙的书》、《大买卖》等。埃迪丝·玛丽·露蒂恩斯（Edith Mary Lutyens，1908—1999），英国女作家，代表作有《克里斯纳穆尔提的生与死》、《立顿之家》等。苏珊·吉尔斯比（Susan Gillespie），情况不详。

告》在背景和题材方面有更大的便利。它改编自克里平案，这本身就有非常大的吸引力。除了每个人对一个谋杀自己妻子的男人的同情之外，很难不对克里平的勇气和绅士风度感到钦佩。但更重要的是，这桩谋杀案发生于安稳的 1914 年前的世界，背景是体面的世界。《潮流之歌》属于现代伦敦，属于过去十年来风雨飘摇的文明，所有的准则都彻底崩溃。在克里平案中，让世界感到震惊的细节其实是克里平的情妇穿着裤子坐飞机去美国。如今这会引起多少骚动呢？这个世界就连杀人似乎也不再算什么事儿了。因此，《潮流之歌》写得最好的部分是凶手还没有出现的开头部分和心理背景，我觉得雷蒙德先生最终没能将其深入展开。

男主角罗迪·斯图尔特是一个在杂货店里工作的年轻人，长得一表人才，可是头脑不怎么灵光。他很想当一个"斯文高雅"的人，觉得自己是一个"天涯沦落人"。他声称自己是斯图亚特王室的后裔，并相信自己所说的话。当然，雷蒙德先生在这里写得最好。伦敦南部破败的景象——垃圾遍地的码头、寄宿旅馆斑驳的石膏前门、铁道拱顶下鬼鬼祟祟的恋人——都是他擅长描写的事物。他的优势在于没有"文学才华"，甚至没有"幽默感"。和德莱塞一样，他的文笔很糟糕，但他对普通人怀有真正的兴趣，而且并不讨厌他们的生活方式。但是，罗迪除了幻想自己是一位城里的斯文人之外还有另一面。他是个虐待狂。他从未听说过这个词，不知道他喜欢无规则摔跤与他的性生活有联系——他只知道自己有不吐不快的幻想，当他经过布里斯顿监狱时，他对里面那些性罪犯怀有深深的同情。与这种感情交织在一起的还有他对"理想女性"的渴望，最后，他找到了一个娇小玲珑又自恋的电影院引座员。和罗迪一样，她梦想自己是"大家闺秀"，结婚几年后，她厌倦了一周两英镑十先令的生活，和一个富家公子私通。罗迪发现了奸情，把她给杀了，但这很难让人相信。我觉得雷蒙德先生的初衷应该是让他作出某桩性犯罪，或许是强奸罪，但在最后一刻退缩了。或许这是一个遗憾。但这本书的前半部分，那种雨淋淋的街道、一杯杯浓烈的茶、"避孕丸"和治疗风湿腿的广告的气氛，写得非常出色。

亚瑟·斯图亚特-蒙泰斯·哈钦森先生也是一个代名词，理由更加充分。他的早期小说无疑带有旺盛的生命力，虽然现在已经被人遗忘了，但当时它们受到了严肃的对待。《如果冬天来了》是写给报纸的长篇故事，主题是像阿斯奎斯夫人和吉尔伯特·基思·切斯特顿这些人。人们很喜欢——在战后那几年，它的受欢迎程度仅次于《人猿泰山》——因为它讲述了一个好人的故事。主人公马克·萨博一次又一次地遭受本不应该发生的不幸，继续坚持做一个好人。读者们很容易就看得出这是他本人的写照。之后，霍奇森先生写了几部其它类型的小说，但《他在寻找一座城市》回归了《如果冬天来了》的基调，不过这一次没有快乐的结局。主人公是一位神职人员，由于天意弄人遭受了一系列暗算中伤，一辈子都在努力为自己洗清冤屈——总是带着热情的微笑。在 1920 年的时候，这种作品，以霍奇森先生独特的、发颤的"柔和手法"写成，似乎非常富有感染力。我不会说这本小说会像前作那么成功，原因就是个人的完美如今似乎已经没有那么重要，而且年薪只有 700 英镑的牧师的挣扎似乎没有那么感人了。但霍奇森先生的能力并没有荒废。任何想痛哭一场的人可以去读一读《他在寻找一座城市》。

《家族的发色》和《他们去了卡拉西亚》都是毫无意义的书。

这种书之所以会被写出来而且有人去读，是因为只要有"私人收入"这种事情存在，对于贵族价值的信仰就不会消失。他认为有些人单是拥有复杂的情感就已经足以证明他们的存在。他们不事辛劳，但他们结婚和离婚的原因要比砌砖匠的结婚和离婚更加深刻。《家族的发色》的内容几乎就只有结婚和离婚。它的两位女主人公是一个很有魅力但任性的贵族的第三个和第四个妻子。在最后一章这个贵族发疯，开枪自杀了。书里有强烈的"继承香火"的动机，最后第四个妻子和一个发色相同的男子生了一个野种（对应着书名），并设法让他成为家族财产的继承人。书里有几处描写了忧郁的思考，关于未来和由于战争"所有这一切"都将消逝的事实（"所有这一切"指的是在草坪上吃茶点和在自家的温室种油桃的生活）。大体上，食利阶层的精神优越性被视为天经地义的事情。

《他们去了卡拉西亚》的本质也是同样的内容，不过风格更加突出。故事发生在印度北部，可能是克什米尔，讲述了一个思想高雅的年轻女人嫁给了一个"配不上她"的男人。事实上，他来到印度是因为他卷入了一桩"上流社会"的珠宝抢劫案。但是，他自杀了，她得以嫁给了男主人公。"美妙的旧别墅"主题非常露骨，女主人公从童年开始就不断地梦到一座别墅，她对它如此熟悉，能够凭着记忆就画出来。不消说，男主人公就继承了这座别墅。读着这些精神如此萎靡且没有明确主旨的小说，无论是艺术主旨还是政治主旨，你就会明白它们还能够出版是因为战前的思想依然存在。在经历了轰炸之后这几乎令人难以置信。但不用担心，世道正在改变，政府正在加税，一年之后，即使潜水艇还没有迫使我们在石板上写书，这些关于住在旧别墅里的面容苍白敏感之人的小说将和渡渡鸟和蛇颈龙一样绝迹。

评亚奇伯德·韦维尔勋爵将军的《艾伦比，对一位伟人的研究》^①

　　由于韦维尔将军在当前这场战争中担任一个关键的军事指挥职务^②，因此这本书值得一读。通过详细地描述了一位他最为推崇的军事指挥官，这些内容暗示了他本人的品质和在危急时刻他会有怎样的作为，或想要采取怎样的行动。

　　必须承认，艾伦比并不是一个有趣的人，即便是他的相片也是如此，虽然他体格魁梧健壮，但看上去缺乏活力，令人惊讶。他是这场世界大战中唯一获得过陆战大捷却名声不显的英军指挥官。事实上，如果巴勒斯坦战役为人所记住的话，那是因为相对并不重要的托马斯·爱德华·劳伦斯发起的行动。韦维尔将军的这本书里有许多章节片段表明，艾伦比在军队里主要是因为糟糕的脾气而被记住。在大部分与他接触过的人的眼中，他只是一个脸色特别红润的壮汉，老是会因为小事而大发雷霆。即使在从蒙斯的败退中，他仍在欺辱负责殿后的疲惫不堪的士兵，就因为他们没有按照规定系上帽带。但是，他的性格中有几个让人意想不到的侧面。他非常喜爱野花，而且曾经说过比起战争，他更感兴趣的是鸟类学，这或许是真的。他有广博的阅读量，能够辨认出

---

① 刊于 1940 年 12 月《地平线》。
② 亚奇伯德·韦维尔曾担任中东战区总司令一职。

斯特拉波①提到过的横穿沙漠的商旅路线，并轻松地将希腊原文翻译成英文。从他写给妻子的信件看，他很有文采。至于他的军事素养，作为外行人无法判断他是否真的当得起韦维尔将军的赞誉。

他赢得了一场大捷，但他的对手是一支实力稍次而且士气低落的敌军。他很干练，而且精力充沛，不畏惧冒险；尽管是骑兵出身，但他很快就认清了新式武器的可能性。但他仍然是一个全然无趣的人物——而这一点也让你对韦维尔将军有所了解。

你或许可以做一个试验：你能想象艾伦比或一个像他那样的人在当下这场战争中大放异彩吗？不能。但显然，目前我们的指挥官群体和上一场战争的指挥官群体是同一类人，而且在很大程度上就是同一批人。与此同时，战争的性质已经改变了，我们正在与那些首先是知识分子的人作战，他们的战略、战术和宣传密切结合，由同一个世界观所主宰。在这么一个时候，一位甚至不懂得如何给点303口径的步枪装子弹但至少对法西斯主义的本质有所了解的诗人或哲学家，在宏观战略上要比一位毕生钻研军事但自1918年以来政治思想上和哲学思辨上丝毫没有进步的老兵能够给出更好的指引。过去五年的历史，譬如说，西班牙内战，毫无疑问地证明了这一点。

或许韦维尔将军的断言有其道理，艾伦比在一帮糟糕的指挥官中是最出色的。但如果这一次我们不能推选出更好的人选的话，我们肯定会输掉战争。自滑铁卢战役以来，英国的各场战争

---

① 斯特拉波（Strabo，公元前63年至公元24年），古希腊地理学家、哲学家、历史学家，著有《地理学》一书。

要么是通过海上实力和压倒性的资源优势赢得的，要么就像是印度兵变那样，由与中央失去联系的出色个体赢得，或让本地的人才放手去干，原本他们都受到统治阶级的打压。从某种程度上说，这些事情在上一场战争中发生了。那些脾气倔犟的骑兵将军依然高高在上，但中下层的军官阶层和殖民地的部队挽救了局面。这些事情将会再次发生，或许规模将会大得多，但来得太慢了，实在是令人感到绝望，而且：

> "对于失败者来说，历史
>
> 呜呼哀哉！无法改变或重来。"

而且，这一次我们需要不一样的拯救者。如果我们这一次得救的话，那个人可能不会是韦维尔将军会推崇的人。

评内维尔·舒特的《登陆作战》与阿尔伯特·科恩的《咬指甲的人》（维维安·霍兰德译自法文）、彼得·康维的《黑暗的另一面》[①]

　　大家都说，就像每一块石头里面都蕴含着一尊雕塑一样，每个人身上都有一本好书的素材；或许更贴切的说法是，任何能够动笔写字的人，只要能在生命中的某一个时期摆脱文坛的小圈子，都可以写出一本不矫揉造作且相当精彩的小说。如今不缺聪明的作家，问题是，这些作家与他们的时代完全脱节了，没办法对普通人进行描写。一本杰出的现代小说几乎总是以某位艺术家或类似于艺术家的人为主角。但是，有一种经历几乎会发生在每一个人身上，那就是战争。知识分子有机会近距离地观察战争，而战争与股票交易或海事保险一样，是他此前从未目睹的；因此，优秀的战争作品变得非常普遍。当前这场战争由于其独特的本质，迄今还没有诞生属于自身的文学作品，但内维尔·舒特先生的《登陆作战》就是其开山之作。它是一个直白而令人信服的故事，以后我会特别留意舒特先生的作品。

　　这本书的有趣之处在于，它写出了战争的独特本质：英雄主

---

①　刊于 1940 年 12 月 7 日《新政治家与国家报》。内维尔·舒特·挪威（Nevil Shute Norway，1899—1960），英国航空工程师与作家，代表作有《高度机密》、《远方的国度》等。阿尔伯特·科恩（Albert Cohen，1895—1981），希腊裔瑞士作家，代表作有《我的母亲》、《上帝的女友》等。彼得·康维（Peter Conway），情况不详。

义和卑鄙无耻的结合体。整个故事讲述了海军与空军争夺海岸控制权的勾心斗角。主角是一名年轻的空军士兵，被控以轰炸和击沉一艘英国潜艇的罪名。事实上他并没有犯下这些罪行，却被由海军军官所组成的陪审团判处罪名成立，因为他们对他怀有偏见。后来，在这本书中，因为发生了一连串峰回路转但非常有说服力的事件，其中最主要的纽带是一则关于避孕药的笑话，他被判无罪。作者刻画他的方式表明，一个有思想的人与一帮没有思想的人平等相待有时候能带来莫大的好处。那个年轻的空军士兵完全没有思想。他的爱好是用无线电搜索到难以收听的电台和买来预制好的零部件组装模型舰船。他一直在勾引一个酒吧女郎，最后和她结了婚，有几个章节写的都是你在雅座酒吧里听到的那些语带双关的俏皮话和"你好坏哦"这样的话。但作者没有对这些进行讽刺。他以那个年轻的空军士兵的视角去看待事物，因为大致上说，有时候他能分享他的经历，他能进入人物的内心世界，也能跳出来，意识到他是个英勇而幼稚的人物，能干却又傻帽。结果，他写出了一个简单而精彩的故事，没有卖弄之嫌，让人读来很有快意，有几处地方真的很感人。

而另一方面，《咬指甲的人》是我长久以来读过的最矫揉造作的小说。它是一部极其刻意的闹剧，写的是几个近乎白痴的犹太人，一开始的时候在希腊的瑟法罗尼亚岛，后来到了瑞士。里面最独特的特点是那些冗长而恶心的屎尿屁的描写。我一读到第一段这种污秽不堪的描写时，就想起了护封上那些吹捧式的广告，很清楚我将看到什么样的形容词。果不其然，书里就是这么写的——拉伯雷式的作品。奇怪的是，这个词总是被当成一个褒义词。我们总是被教训说色情描写应该被加以谴责，而衷心的拉伯雷式的幽默（意指耽于屎尿屁的描写）则是完全可以接受的。这或许就是如今很少人去读拉伯雷的作品的原因。他根本不是被人经常想起的作家，而是一个极其堕落病态的作家，可以作为进行病态心理分析的病例。但过着严谨生活的人也有着龌龊的思想，在维多利亚时代，拉伯雷颇有点地下名气。我们都记得，领班神父格兰特利①偷偷地阅读他的作品，勃朗宁的诗里那个主人公藏有拉伯雷的小册子。或许，唯一让他值得尊敬的办法就是声称喜欢屎尿屁是正常和健康的倾向；他的名气一直流传，来到了一个他的那些更加下流肮脏的作品没有几个人看过的时代。不管怎样，拉伯雷式的风格可以用来形容《咬指甲的人》。如果你喜欢屎尿屁的话，这本书就适合你。如你不喜欢，那我就不对此进行评论了，因为里面那些长篇累牍的描写都是刻意让普通读者感到生理上的恶心。

《黑暗的另一面》是一部关于一位心理学家的严肃而且归根结底带有自恋色彩的小说，我应该补充说，出自一位心理学家的手笔。主人公性格很专横，他那双眼睛有着催眠的魔力，能在和你寒暄五分钟后就勾出你所有最黑暗的秘密，包括你到了几岁才停止尿床。他被逐出医师协会，因为他似乎卷入了一连串的桃色绯闻。其实他是在进行关于性嫉妒的影响的科学研究，而为了研究他只能勾引女人，让她们爱上自己（他轻而易举地做到了），接着他会突然间将她们抛弃。当然，最后他成功地为自己平反。这是一个并不令人信服的故事，不过一些技术细节——譬如说，关于心理分析师与普通从医人员之间的猜忌的描写——写得很有意思。

---

① 领班神父格兰特利（Archdeacon Grantly），英国作家安东尼·特罗洛普的系列作品《巴塞特郡》中的人物。

评莱纳德·阿尔弗雷德·乔治·斯特朗的《错误的第一步》、甘比·哈达斯的《奔波》、迈克尔·帕特里克的《汤米·霍克求学记》、玛丽·伊芙林·阿特金森的《混黑帮》、多里斯的《新迦太基人》、察内尔的《幽灵侦察兵》、奥布里·德·塞林科特的《浮华世家》、艾米丽·希尔达·杨的《卡拉万岛》①

我的清单中的前三本书都是校园故事，其中有两本描写的是相同的题材。《错误的第一步》和《奔波》都是关于因为空袭而得撤离，并到本国某个遥远的地方的另一所学校那里寄读的故事。去年有很多这种事情发生，并校的过程并不总是一件轻松的事情，特别是两所学校规模相当而各自有绝然迥异的传统时，情况

---

① 刊于 1940 年 12 月 7 日《时代与潮流》。莱纳德·阿尔弗雷德·乔治·斯特朗（Leonard Alfred George Strong, 1896—1958），英国作家、诗人，代表作有《最后的敌人》、《缺席者》等。甘比·哈达斯（Gunby Hadath, 1871—1954），英国作家，作品多为少年文艺作品，代表作有《密友》、《男孩子的报纸》等。迈克尔·帕特里克（Michael Patrick），情况不详。玛丽·伊芙林·阿特金森（Mary Evelyn Atkinson），英国女作家，代表作有《洛基特家族》系列与《赛马弗里卡》系列。多里斯·特维恩（Doris Twinn），情况不详。亚瑟·凯瑟罗尔（Arthur Catherall, 1906—1980），曾用笔名察内尔（Channel），英国空军军人、作家，代表作有《篝火故事》、《童子军故事》等。奥布里·德·塞林科特（Aubrey de Selincourt, 1894—1962），英国作家、翻译家，曾翻译许多古罗马的经典作品，代表作有《历史》（希罗多德原著）、《鸦巢》等。艾米丽·希尔达·杨（Emily Hilda Young, 1880—1949），英国女作家，代表作《分隔两地的桥》、《牧师的妻子》等。

更是如此。

我认为这两个故事中《错误的第一步》更加聪明。它的内容是关于一所非常时尚的"进步"学校，没有严格的纪律，男生们可以穿他们喜欢的衣服。它得与一所普通的老式公学合并，那里有模范生制度、强制性体育锻炼、穿校服等规定。男主角是一位非常有天分的男生，但和每个人都合不来，因为那些老套的纪律让他觉得很烦。虽然他接受了拳击和弹钢琴的教育，但他从来没有学会对自己的成绩保持谦虚。但是，最后他平静了下来，并意识到即使是那些"不进步"的学校也有其优点。《奔波》里也有两所学校之间的麻烦，其中一所更加古老也更有名气，一个认真负责、不懂圆通的校队队长惹恼了每个人，让事情变得更加糟糕。但是，最后问题得到了解决，那些被撤离的男生对新的学校产生了忠诚感。《汤米·霍克求学记》的故事发生在学校周围，但中心情节是一桩犯罪。汤米·霍克是一个名侦探的儿子，有人让这位侦探去调查失踪的银质优胜者杯的下落。因为他的儿子年纪很小，能够乔装成学生，他就派儿子去进行调查，而汤米靠自己的能力解开了谜团。

对于那些想要一个阅读假期而不是学期的人，《混黑帮》和《新迦太基人》都是好故事。《新迦太基人》里的两个男生和两个女生放假时进行了一场业余的侦查，结果比《混黑帮》里描写的业余的犯罪成功得多。在《混黑帮》里，一对兄妹在不情愿的情况下——都是你许下那种不知道会惹来什么麻烦的诺言惹的祸——被迫帮助一个女孩逃离学校。他们经历了各种各样的冒险，从被公牛追逐到几乎在一片沼泽里淹死，最后成功地帮助那个女生逃跑。但你必须自己读过这本书才会明白为什么他们白忙活了。《新迦太基人》是关于某个欧洲国家的大教堂里价值连城的银饰失窃的故事。它们被带到英国，然后就失踪了。书中的四个孩子决定去寻找它们，并在这个过程中展现了非凡的才智，虽然还有一点运气帮忙。

《浮华世家》和《卡拉万岛》也是不错的假期故事。我觉得这两本书女生会更喜欢读。但我必须特别感谢《幽灵侦察兵》，它是关于一年前的芬兰战争。几个英国童子军的成员在芬兰度假，正准备回家的时候战争爆发了，他们被困在那里。他们的芬兰朋友和拉普兰人朋友都去参战，因此这几个英国男生加入了著名的雪橇兵团，与俄国人展开了一场殊死战斗。这是一则真实的战争故事，没有回避任何恐怖的事情，就连轰炸赫尔辛基也不例外。里面有第一流的对驯鹿、冰屋、山毛榉林和其它北方冰原奇观的描写。所有十五岁左右的喜欢冒险的男生都会喜欢这本书。

评亨利·温钦汉姆的《自由民之军》①

　　温钦汉姆先生的战争理论或许宣传价值大于对军事学科的贡献。大体上说，它是关于战争的浪漫或非正规作战的理论，认为那些觉得自己是自由民并且知道自己为了什么而战斗的军队士气更加高涨，更有创造性。他举了许多例子，以抗击薛西斯的希腊人作为开始，以支持西班牙共和政体的人作为结束；他的结论是，民主国家的人民更加坚强，言论自由非常重要。大家都知道这个道理再怎么强调也不为过，即使温钦汉姆先生的理论其实漏洞百出。

　　一位怀着敌意的读者或许会反驳说自由的人民战胜没有自由但势力更加强大的军队的例子其实并不多，而且在很多情况下并没有赢得最终的胜利。斯巴达最后灭亡了，法国大革命被拿破仑颠覆了，拥戴西班牙共和政体的人失败了。温钦汉姆先生没有进行全面的探讨，但在这个时候至关重要的一点是现代发明赋予了少数人以力量的趋势。回顾历史，似乎有几段漫长的时期人民群众毫无力量反抗，因为主流的武器是稀有而且昂贵的东西。譬如说，大象就是这样的武器。在公元400年到1400年间，没有什么

---

① 刊于1940年12月14日《新政治家与国家报》。亨利·温钦汉姆（Henry Wintringham, 1898—1949），一战时曾在英国皇家空军服役，1936年赴西班牙担任战地记者，并在1937年担任国际纵队英国连队的指挥官。他是英国共产党的创始人之一，但西班牙战争后便退党。

能够抵御重装骑兵——而一套铠甲要花很多钱。温钦汉姆先生热情洋溢地写道,英国长弓的改进动摇了重装骑兵的地位,而火药的发明最终让重装骑兵被淘汰。在火药时代,民主成为可能,因为硝石在长期堆积的粪堆里可以找到,而一个乡村铁匠就能打造出前膛填弹的长枪。法国大革命的成功正是依赖这两件事。但是,随着现代武器日趋复杂,权力又掌握在少数人的手里,掌握在那些经过高度训练的飞行员、潜水艇指挥官等人以及"工人贵族"①的手里。人民群众再一次陷于无助,无论他们多么渴望为争取自由而战。西班牙的工人被德国的轰炸镇压了,就像反叛的雇佣军被哈米尔卡②的大象镇压一样。温钦汉姆先生举了上一场战争初期的坦克师团作为民主军队的范例。无疑,在那个特殊时期情况确实是那样。但是,坦克的本质显然是反民主的武器。应对坦克的武器是汽油弹,在西班牙和芬兰,这个武器的应用得到了一定程度的成功。但是,除非某样容易生产而且能让战斗机就像公元 1700 年的盔甲那样毫无用途的武器被发明出来,否则人民群众将很难再度把握自己的命运。

但是,如果人民群众能够畅所欲言并认为斗争是有价值的,或许他们能够想出对抗轰炸机的办法。而这正是温钦汉姆先生的理论的价值所在。民主国家在卷入战争时总是会爆发激烈的争执,愚蠢无知的人总是会无休止地谈论战略,自由地表达近乎煽动性的意见,而从长远来看,这正是力量的源泉。他们认为战争并不完全掌握在专家的手中,这些专家总是在小事上正确,却在

---

① 工人贵族,原文:labor aristocracies。
② 哈米尔卡·巴卡(Hamilcar Barca,前 275 年—前 228),迦太基政治家、军事家,名将汉尼拔之父。

大事上犯错。由于英国的官方政策是朝相反的方向发展，或许可以原谅温钦汉姆先生对民众的士气和游击战策略有点过于乐观。这本书是《战争的新方式》的补充，而且非常适合年轻的读者。书中对克雷西①、瓦尔密②和温泉关的故事的描述非常热情，如果乔治·阿尔弗雷德·亨蒂③学过马克思主义的话，大概就会这么写。

---

① 克雷西会战(the battle of Crécy)，英法两国于 1346 在法国加莱南部进行的一场战役，英国军队以 12 000 人的劣势兵力，结合地形优势和弓箭，击溃法国 30 000 至 40 000 人的军队。
② 瓦尔密之战(the Battle of Valmy)，法国大革命后法国军队对普鲁士军队获得的一场大捷。
③ 乔治·阿尔弗雷德·亨蒂(George Alfred Henty，1832—1902)，英国作家，作品多是针对少年的文艺作品。

"无产阶级作家":乔治·奥威尔与德斯蒙·霍金斯对话录[①]

霍金斯:我总是在想,到底有没有无产阶级文学这种东西——或者说,它真的存在吗?第一个问题是,人们对它的定义是什么?你对它的定义又是什么?你认为它指的就是专门为无产者所写的,给他们阅读的文学作品。但真的是这样吗?

奥威尔:不是,显然不是。要是那样的话,最确切无疑的无产阶级文学应该就是我们的几份早报了。不过,从《新写作》或《联合剧院》等刊物的出版你可以了解到这个词语有着某种含义,但不幸的是,有几个不同的看法混淆在了一起。人们对无产阶级文学的定义大致上说,是以劳动人民的观点而写的文学作品,它应该与那些以富裕阶层的观点而写的作品有着截然不同的读者群体。而这样一来,它就和社会主义宣传混淆在一起了。我觉得人们所指的不是由无产者所创作的文学作品。威廉·亨利·戴维斯是一个无产者,但他不会被称为一位无产阶级作家。保罗·波茨[②]可以被称为一位无产阶级作家,但他并不是无产者。我之所以对这么一个概念心存疑惑,是因为我不相信无产者们在还没有取得统治地位的时候能创造出独立的文

---

① 刊于 1940 年 12 月 19 日《听众》。

② 保罗·休·霍华德·波茨(Paul Hugh Howard Potts,1911—1990),英国作家,代表作有《一诺千金》、《一位诗人的证词》等。

学作品。我相信他们的文学作品会是，也必须是，观点有所倾斜的资产阶级作品。说到底，许多被认为是新的事物其实只不过是将旧的事物颠倒过来。比如说，那些为西班牙内战所写的诗歌只不过是鲁伯特·布鲁克和他的同志们在1914年所写的作品的缩水版。

霍金斯：我还是觉得必须承认无产阶级文学流派——无论它的指导理论是对是错——已经产生了一定的影响。譬如说，看看像詹姆斯·汉利、杰克·希尔顿或杰克·康蒙这些作家。他们的文章很有新意——至少有某些内容是那些普通中产阶级背景的人写不出来的。当然，大萧条后的那几年有许多伪无产阶级文学作品，那时候布卢姆斯伯里①的人都是马克思主义者，共产主义风行一时。但事情开始的时间其实要早一些。我得说它的开始时间要早于上一场战争。《英语评论》的编辑福特·马多斯·福特遇到了戴维·赫伯特·劳伦斯时，在他身上看到了一个新的阶级通过文学进行倾诉表达的预兆。劳伦斯的《儿子与情人》确实开辟了新天地，记录了某种之前并没有成为文学作品的体验，但这种体验又是数以百万计的人所共同拥有的。问题是，为什么从前就没有人将它记录下来呢？你认为从前没有像《儿子与情人》这样的书到底是为什么呢？

奥威尔：我认为原因就出在教育上。毕竟，虽然劳伦斯是一个矿工的儿子，但他所接受的教育与中产阶级的男生所接受的教育相差并不大。我们要记住，他是个大学生。以前——大体上

---

① 布卢姆斯伯里（Bloomsbury）地处伦敦中心，区内有大英博物馆和伦敦大学学院等高等学府，曾是英国的文坛中心。

说，是九十年代以前，那时候教育法案刚刚推行——真正的无产阶级很少有人能写东西，我是说，有足够的能力写出一本书或一则故事。另一方面，专业作家们对无产阶级的生活一无所知。你甚至会在狄更斯这样一位真正的激进派身上感受到这一点。狄更斯从未描写过工人阶级，他对他们没有足够的了解。他同情工人，但觉得自己与他们完全不同——比如今的普通中产阶级的感觉更加强烈。

霍金斯：那么，也就是说，无产阶级能够写书将意味着文学的新发展——崭新的主题和崭新的生活观？

奥威尔：是的，但是，社会各个阶层的经历将越来越相似。我认为，英国这个国家的阶级差别现在已经如此模糊，不会再持续多久了。五十年前，甚至二十年前，比方说，一个产业工人和一个专业人士是绝然迥异的两类人。如今他们非常相似，虽然他们或许不会意识到这一点。他们看同样的电影，听同样的广播节目，穿着非常相似的衣服，住在非常相似的房屋里。以前被称为无产者的人——马克思所指的无产者——如今只存在于重工业和农业中。但不管怎样，当工人阶级的生活第一次化为文字时，这无疑是一大进步。我认为它起到了将小说推向现实和远离高尔斯华绥等人那种过于文质彬彬的文风的作用。我认为做到这一点的第一部作品是《穿着破裤子的慈善家》①。我一直觉得它是一本好书，虽然文笔很糟糕。它记录了从前一直没有人留意过的日常经历——可以这么说，就像公元 1800 年之前没有人留意到大海是蓝

---

① 《穿着破裤子的慈善家》，英国作家罗伯特·特雷斯威尔（Robert Tressell，1870—1911，本名罗伯特·克罗克【Robert Croker】）的作品，被公认为英国无产阶级文学的经典作品。

色的一样。杰克·伦敦是相同题材的另一位先行者。

霍金斯：那语言和技巧呢？你或许记得，西里尔·康纳利上周说过，文学的伟大创新在于技巧而不是内容。他以乔伊斯为例，认为除了文字技巧之外并没有什么新的东西。但难道这些革命性的无产阶级作家没有展现出对于技巧的兴趣吗？有的作家似乎和上个世纪奉行道德说教的虔诚的女小说作家没有什么不同。他们的反叛完全体现于内容和主题——是这样吗？

奥威尔：我想大体上这么说是对的。事实上，比起二十年前，书面英语更加口语化了，这是好事。但我们从美国所借鉴到的东西比从英国工人阶级所借鉴到的东西要多得多。至于技巧，让读者对无产阶级作家或那些被称为无产阶级作家的人感到惊讶的事情之一是，他们非常保守。我们或许可以把莱昂内尔·布里顿的《饥饿与爱情》排除在外，但如果你通读一本《新写作》或《左翼评论》的话，你不会看到多少实验性写作的内容。

霍金斯：那我们就回到了这个问题：什么是无产阶级文学取决于它的主题。我猜想这些作者背后的秘密是阶级斗争、对美好未来的期盼和无产阶级在悲惨的生活条件中的挣扎。

奥威尔：是的，无产阶级文学主要是反叛的文学。它只能是这样。

霍金斯：我对它的抵触总是它被政治考量所主宰。我相信政治家和艺术家没办法很好地结合在一起。一个政治家的目标总是有限的、局部的、短期的、过于简化的，并且有可能实现的希望。作为行动的一条准则，它不能考虑自身的不完美和对手可能具备的美德。它无法阐述所有人类所经历的痛苦和悲剧。简而言之，它必须排除一切有艺术价值的事物。因此，当无产阶级文学成为文学作品时，它就不再专属于无产阶级了——在政治意义上是这样的，你同意吗？或者说，当它变成了政治宣传时，就不再是文学作品了？

奥威尔：我认为这么说太武断了。我一直认为，每个艺术家都是宣传者。我指的不是政治上的宣传者。如果他是一个诚实或有才华的人的话，他根本当不了宣传者。大部分的政治宣传其实就是撒谎，不仅在事实上撒谎，还在你自己的感情上撒谎。但每个艺术家都是宣传者指的是他在努力地、直接或间接地呈现一幅他心目中美好生活的图景。我认为大体上我们都同意无产阶级文学所尝试呈现的生活图景是什么样的。正如你刚才所说的，它背后的秘密是阶级斗争。那是真切的事情，不管怎样，那是人们所信仰的事情。人们愿意为之牺牲，为之创作。许多人在西班牙为之牺牲了。我对无产阶级文学的观点是，虽然目前它的地位很重要，而且很有用，但它不会永远持续下去，也不会是新文学时代的开端。它赖以存在的基础是对资本主义的反抗，而资本主义正在消亡。在一个社会主义国家，我们的许多左翼作家——像爱德华·厄普华①、克里斯朵夫·考德威尔②、艾里克·布朗③、亚瑟·卡尔德-马歇尔④等人——他们最擅长的就是抨击自己所生活的社会，而到那时候将没有了攻击的对象。回到我上面提到过的

---

① 爱德华·法莱斯·厄普华（Edward Falaise Upward，1903—2009），英国作家，代表作有《通往边境之路》、《一个不可提及的男人》等。
② 克里斯朵夫·考德威尔（Christopher Caudwell，1907—1937），英国作者、诗人，代表作有《天国》、《意象与现实》等。
③ 艾里克·布朗（Alec Brown），情况不详。
④ 亚瑟·卡尔德-马歇尔（Arthur Calder-Marshall，1908—1992），英国作家，代表作有《被判缓刑的人》、《荣誉的时刻》等。

莱昂纳尔·布里顿的《饥饿与爱情》，这是一部杰出的作品，我想在某种程度上代表了无产阶级文学。这本书是关于什么的呢？是关于一个年轻的无产者希望摆脱自己无产者的身份。它只是不停地对工人阶级的生活无法忍受的条件进行描写——屋顶漏水了，下水道发出恶臭等等这些事实。以前你找不到一部文学作品描写发出恶臭的下水道。作为一种传统，它不会像特洛伊围城那么漫长。在这本书和许多本与它相似的书背后，你可以了解到如今一位无产阶级作家的历史的真相。通过某个机遇——通常那只是可以长时间领到救济金——某个工人阶级的年轻男士有机会自学成才，然后开始写书。自然而然地，他用自己早年的经历、受贫困的折磨和对现行体制的反抗等等作为素材。但他并没有在真正地创造一种独立的文学。他以资产阶级的方式和中产阶级的文字在写书。他只是资产阶级大家庭中的另类，用传统的文字书写主旨稍有不同的主题。不要误会我说的话。我不是在说他不能成为和其他人一样优秀的作家，但如果他成为优秀的作家，那不是因为他是一个工人，而是因为他是一个有才华并学会优美文笔的人。只要资产阶级仍然是占统治地位的阶级，文学作品就一定是资产阶级的。但我不相信他们会长久地继续占据统治地位，或由哪个阶级取代。我相信我们很快就会进入一个没有阶级的时代，我们所说的无产阶级文学就是这个改变的一个征兆。但我并不否认它所带来的好处——将工人阶级的经历和工人阶级的价值观变成作品为文学带来了活力。

霍金斯：当然，它是一个正收益，留下了不少优秀作品。

奥威尔：噢，是的，很多优秀作品。杰克·伦敦的《路》、杰克·希尔顿的《卡利班的尖叫》、吉姆·费伦的监狱作品、乔治·

加雷特①的海洋故事、理查兹的《老兵阁下》、詹姆斯·汉利的《灰色的儿童》就是其中的代表作。

霍金斯：我们一直还没有谈到无产阶级所阅读的文学作品——不只是那些日报，还有周报和两便士读物。

奥威尔：是的，我要说的是，发行量小的周刊更加具有代表性。比方说，像《家庭闲聊》、《交易与市场》和《笼鸟》这些刊物。

霍金斯：还有真正来自人民自己的文学作品——我们还没有探讨过这个。比方说，那些修建加拿大太平洋铁路的工人们唱的篝火歌谣、水手的号子、像《浪人老李》②这样的黑人诗歌，还有老街的海报——特别是那些关于行刑的海报，吉卜林的《丹尼·迪福》一定源自于那些海报。还有墓志铭、打油诗、广告歌谣——都以诗歌的形式呈现。那些都是无产阶级的另类文学作品，不是吗？

奥威尔：是的，别忘了彩色漫画明信片上的那些笑话，特别是唐纳德·麦吉尔③的作品。我非常喜欢那些漫画。此外还有上一场战争中士兵们自己创作歌唱的歌曲。还有配合军号和行军的军歌——那些都是我们这个时代真正流行的诗歌，就像中世纪的民谣。遗憾的是，这些总是未被刊印出来。

---

① 乔治·威廉·立特尔·加雷特（George William Littler Garrett，1852—1902），英国发明家、作家，发明潜水艇的先驱。
② 《浪人老李》（*Stagolee*，或 *Stagger Lee*），指根据 1895 年美国密苏里州的黑人李·谢尔顿（Lee Shelton）枪杀比利·里昂斯（Billy Lyons）的事件而谱写的黑人民谣。
③ 唐纳德·弗雷泽·古尔德·麦吉尔（Donald Fraser Gould McGill，1875—1962），英国漫画家，作品以辛辣、俏皮、低俗而著称，以其漫画为素材的明信片风行英国民间。

霍金斯：是的，但现在我担心我们不知不觉陷入了民间文学，在我看来，我们必须将这两个事物区分开来。根据你所说的，我觉得如果你将"无产阶级"这个词从革命政治中分离出来，它将会失去意义。

奥威尔：是的，"无产阶级"是一个政治词汇，只属于工业时代。

霍金斯：嗯，我认为我们完全认同一个看法，那就是，单独的无产阶级文学是行不通的。因为虽然有着表面上的不同，它仍然是在你所说的资产阶级创作的框架之内。

奥威尔：所谓的"资产阶级"，我指的不只是那些从事买卖的人。我指的是我们这个时代的主流文化阶层。

霍金斯：如果我们认同这一点，我们仍然得评估那些所谓的无产阶级作家所作出的贡献，因为那确实是贡献，而且在构建理论时将其忽略是荒唐的。

奥威尔：我认为他们作出了两个贡献。其一是，他们在某种程度上提供了新的主题，同时也引导了那些不属于工人阶级的作家去看待一直就在他们的眼皮底下发生，但以前却没有注意到的事物。另一个贡献是，他们引入了你或许会称之为粗俗而富于生命力的基调。他们就像是走廊里的声音，不让人们变得太轻声细语，太过于斯文。

霍金斯：还有另一个贡献，是你自己早前提到过的，那就是语言。艾略特强调时时将新发明的词语引入语言的重要性。最近这几年来，新的字词主要来自工人阶级。这些字词或许来自电影、街头或其它渠道，但无产阶级作家在赋予当代英语以风味和色彩作出了很大的贡献。

奥威尔：嗯，当然，但问题是，它是否有多少色彩可言！但是，对于过去十年来的典型文章你能说的就是，它没有太多的矫饰或不必要的辞藻。它很直白，让人怀疑以这种方式写出的文章是否能表达细微入致的思想，但这种文风很适合描述行动，对那种曾经风行一时的过于精致的文风是一剂良药，当然，那种文风有自己的优点，但会导致语言的柔弱。

霍金斯：嗯，结论就是——似乎在无产阶级文学的动员下集结了一些值得拥有的作品，而且它一直是工人阶级作家的焦点，无论他们在技巧上、政治思想上或主题上是否具有革命性。但对于语言本身基本上是没有用处的。

奥威尔：它一直在发挥类似于标签的作用，将过渡时期的多种多样的文化归纳在一起。但我同意你的看法：只有在无产阶级成为统治阶级的前提下，才会诞生真正意义上的无产阶级文学。

霍金斯：是的，假定是这样的话，它肯定需要改变它的性质。而我们刚刚探讨的问题仍然没有得到回答——在什么程度上政治能融入艺术而不至于戕害艺术呢？

评埃德加·艾利森·皮尔斯的《西班牙的困境》、查尔斯·达夫的《西班牙：胜利的关键》 [①]

　　如今英国政府在西班牙内战时期支持法西斯分子的政策已经产生了不可避免的结果，佛朗哥将军的一些辩护者惊讶而难过地意识到他并不是一个正人君子。奇怪的是，皮尔斯教授在战争期间是佛朗哥的支持者中最温和公允的人，却似乎没有这种感觉。他似乎仍然认为无论是从西班牙人的角度还是我们的角度看，佛朗哥的胜利都是最好的结果。他所能提出的最为有力的理由是，如果西班牙政府获胜，西班牙将仍然受俄国控制，而后者是德国的盟友。因此，西班牙仍然由德国直接控制显然会比较好——你只需要看一眼西班牙的报刊就会看到最奴颜婢膝的言论——至少比它被德国并不可靠的盟友控制要好一些。他从西班牙的报纸和佛朗哥要求学校采用的历史课本里引用了许多内容。那些历史课本对英国和美国肆意进行恶毒的戈培尔式诬蔑，却声称推行法西斯主义的西班牙仍可能是英国的盟友。事实上，他的书是三年前的"反共"言论的老调重弹，大部分内容显然都是不真

---

① 刊于 1940 年 12 月 21 日《时代与潮流》。埃德加·艾利森·皮尔斯（Edgar Allison Peers，1891—1952），英国学者、作家，研究西班牙的转接，代表作有《西班牙的困境》、《西班牙、教会与秩序》等。查尔斯·达夫（Charles Duff，1894—1966），英国作家、语言学家，代表作有《神秘的民族：吉卜赛人》、《哥伦布发现美洲的真相》等。

实的，而且已经被事实证明了。如果西班牙对直布罗陀海峡发起进攻，我很有兴趣读一读皮尔斯教授的解释。与此同时，令人不安的是，战争在法国爆发后，怀有这种观点的人仍然拥有影响力。

达夫先生的书是对皮尔斯教授的书的纠正，虽然就像其它宣扬胜利的作品一样，有点过于乐观。它热情地呼吁对西班牙共和政府的支持，一部分原因是捍卫民主，另一部分原因是西班牙半岛的战略地位。你一定记得过去三年来我们所经历的西班牙战争书籍的泛滥，而大部分作品持支持政府的立场，因此似乎没有必要去重提老掉牙的人民战线的观点。不幸的是，情况并不是如此。佛朗哥统治下的西班牙仍然横征暴敛，没有迹象表明公众现在知道这一自杀式的政策意味着什么。更糟糕的是，媒体被施加了压力，无法对西班牙问题自由地进行评论。1939 年到 1940 年的那个冬天，意大利被捧上了天，而且得到了战略物资的供应，而每一个有思想的人都知道意大利在春天就会向我们宣战。如果意大利的危险能够在当时被自由地刊登的话，或许这种事情就不会发生了。西班牙的情况也是这样。如果读报的普罗大众能够了解佛朗哥统治下的西班牙并不是中立国，而是对英国怀有刻骨的仇恨，并受到德国的直接控制，可以想象我们的政策或许会迫于公共舆论的压力而改变。

达夫先生认为我们应该支持忠于西班牙共和国的一方，这肯定是正确的，但无法认同他之处是他提出的支持方式。他其实是在鼓吹我们应该利用葡萄牙与英国的友好关系借道葡萄牙入侵西班牙。他似乎没有想到，如果侵略发生的话，葡萄牙政府还会不会同我们保持友好关系。

与此同时，内格林①博士勉强获准留在英国，条件是"他不得参与政治"；佛朗哥攻占丹吉尔被搪塞过去，英国仍与西班牙法西斯政府进行友好的交流，因此同时，苏纳②在柏林受到礼遇而像祖加扎戈提亚③这些支持共和政府的人则在监狱里被枪决。如何将这一切与"反法西斯主义战争"统一起来有点困难。希望维系于民智能立刻得到启蒙，而达夫先生的书将对此起到帮助。因此，我希望它的销量能够超越其纯粹的文学价值。

---

① 胡安·内格林·洛佩兹（Juan Negrín y López, 1892—1956），西班牙政治家，西班牙社会主义工人党的领袖，1937年至1939年内战期间担任西班牙共和国总理。
② 拉蒙·瑟拉诺·苏纳（Ramón Serrano Suñer, 1901—2003），西班牙政治家，曾担任西班牙长枪党主席、内政部长及外交部长等职务，支持德意志第三帝国的侵略。
③ 朱利安·祖加扎戈提亚（Julian Zugazagoitia, 1899—1940），西班牙政治家，西班牙社会主义工人党成员，曾担任西班牙内政部长，西班牙内战后在法国被盖世太保逮捕并移交佛朗哥政府处死。

奥威尔作品全集

- 奥威尔纪实作品全集
  《巴黎伦敦落魄记》
  《通往威根码头之路》
  《向加泰罗尼亚致敬》

- 奥威尔小说全集
  《缅甸岁月》
  《牧师的女儿》
  《让叶兰继续飘扬》
  《上来透口气》
  《动物农场》
  《一九八四》

- 奥威尔散杂文全集
  奥威尔杂文全集（上、下）
  奥威尔书评全集（上、中、下）
  奥威尔战时文集

George Orwell

奥威尔散杂文全集

奥威尔书评全集

Collected Literary Reviews of George Orwell

（中）

［英］乔治·奥威尔 著　陈超 译

上海译文出版社

中册目录（1941—1944）

评约翰·梅尔的《一去不返》、威廉·奥布利·达灵顿的《埃尔夫的新钮扣》^①

　　梅尔先生这本书描写的是可怕的政治丛林——它可以被称为左翼惊悚小说，有地下党、虐待、暗语、谴责、伪造的护照、密码信息等等，已经是广为人知的事情，成为"轻松"文学的合适素材。这是好事，因为惊悚小说的社会意义和政治意义大体上比《每日电讯报》的专栏文章或《潘趣》里的笑话还要过时。梅尔先生的小说里的男主人公并没有遇到通常那种戴着单片眼镜的密探和"国际无政府主义者"（在大部分惊悚小说里，"无政府主义者"和"共产党员"是可以互换的），而是发现自己被卷入一个秘密社团，它当然是虚构的，但或许可以想象它的存在。它的名字叫国际反对组织，成员是来自世界各地的心怀不满的人。左翼纳粹分子、俄国托派分子、英国顽固的保守党人聚集在一起，他们知道虽然各有各的目标，但他们的共同利益是推翻现有的体制。男主人公是一个撰写文学专栏的记者，因为谋杀了他的情妇而落入他们手中，而她正好是他们最倚重的密探之一。他的历险构成了一趟愉快的、梦幻般的度假之旅，尽是那些文学专栏的记者在现实生活里不会去做的事情——譬如说，在电话里进行勒索或谋

----

① 刊于 1941 年 1 月 4 日《新政治家与国家》。约翰·梅尔（John Mair），情况不详。威廉·奥布利·达灵顿（William Aubrey Darlington，1890—1979），英国记者、作家，《追求我的所爱》、《埃尔夫的纽扣》等。

财害命。书中采用了惊悚小说的惯用手法，但整体的基调很世故深沉：所有的罪行都没有得到惩罚，没有英雄救美，没有人怀着爱国热情。这是一本很有趣的书。我希望它能够被证明是一种新类型的惊悚小说的起点，在它的内容里有 1920 年之后的政治事件。

《埃尔夫的新钮扣》是一本忧郁的复兴之作，标志着二十年前在开始时就已经有剽窃嫌疑的作品卷土重来。《埃尔夫的钮扣》获得极大的成功，先是以小说出版，然后被改编成一部电影。奇怪的是，我记得没有人指出它抄袭了安斯泰①的《黄铜瓶子》。但是，二者一脉相承的关系是很明显的。在安斯泰的书里，一个体面的年轻建筑师发现自己得到了一个瓶子，所罗门王将一个叛逆的魔鬼囚禁在里面。在《埃尔夫的钮扣》里，一个士兵发现他的军服上的一个钮扣是用阿拉丁神灯打造的。这两本书的幽默都有同样的来源——当普通人被赋予超自然力量时令人绝望的无助。安斯泰笔下的贺拉斯·文提莫尔只是想要摆脱那个一直给他献上一头头驮着红宝石的驴子的魔鬼，而埃尔夫的想象力只局限于成群的美女和成堆的啤酒。在这本新书里，埃尔夫还有另一个钮扣，能够在连续六个星期天赋予他六个愿望。知道了这些内容，不用说，你会猜到这些愿望会被胡乱挥霍掉。我不认为这本书能像前一本书那么成功。

---

① 托马斯·安斯泰·格斯里(Thomas Anstey Guthrie，1856—1934)，英国作家，代表作有《逃跑的傀儡》、《巨人的斗篷》等。

评肯尼思·阿洛特的《儒勒·凡尔纳》[①]

　　这本书的最大缺点就是它的主旨含糊不清。表面上它是一本传记，但写一位作家的传记很难不去对他的作品进行批判性的研究，而阿洛特先生并没有从狭义的文学角度对凡尔纳的作品严肃地进行分析。因此，批评弱化为探寻"科幻作品"的起源，变成对科学时代的"控诉"和社会纪实，有时候与凡尔纳本人的生平并没有紧密的联系。

　　和大部分作家一样，凡尔纳是那种什么故事也没有发生的人。他年轻的时候曾想过出海，但几个小时后就丢脸地回来了。这件事可以说是他的最后一次冒险。在他晚年时，有一个自以为受了委屈的年轻人拿着一把左轮手枪打伤了他。凡尔纳在1848年想在巴黎爆发巷战的时候去那里，但由于所有的火车都被用于运送国民卫队而未能成行。从这件事你可以了解到希特勒说得很对："百无一用是书生。"这件事和阿洛特先生的书里的其它内容表明作家们的私人生活要比他们的作品更加相似。在千姿百态的作品后面几乎总是相同的背景：神经兮兮、老是被追债的职业作家，房间里丢满了烟头，到处摆放着半满的茶杯，穿着晨衣在房间里踱步，挣扎着要写出一本书，却总是写不出

---

① 刊于1941年1月18日《新政治家与国家》。肯尼思·阿洛特（Kenneth Allott，1912—1973），英国作家、学者，代表作有《儒勒·凡尔纳》、《诗集》等。

东西。奇怪的是，像凡尔纳这么一个不像文人的作家背后却有为人所熟悉的十九世纪法国文人的历史。但情况确实如此——先是模仿拉辛①创作悲剧，得到维克多·雨果的鼓励，在一间阁楼里浪漫地挨饿。不过，凡尔纳没有情妇，因为他是一个虔诚的天主教徒。直到三十好几他才开始获得成功，虽然后来他挣得了惊人的财富，特别是那篇改编成戏剧的《环游世界八十天》。他于1905年逝世，他的生卒年几乎正好是第一列火车和第一架飞机的诞生之年。

阿洛特先生的主题是文学作品中科学崇拜与浪漫主义之间的关系。虽然后来他的心中产生了疑惑——譬如说，他并不是很接受进化论——但凡尔纳属于科学时代的早期，那个时期有大东方号和1851年海德公园示威，那时候的口号是"征服自然"而不是现在的"神秘的宇宙"。科学技术正在一日千里地进步，它们的狰狞面目还很少有人察觉。直到马克沁机关枪的发明，很难不将科学发明与进步等同起来。当时盛行的乐观情绪最好的体现是，1870年的战争对凡尔纳几乎没有造成影响。他觉得那只是恼人的中断，之后你可以继续你的工作。现代战争的灭绝性不仅还没有显现，而且很难去想象。但是，后来凡尔纳厌恶地看着现代帝国主义的崛起和对非洲的争夺。结果就是，他的书里不再有令人同情的英国人的角色。在他早期的作品里，这个角色总是频繁出现——一个古怪的角色，就像大部分十九世纪的法国小说里所描写的那样，穿着花格衬衣，大呼

---

① 让·拉辛(Jean Racine, 1639—1699)，法国剧作家，代表作有《安德洛玛刻》、《阿达莉》等。

小叫："好，好，好极了！"他们象征着凡尔纳对英国民族的实干精神和创造性的崇拜。

很难不将凡尔纳和赫伯特·乔治·威尔斯联系在一起。阿洛特先生并不喜欢威尔斯，并刻意对他进行责难。比起凡尔纳，威尔斯对科学更为推崇，但他属于一个不是那么自信的年代，在那个时候，面对螺旋星云的雄伟，人类的渺小要比他对大自然的主宰更加明显。威尔斯的早期浪漫作品没有凡尔纳那么讲究科学——也就是说，与当时已知的科学知识的联系没有那么紧密——但对科学更加推崇。如果你将《月球之旅》与《登月第一人》相比较的话，你会看到纯粹的文学角度和不以人类为中心的立场所带来的好处。凡尔纳的故事符合科学或非常接近科学。如果人类真的能够发射火箭摆脱地球的引力而乘坐在里面的人类能够经受住冲击的话，这种事情或许是可能实现的。威尔斯的故事纯粹是幻想，只是基于月球和其它星球可以居住这个想法。但它创造了自己的天地，读过之后很多年你还会记得那些细节。凡尔纳的作品最难忘的是氧气瓶的泄漏使得那些探索者出现了醉酒的症状——这是一个非常写实的细节。虽然阿洛特先生很努力，但以后除了小学生会去阅读《地心之旅》代替《达哈士孔的狒狒》之外，还会不会有人去读凡尔纳很难说。他想将科学指导和娱乐结合起来，并获得了成功，但这只局限于他的科学理论并不过时的时候。但是，他因为一部作品所引发的争议而一直名留文史。在《环游世界八十天》里——阿洛特先生指出它是基于一个爱伦坡式的故事——他要了一个小伎俩：如果你朝东边环游世界的话，你会在旅途中多获得一天。这就引发了一个问题："一架飞机在二十四小时之内环游世界一圈怎么办？"那些充满想象力的男生在《巫师》和《热刺》上展开激烈的辩论，他们或许从未听说过凡尔纳这个名字。这是一本有趣的书，虽然它的内容总是会偏离主题。里面的一些插图很好看，但是下面的说明文字却写得很糟糕。

评赫伯特·厄尼斯特·贝茨的《死者的美丽》、格林·琼斯的《威尔士短篇故事》、托马斯·欧文·比奇克罗夫特的《被遗弃的父母》、凯莉·坦南特的《斗士》①

　　每一个与书业有联系的人都知道短篇小说作品绝对是卖得最差的。去借书部想找"一本好书"的人总是说他们"不喜欢短篇小说"。当询问他们原因时，他们总是归结为精神上的惰怠。他们说每一个故事都要去熟悉新的角色太麻烦了，他们喜欢大部头的作品，可以"沉浸其中"，读完前几页之后就不需要费神。或许这个解释有其道理，但短篇小说的不受欢迎或许是大众意见毫无价值的一个例子，就像大家都喜欢松脆饼不喜欢松糕一样。但事实上那些不怕劳心费神的人也不喜欢短篇小说，在所有的高端杂志里，如果刊登短篇小说的话，读者会自动跳过，就像他们忽略广告一样。自从劳伦斯发表《英格兰，我的英格兰》起，已经过去二十年了，这一体裁似乎没有诞生出多少值得重版的作品，情况很是不妙，而盎格鲁-撒克逊人似乎曾经很擅长写短篇小说。有

---

① 刊于 1941 年 1 月 25 日《新政治家与国家》。赫伯特·厄尼斯特·贝茨（Herbert Ernest Bates, 1905—1974），英国作家，代表作有《对莉蒂亚的爱》、《我的叔叔西拉斯》等。格林·琼斯(Glyn Jones, 1905—1995)，威尔士作家、诗人，代表作有《龙有双舌》、《苹果岛》等。托马斯·欧文·比奇克罗夫特(Thomas Owen Beachcroft)，情况不详。凯瑟琳·凯莉·坦南特（Kathleen Kylie Tennant, 1912—1988），澳大利亚女作家，代表作有《斗士》、《快乐的罪人》等。

必要对个中原因进行分析。

　　我面前有三本短篇小说选集。《被遗弃的父母》要比另外两本格调低一些，但这三本书都有除了"惊悚故事"之外的英文短篇小说的突出特点。第一个特点是平淡无奇，或许最恰当的描述是"慢条斯理"。你会希望一则短篇小说要比一本长篇小说更加情感丰富和多姿多彩，就像你觉得跑一百米的速度应该要比跑一英里快。但事实上，几乎所有的当代短篇的显著特征是它们避免情感上的高潮和"故作清纯"与过于简而化之的风格，写的尽是"于是他继续往前走，然后来到了另一个地方"之类的内容。这种令人生厌的幼稚矫情在威尔士短篇小说和那些威尔士故事的译文里格外明显。现代短篇的另一个特征是几乎没有事件发生。它们根本算不上是故事。没有通俗的"情节"，没有结局，没有最后的出人意表。它们会在第一页或第二页暗示将会有某个大事件发生，开始读这些书就像你满怀希望去展览会上看表演一样，你最后会感觉上当受骗了。可以肯定，所谓的美人鱼其实是一头胖乎乎的儒艮，那个有纹身的女郎绝对不会脱光。情况几乎总是一模一样：一篇尽是关于无趣之人的白描，文风是平淡的短句，结尾是含糊的疑问。"惠特克夫人打开天竺葵上方的蕾丝窗帘。那辆汽车正消失在远方。""'你是一个好孩子，'他喃喃道。两人亲吻着，但玛希心里想的是，如果这个星期就得还房租的话，他们得当掉丹尼的晚装。"似乎语焉不详的含糊内容已经成为一种风气，或许在许多情况下只是掩饰无法构建情节的缺陷。凯瑟琳·曼斯菲尔德的风格似乎弥漫于过去二十年来的大部分短篇小说中，虽然她自己的作品已经几乎被遗忘了。

　　现在让我们看一看更早一些的英国和美国的短篇。当然，每个人心目中都有不同的"最好"的故事，但我认为下面这张清单能够被普遍接受：《活埋》（爱伦·坡）、《到蒂明斯家略进晚餐》（萨克雷）、《败坏了哈德利伯格的人》（马克·吐温）、《咩、咩、咩，黑山羊》（吉卜林）、《走投无路》（康拉德）、《显微镜下失足记》（赫伯特·乔治·威尔斯）、《死者》（詹姆斯·乔伊斯）、《英格兰，我的英格兰》和《狐狸》（戴维·赫伯特·劳伦斯）、《雨》（萨默塞特·毛姆）。这些故事各不相同，但它们与赫伯特·厄尼斯特·贝茨先生擅长写的那些平淡无奇的故事的差别更大。上面的清单有十篇故事，有两篇描写的是荒唐无稽的内容，一篇在故作惊人之语，一篇让人觉得毛骨悚然，两篇赚人热泪。大部分故事没有嫌弃旧式的"情节"——譬如说，《狐狸》的情节就像是出自埃德加·华莱士的手笔——有的故事篇幅太长，不适合刊登在当代的杂志里。有几篇故事偏离了主题，现在的人会认为不可原谅。它们都有某种趣味，是那种无论故事会以一千字还是以一部长篇小说告终都不在乎的人写出来的。而且，它们的作者都很了解自己的读者群体，或认为挣不到钱是天经地义的事情，而且它们都是二十年前的作品。或许你会得出这么一个结论：现在是短篇小说极其不幸的年代。这种体裁更适合有闲的时代，那时候情绪更加高涨，钱包更加宽裕，杂志的版面更多，悠闲的读者也更多。

在前面我所批判的短篇小说家中，赫伯特·厄尼斯特·贝茨先生是一个能干的写手，或许是当代最能干的写手。你能从他这本书中的第一个故事里了解到他的长处和缺点，这或许也是整本书最精彩的故事。它讲的是一个做柜子的老人，对家具怀有艺术热情，他的妻子因为缺乏照料，吃的是冷米布丁，喝的是淡茶，慢慢地饿死。她喜欢瓷器，与丈夫对家具的热爱相映成趣。临终时她躺在冷冰冰的卧室里，而他就在楼下做她的棺材，做得非常精致。她明白这就是他爱她的方式，强烈反对就医。故事的结局是妻子死去了，丈夫决定在坟边摆上她最喜欢的瓷器。就是这样——没有严格意义上的故事，只有"氛围"和"角色"。这本书的其它故事都很相似，不过有一篇，讲述了一个女孩出于同情嫁给了一个装着木假腿的男人，要比其它故事更像是一则故事。那些威尔士故事出自不同的人的手笔，但它们出奇地相似，带有典型的威尔士色彩（尸体这一主题总是很显眼），只有迪伦·托马斯①的一篇故事是例外，他是威尔士人出身，但没有民族主义情感。比奇克罗夫特先生的故事只是尝试写出"通俗"水平（一位老妇一边喝着生烈啤一边讲述生平的事迹等等），而他写得还不赖，或许比起威尔士作家的平均水准并不逊色。但是，噢！欧·亨利和威廉·魏马克·雅各布②的日子已经过去了，那时候即使是最平淡无奇的故事也有开头、中间和结尾，在最后一段会峰回路转，不会被认为很庸俗。

《斗士》是一本关于澳大利亚的长篇小说，描写的内容并没有真实的情况那么有趣。即使是一本关于澳大利亚的非常蹩脚的小说，如果它能够真实地描写当地的风土人情，也能够被人接受。但是，《斗士》并不是一本蹩脚的小说。或许它的文笔很糟糕，有几处地方流露出女性对于污言秽语的羞怯，但它自始至终的情感

---

① 迪伦·玛莱斯·托马斯（Dylan Marlais Thomas，1914—1953），威尔士诗人，代表作有《夜疯狂》、《死亡没有疆界》等。

② 威廉·魏马克·雅各布（William Wymark Jacobs，1863—1943），威尔士籍英国作者，擅于撰写幽默故事，代表作有《驳船上的女士》、《水手的绳结》等。

是真诚的，而最重要的是，它的题材崭新而有趣。它描写了英国人从未听说过的一个社会阶层：澳大利亚的乡村无业游民，一家人乘着摇摇欲坠的马车或大篷车，偷盗农场主的绵羊，有时候靠干剪羊毛或摘水果等零工维持生计。他们其实就是流浪汉，但因为他们生活在一个更加富裕和民主的国家，他们不像英国的流浪汉那么卑劣和穷苦。他们有着游牧民族的许多特征——喜欢打架和酗酒，痛恨权威和鄙视定居的农民。政府说他们代表了真正的澳大利亚人，而他们越来越像土著人，与他们共同生活和通婚。不幸的是，她没有告诉我们这些热情的被放逐者在澳大利亚的人口中所占的比例。但是，这是一本值得一读的小说，要是像这样的书能多几本，我们对各个自治领就不至于如此无知。

评休·斯拉特的《国民自卫队必胜》^①

这本书是迄今为止发行的国民自卫队手册里最棒的，内容主要涉及军事技术，但最后两章谨慎地提到了与军事组织密不可分的政治问题。它所提到的改革都意味着将国民自卫队变成一支人民军队，摆脱思想还停留在机关枪时代之前就退休的上校的控制。回首去年夏天，很难说在多大程度上是有意为之还是英国的阶级结构造成的不可避免的结果，以至于指挥官的职位毫无例外都被中产阶级和上流阶级所掌控。但情况就是这样。结果呢，原本会是坚定的反法西斯军队成为正规军的附庸，他们虽然爱国，却在政治上保持中立。无论今年有没有侵略发生，国民自卫队将决定自己是什么性质的军队，并明确它的政治和纯粹的演变，各个因素互相影响制约，就像齿轮咬合一样。

斯拉特先生花了一章讲述与操练有关的一个难题。英国军队的训练可以追溯到十八世纪，与现代战争没有直接的联系，可谓臭名远扬。一个新丁要花几个月的时间去匍匐前进和端枪，然后才去学如何瞄准。虽然战场上的失利总是会迫使更加切合实际的观念得以贯彻，但在战斗间隙和两场战争之间，对立正和打屁股的强调总是会卷土重来。国民自卫队对操练的意义存在争议，有

---

① 刊于 1941 年 2 月 15 日《新政治家与国家报》。汉弗莱·理查德·斯拉特（Humphrey Richard Slater，1906—1958），英国作家，代表作有《国民自卫队必胜》、《海峡天堑》等。

时候意见的分歧要比表面上所显示的更加深刻。确实，思想反动的人会认同"吐吐口水擦擦亮"，而思想左倾的人对这场战争持游击战的态度。这一区别的细节乍一看很可笑。现在如果你相信英国应该宣布它的战争目的和希特勒将被欧洲的革命力量击败，你或许会相信士兵应该以最小的弧度将左脚跟与右脚跟并拢。如果你认为"我们唯一的目的就是战胜德国佬"和"只有死掉的德国人才是好人"，你或许会相信左脚应该抬到空中，响亮地与右脚并拢。在西班牙内战时期这个问题在拥护共和国的军队里进行了漫长的争执。为了将国民自卫队改造成半革命的人民军队，斯拉特先生自然对敬礼和擦亮钮扣持有敌意，但作为一个士兵，他意识到军事效率离不开纪律，而纪律或许与训练不可分割。无疑，士气总是和所谓的"士兵的装束"联系在一起，甚至与一些服装细节联系在一起，譬如说，大部分人勒紧腰带时会更有勇气。因此，斯拉特先生呼吁一种以士兵们必须完成的事情为基础的崭新的训练，比如说跳上和跳下卡车，从一个陡峭的位置扔手榴弹等等。无疑，这些内容最终会发生演变，但只有经过强烈的反对才会发生。几年前英国士兵开始三人并排走正步而不是四人并排，就是朝这个方向迈出的第一步。

这本书的大部分技术内容讲述了巷战、坦克战和伪装，内容很精彩，而且已经被国民自卫队的指挥官用于教学。写得最糟糕的一章讲述了德国人可能采取的侵略方案。它排除了每一个可以被想到的会造成毁灭性后果的方案，或许造成了盲目乐观的后果。但这本书的整体效果是好的。斯拉特先生和奥斯特利园训练营与赫灵汉姆训练营的同仁在去年夏天为重振士气发挥了重要作用，这本书是同一进程的延续。它只卖半克朗，那些图解很醒目详实。

评约翰·鲁林·里斯的《英国是我的村庄》、尼娜·菲朵洛娃的《家庭》、丹·威肯登的《行尸走肉》、布鲁斯·马歇尔的《颠倒的大利拉》①

在上面所列出的书目中，第一本书是所谓的短篇小说合集，与一起评论的另外三本小说不属于一类，或许我可以对我之前关于短篇小说的评论加以补充，因为我实在是受不了普里切特先生②的烦扰。

我们似乎不值得费心去区别"情节"、"事件"、"叙述"、"行动"等概念。我要说的是，如果一篇文章要被称为故事的话，它必须有事件发生。譬如说，一篇描写风景的文章就不是故事。里面必须有某个事件，情景的变更，必须有足够多的惊讶元素，让读者没办法猜到结局——或许不一定无法猜到，但无法预见它会如何发生。我选出了《行尸走肉》，是因为抛开它的氛围和角色塑

---

① 刊于 1941 年 2 月 22 日《新政治家与国家报》。约翰·鲁林·里斯(John Llewlyn Rhys)，英国作家，于第二次世界大战时执行飞行任务失事，其遗孀以他的名义创立了"约翰·鲁林·里斯文学奖"。安东尼娜·莉亚萨诺夫斯基(Antonina Riasanovsky, 1895—1985)，俄国女作家，笔名为尼娜·菲朵洛娃(Nina Fedorova)，代表作有《家庭》、《孩子》等。丹·威肯登(Dan Wickenden)，情况不详。布鲁斯·马歇尔(Bruce Marshall, 1899—1987)，苏格兰作家，代表作有《夜里的窃贼》、《玛拉奇神父的奇迹》等。
② 维克多·索顿·普里切特(Victor Sawdon Pritchett, 1900—1997)，英国作家、评论家，代表作有《生命由你做主》、《西班牙的风暴》等。

造，它是一个非常好的故事。如果由阿加莎·克里斯蒂来写的话也会是一个很好的故事。里面有事件发生，有一个重大事件，一个男人的生命里程碑。一个善良的、唠唠叨叨的白痴，脑袋里都是浆糊，却很有自尊心，突然间意识到，或者说醒悟到一个死人要比自己更有活力。普里切特先生指出乔伊斯的另一个特点是《格蕾丝》里面有精彩的对话，但在我看来它并不是一个故事。它的结尾并没有缘由，如果你不知道的话，我相信你会以为它还没有写完。

对每一个故事都要求有一个事件并不表示要有强奸、谋杀或往下巴挥出一拳。它可以是一件很小的事，只要作者觉得它很有意义，并能把它写得很有意义就可以了。但这就涉及到天分和真诚的问题。凯瑟琳·曼斯菲尔德或许师从的是契诃夫，擅长描写那些只是小打小闹的精神上的历险。大体上她的作品很难成为传世之作，但你只会觉得她的品位不是太好，而不会觉得她的情感并不真挚。她的创作时期正值文学的周末时光，那时候虽然有战争，但外部世界还没有侵入小说家们的玫瑰花园，那些过于敏感的人的小小不幸就能够占据她的视野。当一枚燃烧弹落在一辆婴儿车上成为司空见惯的事情时，赫伯特·厄尼斯特·贝茨与其他人仍继续撰写那一类型的故事则是另外一回事了。即使如此，凯瑟琳·曼斯菲尔德的许多作品如果不是以小说为体裁的话仍会是更好的作品。一个好例子是那个莫斯小姐的故事。她是一个胖乎乎的女演员，事业失败，几乎就要沦落街头。故事里没有惊奇元素，或几乎没有。如果它只是一则关于一个女人想要去当妓女的临床研究会更好一些。我认为它与《英国是我的村庄》都引发了一个问题——许多自称为短篇小说家的人放弃这一困难的创作形式，专门去写不假装是一则故事的描述性或叙述性的作品会不会比较好呢？

约翰·鲁林·里斯是一位年轻的飞行员，去年秋天在执行任务时去世了。他之前也写过几本书，但这本书是他在死后出版的，显然不是他修改的。它的内容是一些零星片段的合集，或许最好称之为描写片段。有些是第三人称，大体上是以故事的形式进行讲述，但它们都互相联系，有自传的性质，大部分内容都有同一个飞行员和同一个女孩出现。在我看来它们的优点是不把单独一个事件包装成故事。一个飞行员、一个水手或其他过着积极活跃的生活的人见到了许多值得讲述的事情，如果他碰巧能够动笔写书，只是通过记录，而不加入任何内容，他就能够带给读者在观看一个技术高超的铁匠或木匠干活时同样的快乐。约翰·鲁林·里斯或许并没有过人的创造力，或许只是一个平庸的"平铺直叙"的小说家，但他对飞行充满热情——他当过商业航空公司的飞行员，还是英国皇家空军的飞行员——与此同时，他过于敏感，无法将悲剧视为理所当然的事情。他所写的一切都充满了蓝天的魅力，但奇怪的是，这夹杂着一种超越了死亡前兆的忧郁。任何记得三十年前的事情的人一定都知道飞机并没有满足人们的期盼。直到莱特兄弟将他们的机器飞离地面五十九秒钟之前，人类"征服"天空一直被视为一个奇迹，人们认为未来的飞行员会像超人那样如同雄鹰一般在云间穿梭。赫伯特·乔治·威尔斯早期的故事尽是这些天神般的人物。事实上，飞机突出的特征就是噪音、危险和昂贵。操作飞机的人就像土道骑师和赛车手那样都是年轻健康而且反应灵敏的人，理解内燃机的原理，但不一定拥有思想。在地面上的人们的眼中，飞机只是会朝你扔炸弹的东西；对于乘客来说，主宰一切的就是那震耳欲聋的噪音。对于飞行员来说，显然，飞行意味着压力、疲惫、寒冷和时时刻刻都意识到危险。这本书里几乎每一篇文章都是一个恐怖故事，从轰炸机飞行员即将出发长途奔袭德国时能够加以控制但仍然能够被察觉到的恐惧，到新型飞机突然失去控制时试飞员的黑暗恐怖。弥漫着整本书的忧郁还有另一个原因——他知道一个飞行员的活跃年头，即使他运气好没有被杀的话，比一个拳击手的生涯长不了多少。在书的开头有一段非常有感染力的描写，上一次战争的年轻英雄二十年后成了一个卑贱的红脸醉汉。那段降落伞降落的描写也非常精彩。按照目前的书籍的水准，这是一本非常出色的作品。

　　我的清单中的另外三本书都是平庸之作，但《家人》是最好的一本。它是人们所说的"有价值的书"，不是我喜欢的那类小说，但我承认它是一本好书。它描写了一间俄国难民在中国经营的寄宿旅馆，形形色色的人们来来去去，由此刻画出一个龙蛇混杂的社会"全景"。《行尸走肉》是一部几乎不堪卒读的作品，描写一个身边围绕着极其无趣的人的美国少年。在书里作者对每一个琐碎的细节都发表了评论，而且过分地进行强调，给人一种大猩猩在弹钢琴的感觉。另一方面，《颠倒的大利拉》的文风很精致，但它的题材却很傻帽。故事发生在战争早期僵持阶段的一座法国庄园，几个英国军官把守着炸药库。他们目睹了许多神秘的事件，最后谜团是如何解开的我不会透露，但内容很荒谬，给人一种不真实的感觉。这本书有一些色情描写。一个十八岁的女生在追求一个中年男人，尝试挑逗他，说着类似"我脱光了你会兴奋吗"这样的话。但是，最后什么事情也没有发生。这本书的作者并不清楚自己想写些什么。我所提到的这三本小说是从一些作品中挑选出来的，其它作品要比它们更糟糕。我必须记录下我的看法，如今出版的小说水平都非常糟糕，或许是我的记忆中最糟糕的。想到德国出版的小说或许更糟总算能够带来一丝安慰。

评休·斯拉特的《国民自卫队必胜》^①

德国入侵的危险不再是它有可能一举征服英国。或许德国人失去了实现这一点的机会，除非耗尽英国的海军力量和空军力量，它不会再获得这种机会。危险的事情是，一场侵略，即使没有希望获得成功，或许也会形成一场大规模的骚扰性空袭，造成瘫痪。因此，如果侵略发生的话，问题的关键不是战胜侵略，而是要迅速战胜侵略，在最初的几个小时，国民自卫队或许将会非常重要。关于国民自卫队的政治立场有很大的争议（民主的人民军队，中产阶级的民团，还是毕灵普分子的玩物），无疑，没有必要说清楚斯拉特先生的立场。他的书既是一本政治宣传册，又是一本关于战术和武器使用的技术手册。但他非常敏锐，并没有这么说。如果他这么做的话，他所针对的特别的团体就不会想去读他的书了。

去年夏天国民自卫队的突然出现是一个民主的姿态。与此同时，一支这种类型的地方性业余军队一定是纯粹的步兵，去年的战斗似乎表明步兵如今已经没有用处了，只能用来巩固其它部队攻占的地方。自从后膛式步枪发明之后，民主事业似乎越来越绝望，因为决定性的武器被越来越少的人所拥有。我们现在已经来到了只有五个国家（德国、英国、美国，或许还有苏联和日本）能

---

① 刊于 1941 年 3 月《地平线》。

够发动大规模的持久战的历史阶段，而这五个国家里有三个是极权主义国家，另外两个必须驯服它们的民主制度，让自己有更高的战争效率。但是，民主国家对现代机械化部队的回答是全民武装、纵深防御和几样原始但有效的武器的重新出现。军事专制主义的象征是坦克，人类所能够想象出的最可怕的东西。但是，几乎任何规格的坦克只消用几磅重的手雷就能炸上天，只要有勇敢的人去扔手雷就行了。这也取决于政治和社会条件，也就是群众能感觉到他们在为了什么而战斗。我们还不知道这种民众抵抗是否会是决定性的，但证据表明它至少能够起到非常大的作用。除非国民自卫队在最后关头遭到破坏——譬如说，官方或许会在最后关头退缩，不发放必要数量的武器——否则他们至少能够延缓入侵军队的集结，即使当真正的战斗开始时他们并不会取得多大的战功。

但是，如果他们能立下战功，在很大程度上那是因为斯拉特先生本人，还有托马斯·温钦汉姆[1]和他的同仁们以及军队基层的年轻人过去几年来在多间国民自卫队培训学校努力争取的结果。如果说国民自卫队初次组建时就落入了老迈的毕灵普分子的手里，这并不算泄露军事秘密。这些人纯粹根据社会背景由上面指派的，如果由他们继续掌控的话，会将国民自卫队完全扼杀。这些老头子大部分人不仅反对游击战思想，而且反对任何现代武器的训练。有的人希望城镇的国民自卫队没有武装，只是作为辅警用于对付"煽动分子"。一位负责保卫军事要地的将军在对士兵

---

① 托马斯·亨利·温钦汉姆（Thomas Henry Wintringham，1898—1949），英国军事史家、作家，代表作有《人民的战争》、《自由人的军队》等。

讲话时一开始就说他当了四十年的兵，接着还说他"不相信什么匍匐前进的把戏"。奥斯特利园培训学校在对抗这种事情上起到了重要的反制作用。来自全国各地的数以百计的人每星期都会到这里学习，离开时学会了从实战而不是操练场去看待战争。《国民自卫队必胜》的大部分内容是在那里传授过的讲座内容的重新编排。一部分内容很基础，其它内容纯属臆测或过于乐观。这本书大体上或许过度依赖西班牙战争的经验。但它有很多实用的信息，而且是一本突出的反毕灵普分子的宣传册。关于巷战、坦克战、巡逻等内容预示着国民自卫队将演变成真正的人民军队，一支拥有自我思想的军队，知道自己为了什么而战斗，并且接受他们自己选出的军官的指挥——至少能够让他们自由作出选择。

斯拉特先生在书的最后提出了重要的一点，那就是，我们应该根据现代战争演变出某种正规训练，而英国军队的大部分训练仍以弗雷德里克大帝时的战争为依据而设计。目前，德国有可能在几个星期后就实施侵略，而国民自卫队的业余志愿兵还在操练向右转、向左转、向后转和拼刺刀。他还提出几项关于国民自卫队的地位的改变，都是要求进一步民主化。其中最重要的是建立由平民主导的国民自卫队委员会，为军阶较低的军官阶层提供薪酬。目前，任何军阶在军士以上的职位实际上只能由拥有丰厚收入的人承担。无疑这就是从一开始就宣布参加国民自卫队完全没有薪水的用意。这么做一定会让资产阶级出身的人占据军官的位置——这种情况在任何军队里都会发生，譬如说，就连西班牙的早期民兵部队情况也是如此——它给予了英国在资本繁荣的那几年造就的大腹便便的"食利阶层"和"退休人员"特殊的机会，这是很要命的。这些人仍然在国民自卫队中占据了大部分指挥官的位置。在危急时刻他们将会被扫到一边，但我们不希望他们的无能让我们付出血流成河的代价。如果连排指挥官能领到俸饷并经过考核筛选的话，他们立刻就能被踢出去。

国民自卫队忠实地反映了在英国进行的民主与特权的斗争——有时候显得很绝望，也有时候看似几乎已经取得了胜利。这本书是站在民主的立场的很有力而且很深刻的抨击。它从战争的技术层面表明了封建国家的军事缺陷和只有民主社会主义才能抗击法西斯主义。即使是那些对军事题材不感兴趣的人也可以将它当成间接的政治宣传去读。

评弗朗兹·霍勒林的《保卫者》，拉沃生译本；阿尔弗雷德·纽曼的《人民之友》，诺拉·维登布兰克伯爵夫人译本[①]

　　虽然历史不会重复自己，但它总是制造出如此相似的情况，有时你单凭经验法则就能够可以预测接下来会发生什么事情。因此，每一次左翼革命你都可以肯定温和派迟早会推翻极端主义者，并建立起他们自己的暴政，它要比革命所摧毁的旧的暴政好一些，但也好不到哪里去。镇压巴黎公社是《人民之友》的主题，淋漓尽致地体现了这一点。法兰西第三共和国无疑要比拿破仑三世的王朝好一些，却以现代最血腥的屠杀开始其七十年的统治。奇怪的是，这次屠杀在英国人的回忆里并没有留下深刻的印象，这无疑是因为被屠杀的都是平民。我不知道有哪一本英文小说在描写巴黎公社，而这本书的译本从英文的角度看存在着缺陷，以为普通读者很了解巴黎公社的情况。

---

① 刊于 1941 年 3 月 15 日《新政治家与国家》。弗朗兹·霍勒林（Franz Hoellering, 1896—1968），德国记者、作家，代表作有《国家》、《保卫者》等。拉沃生（L Lewisohn），情况不详。阿尔弗雷德·纽曼（Alfred Neumann, 1895—1952），德国作家，代表作有《危险人物》、《爱国者》等。诺拉·维登布兰克（Nora Wydenbrunk），情况不详。

虽然故事里面有真实的人物——布朗基①、罗什福尔②、克莱孟梭③和不是很有必要的魏尔伦④——但这部小说的中心主题是公共利益与私人利益之间的矛盾，而在革命时期，这个矛盾总是以最尖锐的形式出现。故事的主人公，如果他可以被称为主人公的话，是一个十六岁的少年，名叫皮埃尔·卡格农克，是典型的巴黎浪荡子，高喊着"甘必大⑤万岁！"开始了革命生涯，并骄傲地凿掉商店橱窗上象征帝国的"N"字母，几个月后成为巴黎公社恐怖的检察官拉乌·里果⑥的政治密探。皮埃尔一直在职责与道义之间进退两难。他爱上了一个资产阶级的年轻女士，她岁数比他大，是法国皇室的一位部长的情妇。当然，大家都认为她准备阴谋反对共和国和巴黎公社，皮埃尔一被发现和她的关系就被分配了最卑鄙的任务：对她实施监视。他知道她是无辜的，但他只能通过阳奉阴违的方式去保护她。直到他死去时——被梯也尔⑦的士兵从脑后开枪，这些士兵总是先开枪再提问——他才开始认识

---

① 路易·奥古斯特·布朗基(Louis-Auguste Blanqui, 1805—1881)，法国社会主义者，巴黎公社领导人，曾担任巴黎公社议会主席。

② 维克多·亨利·罗什福尔(Victor Henri Rochefort，1831—1913)，法国政治家，第二共和国议员，《马赛报》创始人，同情巴黎公社运动。

③ 乔治斯·本杰明·克莱孟梭(Georges Benjamin Clemenceau, 1841—1929)，法国政治家，一战时法国领导人，曾于1906年至1909年，1917年至1920年担任法国总理。

④ 保罗·马利·魏尔伦(Paul-Marie Verlaine，1844—1896)，法国诗人，代表作有《月光曲》、《忧郁诗篇》等。

⑤ 莱昂·甘必大(Léon Gambetta，1838—1882)，法国政治家，曾于1881年至1882年担任法国总理，保卫第三共和国的共和体制，反对帝制复辟。

⑥ 拉乌·里果(Raoul Rigault, 1846—1871)，法国革命家，巴黎公社成员，曾担任巴黎公社检察长，推行革命恐怖政策，在保卫巴黎公社时牺牲。

⑦ 马利·约瑟夫·路易斯·梯也尔(Marie Joseph Louis Thiers，1797—1877)，法国政治家，普法战争失败后法国临时政府首脑，镇压巴黎公社革命，曾担任法兰西第三共和国总统。

到革命的忠诚总是意味着放弃道义，而他的英雄里果在普通人的心目中其实就是一个恶棍。

作者只是陈述了革命与生俱来的道德困境，没有尝试去解决这个难题。民主只有在变得不民主的情况下才能保卫自己。虽然巴黎公社确实杀了不少人，并由那些残酷无情的人充当领袖，他们准备好了实施白色恐怖和政治间谍活动，却似乎犯下了过于温和的错误。他们没有查封法兰西银行，而且从来没有好好利用过人质。在他们绝望的时刻，一方面得对抗梯也尔，另一方面得对抗普鲁士人，代表们经过争论后通过了一则动议，反对单独囚禁政治犯，因为"那正是我们要抗争的事情"。但是，巴黎公社并不是因为过于人道而失败的，不管怎样，它都不可能生存下去，无论它如何挣扎，它一直带有就像是一艘沉船或一个死囚牢那样的病态的吸引力。如果你对那个时期和它的风云人物有所了解，这本书会带给你悲剧的感觉。但对于一个英国读者来说，它的缺点在于政治背景被视为理所当然应该有所了解的事情。但不幸的是，很少有英国人知道菲利克斯·比亚特[①]是谁或布朗基如何与马克思产生分歧。巴黎围城的惨绝人寰困境，以气球为岗哨，城里的人吃大象和老鼠充饥（棕老鼠一只卖 2 法郎 50 生丁，黑老鼠的售价稍低），这些虽然对于法国人来说只是陈年旧事，但如果有过一本关于巴黎公社的英文小说的话会更加感人。

另一本历史小说《保卫者》要比《人民之友》写得更好，但它未能做到同样的超脱。它描写了 1934 年对奥地利社会民主党人

---

① 菲利克斯·比亚特（Félix Pyat，1810—1889），法国记者，曾参加巴黎公社革命。

的灭绝行动，这件事情刚刚发生而且富有争议，无法成为真正的悲剧。巴黎公社仍留在活着的人的记忆里，它是一个现代事件，通过照片的形式得以记录，却又是在很遥远的从前发生的，回忆的时候不会带着愤怒的情绪。1934年的维也纳大屠杀就不是这样，它是过去十年的肮脏历史中最愚蠢和最卑鄙的暴行之一。霍勒林先生从社会民主党人的角度进行描写。在1934年，奥地利的社会主义者真心相信和平演变，并以他们在市政选举中的成功作为这一想法的佐证。他们被保安武装和其它妄图建立"父权"独裁体制的反动力量一步步逼到发起暴动的地步。他们的领袖有着和民主体制的政客一样的缺陷，一次又一次地阻止他们进行抵抗。最后，政府废除了宪法，阻止议会召开大会，逮捕了大部分社会主义者领导人，并将保安武装调到维也纳，声言要"进行清洗"。数千名信奉社会主义的普通士兵挖出他们填埋的武器，并抵抗了几天，不是为了革命，只是为了捍卫共和国。极端爱国主义者和天主教保安武装在墨索里尼的资助下用大炮将他们炸得粉碎，而这么一来，他们消灭了与纳粹政权进行斗争的唯一的盟友。

《保卫者》的主角是一位年轻的工程师，他是一个社会民主党的"地下党员"，和一个与旧贵族出身的男爵订婚的中产家庭的女孩有过短暂的恋情。但是，最让人同情和最有趣的人物是一个臃肿的交响乐团鼓手，有着敏锐思想和英勇情怀的胖子，但大腹便便的形象让他无法成为一个被严肃对待的人物。那个男爵是一位自由主义政治家，一个政府里面的小官员，他的性格更加复杂，是上一次战争的遗民。那场战争的恐怖从未远离他的回忆，而这件事是年轻一代无法理解的，他们认为他只是一个以自我为中心的贪图享乐的人。他渴望摆脱政治，回到他的乡村别墅，回到古老的封建生活，呆在那间有小教堂和葡萄园的城堡里，虽然他隐约意识到纳粹分子、天主教法西斯分子还有社会主义者正将那种生活摧毁。作为社会主义者绝望的斗争的背景写照，书里有一间咖啡厅，那些被剥夺了财产的知识分子——音乐家、作家和律师——在那里聚会，他们失去了经济基础，无所事事，只会吵架、做爱、讨酒喝和谈论业已消失的"战前"维也纳。霍勒林先生对所有这些人都抱以同情，就像对待社会主义者们一样，但这就是如今所能做到的最大限度的中立。纳粹分子、保安武装和天主教政客也有他们的观点，但对于所有关心民主的人来说，要表明这一点为时太早了。

评阿托罗·巴里亚的《锻造》，彼得·查尔莫斯·米切尔译本并作序[①]

　　巴里亚先生在西班牙内战中扮演着重要的角色，但这本书并没有描写这场战争，只是记述了他直到十八岁的生平。但是，从某种意义上说，那场战争就存在于书中。他所描写的暴力、活力和可怕的贫穷都是斗争的背景，而且在他的故事几乎每一页里，总是在描写拥挤的街道、炽热的日头、衣衫褴褛的孩童和堆满了驴粪的院子，让人想起了后来那场我们许多人被深深地打动却不幸没有多少了解的悲剧。

　　一个突然间从马德里的郊区被卷入英国内战的西班牙人一定会对大部分问题产生误解，而卷入西班牙内战的外国人也是如此。不过，像西班牙这样的国家，它的社会、政治和宗教斗争要比英伦三岛的斗争更加容易理解，而且，或许巴里亚先生在不经意间透露了这一区别。他描写的是一个非常贫穷的国家，在过去一个世纪里从未有过政治稳定。可以这么说，每件事都是在明里进行的。工人与老板之间的斗争、农民与放高利贷者之间的斗争、蒙昧主义与思想自由之间的斗争，都是显而易见和毋庸置疑

---

　　① 刊于 1941 年 6 月 28 日《时代与潮流》。阿托罗·巴里亚·奥加宗（Arturo Barea Ogazón，1897—1957），西班牙作家、记者，西班牙内战后流亡英国，代表作有《勇气与恐惧》、《断根》等。彼得·查尔莫斯·米切尔（Peter Chalmers Mitchell，1864—1945），英国动物学家、作家，代表作有《人的本质》、《动物的童年》等。

的事情，没有任何事情起到缓冲作用，没有包容和妥协的传统，没有自由主义的贵族阶级或开明的教会人士。巴里亚先生是一个洗衣妇人的儿子，但凭借聪颖的天资获得了奖学金，大部分教育来自神父。他描写西班牙教会的那些章节非常有趣，因为它们坦诚地揭示了中世纪的腐朽。他认识的神父里有好人，但他们当中最好的人，那些了解他的问题并在他童年时予以指导的人，都私底下结了婚，还有了儿子。其他人都是公然的卑鄙小人，一到晚上就换上普通人的衣服去妓院寻欢或拿救济箱里的钱去打牌。好人都是无知的盲信者，查禁一切值得阅读的好书，并要求警察查封新教徒的教堂。西班牙的两大银行都由耶稣会把持。政治和经济斗争都同样粗鄙和明显。

他们总是在议会里争斗不休，莫拉①、帕布罗·伊格莱西亚斯②和勒罗克斯③。他们在墙壁涂上诸如"莫拉下台！"的标语。有时候下面会用红字写上："莫拉雄起！"写"莫拉下台"的是工人阶级，写"雄起"的是绅士阶层。有时候，双方带着油漆桶不期而遇。他们会朝对方的身上泼油漆，然后大打出手……国民卫队会介入，但他们从来不会去殴打绅士阶层的人。

---

① 安东尼奥·莫拉·蒙塔纳(Antonio Maura Montaner，1853—1925)，西班牙政治家，曾于 1903 年至 1922 年五度担任西班牙总理。
② 帕布罗·伊格莱西亚斯·波瑟(Pablo Iglesias Posse，1850—1925)，西班牙政治家，西班牙社会主义工人党创始人。
③ 亚历山德罗·勒罗克斯·加西亚(Alejandro Lerroux García，1864—1949)，西班牙政治家，曾于 1933—1935 年三度担任西班牙总理。

在这么一个环境里，阶级斗争非常真切，只有极其愚蠢的人才不会选择阵营。但这本书不是一份政治檄文。它是童年和少年时期的记述，一开始是马德里的贫民窟，然后是落后的卡斯提尔乡村，巴里亚先生的家族在那里繁衍生息，然后是他从十四岁起开始工作和领取微薄报酬的商店和银行。故事的结尾是1914年战争的爆发，那时候他十八岁。他是在1938年于巴黎写这本书的，现在他流亡来到英国。译者彼得·查尔莫斯·米切尔爵士写了一篇序文，对巴里亚先生接下来的生平进行了简要的介绍。他的一生有很多故事，可以再写上几卷书。他是由于法西斯的迫害而来到英国的最具才华的作家之一。

全面战争中的英国文学①

　　在纸张紧缺和年轻的作家们大部分参军作战的时候，要弄清楚正在发生什么事情不是一件容易的事情，但我认为你可以有把握地说，在近期英国文学不大可能会走向复兴。那些主宰了二十世纪三十年代的所谓的共产主义作家早在苏德条约签署之前就开始失去团结和自信了。西班牙内战在肆无忌惮地撒谎，1914 年至1918 年的战争宣传令人害怕地重现，将他们当中更有才华的人给赶走，却没有任何有组织的群体出来顶替他们的位置。据我所知，过去几年来英国只出现了一个文学流派，那就是"末日群体"，似乎只是几个非常年轻的作家在进行某种形式的超现实主义创作，但他们并没有什么过人的才华。还有另外一个以亨利·米勒为中心的小群体，但他们大部分是侨居海外的美国人和欧洲人。除了米勒的《北回归线》之外，他们并没有写出什么有价值的作品，而这场战争让他们彻底陷入分裂。

　　编辑们和出版商们说，自从战争开始后，诗歌的数量增加了，但你只需要翻阅一下杂志就知道它们的平均质量并没有提高。《新写作》这本双年刊是左翼知识分子的集结阵地，它的文学标准下降得很明显。小说仍在出版，但都写得很糟糕。去年出现了几本有价值的作品，要么是美国人写的，要么是战前外国小说

---

① 刊于 1941 年 7 月 14 日《新共和国》。

的译本。最好的英文作品，除了政治新闻之外，都是些零零碎碎的自传、战争日记和士兵的信件。我相信现在没有人能够坐下来写一本大部头的小说，我猜想在这个时候只有一个麻木不仁的人才会这么做。因此，如果你讨论现在的英国文学，你只能进行预测，而不是进行记录。我们正置身于政治真空期，在它结束前讨论正在发生什么事情不如讨论将会发生什么事情。但在这么做之前，有必要提一提当前的情况所造成的影响，即这场战争对文学的客观效果，没有人预料到这一点，而它的确很重要。

其中一个影响是，虽然出版的书少了，人们读书却多了，因为士兵们得呆在泥泞的兵营里，而且其它娱乐减少了，特别是空袭使得电影院没办法在晚上营业。六便士的重版书（企鹅丛书、塘鹅丛书和其它相似的系列丛书）卖得很火，这些书的整体水平很高，比十年前的商业模式下出版的书水平高得多。与此同时，流行出版物的格调有了令人称奇的提高。过去几年来，英国的日报一直被广告商控制着，特别是那些消费品的广告商，他们希望让公众一直保持愚昧、轻信和无知的状态。情况已经改变了，一部分原因是国内贸易下降到几乎为零，一部分原因是除了少数几份报纸之外，所有的报纸都减少到了四个版面，官方通讯排挤掉了原本充斥版面的垃圾。所有有分量的媒体或许在一年内都会由政府直接控制，但目前记者摆脱了巧克力生产商的独裁，有思想的政论刊登在一份日报上不再是不可能的事情。自从敦刻尔克战役之后出版了许多政治书籍，一本卖半英镑，比几年前的左翼书社的作品更加"左倾"，也更加诚实。比起以前群众明显没有那么愚昧了。从较低的层面讲，你必须承认这场战争并没有让文学受到戕害。

但高雅文学的情况则不一样。在阅读美国的刊物时我注意到，即使到了现在，里面仍然带有从前英国盛行的超脱态度，那时候希特勒只是在迫害维也纳的犹太人。如果你从望远镜的错误的一头进行观察，你可能会以为这场战争只是上一场战争的重复或延续。但是，普遍的思维习惯和上一场战争的思维习惯不一样了，因为没有哪个有思想的人会认为文明的延续是天经地义的事情。直到不久前马克思主义者仍在对我们信誓旦旦地说丘吉尔和希特勒代表了相同的事物，但实际上就连那些马克思主义者也不相信这是事实。英国的知识分子现在意识到，如果希特勒获胜的话，他们自己就得面临放逐或死亡。我们习惯于谈论文学的"永恒价值"，但事实上我们所了解的文学是自由资本主义的产物，或许与它密不可分。不管怎样，如果法西斯主义在全球获得胜利的话，建立在我们所谓的思想诚实之上的文学或许将无法生存下去。几年后，出版自由或许将只是一个几乎被遗忘的词语。而且，现在很多人意识到即使希特勒失败了，作家和艺术家的经济状况也将在这个过程中发生改变。我们显然正在迈向某种形式的国家社会主义或国家资本主义，这两种体制都无法养活数量庞大、不事生产的知识分子。

　　二十年来，英国的文学界一直是寄生虫。从事艺术的人数量多到他们自身就构成了一个公众群体，而那些高雅的周刊和月刊究其本质都是专业性报纸。单是在战后世界将面临的贫穷就将改变这一切。以前作家那种轻松的生活——想住哪儿就住哪儿，想工作就工作，一年写一本书就能挣几百英镑——显然就要结束了。此外，如今每个人都有一种世事无常的感觉，因为人们都知道如果你还能走得动，又没有一份安稳的政府工作的话，你可能很快就得去参军或进工厂。最后还有空袭。你能看到现在要进行严肃的创作有多么困难，而且规模缩小了许多。任何坐下来写书的人至少得在一年的时间中面对心中那个老大的疑团：这本书到底能不能出版。

但是，比这个更重要的是目标感的缺失。艺术与宣传不是一回事，但确实，每一个艺术品都蕴含着一个"主旨"，每一场文学运动都围绕着某个政治纲领而展开。去年的敦刻尔克战役之后英国似乎出现了一场新政治运动的开端，但丘吉尔强势的个性和左翼领袖的缺席将其扼杀了。政策的整个趋势和所谓的体面思想反对赋予这场战争任何意义。如果你意识到一个国家的战争目的并不是它的统治阶级所设想的，这并不是什么大不了的事情。但如果战争获胜了将会发生什么事情呢？虽然要证明"这是一场资本主义战争"很容易，但无论哪一方获胜都将会带来截然不同的结果。英国的知识分子意识到这一点，却毫无热情。他们无法感受到这场战争的前奏——西班牙内战发生时的那种热情。他们曾经崇拜斯大林，但他的缺陷所留下的真空无法被希特勒——如果他抓到他们的话，会将他们统统处死——或哪个英国人物所填补，因为他们一直在嘲笑爱国主义，几乎将自己心中的爱国情怀给扑灭了。在左翼文学圈子里，时髦的说法是"这场战争根本毫无意义"。与此同时，几乎没有人赞同停战，亲纳粹分子的情感几乎可以忽略不计。说到底，希特勒是最可恶的焚书的恶棍，因此，对于所有作家来说，这场战争还是有意义的。但以如此负面的事情作为基础很难发动一场文学运动。

你会发现那些最年轻的知识分子，那些一旦时局恢复平静将开始创作的年轻男女，都是"反战人士"。这并不是说他们会拒绝服役或战斗时没有别人那么勇敢。只是他们看不到任何前景能让他们感受到热情。如果这些二十来岁的年轻人逃避责任和奉行享乐主义，你很难去责备他们。他们成长于一个战争的时代，这个时代或许将持续数十年之久。他们没有经历过安宁有序的生活，那是1914年时的年轻人的生活背景。个人主义似乎有回归的迹象——即恢复对思想诚实的尊崇。那些现在开始写书的人或许不像十年前的那些作家那样觉得捏造谎言和为了某个政治事业而降低审美标准是光荣的事情。我所读到过的少数由年轻作者撰写的很有希望的作品都是纯粹个人化的主观作品，"带着天真的公共精神"。如果英国现在有人正在写一本有价值的书，我认为它应该遵循这些纲领。即使出现大量的"逃避文学"也不是什么值得惊讶的事情，虽然现在还没有出现这个迹象。

英国现在的整体思想水平要比以往任何时候更高，之前几乎不曾存在的大众文化的基础已经形成。但这只是保证将会有更好的大众刊物和更美妙的歌舞厅作品。有分量的文学作品似乎得等到未来更容易被预测和有思想的人不再感到无助的时候才会出现，或许这些条件得等到战争结束才能实现。不过似乎可以肯定的是，我们目前这种异常的情况——由反动分子发起的反法西斯的斗争——不会再长久地持续下去。当必要的政治变革发生后，目的感和延续感或许将会回来，即使那时候轰炸仍在进行。我不知道另一场"运动"会不会兴起。但我相信我们正在储备有价值的材料，为能够再次进行创作的时候做准备。值得注意的是，似乎没有人去非难那些逃到美国的英国作家，没有人想要和他们调换位置。回顾去年在伦敦经历的那段奇怪而无聊的梦魇，我觉得从中学习到了很多东西，就像我从西班牙内战的梦魇中学习到很多东西一样。我知道很多人和我有同样的感受。虽然目前它是一场恐怖的灾祸，或许我们将因祸得福、但不要指望近期英国会出版有价值的作品，因为那些有学习能力的年轻人大部分要么正在忙碌，要么情绪低落，没办法从事创作。

评费罗兹·汗·农爵士的《印度》[①]

　　一本至多三十页的凸版印刷小册子很难深入地探讨一个拥有3亿5千万人口的国家的问题，或许从那些精美的插图中读者能比从费罗兹·汗·农爵士穿插其中的只言片语的注解中了解到更多的信息。不过，这些注解涵盖的内容很广泛，并勇敢地尝试勾勒出印度的全貌，这个国家拥有多样的民族和多样的文化，在政治和宗教层面正在发生斗争，它的贫穷令人震惊，而且它拥有丰富的原材料和人力财富。费罗兹·汗·农爵士并没有试图描绘出一幅美好的景象，也没有回避争议，在篇幅允许的情况下还提及了英国与印度之间以及穆斯林与印度教徒之间的政治紧张。他客观地进行描写，如果不是他的名字，你很难猜想得到他究竟同情的是哪一边。

　　不过，那些插图是这本书的精华所在。里面有拍得很好的乡村日常生活的照片，还有更好的精致而恐怖的达罗毗荼人雕像照片。但最好的照片是彩色的微缩复制品，带有一些莫卧尔王朝时期的波斯文化特征。《1570年阿克巴皇帝观斗象时得知诞儿图》画得特别富有魅力，不过这件作品并没有还原颜色。

[①] 刊于 1941 年 7 月 24 日《听众》。费罗兹·汗·农（Feroz Khan Noon，1893—1970），巴基斯坦独立运动重要人物，曾于 1957 年至 1958 年担任巴基斯坦总理。

威尔斯、希特勒与世界国度①

"那些自以为是的人说，到了三月或四月，英国就将遭受大规模的进攻……我想象不出希特勒会有什么作为。他那日渐减少和分散各处的军力现在可能比意大利出征希腊和北非前的军力强大不了多少。"

"德国的空军消耗巨大，而且装备落后，大部分一流的飞行员不是身亡就是斗志沮丧身心俱疲。"

"1914年，霍亨佐伦军队是世界上最强大的军队。在柏林的那个叫嚣的小人背后并没有这么一支军队为他撑腰……但是，我们的'军事专家'在讨论那支等候中的影子军队。在他们的想象中，它拥有完美的装备和无可战胜的纪律。它将在某个时候发起决定性的一击，横贯西班牙和北非，或者行军通过巴尔干半岛，从多瑙河杀到安卡拉、波斯、印度，或'击垮俄国'或'席卷'勃伦纳山口，进入意大利。好多星期过去了，但这支影子军队并没有做到这些事情中的任何一件——合理的解释只有一个，根本不存在这么一支强大的影子军队。它所拥有的大部分本已不敷使用的大炮和弹药一定已经在希特勒进攻不列颠的愚蠢决定下被调走和浪费了。随着士兵们意识到闪电战根本

---

① 刊于1941年8月《地平线》。

没有奏效，战争大势已去，它那豆腐渣一般的纪律正在土崩瓦解。"

我所引用的这些话并非出自《骑兵季刊》，而是赫伯特·乔治·威尔斯先生今年年初在新闻报刊上发表的一系列文章，现在重新刊印成一本书，名为《新世界的指引》。自从这些文章面世后，德军在巴尔干半岛势如破竹，再次征服昔兰尼加，随时可以远征土耳其或西班牙，并开始入侵俄国。我不知道这场战役的结果会怎样，但值得注意的是，德军参谋总部的决策或许值得考虑——如果他们没有十足把握战役能在三个月内结束，绝不会挑起战端。他还提出了其它看法，什么德国军队战斗力很强，但军备不足，士气低落，等等等等。

威尔斯对"柏林那个叫嚣的小人"作出了什么回应呢？还是那番关于世界政府的老生常谈，加上"桑基宣言"①，尝试对基本人权和反极权主义的倾向进行定义。除了现在他特别关心的是由联邦世界控制空军力量，他重复的还是过去四十年来几乎一刻不停地传播着的同样一套福音教诲，总是对人们无法理解如此浅显的道理表示惊讶。

大谈我们需要由联邦世界控制空军力量有什么意义呢？问题的根本是我们要怎样去实现。指出成立一个世界政府是好事有什么意义呢？重要的是五大军事强权没有一个愿意听命于这么一个组织。过去几十年来，有识之士大体上都认同威尔斯先生的说

---

① 约翰·桑基(John Sankey，1866—1948)，英国大法官、工党政治家，于1940年提出"桑基人权宣言"（威尔斯是主要起草人），后来该宣言被联合国的"普世人权宣言"所取代。

法，但有识之士没有权力，而且在许多情况下，他们不愿意牺牲自己。希特勒是个有犯罪倾向的疯子，掌握着数以百万计的军队、数千架战机、数十万辆坦克。他一声令下，一个伟大的国家六年来心甘情愿地日夜加班，然后打了两年多的仗；至于那些理智的人，尤其是崇尚威尔斯先生提出的享乐主义世界观的人，几乎没有一个人愿意洒下一品脱的鲜血。在你奢谈世界重建甚至奢谈和平之前，你必须先消灭希特勒，这意味着成立一个不一定完全与纳粹政权一样，但或许对于那些"开明人士"和崇尚享乐主义的人来说无法接受的体制。是什么在过去一年里让英国屹立不倒呢？无疑，一部分原因是某个美好的将来的理念，但更主要的是说英语的民族根深蒂固的优越于外国人的爱国主义情怀的回归。过去二十年来，英国左翼作家的主要目标就是瓦解这种心理优越感。假如他们成功的话，或许现在我们就眼睁睁地看着党卫军在伦敦的街头巡逻。同样地，为什么俄国人就像猛虎一样抗击德国的侵略？或许一部分原因是为了某个依稀记得的乌托邦式的社会主义理想，但主要的原因是为了捍卫神圣的俄国（捍卫"祖国圣洁的土地"等等），斯大林所复兴的只是其稍稍经过更改的形式。事实上，塑造世界的能量来自情感——民族自豪感、领袖崇拜、宗教信仰、好战情绪——自由主义知识分子将这些斥为不合时宜的东西。他们将自己的这些情绪摧毁殆尽，从而也完全失去了行动的能力。

比起这可怕的十年来那些一直说希特勒只是不值一提的、从滑稽剧里走出来的人物的知识分子，那些认为希特勒是敌基督又或者是圣灵降世的人更加接近于了解真相。这个想法事实上反映了英国人养尊处优的情况。说到底左翼书社是苏格兰场的产物，就像和平誓约联盟①是海军的产物一样。过去十年来的一个演变就是"政治书籍"的出现，类似于结合了历史和政治批判的放大版的宣传册，并演变成了一种重要的文学形式。但这一文学形式的最好的作者——托洛茨基、劳希林②、罗森堡③、西洛内④、伯克瑙、科斯勒等人——没有一个人是英国人，几乎所有人都从某个极端主义政党中叛逃，他们曾经近距离地目睹极权主义，知道被放逐和迫害意味着什么。只有在英语国家，直到战争爆发的前夕，仍然有很多人认为希特勒是一个无足轻重的疯子，而德国坦克都是纸糊的。从上面我所引用的论述中可以看到，威尔斯先生仍然相信这些观点。我认为大轰炸或德国入侵希腊的战役并没有改变他的想法。多年来的思考习惯让他无法真正了解希特勒的实力。

　　和狄更斯一样，威尔斯先生属于非军人出身的中产人士。大炮的轰鸣、马刺的叮当作响、国旗飘扬时的哽咽根本无法感染他。他对生活中的战斗、狩猎、恃强凌弱怀有刻骨的仇恨，在他的早期作品中这一仇恨的象征就是反对马匹的激昂宣传。在他的《历史大纲》中，大反派是军事冒险家拿破仑。如果你通读过去四十年来他所写的作品，你会发现同样的理念总是反复出现：为

---

① 和平誓约联盟（The Peace Pledge Union），由英国国教牧师迪克·谢泼德（Dick Sheppard, 1880—1937）发起的反战和平组织，于1934年成立。
② 赫尔曼·劳希林（Hermann Rauschning, 1887—1982），德国革命家，曾加入纳粹党，但后与纳粹党决裂，出逃德国，代表作有《与希特勒对话录》，记录了他与希特勒的会面和谈话。
③ 亚瑟·罗森堡（Arthur Rosenberg, 1889—1943），德国马克思主义历史学家、作家，曾加入德国共产党，后退党。
④ 伊格纳齐奥·西洛内（Ignazio Silone, 1900—1978），意大利作家，意大利共产党创始成员之一，后因反对斯大林而被开除出党。代表作有《雪下的种子》、《一个谦卑的基督徒的故事》等。

成立一个井井有条的世界之国的科学人士与企图回归混沌的过去的反动派之间的对立。在小说、乌托邦作品、散文、电影、宣传册里，那个对立总是以几乎相同的形态出现：一方是科学、秩序、进步、国际主义、飞机、钢铁、混凝土、卫生；另一方是战争、民族主义、宗教、君主体制、农奴、希腊语教授、诗人和马匹。在他看来，历史就是理性者战胜浪漫者的一系列胜利。现在，他认为一个由科学家而不是巫医进行控制的"理性的"计划社会迟早将取得胜利，或许这是对的。但是，认为这个社会即将到来却是另一回事。俄国革命时期威尔斯与丘吉尔之间进行的一次有趣的论战仍在继续。威尔斯指责丘吉尔并不相信自己那一套控诉布尔什维克是双手沾满鲜血的凶残怪物等等的说辞，只是担心他们会开启一个由常识和科学控制的时代，而像丘吉尔之流的沙文主义者将变得不合时宜。然而，丘吉尔对布尔什维克人的判断要比威尔斯的判断更准确一些。早期的布尔什维克党人或许是天使或恶魔的化身，这取决于你从什么立场看待他们，但至少他们不是讲道理的人。他们建立的不是威尔斯心目中的乌托邦，而是一个圣人垂治的国度，就像圣人垂治的英国一样，那是一个军事专制政权，通过猎巫审判保持活力。威尔斯对纳粹的态度也犯了同样的认知颠倒的错误。希特勒是历史上所有的军阀和巫医杂糅在一起的化身。因此，威尔斯争辩说，他是一个丑角，一个从历史中走来的幽灵，一头注定立刻会被毁灭的怪兽。但是，不幸的是，科学的公式和理智的思想并没有真正地造福人间。飞机就是这一事实的象征——它被视为文明的象征，但在实际生活中几乎只被用来投掷炸弹。现代的德国远比英国更加推崇科学，却也更加野蛮。威尔斯所想象的，并孜孜追求的理想很大程度上在纳粹德国实现了。秩序、规划、国家对科学的倡导、钢铁、混凝土、飞机，一切都在那里，但都在为与石器时代相差无几的理念服务。科学与迷信并肩作战。但显然，要威尔斯接受这一点是不可能的事情。这与他的作品赖以为基础的世界观水火不容。军阀与巫医必定会失败，在一个听到军号吹响不会感到心潮澎湃的自由主义者的心目中，理性的世界国度一定会获得胜利。只要没有背叛和失败主义，希特勒绝不会是什么危险人物。就像拥戴詹姆斯二世的人妄图复辟一样，他不可能逆历史潮流而动，获得最终胜利。

　　但像我这个年纪（三十八岁）的人指出威尔斯的缺点是不是大逆不道呢？生于本世纪初的有思想的人在某种程度上都受到威尔斯的影响。区区一位作家，特别是一位作品立刻受到欢迎的"流行"作家到底有多大的影响力，实在是值得怀疑，但我猜想在1900年到1920年间，至少在英语文学世界里，他对年轻人有着非常大的影响。如果没有威尔斯的话，我们所有人的思想将会有明显的不同，而世界也会因此而变得不大一样。只是，他的一厢情愿和偏执的想象在爱德华时代让他俨然成为一位鼓舞人心的精神领袖，而如今却成了浅薄无知的思想家。威尔斯年轻时，科学与反动确实展开了对决。当时的社会由思想狭隘、毫无好奇心的人所统治：贪婪成性的商人、愚昧的乡绅、主教和能引用贺拉斯①却从未听说过代数的政客。科学有点声名狼藉，而宗教信仰被强加于人。守旧、愚昧、妄自尊大、国家至上、迷信和崇尚战争似乎

---

　　① 昆图斯·贺拉斯·弗拉库斯（Quintus Horatius Flaccus，前65—前8），古罗马奥古斯都时期抒情诗人。代表作有《颂歌》、《讽刺作品》等。

都可以被归在一起，需要有某个人能够提出相反的观点。在二十世纪初能读到威尔斯的作品对一个小男孩来说是美妙的体验。你身处一个尽是腐儒、牧师和高尔夫球手的世界里，你未来的老板告诫你"要么飞黄腾达要么一败涂地"，你的父母总是干涉你的性生活，你那个脑袋糊涂的校长一边写着拉丁文一边在窃笑，而这里有一位了不起的人告诉你关于外星人和海底世界的故事，他知道未来不会像那些体面的人所想象的那样。在飞机在技术上成为可能的大约十年前，威尔斯已经知道很快人类就会飞了。他知道因为他自己想要飞，因此这方面的研究肯定正在进行。另一方面，在我童年时，莱特兄弟已经实现了让他们的飞行器离地五十九秒，而民众的看法是，如果上帝要我们会飞，他会给我们造出翅膀。直到 1914 年前，威尔斯确实是一位真正的先知。他对新世界的构想在现实层面上令人惊讶地已经实现了。

然而，由于他属于十九世纪一个非军国主义的国家的非军人阶级，他无法了解旧阶级的庞大力量，在他的想象中，他们只不过是猎狐的保守党人。他一直无法理解民族主义、宗教偏执和对封建体制的忠诚是要比他所描述的理性强大得多的力量。来自黑暗世纪的怪兽已经闯入了当今世界，如果他们是鬼怪的话，至少需要强大的魔法才能将他们摄服。那些对法西斯主义理解最为深刻的人要么曾经身受其害，要么自己就是法西斯的一分子。有一本粗俗的名为《铁蹄》的书，是将近三十年前写的，比起《美丽新世界》或《未来的面貌》更深刻地揭示了真相。如果要从与威尔斯是同一代人的作家中选一个作为对他的矫正的话，你或许会选择吉卜林，他听到了强权和军事"荣耀"的邪恶声音，能够理解希特勒或斯大林的魅力，无论他对他们抱以什么样的态度。威尔斯太过理性，无法理解现代世界。他最伟大的成就是一系列面向中产下层阶级的小说，但那场战争让他的创作戛然而止，自此再也没有重新开始。自 1920 年以来，他将自己的才华挥霍在与纸扎的恶龙搏斗上。但有多少才华能够经得起肆意挥霍呢?

唐纳德·麦吉尔的艺术①

　　有谁不知道廉价文具店的橱窗上的"漫画"，那些卖一便士或两便士的彩色明信片呢？那些明信片上面总是画着胖乎乎的女人穿着紧窄的浴袍，笔触粗糙，而且用色俗不可耐，通常是麻雀蛋的灰色和邮筒那种红色。

　　这么说似乎有点夸大其词，但奇怪的是，许多人似乎不知道这些事物的存在，或隐隐约约以为它们只有在海滨才能找得到，就像黑人歌手或薄荷糖。事实上，它们到处都有得卖——比方说，在任何一间伍尔沃斯超市都能买到——而且显然它们是批量生产出来的，总是推出新的系列。不要将它们和其它众多插图明信片——比方说，画着猫猫狗狗的煽情明信片或以刻画少男少女的恋爱为卖点、接近于淫秽作品的色情明信片混为一谈。它们自成一类，专门卖弄极其"低俗"的幽默——以岳母、婴儿的尿片、警察的靴子为主题的荤笑话。它们与所有其它明信片的区别就在于没有做作的艺术派头。有六七家出版社出版这些明信片，不过画这些漫画的人似乎在任何时候人数都不多。

　　这些漫画让我特别想起了一个名字：唐纳德·麦吉尔，因为他不仅是多产的作者，而且是当代最出色、最具代表性而且最完

---

① 刊于 1941 年 9 月《地平线》。唐纳德·弗雷泽·古尔德·麦吉尔（Donald Fraser Gould McGill，1875—1962），英国漫画家，作品以辛辣、俏皮、低俗而著称，以其漫画为素材的明信片风行英国民间。

美地体现传统的明信片画家。我不知道谁是唐纳德·麦吉尔。显然他是一个商业名字，因为至少有一个系列的明信片专门以"唐纳德·麦吉尔漫画"之名出版，但毫无疑问他真有其人，其绘画风格一眼就能认出来。任何大批量地研究他的明信片的人都会发现它们当中有许多的画工并不差，但要说它们有美学上的价值的话，那就过于浅薄了。一张卡通明信片只是简单地展现了一个笑话，毫无例外都是"低俗"的笑话，它的成败取决于能否逗人发笑。除此之外就只有"意识形态"的价值。麦吉尔是个聪明的画匠，在画脸的时候有真正的讽刺画家的笔触，但他的明信片的特殊价值在于它们极具代表性，似乎代表了幽默明信片的范式。它们不是山寨作品，是过去四十年来幽默明信片的典范，从它们身上你能了解到幽默明信片这种创作形式的意义和主旨。

找十来张这些卡片，最好是麦吉尔的——你从一堆卡片中选出几张你认为最有趣的，或许你就会发现大部分是麦吉尔的作品——把它们铺开放在一张桌子上。你看到了什么呢？

你的第一印象是俗不可耐。除了总是那么淫秽和用色难看之外，它们的精神氛围也极其低俗，不仅体现在笑话的本质上，而且更体现在怪诞而艳俗、令人瞠目结舌的画风上。那些构图就像一个小孩的涂鸦一样，线条粗糙，而且有大块的留白。里面所有的人物，每个动作和姿态，都可以画得很丑，那些面孔都在空洞地咧嘴傻笑，女人被大肆嘲讽，屁股鼓得像霍屯督人。然而，你的第二印象是无以言状的亲切感。这些卡片让你想起什么呢？它们和什么相像呢？当然，它们首先让你想起的，是那些童年时或许你看到过的大同小异的明信片。但除了被鞭笞的屁股和骨瘦如柴的岳母所构成的小小世界之外，你所看到的实际上是某个和古希腊悲剧一样的传统事物。它是西方欧洲思想的一个组成部分。一张张地看，那些笑话的内容并不陈旧。幽默明信片并不排斥淫秽内容，不像体面的杂志那样总是重复专栏里的笑话，但它们的基本题材，那些它们想要营造的笑话并不是很多样化。有几个题材真的很诙谐，很有马克斯·米勒①的范儿。比方说：

"我喜欢看到有经验的女孩子到家里来。"

"但我可没有经验！"

"那是你还没有到家！"

"我奋斗了很多年，想买一件皮衣。你买皮衣了吗？"

"我放弃奋斗了。"

法官："你在回避问题，先生。你到底有没有和这个女人睡过？"

共同被告："我连眼都没合过一下，法官大人！"

大体上说，它们并不是机智的笑话，但有点幽默感。关于麦吉尔的明信片特别得说的是，其画工要比下面的笑话好笑得多。显然，幽默明信片的突出特征就是它们的低俗下流，我会在后面进行详细的探讨。但这里我要对它们惯用的题材进行粗略的分析，并附上似乎有必要的解释性评论：

---

① 托马斯·亨利·萨金特（Thomas Henry Sargent，1894—1963），以"马克斯·米勒"（Max Miller）为艺名，英国喜剧和独角滑稽秀演员，电影作品有《十三号星期五》、《白马王子》等。

性——超过一半以上，或许有四分之三的笑话是关于性的，有的无伤大雅，有的则不宜刊印。或许人们最喜欢的一类笑话是关于私生子的。典型的注解："你能拿这张护身符去换一个婴儿奶瓶吗？""她没有叫我去洗礼，所以我就不打算结婚了。"还有关于新婚夫妇的笑话、老女仆的笑话、裸体雕像的笑话和穿着浴袍的女人的笑话。所有这些事情本身就挺好笑，光是提起这些话题就足以让人哈哈大笑。戴绿帽的笑话很少，而且没有笑话会提到同性恋。

关于性的笑话的惯例有：

一、 婚姻只让女人捞得好处。每个男人都在筹谋着勾引女人，而每个女人都在筹谋着结婚。没有女人愿意主动保持未婚。

二、 二十五岁的时候性魅力就消失了。绝不去画上了年纪但保持得很好而且好看的人。度蜜月的热恋夫妇回来时变成了板着脸的冷漠妻子和蓄着八字胡长着酒糟鼻子的臃肿老公，中间没有过渡阶段。

家居生活——妻管严的老公是受欢迎程度仅次于性的笑话。经典笑话："他们给你太太的下巴骨照 X 光片了吗？"——"没有，他们照出来的是一出电影。"

惯例有：

一、 世界上没有快乐的婚姻这回事。

二、 没有哪个男人在吵架时能胜过女人。

酗酒——酗酒和禁酒主义都是好笑的事情。

惯例有：

一、 所有的醉汉都醉眼蒙眬。

二、 只有中年男人才会醉酒。从来不会去刻画醉酒的年轻人和女人。

厕所的玩笑——这类玩笑的数目不是很多。夜壶本身就是笑话，而公厕也一样。一张典型的明信片上会写着"患难见真情"，画着一个男人的帽子被风吹到女厕所那边的楼梯口去了。

工人阶级内部的势利——这些明信片的大部分内容表明它们的对象是生活比较宽裕的工人阶级和比较困窘的中产阶级。很多笑话围绕着白字、文盲、说话不带 H 音和住贫民窟的人的粗鄙举止。不计其数的明信片画着巫婆一般的女佣以"没有淑女风范"的恶语对骂。经典的巧妙回击："我愿你是一尊雕像而我是一只鸽子!"自从战争疏散行动开始后，出现了一些调侃疏散者的作品。总是有关于流浪汉、乞丐和罪犯的笑话，滑稽的女仆经常出现。还有滑稽的苦力、粗鲁的船员等等。但没有关于反对工会的笑话。大体上说，任何周薪高于或低于 5 英镑很多的人都会被视为嘲讽的对象。那些暴发户和贫民窟的居民都自发被视为滑稽的形象。

刻板形象——外国人很少或几乎没有出现。大部分笑话针对的是苏格兰人，这已经是老生常谈。律师总是骗子，神职人员总是神经兮兮的傻瓜，老是会说错话。"花花公子"或"纨绔子弟"仍然会出现，几乎就像爱德华时代一样：穿着过时的晚礼服，戴着折叠式大礼帽，甚至还穿着鞋套，拄着多节的拐杖。另一个残留的题材是女权主义者，她是 1914 年前的经典笑话之一，而且太珍贵了，让人不舍得放弃。她又出现了，样貌上没有改变，仍然是那个女权主义演讲者或节欲运动的疯狂拥趸。过去这几年的一个特征是反对犹太人的明信片彻底消失了。"犹太笑话"总是比"苏格兰笑话"更加存心不良，但在希特勒上台后很快就突然消失了。

政治——任何可能被恶搞的当代事件、狂热或运动（比方说，"自由恋爱"、女权主义、空袭警报措施、天体主义）很快就会被带有图片的明信片恶搞，大体的气氛特别老套。其影射的政治观点是 1900 年左右的激进主义。在平时它们非但不爱国，而且还拿爱国主义像"天佑吾王"和米字旗什么的开涮。直到 1939 年的某个时候，欧洲的局势才在明信片中体现出来，最初的体现是那些关于空袭警报措施的漫画。甚至到了现在，除了空袭警报漫画（胖胖的女人卡在了安德森式防空洞的洞口，看守人玩忽职守，年轻的女人忘了熄灯就在窗口脱衣服，等等等等）之外，很少有明信片提及这场战争。有几张表达了反对希特勒的主题，但情绪并不是非常激烈。有一张并非出自麦吉尔手笔的明信片画着以往那个弓腰驼背的希特勒，弯下腰采一朵花。标注上写着："你会怎么做，老朋友们？"这已经是体现了明信片最高层次的爱国主义。不像那些两便士一份的周刊，幽默明信片不是由大型寡头公司所生产，显然，它们被认为对公众舆论的影响无足轻重。它们并没有尝试引导一种可以被统治阶级接受的思想观念。

这里你回到了幽默明信片最重要和突出的特征——它们的猥

亵下流。每个人都记住了它们的这个特征，它们的用意也正在于此，虽然并不是非常明显。

漫画明信片的一个经常出现、几乎占统治性地位的主题是丰乳肥臀的女人。有一半或者更多的明信片，即使它们的笑话与性并不相干，也会画着同样一个丰满撩人的女性，穿着紧裹得像是另一层皮肤的裙子，胸脯或臀部根据它所对着的方向进行了夸张的描绘。毫无疑问，这些图片揭示了横亘在全英国人心头的一种心理压抑，在一个年轻女人应该瘦骨伶仃的国度，这是天经地义的事情。但与此同时，麦吉尔的明信片并不是故意要成为色情物品，而是更加微妙——这适用于所有这一类明信片。霍屯督人般的女性形象是体现英国男人内心隐秘的理想形象的讽刺手法，而不是写实的表现。当你更加深入地研究麦吉尔的明信片时，你会注意到他标志性的幽默只有在道德法则非常苛刻的环境中才有意义。在《绅士》、《巴黎女性格调》这样的报纸里，笑话的想象中的背景总是滥交和礼崩乐坏，而麦吉尔的明信片的背景总是婚姻。他的四个笑话主体分别是裸体、私生子、老处女和新婚夫妇，在真正放荡堕落的社会根本不会是有趣的题材。刻画蜜月夫妇的明信片总是像乡村婚礼那样欢乐而低俗。比方说，在农村，人们仍然觉得在新郎新娘的床上挂铃铛"有趣得紧"。在明信片上，一个年轻的新郎官在新婚之夜后起床。"亲爱的，今天是我们在自己的小家庭的第一个早上！"他说道，"我去拿牛奶和报纸，给你泡杯茶回来。"插画里画着前门台阶，上面摆着四份报纸和四瓶牛奶。你可以说这幅漫画很下流，但它并没有违背道德。它暗示的是——《绅士》或《纽约客》会不遗余力地避免这一暗示——婚姻是非常刺激而且重要的事情，是普通人生命中最重大的事情。此外还有关于唠唠叨叨的妻子和霸道专横的岳母的笑话。它们至少暗示着一个稳定的社会，在这个社会里，婚姻是不会解体的，而对于家庭的忠诚被视为天经地义的事情。与这紧密相连的是某个我之前提过的事情，那就是，里面的人年老之后几乎没有长得好看的。里面有"搂搂抱抱的"夫妻，有人到中年、吵吵闹闹的夫妻，但除此之外就没有别的了。法国漫画报纸里关系不正当但多少有几分情调的恋爱并不是明信片的主题。这反映在了漫画的层次上，工人阶级的世界观认为年轻与冒险——事实上，几乎是整个私人生活——伴随着婚姻而结束是理所当然的事情。目前在英国依然存在的真正的阶级区别之一，就是工人阶级的衰老要早得多。如果他们能顺利度过童年，他们的寿命基本上和别人一样长，他们也不比别人更早地就失去身体的机能，但他们确实很早就失去年轻时的容颜。这个事实到处可以观察得到，但进行检验的最容易的方式就是观察年纪较大的报名参军的群体。那些出身中产阶级和上层阶级的士兵看上去平均要比其他人年轻十岁。这通常被归因于工人阶级的生活比较艰苦，但现在是否依然存在能够解释这种现象的生活差别很值得怀疑。真相更有可能是，工人阶级比较早地步入中年，因为他们更早地接受了它。因为，"三十岁过后看上去年轻在很大程度上取决于内心的意愿。"这一解释对于那些工资较高的工人，尤其是那些居住在市政公屋和能节省劳动的公寓里的工人来说有过于一概而论之嫌，可能有失准确。但是，即便是在他们身上，这话也有一定的道理，足以揭示一种不同的世界观。比起那些生活优裕的女人到了四十岁还在试图通过进行体育锻炼，使用化妆品和不生育以保持年轻，这个世界观更加符合传统，更加贴近基督教的过去。那种不惜一切代价也要保持年轻和试图维持性吸引力的冲动，即使人到中年仍觉得自己和孩子们一样有着美好前景是近来才出现的事情，而且不是很牢靠。当我们的生活水平下降，出生率上升时，或许它会再次消失。"年华易老"表达出了传统的正常态度。在麦吉尔和他的同行们的作品中，度蜜月的新婚夫妇形象和毫无光彩的老爸老妈形象之间没有过渡，这一创作手法恰恰体现了古老的智慧。

我说过麦吉尔的明信片至少有一半都是关于性的笑话，其中有一定的比例，或许百分之十，要比如今英国的任何其他出版物都更淫秽下流。有时候，报贩们会因为卖这些明信片而遭到控告，如果不是因为那些最暧昧的笑话受到双关手法的保护，或许会有更多人被指控。单独举一个例子就足以表明这是如何实现的。在一张明信片里写着"他们不相信她"几个字，画着一个年轻女人张开双手，正对着一对瞠目结舌的熟人比画着大约有两英尺长的东西。在她身后的墙上是一条装在玻璃器皿里的充气鱼，旁边是一幅将近全裸的运动员的相片。显然，她所描述的并不是那条鱼，但这一点从来无法加以证实。如今不知道英国有没有报纸会刊登这种笑话，而绝对没有报纸会经常这么做。温和的色情内容有很多，不计其数的画报以女人的大腿作为招徕，但没有专门进行"下流浅薄"的性描写的流行文学。另一方面，麦吉尔式的笑话是滑稽剧和歌舞厅舞台上惯用的手法，而且当内容审查员偶尔打盹的时候在电台上也可以听到。在英国，能说出来的和能印出来的事情之间有着格外显著的差异。在舞台上几乎没有人会反对的台词和姿势如果有人将它们刊印出来的话，会引起公众的哗然。（比较一下《周日快讯》马克斯·米勒每周专栏里那些舞台上的台词。)幽默明信片是这个规矩唯一的例外,是"低俗"的幽默被认为唯一可以刊印的媒体。只有在明信片里和低俗舞台上,丰乳肥臀、狗在路灯杆上撒尿、婴儿的尿片之类的笑话才能尽情地被发掘。记住这一点,你就会明白这些明信片以卑微的方式发挥着什么样的作用。

他们所表达的是桑丘·潘沙式的生活观念,那种丽贝卡·韦斯特小姐①一度总结为"即使在厨房地下室里打屁股,也要尽可能地发掘快乐"的生活态度。堂吉诃德—桑丘·潘沙这一组合只是古代的灵肉二元论的小说形式,在过去四百年的文学作品中更加频繁地出现,不能只是解释为出于模仿。它一而再再而三地出现,变化无穷——布法与佩居谢②、吉弗斯与伍斯特③、布鲁姆与迪达勒斯④、福尔摩斯和华生(这一对拍档是很微妙的组合,因为两个拍档中惯常的身体特征被调转了)。显然,它与我们的文明中一直存在的某样东西有关,不是说这两个角色能在现实生活中找到其"纯粹"的写照,而是说高贵的愚蠢和低俗的智慧这两个基本法则并存于几乎每一个人身上。如果你研究自己的思想,你会是哪一个呢?堂吉诃德还是桑丘·潘沙?几乎可以肯定的就是,你二者兼而有之。你的一部分内心希望成为一位英雄或一位圣

---

① 西塞莉·伊莎贝尔·费尔菲尔德(Cicely Isabel Fairfield, 1892—1983),笔名丽贝卡·韦斯特(Rebecca West),英国女作家、记者,代表作有《士兵归来》、《思考的芦苇》等。
② 布法与佩居谢(Bouvard and Pécuchet)是法国作家古斯塔夫·福楼拜塑造的角色。
③ 吉弗斯与伍斯特(Jeeves and Wooster)是英国作家佩尔汉·格伦威尔·沃德豪斯塑造的角色。
④ 布鲁姆与迪达勒斯(Bloom and Dedalus)是爱尔兰作家詹姆斯·乔伊斯塑造的角色。

人，但另一部分的你是一个小胖子，清楚地知道好好活着的价值。他是不受承认的自己，对灵魂发出抗议的肚皮的声音。他的品味倾向于安逸、软床、不用上班、一杯杯的啤酒和"身材惹火"的女人。是他在消磨你的向上热情，对你说"人不为己天诛地灭"，对你的妻子不忠和赖账不还等等。至于你是否愿意让自己受其影响则是另一个问题。如果说他不是你的一部分，那只是不实的谎言，而你要说堂吉诃德不是你的一部分，那也是一个谎言。不过，你所说所写的都是其中某一个的体现，大部分情况下，是桑丘·潘沙。

但是，虽然他是文学作品中的一个老面孔，以形形色色的形象出现，在现实生活中，特别是在等级森严的社会中，他的观点从来没有得到公平的申诉机会。有一个波及整个世界的共谋，那就是假装他并不存在，或他只是一个无足轻重的小角色。法律条文、道德法则或宗教体系从来容不下幽默的人生观。好笑的事物都带有颠覆性质，每一个笑话说到底都是一块糊人一脸的蛋奶馅饼。之所以如此多的笑话围绕着淫秽下流，只是因为所有的社会，作为存在的代价，都必须在性道德上维持比较高的水平。当然，一个肮脏的笑话并不是道德的猛烈批判，但它类似于精神上的反叛，暂时希望世界会是另一个样子。所有其它笑话也都是这样，它们总是围绕着懦弱、懒惰、虚伪或其它社会并不提倡的品质。社会总是对个人提出比现实高出一点的要求。它必须要求完美的纪律和自我牺牲，它必须希望它的个体努力工作、依法纳税和忠于妻子，在它的设想中，男人觉得战死沙场是光荣的事情，而女人愿意为了养育孩子而操劳。那所谓的官方文学就是建立在这些设想之上的。当我阅读战斗之前的公告、元首与首相的演讲、公学和左翼政党倡导团结的歌曲、国歌、宣扬节制的宣传册、教皇通谕和反对赌博和避孕的布道时，我总是似乎听到背景里有数百万平民在合唱《小红莓》的歌声。对于他们来说，这些崇高的情操根本没有吸引力。但是，崇高的情操总是最后取得胜利，要求奉献鲜血、辛劳、泪水和汗水的领袖总是比那些提供安逸和享受的领袖更受追随者的爱戴。在危难时刻，男人们会展露英雄本色，女人们照顾孩子和操劳家务，革命者在行刑室里缄口不语，战舰在沉没时，即使甲板已经漫水，依然炮火轰鸣。只是人的另一面，那个懒惰、懦弱、赖账的通奸者潜伏在我们每个人的心中，永远无法被彻底消灭，需要时不时去倾听他的声音。

那些幽默明信片就是他的意见的一个表达渠道，这是一个卑微的渠道，比不上歌舞厅，但仍然值得关注。在一个基本上依然是基督教的社会里，它们自然而然地集中在关于性的笑话上。在极权主义社会，如果能有一点言论自由的话，它们或许会集中在关于懒惰或懦弱的题材上，至少会是某种形式的反英雄主题。大肆批判它们的低俗丑陋并不会起到什么作用。它们要的就是低俗丑陋。它们所有的意义和优点就蕴含于它们不假修饰的低俗，不仅在于内容海淫海盗，而且在方方面面都俗不可耐。哪怕一点点"高雅"色彩都会将它们彻底地破坏。它们代表了蠕虫的生活观，因为在歌舞厅的世界里，婚姻就是一个下流的笑话或一个可笑的灾难，房租总是拖欠着，衣服总是在当铺里，而律师总是讼棍，苏格兰人总是守财奴，新婚夫妇总是在海滨度假屋脏兮兮的床上出洋相，醉醺醺的、长着酒糟鼻子的丈夫凌晨四点钟溜回家时，穿着亚麻睡衣的妻子在门后等候着他，手里拿着拨火棍。它们的存在，而且人们想要读到这些的这一事实，具有重要的象征意义。就像歌舞厅一样，它们类似于农神节的狂欢，对美德发起无伤大雅的反抗。它们只是表达了人类思想的一个趋势，但这种趋势总是存在，就像流水一样，总是会找到发泄的渠道。大体上，人总是希望向善的，但不会想要当个太好的人，而且不是时时刻刻都想当个好人。因为：

> "有义人行义，反致灭亡。有恶人行恶，倒享长寿。不要行义过分，也不要过于自逞智慧。何必自取败亡呢？不要行恶过分，也不要为人愚昧。何必不到期而死呢？"①

在过去，幽默明信片的情绪能够进入文学的主流，像麦吉尔的作品那样的笑话能在莎士比亚的悲剧中从杀人犯的口中说出来。这不再可能发生了，直到1800年左右仍是我们的文学中不可或缺的部分的某种幽默形式退化成了这些画风低劣的明信片，在廉价文具店的橱窗里摆卖，几乎是违法物品。它们所代表的人类心灵的一角或许将以更加糟糕的方式得以呈现。看到它们渐渐消亡，我为之感到难过。

---

① 《圣经·传道书》，第七章第十五节，和合本译文。

评阿托罗·巴里亚的《锻造》，彼得·查尔莫斯·米切尔爵士翻译并作序①

　　如果某个俄国作家在这个时候写一本他在 1900 年的童年时代的回忆录，对它进行评论很难不提到苏联现在是我们抗击德国的盟友。同样地，读着《锻造》的时候，几乎每一页都会让你想起西班牙内战。事实上，二者之间并没有直接联系，因为这本书只描写了巴里亚先生的早年生涯，到 1914 年就结束了。但是，西班牙内战给英国的知识分子留下了深刻而痛苦的印象，我觉得要比现在这场战争所留下的印象更加深刻。街头的群众被毫无节操的报纸所误导，对整件事不闻不问，而富人自发与工人阶级的敌人站在同一阵营，但对于有思想的体面人来说，那场战争是一个可怕的悲剧，使得"西班牙"这个名字与被烧焦的尸体和饿着肚子的孩童紧密地联系在一起。你似乎听到书页后面传出未来隆隆的炮声，它是西班牙内战的序曲，一幅导致内战发生的社会图景。或许这就是这本书最有价值的地方。

　　他生于一户贫穷的家庭，是一个洗衣女工的儿子，但亲戚们要比他的母亲境况好一些。在天主教国家，农民出身的机灵男孩最容易的出路是为教会干活，但巴里亚先生的亲戚反对教会，而且他自己一早就是无神论者，在获得一所教会学校的奖学金之

_____

① 刊于 1941 年 9 月《地平线》。

后，十三岁的时候就去一间布料店上班，然后进了一家银行。他美好的回忆都是乡村的景致，特别是他在门特里达的叔叔家那口熔炉。他是一个了不起的自耕农，现在这种人在工业化的国家已经绝迹了。另一方面，他对马德里的回忆只有低俗和肮脏，或许他对马德里的贫民窟的描写在不经意间揭露了西班牙内战的原因：那里的贫穷和辛劳要比英国的任何地方更加过分，有成群的赤身露体的孩童，头上长满了虱子，好色的神父们拿着捐献箱里的钱打牌下注。西班牙太贫穷了，根本没有一个像样的政府。在英国我们不会爆发内战，不是因为这里没有暴政和不公，而是因为它们不会那么明目张胆，引起人民的公愤。事实上，任何事情都很低调，被古老的妥协习惯、代议机制、奉行自由主义的贵族、不会贪污腐败的官员和已经存在了漫长的时间而不能完全斥之为假把式的"上层建筑"所掩饰。巴里亚先生所描写的西班牙没有这样的伪装。一切都在光天化日之下进行。那是一个落后的国家赤裸裸的腐败，资本家公然经营血汗工厂，官员都是恶棍，神父是无知的盲信者或可笑的恶棍，妓院是社会的支柱。所有问题的本质都非常明显，就连一个十五岁的少年也能明白。比方说，性的问题：

"我的表姐欺负我还是一个孩子。但她是对的。她得去当妓女才能和别人上床……我想和女孩子们上床，她们也愿意和我上床，但那是不可能的。男人可以去嫖妓，但女人就得等，直到神父娶了她们，或去当妓女。当然，她们会动情，那些按捺不住的女人就会去当妓女。"

或政治问题：

> "他们总是在议会里争斗不休，莫拉、帕布罗·伊格莱西亚斯和勒罗克斯。他们在墙壁涂上诸如'莫拉下台！'的标语。有时候下面会用红字写上'莫拉雄起！'写'莫拉下台！'的是工人阶级，写'雄起'的是绅士阶层。有时候，双方带着油漆桶不期而遇。他们会朝对方的身上泼油漆，然后大打出手……国民卫队会介入，但他们从来不会去殴打绅士阶层的人。"

当我读到最后那句话"国民卫队会介入，但他们从来不会去殴打绅士阶层的人"时，我想起了一段往事，或许放在这篇书评里不大合适，但它展现了英国和西班牙社会气氛之间的差异。那时候我才六岁，和我的母亲在那个小镇逛街，同行的有当地一个有钱的酿酒商，他还担任治安法官。涂了焦油的围墙上画满了粉笔画，有些就是我画的。那个法官停了下来，不悦地拿着拐杖指着那些画，说道："我们得把那帮在墙上乱画的孩子给逮住，用山毛榉鞭子处六鞭之刑。"（这番话在我听来不啻于晴天霹雳。）我的膝盖并在一起，舌头紧紧地贴着上颚，一有机会我就溜开把这个可怕的消息传出去。没过一会儿，整面围墙边都站满了惊恐万分的孩子，个个都在往手帕上吐口水，想把那些画给抹掉。但有趣的是，直到很多年之后，我才知道我的担心是多余的。没有法官能向我作出用山毛榉鞭子处六鞭之刑的判决，即使我被逮到在墙上作画。这种惩罚只能由地方初审法庭作出判决。国民卫队会介入，但他们从来不会去殴打绅士阶层的人。在英国这一点仍有可能不会被人察觉到。但在巴里亚先生笔下的西班牙就不是这样。在那里，不公是确凿无疑的，政治是黑与白之间的斗争，每一个极端主义教条，从西班牙王室正统论到无政府主义能被区分得清清楚楚。"阶级斗争"并不像它在西方民主国家那样只是一句口号。但哪一种情况比较好则是另外一个问题。

但是，这不是一本政治作品。它是自传的一部分，我们希望会有后续的作品，因为巴里亚先生的一生有着丰富多彩的冒险。他周游广阔，他当过工人也当过资本家，他参加了内战，曾参加里夫战役，上司就是佛朗哥将军。如果法西斯势力没有做出别的好事，至少他们驱逐了最好的作家，丰富了英语的文学世界。彼得·查尔莫斯·米切尔爵士的译文很生动自然，但遗憾的是，它一直用的是"戏剧手法的现在时"，在拉丁文中这似乎行得通，但在英文里很快就让人感到厌烦。

没有，连一个也没有
评亚历克斯·康福特的《没有这种自由》[①]

    默里先生[②]在几年前说过，当代最好的作家像乔伊斯、艾略特等人的作品只是表明在如今这个时代诞生不出伟大的艺术作品，从那时起，我们进入了这么一个时代：任何创作乐趣或纯粹为了娱乐而讲述故事已成为不可能的事情。如今所有的创作都是在进行宣传。因此，要是我把康福特先生的小说当成是政治宣传手册，我只是在做他本人所做的事情而已。在当代小说中它算得上是一部优秀作品，但其创作动机在特罗洛普、巴尔扎克乃至托尔斯泰看来根本不会认为那是一位小说家的创作动机。他写出这部作品是为了宣扬和平主义的"理念"，书中的主要情节都是为了迎合这一"理念"。我想我可以认为这部小说有自传体的味道，不是说里面所描述的事件真的发生过，而是作者认为自己就是书中的主人公，认为他值得同情，并认同他所表达的意见。

    故事的梗概是这样的。一个在瑞士疗养了两年的年轻德国医生回到科隆，在慕尼黑会议召开前发现自己的妻子一直在帮助反战人士逃到国外，正陷入被逮捕的危险。他们两人逃到荷兰，刚

---

① 刊于 1941 年 10 月《艾德菲》。

② 约翰·米德尔顿·默里（John Middleton Murry, 1889—1957），英国作家、批评家。1923 年创办期刊《艾德菲》。提倡和平主义与提倡"回归土地"，从 1940 年 7 月到 1946 年 4 月他一直担任《和平新闻》的编辑。代表作有《致未知的神明》、《济慈与莎士比亚》、《耶稣的生平》等。

好躲过在冯·拉斯遇刺[①]后发生的大屠杀。机缘巧合之下他们来到了英国，路上受了重伤。待他伤愈后，他几经辛苦找到了一份医院的工作，但战争爆发时他被送上法庭，并列入 B 类外国人，原因是他声称他不会对抗纳粹，认为更好的方式是"以爱征服希特勒"。被问到他为什么不留在德国以爱征服希特勒时，他承认这个问题没有答案。在"低地国家"将被侵略的恐慌中，他的妻子刚刚分娩几分钟后，他就被逮捕送到一个集中营里，关押了很久，没办法与妻子联系，忍受着肮脏拥挤的恶劣环境，情况就像在德国一样糟糕。最后他被硬塞到"阿兰朵拉星号"[②]上（当然，它被起了另外一个名字），船只在海上被击沉，他获救后被关进另外一处条件稍好一些的集中营里。当他最后被释放并和妻子取得联系时，他才发现她被关在另一座集中营里，孩子已经死于缺乏照顾和营养不良。本书的结局是，这对夫妇希望奔赴美国，盼望战争的狂热这时还没有蔓延到那里。

现在，在考虑这个故事的寓意之前，要考虑现代社会的两个基本事实，只有忽略这两个事实才能不加批判地接受和平主义"宗旨"。

一、文明的最终基石是强制力。将社会凝聚在一起的不是警察，而是普通老百姓的美好愿望，但这一美好愿望没有警察作为后盾是无能为力的。任何拒绝使用暴力保卫自己的政府会立刻不复存在，因为任何老实不客气的团体或个人都可以将其推翻。客

---

① 厄尼斯特·爱德华·冯·拉斯(Ernst Eduard vom Rath, 1909—1938)，德国驻巴黎外交官，于 1938 年被犹太青年赫歇尔·格林斯潘刺杀，该案引发了反对犹太人的"水晶之夜"事件。

② 阿兰朵拉星号(SS Arandora Star)，原本是一艘客轮，建于 1927 年，1929 年被改建为运兵船，于 1940 年 7 月 2 日在运送德国和意大利被拘留者和囚犯至加拿大途中疑被德国潜艇击沉。

观地说，一个人只能在警察和罪犯这两个阵营中作出选择。英国的和平主义阻碍了英国的战争努力，起到了帮助纳粹的作用。而德国的和平主义如果存在的话，起到了帮助英国和苏联的作用。由于和平主义者在民主仍然存在的国家有更大的现代自由，和平主义对民主的破坏效果要比它对民主的促进作用更大。客观地说，和平主义者是纳粹分子的帮凶。

二、由于强制无法完全避免，唯一的区别就是使用暴力的程度。过去二十年来，英语世界的暴力现象和军国主义比起外部世界要少得多，因为钱多了，安全也提高了。英国人标志性的对战争的痛恨是他们优越地位的体现。和平主义只有在人们觉得非常安全的国家才是一股不容忽视的力量，而这些地方大都是海洋国家。即使在这些地方，"转过另一边脸"式的和平主义只在较富裕的阶级里或以某种方式摆脱了本阶级的工人群体里盛行。真正的工人阶级虽然痛恨战争，并对沙文主义不屑一顾，但他们从来不是真正的和平主义者，因为生活教会了他们不同的理念。放弃暴力只有在没有体验过暴力的情况下才有可能实现。

如果你记得上述这两个事实，我想你就能从更真实的角度去看待康福特先生的小说里的故事。关键是将主观感情放在一边，并尝试理解一个人的行动会导致什么结果和一个人的动机最根本的出处。书中的主人公是个研究人员——病理学家。他不是特别走运，由于英国一直实施封锁直到 1919 年，他的肺不太好。但他一直是中产阶级的一员，从事着自己选择的工作，他是数百万依靠其他人受苦而生活的幸运儿之一。他希望从事自己的工作，希望逃出纳粹暴政和管制的魔掌，但除了逃避之外他不愿意与纳粹进行斗争。来到英国的他一直害怕被遣返德国，但不愿意参加任何活动阻止纳粹分子侵略英国。他最大的希望是奔赴美国，让三千英里的海域把自己和纳粹隔开。你可以看到，只有在英国舰船和飞机的一路保护下他才能达到美国，而到了美国他将生活在美国舰船和飞机的保护下。如果他运气好的话，他能继续从事病理学家这份工作，与此同时，在保住他的工作的人面前维持他的道德优越感。最重要的是，他将继续当他的研究工作者，一个说到底是靠股息红利活着的人，而如果不是靠武力威胁，这些股息红利立马就会消失。

我认为这是对康福特先生的作品颇为公道的总结。我认为中肯的一点是，这个关于德国医生的故事是出自一个英国人的手笔。由始至终所隐含的、有时候明确表述出的争辩理由是：英国和德国之间几乎没有什么区别，政治迫害在这两个国家都同样严重，那些与纳粹分子作斗争的人自己也会变成纳粹分子。它若是出自一个德国人的手笔会更加有说服力。英国大约有六万德国难民，要是我们没有可鄙地将他们拒于国门之外的话，数量还会更多。如果这两个国家的社会气氛没有什么区别，为什么他们会到这里来？他们当中有多少要求回去？用列宁的话讲，他们"用脚作出了投票"。正如我在上文所指出的，英语文明相对要温和一些是因为钱和安全，但这并不代表两者没有区别。但是，只要承认英国和德国确实不一样，承认谁获得胜利意义很重大，那么和平主义惯用的短视理由就站不住脚了。你可以赤裸裸地为纳粹辩护，无须声称自己是和平主义者——那些纳粹分子就有充分的理由。虽然这个国家有勇气直言的人并不多——但你只有能说出自六月清洗以来所发生的惨案在英国也发生了，才能说纳粹主义和资本主义其实是半斤八两。要这么做就只能通过别有用心的选择和夸张的方式。康福特先生实际上是在说这种"残酷的情况"很有典型意义。他在暗示说，这位德国医生在一个所谓民主国家所承受的苦难是如此恐怖，完全抹杀了抗争法西斯主义的道德正当性。但是，你必须保持区分事态轻重的清醒。在因为两千个俘虏只有十八个便桶而高声呼吁之前，你应该记住过去这几年来在波兰、西班牙、捷克斯洛伐克等国家所发生的事情。如果你一味只是坚持"那些与法西斯分子进行斗争的人自己也变成了法西斯分子"这句格言，你只会被引入歧途。比方说，康福特先生暗示随着战事逐渐激烈，间谍狂热和对外国人的歧视日趋严重，真实的情况并不是这样。抵制外国人的情感曾经是导致监禁难民的因素之一，但它已经大大消减了，如今德国人和意大利人获准从事在和平时期所不能从事的工作。他还明确地说，英国的政治迫害和德国的政治迫害唯一的区别在于在英国没有人听说过这回事，这也不是真的。将我们生活中的所有罪恶都归结于战争或备战也是不正确的。他说："我知道英国人和德国人一样，自从他们将宝押在重整军备之上后，就再也没有快活过。"他们以前就真的那么快活吗？恰恰相反，重整军备减少了失业，使得英国人更加快活，难道这不是真相吗？如果要说真的有影响的话。根据我自己的观察，我得说，战争本身已经逐渐让英国更加快乐，这不是在为战争作辩解，只是告诉你所谓和平的本质。

事实上，和平主义所惯用的短视理由，那种宣称不抵抗纳粹就是挫败纳粹最好的方式的言论根本不足为信。如果你不抵抗纳粹，你就是在助纣为虐，就应该承认这一点。而和平主义的长远理由能够勉强说得通。你可以说："是的，我知道我在帮助希特勒，我就想帮助他。让他征服英国、苏联和美国吧。让纳粹统治世界吧。最终它会蜕变的。"至少这站得住脚。它展望的是人类历史，超越了我们的生命。站不住脚的理念是：只要我们停止罪恶的厮杀，一切就都会变得美好，而如果我们还击的话就正中纳粹分子的下怀。希特勒更害怕什么呢？和平誓约联盟还是英国空军？他更加努力在破坏哪一个呢？他希望把美国卷入战争呢，还是让美国置身其外？要是俄国人明天停止战斗，他会觉得很失望吗？说到底，过去十年的历史表明希特勒在自己的利益上如意算盘打得很响。

那种认为你能通过向暴力屈服而战胜暴力的理念只是在逃避现实。正如我所说的，只有那些靠金钱和大炮将自己和现实隔开的人才有可能接受这一理念。但为什么他们想要逃避呢？因为他们痛恨暴力，不希望了解暴力是现代社会不可分割的一部分，而他们的高雅情感和高贵姿态都是由暴力拱卫的不平等体制的果实。他们不想知道自己的收入从何而来。在这些谎言下面隐藏着很多人难以面对的无情事实：个人救赎是不可能的。人类面临的不是善良与邪恶的选择，而是在两个邪恶中作出选择。你可以由得纳粹统治世界，那是邪恶的。你可以通过战争打倒纳粹，那也是邪恶的。在你面前没有其它选择，无论你选择什么，你的双手都将沾上罪恶。在我看来，我们这个时代的格言不是"但那绊倒人的有祸了"①，而是我拿来用作这篇文章的标题的那句话——"没有义人，没有，连一个也没有"②。我们都作出了不义之举，我们都将死于剑下。在这么一个时代，我们没办法说："明天我们

---

① 此句出自《圣经·新约·马太福音》。
② 此句出自《圣经·新约·罗马书》。

都将成为好人。"那只是空谈。我们只能选择小一些的邪恶，致力于重塑一个新的社会，让公义有可能重现。这场战争没有中立一说。全世界的人都被卷入其中，从爱斯基摩人到安达尼斯人。每个人都不可避免在帮助一方或另一方，你最好清楚自己在做什么，并知道这么做的代价。像达尔朗①和赖伐尔②这样的人至少有勇气做出选择并公之于众。他们说，必须不惜一切代价建立起新秩序，"势必要毁灭英格兰"。默里先生似乎在多个场合表露出同样的想法。他说纳粹是在"为主进行肮脏的工作"（他们侵略俄国的行径确实十分肮脏），我们必须小心，"不要与希特勒为敌而与上帝作对"。这些并不是和平主义者的情感，因为如果在逻辑上一直推理下去，它们不仅意味着向希特勒投降，而且意味着帮助他进行接下来的战争，但它们至少坦诚而且很有勇气。我本人不认为希特勒是救世主，甚至是无心的人类救星，但将他想象成这么一个角色有着强有力的理由，远比英国的大部分人所想象的更加有力。但一边谴责希特勒，一边又看不起那些让你摆脱他的魔掌的人，怎么都说不过去。那只是英国知识分子的虚伪的体现，是腐朽的资本主义的产物，理解警察和红利的本质的欧洲人都会因为这件事而无可厚非地鄙视我们。

---

① 让·路易斯·萨维尔·弗朗科伊斯·达尔朗(Jean Louis Xavier François Darlan，1881—1942)，法国政治家、军事家，曾于1939年担任法国海军总司令，1940年法国战败后充当傀儡政权维希政府的二号人物，1942年遇刺身亡。1940年法国战败，达尔朗曾与丘吉尔会晤，并保证法国海军不会落入德国人手中，但投靠维希政府后，达尔朗主动配合纳粹政权，几番拒绝英国人要求接管法国海军的要求，并对英军进军法国海域予以狙击。
② 皮埃尔·赖伐尔(Pierre Laval，1883—1945)，法国政治家，二战时法国沦陷后与维希政权合作，并签署文件，将法国境内的犹太人运往德国集中营处死。二战后被判叛国罪并遭处决。

拉迪亚·吉卜林[①]

    艾略特先生竟然会在他为这部《吉卜林诗集》作序的长文中为他如此辩护实在是令人遗憾，但这是不可避免的，因为甚至在你能够谈论吉卜林之前，你必须先消除由两批连他的作品都没有读过的人所制造的神话。吉卜林处于成为一个代名词的奇特位置已有五十年之久。在文坛的五代人中，每一个开明人士都鄙视他，而到了那个时期的尾声，开明人士十有八九都被遗忘了，但从某种意义上说，吉卜林依然屹立于文坛。艾略特先生未能令人满意地解释这件事，因为在回应那个斥责"吉卜林是一个法西斯分子"的熟悉而肤浅的指控时，他犯了截然相反的错误，在无法为他辩护的方面为他辩护。硬要说吉卜林的人生观大体上能被有教养的人所接受或原谅是没有意义的。比方说，当吉卜林描写一个英国士兵拿着槌衣棒殴打一个"黑鬼"勒索钱财时，硬要说吉卜林只是以记者的身份进行报道，并不一定赞同他所描写的事情，这是没有用的。在吉卜林的作品中，没有任何地方有丝毫迹象表明他不认同这种行为——恰恰相反，在他身上有一种确凿的虐待狂的特征，大大超出了那一类型的作家必然会有的残忍。吉卜林是一个沙文帝国主义者，在道德上麻木不仁，而且审美观令人厌恶。一开始的时候就承认这一点会比较好，然后再试图探究

---

    ① 刊于 1942 年 2 月《地平线》。

为什么他仍流传至今，而那些嘲讽他的有教养的人却似乎经不起时间的考验。

然而，斥责他是"法西斯分子"的这一指控必须得到回应，因为要在道德上或政治上理解吉卜林的第一条线索就是他并非法西斯分子这一事实。比起如今最人道或最"进步"的人，他更不像是一个法西斯分子。人们总是鹦鹉学舌般地引用他的话，却从未尝试去查阅引文的语境或探究其意义，一个有趣的例子就是《退场赞美诗》里的一行诗句："或像劣等人种那样无法无天"。这句话总是在左翼圈子里被当成嘲讽的对象。他们理所当然地认为"劣等人种"就是"土著人"，他们所浮现的画面是某个戴着遮阳帽的白人老爷正在踢一个苦力。这句话在其语境下的意思几乎截然相反。"劣等人种"这个称谓几乎可以肯定指的是德国人，特别是那些"泛日耳曼"作家，他们"无法无天"是说他们目无法纪，而不是说他们没有律法。整首诗通常被认为是大肆吹捧的胡言乱语，但其实它是对权力政治的谴责，既包括对英国人，也包括对德国人。有两段诗值得引用（我将它们看作是政治意见而引用，并非看作是诗歌）：

> 如果看到权力而迷醉，
> 我们便胡言乱语，不再对您敬畏，
> 就像异教徒那样口出狂言，
> 或像劣等人种那样无法无天——
> 万军之主啊，请与我们同在，
> 以免我们遗忘——以免我们遗忘！

因为异教徒的心所信任的，

是刺鼻的炮管和铁皮，

所有英勇的尘埃都建立于尘埃，

看守着，不以您的名义看守着，

疯狂的自夸和愚蠢的言语——

主啊，请宽恕您的子民！

吉卜林的许多修辞出自《圣经》，在第二节中无疑他想到了《诗篇》第127篇的经文："若不是耶和华建造房屋，建造的人就枉然劳力。若不是耶和华看守城池，看守的人就枉然儆醒。"[①]这段文字不会给后希特勒时代的人留下什么印象。在我们的时代，没有人相信比军事力量更加强大的制裁，没有人相信有什么能制约武力，除非以暴制暴。没有"律法"，只有力量。我并不是说这是一种真正的信仰，只是说这是所有现代人实际上信奉的信仰。那些声称不相信这一点的人要么是思想上的懦夫，要么是披着一层薄薄的伪装的权力膜拜者，要么被他们生活的时代所抛弃。吉卜林的世界观是前法西斯式的。他仍然相信骄傲会导致失败，神明会惩罚傲慢之人。他没有预见到坦克、轰炸机、无线广播和秘密警察，或它们所造成的心理影响。

但说了这些，这不是否定了我所说过的吉卜林是一个残暴的沙文帝国主义者那番话吗？不是的，这只是在说十九世纪的帝国主义者的世界观与现代暴徒的世界观是两回事。吉卜林非常肯定地属于1885年至1902年这一时期。世界大战及其后果令他感到

---

① 这一段译文出自《圣经》和合本。

很苦恼愤懑，但没有多少迹象表明他从布尔战争之后所发生的任何事情中得到了什么教训。他是大英帝国主义在其扩张时期的先知（他唯一的小说《黯淡的光芒》比他的诗作更让你感受到当时的气氛），同时也为英国军队撰写稗官野史，那支老牌雇佣军从1914年开始转型。他所有的信心，他那活跃而粗俗的活力都来自法西斯分子或准法西斯分子所没有的局限性。

吉卜林的后半生郁郁寡欢，毫无疑问，其肇因是政治上的失望而不是文学上的虚荣。不知怎地，历史没有按照计划进行。在获得空前伟大的胜利后，英国不再像以前那样是世界上的头号强国。吉卜林敏锐地看到了这一点。他所理想化的阶级失去了美德，年轻人耽于享乐或麻木不仁，将地图涂成红色的野心已经烟消云散。他不能理解到底发生了什么事情，因为他从来不曾理解支撑着帝国扩张的经济推动力。值得注意的是，和普通士兵或殖民地行政官员一样，吉卜林似乎没有意识到，经营帝国的首要考虑是挣钱。他心目中的帝国主义是一种强迫性的福音传播。你把加特林机枪对准一群赤手空拳的"土著"，然后你定下"律法"，其中包括道路、铁路和法庭。因此，他无法预见到促使帝国形成的同一动机到最后会将帝国毁灭。例如，将马来亚丛林开发成橡胶园和将这些橡胶园完好无损地拱手相让给日本人其实是出于同样的动机。现代人知道他们在做什么，而十九世纪的英国人不知道自己在做什么。这两种态度各有其优点，但吉卜林从未能从一种态度转变为另一种态度。虽然他终究是个艺术家，他的世界观却是一个领薪水的官僚的世界观，那些人鄙视"商贾"，总是活了一辈子还没有意识到"商贾"才是发号施令的人。

但由于他把自己认同为官僚阶级的一员，这使他拥有了"开明"人士鲜有或根本没有的特征，那就是责任感。在这一点上中产阶级左翼人士痛恨他，就像他们痛恨他的残暴和庸俗。高度工业化的国家的所有左翼政党说到底都是一场骗局，因为他们投身于反对他们并不是真心想要摧毁的体制。他们拥有国际主义者的目标，与此同时，他们又竭力想维持与那些目标不相容的生活标准。我们都在依靠掠夺亚洲苦力而活，我们的"开明"人士都在口口声声地说那些苦力应该得到解放，但我们的生活标准，也就是我们的"开明生活"却要求掠夺继续下去。一个人道主义者总是一个伪君子，而吉卜林对这一点的洞察或许是他能说出那些铿锵有力的话语的根本秘密。很难找到一句比"嘲笑那些在你睡着的时候保卫你的身着戎装的士兵吧"更简单直接地戳穿英国人促狭的和平主义的话了。确实，吉卜林不了解那些上等人和毕灵普分子之间在经济方面的关系。他不明白英国版图的扩张最根本的原因是为了剥削苦力。他看见的不是苦力，而是印度的公务员，但就算在这一层面，他对谁在保护着谁这一职能理解得非常透彻。他清楚地看到只有一部分人不可避免地沦为比较没有教养的人，保卫、哺育着另一部分人，后者才能享受着高度的教养。

在多大程度上吉卜林真的认同自己是他所颂扬的行政人员、士兵和工程师中的一员呢？并不像人们有时候所认为的那么彻底。他年纪轻轻的时候就已经周游广阔，他在一个庸俗的环境中长大，却拥有出色的头脑。他身上有一些或许是病态的特征，让他倾向于活跃的行动而没有敏锐的感觉。十九世纪驻印度的英国人是他所崇拜的人当中最不可爱的，但他们至少是实干派。或许他们所做的统统都是坏事，但他们改变了大地的面貌（看着一张亚洲地图，比较一下印度的铁路系统和周边国家的铁路系统就知道了）。而要是普通的驻印英国人的观点都像爱德华·摩根·福斯特①那样的话，他们什么事也干不成，连保住自己的权力一个星期都做不到。虽然吉卜林所描绘的内容艳俗而肤浅，但那是我们所拥有的关于十九世纪英属印度的唯一文学图景，他能够描绘出那幅图景，纯粹是因为他够粗俗，才能在混乱不堪的俱乐部和军营里混下去和保持缄默。但他并不是很像那些他所钦佩的人。从几个私人的渠道，我了解到许多与吉卜林同时代的驻印英国人并不喜欢他或认同他。他们说他对印度一无所知，这无疑是实话；另一方面，在他们的眼中他有点太特立独行了。在印度的时候他老是和"不像样"的人混在一起，由于他肤色黝黑，他总是被怀疑有亚洲血统。他生于印度，又很早就离开学校，这在很大程度上影响了他的发展。要是背景稍有不同，他或许会是一个优秀的小说家或一个顶尖的音乐厅歌曲作词人。但能说他是一个粗俗的摇旗呐喊者和西塞尔·罗德斯②的公关马前卒吗？这么说没错，但他又不是一个唯唯诺诺的人或见风使舵的投机分子。如果说早期的他是这样，之后他就再也没有迎合过公共舆论。艾略特先生说，他之所以受到反对，是因为他以受欢迎的方式表达了不受待见的观点。这就把问题狭隘化了——他认为"不受待见"是指不受知识分子的待见，但事实上，吉卜林的"主旨"并不是广大公众想要的，而且从未被他们接受过。九十年代的人民群众和现在一样反对军国主义者，对帝国感到厌倦，只是下意识里有爱国情绪。

---

① 爱德华·摩根·福斯特(Edward Morgan Forster，1879—1970)，英国作家，代表作有《窗景》、《印度之行》等。

② 西塞尔·约翰·罗德斯爵士(Sir Cecil John Rhodes，1853—1902)，英裔南非商人，钻石大王，德·比尔斯公司(De Beers，世界规模最大钻石矿公司)的创始人。

吉卜林的仰慕者从过去到现在一直是那些"服役"的中产阶级，那些人读的是《布莱克伍德》①。在本世纪愚昧的初叶，毕灵普分子终于发现有一个能被称为诗人的家伙是自己人，于是便将吉卜林摆上神坛，他的那些比较简洁精辟的诗作，比方说《如果》，被赋予了几乎和《圣经》同等的地位。但值得怀疑的是，毕灵普分子是否仔细阅读过他的作品，就像他们没怎么用心阅读过《圣经》一样。他所说的话中有许多是他们不可能认同的。很少有从内部批评英国的人说过比这个粗俗的爱国者更加尖刻的话。大体上他攻讦的对象是英国的工人阶级，但并不一定总是这样。"板球三柱门边上那帮穿着法兰绒的傻瓜和足球场的球门边上那帮糊涂的白痴"这句诗时至今日仍然像一支箭那样很扎人，既是针对足总杯决赛，也是针对伊顿公学和哈罗公学的比赛。奇怪的是，他针对布尔战争所写的一些诗句在题材方面带有现代特征。《斯泰伦博斯》应该是写于1902年前后，概括了每个有文化的步兵军官在1918年或现在会说的话。

吉卜林对大英帝国的浪漫想法如果能够避免当时的阶级偏见的话，原本是无关紧要的。如果你细读他最好的和最具代表性的作品的话，他那些行伍诗，特别是《军营之歌》，你会注意到对这些诗歌戕害最大的是一种高高在上的隐晦态度。吉卜林将军官阶层尤其是下级军官理想化了，甚至到了荒唐的地步，而那些小兵虽然可爱而浪漫，却必须扮演丑角，说话时总是要带着风格化的伦敦土腔，不是很土，但所有的 H 音和结尾的 G 音都会很小心地

---

① 《布莱克伍德》，创刊于1817年，停刊于1980年，原名为《爱丁堡月刊》，是一份持保守立场的文学刊物。

省略掉。结果往往就像在教堂聚会时玩搞笑背诵那样令人尴尬。这造就了一个有趣的事实：你总是可以把吉卜林的诗改好，让它们没那么滑稽和露骨，只需要将它们通读一遍，将伦敦腔改成标准的发音就成了。他的那些叠句更是如此，它们常常有一种真正的抒情品质。举两个例子（一个是描写葬礼的，另一个是描写婚礼的）：

> 放下你的烟斗跟我来！
> 干了你的酒杯跟我来！
> 噢，听那大鼓的召唤，
> 跟我来——跟我一同归家来！

或者：

> 为队长的婚姻欢呼——
> 再为他们欢呼！
> 拉炮的灰马就在地里，
> 一个流氓娶了一个妓女！

这两首诗里的 H 音和其它发音我都加了上去。吉卜林原本不该这么糊涂的。他原本应该知道这两节诗句中，第一首最后结尾的两句写得很优美，原本应该克服他嘲笑劳动人民口音的冲动。古时候的民谣里，地主和农民说的是同样的语言。对于吉卜林来说，这是不可能的事情，他总是带着一种扭曲的阶级眼光居高临下地俯视，而他写得最好的一首诗就这样被毁了，这真是诗意的报应——比起"follow me home"（跟我一同归家来），"follow me 'ome"（跟我一同归扎来）实在是难听多了。但即便是在没有败坏韵律的地方，他那伦敦土腔的戏谑轻浮也实在是很惹人厌。不过，他的诗作被人朗诵的机会要比变成油墨被人阅读的机会更多，大部分人在引用他的作品时会本能地作出必要的改正。

你能想象九十年代或现在有哪个士兵在读到《军营之歌》时会觉得这位作家写出了他们的心声吗？很难想象会有这种情况出现。任何能读诗集的士兵都会立刻发现吉卜林几乎没有察觉到军队里和其它地方一样正在进行一场阶级斗争。这不仅是因为他觉得士兵滑稽可笑，而且他认为他们忠心爱国，思想封建，崇拜他们的长官，为身为英女王的士兵而自豪。当然，这么想在一定程度上是对的，否则仗就打不成了。但是，"我为你做了什么，英国，我的英国"基本上是一个中产阶级的问题。几乎每个劳动人民立刻就会反问"那英国为我做了什么呢？"按照吉卜林对此的理解，他简单地将其归结为"下层阶级的极度自私"（他本人的原话）。当他不写英国人，而是写"忠心耿耿"的印度人时，他把"您好，老爷"这句话用到了有时候让人觉得厌恶的程度。但是，他确实要比大多数与他同时代的或我们这个时代的"自由派"更关心普通士兵，更关注他们应该得到公平的待遇。他看到士兵被人忽视，兵饷微薄，而且遭到那些受他们保卫的人伪善的轻蔑。在他身后出版的回忆录中，他写道："我开始意识到，士兵的生活就是一场赤裸裸的悲剧，他们忍受着不必要的折磨。"他被指责美化战争，或许他真的这么做了，但并不是以惯常的那种手法假称战争就像是一场足球比赛。和大多数擅长写战争诗篇的人一样，吉卜林从未参加过战斗，但他对战争的描述是写实的。

他知道被子弹打中会很疼，每个人在炮火之下都会害怕，普通士兵从来不知道战争是为了什么，不知道自己所处的战场那一小块地方之外发生了什么事情，而且英国军队和其他军队一样，总是会望风而逃。

> 身后刀风响，敌人不敢望，
> 不知身处何方，皆因未曾驻足四看，
> 直到跑出小半里，
> 方闻乞丐在尖叫，
> 声音似曾相识——正是我在求饶！

把这首诗的风格加以现代化，或许它就活脱脱像是二十年代反战作品里的诗篇。还有：

> 子弹穿过尘土飞来，
> 没有人愿意去面对，但每个叫花子都必须面对，
> 就像戴着镣铐的囚徒，不愿意上路也得上路，
> 他们成群结队地冲锋，动作出奇地僵硬迟缓。

和这首诗进行比较：

> 轻骑兵，冲啊！
> 有人胆怯了吗？
> 没有！虽然士兵们都知道，
> 大错已经铸成。

要说真的有什么的话，吉卜林只是过度渲染了恐惧，因为他年轻时的战争按照我们的标准根本算不上是战争。或许这是因为他身上神经过敏的特征和对暴虐的渴望。但至少他知道被命令去攻打不可能攻克的目标的士兵都很沮丧，而一天 4 便士的兵饷实在算不上优厚。

吉卜林对那支在十九世纪末长期服役的雇佣军的描写在多大程度上是全面和真实的呢？你只能说，吉卜林所描写的关于十九世纪英属印度的作品不仅是最好的，而且几乎是我们所拥有的唯一的文字叙述。他记录了大量的内容，要是没有他的话，我们只能从口口相传或不堪卒读的兵团史中去收集资料。或许他所描绘的军队生活要比史实更加完整准确，因为任何中产阶级的英国人都知道足够多的信息以填补空白。不管怎样，读到埃德蒙德·威尔逊先生①刚刚出版的关于吉卜林的文章时②，我很惊讶有那么多对我们来说熟悉到令人觉得无聊的事情对一个美国人来说几乎是无法理解的。但是，吉卜林早期的作品确实刻画出一幅生动而并非严重误导的图景，描绘机关枪时代之前的军队——在直布罗陀或拉克瑙的闷热的兵营，那些身穿红色军装、扎着土黄色的皮带、戴着扁边军帽的士兵，喝酒、斗殴、鞭笞、绞刑和十字架刑，集结号、燕麦和马尿的味道，蓄着一尺长的八字胡、喝喝骂骂的军曹，总是安排不当的血腥的伏击，拥挤的运兵船，霍乱横行的军营，"土著"情人，逃不掉的在收容所死去的命运。那是一幅天然而粗俗的画面，在里面一首爱国的音乐厅歌曲似乎和左拉的一

---

① 埃德蒙德·威尔逊（Edmund Wilson，1895—1972），美国作家、评论家，代表作有《三重思想家：文学主题十二讲》、《四十年代文学纪实》。
② 原注：刊登于杂文集《创伤与鞠躬》。

篇比较血腥的作品混杂在一起，但后人将会从中得知一支长期服役的志愿军是怎么一回事。同样地，他们还能够了解到在还没有听说过汽车和冰箱的时代英属印度是什么样子的。你也许会想，要是乔治·摩尔①、吉辛②或托马斯·哈代③有吉卜林的机会的话，他们会写出关于这些主题更好的作品，这么想就错了。这是不可能会发生的事情。十九世纪的英国不可能诞生像《战争与和平》这样的作品，或像托尔斯泰描写军队生活的次要作品如《塞瓦斯托波尔》或《哥萨克骑兵》。这不是因为缺乏才华，而是因为感觉敏锐的人不会有这样的接触。托尔斯泰生活在一个庞大的军事帝国，在那里似乎每个家庭的年轻人参军几年是天经地义的事情，而大英帝国在当时和现在的非军事化程度会令欧洲大陆的观察员觉得难以置信。文明人不会轻易地离开文明的中心，在大部分语言中都缺乏你可以称之为"殖民文学"的作品，要在机缘非常巧合之下才会诞生出吉卜林笔下那种庸俗的场面：小兵奥特里斯和霍克斯比太太在棕榈树下正襟危坐聆听寺庙的钟声，而其中一个必不可少的条件就是，吉卜林本人是个半开化的人。

吉卜林是我们这个时代唯一为语言添砖加瓦的英语作家。我们把短语和新词拿过来就用，却不记得它们并不总是出自我们所钦佩的作家。比方说，当听到纳粹广播员把俄国士兵斥为"机器人"时我们会感觉很奇怪——他们不自觉地从一位捷克民主人士

---

① 乔治·奥古斯都·摩尔（George Augustus Moore，1852—1933），爱尔兰作家，代表作有《伊斯帖·沃特斯》、《异教徒之诗》等。

② 乔治·吉辛（George Gissing，1857—1903），英国作家，代表作有《地下世界》、《古怪的女人》等。

③ 托马斯·哈代（Thomas Hardy，1840—1928），英国作家、诗人，代表作有《还乡》、《德伯家的苔丝》、《今昔诗集》等。

那里借用了这个词，要是让他们逮到他的话，他们会把他给杀死的。这里有六个吉卜林创作的"诗句"，你可以看到它们被短篇社论或低俗小报所引用，在沙龙酒吧里可以听到几乎从未听说过他的名字的人在使用这些诗句。你会看到，它们都拥有某种共同的特征：

> 东方是东方，西方是西方。
>
> 白种人的负担。
>
> 他们对英格兰有多少了解？那些只了解英格兰的人啊。
>
> 女人比男人更要命。
>
> 苏伊士河以东的地方。
>
> 支付"丹麦金"①。

还有许多别的例子，其中有一些摆脱了它们的语境流传了很多年。比方说"动动你的嘴皮子杀死克鲁格②吗？"直到现在仍在使用。而且有可能就是吉卜林第一个用"蛮夷"称呼德国人，至少他是在1914年交战开火后就开始使用这个词语的。但上面我所列出的诗句的共同之处在于它们都是你在半开玩笑的时候说出来的话（就像"因为我要成为五月的女王，妈妈，我要成为五月的女王③"），但这些话你迟早都会用上的。比方说，《新政治家》对吉

---

① 丹麦金（Danegeld），英国从835年开始征收的税金，目的是抵抗丹麦人和挪威人的侵扰，后来作为财产税继续征收。

② 斯蒂凡努斯·约翰尼斯·保鲁斯·克鲁格（Stephanus Johannes Paulus Kruger, 1825—1904），南非共和国总统，在第二次布尔战争中曾抗击大英帝国对非洲南部殖民地的扩张和统治。

③ 五月的女王（Queen of May），英国风俗中象征春天的女神，在庆祝春天的游行中会身着白裙，走在队伍的最前面。

卜林的态度最为轻蔑，但在慕尼黑会议期间有多少次《新政治家》引用了"支付丹麦金"那句话呢？[①]事实上，吉卜林除了有点急智和能以区区几个词语作出低俗而生动的描写（"棕榈与松树"——"苏伊士以东"——"通往曼德勒之路"）外，他还总是在谈论时下的趣事。从这一观点出发，有思想和体面的人总是发现自己站在了他的对立面，但这并不要紧。"白人的负担"立刻引发了一个现实的问题，即使你觉得这句话应该改为"黑人的负担"。你可能从骨子里不认同《岛民》所隐含的政治态度，但你不能说这是一种轻佻的态度。吉卜林所表达的思想既庸俗又持久。这引发了他作为诗人或韵文诗作家的特殊地位的问题。

艾略特先生把吉卜林的押韵作品称为"韵文"而不是普通意义的"诗歌"，但他补充说那是"大韵文"，并进一步对这个名称加以定性：如果一位作者的部分作品"我们不能判断是韵文还是诗歌"，那他只能被称为"大韵文家"。显然，吉卜林是一个偶尔也写诗的韵文家，但遗憾的是，艾略特先生没有指明这些诗作的名字。问题是，当需要对吉卜林的作品进行审美判断时，艾略特先生太执着于为他辩解，而没办法坦率直言。他没有说出来的话，而我认为在讨论吉卜林时一开始就应该声明的是：吉卜林的

---

① 原注：在他最新的作品《亚当与夏娃》的第一页，米德尔顿·默里先生引用了那几句家喻户晓的诗句：

> 有六十九种方式，
> 去构建起部落，
> 每一种方式，都是正确之举。

他说它们出自萨克雷，这或许就是所谓的"弗洛伊德式的错误"：一个有教养的人不会引用吉卜林的话——换句话说，他不愿意承认吉卜林表达出了他的思想。

大部分韵文实在是俗不可耐，那种感觉就像你看着一个三流的歌舞厅表演者在朗诵《伍方福的辫子》，一道紫色的舞台灯光就照在他的脸上，但**尽管如此**，他的作品中仍有许多地方能给那些了解什么是诗的人带来快乐。在他最低劣也是最具活力的诗作像《贡嘎丁》或《丹尼·迪弗》里，吉卜林几乎是一种令人觉得羞愧的快乐，就像有些人到了中年仍然喜欢偷吃廉价糖果一样。但即使在他最好的章节里，你也会有类似于被某样虚伪的事物勾引的感觉，然而，你毫无疑问被勾引了。除非你是个势利鬼和骗子，否则你绝不会说没有哪个喜欢读诗的人能从这样的诗句中获得快乐：

> 轻风吹拂着棕榈树，
> 寺庙传来了钟声，声声说道：
> "归来吧，英国的士兵。
> 归来吧，回到曼德勒！"

　　但是，这些诗句并不是《菲利克斯·兰德尔》或《当冰锥挂在墙上》那种意义上的诗。或许你可以把吉卜林简单地称为一个好的蹩脚诗人，这比在"韵文"和"诗歌"之间玩弄文字游戏更能令人满意地对其定位。作为诗人的他就像作为小说家的哈里特·比彻·斯托①一样。这类作品的存在能让我们了解到我们所生活的时代的一些情况，虽然它们被一代又一代的人鄙薄为庸俗之作，却又一直有人愿意去读。

---

　　① 哈里特·伊丽莎白·比彻·斯托（Harriet Elizabeth Beecher Stowe, 1811—1896），美国女作家、废奴主义先驱，代表作有《汤姆叔叔的小屋》、《牧师的求婚》等。

我认为自 1790 年以降，英国诞生了许多好的蹩脚诗，其中的例子有——我特意选择了很多类型的作品——《叹息之桥》、《劝君惜取少年时》、《轻骑兵冲锋》、布雷特·哈特的《军营里的狄更斯》、《约翰·摩尔爵士的葬礼》、《珍妮亲吻了我》、《拉沃尔斯顿的基斯》、《卡萨布兰卡》等所有这些俗不可耐的抒情诗——或许不一定就是这几首，但就是这一类诗，能够带给清楚它们的毛病在哪里的人真正的快乐。要不是好的蹩脚诗总是家喻户晓，不值得重印，否则你可以将这些诗作变成一本规模相当可观的诗集。

　　假意说在我们这个时代，"好诗"能够受到欢迎根本没有意义。事实就是如此，而且必定会是这样，只有极少数人钟情于诗，它是最不受待见的艺术。或许这番话需要加以一定的限制。真正的诗有时候在伪装成别的东西时能够被人民群众所接受。民谣诗歌依然在英国存在就是一个例子，比方说，童谣、帮助记忆的押韵诗和士兵们编的歌曲，包括那些配合军号的歌词。但大体上，我们的文明一提到"诗"这个字就会发出带着敌意的窃笑，或者会涌起大部人听到"上帝"这两个字就会感觉到的那种冷冰冰的厌恶。如果你擅长拉六角风琴，或许你可以去最近的公共酒吧，只消五分钟就能赢得听众的认可。但同样是那批听众，如果你提议朗诵莎士比亚的十四行诗，他们会是什么态度呢？但是，如果事先营造出合适的气氛的话，好的蹩脚诗能打动最难以打动的听众。几个月前，丘吉尔在一篇广播演讲中引用了克拉夫①的《努力》，取得了非常好的效果。我和一群肯定对

---

① 亚瑟·休·克拉夫（Arthur Hugh Clough，1819—1861），英国诗人，代表作有《透过漆黑的玻璃》、《新摩西十诫》等。

诗歌不感兴趣的人在一起收听这次广播，我相信这一段中间插入的诗句打动了他们，并没有让他们觉得别扭。但如果丘吉尔引用的是比这首诗好得多的诗，就算是他也没办法获得成功。

作为一个韵文家，吉卜林一直都很受欢迎，现在仍然很受欢迎。在他生前，他有几首诗超越了文学的范围，超越了学校颁奖日、童子军歌唱、软皮书籍、烙画和日历的世界，进入更加广阔的歌舞厅的世界里。但是，艾略特先生认为他的作品值得编辑，从而泄露了其他人也有但总是不能诚实承认的品位。事实上，好的蹩脚诗这种东西居然能够存在就表明了知识分子与普通人之间情感上有重叠。知识分子与普通人不一样，但只是在个性的某些方面有所不同而言，虽然并非总是如此。然而，一首好的蹩脚诗有什么特别之处呢？一首好的蹩脚诗是对显而易见之物的优雅缅怀。它以难忘的形式——因为韵文诗除了其它功能外，还是一种帮助记忆的手段——将几乎每个人都有的某种情感记录下来。像《劝君惜取少年时》这么一首诗，无论它是如何地煽情，它的优点是，它的情感很"真挚"，在某种程度上，你一定会发现自己迟早也会萌发它所表达的那种想法。然后，如果你刚好知道那首诗，它就会回到你的脑海中，似乎比以前初读时更加美妙。这种诗是一种押韵的格言，事实上，肯定受欢迎的诗总是很精辟或有一定道理的。只要举吉卜林的一个例子就够了：

> 苍白的双手紧抓着缰绳，
>
> 马刺从靴跟上滑落，
>
> 最温柔的声音高喊着："再转过身来！"
>
> 鲜红的双唇令鞘中的利剑失色，

无论是步入欣嫩谷①还是踏上王座，

孤身的旅人才能无牵无挂地漂泊。

它有力地表现了一个庸俗的想法，或许并非出于真实，但不管怎样，那是每个人都会有的想法。迟早你会有机会感觉到单身旅人行动最为无牵无挂，这个念头就现成地在那儿等候着你。因此，只要你听到过这句诗，你就可能会记住它。

我已经提到了吉卜林作为优秀的蹩脚诗人的魅力——他的责任感，这使得他有了心怀天下的抱负，即使他心中的天下其实是虚假的。虽然吉卜林与任何政治党派没有直接的联系，但他是一个保守派，如今保守党已经不复存在。现在那些自称为保守党的人要么是自由党，要么是法西斯或其同党。他认同自己是统治阶级而不是反对派的一员。对于一个富有才华的作者来说，这让我们觉得奇怪，甚至觉得讨厌，但它确实有其好处，让吉卜林对现实有一定的把握。统治阶级总是面临着这么一个问题："在这样或那样的情况下，你将何去何从？"而反对派则无须承担责任或作出实质的决定。在英国，当反对派有了稳定的地位和年金后，它的思想就会出现堕落。而且，任何持悲观反动的生活观点的人总是被证明是对的，因为乌托邦永远不会到来，而就像吉卜林本人所说的，"传统的诸神"总是会回来。吉卜林将自己出卖给了英国的统治阶级，不是为了金钱，而是出于感情。这扭曲了他的政治判断力，因为英国的统治阶级并非他所想象的那样，这将他引入

---

① 欣嫩谷(Gehenna)，耶路撒冷城外一处山谷，为犹太人焚烧罪犯尸体的地方，终年烟雾缭绕。

了愚昧和势利的深渊，但他至少尝试过想象什么是行动和责任，这使得他获得了相应的优势。他不机智，不"勇敢"，不想"惊动资产阶级"①，这对他很有利。他所写的东西大部分是陈词滥调，而因为我们生活在一个陈词滥调的世界里，他的言论也就经得起考验。即使他最傻帽的话也似乎没有同一时期的开明人士的言论那么肤浅和令人讨厌，就像王尔德的警句或《人与超人》结尾部分语不惊人死不休的格言集。

----

① 原文是法语"Épater la bourgeoisie"。

评埃德蒙德·威尔逊的《创伤与鞠躬》 [1]

　　虽然在这本新的杂文集里埃德蒙德·威尔逊先生的探讨范围从索福克勒斯到海明威，从卡萨诺瓦[2]到埃迪丝·沃顿[3]，但最有价值的是两篇关于狄更斯和吉卜林的长篇研究，两篇文章都进行了原创性的研究或揭示了不为人知的信息。在格拉迪丝·斯托莉小姐[4]的回忆录出版后，威尔逊先生的这本书创作于 1940 年或 1941 年，能够用上之前的狄更斯评论家认为无关紧要或不惜一切代价也要掩饰的传记细节。狄更斯的文学人格——或者可以说，他在文学中的投影——与他的私生活所形成的反差要比大部分作家更加令人困惑，即使威尔逊先生没有得出非常明确的结论，至少他对某些阴暗的地方投射出了一点光亮。

　　狄更斯最长命的女儿佩鲁吉尼太太为父亲写了一篇回忆录，后来她销毁了这篇回忆录，因为它"并没有揭示全部真相"，但后来对格拉迪丝·斯托莉小姐讲述了它的主要内容。它揭示了关于埃伦·劳利斯·特南的事情，在狄更斯的遗嘱中隐约提到了她，事实上，她是他最后那几年的情妇。威尔逊先生观察到一件非常有趣的事

---

① 刊于 1942 年 5 月 10 日《观察者报》。
② 吉亚科莫·吉洛拉莫·卡萨诺瓦（Giacomo Girolamo Casanova，1725—1798），意大利冒险家、作家，代表作有《我的一生的故事》。
③ 埃迪丝·沃顿（Edith Wharton，1862—1937），美国女作家，曾获普利策文学奖，代表作有《无辜的年代》、《月亮一瞥》等。
④ 格拉迪丝·斯托莉（Gladys Storey，1897—1964），英国女作家，代表作有《狄更斯与女儿》、《象征主义与小说》等。

情：这个女孩的名字以改头换面的方式出现在他最后三部小说中（埃斯特拉·普罗维斯、贝拉·维尔弗和赫莲娜·兰德利斯）。值得注意的不是狄更斯包养情妇，而且他对妻子的残忍和对子女们的专制。

> "我爱我的父亲，"佩鲁吉尼太太说道，"甚于世界上的任何男人——当然，方式是不一样的……我爱他，包括他的缺点。"她站起身，朝门口走去，补充道："我的父亲是一个坏人——坏透了。"

这是对《匹克威克外传》的作者奇怪的盖棺定论。如果你以如今唯一重要的文学人格去评判狄更斯，显然他不是一个坏人。他的作品的突出特征是某种天生的善良，在为数不多的章节中，当他没有展现出道德感时，你会立刻感觉到差异。但是，最后一个记住他的人却认为他是一个坏人。你不得不相信某种人格分裂，大卫·科波菲尔要比查尔斯·狄更斯像是真人。事实上，威尔逊先生暗示狄更斯有着明确的犯罪倾向，这篇文章转而对埃德温·德鲁德的意义进行探讨，关于这个人物威尔逊先生有一套新的而且非常耸人听闻的说法。

狄更斯是一个主旨明确的作家，所有严肃的批评家都注意到了这一点，但他们对于他的"主旨"是道德抑或是政治则存在分歧。在一头是切斯特顿，他几乎成功地将狄更斯描述为一个信奉天主教的中世纪主义者，而另一头是托马斯·阿尔弗雷德·杰克逊[1]先

---

[1] 托马斯·阿尔弗雷德·杰克逊（Thomas Alfred Jackson，1879—1955），英国社会主义党创始人之一，《英国自由的审判》、《辩证法：马克思主义研究》等。

生，他认为狄更斯不仅是完美的马克思主义者，而且——这是一件难度更高的事情——极端的自然主义者。威尔逊先生则处于这两种看法的中间，但更倾向于杰克逊的看法。他指出狄更斯的小说的主题首先体现了他的信仰，然后是他对商业中层阶层的错误认识，这无疑是对的。他提出了一个有趣的观点，在他最后一本完成的小说《我们共同的朋友》里，狄更斯展现了之前从未展现过的对小贵族阶层（雷博恩、特温姆罗）和无产阶级（莉齐·贺萨姆）的同情。但他并没有补充说在《我们共同的朋友》里，狄更斯的思想回到了原地，回到早期的认为个人的慈善行为是包治百病的药方的观念，显然，他对任何政治方案都感到绝望。或许他还过度强调了狄更斯的作品中的象征主义元素，而低估了商业故事创作的技术层面。但除此之外，它是目前评论狄更斯的最好的文章之一。

如果那篇关于吉卜林的文章相对不是那么令人满意，或许那是因为吉卜林与我们的时代更接近，因此更容易激起反英情绪。我不知道威尔逊先生是不是那种从不去探访英国以免他们的仇恨会烟消云灭的美国人，但有时候这就是他给人的印象。但是，这篇关于吉卜林的文章包括了一些非常有趣的传记材料。吉卜林在美国呆了几年，最后与别人进行了一场争吵，他的行为非常地不体面。整件事情或许表明他一直坚定不移地笃信暴力。遗憾的是，在其它部分威尔逊先生一心只是探讨吉卜林后期的故事，那些写于 1918 年之后的故事。无论这些故事拥有什么样的精神上的意趣，那时候的吉卜林已经过气了，这些故事都是杜撰的。威尔逊先生几乎没有提及吉卜林的韵文，显然，他认同广为接受的观点，认为吉卜林主要是一个散文作家。

这本书的其它文章价值稍低一些，但里面有一篇文章对乔伊斯的《芬尼根守灵夜》作了有趣的解读。威尔逊先生的文笔有时候很糟糕，甚至流于低俗，但他是我们这个时代少数让人觉得成熟的文学评论家之一，而且理解马克思的教导，而不是对它全盘拒绝或囫囵吞枣地接受。

评穆尔克·拉杰·安南德的《剑与镰刀》^①

在这种战争中，我们有一样武器是敌人所没有的，那就是英语。有几门语言的受众人数很多，但只有英语能被称为世界通行的语言。日本在菲律宾的文官组织、中国派往印度的使团、前往柏林的印度民族主义者都得用英语进行沟通。因此，虽然安南德先生的小说如果出自一个英国人的手笔仍然会是一本有趣的书，每阅读几页你一定会记起它也是一个文化上的奇观。以英语进行创作的印度文学的发展是一个奇怪的现象，过去几年来的情况更是如此，或许它无法左右战争本身的结局，但它将会影响战后的世界。

这本小说是《黑水对岸的村庄》的续篇。那个锡克土兵在法国打过仗，作为战俘在德国被关押了几年，后来回到家乡，发现以前自己所幻想的退役后将会得到的奖赏其实是一场骗局——这一部分是因为他被怀疑不忠，另一部分是因为这是所有战争中全体士兵的共同命运。接下来的故事大部分内容讲述的是农民运动和印度共产党的兴起。如今，任何由印度人所写的关于印度的书籍几乎不可避免都是悲情故事。我注意到，安南德先生已经因为被误认为心怀怨恨而为自己惹来了麻烦。事实上，这本书并没有

---

① 刊于 1942 年 7 月《地平线》。穆尔克·拉杰·安南德（Mulk Raj Anand, 1905—2004），印度作家，作品多揭露印度等级社会的黑暗，代表作有《印度亲王的私生活》、《七个夏天》等。

太多的怨恨情绪这一点正是从侧面反映了英国人对于印度心怀愧疚。在一本由一位英国知识分子所写关于同一主题的书里，你觉得你会发现什么呢？无休止地以受虐狂的心态谴责他的同胞，并对英印社会进行一系列传统上的丑化，那些叫人无法忍受的觥筹交错的俱乐部生活，等等等等。但是，在印度人的眼中，英国人几乎没有出现。他们只是一种永恒的邪恶，像气候一样被视为天经地义的事情，虽然最终的目标是推翻英国人的统治，那些革命者本身的缺点和内讧几乎被忘却了。这个故事里几乎没有欧洲人的角色出现——这提醒了我们在印度，每千人里只有一个人严格来说是白人——至于那少数几个出场了的欧洲人，他们并没有得到比其他角色更糟糕的待遇。就连印度人也没有得到同情对待，因为这本书大体上的人物刻画就是尖酸刻薄的（只举一个例子，甘地先生的头被形容为"一个紫色的生萝卜"），整本书充斥着印度的忧郁和那些东方国度忍饥挨饿的人们丑陋堕落的恐怖情景。虽然它有一个相对光明的结尾，但这部小说并没有打破关于印度的书读来都令人觉得压抑消极的窠臼。或许它们必须得是这样，才能引起英国读者的良知，因为当世界保持现状时，印度的根本问题，它的贫穷，是无法得到解决的。印度英语文学的特殊氛围在多大程度上是其题材造成的结果很难肯定，但在阅读安南德先生的作品，或艾哈迈德·阿里[①]和其他几位作家的作品时，很难不感觉如今另一门英语方言已经成长起来，或许可以和爱尔兰英语相提并论。下面这个例子可以证明这一点：

---

① 艾哈迈德·阿里（Ahmed Ali, 1910—1994），印度作家、诗人，代表作有《德里的暮光》、《火焰》等。

拉鲁知道自己要为让他们遭受厄运负上责任，他弯下腰，用颤抖的双手竭力想将那几具死尸扛起来。从钱德拉的尸体上散发出的一股腐肉的难闻味道冲上鼻腔，他的双手沾满了南都的脖子上的鲜血。他坐起身，想象着那股味道是森林的植物散发出的病毒滋生的腐烂味道，但当他再次弯下腰时，他仍然无法掩饰那股尸臭的存在。在一刹那间，他意识到虽然南都的血现在是热的，如果一路运到阿拉哈巴德的话，尸体很快就会冷却下来，并散发出恶臭。

　　这段文字有一种模糊的非英国的气质（比方说，"冲上鼻腔"[shot up to his nostrils] 就不是一句地道的英语），但显然它出自一个很熟悉英语，而且倾向于以英语进行写作的人的手笔。这就引发了未来印度英语文学的问题。目前，英语在很大程度上是印度的官方语言和商业语言，有 500 万印度人通晓英语，有数百万人会半桶水的英语。有大量的英语印度杂志，唯一的完全刊登诗歌的杂志是由印度人编辑的。大体上说，印度人的英文口语和文笔比任何欧洲人都要好。这种情况会继续下去吗？很难想象目前这两个国家的关系将会长久地持续下去，当这一关系不再存在时，学习英语的经济诱因也将不复存在。因此，大体上说，英语在亚洲的命运要么会慢慢淡出，要么会以洋泾浜外语的形式作为商业和技术用语存在下去。或许它会以小规模的混血儿社区的母语形式存在下去，但很难相信它拥有文学意义上的未来。比起一般的英国小说家，安南德先生和艾哈迈德·阿里先生是很优秀的作家，但他们不会有很多继承者。那么，为什么他们的作品在此刻拥有超越其文学品质的重要性呢？一部分原因是他们对西方解读亚洲，但我认为更主要的原因是他们在自己的国人中发挥着传播西方文化的影响。当前，第二个作用比第一个作用更重要的原因如下。

任何不得不与政治宣传打交道的人都知道日本参战后印度的情况发生了骤变。许多印度知识分子，或许是大多数人，在情感上倾向于日本人。在他们的眼中，英国是他们的敌人，中国对他们来说根本算不了什么，俄国人口惠而实不至。但持反英态度的印度知识分子真的愿意看到中国人永远沦为奴隶，苏联被摧毁，欧洲成为纳粹的集中营吗？不，这也是不公平的。这只是因为被征服民族的民族主义一定会是充满仇恨和短视的。如果你与一个印度人讨论这个问题，你会得到这么一个回答："我一半是社会主义者，但另一半是民族主义者。我知道法西斯主义意味着什么，我很清楚我应该和你们站在同一阵营，但我恨透了你们，如果我们能够将你们赶跑的话，我可不在乎接下来会发生什么。我告诉你吧，有很多时候，我一心希望看到中国、日本和印度能携手消灭西方文明，不仅在亚洲，还要在欧洲。"这一观点在有色人种中很普遍。它的情感根源非常明显，它所披着的各种伪装很容易被看穿，但是，它确实存在，对于我们和世界来说它包含着一个很大的危机。对于在印度人中极为普遍的自怜自伤和种族仇恨的唯一回击就是指出除了印度人之外还有其他人遭到压迫。对民族主义的唯一回击就是国际社会主义，而印度人——对所有的亚洲人来说也是如此，只是程度要轻一些——与社会主义文学和社会主义思想的接触大体上说是通过英语进行的。大体上，印度人中坚定的反法西斯主义者的比例与西化的人的比例大致相当。这就是为什么在这份评论的开头我说过英语是战争的一样武器，能让克制法西斯主义世界观的理念得以传播。安南德先生并不喜欢我们，他的几位同志极度痛恨我们，但只要他们用英语抒发出他们的仇恨，他们就是我们的盟友，我们辜负了那些印度人，但我们也帮助他们获得觉醒，以体面的方式与他们和解仍然是有可能的。

评菲利普·巴雷斯的《查尔斯·戴高乐》①

　　菲利普·巴雷斯先生的书或许可以被视为戴高乐将军的"官方"传记，或许尽了最大努力完整而详细地记述了自由法国运动在当时的情况——那是 1941 年的夏天。它在某些问题上保持沉默，譬如说叙利亚战役和失败的达卡尔远征，但它讲述了许多有价值的法国战败的细节，而且它的优点在于完整地引用了相关文献。

　　现在众所周知，戴高乐将军对于机械化战争的见解被他的同胞所忽视，却被德国人采纳并付诸实践。他们似乎就是按照五年前出版的戴高乐的作品里的要求创建了装甲师团并用于入侵波兰。在希特勒上台和战争爆发那几年里，戴高乐尽了自己的最大努力进行呼吁，主要是通过保罗·雷诺②进行，要求法国的战争指导思想要比马其诺防线和五百万陆军更加与时俱进。巴雷斯先生在第五章中引用了经过五个月的"虚假"战争之后在 1940 年 1 月他向最高司令部呈递的备忘录。大体上，这份文件确切地预言了接下来几个月所发生的事情。

　　不消说，他的意见被置若罔闻。直到法国战役之前，戴高乐

---

　　① 刊于 1942 年 8 月 2 日《观察者报》。菲利普·巴雷斯（Philippe Barrès，1896—1975），法国记者，代表作有《查尔斯·戴高乐》、《他们为国家发言》等。

　　② 保罗·雷诺（Paul Reynaud，1878—1966），法国政治家，曾担任第三共和国总理，法国沦陷后拒绝与德国人合作，被囚禁于德国，战后获释。

一直很不得意。在法国战役中，他担任一个重要的指挥职位并赢得了几场小胜，但他可以调遣的兵力非常有限。幸运的是，几个星期后他声名大振，那些希望继续战斗的法国人唯他马首是瞻。但是，为什么之前除了德国人之外就没有人听从他的看法呢？这个问题单从技术层面就很容易理解。两场战争的相隔只有21年。那些赢得1914年战争或以为自己赢得了战争的将军们仍在指挥军队。他们本能地认为一切都没有改变。就好像威灵顿公爵在十九世纪五十年代仍让英国军队和滑铁卢战役时的情况保持一致。而且还有公共舆论的和平主义，由于德国人的胜利而幻灭，以及反应迟钝只会采取防守策略的英国政策。但巴雷斯先生几乎没有触及法国战败的深层次的政治和经济问题。一本像这样的书，在创作的时候战争仍在进行，只能回避某些问题。情况的微妙之处在于，在法国，通敌合作的人都是右翼的政客，而自由法国运动则鱼龙混杂，戴高乐将军本人每天都被电台斥为"犹太马克思主义者"和"共济会成员"。其实他是一个来自乡村贵族阶层的天主教信徒，或许还是一个保皇派。当然，巴雷斯先生不想将某个政治纲领和自由法国运动捆绑在一起。但自从这本书写完之后局势已经朝这个方向迈进了几步。在他的作品中戴高乐俨然成了"祖国"的人格化身，其简单的本能是让所有思想各异的正人君子团结起来抗击外国侵略者。在这个层面上，这本书是很有价值的致敬，这本书的美国译本还有待改善。

评奥多德·加拉弗的《东方的撤退》①

　　虽然这本书对加拉弗先生和他的记者同事的讲述太多而对他们的匆忙行程中所遇到的各个东方民族的讲述太少，但它不乏有趣的内容。作为《每日快报》的战事记者，反击号②被击沉时，加拉弗先生就在船上，而且近距离目睹了马来亚战役和缅甸战役。他不得不讲述一个令人感到意气消沉的故事，但并不令人吃惊，而故事里的坏蛋们当然就是那帮白人老爷和欧洲经理，商业大亨和政府高官，由于他们的惰怠和贪婪，大英帝国的远东行省逐渐衰败糜烂。下面是一则新加坡俱乐部里这些人的写照：

　　　　那个欧洲经理就躺在两长排椅子上。每张椅子的扶手上系着两个脚垫，伸得很长，能让坐在上面的人以舒服的角度平伸出双腿。欧洲经理都穿着轻便的浅色外套（不是白色的，你可要记住，因为在新加坡只有欧亚混血儿才会穿白色的衣服，高高在上衣着考究的欧洲经理当然不会这么穿）。深红色的嘴巴张翕着，呼出带着浓烈的咖喱味的气息。肿胀的肚皮高高隆起……

---

① 原定于 1942 年 9 月《观察者报》发表，最后被撤稿。奥多德·加拉弗（O' Dowd Gallagher），情况不详。
② 反击号（the Repulse）：英国战列巡洋舰，排水量 3 万吨，从一战开始服役，1941 年 12 月 10 日被日军击沉。

新加坡的商人所得税的上限是 8%，他们一如既往地继续打高尔夫球、喝杜松子酒和跳舞，而驻守丛林里受发烧所苦的士兵们吃的是面包加果酱，喝的是加氯消毒的清水。缅甸的情况也是一样——一支装备低劣寡不敌众的军队，后面是一帮轻浮无能的政府官员，让人看到希望的迹象只有部队的士气和英国皇家空军与美籍志愿大队①的英勇战斗和基层官吏的奉献和创举，他们包括英国人、印度人和欧亚混血儿。

　　经历了两次空袭后，加拉弗先生估计有 30 万人逃离了仰光——就连政府也估计人数达到 20 万人，虽然轰炸的规模按照我们的标准根本算不了什么。自此之后，缅甸的防御变得比以往更加绝望，因为劳动力严重匮乏。船只根本无法装卸，原本准备运往中国的数千吨美式军备只能在日军抵达之前被销毁。加拉弗先生提出两个指控，普通读者无从考证，但应该对它们进行调查。一个指控是形势一早就陷入绝望的情况下，尽管韦维尔将军一再提出抗议，仍然有新的部队被派遣到新加坡，而他希望将这些部队转移到缅甸。另一个指控是蒋介石派遣部队到缅甸的提议被勉强接受，而且为时已晚。从他的描写看，在撤退时存在着严重的徇私偏袒。欧洲人，至少是欧洲女人，基本上都能够被交通工具撤走，而印度人只能自谋生路。书里有一段很有意思的章节，描写了 4 000 个印度难民行经 1 200 英里回到印度，一行人全无武器，缅甸的强盗每晚都会对他们进行洗劫，并将落单的人杀掉。

　　加拉弗先生还在缅甸与中国的军队生活过一段时日，并经历

① 美籍志愿大队（the American Volunteer Group）：由美军退役军官陈纳德上尉创建的空军部队，别称飞虎队。

了曼谷轰炸。不幸的是，他对缅甸平民的政治态度所言甚少，而关于这个重要的问题有互相矛盾的说法。除此之外，他的这本书是很有价值的纪实报道，能够让我们了解到过去二十年来应该去了解的内情。

评赫伯特·雷吉纳德·罗宾森上尉的《现代德·昆西》^①

虽然这本书在其它方面配不上这个书名，但它有一条理由：它的作者就像德·昆西一样，对自己吸食鸦片的反应很感兴趣。他是驻扎印度军队的军官，隶属于缅甸军警，在1923年被解职，在曼德勒生活了几年，就只是抽鸦片，不过中间短暂地当过一回和尚，尝试过勘探金矿和做租车生意，但都没有成功。他回过英国一段时间，想戒掉抽鸦片，但没有戒掉，然后他回去曼德勒，因为负债累累而尝试自杀——他失败了，而且下场很惨，因为他没有像设想的那样让脑袋开花，而是把两颗眼珠子给轰掉了，终身失明。

这些粗略的概括对罗宾森上尉这本书并不会不公允，它有大段大段的叙述吸食鸦片之乐的描写，对很多事情没有进行解释。那些1923年在曼德勒认识作者的人根本无法理解为什么一个健康快乐的年轻人会让自己染上这么一个萎靡而且罕见——对于欧洲人来说——的恶习。对于这一点这本书并没有作进一步的解释。罗宾森上尉只是说有一天晚上他在曼德勒看到几个中国人在抽鸦

---

① 刊于1942年9月13日《观察者报》。赫伯特·雷吉纳德·罗宾森（Herbert Reginald Robinson），情况不详。托马斯·彭森·德·昆西（Thomas Penson De Quincey, 1785—1859），英国作家，代表作有《一个英国鸦片鬼的自白》、《论谋杀作为一门艺术》，被认为是英国病态文学的鼻祖。

片，决定尝试一下那是什么滋味，然后就成了一个鸦片鬼。一定还有其它原因想要摆脱现实生活，但从来没有提及，不过线索或许可以在书中的前半部分找到，那时候罗宾森上尉在缅甸东北地区的鲜为人知的部落担任边境治安法官。

抽鸦片的快乐是什么呢？不幸的是，和其它快乐一样，那是无法描述的。描述鸦片鬼没有鸦片抽时的惨状更容易一些。他觉得燥热烦闷，然后呵欠连连，最后像狗一样惨叫。那种惨叫难听得当一个鸦片鬼被关在印度监狱里时，总是会违法给他减量的鸦片让他保持安静。和其他鸦片鬼一样，罗宾森上尉觉得当药力发作时，他似乎得到了神圣的智慧。他觉得自己不仅洞悉宇宙的秘密，而且能够将这个秘密用一句话表达出来，但当他醒来的时候就不记得了。有一天晚上，为了让自己记住它，他躺下抽大烟时准备了纸笔。结果，那个体现了一切智慧的句子是："香蕉妙，香蕉皮更妙。"

这本书是对鸦片文学的并非毫无价值的作品。它的文字很一般，但事实都是真的。光是描写尝试自杀的那一幕就值得去写这本书了。知道在死亡面前思维如何运作是很有趣的事情——譬如说，一个准备好让自己脑袋开花的人还很担心会留下难看的伤口。那些以前认识罗宾森上尉的人会很高兴知道他还活着，而且能在书的最前面看到他的照片——他完全戒掉了抽鸦片的恶习，而且显然适应得很好很开心，虽然成了瞎子。

托马斯·斯特恩斯·艾略特①

　　艾略特后期的作品对我并没有产生多少触动。这番话是对我自身缺陷的坦白，但情况并不像乍眼看上去的那样，表示我应该就此闭口不言，因为我本人反应的改变或许表明某个值得探究的外部改变。

　　我对艾略特的早期作品有相当的了解。我不是好整以暇地坐下来对它进行研究——就像任何真的朗朗上口的抒情诗或散文一样，它就留在我的脑海里。有时候，只需要读过一次就能将有二三十行的整整一首诗记下来，记忆的运作在部分程度上是重新构造。但至于这三首最新的诗作，我想自从它们出版后每首我已经读过两三遍，在内容上我记得多少呢？"时间与钟声埋葬了这一天"、"在这个旋转的世界静止的点上"、"海燕与海豚的广袤水域"和那篇以"噢，黑暗、黑暗、黑暗。他们全都陷入了黑暗"开头的散文。（我没有把"我的终点就是我的起点"这句话算在内，它是一句引文。）这些就是自发留在我的脑海里的内容。你不能拿这个作为《焚毁的诺顿》和其它两首诗要比早期更容易记住的诗作逊色的证明，你甚至可以拿它作为相反情况的证明，因为你可以争辩说容易记住的诗句表明它内容直白粗俗。但显然，有什么东西没有了，某个潮流被切断了，前后的诗歌并没有呼应，即使

---

① 刊于 1942 年 10 月—11 月号《伦敦诗艺》。

有人声称它是建立在前者之上的改善。我认为你可以将其解释为艾略特先生的主题的退化。在进行更加深入的探讨之前，这里有两段节选的内容，在意思上很接近，能够进行比较。第一段出自《干燥的萨尔维吉斯》的结尾部分。

> 正确的行动就是自由，
>
> 过去如是，未来亦如是。
>
> 对于我们中的大部分人来说，这就是目标。
>
> 它从未在这里实现，
>
> 我们只是未被击败，
>
> 因为我们一直在尝试；
>
> 我们终于志得意满，
>
> 如果我们此生能够回归，
>
> （不要远离那棵紫衫）
>
> 去滋养重要的土地的生命。

下面是另一首成文早得多的诗作的节选：

> 是水仙花球而不是球，
>
> 他的眼眸凝视着！
>
> 他知道缠绕着死去的肢体的想法，
>
> 紧紧地揽住它的欲望和奢侈；
>
> 他知道骨髓的痛苦，
>
> 骷髅的冷战；
>
> 无法接触到肉体，

缓和了骨头的炽热。

　　可以对这两段节选的内容进行比较，因为它们探讨的是同一个主题，那就是死亡。第一段诗是更长一段诗文的延续，诗中写到一切科学研究都是荒谬的，与算命是同一层次幼稚的迷信，而唯一能理解宇宙奥妙的人是圣人，剩下的我们这些人只能沦落到"胡思乱想"的地步。结尾部分的基调是"放弃"。生命有其意义，而死亡也有其意义，不幸的是，我们不知道它是什么；但当我们躺在郊野墓地里，滋养着紫杉木下的番红花，或别的什么东西的时候，它的存在本身应该就足以给我们带来安慰了。但现在读一读我所引用的另外两节诗。虽然带有模仿某人的痕迹，它们或许表达了艾略特本人在那个时候对于死亡的观感，至少是在某种心情下的观感。它们没有声言"放弃"。恰恰相反，它们道出了对于死亡的异教徒式的态度，认为阴间是一个幽暗的世界，那里尽是干瘪的、发出尖叫的游魂野鬼，对生人充满嫉恨，相信无论生活多么糟糕，死亡只会更糟。对死亡的这一概念似乎古已有之，如今在某种意义上很普遍。"骨髓的痛苦，骸髅的冷战"，贺拉斯著名的颂歌《啊，逝去》和布伦姆在参加帕蒂·迪格南①的葬礼时没有说出口的念头都表达出相似的意思。只要人认为自己是一个个体，他对死亡的态度必定就只是憎恨。无论这有多么不能令人满意，如果是出于真情实感，它就比并非出于真诚而是违背情感的宗教信仰更有可能催生出优秀的文学作品。比较上面我所

_____

　　① 布伦姆（Bloom）与帕蒂·迪格南（Paddy Dignam）是詹姆斯·乔伊斯的作品《尤利西斯》中的人物。

引用的两段节选，在我看来似乎能够得出这一结论。我认为，毫无疑问，第二首诗是更出色的抒情诗，它拥有更加激烈的情怀，虽然有点滑稽的色彩。

　　这三首诗，《焚毁的诺顿》和其它两首诗，是"关于什么"呢？这不是很好回答，但它们表面上看似乎是描写和艾略特先生的祖辈有关的英国和美国的地方，中间夹杂着对于自然和生命的意义的阴郁沉思，而结论就是我上面提到过的语焉不详的内容。生命拥有"意义"，但它不是让人感到愉悦的意义；人拥有信仰，但没有太大的希望，而且绝对感受不到热情。艾略特先生的早期诗作的主题与之非常不同。它们并没有充满希望，但也不至于压抑。如果你想以对立法进行探讨，你或许会说后一首诗表达了忧郁的信仰，而前一首诗体现了灼热的绝望。它们植根于现代人的两难境地，他们对生活感到绝望，又不想死去。此外，它们表达了一个过度文明化的知识分子面对机器文明的丑陋和精神空虚时心里的恐惧。它的基调并不是"不要远离那棵紫杉"，而是"哭泣的哭泣的众人"或"脏兮兮的手上的断甲"。自然而然地，这些诗作刚刚刊登时被贬斥为"堕落"，当这些斥责刚刚消减时，人们就发现艾略特有政治和社会的反动倾向。但是，在某种意义上，"堕落"这一指控不无道理。显然，这些诗歌是最终的产物，是一种文化传统的最后叹息，是只为那些富有教养的食利阶层的第三代，那些能够感知和批判但不再有能力作出行动的人而写的。爱德华·摩根·福斯特在《普鲁弗洛克》刚刚刊登时就予以褒扬，因为"它为没有获得成功的弱者而歌唱"，而且因为它"没有沾染公众精神"（这番话是在另一场战争期间说的，那时候的公众精神要比现在暴戾得多）。任何要维持比一代人更久的社会所必须依赖的品质——勤勉、勇气、爱国主义、节俭、多子多福——显然在艾略特的早期诗作中没有立足之地。里面只体现了食利阶层的价值观，那些人太斯文了，不会去工作、打仗甚至生儿育女。但这是写出一首值得诵读的诗必须付出的代价，至少在当时是这样。慵懒、讽刺、怀疑、厌恶的心情和没有斯奎尔①和赫伯特②式的活力四射的热情，正是敏感的人所感受到的。在诗歌中只有字词才重要，"含义"根本无关紧要，但事实上每首诗都有其含义，一首好诗总是表达了诗人迫切想表达的意思，所有的艺术在某种程度上是在进行宣传。《普鲁弗洛克》表达了空虚，但它也是一首充满了活力和力量的好诗，结尾的那一节充满了火箭迸发的激情：

我曾见到他们踏浪朝海上而去，
梳理着回潮的白发，
当风将海水吹成黑白两色。

我们已经流连于海的内庭，
身边是披着红棕色海草的海女，
直到人的声音将我们唤醒，我们就淹死了。

它与后来的诗很不一样，虽然这些诗句所赖以建立的食利阶

---

① 约翰·科林斯·斯奎尔(John Collings Squire, 1884—1958)，英国诗人、作家、编辑，代表作有《花语：文学作品的文字与形式》、《反思与回忆》等。
② 艾伦·帕特里克·赫伯特(Alan Patrick Herbert, 1890—1971)，英国作家，代表作有《秘密的战斗》、《泰晤士河》等。

层的绝望已经被有意识地抛弃了。

但问题是，只有年轻人才会萌发有意识的空虚。你不能"一辈子都在绝望"，直到老去。你不能一直"堕落"下去，因为堕落意味着很快就会跌入谷底。迟早你会被迫树立起对待生活和社会的积极态度。要说我们这个时代的每一个诗人要么早夭，要么皈依天主教或加入共产党或许太过武断，但这些思想都是为了摆脱空虚的意识。除了生理上的死亡之外，还有其它死亡形式。除了天主教会和共产党之外，还有其它教派和信条，但过了一定的年龄，一个人确实要么会停止写作，要么会将自己奉献给并非完全出于审美价值的目的。这么一种奉献必然意味着与过去决裂：

> ……每一次尝试，
> 都是全新的开始，和不同的失败，
> 因为你只学会了战胜一个你不再需要去诉说的事物的
> 表达词语，或是你不再愿意用来诉说它的
> 表达方式。因此，每一次冒险
> 都是新的开始，对无法表达的事物的进击
> 带着每况愈下的低劣装备，
> 在一团散沙的粗糙的情感中，
> 一群漫无纪律的感情的散兵游勇。

艾略特对个人主义的逃避是躲进教会里，具体地说是躲进圣公会的教会里。你不应该认为现在他所表现出的消沉的贝当主义是他皈依教会不可避免的结果。英国天主教运动并没有向信徒倡导任何政治上的"纲领"，他的作品一直都有反动倾向或亲法西斯

倾向，特别是他的散文作品。理论上一个人有可能成为一个正统的宗教信徒，且不会在这个过程中被戕害思想。但这并不是容易的事情，实际上，由正统信徒所写的书和正统斯大林主义者或其他没有思想自由的人所写的书一样，总是展现出同样促狭的思想。原因是，基督教会仍然要求信徒对他并不是真心信仰的教条表示认同。最明显的例子就是灵魂的不朽。基督教的护教者所提出的众多关于个体不朽的"证据"在思想上根本无足轻重。重要的是，如今几乎没有人在思想上觉得自己是不朽的。在某种意义上，他们或许"相信"有来生，但它与几个世纪前人们心目中的来生并不是同一回事。譬如说，将这三首阴郁含糊的诗与《耶路撒冷我的快乐家园》相比较——这样的比较并非全然没有意义。从后者你会了解到对于一个人来说，来世和今生是一样真切的。确实，他对来生的描绘是极其粗俗的——就像是在珠宝店里排练合唱——但他相信自己所写的内容，他的信仰赋予了他的文字以活力。而从前者你会看到一个并没有真心信仰的人，只是出于复杂的原因而认同它。它本身并没有赋予他任何鲜活的文学上的冲动。到了某个阶段，他觉得必须要有"目标"，他想要的是反动而不是进步的"目标"，那么，教会就是最方便的避难所，它要求它的信徒信奉思想上的荒谬，因此他的作品就成了围绕着这些荒谬的喋喋不休的话语，试图让它们能被自己接受。如今教会无法再提供鲜活的形象和新的词语：

剩下的就只有祈祷、仪式、纪律、思想和行动。

或许我们确实需要祈祷和仪式，但把这几个字串在一起，你写出的不是一行诗。

艾略特先生还说道：

> 与词语和含义进行无法忍受的角力。
> 诗歌并不重要。

我不知道。但我能够想象，如果他能找到某种不会强迫一个人去相信难以置信的事情的信仰，那么与含义进行的斗争会越来越远，而诗歌应该变得更加重要。

很难说艾略特先生原本是否有可能踏上一条截然不同的发展道路。每一个优秀的作家究其一生都会经历发展变化，其大致方向是命中注定的。像某些左翼批评家那样攻讦艾略特是"反动分子"，认为他原本可以将其才华用于促进民主和社会主义是滑稽的想法。显然，对民主的怀疑和对"进步"的不信任是他与生俱来的品质，没有这两者的话，他可能一行诗也写不出来。但是，或许可以说他原本可以在他那番著名的"英国国教信徒和保皇党"宣言所暗示的方向走得更远一些。他不可能成为一名社会主义者，但他原本可以成为贵族制度的最后的辩护者。

封建主义和法西斯主义对散文家是致命的，但对于诗人并非如此。对于散文家和诗人来说，真正致命的是当代半吊子的保守主义。

如果艾略特全心全意地遵循自己心中的反民主和反完美主义信念，或许他能创造出和先前的文风媲美的新风格。但负面的贝当主义，一心只看着过去，接受失败，认为人间的快乐不可能实现，喃喃地进行祈祷和忏悔，认为将生命视为"坎特伯雷的女人子宫里的蠕虫"的活法就是精神上的进步——这确实是一个诗人所能走上的最为绝望的道路。

乔治·奥威尔与乔纳森·斯威夫特的幻想采访[①]

奥威尔：我那本乔纳森作品是在 1730 年至 1740 年间出版的。分为 12 卷，封面是质地稍差不能用于制衣的小牛皮。它不太好读，墨水褪色了，而且那些拉长的字母 S 看上去很别扭，但比起我所见过的所有现代版本，我更喜欢这一套。当我打开它，闻到旧纸张带着尘土的味道，看到那些木版插画和歪歪曲曲的大写字母，我几乎感觉得到斯威夫特就在和我说话。我的脑海里清晰地浮现出他的模样：穿着及膝的马裤，戴着三角帽，拿着鼻烟盒，戴着他在《格列佛游记》里写到的眼镜，虽然我想我从未见过他的肖像画。他的文风似乎让你知道他有怎样的声线。举个例子，下面是他的《随想集》中的一篇——《当一个真正的天才来到这个世界……》。

斯威夫特（语带轻蔑）："当一个真正的天才来到这个世界，你或许能通过这个万验万灵的特征知道他：所有的傻瓜都联合起来和他作对。"

奥威尔："如我所料，你果然戴着假发，斯威夫特博士。"

斯威夫特："你有我的作品的第一版合集？"

奥威尔："是的，我是在一家庄院进行拍卖时花 5 先令买

[①] 1942 年 11 月 6 日英国广播电台非洲节目。

到的。"

斯威夫特："我要警告你，小心所有的当代版本。包括我的几本《游记》。我被那些该死的无良编辑害苦了，我相信没有哪个作家有过这等遭遇。尤为不幸的是，我总是落在那些神职人员编辑的手中，他们认为我让他们难堪。早在鲍德勒医生①出世之前他们就对我的作品删删改改。"

奥威尔："斯威夫特博士，你要知道，你搞得他们很难堪。他们知道你是我们最伟大的散文家，但你所说的那些话和探讨的主题是他们所不认同的。从某种意义上说，连我自己也不能认同。"

斯威夫特："我感到非常抱歉，阁下。"

奥威尔："我相信比起所有其它作品，《格列佛游记》对我的意义是最深刻的。我不记得是什么时候第一次读到它的，那时候我最多只有八岁，从此它就一直和我在一起，每年我都要重读一遍，至少会读其中的一部分。"

斯威夫特："荣幸之至。"

奥威尔："但就连我也觉得您未免太夸张了一些，而且对人性和自己的祖国太过苛刻了。"

斯威夫特："嗯！"

奥威尔："比方说，这段话一直印在我的记忆里——有如骨鲠在喉。那是《格列佛游记》第二卷第十六章的结尾部分。格列佛向大人国的国王讲述了关于英国生活的长篇大论。国王听他讲完后，将他放在手中，轻轻地抚弄着他，然后说道——等等，我这

---

① 托马斯·鲍德勒(Thomas Bowdler, 1754—1825)，英国医生，曾出版《莎士比亚作品家庭版》，对内容进行了删减改动。

儿就有这本书。但或许你自己就记得这一段。"

斯威夫特："啊，是的。'听你所说，似乎要在你们当中谋得官位不需要有什么美德，而那些贵族就更加没有美德可言，（抬高了嗓门）牧师的晋升不是因为虔诚或博学，士兵的晋升不是因为勇猛或战功，法官的晋升不是因为正直或公平，参议员的晋升不是因为智慧……（声音平静了一些）我煞费苦心从你的口中套到的话，我只能总结认为，你的同胞里大部分人是自然界孕育的（渐渐抬高了嗓门）危害最大的歹毒且卑微可憎的寄生虫。'"

奥威尔："我认同你使用'危害'、'可憎'和'歹毒'这些词语，斯威夫特博士，但我要抗议的是'最'这个字眼。'危害最大'。我们这个岛国的人民真的要比世界上其它地方的人更坏吗？"

斯威夫特："不是的，但我对你们的了解要大于我对世界上其它地方的人的了解。我在创作时，所遵循的原则是，如果真有哪种动物比你们更加低劣，我实在是想象不出来。"

奥威尔："那是两百年前的事情了。你一定会承认从那时候到现在，我们已经取得一定程度的进步了吧？"

斯威夫特："数量上是进步了。大楼更高了，车子跑得更快了，人更多了，做出的傻事更过分了。以前一场战斗会死上千人，现在一场战斗会死上百万人。至于那些伟人，你们仍然这么称呼他们，我承认你们这个时代的大人物要比我的时代的大人物更加出色。（以喜滋滋的讽刺语气）在以前，某个小暴君摧毁一个城市，并洗劫六七个城镇的话，就已经被视为最臭名昭著的人物，而如今你们的大人物能摧毁整个大陆，让所有的人种沦为奴隶。"

奥威尔："我正想说这个。有一件事我想为我的祖国说句好话，那就是，我们没有产生大人物，也不喜欢战争。在您死后出现了名为'极权主义'的事物。"

斯威夫特："一个新事物？"

奥威尔："严格来说并不新，只是现代武器和现代通讯方式使它变得可行。霍布斯①和其它十七世纪的作家预见到了它。你本人也以非凡的远见卓识写过关于它的内容。《格列佛游记》第三部里面有几个章节让我觉得我在阅读国会大厦纵火案审判的描述。但我现在想到的是第四部里面的一个章节，那匹担任格列佛主人的慧骃告诉他耶胡的习惯和风俗。似乎耶胡的每一个部落都有一个领导或首领，这个领导喜欢身边有一帮阿谀奉承的人。那匹慧骃说：——"

斯威夫特（低声说道）："他曾听闻，事实上，是某一匹好奇的慧骃观察到的，在大部分群体里都有一头实施统治的耶胡，比起其它耶胡，它的形体总是更加畸形，性情更加乖张。这个领袖总是（声音很温和）有一位亲信，与它最为接近。它的主要职责就是给主人舔脚和将母耶胡掳到他的巢穴里，而他的报酬就是时不时吃到一块臀部的肥肉。整个部落都痛恨这个心腹，因此，为了保护自己，他总是跟在领导的身边。这个领袖一直在位，直到一个更卑劣的领袖出现，但当它被抛弃时，它的继任者会带着当地所有的耶胡，包括男女老少，一齐过来，并且……"

奥威尔："这个我们就不说了罢。"

---

① 托马斯·霍布斯（Thomas Hobbes，1588—1679），英国哲学家，代表作有《利维坦》、《论人的本质》等。

斯威夫特："谢谢，鲍德勒医生。"

奥威尔："每当我想到戈培尔或里宾特洛甫，或想到拉沃尔先生[①]时，我就会记起这段话。但纵观整个世界，你发现人仍像一头耶胡吗？"

斯威夫特："到这儿来的一路上我仔细观察了伦敦人，我向你保证，我觉得没有什么不同。我看到身边同样是那些丑陋的脸，走样的身材和不合身的衣服，和两百年前在伦敦看到的情形一样。"

奥威尔："就算人没有变，这座城市有所改变吧？"

斯威夫特："噢，变化可大了。许多我和教皇在夏天的傍晚去散步的绿地如今成了砖头和灰泥的大杂院，为的是给耶胡筑窝。"

奥威尔："但这座城市变得比你的时代更加安全更有秩序了。现在即使到了晚上你也可以到处走走，不用害怕被别人割喉。你应该承认有所进步，虽然我猜想你不愿意承认。而且，它变得更干净了。在你的时代，伦敦仍然有麻风病人，更不必提瘟疫肆虐了。如今我们很多人有了浴室，女人不会一个月才洗一次头发，拿着小小的银棒挠头。你记得写过一首名为《春闺风光》的诗吗？"

斯威夫特："相思者发现闺房无人，

贝蒂干别的事情去了，

于是他溜了进去，细细地查看，

里面所有的东西，

---

① 皮埃尔·拉沃尔（Pierre Laval，1883—1945），法国政治家，二战时法国沦陷后与维希政权合作，并签署文件，将法国境内的犹太人运往德国集中营处死。二战后被判叛国罪并遭到处决。

为了清楚地讲述风光，

列出清单如下。"

奥威尔："不幸的是，我觉得那些东西实在是不能在大庭广众之下启齿。"

斯威夫特："可怜的鲍德勒医生！"

奥威尔："但重要的是，你现在会写那首诗吗？坦白告诉我，我们还像以前那么难闻吗？"

斯威夫特："味道肯定是不一样了。走在街上时，我留意到一种新的味道……"（嗅闻着）

奥威尔："那叫做汽油味。但难道你不觉得人民大众比以前更有智慧，或至少受教育程度更高了？报纸和电台呢？它们肯定多少开启了一些民智吧？比方说，现在英国不识字的人已经很少了。"

斯威夫特："这就是为什么他们那么容易受骗。（抬高了嗓门）你们两百年前的祖先尽是一帮野蛮迷信之人，但他们并不会那么轻易就相信（声音温和了下来）你们的日报。你似乎知道我的作品，或许你记得我写过的另一篇小东西，一篇关于'绅士和雅致对话'的散文吧？"

奥威尔："我当然记得很清楚。那是在描写时尚的夫人和绅士在谈话——令人瞠目结舌的废话，说了足足有六个小时没有停歇。"

斯威夫特："在我到这儿的路上，我参观了你们那些时尚的俱乐部和郊区的咖啡厅，倾听着那些对话。我还以为我那篇短文在被人戏仿呢。如果要说有什么改变的话，只是英语失去了一部分朴实自然的品质了。"

奥威尔："那过去这两百年来的科学和技术的进步呢——火车、汽车、飞机，等等等等？难道你不觉得这是进步吗？"

斯威夫特："到这儿来的时候我还经过了齐普赛街。它几乎不复存在了。在圣保罗教堂那儿只有一英亩的废墟。圣殿几乎被夷平了，外面的那座小教堂只剩下一座空壳。我说的只是我知道的地方，但我相信伦敦到处都一样。这就是你们的机器为你们实现的事情。"

奥威尔："斯威夫特博士，我实在是辩不过你，但我仍然觉得，你的观点里有着深刻的缺陷。你记得当格列佛向大人国的国王讲述大炮和火药时后者说了些什么吗？"

斯威夫特："听到我所描述的那些可怕的机器和我的提议时，国王惊恐万分。他诧异地觉得我这么一只软弱无能奴颜婢膝的小虫（这就是他的印象）会有这些灭绝人性的念头，对我所描绘的那些毁灭性武器的一幕幕血腥和荒芜的情景如此熟悉而且无动于衷。这时他说道，邪恶的天才是人类的敌人，是罪恶的始作俑者。他抗议道，至于他自己，虽然从事艺术或进行发明是最令他开心的事情，但他宁愿失去半个王国，也不愿了解这个秘密，他命令我如果我想保住自己的性命，就再也不能提起这些事情。"

奥威尔："我想那位国王会对坦克和芥子毒气说出更愤愤不平的话。但我不禁会觉得他的态度，还有你的态度，展现出某种程度上的缺乏好奇。或许你最精彩的描写是《格列佛游记》第三部中对科学院的讲述。但不管怎样，你错了。你以为科学研究的整个过程是荒唐的，因为你不相信它会产生任何实质性的结果。但那些结果终究还是出现了。现代机器文明已经到来，不管它是好是坏。如今在身体的舒适程度上，最穷的人也要比撒克逊时代的贵族生活得更好，甚至比安妮女王统治的时候还要好一些。"

斯威夫特："那对真正的知识或真正的艺术有帮助吗？让我再提醒你另一句我说过的话：'最伟大的发明是在蒙昧时代出现的：指南针、火药和印刷，是由最不开化的民族发明的，如日耳曼人。'"

奥威尔："现在我知道我们是在哪里出现分歧的了，斯威夫特博士。我相信人类社会和人的本性是可以改变的。而你却不相信。在经过法国大革命和俄国革命之后，你仍然这么认为吗？"

斯威夫特："你很清楚我的结论是什么。我写在《格列佛游记》的最后一页，但我要再强调一遍：'要我认同那些耶胡并不是什么难事，如果它们能只沉溺于自然让它们与生俱来的恶习和愚昧中。看到一个律师、扒手、中校、笨蛋、贵族、赌徒、政治家、皮条客、医生、告密者、唆使者、律师、卖国贼或诸如此类的人，我根本不会发怒，这些都是天经地义的事情。但当我看到被骄傲摧毁的肉体和灵魂的畸形与疾病，我就会立刻失去耐心，而且，我从来无法理解这么一种动物……'"（声音渐渐减弱）

奥威尔："啊，他正在消失！斯威夫特博士！斯威夫特博士！这就是你最后的话吗？"

斯威夫特（声音略为转强一些，但最终仍渐渐减弱）："而且，我从来无法理解这么一种动物和这么一种恶习能彼此相容。因此，我在此恳求那些沾染上这种荒诞的恶习的人，不要出现在我的面前。"

奥威尔："他消失了。我发现他并没有什么改变。他是个了不起的人，但他在部分程度上是盲目的。他一次只能看到一件事情。他对人类社会极具洞察力，但最终那番分析是错误的。他看不到头脑最简单的人能看到的事情：生命是值得继续的，即使人类肮脏而且可笑，大部分人是体面的。但话又说回来，如果他真的能看到这一点，我想他就不会写出《格列佛游记》了。啊，好了，愿他在都柏林安息，在他的墓志铭上写着：'在这里激烈的义愤再也无法令他伤心。'①"

斯威夫特："在这里激烈的义愤再也无法令他伤心。"

---

① 原文是拉丁文"*Ubi saeva indignatio ulterius cor lacerare nequit*"。

评巴兹尔·亨利·李德尔·哈特的《英国的战略》[①]

巴兹尔·亨利·李德尔·哈特是一位英国军人、军事历史学家和杰出的国际战争理论家。这本经过修订和重印的文集搜集了自 1932 年以来所写的文章，在很大程度上堪称一本在两次战争之间英国军队演变的历史书。不过，开头的几个章节对英国的传统战略所进行的考察是该书最有趣、最引人入胜的部分，也是当前最重要的内容。军队机械化的战斗已经获得胜利，至少在理论上是这样。但关于第二战场的争议仍吵得热火朝天，而李德尔·哈特上尉的理论与这个问题密切相关。

那个已经被我们摒弃，但李德尔·哈特上尉暗示我们应该回归的传统战略是什么呢？简而言之，该战略倡导间接进攻和有限目标。十八世纪的英国奉行掠夺战争，这个战略获得了巨大的成功，直到 1914 年的前十年才被摒弃，那时英国与法国达成了全方位的同盟。它的战术主要是商业上的。你靠禁运、海盗劫掠和海上突击对敌人实施进攻。你避免征集一支庞大的军队，尽可能将陆地作战留给大陆的盟军，而你提供资助帮助其运作。当你的盟军为你打仗时，你抢占敌人的海外贸易，占领它的外围殖民地。

[①] 1942 年 11 月 21 日刊于《新政治家与国家》。巴兹尔·亨利·李德尔·哈特(Basil Henry Liddell Hart, 1895—1970)，英国军事史家，对装甲战有深入研究，代表作有《战争的革命》、《拿破仑的幽灵》等。

合适的时机一出现，你就缔结和平，或者保留你已经占领的土地，或者利用这些土地作为讨价还价的筹码。事实上，这是两百年来英国标志性的战略，"背信弃义的阿尔比恩①"这个绰号绝对没有起错，至于别的国家也不遑多让。十八世纪的战争充满了市侩精神，使得正常的进程被逆转过来，在后世的眼中它们比在那些亲身参与其中的人眼中更具有意识形态色彩。但不管怎样，有限的战略目标是不大可能获得成功的，除非你愿意在有利可图的时候背叛盟友。

众所周知，在1914—1918年，我们背离了过去，让我们的战略服从于盟友的战略，付出了一百万人死亡的代价。李德尔·哈特上尉对此的评价是：从战争的条件中我总找不到对我们的改变令人满意的解释。导致历史政策发生根本性改变的原因似乎没有出现。因此你会发现受克劳斯维茨启发的军事思维方式导致了变化。克劳斯维茨是军事思想的怪才。他教导过，或人们认为他曾经教导过，恰当的战略就是向你最强的敌人发起进攻，只有通过战斗才能解决问题，流血是胜利的代价。英国被这一理论所吸引，将自己的海军列为候补军队，抓起了大陆锻造的这把精光闪耀的利剑。

将历史的改变归结于某个理论家是无法令人满意的，因为理论只有在物质条件允许的情况下才能起作用。如果英国在至少四年的时间里不再是背信弃义的阿尔比恩，那是比亨利·威尔逊爵士②与法国总参谋部进行合作的更加深层的原因。首先，我们的传

---

① 阿尔比恩（Albion）是不列颠群岛的古称。
② 亨利·休斯·威尔逊（Henry Hughes Wilson，1864—1922），爱尔兰裔英国陆军元帅，一战时负责英军与法军的沟通斡旋，后担任皇家总参谋部参谋长一职，北爱尔兰成立后，担任北爱尔兰政府的安全顾问，后被爱尔兰极端分子暗杀。

统战略还行不行得通很值得怀疑。在以前它确实依赖均势政策，但自从 1870 年以来情况变得越来越不稳定，而地理上的优势也被现代技术的发展所削弱。1890 年之后，英国不再是唯一的海上强权，而且，海上战争的范围缩小了。抛弃风帆之后，海军的机动性下降了；水雷发明后，内海无法航行了；海上封锁的效果也下降了，因为科学发明了代替品，农业实现了机械化。现代德国崛起之后，我们再也不可能放弃欧洲的盟友，而盟友们会坚持的事情就是，你必须承担起应有的战斗责任。在战争需要每一个交战国完全投入时，金钱援助已经失去了意义。

但是，这几篇振奋人心的文章的真正缺点在于李德尔·哈特上尉不愿意承认战争的性质已经改变了。有限目标的战略暗示着你的敌人和你是同一类人，你希望从他身上捞点好处，但你没有必要为了自己的安全而消灭他，或干预他的内政。十八世纪存在这些条件，即使到拿破仑战争的末期也是一样，但如今我们生活在原子化的世界里，这些条件已经消失了。李德尔·哈特上尉在 1932 年写书时可以这么问：由于各国不再消灭或奴役战败国。绝对战争这种事情到底是否存在？问题是，各国并没有停止这么做。在 1932 年，奴隶制似乎就像食人族一样遥远，到了 1942 年大家都看到它正卷土重来，在这种情况下不可能进行旧式的、有限度的逐利战争，目的只是为了保护英国的利益，一有合适的机会就缔结和平。正如墨索里尼所说的，民主体制与极权体制誓不两立。有一个奇怪的事实没有得到深入的探讨，那就是，在当前这场战争中，英国直到目前一直以李德尔·哈特上尉所倡导的战略在打仗。我们没有进行大规模的欧洲大陆战役，我们只是一而再再而三地利用盟友，我们占领的土地要比我们所失去的大得多，或许也富裕得多。但是，李德尔·哈特上尉或其他人都不会从这一点出发，说战争的进展对我们来说很顺利。没有人会说，我们应该席卷法国和意大利剩余的殖民地，然后和德国谈判媾和就可以了，因为即使是最无知的人也看得出这样的和平是不会长久的。只有摧毁德国现在的政治体制我们才能继续生存，这意味着消灭德国军队。克劳斯维茨所教导的"你必须集中精力攻击主要的敌人"确实很有道理，首先要做的一定得是将敌人打倒，只有武装力量才能实现真正的目标，至少在涉及意识形态之争的战争中是这样。

在某种程度上，李德尔·哈特上尉的战术理论与他的战略理论是各自独立的，他的预言全部都被事实所证实。没有哪个当代的军事作家能比他在开启民智上作出更大的贡献。但他与毕灵普分子所进行的斗争或许影响了他的判断。那些曾经嘲笑机械化并仍然努力要将军事训练减少到光喊口号和踏正步的人也认同大规模的陆军、正面进攻、拼刺刀和毫无意义的流血牺牲。李德尔·哈特上尉对帕斯尚尔战役①的惨烈感到厌恶，似乎相信战争可以单靠防守或兵不血刃取得胜利，甚至认为获得局部的战争胜利要比获得彻底的胜利来得好一些。这一看法只有在你的敌人和你有同一思想时才有意义，而当欧洲不再由一个民主政权所统治时，这种情况已经不复存在。

---

① 帕斯尚尔战役（the Battle of Passchendaele），1917 年 7 月 31 日至 11 月 10 日协约国联军（英国、法国、比利时）与德国军队在比利时的帕斯尚尔进行的会战，协约国联军获得胜利，但付出死伤近 30 万人的惨痛代价。

亨利·米勒的结局[①]

　　亨利·米勒再也写不出有价值的作品了。就像不再结果的果树还会继续长出叶子那样，作家并不会停止创作，但米勒是又一个例子，表明即使是最好的作家也只能写出几部作品。由于他的作品带有自传体的色彩，他或许只能写出一本值得阅读的作品，但事实上他写出了两本，或许能写出三本。我希望就这几本书进行评述，而不是后来他那些炒冷饭的作品。因为写出一本七年后仍被怀念的作品是一件了不起的事情，而且米勒的早期作品由于几个原因一直在这个国家得不到应有的尊敬。

　　米勒最好的作品是出版于 1935 年的《北回归线》。向任何人推荐这本书似乎没有什么意义，因为巴黎的纳粹分子和这个国家的警察让这部作品没有多少本剩下，但我想它将会一直流传下去。值得一读的书籍迟早会得到尊重。与此同时，引起人们关注它的存在并不会有什么坏处。而且《黑色的春天》和《马克斯和白细胞》也属于同一时期的作品。

　　《北回归线》在这个国家被禁止发行是因为里面有不堪入目的字眼和描写难以启齿的题材。它绝不是一本色情读物，但那些肮脏的词语是它固有的一部分，不可能有删节本，因为它直率地尝试描述一个普通的感性男人所看到的和体验到的生活。我强调

---

① 刊于 1942 年 12 月 4 日《论坛报》。

"直率"，因为在某种意义上米勒并没有在非常费劲地去尝试。如果你想要描述真实的生活，你需要解决两个难题。第一个难题是与我们的思考过程相比，我们的语言是如此粗陋，人类之间的交流是很不靠谱的事情。第二个难题是我们的生活中有很多内容通常被认为不能被刊印出来，而大部分普通的词语和行为一旦被写到纸上，就会遭到曲解。在《尤利西斯》中，乔伊斯尝试解决这两个困难，但主要的精力放在第一个难题上。而米勒则只是在尝试解决第二个难题，他的方式是假装这个难题并不存在。在《北回归线》里没有像《尤利西斯》中的复杂模式，也没有苦心孤诣地尝试通过语言手法去表达意识的不同状态。只有亨利·米勒——一个衣衫褴褛却又聪明非凡的美国人，但他的道德观和思想却很平庸——在讲述他的日常生活。米勒有着出众的文采，能够写出普通人的谈吐。《北回归线》的魅力在于它是一本不温不火的作品，享受着生活的过程，而且不像乔伊斯那样在与天主教的成长背景或斯威夫特式的对身体的恐惧进行斗争。它很下流，但并不像在兵营里听到的对话那么不堪入耳；虽然它所描写的事实大部分很肮脏，但并不比一个人在二十年代和三十年代为了谋生而不得不做的事情肮脏到哪里去。

米勒是一位斯文的美国小说家，却生活在巴黎的后巷里，虽然他的境遇不同寻常，但在创作《北回归线》时，他在填补三十年代过分政治化的文学作品的空白。这本书没有道德观，而且没有纲领，没有解开宇宙谜团的钥匙。它道出了普通人的心声，他们的生活目的首先是保护自己，其次是"过得开心"。普通人想当英雄吗？并不想。他渴望为了某个事业而献身吗？不愿意。他愿意忠于妻子吗？不愿意。他想要去工作吗？不是很想。米勒将人性的这一面表现得淋漓尽致，因为他不仅感同身受，而且作为一位流氓无产阶级知识分子，一个在饿肚子和老老实实工作之间的钢丝上行走多年的男人，他的这一面被夸张放大了。当代的大部分狂热主义对他来说只是癫狂。譬如说，希特勒能不能统治世界有什么要紧的呢？最重要的事情是活下去。他对自己在上一场战争中巧妙地逃开兵役感到很自豪。他曾经担任过《拥趸》这本短命期刊的编辑，明确反对任何形式的"宗旨"，最接近于政治宣言的举措，是在慕尼黑会议后立刻刊登了一整页的广告，上面写着"畅饮比尔森啤酒——它仍然是捷克的"。

《北回归线》后是《黑色的春天》，一部分内容继续描写米勒在巴黎的生活，还有他在纽约的童年时代的倒叙描写。《马克斯和白细胞》是一本散文和随笔集。之后他这一特别的创作脉络似乎逐渐枯萎。他最擅长描写那些没有英雄色彩的事情，而我们所生活的时代，无论多么不愿意，却是一个英雄主义的时代。米勒的作品的一个显著特征就是，它们都带有浓厚的二十年代的气息——对于书籍来说这不无益处，因为二十年代的生活比三十年代的生活更加惬意。巴黎的拉丁区生活着画家、臭虫、妓女、讨债人和疯子，那里是他的精神家园。

但那种世界无法永远维持下去，当战争与革命重新让米勒接触到现实生活时，它变得不那么亲切了。这一点在他最新的作品《马洛西的巨石像》中非常明显。那是一本关于希腊的书，水平比普通的游记高不到哪里去。事实上，它拥有所有普通游记的特征：假惺惺的热情，在一座小镇呆了两个小时就想找到它的"灵魂"，和出租车司机乏味的对话，等等等等。原因或许是，在当前这么一个时期，蔑视政治和保全自我的想法让人几乎自发地回避任何正在发生趣事的地方。《马洛西的巨石像》的大部分内容是关于希腊的狂想曲和对英国与美国的谩骂，米勒宣称他根本不想再看到这两个国家。你自然会以为米勒在希腊大难临头的时候仍然留在那里。但事情并非如此，他现在似乎就在纽约。事实上，在北欧即将爆发战争时他跑到了希腊，而在希腊即将爆发战争时跑到了美国。如果战争会波及美国，你有理由相信他一定会跑到阿根廷或中亚去。凭借他出色的文采和幻灭的眼光，他原本可以写出一本关于德国人统治下的巴黎生活的杰作。但是，如果德国人在巴黎，米勒一定会在别的地方，而这就是他的局限。

　　一个作家在创作时并不是像从储藏室里拿出鸡汤罐头那样从脑袋里取出东西。他必须从每天与人和事的接触中获取创作素材，当他所理解和享受的世界已经成为过去时，他很难发挥出最好的水平。在《马洛西的巨石像》里，米勒伤心地写到这场战争将会摧毁他本人认为有价值的一切事物。事实上，可以肯定，无论这场战争之后会遗留下什么，米勒在《北回归线》中所描写的那个世界将不复存在。在我们这个时代，人类将再也无法活得如此自由，或者说如此没有安全感。但米勒是那个社会依然存在时的忠实的记录者，由于有勇气或平和的心态去忠实描写生活的人并不常见，《北回归线》在二十世纪少数值得一读的小说中占得了一席之地。

评萨缪尔勋爵的《未知的土地》[①]

这本书以培根的《新亚特兰蒂斯》为蓝本，是"正面的"乌托邦作品，和其它这类作品一样在同一点上失败了——那就是，没办法描写出一个接近完美的社会，并让普通人想要在那里生活。

故事是这样的：作者总是相信那个被称为新亚特兰蒂斯的国家是一个真实的岛屿，某位船长向培根说起了它，经过漫长的探索他找到了这个岛，并在上面生活了一年。那是一个小岛，坐落在南太平洋的偏远之地，因此一直没有被发现，一部分原因是岛民的谨慎。他们知道外部世界的存在，时不时会派遣"使者"去学习最新的科学发明，但他们严守自己的岛屿秘密，不希望它被侵略和征服。

当然，这个岛屿拥有我们赋予"美好的"乌托邦的所有特征——有卫生设施，有节省劳动的设施，有神奇的机器，强调科学，全面的理性，性情中带着淡淡的虔诚。那些人每周工作九个小时，剩下的时间用来钻研科学和艺术。没有战争，没有犯罪，没有疾病，没有贫穷，没有阶级差别等等。为什么像这样的"理想"条件总是让人读起来觉得意兴索然呢？你会总结得出，完整的人类生活没有一定程度的弊端是不可想象的。这是很明显的，

[①] 刊于 1942 年 12 月 24 日《听众》。赫伯特·路易斯·萨缪尔（Herbert Louis Samuel, 1870—1963），英国自由党政治家，曾担任内政大臣、邮政总长等职务。

只举一个例子：幽默和趣味感最终取决于弊端的存在，而它们在乌托邦里没有位置。正如卢纳察斯基[①]很早以前在《小金牛犊》的序文中说过的那样，在完美的社会里没有东西值得嘲笑。萨缪尔爵士笔下的乌托邦里的人有时候会放声大笑，但只是在嘲笑异邦人的习惯，而不是因为他们自己的生活有什么值得嘲笑的。乌托邦的人总是带着一种装模作样的自夸姿态，对赫伯特·乔治·威尔斯先生的作品进行研究就能够体会这一点。

值得注意的是，一个"完美的"社会只有在消除了人的心灵乃至身体的情况下才能想象。萨缪尔勋爵笔下的乌托邦的居民长着硕大的头颅，能够让他们的大脑达到惊人发达的地步，但这使得他们在我们眼中不大像人。当斯威夫特想要描写优点而不是弊端时，只能去写马而不是写人。或许萨缪尔勋爵认为《格列佛游记》的前三章写得很恶心恐怖是有道理的。那些内容很有趣，而且想象力极其丰富，直到最后一部分在对慧骃国的描写中，斯威夫特努力想写出理性的个体如何生活时，无病呻吟的感觉就开始出现，而故事也变得很无聊。

[①] 安纳托利·瓦斯利耶维奇·卢纳察斯基（Anatoly Vasilyevich Lunacharsky，1875—1933），俄国革命家，与列宁、托洛茨基是革命同志，苏维埃政权建立后曾担任教育部长，代表作有《革命的背影》和一系列关于俄国沙皇时代作家的评论。

评瓦达克·库鲁帕斯·纳拉耶纳·梅农的《威廉·巴特勒·叶芝的演变》[①]

　　马克思主义批评有一件事情还没有做到，那就是找出"政治倾向"与文学风格之间的联系。一本书的主题和意象可以从社会学的角度进行诠释，但似乎无法诠释它的文笔。但是，这种联系一定是存在的。比方说，你知道一个社会主义者的文风不会像切斯特顿，一个托利党帝国主义者的文风也不会像萧伯纳，但你是怎么知道的则很难加以描述。而在叶芝身上，他那任性甚至扭曲的文风和他对生活阴郁的观点之间必定存在着某种联系。梅农先生探讨的主题是叶芝的作品中所蕴含的晦涩难懂的哲学，但穿插于他这本有趣的作品中的那些引文让人了解到叶芝的文风是多么矫饰。这种矫饰通常被称为爱尔兰主义，叶芝甚至被称许为文风简洁，因为他用的都是短词。但事实上，你很少遇到在连续六句诗文中没有一处古语或矫揉造作的遣词修饰。举一个最近的例子：

　　　　赐予我一个老人的狂怒，

---

① 刊于 1943 年 1 月《地平线》。瓦达克·库鲁帕斯·纳拉耶纳·梅农（Vadakke Kurupath Narayana Menon, 1911—1997），印度音乐家、舞蹈家，曾担任英国广播电台音乐指导，代表作有《沟通的革命》、《音乐的语言》等。

> 我将重塑自己
>
> 直到我成为泰门和李尔王
>
> 或是那威廉·布莱克
>
> 他以身撞墙，
>
> 直到真理服从他的召唤。

那个没有必要的"那"带出了一种矫情的感觉，同样的趋势在叶芝的所有作品中出现，包括他的最佳篇章。你总是会有一种"古旧"感，而这种感觉不仅与十九世纪的象牙塔和"惨绿色的小牛皮装帧图书"联系在一起，而且与拉克汉姆①的绘画、"自由艺术织品"和《彼得潘》的虚无缥缈之地联系在一起，而说到底，《快乐的小镇》②只是这一切的一个更加光鲜的例子。这没什么打紧的，因为，大体上说，叶芝驾驭了这种感觉，尽管他竭力追求效果的文风总是令人觉得不快，但他还是能写出突然间让人心醉神迷的句子（"没有脚的苦寒的年头"、"充斥着马鲛鱼的海洋"），就像惊鸿一瞥房间那头某个女孩子的脸庞。他是诗人不使用诗情语言这个规矩的异数：

> 多少个世纪过去了，
>
> 那安息的灵魂，
>
> 它度量的尺度，

---

① 亚瑟·拉克汉姆（Authur Rackham, 1867—1939），英国插画家，画作多以神话和传说为题材。

② 《快乐的小镇》（*The Happy Townland*）与下文中的《一个愿景》（*A Vision*）都是叶芝的诗作。

超越了雄鹰或鼹鼠，

超越听觉或视觉，

或阿基米德的灵感，

就为了培育出

那份可爱？

　　在这首诗里他并没有逃避使用"可爱"这个庸俗的词语，而它也没有严重地破坏这首美妙的诗。但同样的倾向，加上某种显然是故意为之的粗糙，削弱了他的隽语和论战诗歌的效果。比方说（我是凭记忆写出来的），对那些批评《西方世界的花花公子》的人的讽刺：

当午夜的空气袭来，

太监跑过地狱，

在每一条熙熙攘攘的大街上，

遇到伟岸的唐璜骑马而过，

就像那些叫嚷的苦苦等待的人一样，

死盯着他肌肉发达的大腿。

　　叶芝所拥有的才华让他轻松地作出这个类比，并写出了最后一行那种巨大的轻蔑，但即使在这首短诗里也有六七个不必要的词语。如果它写得更加简洁，或许它将拥有更加致命的力量。

　　梅农先生的书里顺带简短地介绍了叶芝的生平，但他更关心的是叶芝的"哲学体系"，在他看来，它比一般人所理解的提供了更多叶芝诗作的主旨。这个体系是在不同的地方零碎地体现出来的，并在《一个愿景》这本私下印刷的书中全盘托出，我从来没有读过，而梅农先生作了大量引用。叶芝对此书的创作初衷作出了矛盾的解释，而梅农先生空泛地暗示说叶芝的哲学赖以建立的文本其实是想象出来的。梅农先生写道，叶芝的哲学体系"几乎从一开始就隐藏在他的精神世界的背面。他的诗作中充斥着他的哲学。没有了解它，他的后期诗作几乎完全无法理解"。我们一读到这个所谓的体系，就置身于变戏法般的伟大的车轮、旋梯、月相循环、轮回转世、没有具体形象的灵魂、占星学等事物之中。叶芝似乎全身心地相信文字的意义，但他肯定涉猎了通灵学和占星学，在他年轻时曾经试验过炼金术。尽管被掩埋在各种各样的解释之下，晦涩难懂，还涉及月相，但他的哲学体系的中心思想就好像是我们的老朋友——周而复始的宇宙，在里面每一样事情一遍又一遍地发生。或许你没有权利嘲笑叶芝的神秘主义信仰——因为我相信某种程度的对巫术的信仰可以被证明是一种普遍现象——但你也不能认为这些事情只是无关紧要的怪癖。梅农先生对这种事情的观感构成了这本书最有趣的部分。"在最初的崇拜和热情中，"他写道，"大部分人简单地以为这空想的哲学只是我们为一位伟大而有趣的文人所应付出的代价。他们没有意识到他正走向何方。那些能理解这一点的人，例如庞德，或许还有艾略特，赞同他最终采取的立场。对它最初的回应并不像你所预料的那样，来自怀有政治思想的年轻诗人。他们很困惑，因为如果没有《一个愿景》背后那个如此僵化且造作的哲学体系，或许就无法诞生叶芝晚年时的那些伟大诗作。"或许吧，但正如梅农先生所指出的，叶芝的哲学有着非常狰狞的暗示。

用政治术语进行表述，叶芝有法西斯倾向。在他的大半生里，早在法西斯主义被提起之前，他就已经有了经由贵族理念通向法西斯主义的思想倾向。他痛恨民主，痛恨现代世界，痛恨科学和机器，痛恨进步的概念——最严重的是，他痛恨人类平等的理念。他的作品中大部分意象是封建的，显然，他无法摆脱普遍的势利心态。后来，这些趋势越发清晰，并让他"欣喜地接受极权主义作为唯一的解决之道。即使是暴力与暴政也不一定是邪恶的，因为人民不知道什么是善与恶，因此会无条件地接受暴政……一切都必须从顶层开始。没有什么事情能来自群众。"叶芝对政治不是很感兴趣，而且对自己曾经短暂介入过公共事务的经历感到厌恶，但他还是发出政治宣言。他是个大人物，无法认同自由主义的理念。早在 1920 年他就在名篇《二度降临》里预告了我们事实上已经步入的世界。但他似乎欢迎那个即将到来的时代，那将会是一个"上下有别、雄风烈烈、斗志昂扬的时代"，而且他受到埃兹拉·庞德和几位意大利法西斯作家的影响。他希望和相信他所描述的新的文明将会到来："那是最完整形态的贵族文明，生活等级分明，每一位伟人的门庭从黎明就聚集了请愿者，巨额的财富掌握在少数人手里，由皇帝予取予夺。皇帝是神的化身，沐浴在一位更伟大的神明的神恩中，在宫廷中和在家室里，不平等化身为法律。"这番天真而势利的话很有趣。首先，叶芝通过"巨额的财富掌握在少数人手里"这句话赤裸裸地揭示了法西斯主义的核心本质，而它的全盘宣传经过精心设计，都想掩饰这一点。法西斯主义的政治宣传总是在吹嘘为公平而奋斗，而身为诗人的叶芝一眼就看穿法西斯主义意味着不平等，并因此为之喝彩。但与此同时他没有看清新的极权主义文明如果来临的话，将不会是一个贵族社会，或是他心目中的贵族社会。它的统治者不是范·迪克①所画的贵族，而是无名的百万富翁、趾高气扬的官僚和杀戮成性的匪徒。其他犯了同样错误的人后来改弦更张，你不应该认为叶芝如果寿命再长一点的话一定会走上和他的朋友庞德一样的道路，即使会对他抱以同情。但上面我所引用的那篇文章有着明显的倾向，它将过去两千年来所取得的成绩完全抛到一边，这就是一个令人不安的迹象。

　　叶芝的政治理念与他对神秘主义的认识有着怎样的联系呢？一开始时很难理解为什么对民主的仇恨和信奉水晶球占卜的倾向会联系在一起。梅农先生只是对此进行了简短的讨论，但他提出了两个猜测。首先，文明是周而复始的循环这个理论对那些痛恨人类大同的人来说是精神上的出路。如果像"所有这一切之前已经发生过了"这样的理念是对的，那一下子就能够揭穿科学和现代世界的真面目，而进步将是永远不可能实现的事情。那些身份低微的人忘了本分并不是什么大不了的事情，因为我们终究会回到暴政的时代。拥有这么一种思想的人绝不只叶芝。如果宇宙在轮回，那么就可以预知未来，甚至可以预知其发展的细节。问题就只是解开其运动法则了，就像早期的天文学家发现了太阳年一样。相信了这一点就很难不去相信占星学或其它类似的体系。在战争的前一年，我对《格林葛》这份杂志进行分析，它是一份法国的法西斯周刊，有很多读者是部队里的军官，我发现里面有不少于三十八份神视术广告。其次，神秘主义这个概念隐含着这么一个理念：知识应该是局限在一个小圈子的精英中的秘密事物。

---

　　① 安东尼·范·迪克（Anthony van Dyck，1599—1641），比利时佛拉芒画家，英国宫廷画师，曾为英王查尔斯一世及皇室贵族画了许多画像。

而这个理念正是法西斯主义的概念。那些害怕普遍选举权、普及教育、思想自由、女性解放等前景的人会开始倾向于秘密邪教。法西斯和巫术之间的联系就在于二者对基督教的伦理观念怀有深刻的仇恨。

无疑，叶芝的信仰摇摆不定，在不同的时期有过许多不同的信仰，有的是进步思想，有的则不是。梅农先生重复了艾略特的看法，认为他是有史以来思想演变时期最长的诗人。但似乎有一件事情是不变的，至少在我所记得的所有作品中是这样，那就是他对现代西方文明的痛恨，渴望回到青铜时代，或中世纪。同所有其他类似的思想家一样，他倾向于写一些歌颂无知的作品。在他那部杰出的戏剧《沙漏》里，那个白痴是切斯特顿式的人物，"上帝的白痴"，"天生的傻瓜"，总是比那个聪明人更加睿智。剧中的那位哲学家将一辈子的光阴都荒废在追求知识上（我再次凭记忆引用）：

> 世界的小溪改变了方向，
> 我的思绪随着小溪一起流淌，
> 来到一处乌云密布电闪雷鸣的泉水，
> 那就是它的山之源起。
> 呜呼，致暴怒的烈风，
> 我们所做的一切都会破除，
> 我们的思考就像空虚的风。

诗写得很美，但有着反启蒙和反动的寓意，因为如果真的这么一个乡村白痴比一位哲学家更加睿智，那么没有发明文字不是更好吗？当然，所有对过去的赞美都带有一部分多愁善感的色彩，因为我们并没有生活在过去。穷人不会去赞美贫穷。在你鄙夷机器之前，机器让你摆脱了痛苦的劳动。但这并不是说叶芝渴望回到一个更加原始更加高下有别的年代并非出于真诚。所有这一切有多少可以被归结为纯粹只是出于势利，是叶芝作为破落旁支贵族的身份的产物，则是另一个问题。他的反启蒙的思想和他喜欢使用"古旧"语言之间的联系仍有待考究。梅农先生对此几乎没有进行探讨。

这是一本篇幅很短的书，而我希望看到梅农先生再写一部关于叶芝的作品，从这部书未完成的部分写起。"如果我们这个时代最伟大的诗人为法西斯主义的时代欢欣鼓舞，这似乎会是一个令人不安的征兆。"他在最后一页如是写道，并就此停笔。这确实是一个令人不安的征兆，因为它并不是一个孤例。我们这个时代最好的作家渐渐变得有反动倾向，虽然法西斯主义并不真的意味着回到过去，那些向往过去的人依然更愿意接受法西斯主义而不是其它出路。但就像我们在过去两三年来所看到的一样，还有其它通向法西斯主义的道路。法西斯主义和文坛知识分子之间的关系迫切需要探究，而叶芝或许会是起点。而他的研究者最好是像梅农先生这样的人，能以诗人的身份去了解他，也知道一位作家的政治和宗教信仰并不是赘疣，可以一笑置之，它们在他的作品哪怕最微小的细节中也会留下印记。

评宣传册文学^①

用一千字绝对不够去评论十五篇宣传册，我之所以选了这么多篇文章，是因为它们代表了目前宣传册创作九种主要趋势中的八种（剩下的那一种是和平主义，我手头并没有近期发表的宣扬和平主义的宣传册）。在尝试解释近年来的宣传册创作复兴的某些相当有趣的特征之前，我以单独的标题将它们列出，并附上简短的评论。

1. 反左翼思想和秘密法西斯分子。《一个士兵的新世界》，售价 2 便士。（副标题是《写于军营里的反极端主义宣传册》，这本书会沉重打击那些自命清高的知识分子，并证明群众并不想要社会主义。关键语句："聪明人从未学会从简单的事物中获得乐趣。"）《戈兰兹在德国乐园》售价 1 先令（对德国的强硬态度）。《世界秩序或世界毁灭》售价 6 便士（反对计划管制，乔治·道格拉斯·霍华德·科尔^②被消灭了）。

2. 保守主义。《轰炸命令将继续下去》，售价 7 便士（是官方宣传册的好样本）。

3. 社会民主党。《奥地利的情况》，售价 6 便士（由"自由奥地利运动"出版）。

---

① 刊于 1943 年 1 月 9 日《新政治家与国家》。
② 乔治·道格拉斯·霍华德·科尔（George Douglas Howard Cole），社会主义者，费边社的成员，支持"社会合作化运动"。

4. 共产党。《消灭希特勒的走狗》，售价 2 便士（副标题为《揭发托派分子在英国的破坏阴谋》，简直是谎话连篇）。

5. 托派分子和无政府主义者。《喀琅施塔得叛乱》，售价 2 便士（无政府主义者的宣传册，内容大部分是对托洛茨基的抨击）。

6. 无党派激进分子。《军队出什么问题了?》，售价 6 便士（《飓风丛书》之一，内容详实而且文笔很精彩的反毕灵普文章）。《我，詹姆斯·布伦特》，售价 6 便士（内容很具体生动，以英国公众并不了解法西斯主义这一合理假设为基础）。《巨人之战》，没有写价格，或许是 6 便士（流行的非共产主义亲俄派文学作品很有趣的样本）。

7. 宗教。《致一位乡村牧师的信》，售价 2 便士（费边社宣传册，左翼英国国教思想）。《永远的斗士》，售价 6 便士（为布克曼①辩护）。

8. 疯子。《英国必胜的命运》或《正义之师不再处于守势》，售价 6 便士（出自英国犹太人的手笔，有丰富的插图）。《当俄国人侵巴勒斯坦》，售价 1 先令。（作者：亚历山大·詹姆斯·费利斯②，就类似的题材写过许多本宣传册，有几本卖得非常火。他的《当俄国轰炸德国》出版于 1940 年，卖出了 6 万多本。）《希特勒的故事和征服英格兰的计划》，作者：吾乃英国公民③，售价 1 先令。（内容摘录："参与比赛，并知道自己正在做这件事情，才是

---

① 弗兰克·内森尼尔·布克曼（Franklin Nathaniel Daniel Buchman，1878—1961），英国新教传福音人，创建"牛津团契"，宣扬节制禁欲，曾到中国传教。

② 亚历山大·詹姆斯·费利斯（Alexander James Ferris），生卒年月不详，英国宣传册作家。

③ 原文是：Civis Britannicus Sum，是对古罗马作家、雄辩家西塞罗的名言"吾乃罗马公民"（civis romanus sum）的改动。

最重要的事情。然后，当门柱被拔起或哨声最后一次响起，记分员将写下你的名字，胜负无关紧要，重要的是要赛出风格。"）

我所列举的这几篇文章只是宣传册文学的汪洋大海中的一小部分而已，为了让我的选择更具代表性，我还加入了几篇普通读者可能已经听说过的文章。从这些为数不多的样本你能得出什么结论呢？一个有趣但不容易解释的事实，那就是宣传册创作从1935年开始就以巨大的规模复兴，但并没有诞生出真正有价值的作品。我自己过去六年来所收集的宣传册大概有好几百份，但或许不到总数的十分之一。这些宣传册中有的销量很高，特别是宗教—爱国题材的，譬如说费利斯先生的作品，还有粗鄙下流的作品，譬如《希特勒的遗嘱和证言》，据说卖出了几百万份。直接的政治宣传册有时候会有很高的销量，但宣扬"党纲"的宣传册的发行都有猫腻。看着我所收集的宣传册，我发现它们基本上都是垃圾，只有藏书家才会感兴趣。虽然我将当前的宣传册分为九类，但它们最终可以被归结为两大类别：政党纲领和不着调的高谈阔论，大致上是极权主义的垃圾和偏执思想的垃圾，但二者都是垃圾。即使是内容详实的费边社的宣传册作为读物而言也沉闷得令人绝望。最生动的宣传册几乎总是无政党的作品，一个好的例子是《为所有人祝福》，虽然它的售价高达1先令6便士，但仍然应该被视为一本宣传册。

当代宣传册的水平这么差之所以会让人觉得吃惊，是因为宣传册应该是我们这个时代的文学形式。我们生活在一个政治热情高涨而自由表达的渠道正在收窄的时代，有组织的谎言达到了前所未闻的规模。宣传册是填补历史空白的理想形式，但生动的宣传册非常少，我能给出的唯一解释就是——一个非常蹩脚的解释——出版业和文学报刊从不肯费工夫让读书人关注宣传册。收集宣传册的一个困难在于它们并不是以正规方式发行的，甚至总是没办法去图书馆借到，它们很少有广告提及，得到书评的情况更是罕见。一个心怀激情有话想说的好作家——宣传册创作的精髓就是你现在心中有话想说，想要对尽可能多的人表达——在把它写成宣传册之前会心存犹豫，因为他不知道如何能让它得以出版，而且不知道他心目中的读者会不会去读它。或许他会将他的想法掺点水分写成一篇报纸文章或扩充成一本书。结果，大部分宣传册要么是自费出版的孤独的疯子写的，要么是属于稀奇古怪的宗教内容，要么由政党发行。出版一份宣传册的正常途径是通过某个政党，而那个政党会确保不会出现任何"内容偏差"——因此也就失去了文学价值。近年来出现了一些好的宣传册，戴维·赫伯特·劳伦斯的《色情与淫秽》就是其中之一，还有波托基·德·蒙托克①的《势利与暴力》和温德汉姆·刘易斯在《敌人》中的几篇文章。目前，最有希望的迹象是无党派左翼宣传册的出现，譬如飓风丛书。如果这类书籍的出版能像小说或诗集那样得到媒体的关注的话，如果能做些什么事情让公众去关注宣传册的话，这个体裁的作品的整体水平或许会得以提高。考虑到宣传册的形式是那么灵活，而我们这个时代的某些事件迫切需要得到记载，这件事情值得我们去做。

---

① 乔弗里·波托基·德·蒙托克（Geoffrey Potocki de Montalk, 1903—1997），新西兰作家，代表作有《宣言》、《为约翰·丹尼斯爵士哀叹》等。

评"大众观察"的《酒吧与民族》^①

这份大规模的细致调查报告没有一份简短的附录写明战争对我们的饮酒习惯的影响实在是一件憾事。这份调查似乎是在战前完成的，而就在这短短的时间里，啤酒的价格涨了一倍，而且掺水很严重。

"大众观察"撰写调查报告的时候"淡啤"仍然只卖五便士一品脱（1936 年至 1941 年的重整军备只把价格推高了一便士），调查结果是，在工业城镇定期光顾酒吧的顾客人均每周消费十五到二十品脱。这听起来好像很多，但在过去七十年里，每年的人均啤酒消费量无疑减少了将近三分之二，"大众观察"得出的结论是："作为一种文化载体，目前酒吧正在走向衰落。"这不仅是因为非英国国教市镇委员会的阻挠，就连酒价上升也不是主因，而是因为时代的整体趋势在从有创造性的社区娱乐活动转变为机械化的独处活动。在酒吧里，社交仪式很繁琐，要进行热烈的交谈——至少在英国北方的酒吧是这样——还有歌唱节目和周末滑稽演出，它正被消极的、有如毒品一样的电影和收音机节目所取代。只有少数禁酒主义者会对这件事感到高兴，他们仍然相信人们去酒吧就是为了买醉。但是，"大众观察"的调查清楚地表明，在他们进行研究的那段时间里，醉酒是很罕见的——平均来说，酒吧

---

① 刊于 1943 年 1 月 21 日《听众》。

营业五千小时才有一个顾客醉酒和行为不检。

这本书的作者对不同房间分开不同吧台的旧式乡村酒吧和只由一张长柜台分隔开不同吧台的伦敦式酒吧进行了研究，发掘出了许多有趣的信息。在短篇评论里不可能对将雅座酒吧和公共酒吧区分开来的复杂的社会规矩、围绕着请客喝酒的微妙礼仪、对待瓶装啤酒的文化趋势以及教会与酒吧的争斗和随之而来的与喝酒联系在一起的罪恶感等问题进行详细阐述，但读者们可能会觉得第五章、第六章和第七章的内容最为有趣。至少一位观察者似乎剑走偏锋，被接纳进了水牛会①，关于这个组织有一些令人很吃惊的真相披露。他们通过本地报刊进行了一份问卷调查，询问人们为什么他们会喝啤酒，有一半以上的人回答他们喝酒是为了健康，或许这是因为在啤酒商的广告上啤酒被说得似乎有药物的疗效。不过，也有部分人坦率地作出回答："一位年约四旬的从事体力劳动的中年男士表示：'喝酒他妈的是为了什么？'我说为了健康，他说：'这不是胡扯么。'我请他喝了一及尔②。"有一位女士是这么回答问卷的："我喝酒是因为我一直喜欢看我奶奶晚上喝啤酒。她似乎很喜欢喝酒，用干面包皮和奶酪作下酒菜，似乎是在享受一场宴席。她说如果你一直喝啤酒就能活到一百岁，而她活到了九十二岁。我从来有酒不拒。奶奶说得对，只要是麦芽酒都好喝。"

这段简短的文字就像一首诗那样读来感人至深，为喝啤酒提出了充分的理由，如果真的得为喝啤酒找出一个理由的话。

---

① 水牛会(the Buffaloes)，指皇家太古水牛会(the Royal Antediluvian Order of Buffaloes)，始创于 1822 年，是英国规模最大的民间互助组织之一。英文名中的"Royal"（皇室）是原名 Loyal（忠义）的误传，后一直沿用。

② 原注：一及尔合四分之一升，但有的地方一及尔合半升，从口音判断，这里的一及尔是半升。

评乔治·萧伯纳的《武装与人》[①]

  《武装与人》第一次上演是在 1894 年，当时萧伯纳 38 岁，正处于戏剧创作生涯的高峰期。这或许是他所写过的最机智而且在技巧上最无可挑剔的戏剧，虽然是一部非常轻松的戏剧，却发人深省。但在大体探讨这部戏剧之前，我必须先尽量简短地探讨它的主题和情节。

  简而言之，《武装与人》是对军事的荣耀和战士的浪漫的无情揭露。故事发生在保加利亚这个巴尔干小国——当然，地方色彩是否准确并不重要，那些故事也可以发生在英国、德国或美国——当时保加利亚和塞尔维亚之间的战争刚刚结束，保加利亚获胜。女主人公莱娜是一个浪漫的年轻女孩，在第一幕的开头听说自己的恋人瑟吉奥斯·萨拉诺夫在一场关键战役中一马当先率领所在的骑兵团突破敌军的机关枪阵。她自然感到十分自豪。她站在窗边，凝视着群山，梦想着她的恋人。这时候，被打败的塞尔维亚军队开始进城，保加利亚军队在追击他们。一个被追捕的男人顺着水管爬了上来，躲进了她的闺房。他的到来令莱娜违背了自己心目中真正的爱国主义准则，帮他躲了起来，甚至当追捕他的人来搜查他时撒谎去保护他。但与他的短暂对话进一步彻底地打破了她的幻想。原来这个被追捕的男人是一名瑞士雇佣军

---

① 于 1943 年 1 月 22 日播放。

人，名叫布兰济利上尉，是最无可救药的庸俗不堪的男人。他所说的话都在与莱娜耳濡目染的宣扬军事荣耀的思想唱反调。他告诉她所有的士兵都怕死，上阵三天的士兵会精神崩溃，像孩子那样号啕大哭，在战斗中，伙食比弹药更加重要。"只要去看看一个士兵的枪套和弹药匣就知道他是新丁还是老兵油子，"他说道。"新丁带的是手枪和子弹，而老兵油子带的是吃的。"但接着，更糟糕的幻灭发生了。原来布兰济利上尉就是塞尔维亚军队的机关枪营的指挥官，莱娜的恋人瑟吉奥斯英勇地率领骑兵团发起冲锋击溃的就是那个军营。他解释了为什么那次冲锋能获得胜利——那批机关枪所配备的弹药是错的，开不了火，要不然的话，没有一个骑兵能够活下来。因此，瑟吉奥斯其实是在阴差阳错之下赢下战斗的。在后面的剧情里，幻灭接踵而来。瑟吉奥斯，一个浪漫多情的男子，长着一双闪闪发亮的眼睛和挺翘的八字胡，就像拜伦的早期诗歌里的角色，原来是一个彻头彻尾的小人。他告诉莱娜他视她为圣女，而他则是她的守护骑士，但莱娜刚一转身他就勾搭上了她的侍女。而莱娜原来也是一个习惯说谎的女人，并没有她挂在嘴边的那些高尚情操。所有的其他角色都是形形色色的伪装者。在戏剧的结尾，莱娜嫁给了那个庸俗的瑞士雇佣军人，他是第一个看透她浪漫的伪装下真实本性的男人。

萧伯纳是一位所谓的"主旨明确的作家"，他的每一部戏剧作品都是为了点出某个道德问题，无疑，《武装与人》比别的他在同一时期创作的作品更经得起时间考验的原因之一，就是它的道德主旨仍然有阐明的必要。萧伯纳其实是在说战争虽然有时候是必须的，但它并不光荣浪漫。杀人与被杀并不是英勇的事迹，或如宣传人员所渲染的那么多姿多彩，而且赢得战争的人依靠的是科学的谋兵布阵而不是意气用事。在这部戏剧问世几乎五十年后，仍有必要去说出这番话，因为关于战争的浪漫看法仍然很顽固，经历了每一次幻灭之后仍会复苏过来。我观看过《武装与人》两次。第一次是在 1918 年，剧院里坐满了刚从法国前线回来的士兵。他们理解它的含义，因为他们的经历给了他们相同的教训。在剧中有一段话，布兰济利告诉莱娜骑兵队冲锋究竟是怎么一回事。他说："那就像是将一把豌豆扔到窗玻璃上：某人一马当先，身后跟着两三个骑兵，然后其他骑兵都到了。"莱娜想到她的恋人瑟吉奥斯就冲锋在骑兵团的最前面，十指紧扣，心醉神迷地说道："是的，某人一马当先！英勇的骑兵里最勇敢的一个！"布兰济利说道："啊，但你应该去看看那个可怜的家伙把马勒成什么样子！"听到这句话，那些头脑简单的士兵哄堂大笑，几乎把屋顶给掀翻。我第二次观看这部戏剧是在 1935 年，地点是一座实验剧院，观众是更加高雅的群体。这一次布兰济利的台词没有引起笑声。战争是非常遥远的事情，而且观众里没有几个人知道在战争中面对子弹是怎么一回事。

如果你去研究萧伯纳在同一时期的其它戏剧，你会发现它们当中有的写得非常精彩——因为萧伯纳的早期戏剧作品都是技巧的杰作，没有一句不恰当的话或一个冗余的字眼——但今天读起来已经不再有新鲜感，因为在这些作品中他所抨击的错误观念再也没有人相信。甫一上演就激起轩然大波，或许比其它作品更加奠定萧伯纳的名声的戏剧是《华伦夫人的职业》。这部戏剧探讨的是卖淫，它的主旨是卖淫绝大部分是出于经济所迫。这个理念在十九世纪九十年代是新思想，但现在每个人都读过马克思，似乎已经是老生常谈，几乎不值一提。《鳏夫的房产》也是一样，它是对贫民窟地主所有制的抨击。贫民窟依然存在，仍然有人从中牟利，但至少没有人会认为这是正常而且正当的事情。又比如说一部稍晚的作品《约翰牛的另一座岛屿》。这部戏剧的讽刺主题在很大程度上取决于爱尔兰被英国统治，这种状况已经不复存在。《卖花女》是萧伯纳最机智风趣的一部戏剧，围绕的中心是阶级差异，如今这种差异已经不像以前那么强烈明显了。就连《巴巴拉少校》和《安德鲁克里斯与狮子》的初次上演所造成的冲击也取决于正统的宗教信仰在当时比在今天的流传更为广泛。但是，我并不是想让你以为萧伯纳和法国的剧作家布里厄或英国小说家查尔斯·里德一样，将才华浪费在"揭露"过上几年就会自行消失的局部性和暂时性的弊端上。萧伯纳探讨的是总体性的问题，而不是具体的问题。他对整个社会进行批判，而不仅仅是它的畸形状况。但是，有一个原因导致他早期的抨击失去了锋芒，而这引发了讽刺作家和政治作家的整体地位这个问题。

大体上说，萧伯纳是一个揭露弊端的作家，所谓的"惊世骇俗者"。显然，你只能在有什么事情可以揭露的时候才能写出成功的作品。萧伯纳以他机智的语言作为跳板，而背景则是顽固势利和自命正义的维多利亚时代末期。他就在这个社会里生活和创作。萧伯纳生于1856年，二十岁的时候第一次来到英国，除了他与生俱来的才华之外，他之所以特别适合嘲讽英国社会，是因为他是爱尔兰人，能够以局外人的目光去观察它，而一个土生土长的英国人则做不到。英国人的两大劣根性是伪善和愚笨，当时如是，现在亦如是。但维多利亚时代末期的社会与当今社会的区别在于，它更加自信，更加庸俗，更加坦诚地贪得无厌。我们所说的"开明人士"在当时要少得多。阶级特权更有保障，没有值得重视的左翼政党，普及教育和廉价报纸还没有形成全面的影响，艺术与文学在十九世纪初期与欧洲失去了接触，在当时还没有恢复。维多利亚时期末的英国对于一个讽刺作家来说是创作的绝好素材。事实上，萧伯纳不是这类作家的第一个。在他的几部戏剧的序言里，他探讨了自己的文学师承，虽然他承认挪威戏剧名家易卜生对他有相当大的影响，他似乎觉得英国小说家萨缪尔·巴特勒的影响更深，早在几十年前他就持与萧伯纳本人同样的立场对英国社会进行批判。值得注意的是，巴特勒的作品未能赢得广大读者，直到死后才得到承认。萧伯纳比他晚生二十年，但直到年近四旬仍然籍籍无名，但在他活着的时候成为了同时代最具知名度的文坛人物。之所以会有这种差异，一部分原因在于时机。巴特勒的伟大作品《众生之路》在 1905 年前后甫一出版就被誉为杰作，但如果他在十九世纪八十年代实际创作的时候出版的话，或许会以失败而告终。萧伯纳碰巧生活在庞大的维多利亚社会依然存在，像以往一样宏伟自得，但几年后就分崩离析的时期。他在抨击某个仍然很强大并值得去抨击的事物，却又不至于强大到使得抨击全然无效的程度。人们发现被震撼是蛮有趣的事情，而他们仍然能够感受到震撼。这些条件完美地存在于十九世纪九十年代到二十世纪的前十年，而萧伯纳最好的作品就创作于那一时期，但这些条件如今不复存在。现在没有人会因为"惊世骇俗"而出名。还有什么事情值得惊讶呢？还有什么传统延续下来以供批判呢？萧伯纳所取笑的那个志得意满、拘谨古板、由金钱统治的世界已经随着怀疑主义的蔓延和开明思想的传播而雨打风吹去。而萧伯纳本人，和我们这个时代的每一位作家一样，促进了开明思想的传播，也导致了怀疑主义的泛滥。

在这篇简短的文章里，我只能探讨萧伯纳作品的一个方面：他对当时的社会的揭露和某些戏剧不可避免的"过时"。但将萧伯纳视为只是一个宣传作家，除此之外就一无是处是荒唐的。要不是他还是一位艺术家的话，单凭创作的目的性并不足以让他成名。为了阐释这一点，我要再一次提及《武装与人》。任何详细分析这部戏剧的人都会发现它不仅是对人性众多虚妄之一的机智嘲讽，而且是舞台技术的奇迹。剧中只有八个角色——其中两个是龙套——而这八个角色中的任何一个只消说出半句话，你就会觉得要是你在街上遇到他的话，就能够把他认出来。里面没有一句不着调的话或一个安排不当的事件。整部戏给人的印象是浑然天生，宛如一株植物。剧本里甚至没有过激的言语，对话非常精彩，每一个字都在推动剧情的发展。在这部戏剧以及同一时期创作的另外两三部戏剧中，萧伯纳的才华得到了淋漓尽致的发挥。要是有人让我根据价值高下罗列萧伯纳的戏剧作品，我会将《武装与人》和描写美国独立战争的《魔鬼的门徒》并列为最优秀的作品。这两部戏剧都有鲜明的、会愈发为人熟悉但绝不会陈腐过时的中心主题。这两部戏剧都体现了角色、对白和情景的完美手法。仅次于这两部作品，我会选择《布拉斯邦德上尉的皈依》、《恺撒与克娄巴特拉》、《安德鲁克里斯与狮子》与《命运之子》，它们都是精彩机智的戏剧。萧伯纳的传世之作远不止这些，不仅包括戏剧，还有戏剧评论和至少一部早期小说《卡希尔·拜伦的职业》。但读过或观看过上面我提到的那六部作品就算是领略到萧伯纳的精华了。那些是他处于全盛时期并清楚自己作为一个戏剧家的身份的作品。而在此之后，他误以为自己是一个哲学家，写出了像《人与超人》和《回到马修撒拉时代》这样的累赘冗长的戏剧，都已经不堪卒读且根本不会上演。

杰克·伦敦：美国文学的里程碑①

    我们关于美国文学的探讨即将结束，越接近我们所处的时代，要辨清里程碑变得就愈发困难。过去五十年来伟大的美国作家有哪些呢？这个问题并不容易回答，尤其是当我们排除了像亨利·詹姆斯这样的小说家后——他大部分时间生活在欧洲，事实上成为了英国公民。但有几位美国作家已经举世闻名，因此，算不算是伟大作家且不论，他们确实具有代表性。其中一位就是杰克·伦敦，他的作品在世界各地有数百万读者，特别是在德国和俄罗斯。因此，今天奥威尔会向你们介绍杰克·伦敦的意义。我不用向你们介绍乔治·奥威尔——他是这个谈话节目的制作人，而且比起我的声音，他的声音对你们来说更为熟悉。但除了制作这些节目之外，或许你们知道，他是《通往威根码头之路》、《缅甸岁月》和几篇批判性研究的作者，这些作品展现出了尖锐的穿透力和独立的判断力。

    和埃德加·爱伦·坡一样，杰克·伦敦是名声在英语世界之外比在英语世界之内更响亮的作家之一——但事实上，他的名声比爱伦·坡更响亮，尽管后者至少在英国和美国受到严肃的对待，而大部分人，如果他们记得杰克·伦敦的话，会以为他是一

---

① 播放于 1943 年 3 月 5 日英国广播电台。

个撰写比那些一便士恐怖刊物好不了多少的冒险故事的作家。

杰克·伦敦在英国和美国受到轻视，但我自己并不会那么看低他，而且我能够声称自己有知音人，因为杰克·伦敦的另一位崇拜者是列宁这个大人物，俄国革命的核心领袖。列宁逝世后，他的遗孀娜杰日达·克鲁普斯卡娅撰写了一部简短的传记，在结尾部分，她描写了她在列宁瘫痪和弥留之际经常读故事给他听。她说在列宁临终那天，她开始给他读狄更斯的《圣诞颂歌》，但看得出他并不喜欢这个故事，用她的话说：他无法忍受狄更斯的"资产阶级情怀"。于是她换成了杰克·伦敦的《热爱生命》这个故事，而那几乎就是列宁所听见的最后的内容。克鲁普斯卡娅补充说那是一个非常精彩的故事。它确实很精彩，但这里我只想指出一个撰写惊悚故事的作家——关于太平洋群岛、克朗代克的金矿，还有窃贼、拳击手和野生动物的故事——和当代最伟大的革命家之间的联系。我不能确定列宁对杰克·伦敦的作品感兴趣的首要原因是什么，但我猜想那是基于伦敦的政治化或半政治化作品，因为别的且不论，伦敦是一位热诚的社会主义者，或许是第一个关注卡尔·马克思的美国作家。他在欧洲大陆的名气在很大程度上建立于此，特别是他那本非常了不起的政治预言《铁蹄》。奇怪的是，伦敦的政治作品在自己的祖国和英国几乎没有引起关注。十或十五年前，当《铁蹄》广受阅读并在法国和德国受到推崇时，它在英国却绝版了，几乎无从寻觅，即便到了现在，虽然它的英国版依然存在，却没有几个人听说过它。

这里有几个原因，其中一个是杰克·伦敦是一个非常多产的作家。他是那种每天会固定写点东西的作家——他每天写一千字——在他短暂的生命里（他生于1876年，卒于1916年），他写出了许多本不同类型的书。如果你去研究杰克·伦敦的全部作品的话，你会发现里面有三个突出的特征，乍一看似乎彼此之间并没有联系。第一个特征很傻帽，那就是动物崇拜，关于它我不想多说什么，这个特征催生了他最广为人知的作品《森森白牙》和《野性的呼唤》。对于动物的情怀是说英语的民族所独有的，而这根本不是令人羡慕的事情。英国和美国许多有思想的人对此感到羞愧，而如果杰克·伦敦没有写出《森森白牙》和《野性的呼唤》的话，他的短篇小说或许会受到更多的批评。杰克·伦敦引起关注的另一个特征是他对残暴、肉体暴力和通常所说的"冒险"的钟爱。他是美国式的吉卜林，究其本质是一个活跃的、不善思考的作家。他选择描写像淘金者、航海的船长、陷阱猎人和牛仔这样的人，他最好的作品讲述了美国大都市的流浪汉、窃贼、拳击手和其他底层人士。我刚刚提及的故事《热爱生命》就属于他的这一面。关于这个故事我会作进一步的讲述，因为它催生了几乎所有他仍然值得一读的作品。但除此之外他还有一个特征，那就是他对社会学和经济理论的兴趣，而这引导他写出了极其准确地预言法西斯主义崛起的《铁蹄》。

现在让我回到《热爱生命》和其它短篇小说，它们是杰克·伦敦最重要的成就。他主要是一位短篇小说作家，虽然他写过一本有趣的长篇小说《月亮谷》，但他特别的才华在于他描写孤立的残暴事件。我倾向于用"残暴"这个词。你从杰克·伦敦最好而且最有个人特征的故事中得出的印象是一种可怕的残忍。杰克·伦敦本人并不是一个残忍的人或钟情痛苦的人——恰恰相反，正如他的动物故事所体现的，他甚至是一个太有人道主义色彩的人——但他的生命观是残忍的。他认为这个世界是一个苦难之地，与盲目而残忍的命运作斗争的地方。这就是为什么他喜欢描写冰封极地的原因，在那里，大自然是人类挣扎求存时面对的敌人。《热爱生命》描写了一个体现杰克·伦敦的独特观点的典型故事。一个想要淘金发财的人在加拿大的冰封荒原迷路了，绝望地挣扎着前往大海边，就快慢慢饿死了，但靠着意志的力量继续往前走。一头由于饥饿和疾病而奄奄一息的狼尾随着那个男人，希望迟早他会虚弱得没有力气，然后就攻击他。一人一狼走啊走啊，日复一日，直到他们来到看得见大海的地方。他们都虚弱得站不起身，只能匍匐而行。但这个男人的意志更加坚强，故事的结局不是那头狼吃掉那个男人，而是那个男人吃掉了那头狼。这就一个典型的杰克·伦敦的故事，虽然它有一个在某种意义上的快乐结局。如果你去分析他最好的故事题材，你会发现同样的情景。他写过的最好的故事是《我为鱼肉》。它描写了两个窃贼偷到了一大笔珠宝，然后逃之夭夭。两人带着赃物一回到家就都想到，如果自己把对方干掉的话，就能独吞这笔财富。结果，他们在同一顿饭里下了同一样毒药——士的宁，双双被毒死了。两人有一点芥末，用作催吐剂的话或许能够救下一个人的命。故事的结局是两个人痛苦地在地上蠕动，虚弱地互相扭打，想要抢得最后一杯芥末。另一个非常好的故事描写了太平洋一个法属岛屿上对一个中国籍囚犯的处决。他因为在监狱里杀了人而将被处决。原来典狱长出于笔误，把名字给写错了，结果，那个被带出牢房的囚犯是无辜的。狱卒把他押解到刑场后才发现这件事情，而那里离监狱足有二十英里远。狱卒不知道该怎么办，但似乎根本不值得费事走那么远的路回去，于是他们将那个无辜的囚犯送上断头台了事。我可以再举几个例子，但我想要阐明的是杰克·伦敦最特别的作品总是在描写残忍和灾难。大自然与命运的本质都是邪恶的，人类只能依赖自己的勇气和力量与它们作斗争。

杰克·伦敦的社会政治性和社会性作品得放在这样的背景下进行考察。正如我所说过的，杰克·伦敦在欧洲大陆的名声建立在《铁蹄》之上，在这本书中——在1910年前后——他预言了法西斯主义的崛起。硬要说作为一本书《铁蹄》是优秀的作品并没有意义。它是一本非常糟糕的书，远远低于杰克·伦敦的平均水准，而且它所预言的演变并不贴近欧洲实际发生的事情。但杰克·伦敦确实预见到了几乎所有思想流派的社会主义者们令人惊诧地未能预见的事情，那就是，当劳工运动声势浩大似乎就要席卷世界的时候，资产阶级将会发起反击。他们不会像许多社会主义者所想象的那样放弃抵抗，由得自己被剥夺财产。事实上，卡尔·马克思从来没有说过从资本主义转变到社会主义不经过一番斗争就会实现，但他确实说过这个转变是不可避免的，而他的大部分追随者认为这番话的意思是转变会自动发生。资本主义由于所谓的内部矛盾无法捍卫自己被视为天经地义的事情，直到希特勒稳坐权力宝座。

大部分社会主义者不仅没有预见到法西斯主义的崛起，甚至直到希特勒掌权两年之后才知道他是一个危险人物。杰克·伦敦就不会犯这种错误。在他的书里，他描写了浩大的劳工运动的崛起，然后老板阶层自发组织起来发起反击，获得了胜利，继而建立起一个残暴的专制体制，推行切实的奴隶制，统治持续了数百年之久。现在谁敢说像这样的事情没有在世界上的广袤地区发生，而且还会继续下去，除非轴心国被打垮？《铁蹄》的内容并不止这些。里面还体现了杰克·伦敦认为追求享乐的社会无法维系的思想，而这一认识是许多所谓的进步思想家所缺乏的。除了苏俄之外，左翼思想通常都是享乐主义思想，而社会主义运动的缺陷在一部分程度上正源于此。但杰克·伦敦的主要成就在于，早在事件发生的二十年前就预见到受到威胁的资产阶级会发起反击，不会像马克思主义教科书的作家们所说的那样悄然死去。

为什么像杰克·伦敦这样的区区一个短篇小说作家能够预见到这一幕，而如此多的博学的社会主义者却做不到呢？我认为我对这个问题的答案蕴含于我刚刚对杰克·伦敦的故事题材的探讨中。他能预见到法西斯主义的崛起和不得不经历的残酷斗争，是因为他自己就拥有残暴的性情。如果你喜欢夸张一点的说法，你或许可以说他能够理解法西斯主义是因为他本身就拥有法西斯分子的特征。与一般的马克思主义思想家不同，那些人会精致地在纸上论证资产阶级注定会因为自身的矛盾而灭亡，而他知道资产阶级会很顽强，而且会发起反击。他知道这一点，因为他自己就很顽强。这就是为什么杰克·伦敦的故事题材与他的政治理论有关联。他最好的故事描写的是监狱、擂台、大海和加拿大的冰封荒原——在那样的情景中，坚强便是一切。作为一个社会主义作家，这是不同寻常的背景。社会主义思想几乎完全依托于都市工业化社会而成长，没有去考虑人类的原始本性，因此受到了严重的戕害。杰克·伦敦对人性的原始一面的了解使他成为比知识更丰富逻辑更严密的人更准确的预言家。

我没有时间去谈论杰克·伦敦的其它政治性和社会性作品，里面有几部要比《铁蹄》更出色。我只想说，他在美国流浪的回忆录《在路上》这本书是同类作品中最好的一本。还有《深渊中的人》，它描写的是伦敦的贫民窟——里面的事实如今已经过时了，但许多后来的作品都受到它的启发。还有《星游人》，那是一本故事集，开头就是一篇描写美国监狱生活的精彩故事。杰克·伦敦最值得铭记的身份是一位故事作家。如果你能够买到他的书的话，我强烈建议你去读一读那本书名为《当上帝发笑时》的故事集。杰克·伦敦最好的作品都在里面，从其中六七个故事，你能够充分了解这位很有才华的作家，他曾经广受欢迎、影响深远，但我认为他从未享有本应拥有的文坛名声。

钱不够花：乔治·基辛素描[①]

　　所有的书籍都有值得阅读的"保质期"，乔治或许是英国有史以来最好的小说家，而他的作品与特定的时间和地点紧密地联系在一起。他的世界是八十年代灰蒙蒙的伦敦，在终年不散的雾霾中，煤油灯闪烁着光芒，人们穿戴着脏兮兮的大衣和高耸的礼帽，阴郁的星期天伴随着酗酒，那些无法忍受的"带装修"公寓，还有最重要的——中产阶级与贫穷进行的绝望斗争，而他们之所以会挨穷，是因为他们要保持"体面"。想到乔治就会想起两轮轻便马车，但他所做的不只是保持了一种氛围，毕竟，《神探福尔摩斯》的前几部也做到了这一点。他是作为一位小说家被人记住的，而绝不仅仅只是中产阶级生活观的诠释者。

　　当我说基辛是英国迄今为止最好的小说家时，我是认真的。显然，狄更斯、菲尔丁和十来个其他作家在才华方面都比他出色，但基辛是一位"纯粹的"小说家，没有几位有才华的英国作家能像他这样。他不仅真的对塑造角色和讲述故事感兴趣，而且他的一个优势就是不会受哗众取宠的诱惑，而这是几乎所有独特作家的通病，从斯莫利特到乔伊斯都是如此，他们想要"忠实于生活"，却又时时想逗人发笑。很少有英国小说能自始至终保持

---

① 刊于 1943 年 4 月 2 日《论坛报》。

同样的情节合理性。基辛似乎很轻松就解决了这个问题，或许他天生的悲观情绪对他来说是一个助益，因为虽然他肯定不缺乏幽默感，但他缺乏造就了狄更斯的高昂的精神和装疯卖傻的本能——比方说，他没办法像某些人在酒吧那样传递一则笑话。事实上，单列一部作品，《古怪的女人》就比其它名头更大但没有那么谨慎的小说家的作品更加"贴近生活"。

如今基辛知名度最高的或许是他临终前的作品《亨利·莱克罗夫的私人文件》，那时候他与贫困进行的最艰苦的斗争结束了。但他真正的杰作是三部小说：《古怪的女人》、《民众》和《新格拉布街①》，还有他评论狄更斯的作品。我甚至没办法在这篇文章里对这几部小说的情节进行归纳，但它们的中心主题能用几个字加以概括——"钱不够花"。基辛终年过着贫穷的生活，但那不是工人阶级的贫穷（他鄙视工人阶级，或许还心怀恨意），而是食不果腹、残忍地备受折磨的小职员，惨遭蹂躏的家庭女教师或破产的商人那种"体面的"贫穷。他相信贫穷对中产阶级的影响比对工人阶级的影响更大，这或许是正确的。《古怪的女人》，他最完美同时也是最压抑的小说，描述了中产阶级老处女在这个世界上既没钱又没有受过职业培训的情况下的命运。《新格拉布街》记录了自由记者的恐怖生活，情况甚至比现在还要糟。在《民众》中，金钱的主题以不同的方式加以呈现。这本书讲述了一个工人阶级社会主义者继承了一笔财富，在道德和思想上走向堕落。基辛的创作年代是"八十年代"，他展示了非凡的预见

---

① 格拉布街(Grub Street)，伦敦市区的一条街道，曾经是鬻文为生的潦倒文人和小出版商集中的地方。

力，同时对社会主义运动的内部运作有着令人惊讶的了解。但是，那个惯常的死要面子的动机在女主角的身上得到体现，她被陷入贫困的中产阶级的父母逼着踏入了一场没有快乐的婚姻。基辛所描述的某些社会条件已经消失了，但他的作品的整体氛围仍然非常可怕，以至于有时候我会想，任何以写作为生的人都不应该读《新格拉布街》，而任何老处女都不应该读《古怪的女人》。

有趣的是，虽然基辛的思想很深刻，但他没有革命的倾向。他是一个赤裸裸的反社会主义者，而且是一个反民主主义者。他比大部分人更了解金钱统治的社会的恐怖，却不希望去改变它，因为他不相信改变会造成真正的影响。在他看来，唯一值得追求的目标是彻底地逃避贫穷的痛苦，然后过着美妙斯文的体面生活。他不是一个势利的人，也不希望过着奢侈的生活或获取巨额的财富。他看透了贵族的虚伪，而他最鄙视的人就是雄心勃勃、白手起家的商人，但他确实渴望过着安稳的书斋生活，那种生活得年收入达到 400 英镑以上才能得以维持。至于工人阶级，他认为他们就是蛮夷，并很直白地说出口。无论他的观点错得多么离谱，你都不能说他所说的话都是出于无知，因为他自己家境贫寒，而且命运多舛，大半生过着最贫穷的工人阶级的生活。即使到了今天，他的反应仍然值得研究。他是一个有人文情怀的知识分子，有学识品位，被迫与伦敦的穷人为伍，而他的结论很简单：这些人都是野蛮人，绝对不能赋予他们政治权力。这是几乎沦落到工人阶级境遇的下层中产阶级的人对他们感到害怕的正常反应，相对值得原谅。最重要的是，基辛意识到比起工人阶级，中产阶级在经济动荡中遭受了更大的痛苦，更愿意采取行动进行反抗。忽视这一事实一直是左翼人士的一个大错。基辛热爱希腊悲剧，痛恨政治，早在希特勒出生前就从事创作，从他的作品中你可以对法西斯主义的起源有一部分了解。

评瓦达克·库鲁帕斯·纳拉耶纳·梅农的 《威廉·巴特勒·叶芝的演变》[①]

关于叶芝有两本书几乎同时出版，一本更"正式"的传记和梅农先生的这部只是在探讨一位艺术家的作品受到环境影响和制约的小传。和绝大多数"纯粹"诗人一样，叶芝的一生很平淡，或许更重要的是了解他的家庭背景，而不是去了解他平静的生平。他是艾比剧院的创始人之一，而且他曾经小打小闹地参与过爱尔兰的政治——甚至短暂地担任过参议员，这段经历令他的理想幻灭——但他的生命里真正的事件发生于思想内部，他作为一位诗人几乎延绵不断的演变在某种程度上就像最鲜活和最"有行动力"的生命那样充满戏剧色彩。

作为一个诗人，叶芝经历了三个主要阶段，或许并没有通常所想象的那么界限分明。首先，年轻时的他受到前拉斐尔派和九十年代的文坛巨匠的影响。那个时期的他无疑接受了"为艺术而艺术"的态度，并比同时代的作家更一以贯之地坚持了这一点。然后是他的"凯尔特的薄暮"时期，或许这个时期的他最被人所缅怀。最后是令人惊讶的年过六旬的创作末期，在这一时期他写出了最好的作品，文字比之前更加简洁洗练。但有一条线索贯穿这三个似乎截然开的时期，那就是叶芝对现代世界的憎恨——

---

① 刊于 1943 年 4 月 17 日《时代与潮流》。

他所憎恨的不仅是工业的丑陋，更是自文艺复兴以来主宰着西方社会的民主和理性的思想。他憎恨人人平等的理念，并直言不讳地说了出来，这在我们的时代是非常罕见的事情。梅农先生从他私底下印刷出版的《一个愿景》这本书里引用了大量的内容，在书中，叶芝阐述了隐藏在他的作品之下的哲学体系。将那些讲述月相、轮回转世、没有具体形象的灵魂和其它废话（在多大程度上叶芝相信这些内容则无从考究）去掉之后，这个体系似乎可以被概括为对周而复始的宇宙的信仰，在这个宇宙里，人类的历史在一遍又一遍地重复着自身，因此，如果你知道如何去解读迹象的话，就能够作出预言。很难不觉得叶芝接受了这一信念主要是因为它消解了进步的概念，并承诺他所憎恨的科学挂帅、宣扬平等的庸俗时代会很快结束。文明将很快步入专制时期——他声称自己相信这一点，而因为这是他所盼望的，或许他真的相信。不可避免地，他对法西斯主义抱以同情，至少对意大利式的法西斯主义是这样，并受到埃兹拉·庞德和众多意大利思想家的影响。带着无比的喜悦，他期盼着民主的毁灭，甚至写下了这几行出名的诗句：

　　　最好的人缺少信念，而最坏的人，
　　　则充满坚定的热诚。

　　它似乎昭示了纳粹分子的崛起，而且如果你通读整首诗（《二度降临》）的话，似乎并不会对其表示反对。如果叶芝能活到现在并目睹民主与法西斯主义的斗争，他会抱以什么样的态度，我们无从得知。法西斯主义最突出的特点是，它能以自相矛盾的理由吸引到形形色色的人。对于出身于带着贵族矫情的破落家族旁支的叶芝来说，法西斯主义的吸引力或许在于它似乎是最极端的保守主义。但如果他能活得久一些的话，或许他会发现这是错的。但不管怎样，因为他不喜欢政治，或许他不会走上和老朋友埃兹拉·庞德一样的道路。

梅农先生正确地指出叶芝接受法西斯主义是一个"令人不安的迹象"，但这并没有贬损他的文学成就。没有几位诗人能像他那样展现出一生都在进步的能力。另一方面，他的神秘信仰以及它们的狰狞意味和庸俗哲学的色彩，并不能被简单地视为一个怪癖便打发掉。它们是他的作品的组成部分，正如梅农先生所表明的，他许多写得最好的诗篇几乎无法理解，除非你了解它们光怪陆离的本质思想。

> 从哪里我得到了真理？
> 出自一个灵媒之口，
> 它来自于虚无，
> 来自于林中的土壤，
> 来自于漆黑的夜晚，
> 尼尼微的王冠就在那儿丢放。

对于我们来说，一个地位如此崇高的诗人不仅相信招魂术和巫法，甚至有一部分作品基于这个信仰，或许是一件奇怪的事情。但我们应该记住许多别的伟大作家（譬如说：埃德加·爱伦·坡）的生命观其实和疯子没什么两样。或许对于一个作家来说，常识并没有诚恳那么重要，就连普通意义上的道德和思想上的诚恳也没有所谓的艺术气节那么重要。叶芝或许怀有荒唐的、不祥的信仰，或许他所声称的神秘知识其实他并不拥有。但无论任何时候他都不会犯下他所认为的审美意义上的罪恶。他绝不会去巴结公众或满足于低劣的作品。他的一生完完全全奉献给了诗歌，这在英语民族中是非常罕见的事情，而他的成果证明了他的奉献是值得的。虽然有几处地方让人觉得荒唐，但梅农先生以精妙深入的笔法，复述了一个感人的故事。

评谭叶·利恩的《黑暗中的声音》[1]

任何需要向"友好"国家进行政治宣传的人都一定会羡慕英国广播公司的欧洲广播节目。他们的任务是如此轻松！生活在敌占区的人民一定很渴望听到新闻，德国人将收听同盟国的广播节目定为刑事犯罪，这愈发使人认定那些广播节目就是真相。英国广播公司的欧洲广播的优势也就只有这一点了。除了德国之外，它的内容被收听后都会被相信，但问题就在于能否被收听到，而更困难的是，你得知道该说些什么。谭叶·利恩先生的这本有趣的书主要就是探讨这些困难。

首先，在物质和技术手段上存在着障碍。收听外国电台绝对不是一件容易的事情，得有一台相当好的收音机，每一档敌对广播节目播放的条件都非常恶劣，播放时间和波段不能在报刊上进行宣传。即使在没有收听限制的英国，也很少有人听说过德国的"自由电台"节目，如"新不列颠"和"工人的挑战"。此外还有干扰，而最重要的是盖世太保的监视。全欧洲有无数人被关进监狱或被送进集中营，有的被处以死刑，就因为收听了英国广播电台的节目。在监视严密的国家，只有戴着耳机收听才安全，但耳机根本买不到，而能够使用的收音机的数量由于零部件的稀缺而

---

① 刊于 1943 年 4 月 30 日《论坛报》。爱德华·谭叶·利恩（Edward Tangye Lean, 1911—1974），英国作家，代表作有《拿破仑主义者：对 1760 年至 1960 年的政治不满的研究》、《黑暗中的声音》等。

越来越少。这些物质上的困难本身将引发那个只能在一部分程度上得到解决的重大问题：说什么才是安全的。如果你的潜在听众冒着生命危险收听你的节目，可能得半夜躲在阴风阵阵的谷仓里，或戴着耳机蜷缩在被子下面，进行政治宣传有意义吗？还是说，你会认为只有"硬"新闻才值得广播呢？又或者，在你没有能力给予军事援助的群众中进行煽动性的政治宣传会收到什么成效吗？又或者，从宣传的角度讲，说出真相好呢，还是传播谣言和对每个人作出承诺好呢？在对敌宣传而不是对敌占区人民的宣传时，根本的原则总是在进行甜言蜜语的哄骗还是进行威胁间摇摆不定。英国和德国的电台都在这两个政策之间左右为难。在新闻的真实性方面，英国广播公司和其它非中立电台比起来要好一些。它在无法确定的疑点上总是持妥协政策，有时候两边都不讨好，但毫无疑问，对欧洲播放的内容的知识水准要比对世界其它地方的广播内容高一些。英国广播公司现在以 30 多种欧洲语言进行广播，总共播放的语言有 50 多种——当你想到从 1938 年以来，英国的对外电台宣传都得临时准备时，你就会知道这是一份复杂繁琐的工作。

或许谭叶·利恩先生的这本书最有意义的部分是对德国在入侵法国的战役中电台宣传攻势的细致分析。他们似乎将真相与谎言以高超的技巧掺杂在一起，在对军事行动进行高度写实报道的同时，散播精心编织以引起恐慌的谣言。在这场战役的任何时候，法国电台似乎从来没有报道过真相，大部分时间根本没有新闻报道。在战争初期，法国人对德国宣传攻势的反击方式就是进行干扰，这种方式很蹩脚，因为它要么根本行不通，要么让人觉得有什么事情正被隐瞒。与此同时，德国人精心编排的电台节目侵蚀了法国军队的士气，给百无聊赖的部队一些轻松的娱乐，与此同时，挑起英国和法国之间的猜忌，并趁机对苏德条约进行煽动性的宣传。当法国的发射站被德国人占领时，他们立刻开始播放事先早已准备好的政治宣传节目和音乐节目——这是任何实施侵略的军队应该铭记的组织细节。

德国人在法国战役中势如破竹，当你读到谭叶·利恩先生的描写时，你可能会把电台宣传攻势在他们的胜利中所发挥的作用夸大了。谭叶·利恩先生谈及过但没有进行深究的一个问题是，宣传攻势能否单靠自身而取得任何效果，还是说，它只是加入已经发生的事件进程的催化剂。或许后者才是实情，一部分是因为电台本身有一个出乎意料的影响，那就是使得战争比以往更加贴近真相。除了像日本这样的地势偏远，而且人民没有短波收音机设备的国家之外，要隐瞒不利消息是非常困难的，而如果在国内讲惯了真话，要对敌人撒出弥天大谎是很困难的事情。不时地，一个时机把握得恰到好处的谎言（比如1914年俄国军队出现在英国和1940年6月德国政府下令杀光所有的狗）或许会产生很大的效果，但大体上讲，政治宣传是无法与事实抗衡的，尽管它可以为事实蒙上色彩或将其扭曲。长久来看，说一套做一套显然是不会带来好处的。举一个最近的例子，日耳曼新秩序的失败就清楚地表明了这一点。

如果有更多像谭叶·利恩先生这样的描述英国广播公司和其它宣传喉舌的书籍面向公众出版的话，那会是一件好事。即使是消息灵通的人士，当他们抨击英国广播公司或新闻部时，也总是在要求不可能做到的事情，却忽略了英国政治宣传真正严重的缺点。近期在会对这个问题进行的两次辩论表明了一个事实，那就是，似乎没有一个议员了解在英国广播公司内部发生了什么事情。这本书应该能促进了解，虽然同样题材的书还需要有五六本之多才够。

评丹尼斯·威廉·布罗甘的《英格兰的人民》[①]

这本书的内容在写英国，却是在美国成书的，因此，它的文风带有些许挑衅的意味。布罗甘教授在 1942 年的夏天和秋天那段形势很糟糕的时期跑到美国去了，而且显然对许多美国人并不喜欢我们而且对我们一无所知这件事感到不安。他希望进行解释，而且或许想要掩饰一些内容。除了驳斥美国人之外，在一定程度上他还反对英国的文坛知识分子，必须有人为了英国去迎击他们以及其他少数派的冷嘲热讽。就像他的书名暗示的那样，如今使用英格兰这个词语几乎是一种政治行为，而不是向那些聒噪的少数派屈服，把它叫做不列颠。

布罗甘教授是如何介绍我们的呢？大体上说，我们是一个没有思想但非常温和斯文的民族，面对逆境坚强不屈，势利又很友善，做事没有效率却又有符合情理的本能，因此能够避免真正毁灭性的错误。无疑，他的这番描述大体上是真实的，而且有几处地方（特别是在繁多的脚注里）非常准确。《英国的宗教》那一章对这个难题进行了精彩的阐述。布罗甘教授很关心美国读者的反应，因此他在大部分时间里都在为通常被认为无法辩护的事情进

---

① 刊于 1943 年 5 月 27 日《听众》。丹尼斯·威廉·布罗甘（Denis William Brogan, 1900—1974），苏格兰历史学家、作家，代表作有《美国的政治体制》、《革命的代价》等。

行辩护——阶级体制、英国民主的扭曲、公学、印度、诸如严守安息日的传统和英国城镇的丑陋之类的小问题。但是，他所说的内容很有讲述的必要，不过他知道美国人很敏感，或许说了一些他并不真心相信的内容——譬如说，英国在印度的统治将会"早在普拉西战役①第二个百年庆典到来前"就结束。他为君主制的辩护很值得一读，但或许他没有充分强调继承君主制在疏导情绪与中和情感方面所发挥的作用，否则这些情绪和情感会依附于拥有真正的权力去做坏事的统治者身上。

这本书很诙谐，而且富于激情，但它的一个小缺点是几乎每一页都有一个美国读者的影子，总是迫使布罗甘教授在每一点上都拿美国进行类比。你会称赞这本书的宣传价值和文学价值，而这就引发了一个问题：这些宣传真的能够起到作用吗？根据美国报刊的内容进行判断，美国的亲英情绪和反英情绪很稳定，英国的言论和行为能起到的影响很小。你能为宣传英国做的就是为亲英派提供弹药，为了实现这个目的，数据和明确的事实要比殚精竭虑地解释为什么公学体制并不是那么糟糕要更有意义。另一方面，如果你准备在美国对英国的敌人进行驳斥，任何为英国的体制进行辩护的尝试都是徒劳的，还不如奉行"你不也一样"的反击策略，拿美国的黑奴问题说事。这么说并不是贬低布罗甘教授这本书的价值，这是一本令人振奋的作品，几乎每一页都能让你热烈赞同或激烈反对。但它主要是对英国人或对英国已经有大致了解的美国人才有价值。比起下

---

① 普拉西战役(the Battle of Plassey)，1757 年 6 月 23 日，东印度公司的武装战胜孟加拉王公及其法国盟友，是东印度公司征服印度的决定性战役。

棋或打仗，进攻就是最好的防御这条法则应用在宣传上更加有效。像这么一本以辩护为基调的书很难让林德伯格上尉①或科弗林神父②的信徒回心转意。

---

① 查尔斯·奥古斯都·林德伯格(Charles Augustus Lindbergh，1902—1974)，美国飞行员、社会活动家、探险家，美国民主体制的坚定捍卫者，反对希特勒式的独裁体制，也反对英国式的君主贵族统治体制。
② 查尔斯·爱德华·科弗林(Charles Edward Coughlin, 1891—1979)，罗马天主教牧师，持反犹思想，支持希特勒和墨索里尼的反犹政策。

评约翰·勒曼编撰的《新写作与曙光》[①]

在韵文就数量而言蓬勃发展而富于想象力的散文走向式微的时候，看到最新一期的《新写作》里的批评文章要比短篇小说写得更精彩并不是什么让人吃惊的事情。但有一篇精彩的短篇小说是例外，那就是亨利·格林先生的《间歇》，描写一个消防站的生活，它已经有 18 个月没有遭受轰炸了，这个故事精确到位地描写了战争的一个小小的恐怖，而且几乎完全依赖对话去表达，没有任何评论的内容。

至于那些批评文章，约瑟夫·科迪塞克[②]关于捷克戏剧的评论对于任何对戏剧制作感兴趣的人来说会很有价值。德里克·希尔[③]对北平一座剧院的描写很精致有趣。德米特里奥斯·凯普塔纳基斯[④]和亨利·里德对奥登与斯宾德这个诗派以及战争开始以来所涌现的新文学运动的成就与失败进行了总结，虽然它对新一代的作家的总结过于随意，这些人数目众多，而且各不相同。亨利·里德的文章对集体文学创作的危险提出了有价值

---

① 刊于 1943 年 7 月 30 日《旁观者》。鲁道夫·约翰·弗雷德里克·勒曼 (Rudolf John Frederick Lehmann, 1907—1987)，英国诗人、作家，代表作 有《猎人基督》、《低语的画廊》等。
② 约瑟夫·科迪塞克(Josef Kodíček, 1892—1954)，捷克记者、评论家。
③ 亚瑟·德里克·希尔(Arthur Derek Hill, 1916—2000)，英国画家。
④ 德米特里奥斯·凯普塔纳基斯(Demetrios Capetanakis, 1912—1944)，希腊 诗人，代表作有《漆黑的海岸线》、《希腊群岛》等。

的探讨意见。但最好的文章是雷蒙德·莫蒂默①的《法国作家与战争》。它艰难地尝试了当前迫切需要探讨的一个问题——这个问题迄今为止只有几本美国杂志零碎地涉猎过——确切地描述了那些成名的法国作家在维希政权和德国人的统治下有怎样的作为。经过对过去三年来所累积的相当稀缺的资料的筛选，莫蒂默先生发现法国作家的表现要比预料中更好。更有意义的是，大体上，最好的作家有最体面的行为。每一个关心思想自由的人都应该读一读这篇文章。如果纳粹分子征服了英国，我们也应该会有"通敌合作者"，法西斯主义与知识分子的关系这个问题需要好好地进行探讨。莫蒂默先生没有抱之以道德态度，并说看到蒙泰朗②和德鲁·拉罗谢尔③被处决他会很遗憾。他还为公众做了一件好事，刊印了阿拉贡④的一首之前没有在英国出版的诗。

路易斯·麦克尼斯翻译了阿拉贡的两首诗，第一首写得非常好。此外还有一首捷克作家内兹沃尔⑤的长诗的译本，题材很有

---

① 查尔斯·雷蒙德·莫蒂默·贝尔(Charles Raymond Mortimer Bell，1895—1980)，英国文学批评家。
② 亨利·德·蒙泰朗(Henry de Montherlant，1895—1972)，法国作家，支持纳粹政权。
③ 皮埃尔·尤金·德鲁·拉罗谢尔(Pierre Eugène Drieu La Rochelle，1893—1945)，法国作家，在法国鼓吹法西斯主义，并在德占时期与纳粹政权合作。
④ 路易·阿拉贡(Louis Aragon，1897—1982)，法国诗人、作家，代表作有《艾尔莎》、《神圣的一周》等。
⑤ 维特斯拉夫·内兹沃尔(Vítězslav Nezval，1900—1958)，捷克作家，代表作有《字母表》、《挥手道别》等。

趣，但文笔很晦涩难懂。罗伊·弗勒①写了四首情感真挚但文笔艰涩的诗，而罗伯特·格雷弗斯写了一首算不上非常成功的滑稽诗。

---

① 罗伊·布罗德本特·弗勒(Roy Broadbent Fuller，1912—1991)，英国作家、诗人，代表作有《失落的季节》、《想象中的谋杀》等。

评乔治·罗杰的《冉冉升起的赤月》、阿尔弗雷德·瓦格的《百万死者》^①

　　自从缅甸被日本占领后就几乎没有什么有价值的新闻传出，就连这场战役本身也没有什么相关作品出版。了解情况的当局缄口不语（有传言说就连瓦格先生的这本显而易见在支持英国的书也是在遭到官方反对的情况下出版的），在最关键的时刻，没有哪一个对缅甸的背景情况有所了解的新闻记者在场。结果就是谣言四起和对缅甸为何沦陷有广为流传的误解。这两本书之所以值得一读，是因为它们能够帮助纠正对缅甸战役的观念，而且与能够掌握到的零星信息相吻合。

　　它们称不上是好书。两本书都是美国人写的，而且虽然看得出瓦格先生是一位坚强的记者，两本书都带有我们意料中的四处奔波的记者在匆忙的行程中进行创作的特征。罗杰先生犯了更多把名字拼错和译错文句的失误，但他的照片拍得比较好，弥补了这一缺陷（顺便提一下，任何在乎摄影的人都应该看一看第 55 页背面的那张印度难民的照片），而瓦格先生对缅甸的政治和经济发展以及缅甸民族主义的起源有更多的了解。他们两人让我们对两个非常重要的主题有了进一步的认识——缅甸第五纵队的破坏程

---

① 刊于 1943 年 8 月 14 日《新政治家与国家》。乔治·罗杰（George Rodger，1908—1995），英国记者，二战的著名战地记者。阿尔弗雷德·瓦格（Alfred Wagg），情况不详。

度和缅甸人对印度人的态度。

当然，关于为什么缅甸会沦陷没有多少疑问。日本人兵力更多，装备更精良，有着巨大的制空优势，肯定会取得胜利。而英军和印军能够有组织地撤出这个国家已实属不易。当时广为流传的想法是，如果缅甸被许以独立的承诺的话，情况或许就会不一样，这只是自作多情的想法。即使缅甸人有抵抗日本人的决心也无济于事。但日本人抓住了一个英国人在印度曾经忽略并且仍然忽略的事实，那就是，没有武装的农民虽然不能像常规军那样作战，但他们能够像游击队或破坏分子那样造成严重的破坏。早在战前，他们就和德钦党（极端民族主义者）接触，并提供向导和翻译。德钦党与武装劫匪其实没什么两样，有几个担任领导人的缅甸政治家就是以劫掠起家，而且缅甸独立军刚开始的时候就有了大量偷来的武器，大部分是霰弹枪。日本人似乎没有冒险将现代化的武装大量分发，我们了解到各个派系都遭到了惨重的伤亡。日本人大概不会为此感到悲伤。以后这些民族主义者会让他们尝到苦头。要从瓦格先生或罗杰先生的书中获悉到底有多少缅甸人是活跃的反英派是不可能的事情，但两本书都让人觉得人数有很多，或许有数万人乃至数十万人之多。这与关于这场战役的其它描述有出入，它们说只有不到一万名缅甸人为日本人卖命。所有的记述都表明大部分缅甸人对战争漠不关心或吓破了胆，轰炸机一来就躲进了森林里，不为哪一边效力。只有偏僻北部的蛮荒部落是可靠的亲英派。

瓦格先生和罗杰先生都用了不少篇幅描写印度人的出逃，那是一场骇人听闻的惨剧，但英国却对其鲜有了解。有十万到二十万印度人，占缅甸的印度人口的三分之一以上，在日本人抵达的时候逃离缅甸，在缅甸和阿萨姆的崇山峻岭间有数千名印度人死于饥饿或强盗之手。过去几年来，反印情绪一直很激烈，而这是情有可原的，因为在下缅甸的许多地方，那些印度放高利贷者在逐渐蚕食农民。但是，迢迢千里逃往印度的长长的队伍没有武器，也几乎没有食物，他们并不是放高利贷者，而是可怜的达罗毗荼苦力，他们最大的罪名就是愿意充当廉价劳动力。他们一路上遭到成群结伙的强盗抢劫和被村民敲竹杠。罗杰先生有一小段文字描写了一群罪犯和警察设立关卡并对经过的每一个难民敲诈勒索。林业部、阿萨姆的茶农和许多传教组织设立了休息的营地和分发他们能够获得的食物，但许多难民困于季雨，被隔离开来，只能活活饿死。当时有谣传说欧洲人只顾着自己保命，由得印度人自生自灭。事实上，只有有钱人才能坐上飞机，这番指责并不符合事实，或许它只是出于反对克里普斯谈判的产物。当然，要将所有印度人空运撤离缅甸是不可能的事情。总共不到一万人通过空运逃离缅甸，许多欧洲人步行离开缅甸，而有约五万名印度人成功地通过英国和印度的海军遣返印度。

这两本书都对轰炸无助和冷漠的平民进行了很有价值的目击描述。仰光经过一周的轰炸几乎成了无人区，而按照我们的标准，那几乎算不上是轰炸。但似乎并没有引起太大的恐慌，人们知道自己无能为力，纷纷跑掉了。缅甸的大部分城镇和村庄都是木建的，而当时正值旱季，最可怕的破坏都是燃烧弹造成的。曼德勒和上缅甸的其它城镇被炸成了几堆废墟。当战争波及全球时，这种事情将在南亚的各个地方发生。与此同时，我们对日本人统治下的缅甸的真正情况一无所知。对这个问题感兴趣的人应该去找找那本不知名的书《在缅甸发生的事情》①，很快就会在英国出版，从瓦格先生和罗杰先生的书结束的时候开始写，大体上证实了他们的说法。

---

① 《在缅甸发生的事情》作者是反英民族主义者龙泰沛（Maung Thein Pe）。

评爱德华·霍尔顿的《新时代》①

知道要去哪里和知道怎么去那里是两个不同的思考过程，很少有人能兼顾二者。大体上，政治思想家可以被分为两类人，脑袋飘在云端的乌托邦主义者和双脚陷在淤泥里的现实主义者。虽然爱德华·霍尔顿先生是一个精明能干的人，在社会需要《画报》的时候创建了它，但他更接近于第一类人，更擅长于指出值得追求的目标，而不擅长于调查了解实际的政治情形。

霍尔顿先生所想要的新世界大体上说是每个理性的人都想要的世界，但他忽略了理性的人没有权力。在这本他命名为《新时代》的书里（乔治·阿伦与昂温出版社，售价7先令6便士），"我们必须"、"我们应该"、"政府必须"、"政府应该"这样的句子反复出现，在每一个问题上，从外交政策到城镇规划，从金融到教育改革，似乎认为如果"我们"知道我们要的是什么，"我们"就能够实现它。但是，工人阶级却认为"他们"（高层人士）一定会阻止你实现目标，虽然它总是过于悲观，但它不无道理。

霍尔顿先生不喜欢正统的社会主义者，特别是马克思主义教条主义者。确实，如今马克思主义在传道时往往对力量的均衡作出了错误的估计，但它确实洞察"你的财富在哪里，你的心就在哪里"

---

① 刊于1943年8月15日《观察者报》。爱德华·乔治·沃里斯·霍尔顿（Edward George Warris Hulton，1906—1988），英国杂志出版人、作家，代表作有《新时代》、《童年》等。

这个深刻的真理。霍尔顿先生所渴望的社会变革只是意味着削减少数人的权力和特权，但那些人不是轻易能够被除掉的，而且他们都是教而不善的人。因为，马克思说得很对，富人不仅会紧紧地抓住他们的财富不放，而且会编造出让自己心安理得地这么做的理论。

但如果霍尔顿先生有他的盲点，他的勇敢和大度作出了弥补。五年来，他扮演着公共意见的催化剂，他所写的东西总是鼓舞人心，即使内容很傻。他代表了一系列没有哪个社会能成功结合的事物，但我们这个时代的理性的人本能地知道它们是可以并存的。他代表了一个充沛的世界和简朴的生活，代表了计划经济和个体自由，代表了欧洲联盟和地方自治，代表了没有一致服从的民主，代表了没有教条的宗教。

虽然他绝对可以被归为"左派"，但他不相信阶级斗争，不相信国有化是包治百病的灵丹妙药，认为英国统治阶级有其优点，而且显然不反对帝国主义。当代英国衰败落伍，它那些死气沉沉的商业模式，它对愚蠢的崇拜，它被蹂躏的乡村，它的悲观沮丧（霍尔顿先生显然是一个反对清教的人）让他充满了愤慨，但他对自己祖国的命运有着神秘的信仰，并很肯定英国在战后将在西欧发挥重要的影响。他是一个谨慎的亲俄派，而且他——或许这只是暂时基于最近的事件——是反美派。

这概括了数百万年轻人的思想，他们清楚地知道世界当前的邪恶在很大程度上是不必要的，而且霍尔顿先生作出了杰出的贡献，在这本书和《画报》，扮演着类似单人《智囊团》①的角色。

---

① 《智囊团》（*the Brain Trusts*），英国广播电台的讨论节目，于1941年1月开始播放，西里尔·乔德是该节目的主持。

他的思想最优秀的品质是他真挚地反对极权主义，而且不会屈从于任何正统思想。在寻求解决方案时，他轻快地穿梭于民主体制、贵族体制、社会主义、货币改革、联邦主义、帝国主义、消费者合作社、强制劳动、青年运动之间，甚至——试探性地——探索一夫多妻制。无疑，他那不拘一格的方法能比坚持某个过时的"主义"更接近真理。

他反对保守主义者，声称"合理的金融体制"是一派胡言，认为阶级特权站不住脚，认为国家主权已经落伍了。他反对社会主义者，声称阶级斗争已经过时，享乐主义是一个危险，和平主义只是一个幻觉。最重要的是，他坚持道义，并抛弃政客们践行的知识分子们捍卫的马基雅弗利主义。作为五十岁以下的体面的普通人想要的宣言，他的书做到了这一点，甚至不是那么肤浅，虽然它的文风略显潦草。只是，就像大部分自由主义者一样，他低估了"做什么"和"怎么做"之间的鸿沟。

或许，霍尔顿先生终究可以从他看不起的教条主义者那里学到一些东西。目前，他的智慧之梯出现了空隙。单有常识和善意并不足够，还要去摆脱恶意和无法克服的无知这个问题。如果霍尔顿先生能用他那乐观和好奇的心灵去思考这个问题，或许他能为我们所有人作出贡献。

评列奥内尔·费尔登的《以邻为壑》书评[①]

如果你把商业广告和政治宣传进行比较的话，有一件事情会让你觉得很惊讶，那就是前者要更诚实一些。广告商至少知道他的目的是什么——那就是钱——而宣传工作者如果不是一个麻木不仁的写手，那就总是一个神经官能症患者在发泄个人的不满，而实际上想要的是他所支持的事情的反面。表面上费尔登先生的这部作品是要推进印度独立的事业，但它并不会起到促进作用，我找不到什么可以证明他本人确实希望印度独立，因为如果某个人真心在为印度独立而奋斗，他会做些什么呢？显然，他会先决定有哪些力量可能会是他的助力，然后，与任何一个冷血的牙膏广告商一样，他会想出打动他们的最佳方式。费尔登先生并没有这么做。从他的书中可以看到几个动机，但最明显的一个是发泄对印度政府、全印度广播电台和英国报刊的不满。他确实对印度的情况作了几点介绍，甚至在结尾还写了几页有建设性的意见，但他这本书的大部分内容都只是在发牢骚，无来由地攻讦英国的统治，掺杂着对于印度文明优越性滔滔不绝的游客式论述。在扉页上，为了营造所有宣传作家所希望营造的友好气氛，他还故意写上"与欧洲蛮夷同在"，然后在几页之后，他虚构出了一个印度

---

① 刊于 1943 年 9 月《地平线》。列奥内尔·费尔登（Lionel Fielden）：情况不详。

人，对西方文明加以斥责，就像一个 39 岁的老处女在激动地斥责男性：

> ……印度人对自己的传统感到十分自豪，认为欧洲人都是蛮夷，他们一直在打仗，以武力统治其它和平的民族，一心想的只有大买卖、威士忌和桥牌。他们是暴发户式的民族，对水管设施的作用夸大其词，却又把肺结核和性病传播到全世界……印度人说坐在已经洗过身子的水里而不是用活水洗澡不仅不卫生，而且很肮脏恶心；印度人会证明，和他们相比，英国人是肮脏甚至臭烘烘的民族，而我完全同意印度人的看法。印度人认为与他们灵巧地使用手指进食相比，不同的人使用洗得不干不净的叉子、勺子和刀子是让人恶心的野蛮行径，我不能肯定他们这样想是错的。印度人十分肯定地认为四壁空空铺着漂亮地毯的印度房间要比欧洲人堆满了不舒服的桌椅的欧洲式拥挤杂乱更加优越。

整本书大体上就是这么一个调调。总是同样的牢骚，每隔几页就冒出一段歇斯底里的发泄，只要能硬拉着进行比较的地方都硬拉着进行了比较，结论总是东方好而西方不好。现在，在我们停下来探究这样的描写对印度独立事业将起到什么帮助前，有必要进行一个试验。让我改写这段文字，使之出自一个英国人之口，为自己的文化辩护，就像费尔登先生的印度人那样尖锐。重要的是注意到他所说的话并不比我上面所引用的内容更加不诚实或更无关主旨。

……英国人对自己的传统感到十分自豪，认为印度人是没有男子气概的人种，他们的动作有如猿猴，对女人很残忍，总是一直在谈钱。他们鄙夷西方的科学，因此总是受疟疾和钩虫的肆虐……英国人会说在炎热的气候下用流水洗澡还有点道理，但在寒冷的气候下，所有的东方人要么像我们一样洗澡，要么就像许多印度山区部落一样——根本不洗澡。英国人会证明任何一个西欧人经过一个印度村落时都希望能把自己的鼻子提前给切掉，而我完全同意英国人的看法。英国人会声称用手指吃饭是一种野蛮的习惯，因为它不可避免会发出让人觉得恶心的声音，而我认为英国人说的并没有错。英国人笃定地认为英式房间有舒服的扶手椅和亲切的书架，要比一无摆设的印度房间优越得多。在印度房间里，光是坐着时没有东西支撑你的背就使得你心里觉得空荡荡的。等等等等。

这里有两点要解释。首先，现在没有哪个英国人会写出类似这样的文字。确实，许多人心里有这种想法，甚至会关起门来嘀咕一番，但要看到这样的文字被刊登出来，你得去翻寻十年前的故纸堆。其次，有必要问一下，这段文字对于一个碰巧把它看得很重的印度人会有什么效果？他会觉得受到了侮辱，而这是很合乎情理的。那么，像我所引用的费尔登先生的文章对一个英国读者来说不是也有同样的作用吗？没有人愿意听到自己的习惯和风俗被别人说三道四。这不是一个小问题，因为在眼下关于印度的书可能起着特殊的重要作用。我们没有看到政治上的解决方案，印度人无法赢得自由，而英国人不愿意给予他们自由。一个人在目前能够做的，就是将这个国家和美国的舆论往正确的方向推动。但那些一味反对欧洲的宣传是无法做到这一点的。一年前，克里普斯的出使任务失败后不久，我看见一位知名的印度民族主义者在一场小型会议上发言，解释克里普斯的提议被拒绝的原因。那是一个宝贵的机会，因为有几个美国报纸的通讯记者在场，要是应付得当的话，他们可能会向美国发一封对国大党抱以同情的电文。他们带着开放的心态去到那里，而在十分钟内，那个印度人就让他们成为了英国政府的坚实拥趸，因为他并没有坚持他的观点，而是将其变成了建立在敌意和自卑情结之上的反英长篇大论。这种错误就连一个牙膏广告商也不会犯。但那个牙膏广告商是在尝试卖出牙膏，而不是向那个十五年前拒绝他进头等车厢的毕灵普分子施加报复。

　　不过，费尔登先生的书提出了比眼下的政治问题更加宽泛的问题。他认为东方和西方的对抗是基于东方崇尚宗教和艺术，不重视"进步"，而西方崇尚物质和科学，粗鄙而好战。英国的罪行是将工业化强加于印度之上。（事实上，过去三十年来英国的真正罪行刚好相反。）西方人为了工作而工作，却又沉迷于"高品质的生活"（值得注意的是，费尔登先生反对亲俄的社会主义者，而且有点看不起英国的工人阶级），而希望印度停留在远古时期那样简单的没有机器的世界里。印度必须独立，而且必须消除工业化。而且他还语焉不详地提到了好几次，说印度应该在当前的战争中保持中立。不消说，费尔登先生心目中的英雄是甘地，而对于他的经济背景他只字不提。"我相信，甘地的传奇将成为激励东方数百万民众的熊熊热情之火，或许连西方人也会被他所感动。但目前是东方提供了丰饶的土壤，因为东方还没有对金牛犊①顶礼膜拜。或许东方将再次向世人证明，人类的幸福不依赖那种特别形式的崇拜，克服物质主义，也就克服了战争。"甘地在书中出现了很多回，扮演着类似于布克曼主义文学中"弗兰克"的角色。

我不知道几年之后甘地会不会成为"熊熊热情之火"。当你想到古往今来人类崇敬的都是些什么人物时，这种情况并非不可能发生。但印度"应该"独立、摆脱工业化和在当前这场战争中保持中立的这番言论很是荒唐。如果你不去理会政治斗争的细节，而是观察战略性的现实，你会看到两个似乎相冲突的事实。第一个事实是，无论印度独立有多么正当，它要像英国或德国那样作为独立的国家而存在是不大可能发生的事情。第二个事实是，印度对于独立的渴望是一个现实，无法通过言语将其打消。

在当今主权国家的世界里，印度不是一个主权国家，因为它没有能力保卫自己。它越是费尔登先生所想象的奶牛和纺车的乐园，这种情况就越真切。现今的独立意味着能大规模制造飞机。世界上只有五个真正独立的国家，要是现在这个趋势继续下去的话，将只会有三个独立国家。从长远的角度看，显然，印度在世界权力政治的舞台上没有什么机会。而从短期的角度看，通往印度自由的必要的第一步显然是同盟国的胜利，即使那只是迟疑的一小步。但其它情况一定会导致印度继续被奴役。要是我们战败了，日本或德国将接管印度，那事情就到此为止。如果达致妥协

---

① 金牛犊(the Golden Calf)的典故出自《圣经·旧约》，摩西上西奈山领受上帝的十诫时，犹太人在山下打造了一头金牛犊，后来金牛犊被引申为对金钱和财富的崇拜的象征。

和平（费尔登先生似乎多次提到这是好事），印度并不会获得更大的独立机会，因为在这种情况下，我们不可避免会紧紧攫住已经掌握或没有失去的土地不放。妥协和平总是"能捞多少就捞多少"的和平。费尔登先生让他那个假想的印度人提出，要是印度保持中立的话，日本就会和它相安无事。我不知道有没有勇于担当的印度民族主义者说过类似的蠢话。在左翼圈子里更加普遍的另一个观点是，印度没有我们的帮助能更好地保卫自己，这完全是一厢情愿的想法。要是印度人在武力上比我们强大的话，很久以前他们就把我们给赶跑了。许多人举中国为例，这个例子很有误导性。印度要比中国更容易征服，因为它的交通更加方便，而且中国的抵抗有赖于工业高度发达的国家的支援，没有支援的话就会崩溃。必须得出这样的结论：未来几年印度的命运将与英国和美国的命运休戚相关。如果俄国人能在西线腾出手来，或者如果中国有强大的军事力量，情况或许会不一样，但是，这还是意味着轴心国的彻底失败，而不是费尔登先生似乎认为可以接受的中立。甘地本人所设想的是，要是日本人来了的话，印度人可以通过破坏活动和"不合作"政策和他们周旋，这根本就是幻想，也看不到甘地本人对这个想法抱有信心。他的那些方法从来没有给英国人造成多大的麻烦，而对日本人来说根本起不了任何作用。一言以蔽之，朝鲜有甘地吗？

但与这相悖的事实是印度的民族主义，它无法用白皮书式的谎言或是引用马克思的只言片语就打发走。那是一种意气用事的、浪漫的，甚至带有沙文主义的民族主义。像"祖国的神圣土地"这样的语句如今在英国人看来只会是荒唐可笑的言论，在一个印度知识分子的口中会自然而然地脱口而出。当日本似乎就要入侵印度时，尼赫鲁说了这么一番话："如果印度长存，死又算得了什么呢？"于是，风水轮流转，印度的造反派引用了吉卜林的名言。这一层面的民族主义间接帮助了法西斯主义。只有极少数的印度人被世界联邦的理念所吸引，只有在这么一个世界里，印度才能真正地获得自由。就连那些口头上支持联邦制的人要的也只不过是东方各国的联邦和与西方抗衡的军事联盟。阶级斗争的理念在亚洲各国几乎毫无吸引力，而俄国与中国对印度也没有多少忠诚可言。至于统治欧洲的纳粹政权，只有少数印度人能够看清它对他们自身命运的影响。在几个亚洲小国，那些宣扬"我的祖国，无论对错"的民族主义者正是那些投靠日本人的走狗——而他们走出这么一步或许并非完全出于无知。

不过，在这里引出了费尔登先生几乎没有触及的问题，那就是：我们不知道亚洲的民族主义在何种程度上是受我们压迫的结果。一个世纪来，除了日本之外，所有的东方大国都遭受压迫，各场民族主义运动的歇斯底里和短视或许只是它所造成的结果。当你没有被外国人统治时，要意识到国家主权是国家自由的敌人会容易得多。我们不能肯定情况是否真的是这样，因为东方国家中最具民族主义色彩的日本从来没有被征服，但至少你能够说，如果这样的思路不能提供解决办法，那就没有解决办法了。要么强权政治向道义作出让步，要么世界将盘旋而下，陷入我们已经能隐约看见的梦魇中。在我们谈论世界联邦时，要让我们的话被人相信，必要的第一步就是英国应该从印度脱身。这是世界当前唯一行得通的符合道义的大手笔。立刻要做的前期工作是废除总督制和印度行政体制，释放国大党囚犯，宣布印度正式独立。剩下的就是一些细节问题。①

　　但我们如何实现这些事情呢？如果要在这时候去完成，那它只能是出于自愿的行动。印度的独立没有资本，只有英国和美国的公共舆论作为支持，而那只是潜在的资本。日本、德国和英国政府全都站在对立的一面，而印度的潜在朋友中国和苏联正在为自己的生存而奋战，没有多少讨价还价的本钱。剩下的就是英国和美国的人民，他们可以对本国的政府施压，如果他们看到有理由这么做的话。比方说，在克里普斯进行斡旋任务时，英国的民意原本很容易迫使政府提出合适的条件，类似的机会或许就会出现。顺便说一句，费尔登先生尽了自己的最大努力质疑克里普斯的人品，并且根据他的描写，似乎印度国大党的常务委员会一致拒绝接受克里普斯提出的条件，而实情并非如此，克里普斯给出了他的能力范围内能从政府那里得到的最好条件，要得到更好的条件，他得有积极而理智的民意在背后为他撑腰。因此，首要的工作是——争取英国的群众，让他们了解印度很重要，而印度一直遭受到不体面的对待，需要进行矫正。但你不能通过侮辱他们实现这一点。大体上说，印度人要比为他们辩护的英国人更了解这一点。说到底，一本漫无边际地谩骂英国的每一项制度，就像一个美国女教师观光旅游时那样为"东方的智慧"欢呼雀跃，将呼吁印度独立和向希特勒投降的说辞掺和在一起的书会有什么样的效果呢？充其量它只能感化那些已经被感化的人，或许还会把一些已经被感化的人给吓回去。它的效果只会是增

---

　　① 原注：当然，必然的推论就是在这场战争中保持军事联盟，但要做到这一点应该不会有什么困难。只有极少数的印度人希望被日本或德国统治。

强英国的帝国主义，虽然它的动机或许比这番话所暗示的更加复杂。

表面上看，费尔登先生的这本书的主题是提倡"精神主义"和反对"物质主义"。一方面，它不加批判地推崇东方的一切事物，另一方面它对西方充满了仇恨，尤其是针对英国，仇恨科学和机器，对俄国抱以怀疑，蔑视工人阶级对社会主义的理解。所有的内容可以被归结为空谈式的无政府主义——追求以分红为基础的简单生活。当然，拒绝机器总是建立在对机器的默许接受之上，这一事实的象征就是甘地在某个棉花大亨的豪宅里摆弄着他那部手纺机。但甘地还以别的方式出现。值得注意的是，甘地和费尔登先生对待现在这场战争的态度出奇地相似。虽然在英国他们被认为是"纯粹的"和平主义者和日本人的帮凶，事实上甘地对这场战争说了许多自相矛盾的话，很难去找出脉络。有一度他的"道义支持"与同盟国同在，接着就将其收回；有一度他觉得和日本人合作是最好的结果，接着就希望以非暴力的方式反对他们——而他预计的代价会是数百万条生命——而在另一个场合下，他敦促英国在西线展开战斗，由得印度遭受侵略。在另一个场合，他"无意妨碍同盟国的目标"，并宣称他不希望盟军部队离开印度。费尔登先生对战争的看法相对比较简单，但同样含糊不清。他从未在任何地方表明他是否希望轴心国被击败。他反反复复地呼吁同盟国的胜利不会有什么好的结果，但与此同时，他否认"失败主义"，甚至呼吁说印度的中立地位在军事意义上对我们有利，也就是说，如果印度不是一个负累的话，我们的战局会更有利。如果这番言论真有意义的话，它意味着他希望妥协媾和，虽然他没有这么说，但我很肯定他所想要的是什么。不过，奇怪的是，这是帝国主义的解决方式。绥靖主义者总是既不希望失利也不希望获得胜利，而是与其它帝国主义强权达成妥协。而且他们也知道如何利用战争的荒唐作为争辩的理由。

过去几年来，最聪明的帝国主义者已经在赞同与法西斯分子妥协，即使他们不得不放弃许多才能换得妥协，因为他们已经知道只有这样帝国主义才能获得拯救。他们当中有些人即使到了现在也不害怕露骨地说出这一点。要是我们将战争进行到毁灭性的结局的话，大英帝国将会要么灰飞烟灭，要么实现民主，要么变成美国的附庸。另一方面，如果其它已经掠夺到足够多的领土的帝国主义强权势力愿意维持当前的世界格局，或许它能以当前的形式继续存在下去。如果我们与德国和日本达成共识，我们的属地面积或许会缩水（就算这一点也是无法肯定的。很少人注意到这一事实：在这场战争中，英国和美国就领土而言得到的要比失去的多），但我们应该至少肯定可以保留已经占有的土地。世界将被三四个帝国主义强权势力所瓜分，它们暂时没有争权夺利的动机。德国将忙于解除俄国的武装，日本将忙于制止中国的发展。如果这就是世界的秩序，印度将无限期被统治。很难相信遵照其它方针能达成妥协和平。因此，空谈式的无政府主义说到底（不）是一件无伤大雅的事情。客观上它不比最糟糕的绥靖主义者要求的更多，主观上它将激怒这个国家对印度的潜在友好人士。这难道不有点像甘地的事业吗？他的极端主义疏远了英国的公众，而他的温和态度则成为了英国政府的帮凶。不作为主义和反动总是联系在一起，当然，不一定是有意的结合。

伪善是很罕见的事情，真正的邪恶或许就像美德一样难得。我们生活在一个疯狂的世界，它的两极总是互相变换不定。在这个世界里，和平主义者发现自己崇拜的是希特勒，社会主义者成为了民族主义者，爱国者变成了卖国贼，佛教徒为日本军队的旗开得胜祈祷，而当俄国发起进攻时，股票指数立刻上扬。虽然这些人的动机在局外人看来再明显不过，他们自己却当局者迷，毫无觉察。马克思主义者们所想象的邪恶的富人坐在小小的密室里筹谋着剥削工人的方案这一幕情形并没有在现实世界里发生。剥削的确存在，却是由梦游者做出来的。如今，富人们用于对付穷人的最有效的武器之一就是"心灵"。如果你能引导一个工人相信他对体面的生活标准的渴望是"物质主义"，你就能将他玩弄于股掌之间。同样地，如果你能劝导印度人保持"心灵纯洁"而不是组织类似于工会这样的俗事，你就可以保证他们一直会是苦力。费尔登先生对西方工人阶级的"物质主义"充满了愤慨，指责他们在这方面比那些有钱人还要糟糕，不仅要收音机，甚至还想要汽车和皮衣。答案显然就是，这样的愤慨出自一个自己已经过着舒适的特权生活的人并不合适。但那只是一个答案，而不是确切的诊断，因为如果这只是寻常无奇的口是心非的话，愤愤不平的知识分子的问题早就不是问题了。

过去二十年来，西方文明赋予了知识分子不负责任的安稳生活，特别是在英国，它教会了他怀疑一切，却又牢牢地将他束缚在特权阶层中不得动弹。他就像一个从父亲那里讨钱花却又憎恨父亲的年轻人。结果就是深切的罪恶感和憎恶感，却没有真切的愿望想要摆脱。但是，精神上的逃避肯定是有的，某种形式的自我辩护也肯定是有的，而最让人满意的一种方式就是民族主义的移情。在二十世纪三十年代，普通人的选择是转而向苏俄效忠，但还有别的出路。值得注意的是，和平主义和无政府主义，而不是斯大林主义,如今在年轻人群体中普及开来。这些信念的好处是它们的目标是不可能实现的,因此,实际上并没有太高的要求。如果你往甘地身上加一些东方神秘主义的色彩和布克曼式的狂喜,你就有了一个愤愤不平的知识分子想要的一切。一位英国绅士的生活和一位圣人的道德态度能够并行不悖。只需要将对英国的忠诚转到印度之上(以前是俄国),你就能完全沉浸在沙文主义的情感中——而如果你能认清这种情感的本质的话,这是根本不可能发生的事情。以和平主义为名,你能与希特勒达成妥协;以"心灵"为名,你能保住你的金钱。那些想要战争无果而终的人总是在赞美东方贬斥西方,这绝非偶然。真正的事实并不是很重要。东方国家已经表明它们的好战和嗜血并不亚于西方国家,东方国家并没有摈弃工业主义,而是对其趋之若鹜——这些事实根本不重要,因为他们要的是将东方塑造成和平而虔诚的家族统治式的国度,与贪婪的物质化的西方作对比。一旦你"抛弃了"工业主义和社会主义,你就置身于那片陌生的无人区,法西斯分子与和平主义者在那里相会。事实上,德国电台上所说的希特勒和甘地的教诲殊途同归蕴含着可怕的真理。当你看到米德尔顿·默里在歌颂日本人入侵中国而杰拉德·赫德①在倡导将印度人自己都摈弃的印度种姓制度引入欧洲时,你就会明白这一点。接下来的几年我们将听到许多关于东方文明优越性的言论。这是一本很有害的书,将得到左翼人士的喝彩,而且出于不同的原因,受到更有思想的右翼人士的欢迎。

---

① 亨利·菲茨·杰拉德·赫德(Henry Fitz Gerald Heard,1889—1971),英国历史学家、教育家、哲学家,代表作有《人类的五个时代》、《第三种道德》等。

评托马斯·曼的《时代的秩序》^①

　　自由主义的前景——我指的是这个词的广义——是否要比两年前更加黯淡是一个见仁见智的问题。托马斯·曼的这本政治散文和演讲选集横跨几乎二十年，但里面没有一篇是在1941年之后写的——也就是说，自从战争的形势逆转之后什么也没写。作为一个人道自由主义者，在托马斯·曼的眼中，欧洲的灾难肯定会结束，道义将最终取得胜利，但在这本书里他所记录的只有失败：拉特瑙^②遇刺和德国民族主义的兴起、通货膨胀和纳粹主义的迅速崛起、重新占领莱茵兰、阿比西尼亚、西班牙、奥地利、慕尼黑和战争爆发。最早的两篇文章分别写于1923年和1930年，那时候他仍在德国，后来他去了瑞士。他是一个卡珊德拉^③式的人物，徒劳地想要告诉英国和法国希特勒是危险人物。然后他流亡到了美国。这个故事在他的笔下呈现螺旋式的下降，虽然战争的形势已经发生了剧变，但不知道托马斯·曼为之奋斗的世界在现在比起德国的坦克驶入巴黎时是否离我们更近了。

---

① 刊于1943年9月10日《论坛报》。托马斯·曼（Thomas Mann，1875—1955），德国作家，曾获1929年诺贝尔文学奖，代表作有《魔山》、《布登波洛克家族》等。
② 沃尔特·拉特瑙（Walther Rathenau，1867—1922），德国工业家、政治家、外交家，曾担任魏玛共和国外交部部长，在《拉帕洛条约》签订后于1922年6月24日遇刺。
③ 卡珊德拉（Cassandra），古希腊神话中特洛伊的公主和祭司，预见到特洛伊的灭亡，但没有人相信她。

我们注意到托马斯·曼从来没有改变他最根本的看法，不向他所生活的时代妥协。他从来不掩饰自己的真面目：一个中产阶级的自由主义者，一个对思想自由、人类大同和客观真理的存在怀有信仰的人。他满怀自信反对极权主义的所有基于对人类理智的轻蔑的残酷理论，这份自信是年轻的一代很难拥有的。这不是说他是那种只看到政治"自由"和对西方社会停留在资本主义社会感到很满意的自由主义者。他知道需要建立社会主义，他是一个亲俄派，甚至对苏联和英美两国的合作感到很乐观。但他从来没有放弃自己的"资产阶级"观点：个体是重要的，自由是值得拥有的，欧洲文化值得保存，真相不是专属于某个人种或阶级的。他唾弃当代对于权威的向往："那是摆脱自我的永恒的假期"。必须指出，他从人文主义角度出发，作出了准确的政治预测。早在 1923 年，他就认识到法西斯主义和德国的"鲜血与土壤"哲学意味着什么。你只需要将他对希特勒和墨索里尼的评价和萧伯纳对这两人的评价进行比较，就知道即使在国际政治层面，尊重道义并不是糟糕的向导。

他一定是个固执的人，才能如此坚定地信奉法国大革命的理念——二十年来，欧洲的思潮一直与它们背道而驰。或许整本书里最重要的是托马斯·曼在第一篇文章里反复提出的——那是一篇逐字照搬的面向大学生的演讲稿，他们一直在跺脚和作嘘。那是 1923 年，托马斯·曼在发表演讲捍卫魏玛共和国和谴责军国主义、极权主义和民族主义。实质上，那时候，一个年近五旬的男人在说"活下去"，而年轻的听众在叫嚷着："我们想要死！"那个中年男人在捍卫自由，那些年轻人在捍卫权威。虽然在英国没有类似的事情发生——因为英国不是一个破产的战败国，因此，孕育法西斯主义的必要条件并不存在——但每个国家都经历了大致相同的趋势。直到不久前，民族主义和军国主义在全世界崛起，民主与自由在走向衰落。年轻人比老年人更加信奉极权主义。最后，纳粹的战争机器获得了胜利，似乎彻底揭露了西方所能想象的生活理念的本质。"我们来到这个世界就是为了摧毁法国大革命的理念。"戈培尔博士如是说。过去几年来，他们似乎真的做到了。没有人比托马斯·曼更了解这个危险，正如他那篇写于1935年的文章《欧洲小心》所展示的。但是，即使在1940年和1941年的黑暗岁月，即使在慕尼黑会议之后，他对真理和公义必胜的信念也似乎毫不动摇。

有趣的是，他是对的，或许一直都是对的。一个独裁体制已经垮台了，另一个独裁体制也似乎维持不了多久。我们不知道当托马斯·曼说战争并不是光荣的事情时在作嘘起哄的那些年轻人后来命运如何，但那些仍然活着的人已经了解到了改变思想的原因。问题是，没有人知道极权主义的根扎得有多深。在这本书里，托马斯·曼几乎没有去考虑这个问题，他当然不会愚蠢地认为一切的解释就是德国是邪恶的国家。我们不知道欧洲的年轻人在想些什么。或许极权主义所造成的屠戮已经让它声名狼藉，或许它会在别的地方以新的形式出现。从英国和美国的思想氛围判断，情况并不是很乐观。但是，不管怎么，托马斯·曼作为十九世纪的知识分子，对于纳粹分子和法西斯分子的判断是正确的。那条巨龙就快断气了。

评路易斯·列维的《法国是一个民主国家》[①]

即使路易斯·列维先生的书没有其它优点，它至少提醒了英国读者巴黎并不代表法国，这就已经很有价值了。对于我们的祖辈来说，法国意味着便宜的香槟、星期天的剧院和保罗·第考克[②]的小说。那个传说几乎已经消逝了，但近几年有一股同样危险的趋势：只关注几个巴黎政客的闹剧，对法国的其它事情漠不关心。在战前那几年，即使是在慕尼黑协议之后，英国的大部分观察家只看到民主战线的表面那一套，忽略了劳工运动内部强烈的和平主义倾向。另一方面，在1940年乃至后来，英国普遍认为整个法国准备"通敌合作"。大家都认为法国将出现共产主义或法西斯主义，人民群众深厚的民主传统被遗忘了。列维先生写这本书正是为了澄清这个误解，并让英国人了解法国的民情。

这本书几乎有一半的内容像是地志学调查，对法国的不同地区逐一介绍，并提到了那里的居民的政治色彩。这么写的主要目的是表明激进主义和共和主义在几乎每个地方都有深厚的基础，并且让英国读者了解到法国是一个大国，有着相当大的地区差异。列维先生甚至不介意时不时偏离主题，介绍当地的红酒和奶

---

① 刊于1943年9月12日《观察者报》。路易斯·列维（Louis Levy），情况不详。
② 查尔斯·保罗·第考克（Charles Paul de Kock，1793—1871），法国作家，代表作有《巴黎理发师》、《安妮妹妹》等。

酪。但他的主旨是为他讲述政治历史的那些章节提供背景信息，从而表明为什么法国如此轻易地沦陷，为什么法国的民主制度不可能被永久地推翻。

在军事意义上法国战败了，但人们认为统治阶级的背信弃义是一部分原因，而且民众的态度无疑使得他们两面三刀的手段更加轻松地得以实施。和平主义广泛传播，其影响使得备战和达成坚定的同盟成为几乎不可能的事情。法国的低出生率和法国在上一场战争中遭受的惨重损失使得这个从 1918 年的胜利中并没有得到什么好处的民族认为战争是最糟糕的事情。比方说，产业工人反对法西斯主义，但他们也有反对军国主义的传统。教师反对法西斯主义，但认同"纯粹的"和平主义。农民们拥戴共和，但他们知道战争不会带来好处——而且，他们的父辈有许多人在凡尔登战役中丧生。

因此，在每一个法西斯的进逼或许能被阻止的节点上，即使是在民主战线掌握权力时，人民群众的热情总是会被"坚定的态度可能意味着战争"这个威胁浇灭。当战争真的爆发时，政府在经过一系列让步后无法守住坚定的立场，而且在巴黎地区势力强大的共产党当时因为苏德条约的订立而改变了立场。

在表明为什么法国的农民、产业工人、小公务员和小店主们都由得自己被不共戴天的敌人驱赶到自杀式的政策上时，列维先生在他前面已经埋下的铺垫上解释了每一种情况将肯定会引起的反感。贝当政府或德国政府都没有民意基础。对个体和民主过程的尊重是无法抹杀的，因为，正如赫里奥①所说的，"自由不会在

---

① 爱德华·赫里奥（Édouard Herriot，1872—1957），法国政治家，长期担任激进党的党魁，曾于 1924 年至 1925 年、1926 年和 1932 年三度担任法国总理。

它诞生的国度死去。"

列维先生没有说他确切地知道德国人垮台后会成立什么样的体制。当然，那将会是一个社会主义体制，一部分原因是没有其它体制能够成功运作，一部分原因是那些有钱人因为"通敌合作"而名誉扫地，而且德国人大规模的劫掠简化了工业国有化的任务。他还希望那会是一个民主政权，但他担心它会受到外国的干涉。他没有盲目地追随戴高乐将军，而且不愿意看到像查尔斯·瓦林①这样的前法西斯主义者出现在军事最高领导人的行列里。他说："法国人拥护'戴高乐主义'是因为他们认为那是一场民主运动，但心里充满了疑惑。而因为他们最担心的是军事独裁和军人执政，更是疑心重重。"

许多来自地下宣传的内容表明法国境内的抵抗力量愿意接受戴高乐将军作为临时政府的领导人，直到宪政政府成立，他们不希望与一个独裁体制的斗争是为了建立另一个独裁体制。列维先生在书的结尾发出了这则重要的警告：

> "任何人若是要强迫法国民主制度接受一个不符合其愿望的政府，都会发现他将挑起最血腥和恐怖的内战。"

拉斯基教授撰写了序文，强调了这一点，并提出了对戴高乐主义运动的政治复杂性的疑惑，比列维先生所说的话更有说服力。

---

① 查尔斯·瓦林（Charles Vallin，1903—1948），法国政治家，法国社会党领导人之一，在二战前鼓吹法国应该推行法西斯主义。

托马斯·哈代的战争观[①]

　　托马斯·哈代的杰出诗剧《列王》内容非常庞大，但装帧很粗糙，你会误以为是学校课本，结果就是，它成为一本那种人们读不下去并因此认为一定要给予赞扬的作品。但是，它确实很值得一读，哪怕只是因为它所描写的战争与这场战争诡异地相似。

　　《列王》是拿破仑战争的历史诗剧，在气氛上，甚至在战略上都很像现在这场战争，而不像1914年至1918年那场战争。确实，事件发生的次序有所不同，但即使如此，它们的相似程度仍令人吃惊。苏德条约就是提尔西特条约[②]，法兰西之战就是耶拿会战[③]，不列颠之战就是特拉法尔加海战，德国侵略俄国就是莫斯科战役，等等等等。（敦刻尔克或许不是科伦纳[④]，而是1792年低地国家的那场灾难性的战役）。而且，意识形态的交杂、卖国贼、背信弃义的贵族和心怀爱国热情的群众、无休止的结盟与背叛，就连侵略恐慌和英国仓促成立国民自卫队等细节，也都能找到现实中的对应。

---

① 刊于1943年9月18日《论坛报》。
② 1807年6月，拿破仑与俄国沙皇亚历山大一世在提尔西特（Tilsit）签订条约，两国结盟，商定共同对付欧洲诸国及英国。
③ 耶拿会战（the Battle of Yena），1806年10月14日—20日，拿破仑率领的法国军队与普鲁士国王腓特烈·威廉三世率领的普鲁士军队之间进行的战役，以普鲁士军队惨败并退出反法同盟而告终。
④ 科伦纳战役（the Battle of Corunna），1809年1月16日，法军在西班牙伊比利亚半岛的科伦纳战胜英军，迫使英军撤离伊比利亚半岛。

但是，《列王》的主要意义并不是与我们这个时代的切合，也不在于它的历史价值，因为哈代并没有展现我们对拿破仑战争背后的原因的了解。这本书的名字充分揭示了它的主题。哈代眼中的战争只是渴望权力的君主们之间的斗争，平民遭受屠戮而得不到任何好处，甚至没有一点得到好处的可能性。巨大而毫无意义的苦难深深地吸引了他，在为《列王》所选择的创作形式里，他那奇怪而神秘的悲观主义得以比在小说里更加自由地宣泄，因为小说需要一定程度的合理性。

哈代的才华在一部不会被上演的戏剧里得以自由发挥，在不知情的情况下——因为《列王》写于 1900 年前后——成为一部可供谈资的作品。虽然它的大部分内容是无韵诗对话，但它包含了大量的视觉描写，并通过不停地从欧洲的一头转换到另一头，以只能在银幕上才能重现的上天入地的描写，去实现其戏剧效果。除了人类角色之外，里面还有被描述为精灵的角色在进行合唱，并对正在发生的事件作出评论。但即使这些精灵能够预知未来，它们也无法改变或理解事件。根据哈代的人生观，所有的事情都是注定的，人类只是自动机器，但他们是自以为拥有自由意志和苦难承受力的自动机器。所有的一切都依照上苍意志的命令而发生——这让人了解到托马斯·哈代信奉上帝，而且总是把他的上帝称为"其"——我们不理解这背后的目的，从来都没办法理解。在《列王》的关键情节中，这个意志会显现自己，大地变成了一个庞大的大脑，而斗争中的人们看上去就像是无助的细胞或神经元。譬如，在滑铁卢战役最绝望的时刻：

历年的精灵：

在这陈腐的时刻，

岂不知意志动摇的人和矢志不渝的人，

皆是那万物背后意旨的彰显？

在它操纵着世界的帆索时，

我必须再次让其显形吗？

像先前的情景那样，一股透明的东西再一次弥漫着战场……那张网联结着所有似乎分离的躯体，就连威灵顿也和其他人一样身陷网中，让他知道，就像他们一样，他是在行动中寻找行动的目的。在苍白的光亮下，每一排、每一列、每一个方阵、每一支队伍的军人，法国人——还有英国人，神情都恍如睡梦中的人。

即使只是文字，这段描写也极具感染力。在整部作品的语境中，作为拿破仑漫长而绝望的斗争的高潮，这种描写非常感人，让读者觉得《列王》真的是我们这个时代罕有的真正的悲剧作品之一。

你或许会怀疑哈代病态而几乎迷信的人生观能营造多少真正的悲剧效果。你也或许会问为什么《列王》会让人觉得气势恢宏，而哈代的历史观其实非常狭隘。他似乎对拿破仑战争在一部分程度上是一场理念的战争几乎一无所知——他没有提及法国大革命的命运和工业革命的命运也牵涉在内，主要描写的是战争的生动场面，甚至有时候流露出沙文爱国主义的迹象。一切都围绕着拿破仑这个人物，哈代将他写成一个庸俗的冒险分子，而他也正是这么一个人。

那么，为什么拿破仑的故事会令人感动呢？因为个人的野心在宿命论的背景下拥有悲剧色彩，它的野心越大，悲剧色彩就越浓。如果你相信未来是注定的，没有什么人物会像伟人那样令人唏嘘，他们比常人更相信可以主宰自己的命运。

《列王》有些地方的诗句写得很精彩。在这部宏大的、没有固定形式的戏剧中（足足有十九场！）哈代蹩脚的才华得以尽情施展，里面不乏美妙的描写。譬如

> 啊，纳尔逊今安在？
> 信仰，在这个时刻，
> 他或许浸透了海水，在比斯开湾的漩涡中翻腾，
> 或被呼啸的北风吹到北极熊那里，
> 或在加纳利群岛某个平静的洞窟中沉睡，
> 或在大西洋的海岸上躺在亲密爱人的怀抱里，
> 请让我们知道！

这段话的文学手段很有意思，因为它使用了拟声的效果。譬如说，第三行通过长元音词语的运用营造出寒冷的感觉，而接下来的三行轻松的韵律似乎唤起一个点着灯的舒适房间的景象，汉密尔顿夫人在壁炉边等候着，纳尔逊的拖鞋就摆在壁炉的围栏上保暖，炉盘上还放着一盘松饼。

但《列王》的主要魅力并不在于那些诗句，而在于恢宏的气势和军队在迷雾中来回奔突，在俄国的雪天里以数十万的规模死去的狰狞景象，而这一切都毫无意义。哈代的悲观思想既荒谬又令人意志消沉，但他能从中创造出诗作，因为他怀有信仰，从而证明了——就像爱伦·坡、波德莱尔和许多其他作家一样——即使是一个半疯癫的人生观也能成为文学作品的基础，只要它是真诚的。

评哈罗德·约瑟夫·拉斯基的
《反思我们这个时代的革命》 [①]

　　这本书令人印象深刻，它勇敢地尝试解答我们生活其中的思想疑团，对什么是社会主义和法西斯主义作出定义。在道明我们应该努力去实现的目标和达成目标的道路中将会出现的危险时，作为亲身参与政治的人士，拉斯基教授避免了只是一味在进行政治宣传，大胆地说出不受欢迎的观点。他的优势在于，他比绝大多数左翼思想家扎根更深，没有罔顾过去，也没有鄙视自己的同胞。但要做一个思想上忠于社会主义，气质上却偏于自由主义的人并不容易；尽管他从未说出这一点，但拉斯基教授的这部著作真正的主题其实是围绕着这个问题展开的。

　　这在论述俄国革命的那个章节和名为《反革命的威胁》那个长章节里体现得最为明显。拉斯基教授担心极权主义的威胁或许将很快蔓延到那些现在自称奉行民主制度的国家。他清楚地看到，这场战争并没有使英国或美国发生体制上的改变，旧的经济问题在战争结束后将以更具压迫性的形式卷土重来，而且在国家危难关头或许可以被接受的对特权的取缔在没有外敌入侵的威胁

----

① 刊于 1943 年 10 月 10 日《观察者报》。哈罗德·约瑟夫·拉斯基（Harold Joseph Laski, 1893—1950），英国学者、作家，曾于 1945—1946 年担任英国工党主席，伦敦经济学院教授，代表作有《现代国家的自由》、《危机中的民主》等。

时将会受到抵制。因此，他说如果我们在战争期间可以得到群众同意的情况下不贯彻必要的改革，那么，改革可能将会以暴力手段去实现，并将带来漫长的独裁统治。这些话或许是对的。拉斯基教授很清楚自己想要的改革是什么，而没有哪个有思想的人会不同意他的观点。他想要的是：集中所有制、计划生产、社会平等和"积极国家"。然而，他过于乐观地认为这些事情肯定能够与民主和思想自由一同实现——事实上，几乎就像十九世纪的人那么乐观。

拉斯基教授认为法西斯国家不可避免地在本质上热衷于战争，并一遍又一遍地重复着这番话——"反革命分子一定会挑起战争。"事实上，你只需要看看地图就知道大部分反革命分子并没有挑起战争，反而是几乎不惜一切代价在避免战争。德国、意大利和日本印证了拉斯基教授的理论，但其它经历了反革命的过程并采纳了法西斯经济体制的国家，从欧洲到美洲，并没有挑起战争。譬如说，佛朗哥将军、贝当元帅、萨拉查博士和南美那六七个国家的独裁者们想要发动战争吗？法西斯主义的本质似乎并不是它会通过发动战争去解决问题，而是它在没有废除私有制的情况下以非民主的手段解决问题。因此，每一个极权主义国家最终都将在毫无意义的战争中自取灭亡这个想法是站不住脚的。

显然，他在本能上推崇自由，甚至是古典意义上的自由。他对于教育的论述是从与"积极国家"格格不入的个人主义思想出发。他应该意识到，如果社会主义只是意味着集中所有制和计划生产，那么它的性质可能既不民主也不平等。一个阶级森严的社会主义体制（希莱了·贝洛克的"奴役国家"）或许和前者一样都是可能的，而前者的可能性在眼下要高得多。拉斯基教授无数遍重复说如果这场战争不能解决我们当下的经济问题，那么它的胜利对于我们来说将毫无意义，无疑，他是对的。但遗憾的是，他没有更坚定有力地说解决我们的经济问题并不意味着胜利，因为，那就像打败希特勒一样，只是迈向他自己所向往的自由和平等的人类社会的一步而已。

评西里尔·埃德温·密契逊·乔德的
《寻找更美好的世界：年轻士兵历险记》[①]

　　我们知道，一个人的身体由几桶水、几磅石灰和碳加几撮磷构成，一切都是可以精确衡量的。但是，你不能就这么将那些原料堆在一起造出一个人来，同样的原理似乎也适用于一本书，甚至是一本关于政治或社会的书。乔德教授知道战后的世界会面临的一切问题，他也知道所有的答案，但是，某种东西，某个至关重要的火花，或许只是对某种人生哲学的力量的坚定信仰，却付之阙如，结果就是，一则寓言却演变成了一本编年史，甚至一本目录。

　　这本书模仿《爱丽丝漫游仙境》，但这并非明智的选择。一个年轻的士兵在森林里迷路了，遇到了一群象征当代思想潮流的怪物，有代表官僚主义的红头蠕虫、代表马克思主义的深红机器人、能够通过常识解决任何问题的特兰斯博图斯先生、只有声音并一直在宣扬要摆脱世俗的赫德巴克斯先生和其它怪物。在故事的结尾，那个士兵遇到了一位哲学家（顺便提一下，匹克先生[②]画的乔德教授的肖像画是这本书最美妙的地方），后者告诉他要振作起来，不要相信其他人的话，要在信仰和生活间保持微妙的平

[①] 刊于 1943 年 10 月 21 日《听众》。西里尔·埃德温·密契逊·乔德（Cyril Edwin Mitchinson Joad, 1891—1953），英国著名广播员，曾主持《智囊团》节目而名噪一时。

[②] 莫文·劳伦斯·匹克（Mervyn Laurence Peake, 1911—1968），英国作家、插画家，代表作有《吹玻璃的人》、《飞行的炸弹》等。

衡，并保持乐观。不是所有的怪物都有这般荒唐的描写。乔德教授和特兰斯博图斯先生一样具有毕福理奇式城市规划者的缺点，但有趣的是，他觉得最难揭穿的谬论是神秘的赫德巴克斯先生的意见。他告诉那个士兵科学和政治都是愚蠢的，人类的责任是通过冥想、禁食和呼吸训练培养灵性，那个士兵只能嘟囔着回答说"这听起来有点乏味和孤独"。他没有想到去指出如今那些瑜伽修炼者的真正缺陷——事实上，当他们在禁食和冥想时，别人要去工作让他们活下去，而且他们的"灵性"只是金钱和军事安全的副产品。他甚至没有停下来去思考为什么"超脱"的宗教总是在温暖的地区践行。

但是，这本书最重大的缺陷是乔德教授本人的信念，无论它是多么的理性，它缺少即使是他最愚昧的对手所拥有的热情。做一个温和善良的人似乎并不够。指出社会必须制订出解决失业和不公的计划，但计划不能太多，否则就会戕害主动性；指出人类必须有信仰，但不能盲信，否则就会陷入偏执和迫害——这些也不够。理性的享乐主义是糟糕的指导思想，有数以百万计的人准备好以几种愚昧的信仰的名义牺牲自己的热血或让别人流血。无疑，中间道路总是错的，它并不是真理，这就是一个人从乔德教授的书中得出的结论，而他想要表达的却是它的反面。或许带着一点偏执是写出有活力的文学作品的条件。不管怎样，这是一本死气沉沉的书，而莫文·匹克的那些傻兮兮的插画——大部分都是如此——并没有起到什么帮助。

谁才是战犯？评卡修斯的《审判墨索里尼》①

乍眼看上去，墨索里尼的覆灭就像是一出模仿维多利亚时代的情节剧的故事。正义终于获得了胜利，恶人遭到报应，真可谓天道循环报应不爽。但是仔细再想想，这则道德寓言并非那么简单和富于教化意义。首先，墨索里尼犯下了什么罪行？在强权政治中是没有犯罪这回事的，因为根本没有相关的法律。另一方面，墨索里尼的国内政权有某个团体能起诉他并对他进行审判吗？因为，正如这本书的作者充分表明的——事实上，这是该书的主要目的——墨索里尼从 1922 年到 1940 年所犯下的每一桩罪行都被那些现在发誓要审判他的人捧到了天上。

为了证明他的寓言，"卡修斯"想象墨索里尼在英国法庭接受审判，由首席检察官提出指控。一系列控告的罪名令人印象深刻，而主要的犯罪事实——从谋杀马特奥蒂②到入侵希腊，从摧毁农民合作社到轰炸亚的斯·亚贝巴——都无可抵赖。集中营、撕毁和约、橡胶警棍和蓖麻油——每件事情都供认不讳。唯一麻烦的问题是：某些你做过的事情在当时是值得褒扬的好事——就在

---

① 刊于 1943 年 10 月 22 日《论坛报》。卡修斯（Cassius），英国工党政治家迈克尔·麦金托什·富特（Michael Mackintosh Foot，1913—2010）在这篇文章中的笔名。迈克尔曾于 1945 年至 1955 年、1960 年至 1992 年担任工党议员。

② 吉亚科莫·马特奥蒂（Giacomo Matteotti，1885—1924），意大利社会主义政治家，1924 年 5 月 30 日，他公开在意大利议会上指责法西斯分子操纵选举和暴力行为，11 天后，他遭到绑架和杀害。

十年前——现在怎么突然间就变成了应该遭受谴责的罪行呢？墨索里尼获准传唤证人，有活着的证人，也有死了的证人，他们的证言表明，从一开始英国舆论界要对此负责的领袖们就鼓励他作出这些事情。例如，这是1928年罗瑟米尔勋爵说过的话：

> "在他的国度(墨索里尼)是致命之毒的一剂良方。而对于欧洲大陆，他一直是功德无量的济世良医。我可以真心满足地宣布自己曾是第一个宣扬墨索里尼之伟大成就的公众人物……他是我们这个时代最伟大的人。"

以下是温斯顿·丘吉尔在1927年说过的话：

> "如果我是意大利人，我一定会全心全意支持你，共同对抗列宁主义的兽欲和狂热，争取胜利……(意大利)指出了对抗俄国流毒的良方。自此之后，所有的大国都将拥有抵御布尔什维克主义这一癌魔疯狂入侵的根本之道。"

以下是摩德斯通勋爵[①]在1935年说过的话：

> "我并不反对(意大利人在阿比西尼亚的所作所为)。我希望澄清一个荒谬的错误观念，那就是同情落水狗是一件善

---

① 约翰·爱德华·伯纳德·希利(John Edward Bernard Seely，1868—1947)，封号为摩德斯通男爵，英国军人、作家，曾于1900年至1904年担任保守党议员，1904年至1922年及1923年至1924年担任自由党议员。1912年至1914年曾担任英国国防部长。

举……我说过为那些野蛮残忍的阿比西尼亚人输送武器，或默许输送武器，是邪恶的举动，我仍然会拒绝他们，去帮助那些正直高尚的人士。"

以下是达夫·库珀先生[①]在 1938 年说过的话：

"关于阿比西尼亚事件，最好还是少说为妙。当一对老朋友吵了一架又言归于好时，重提旧时的芥蒂对他们来说总是危险的。"

以下是《每日邮报》的沃德·普莱斯[②]先生在 1932 年的言论：

"无知而偏执的人提起在意大利所发生的事情时，认为那个国家似乎陷入了暴君的统治，他将会被推翻。英国的公共舆论中有些不明真相的人总是对癫狂的少数人抱以病态的同情。这个国家长久以来对法西斯政权所做的伟大工作视而不见。我知道墨索里尼本人曾多次向《每日邮报》致谢，因为本报是英国第一份公正地将他的理想向世人阐述的报纸。"

---

① 阿尔弗雷德·达夫·库珀（Alfred Duff Cooper，1890—1954），英国保守党政治家、外交家，曾担任国防部长、法国大使等职务，代表作有《心碎行动》、《健忘的老人》等。
② 乔治·沃德·普莱斯（George Ward Price，1886—1961），英国记者，长期为《每日邮报》撰稿，负责海外新闻报道，支持英国法西斯分子奥斯瓦尔德·莫斯利，与希特勒关系密切。

如此这般这般。霍尔①、西蒙②、哈利法克斯勋爵③、内维尔·张伯伦、奥斯汀·张伯伦④、霍尔-贝里沙⑤、埃默里⑥、劳合勋爵⑦和许多人都踏上了证人席，每个人都愿意作证，无论墨索里尼是否真的镇压过国内的工会组织、对西班牙奉行不干涉政策、对阿比西尼亚人使用芥子毒气、将阿拉伯人扔下飞机，或创建与英国为敌的海军，英国政府及其喉舌无论发生任何情况都在背后支持他。我们看到 1924 年张伯伦（奥斯汀）夫人和墨索里尼握手言欢，1939 年张伯伦和哈利法克斯勋爵设宴款待他，并恭维他是"阿比西尼亚皇帝"，直到 1940 年劳合勋爵仍在官方宣传册中对法西斯政权大肆吹捧。审判的这一部分让人觉得墨索里尼是无辜的。直到后来，当阿比西尼亚人、西班牙人和意大利人的反法西斯者作出证言，对他不利的真实证言才开始出现。

---

① 萨缪尔·约翰·古尔尼·霍尔（Samuel John Gurney Hoare，1880—1959），英国保守党政治家，曾担任英国外交部长、海军大臣、内政大臣，1944 年时担任英国驻西班牙大使。

② 约翰·阿尔瑟布鲁克·西蒙（John Allsebrook Simon，1873—1954），英国自由党政治家，曾担任内政大臣、外交部长、财政大臣和司法大臣等重要职位。

③ 爱德华·弗雷德里克·林德利·伍德（Edward Frederick Lindley Wood，1881—1959），封号为哈利法克斯伯爵，英国保守党政治家，曾于 1938 年至 1940 年担任英国外交部长，推行绥靖政策，二战期间担任英国驻美国大使。

④ 约瑟夫·奥斯汀·张伯伦（Joseph Austen Chamberlain，1863—1937），英国政治家，曾于 1924 年至 1929 年担任英国外交部长，是英国前首相内维尔·张伯伦的同父异母的哥哥。

⑤ 莱斯利·霍尔-贝里沙（Leslie Hore-Belisha，1893—1957），英国自由党政治家，曾担任国防部长、交通部长等职位。

⑥ 约翰·埃默里（John Amery，1912—1945），英国法西斯分子，在二战时与德国纳粹分子勾结，出卖英军情报和从事纳粹宣传，因叛国罪而被处决。

⑦ 大卫·劳合·乔治（David Lloyd George，1863—1945），英国自由党政治家，1908 年至 1915 年曾任英国首相。

这本书是虚构的，但这一结论却很真实。英国托利党是不大可能会审判墨索里尼的。除了1940年的宣战行为之外，他们根本无法对他提出控告。如果有些人希望看到的"审判战犯"真的发生的话，只有等同盟国爆发革命才有可能实现。但寻找替罪羊，将我们所遭受的苦难统统归咎于某些个体、政党或国家，这引发了另外一连串的思考，其中有的想法很令人不安。

英国与墨索里尼的关系史暴露了资本主义国家体制上的缺陷。承认强权政治没有道义可言，并将意大利收买，让其退出轴心国同盟——这原本是1934年后英国可以奉行的外交政策——而这也是天经地义的战略措施。但鲍德温①、张伯伦和其他人可没有这番能耐。要让墨索里尼不敢与希特勒狼狈为奸，除非英国本身的实力足够强大。而这是不可能的事情，因为以谋取利润为动机的经济体制根本无法实现现代化规模的重整军备。

德国人到了加莱，英国才开始进行武装备战。在此之前，英国曾经大量拨款加强军备，但这些钱都流入了军工企业股东的口袋里，武器根本没有造出来。由于他们不愿意削减自己的特权，不可避免地，英国统治阶级对每一条政策都阳奉阴违，对逐渐逼近的危险视而不见。但这种事情所意味的道德沦丧是英国政治的新现象。在十九世纪和二十世纪初叶，英国的政客或许伪善，但伪善意味着道义。而当保守党的议员为英国船只遭受意大利飞机的轰炸喝彩叫好，上议院的成员对以难民身份被带到这里的巴斯克儿童大肆诽谤时，事情就变得很不一样了。

---

① 斯坦利·鲍德温(Stanley Baldwin, 1867—1947)，英国保守党政治家，曾于1923—1924、1924—1929及1935—1937年担任首相，奉行绥靖政策，无法节制法西斯主义在欧洲大陆的步步崛起和进逼。

当你想到这些年所发生的一切时——谎言和欺诈、一次又一次地背叛盟友、保守党报刊愚蠢的乐观主义；拒绝相信独裁意味着战争，即便他们就在公然叫嚣战争；有产阶层无法理解集中营、贫民区、大屠杀和不宣而战的错误——你一定会觉得除了愚昧无知之外，道德堕落也是原因之一。到了1937年前后，法西斯国家的本性已经暴露无遗，但那些达官贵人仍觉得法西斯主义是自己的同路人，只要能保住自己的财产，他们愿意接受最卑劣的邪恶。他们蹩脚地玩着马基雅弗利的游戏，玩着"政治现实主义"的游戏，玩着"只要能推进党的事业，一切皆属正当"的游戏——当然，这里的党指的是保守党。

"卡修斯"指出了所有这一切，却回避了其必然的结论。在他的书中只有托利党寡廉鲜耻。他写道："然后，在英国仍然有另一个政党从法西斯主义诞生伊始就憎恨它……这个政党就是英国左翼的工党。"这番话说得没错，但只是真相的一部分。左翼人士的实际行动一直要比他们的理论更加高尚。他们一直与法西斯主义进行斗争，但那些代表性的思想家已经和自己的敌人一样深陷于"现实主义"和强权政治的邪恶世界里不能自拔。

"现实主义"（它总是"欺诈"的同义词）是当代政治大环境的一部分。"卡修斯"的立场不是很牢固，一个人可以编一本名叫《审判丘吉尔》、《审判蒋介石》甚至《审判拉姆西·麦克唐纳①》的书。在每一本书里，你都会发现左翼领袖自相矛盾的情况比起"卡修斯"笔下的保守党的领袖几乎不遑多让。因为左翼政党也

---

① 詹姆斯·拉姆西·麦克唐纳（James Ramsay MacDonald, 1866—1937），英国工党政治家，英国首位工党首相，于1929—1931年、1931—1935年组阁。

曾经对许多事情视若不见，接纳了一些很可疑的盟友。五年前，保守党对墨索里尼阿谀奉承，而如今他们对他大加责难，让我们听到就觉得好笑，但谁在 1927 年就能预见到有一天左派会欣然接纳蒋介石呢？谁能预见到就在大罢工发生的十年后，温斯顿·丘吉尔会成为《工人日报》的密友呢？在 1935 年到 1939 年间，几乎任何反法西斯的盟友都可以接受时，左翼人士发现自己在赞美穆斯塔法·凯末尔①，然后向罗马尼亚皇帝卡罗尔二世②示好。

虽然左翼人士的每一个行动都更加值得原谅，但他们对于俄国政权的态度和保守党对于法西斯主义的态度极其相似。他们同样以"因为他们和我们是同一个阵营的"为理由原谅一切。谈论张伯伦夫人与墨索里尼握手的相片固然是个好话题，但斯大林与里宾特洛甫握手的照片要更新一些。大体上说，左翼知识分子在为苏德条约辩护。它"迫于现实"，但就像张伯伦的绥靖政策一样，产生了同样的结果。如果有出路摆脱我们身陷其中的道德困境的话，要走的第一步或许就是明白"现实主义"不会带来好处，而出卖你的朋友，当他们遭受摧残时袖手旁观并不是什么高明的政治智慧。

从卡迪夫到斯大林格勒，这种事情都在发生，但并不是很多人能明白这一点。与此同时，宣传人员的责任是抨击右派，但不是讨好左派。一部分原因是左派总是容易因为自鸣得意而陷入当前的境地。

---

① 穆斯塔法·凯末尔·阿塔图克(Mustafa Kemal Atatürk，1881—1938)，土耳其政治家，土耳其共和国缔造者与首任总统。

② 卡罗尔二世(Carol II of Rumania，1893—1953)，罗马尼亚国王，1930 年至1940 年在位。

在"卡修斯"的笔下，墨索里尼在传召证人后自己登上被告席。他坚持自己的马基雅弗利信条：强权即公理，胜者为王，败者为寇！他只犯下了一条罪名，那就是失败，他承认对手有权力将他杀掉——但他坚持认为他们没有权利责备他。在行为上他们和他没什么两样，而他们的道德谴责统统都是伪善。但之后又来了三个证人：阿比西尼亚人、西班牙人和意大利人，他们在道德上处于不同的层面，因为他们从未与法西斯主义勾结，也没有机会参与强权政治。三人都要求判处他死刑。

在现实生活中他们会作出这一要求吗？这种事情真的会发生吗？可能性不大，即使墨索里尼落入了那些真的有权力审判他的人之手。当然，保守党人会逃避对战争起因的质问，一有机会就会将全部罪名推到像墨索里尼和希特勒这些臭名昭著的人身上。这样一来，达尔兰①和巴多格里奥②的行动就容易多了。在逃的墨索里尼是一个很好的替罪羊，但一旦被逮捕归案，他就叫人尴尬了。那些普通老百姓呢？他们会不会冷血地以法律形式杀死他们的暴君，如果他们有机会的话？

确实，历史上这样的处决非常罕见。在上一场战争结束时，"吊死德国皇帝"这句口号是赢得选举的原因之一，但如果真的尝试去这么做的话，英国人的良心或许会感到厌恶。当暴君被处死

---

① 让·路易斯·萨维尔·弗朗科伊斯·达尔兰(Jean Louis Xavier François Darlan, 1881—1942)，法国政治家、军事家，曾于1939年担任法国海军总司令，1940年法国战败后充当傀儡政权维希政府的二号人物，1942年遇刺身亡。1940年法国战败迁徙，达尔兰曾与丘吉尔会晤，并保证法国海军不会落入德国人手中，但投靠维希政府后，达尔兰主动配合纳粹政权，几番拒绝英国人要求接管法国海军的要求，并对英军进军法国海域予以狙击。
② 佩特罗·巴多格里奥(Pietro Badoglio, 1871—1956)，意大利军人、政治家，墨索里尼下台后，曾于1943年至1944年担任意大利总理。

时，动手的应该是他们的人民。那些被外国政府惩罚的人，如拿破仑，都成为了烈士和传奇人物。

重要的不是这些政治流氓应该尝到苦头，而是他们应该身败名裂。幸运的是，很多时候他们确实遭到这一下场。因为那些披着闪亮的铠甲宣扬武力价值观的领导人在关键时刻都不愿意杀身成仁，数量之多令人吃惊。历史上那些伟大的名人可耻地仓皇而逃的事件不胜枚举。拿破仑向英国投降以免遭普鲁士人的清算，尤金尼亚皇后①和一位美国牙医乘着一辆轻便马车仓皇出逃，鲁登道夫②戴上了蓝色的墨镜，一位臭名昭著的罗马尼亚皇帝试图将自己锁在厕所里逃避刺杀，西班牙内战的早期，一个臭名昭著的法西斯分子凭借过人的体力顺着下水道从巴塞罗那逃出生天。

你应该希望墨索里尼有这样的下场，如果他只剩下孤家寡人，或许他就会这么做。或许希特勒也不例外。大家都说如果希特勒穷途末路，他绝不会逃走或投降，而是会以某种戏剧化的方式毁灭，至少会自杀。但那是希特勒顺风顺水的时候。去年局势开始恶化，很难察觉到他的行为有何尊严或勇气可言。"卡修斯"在书的结尾写到了法官的结案陈词，并没有写明判决，似乎希望将这一点留给他的读者。如果由我宣判，我不会判处希特勒和墨索里尼死刑，除非是出于情非得已。如果德国人和意大利人想要对他们进行军事法庭审判，然后枪毙处决，那就由得他们去做好了。或者更好的方法是，由得他们两个带着满满一箱不记名有价

---

① 尤金尼亚皇后（Empress Eugénie，1853—1871），法兰西第二帝国拿破仑三世的皇后。
② 埃里克·弗里德里希·威廉·鲁登道夫（Erich Friedrich Wilhelm Ludendorff，1865—1937），德国陆军元帅、军事理论家，代表作有《全面战争》、《我的战争回忆录》等。

证券逃跑，然后领着瑞士的养老金过上安稳的日子。但不能制造烈士，不能搞出流放圣赫勒拿那种事情。最重要的是，不要有庄严而伪善的"审判战犯"，以缓慢而残忍的方式进行的法律审判过上一段时间就会离奇地使那些被告蒙上浪漫的光芒，将恶棍变成英雄。

评道格拉斯·里德的《以免我们遗憾》、西德尼·达克的《我坐下，我思考，我怀疑》[①]

　　回首过去五年，你会觉得很奇怪：道格拉斯·里德先生竟一直是卡桑德拉式的人物，向我们预言一个没有人关注的纳粹分子将是危险人物的世界。当你想到左翼报刊对《疯人院》的热烈好评时，你会觉得更加奇怪。"反法西斯作品"是大家对它的评价——在当时，任何反对张伯伦的政策的人都被视为反法西斯人士。"与恶龙搏斗太久的人自己变成了恶龙"这个古老的真理在当时被遗忘了。

　　读过里德先生早期作品的读者会记得他很崇拜奥托·斯特拉瑟[②]，他是"黑色阵线"的纳粹党人和希特勒的托洛茨基。里德先生总结了斯特拉瑟的纲领，而且并没有流露出反对它的迹象，其内容与希特勒的纲领其实没什么两样：纳粹主义将继续存在，犹太人会遭到迫害，但没有那么灭绝人性，英国和德国应该携手对付苏联。在这本书里，里德先生并没有提到斯特拉瑟，内容是谈论英国的战后政策，其基调是：回归土地，更多的移民海外，打

————————————

① 刊于 1943 年 11 月 7 日《观察者报》。道格拉斯·里德（Douglas Reed，1895—1976），英国作家，持反犹立场，代表作有《疯人院》、《以免我们遗憾》等。西德尼·厄尼斯特·达克（Sidney Ernest Dark，1872—1947），英国书评家、作家，代表作《十二王女》、《伦敦》，翻译了法国作家大仲马的作品。

② 奥托·约翰·马克西米安·斯特拉瑟（Otto Johann Maximilian Strasser，1897—1974），德国政治家，纳粹党左翼团体领袖，"黑色阵线"创始人。

倒赤化分子——而最重要的是：消灭犹太人。

里德先生所说的大部分内容——关于土地私有制的罪恶，圈地运动对英国人民造成的戕害——如果不是让人想起一直出现在莫斯利的《不列颠联盟》里的那些文章，如果能加上全面的经济纲领或合理的农业政策，那将会是一篇令人印象深刻的文章。但虽然里德先生与地主作对，他似乎并不仇视私有制。他对圈地运动的主要不满显然是：它对远足造成不便，而且他反对高原地区通电，理由是这样会破坏风景。除此之外，他抱怨中产阶级成了受害者（就连他们闲置的汽车轮胎都被拿走了！），并对官僚阶层和"老外"百般嘲讽。

除了反对法西斯主义者之外，里德先生同样反对找到工作的"老外"，同情因为 18B① 条款而被监禁的人士。而最重要的是，他反对德国的犹太人值得我们同情这个想法。他似乎认为德国的犹太人并没有遭到迫害或那些事不值一提。其他人确实遭受到迫害，但不是犹太人，所有关于大屠杀等的传闻都只是"宣传材料"。

现在，里德先生的思想的大致倾向令人感到熟悉。构成莫斯利的追随者骨干的前任军官这个群体对于犹太人、赤化分子、外国人、官僚阶层、农业和移民海外的需要等问题也有着同样的想法。但除此之外，里德先生明显流露出对自己的祖国的厌恶。英国的气候、规矩、社会习俗、政治体制令他感到不悦。他在中欧生活了很长时间，能够比较英国与德国的行事方式，并毫不掩饰

---

① 18B 的全称是防务规定第 18B 条款，该条款赋予了英国政府对被怀疑同情纳粹主义的人实施囚禁的权力。

地表明他喜欢德国人的方式。但里德先生坚信英国必须联合苏联打败德国，并主导欧洲大陆。他希望看到英国战胜德国的愿望从未有丝毫消减。即使在他支持奥托·斯特拉瑟的时候，他会有所保留，声明他自己并不想看到德国再次成为一个军事大国。

正是在这里，心理上的疑团出现了，因为你会问，如果英国像里德先生所相信的那样是一个追捕犹太人的富豪统治的国家，那么为什么他会希望看到英国取得胜利呢？这个问题不能用和平主义者那套熟悉的论调说什么战争会导致法西斯思想进行回应，但值得对它进行思考，因为里德先生是一位很有说服力的作家，文风有简明的报道风格，能够在他庞大的读者群体中造成很大的破坏。

西德尼·达克先生是一位热烈的宣传册作家，直到不久前一直担任《教会时报》的编辑，与里德先生形成了鲜明的对比。他的政治主张几乎和人民阵线的主张没什么两样，值得不了解英国国教运动的政治倾向并轻蔑地认为每一个笃信宗教的人都是反动分子的左翼人士去关注。从某种程度上说，虽然他忠于教会，但几乎可以说他认同左翼正统思想，在难以抉择的问题上接受了过分简单化的解决方案——譬如说，巴勒斯坦问题。此外，达克先生的文学判断力和他的政治思想一样令人感到遗憾。看到他非常激烈地抨击同样信奉英国国教的托马斯·斯特恩斯·艾略特先生，却显然并不理解艾略特先生的创作主旨是什么，令他在《教会时报》的同事感到不悦。但达克先生不是一个怨毒的人：即使对他并不认同的人，他也心存好感。在他最信奉马克思主义的时候，他也没有忘却作为基督徒的根本信仰：每个人都是独立的个体，都有机会得到救赎。

评亨利·诺尔·布雷斯福德的《印度问题》[①]

如果关于印度问题有一点是没有争议的话——或在英国保守党外没有争议——那就是英国应该尽早放弃对印度的统治。但它为达成协议所奠定的基础并没有听上去那么稳当。而基本上，其它每一个问题的答案总是蒙上了主观感情的色彩。布雷斯福德先生比大部分作家在印度问题上有更多的了解，因为他不仅意识到自己的偏见，而且拥有足够的背景知识，不会被那些"专家"唬倒。或许他在印度逗留的时间并不长，或许他连一句印度话也不会说，但和绝大部分英国左翼作家不同的是，他愿意去探访印度，而且更关注的是农民而不是政客。

正如他恰如其分地说的那样，印度的核心问题是贫穷。从出生到死亡，一代又一代的农民被地主或放高利贷者控制——往往他们就是同一批人——耕种着他那方小小的土地，用的是青铜时代的工具和方式。许多地方的孩子们在断奶后几乎没有喝过牛奶，平均的体格是如此悲惨，一个成年男子的正常体重只有 98 磅。上一次详实的调查结果表明印度人的平均收入是每年 62 卢比（折合 4 英镑 13 先令），同一时期，英国人的平均收入是 94 英镑。虽然和其它地方一样，印度正在经历城镇化，产业工人的情况比

---

① 刊于 1943 年 11 月 20 日《新政治家与国家》。亨利·诺尔·布雷斯福德
（Henry Noel Brailsford，1873—1958），英国记者，代表作有《为什么资本
主义意味着战争》、《财产或和平？》。

起农民好不了多少。布雷斯福德描写了那些住在孟买贫民窟的人，8 口人睡在一个小房间里，400 个人只有 3 个水龙头，每天工作 12 个小时，一年工作 365 天，每周就只挣到 7 先令 6 便士。这些情况单靠摆脱英国的统治是无法改善的，但只要英国继续统治下去，情况就不可能得到显著的改善，因为英国的政策就是阻碍工业发展和保持现状，虽然很大程度上是无意识的。印度所遭受的最过分的残暴对待不是欧洲人而是其他印度人施加的——地主、放高利贷者、收受贿赂的小官和印度资本家，他们残酷无情地压榨劳动人民，而这是西方自从工会势力壮大之后无法做到的。但尽管商人阶级有反英情绪，而且投身民族运动，特权阶级却得依赖英国的武装保护。只有当英国人离开之后，布雷斯福德所说的潜伏的阶级斗争才能够显现。

布雷斯福德所做的是阐述，而不是道德审判，他对英国人对印度所造成的影响到底是好是坏这个问题并没有给出非常明确的答案。正如他所指出的，他们使得人口剧增，却又没有为这些人口提供足够的粮食。他们使印度免于内战或外战，代价就是摧毁了它的政治自由。或许他们为印度带来的最大的馈赠是铁路。如果你研究亚洲的铁路地图，你会发现印度就像是一块白色桌布中间的一张蛛网。这个交通网络不仅使得运送粮食以赈济饥荒肆虐的地方成为可能——现在印度所遭受的饥荒以一百年前的标准去衡量很难算得上是饥荒——而且使得印度可以作为一个整体接受统治，有共同的法律体系、内部的自由贸易和迁徙自由，而且为那些受过教育的少数人确立了英语作为通用语言。印度是一个潜在的国家，而欧洲人口要比它少，而且种族差异巨大，不会是一个潜在国家。但自从大约 1910 年以来，英国的势力一直潜伏着。

英国在印度的统治虽然总是被斥责为"法西斯主义"，但它几乎是法西斯主义的反面，因为它从来没有催生出积极统治的概念。它一直保持着旧式的专制体制，保持和平，征收赋税，其它的事情就听之任之，对它的臣民过着怎样的生活或有着怎样的想法并不感兴趣，只要他们外表上顺从听话就行。结果——从上千件你可以选择的事实中单举一例——直到1943年，整个南亚次大陆仍无法生产一台汽车引擎。不管反方怎么说都行，这一事实证实了布雷斯福德最后的结论："我们在印度的日子结束了。我们没有作出任何创新。"

布雷斯福德觉得未来很黯淡，这是情有可原的。他知道移交权力将会是一个复杂的过程，没办法立刻完成，尤其是身处战争之中，而且它本身并不能解决任何问题。印度的贫穷和愚昧仍然要去解决，而且地主、大型企业和劳工运动之间将会展开斗争。还有就是，像印度这么一个落后的农业国家如何在强权政治的世界里保持独立的问题。布雷斯福德对当前的政治形式描写得很好，非常努力地挣扎着不被主流的左翼正统思想所吞没。他对甘地的受虐性格有明智而审慎的描写，对克里普斯的评述要比大部分英国评论家的意见更加公允——事实上，克里普斯一直遭到英国和印度左翼人士的贬斥——而且正确地强调了各个印度王公贵族的重要性。他们总是被遗忘，但他们是比印度教与伊斯兰教之间假模假样的争端更大的难题。目前印度是一个头疼的问题，很难围绕它写出一本真正的好书。英国的书籍要么虚伪要么不负责任；美国的书籍无知而自命正义；印度的书籍带着怨毒和自卑情结。布雷斯福德很清楚自己知识的不足和无可避免的有失公允之处，他所写出的不仅是一本公开诚恳的书，而且态度不温不火，在这个背景下是非常难得的。如今几乎所有关于大英帝国的书籍都带有朝某个群体发起抨击的味道——抨击毕灵普分子、抨击共产党人、抨击美国人，视乎情况而定。布雷斯福德的这本书主要是为了普通的英国公众而写，那些人比任何人更有能力和责任为印度做点事情，他们的良知是采取行动的前提条件。但美国的公众或许也会发现这本书很有意义。或许有必要提出警告——这可能是因为战争条件所致——里面有许多印刷错误，而且有些数据可能会引起误解。

关于奥斯卡·王尔德的《温德米尔夫人的扇子》的谈话[①]

（节目先播放了《温德米尔夫人的扇子》的第三幕，然后奥威尔开始谈话：）

您刚刚听到的内容出自奥斯卡·王尔德的《温德米尔夫人的扇子》。这出戏首演于 1892 年，距今已有半个多世纪了。它在舞台上演的次数没有《不可儿戏》那么多，但一直经久不衰，而且渐渐成为或许是王尔德最为成功的剧目。

要评判王尔德并不容易，因为要将他的艺术成就与他的生平分开非常困难，而且他本人一直无法完全肯定想要表达什么内容。和他那个时代的许多作家一样，王尔德声称信奉"为艺术而艺术"——即艺术的理念与宗教、道德或政治无干。他将这句话作为他的信念（"每一件艺术品都是彻底没有意义的"）的基础之一。但在实际创作中，他所写的几乎所有内容都直指某个道德问题，违背了这一宗旨。还有一个矛盾是，他从来不能肯定自己是在抨击当时的道德要求还是在捍卫它。他的戏剧和故事的对话几乎都是优雅的俏皮话，将主宰着维多利亚社会的是非观念撕成碎片。但奇怪的是，它们的中心主题总是指向某个老掉牙的道德规

---

① 播放于 1943 年 11 月 21 日英国广播公司东方节目。

范。譬如说，他的小说《道林·格雷》是一本带着深刻的道德色彩的作品。虽然当时出版时它被斥为愤世嫉俗和轻佻浮夸，其实它是一则宗教寓言。很多时候王尔德是在以轻喜剧的语言表达陈腐的格言。他希望不惜一切代价变得聪明起来，但并不确切地肯定自己想要在什么方面变得聪明。与此同时，他一直未能完全摆脱维多利亚中期的教养的影响。将他从思想的泥沼中解救出来的事情是，他终究是一个真的很有才华的剧作家：他能构思出一部精妙的戏剧，而且他拥有爱尔兰作家总是比英格兰作家更常有的轻松笔触——和大部分英国剧作家一样，王尔德就是爱尔兰人。这些缺陷和这些品质都清楚地展现于《温德米尔夫人的扇子》里。但要完整地理解这部戏剧，你应该参照它的时代背景。

当《温德米尔夫人的扇子》首次上演时，现在所谓的"英国式的伪善"仍然非常强大。反抗被世人接受的信仰，特别是宗教信仰或道德信仰，需要比现在更大的勇气。是非对错的观念不会像某些人所想的那样突然改变或彻底改变，但某些在九十年代似乎非常重要的事情如今似乎变得无足轻重确实是一个事实。这部戏剧探讨的一个主题是离婚。如今没有人会认为离婚是好事，但也不会认为它是生命中一件极其痛苦的事情，更不会认为一个离婚女人的一辈子就这么毁了。而在《温德米尔夫人的扇子》创作期间，一个被接受的事实是，一个离婚女人几乎肯定会被社会遗弃，她的余生都会被排除于上流社会之外。我们应该记住这一点，它赋予了这部戏剧的某些场景和王尔德对当时的道德规范的抨击以意义。

我会尽量简洁地概述这部戏剧的情节。温德米尔夫人是一个情深义重而品性高洁的年轻女士，她相信自己的丈夫对自己不忠，与一个名为埃琳妮夫人的劣迹斑斑的女人有染。其实她想错了。她的丈夫确实与埃琳妮夫人有接触，但并不是出于她所想象的原因。埃琳妮夫人是温德米尔夫人的生母。但她也是一个离婚女人。没有人告诉温德米尔夫人她是一个离婚女人的女儿——在当时这被认为是几乎无法忍受的事情——她一直以为自己的母亲死了。埃琳妮夫人在勒索温德米尔勋爵，威胁说她会向女儿揭露自己的身份。她对他的要求不只是要钱，而且还要求他让她重回上流社会。温德米尔夫人有一位仰慕者达林顿勋爵，他在劝说她离开丈夫和自己私奔。（顺带提一下，我得指出王尔德的戏剧里老是出现王公贵人是那个时代的特征。那时候英国公众热衷于在舞台上看到拥有贵族头衔的角色，大部分剧作家会以幽默的笔触去描写他们。）换作是平时，温德米尔夫人是不会听从达林顿勋爵的，但最后，她的妒忌促使她作出离开丈夫的决定。她去了达林顿勋爵的府邸，准备和他离开英格兰。埃琳妮夫人得悉了发生什么事情，当她想到自己的女儿就要走上自己曾经走过的道路时，她的母性本能回来了。她尾随女儿来到达林顿勋爵的府邸，希望能说服她回心转意。一会儿你们将会听到那一幕。我不会对发生的事情作详细描述。重要的是，埃琳妮夫人作为幡然醒悟的母亲，将所有的责任都揽到自己身上，将自己的女儿从悬崖边上救了回来。温德米尔夫人回到丈夫身边——因为这是一出喜剧，必须有快乐的结局——埃琳妮夫人也终于得偿所愿，回到了上流社会。她嫁给了一个傻乎乎但心地善良的老头。

你可以了解到，正如我所概述的，这出戏剧按照当时的标准而言是一个没有危害甚至有劝世意味的故事。某个人是别人的孩子，养父母知道这一点，但孩子被蒙在鼓里，这是维多利亚舞台上最讨喜的桥段之一。母亲为了自己的孩子作出牺牲是另一个最讨喜的桥段。受到冤屈怀疑的人只能默默承受而不是揭露某个要命的秘密——这个角色由温德米尔勋爵担当——也是一个最讨喜的桥段。埃琳妮夫人的行为在性格上是突然而剧烈的改变，这在维多利亚时期的小说里司空见惯，但在现实生活中并不存在。她先是对自己的女儿不闻不问长达二十年之久，而且一生中的目标就是回到所谓的"上流社会"，甚至愿意通过勒索这一最乖戾的方式达到目的。然后，在危难时刻，我们看到她为了一直以来只是当作棋子的女儿放弃了自己的计划。在心理学意义上这是很荒唐的，虽然王尔德能够通过高超的文笔令它似乎可信。就情节和主要事件而言，这出戏剧是一部浪漫剧，带有情节剧的笔触。但这并不是你在阅读剧本或观看演出时的感觉。我们或许可以猜测在当时它所带给观众的感觉也并非如此。这部戏剧看起来并不浪漫和有感召力，而是让人觉得很轻佻和胆大妄为。为什么呢？因为除了那几个主要角色之外，还有一帮"世故复杂"的人不停地抨击着王尔德的时代盛行的所有信仰——在很大程度上，我们这个时代的信仰也遭到了抨击。从语言与情节之间的矛盾中，你可以看出王尔德并不肯定到底自己的主旨是什么。

王尔德最杰出的才华是他能写出那些很浅薄的、被称为警句的俏皮话。这些话被硬生生地插入内容中，就像一个蛋糕上的点缀。它们几乎都是以揭穿当时人们信奉的教条为形式，例如宗教信仰、爱国情怀、荣誉、道德、家族忠诚、公益精神等等。像"我什么都能够抵制，除了诱惑之外"、"人会变老，但从来不会变好"或"当她的第三任丈夫死去时，她的头发由于悲痛而变成了纯金色"几乎充斥着王尔德所写的每一页。这种俏皮话的本质，是不惜一切代价与大众作对。显然，这种俏皮话的本质在真的有强烈而高亢的大众意见去对付时更能起到效果。像"在这个世界上，没有什么能与已婚女人的奉献相比，而已婚男人对此却一无所知"这样的话在1892年会让人感到吃惊，但在1943年则不然，也显得没有那么有趣了。但是王尔德很擅长这种事情，写得如此自然，你甚至会说他的对话即使似乎不再惊世骇俗或带着坏坏的意味时仍然很有魅力。在没有严肃的情感涉入时，他能很好地把握角色和情景。但他的魅力在于他精巧流畅的对话，比起英国的其它舞台剧，它冗余的内容少一些，套路隐藏得更深一些。

王尔德生活在文学刚刚得到解放的年代，能够忍受维多利亚时代的传统遭到抨击。因此，通过嘲笑他所生活的社会并以此成名是自然而然的事情，但那个社会最后作出了复仇，王尔德因为一桩性犯罪而被判刑入狱。如果他生活的年代更早一些的话，在他所有的作品（《不可儿戏》和几则短篇小说除外）中都非常明显的感情用事和情节剧手法或许会占得绝对上风。我可以想象，比方说，他会成为一位煽情的小说家。如果他生活在我们这个时代，当揭露似乎不再是有必要去做的事情时，很难断言他会写出什么样的作品。除了他天生的机智和成名的强烈愿望之外，他还有其它什么品质呢？他靠推倒一尊已经摇摇欲坠的偶像而轻易成名，而偶像在倾倒时压死了他，因为王尔德未能从他遭受审判和监禁中恢复过来，被释放后很快就去世了。他主要的文学成就是一大堆笑话，它们流传下来是因为它们写得很机巧精致，而且就连王尔德本人也搞不清楚自己的真正含义到底是什么。

马克·吐温——御用小丑[1]

　　马克·吐温登堂入室，跨过《人人丛书》高贵的门槛，但他入选的作品只有《汤姆·索亚历险记》和《哈克贝利·芬历险记》这两本已经相当出名的伪"儿童读物"（它们其实根本不是儿童读物）。他最优秀且最具特点的作品——《苦行记》、《国内的白痴们》甚至《密西西比河上的生活》——在我国却很少有人记得，虽然毫无疑问，在美国，由于爱国主义总是和文学判断交织在一起，这些作品将一直流传下去。

　　虽然马克·吐温写过的书种类之多令人惊讶，从矫揉造作的《圣女贞德的生平》到一本诲淫诲盗从未公开发行的小册子，但他最好的作品都是围绕着密西西比河和西部偏僻的矿镇这两个主题。马克·吐温生于 1835 年（他出身南方家庭，家道小康，拥有一两个奴隶），少年时期和成年后的初期适逢美国的黄金时代，当时平原刚刚开发，财富和机会似乎无穷无尽，人们觉得自己是自由人，而事实上他们也的确是自由人，无论是从前还是今后几个世纪，都不曾也不会再有那样的自由了。《密西西比河上的生活》和上文提及的另外两本书都是大杂烩，收录了趣闻轶事、风景描写和既严肃又诙谐的社会纪实。但它们的共同主题或许可以用这么一句话概括："这就是人在不怕丢饭碗时做出的事情。"马克·

---

① 刊于 1943 年 11 月 26 日《论坛报》。

吐温在写这些书时，心里并没有想将其写成对自由解放的赞美诗。他主要看重的是"性格"描写，当经济压力和传统约束统统都不见时，人性会变得多么光怪陆离，乃至步入疯狂。他所描绘的筏工、密西西比河的引航员、矿工、强盗或许并没有过于夸张的描写，但他们不同于现代人，而且彼此也不一样，就像一座中世纪大教堂千姿百态的石像鬼雕塑。他们的个性是如此奇特，有时甚至可用"狰狞"加以形容，因为没有外部的压力对其进行约束。那时候国家几乎等同于无物，教会势力软弱，而且众口不一，土地可以予取予求。如果你不喜欢你的工作，你大可以往老板的眼睛揍上一拳，然后继续向西边进发。而且，钱多的是，流通中最小的货币价值相当于一个先令。美国的拓荒者不是超人，也不是特别勇敢的人。几个强盗就足以震慑整个镇上那些硬朗健壮的淘金矿工，因为他们缺少公益精神制服那些歹徒。他们甚至没办法摆脱阶级差别。那些在矿镇上横行霸道的亡命之徒马甲口袋里别着一把德令加手枪，身上背负着二十桩命案，却穿着长礼服，戴着光亮的礼帽，坚称自己是一位"绅士"，非常讲究餐桌礼仪。但至少在那个时候，一个人的命运不是一出生就被决定了。当这片土地仍是自由的时候，"从小木屋到白宫"的神话就可能实现。在某种意义上，巴黎的暴民攻陷巴士底狱，正是为了实现这一目标。当你在阅读马克·吐温、布雷特·哈特[1]和惠特曼时，你会觉得他们的努力并没有白费。

然而，马克·吐温的目标并不仅仅只是当密西西比河生活和

---

[1] 弗朗西斯·布雷特·哈特(Francis Brett Hart，1836—1902)，美国诗人、短篇小说家，其代表作多以淘金热为主题。

淘金热的纪实作家。生前他就已经是名扬天下的幽默作家和滑稽演说家。在纽约、伦敦、柏林、维也纳、墨尔本和加尔各答，无数听众被他的笑话逗得前仰后合，但这些笑话如今听起来已经几乎统统不再好笑了。（值得注意的是，马克·吐温的演讲只在盎格鲁-撒克逊和德国听众中受到欢迎。相对成熟的拉丁民族——他抱怨说这些民族的幽默总是离不开性爱和政治——对他的演讲并不感冒。）但此外，马克·吐温略带做作地扮演着社会批评家，乃至扮演一个哲学家。他有一种打破旧习的，甚至革命性的气质，他想追随火热的内心，但不知何故却从未实现。他原本可以成为谎言的揭露者和民主的先知，地位比惠特曼更加崇高，因为他比后者更加健康，更加幽默。然而，他却变成了暧昧的"公众人物"，接受各国外交官的吹捧和王公贵族款待。他的生平反映了内战后美国生活的堕落。

有时候人们会将马克·吐温和他同时代的安纳托尔·法郎士[①]进行比较。乍听起来这一比较似乎毫无意义，但事实并非如此。这两人在精神上都师承伏尔泰，两人都有着玩世不恭愤世嫉俗的生活价值观，以快乐掩饰天生的悲观情绪。两人都知道现行的社会秩序只是一个骗局，而它所重视的信仰大部分都是幻觉。两人都是偏执的无神论者，深知天地不仁以万物为刍狗的本质（马克·吐温受到了达尔文的影响）。但是，两人的相似也就到此为止。法郎士不仅更加博学而富有修养，更具审美能力，而且他更加具有勇气。他对自己所不相信的事情大胆提出抨击，不像马

---

① 安纳托尔·法郎士（Anatole France，1844—1924），法国作家、诗人，曾获得 1921 年诺贝尔文学奖，代表作有《苔伊丝》、《企鹅岛》、《天使之叛》等。

克·吐温那样总是躲在"公众人物"的亲切面具下面，充当御用小丑。他敢于触犯教会，在一场争论中站在不受欢迎的那一边——比方说，德雷福斯案①——而马克·吐温除了在短篇散文作品集《论人的本质》中之外，从来不会对既有的信仰进行攻击，让自己陷入麻烦。而且他从来无法摆脱一个或许很美国化的观念，那就是：成功和优点总是同一回事。

《密西西比河上的生活》有一个小地方展现了马克·吐温性格中的主要弱点。在这部自传体作品的前半部分，日期被改动过了。马克·吐温把自己描写成一个当时只有十七岁的密西西比河上的引航员，而事实上当时他已经是个年近三旬的青年。他这么做是事出有因。这本书的前半部分还描述了他参加美国内战的经历，而这段经历并不那么光彩。而且，马克·吐温一开始参加的是南军，假如他真的打过仗的话。后来，在战争结束之前，他转而加入了北军。这种变节行为在一个小男孩身上比在一个男人身上更容易让人谅解，这就是要改日期的原因。然而，显而易见的是，他转投北军是因为他看到北方将会获胜，而只要有可能，他将与强者为伍。马克·吐温一生都认为强权就是公理。在《苦行记》中有一处有趣的关于强盗史莱德的描写，此人无恶不作，身负二十八条人命。马克·吐温很钦佩这么一个讨厌的恶棍。史莱德成功了，因此他就配得上赞美。这种观点时至今日仍非常普遍，用一句著名的美式表达来说就是"会来事"。

---

① 德雷福斯案（the Dreyfus Case）：指 1894 年拥有犹太人血统的法国炮兵上尉阿尔弗雷德·德雷福斯（Alfred Dreyfus）被指控与德国勾结出卖军事情报。1906 年因为指控没有证据，德雷福斯被无罪释放，继续在法国军队服役，直至一战结束。

美国内战结束后进入了拼命捞钱的时代，像马克·吐温这样的人都在追求成功。以亚伯拉罕·林肯为代表的简朴敦厚、嚼着烟草的旧式民主逐渐消失。如今是廉价移民劳动力和大企业发展的年代。在《镀金时代》中，马克·吐温温和地讽刺了同时代的人，但他也投身于席卷一切的狂热中，生意大起大落。有好几年他甚至放弃了写作，专心下海经商，把时间浪费在插科打诨上，不仅参加巡回演讲和公共宴席，而且还写了一本名为《亚瑟王宫廷里的扬基佬》这样的穿越小说，刻意吹捧美国生活中最糟糕庸俗的一切事物。他原本可以成为一个略带土气的伏尔泰，却变成了世界前卫的餐后演说家，凭着自己的那些趣闻轶事和让商人觉得自己是慈善家的能力讨人喜欢。

许多人通常认为马克·吐温荒废了自己的文学才华，要责备的人是他的妻子。确实，她彻底主宰了马克·吐温。每天早上他得把上一天的手稿给她过目，而克莱门斯太太（马克·吐温的真名是萨缪尔·克莱门斯）会拿着蓝色的铅笔进行批阅，将她认为不合适的地方统统删掉。即使以十九世纪的标准去衡量，她也算是一个很不宽容的审稿人。威廉·狄恩·霍威斯[1]曾在其作品《我心中的马克·吐温》中记载了因为《哈克贝利·芬》里写了一句粗话而引发的争吵。马克·吐温向霍威斯诉苦，霍威斯承认那个词"确实像是哈克会说的话"，但他又认同克莱门斯太太的意见，那个词是千万不能刊印出来的。那个词就是"地狱"。但是，没有哪位作家真的是自己妻子精神上的奴隶。克莱门斯太太无法阻止马

---

[1] 威廉·狄恩·霍威斯（William Dean Howells，1837—1920），美国作家、批评家，曾担任著名文学刊物《大西洋月刊》的编辑，代表作有《每天都是圣诞节》、《塞拉斯·西帕姆发迹史》等。

克·吐温创作自己真正想写的书。她或许可以迫使他更轻易地向社会屈服，但这种屈服之所以会发生，是因为他性格中天生的弱点：他无法蔑视成功。

马克·吐温有几本书将会流传下去，因为这些书具有非常高的社会历史价值。他的一生涵盖了美国扩张的伟大时代。童年时带着野餐盒去看废奴主义者被处以绞刑对他来说是家常便饭，而在他死的时候，飞机已经不是什么新鲜事儿了。这一时期的美国产生的文学作品相对较少，要不是因为马克·吐温，我们想象中的密西西比河上的明轮船，或横穿平原的公共马车将会变得黯淡无光。但大部分研究过马克·吐温作品的人都觉得他原本可以创作出更好的作品。他一直给人以一种欲言又止的奇怪感觉，以至于《密西西比河上的生活》以及其它作品似乎被笼罩在另一部更清晰伟大的著作的阴影之下。有意思的是，在马克·吐温的自传中，他开宗明义地写道，一个人的内心世界是无法以言语进行表述的。我们不知道他原本想说些什么——或许，那本没有发行的小书《1601》能给予我们一点提示，但我们猜想这本小册子不仅会摧毁他的名誉，而且还会断了他不少财路。

评艾利森·皮尔斯的《西班牙的变迁：1937年至1943年》，劳伦斯·邓达斯的《西班牙面具的背后》[①]

这两本书的书名表明我们对西班牙内战之后在西班牙所发生的事情一无所知。那里发生了饥荒和瘟疫，许多人被关进监狱，政府明显是轴心国的友方——我们所知道的就这么多。对于其它事情的看法受到作者的政治倾向的影响，因此，你必须一直提醒自己邓达斯先生是亲共和国派，而皮尔斯教授是温和的亲佛朗哥派，这真是令人感到遗憾。

皮尔斯教授将一部分篇幅用于描写内战，但他最好的章节描写的是过去四年来的情形。他认为佛朗哥的政权一度得到大部分人的支持，它的政治迫害或许被夸大了，而且事实上它并没有得到纳粹政权实质性的援助。但是，他并不相信它能长期执政，虽然他希望建立自由君主体制，但他认为极左政权的成立是有可能发生的。

值得注意的是，皮尔斯教授似乎对于"不卷入战争"的西班牙政府和我们一直并不友好感到很吃惊和难过。他列举了许多挑

[①] 刊于1943年11月28日《观察者报》。埃德加·艾利森·皮尔斯（Edgar Allison Peers，1891—1952），英国学者、作家，研究西班牙的专家，代表作有《西班牙的困境》、《西班牙、教会与秩序》等。劳伦斯·约翰·邓达斯（Lawrence John Dundas，1876—1961），英国保守党政治家。

衅行径和西班牙媒体的造谣生事，似乎这些事情在某种程度上与佛朗哥之前的记录有矛盾。但事实上，关于皮尔斯与他那些更具影响力的追随者们会同情哪一方这件事情并没有多少疑问。在1936年的时候，指出佛朗哥是我们的敌人的朋友会是很有意义的事情，但那个时候皮尔斯教授并没有这么做。没有人会指责他歪曲事实，但他那时候写书的基调无疑使得国民军在英国人的眼中变得更加可敬。如果书籍能够对事件产生影响，佛朗哥政权的建立应该有皮尔斯教授的一部分功劳。现在他不应该因为佛朗哥的行为和当初每一个共和国的支持者所预测的一样而感到惊讶。

邓达斯先生的书围绕着一个纯属猜测但很有意思的想法而展开：一开始的时候军方策划的是另外一种性质的政变——属于保守派但不是法西斯的政变——但由于桑乔约①的死和国民军第一次政变未能成功而导致接下来一系列事件的发生。国民军不得不向德国人和意大利人求援，而他们则提出了条件。这件事情的重要性在于，正如邓达斯先生所说的，它所建立的政权"并不是西班牙人的政权"。它是一个依照外国人的纲领而建立的政权，在一个普通的西班牙人眼中，即使是在一个贵族眼中，这也是不可忍受的，因此，在危机时刻它或许会被证明是脆弱的政权。这本书记录了关于西班牙内战在马约卡的一些有趣的细节。但邓达斯先生预测如果盟军打到欧洲的话，佛朗哥会为了轴心国而参战，他肯定猜错了。小独裁者们可没有忠诚可言。

---

① 霍斯·桑乔约·萨坎内尔（José Sanjurjo Sacanell, 1872—1936），西班牙军人，曾与佛朗哥联手发动政变意图推翻西班牙共和政府，1936年死于空难。

评亚瑟·科斯勒的《来来去去》，菲利普·乔丹的《乔丹的突尼斯日记》①

过去十几年来，生活在英国的我们主要是通过外国人接受政治教育的。对于"冷战时期"的独裁者们来说，一个好处就是英国的群众并不了解极权主义的本质。

欧洲的政党在进行野蛮的战争，他们成立了形形色色的"X衫军"，起了各种各样令人摸不着头脑的名字，这一切被我们以"与我们无干"为理由而置之不理。没有几个人意识到我们对西班牙人、捷克人、奥地利人和其他人的冷漠意味着几年后将轮到我们被轰炸。

但幸运的是，有人在说话，大部分人是反法西斯的难民。他们在荒野中高声疾呼，而他们当中或许除了席隆②之外，亚瑟·科斯勒的声音是最有效果的。《西班牙证言》和《正午的黑暗》比其它任何书籍都更能让我们了解革命和反革命的本质。在《来来去去》中(和《正午的黑暗》一样以小说为体裁)，科斯勒先生更深入地探讨这件事情，并提出了革命者自身的动机乃至更复杂的关于这场战争本质的问题。

它算不上一本非常优秀的小说，因为它由主题驾驭角色，而

---

① 刊于 1943 年 12 月 9 日《曼彻斯特晚报》。
② 菲利普·乔丹(Philip Jordan)，情况不详。

不是角色驾驭主题，但是，作为我们这个时代的寓言，它很有趣而且很有价值。一个年轻人刚刚从一个被纳粹占领的国家逃出来，那个国家可能就是匈牙利。他逃到一个中立国，那显然是葡萄牙。他本来是一个共产党员，在法西斯的监狱里遭受了难以言状的折磨。他渴望为英国打仗，那个时候它是唯一与纳粹主义进行抗争的国家。但是，很快他就被迫了解到两个真相。

第一个真相是，英国所进行的战争和他所进行的战争并不是同一场战争。他们对反法西斯主义斗争并不感兴趣，而且他对他们来说并没有利用价值，过了好几个月他们才为他安排前往英国的行程。而且，他们的宣传既老套又无能，无法对抗纳粹新秩序的世界图景，英国文化委员会的愚昧令他抓狂，又被一个年轻的纳粹知识分子大肆嘲笑。对于这个纳粹分子的理论他找不到真正的回应。他发现的第二个真相是，他的动机非常可疑。他去看一个精神分析师，后者向他证明他与社会的抗争纯粹只是个人问题，源于一个童年时的创伤。他与资本主义的斗争其实是他与父亲的斗争。随着被埋葬的童年回忆被老练地挖掘出来，他被迫意识到这就是真相。他只是一个神经质的人。难道所有的革命者都只不过是神经质的人吗？那个年轻的纳粹分子一针见血地指出，反对所有左翼运动的最有力的理由是，参加左翼运动的女人都很丑。

到了这时，去英国参加反法西斯斗争已经失去了它浪漫的色彩。那个年轻人申请去仍然保持中立的美国。他得到了批准，而且上了船，但这时他却回心转意。没有人知道原因——或许只是因为想要以同样的方式逃命的其他难民令人生厌的模样。于是，他最终还是去了英国，并很快被派回自己的祖国执行破坏任务。

他乘着降落伞飘往地面时仍然不清楚自己的动机是什么。但是，他已经选择了英国，或许选择了死亡，而不是美国和安全，即使在美国有一个女孩正等着他。

如果要说有道德意义的话，那就是，这场斗争超越了个人的意义。一个人的事业并不会因为他出于错误的理由去支持它而不再正确。作为一部小说这本书并不算成功。那些情节完全不真实，而且人物过于"典型"，而且过于雷同。但是，作为一则寓言它是成功的。它是一个以传统形式出现的关于诱惑的故事。那个年轻的纳粹分子象征着尘世，那个美国女孩象征着肉体，而那个精神分析师则象征着魔鬼。故事里没有提及的是天国，牺牲不会带来回报，但它仍然发生了。

这本书的另一个特点是它对纳粹恐怖主义进行了迄今为止最动人心魄的描写。无论你多不喜欢恐怖故事，都应该将这种事情记录下来。它们真的发生了，稍稍改变一下情景，它们将会在这里发生。对我们来说，幸运的是，有几个逃脱的受害者对我们发出了警告。

这本匆忙编撰的书（里面是乔丹先生从 1942 年 6 月至 1943 年 5 月的日记，另外还有几篇当时他为《新闻纪实报》写的文章）的有趣之处在于实际所发生的事情和乔丹先生获准说出的事情之间的对比。从头到尾它都在诉说着两个牢骚，那个比较小的牢骚是美国人把英国人的功劳都抢走了，而那个比较大的牢骚是北非战役的政治斗争处理得非常糟糕。不消说，乔丹先生的评论没有一句能够通过审查。事实上，他很快就不得不停止对政治局势的评论，因为他发现对地方政府的谴责被篡改成了对他们的赞美。

至于军队，乔丹先生把他们捧上了天。他不厌其烦地说他们和善可亲、适应力强和纪律严明，而且作战英勇。英国军队是世界上最好的军队。而且他没有发现北非远征的军事行动有什么可以诟病之处。第一次登陆是一场赌博，却是一场博得过的赌博，当第一次尝试攻占突尼斯的行动失败后，解决隆美尔只能被迫延期。

让他感到愤怒的是与达尔兰达成交易的政策——他认为这或许是必须采取的临时行动，但几乎没有触动维希政权。由于墨菲先生①的宽容，坦诚的亲法西斯派的官员保住了他们的工作，戴高乐的支持者们仍然被冷落，甚至遭受迫害，西班牙人和其他反法西斯难民仍被关在集中营里，甚至贝当政权的反犹政策在一开始的时候没有被纠正。

最大的遗憾是，这些事实当时在英国和美国没有更加广为人知。即使到了现在，我们对北非的情况也所知甚少，而乔丹先生帮助我们填补了一些空白。

他目睹了许多前线作战，他参加了卡萨布兰卡会议，攻占突尼斯的第二天他就去了那里。这本日记或许有些地方被改动过。一听说达尔兰接受委任的消息，乔丹先生就说要是达尔兰在任职时出事②就好了——如果他当时真的说过这番话，的确很有先见之明。但是，虽然"事件"确实发生了，达尔兰的政策仍在继续，乔丹先生作出了有意义的工作，让人们了解到这件事。

---

① 罗伯特·丹尼尔·墨菲（Robert Daniel Murphy，1894—1978），美国外交家，曾担任美国驻法国维希政府公使。
② 1942年12月24日，达尔兰遇刺身亡。

评威廉·亨利·戴维斯的《诗集》[1]

看到一大堆威廉·亨利·戴维斯的作品和看到在诗选集中刊载的几首他的诗感觉不大一样。就手法而言，几乎他的任何诗作都很有代表性。他的一大缺陷是缺乏变化——或许你可以将其称为平淡无奇，因为他给人一种喝了一口又一口泉水的感觉，觉得很清冽可口，但喝了一两品脱后就会想去喝威士忌。另一方面——或许那些诗选集就是在这一点上没有如实地表现他——他的题材非常驳杂。不仅他多年来浪迹寄宿旅馆的经历提供了大量的素材，而且他展现了独特的病态色彩。在羊羔和野花后面，是波德莱尔式的娼妓、酗酒和死尸。在像《老鼠》和《来到地下》这样的诗作里，他并没有逃避任何作家最为恐惧的题材。但他的手法总是一成不变，或几乎没有改变：四月天的浮云和坟墓里正在腐烂的女孩的尸体以几乎一成不变的语调讲述着。

从这本收集了六百多首作品的诗集里，你可以了解到戴维斯有很好的品位。如果他缺乏生机，至少他拥有一种天生的优雅气质。他没有一首诗是完美的，每一首诗你都会找到一个不必要的词语或读起来很难听的韵脚，但没有一首诗是低俗的。此外，无论他的诗读起来有多么空洞，没有一首诗你能指责它写得很傻。和布莱克一样，他表面上似乎不害怕傻气，因此反而避免了傻

---

① 刊于 1943 年 12 月 19 日《观察者报》。

气。或许(又与布莱克很相似)这一外表在一部分程度上带有欺骗性。而且他并没有表面上那么具有艺术性。戴维斯最好的品质和他的一部分缺点,可以从《两个孩子》这首得享盛名的诗里看出来:

> "啊,小男孩!我看到
> 你有一把木铲。
> 你在掘沙,
> 掘得这么深——为了什么?"我问道。
> "这里有金矿,"他说道,
> "就在我站的地方下面,
> 二十头大象
> 都没办法搬走。"
>
> "啊,拿着羊毛的小女孩!
> 你正在做什么?"
> "给一只小鸟织袜子,
> 让它的脚免遭雪冻。"
> 这两个孩子,
> 那么欢乐、娇小而自豪。
> 那个小男孩在为自己掘墓,
> 那个小女孩在为自己织裹尸布。

这首诗差点就被写成一首愚蠢和多愁善感的诗了!但重要的是,它并没有变成这样。很难说戴维斯是否故意为之。这首诗开头的那种矫揉造作的语言或许是又或许不是故意要增加结尾那两个精彩的句子的感染力。但不管怎样，无论它是不是有意为之，戴维斯总是能够避免经常似乎在等候着他的傻帽和低俗。

这本书的护封引用了约翰·斯奎尔爵士和巴西尔·德瑟林科特^①对戴维斯的评价：前者说他欣赏戴维斯胜过欣赏那些"当代流行诗人"（这在当时或许指的是托马斯·斯特恩斯·艾略特），后者则认为戴维斯是"我们英国传统的支持者"。戴维斯得到了许多这类称赞，并被当作抨击许多其他当代作家的大棒，因为他没有迫使任何人进行思考。不要让读者去思考——因此，如果有可能的话，阻止文学的发展——这就是经院批评家的目的。但戴维斯并不像是约翰·斯奎尔爵士和德瑟林科特先生所说的是古老传统的恢复者。他不属于任何诗派，也没有师承哪位前辈，而且他对后来的诗人也没有什么影响。根据他自己的描述，他是由虔诚的祖母一手带大的，她只有几本书：《失乐园》、《天路历程》、《年轻人的夜思》和（应该有）《圣经》。他偷偷读过雪莱^②、马洛^③和莎士比亚的作品，就像别的小男孩会偷偷读萨斯顿·布莱克^④的作品一样。三十四岁的时候，他开始写诗，那时候他还住在寄宿旅馆里，从来没有踏足文坛。他给人的印象是在模仿十七世纪的诗人，总是有很多地方看得出模仿的痕迹，虽然可能并不是剽窃。

---

① 巴西尔·德瑟林科特（Basil de Sélincourt，1877—1966），英国作家、记者，代表作有《英国人的秘密和其它散文》、《精神的宗教》。

② 珀西·比希·雪莱（Percy Bysshe Shelley，1792—1822），英国浪漫主义诗人，代表作有《解放了的普罗米修斯》、《自由颂》等。

③ 克里斯朵夫·马洛（Christopher Marlowe，1564—1593），英国诗人、戏剧家，代表作有《马耳他岛的犹太人》、《浮士德博士》等。

④ 萨斯顿·布莱克(Sexton Blake)是英国侦探漫画和小说系列中的主人翁，从创刊至终刊历史跨度有八十多年。

在完成了第一批诗作后，戴维斯试过挨家挨户地卖诗，一本三便士——不消说，他失败了。

奥斯伯特·西特韦尔爵士撰写了亲切而详实的序文。有趣的是，戴维斯小时候，他的祖母曾经在揍他的时候警告过他，如果他不洗心革面的话，他的下场不会比那个"辱没家门"的表哥好到那儿去。这个表哥就是亨利·埃尔文①爵士。这本诗集编辑得很好，价格也很公道。它的封面很顺眼，印刷很精美，而且——按照当下的标准——用的是很好的纸张，可以当作一件便宜而吸引人的圣诞礼物。

---

① 亨利·埃尔文（Henry Irving, 1838—1905），英国舞台剧演员，曾塑造了许多莎士比亚戏剧的经典角色。

社会主义者能快乐吗？ [①]

　　想到圣诞节就几乎会自发地想起查尔斯·狄更斯，这是因为两个非常好的理由。首先，狄更斯是少数对圣诞节作过描写的英国作家之一。圣诞节是最受欢迎的英国节日，诞生的文学作品却惊人得少。圣诞颂歌大部分起源于中世纪，罗伯特·布里奇斯 [②]、托马斯·斯特恩斯·艾略特和其他作家写过几首诗，还有就是狄更斯，除此之外就没有其它的了。其次，狄更斯能栩栩如生地描写出欢乐的一幕，这在现代作家里是很少见的，几乎绝无仅有。

　　狄更斯曾经两次成功地描写了圣诞节——《匹克威克外传》广为人知的一章和《圣诞颂歌》。根据列宁的妻子所说，列宁临终前曾让她念《圣诞颂歌》给他听，他觉得这篇作品的"资产阶级情怀"让人完全无法忍受。从某种意义上说列宁是正确的，但如果他当时的身体状况好一些的话，他或许会注意到这个故事蕴含着一些有趣的社会意义上的暗示。首先，无论狄更斯对圣诞的图景多么浓墨重彩地勾勒，无论小提姆的"感伤"有多么令人讨厌，克拉奇特一家给人的印象是他们在自得其乐。他们很快乐，

---

① 刊于 1943 年 12 月 23 日《论坛报》。乔治·奥威尔以"约翰·弗里曼"的笔名发表。

② 罗伯特·西摩·布里奇斯（Robert Seymour Bridges，1844—1930），英国诗人，曾是 1913 年至 1930 年的英国桂冠诗人，代表作有《尼禄》、《尤利西斯的归来》等。

正如威廉·莫里斯①的《乌托邦的消息》里面的人不快乐。此外——狄更斯对这一点的洞察是他的作品魅力的秘密之一——他们的快乐主要源于对比。他们如此兴高采烈是因为他们终于可以吃上饱饭了。狼就在门口，但它正摇晃着尾巴。圣诞布丁的香气飘荡于当铺和血汗工厂的背景之上，语带双关地，斯库鲁奇的幽灵就站在餐桌旁边。鲍勃·克拉奇特甚至想为斯库鲁奇的健康干杯，但克拉奇特太太断然拒绝了。克拉奇特一家能尽情地享受圣诞节，因为圣诞节一年只有一回。他们的快乐令人信服，只因为在狄更斯的描写中那是不完整的快乐。

另一方面，所有对永恒幸福的描写，从最久远的历史开始，都以失败告终。乌托邦(巧合的是，乌托邦这个杜撰出来的词语并不是"美好的地方"的意思，而是"乌有之乡"之义)是过去三四百年来文学作品的盛行主题，但那些"令人羡慕"的乌托邦总是让人倒尽胃口，而且都毫无活力。

在现代的乌托邦中最为人所熟知的当数赫伯特·乔治·威尔斯的作品。威尔斯对未来的展望在他的早期作品中有所提及，在《期盼》和《现代乌托邦》中作了部分描写，在二十年代早期的两部作品《梦境》和《天神一样的人》中得到了最淋漓尽致的描绘。你看到了威尔斯希望看到的世界图景——或者说，他认为自己希望看到。那个世界的基调是文明的享乐主义和科学的好奇心。我们现在所承受的罪恶和苦难都统统消失。愚昧、战争、贫穷、肮脏、疾病、挫折、饥饿、恐惧、辛劳、迷信不复存在。照这

---

① 威廉·莫里斯(William Morris，1834—1896)，英国社会主义者、小说家、艺术家，代表作有《世俗的天堂》、《乌托邦的消息》等。

样说来，我们无法否定那正是我们都在盼望的世界。我们都希望消灭威尔斯想要消灭的那些事情。但有人真的想生活在威尔斯的乌托邦世界里吗？恰好相反，拒绝生活在像那样的世界，拒绝在卫生健康、遍布赤身裸体的女教师的花园郊区里一觉醒来，已经成为了一种自觉的政治动机。像《美丽新世界》这样的书反映了现代人对于他们有能力缔造的理性享乐主义社会的恐惧。一位天主教作家不久前说现代乌托邦在技术上已经可以实现了，接下来，如何避免乌托邦的出现已经成为了一个严肃的问题。法西斯运动就在我们眼前发生，我们不能把这番言论看成只是愚蠢的话语，因为法西斯运动的一个源头就是对过于理性和过于舒适的世界的抵制。

威廉·莫里斯的小说《乌托邦的消息》把乌托邦式的社会主义和科幻描写结合在一起。所有"美妙的"乌托邦似乎都差不多，假定它是完美无瑕的，却无法让人觉得快乐。《乌托邦的消息》是威尔斯式乌托邦的假道学版本。每个人都友善讲理，所有的物品都由自由社供给，但给人留下的印象却是落花流水一般的忧愁。萨缪尔爵士①曾写了一部相同主题的作品《未知的国度》，读来更是令人感伤。本萨伦的居民（这个词取自于弗朗西斯·培根②）给人的感觉是，他们认为生命只是一件痛苦的事情，要尽量波澜不惊地度过。他们所有的智慧带给他们的只有永恒的消沉。

---

① 萨缪尔·巴特勒（Samuel Butler，1835—1902），英国作家，作品抨击维多利亚时代英国社会的伪善与浮华，代表作为半自传体作品《众生之路》，并翻译出荷马史诗《伊利亚德》与《奥德赛》。

② 本萨伦（Bensalem）是英国学者弗朗西斯·培根（Francis Bacon）的作品《新亚特兰提斯》（New Atlantis）中的城市名，寄托了作者对人类理想家园的构想。

而更令人印象深刻的是，乔纳森·斯威夫特，有史以来最具想象力的作家，在构建一个"美妙的"乌托邦世界时比起其他作家也没能取得更大的成功。

《格列佛游记》的前半部分或许是文学史上对人类社会最无情的鞭挞。里面的每个字在今天仍富有意义，有几处是对我们这个时代的政治恐怖的详实预言。然而，斯威夫特在尝试描述他所崇拜的种族时却失败了。在结尾部分，与讨人嫌的耶胡相对比，我们看到了高贵的慧骃，它们是有高等智慧的马，不会像人类那样犯错。这些马品性高洁，而且通情达理从不犯错，实在是一群令人觉得索然无味的生物。和其它生活在乌托邦的住民一样，它们最关心的就是避免操心劳碌。它们过着平淡无奇、逆来顺受的"合理"生活，不仅从来没有体验过争吵、混乱或危险，而且毫无"激情"可言，包括性爱。它们以优生学的原则选择配偶，避免忘情的恋爱，而且在寿命将至时似乎很愉快地赴死。在书中的前半部分，斯威夫特描写了人类的愚蠢和卑鄙会将他们引向何方；但是，把愚蠢和卑鄙去掉后，显然就只剩下半死不活的日子，几乎不值得一过。

尝试描写具体的来生快乐也没有取得成功。就像乌托邦一样，天堂彻底令人失望——值得一提的是，倒是地狱在文学作品中占据了显著的地位，关于它的描写总是非常具体，而且让人觉得可信。

基督教的天堂，就它通常被人描绘出来的情景而言，往往乏人问津。几乎所有的基督教作家在写到天堂时，要么坦白地说那是无法形容的地方，要么虚构出一个虚无缥缈的地方，那里装饰着黄金和宝石，永无休止地唱着赞美诗。确实，这一幕情景激发出了世界上最美妙的诗作：

> 您的高墙以玛瑙筑成，
> 您的壁垒以钻石铸就，
> 您的大门镶嵌着东方的珍珠，
> 超越富裕与珍稀！

或者：

> 圣哉，圣哉，圣哉，众圣皆崇拜您，
> 摘下黄金冠冕，环绕晶莹之海，
> 智天使与炽天使跪拜在您面前，
> 过去如是，现在如是，未来亦将如是！

  但它无法做到的是描述一个普通人想要去的地方或置身其中的情形。许多宗教复兴运动的牧师，许多耶稣会的神父（比方说，参阅詹姆斯·乔伊斯的《艺术家的画像》中那段恐怖的布道）口中所形容的地狱把他们的信众吓得魂飞魄散。但一谈到天堂，他们用的就只有"极乐"和"至福"这几个词语了，根本不会去尝试道明里面到底有些什么事物。或许关于这一主题最生动的描写是德尔图良①的名篇，解释在天堂里的一大乐事就是看着那些受谴之人受到折磨。

---

① 昆图斯·塞浦提穆斯·弗罗伦斯·德尔图良（Quintus Septimius Florens Tertullianus，160—225），基督教神学家，第一位以拉丁文撰写基督教神学作品的作家，代表作有《护教学》、《灵魂的见证》等。

异教徒对天堂的想象也好不到哪里去。你会觉得极乐世界总是暮气沉沉；众神居住的奥林匹斯山上有美酒佳肴，有神女仙女相伴——戴维·赫伯特·劳伦斯将她们形容为"不朽的婊子"。那个地方比起基督教的天堂或许更有家的感觉，但你不会想长久地呆在那里。至于穆斯林的天堂——每个男人可以得到七十七位美女，所有人都在异口同声地竞相争宠——那只会是一个噩梦。唯灵论者也好不到哪里去，虽然他们总是安慰我们"一切都是光明美好的"，却无法描述出任何让一个有思想的人觉得可以忍受的来世的消遣活动，更别说有吸引力了。

尝试描述非乌托邦或来世的快乐，只是纯粹的感官快乐，也是一样的结果。它们总是让人觉得虚幻或低俗，或二者兼而有之。在《圣女贞德》的开头，伏尔泰描写了查尔斯九世和他的情妇艾格尼丝·索雷尔的生活。他写道，他们"总是很快活"。他们的快活是什么呢？显然就是永无休止的盛宴、饮酒、狩猎和做爱。这种生活过上几个星期有谁不会觉得腻歪呢？拉伯雷描写那些幸运的人儿在来生的美妙生活，让那些在今生过着痛苦生活的人得到安慰。他们唱着一首歌，歌词大体上翻译过来是："跳起来，舞起来，玩游戏，喝红酒，喝白酒，终日无所事事，一心只数金币。"——说到底，这种生活听起来多么无聊！永恒的"美好时光"这个概念的空虚在布吕赫尔①的画作《游手好闲者的世界》中得到淋漓尽致的体现，里面画着三个大胖子正头靠着头在熟睡，旁边还有煮鸡蛋、烤猪蹄什么的，准备大快朵颐。

---

① 老彼得·布吕赫尔(Pieter Brueghel the Elder，1525—1569)，荷兰文艺复兴时期画家，以描绘风景和农民画像而著称。

除了以对比的方式外，人类似乎没办法形容幸福，就连想象似乎也做不到。这就是为什么各个时代对天堂或乌托邦有着不同的概念。在前工业社会，天堂被描述为一个永恒安宁的地方，而且用的是黄金铺地，因为那时候的人普遍都很辛苦，而且都很穷。穆斯林的天堂里的那些美女反映了一夫多妻制的社会，大部分女人的归宿是成为富人的妻妾。但这些"永恒的幸福"的写照总是以失败告终，因为一旦幸福成为永恒（永恒被想象为无尽的时间），对比就不再起作用了。已经成为我们的文学作品的一部分的某些传统手法所源起的物质条件如今已经不复存在。对春天的膜拜就是一例。在中世纪，春天并不意味着燕子和野花。它意味着经过几个月在烟熏火燎、没有窗户的小木屋里以腊肉为食后终于吃上了绿色的蔬菜、牛奶和新鲜的肉类。春天的歌曲是快乐的——

> 啥都不用做，一心就吃喝，好好享受快乐。
> 感谢上天的恩赐，过一个快活年，
> 买肉很便宜，姑娘多可亲，
> 精力充沛的小伙子们到处游荡，
> 多么快乐，在多么快乐的人群中！

因为快乐是有原因的。冬天过去了，那就是美妙的事情。圣诞节本身是一个始于基督教之前的节日，或许它的起源是为了在难以忍受的北方冬天有一个机会可以狂吃滥饮。

除了逃避劳累和痛苦之外，人类无法相信快乐是怎样的情形，这为社会主义者带来了严肃的问题。狄更斯能描写一户穷苦家庭狼吞虎咽地吃着一只烤鹅，让他们看上去似乎很快乐。另一方面，生活在完美世界的人似乎并不感到快乐，还总是心带厌恶。但显然，我们不会向往狄更斯所描述的世界，或许也不会向往他所能想象的任何世界。社会主义者的目标不是一个到最后因为某个老绅士派发火鸡而解决问题的社会。我们所追求的，不就是一个"慈善"无须存在的社会吗？我们想要的是一个领取分红的斯库鲁奇和腿脚肿胀的小提姆都是不可想象的世界。但这意味着我们追求的是一个没有痛苦和无须努力的乌托邦吗？

我要大胆地说出《论坛报》的编辑可能并不认可的话：社会主义的真正目标并不是快乐。快乐一直只是附带产生的结果，就我们所知，将来或许也一直都会是这样。社会主义的真正目标是四海之内皆兄弟的情谊。大家都普遍认同这一点，但它没有经常被提及，即使被提及声音也不够响亮。那些毕生在进行令人心力交瘁的政治斗争的人，或在内战中被害的人，或在盖世太保的秘密监狱里受尽折磨的人，他们并不是想建立一个有中央供暖、空调和灯火通明的天堂；他们想要的是缔造一个人人相亲相爱的世界，而不是充满欺骗和仇杀的世界。他们希望以实现那个世界作为第一步，之后将何去何从就不是很确定了，尝试对它作出详尽的预测只会混淆这个问题。

社会主义思想必须作出预测，但这只局限于空泛的预测。你必须经常树立只是模糊可见的目标。比方说，现在世界正在打仗，需要和平。但是，这个世界从未有过和平，除非高贵的野蛮人曾经存在过。这个世界需要的是能够隐约感觉到存在但无法准确描述的事物。这个圣诞节，成千上万的士兵将在俄国的冰雪中流血牺牲，或淹死在冰冷彻骨的水域里，或在太平洋沼泽遍布的岛屿上用手榴弹把彼此炸成碎片。无家可归的孩童在德国城市的废墟中翻寻着食物。让这些事情不至于发生是一个好目标。但要详细地描述一个和平的世界是怎样的情景则是另外一回事了。

几乎所有乌托邦的创造者都像是患了牙痛的人，因此他们认为快乐就是没有牙痛。他们想要缔造一个完美的社会，让那些因为短暂才拥有价值的事情成为永恒。更明智的做法是指出有些纲领是人性必须遵从的，制订出大体的方针，但具体的预言则不是我们要做的事情。任何尝试想象出完美世界的人只会暴露出自己的空虚。就连斯威夫特这样的伟大作家也一样，他能深刻地鞭笞主教或政客，但当他试图创造出一个超人时，却只让人觉得那些臭烘烘的耶胡要比文明的慧骃有着更宽阔的发展空间——而这绝对不是他的创作意图。

评兰斯洛特·霍格本的《格罗沙语》、康普顿·麦肯锡的《罗斯福先生》[①]

霍格本教授为他这本有趣的小书起了一个副标题《民主世界秩序的辅助语言的草案，语义学原则应用于语言设计的尝试》，而"草案"这个词值得强调。

格罗沙语是一门新的语言——霍格本教授自己发明的语言。但是，他并没有尝试强行将它推广到整个世界。他只是说要"进行探讨"——当这场战争结束时，创造一门令人满意的国际语言的基础或许将会形成。

他认为如果一门普世第二语言最后要被全世界所接纳，它必须由国际专家团队进行设计，或许这是正确的意见。

迄今为止经常发生的事情是，某个人发明了一门新的语言，有人说"我能对它进行改善"，然后这个过程一直持续下去，直到那些被发明出来的语言，如果它们被使用的话，将创造出一座比自然语言更糟糕的巴别塔。

人工语言似乎有三百多门，有五到六门（除了基本英语之外）仍在使用。

---

① 刊于 1943 年 12 月 23 日《曼彻斯特晚报》。兰斯洛特·托马斯·霍格本（Lancelot Thomas Hogben, 1895—1975），英国动物学家与医疗数据统计学家，曾构思出格罗沙语，作为国际性通用语言。康普顿·麦肯锡（Compton Mackenzie, 1883—1972），英国作家，苏格兰民族主义者，作品多扎根苏格兰本土文化，代表作有《甜美的威士忌》、《格伦皇朝》等。

和中文一样，格罗沙语是一本纯粹的"孤立"语言。它的单词没有任何词形变化，意思由句序决定，并通过少数几个"虚词"表明时态等。

　　当然，这么做很有好处。没有词形变化的语言比较好学，特别是对于那些母语没有词形变化的数亿亚洲人来说更是如此。

　　而且它能够以图片的形式去教初学者。这本书里列举了几个例子。例如，一幅两个红皮肤的人在一间黑房子里的图片被标注为"bierythrohomini in melanodomi"，而一幅前面有两棵黑树的红房子被标注为"bi melanodendraanteroerythrodomi"。你几乎没办法用这个方法去标注一门欧洲语言，或许英语会是例外，它本身也没有多少词形变化。

　　格罗沙语的词汇以拉丁语和希腊语为基础——或许希腊语更加重要一些，因为霍格本教授希望尽可能地使用已经国际通行的词汇，大部分是科学与技术的词汇。

　　几乎整个受过教育的世界都已经知道像"photo"（光）、"phono"（声音）、"ptero"（翅膀）、"graph"（图画）、"geo"（土地）、"micro"（微小）等词根的含义。格罗沙语的词汇就是基于这些词根。任何受过教育的欧洲人，或许受教育程度最高的印度人和日本人，一看到格罗沙语的"hydro"这个词就知道它与水有关。

　　构建词汇的一个主要着眼点是词语的经济性。根据霍格本教授所说，它可能只需要750个词语就能勉强使用，比基础英语所需的最小词汇量要少一些。

　　任何记忆力不错的人或许能够在几个星期内掌握这些单词。任何学过拉丁语和希腊语的人看到许多格罗沙语的句子时都能够猜出它们的意思。

在阐述了格罗沙语的好处之后，现在谈一谈为什么我绝对不相信这门语言会有前途。

首先，很难相信任何人工语言，即使得到认同，能与已经有数亿人在说的语言相抗衡。霍格本教授的主要敌人是基础英语。基础英语或许要比格罗沙语稍微难学一些，但反对这门语言的真正原因是猜疑，许多人肯定会觉得它是英国和美国实施帝国主义统治的工具。

它的好处在于能够直接与两三亿人沟通，抵消了这个劣势。而且，任何想从基础英语过渡到标准英语的人可以阅读遍及世界的媒体和积累了几百年的文学作品。

其它几门大的自然语言也是如此。一门人工语言就没有这些优势。即使它要拥有自己的技术文献也需要经过多年的翻译工作。

我的另一个批评意见，或许在我没有学会格罗沙语之前不应该提出来，但我还是想提出来。那就是，我很怀疑霍格本教授是不是创造语言的合适人选，或许只是适合严格的技术用语。

他所写的英文表明就像一个聋子听音乐一样，他对语言毫无感觉。单是列举他的序文中的两句话就足够了：

"如果我们恰如其分地考虑皮亚诺对待雅利安语言冗余的词形变化的态度，结论则不得而知。"

还有一句：

"我们不能拿本地话的俚语当打水漂那样一串串地打出去，这些俚语开出的药方尽是一些恶名昭彰的词语搭配，拿'put up with'代替'tolerate'，或拿'put at a loss'代替'bewilder'。"

很难相信用自己的语言写出这样的话的人所创造出来的语言会值得信赖。

当然，国际语言的创造目的不是为了文学，但如果它们要用作对抗霍格本教授所恐惧的民族主义的武器的话，那么它们就不能仅仅是技术和科学的术语。它们必须能够以最清晰的方式表达非常微妙的含义，但那样的话它们必须由真心在乎语义清晰，愿意去查阅"恶名昭彰"（egregious）这个词的含义的人去创造。

不过，这仍然是一本很有启迪意义的书，甚至可以说是一本重要的书。即使不会被接纳或被作为某种语言的基础，它引起了普世交流媒介的迫切需要和几门活着的语言被用于帝国主义侵略的狰狞前景的关注，这些都是好事。

在这本入门书之后将会出一本有 8 000 词汇的英语——格罗沙语辞典。

直到现在，英国的群众对罗斯福总统的了解并不多，应该有一本比麦肯锡先生的书更好的作品对他进行介绍。这本书似乎是匆忙写成的，虽然一开始的时候有许多细节（事实上，罗斯福先生的早年生活和那些交游广阔的人一样乏善可陈），它并不能让英国的普通读者对美国政坛有清楚的认识。

在局外人的眼里美国政坛扑朔迷离，而麦肯锡先生并没有将这个谜团解释清楚。而且他太执迷于英雄崇拜。罗斯福总统是一个伟人，而且是英国的朋友，英国人民需要他继任，正是因为这个原因，我们更要批判地看待他。

从这本书里你很难看到罗斯福先生拥有凡人的缺点，你甚至无法了解到他所承担的强大而狰狞的压力。这本书最好的内容是那些插图，大部分是相片，内容很有趣，而且数量很多，或许证明了这本书物有所值。

"教士的特权"：萨尔瓦多·达利小记[①]

　　自传只有写了一些不光彩的事情时才可信。一个替自己说好话的人或许是在撒谎，因为任何生活从内部进行观察都只是一连串的失败。但是，即使是最明目张胆、毫无诚信的作品（弗兰克·哈里斯[②]的自传体作品就是一例）也能在不经意间勾勒出作者的真实面目。达利最近出版的《生活》就是这么一本书。里面所描写的一些事情根本难以置信，其它事情都被重新编排并加以美化，不仅缺乏人文情怀，就连一以贯之的日常生活情节也都被删除了。即使达利本人也认为自己是病态自恋的，他的自传只不过就是在粉色霓虹灯下的一场脱衣舞表演。但作为一部在机器时代才会出现的白日梦和反常本能的笔录，它还是蛮有价值的。

　　下面是几则达利的生平记述，从他幼年时期开始。哪一些是真实的，哪一些是虚构的并不重要。重要的是，它们是达利想要去做的。

　　他六岁的时候适逢哈雷彗星经过地球，大家都很是兴奋：

---

① 成文于 1944 年。教士的特权（Benefit of Clergy），指欧洲中世纪的教士阶层享有的特权，不受世俗法庭的司法管辖。萨尔瓦多·达利（Salvador Dalí，1904—1989），西班牙超现实主义画家，其作品和创作理念对二十世纪的美术、雕塑、戏剧、时装、建筑都有深刻影响。
② 弗兰克·哈里斯（Frank Harris, 1856—1931），爱尔兰裔美国作家，代表作有《我的生命与爱情》、《忏悔录》等。

突然间，一位我父亲办公室的职员出现在客厅的门道里，说在露台就可以看到哈雷彗星……穿过门厅的时候我看到三岁的妹妹正不显眼地爬过门道。我停下脚步，犹豫了一秒钟，然后当她的头是皮球狠狠地踢了一脚，然后跑开了，心里因为这个野蛮的举动而充满了"精神错乱的喜悦"。但父亲就在我身后，抓住了我，把我带到他的办公室，作为惩戒，我被关在那里直到吃晚饭。

　　而就在这件事发生的一年前，达利"突然间兴之所至"将另一个小男孩从吊桥上推了下去。还有几件类似事件被记录了下来，包括（发生在他二十一岁的时候）踢打践踏一个女孩，"直到他们不得不把浑身是血的她架开，不让我碰到她"。

　　他五岁的时候抓住了一只受伤的蝙蝠，关进了一个铁皮桶里。第二天早上他发现那只蝙蝠就快死掉了，身上爬满了蚂蚁，正在啃食它。他把蝙蝠连同蚂蚁放进嘴里，几乎一口将其咬成两半。

　　在他少年时，一个女孩疯狂地爱上了他。他会亲吻她，抚爱她，让她达到最兴奋的程度，却不肯再进一步。他决心要一直这么做长达五年（他称之为"五年计划"），享受她的屈辱和这么做带给他的权力感。他总是告诉她五年计划一过他就会抛弃她，而时间一到他确实就这么做了。

　　直到成年他仍然有手淫的恶习，而且显然喜欢在一面镜子前这么做。而正常做爱时他却是性无能，这似乎一直持续到三十岁左右。当他与妻子盖拉第一次相遇时，他很想将她从悬崖上推下去。他知道她希望他能为她做些什么事情，两人初吻之后，他作了表白：

> 我拉着盖拉的头发把她的脑袋往后扯，因为歇斯底里而浑身战栗。我大声问道：
>
> "现在，告诉我，你要我和你做什么！但你要慢慢地告诉我，看着我的眼睛，最低俗最淫荡地把我们感到最羞愧的字眼说出来！"
>
> 接着，盖拉将她最后一丝愉悦的表情转为自我专横的凶狠，回答道：
>
> "我要你杀了我！"

这个要求令他有点失望，因为这是他已经萌发的念头。他有过把她从托雷多大教堂的钟楼上推下去的念头，但并没有这么做。

西班牙内战发生时，狡猾的他没有投靠哪一个阵营，而是去了意大利。他觉得自己越来越向往贵族阶层，经常参加时尚的沙龙，为自己找到了富有的赞助人，与胖乎乎的诺阿耶子爵①合影，将他形容为自己的"米西纳斯"②。欧战爆发之前，他一心只想着找一个地方能享受到美食，又能在危险到来之前赶紧溜之大吉。他在波尔多定居，法国爆发战事时又及时逃到了西班牙。他在西班牙呆了很久，写了几篇斥责"赤祸"的文章，然后去了美国。

---

① 查尔斯·德·诺阿耶(Charles de Noailles, 1891—1981)，法国贵族，曾资助许多艺术家。
② 盖乌斯·米西纳斯(Gaius Maecenas, 70 BC—8 BC)，古罗马帝国皇帝奥古斯都的大臣，著名的外交家，曾提携诗人维吉尔和贺瑞斯。

故事的结局很体面。到了三十七岁，达利变成了一位顾家的丈夫，戒除了他的恶习，至少是一部分恶习，完全皈依了天主教。而且你猜想得到，他挣了一大笔钱。

但是，他仍然对自己的超现实主义时期的画作充满了自豪感，比如《伟大的手淫者》、《一架三角钢琴与一具骷髅的鸡奸》等等。这些作品的摹本贯穿整本书的始终。达利的许多画作都只是具象主义，体现了后来值得注意的典型特征。他的超现实主义画作和相片有两个突出的特征：性乖张与恋尸癖。性指向与象征——有的广为人知，就像我们的老朋友高跟鞋；其它的，如那根拐杖与那杯热牛奶，是达利本人的专利——总是一再地出现，还有就是相当明显的关于屎尿屁的主题。在他的画作《阴郁的游戏》中他说道："抽屉被溅满了排泄物，以如此精妙和现实主义的得意形式呈现，让所有那些超现实主义者苦恼地思考着：难道他有食粪癖吗？"达利坚定地补充说他并不是这样的人，而且他认为这种行为失常"令人恶心"。但他对排泄物的兴趣似乎距此也仅有一步之遥了。即使在他讲述自己看着一个女人站着撒尿的经历时，他依然非要补充一个细节：她没有撒准，弄脏了她的鞋子。一个人不可能沾染所有的恶习，达利自豪地说自己不是同性恋，但除此之外，他似乎展现出一个人所能想象的全部变态特征。不过，他最突出的特征是他的恋尸癖。他本人坦诚地承认了这一点，宣称自己已经痊愈了。死者的脸庞、骷髅、动物的死尸在他的画作里经常出现，他所吞食的那只垂死的蝙蝠上面的蚂蚁更是出现过无数次。有一幅照片展现的是一具挖掘出土的尸体，已经高度腐烂了。另一幅照片展现的是死驴在三角钢琴上面腐烂，它是超现实主义电影《一只安达鲁狗》的一幕。达利仍然带着极大的热情回忆着这些驴子：

> 我把几大锅黏糊糊的浆糊倒在这些驴子的身上，"制作"
> 了腐烂的肉体。我还把它们的眼窝挖空，用剪刀把它们剪
> 开，让它们更大一些。我还以同样的方式残暴地将它们的嘴
> 巴剪开，让它们的两排牙齿暴露出来，营造更好的效果。我
> 还在每张嘴上划了几道口子，这样看上去似乎这些驴子已经
> 腐烂了，比它们自己的死相更加令人作呕。在这些驴子上
> 方，我用那台黑色钢琴的琴键组成了另外几排牙齿。

最后是那幅照片——显然是伪造的相片——《在出租车里腐
烂的模特儿》。在一个看上去已经死去的女孩浮肿的脸庞和胸脯
上方，巨大的蜗牛正在蠕动。在相片下方的字幕里达利注明这些
是勃艮第的蜗牛——就是那种可以吃的蜗牛。

当然，这本长达 400 页的四开本的书里记述了比我提到的更
多的内容，但我认为我并没有对他的道德基调和精神气质作出不
公的描述。这是一本令人作呕的书。如果一本书的内容能让人有
生理上感到恶心的效果，那这本书将当仁不让——这可能会让达
利觉得开心，他曾经往自己身上涂满用羊粪在鱼胶里熬制的油
脂，把自己未来的妻子吓得够呛。但是，必须承认，达利是一位
才华横溢的画家，而且从他的画作的精细和稳健看，他工作非常
努力。他爱出风头，而且野心勃勃，但他不是一个骗子。他比大
部分斥责其道德和嘲笑其天分的人要有才不知多少倍。这两方面
的事实一结合就引发了一个缺乏共识却很少真正有人探讨的
问题。

这个问题的关键就是，你所看到的是对理性和体面确凿无疑的正面攻击，甚至——达利的部分作品就像色情明信片那样毒害想象力——是对生命本身的攻击．他的作品和想象力很有争议，但他的世界观、他的性格和作为一个人的最基本的体面则不存在争议。他就是一只反社会的跳梁小丑。显然，这种人不值得推崇，而能够让他们飞黄腾达的社会一定是出了问题。

如果你把这本书和里面的插画给埃尔顿勋爵①、阿尔弗雷德·诺耶斯先生②和《泰晤士报》的社论作家等为"知识分子的没落"而欢欣鼓舞的人看——事实上，给任何"理智的"、痛恨艺术的英国人看——不难想象你会听到怎样的回答。他们会干脆地拒绝承认达利有什么优点。这些人不仅无法承认道德上堕落的事情可能在审美上是正确的，而且他们对每个艺术家的真正需求就是要他和他们勾肩搭背，告诉他们思想并不重要。而且，在眼下他们或许是非常危险的人物，因为新闻部和英国地方委员会把权力放在他们手中。他们的冲动不仅是在每一个新的天才冒起的时候将他们打压下去，而且还要阉割历史。看看目前正在这个国家和美国进行的新一轮对知识分子的围捕，他们不仅叫嚣着反对乔伊斯、普鲁斯特和劳伦斯，甚至连托马斯·斯特恩斯·艾略特也不放过。

但如果你和那些能看到达利的优点的人谈话，你所得到的回应也好不到哪里去。如果你说达利虽然是很有才气的画家，却是

---

① 戈弗雷·埃尔顿（Godfrey Elton，1892—1973），英国历史学家，代表作有《法国革命理念》等。

② 阿尔弗雷德·诺耶斯（Alfred Noyes，1880—1958），英国诗人，代表作有《剪径强盗》、《管风琴》等。

个下流的恶棍，他们会把你当一个野蛮人看待。如果你说你不喜欢腐烂的尸体，还有那些喜欢腐烂的尸体的人精神上有毛病，他们会认为你缺乏审美意识，因为《在出租车里腐烂的模特儿》是一件优秀作品。在这两种谬论之间没有中间地带；或者说，中间地带是存在的，但我们很少听到关于它的讨论。一方面是"文化布尔什维克主义"[①]，另一方面是（虽然这句话本身已经过时了）"为艺术而艺术"。诲淫诲盗是一个很难坦诚地进行探讨的问题。人们要么害怕表现出一脸惊诧，要么害怕没有表现出一脸惊诧，无论如何都无法明晰艺术和道德之间的关系。

可以看到，为达利辩护的人的理由类似于教士的特权：艺术家不应该受制于普通人的道德律令。"艺术"就像一个咒语，只要一念出来就万事大吉：踢小女孩的头没什么大不了的，就连像《黄金时代》这么一部电影也没什么大不了的。[②]而且达利在法国享福多年，当法国遇到危险时就抱头鼠窜也没什么大不了的。只要你的绘画才能足以通过考验，你做什么都能得到原谅。

你可以看到，如果你将这一看法延伸到普通犯罪的话，它是多么荒谬。在我们这个时代，如果某位艺术家是一位杰出的天才，那他就被允许作出一定程度的不负责任的事情，就像怀孕的女人一样。但是，没有人说一个怀孕的女人可以杀人，也没有人说艺术家就可以这么做，无论他多么有才。就算是莎士比亚复生，如果我们发现他最喜欢的消遣是在火车的车厢里强奸小女

① 原文是德语"KULTURBOLSCHEVISMUS"。
② 原注：达利提起过《黄金时代》，并补充说它的第一次公演被暴徒们中断了，但他没有具体讲述是怎么一回事。根据亨利·米勒对事件的记述，里面有非常露骨真切的女人排便的镜头。

孩，我们也不会告诉他可以继续这么做，只要他能再写出一部像《李尔王》这样的作品就行。话又说回来，最卑劣的罪行不一定总是会被惩罚。鼓励恋尸癖幻想所造成的危害不亚于赛马场上的那些扒手。你应该在脑海里同时确认两个事实：其一，达利是一位好画家；其二，他是一个令人讨厌的人。这两个事实从某种意义上说并不互相妨碍或影响。我们对一面墙的第一个要求是它能立得起来。如果它能立得起来，那它就是一面好墙，至于竖起那面墙是为了什么目的就是另外一回事了。但是，就算是这个世界上最好的墙，如果那是一面集中营的围墙的话，它就应该被推倒。同样的，我们可以说："这是一本好书或一幅好画，但应该由绞刑吏将其销毁。"除非你能说出这番话，或者至少要想到这番话，否则你就是在逃避画家也是人和公民这个事实。

当然，达利的自传或画作不应该被查禁。除了曾经在地中海港口小镇里兜售的那些肮脏的明信片，打压任何作品的政策都让人觉得不踏实。而达利的幻想或许有助于反映资本主义文明的腐朽。但他显然需要得到诊断。比起他是怎样的人，更重要的问题是他为什么会变成这样。达利有病态思想应该是毋庸置疑的事情，虽然他声称自己皈依了天主教，但或许其病态思想并没有多大的改变，因为真正的忏悔者和那些精神恢复正常的人不会那么得意洋洋地炫耀自己过往的罪恶。他是整个世界的病态的表征。重要的不是将他斥责为应该被鞭笞的下流坏子，或因为他是一个天才而为他辩护，说他不应该被人质疑，而是找出为什么他体现这些特别的行为反常的原因。

答案或许从他的画作里可见端倪，我没有能力对其进行分析，但我可以指出一个线索，或许能够解答一点疑惑。那就是过时而矫饰的爱德华画风，也就是达利不做超现实主义者时留恋的风格。达利的一部分画作让人想起了丢勒[①]，有一幅作品（第113页）似乎展现了比亚兹莱[②]的影响，而另一幅作品（第269页）似乎取材于布莱克，但最一以贯之的特征是爱德华风格。当我第一次打开这本书，看着上面不计其数的页边插画时，我有一种似曾相识的感觉，但没办法立刻得以确认。我看着第一部分开头（第7页）的那个装饰性的烛台，它让我想起什么呢？最后我琢磨出来了。它让我想起了一本低俗的、打扮得花里胡哨的大部头安纳托尔·法郎士作品集（译本）。那是在1914年前后发行的，有装饰性的章节标题和依照其风格制作的底饰。达利的烛台一端刻着一头蜷曲的、看上去像鱼的动物，看上去出奇地熟悉（似乎是取材于普通的海豚），另一头是燃烧的蜡烛。这根蜡烛在一幅接一幅的画作中出现，是一位非常熟悉的老朋友。你会发现在它两边有同样古怪的蜡块，就像那些伪都铎时期乡村酒店里常见的假扮成烛台的电灯。这根蜡烛和它下面的设计带着一种浓浓的矫情的感觉。似乎为了抵消这种感觉，达利在整幅画上到处泼墨，但没有收到成效。同样的感觉一页页地不断涌现。比方说，第62页底部的设计几乎有一种小飞侠彼得潘的感觉。第224页的女性角色虽然头盖骨被拉得长长的，好像一根巨大的香肠，但其实是童话书里的巫婆。第234页的马和第218页的独角兽可能是向詹姆斯·布兰

---

① 阿尔布雷希特·丢勒（Albrecht Dürer，1471—1528），德国文艺复兴时期油画家、版画家、雕塑家及艺术理论家，代表作有《四使徒》、《亚当和夏娃》等。
② 奥伯利·比亚兹莱（Aubrey Beardsley，1872—1898），英国插画艺术家，创办杂志《黄皮书》，其作品为二三十年代的中国文坛所重视。鲁迅对他的评论可参阅《集外集拾遗》。

奇·卡贝尔①致意的插画。第 97 页、第 100 页和其它地方所描绘的那些很娘娘腔的年轻人都给人以同样的印象。怪诞的感觉一直挥之不去。将骷髅、蚂蚁、龙虾、电话和其它东西去掉，那你就会时时回到巴利、拉克汉姆、邓萨尼②和《彩虹尽头》的世界。

奇怪的是，达利的自传中有一些肮脏下流的内容与时代有着紧密的联系。当我读到我在本文开头所引用的章节时，就是他往妹妹的头上踢了一脚那一段，我又有一种依稀相识的感觉。那是什么呢？当然了！就是亨利·格雷厄姆的《为没有亲情的家写的无情的诗》。那些韵文诗在 1912 年前后非常流行，其中一首是这么写的：

> 可怜的小威利哭得如此伤心，
> 他是个伤心的小男孩。
> 因为他扭断了妹妹的脖子，
> 茶点的时候没有果酱吃。

这简直就是以达利的轶事作为范本。当然，达利知道自己对爱德华时代的偏爱，并以风格模仿画的形式充分利用了这一点。他坦言他特别钟情 1900 那一年，声称 1900 年的每件装饰品都充满了神秘感、诗艺、性欲亢奋、疯狂、性变态等等。但是，风格模

---

① 詹姆斯·布兰奇·卡贝尔（James Branch Cabell，1879—1958），美国作家，代表作有《曼努尔的生平》、《梦魇三部曲》等。
② 爱德华·约翰·普兰基特（Edward John Plunkett，1878—1957），封号是邓萨尼男爵（Baron of Dunsany），爱尔兰作家、剧作家，代表作有《最后的革命》、《时间与诸神》等。

仿总是意味着对被模仿物的真正的情感。一个知识分子会屈服于同向的非理性甚至幼稚的冲动，即使不是普遍规律，也是很常见的事情。比方说，一个雕刻家对平面和曲线很感兴趣，可他同样喜欢脏兮兮地把玩黏土和石头。一个工程师喜欢工具的触感、火车头的噪音和机油的味道。一个精神病学家总是自己会有性方面的失常。达尔文成为生物学家的一部分原因在于他是一位乡绅，而且喜欢动物。因此，或许达利对爱德华时代的事物乖张的崇拜（例如，他对1900年地铁入口的"探索"）只是一个更深层的无意识爱慕的表现。那些不计其数的笔触美妙的插画被取了庄严的名字，如《夜莺》、《一只手表》等等，在他的作品的页边随处可见。或许这只是一个玩笑。在第103页穿着灯笼裤拿着扯铃在玩耍的那个小男孩则是一件完美的时代风格作品。但或许这些事物之所以出现，是因为达利没办法不去画这种东西，因为那是他真正所属的时代和风格。

如果是这样的话，他的荒诞就在一部分程度上能得到解释。或许那是一种让他觉得自己并不平凡的方式。毋庸置疑，达利拥有两个天赋，一个是绘画，另一个是残暴的自我主义。在书中第一段他就写道："七岁的时候我想要成为拿破仑。从那时起我的理想就一直在成长。"这番话是在营造令人惊诧的效果，但无疑在本质上是真实的。这种感觉非常普遍。有人曾经对我说过："我知道我是个天才，早在我知道我会是一个天才之前就已经是了。"假如你什么才华也没有，只是一个自私自利的人，肢体毫无灵活性可言，假如你真正的才华只有美术学院水平的表现手法，你真正配当的就只是一个科学书籍的插画作家，那么，你要如何成为拿破仑呢？

出路总是有一条：在道德上沉沦，做一些惊世骇俗和伤害别人的事情。五岁的时候将一个小男孩推下桥，拿一根鞭子抽一个年迈的医生的脸，把眼镜都打碎了——至少他梦想的就是做出这些事情。二十年后，用剪刀把死驴的眼睛挖出来。照这些事情去做，你总是能觉得自己拥有独创性。而话又说回来，这么做好处可多咧！这可比犯罪安全多了。将达利的自传进行总结，显然可以看出，他并没有因为他的古怪性情而吃到苦头，而如果他早生几年，情况可就不一样了。他在二十世纪二十年代这个腐朽的世界里成长，那时候到处都在附庸风雅，每个欧洲的首都尽是贵族和食利阶层，他们放弃了运动和政治，热心于资助艺术。如果你朝他们扔死驴，他们就会朝你扔钱。蚂蚱恐惧症——几十年前那只会引起窃笑——如今成了有趣的"心理情节"，能够从中牟利。当那个世界在德国军队面前分崩离析时，美国在等候着。你甚至能够再加上宗教的皈依这个因素，轻轻地一跳，不带一丝忏悔，就从巴黎的时尚沙龙圈子来到亚伯拉罕的怀抱。

或许这就是达利的历史的主要概括。但为什么他会变得如此怪诞？为什么向附庸风雅的公众"兜售"像腐烂的尸体这样的惊世骇俗之举如此简单呢？——这是心理学家和社会批评家的问题。马克思批评主义将这种现象斥为超现实主义，说它们是"资产阶级的腐朽"（他们喜欢用"恋尸癖的毒害"和"堕落的食利阶层"这些语句），如此而已。虽然这或许陈述出了事实，但它并没有将事情解释清楚。人们还是想知道为什么达利会有恋尸癖的倾向（而不是同性恋者），为什么食利阶层和贵族愿意买他的画，而不是像他们的爷爷辈那样打猎和做爱。仅仅在道德上进行谴责无济于事。但你不应该以"超然姿态"假装说像《在出租车里腐烂的模特儿》在道德上没有问题。它们是病态的、令人作呕的作品，任何研究都应该以这个事实作为出发点。

评乔利的《军队与革命的艺术》^①

　　正如我们所了解的，社会最终依赖的是暴力。而且，我们生活在一个赤裸裸的暴力似乎比经济力量愈发重要的年代。因此，无论是从革命的角度还是反革命的角度，陆军、海军和空军的结构和政治思想成为了最重要的问题。正如李德尔·哈特上尉在这本书的序言中所指出的，军队与社会的关系并没有得到应有的研究。乔利夫人的这本书虽然留下了一些空白，却是一个很有启迪意义的介绍。

　　她所研究的每一次革命或内战都蕴含着两个事实。第一个事实是，在现代世界，民众的暴动无法与发挥战力的正规军抗衡。在每一个似乎与这个判断相矛盾的例子里，要么有外国势力的干涉，要么军队对叛乱者心怀同情，要么有某个严格来说与军事无关却能够影响局势的隐藏因素。一个合适的例子就是爱尔兰内战，乔利夫人对它进行了相当深入的研究。这个例子里的隐藏因素是英国（和美国）的民意。爱尔兰民族主义者的策略不是进行真正的战斗，如果真的打起来他们一定会被击败，而是使得英国人在道义上无法发动反击。他们使用游击战的策略（暗杀、化装成平民突然袭击没有武装的士兵等等），本来这会招致无情的打击报复，但英国政府没办法做到这一点，不是因为他们富有同情心，

---

　　① 刊于 1944 年 1 月 2 日《观察者报》。乔利（K. C. Chorley），情况不详。

而是因为英国的民意对爱尔兰人怀有同情，而且世界舆论无法被忽略。同样的游击战策略对日本人的影响不大，他们不会让外国人踏足他们的统治区，而且没有人与他们作对。自从机关枪发明以后，自发的叛乱总是以失败告终，除非它们是由军队发动的，或军队在抗击外敌的战争中被击溃。

乔利夫人所指出的第二点是，在政治意义上"军队"指的总是军官。除非战事失利或在一场漫长的战争结束时，否则低层士兵总是在政治上茫然无知，特别是长期服役的职业军人。另一方面，军官阶层更有政治意识，在社会阶层上更加趋同，他们倾向于认为自己不是国家的仆人，而是某个政党。政府遭到军官阶层以发动兵变相威胁的例子不胜枚举。乔利夫人总结认为，永远不能信赖一支军官阶层来自社会高层的军队会支持"左翼"政府。

这引发了军队能否进行民主化这个难题。任何政府，特别是"左翼"政府，必须拥有政治上可靠的军官，但问题是，他们必须懂得军事。一支真的实现了民主的军队无法发起反动的兵变，乔利夫人举了瑞士军队作为例子。但是，这支军队从未参战，而它的结构正是以这一点为条件。英国或苏联没办法满足于组建民兵部队，里面的军官一辈子只需要服役 400 天。现代机械战争所需要的漫长的训练和严格的纪律或许会产生反民主的倾向。乔利夫人对法国革命、俄国革命和西班牙内战的评论表明，就连革命军队里也远远谈不上平等。一支军队只有通过成立士兵委员会和设置政治代表才能保持民主，这两个制度是衡量民主的标杆。

乔利夫人建议，从民主政府的角度看，重要的事情是确保军官团体不从反动阶层中选拔。情况或许会是这样，但也有可能一个职业军官的社会出身与他的政治思想没有关联。现代的军事作战方式，以及它们所需要的纪律，或许会产生一个类型的军官，他们的思想会大致相同，无论他是公爵的儿子还是工人的儿子。乔利夫人的这本书让人觉得疏漏了这一方面的内容，那就是，在讲述红军在革命时期和内战时期的情况之后，她没有提到这支军队后来的演变。

还有其它方面的遗漏，这似乎是一个遗憾——虽然或许这个话题需要另一本书的篇幅去讲述——关于南美的情况完全没有提及，至少那是每一种可能设想到的革命形势的实验田。但这是一本很有价值的书，虽然是从"左翼"的角度写成的，但它是这些日子以来最客观的作品。

评韦维尔伯爵元帅的《埃及的艾伦比》 [1]

　　韦维尔勋爵本人的军事生涯与艾伦比很相似，因此，他对于这个主题所说的话值得特别重视。和艾伦比一样，在西线的战事仍在惨烈进行的时候，他被派到中东，获得了一场辉煌的胜利。而就像艾伦比一样，他放弃了他的军事指挥官职位，担任一份重要而吃力不讨好的民政管理职位。

　　当然，他不是在利用艾伦比诉说自己的心声，但从他对埃及的局势和最终达成的协议所作的评论看，他自己很希望将其在印度付诸实践。

　　和三年前他出版的另一本作品一样（《艾伦比——对一位伟人的研究》），韦维尔勋爵的主旨是，艾伦比的功劳从来没有得到应有的承认。

　　艾伦比有许多才华，但它们并不包括个人魅力或讨好公众。他在巴勒斯坦获得的大胜在公众的心目中被劳伦斯上校辉煌的功绩所掩盖。韦维尔爵士坚持认为艾伦比与埃及达成了一份相对体面的协议，但这份功劳被夺走了。

　　无论艾伦比的政府取得了怎样的客观成就，可以肯定的是，

---

① 刊于 1944 年 1 月 6 日《曼彻斯特晚报》。亚奇伯德·韦维尔（Archibald Wavell，1883—1950），英国陆军元帅，二战时曾先后担任中东战区和印度战区总司令。埃德蒙德·亨利·欣曼·艾伦比（Edmund Henry Hynman Allenby，1861—1936），英国军人，曾于 1919 年至 1925 年担任埃及与苏丹总督。

他认为艾伦比捍卫了英国和埃及的利益，不去计较这个过程中自己的荣辱得失。

和困难时期的所有帝国政府一样，艾伦比被斥为一个顽固的反动分子和卑躬屈膝的自由党人。在埃及民族主义者眼中，他是帝国主义压迫的象征；而在生活在埃及的英国人眼中，他似乎在以不明智的仁政鼓励埃及人发起暴动。

英国本土对埃及的情况一无所知，而英国的政治家在冷落埃及人和对他们许下不可能实现的承诺之间变幻无常。

艾伦比在埃及六年的故事是在国王福阿德①、艾伦比自己、人民代表党②的党员、英国外交部、埃及的英国商界和形形色色的人之间的周旋斗争，其中有各种阴谋诡计和行刺谋杀。

埃及的局势极其复杂。英国自本世纪初就开始控制苏丹，而埃及被暗中控制更要早得多。

当土耳其参战时，有必要考虑它与埃及合并，因为当时埃及在理论上仍是土耳其的疆域的一部分，建立起了藩属政体，直到1922 年埃及宣布独立。

1914 年至 1922 年间，埃及一直在实施戒严。与此同时，一场活跃的埃及民族主义运动已经开始，由于它是埃及群众的运动，情况变得更加复杂。旧的统治阶级和高官原来是土耳其人。新崛起的政治家代表了埃及人民的理想，但没有行政管理的经验，而且没有承担责任的决心。

---

① 福阿德一世（Fuad I，1868—1936），埃及与苏丹的国王，努比亚、科尔多凡和达富尔的领导人。
② 人民代表党（the Wafd Party），埃及民族自由主义政党，在二十世纪二三十年代曾经是最有影响力的政党。

韦维尔勋爵表明艾伦比从一开始就意识到宣布埃及独立的必要。如果他能够随心所欲地做事的话，他会立刻这么做，并让民族主义政治家成为朋友，而不是敌人。

但是，一开始的时候英国政府并没有准备好作出让步，并犯下了逮捕并驱逐受民众欢迎的人民代表党领导人萨德·扎格鲁尔[1]的严重错误，后来他成为埃及的总理。

最基本的事实是埃及对自治的渴望是真切的，而且是不容忽视的。但像埃及这么一个弱小的国家是无法获得完全独立的，而英国在苏伊士运河对她仍然具有重要意义的时候不会放松对埃及的控制。

通过某种安排让埃及实施自治但允许英国保留必要的军事和商业设施显然是可能的，而这正是艾伦比的目的。但要到很多年之后这一点才得以实现，因为谈判一开始就步入歧途。民族主义者被迫以激烈的方式与英国人作对，很容易就煽动起民众对英国占领的反对，奉行自由主义的政客根本没有追随者。

1922 年埃及被宣布为一个独立国家（韦维尔勋爵坚称这是艾伦比的功劳），但这并没有让政府的工作变得更加轻松。

任何希望保住自己的民意的埃及政治家都被迫提出英国撤军和完全还政苏丹的要求 —— 而显然英国是无法满足这些要求的——层出不穷的谋杀使得英国社区非常愤慨，鼓噪着要以"强硬手段"进行报复。

还有两件事情使得情况变得更加复杂。其一是国王的阴谋，

---

① 萨德·扎格鲁尔（Saad Zaghloul，1859—1927），埃及革命家、政治家，曾是人民代表党的领袖，曾于 1924 年 1 月到 11 月担任埃及总理。

他想要让自己成为独裁者；其二是英国政客的不智之举，特别是拉姆西·麦克唐纳，他在1921年周游全国，许下种种华而不实的承诺——让埃及人感到很惊讶——但等到他上台后却没有兑现承诺。

但是，1922年的独立宣言是迈向前进的真实的一步。三年后局势有所稳定，但极具讽刺意味的是，它是由另一场谋杀带来的。苏丹总督李·斯塔克①爵士在1924年底被受民族主义煽动的学生刺死，这件事给了艾伦比采取行动的机会，使得英国与埃及的关系更加稳定，即使并未变得更加友好。

扎格鲁尔的政府辞职了，对英国敌意较轻的政治家掌握了权力。艾伦比在第二年辞职，因为他与英国内阁意见不合。

即使到了现在也无法确切地知道艾伦比是不是像韦维尔勋爵所说的那么伟大。正如韦维尔勋爵有时候承认的，他不是一个很有趣的人，虽然他有很多才华，有时候是出人意表的才华，因为他除了是一个优秀的士兵之外，还热爱鸟类和花卉，有出色的文笔，能够阅读希腊语著作。

正如韦维尔勋爵所指出的，他最伟大的品质不在于智力，而在于道德。他不会为了保住自己的职位而接受不靠谱的政策，而且他对自己的名誉毫不在乎。在韦维尔勋爵担任情况更尴尬的印度总督时，艾伦比绝不算是一个糟糕的榜样。

---

① 李·奥利弗·菲茨莫里斯·斯塔克（Lee Oliver Fitzmaurice Stack，1868—1924），英国军人、政治家，曾担任英属埃及苏丹总督，于1924年11月遇刺。

评卡尔顿·肯普·艾伦的《民主与个体》、雷吉纳德·乔治·斯德普顿的《迪斯雷利与新时代》①

马克思主义或许不是万能的，但它是检验其它理论的有用的试金石，就像用来敲打火车头轮子的那种长柄锤头一样。咣！这个轮子结实吗？咣！这个作者是资产阶级吗？这是一个粗糙的问题，忽略了很多内容，基于"谁是受益者"这一原则，并预先假定你知道"利益"是什么意思。如果你向一本自命不凡的书提出这个简单的问题：这个作家有没有考虑到社会的经济基础呢？你会惊讶地发现它突然间变得如此空洞无物。

这两本书——其中一本的作者是老式的自由主义者，另外一本的作者是老式的保守党人经过重新包装并与时俱进——都经不起这个考验，或在部分程度上失败了。虽然艾伦先生对民主的运作机制进行了深入而高水平的探究，但总是让你有一种不真实的感觉，因为他似乎一直不愿意承认经济不平等使得民主根本无法运作。探讨如何使议会更能代表民意，或让个体更加具有公共精

---

① 刊于 1944 年 1 月 16 日《观察者报》。卡尔顿·肯普·艾伦（Carleton Kemp Allen, 1887—1966），英国学者，代表作有《民主必胜》、《法律与混沌》等。雷吉纳德·乔治·斯德普顿（Sir Reginald George Stapledon, 1882—1960），英国土地学家、环保主义者，代表作有《土地：今天与明天》、《经营土地的方式》等。本杰明·迪斯雷利（Benjamin Disraeli, 1804—1881），犹太裔英国政治家，保守党人，曾于 1868 年及 1874—1880 年两度担任英国首相。

神，或让法律更加公正，或让自由更有保障并没有多少意义——除非你以"谁掌握了真正的权力"这个问题作为开始。如果社会的经济结构是不公正的，它的法律和政治体制必定是在维护这一不公。法律形式上的修修补补无济于事，就连"教育"这剂灵丹妙药也不会有太大的作用。

虽然艾伦先生对我们的社会的某些方面并不满意，但他似乎认为英国是一个民主国家。在部分程度上他是对的，但他总是低估了金钱与特权的力量。比方说，在听完法律面前人人平等这个理念后，又得悉富人能够请得起最好的律师总是会令人感到惊讶。另一方面，艾伦先生强调了英国是一个相对体面的社会，政府并不腐败，没有宪兵队，能够容忍少数派，拥有言论自由——在理论上——和出版自由，这些都是对的。如果民主意味着由人民实施统治，那把英国称为民主国家是荒谬的。它是一个被种姓体制的幽灵困扰的寡头统治体制。但如果民主意味着一个你能走进最近的酒吧并说出你对政府真实的想法，那么英国确实是一个民主体制。在任何国家，有两件事至关重要：它的经济体制和它的历史。不管怎样，艾伦先生在描述英国时并没有忽略第二点。但如果他对马克思的著作稍有涉猎的话，他或许会认识到在百分之五的人掌握重要的一切时，像复合投票制或个人自由的限制这样的问题并不是那么重要。

在某种意义上，乔治·斯德普顿爵士这本内容前后矛盾的书——这本书关于迪斯雷利的内容并不多，而是对现代生活的评论，以介绍迪斯雷利的内容作为起点——表明他要比艾伦先生对社会的本质有更清楚的认识。他对农业的偏爱让他能够抓住真切的内容，而且他或多或少地知道他生活在一个什么样的世界，意识到精神要比形式更加重要。但他似乎认为在不改变经济的情况下可以实现社会的改变。他想要一个比我们这个社会更加简单、不那么追求享乐、更加重视农业的社会。那个社会更加强调责任和忠诚，而不是"权利"和金钱纠葛。他所说的许多内容，他对他最感兴趣的主题——英国农业的衰落——的讲述非常尖锐而且让人很有触动。但是，他从来没有明确地提到他是不是愿意进行激进的财富重新分配。虽然他几乎每一页都提到农业，但他甚至没有表明他对土地私有制的观感。虽然他合情合理地痛惜英国人抛弃土地，但当他解释为什么他们会抛弃土地时，他只给出了流于表面的原因。

迪斯雷利的名字现在仍然备受敬仰，因为许多人认识到享乐主义和追求利润的动机无法让这个社会保持健康。迪斯雷利有一种高贵的责任感。他的思想里没有"进步的个人利益"和"落后者遭殃"，但他承认世袭特权，能够将这个想法与对许多问题非常开明的看法结合在一起，因为作为一个外国人，他对英国的贵族体制有着无由来的崇拜。他所向往的社会是道德化的封建社会，既不是财阀统治，也不是平均主义社会。这正是他对新保守党人的吸引力，他们知道自由放任的资本主义已经结束了，但他们害怕真正的解决方案。他们想要更多的慈善，而不是更多的公正——比方说，重新分配收入，但不是重新分配财产。换句话说，他们想要一个更美好的社会，还是由同样的人执政。但不幸的是，正是因为这帮人世界才搞成这个样子。看到像乔治·斯德普顿爵士这么一个富于同情心的人在追逐虚无缥缈的鬼火，真是让人感到难过。

评詹姆斯·伯恩汉姆的
《马基雅弗利的信徒》①

　　众所周知，有些罪孽、罪行和恶习如果没有被禁止的话就会失去吸引力。甘地先生曾经描述过他童年时偷偷溜到巴扎集市里偷吃一盘牛肉那种令人战栗的快乐，而我们的爷爷那一代人用女演员的绸缎拖鞋盛香槟喝，觉得妙不可言。

　　政治理论也是如此。任何明显不诚恳和不道德的理论（当下最喜欢用的词是"现实主义"）从来就不缺因为这个原因而接受它的信徒。这一理论是否成立和它能否达成希望的目标几乎没有被质问。似乎它不讲究体面这件事本身就被接受为是它行之有效、理论成熟和富有效率的证明。

　　伯恩汉姆先生的管理革命理论对美国的商人说出了他们想要听到的话，赢得了盛大却很短暂的声名，现在他阐述了自己从马基雅弗利及其现代信徒莫斯卡②、帕累托③、米歇尔斯④和乔治

---

① 刊于 1944 年 1 月 20 日《曼彻斯特晚报》。
② 盖塔诺·莫斯卡（Gaetano Mosca，1858—1941），意大利政治学家，崇尚精英主义理论，与威尔弗里多·帕累托和罗伯特·米歇尔斯并称为精英主义学派的代表人物。
③ 威尔弗里多·帕累托（Vilfredo Pareto，1848—1923），意大利社会学家、经济学家和哲学家，拥戴墨索里尼的法西斯统治，精英主义学派的代表人物。
④ 罗伯特·米歇尔斯（Robert Michels，1876—1936），德国社会学家，崇尚精英主义理论，在意大利从事法西斯主义活动，精英主义学派的代表人物。

斯·索雷尔①那里继承的政治学说，不过，索雷尔是否真的属于这个思想流派还存有疑问。

伯恩汉姆先生从这些作家的教诲中所勾勒出的世界图景是这样的：

> 在很大程度上，进步只是一个幻觉，民主不可能实现，不过是欺骗群众的有用的工具。
>
> 社会不可避免要由寡头政权统治，他们依靠暴力和欺诈窃居高位，他们唯一的目的就是为自己攫取越来越大的权力。任何革命都只是意味着城头变幻大王旗而已。
>
> 人作为一种政治动物，只会为了自私的动机而行动，只是他一直受到谬误的摆布。
>
> 为了集体的利益而采取有意识的经过规划的行动是不可能的事情，因为每个群体都只想着为自己谋利益。
>
> 政治只不过是争权夺利，人类的平等和友爱都只是空洞的言辞。
>
> 所有的道德法则，所有"理想主义的"政治概念，所有的未来会有更美好的社会的宣传都只是谎言，以掩盖赤裸裸的争权夺利，无论是有意还是无意。

在阐述了这一观点后，伯恩汉姆先生又补充了自相矛盾的话，说对权力加以约束会是一件好事，尤其是言论自由。他还和

---

① 乔治斯·索雷尔(Georges Sorel，1847—1922)，法国哲学家和工团主义理论倡导者，其观念更偏向于反精英主义。

帕累托一样，指出如果统治阶级不从群众中吸收能干的人以自我更新的话，它就会步入腐朽。

他甚至在一处地方发现自己承认盎格鲁-撒克逊式的民主有其存在的价值，而且德国人如果没有镇压内部的反对意见的话，原本是可以避免某些战略错误的。

但是，对言论自由的突然青睐占据了一两个章节，或许只是伯恩汉姆先生与罗斯福政府之间的争执的一部分。他以盼望一个新的统治阶级的出现作为结尾，他们将实施"科学的"统治，有意识地利用暴力和欺诈，但他们也会稍微做点公益，因为他们知道这样做也是为了自己的利益着想。

现在，当你研究这么一个政治理论时，你会注意到的第一件事是，它比它声言要揭穿的理性主义理念其实并不更加科学。伯恩汉姆先生设想的前提是，一个相对体面的社会——比方说，一个人人都能吃上饱饭和战争成为过去的社会——是不可能实现的，并认为这是一个公理。

为什么这种事情不可能实现呢？作出这一武断的设想怎么就"科学"了呢？

这本书从头到尾都在暗示说，安宁而繁华的社会在未来是不可能存在的，因为在过去它从未存在过。以同样的理由，你也能在1900年证明飞机是不可能实现的，而就在几个世纪前，你还可以"证明"文明必须建立在奴隶制之上，否则将无以为继。

事实上，马基雅弗利的大部分教导都被现代技术的兴起证明是没有意义的。

马基雅弗利曾经写道，人类的平等，即便并非不可能实现，也肯定是不可取的事情。在一个普遍贫困的世界里，需要有特权阶级将文明的艺术延续下去。而到了现代世界，没有物质上的理由证明为什么每个人不能过上高水准的生活，这个需要就消失了。

人类的平等在技术层面上是可能实现的，无论精神层面的困难有多大。当然，帕累托、伯恩汉姆先生和其他人的哲学都在努力回避这一不受欢迎的事实。

对待马基雅弗利的教导的科学方式是找出有哪个政治家以他的理论作为指导思想，以及他们曾经到底有多么成功。伯恩汉姆先生基本上没有进行这个实验。他确实提到了亨利八世的首相托马斯·克伦威尔①总是在口袋里随身带着《君主论》作为马基雅弗利的权威性的证明，却没有补充说克伦威尔最终一败涂地。

在我们这个时代，马基雅弗利和帕累托的忠实学生墨索里尼似乎并没有取得非常辉煌的成功。而纳粹政权以马基雅弗利的原则为基础，被自己肆无忌惮地召唤起来的力量轰得粉碎。

这个政治里似乎没有"好的"动机，除了暴力和欺诈之外别无其它的理论有个漏洞，那就是，马基雅弗利理论体系甚至经不起自己在物质上所取得的成功的考验。

在《管理革命》中，伯恩汉姆先生预言英国很快就会被征服，德国将等到英国垮台之后才进攻俄国，而那时候，俄国将土崩瓦解。显然，这些预言都是一厢情愿，刚说出来就被证明是错误的。

在现在这本书里，他聪明地不去预测任何具体的事情，却还

---

① 托马斯·克伦威尔（Thomas Cromwell，1485—1540），英国政治家，亨利八世的亲信，曾担任首席国务大臣，帮助亨利八世对抗教廷和推行政治改革，权倾一时，引起亨利八世的猜忌，被秘密囚禁和处决。

是摆出同样一副全知全能的姿态。令人疑惑的是，他和许多像他那样的人怎么会将一则陈腐的格言印在脑海里。

　　他们的智慧用"不讲诚信就是最好的政策"这句话就可以总结。事实上，这一浅薄幼稚的思想——就因为它听起来"很现实"和成熟而为人所接受——对于英美知识分子来说并不是什么高明的理论。

评约书亚·特拉切腾堡的《魔鬼与犹太人》、埃德蒙德·弗雷格的《为什么我是犹太人》，维克多·戈兰兹译本①

是时候"大众观察"或某个类似的团体对反犹主义的盛行进行全面的调查了，虽然现在这场战争使得这个问题很微妙。对于犹太人的偏见流传很普遍，而且或许正在壮大。但关键是要判断在何种程度上它是真正的反犹主义——一个本质上不可理喻的信条，还是说它只是排外情绪和经济上的牢骚在心理上的合理化作用。

对反犹主义的解释通常可以分为"传统"和"经济"两类。这两类解释都无法完全令人满意。左翼思想家大体上接受的是第二种解释，认为犹太人只是统治者用来遮掩自己的错误的方便的替罪羊。庄稼歉收或失业增加都怪犹太人——情况大体上就是这样。问题是这并没有解释为什么被挑中的群体总是犹太人而不是其它少数族裔，为什么那些没有强烈的经济上的不满的人也会有反犹思想，为什么它会和不相干的巫术信仰搅和在一起。但是，

---

① 刊于1944年1月30日《观察者报》。约书亚·特拉切腾堡（Joshua Trachtenberg, 1904—1959），美国犹太法学博士，耶路撒冷希伯来大学教授，代表作有《新的视角》、《弥赛亚神秘主义者》等。埃德蒙德·弗雷格（Edmond Fleg, 1874—1963），犹太裔法国作家，代表作有《倾听你的声音，以色列》、《主是我们的上帝》等。维克多·戈兰兹（Victor Gollancz, 1893—1967），英国出版商、左翼事业的支持者，代表作有《工业主义的理想》、《在最黑暗的德国》等。

另外一种解释认为反犹主义是源自于中世纪的传统，但正如这两本书所展现的，这无法解释所有的事实。

埃德蒙德·弗雷格在他这本很有感染力的小书里——它讲述了在经过多年的怀疑后，他回归了父辈的信仰——表明犹太人之所以被迫害，只是因为"他们是犹太人"，也就是，因为他们身处异地他乡仍坚持自己的宗教和文化身份。但全世界有很多其它的少数群体也在这么做，很难相信现代欧洲会在乎信条的问题，就因为他们不信奉基督教而去迫害他们。

特拉切腾堡先生认为反犹主义是中世纪的残余，不知道为什么，现代世界忘了将它铲除。他列举了许多例子和丰富的插图，认为对犹太人的迫害始于中世纪早期。他们遭受私刑，被火烧车裂，被一个又一个国家驱逐，被指控投毒、鸡奸、与魔鬼通灵、以生人为祭、喝儿童的鲜血、勾引童女基督徒、散发出独特而难闻的气味、尸位素餐、骑扫帚、生下猪崽——事实上，几乎什么罪名都有。虽然他们是"异教徒"，却又不合逻辑地被视为"异端"。对犹太人最恶劣的迫害与对异端的追捕发生在同一时期——大概是从十二世纪开始。宗教改革并没有为他们带来好处，因为在新教徒的眼中他们也是异端。马丁·路德就是一个激烈的反犹主义者。

特拉切腾堡先生轻易地证明了中世纪对待犹太人的态度之非理性的本质。除了指控犹太人是放高利贷者之外，没有其它清晰的根据。而他指出，随着放高利贷变得有利可图，基督徒也进入这个领域参与竞争。如果他将调查延伸到现代，或许他会补充说现代关于犹太人的想法也大都是非理性的——比方说，法西斯主义者认为犹太人既是资本家又是共产党人，或那些贫穷的犹太工人其实都是百万富翁。

　　但是有两件事情无法得到解释。一件事情是，为什么对犹太人的迫害始于基督教创立之前。第二件事情是——如果特拉切腾堡先生的观点是正确的——为什么这个中世纪的迷信会延续下来，而许多其它迷信都已经消失。根据特拉切腾堡先生所说，现在已经很少有人相信巫术了，而在1450年到1550年间光在德国就有十万人被处决。为什么还有这么多人仍然相信犹太人"身上有怪味"，或相信他们挑起战争，或相信他们在密谋征服世界，或相信他们是经济萧条、革命和性病的罪魁祸首呢？整个问题需要进行冷静的调查。我们或许会发现各种形式的反犹主义很普遍，就连受过教育的人也概莫能外，这应该引起我们的警惕，但不应该阻止我们。

评马克·吐温的《汤姆·索亚》与《哈克贝利·芬》、牛津与阿斯奎斯伯爵夫人的《野史》[①]

人人丛书的编辑说《汤姆·索亚》与《哈克贝利·芬》是"马克·吐温最好的作品",这么说是错的,但这两本书确实在他会被记住的六七部作品之列,而且它们所反映的马克·吐温成长的时代背景很有意思——不仅是环境背景。

马克·吐温最好的作品都与密西西比河或西部矿镇有关。让他脱离那个环境——他在年少时和刚刚成年时所了解的环境——他总是显得很笨拙,无论是尝试写行记、小说还是圣女贞德的生平。从某种意义上说他从未长大,他从未在最重要的问题上有过坚定的决心,而且直到他三十好几的时候似乎从未有什么重大的事情发生在他身上。

十九世纪四十年代在密西西比河畔的美好童年是他直到老年仍在开采的矿藏。它缔造了上面提到的那两本书,还有《苦行记》、《老实人在国内》和《密西西比河上的生活》,阿诺德·本涅特夸张地将其描述为"我愿意以萨克雷和乔治·艾略特的全集去

---

① 刊于 1944 年 2 月 3 日《曼彻斯特晚报》。牛津与阿斯奎斯夫人玛格特·阿斯奎斯(Margot Asquith, Countess of Oxford and Asquith, 1864—1945),苏格兰裔英国女作家,丈夫是赫伯特·亨利·阿斯奎斯(Herbert Henry Asquith),曾于 1908 年至 1916 年担任英国首相,代表作有《我对美国的印象》、《各地各人》等。

交换的无与伦比的杰作"，但他这么说是可以理解的。

《哈克贝利·芬》要比《汤姆·索亚》在内容上与《密西西比河上的生活》有更多的重叠。

大家都知道它的故事，假如说它有故事的话。它讲述了一个离家出走的男孩，那种衣衫褴褛无家可归的男孩，在美国西部不仅存在，而且长大后会成为很体面的人。他与一个逃跑的奴隶乘着一只木筏顺河而下。他们经历了难以置信的冒险（最精彩的冒险是他们与两个流氓相遇，那两人声称自己是国王和公爵，在沿岸的城镇行骗），但这本书的真正主角是密西西比河本身。

虽然书里很少有风景描写（故事是用哈克贝利·芬自己的话去讲述的），这条宽广、温暖、泥沙俱下、无法控制的大河在泛滥时能将整个村庄夷平，也能缔造嚼着烟草、闲适好客的生活，似乎是每一页的主宰。

《哈克贝利·芬》是《汤姆·索亚》的续篇，而汤姆本人在书的结尾再次出现，并带来了早期作品标志性的天真气氛。

哈克是一个纯粹的野孩子，却很早慧，重视自由甚于其它一切事物，却又在本质上不是一个浪漫的人。汤姆是一个更加典型的美国男孩，出生于一户好人家，愚昧无知却又充满好奇心，头脑里想的都是冒险故事和少男少女的恋爱。

在两代人的时间里最好的描写童年的书来自美国并非出于偶然。像《汤姆·索亚》这类书或《海伦的宝贝》、《小妇人》这类书真正的秘密在于十九世纪的美国是一个非常适合年轻人的地方。

美国男孩梦想成为总统，或成为密西西比河上蒸汽船的领航员。他不会一早就想到自己会在银行或保险公司里谋一份差事。

但最重要的是，马克·吐温和其他作家所描写的大度慷慨的生活是以清教徒主义作为基础的。

那时候清教徒主义的伦理和宗教信仰仍然很坚定。家庭仍然是强大的组织体。汤姆·索亚或许可以离家出走，在林子里过上一周的荒野生活，但家里总会有波利阿姨、她的《圣经》和面包圈。虽然他对主日学校毫无兴趣，但他坚信如果他不去做祈祷的话会遭雷劈。他很迷信，大部分是从黑人那里学来的。他接受的只是最基础的教育（阅读、写作、算术），并辛苦地记住了很多圣诗和《圣经》的内容，但他从来没有听说过电影或汽水售卖机，这对他来说是好事。

这两本书中，《汤姆·索亚》或许更好一些。

它有一个结构得当而且很可信的故事，而且它不是以方言写成的，而方言使得《哈克贝利·芬》每次读上一小段就会觉得很累。

这两本书作为社会史很有价值。如果人人丛书决定重印《苦行记》和《老实人在国内》就太好了。这两本书现在很难买到。与此同时，《汤姆·索亚》是了解马克·吐温作品的很好的入门读物，可以算作他的另一本篇幅更长的杰作《密西西比河上的生活》的序幕。

《野史》是对牛津夫人自传的修饰，读完之后你会觉得很诧异：一个认识从格莱斯顿之后每一位首相的人怎么对他们的评论如此之少呢？一个享受到每一次教育机会的人怎么就写出这么糟糕的作品呢？

这本书里充斥着"最"字——"他真是最慷慨的人"、"历史上最大度的男人"、"我认识的最棒的人",等等等等——过去五十年来我们的政治高层就像是一群无趣的天使,只有两个人例外,那两个人当然就是拉姆西·麦克唐纳和劳合·乔治。

这本书里最精彩的篇章描写了张伯伦辞职前夜的唐宁街十号。但一则或许很有价值的信息再一次被隐瞒了。张伯伦告诉牛津夫人"我无法原谅的只有一个人"。

这个人到底是谁值得去探究。除了几处像这种吊人胃口的描写之外,这本书的内容乏善可陈,而且有些篇章显得语无伦次。

评查尔斯·狄更斯的《马丁·瞿述伟》 [①]

　　《马丁·瞿述伟》最后几期刊载已经过去一百年了，虽然它创作于狄更斯生涯的早期（如果将《匹克威克外传》看成是一部小说的话，那它就是他的第四部小说），比起他的其它作品，除了《博兹札记》之外，它更像是一个大杂烩。在世的人没有几个能够凭记忆概括其故事情节。《雾都孤儿》、《荒凉山庄》或《远大前程》这几部作品都有其中心主题，有时能用一个词进行总结，而《马丁·瞿述伟》的几个组成部分彼此之间并没有紧密的联系，就像一只猫咪在钢琴上走过时发出的响声。那些最好的角色都是"不同凡响的人"。

　　当人们想到《马丁·瞿述伟》时他们会记起什么呢？美国式的插曲、甘普太太和托杰斯一家（特别是拜利）。马丁·瞿述伟本人就像黏合剂，马克·泰普莱是一个乏味的、自相矛盾的人，佩克斯尼夫在一部分程度上也是失败的角色。讽刺的是，狄更斯应该尝试过要将佩克斯尼夫塑造成一个伪君子的典型形象，但并没有成功，与此同时却无意间在描写美国的那几章里完成了极具穿透力的对于伪君子的描写。狄更斯的幽默才华取决于他的道德情怀。当他发现了新的罪孽时，他的作品写得最为有趣。谴责佩克斯尼夫无法调动他的特别能力，因为，说到底，没有人会认为虚

---

　　① 刊于 1944 年 2 月 13 日《观察者报》。

伪是好事。但在当时，要看透美国民主的虚伪，甚至要了解到甘普太太是社会并不需要的奢侈品，确实需要有狄更斯的眼光。这本书缺乏任何真正的中心主题这一点从它糟糕的结局就可以体现出来。狄更斯好像融化在蜜糖里——总是说一些并非出自真心的话——最后一章有整整几个段落都是空洞的韵文诗：

> 你的生命充满了宁静与快乐，汤姆。
> 在温柔的氛围中，时时地，
> 记忆悄悄地回到耳边，
> 或许你将听到旧爱的声音，
> 但那是美妙而温柔的回忆，
> 就像有时候我们抱着死者时的感觉，
> 你不会感到痛苦或难过，感恩上帝！

但是，能写出这种东西的人也能够记录下贝莉的对话，不仅能创造出甘普太太这个角色，还能锦上添花地创造出哈里斯太太这个形而上学的疑团。

《美国纪行》体现了狄更斯撒几个小谎以突出他所认为的重大真相的写作习惯。无疑，他所描写的许多事情确实发生了（那时候的旅行者向他证实了某些细节），但他笔下的美国社会大体上不可能是真实的：不仅是因为没有哪个社区会彻底败坏，而且真实生活的混沌被刻意忽略了。每一个事件，每一个角色，都只是为了展现狄更斯的主旨而写的。而且，他对美国人的最强烈的指责，说他们一边在炫耀民主，一边又在依靠奴隶的劳动，这显然是不公平的。它在暗示美国人大体上默许了奴隶制，而就在二十年前，一场血腥的内战正是为了奴隶制而打响的。但是，狄更斯描写这些，目的是为了突出他所认为的美国人的真正缺点、他们对于欧洲无知的轻蔑和对自身优越性的并不成立的信念。或许，确实有一些美国人会去编辑毁谤他人的报纸或说出像"以鲜血作为献给自由的祭酒"这样的话，但对这些话过度强调会败坏整篇文章。毕竟，一位讽刺作家的任务是要清楚地表达出他的观点，而这些章节比起《美国纪行》更经不起时间的考验。

对我们来说，《美国纪行》的精神氛围与那些到过苏俄的英国人所写的作品的精神氛围很相似。这些纪实报道有的说苏联样样都好，有的说苏联样样都不好，但几乎所有的作品都是以宣传工作者的角度去书写的。一百年前，美国是"自由的土地"，在欧洲的心目中与现在的苏俄差不多。《马丁·瞿述伟》就相当于1844年版本的安德烈·纪德的《从苏联归来》。当时它标志着狄更斯对世界的态度的改变，比起纪德的作品，它更加暴戾和不公，很快就被遗忘。

《马丁·瞿述伟》的创作可以说是狄更斯的文学生涯的转折点，那时候他正逐渐摆脱滑稽作家的身份，而渐渐向小说家靠拢。时代在改变，新的小心谨慎的中产阶级正在崛起，而狄更斯太过活跃，无法不被他所生活的环境所影响。《马丁·瞿述伟》是他最后一部完全没有体系的作品。虽然不乏才华闪耀之处，但你会觉得，如果狄更斯放纵自己的这个性情一直写下去，或许他将写不出《艰难时世》和《远大前程》。

评简·福成与让·波顿的
《伊丽莎白·内伊》①

伊丽莎白·内伊②是拿破仑麾下元帅③的孙女，欧洲第一位女雕塑家，有人说她的一生是十九世纪最非同凡响的生平，这么说并非言过其实。不管怎样，它的特别之处在于它是两段分离的生活，每一段都让人觉得很熟悉，但彼此之间似乎格格不入。

伊丽莎白·内伊生于三十年代的西德，父母是虔诚的天主教信徒，父亲是雕塑家，为教堂制作雕像。从童年开始她就说自己也要成为一名雕塑家，她的母亲试图让她放弃这个想法，因为这似乎是一个荒诞不经的想法，她赖在床上绝食，直到母亲勉强同意她开始学业。

如今女人当雕塑家似乎不是什么大不了的事情，但在十九世纪中期这似乎是一个惊世骇俗而且荒诞不经的想法，因为别的且不说，人们认为女人是不可能研究裸体模特或上解剖课的。骨头和肌肉结构是男性的秘密，就连伊丽莎白，虽然她最后获得去慕尼黑和柏林进修"写生"课程的机会，也得每时每刻将模特用布

---

① 刊于 1944 年 2 月 17 日《曼彻斯特晚报》。简·福成(Jan Fortune)，情况不详。让·波顿(Jean Burton)，情况不详。
② 弗朗西斯卡·伯纳蒂娜·威尔海米娜·伊丽莎白·内伊（Franzisca Bernadina Wilhelmina Elisabeth Ney, 1833—1907），德国女雕塑家。
③ 米歇尔·内伊(Michael Ney, 1769—1815)，拿破仑的爱将，曾被拿破仑称为"勇者中的勇者"。

遮起来。

三十岁的时候，她获得了辉煌的成就，工作非常忙碌，为欧洲一半的名流制作半身像。但头几年她经历了非常艰苦的挣扎，在这个过程中，她的性格中古怪的矛盾开始显现出来。

首先，她是一个热情的女权主义者，打心眼里鄙视男性，认为结婚是最可耻的事情，但与此同时，她愿意以最肉麻的方式接近任何她认为有能力帮助她的男人。她甚至赢得了讨厌女人的叔本华的心，让他怀疑终究不是每个女人都是腿短无脑的生物。

虽然她是一个女权主义者，而且鄙夷公众舆论，但她并不信奉民主。甚至她对雕塑的热情是否出于真正的美学欣赏也值得怀疑。当有人问她为什么那么想去柏林学习时，她的回答是："见到世界上的伟人。"她的前半生可以说非常成功。

在近十年的时间里，她是欧洲最有名望的人之一。俾斯麦、加里波第、叔本华和维多利亚女王都是她的座上宾，小说家古特弗雷德·凯勒[①]和著名的旅行家与自然科学家冯·洪堡[②]是她的朋友；瓦格纳的情人克丝玛·冯·布洛是她痛恨的敌人。

对于这么一个女人来说，那是一个美好的时代，因为在十九世纪中期，虽然绘画和雕塑都处于低潮，但艺术开始被严肃对待。那时候德国有很多小公国，君主们都很开明，所有的人都在窥探音乐家的爱情故事，一出新的歌剧能够引起轰动，而对散文风格的探讨可能会以决斗而告终。

---

① 古特弗雷德·凯勒（Gottfried Keller，1819—1890），瑞士诗人、作家，代表作有《亨利·格林》、《七个传说》等。
② 弗里德里希·威廉·海因里希·亚历山大·冯·洪堡（Friedrich Wilhelm Heinrich Alexander von Humboldt，1769—1859），德国科学家、地理学家，代表作有《新大陆热带地区旅行记》、《宇宙》等。

在这样的背景下，伊丽莎白·内伊过着奢华而热爱冒险的生活，就像是没有那么肮脏的伊莎多拉·邓肯①的生活。

但到了六十年代末，一切突然奇怪地结束了。1863 年伊丽莎白与年轻的苏格兰生物学家埃德温·蒙哥马利结婚。直到她死去的那天，她一直将这件事情保密——因为在她的眼中，婚姻是"资产阶级的举动"和耻辱——对所有人说她是蒙哥马利的情人。

几年后她突然间很想为巴伐利亚公国国王路德维希二世②制作雕像。路德维希二世后来在八十年代中期被废黜并死于癫狂。这不是一件容易的事情，因为路德维希二世——那时候被怀疑神志不清——不愿意见任何女人。

经过两年的筹划和恭维讨好，伊丽莎白达成了愿望，然后，在雕像仍没有完成时，突然和蒙哥马利逃到了美国。她怀孕了，或许这是旅程的一部分原因，但显然还有别的原因，不过这本书的作者并没有讲明。蒙哥马利一家在得克萨斯州买了一个大庄园，但接下来的三十年里因为经营不善而损失了很多钱。

在他们所生活的边远纯朴的村庄里，伊丽莎白继续穿着她喜爱的希腊服装，有时候则穿上男装，腰带里别着两把左轮手枪。她还强迫她的大儿子穿希腊服装，被村里别的男孩嘲笑，这使得他非常痛恨母亲，天底下大概没有几个儿子的仇恨会大到这个地步。

---

① 伊莎多拉·邓肯(Isadora Duncan，1878—1927)，美国女舞蹈家，一生曾与多位男性有染。

② 路德维希二世(Ludwig Otto Friedrich Wilhelm，1845—1886)，德国巴伐利亚国王，在位时热心促进文化发展，大力支持瓦格纳的歌剧创作，并修筑了许多美丽壮观的城堡。

最奇怪的事情是，她几乎放弃了雕塑长达二十年之久，然后，当她变成了一个白发苍苍的老媪时，又开始从事雕塑创作，为自己赢得新的名声。得克萨斯的所有公众人物都委托她制作雕像，她甚至穿梭于大西洋两岸，受到新一代艺术家的推崇，并完成了巴伐利亚的路德维希二世雕像这件作品。

　　她死于1907年，是全美国备受尊敬的名人。得克萨斯的群众曾经认为她是一个不检点的外国女人，现在认为她是本州的象征——她有合法的婚姻，但在生时没有人知道这件事。她的丈夫在四年后也死去了，身后留下一沓如今已经被遗忘的科学论文。

　　这本书有许多伊丽莎白·内伊的作品的相片。一些雕塑带有一个糟糕的时代的明显烙印，其它作品在相片里很难进行判断，但她自己的头像和麦克白夫人的雕像，或许是她的自画像，表明为什么即使是欧洲最忙碌的大人物也愿意将时间留给她。

评阿尔弗雷德·诺耶斯的《深渊的边缘》^①

虽然这本书内容语无伦次，而且有几处地方很傻帽，但它提出了一个真正的问题，而且能引起读者的思考，即使他们的思考只有从诺耶斯先生停止的地方开始才有意义。他的主题是西方文明正面临毁灭的危险，而它之所以会落至这般田地不是因为经济失调，而是因为对于绝对善恶的信仰的衰微。社会的稳定有赖于对行为的约束，而这些约束正被摧毁：

> 当今数以百万计的人接受的教育是信奉为了自身的利益，任何公约或承诺，无论它们是多么庄严地进行了宣誓，都需要以"现实主义"或"冷静的政治家"的心态进行考量，将其视为"一纸空文"，即使违背公约或承诺意味着一夜之间将数百万熟睡中的无辜百姓杀害——在这样一个世界里，我们能够信任什么承诺，能够再达成什么坚定的共识呢？

这一番质问掷地有声，诺耶斯先生以各种方式一而再再而三地重复着。在我们所生活的乱世，就连维护起码颜面的审慎理由也正被遗忘。政治，无论是国内政治还是国际政治，或许比起以

---

^① 刊于 1944 年 2 月 27 日《观察者报》。

前并没有变得更加不道德，但新的情况是普通人渐渐在权宜利弊的教条的影响下变得麻木不仁，默许纵容最为残暴的罪行和苦难，如果是出于"军事上的必要"还能暂时失忆，让双手沾满鲜血的刽子手一夜之间摇身一变成为公众的恩人。新出现的现象还有各个极权体制对于客观真实是否存在的质疑，和进而发生的对历史的大肆篡改。诺耶斯先生对所有这些现象表示强烈的抗议，这是很正确的，甚至可以说，或许他低估了"现实主义"对于常理所造成的破坏，"现实主义"与生俱来地认为欺诈总是有利可图。事实上，道德标准的沦丧似乎还摧毁了对可能性的把握。诺耶斯先生说知识分子受极权主义思想的荼毒比普通民众更甚，我们沦落到这般境况他们要负上一部分责任，这也是对的。但他对这种情况分析得出的原因却非常肤浅，提出的补救方法即使从可行性的角度去考虑也很值得怀疑。

首先，诺耶斯先生从头到尾一直在说，一个体面的社会只能建立在基督教的教义之上，而这是不成立的。这就等于在说，美好的生活只能在大西洋沿岸地区才能实现一样。世界上只有四分之一的人口名义上是基督徒，而且这个比例正在不断地减少。亚洲大部分人口不是基督教徒，而且如果没有奇迹出现的话，他们永远不会皈依基督教。我们是说一个体面的社会在亚洲无法成立吗？如果是这样的话，这个社会无论在什么地方都无法成立，革新社会的整个尝试或许将会提前被放弃。诺耶斯先生认为因为基督教信仰曾经存在于历史中，所以它能在欧洲重新确立，他或许想错了。我们的时代真正的难题是在社会所赖以建立的信仰——即对于个体不朽的信仰——被摧毁之后重新确立绝对善恶的观念。这需要有信仰，而信仰与盲信是不一样的。诺耶斯先生似乎并没有完全理解个中的区别。

接着就是加诸"高雅人士"（诺耶斯先生最喜欢的称呼是"我们的伪知识分子"）身上的对于摧毁道德标准要承担的罪责大小的问题。诺耶斯先生所写的内容与二十年前的《伦敦水星报》的内容没什么两样。"高雅人士"沮丧堕落，抨击宗教、爱国主义、家庭等，而且他们似乎得为希特勒的崛起承担责任。现在这番话遭到了事实的驳斥。在关键的时候，正是诺耶斯先生所厌恶的"伪知识分子"发出抗议反对法西斯主义的恐怖，而保守党和教会的媒体却在竭力让他们闭嘴。诺耶斯先生谴责绥靖主义政策，但他所属的教会及其媒体在这个问题上又持什么样的态度呢？

另一方面，他所认同的那些知识分子似乎站在了强权的一边。其中一个当然就是卡莱尔，他是当今强权崇拜和成功崇拜的缔造者之一，为第三次德意志侵略战争欢欣鼓舞，就像庞德为第五次德意志侵略战争喝彩助威一样。另一个则是吉卜林。吉卜林不是极权主义者，但他的道德观很值得怀疑。诺耶斯先生在书中开头写道，在魔鬼①的帮助下一个人是无法摆脱邪恶的，但他因为反英书籍仍在英国出版并在英国的报纸中得到赞誉而义愤填膺。难道他就没想过，如果我们禁止这种事情，我们与敌人也就没有什么区别了吗？

---

① 原文是 Beelzebub（别西卜），天主教中地狱七恶魔之一。

评哈利·勒温的《詹姆斯·乔伊斯》[1]

我们这个时代没有哪一个以英语写作的作家能像詹姆斯·乔伊斯那样引起争议，即使在那些声称是他的追随者的人当中也存在着意见分歧。《芬尼根守灵夜》是乔伊斯的杰作吗？还是说，它只是一部大而无当、没有真情实感的字谜天书呢？大体上说，勒温先生是《芬尼根守灵夜》的拥趸。他为乔伊斯后期作品的晦涩和言之无物进行辩护。虽然他不会去说服那些不喜欢这类作品的人，但至少他能展现乔伊斯的主旨和《芬尼根守灵夜》与另一部不那么晦涩难懂的作品《尤利西斯》之间的联系。

现在可以开始正确地看待乔伊斯了，似乎他的作品是一个悲剧冲动逐渐减弱的过程，从一个小说家渐渐地演变为一个卖弄词汇的作者。如果你将乔伊斯创作于1910年前后并出版于1914年的短篇小说集《都柏林人》与出版于1922年的《尤利西斯》进行比较的话，你会注意到后者的艺术品位有了很大的提高，但情感没有那么真挚。

《都柏林人》除了"格局狭小"之外，有很多地方文笔很蹩脚，但它是出自于为身边的人感到难过，为他们扭曲而悲惨的生活感到义愤填膺的人的手笔。里面最后一则故事《死者》是英语文学里最富于感染力的故事之一。正如勒温先生恰如其分所说

---

① 刊于1944年3月2日《曼彻斯特晚报》。

的，《尤利西斯》在构思时主要是秉承戏谑的态度，但即使在它原本应该感人的部分，它也无法做到感人。那个原本的主角史蒂芬·迪达勒斯，在之前的作品《艺术家的画像》里，他的问题至少读来让人觉得真实，在《尤利西斯》里则被普遍认为完全无法让人接受。就连莱奥普尔德·布鲁姆也是如此——虽然他值得同情，但当他的境况很可悲的时候不知怎地并没有引来多少怜悯。

即使一个人事先有一定的了解，《尤利西斯》也是一部很难懂的书。勒温先生对这本书的几章介绍对于那些第一次阅读它的读者来说会提供很有帮助的指导。它们帮助解决了表面上的困难，但《尤利西斯》的一大缺陷依然存在——那就是，要完全肯定它的创作主旨是什么是不可能的事情。它最开始同时也是最主要的动机是尝试描绘生活的真实面貌，或者是通过将当代与过去进行比较，从而贬斥当代的尝试。或许第二个动机才是主要的动机，否则很难理解为什么这则 1904 年的都柏林的故事要如此煞费苦心地套入《奥德赛》的框架。

奥德修斯的历险的每一个故事都以琐碎和滑稽的方式得以重现。奥德修斯本人被矮化成了一个捉襟见肘的犹太广告画家莱奥普尔德·布鲁姆，独眼巨人变成了一个患了水肿的新芬党党员，塞壬女妖变成了两个酒吧女郎，而布鲁姆拼命地大吃肝脏和熏肉，忠贞的佩内洛普变成了莫莉·布鲁姆，有二十五个男人在追求她，等等等等。

如果乔伊斯在明确地表达一个主题，他似乎在说："看看自青铜时代以来我们堕落成了什么样子吧！"但有几个事件很无聊，很没有说服力，故事里一而再再而三地充斥着文字上的小机灵，正是这一点使得这本书显得零碎杂乱，但这也是它的主要魅力。

勒温先生似乎低估了《尤利西斯》的文笔。这本书就像一个内藏珠玉的垃圾堆：精彩的诗一般的散文语句（"波涛、海浪、萧萧嘶鸣、烈烈风中的战马"），栩栩如生的文字描述（比方说，一间肉铺的描写："羊嘴血淋淋地包在纸里，流出鼻屎滴在锯末上"），对报纸文章和爱尔兰青铜时代史诗的模仿，有几篇十分搞笑，还有描写思想过程的实验，例如《点铜成金》那一章和布鲁姆的内心独白，在此之前没有人尝试过以英语进行这样的描写。

但有一些章节，就像《哈姆雷特》里面那些冗长空洞的对话，实在是非常乏味。而且，和许多英国与爱尔兰的小说家一样，乔伊斯无法抵制插科打诨的诱惑。而且他无法抵制进行文学创作实验的诱惑：在《尤利西斯》里，就连一只狗在吠也被不相干地写成了一首诗。《尤利西斯》有很多优点，唯独欠缺作为一部小说的优点。如果以别的方式进行表达，《死者》仍不失为一则好故事，但在《尤利西斯》里，文笔已经盖过了主题。

显然，对于职业作家来说，《尤利西斯》是一部更具原创性也更加有趣的作品，但如果从长远来看，《都柏林人》和《艺术家的画像》的地位在它之上，那也并不是什么让人吃惊的事情。

《芬尼根守灵夜》以《尤利西斯》的结局作为开篇——在《尤利西斯》里，布鲁姆沉沉睡去，而《芬尼根守灵夜》的整个故事就发生在一个都柏林的酒店老板汉弗莱·齐姆普登·伊尔威克的梦境中——文字最后取得了胜利。没有感情上的兴趣，没有任何尝试，整本书就以乔伊斯将许多或仍然存在或已经消亡的语言的词汇杂糅演变而成的私人语言写成。

勒温先生说乔伊斯这么做是为了"摆脱历史的梦魇"，这句话似乎是在说，汉弗莱·齐姆普登·伊尔威克的名字缩写似乎代表了"到处都有孩子"①和"每个人都到这儿来"②，象征整个人类。但是，将这么多的寓意强加在他身上，伊尔威克失去了个体性的趣味。

乔伊斯的几个掉书袋的词语很有表达力，而且颇具独创性（比方说，用"一团乱麻"描述张伯伦先生的外交政策），但大体上这本书不堪卒读，除非你将它当成是字谜游戏。勒温先生确实将其形容为游戏，并说从中挖掘出隐藏的寓意是很有意思的事情，这或许是真的，但你有权利说这并不是一个人在艺术品身上所寻找的魅力。

对于《芬尼根守灵夜》，你可以暂时不予置评：再过十五年，它将得到理解或被遗忘。但现在《尤利西斯》又能够以合法途径买到了，任何关心当代文学的人都不能将其忽略而不去读它。勒温先生的书是它的优秀介绍；事实上，他对其它作品的深入探讨将帮助我们正确地看待《尤利西斯》。

---

① "到处都有孩子"的原文是 Haveth Childers Everywhere。
② "每个人都到这儿来"的原文是 Everyone Comes Here。

评亚奇伯德·韦维尔挑选并注释的
《别人的花朵》 ①

　　韦维尔勋爵的这本选集的大部分诗歌或许能够在别的选集里
找到，但在图书馆遭受轰炸或暂时关闭而且几乎所有的书籍都绝
版的时候，这没什么好抱怨的。下面是从这本书的两百来首诗歌
中随机挑选的一些作品：

　　《浪高千寻的林肯郡海岸》（珍·英格洛②）、《快乐的格罗斯
特》（拉迪亚·吉卜林）、《我经历过欠债、恋爱和酗酒》（亚历山
大·布罗姆③）、《鲁拜集》、《我与死亡不期而遇》（艾伦·西
格④）、《猫头鹰与猫咪》（爱德华·利尔⑤）、《纯真之歌》（布雷
克）、《布洛格拉姆主教的致歉》（勃朗宁）、《她很穷，但她很诚
实》（阿农⑥）、《天堂的猎犬》（弗朗西斯·汤普森⑦）、《致他的腼

----

① 刊于 1944 年 3 月 12 日的《观察者报》。
② 珍·英格洛（Jean Ingelow，1820—1897），英国女诗人、作家，代表作有
　《浪高千寻的林肯郡海岸》、《王子的梦》等。
③ 亚历山大·布罗姆（Alexander Brome，1620—1666），英国诗人，代表作有
　《狡猾的爱人》等。
④ 艾伦·西格（Alan Seeger，1888—1916），美国诗人，代表作有《我与死亡不
　期而遇》等。
⑤ 爱德华·利尔（Edward Lear，1812—1888），英国画家、作家、诗人，擅写
　打油诗，代表作有《乌龟、甲鱼和海龟》、《无厘头歌曲和诗歌》。
⑥ 阿农（Anon），情况不详。
⑦ 弗朗西斯·汤普森（Francis Thompson，1859—1907），英国诗人，代表作有
　《天堂的猎犬》、《神的国度》等。

腴的情人》（玛维尔①）、《我们如何战胜幸运儿》（亚当·林赛·戈登②）、《一个预见到命运的爱尔兰飞行员》（威廉·巴特勒·叶芝）、《辛娜拉》（厄尼斯特·道森③）、《梦境中的行商》（托马斯·拉维尔·贝多斯④）。

找到所有这些诗要比大部分人有更多的藏书，而韦维尔勋爵的选择要比这张清单所展示的更加广阔。但他说它是"一本纯粹的个人选集"，由"我能背诵出全部或大部分内容"的诗歌组成。和很多人一样，他喜欢在开车或骑马时自顾自地朗诵诗句（但他补充说他散步时不会这么做），而且他承认他更喜欢那些能够朗诵的诗句。这或许解释了为什么他会在选集中加入切斯特顿的几首明显的"伪"战斗诗篇。在引用一首描写伦敦遭受空袭的诗时，韦维尔勋爵补充了这则脚注：

> 1941 年 4 月初我从开罗飞往昔兰尼加的巴尔塞，准备应付隆美尔的反击时，途中我在一份埃及报纸上读到这几节诗。当时我身体不大舒服——因为轰炸机里很局促，而且阴风阵阵——我知道自己的精力不足以支撑我指挥一场大型反攻。读着这首诗并默记它，让我舒缓了身体和精神的不适。

---

① 安德鲁·玛维尔（Andrew Marvell，1621—1678），英国诗人，代表作有《花园》、《致他的腼腆的情人》。

② 亚当·林赛·戈登（Adam Lindsay Gordon，1833—1870），澳大利亚诗人、作家，代表作有《秋之歌》、《泳者》。

③ 厄尼斯特·克里斯朵夫·道森（Ernest Christopher Dowson，1867—1900），英国诗人、作家，代表作有《辛娜拉》、《可笑的面具》等。

④ 托马斯·拉维尔·贝多斯（Thomas Lovell Beddoes，1803—1849），英国诗人、剧作家，代表作有《死亡的笑话集》、《梦境中的行商》等。

这首诗其实很糟糕①，但这些诗句出自一位真正热爱诗歌的人的手笔。诗歌的一个奇特之处在于它总是在不合时宜的时候带来最强烈的冲击（比方说，当你躲避牛津圆环的交通时）。虽然我们没有韦维尔勋爵那么惊人的记忆力，但除非你愿意耗神去背诵诗歌，否则你不能说自己在乎诗歌。

评价一本选集时不可避免地总会找到缺点，对于这本选集可以提出几个严重的缺点。你可以原谅韦维尔勋爵给勃朗宁和吉卜林太多的篇幅，但在太多的情况下，当一个诗人只有一首诗入选时，他总是选择了一首不靠谱的作品。比方说，如果萨克林②只能有一首诗入选，那首平庸的《为什么你这么苍白和憔悴，亲爱的恋人》入选，而不是那首知名度小一些但水平更高的《婚礼之歌》，令人感到遗憾。又或者，如果从《英戈尔兹比传说》中只选一首诗，为什么选《圣卡斯伯特叙事诗》，而不是《圣邓斯坦叙事诗》或《什鲁斯伯里的布洛迪·雅克》呢？萨克雷的代表作选了《鼓的传说》和《布伦特福德之王》，《法式海鲜汤之歌》会是更好的作品。杰拉德·曼利·霍普金斯③的作品都很难找到，应该全部重印，却只选了四首平淡无奇的诗。而且希莱尔·贝洛克的早期杰出作品《现代旅行者》只引用了一小段内容，也是一个遗憾，这首诗现在似乎根本找不到了。

---

① 原注：格雷塔·布里格斯（Greta Briggs）的《遭受轰炸的伦敦》。开头是这样的："我的名字是伦敦，我面临过许多危难的时刻，我一直在战斗，在统治，在交易，已历千年之久……"
② 约翰·萨克林（John Suckling，1609—1641），英国诗人，代表作有《鬼怪》、《婚礼之歌》等。
③ 杰拉德·曼利·霍普金斯（Gerard Manley Hopkins，1844—1889），英国耶稣会牧师、诗人，代表作有《死尸的安慰》、《致基督我们的主》等。

你可以将不满的清单继续写下去——但是，这些抱怨到最后表明唯一完美的选集只能由你自己来选。至少这本选集里有一部分作品是能够取悦在乎诗歌的人，虽然有的读者读到《勒班陀》或纽伯特[1]的《德雷克的鼓》（为什么不是那首更脍炙人口的《生命的火炬》呢）会觉得别扭，但是，他们得尊重天主教徒的品位，能从莎士比亚的十四行诗《帕特里克·斯宾瑟爵士》和《残忍而美丽的姑娘》里寻找到快乐。

韦维尔勋爵根据诗歌的主题对所选的诗歌进行排列，并补充了注解。他说这是应出版商的要求，不用把它太当回事儿。但是，它们都很有可读性，特别是他对战争诗歌的评价。他不喜欢现代诗歌——也就是 1919 年之后所写的诗歌——但谦虚地承认他可能是错的。当一首诗没有标题时，他会自己起一个标题，有时候效果还不错。复述《亨利四世》中的片段就干得很不错，但急性子的人会抱怨这本书"华而不实"。这本选集并不完美，但很有水平，让人感到编撰这本书的人将他的才华浪费在世界上最吃力不讨好的工作[2]实在是很令人遗憾。

---

① 亨利·约翰·纽伯特（Henry John Newbolt，1862—1938），英国作家、历史学家，代表作有《生命的火炬》、《我的时代的世界》等。
② 韦维尔爵士在 1943 年 6 月被指派为印度总督。

评威廉·比奇·托马斯的《乡村生活方式》^①

公众会认为威廉·比奇·托马斯爵士到底是一位战地记者还是一个自然主义者仍无法肯定，但在这件事情上他自己并没有存疑。在他眼中，这个世界的中心是英国的村庄，和村庄周围的树林和篱笆，而不是城镇和人。

在漫长的一生中，他走遍了整个世界，交游广泛，从乔治·梅雷迪斯^②到贝当元帅，从弗兰克·哈里斯^③到西奥多·罗斯福都认识，但在英国东部的湿地看到一只麻鸦，在加拿大落基山脉看到一头灰熊，或在新西兰看到一条 12 磅重的鳟鱼对他来说比见到任何名人都更重要。

就连索姆河战役对他来说之所以难忘，也是因为在炮火轰鸣中他第一次看到一只灰色的伯劳鸟。

这本书在某种程度上是一部自传，但它公允地给了潜在的读者一个警告："如果你不喜欢'自然主义'作品，那就走开吧。"

威廉爵士的回忆是从七十年代初期的一个乡郡小村庄开始的，他的父亲是那里的乡村牧师，"有四种动物给我们带来了大部分的欢乐……马驹、小狗、兔子和狐狸。"

---

① 刊于 1944 年 3 月 23 日《曼彻斯特晚报》。
② 乔治·梅雷迪斯（George Meredith，1828—1909），英国作家、诗人，代表作有《利己主义者》、《哈利·里奇蒙历险记》等。
③ 弗兰克·哈里斯（1856—1931），爱尔兰裔美国编辑、记者，曾担任《伦敦晚报》、《半月评论》等刊物的编辑。

后来他在什鲁斯伯里和牛津打破了四分之一英里跑步的记录，和诺斯克里夫勋爵①共度周末，并在法国占领鲁尔区那段悲哀的岁月进行"报道"，但没有什么事情比得上乡村的童年生活那么生动。

> 那些"生活的必需品"有好多我们都没有。没有单车，当然也没有汽车，没有电话，没有无线电，没有留声机，没有罐头水果——只有一些让人讨厌的风干的苹果——没有西红柿，没有香蕉，没有不用上发条的手表，没有几个游戏……我们骑马去九英里外的最近的城镇，它们的蹄子激起了几英寸高的白色尘土。

不用说，威廉爵士就喜欢这样，包括运动的匮乏，虽然他是一位天生的运动员，但他正当地抗拒运动的"专制"，在他童年时，运动正开始普及。

自始至终威廉爵士将自己形容为一个"乡下人"，但对他来说，"乡下"意味着运动、观鸟和采集植物，而不是农耕。而且他的书引起了一定程度的对于这一类文学作品的怀疑。

无疑，某种对于所谓的"自然"的热爱——顺着一条溪流飞掠的翠鸟、一只灰腹红雀的长满苔藓的鸟巢、阴沟里的毛翅蝇——在英国的传播非常广泛，跨越了年龄层，甚至跨越了阶级区别，在某些人身上甚至到了着迷的程度。

---

① 阿尔弗雷德·查尔斯·汉姆斯沃(Alfred Charles William Harmsworth，诺斯克里夫子爵，1865—1922)，英国报业大亨，《每日快报》和《每日镜报》的创办人。

这是不是一个健康的迹象则是另一个问题。这一部分是由英国国土狭小、气候宜人和风景多变这些特征引起的，但也可能与英国农业的衰落有关系。真正的农民不会在乎什么风景如画，不会修建鸟类保护区，对不直接影响他们的植物或动物根本不感兴趣。

在许多语言中，所有的小型鸟类都叫同一个名字。就连在英国，一个真正的农场工人总是以为青蛙和蟾蜍是同一物种，而且总是认为所有的蛇都有毒，用舌头叮人。

事实上，那些真正与自然接触的人都没有理由去热爱它。在英国的东海岸，老式的渔民小屋都背对着大海。在渔民的眼中，大海只是敌人。

威廉爵士对于土地多愁善感的态度在他为战争时期兔子灭绝感到遗憾这件事情上暴露无遗。或许他也会对农业更致命的敌人野雉的绝种感到遗憾。

"自然主义"作品是过去两百年来发展起来的。它们当中第一部，或许也是最好的作品是吉尔伯特·怀特①的《塞尔伯恩自然史》。

威廉爵士将它与写于一个世纪前的伊萨克·沃顿②的《钓客大全》相提并论，但沃顿的这本书局限性更大，实用性更强，似乎并不属于这一类别。

---

① 吉尔伯特·怀特（Gilbert White，1720—1793），英国作家，代表作有《塞尔伯恩自然史》。
② 伊萨克·沃顿（Izaak Walton，1594—1683），英国作家，代表作有《钓客大全》、《沃顿生活小记》等。

最典型的"自然主义作家"是威廉·亨利·哈德森①和理查德·杰弗里斯②。你或许会猜想威廉·比奇·托马斯爵士模仿的对象是杰弗里斯。但杰弗里斯极具魅力，而且观察入微，但奇怪的是，没有什么人情味。在一本作品中，他描写了关于英国的白日梦：人类灭绝了，只有野生动物存活。

威廉·亨利·哈德森也有着同样的世界观，他唯一成功的小说《绿色的高楼大厦》有一个半人半鸟的主角。哈德森还写了一篇热情洋溢的散文，描写了一片被蒲公英侵占的农田的景色。

这种程度的自然崇拜在本质上是反社会的。克拉比③，一个真正的乡下人，表达出了相对比较正常的态度。他写过至少一篇反对野花的苦评，在他的眼中，那些野花只不过是杂草。不用说，威廉爵士并不认可克拉比。

威廉爵士与萧伯纳、巴利、马克斯·毕尔邦④和詹姆斯·路易斯·加尔文⑤差不多是在同一时期开始登上文坛的。那是诺斯克里夫勋爵刚刚创办《每日快报》的兴旺发达的日子。在这本书里，写得最好的或许是对记者岁月的回忆。

1914 年至 1918 年的那场战争几乎没有被提及，虽然直到战争的头一两年，整个英国的出版界只允许派遣五个记者上前线，还

---

① 威廉·亨利·哈德森(William Henry Hudson，1841—1922)，英国作家，代表作有《绿色的高楼大厦》、《很久以前在那遥远的地方》。
② 约翰·理查德·杰弗里斯(John Richard Jefferies，1848—1887)，英国作家，代表作有《南方乡村的野生动物》、《业余偷猎者》等。
③ 乔治·克拉比(George Crabbe，1754—1832)，英国诗人、牧师，代表作有《乡村》、《市镇》等。
④ 亨利·马克西米安·毕尔邦(Henry Maximilian Beerbohm，1872—1956)，英国作家、漫画家，代表作有《朱莱卡·多布森》、《快乐的伪君子》等。
⑤ 詹姆斯·路易斯·加尔文(James Louis Garvin，1868—1947)，英国记者、作家，代表作有《和平的经济基础》、《约瑟夫·张伯伦生平》等。

遭到百般阻挠，了解不到任何情况。

　　这本书的结局呼吁保护和复兴英国农村，这一点每个人都会表示认同，但威廉爵士想象中的英国农村理想图景或许兔子太多，而拖拉机太少了。

评德里克·利昂的
《托尔斯泰的生平与作品》[①]

———————————————————————————

　　托尔斯泰的成年生活——最开始时，他是一个才华横溢、放荡不羁、追求功名的年轻贵族，最后成了一个备受折磨的老头，抛弃了一切，或者说，抛弃了一切他的家人所允许抛弃的东西——确实很有戏剧色彩，但仍比不上他的作品那么有趣。利昂先生的传记中最有价值的部分是他仔细地阐明了托尔斯泰的每一部的作品与他的思想进步是联系在一起的。

　　托尔斯泰的信念经过将近五十年的发展，可以用"无政府主义的基督徒理想"加以形容。归根结底，所有的物质追求、所有的暴力、所有的革命、所有的法律和政治都是邪恶的。除了克己灭私之外别无快乐，人类没有权利，只有责任，活在世界上唯一要做的事情就是服从上帝的意旨。所有这些都是他从福音书上领悟到的，但在他的信仰完全形成之前，他已经接纳了两条很难称得上是基督教思想的教义。一条是严格的命定论。托尔斯泰认为一个人的行动都是预先就决定好的，他唯一的自由在于了解这一必然性。另一条是对人生本苦的信念，而且身体愉悦是邪恶的，这一信念如此极端，没有任何教会予以

———————————————————————————

① 刊于 1944 年 3 月 26 日《观察者报》。德里克·刘易斯·利昂（Derrick Lewis Leon，1908—1944），英国作家，曾撰写过关于列夫·托尔斯泰和马塞尔·普鲁斯特的传记。

支持。

利昂先生的文风就像一个门徒，他并没有严肃地回答许多人所提出的质问，虽然他提到了这一点——托尔斯泰后期的作品大部分反映了他的自私自利。他将自我弃绝延伸到了基本上放弃生命过程的地步——例如，说出婚姻究其本质是"痛苦与奴役"这样的话——值得怀疑的是，他这么说是不是意味着他本人过得不快活，想让别人也过得不快活。当然，托尔斯泰非常了解利己主义的危险，事实上，他的一生从某种意义上说就是在不断地与利己主义进行斗争，但他并没有看到利己主义在他身上的体现并不是对于功成名就的渴望，而是思想专横的滋味：他评述莎士比亚的文章就是一个很好的例子。

然而，他的传记既振奋人心，又带有悲剧色彩，我们仍然可以感觉到他是一个了不起的人，即使他只写了那些宣传册。他对我们这个时代的生活的直接影响并不是很大，因为他放弃了所有建功立业的途径。但透过个人的影响，他发挥了非常大的间接作用。没有人能在读完托尔斯泰的作品后能摆脱那种对于战争、暴力、成功、政治和"伟人"的感觉——但是，讽刺的是，他不吐不快的内容在他中期的作品《安娜·卡列尼娜》和《战争与和平》中得到了最淋漓尽致的表达，但后来他带着几乎是批判的态度去看待这两部作品。

遗憾的是，在通篇描写中，利昂先生对于可怜的托尔斯泰伯爵夫人表达出难以释怀的敌意，因为他认为在每一次意见分歧中，伯爵夫人一定是错的一方，对身为一位作家的妻子最困难的问题之一没有进行探讨——这个问题就是文字里的性格与私人生活里的性格之间的冲突，或者换个说法，热爱人类与做一个普通的体面人之间的矛盾。除此之外这是一本杰出的作品,虽然你不会建议别人去买价值二十五先令的书,至少能借到这本书的人可以去读一读。

评莫里斯·科里斯的《她是女王》、玛格丽特·米德的《萨摩亚的成年》①

关于缅甸的记录很不齐全，就连那些知道它的现代史的人对它在 1884 年之前的历史也只有模糊的了解。那时候英国人进入曼德勒，缅甸的末代国王锡袍②被流放到印度，随行的还有他那 500 名嫔妃。

科里斯先生写的是十三世纪末的内容，那时候缅甸自伊洛瓦底江三角洲一带的统治者是鞑靼人。

那时候缅甸的首都是帕甘，如果这两年没有遭受轰炸的话，它那巍峨的废墟仍然存在。1260 年前后，在上缅甸的山区，一个农家女孩诞生了，取名玛索，出生时有人看见一条眼镜王蛇在她的摇篮边舞蹈，大家都认为这个女孩前途不可限量。

预言实现了。玛索成为两任国王的妻子，在第二任国王在位期间，由于他是个半白痴，她成了王国的实际统治者。直到鞑靼人入侵之前，科里斯先生所描写的那个社会遵循着远古的亚洲模式。在和煦的天空下，生活就是悠久的歌唱、舞蹈、纳妾、谋杀、内战、捕猎和宗教仪式。

---

① 刊于 1944 年 4 月 6 日《曼彻斯特晚报》。玛格丽特·米德（Margaret Mead，1901—1978），美国人类学家、文化学家，代表作有《男性与女性》、《三个原始部落的性别与气质》等。
② 锡袍·敏（Thibaw Min，1859 — 1916），缅甸甘榜王朝（the Konbaung dynasty）末代国王，1878—1885 年在位。

那是一个高度文明的社会，但任何国王能够得享天年是极其罕有的事情。佛教正取代万物有灵论，诗歌被高度重视，宫廷与印度和中国保持着友好的关系。它的女奴最远来自波斯。它甚至模糊地听说过远东的野蛮部落。但不幸的是，鞑靼人的酋长忽必烈汗看中了缅甸，帕甘王朝注定将被毁灭。

顺带提一下，忽必烈派遣出使缅甸作为侵略铺垫的使节中，有一个就是马可·波罗。

除了一个逃脱鞑靼人侵略的中国人常献忠外，玛索是宫廷里唯一理智的人，如果她没有受到掣肘的话，或许她能让王国免遭毁灭。

结果，那个愚蠢的国王派遣军队在平原进行决战，就像其它军队一样，他们在鞑靼人的骑兵面前不堪一击。

鞑靼人的秘密武器是弩（"合成弩"），是用水牛的角做成的，比当时其它武器更具威力。他们的弩兵将缅甸的大象扎成了箭垛，这些庞然大物疼得发狂，将缅甸军队撞散践踏。

帕甘被洗劫一空，国王和王室带着嫔妃妻妾、王家的财宝、当年的稻谷收成、神圣的白象和带得上的尽可能多的奴隶，乘着驳船顺着伊洛瓦底江逃跑了。在下缅甸他们获得了安全，因为鞑靼人的骑兵无法穿越沼泽，就像在世界的另一端他们被德国的森林所阻隔一样。

但是，国王还没到达就被他的一个儿子毒死了。他准备谋朝篡位，向鞑靼人臣服效忠。玛索已经忍受够了宫廷生活，嫁给了常献忠，然后抛下她那些价值连城的华服，回到养育她的村庄。

这个故事大部分内容是真实的，或者说，科里斯先生相信是真实的。虽然曾被扩充成小说，但它源自《璇宫纪史》，那是缅甸国王孟既①于 1829 年命令编撰的缅甸历史。

它或许详实地描述了缅甸从中世纪到英国入侵之前的风土人情。即使是 13 世纪的服饰，按照马可·波罗的描述，也和 1800 年锡袍登基的时候所穿的现代服饰没什么两样。锡袍登基后就将他的兄弟统统处死，这件事与科里斯先生的故事倒是很契合。

这本书有一些很有趣的插画，包括一幅据信是忽必烈汗的肖像画。

萨摩亚与缅甸相隔天南地北，但奇怪的是有一两个习俗——比方说，所有的男性从腰部到膝盖都画满了纹身——直到不久前都是两个民族所共有的风俗。

米德小姐对少女的心理很感兴趣，在二十年代决定对这个问题的研究最好得在原始社区进行，于是在萨摩亚的一个村子里居住。在普通读者的眼中，这本书关于纯心理学的内容或许没有社会学方面的信息那么有价值，因为萨摩亚是一个殖民发展的快乐典型。美国政府和传教士都奉行对传统生活尽可能不予干涉的原则，只有几个过于恶毒的传统，比方说吃人肉和公然交媾，被废止了。

萨摩亚人信奉基督教（他们是公理会信徒——他们是被伦敦传教协会教化皈依的），但他们知道如何将基督教与他们自身的需要进行结合，将那些不符合他们的传统思想的教义统统抛弃。

比方说，他们不相信原罪。除了火柴、棉布和其它小物品之

---

① 孟既（Bagyidaw，1784—1846），缅甸甘榜王朝的国王，1819 年至 1837 年在位。

外，他们并没有接纳机器文明，就连文明世界的疾病对他们造成的影响也不像它们对波利尼西亚人造成的影响那么大。

这一部分无疑是因为萨摩亚群岛太贫穷了，不值得进行剥削。但不管怎样，萨摩亚人是原始民族中的幸运儿，美国政府和传教士的开明态度值得赞扬。

评埃德蒙德·布兰登的《板球国度》[①]

板球会激起强烈的情感，既有"赞同的"情感，也有"反对的"情感。近几年来，是反对板球的一派占得了上风。板球被形容为毕灵普分子的运动，与高礼帽、学校颁奖日、猎狐和亨利·纽伯特爵士的诗联系在一起。它遭到左翼作家的贬斥，他们以为玩板球的人大部分都是有钱人，但这个想法是错的。

另一方面，两个最痛恨它的敌人是"比奇康莫"[②]和"提摩西·夏伊"[③]，他们认为它是英国的传统之一，觉得有责任将其连同华兹华斯、威廉·布莱克和议会政府一起贬低。但除了恶意和无知之外，还有其它原因促成了板球不再流行，从布兰登先生的辩解的字里行间就可以体会得到，虽然它是一篇文采斐然的作品。

布兰登先生是一位真正的板球运动员。对于一个真正的板球运动员的考验就是他应该喜欢乡村板球胜过喜欢"顶尖"板球。你会猜想，布兰登先生所喜欢的板球介乎乡村绿地和郡县赛场之

---

① 刊于 1944 年 4 月 20 日《曼彻斯特晚报》。埃德蒙德·查尔斯·布兰登（Edmund Charles Blunden, 1896—1974），英国作家、诗人，代表作有《时间的面具》、《选择或机会》。

② 比奇康莫（Beachcomber），1919 年至 1975 年《每日快报》的专栏《顺便说一句》集体创作的笔名。

③ 提摩西·夏伊（Timothy Shy）是英国作家多米尼克·贝文·温德汉姆·刘易斯（Dominic Bevan Wyndham Lewis, 1891—1969），在《新闻纪实报》上的笔名。

间。他对板球界的著名人物抱以尊敬，那些人的名字贯穿作品的始终。他年纪很大，见过兰吉辛基①赖以成名的滑腿技术，而自此之后，他定期观看一流的比赛，对英国或澳大利亚的每一个知名运动员耳熟能详。但显然，他最亲切的回忆是乡村板球，甚至不是乡镇赛事级别的板球，在那种地方比赛几乎都要穿白裤子，而且在腿上绑护垫是社交礼仪的规定，但在非正式的板球比赛中，每个人都穿着工装裤。在回合激烈的时候铁匠也得听从召唤；有时候，天色昏暗，一个打向四野的球会砸死棒球场地边上的一只兔子。

在对板球的热爱上，布兰登先生不乏文坛的同好。他说他几乎可以凑齐十一个诗人和作家，其中包括拜伦（他曾是哈罗公学的队员）、济慈、古柏②、特罗洛普·弗朗西斯·汤普森、杰拉德·曼利·霍普金斯、罗伯特·布里奇斯和西格弗里·萨松③。布兰登先生本可以加入布莱克的，他的一个片段里提到了在乡村板球里司空见惯的事件。但他将狄更斯也列入板球爱好者的行列或许犯了一个错误，因为狄更斯唯一提到板球的描写（在《匹克威克外传》中）表明他对板球的规矩一无所知。但这本书的主旨，就像布兰登先生所写的每一本书一样，是他对 1914 年前的黄金时代的缅怀，那时候世界一派祥和，而自此之后，祥和不再。出自他的一首诗的知名诗句：

---

① 库玛·斯利·兰吉辛基（Kumar Shri Ranjitsinhji, 1872—1933），印度纳瓦拿加邦领主，著名板球运动员，曾是英国板球队的队员。
② 威廉·古柏（William Cowper，1731—1800），英国诗人，代表作有《任务》、《约翰·吉尔宾》。
③ 西格弗里·洛兰·萨松（Siegfried Loraine Sassoon, 1886—1967），英国诗人、士兵，代表作有《猎狐人的回忆》、《一位陆军军官的回忆》等。

我曾经青春年少，如今也不算太老，
我见过被遗弃的义人，
他的财富、他的荣誉和他的品质都被剥夺，
这种事情我们从前不曾听闻。

听上去似乎它是在独裁者席卷欧洲后才写的，但事实上它描写的是1914年到1918年的那场战争，那是布兰登先生的生活的转折点。战争摧毁了他所了解的闲适的世界，他伤心地意识到，板球再也不能像以前那样了。

几件事情一起促成了板球的衰微。首先是生活变得越来越都市化，越来越繁忙，而这与一个需要绿地和充足的闲暇时间的运动是不相容的。然后就是，大家都觉得一流的板球比赛很沉闷无聊。和几乎每个人一样，布兰登先生讨厌那种连续20个投球没有得分是家常便饭和一个击球手可能一小时都没办法第一次跑垒得分的比赛，但这些是过于完美的草坪和过于看重击球率的态度的自然结果。此外，板球在成年人的世界里被高尔夫和草地网球所取代。这无疑是一场灾难，因为这些项目不仅在观赏性上远远不如板球，而且它们没有板球的社会交际功能，至少以前板球有这么一个作用。

与板球的批评者们所说的正好相反，布兰登先生着重指出，板球并不是一项与生俱来的势利运动。它需要有25个人才能打比赛，因此它一定会让不同社会阶层的人加入。与生俱来的势利运动是高尔夫球，它将整片整片的乡村绿地变成了精心保养的上流阶层的保留地。

但板球的衰微还有另外一个原因——布兰登先生没有指

出的原因，那就是：在很大程度上它是强加在每个人身上的。在漫长的时间里，板球被视为一种类似于宗教仪式的活动，每一个英国男人都得去履行。冗长的锦标赛和天文数字般的比分在大部分报纸里以大字标题刊登，每个夏天数以万计的男孩子们不情愿地——现在仍是这样——操练他们觉得很无聊的游戏。板球是一项很特别的运动，要么你会喜欢，要么你不会喜欢，要么你拥有打板球的天赋，要么你连入门的天赋都没有。在这种情况下，一定会产生大规模的对板球的反感。

就连儿童也不再像以前那样经常打板球了。当它是非正式的自愿性活动时，它深深地扎根于国家的生活中——就像汤姆·布朗①的校园作品中的橄榄球，或在歪歪斜斜的三柱门边上进行乡村比赛那样，这些都是布兰登先生最珍视的回忆。

板球会继续存在下去吗？布兰登先生相信会的，虽然它得面对来自其它兴趣的竞争，我们或许可以相信他是对的。在书的结尾处，我们高兴地发现在战争期间他仍然有空和皇家空军的板球队打上一两局比赛。这本书除了板球之外还谈及了其它许多话题，因为在布兰登先生的内心深处，或许吸引他的并不是板球比赛本身，而是它的现实环境。在他的队友正在击球时，他会从更衣室走开，去看看乡村教堂，还可能会遇到一块古雅的墓碑。

这本书有几处地方写得有点过火，因为就像有些人无法拒绝

---

① 指托马斯·布朗(Thomas Brown，1662—1704)，英国作家、翻译家，塑造了费尔博士这个古板的校长的角色，代表作有《伦敦笑话集》、《死者致生者的信》等。

喝上一杯那样，布兰登先生无法拒绝旁征博引。但这本书读起来让人感觉很愉快，提醒人们和平不只是意味着暂时停止炮火，这是很有意义的事情。

评休·金斯米尔的《带毒的王冠》[1]

人们总是认为极权主义的起因是个别野心家的邪恶，或搪塞说它是为了挽救行将崩溃经济体系的最后尝试。但是，还有另一个思想流派，其中以弗雷德里克·奥古斯都·沃伊特先生[2]最为出名，他认为所有建立物质主义乌托邦的尝试都不可避免地会以专制体制告终。休·金斯米尔先生属于这个思想流派，在这本杰出的作品里，他以伊丽莎白女王、克伦威尔、拿破仑与亚伯拉罕·林肯四人的短篇传记阐述了这一主题。

在金斯米尔先生的眼中，这四篇传记表明"行动的徒劳和权力的侵蚀"。但是，它们并不容易套用单独一个模式，四人当中只有克伦威尔与我们这个时代的独裁者们很相似。很难理解为什么金斯米尔先生会加入伊丽莎白女王，她从年轻时就一直为如何活下去和如何保住王位而苦恼，而且按照她那个时代的标准，她并非一个顽固而凶残的人。她那个不快乐的姐姐玛丽女王因为会喜欢某个人就将他活活烧死，或许会是更合适的例子。另一方面，林肯似乎并没有被权力侵蚀，金斯米尔先生不得不煞费苦心地去

---

① 刊于 1944 年 4 月 23 日《观察者报》。休·金斯米尔·伦恩（Hugh Kingsmill Lunn，1889—1949），英国作家、记者，代表作有《带毒的王冠》、《受庇佑的阴谋》等。

② 弗雷德里克·奥古斯都·沃伊特（Frederick Augustus Voigt，1892—1957），德裔英国作家，反对独裁和极权主义，翻译了许多德文著作，代表作有《直到恺撒为止》、《不列颠治下的和平》等。

证明林肯的成就其实不值一提。

但不管怎样，描写林肯的那部分内容是书中最精彩的。金斯米尔先生认为，林肯为了权宜行事而作出了很大的让步，那就是他宣布南部邦联各州被打败后将废除奴隶制。他原本不想作出这个决定（在这场战争的诸多原因中，奴隶制只是一个间接原因），一部分原因是他认为美国并没有为废除奴隶制做好准备，奴隶们不会因为获得自由而得到好处，一部分原因是他不希望赋予这场战争圣战的色彩，因为它将意味着自命正义和仇恨。他被迫作出这个宣言是因为他必须赢下这场战争。通过提出废除奴隶制，他使得英国和法国没有干涉的道义基础，不然的话它们可能会站在南方那边。但他这么做也意味着向追随者中的极端分子屈服，他们并不是品德高尚的废奴主义者，而是冷酷无情的商人，决心要摧毁南方各州的经济力量。

北方的全面胜利使得商人获得了控制权，美国的道德环境也随之恶化。林肯牺牲了一切，包括他的一部分良知，赢下了这场战争，结果是，这个国家再也容不下像林肯这样的人物——这是金斯米尔先生所描写的情形。顺带提一下，他认为那个刺杀林肯的疯子并不是南方雇佣的，而是林肯的政敌共和党人。

你总是会觉得金斯米尔先生没有做到公平，或许不是针对林肯本人，而是针对他的成就和美国。难道奴隶获得自由不是一个进步吗？即使他们只是成为拿工资的奴隶？你甚至会觉得他对拿破仑不公平。拿破仑是一个恶棍，但或许是历史必然性的工具。没有拿破仑或像拿破仑那样的人物，法国革命或许在1800年就会遭到镇压，而农民们将无法保住土地。虽然拿破仑的动机完全是出于自私，但他统治的时间很长，使得旧的王朝无法复辟。另一方面，金斯米尔先生对克伦威尔的评价虽然或许也并不公允，但对于中产阶级崇拜这类现代独裁者的情结是一剂良药，他们的双手沾满了鲜血，相比之下，德国人在捷克利迪策的武功①就像是女孩子们在玩过家家。

金斯米尔先生的这本书开篇名为《希特勒的谱系》。系表从拿破仑和拜伦一直延续到陀思妥耶夫斯基、尼采、赫伯特·乔治·威尔斯，再到希特勒和查理·卓别林。（金斯米尔先生说卓别林是矮化的拜伦，希特勒则是卓别林版的拿破仑。）你可以和金斯米尔先生进行各种大大小小的争论。和他那个思想流派的作家一样，他认为改革者的目的是要建设一个完美的世界，但大体上他们只是希望让世界变得更加美好。他总是说进步，甚至就连物质进步，在本质上也是不可能实现的，并暗示我们仍然生活在石器时代。不过，这是一本挺不错的书，对各种形式的暴政发起抨击，包括那些如今很受欢迎和推崇的独裁体制。

---

① 1942 年，纳粹德国为报复驻捷克的党卫军头目莱因哈特·海德里希遭暗杀，在利迪策实施了一场屠杀平民的惨案。

评阿尔弗雷德·海森斯坦的《钢铁时代的巨人：戴高乐将军的故事》[①]

或许将戴高乐将军塑造成一个传奇人物很有必要，但这本书内容庸俗（在文学品位上）而且价格昂贵，读起来让人觉得很不安。单举一个例子就够了，下面的内容体现了这本书的语言风格：

> "胜利！没有其它途径，从来没有其它……"
>
> "烈火继续燃烧。"
>
> "法兰西，她'鲜血淋漓但她决不会低头'，她一定会为自己讨回公道。她的儿子戴高乐将会为她带来武器，人民将会热烈地拿起武器，像一个为自由而战的人那样挺身而出。"
>
> "他将以这把长剑改变历史的进程。"

整本书就是以这种风格写成的——用的不仅是那种夸张的戏剧化语言（长剑、旗帜、长统靴、号角响起之类的词语充斥着每一页），而且段落非常简短，总是只有一句话，顶多只有两句话，读

---

① 刊于 1944 年 5 月 5 日《曼彻斯特晚报》。阿尔弗雷德·海森斯坦（Alfred Hessenstein），情况不详。

者会觉得受到侮辱，以为自己的注意力在读完一英寸宽的段落后就会涣散。而且，由始至终都是最庸俗的对戴高乐本人特征的强调，什么"他伟岸的身躯"、"浑厚低沉的声音"和"嘴角边挂着淡淡的微笑"。这些东西都很难让人产生共鸣，甚至会觉得很担心。

如果你在这堆垃圾中筛选出事实的话（要从这本内容华而不实并大量引用戴高乐的演讲原话的书里筛选出事实并不容易），那就是戴高乐将军在1940年为他的祖国和世界作出了非常伟大的贡献是确凿无疑的。历史将不会忘记这一点。

站在海峡这边的角度，不难看出即使在1940年，对抗德国的局势仍然非常不利，而在法国，几乎所有人都陷入绝望。魏甘德①、达尔兰和其他人公开表示，"最准确"的军事意见是英国将在两周内垮台。如果没有一个领袖人物在法国境外组织抵抗，给予被征服的人民一丝希望的话，维希政府很有可能将站在德国人的阵营参战。无疑，由于知道其他地方的法国人仍在坚持战斗，法国境内的抵抗活动开始得更早而且传播得更加迅速。至少我们亏欠戴高乐的恩情，他拯救了数千名英国人的生命，在逆境中与我们并肩作战，而且——非常幸运——他在法国战场奠定了自己的声名，被法国人奉为领袖。

但是，这并不能证明这本书和其它已经出版的类似书籍（例

---

① 马克西姆·魏甘德（Maxime Weygand，1867—1965），法国军人，一战时是法军总司令福煦的得力部下，并在议和车厢上向德军宣读停战协议书，二战期间担任法军总司令，向德军投降并与维希政府合作，战后被判通敌罪，但1948年获释。

如：菲利普·巴尔斯①的《查尔斯·戴高乐》）里所写的那些溢美之词都是合理的。首先，戴高乐是不是像书里所描写的那样是一个料事如神的军事天才值得怀疑。德国的坦克指挥官从戴高乐那里学到了作战策略这个说法遭到了那些意见值得听取的人士的驳斥。

其次，我们亏欠戴高乐的恩情并不能让在法国沦陷时最优秀的政治家都未能逃出来这个惨剧变得没有那么悲惨。顺带提一句，海森斯坦伯爵看不起所有的法国政治家，甚至包括雷诺②，几乎没有提及布伦姆③或曼德尔④，也没有透露曼德尔和其他人没有逃脱是因为他们被维希政府逮捕并囚禁这个事实。

如果自由法国运动能够拥有像曼德尔或布伦姆这样的人物当他们的领袖的话，或许它能够有一以贯之的政治纲领。这本书最奇怪的地方在于，作者对法国的未来没有清晰的看法。显然，在突尼斯战役仍在进行时，他对与达尔兰达成的交易感到不安，但他没有明确地提到法国解放后戴高乐将军将会推行什么政策。

他也没有谈到戴高乐将军的政治历史。我们只知道法国首先必须获得自由，然后必须壮大实力——要变得格外强大：里面重点强调法国必须拥有而且一定会拥有强大的机械化部队、空军部

---

① 菲利普·巴尔斯（Philippe Barrès，1896—1975），法国记者，代表作有《人与人格》、《他们为国家代言》。
② 保罗·雷诺（Paul Reynaud，1878—1966），法国政治家，曾担任第三共和国总理，法国沦陷后拒绝与德国人合作，被囚禁于德国，战后获释。
③ 安德烈·利昂·布伦姆（André Léon Blum，1872—1950），法国左翼政治家，曾于1936年6月至1937年6月，1938年3月至1938年4月及1946年12月至1947年1月三度担任法国总理一职。
④ 乔治·曼德尔（Georges Mandel，1885—1944），法国记者、政治家，法国沦陷后自由法国抵抗组织的领袖，于1941年在北非摩洛哥被捕，1944年被德国人处死。

队和坦克部队，以及在战争才是常态的世界准备和平的荒唐。（引用作者的话，"单靠武力就足以对抗武力。利剑才是决定因素。法国的命运总是要靠战斗来决定。"）在那之后，法国的生活从此将依照"基督教的原则"去构建，无论那些原则是什么。从这本书里你能得出的结论是，戴高乐的政策说到底就是宗教和坦克。这可不是什么令人振奋的前景。自 1870 年以来，已经有许许多多的领袖想要依靠基督教的原则和庞大的军队让法国获得复兴。

这本书的护封印着戴高乐将军和一部重达 50 吨的坦克的合照，暗示了该书的基调。

就连这本书的名字《钢铁时代的巨人》也不是一个好的征兆，在这个时代，人性已经被太多的钢铁和巨人所戕害。巨人践踏侏儒成了我们这个时代的特征，多去关注普通人是一件好事。

评布伦威尔的《这个改变中的世界》、朱利安·赫胥黎的《生活在革命中》、多位作者合著《重塑人类的传统》[①]

我们或许可以肯定就在诺亚建造方舟时，有人正在写一本名为《这个改变中的世界》的书，虽然当洪水泛滥时这份手稿湮灭了，但我们可以猜测得出它的内容会是什么。它拥护近期的科学发现，斥责迷信和蒙昧主义，提出进行激进的教育改革和推进性别平等的必要性，或许还有一章探讨当代诗歌的意义。它的中心主题是：没有什么是永恒不变的，但一切总会好起来。"这是一个变革的时代"和"我们生活在迅速而惊心动魄的变革中"这两句话几乎每一页都会提到，或许作者在咕嘟咕嘟地沉到黑漆漆的水底时仍然记着它们。

由布伦威尔先生编撰的这本书在很大程度上遵循同样的模式。在引言那一章里，赫伯特·里德[②]先生带着怨恨提到这个世界正在发生改变，在结尾部分对其他作者进行了总结，并再一次强调世界正在改变。中间是由康拉德·哈尔·沃丁顿[③]、卡

---

① 刊于 1944 年 5 月 7 日《观察者报》。布伦威尔（J. R. M. Brumwell），情况不详。朱利安·索雷尔·赫胥黎（Julian Sorell Huxley, 1887—1975），英国生物学家、哲学家，代表作有《生命之流》、《无须启示的宗教》等。
② 赫伯特·爱德华·里德（Herbert Edward Read, 1893—1968），英国思想家、批判家，代表作有《艺术与工业》、《通过艺术进行教育》等。
③ 康拉德·哈尔·沃丁顿（Conrad Hal Waddington, 1905—1975），英国生物学家、哲学家，代表作有《科学的态度》、《思想的工具》等。

尔·曼海姆①、约翰·德斯蒙德·伯纳尔②、弗朗兹·伯克瑙、托马斯·巴罗夫③、约翰·麦克穆雷④、刘易斯·芒福德⑤等人所写的文章。当然,这份名单保证了这本书的可读性,至少有几处地方写得很不错,但奇怪的是,这些撰稿人里很少有人对我们生活其中的现实世界进行描写。巴罗夫先生坚持认为当这个世界一直混乱不堪时,从内部进行改革是不可能的,而伯克瑙博士在探究民主体制与极权体制之间的关系。似乎只有这两人紧贴现实,而且只有少数几位作家让你了解到文明的存在正面临危险。

例如,伯纳尔教授写到了近期的科学发展和让公众更具有科学思想的必要性。他似乎没有看到,或至少没有提到科学本身受到世界范围内独裁趋势的威胁。刘易斯·芒福德先生确实看到了这个危险,但似乎认为问题会自发得到解决。达灵顿⑥博士对教育问题有一些令人振奋的想法,但很少思考"由谁进行教育和教育的目的是什么"这些问题。约翰·索莫森⑦先生捍卫玻璃混凝土建筑,反对"传统"建筑。麦克穆雷博士认为基督教将会延续下去,但为了实现这一目的它必须进行改变,不幸的是,他没有提

---

① 卡尔·曼海姆(Karl Mannheim,1893—1947),德国社会学家,代表作有《思维的结构》、《意识形式与乌托邦》。

② 约翰·德斯蒙德·伯纳尔(John Desmond Bernal,1901—1971),英国科学家,代表作有《科学与人性》、《没有战争的世界》。

③ 托马斯·巴罗夫(Thomas Balogh,1905—1985),英国经济学家,代表作有《美元危机》、《贫穷经济学》等。

④ 约翰·麦克穆雷(John Macmurray,1891—1976),苏格兰哲学家,代表作有《当代世界的自由》、《解读宇宙》等。

⑤ 刘易斯·芒福德(Lewis Mumford,1895—1990),美国哲学家、历史学家,代表作有《乌托邦的故事》、《黄金时代》等。

⑥ 达灵顿(Darlington),情况不详。

⑦ 约翰·索莫森(John Summerson,1904—1992),英国建筑史学家,代表作有《建筑的古典语言》、《十八世纪的建筑》等。

到它将如何发生改变和它的新教义会是什么，如果改变发生的话。凯瑟琳·蕾恩①小姐发表了一篇关于当代文学的文章，并列举了三十五位杰出的当代作家，包括她自己，却没有提到萧伯纳、威尔斯、德雷瑟、贝洛克、庞德、科斯勒和其他十几位作家。

当你看着这本书，看着它那现代风格的护封、闪闪发亮的相片、自信满满而又不准确的参考书目和志得意满的进步气息时，很难记起历史的惨剧正在重演。过去十年或十五年来一直在发生的大屠杀或许并不是什么大不了的事情。它只是表明我们拥有比祖先更精良的武器而已。我们这个时代真正恐怖的现象是世界的原子化，民族主义的力量变得越来越强大，对那些被赋予神圣权力的领袖的崇拜，对思想自由和客观真相的概念的消灭，以及通往以奴役劳动为基础的寡头统治的趋势。那就是世界改变的方向，而这本书没有对这些问题进行探讨，使得它不值得被严肃对待。

另外两本当大洪水正在蓄洪时或许正在准备的作品是《生活在革命中》和《重塑人类的传统》。没有必要对赫胥黎教授的这本书的中心主题进行详细的探讨，因为我们都已经听说过他的见解。"革命"指的是向中央集权的经济体制的过渡，而赫胥黎教授希望我们能以民主的方式实现这一点。不幸的是，他并没有明确地解释我们如何做到这一点，显然，就像《这个改变中的世界》的撰稿人一样，他并没有思考这个问题——或许他不敢去思考——可怕的心理力量正在迫害民主、理性和个人。但是，这本

---

① 凯瑟琳·杰西·蕾恩（Kathleen Jessie Raine, 1908—2003），英国女诗人，代表作有《石头与鲜花》、《布雷克与新时代》等。

书有一篇很好的文章，揭露了种族主义的本质，还有其它关于有害的动物和赫布里底群岛的鸟类的文章，这些题材更加贴近赫胥黎教授的性情，这些文章都很有可读性。

《重塑人类的传统》是赫伯特·乔治·威尔斯、约翰·博尔顿·桑德森·霍尔丹[①]、杰克·塞西尔·德拉蒙德[②]和其他作家的广播稿的重印本，一部分内容谈论食物和农业，另一部分内容谈论药物。莱斯利·约翰·威茨[③]发表了一篇关于麻醉学的很有意思的文章，詹姆斯·费舍尔[④]写了一些关于老鼠的有用的信息。但大体上这本书带有广播稿合集很难避免的沾沾自喜的感觉。

[①] 约翰·博尔顿·桑德森·霍尔丹(John Burdon Sanderson Haldane，1892—1964)，英国生物学家，代表作有《人的不平等》、《进化的原因》等。
[②] 杰克·塞西尔·德拉蒙德(Jack Cecil Drummond，1891—1952)，英国生化学家。
[③] 莱斯利·约翰·威茨(Leslie John Witts，1898—1982)，英国医生。
[④] 詹姆斯·麦克斯韦·费舍尔(James Maxwell Fisher，1912—1970)，英国作家、博物学家，代表作有《鸟的世界》、《鸟的迁徙》等。

评路易斯·费舍尔的《帝国》[①]

　　帝国主义意味着印度，在这么一本简短和"流行"的书里，费舍尔先生有理由忽略非洲和太平洋地区更加复杂的殖民问题。他没有尝试激起反英的偏见，而对问题没有了解的读者读完这本书后会对真相有大致的把握，并接触到一些可以引用的事实和数据。

　　正如他所理解的，对问题没有了解的读者是最有必要去争取的群体。没有必要对思想开明的人说帝国主义是邪恶的。费舍尔先生努力想要表明的一点是，帝国主义不仅导致战争，而且使得世界陷入贫穷，因为它阻碍了落后地区的发展。殖民地的"主人"总是竭尽所能禁止外国贸易，扼杀了当地的工业——只举英国为例，它刻意阻碍印度汽车工业的发展，为了保护自己，它不仅奉行"分而治之"的原则，而且有意无意地培育愚昧和迷信。从长远来看，印度将一直停留在中世纪对英国人或美国人并没有好处，即使从低俗的金钱的角度去看。这两个国家的平民应该意识到这一点，因为只有他们才能做点什么。没有一个理性的人会认为英国的统治阶级会自愿放弃印度。唯一的希望在于英国和美国的公众舆论，而在克里普斯出使印度的时候，如果公众能对问

---

① 刊于 1944 年 5 月 13 日《国家》（纽约）。路易斯·费舍尔（Louis Fischer, 1896—1970），美国记者、传记作家，代表作有《列宁的生平》、《圣雄甘地的生平》等。

题有所了解的话，原本能够迫使英国政府提出更大度的条件。

与此同时，费舍尔先生把印度问题过于简单化了，即使他只是尝试描绘出大致上的概况。首先，他没有反复并重点强调除非建立某个国际权威组织，否则印度没有机会得到自由。在一个国家主权和强权政治的世界里，即使英国成立了左翼政府也不大可能会愿意赋予印度真正的独立。这么做只会意味着将印度拱手让给另一个大国，无论从自私还是利他的角度看都不是出路。其次，费舍尔先生希望能够做到言之有理，但他过分强调了经济动机。没有人能肯定印度变得繁荣后能立刻惠及整个世界。他说，想想四亿印度人都要穿鞋会是怎样的情形。难道这不是意味着英国和美国的制鞋厂将有广阔的市场吗？但是，或许印度人希望由他们自己去制造鞋子，而因为印度的资本家认为维持生活的工资只需要一小时两美分，以西方的生活标准去与印度人进行竞争，后果将会非常可怕。目前西方正在剥削东方，要纠正这一点将意味着在几年内付出相当大的牺牲。让人们意识到这一点会比较好，而不是误导他们以为好心总是能够带来经济上的好处。

英国从印度那里搜刮到的直接经济收益并不是什么大数目。如果你将它除以英国的总人数，一年只不过是几英镑而已。但费舍尔先生说得对，它并没有照顾到所有的人口，而是让财富流进了数千个人的口袋，而这帮人掌握着政策和所有的报纸。直到现在这帮人一直成功地不让英国公众了解到真相。要让美国公众了解真相或许会容易一些，因为美国的利益没有那么直接相关。费舍尔先生的这本书是一个好的开始。但是，他应该作一点补充，警告他的读者接下来艰难的过渡时期，以及印度内部邪恶狰狞的政治和经济势力。

评圣约翰·厄温的《帕内尔》[①]

民族主义运动,尤其是那些带有浪漫色彩的民族主义运动,通常都是外国人领导的。这或许有几个原因,而一个充分的原因是你很难将了解得太多的国家或民族理想化。

圣约翰·厄温先生是乌尔斯特人,不喜欢南爱尔兰人,或许过分强调英国人和苏格兰人在爱尔兰政治中所起的作用,但他表明帕内尔——爱尔兰最具天赋的领袖——在种族上和文化上都属于"英国侨民",身上几乎没有一点"本土"爱尔兰血液。

几乎每个人都听说过结束帕内尔政治生涯的那场肮脏的悲剧。事实上,一想起他很难不记起格莱斯顿和奥谢伊夫人的名字。但帕内尔短暂的生命最重要的内容是十五年热情洋溢的政治活动,他为爱尔兰民族主义运动创建了一支军队和前所未有的团结。

他的个人悲剧和他的同胞对他的残忍和苛刻读起来让人觉得很糟心,但圣约翰·厄温先生更着重描写的是自治法案的失败以及它所产生的一连串可怕的后果。

帕内尔出身于一户盎格鲁—爱尔兰地主家庭,虽然不是长

---

① 刊于 1944 年 5 月 18 日《曼彻斯特晚报》。圣约翰·格里尔·厄温(St. John Greer Ervine, 1883—1971),爱尔兰作家、剧作家,代表作有《安东尼与安娜》、《弗雷泽夫人》等。查尔斯·斯图亚特·帕内尔(Charles Stewart Parnell, 1846—1891),爱尔兰政治家,爱尔兰国会党创始人与党魁。

子，但他继承了一笔可观的财富。

他在英国接受教育，说话带有英国口音，当然，还是一个新教徒。由于出身贵族，他很看不起地方自治党的普通士兵，根据记载，在他年轻的时候曾与前来投靠他的母亲的芬尼党人①闹得很僵，他有时候会一脚把他们踹下前门的台阶。但他一辈子都痛恨英国。这并不只是出于政治上的反对。他痛恨英国人，而且无法接受英国的援助，而支持地方自治的人大部分是非国教信徒，在帕内尔的眼中，他们都不是什么"正人君子"。

他的行动总是很理性，而且特别明智，但它们是出自强烈的、有时候近乎疯狂的主观情感。他的母亲有美国血统，同样是一个坚定的反英派（不过她并不讨厌英国女王），并影响了孩子们的童年。

帕内尔不到而立之年就进入议会，五年后成为爱尔兰国会党的党魁。又过了几年，他成为众所周知的"爱尔兰的无冕之王"。

他不仅以高超的策略使得国会党成为一股就连格莱斯顿也害怕的力量，而且赢得了所有色彩的民族主义的支持。就连声称蔑视宪政的芬尼党人也愿意追随他，虽然他断然拒绝暴力。

到了八十年代末，几乎可以肯定自治法案将在议会通过。格莱斯顿似乎承诺会推行法案。英国的自由派作出了让步。这时候，一件事情发生了，使得帕内尔的地位更加稳固。

几年前，两个政府成员，弗雷德里克·卡文迪什和托马斯·伯克，在都柏林被一群自称是"无敌者"的团伙谋杀了。《泰晤士

---

① 芬尼党人（Fenian），要求爱尔兰脱离英国统治的独立运动党人。

报》开始刊登一系列文章，暗指帕内尔与这宗谋杀有关联，最后还刊登了一份传真复印件，似乎是帕内尔签署的文件，明确地同意所发生的事情。

这是一份伪造的文件，而且轻易地被证明是伪造的。自然而然地，此次事件得到广泛的宣传，使得帕内尔更受欢迎，并使得匆忙斥责他指使了这宗谋杀案的保守党名誉扫地。

然后，突然间一切轰然倒塌。另一个爱尔兰人奥谢伊上尉，一个很有城府的人，提出了离婚诉讼，指出帕内尔是奸夫。事实上，奥谢伊夫人当了帕内尔的情妇将近十年之久。

她的婚姻生活很不快乐。他视她为妻子，并在离婚后和她结婚。这桩丑闻使得非英国国教信徒反对帕内尔，他的党派陷入分裂，大部分人要求他辞去主席职务，而格莱斯顿拒绝给予帮助。

整件事情充满了令人厌恶的英国式和爱尔兰式的伪善，因为帕内尔与奥谢伊夫人的关系一早就有很多人知道了。帕内尔拒绝辞职，并在爱尔兰全境举行会议，但教会组织与他作对，而且他的候选人在几次补选中被击败了。

当时爱尔兰民族主义运动四分五裂，如果帕内尔能够活得更久一些的话，或许他能重新团结他们，但选举摧毁了他虚弱的身体，一年后他就死了。

十五万人追随他的遗体来到坟前，但自治法案未能通过。英国在爱尔兰的统治又持续了三十年，被一场内战终结，并达成一项没有人感到满意的协议。

这本书里有些章节会让所有的爱尔兰民族主义者提出反对意见——圣约翰·厄温先生过分随意地对"凯尔特人"作概括，而且他没有根据地认为德·瓦勒拉①的政府是爱尔兰有史以来最大的灾难——但帕内尔的传记或许是可靠的，而且内容很有可读性。

圣约翰·厄温先生尝试公平对待故事中的所有主角，包括可怜的奥谢伊上尉，或许对他的动机的解读过于宽容。他说他开始写这本书时对帕内尔带有偏见，而最后对他怀有深刻的感情。他将唤醒大部分读者同样的情感，虽然帕内尔的政治生涯的大部分内容，特别是他仇恨英国的真正原因，仍然是神秘的谜团。

---

① 伊蒙·德·瓦勒拉(Éamon de Valera，1882—1975)，爱尔兰民族主义者、政治家，爱尔兰宪法起草人之一，曾于 1959 年至 1973 年担任爱尔兰第三任总统。

评赫伯特·乔治·威尔斯的《42 年至 44 年：世界革命危机中的人类行为当代回忆录》[①]

如今写一本书的最大困难是去买浆糊时只有罐子没有刷子。但如果你能找到一把刷子(有时候在伍尔沃斯商店能够买到)、一把剪刀和一本尺寸适中的本子的话，你就万事俱备了。你不需要真的写点什么。收集点零星片段——重印的新闻报道、私人信件、日记片段，甚至是由名人主播的无聊的"电台讨论"——都可以卖给渴望来点乐子的公众。就连纸张短缺也能被加以利用——就像这本书一样——以限量版的名义出书，然后以人为的高价出售。

这似乎就是威尔斯先生所遵循的方针。他的书以金边页面印刷，读者得多花三十先令，但内容却只不过是一团乱麻。很大一部分内容一连串的抨击，矛头指向对威尔斯先生称为"普世人权"的文件不是很感兴趣的那些人。其它的指责(比方说，对天主教会、国防部、海军和共产党)似乎没有来由，而是出于性情乖戾。但就该书的统一主题而言，它是那个如今为人所熟悉的理念：人类必须组建一个世界国度，否则就会灭亡。

格外引人注目的是，除了在几本书里大谈其美妙之外，威尔斯先生从未提起过如何构建这个世界国度。也就是说，他从未劳

---

① 刊于 1944 年 5 月 21 日《观察者报》。

神思考过世界真正的统治者是谁，他们为什么和怎么样能够获得权力，以及通过什么方式让他们交出权力。在阐述"人权"时，他甚至没有提到这么一份文件将如何在俄国或中国传播。他将希特勒斥为疯子：这就将希特勒打发了。他没有认真地思考为什么数百万人愿意为一个疯子献出自己的生命，而这对人类社会意味着什么。除了威胁说"智人必须按照他的方式去做，否则就会灭亡"之外，他一直重复着1900年的那些口号，似乎它们是不言自明的真理。

比方说，在1944年的时候听到"世界如今是一家"是让人很惊讶的事情。你或许还会说世界如今是平的。关于当今世界最显而易见的事实就是，它根本不是一家，而且每一年都变得越来越不团结，无论是现实上还是精神上都是如此。

虽然威尔斯先生时而会感到疑虑，但他并不愿意承认他的"人权"宣言是一份纯粹的西方文件。比方说，几乎任何印度人看上一眼就会表示反对。（从一些愤怒的"离题的言论"中你可以了解到一些印度人已经反对这份文件了。）更严重的是，他不愿意承认就连科学家和思想家的群体里，认同世界统一的思想基础也并不存在。他没有意识到像"雅利安人的象棋"和"资本主义天文学"这些话语的警示意义。他仍在谈论世界百科全书的需要，忽略了有一些知识目前完全没有办法取得共识这一事实。至于促进人类平等，威尔斯先生也认为有迫切的必要，但也没有迹象表明它正在发生。

当然，威尔斯先生时不时会意识到这些，但就像一个护士注意到一个孩子无法解释的淘气行为，他的反应和那个护士一样——"好了，你得把药吃了，不然大灰狼会把你吃掉的。"人类必须按照他所说去做，不然就会灭亡。"承认或灭亡，人类别无选择。"威尔斯先生如是说。但是，除非发生某件始料未及的大规模的灾难，否则人类是不会灭亡的。上个世纪人类的数量增长了一倍，而且还可能会继续增长，并没有能与之竞争的物种出现。威尔斯先生最喜欢的蚂蚁几乎不值得认真对待。而且没有理由认为人类或人类文明会被战争摧毁。战争确实会造成大规模的局部破坏，但或许会促成世界工业制造的净增长。威尔斯先生很久以前在《空中战争》里所描绘的几吨炸弹就能将世界炸回黑暗世纪的情景结果被证明完全是错误的。机器文明依赖炸弹而发达。我们面前的危险似乎并不是毁灭，而是奴隶文明，它不会陷入混乱，而是会非常稳定。

或许我无须补充，虽然这本书内容前后矛盾，而且有几处地方让人生厌，但里面不乏精彩而且极具想象力的描写，符合你对威尔斯先生的期望。比起其他作家，或许他对当代思想的改造是贡献最大的。因为他，月亮似乎离我们更近了，石器时代似乎更加可以想象了，我们都很感激他的努力。因此，或许我们可以原谅来自《时间机器》、《莫洛博士的岛屿》、《爱情与鲁雅轩》和另外十几部作品的作者写出几本零乱琐碎的作品，即使有一本要价高达四十二先令。

评《民间调查》 [①]

"大众观察"从战争初期就开始进行的调查揭示了许多不同的心态，但几乎所有的心态都表明英国的问题在于管制太少了，而不是太多了。英国人的善意被一次又一次地利用，但并没有得到正面的引导。他们知道他们在与什么样的敌人作战，但没有人明确地告诉他们在为了什么而战斗，或战后的世界会是什么样子。这个新的调查和之前的调查一样，警告我们他们的耐心和希望或许并非挥霍不尽。

虽然这个调查探讨的是复员的问题，它也谈到了重新就业和重建的问题。它表明不仅对"战后"有广泛的愤恨情绪，而且迷糊到了令人惊诧的程度。因此，当 1943 年 11 月对公众进行调查，了解"他们是否知道政府已经宣布了任何关于战后重建的政策"时，只有百分之十六的人认为政府已经宣布了。而两年前的比例比这还高。最令人不安的是 1918 年的心情又回来了。许多人坚信"情况会像上一次那样"，而且，因为他们上次的记忆并不开心，这可能会对士气造成不良影响。

对未来的不信任在军队和参加国民自卫队的工人里特别强烈。士兵们（女兵没有那么明显）最希望的就是战争一结束就脱下军服，有人甚至认为如果复员没有迅速完成的话，将会引起严重

---

① 刊于 1944 年 6 月 4 日《观察者报》。

的不满。他们知道复员的过程很复杂，但无法肯定它能够公平合理地完成（"上一场战争"的回忆成了沉重的负担）；更严重的是，他们不知道这个过程要多久。与此同时，无数士兵私底下认为战斗一结束他们就能退伍。这种事情对于战后可能会带来的影响是显而易见的。只有由政府发布明确的声明才能予以纠正，让他们知道他们还要服役多久和为什么会这么久。

战后的就业也有同样的问题。"大众观察"的调查发现，大部分人仍然认为战后将会有大规模的失业——这也是拜"上一场战争"所赐。与此同时，越来越多的人知道失业是不必要存在的邪恶。或许重要的是，过去几年来认为失业将卷土重来的人数没有明显的变化。我们不相信经济体制会有剧烈变动。大体上，人们的感觉是我们绝大多数的问题是可以解决的，但是，神秘而无所不能的"他们"会阻止任何事情发生。结果就是人们变得冷漠无情，并决定漠然置之，战争一结束就立刻好好歇一歇——当然，随着战争的持续，疲惫也加剧了这种情况。

对未来普遍信心不足的一个迹象是1943年对伦敦人进行随机调查时，有46%的人认为还会有下一场世界大战发生，而19%的人认为有可能发生。他们当中大部分人认为这场新的战争将在25年内发生。对所有主要政党的信心也降低了，人们迷惑而热切地期望能有精力更充沛的领导人和更加真切的民主体制。

但是，从大部分民众对待战时管制的态度就可以看出他们愿意为了一个美好的理由而作出努力和牺牲。他们接受了几乎所有的战时管制措施——就连取消白面包也以四比一的大比例通过。其它更加激进的措施虽然没有被采取，但大体上都会得到认可。比方说，"大众观察"发现十比一的民意赞同由政府接管重要的工业，七比一的民意赞同将矿业国有化。

甚至为管制而管制也能得到赞同，因为它能实现平等。大体上，只要政府采取积极的行动并对它所采取的行动进行解释，即使它所做的是进行剥夺，人民似乎都会认同。有些事件，例如延迟"毕福理奇改革"乃至释放莫斯利，深深地动摇了公众的信心，但显然根本的原因是政府没有进行解释，让人们能够看到未来，这才造成了最大的伤害。

不幸的是，"大众观察"所作的许多工作都是由一个私人团体出资赞助的，因此，它只能对很有限的问题进行探讨。现在这份调查有一个非常严重的疏漏，那就是，它没有提到与日本的战争。在德国被击败之后，日本人几乎可以肯定将会继续战斗下去，这使得复员的问题变得更加复杂。但是，"大众观察"得出的主要结论几乎是毋庸置疑的。

在这场战争中政治意识得以剧烈膨胀，而对当前领导人的信心则萎缩了。对规划重建的信念或许并没有促成任何进步。领导者与被领导者之间横亘着一道鸿沟。"他们"这个要命的词语侵蚀了信心，助长了无政府个人主义。重要的事情是在这场战争结束之前将鸿沟消弭，因为，正如"大众观察"所指出的，赢得和平和赢下这场战争都需要付出艰辛的努力，除非人们更清楚地了解他们将何去何从，否则他们就不会去努力。

评戈登·斯蒂夫勒·西格雷夫的《缅甸医生》、贺瑞斯·亚历山大的《克里普斯谈判后的印度》①

直到目前，关于 1942 年的缅甸战役仍然没有好的纪实作品。美国记者出版的书籍耸人听闻却并不真实，而更加了解情况的英国人和缅甸人所写的手稿却没有出版社愿意出版，因为他们觉得公众不会对缅甸这片只有毒蛇、老虎、大象和佛塔的土地感兴趣。这场战役的政治背景在很大程度上被忽略或歪曲了。西格雷夫医生的这本书很有价值，因为它所描述的事件始于 1922 年，而且介绍了日本侵略的背景。此外，它出自一个传教士的手笔，作为一个救死扶伤的传教士，他没有任何党派偏见。西格雷夫医生的经历让他没有理由去对缅甸人、英国人、印度人、中国人或蛮荒部落进行理想化的刻画。虽然他的写作风格让人觉得很疲惫，但这本书很有阅读的价值。

西格雷夫医生出身于一个传教士家庭，从小就说克伦邦语。但是，在美国接受完教育并回到缅甸后，他成为了一名救死扶伤

---

① 刊于 1944 年 6 月 11 日《观察者报》。戈登·斯蒂夫勒·西格雷夫（Gordon Stifler Seagrave，1897—1965），美国传教士、医生，在中缅边境传教行医，二战时积极配合约瑟夫·史迪威将军与中国新六军廖耀湘将军的缅甸战役。贺瑞斯·甘德利·亚历山大（Horace Gundry Alexander，1889—1989），英国作家、和平主义者，甘地的朋友。代表作有《愤怒的印度人》、《西方人眼中的甘地》等。

的传教士，而不是宣扬宗教。他没有钱，只有一架破旧的仪器，而且一开始的时候根本没有受过训练的助手。他在南坎创办了一间医院，那里是荒凉的郊野，缅甸公路是后来才修建的。之后几年的生活就是无休止地与疾病、肮脏、愚昧和贫穷的斗争。那里有最要命的疟疾，甲亢和性病非常普遍，时不时就会爆发瘟疫。西格雷夫医生只能用最近的河床里开采出来的石头建造医院和护士宿舍，想尽一切办法去筹款，对象有英国政府、掸族的酋长，甚至他行医的原始村落。他在没有道路的山区里骑马赶二十英里路，再工作三个小时医治难产，得到的报酬或许只有一卢比。正如他所说的：

> 用一套破破烂烂的仪器进行手术，做骨科手术没有 X 光，做泌尿手术没有膀胱镜，做外科手术没有烧灼器，只有一块烙铁。没有电的外科手术室，没有实验室的药剂房，而且还总是缺医少药。

但是，蒙古人种对疼痛的忍受力帮助他以土法上马的手段意外地成功医治了几宗病例，让他成为一位名医。

不过，西格雷夫医生最杰出的成就是训练护士。那时候缅甸的护士大部分是信奉基督教的克伦邦人，但西格雷夫医生从不同的族裔里挑选护士，包括居住在缅甸北部山区的最野蛮的克钦人。他得从最基本的内容开始对她们进行完整的培训，并且以三四门语言进行，与此同时自学了缅甸语。经过多年的努力，他培养出一支优秀的护士队伍，她们愿意承担责任，无论工作多么肮脏都不会拒绝，而且很有合作精神，就连富有经验的观察者都分辨不出哪个女孩是哪个种族的。

缅甸战役自始至终她们隶属于史迪威将军的中国部队，并为自己赢得了金子般的荣誉。"西格雷夫医生的缅甸护士"这个称呼其实并不准确——事实上她们当中只有一个缅甸人——英国、中国和美国的部队都知道她们。所有的急救站都忙碌不停，西格雷夫医生甚至可以将简单的手术放心地交给这些护士去做。她们当中有的被日本军队切断了联系，但大部分人随着部队撤退到了印度，她们瘦小的身躯承受住了长途跋涉的疲累，实在是令人称奇。

西格雷夫医生关心的主要是医护事务，但他对缅甸的政治局势所作的评论或许是可信的。他对缅甸人的政治态度的判断与其他观察家一致——百分之十的人是活跃的亲日派，另外百分之十的人是亲英派，剩下的是中立派，最关心的是活下去。他记述了缅甸第五纵队的活动——而且还描写了很多中国人枪毙第五纵队成员的场景——并证实了其它骇人听闻的描述，如轰炸以木建筑为主的缅甸城镇。他的书以美国轰炸机飞抵南坎和他的护士之家可能已被摧毁作为结束。

西格雷夫医生的纪录终于1942年，在某种程度上《克里普斯谈判后的印度》将故事继续了下去。印度目前愚蠢的僵局是从缅甸战役开始的，现在日本侵略印度的危险显然已经解除了，如果英国能够采取主动的话，或许将能达成令人满意的解决方案。亚历山大先生的书是一本很有用的关于目前情况的普及读物。这是很正确的，因为他针对的是英国读者，他强调的是印度的问题而不是英国的问题，并表明即使印度政治家的行为很愚蠢，他们对英国的动机抱以怀疑也是情有可原的。

评威廉·拉塞尔的《罗伯特·凯恩》①

现在不是写小说的时候，而且，事实上，过去几年来在这个国家出版的大部分小说要么写于闪电战之前，要么是外国人的作品。

战时的英国并没有诞生达到《丧钟为谁而鸣》或《正午的黑暗》的水平的作品。即使是在战前，从小说家的角度去看，当一个美国人是有优势的，这本很有冲击力但很不成熟而且不平衡的小说体现了其中几点优势。

这是一个关于美国南方各州的故事，它的主题是白人对待黑人的态度。它的主角是一个带有自卑情结的男孩，饱受他愚昧的父亲的欺压。他生活在一个南部棉花业小镇，那里的白人从未摆脱奴隶制度的思想。他的本能反应就是对那些"黑鬼"怀有隐秘的同情。按照我们的标准，那并不是什么深切的同情。比方说，他一直叫他们"黑鬼"，但他确实对他们的遭遇感到无来由的愤慨。17岁时他被解雇了，在公开表明自己的想法后，他只能离开那个小镇。在此之前他很想和一个黑人混血儿交朋友，但没有道德上的勇气这么做。

他去了圣路易斯，吃了许多苦头后，在一家钢铁厂找到一份

---

① 刊于1944年6月15日《曼彻斯特晚报》。威廉·拉塞尔（William Russell），情况不详。

工作，后来因为在一次罢工中的多宗暴力行为而坐了六个月的牢。有的冒险故事并不可信，但从它们的暴烈和兴衰无常你可以了解到当代美国生活为一位小说家带来了什么。

首先，美国是一个大国，有许多不同层面的文明，而且发生的事情既残忍又富有戏剧性。

例如，肤色情感不仅像在印度那样是一种平静的势利心态。那里仍然有私刑和种族暴动。当罗伯特的混血儿朋友吉姆在圣路易斯与一个白人女孩结婚后，他们莽撞地回到故乡，立刻被一群白人暴徒开枪打死，他们认为法律站在他们那边，认为自己这么做是对的，是在消除一桩种族耻辱。

美国的阶级体制也不至于僵化到限制每个人的生活的地步。罗伯特来自一个非常舒适的南方家庭，然后在圣路易斯的公园里挨冻，然后在一家工厂里从事没有技术含量的工作，然后在他的父亲死后回家经营农场，这并不是什么罕见的事情。思想敏锐的人被无知的莽汉包围在美国要比在英国痛苦得多，原因是美国要更加荒凉。

任何读过辛克莱尔·刘易斯的《主街》的人都会注意到它的基调与《罗伯特·凯恩》有相似的地方。

进步与反动、劳工与资本、有色人种与白人、年轻人与老人之间的斗争在美国要比在英国更加尖锐激烈。过去二十年来，美国小说无疑从中获益良多。一本与其思想水平相当的英国小说几乎可以肯定没有那么丰富多彩。

当它不去讲述黑人，转而讲述熟悉的主题时，罗伯特的精神历程变得可信了，虽然这在一部分程度上是因为这本书的英国版经过了改动。

在圣路易斯，他因为找不到工作，心里感到很自卑。他在公园里遇到了一个孤独的女孩，然后，在那个女孩的主动接近下，和她结婚了。

原来他是一个性无能者。这似乎是随意安排的情节，但实际上并不是这样——那源自一个童年时的事件，在英语版本里被删除了。（顺带提一下，当一个美国人的另一个好处是你可以刊印那些会让英国的内容审查员在样书的页面空白上写满问号的词语。）罗伯特的性无能最后治好了，但当他的父亲死去后他的精神创伤才真的治愈了。他回到自己的家乡，正好看到他的混血儿朋友吉姆遭受私刑，他试图阻止，但失败了。

他以为自己仍然要与白人社区和他们对"黑鬼"的野蛮态度进行对抗。但他继承了父亲的棉花种植园，父亲的死解除了他的心结——他的自卑情结终于被消灭了，而他的真性情开始显现，那根本不是什么温和的性情。

一开始的时候他柔弱地尝试当一个开明的雇主，将他手下的黑人当人去对待。结果就是，银行拒绝为他提供贷款，他被迫卖掉了四分之一的土地。很快他就变得和其他雇主没什么两样，以同样的态度对待那些"黑鬼"。

那些"黑鬼"是一种动物，需要以高压手段和偶尔的小恩小惠进行管束——比方说，送一条破旧的长裤或一磅烟草。让他们干尽可能多的活儿，给他们尽可能少的报酬，让他们勉强能活下去就行，当他们是马或骡子，这是天经地义的事情。

不久罗伯特就开始发达了：战争正在迫近，棉花的价格一路攀升。当地社会已经忘记了他过去所做的错事，重新接纳了他。"两个已婚的女士已经和他眉来眼去"——在这本书的结尾，他正准备勾引一个黑人女孩。至于肤色问题，他最后的想法是："他们对黑人的说法是对的，你必须让他们乖乖听话。"

如果这本书有道德意义的话，那就是，当一个孤独的、被迫害的个体——即使代价是造成严重后果的自卑情结——也要比完全适应环境好。这不是一本一流的小说，却是一本不寻常的小说，值得我们对作者以后的作品进行关注。

评莱温·路德维格·舒金的《文学品味的社会学研究》①

　　这篇博学但零乱的文章的宗旨是解释不同时期的文学品味的区别，并表明为什么就连像莎士比亚这样一位深受欢迎的作家，在不同的时代也是因为完全不同的原因而受到推崇的。

　　文学品味能够被解释为当时的社会条件的反映，也能被解释为才华横溢的作家缔造的产物。换句话说，你可以认为作者是主导因素，也可以认为公众是主导。舒金博士承认个体作家、文学流派和积极进取的出版商有很大的影响，但他选择了第二个立场。大体上说，艺术家创造人们要求他们创造的作品，技巧上的改变或许是由很粗糙的技术上的变革引起的。比方说，英国小说在十九世纪九十年代初开始变短的原因是借阅图书馆的兴起——至少是直接原因。三卷本的小说没有赚头，因此它只能消失。就连纸张的充足或紧缺也能够影响文学的创作形式。

　　舒金博士的这本书最有趣的章节探讨的是古典主义与贵族社会之间的联系。一个同质化的小圈子只会欣赏"优雅"，而半开化的人总是觉得古典主义冷漠空洞。而且贵族反对激烈的情感和自然主义，因为他知道它们对自己的文学作品构成了威胁：

---

① 刊于 1944 年 6 月 25 日《观察者报》。莱温·路德维格·舒金(Levin Ludwig Schücking，1878—1964)，德国文学评论家，代表作有《文学品味的社会学研究》等。

他的生活被传统所主宰，在他的眼中，传统拥有强大的力量，因为他本身的存在有赖于继承。财产是他的存在的另一个条件，暗示着生命享乐的永恒诱惑，他继承了追求形式带给他们的快乐，而形式是社会分化的一个重要表现……他独特的生活方式，以及在此基础上的外在需求，进一步让他反对提倡有创造性的、彻底展现喜怒哀乐的生活的个人主义，他对这一切都不感兴趣。所有揭露真相的事情都必须不惜代价进行镇压。

舒金博士或许从作者的角度过分强调了中产阶级的优势以反对贵族社会。但在资本主义社会里，艺术家对恩主的依赖确实没有以前的时代那么直接和难堪。正如舒金博士所指出的，商业出版社的出现是文学史的重要转折点。一旦书籍开始通过购买而出版，作者就成为某一个阶层而不是某个人的奴仆，当它们成为普通的商品时，他只对无形的公众负责，而后者不知道自己想要什么，毕恭毕敬地听从批评家的意见。

这种情况的结果之一是艺术家的地位的提高。在之前的时代，艺术家只是昂贵的优伶，《雅典的泰门》中那个诗人就是一个食客。只有到了十九世纪，当艺术家们获得经济上的解放后，他们才开始重视自己，并沉浸于"为艺术而艺术"的理论中。但是，他能写什么不能写什么在一部分程度上仍然受到非文学因素的影响。其中舒金博士列举了当时的性观念、家庭规模的正常大小、去咖啡厅的习惯、出版商的主观抉择和作者自己的公众魅力。结论似乎是，艺术家，至少是作家，在旧式的资本主义体制下混得最好，但他们在本质上是生意人，归根结底被他的顾客主宰。

在解释文学的时尚时，舒金博士或许没有充分阐述传统和纯粹的模仿，而且就语言结构对民族文学的影响这个问题所言甚少。比方说，英文诗的特点在一定程度上归因于英语缺乏韵脚这个事实。而且不幸的是，这本书显然写于希特勒崛起或1933年之前。极权主义影响了艺术家，特别是作家，比对其它任何阶级的影响更大。事实上，"恩主"又回来了，但比起以前的恩主，他不那么斯文，不那么宽容，不那么人性化，而且更加强大。

读着那些生活捉襟见肘的诗人不得不刻意奉承，而那些"主子"吃着巧克力早点的场景，我们感觉不是很愉快，但比起戈培尔博士或情报部门，"主子"或许不是更糟糕的主宰，而且他们的品味或许要更好一些。现在还无法肯定作家在民主社会主义体制中会处于什么样的地位，关于这个问题有很多争议。事实上，我们还不知道思想自由是否能够脱离经济独立。舒金博士或许会在这本书的基础上对这个主题作进一步的探讨。

评希尔达·马丁代尔的《从一代人到另一代人》①

当上一位工厂的视察员听起来似乎并不是什么了不起的成就，但是，它不同寻常的地方部分程度上在于当事人的性别以及时代。希尔达·马丁代尔小姐是英国指派的第一批女视察员之一，后来担任该部门的最高职务。在这句平淡无奇的话后面隐藏着一个追溯到十九世纪的女权斗争的故事——因为马丁代尔小姐对她母亲的历史比对自己的历史更感兴趣。

在书的开头有一幅她母亲老年时的相片：一张严肃而清秀的脸庞，显然属于一个很有性格的女人。马丁代尔女士生于一个富裕的非英国国教家庭，就像和她差不多同一时代的弗罗伦斯·南丁格尔②一样，成年后她就对当时富裕阶层的女人应该过的无所事事的空虚生活感到不满。

虽然她有快乐的婚姻生活，养育了两个孩子，但不满的情绪一直挥之不去。她成为妇女解放运动的先驱之一。她的伟大人生目标是看到男人和女人能够被平等对待——有一回，一位牧师找

---

① 刊于 1944 年 6 月 29 日《曼彻斯特晚报》。希尔达·马丁代尔（Hilda Martindale，1875—1952），英国女权活动家，代表作有《妇女的政府服务史》、《从一代人到另一代人》等。英文书名中有 CBE，表示希尔达·马丁代尔曾获得大英帝国二等爵士勋章。

② 弗罗伦斯·南丁格尔（Florence Nightingale，1820—1910），英国护士，因其人道主义精神和对医护工作的贡献而被奉为护士这一职业的精神象征。

到她，他准备创办一所失足妇女之家。她告诉他，如果他创办一所失足男人之家，她一定会鼎力相助——并让女孩子能够追求任何适合她们的职业，而不是被束缚在几样"合乎大家闺秀规范"的消遣上。

她帮助并指导了无数的女孩，其中有一位女店员，那时候才16岁，热情聪明但工作非常辛苦，她的名字叫玛格丽特·邦菲尔德①。马丁代尔太太没有活到目睹女性解放成为现实的那一天，但与她的同志不一样的是，她并没有对自由党失去信仰。

从格莱斯顿开始，自由党人就对妇女解放运动这个问题保持不温不火的态度，或采取回避的态度。对自由党政府的所作所为的失望使得妇女解放运动走向"好战"。有趣的是，早在十九世纪八十年代，自由党内部就反对女性解放，原因是如果妇女被赋予投票权的话，她们会投票给保守党。

希尔达·马丁代尔女士的职业生涯始于1895年。她的书中最有趣的地方是让我们了解到我们现在与工业革命早期联系在一起的血汗工厂和雇佣童工其实直到上一场战争开始时依然盛行。她调查了不同时期英国和爱尔兰的陶瓷业、纺织业、制衣业和许多其它行业的情况，发现到处都有令人发指的事情发生。

比方说，在陶瓷业里，年仅12岁的孩子长时间地工作，扛着重达60到70磅的黏土，而成年人铅中毒非常普遍，这被认为就像天气一样是不可避免的事情。在爱尔兰，技巧高超的蕾丝纺工一小时的报酬只有一便士。70年前就通过的工资法案被公然无

---

① 玛格丽特·格蕾丝·邦菲尔德(Margaret Grace Bondfield，1873—1953)，英国女政治家、工党党员、女权活动家，是第一位女内阁成员与英国第一位女枢密院长。

视。蕾丝纺织属于棉纺业，由经纪收集订单，他们通常是当地的商店老板和酒吧老板。他们总是以实物支付工资，而不是给钱，什么东西都要趁机加价，让工人们总是欠自己一屁股债。

马丁代尔女士提出的指控总是以失败告终，因为没有人敢提供证据指控"经理"。但最糟糕的血汗工厂似乎是伦敦的"宫廷"制衣。当有紧急订单时，通常是举行婚礼之类的活动，女裁缝们得接连工作60到70个小时才能完工。反对星期天工作和童工的法律形同虚设。如果一位工厂视察员不期而至，那些女工会被赶进阁楼或其它看不到的地方，雇主声称他们并没有犯法。

女性廉价劳动力的充足供应使得要与这些情况进行抗争变得非常困难。任何女工如果投诉雇主的话都知道自己会被解雇，而马丁代尔女士只能依靠匿名信提供的证据开展工作。

有一回她收到消息，说某间工厂的女工被迫在星期天还得工作。她去到那里的时候，雇主向她保证说女工们都在家里，还带她看了空荡荡的车间。她立刻跳上一驾马车，并到所有的女工的家里走了一遭。她事前就准备好了地址。

事实上，她们都在工作，在马丁代尔女士到访时被藏了起来。马丁代尔女士相信过去40年来工业条件已经有了很大的改善。当你读到她的经历时——特别是当你读到她从工厂女工那里收到的可怜兮兮、错字连篇的信件时——你很难不予认同。

比起40年前，工资、工时、事故和工业疾病的保护措施以及儿童的待遇都有了很大的改善，但经济体制并没有根本性的变化。马丁代尔女士认为就女性的待遇而言，改善是从上一场战争开始的，那时候女性第一次被大量雇佣，包括那些原本只招男工的工作，并使得她们第一次接触到工会组织。

顺便提一下，布尔战争第一次让政府意识到由于工业条件的恶劣，国民的体格正在恶化。或许现在这场战争将使得劳动条件再一次得到改善。

显然，战争有其补偿作用，因为军事效率与营养不良、加班加点乃至文盲是不相容的。

这本书的一部分内容很拖沓，但它是一本内容详实的书，而且文风平和。她本人是一位女权主义者，而且她的母亲态度更加热烈，但马丁代尔女士并没有那种女权主义作家常有的仇视男性的态度。她的工作和她从一开始就展现出的自信与独立证实了她所说过的话：女人除了体力不如男人之外，在任何事情上都不亚于男人。

评埃里克·吉尔的《陌生的土地》①

　　在埃里克·吉尔的大部分作品中，他似乎不安地意识到中世纪精神是工业主义的一个副产品。比起以更加华而不实的方式说着同样的事情的切斯特顿，他对现实有着更深刻的把握，但让人同样觉得他在絮絮叨叨地说着一个片面的道理，回避任何反对他的实质性的批评。但两人必须认识到他们所掌握的片面的道理并不受待见，因此值得着重强调。

　　在这本篇幅不长的随笔和讲演集里，吉尔阐述了他惯常的主题：工业社会的根本罪恶。美好的生活几乎不可能实现，艺术奄奄一息，因为我们生活在一个工人不是他的产品的主人的时代。他只是一部庞大机器的一个齿轮，反反复复地执行着某个机械性的任务，他不知道这个任务有什么意义，也对它没有兴趣，只是为了领到薪水。如果他需要满足创造性的本能，那得在工作的时间之外进行，而且他们总是被资本主义强塞给他的大规模生产的商品引诱而堕落。吉尔认为只有在人们选择自己的工作并在由自己支配的时间去完成时，而且当他们觉得自己是自由人，拥有共同的信仰体系的情况下，真正的文明才能回归。你或许可以接受这些，尽管吉尔总是像布道那样宣传人类的共同信仰必须是基督

---

① 刊于 1944 年 7 月 9 日《观察者报》。埃里克·吉尔（Eric Gill, 1882—1940）英国作家、雕塑家、字体设计家，费边社成员，代表作有《公平与慈善的经济学文集》、《论人的肉体与灵魂》等。

教的信仰，尽管他对工厂制造的厌恶总是与货币改革和银行家都是极其邪恶的人这个想法不合逻辑地联系在一起。

但是，无论你在何种程度上认同吉尔的控诉，他并没有提出真正的解决之道。他的方案当然是回归小农所有制和手工制造，总之就是理想化的中世纪。但有两个无可回避的反对意见，他无法对二者中的任何一个作出回应。一个是：世界显然并没有朝那个方向发展，怀着这样的愿望无异于盼望镜中花水中月。虽然这本书中没有提及，但在他的作品的其它地方，吉尔确实承认这一点，似乎意识到通往更加简单的生活之路将会带来更大的难题。另一个反对意见是吉尔和所有想法接近的思想家都对非工业社会是什么情景没有真正的了解；事实上，他们对工作的意义了解甚少。

这本书的精彩部分是 1919 年的爱尔兰行记。吉尔是一位皈依的天主教徒，有点仇视英国，热爱农业社会，自然而然地，他将爱尔兰理想化了，甚至声称爱尔兰的农民没有英国的农民那么面目可憎。但当他接触到一个爱尔兰的工人，比方说，一个工会组织者时，他不悦地留意到爱尔兰人似乎和他们的英国工友思想一致。也就是说，他们所想的是机械化、效率、更短的工时和更高的工资，对私有财产的神圣性并不是很感兴趣。他说道："他们似乎满足于提倡共同财富和合作化，没有私人产权或个体责任——也就是说，工厂体系应该由公共掌控，而不是由私人掌控。"在这本书的其它地方，他对此进行了解释，并说工人们接受了他们的雇主的价值体系。他没能了解到，工人的态度是建立在艰苦的体验之上的。中产阶级人士没有权利去质疑它。

萧伯纳的《人与超人》中多愁善感的屋大维和司机埃纳利·

斯特拉克之间有一段一针见血的对话：

> 屋大维："我信奉劳动的尊严。"
>
> 斯特拉克："那是因为您从来没有劳动过，屋大维阁下。"

埃里克·吉尔是一位雕塑家，显然认为手工劳动在本质上是创造性的劳动，在思考过去时，他总是忘记了低下阶层的人口。他想象中的世界是工匠的世界——自耕农、木匠、纺车织工、石匠等等——那是一个几乎没有机器的世界。但是，在一个没有机器的世界里，普通人当然不会是工匠，而是奴隶，或比奴隶好不到哪里去。不靠机器从土里刨食是非常辛苦的事情，必定会让许多人就像牲畜那样干活。我们忘记了前工业时代生活的这一方面，正因为最可怜的阶级干活实在是太辛苦了，因此没能留下他们的纪录。在今天的许多原始国家，普通人从十岁开始就像奴隶一样劳动，就连他似乎高人一等的审美情怀也是因为他没有机会去审美。只有吉尔极其厌恶的机器、劳动分工和经济集中制才能真正地改善他们的处境。

这本书还包括了一则对和平誓约联盟的致辞、一篇关于服装的文章和几则关于拉斯金和画家戴维·琼斯①的评论。吉尔是一个和平主义者，至少在他晚年的时候是。虽然他提出土地私有和小作坊工业，他对待社会主义思想不是很认真。但他的中心思想

---

① 戴维·琼斯（David Jones, 1895—1974），英国诗人、画家，代表作有《括号之中》、《时代与艺术家》等。

是对机器的痛恨。无疑，他对当今社会的控诉是对的，但他提出的速效疗法是错的。和所有向往过去的人一样，他无法完全摆脱矫情和琐碎无谓。不要附庸风雅，不要花里胡哨，不要像威廉·莫里斯那样——这就是他的呼吁。但一个人与自己的时代作对总是得付出代价，吉尔付出的代价从广播大厦外面的雕塑、装饰这本书的木版画和他过于简洁的文字风格可见一斑。

评马丁·约翰逊的《艺术与科学的思想》^①

有一些书不知所云，但至少内容很有趣。这本书就是其中之一，任何人如果能够忍受这本书糟糕的文笔和那篇杂乱无章、几乎让人想起《木桶的故事》的序文，在读完之后都能够了解到丰富多彩、不同寻常的内容。但他在读完这本书之后是不是更加清楚艺术与科学之间的关系就难说了——这是一个遗憾，因为作者认为这个问题非常重要。

约翰逊博士认为艺术与纯粹科学已经分道扬镳，而且二者似乎没有共同基础，似乎探讨的不是同一个世界。他的意见是对的。艺术家的精神世界仍然停留在前机械时代，而科学家的精神世界里没有丝毫的审美意识。像莱昂纳多·达芬奇这样在艺术和科学的世界里同样如鱼得水的人物在现代世界不复存在。

约翰逊博士或许应该补充说，这种截然对立由于我们这个时代的普通人与科学家们站在同一阵营，认为这是理所应当的事情而变得更加糟糕。如果某些艺术彻底消亡的话——比方说，诗歌艺术——他们不会有任何触动。在开头的章节里这个问题就得到了充分阐述，但直到最后一页，它并没有得到进一步的探讨。

约翰逊教授只是试探性地说科学与艺术的调和（还有科学与宗

---

① 刊于 1944 年 7 月 13 日《曼彻斯特晚报》。马丁·约翰逊（Martin Johnson），情况不详。

教的调和)或许可以通过象征主义实现。这本书的其余部分虽然编排精巧得当，但都是一系列题外话，展现了非凡的学问，但与主题基本没有什么相干。

不过，它的部分内容很有可读性。首先，它有一则关于古代中国玉雕的长篇论述，然后又有一篇关于十二世纪的沙特尔大教堂大门上的雕像的论述。然后有一章讲述了俄国的芭蕾舞。接着有一章在论述沃尔特·德拉梅尔①的诗作。然后有几章的内容是关于中国和中东的早期天文学家。这些信息或许你无法从普通的书籍中获取，内容都很有可读性。

似乎在中世纪的阿拉伯与波斯，以及早些时候的希腊和更早些时候的中国，存在着一些现在已经绝迹的通晓艺术和科学的学者。当巴格达在对数学进行高深的研究时，我们的祖先比野蛮人文明不了多少。公元 820 年，阿拉伯学者在哈里发马蒙②的统治下已经能够相当精确地测量地球的周长。十三世纪的蒙古征服者忽必烈汗征集了来自亚洲和东欧的学者研究天文学。

在这个部分，约翰逊教授指出一个很有趣的事实，或许它阐明了科学与艺术之间的关系。那就是，托勒密错误的天文学理论之所以延续了很多个世纪，是因为它们满足了希腊人、阿拉伯人和中国人的审美意识，他们都迷醉于所有的天体都在做圆周运动的和谐图景。

---

① 沃尔特·德拉梅尔(Walter De la Mare，1873—1956)，英国作家、诗人，作品想象力丰富，代表作有《邦普斯先生和他的猴子》、《聆听者》、《风吹起时》等。

② 哈里发马蒙(the Caliph al Mamum，786—833)，阿拉伯帝国阿巴斯王朝第七任哈里发，推崇知识与智慧，是阿拉伯文化鼎盛时期的缔造者，建造了名为"智慧宫"的学术中心。

行星其实是在做椭圆运动，但他们似乎认为这很无趣。这个任务留给了比较庸俗的文艺复兴时期的欧洲学者，他们勾勒出了符合事实的太阳系的图景。此外，还有几个章节对莱昂纳多·达芬奇作了精彩讲述。达芬奇不仅是一流的画家和制图员，而且是有史以来最大胆进取的思想家之一。达芬奇的画作流传不多，但他留下了许多笔记本，里面有许多他的绘图，这些画作表明他对那个时代的科学知识有全面的了解。他甚至预料到许多现代发明和发现，其中约翰逊博士列举了飞机、潜水艇和使用蒸汽作为动力。

达芬奇或许独自发现了地球绕着太阳公转。显然，在他的身上，科学的好奇和审美的意识并没有冲突。但是，这么一个人能否存在于我们这个时代更加值得怀疑，因为约翰逊博士提到了一个难题，但没有进行深入的探讨。这个难题就是：科学知识已经膨胀到不可收拾的地步。

要对莱昂纳多所生活的十六世纪或几个世纪前的巴格达和大马士革有所了解，你必须是一位专家。而那时候一个人仍有可能掌握所有的知识，至少对这些知识略有涉猎。现在，要掌握关于海洋鱼类或无线电或化疗或弹道学的知识，你必须花一辈子的时间去学习，成为全才显然是不可能的。正规的科学工作者往往对他自己所研究的科学分支之外的知识一无所知。艺术家充其量只是对几门科学略知皮毛，而科学家所接受的严格培训总是使他鄙夷想象力。很难相信会有人真的身兼这两种角色。

或许某些艺术和某些科学之间存在着紧密的联系。数学家通常都有音乐才华，除了这个众所周知的事实之外，似乎生物学家都有敏锐的文学品味。约翰逊博士几乎没有对这个问题进行探讨；事实上，除了隐隐约约提到象征主义之外，他并没有提出任何正面的解决方案。这不是一本令人满意的书，但那些无关主旨的内容很有趣，值得一读。

评雅克·巴尊的《浪漫主义与现代自我意识》①

当你的耳朵里充斥着警报的轰鸣声和远处的爆炸声时，听到卢梭并不是极权主义之父的消息似乎并不是什么让人激动的事情。但是，巴尊先生在这本博学而富于争论的书里所讨论的问题非常重要，不对这些问题弄个明白，你无法对战后的世界有清醒的认识。

简单地说，巴尊先生的目标是捍卫浪漫主义，反对现在认为歌颂激情反对理性是现代的权力崇拜和专制国家的直接起源的普遍指控。他的论述很有力，但缺点是定义过于狭隘。首先，他似乎认为思想与经济条件之间没有联系，几乎没有提到为什么古代主义或浪漫主义思想会在不同的时代盛行。其次，像"古典"和"浪漫"这些词语的运用将争议局限于学术范围，而问题的关键是进步和原罪这个更广泛的问题。

他本人意识到"浪漫"是一个被滥用的词语。在书的最后有一张引用的表格，表明它有超过五十种不同的用法（例如，它被用于形容拿破仑、中世纪、电影女明星、保皇主义、共和主义、天主教、新教、反动派、革命者、圣人、强盗、化妆品、城堡的废墟等等）。更糟糕的是，古典艺术和浪漫艺术的区别其实

---

① 刊于 1944 年 7 月 23 日《观察者报》。雅克·马丁·巴尊（Jacques Martin Barzun，1907—2012），法裔美国作家，代表作有《我们所传承的文化》、《论人的自由》等。

很狭隘，大约仅限于 1650 年到 1850 年，甚至在那个时候，有一些人，例如拜伦，似乎横跨两个领域。在我们这个时代，"古典"和"浪漫"这两个词的含义已经改变了，或至少意思变得太精微细致了。因此，托马斯·斯特恩斯·艾略特先生被视为古典主义作家，而阿尔弗莱德·爱德华·豪斯曼被视为浪漫主义作家，但教皇或约翰逊博士①或许都不会注意到这两个人有什么区别。

在他自己的学术领域里，也就是十八世纪和十九世纪，巴尊先生压倒了他的论敌。他能够证明不幸的卢梭并没有教导任何一个被强加在他身上的理念，而十九世纪初的德国浪漫主义者和英国诗人遭到了同样的诽谤。他坚持认为浪漫主义运动所拥有的能量同思想的好奇以及古典主义和贵族社会之间有内在的联系，他的想法是正确的。他指出，路易十四是一位不亚于拿破仑的暴君，受到的盲目崇拜也同样不亚于后者。要将现代专制主义归结到浪漫主义的个人至上需要颇费一番周折。另一方面，他几乎没有询问为什么我们这个时代会看到对权威的向往再度兴起，并伴随着对浪漫主义价值的抛弃。他提到了当下盛行的对唯一的真相，唯一的宗教，唯一的忠诚的追求。无论是马克思主义者、托马斯主义者②、圣公会信徒、新古典主义者、法西斯主义者还是长枪党人，共同的呼声似乎是："给我们一个信念，给我们一位领袖。"如果我们考察这个群体的教条式的经院哲学，它的艺术标准的矫揉造作和虚伪信仰，以及他

---

① 萨缪尔·约翰逊(Samuel Johnson, 1709—1784)，英国作家，曾编撰出第一本现代意义的英文字典，为英国普及文字教育作出了杰出贡献。
② 托马斯主义(Thomism)，传承神学家托马斯·阿奎那思想的基督教思想。

们对浪漫主义的合围，我们有最清楚的证据表明一个新的古典时代正在形成，我们已经生活在古典主义的氛围里，呼吸着它的空气。

在很大程度上这是真的，虽然有足够多的例外可以推翻这个概括。巴尊先生斥责马克思主义者、新托马斯主义者和其他思想自由的敌人，并指出他们对浪漫主义的抨击是在进行恫吓。他们的真正目的是摧毁自由，因此，他们声称自由的延伸会引向奴隶制。但他并没有探讨他们的态度深层次的原因，而且他也没有以浅显的语言去阐述自己的观点。在广义上有两个原则在进行对抗。一个原则是相信人性本善，他们能够创建一个公正的社会，自由能够非常轻易地实现。另一个原则是人只有在言论受到限制和行为受到束缚的情况下才可以被信任。显然，第二个信念现在非常盛行，同样清楚的是巴尊先生则相信第一个信念。但如果他不那么殚精竭虑地捍卫卢梭和抨击波瓦洛①的话，他会是一位更有说服力的自由的斗士。

如果你用"古典"和"浪漫"作为专制主义和自由主义的标签——这就是巴尊先生所做的事情——很多例外的情况会把读者的注意力从主题引开。比方说，伏尔泰是一个古典主义作家而卡莱尔是一位浪漫主义作家。因此，卡莱尔是自由的朋友而伏尔泰是自由的敌人——这是很荒谬的。你可以想到无数相似的反对意见。巴尊先生对那些一笔将华兹华斯的诗歌和法国大革命的理念抹杀的人感到很气愤，这使他成为对浪漫主义不加丝毫批判的斗

---

① 尼古拉·波瓦洛-德普雷奥（Nicolas Boileau-Despréaux，1636—1711），法国诗人、批判家，代表作有《讽刺诗》、《诗艺》等。

士，结果就是写出了一堆说不清道不明的内容，回避了一些尴尬但很重要的问题。不过，虽然这不是一本令人满意的书，许多内容仍然很值得一读。

评詹姆斯·艾肯编辑的《十九世纪的英语日记》①

正如许多刚刚出版的士兵和国民自卫队工人日记所表明的，日记这门艺术还没有失传。但是，如今英国似乎无法拥有像萨弗斯伯利伯爵②、多萝西·华兹华斯③、玛丽·雪莱④那样的日记作家，塘鹅出版社最近出版的这本日记选集就收录了他们所记述的内容。举一个例子，下面的内容出自牛津运动早期领袖人物胡雷尔·福罗德⑤的日记，内容很有典型意义：

> 1826 年 11 月 12 日：我为我那条脏兮兮的裤子感到羞愧，身边坐着……但我下定决心不去遮掩裤子。这种关系到我们个人自尊的羞耻并不是什么大不了的事情，因为在别人看来并不是太脏，它让我们意识到我们有多么堕落，对重要

---

① 刊于 1944 年 7 月 28 日《曼彻斯特晚报》。詹姆斯·艾肯（James Aitken），情况不详。

② 萨弗斯伯利伯爵（安东尼·阿什利·库珀 [Anthony Ashley Cooper]，Earl of Shaftesbury，1621—1683），英国政治家，辉格党创始人之一。

③ 多萝西·华兹华斯（Dorothy Wordsworth，1771—1855），英国女作家，诗人，大诗人威廉·华兹华斯的妹妹，代表作有《大陆游记》、《多萝西·华兹华斯文集》等。

④ 玛丽·雪莱（Mary Shelley，1797—1851），英国女作家，代表作有《最后的人类》、《科学怪人弗兰肯斯坦》等。

⑤ 理查德·胡雷尔·福罗德（Richard Hurrell Froude，1803—1836），英国圣公会牧师，牛津运动发起人之一。

的事情如此漠视。

下面的内容是出自著名的演员经纪威廉·查尔斯·麦克雷迪的日记：

> 1833 年 1 月 22 日：我对今天的工作还算满意，不过要是我能起早一点的话，或许工作会完成得更加顺利。走到伦敦是今天真正快乐的事情，而且我的脑子也没闲着，因为我思考了《奥赛罗》的几幕场景。算上思考的时间、清新的空气和锻炼、走路省下来的钱，这三个半小时并没有白费。

现在很少有人会记录这些琐事了。一场战役或闪电战突袭或许值得记录，比起维多利亚时代的人，我们对自己细微的行为似乎不那么关心了。我们不再那么关注思想，我们对愉悦的罪恶感没有那么敏锐。比方说，弗罗德每次享用晚餐时都觉得自己会被诅咒。但是，正是这种过分的道德感使得许多十九世纪的英国男人与女人成为勤勉的日记作家。在他们眼中几乎每一个行动都有其意义。虽然他们记录了很多荒唐的事情，但他们也为历史作了有价值的脚注，有时候把按照现代标准似乎非常平淡无奇的生活写成跌宕起伏的故事。

这一卷里面的内容都是短篇的节选，因为它总共引用了 22 位日记作家。作者包括维多利亚女王（记录她与她挚爱的丈夫阿尔伯特王子第一次去苏格兰高地，他给予了苏格兰人最高的荣誉，说他们"看上去像日耳曼人"）和卑微的艾米丽·肖尔，一位没有俸禄的神职人员的女儿，她 19 岁时就死了，从未见到过什么大人物，但她写的某些篇章是书中最精彩的。他们都是真正的日记作家，或许只有威廉·科贝特①除外，他写的郊野出行是为了出版，而且应该被归为日记形式的政治宣传。

关于日记中所蕴含的历史信息，最重要的无疑是萨弗斯伯利爵士、福尔克·格里维尔②（他担任过三届国王的枢密院书记）和科尔切斯特勋爵③，他曾担任众议院的议长达 15 年之久。从这些日记以及科贝特愤慨的谩骂中，我们了解到十九世纪初的英国是多么的黑暗。

工业革命打破了旧时的乡村生活，数百万人被圈在一起，生活条件肮脏悲惨，而且他们愚昧无知又道德败坏，情况之恶劣是我们现在所难以想象的。直到 1848 年宪章运动仍是一股强大的力量，让保守党人感到害怕，甚至像萨弗斯伯利这样的激进派也感到惊慌，就连老成持重的格里维尔也评价说暴力革命如果发生并不会让人感到吃惊，因为在新工业区工人阶级被迫接受的生活条件实在是太恶劣了。

大城镇里经常爆发瘟疫，一死就是几千人。最普遍的疾病是霍乱，但在 1837 年艾米丽·肖尔记载了新的疾病的出现——"人们把它叫做流感"，流感很快就传遍整个英国。

但是，这些日记并没有单纯记载灾难。诗人华兹华斯的妹妹似乎在宁静偏僻的湖区过着非常快乐而平和的生活。虽然她的第

---

① 威廉·科贝特（William Cobbett，1763—1835），英国作家、代表作有《乡村经济》、《郊野之旅》。

② 福尔克·格里维尔（Fulke Greville，1554—1628），英国诗人、政治家，代表作有《论君主制》、《关于荣誉与名誉的质问》等。

③ 科尔切斯特勋爵查尔斯·艾伯特（Charles Abbot，1st Baron Colchester，1757—1829），英国律师、政治家，曾担任下议院议长。

一篇日记写于 1800 年，但里面几乎没有提到拿破仑战争。她的时间都花在料理家务、园艺、观鸟、摘野花、帮助过往的乞丐和帮威廉抄写诗歌上。

> 1802 年 5 月 21 日：一个非常温暖柔和的早晨，下着小雨。我为威廉朗诵了弥尔顿的十四行诗，他以波拿巴为主题写了两首十四行诗。

> 1802 年 5 月 29 日：威廉完成了写给玛丽的诗。我把它眷了出来……多么甜蜜的一天。我们把忍冬钉起来，然后给红豆锄了草。

有很多篇日记提到了华兹华斯的诗，猜出它们是哪首诗是一件很有意思的事情。那个后来出了名的卖水蛭者似乎是路上偶遇的一个乞丐，日记里还提到了关于水蛭价格的有趣信息，它们从半克朗一百条涨到了三十先令一百条。

此外还有拜伦、沃尔特·斯科特爵士①、托马斯·莫尔②、福特·马多斯·福特③（前拉菲尔画派的创始人）、不幸的画家本杰明·海登④等人的日记。还有亨利·克拉布·罗宾逊⑤的日子，他

---

① 沃尔特·斯科特(Walter Scott, 1771—1832)，英国作家、剧作家、诗人，代表作有《赤胆豪情》、《湖畔少女》等。
② 托马斯·莫尔(Thomas Moore, 1779—1852)，爱尔兰作家，代表作有《乌托邦》、《吉卜赛王子》等。
③ 奥威尔将作家福特·马多斯·福特(Ford Madox Ford)与画家福特·马多斯·布朗(Ford Madox Brown)弄混了。
④ 本杰明·罗伯特·海登(Benjamin Robert Haydon, 1786—1846)，英国画家，一生破落潦倒，多次因为欠债背叛入狱，最后自杀。
⑤ 亨利·克拉布·罗宾逊(Henry Crabb Robinson, 1775—1867)，英国律师，伦敦大学创始人之一。

是一个怪人，但从某些方面来说是一个非常典型的英国人。他的传记在十年前出版，值得一读。罗宾逊活了很久（1775 年至 1867 年），几乎毫无作为，但交游广阔，与每一个新的发展保持接触，并将当时的闲言风语认认真真地写进日记，坚持了 56 年。

根据记载，他是英国第一个使用安全刮胡刀的人，当氯仿被发明出来时，他立刻让自己接受麻醉以了解那是怎么一回事。我们发现他在 1812 年就读布莱克的诗，那时候很少有人知道布莱克。但是，有趣的是，罗宾逊的朋友华兹华斯也是布莱克的崇拜者，并认为他"诗才远远高于拜伦或斯科特"。

这本书只卖九便士，价格很相宜。它并没有满足读者，而是吊起了他们的胃口——无疑这就是它的目的。很少有人在读完这本书后会不想去了解关于至少一位日记作家更多的事情。由于这些人的日记不是那么容易找得到，希望塘鹅丛书能够在这本书的基础上再出一系列日记选集。

评萧乾的《龙须与蓝图》①

　　读过萧乾先生更早的作品《苦难时代的蚀画》的人会记得它探讨了许多熟悉的问题。在革命②后成长的中国知识分子似乎像欧洲知识分子那样走过了相同的历程，但可能在顺序上并不一样。和英国一样，中国的诗人不懂得怎么给奶牛挤奶，却写诗赞美田园生活；写无产阶级文学作品，但无产者根本看不懂；为了政治宣传和纯粹艺术的对立而进行激烈的争辩。在他的这本书里（大部分文章是演讲稿和广播稿），萧先生对这个问题继续进行探讨，但他探讨的不是文学作品，而是机器时代对于整体中国文化的冲击。

　　正如他所指出的，机器突如其来地降临亚洲，并带来了困扰。"现代的伦敦巴士是维多利亚时代的公共马车发展而成的，谁知道呢，或许接下来的发展将会是伦敦空中交通，空姐们吆喝着：'坐好了，我们即将起飞！'但香港或上海的巴士并没有传统。在某种意义上，你的无线电收音机是你的自动钢琴和音乐盒的延伸……但在中国，无线电收音机就像是天上掉下来的奇迹。"还有一件事（萧先生的读者是英国人，因此他很客气地没有强调这一点）：几十年来中国从西方文明那里得到的好处就是吃枪

---

① 刊于 1944 年 8 月 6 日《观察者报》。
② 应指辛亥革命。

子儿。无怪乎他们会对机器文明怀有敌意。更早些时候他们曾经鄙夷西方科学，认为那只是蛮夷的无趣玩意儿。在十七世纪——

当德国天文学家汤若望①想将阳历引入中国时，他先是遭到本土学者的非难，最后伤心地死在狱中……当时一位学者杨光先②写道："宁可使中夏无好历法，不可使中夏有西洋人。无精准之历法虽或误计月相盈蚀，然我大清江山仍将昌盛不改。"

这种态度在中国貌似比西方更文明的时候是可以原谅的（例如，以前东方人会洗澡沐浴而西方人从不这么做），但后来，当中国面临被征服的危险时，中国的学者仍然在炮制乐观的言论，证明机器一无是处。十九世纪中叶有人写道：

蒸汽船实乃至拙之船，野炮实乃至拙之炮，非耶？舰船贵在快捷，炮火利在运便。夫蛮夷之舰船不喂以煤炭则寸步难行，火炮非数人之力则无以腾挪。向使战场之上有健卒提刃径冲直前，洋人则必死无疑矣。

---

① 汤若望（Johann Adam Schall von Bell, 1591—1666），神圣罗马帝国科隆人，天主教神父、学者、传教士，于明神宗年间到华，后在清朝任职，担任钦天监监正，后因"历狱案"被判处凌迟之刑，因天象异常和京城发生地震而免死，后被释放，客死中国。（奥威尔在本文中说汤若望死于狱中应该是信息不确的误传。）
② 杨光先（1597—1669），字长公，江南歙县人，明末清初学者，在"历狱案"后被提升为钦天监监正，康熙亲政后，杨光先被判处死刑，后赦免还乡，死于途中。

这和贝当元帅嘲讽坦克的论调没什么两样。但是，那些舰船和火炮威力实在是太大了，顽固的保守主义破产之后，中国人改变了他们对待机器的态度，开始形成萧先生所讲述的"盲目崇拜"的心态。科学学习变得极为普遍，但趋势是专注于狭隘的实用主义。年轻人学习动物饲养而不是生物学，制造船只而不是基础工程。直到最近他们才意识到西方的技术成就是建立在没有短期价值的理论研究之上的。

自然而然地，困扰着萧先生的问题是：中国古代的文化能不能在中国变成一个现代机械化国家之后依然延续下去？或许这个问题在中国比在世界上其它地方更加紧迫，因为如果中国走上与日本一样的道路，结果将是不可想象的。中国已经在制造机关枪，而且很快将能够制造轰炸机。但是，萧先生确信——他能够引用很多言论作为支持——他的同胞并不喜欢纯粹的物质文明，而且他们的艺术传统扎根很深，不会被机器摧毁。与此同时，中国必须在现代世界生存，不喜欢别人对她说长辫比钢盔更别致。但是，如果她能摆脱外界的干涉，她将会欣喜地回归她的"龙须"（即中国的书法和它所代表的闲适文化）。

除了那些探讨机器到来的文章之外，还有一篇文章探讨易卜生和萧伯纳对中国戏剧的影响，另外有一篇文章在探讨近期的中国文学作品。中国的话剧似乎以模仿欧洲的戏剧作为起步，早期与宣传密不可分。一位作者对自己的作品是这么写的："虽然本剧在审美意义上并不完美，但我很高兴地说我探讨了婚姻制度和农村破产这两个我们所面对的社会问题。"易卜生和萧伯纳都受到高度重视，被誉为"问题剧作家"，虽然《华伦夫人的职业》到了1921年在上海还引起丑闻。后来开始流行浪漫的爱情戏剧，再后来又流行"无产阶级"戏剧。有趣的是，中国剧院改编的第一批戏剧是《茶花女》和《汤姆叔叔的小屋》。顺便提一句，《汤姆叔叔的小屋》让中国人相信"西人并非皆铁石心肠也"。

这本书不是什么鸿篇巨著，但值得花上一个小时读一读。如果萧乾先生不是那么热切地避免冒犯英国人的话，或许它能写得更好一些。欧洲一直没有好好对待亚洲，在适当的时候就必须直言不讳。出版商对这本书的装帧值得表扬，用的是那种我们好几年没有见过的手工制作的纸张。

评理查德·丘奇的《门廊》和《堡垒》[①]

　　小说作为一种文学形式的好处在于你可以将几乎什么东西都塞进去。旧日记的零星片段、街上听到的只言片语、未发表的诗歌、谈论政治或人生的专著、从植物学到锡矿的五花八门的信息——稍微花点心思它们都可以发挥作用。

　　无法写成文章或散文的太琐碎、太丢人或太高深的题材都可以写进小说里。事实上，在眼下这个时候，纯粹讲述故事的艺术处境很糟糕，许多小说写得最好的章节都是因为作者忘记了自己的人物，转而谈论起一些他真正了解却无关主旨的主题。

　　理查德·丘奇先生这两本重印的小说也是这样。它们的情节很离奇，而且人物也不真实，但它们确实从侧面介绍了一些很有价值而且很有趣的信息。

　　《堡垒》是《门廊》的续篇（顺便说一下，《门廊》获得了1938年的费米纳奖），贯穿两本书的男主角是一个名叫约翰·奎索特的年轻人，他在海关任职，但志向是当一名医生。他有个同事名叫蒙瑟。蒙瑟是一个诗人，在第一本书的结尾死了，唤醒了一个年轻女人的热情，她最后嫁给了约翰。

　　经过艰苦的奋斗并在忽略了许多本职工作的情况下，约翰最

[①] 刊于1944年8月10日《曼彻斯特晚报》。理查德·托马斯·丘奇（Richard Thomas Church，1893—1972），英国作家，代表作有《夜莺》、《生命的洪流》等。该系列是三部曲：《门廊》、《堡垒》和《内室》。

后真的成功通过了医学考试。蒙瑟强势的人格即使在死后仍然影响了约翰和多萝西（女主角），拆散了两人，直到约翰当上医生后才摆脱了他的阴影，而蒙瑟在死后发表的诗作获得了巨大的成功。

这就是故事的情节，如果它能被称为情节的话。但到最后故事支离破碎，许多事件根本毫无意义。而且这本书的文笔很散漫马虎，像"他卖掉了他母亲的大部分家具"或"他弄掉了30或40罐一磅重的果酱"（注意这句话的歧义）这样的语句到处都是。

但是，这两个故事中有的篇章，或许总共有50到100页，很值得一读。不消说，这些都是描写海关（显然丘奇先生对内部情况很有了解）和约翰作为一个医学生的经历。你会读到或许你无法亲身去了解的具体的事实，虽然它们与故事的主线并没有联系，但这似乎没什么要紧的。

书里有许多关于海关、茶叶品尝者、分析师等内容有趣的信息，但最发人深省的事情就是一个小公务员对工作不感兴趣被认为是理所当然的事情。每个人都有某样让他全身心投入的爱好，或是为了通过某个考试从而摆脱公务而学习；不管怎样，他们在上班的时候总是想尽办法开小差。海关的主任在正式场合不能容忍这种情况，但当某个小职员利用上班的时间干私事并发表了一本著作或获得学位时，就连他们也会感到高兴。

约翰·奎索特在十八岁的时候吃上了皇家饭，但丝毫没有热情。上班的第一天他就迟到了，第一个星期一直在推搪工作。他朋友本布里奇是一个主修音乐和植物学的学生，每天都花上好几小时在这两样事情上，当主任走进房间时就慌慌张张地将一本记事簿搁在笔记上面。

工作是一种桎梏，下班后生活才真的开始——这似乎就是底层公务员的态度，至少根据丘奇先生的描写就是这样。

很难相信约翰·奎索特会是一个成功的医生，但在他当学生的时候有一两个情景（无疑，这些都是取自个人经历）很可信，而且很有趣。里面有一段关于乳癌手术的恐怖描写。这是一个很好的例子，表明什么乱七八糟的东西都能放进小说里。任何期刊的编辑都会将它视为一篇"医疗报告"并不予采纳。而在一篇小说里它似乎可以被接纳，即使它与故事并没有紧密的联系。

这本书还有三段关于分娩的描写（两个婴儿和一头牛犊），全部都发生在很不利的情况下，有一回是在空袭中进行的——那是在 1916 年。

这两本小说里的第二本写于现在这场战争之前，描写了上一场战争的开头那几年。里面有些章节有一种奇特的时代风味，特别是对齐柏林飞艇轰炸的描写——鉴于近期的经历，那似乎根本算不了什么。

这两本小说都值得重印，但这么说就等于承认英文小说正处于低潮。或许这种情况就像暂时的牙痛，不会一直持续下去。德国方面的战争将在一年内结束，届时纸张紧张的情况将会在一年内得以解决。与此同时，新一代的作家将从部队里退役，而老一辈的作家也可以从宣传工作上退下来，干这份工作他们都快憋屈死了。

到那时候，我们或许可以期待许多好的小说再度涌现。但目前悲哀的事情是，在英国出现的值得阅读的小说要么是在 1939 年前出版的，要么就像《正午的黑暗》和《逃往阿拉斯》一样，是外国小说的译本，要么就像《丧钟为谁而鸣》一样，是美国人的作品。

评玛丽·帕内特的《巷子》[1]

奥地利女作家玛丽·帕内特夫人作出了杰出的社会贡献，最近艾伦与昂温出版社出版了她的作品《巷子》，揭露了仍然零星存在于伦敦市中心的贫民窟令人惊诧的条件。

帕内特夫人在一家儿童游乐中心工作了将近两年，她掩饰了那条街的名字，把它叫做巷子。虽然离伦敦市中心并不远，那里却属于一个"坏区"，而且根据她的描述，她刚到那里的时候，那些孩子比野人好不了多少。事实上，他们有家，但他们的行为和俄国内战造成的"野孩子"没什么两样。他们不仅肮脏、衣衫褴褛、营养不良，而且说脏话，思想败坏，都是一帮小偷，像野生动物一样教而不善。

有几个女孩子比较好说话，而那些男生只会一遍又一遍地破坏玩乐中心，有时候在晚上破门而入，进行更加彻底的破坏。有时候，就算是一个成年人赤手空拳地和他们在一起也会是一件危险的事情。

这位头发花白的温和的夫人花了很长的时间，用她那浓重的外国口音赢得了那帮孩子的信任。她的原则是如果可以避免的

---

① 刊于 1944 年 8 月 13 日《观察者报》。玛丽·帕内特（Marie Paneth，1895—1986），奥地利籍女教师，战时曾在英国，担任美术教师，帮助遭受战争影响的儿童，并于战后继续以美术教育的方式帮助集中营幸存的儿童治疗心理创伤。

话，从不强硬地反对他们，而且从不让他们觉得可以吓到她。最后，这个方法似乎奏效了，但中间颇有一些不愉快的经历。帕内特夫人相信最好是依照由霍姆·雷恩①、亚历山大·萨瑟兰·尼尔②等人倡导的"放任自主"的原则去对待这些没有家庭并视大人为敌的孩子。

虽然帕内特夫人不是一位心理学专家，但她的丈夫是一位医生，而且她以前曾经做过类似的工作。在上一场战争里，她在维也纳的一家儿童医院工作过，后来又去了柏林的一家儿童中心。她所描述的"巷子"里的儿童是她在所有国家所见到过的最顽劣的儿童。但是，作为一个外国观察者，她发现几乎所有的英国儿童都有某些优点：比方说，即使是最坏的小孩也会照顾弟弟妹妹。

而且有趣的是，这些半野蛮的孩子认为偷窃和见到警察就逃跑没什么不对，但他们都有深切的爱国主义情绪，而且很崇拜丘吉尔先生。

显然，帕内特夫人所描写的"巷子"只是存在于一个相对繁荣的地方的一个被遗忘的十九世纪角落。她不相信这些孩子的生活条件因为战争而变得更加恶劣。（顺便提一下，好几次将这些孩子撤离的尝试都失败了，他们被称为"无法收容者"。）

和她谈话或阅读她的作品，很难不去猜想还有多少这类溃疡仍存在于伦敦和其它大城镇。帕内特夫人与一些她曾经照顾过而

---

① 霍姆·雷恩（Homer Lane，1875—1925），英国教育家，代表作有《小共和国》、《与父母、教师的谈话》等。

② 亚历山大·萨瑟兰·尼尔（Alexander Sutherland Neill，1883—1973），苏格兰教育家，夏山学校体制创始人，代表作有《激进的培养孩子的方式》等。

现在已经工作的孩子仍保持联系。由于他们的出身背景，他们没有机会找到体面的工作，也没有办法稳定地就业。充其量他们只能找到一份没有前途的工作，而更经常发生的事情是去犯罪或卖淫。

这本书提到的关于伦敦底层生活的真相仍有许多事情是我们不知道的。我们仍然记得的广袤的贫民窟已经被清除了，但仍有许多事情要做。帕内特夫人的这本书讲述了这个国家不光彩的一面，但并没有受到仇视和批评，她对此感到很惊讶和感激。

或许这是公共舆论对被遗弃的儿童的问题越来越敏感的迹象。不管怎样，读着这本书时你会很钦佩作者，她以非凡的勇气和无穷尽的善意做了一份很有意义的教化工作。

但"巷子"依然存在，而且它将继续造就野蛮绝望的小孩，除非其它有着同样的气氛的街道被清除和重建。

评丹尼斯·索拉特的
《弥尔顿：凡人与思想家》^①

这本书很有学问，但并没有消除诗人弥尔顿是一个无趣的人这一印象。不能说他的生活平淡无奇：他变成瞎子，他结过两次婚，在共和时期他扮演了重要的角色，以半官方的身份对欧洲的先锋宣传作家作出回应。当复辟显然即将发生的时候他仍然有勇气继续进行反对王室的宣传。但是，不知道为什么，索拉特教授认为弥尔顿是一位"深刻的思想家"和"了不起的诗人"，这一断言似乎并不成立。弥尔顿因其文笔而被记住，但要说他对我们的思想有所贡献则很牵强。

索拉特教授对于弥尔顿的私生活所提甚少，对他的政治观点也着墨不多。这本书的重点放在了宗教上。弥尔顿的信念似乎是某种自然神论或泛神论，即使按照清教徒的标准也是异端思想。他不相信肉体和灵魂的二元论，因此对个体不朽将信将疑。在他眼中，人的堕落和救赎是在每个人身上以新的形式发生的斗争，那是理想与激情之间的斗争，而不是善与恶之间的斗争。在这套体系中，基督教式的救赎没有立足之地，而且弥尔顿在《复乐园》里甚至没有提到耶稣的十字架受难。他的思想蕴含着天国将

---

① 刊于 1944 年 8 月 20 日《观察者报》。丹尼斯·索拉特（Denis Saurat，1890—1958），英法籍学者、作家，代表作有《布雷克与弥尔顿》、《法国的精神》等。

最终在地上实现的信仰，而古希伯来人在灵魂不朽的信条扎根之前有着同样的信仰。

索拉特教授接受了布雷克的论断，认为弥尔顿"加入了魔鬼的盛宴，但毫不知情"，但补充说"他也加入了上帝的盛宴，而更重要的是，他知道这一点"。他将自己道德上和政治上苦苦挣扎的经历写成戏剧《失乐园》。堕落的故事与《圣经》中的版本有所不同，陈述了他自己关于性伦理的观念，而亚当与夏娃的关系（"他只为上帝而存在，而她将他奉为上帝。"）强调了女人必然居于附属地位。事实上，《失乐园》中有一些章节让人很难不觉得弥尔顿是在描写他的第一位妻子。索拉特教授并没有这么说，但他表示弥尔顿的主题从某种意义上说总是在描写自己。他的政治思想直接产生于他的主观情感。迫害促使他成为自由的斗士，但另一方面，他对那些他持反对意见的人如天主教徒并不抱以宽容。他信奉民主，直到他发现民众的思想与他并不一致。索拉特教授承认弥尔顿的自我主义和将他的理论建立在个人动机之上的倾向，但将这视为优点：

> 但我们或许可以这么想……这是一个多么强大的人格，一以贯之地反对时代的传统和法规中的一切专制！这个男人无须思考就能发现社会秩序的不公，他所要做的就是生活，然后自然而然地碰到每一个偏见和每一个谬误。他天真地感到惊讶，并猜想为什么每个人都不像他那么想。他的自我主义和他的骄傲是如此地深切，它们就像大自然的力量在几乎没有察觉的情况下发挥作用，似乎在其他所有人身上遭到束缚、约束、监禁的人的天性，只有在弥尔顿身上才能够自由

自在地流淌。

这是很有见地的一番话，但当你记得弥尔顿因为自己想要摆脱婚姻才成为离婚的支持者时，它似乎站不住脚。

当然，这本书谈论的弥尔顿是一位思想家，而不是一位作家，但你会不由自主地觉得原本应该有一小部分内容讲述弥尔顿作为一位诗人这一事实，因为要完整地阐述弥尔顿，他一个必不可少的突出特征就是他卓越的文字功力。可以说那是独一无二的，不单单是因为从来没有人能成功模仿他，尽管他有一些极为明显的风格化的技巧，更是因为比起大部分伟大的诗人，它独立于意义之外。弥尔顿的许多最美妙的文字魅力是通过无关主旨的离题、名字的列举和琐碎的描写实现的。比方说：

> 荒凉的平原，
> 塞里卡纳平原，中国人在那里
> 乘风扬帆，藤制的货船轻快出发。

如果弥尔顿对人类的思想作出过贡献，那不会是撰写反对萨尔玛修斯[①]的宣传册，而是将高贵的词汇应用于相对简单平凡的思想。例如：

> 我命令这个时代不再止步不前，

---

① 克劳狄乌斯·萨尔玛修斯（Claudius Salmasius，1588—1653），法国古典学者，代表作有《古罗马军事体制》、《论古希腊》等。

以众人皆知的亘古的自由之规。

野蛮的声音包围着我,

有猫头鹰、布谷鸟、驴子、猩猩和狗。

三百年过去了,有多少捍卫自由的人从这句话中汲取力量:
"以众人皆知的亘古的自由之规!"但是,或许索拉特教授会再写
一本关于弥尔顿的书,这一次从他作为诗人的身份去写。

评索尔温·詹姆斯的《刚果南部》^①

《圣经》中指出预言家往往都是错的（"先知讲道之能，终必归于无有。"^②经文如是说。），但是，很难相信那些古代预言家能比现代预言家更如此一根筋地接连犯错。回顾从 1935 年以来报刊书籍里涌出的政治文学的洪流，你很难想起一个正确的预言，只会记得那些最离谱的乌鸦嘴。

当前的问题是，事件在以光速发生，而印刷出版的过程却因为纸张短缺、劳动力紧缺和战争造成的混乱局面被耽搁了。任何现在你读到的书或许都是在 1943 年写好的，这已经是最晚的了。

即使没有离谱的错误，任何现在出版的政治书籍都会有某种程度上的扭曲，这都是因为比起写作的时候，世界图景在出版的时候已经改变了。

索尔温·詹姆斯先生的书——内部证据表明它写于 1943 年初——比大部分书籍更好地经受住了这个考验，但它吃亏的地方在于，从那时候到现在，轴心国势力将不可能取得胜利已经成为显而易见的事实。

他在书中对非洲南部的国家、殖民地和藩属进行了调查。在写这本书的时候它不可避免地会夸大了轴心国势力侵略的危险和

---

① 刊于 1944 年 8 月 24 日《曼彻斯特晚报》。索尔温·詹姆斯（Selwyn James），信息不详。

② 此句出自《圣经·哥林多前书》和合本。

南非的整体战略地位的重要性。

那时候盟军在地中海的通航几乎都被封锁了，日本人仍在主导进攻，虽然即使在那时候说"他们已经控制了印度洋"是错误的，而詹姆斯先生就是这么说的。而且荷属南非的亲纳粹势力仍然将希特勒视为救世主，并公开声称这一点。

因此，或许詹姆斯先生所描绘的图景过于阴暗——接下来的政治局势并没有他所说的那么绝望。但是，非洲的长期问题仍然没有得到解决，正是因为他对这些问题的坦诚而浅显的描写，使得这本书值得一读。

关于非洲的基本事实是种族剥削。非洲的土著被剥夺了大部分土地，被取缔了受教育的权利和一切政治权利，生活在赤贫中。但是，那些白人剥削者是常居人口，数量非常多，没办法将他们驱逐出去。

布尔农民认为非洲就是自己的国家。他不指望发横财，也不想回欧洲，他只想在他那原始的农场里过着父权社会的生活，狂热地希望将英国人和犹太人赶走。

与此同时，他丝毫没有想到将非洲土著当成人看待。大英帝国如果撤离南非，结果将是非洲将陷于更糟糕的境地。

但是，詹姆斯先生指出英国人的所作所为并不比布尔人好到哪里去。当事关团结起来对付黑人时，最激烈的政治仇恨也会被压下来，而且那些拿着高工资的白人产业工人并不认为黑人是他们的同志。

不过，英国对本土公众负责的殖民政策要更加开明一些，而正是这一点使得纳粹分子的宣传对于布尔人的民族主义者造成了如此大的影响。

或许除了比利时人统治的刚果之外（五十年前那里有闻所未闻的惨剧，但现在那里管理得很好了），虽然不能说非洲赤道以南的土著人已经得到比较好的对待，但贝专纳兰、斯威士兰和巴苏托兰都渴望继续受英国的直接保护，而不是与邻近的地区"合并"。

在每个地区，南非的黑人和其它土著已经被驱逐出最好的土地，就连那些保护领地也大部分是沙漠。

除此之外，他们背负着沉重的赋税，靠他们那些小农场的收成或靠当长工微薄的工资根本没办法偿清。或许征收这些赋税并不是为了敛财，而是为了保持开采金矿和钻石矿的廉价劳动力。

城镇里的条件最为恶劣。那些广袤的"土著人生活区"的情况比我们想象的更加肮脏恶心。詹姆斯医生说他看到过的有些茅屋他连进都不敢进。肺结核和其它疾病非常普遍，而且婴儿的死亡率高达百分之五十（英国的婴儿死亡率大约是百分之十四）。

大城镇也有白人无产者。这些"穷苦白人"大部分是荷兰人的后裔，许多人追随奥瑟瓦·布兰德威格[①]，南非的法西斯党派，其纲领是反英、反犹和反民主。

当然，就连黑人和白人在法律面前一律平等的伪装也没有。肤色隔离非常严格，非洲人如果和欧洲人发生性关系甚至会被判刑。

詹姆斯先生为传教士说了不少好话，他们做了很多以前没有做的工作，为南非的黑人创建学校和学院。

但大体上，基督教并没有为非洲带来多少好处——南非的黑

---

① 奥瑟瓦·布兰德威格（the Ossewa brandwag，又名牛车岗哨），是二战期间由南非人约翰内斯·弗雷德里克·汉斯·范·伦斯堡（1898—1966）创建的反英亲德组织。

人的说法是"以前白人有《圣经》，我们有土地。现在我们有了《圣经》，白人有了土地"。

虽然文风很轻松，但这是一本让人觉得很沮丧的书。它给人的印象是非洲的问题得经过几代人的苦难，或许还得发生可怕的流血事件，才能得到解决。

但有许多人作出了相似的证言，使人确信詹姆斯先生大体上的看法是正确的，即使他对纳粹渗透的恐惧已经被证明是过于夸张了。

莱福士与布兰迪丝小姐[①]

　　自从他第一次出现起至今，已经将近半个世纪过去了，莱福士——"业余的窃贼"仍然是英国小说里最出名的人物之一。几乎所有人都知道他是英国板球国手，在奥尔巴尼有单身公寓，既是伦敦的上流社交界登堂入室的贵宾，又是以它为目标的梁上君子。正是因为如此，他和他的窃行是研究一部更加现代的犯罪故事如《没有兰花送给布兰迪丝小姐》的合适的比较背景。无论如何，这种选择都一定是主观武断的——比方说，我原本可以选择《阿尔森·鲁平》[②]——但不管怎样，《没有兰花》和《莱福士》系列[③]的共同特点是，它们都是犯罪故事，焦点集中在罪犯而不是警察身上。在社会学的意义上它们能够进行比较。《没有兰花》是1939年的浪漫化的犯罪，而《莱福士》则是1900年的浪漫化的犯罪。在这里我所关注的是两本书绝然迥异的道德氛围和这一区别或许所暗示的公众态度的转变。

　　时至今日，莱福士的魅力一部分在于时代的氛围，一部分在

---

① 刊于 1944 年 8 月 28 日《地平线》。

② 阿尔森·鲁平（Arsène Lupin）是法国作家莫里斯·勒布朗（Maurice Leblanc）创作的义贼形象。

③ 原注：另外两部是《莱福士：深夜里的窃贼》和《正义的使者莱福士》。第三部是一部失败的作品，只有第一部营造出了原汁原味的《莱福士》作品气氛。霍南写了很多犯罪故事，总是倾向于站在罪犯的立场。一部与《莱福士》类似的成功作品是《黄貂鱼》。

于故事的精巧。霍南①是一个很勤恳的作家，在他这个层面里，算得上文笔很出色。任何在乎绝对效率的人都一定会钦佩他的作品。但是，莱福士最具戏剧性的特征——让他直到今天仍作为一个代名词的特征（就在几个星期前，一位法官在审判一宗入室盗窃案时将罪犯称为"现实生活中的莱福士"）——在于他是一位绅士。通过不计其数的对话和漫不经心的评论，霍南让读者深深地体会到莱福士的个性——他不是一个步入歧途的君子，而是一个步入歧途的公学毕业生。假如他真的感到悔恨，那几乎是出于社会动机：他让"母校"蒙羞，他失去了进入"体面社交圈"的权利，他被剥夺了业余选手的资格，成为一个下流的贼人。莱福士或班尼似乎完全不觉得偷窃本身是不对的，虽然莱福士曾不经意地说过"反正财富的分配本身就完全是错误的"，以此为自己开脱。他们不认为自己是罪人，而是变节者，或是被放逐的人。我们大部分人的道德准则仍然与莱福士的道德准则很接近，因此我们会觉得他的处境确实格外具有嘲讽意味。一个出入伦敦西区俱乐部的绅士实际上是个窃贼！这本身几乎就是一个故事，不是吗？但要是一个水管工或蔬果贩子实际上是个窃贼呢？这件事还会有戏剧效果吗？不会的，虽然"双重生活"或体面的外表下掩盖着罪恶的主题仍然存在。就连穿着神职人员的白色圆硬领的查尔斯·匹斯②似乎也比不上穿着金加利西服的莱福士那样具有伪君子气息。

---

① 厄尼斯特·威廉·霍南（Ernest William Hornung，1866—1921），英国作家、诗人，代表作有《莱福士系列》、《死人不会讲故事》等。
② 查尔斯·约瑟夫·匹斯（Charles Joseph Peace，1832—1879），英国历史上一个入室抢劫犯和杀人犯。

当然，莱福士擅长所有的运动，但他选择的运动是板球，这非常适合他，不仅一而再再而三地展示了他作为一个慢条斯理的投球手和一个窃贼，其内里的狡猾是一以贯之的，而且凸显了他的罪行的本质。板球在英国其实不是特别流行——比方说，它的流行程度根本没办法与足球相提并论——但它展现了英国人一个显著的特征：重视"形态"或"风格"甚于成功的倾向。在任何真正的板球爱好者眼中，一回合里跑上十垒要比一回合里跑上一百垒更"好"（也就是说，更加优雅）。而且板球是少数几项业余选手能胜过职业选手的运动。这是一个充满了绝处逢生和场上风云突变的竞技项目，而且它的规则很模糊，其解释在部分程度上取决于道德水平的约束。例如，当拉伍德在澳大利亚扔出威胁对方身体的投球时，他并没有违反规则，只是做出了"不符合板球精神"的举动。板球比赛既费时又费钱，大体上是一项上流阶级的运动，但对于全体国民来说，它是一项充斥着"优雅姿态"、"公平竞争"等概念的运动，已经不再流行，就像"勿打落水狗"的传统已经式微一样。它不是二十世纪的运动，几乎所有思想摩登的人都不喜欢它。比方说，纳粹不遗余力地抵制一战前后在德国开始扎根发展的板球运动。霍南将莱福士设定为板球运动员和窃贼，不仅为他提供了可信的伪装，而且是在营造他所能想象的最尖锐的道德对比。

《莱福士》与《远大前程》或《红与黑》一样都是关于势利的故事，而且一个有利之处在于莱福士不牢靠的社会地位。一个粗俗一些的作家会将"绅士窃贼"写成是一位贵族，至少也得是一位从男爵。但是，莱福士出身于中产阶级，凭着自己的个人魅力得到贵族阶层的接纳。他在书的最后对班尼说："我们身处上流社会，但和他们不是一类人，他们要的只是我的板球本领。"他和班尼毫无质疑地接受了"上流社会"的价值观，要是他们能干上一票大买卖而不被抓住，他们愿意永远呆在这个圈子里。由于他们严格来说并不"属于"贵族阶级，一直威胁着他们的沉沦变得更加黑暗。一个蹲过监狱的公爵仍然是个公爵，而一个出入上流社会的普通人一旦有辱体面的话就不再是"圈子里的人了"。该书的最后几章写到莱福士暴露了身份，隐姓埋名地生活时，有一种"诸神的黄昏"的感觉，那种精神上的氛围很像吉卜林的诗作《绅士士兵》：

> 三军中之一骑兮，
> 驭六骏以驰骋。

事到如今，莱福士成为了无可挽救的"被罚入地狱的群体"中的一员。他仍然能够成功地进行盗窃，但他再也无法回到皮卡迪利和伦敦大板球场的天堂。根据公学的规矩，恢复名誉只有一种方式：死于战斗。莱福士在与布尔人的战争中死掉了（一个老到的读者从一开始就能猜想到这个结局），在班尼和作者的眼中，这洗清了他的罪孽。

当然，莱福士和班尼两人毫无宗教信仰，他们没有真正的道德规范，只是遵循着某些他们出自本能而遵守的行为法则。但正是在这一点上，《莱福士》与《没有兰花》之间深刻的道德差别暴露出来了。说到底，莱福士和班尼都是绅士，有一些准则是绝对不容违反的，正所谓"有所不为"，就连想要去做的念头也几乎不会有。比方说，莱福士不会欺负好客的主人。他会在做客的屋子里行窃，但受害者一定是另外一位客人，而不会是主人一家。他不会去杀人①，在可能的情况下尽量避免暴力，喜欢不使用工具行窃。他认为友谊是神圣的，虽然四处留情，却很有绅士风度。他为了"公平精神"甘冒风险，有时候甚至是为了审美的原因而这么做。而最重要的是，他有着拳拳的爱国之心。他给英女王以邮递的方式献上他从大英博物馆里偷来的一个古董金杯以庆祝"六十年庆"（"六十年了，班尼，我们是世界上最强盛的王朝的臣民。"）。政治动机是他实施盗窃的一部分原因，他盗走了德国皇帝送给英国的敌国的一颗珍珠。当布尔战争的战局开始不利时，他一心只想着奔赴战场。在前线他揭发了一名间谍，代价就是暴露了自己的身份，然后被一颗布尔人的子弹击中，壮烈牺牲。他是罪恶与爱国主义的混合体，很像与他差不多同时代的阿尔森·鲁平，鲁平也痛恨德国皇帝，以参加海外军团的方式洗清自己罪孽深重的过去。

我们所注意到的一件重要的事情就是，按照现代标准去衡量，莱福士的罪行并不算什么。价值四百英镑的珠宝对他来说已经是笔不错的买卖了。虽然这些故事的细节非常真实可信，它们却几乎没有耸人听闻的描写——几乎不怎么死人，几乎没有流血，没有性犯罪，没有性虐待，没有任何乖张暴戾的行为。过去二十年来犯罪小说似乎变得更加嗜血。一部分早期的侦探小说甚至没有杀人案。比方说，《神探福尔摩斯》的侦探故

---

① 原注：事实上，莱福士杀过一个人，或多或少对另外两个人的死负有责任。但他们三个都是外国人，所作所为都非常令人讨厌。有一次他还考虑过谋杀一个勒索者。不过，犯罪小说约定俗成的规矩是，谋杀一个勒索者"不能作数"。

事并非全是谋杀案，有的甚至构不成可以被指控的犯罪。约翰·桑戴克系列故事①也是如此，而马克斯·卡拉多斯②系列故事中只有一小部分是谋杀案件。然而，从1918年开始，不描写谋杀案的侦探小说成了凤毛麟角，最令人作呕的肢解和掘尸的细节描写俯拾皆是。比方说，彼得·温希③里面的故事就展示了极其变态的恋尸癖。莱福士的故事是从罪犯的角度进行描写，却不像以侦探角度进行描写的许多现代小说那么强烈地反社会。它们给人留下的主要印象是很孩子气。他们属于一个过去的时代，那时候的人们有准则，虽然都是些愚蠢的准则，关键的理念是"有所不为"。他们对善恶的划分就像波利尼西亚人的禁忌一样无聊，但是，就像禁忌一样，那至少是人人接受的标准。

莱福士就讲这么多了。现在让我们一头栽进粪坑里。詹姆斯·哈德利·切斯④所写的《没有兰花送给布兰迪丝小姐》出版于1939年，但似乎到了1940年才大受欢迎，那时候正值不列颠之战和闪电战。故事的梗概是这样的：

布兰迪丝小姐是一位百万富翁的千金，被某个黑帮绑架了，而他们又立刻被另一个规模更大组织更严密的黑帮突然袭击干掉了。他们劫持她以勒索赎金，从她的父亲那里索得50万美元。他

---

① 约翰·伊芙林·桑戴克医生(Dr John Evelyn Thorndyke)是英国作家奥斯汀·弗里曼(Austin Freeman)创作的侦探角色。
② 马克斯·卡拉多斯(Max Carrados)是英国作家厄尼斯特·布拉玛(Ernest Bramah)创作的盲人侦探角色。
③ 彼得·温希勋爵(Lord Peter Wimsey)是英国作家多萝西·萨耶斯(Dorothy Sayers)创作的侦探角色。
④ 詹姆斯·哈德利·切斯(James Hadley Chase, 1906—1985)，英国作家，原名是热内·洛奇·布拉巴宗·雷蒙德(René Lodge Brabazon Raymond)，代表作有《没有兰花》、《君子报仇》等。

们原本打算赎金一到手就杀了她，但机缘巧合之下她活了下来。黑帮里有个叫斯林姆的年轻人，他唯一的生活乐趣就是把刀子捅进别人的肚子里。童年时他就能熟练地用一把生锈的剪刀活生生把动物给肢解掉。斯林姆是个性无能，却很喜欢布兰迪丝小姐。斯林姆的母亲是黑帮的主脑，觉得这是治好斯林姆性无能的机会，决定将布兰迪丝关押起来，直到斯林姆能成功对她实施强暴为止。她煞费苦心，好说歹说，包括用一节橡胶水管鞭笞布兰迪丝小姐，终于完成了强暴。与此同时，布兰迪丝小姐的父亲雇了一名私家侦探，通过行贿和折磨的手段，那个侦探和警方设法合围并歼灭了整个黑帮。斯林姆与布兰迪丝小姐逃了出来，在最后一次强暴她后，斯林姆被杀死了。那个侦探准备将布兰迪丝小姐带回她的家人身边。然而，到了这个时候，她已经迷恋上了斯林姆的爱抚①，觉得没有了他了无生趣，从一座摩天大楼的窗户跳了下去。

在你能理解这本书的全部含义之前，还有几点需要注意。首先，它的故事主线与威廉·福克纳的小说《避难所》明显有相似之处。其次，正如你或许预料到的，它不是出自一个不通文墨的业余作家之手，其文笔非常精彩，全文几乎没有一处废话或不着调的描写。第三，整本书的叙述和对话是以美国英语写的，而作者却是个英国人，（我相信）从来没有到过美国，似乎在精神上完全遁入了美国的地下世界。第四，根据出版社所说，这本书卖出了不下五十万册。

---

① 原注：我或许得再读一遍最后的结局。它可能只是写到布兰迪丝小姐怀孕了。但是，上面我所作出的诠释似乎更契合这本书整体的暴戾。

我已描述了情节的梗概，但其主题比我所说的还要肮脏暴戾得多。书中有八处大规模的谋杀，不胜其数的随兴杀人和伤人，还有一次掘尸（还精心地描写了那股臭味）、对布兰迪丝小姐的鞭笞、用通红的烟头对另一个女人进行折磨、一出脱衣舞、一场闻所未闻的严刑逼供和其它类似的描写。它认为读者们在性经验上都很老到（比方说，在一幕情景中，一个匪徒可能有受虐倾向，在被刀子捅进去的时候高潮了），而且认为彻底的堕落和自私自利是天经地义的人类行为规范。比方说，那个侦探几乎和那些黑帮分子一样坏，受同样的动机所驱使。和他们一样，他是在图谋"那五十万美金"。出于故事情节安排的需要，布兰迪丝先生应该焦急地想要赎回自己的女儿，但除了这一点之外，根本没有关于慈爱、友谊、善良本性，甚至是普通礼貌的描写，也没有关于寻常性爱的描写。贯穿整个故事始终的只有一个动机：对暴力的追求。

　　值得注意的是，这本书并没有普通意义上的色情描写。与大部分描写性虐待的书不同，它所突出的是残忍而不是愉悦。斯林姆，这个强暴了布兰迪丝小姐的恶棍，"长着湿漉漉的、淌着口水的双唇"，实在令人觉得恶心，而它的意图就是要让人觉得恶心。但描写虐待女人的几幕情景都写得比较马虎了事。这本书真正的高潮是男人对别的男人所能作出的残忍举动。最突出的是对匪徒埃迪·舒尔茨进行严刑逼供，他被绑在一张椅子上，用警棍猛搂他的气管，在他挣扎的时候胳膊被硬生生地打断。在切斯先生的另一部作品《现在他不需要》中，主人公原本是一个充满同情心，甚至或许可以说是高贵的人物，在作者的描写中踩着某个人的脸，然后还将鞋跟捅进那个人的嘴里用力地碾磨。就连类似这样的身体虐待没有出现时，这些作品的精神氛围也总是一样的。它们的全部主题就是争权夺利和以强凌弱的胜利。大的帮派无情地扫平小的帮派，就像一条狗鱼在吞食池塘里的小鱼。警察残忍地杀死犯人，就像钓客杀死了那条狗鱼。如果最终某个人与警察合作并与黑帮对抗，那只是因为警察的组织更加严密也更加强大，因为事实上法律就是比犯罪更大的闹剧。强权就是公理，胜者为王，败者为寇。

正如我已经说过的，《没有兰花》在 1940 年非常流行，不过直到后来它才被编成一出成功的舞台剧。事实上，它是英国人在遭受轰炸时解闷的消遣之一。在战争的早期，《纽约客》刊登了一幅漫画，画着一个小男人朝一个报摊走去，报摊上杂乱无章地摆着报纸，头条新闻如下："法国北部爆发坦克大战"、"北海进行大规模海战"、"英吉利海峡上空展开大型空战"，等等等等。那个小男人嘴里说着："来本刺激的故事。"那个小男人代表了数以百万计的麻木不仁的人，对于他们来说，黑帮的世界和拳击擂台要比战争、革命、地震、饥荒和瘟疫更加"真实"，更加"带劲儿"。在一个读"刺激故事"的读者眼中，描写伦敦大轰炸或欧洲地下党斗争的报道都是"娘炮的玩意儿"。另一方面，芝加哥一场小规模的枪战，结果也就是六七个人死掉，看起来却真的非常"带劲儿"。这一思维习惯如今广为流传。士兵们匍匐在泥泞的战壕里，头顶一两英尺就是呼啸而过的机关枪子弹，他们就靠阅读美国黑帮小说打发百无聊赖的时光。到底是什么让故事如此令人兴奋呢？不就是人们拿着机关枪互相扫射嘛！无论是士兵还是其他人都不觉得这有什么值得奇怪的。他们理所当然地认为一颗想象中的子弹要比一颗真正的子弹更刺激。

显然，解释就是，在现实生活中一个人总是被动的受害者，而在冒险故事中，一个人能把自己想象成为事件的中心人物。但事情并不只是这样。在此有必要再次提到一个有趣的事实，那就是：《没有兰花》是以——或许会有技术上的疏漏，但非常具有技巧——美国语言写成的。

　　美国有许多和《没有兰花》同类的文学作品。除了书籍之外，还有五花八门的"低俗杂志"，分门别类，满足不同的幻想，但几乎所有这些读物都营造出大致上相同的精神气氛。它们当中有一些是赤裸裸的色情描写，但大部分就是直白地描写施虐狂和受虐狂。它们挂着"扬基杂志"①的招牌，卖三便士一本。这些读物在英国一度很受欢迎，但由于战争的影响供应中断了，令人满意的替代品却没有出现。现在有了英国版的山寨"低俗杂志"读物，但它们与原版读物相比实在是很糟糕。英国的低俗电影也从来比不上美国的低俗电影那么暴戾。但是，切斯先生的创作生涯表明美国的影响有多么深远。不仅他本人一直生活在芝加哥地下世界的梦幻生活里，而且他认定数以万计的读者都知道什么是"clipshop"（夜总会）或"hotsquat"（电椅），看到"fifty grand"（五十千）无须在头脑里进行运算就知道是多少钱，看到像"强尼是个酒鬼，再喝就得去见阎罗王"这句话就知道它是什么意思。显然，有很多英国人在语言上被美国化了——你或许可以加上一句，在道德观上也是如此，因为在民意上没有对《没有兰花》的反对。最后它被后知后觉地勒令禁止出版，因为切斯先生其后的

---

　　① 原注：据说它们是被当作压舱物进口到英国的，这就是为什么它们售价这么低廉而外表皱巴巴的。自从战争爆发，船舱底压了某些更有用的东西，或许是沙砾。

作品《悲伤的卡拉汉小姐》让他的书被当局盯上了。从当时的闲谈判断，普通的读者从《没有兰花》的诲淫诲盗中获得了一定程度的快感，但不认为这本书大体上有什么不好的内容。许多人误以为它是一本重新在英国发行的美国书籍。

　　普通的读者或许会反对的事情——在几十年前几乎一定会反对的——是那种对于犯罪模棱两可的态度。《没有兰花》自始至终都在暗示，当一个罪犯只是因为发不了财才应该被谴责。当警察报酬好一些，但在道德上没有什么区别，因为警察干的也是犯罪勾当。在《现在他不需要》这本书里，罪犯与司法者之间基本上没有分别。这是英语低俗小说的新起点，直到不久前，它们还旗帜鲜明地坚持正与邪的对立，大体上在最后一章一定是正义得到伸张。美化犯罪的英国书籍（指的是现代犯罪——海盗和拦路劫匪是不一样的）非常罕见。正如我所指出的，即使像《莱福士》这么一本书也被强烈的禁忌所约束，读者们都明白莱福士的罪行迟早都会得到报应。而在美国，无论是生活还是小说，容忍犯罪的倾向，甚至崇拜成功的犯罪者的倾向则非常明显。事实上，这种态度正是使得犯罪如此猖獗的最终原因。关于艾尔·卡彭[1]的书在基调上与描写亨利·福特、斯大林、诺斯克里夫勋爵和其他"从小木屋到白宫"的人的那些书没有什么不同。回到八十年前，你会发现马克·吐温对背负二十八条命案、令人生厌的强盗斯雷德和西部的亡命之徒也是抱着同样的态度。他们是成功人士，他们"发达了"，因此他崇拜他们。

---

[1] 艾尔·卡彭（Al Capone，1899—1947），美国意大利裔人，芝加哥黑手党的头目。

在像《没有兰花》这么一本书里，你不只是像阅读旧式的犯罪小说那样摆脱了无聊的现实世界，来到刺激的幻想世界。你还来到了残酷不仁和性错乱的世界。《没有兰花》针对的是权力本能，而《莱福士》或《神探福尔摩斯》则不是。与此同时，英国人对于犯罪的态度并不像我似乎所暗示的那样相对于美国人的态度要优越一些。它也夹杂着权力崇拜，在过去二十年里变得更加明显。埃德加·华莱士①是一位值得研究的作者，特别是他那些典型的作品如《雄辩家》和《里德先生的故事》。华莱士是最早打破传统的私家侦探套路的作家之一，将他的中心人物设置为一位苏格兰场的警官。夏洛克·福尔摩斯是一位业余侦探，在没有帮助的情况下破案，在早期的故事里甚至还要面对警察的阻挠。而且，与鲁平一样，他是一个知识分子，甚至是一位科学家。他从观察到的事实进行逻辑推理，他的智慧总是与警察的古板作风形成鲜明的对比。华莱士强烈反对诋毁苏格兰场，还特地撰写了几篇登报文章，谴责福尔摩斯。他本人的理想是，探员逮捕罪犯不是因为他的聪明才智，而是因为他有强有力的组织作为靠山。因此，在华莱士最具特色的故事里有一件奇怪的事情：什么"线索"，什么"推理"都不起作用。罪犯总是被离奇的巧合所挫败，或出于无法解释的原因，警方在事前就对罪案了如指掌。这些故事的基调明显地暴露了华莱士对警察的推崇纯粹是出于权力崇拜。苏格兰场的警探是他所能想象的最有权力的人，而在他的心目中，那些罪犯都是亡命之徒，对他们作出什么事情都可以，就像罗马竞

----

① 理查德·霍拉修·埃德加·华莱士（Richard Horatio Edgar Wallace，1875—1932），英国作家，作品多涉及犯罪心理小说，代表作有《四个公正的人》、《神探里德》、《金刚》等。

技场那些该死的奴隶。他笔下的警察要比英国警察在现实中更加凶残——他们会无缘无故地揍人，在他们的耳边拿左轮手枪开火恐吓他们，等等等等——有的故事展现了可怕的精神施虐欲。（比方说，华莱士喜欢让反派上绞刑台的日子与女主人公大婚的日子刚好在同一天。）但那是英国式的施虐，也就是说，它是无意识的，没有过多的性描写，而且没有超越法律的范围。英国的公众容忍严酷的刑法，从极其不公的谋杀案审判中得到快慰，但无论怎样，这仍然要比容忍或崇拜犯罪要好。如果你一定得崇拜某个恶棍，那崇拜警察要比崇拜黑帮分子好一些。华莱士仍然在某种程度上受到"有所不为"的理念的约束。在《没有兰花》里，只要能获得权力，任何事情都干得出来。所有的约束都被取缔，所有的动机都赤裸裸地暴露出来。切斯是比华莱士更加卑劣的征兆，就像无规则摔跤要比拳击更卑劣或法西斯主义比资本主义民主更卑劣一样。

切斯只是借鉴了威廉·福克纳的《避难所》中的故事情节，这两本书的精神氛围并不相同。切斯真正的源头在别处，这处情节借用只是象征性的。它象征着一件一再发生的事情——理念的粗俗化，在印刷发达的时代，这个过程或许变得更快捷。切斯被称为"大众的福克纳"，但更贴切的说法应该是"大众的卡莱尔"。他是一位流行作家——在美国有许多这样的作家，但他们在英国仍然是异数——他们学会了如今被时髦地称为"现实主义"的思想，就是"强权即公理"这一理念。"现实主义"的兴起是我们这个时代思想史的重要特征。为什么会这样？这是一个复杂的问题。施虐、受虐、成功崇拜、权力崇拜、民族主义和极权主义之间的内在联系是一个宏大的话题，但对它的探讨却只是隔靴搔痒，甚至连提到它都被认为是低俗的事情。就只列举我第一个想到的例子吧。我相信没有人指出过萧伯纳的作品中有施虐和受虐的成分，更没有人指出这或许与萧伯纳崇拜独裁者有关。人们总是将法西斯主义与虐待狂等同起来，却不认为最奴颜婢膝的斯大林崇拜有什么不妥。当然，事实的真相是，无数对斯大林阿谀奉承的英国知识分子与那些效忠于希特勒或墨索里尼的少数人并没有什么区别，和二十年代那些讲究效率，大谈特谈"劲头"、"动力"、"个性"和"学会当一个强权人物"的专家或更老一辈的拜倒在德国军国主义脚下的知识分子如卡莱尔、克里希①等人没什么两样。他们都在崇拜权力和获得成功的残暴手段。值得注意的是，权力崇拜总是与对残忍和邪恶本身的热爱联系在一起。一个暴君如果是个双手沾满了鲜血的恶棍会更值得顶礼膜拜，而"为达目的可以不择手段"总是演变成为"手段卑劣又有何妨"。所有认同极权主义的人的世界观都带有这一色彩，并解释了为什么许多英国知识分子在纳粹—苏维埃签订条约时那么欢欣鼓舞。这一行动能否有利于苏联仍有待思考，但它是完全没有道义的行为，这就是值得膜拜的原因。接下来将会有很多自相矛盾的辩解为它开脱。

直到最近，说英语的民族的典型冒险故事一直是主角艰苦奋斗的故事，从罗宾汉到大力水手都是如此。或许西方世界的神话主题是巨人杀手杰克，但到了今天或许应该改名为侏儒杀手杰克。已经有许多文学作品在公开或隐晦地说一个人应该与大人物

---

① 约翰·克里希（John Creasey，1908—1973），英国犯罪与科幻小说家，塑造了苏格兰场神探乔治·吉迪恩的形象。

联手一起对付小人物。如今大部分关于外交政策的作品只是对这一主题的粉饰。几十年来，诸如"公平竞争"、"勿打落水狗"和"这不公平"这些口号总会引起任何思想自负的人的嘲讽。在流行文学中，"对就是对，错就是错，无论谁获得胜利都无法改变"和"弱者必须得到尊重"这两个理念正开始消失。我在二十岁的时候第一次读到劳伦斯的小说，"好人"与"坏人"似乎没什么区别，这一点让我很是疑惑。劳伦斯似乎对他们抱以相同的怜悯，这一点很不寻常，让我产生了迷失方向的感觉。今天，没有人会想在一本严肃的小说里寻找主角和反角。但在低俗的小说里，你仍然会发现善与恶，合法与非法之间有着明确的界限。大体上，普通人仍然生活在善恶分明的世界里，而在知识分子的世界里，善恶之间早就没有界限。但《没有兰花》和类似的美国书籍和杂志的流行表明"现实主义"的教条正在何等迅速地普及。

有几个人在读完《没有兰花》后对我说："这是彻头彻尾的法西斯主义"。他们这么说是对的，虽然这本书与政治没有半丁点儿关系，与社会或经济问题也没有什么相干。它与法西斯主义的关系就好像，譬如说，特罗洛普的小说与十九世纪的资本主义有所关联一样。它是与极权主义时代相吻合的白日梦。在他想象的黑帮世界里，切斯似乎是在展示当代政治扭曲的一幕，在那个场景中，大规模轰炸平民、挟持人质、严刑逼供、秘密监狱、未经审讯便实施处决、拿橡胶警棍揍人、把人扔进粪坑里淹死、系统地篡改纪录和数据、背叛变节、行贿受贿和卖国通敌都是正常和无关道德的行为，只要干出大手笔，甚至能让人顶礼膜拜。普通人对政治并没有直接的兴趣，当他阅读时，他要的是将世界当前的斗争转化为一个关于个体的简单故事。他对斯林姆和芬纳感兴趣，而对格伯乌和盖世太保不感兴趣。人们以自己所能理解的形式对权力进行崇拜。十二岁大的男孩崇拜杰克·邓普希①，格拉斯哥贫民窟的少年崇拜艾尔·卡彭，读商学院的上进学生崇拜纽菲尔德勋爵②，《新政治家》的读者崇拜斯大林。他们在思想成熟度上有区别，但在道德观上并没有区别。三十年前，流行小说里的主人公与切斯先生笔下的黑帮分子和侦探毫无共通之处，英国自由知识分子的偶像也都是相对值得同情的角色。在福尔摩斯和芬纳之间，在亚伯拉罕·林肯和斯大林之间，横亘着相似的鸿沟。

你大可不必对切斯先生的作品的成功想得太多。或许这只是一个孤立的现象，是战争导致的无聊和暴戾促成的。但如果这类书籍能在英国如鱼得水，而不是被当成似懂非懂的美国舶来品，这实在令人感到心寒。我选择《莱福士》作为《没有兰花》的参照，是因为按照那个时代的标准，它是一本道德暧昧的书籍。正如我所指出的，《莱福士》没有真正的道德观，没有宗教，当然也没有社会意识。他所做的一切其实都是出于一位绅士的神经反射。在他的某个反射神经（它们被称为"运动"、"伙伴"、"女人"、"国王和国家"等）上重重地敲一下，你就会得到预料中的反应。切斯先生的作品里没有绅士和禁忌，只有彻底的解放。弗洛伊德和马基雅弗利已经传播到了远郊。比较一下前一本书中那种

---

① 威廉·哈里森·"杰克"·邓普希（William Harrison "Jack" Dempsey, 1895—1983），美国职业拳击手，曾是 1919—1926 年世界重量级拳王。
② 威廉·理查德·莫里斯（William Richard Morris, 首任纽菲尔德子爵, 1877—1963），英国汽车制造商，创办了莫里斯汽车有限公司，并热心慈善事业，成立纽菲尔德基金会和牛津大学纽菲尔德学院。

公学男校的气氛和后一本书中那种残忍和堕落的气氛，你不禁会
觉得势利和伪善一样，是对行为的一种约束，其社会价值一直被
低估了。

评莱昂纳德·汉密尔顿编纂的《杰拉德·温斯坦利作品集》，克里斯朵夫·希尔作序[①]

    每一次成功的革命都有自己的六月大清洗。当政党夺取政权后，它总是会镇压自己内部的左翼势力，然后背弃革命伊始的期望。但是，以前的独裁者缺乏让对手销声匿迹的现代严密手段，而且每一次革命那些失败的少数派的思想会流传下来，渐渐地融入现代社会主义运动。这些宣传材料表明，即使是卑微可怜的英国掘土派，在他们从事活动的那几年里也能够传播自己的思想，影响了西班牙的无政府主义，甚至包括像甘地这样的思想家。

    温斯坦利虽然不是掘土派的发起者，却是它的宣传干将。1609 年他生于威根，曾经在伦敦做过布料买卖，由于英国内战而破产。1649 年他与二三十个人在科巴姆附近的圣乔治山买了荒地开垦耕种，以现在所谓的共产主义—无政府主义纲领结成自给自足的社区。在这个社区里没有金钱或贸易，没有不平等，没有闲人，没有牧师，而且几乎没有法律。在温斯坦利看来，英国的土地曾经属于全民所有，但被不公地剥夺了，而夺回土地的最好方

---

① 刊于 1944 年 9 月 3 日《观察者报》。莱昂纳德·汉密尔顿（Leonard Hamilton），情况不详。杰拉德·温斯坦利（Gerrard Winstanley，1609 — 1676），英国政治活动家，掘土派精神领袖，代表作有《英国的受压迫的穷苦百姓的宣言》、《公义的新法》等。约翰·爱德华·克里斯朵夫·希尔（John Edward Christopher Hill，1912—2003），英国马克思主义历史学家、作家，代表作有《英国革命》、《宗教与政治》等。

式是没有土地的人联合起来组成社区，为全国的人民树立榜样。一开始的时候他的想法很简单，以为无政府主义纲领终将会把地主争取过来。与他的思想相类似的理念已经广泛传播，因为掘土派于同一时间在全国的许多地方发起运动。

无消说，掘土派很快被镇压了。赢得内战的新贵阶层愿意自己内部瓜分保皇派的土地，但他们并不想建立一个平等的社会，而且他们知道允许像温斯坦利这样的实验会带来危险。掘土派被镇压了，他们的庄稼被捣毁，牲畜通过法律审判被买通的陪审团罚没。那些被派去镇压他们的士兵对他们抱以同情——那个时候军队里出现了平权主义运动——但新贵阶层获得了胜利，掘土派运动在 1652 年结束了，1660 年温斯坦利在历史上消失。

从这些宣传作品看，虽然温斯坦利是一个空想家，但他显然绝不是一个傻瓜。他并不指望他的理念会立刻被接受，而且在有需要的时候他愿意修正自己的理论。在他的试验失败后，他向克伦威尔提呈了一份相当详细和切实的纲领，早前的放肆言论被删掉了。这份提纲涉及法律、治安和外贸。虽然他有和平主义者的色彩，但他要求保留常备军，并且对某些犯罪行为保留死刑。但是，中心主旨仍然没有改变——建立基于兄弟情谊和精诚合作的社会，不去追求利润，而且在国内不使用货币。"每个人都应该靠自己的双手耕种土地和豢养牲畜，每个人都可以享受到土地的祝福。当一个人需要粮食或牲畜时，他就到隔壁的仓库领取。这就是《使徒行传》第四章第三十二节的真义。"

温斯坦利的思想更接近无政府主义而不是社会主义，因为他构想的是一个纯粹的农业社会，生活没有什么舒适可言，甚至在当时也没有必要过得那么辛苦。他没有预见到机器，认为一个人只有靠剥削别人才能致富。不过，他显然和甘地先生一样，认为简朴的生活自有其价值。而且，他怀有似乎所有的无政府主义思想家都信奉的信念——美好的乌托邦曾在历史上存在过。土地曾经属于全民所有，但后来被夺走了。据温斯坦利所说，这是在诺曼人征服英国的时候发生的，在他看来，这是英国历史最重要的事实。最根本的斗争是撒克逊平民与法国化的上层社会之间的斗争。在每一份宣传材料中，他都将失败的保皇派斥为"诺曼人"。但是，呜呼哀哉！他看得非常真切，英国内战的胜利者正沾染上"诺曼人"的品质：

> 你们这些伦敦的热情的牧师和教授，还有你们这些高官和军队里的士兵，你们抗击北欧骑士的胜利如今安在？你们在大地上点起了熊熊火焰，在你们饥肠辘辘勤勉操练的日子向上帝哀求和致谢，你们是否还记得？你们愿意再次被诺曼人的强权所统治，忍受旧时的特权法律吗？你们要为自由感恩戴德吗？骑在你们头上的人，都被你们杀掉，然后你们却坐上他们的位置，去欺压别人。噢，你这座城市，你这座伪善的城市！你这个盲目的、昏昏沉沉睡去的英格兰，你正在贪婪的睡床上沉睡打鼾，醒来！醒来！敌人已经在你背后，他正准备破墙而入，夺走你们的财产，你们可要小心！

如果我们现代的托派分子和无政府主义者——他们说的是同样的内容——能够写出像这样的篇章就好了！这本书无法一次通读，但它值得购买和保存。希尔先生简短的介绍很有价值，而且内容很有趣。

短篇小说要多长？^①

任何曾经与书业有过联系的人都知道短篇小说集卖得很差，而且任何给报纸当过编辑的人都知道至少一部分原因——好的短篇小说，好得可以重新刊登和编集出书的短篇小说，是可遇而不可求的。

向图书管理员借"一本好书"的借书人会以同样的口气补充说道："不要短篇小说，谢谢"，而且大体上他们这么说是有道理的。

但由于这种态度，他们对进一步拉低短篇小说的平均水平起了帮凶的作用。作家和每个人一样得谋生，因为大家都知道短篇小说不好卖，所以他们的才华会用于别处。

如今英语短篇故事的老毛病是死气沉沉。在更高的层面——我们应该称之为"新写作"——那些所谓的故事几乎不能被称为故事。

里面没有事情发生。没有惊人之语，没有情节发展，总是没有好的文笔作为平淡的内容的补充。当然，有一些作品是例外——譬如说，维克多·索顿·普里切特^②先生的《幽默感》、克

---

① 刊于 1944 年 9 月 7 日《曼彻斯特晚报》。
② 维克多·索顿·普里切特（Victor Sawdon Pritchett，1900—1997），英国作家、评论家，代表作有《生命由你做主》、《西班牙的风暴》等。

里斯朵夫·伊舍伍德①先生的《告别柏林》和麦克拉伦-罗斯②先生的一两篇军旅故事。

层次较低的故事仍有"情节",但它已经变得呆板僵化,而且与现实生活的关系就像是发条老鼠与活老鼠的关系。

以前情况不是这样的。就在几十年前,赫伯特·乔治·威尔斯、索姆瑟·毛姆、威廉·魏马克·雅各布、戴维·赫伯特·劳伦斯等人写的短篇小说都是杰出的作品,虽然水平不一。

虽然英语短篇小说的衰落或许有复杂的社会原因,而且也有技术上和经济上的原因,要指出这些很容易。赫伯特·乔治·威尔斯先生曾经说过一番发人深省的话,说只要有市场他就会把短篇故事一直写下去。就在世纪之交《斯特朗大街》和其它杂志的读者能够接受有思想的故事,而威尔斯先生也写出了一个又一个的故事。它们被编入不同书名的合集里,有二十个故事写得非常不错。最好的作品或许是《滑倒在显微镜下》和《温切尔西小姐的心》。

但是,是什么原因导致激励威尔斯先生写出最好作品的市场走向衰微呢?几乎可以肯定一个原因就是现代杂志的篇幅缩减和更经济的排版。故事只能被削减到一定的篇幅,特别是在周刊里,它的长度使得任何角色塑造都只能被压缩。在维多利亚时代那些厚重而杂乱无章的杂志,比方说《钱伯斯人人报》或《一年到头》——几乎可以刊登任何长度的故事,作家不至于在篇幅上

① 克里斯朵夫·伊舍伍德(Christopher Isherwood,1904—1986),英国作家,代表作有《在前线》、《告别柏林》等。
② 朱利安·麦克拉伦-罗斯(Julian MacLaren-Ross,1912—1964),英国作家,代表作有《有趣的骨头》、《爱情与饥饿》等。

捉襟见肘。

下面列举了几篇优秀的短篇小说——没有必要到英语文学之外去寻找：

《失窃的信件》，作者埃德加·爱伦·坡

《败坏了哈德里博的男人》，作者马克·吐温

《狐狸》，作者戴维·赫伯特·劳伦斯

《黑暗之心》，作者约瑟夫·康拉德

《死者》，作者詹姆斯·乔伊斯

《生活的爱》，作者杰克·伦敦

《普拉特纳的故事》，作者赫伯特·乔治·威尔斯

《雨》，作者索姆瑟·毛姆

《咩，咩，咩，黑山羊》，作者拉迪亚·吉卜林

《亚瑟·萨维尔爵士的罪行》，作者奥斯卡·王尔德

这些故事长短不一，但大体上它们的篇幅都太长了，不适合刊登在现代杂志里。

有的故事被广泛承认为杰作，譬如说，劳伦斯的《英格兰，我的英格兰》就不能被刊登在现代英语周刊里，却又太短，不适合单独作为一本书出版。在法国被称为"中篇故事"的体裁在英国一直没有市场——普罗斯佩·梅里美①的《卡门》就是一个绝好的例子——或许是因为借书图书馆认为它们没有价值。

长短不一的故事能够被收入一本书里一起出版，但正如我们所看到的，这些书卖不出去。它们卖不出去是因为有几年的时间

---

① 普罗斯佩·梅里美（Prosper Mérimée，1803—1870），法国作家、建筑学家、历史学家，代表作有《卡门》、《高龙巴》等。

它们的内容很沉闷，而且它们之所以很沉闷是因为篇幅有限的杂志（它们的稿酬不是太高）无法吸引有才华的作家投身这一特殊的艺术形式。

如果你研究过去最好的英语短篇小说，让你感到惊讶的是大部分故事都很随意。例如，吉卜林的《船首尾线的大鼓》的开头是好几页的漫谈。《神探福尔摩斯》的故事现在会被绝大多数现代编辑拒稿，理由是它们太长了，有太多的铺垫，而且推进过于缓慢。但正是那些铺垫赋予了这些故事以生命力——譬如说，福尔摩斯的性格几乎都是由无关紧要的对话塑造的。

另一方面，有些富于才华的作家写的故事很短，凯瑟琳·曼斯菲尔德就是一个例子。一则短篇故事通常在一千字到两万字之间，要写出最好的水平，一个作家应该能够在这个范围内任意挥洒。

俄国文学或许得益于俄国杂志厚重的篇幅，能够刊登像陀思妥耶夫斯基的《地狱来鸿》里那些故事。

即使像莫泊桑这样文笔洗练的作家也会写出像《特丽尔夫人的房子》这样的故事，按照当代的标准来说太长了。

而且作家需要挣钱。当代美国短篇小说作家的优越地位（譬如说，达蒙·鲁尼安①、多萝西·帕克②，往前追溯 15 年，还有林戈尔德·威尔默·拉德纳③）一部分原因是美国杂志"稿酬丰厚"。

---

① 阿尔弗雷德·达蒙·鲁尼安（Alfred Damon Runyon，1880—1946），美国作家、新闻记者，代表作有《杀人这桩小事》、《盖伊斯与多尔丝》等。
② 多萝西·帕克（Dorothy Parker，1893—1967），美国女作家，《死亡与税收》、《生者的哀叹》等。
③ 林戈尔德·威尔默·拉德纳（Ringgold Wilmer Lardner，1885—1933），美国作家、专栏作家，代表作有《大都会》、《理发》等。

一个作家不会完全受限于期刊——这样很难建立起自己的读者群体——但它是新秀崭露头角的必要途径。

因此，篇幅更长和更锐意进取的杂志是恢复英语短篇小说的名誉和可读性的第一步。

其它文学形式或许也因为篇幅限制而受到戕害。在旧时的《季度评论》里，一则书评有 15 页是很正常的事情，拥有现在很罕见的文学价值。

捉襟见肘的篇幅无助于培养天才，但至少能够允许一位作家发挥灵感——而如果如今他老是被命令"把篇幅限制在一千五百字"，他写出的可能是苍白无趣的素描，或死气沉沉的轶事，在最后一句话故作惊人之语（有经验的读者一早就已经预料到了）。

评丹尼斯·威廉·布罗甘的《美国问题》①

　　很难肯定布罗甘教授写这本书想要达到什么目的，它似乎介乎一本美国简史和对战后美国行为的预测之间。他那本写于一两年前的《英国人民》就有非常清晰的宗旨。显然，它的对象是美国人，宗旨是解释英国的社会体制与缓和反英偏见，因此也就可以理解它大体上太过宽容偏袒的基调了。但他写这本书的目的或许是为了启蒙英国读者，给人的印象却是布罗甘教授心目中的读者是美国公众而不是英国公众。那些经过低调处理的内容都是美国公众敏感的话题，虽然英国读者或许能够了解到许多关于风土人情的事实，但他们在这个时候最想了解的关于美国的问题却得不到清晰的回答。

　　这本书的重点是历史。布罗甘教授强调了北美大陆殖民地所取得的人类历史上无可比拟的伟大成就，以及在边陲已经不复存在之后仍然存在的"开拓"思想。他还对美国妇女的地位作出一针见血的评论，指出她们在西部开发早期发挥了教化文明的影响，以及她们争取自由对美国工业的影响。而且他很熟悉美国的地区差异、气候还有它对人民性格的影响、建筑以及其它。但大体上这些都与他所探讨的问题没有紧密的关联，或者只是宏大而模糊的话题，而紧迫具体的问题即使有提到的话也被一笔带过。

---

　　① 刊于 1944 年 9 月 17 日《观察者报》。

譬如说，在讨论美国政治机器时，布罗甘教授讲述了大量关于国会运作的细节，并对美国人对辩论的热爱进行了宽泛的总结，但他几乎没有回答任何英国人都会提出的问题——那就是，两大政党代表了哪些人群和什么经济利益？而且，虽然他针对美国的农业和农民的地位撰写了精彩的篇章，但他几乎没有提及美国社会的经济结构、财富分配、工会、媒体的所有权和集体主义理论是否受欢迎等问题。而且他没有明确地说阶级差异是在拉大还是缩小。黑人问题被轻松地忽略了。布罗甘教授确实写到了黑人，但只是将它与南方的落后联系在一起，只在几处附带说明的文字里描写了数百万黑人饥肠辘辘和遭受奴役的境况。

当然，布罗甘教授一再谈论的事情是美国的孤立主义。美国人愿不愿意承担起世界的期盼，成为一个道德榜样，为营造合理的社会而尽自己的努力呢？对这个问题他没有给出答案，或许这意味着美国将不会只关注国内事务，而是越来越了解外部世界的存在和它的危险。美国母亲不愿意"我们的孩子"在外国战争中被杀害的那种愚昧的孤立主义不再是主要的危险。现在美国是世界上最强盛的国家，或许将会在战后推行积极的外交政策，问题是它会不会推行开明和无私的政策。它的表征与倾向或许有助于读者得出答案，但布罗甘教授并没有提及它们，或几乎没有提及。

例如，他几乎没有提及美国帝国主义的实际表现或潜在能力。他也没有探讨过去一两年来民意转而支持共和党的含义，也没有探讨移民的问题，特别是有色人种的移民——事实上这个问题涉及到英国，显然不应该被遗漏。而且他对从我们的角度看最重要的反英情绪这个问题非常谨慎。即使当他提到这个问题时，他也只是满足于给出老套的历史解释，而没有指出美国社会的各个阶层以不同的而且自相矛盾的理由反对英国这个事实。布罗甘教授似乎在暗示我们对美国事务干涉越少越好，这或许是对的。但对我们来说，了解美国人对我们的观感仍然是重要的事情。在某种程度上，传统与文化的敌意成了其它问题的掩饰。布罗甘教授的睿智文风和进行深奥的解释的能力并没有弥补他对核心问题的回避。

大体上这是一本"倡导团结"的书，虽然有很多无关的内容，它的主要目的似乎是想说服英国公众美国是一个强大而且重要的国家，有着年轻国家的毛病，我们应该和它和睦相处，不应该起争执。这一点几乎无须赘言。英国承担不起与美国争吵的代价，而且反美情绪并不盛行。另一方面，我们希望了解关于美国的外部和内部政策的权威信息，布罗甘教授或许是有这个资格的人，但他总是在意美国读者的反应，让他没办法说出权威的意见。

托比亚斯·斯摩莱特：
最优秀的苏格兰小说家①

"现实主义"，一个被用滥了的词语，目前至少有四个意思，但当它用在小说上时，它通常指的是对日常生活忠实的描述。一本"现实主义"小说里面的对话是通俗的，对事物的描写能让你读来有如亲眼所见一般。在这个意义上，几乎所有的现代小说都要比以前的小说更接近"现实主义"，因为描写日常生活情节和构思听起来自然顺耳的对话在很大程度上是代代相传的诀窍，这个过程基本上是在不断地进步。但在另一种意义上，十八世纪那些呆板矫情的小说家比几乎所有之后的作者更接近"现实主义"，那就是他们对待人性动机的态度。他们或许拙于描写情景，但他们极为擅长描写劣根性。就连菲尔丁②也是如此，在《汤姆·琼斯》和《艾米莉亚》里已经展现了一百五十年来作为英国小说标志性特征的说教倾向。但这一点在斯摩莱特身上表现得更为显著，他是个非常坦率诚实的作家，或许这和他不是英格兰人有一定的关系。

斯摩莱特是一位以流浪汉为主题的小说家，其作品讲述的是

① 刊于 1944 年 9 月 22 日《论坛报》。托比亚斯·乔治·斯摩莱特（Tobias George Smollett，1721—1771），苏格兰作家，代表作有《罗德里克·兰登历险记》和《佩里格林·匹克历险记》等。
② 亨利·菲尔丁（Henry Fielding，1707—1754），英国作家，代表有《汤姆·琼斯》、《从此生到来生之旅》等。

冗长且没有固定形式的滑稽而难以置信的历险故事。在某种意义上，他延续了塞万提斯的风格，他曾将后者的作品翻译成英语，并在《兰斯洛特·格理夫斯爵士》里剽窃了后者。不可避免地，他的作品已经有很大一部分不忍卒读，或许甚至包括他最受好评的作品《汉弗莱的煤渣》，它以书信体的形式写成，在十九世纪相对于他其他的作品而言还算是本体面书，因为大部分污言秽语都隐藏在双关语后面。但斯摩莱特真正的杰作是《罗德里克·兰登历险记》和《佩里格林·匹克历险记》，这两本书有着赤裸裸的色情描写，但无伤大雅，有几段内容是最出色的英语滑稽闹剧。

狄更斯在《大卫·科波菲尔》中将这两本书列为他童年时最喜欢的读物，但斯摩莱特和狄更斯之间的所谓相似程度只是停留在肤浅的表面。在《匹克威克外传》和另外几本狄更斯的早期作品里，你看到那个流浪汉故事形式：来来去去无休止的流浪、离奇的历险、为了一个笑话愿意牺牲任何的合理性，但其道德氛围已经发生了剧变。在斯摩莱特的时代和狄更斯的时代之间所发生的不只是法国大革命，还有新的工业中产阶级的崛起，低教会派的神学理论和清教徒式的人生观。斯摩莱特描写的是中产阶级，但他们是从事商业和专业人士出身的中产阶级，那些人和地主走得很近，模仿着贵族的风范。

决斗、赌博和通奸在他看来在道德上几乎没什么不好。事有凑巧，在私生活里，比起大部分作家，他是个更好的男人。他是个忠实的丈夫，为了家庭过度辛劳而折寿，一个忠诚的共和主义者，痛恨帝制统治的法国，一位爱国的苏格兰人，而那时候作为一个苏格兰人是很不受欢迎的——1745 年的造反仍然留在回忆里。但他几乎没有原罪的概念。他的男主角在几乎每一页所做的事情都会让那些十九世纪的英文小说家立刻进行诅咒。他认为十八世纪的道德败坏、裙带关系和社会动荡是天经地义的事情。许多他最好的篇章如果引入道德准则的话将被摧毁。

《佩里格林·匹克历险记》和《罗德里克·兰登历险记》基本上遵循的是同一个路数。两位主人公都经历了财富上的大起大落，到处游历，勾引过许多女人，因欠债而坐过牢，最后发了财，快乐地结了婚。在这两本书里，佩里格林·匹克是一个更大的混蛋，因为他没有职业——罗德里克是一个海军军医，斯摩莱特本人就曾经当过海军军医——因此有更多的时间去勾引女人和开玩笑。两人的行事从来不会是出于无私的动机，而且从不承认诸如宗教信仰、政治信仰或者诚实是现实中的重要因素。

在斯摩莱特的小说世界里，只有三种优点：封建式的忠诚（罗德里克和佩里格林·匹克都有一个家仆，无论贫富他们都忠心耿耿），男子汉的"荣誉"——一经挑衅就和人打架的态度，和女性的"贞洁"——总是与嫁给一位如意郎君密不可分。除此之外，什么事情都可以做。比方说，打牌时出老千根本没被当成一回事。当罗德里克不知从哪里弄到了 1 000 英镑后，他为自己买了一套时髦的衣服，假装成一个有钱人去巴斯，希望诱骗到一个女继承人，这在他看来是很平常的事情。在法国的时候，他失业了，决定去参军，因为法国军队碰巧离他最近，于是他就加入了法国军队，在德廷根战役①中与英国军队作

---

① 德廷根战役(the Battle of Dettingen)发生于 1743 年 6 月 16 日，由英国、荷兰、汉诺瓦、奥地利、黑森联军(3 万 5 千人)对战法国军队(2 万 6 千人)，以联军取得胜利而告终。

战。不过，当一个法国人侮辱了英国人时，他立刻和他来了一场决斗。

佩里格林曾经花了几个月的时间进行一系列十八世纪喜闻乐见的精心编排而且极为残忍的玩笑。例如，当一个不幸的英国画家因为某桩微不足道的犯法而被关进巴士底狱，就要被释放时，佩里格林和他的朋友利用他不懂法语，以恐吓他取乐，让他以为自己被宣判车轮刑处死。然后他们告诉他刑罚被减轻为阉割，最后让他以为自己是乔装打扮逃出监狱的，而其实他是通过正当途径出狱的。

为什么这些小打小闹的恶作剧有阅读价值呢？首先是因为它们很有趣。在斯摩莱特师承的欧洲大陆作家群体中，或许有比佩里格林·匹克在旅行中的冒险更精彩的描写，但英文作品里则没有比这更好的了。其次，斯摩莱特排除了"善良的"动机，不尊重人性的尊严，总是比那些严肃的作家更保持了真实。他愿意描写那些在现实生活中发生，但小说里基本不会去描写的事情。比方说，罗德里克·兰登曾经染上性病——我相信是唯一一身上发生过这种事情的英国小说主人公。事实上，斯摩莱特虽然思想相当开明，却认为行贿、假公济私和贪污腐化是天经地义的事情，这让他的某些章节极富历史价值。

斯摩莱特曾经在海军服役，在《罗德里克·兰登历险记》一书中我们不仅读到了对远征卡塔基纳毫无掩饰的描述，而且读到了一艘战舰内部极其生动而恶心的情景。在那个时代，战舰就是疾病、不适、暴政和无能的漂浮集合体。罗德里克的战舰指挥官是一个带着体臭的同性恋纨绔子弟，这辈子几乎没有见过船只，整趟航行他就呆在船舱里，避免和那些低俗的水手接触，而一闻到烟草味几乎会晕倒。债务人监狱的描写甚至更为精彩。在那时候的监狱里，一个没有关系的债务人可能真的会饿死，除非他向其他有钱的囚犯乞求施舍活下去。罗德里克的一个狱友穷得叮当响，连一件衣服也没有，蓄着长长一把胡子以此遮羞。不消说，有的囚犯是诗人，书中有一则独立完整的故事《梅洛波因先生的悲剧》，应该能让那些认为文学就得靠贵族赞助扶持的人三思。

斯摩莱特对后世英国作家的影响不如和他同时代的菲尔丁那么大。菲尔丁也描写同样夸张的历险故事，但原罪感从来没有离开过他。在《约瑟夫·安德鲁一家》中，可以看出菲尔丁一开始是想写一篇纯粹的闹剧，然后违背了自己的初衷，开始惩罚恶行和奖励善行，这是典型的直到前不久还盛行的英语小说的手法。汤姆·琼斯放在梅雷迪斯或伊安·赫伊的小说里会很适合，而佩里格林·匹克似乎更适合欧洲作品的背景。最接近斯摩莱特的作家或许是苏迪斯和马里亚特[1]，但当直白的性描写成为不可能的事情时，流浪文学被剥夺了或许将近一半的素材。在十八世纪的客栈，要走进正确的卧室几乎是不正常的事情，但那已经是文学不可踏足的领域了。

在我们的时代，许多英国作家——比方说，伊夫林·沃[2]和早期的奥尔德斯·赫胥黎——从其它渠道汲取内容，试图复兴流浪文学的传统。他们处心积虑地要让读者震惊，他们自己也时刻准

---

① 弗雷德里克·马里亚特（Frederick Marryat，1792—1848），英国海军军官、作家，代表作是少年作品《新福里斯特的孩子们》。
② 亚瑟·伊夫林·圣约翰·沃（Arthur Evelyn St. John Waugh，1903—1966），英国作家，代表作有《荣誉之剑》三部曲、《手中的尘埃》等。

备着自我震惊——而斯摩莱特只是以他认为很自然的方式尝试逗乐——从这一点你就可以看出，从那个时代到我们的时代，怜悯、体面和公益精神有着怎样的进步。

评克里夫·斯特普尔斯·刘易斯的《超越个体》[①]

根据护封上的宣传，一位杰出的书评家（指沃尔特·詹姆斯·特纳[②]）对《地狱来鸿》的看法写的是"我毫不犹豫地将刘易斯先生的成就与《天国历程》相提并论"，下面是从书里引用的一段很有代表性的文字：

> 你知道，即使在人类的层面上也存在着两种伪装。有一种伪装是不好的，那种伪装并非出于真诚，就像一个人假装要帮你，但并没有给予帮助。但还有一种是好的伪装，能够引至真诚的事情发生。当你心情不好但你知道自己应该表现得友好时，你应该做的通常就是装出很友好的样子，好像你是一个比真实的自己更加和气的人。正如我们都知道的，几分钟后你的心情要比刚才友好了许多。在很多时候，让自己获得某种品质的唯一方式就是让自己的行为展现得好像你已经拥有了那种品质。这就是为什么儿童游戏如此重要。他们

---

① 原定刊于 1944 年 10 月中旬《观察者报》，未发表。克里夫·斯特普尔斯·刘易斯（Clive Staples Lewis, 1898—1963），威尔士裔英国作家、护教家，其魔幻作品和科幻作品比其宗教作品更为著名，代表作有《纳尼亚传奇》、《太空三部曲》。

② 沃尔特·詹姆斯·特纳（Walter James Turner，1889—1946），澳大利亚裔英国作家、批判家，代表作有《黑火》、《音乐与生活》等。

玩过家家，假装自己已经是成年人——扮演士兵，扮演店主。但他们在锻炼力量，培养智力，因此假装是成年人为他们带来了真诚的帮助。

如果你发现不了它与《天国历程》有什么相似之处，你可以被原谅。另一方面，你在哪儿读到过像这样的文字呢？当然读过！《只为罪人》！里面同样有对斜体字的滥用，同样亲切的旁白（"你懂的"、"提醒你一下"和"我会非常地坦诚"），同样的缩写和爱德华时代的俚语（"棒极了"、"好得很"、"特别"代替"尤其"、"真丢脸"，等等等等），一切都是为了让心存疑虑的读者相信，他能同时成为基督徒和"体面人"。书中的那些文章原本都是广播稿，你必须体现这一点，但英语总是会泄露动机，刘易斯先生写作时的那种不自在的热情并不是一个好的征兆。谁没有遇到过某个善意的、肌肉发达的助理牧师，热切地想要成为"自己人"，在喝酒这个问题上很大度，容许书里有"该死的"甚至"天杀的"等字眼，但眼里总是看到罪恶呢？他打心眼里知道除非他放弃信仰，否则普通人永远不会接纳他作为朋友。这本书带给人同样的感觉，刘易斯先生为人坦率，他显然知道不仅大部分人或许将永远与基督教会隔绝，而且教会本身应该负上一部分责任。

这些文章的目的是将神学理念普及化。和所有说傻不傻说聪明又不聪明、为信仰辩护的护教者一样，刘易斯先生的祖师爷是威廉·贺雷尔·马洛克①。这些人最有力的论据总是指出每一种

---

① 威廉·贺雷尔·马洛克（William Hurrell Mallock，1849—1923），英国作家，代表作有《每个人都是自己的诗人》、《新共和国》等。

异端思想以前就已经有人提出了（言下之意是它也已经被驳斥了），和"无神论思想已经太落伍了，你懂的"。刘易斯先生对这些人的评价是"他们每几年就会构思出他们自己的简化的教义。"但这个技巧已经改变了。一些无法辩护的立场被悄悄地放弃了。刘易斯先生似乎接受了进化论，而15年前几乎每一位受欢迎的基督教卫道士都已经"驳倒"了它。英国广播电台为发言人制订了许多稀里糊涂的规矩，根本无法对教义进行澄清或提出让人头疼的问题。

另外一个改变是，刘易斯先生似乎比他的前辈更清楚地意识到世界上有些地方并不信奉基督教。一件明显的事情就是基督徒并不比其他人好多少，他的应对方式是认为作为个人，单单是基督徒并不意味着要比其他人更善良亲切。而且他以隐晦的方式淡化了"教会之外无救恩"①这个教义。一开始的时候他就告诉我们，个体的宗教体验是不够的，还需要有教会、牧师和明确的教义。我们的祖先，或他们当中的一部分人，顺着这个思路得出一个很符合逻辑的结论：那就是异教徒都该死。但如今我们变得太过于拘谨，而且异教徒的数量太多了。有十亿亚洲人不是基督徒而且不想当基督徒，但是他们在道德上并不比我们逊色，而且显得更加虔诚。刘易斯先生接受了这个事实，承认通往救赎有许多道路，一个人或许已经是基督徒但自己并不知情。但如果是这样的话，基督教会和神学家又有什么用处呢？可刘易斯先生还告诉我们神学家的知识要比我们的知识更加可靠呢。

这类书籍在英国很流行。他们轻浮地认为没有信仰是过时的

---

① 原文是"salus extra ecclesiam non est"。

事情，它们的反动政治意味总是让它们获得很多褒扬，但它们并没有造成影响。对教会的疏远，以及对待生活的宗教态度的衰落仍在继续。你只需要看看最近的窗外就会看到这是一场灾难，但只要真正的原因没有人去面对，这就是不可避免的。刘易斯先生和像他这样的人的作用是掩饰这些原因或用辩论社式的答案去应对。但50年来朝这个方向的努力并没有取得多少成就。

评珀恩的《缅甸宣传第一册：缅甸的背景》、
奥斯卡·赫曼·克里斯蒂安·斯贝特的《缅甸
宣传第二册：缅甸的制度》、埃普顿的《缅甸
宣传第三册：缅甸的佛教》、玛苗瑟恩的《缅
甸》、肯尼斯·海明威的《翱翔缅甸》、查尔
斯·雅克·罗洛的《温格特的攻势》 [①]

直到不久前英国对缅甸的报道仍非常匮乏，就连最有思想的
报纸读者也很难对缅甸有什么看法。1942 年的战役没有得到充分
的报道，在日本人统治下发生了什么事情几乎没有消息传出，也
没有人知道战后英国对缅甸的意图。而且关于缅甸的背景情况以
及它与中国和印度的关系没有多少可靠的信息。因此，这几本最
近出版的关于缅甸的宣传册——它们似乎是在印度策划和印刷
的——是很有意义的起点，或许有助于公共舆论表达把日本人赶
跑后达成一个合理解决方案的想法。

① 刊于 1944 年 10 月 1 日《观察者报》。珀恩（V R Pearn），情况不详。奥斯
卡·赫曼·克里斯蒂安·斯贝特（Oskar Hermann Khristian Spate, 1911—
2000），澳大利亚地理学家、作家，代表作有《改变中的亚洲面孔》、《印度
与巴基斯坦的地理》。埃普顿（G Appleton），情况不详。玛苗瑟恩（Ma Mya
Sein），情况不详。肯尼斯·海明威（Kenneth Hemmingway），情况不详。查
尔斯·雅克·罗洛（Charles Jacques Rolo, 1916—1982），英国作家，代表作
有《战争与广播》、《温格特的攻势》。沃德·查尔斯·温格特（Orde
Charles Wingate, 1903—1944），英国军人，曾于第二次世界大战创建钦迪
游击队，在缅甸从事敌后军事活动，抗击日本军队，1944 年 3 月 24 日，在
视察完游击队基地后，因飞机失事撞山身亡。

已经出版的三本宣传册里，《缅甸的制度》——从十一世纪开始的缅甸简史——或许最有意义，但《缅甸的背景》填补了这个国家的日常生活图景的一些空白，并介绍了缅甸的气候条件和自然资源。《缅甸的佛教》给人的感觉是一个基督教传教士写的，从普通读者的角度或许意义不大，因为它关注的重点是佛教的教义，并没有对缅甸神权的重要政治和社会活动进行深入的介绍。

玛苗瑟恩的宣传册（顺便提一下，由缅甸人介绍缅甸是一件罕有的新鲜事儿！）与那三本宣传册在内容上有重合，作者在缅甸的公共服务生涯很成功，而且你会察觉出她是一个非常温和的民族主义者。她对缅甸进行了基本考察，着重介绍了它的历史，而且不厌其烦地强调虽然缅甸有许多种族，但它是一个天然的公共体，能够成为一个完整的国家。和其它宣传册的作家不同的是，她谈及了现在的政治，并警告说"只有得到民族主义者的全面认同，战后缅甸的重建才能获得成功"。

另外两本书并没有探讨政治问题，但《温格特的攻势》间接地触及这个话题。《翱翔缅甸》——对英国皇家空军和美国志愿大队抗击日本侵略的英勇斗争的描述——在艰苦卓绝的条件下坚持作战，最后在 1943 年以盟军取得制空权而胜利告终。那些不幸的缅甸城镇已经被日本人摧毁了一部分，开始遭受第二波空中轰炸和机关枪扫射。里面尽是机械术语，但写得很生动，很有可读性。《翱翔缅甸》更加接近于少年读物，目的显然是把温格特准将塑造成类似戈登①和托马斯·爱德华·劳伦斯式的传奇人物。对

---

① 应指查尔斯·乔治·戈登（Charles George Gordon，1833—1885），英国军人，曾干预太平天国革命，创建"常胜军"，助清政府镇压太平天国起义。

温格特的作战方式的详细介绍应该对研究游击战的学生很有价值。

这本书并没有描写温格特在1944年成功的密支那军事行动中所起到的作用，他在这场战役中牺牲。它的主要内容是前一年他进攻日占地区的前期攻势。韦维尔勋爵记得温格特在巴勒斯坦和阿比西尼亚的战绩，在1942年将他带到缅甸，那时候缅甸战役已经失败，但仍有时间研究日本人的丛林作战策略。

温格特看到英军和印军除了兵力不占优势和缺乏空中支援之外，还因为机械运输而缚手缚脚。装备更加轻便的日军能够对他们迂回包抄，并切断他们的补给线。他致力于创建一支更加灵活的部队，能够在日本人利用牛车小径穿行的情况下利用狩猎小径穿行，还能完全只依靠空中补给，因此能够摆脱补给线的制约。他说任何身体健康的人都能成为优秀的丛林战士。结果，这支由英国人、印度人和缅甸人组成的联合部队——那些英国人大部分是没有打过仗的二线部队——突入军事力量强大的占领区数百英里深，造成了大量的破坏，并成功撤退，虽然因为饥饿和艰辛吃了很多苦头，但战斗伤亡很少。

正如韦维尔勋爵在序言里所说的，这次行动没有战略目的，只是旨在减轻被包围在赫兹港的克钦军队的压力，但它是非常宝贵的经验，为一年后温格特在日军后方的杰沙空降铺平了道路。温格特的每一次行动都表明了他的创造性。

有趣的是，这支部队似乎在每个地方都受到缅甸村民的优待——这表明经过一年的军事占领，日本人的承诺已经开始失去吸引力。

评托马斯·斯特恩斯·艾略特的
《四个四重奏》^①

———————————

这本书里的四首长诗——《焚毁的诺顿》、《东科克》、《干燥的萨尔维吉斯》和《小基丁》——在 1936 年和 1942 年间以单独成册的方式出版，吸引了许多关注和评论。

虽然经过几年的时间，人们已经能够正确地去看待这几首诗了，但要肯定对它们的感觉仍有一点困难。

困难之处在于，我们很难确定，艾略特先生在过去十年里所演变出的那种非抒情式的风格和你或许会称之为刻意的非诗情式的创作手法比起他之前的文风到底是不是一种进步。今天费伯出版社仍在出版他的早期作品选集，几乎不需要去作介绍。

艾略特先生曾经被斥为"故作高雅"，并被指责故意以含糊隐晦的语言写作，为的是得到小圈子的欣赏。现在他已经几乎成为一个流行作家，即使是早期那些晦涩的诗歌也通过文学解析展现了活力，只需经过一番思索和几则文献索引就可以得到理解。

或许他最广为人知的诗歌——阿尔弗雷德·普鲁弗洛克的恋歌是以非常浅白的语言写成的。在这首诗和其它诗歌里，特别是《斯温尼·阿格尼斯特》，艾略特先生进行了我们这个时代少有的

———————————

① 刊于 1944 年 10 月 5 日《曼彻斯特晚报》。

严肃的努力，要将英语口语写为文字。当然，这个世纪没有哪一个以英语写作的诗人能够在纯粹的词藻的华丽上与他相媲美，或许威廉·巴特勒·叶芝是例外。

从不计其数的刻入记忆中的诗篇里单举一例就够了：

> 迷失的心渐渐僵化和欣喜，
> 在迷失的丁香中和迷失的大海的声音中，
> 脆弱的精神促使反叛更早发生，
> 弯曲的黄金长棍和逝去的海的味道，
> 促使了复苏，
> 鹈鹕的叫声和千鸟的盘旋，
> 沙滩上传来海盐的味道。

这段诗出自《星期三的灰烬》，应该是写于 1929 年，标志着艾略特先生的两种风格的转折点。

在他早期的诗作里有许多你能轻松记住的诗节，这一点很重要——这就是对诗歌的考验，至少对于抒情诗是这样，就是你能否记住它们，或至少你是否想要去记住。这一品质在后期那些诗作里已经不复存在。但他的题材也改变了，你不能孤立地去思考这两个改变。

艾略特先生的大部分早期诗歌坦白地说是堕落的。它们是对垂死的文明讽刺式的挽歌。《斯温尼诗歌》是乔伊斯的《尤利西斯》的对立面，而《普鲁弗洛克》是过于文雅的现代知识分子的灾难性图景。

但是，最后这四首诗写的是信仰——但显然不是非常自发的信仰。奇怪的是，虽然诚恳地努力想写得清晰明了和不用艰涩的语言，但很难描述这几首诗写的是什么。

它们的标题都是地名（三个在英国，一个在美国），艾略特的祖先来自这些地方，它们的主旨很虔诚，但很阴郁，沉思死亡和不朽这个主题。

通过营造多个语境，他希望让读者（或许还有他自己）摆脱时间进入永恒。在本质上这几首诗表明了一个通过精神上的努力达成信仰的人对于信仰的表白。

艾略特先生在这几首诗里明确表示，这意味着放弃文学意义上的目标。"我走到了这一步，20年过去了——20年的光阴大部分都荒废了，在两次战争的那20年——尝试着学会使用词语，每一次尝试都是全新的开始和不同的失败，因为你只学会了战胜对应着一个你不再需要去诉说的事物的那些词语，或是你不再愿意用来诉说它的那些方式。每一次冒险都是新的开始，对无法表达的事物的进击带着每况愈下的低劣装备，在一团散沙的粗糙的情感中，一群漫无纪律的感情的散兵游勇。"

同样的理念以不同的方式进行了重复。他不再尝试去表现"诗情画意"。"诗歌并不重要。"他说道。你会尊重放弃文学上的虚荣这个举动，但你仍然会觉得有很多东西就这么失去了。

这几首诗里还有很多内容——正是因为艾略特先生努力尝试表达出确切的意思——语言如此平淡无奇，如果它们被当成散文出版，你不会知道它们原本是要写成诗的。它的韵律总是很铿锵悦耳，而这是最早期的诗歌里所没有的品质，但依然保留了旧时的魔力。例如：

噢，黑暗、黑暗、黑暗。他们全都陷入了黑暗

空虚的星际空间，空虚中的空虚，

船长、商业银行家、引领风骚的文人，

慷慨的艺术恩客、政治家和统治者，

优秀的公务员、委员会的主席，

工业巨头和小承包商，全都步入黑暗，

黑暗的太阳与月亮，

还有哥达年鉴，

和股票交易处的公报，董事的名单，

冻结了意识，迷失了行动的动机。

任何读到这些诗的人至少永远不会忘记"在这个旋转的世界静止的点上"这句话，或许也不会忘记"时间与钟声埋葬了这一天"这句话。

很难不觉得艾略特先生皈依英国的天主教后失去了很多东西，如果他继续记录他明确表示厌恶的文明的没落的话，这或许会是一件好事。

奇怪的是，以前他比现在对生活更感到绝望，当他至少在尝试从生活中寻找到意义时，却拥有更大的力量和更多的欢乐。

但你不能简单地将这几首诗斥为失败之作，因为艾略特先生是那种人们所说的"伴随着你成长"的作家。许多人在 1920 年觉得他的作品不堪卒读或不知所云，到了 1930 年却对他推崇备至。再过几年或许我们将会理解他后期的文风，但原先的优雅似乎已经离去，这一点是毋庸置疑的。

现在在世的作家中没有几个值得费心去关注。即使是对这本

书感到失望的读者也不会浪费时间，如果护封上的作品列表让他发现《普鲁弗洛克》、《荒原》还有《斯温尼·阿格尼斯特》这些诗作的话。

评约翰·米德尔顿·默里的《亚当与夏娃》[①]

我们现在生活在噩梦里，任何想要寻找摆脱它的方式的人会发现自己陷入这么一个两难境地——在环境没有改善的情况下，人是不会变好的；而人没有变好的话，环境是不会有改善的。

社会需要获得重生，但重生必须由被社会败坏的个体去实现。由于进步确实发生了(因为说到底，我们的生活或许要比石器时代好一些，甚至要比黑暗时代好一些)，这个恶性循环似乎并不像它看上去的那么严重，但没有哪个有思想的人会假装这个问题很容易解决。至少，它意味着认定法律比人更重要抑或肉体比灵魂更重要。

马克思主义者(直到不久前默里先生仍是一个马克思主义者)与对个体重生的信仰毫无干系。按照他们的理论，一个败坏的社会只会产生败坏的个体。默里先生在过去五六年来朝着相反的方向进发，并得出这么一个结论：文明只能靠一小群男女去拯救，他们遗世独立，尽可能地远离国家的控制。群体行动是没有意义的，任何事情都必须从个体和家庭这个自然单位开始。

默里先生说："性是一切的根源。"男人和女人彼此真心相爱并组成家庭，孩子们在免于恐惧的环境里成长，它将有可能建立起自给自足的社区，成为新的文明的核心，就像古罗马帝国衰亡

---

① 刊于 1944 年 10 月 19 日《曼彻斯特晚报》。

后的基督教修道院。

反映到现实生活中，这意味着奉行和平主义和无政府主义的社区，依靠农业而生存。如果像这样的社区能够存在并缔造快乐和适应良好的人类，他们或许将会成为全人类的典范，并让人类社会回归更加简单、更加理想和更加虔诚的生活方式。

默里先生并不是在倡导回归"高贵的蛮荒时代"，也不是回归中世纪。他知道机器生产已经无可改变，而且他并不反对使用机器，只要它被用来节省繁重的劳动而不是被用来戕害人类创造性的本能。

目前人类几乎沦为机器的奴隶。在和平时期它让他无法接触创造性的劳动，在战争时期它赋予了他如此可怕的毁灭力量，整个人类都面临危险。

但他无法摆脱机器，因为他意识中的目标只有意味着高速生产的"高标准的生活"。对于机械化社会所制造的弊端，他能想到的补救方法就是更高程度的机械化——而默里先生说，如果他信奉上帝，爱他的妻子，享受用双手劳动，"高标准的生活"似乎对他并不重要。

默里先生否定性的分析很容易被接受，或至少会被认同。但他的正面建议则比较难以接受，特别是当你记得默里先生几年前还以同样的自信在倡导截然相反的解决方法。

一个明显的难题就是和平主义与摆脱纳粹极权主义之间的矛盾。从这本书的内容看，默里先生明确地拒绝"支持"战争。事实上，他曾担任《和平新闻》的编辑达数年之久，而且是"为和平呼吁"最得力的倡导者。与此同时，他承认英国和其它欧洲国家还没有在通往极权主义的道路走得太远，而如果纳粹分子获得胜利的话，他所希望看到的无政府主义式的社区将没有机会成立。

"新的社区没有希望繁荣发展和扩张，甚至没有希望生存下来，它会被一个彻底的极权主义国家扼杀。但在这个国家，社会的政治和宗教气质与极权主义在进行全方位的对抗，它能得到充分的容忍和支持，并取得进展。"

这确实是真的。默里先生所倡导的社区在英国确实存在，而政府容忍它们的存在，但或许并非很乐意。在一个极权主义国家，它们会轻易地被消灭——事实上，它们根本就不会被创建。

但这如何与和平主义取得一致呢？因为如果第一个不可或缺的必要前提是政治宽容，如果这一点你只能在英国勉强实现而在德国完全没有可能，那你难道不应该不惜一切代价保卫英国，让她不被征服吗？

默里先生并没有回答这个问题，但这个问题时不时就会在沉默中显现。或许默里先生的论述过于夸张了。他有一个论点是几乎所有和平主义者都会说的，那就是以暴力对抗极权主义的结果就是我们自己也会"成为极权主义者"。

在战前担心这一点是情有可原的，但它是否真的发生了却尚未可知。事实上，英国没有真正的极权主义思想冒头，而且仇恨宣传并不严重（1914 年至 1918 年的情况要糟糕得多）就是令人感到振奋的迹象。而且，或许默里先生过分强调了机器的"非人化"效果。在肯定机器夺走了生活的精华之前，或许你应该对古代平民的情况作更多的了解。

很有可能现代工厂的工人要比中世纪的农奴或古罗马的奴隶更加具有个性，更有思想，更加快乐和更加亲切。大体上，默里先生展现的趋势是扭曲事实和只接受有利于他的论述的可疑证据。

但这是一本有趣的书，而且当前盛行的观念是：只要我们消灭希特勒，就能够过上快乐的日子，回到 1939 年前的世界，工时更短而且没有失业，这本书是对这一谬论的解毒剂。书里有一篇名为《夏娃》的后记，或许被忽略了。

评比弗利·尼克尔斯的《印度判决书》^①

平心而论，这本书读起来给人的感觉并不像是要找碴，但或许这恰恰就是它所起到的效果。尼克尔斯先生在印度呆了将近一年——他坚持说不是以官方身份——走遍了这个国家，访问了各个阶层的人，从土邦的王公到赤身裸体的乞丐都有。他抵达印度的时候日本侵略的危险仍然非常突出，"离开印度"的运动正进行得如火如荼。稍后孟加拉发生了饥荒，他记录了一些骇人听闻的细节。他很努力地想要找出真相，但方式很草率。他愿意揭露丑闻，对印度的内部事务持坦白甚至激烈的偏颇立场，这会令印度人感到愤怒。如果这本书像《印度母亲》^②那样激起一系列反击的话，并不会让人觉得奇怪。

尼克尔斯先生批判的主要对象是印度教。他鄙视印度教本身——它的神牛崇拜、神庙里淫秽的雕刻、它的种姓体制、与科学和启蒙背道而驰的种种迷信——但最重要的是，在政治上他与印度人唱反调。他拥戴巴基斯坦，认为它终将以某种方式建国。他最喜欢的印度政治家是真纳先生^③。他所说的内容有很多是真

---

① 刊于 1944 年 10 月 29 日《曼彻斯特晚报》。约翰·比弗利·尼克尔斯(John Beverley Nichols，1898—1983)，英国作家、剧作家，代表作有《无人的街道》、《自我》等。
② 《印度母亲》的作者是凯瑟琳·梅奥(Katherine Mayo，1867—1940)，美国女历史学家，代表作有《印度母亲》、《众神的奴隶》等。
③ 穆罕默德·阿里·真纳(Muhammad Ali Jinnah，1876—1948)，巴基斯坦政治家，巴基斯坦建国领袖，印巴分治后担任巴基斯坦第一任总督。

实的，但他的表达方式，以及他遗漏的事情，或许会误导一些人，而且一定会激怒许多人。

尼克尔斯先生从未真正触及的事情是：印度人对英国的愤恨是合理的。很久以前印度人就希望英国人离开，但英国人赖着不走。如果你记住这一点的话，尼克尔斯先生对国大党政客的斥责有很多是可以接受的。就算英国人离开，印度当前的问题也无法得到解决。而且那些民族主义的宣传将所有的弊端都归结为英国统治的结果，这是不诚实和歇斯底里的表现。正如尼克尔斯先生想到的——事实上，他知道的事情太多了——这些宣传被抱以善意的英国自由主义者和美国人欣然接受，他们更愿意接受为印度辩护的人告诉他们的内容，因为他们对印度的问题并不是真的感兴趣。如果尼克尔斯先生能够更加平心静气地进行探讨的话，他的许多看法其实是值得进行探讨的。

确实，印度教与伊斯兰教的对立被民族主义宣传一带而过，而且穆斯林信徒的主张在印度境外很少得到公平的申辩机会。此外，国大党的确不是西方的自由主义者所想象的理想的左翼组织。它很像纳粹党，其资助者是亲日派的阴险商人。而且，支持印度和反对英国的宣传总是忽略像贱民这样的重大问题，忽略或扭曲了英国在印度的正面成就。你可以列举出长长一串相似的观点，在这些问题上尼克尔斯先生或许是对的。但他没有看到印度政治极其恶劣的环境，那些歇斯底里、谎言、病态的仇恨、猜疑和轻信。这些都是民族自尊受到伤害的结果。他敏锐地观察到被奴役的民族的心态，但把它说成似乎是天生的或印度教造成的结果。

譬如说，他毫不掩饰地鄙视受过粗浅教育的印度青年。他们投身报业和法律，过着朝不保夕的日子，在民族主义运动中发出最大声的呐喊。他不愿意承认这些失业的知识分子是对英国人的教育方式的控诉，也意识不到如果这些人能够承担真正的责任的话，他们或许会有更成熟的思想。

　　一个更加严重的错误是，他反复抨击甘地先生，因为后者让他觉得厌烦。甘地先生是一个难以捉摸的人物，尼克尔斯先生似乎在暗示他是一个骗子，但显然他并不是。就连他接连不断的自相矛盾或许也只是诚恳的表现。事实上，尼克尔斯先生的这本书自始至终都带着偏见和不耐烦，削弱了他合理的批评意见。

　　尼克尔斯先生愿意承认英国在印度犯下了错误，特别是社会方面的错误（他略带夸张地说没有哪个欧洲人对印度人说过"谢谢"），在结尾处他提出了一些很有建设性的提议。他认为英国人应该尽快离开印度。如果他在这本书的第一页就提出这一点的话，它给人留下的印象会好得多。他说，在道义上，赢得战争之后我们没有理由留在这里，但正如他所强调地，让英国将印度拱手让给日本是荒唐之举。他的解决方案是"先分裂再退出"——也就是说，我们将承认印度独立，但会先确保巴基斯坦建国。这或许是一个可以想象的解决方案，如果穆斯林联盟真的像尼克尔斯先生所说的那样拥有群众基础，或许这能在英国的力量撤走之后避免内战发生。

评安东尼·特罗洛普的《典狱长》、乔治·
艾略特的《织工马南》、哈罗德·尼克尔森
的《公众面孔》、萨克维尔-韦斯特的《厄瓜
多尔的保卫者》、安纳托尔·法郎士的《诸
神渴了》、埃德蒙德·韦尔梅伊的《希特勒
与基督教》①

在理邦大教堂你可以看到一幕情景——或者说在几年前可以
看到——让人忍不住想起《三只熊》这则童话故事。各位牧师那
一排席位（不知道还在不在）的一头是主持牧师的席位，铺着一大
张长毛绒软垫和一本对开的《圣经》，然后是教典牧师的席位，依
次而下，每一个席位都铺着一张比上个席位更薄一些的软垫和一
本更小的《圣经》，到了尽头是乡村教长的席位，他只有一块布鲁
塞尔毛毯可以坐，和一本十二开本的《圣经》。

正是这一幕奇观促使安东尼·特罗洛普写出了巴切斯特系列

---

① 刊于 1944 年 11 月 2 日《曼彻斯特晚报》。玛丽·安妮·伊文斯(Mary Ann
Evans, 1819—1880)，笔名乔治·艾略特(George Eliot)，英国女作家、记
者，代表作有《亚当·贝德》、《弗罗斯河上的磨坊》等。哈罗德·乔治·
尼克尔森(Harold George Nicolson, 1886—1968)，英国外交家、作家，曾是
英国广播公司的理事会成员，代表作有《外交的演变》、《英国为何参
战？》等。爱德华·查尔斯·萨克维尔-韦斯特(Edward Charles Sackville-
West, 1901—1965)，英国作家，代表作有《辛普森的一生》、《留声机》
等。埃德蒙德·韦尔梅伊(Edmond Vermeil, 1878—1964)，法国学者、日耳
曼文化研究专家，代表作有《二十世纪的德国》、《德国的三个帝国》等。

这部反映神职人员生活的鸿篇传奇。特罗洛普并不是一个很活跃的教士，而且他是凭借着想象力勾勒出传神可信的教会大人物的众生相，但那些并不是对某些个体的歪曲刻画，当时很多人就是这么认为的。

他自己说他是在一座大教堂散步并无所事事地猜想这里的生活会是什么样的时候有了灵感的。

特罗洛普的几部最好的作品并不是巴切斯特系列。比方说《奥利农场》，里面有英国小说中最精彩的法律诉讼描写，还有《三个职员》和他那本精彩的自传。

《阿林顿的小屋》或许是他最完美的小说，与巴切斯特镇只有间接联系。

特罗洛普还以同样美妙的文笔描写政治、猎狐和职业人士的生活，没有多少活动在他虚构的巴切斯特镇（或许就是萨默塞特郡）里是没写过的。但他最出名的作品是描写神职人员的系列，还有《典狱长》，它是这个题材最早的作品，或许也是最成功的作品。

《典狱长》的主线非常精彩，即使出自文笔没有特罗洛普那么高超的作家之手或许也会获得成功。

在巴切斯特有一所救济院，住着十二个穷苦的老人，由某位中世纪的善人捐赠的一笔基金赡养。那所救济院的院长哈丁先生是一位温和的老牧师，全身心投入于照顾穷人和演奏小提琴，完全乐在其中。

但是，整件事情在道德上和法律上颇有可疑之处。那位中世纪的善人馈赠慈善基金两块地的租金，那里现在盖满了楼房，变得特别值钱。结果就是，教会从慈善基金里获得丰厚的收入，而且那位院长领到 800 英镑的年薪，而那十二个老人每天只领到 1 先令 6 便士的救济金。

这种暴行最开始的时候是无心之举，然后随着时间的推移而成为被接受的事情。一个名叫约翰·博德①（特罗洛普喜欢给他的人物起贴切的名字）、爱管闲事的年轻改革家发现了这个事实，并着手要打官司。一场旷日持久的三方对抗在博德、哈丁先生和哈丁先生精明厉害的女婿格兰特利副主教之间展开。格兰特利副主教在后面的小说里所占的分量很重。最后，官司被取消了，一部分原因是博德与哈丁先生的小女儿订婚了，在此之前，可怜的哈丁先生不肯接受或许不属于他的金钱，辞去了自己的职务。那十二个老人过着比以前更糟糕的生活。

易卜生的《人民公敌》描写了同样的故事，但在易卜生的手里，它变成了一出对人的劣根性的夸张而滑稽的揭露，而特罗洛普则把它写成了一个带着善意的喜剧，正人君子是那位牧师，而不是他的敌人。

特罗洛普是一个精明的批评家，但他不是一个改革家。他认为历史久远的罪恶总是没有对它的纠正措施那么糟糕。他将格兰特利副主教描写成一个坏透了的家伙，而且他很清楚自己不是好人，但他仍然喜欢他甚于约翰·博德（在《典狱长》与《巴切斯特塔》里这些人被匆匆写死打发掉了），而且这本书蕴含着一则对查尔斯·狄更斯的隐晦的抨击，因为他觉得很难认同狄更斯的改革热情。

但是，正是因为特罗洛普对现实社会的不满使得他能够如此

① 博德与 bored（无聊）谐音。

详细却又妙趣横生地进行记录。在英国小说家中他以细节准确和富于魅力见长。这是他最好的作品之一，而且是企鹅出版社近期出版的书里最值得一读的。

乔治·艾略特的《织工马南》模仿特罗洛普的痕迹很重，但她总是有自己热心的追随者。

哈罗德·尼克尔森的《公众面孔》——它是一本写于1932年的政治幻想作品，描写的是1939年的事件，但与实际发生的事情相去甚远——是一本让人觉得很厌倦的书，而且很难理解为什么它会被重印。

萨克维尔-韦斯特的书有两则"中篇"小说。作为书名的故事《厄瓜多尔的保卫者》内容平淡而且没有什么意义，但另一则故事，十六世纪荷兰的传说，有一种神秘的魅力，就像一则童话。

在如今没有书读的日子里，当最陈腐的"经典作品"就连二手的也无处寻觅的时候，没有企鹅丛书的话生活或更加贫乏。和《典狱长》和《织工马南》一样，霍桑的《红字》和古德史密斯①的《维克菲尔德的牧师》都已经出版或即将出版。

值得去寻找的作品还有杰克·伦敦的杰出的政治预言《铁蹄》、詹姆斯·伯恩汉姆的《管理革命》和萨默塞特·毛姆以法国画家高更的生活为蓝本的《月亮与六便士》。

企鹅法文丛书是新出版的品种，印刷质量很好，只卖2先令6

---

① 奥利弗·古德史密斯(Oliver Goldsmith, 1730—1774)，爱尔兰作家、剧作家，代表作有《维克菲尔德的牧师》、《荒弃的村庄》等。

便士。任何能够阅读法语书的人——安纳托尔·法郎士的法语要比大部分作家更简单——会很喜欢那则揭露革命本质的故事《诸神渴了》。

韦尔梅伊教授的文章最初出版于法国战役开始之前，研究的主题是现代极权主义国家对宗教的威胁。

评贾尔斯·普莱菲尔的《新加坡的广播结束》、理查德·温斯泰德的《英国与马来亚》[①]

　　大家都承认 1942 年初马来亚的迅速沦陷是英国历史的一个污点，但它的教训并没有被好好地吸取，而且当时没有对马来亚战役进行充分的报道。如果能从更多的角度对它进行了解，那就更好了。这场灾难的原因更多是政治和社会的原因，而不是严格意义上的军事原因。

　　贾尔斯·普莱菲尔先生曾从英国被派遣过去协助组建马来亚广播公司。他于 12 月 8 日，珍珠港事件的第二天，抵达新加坡。因此，接下来两个月他的工作是每天在电台上进行日军动向的最新报道，并临时制作能够激励民众士气的节目，并对日本的宣传进行反击。

　　马来亚广播公司的职员收到的命令是尽可能久地保证新加坡的广播工作，然后在局势还好的时候销毁发射电台并撤离。最后，他们在新加坡岛沦陷前三四天撤离，在拥挤的船上呆了几周躲避潜水艇，那里几乎没有饮用水，睡的是光秃秃的甲板。最后大部分人去了印度或澳大利亚。

[①] 刊于 1944 年 11 月 8 日《曼彻斯特晚报》。贾尔斯·普莱菲尔（Giles Playfair），情况不详。理查德·奥拉夫·温斯泰德（Richard Olaf Winstedt，1878—1966），英国东方学者，长期在英属马来亚殖民政府任职，代表作有《马来亚历史》、《英国与马来亚》等。

普莱菲尔先生对远东很陌生。他觉得自己不属于新加坡社会，而且他坦率地说自己不喜欢那里大部分欧洲人所过的愚昧、慵懒和琐碎无聊的生活。

他讲述了许多故事，内容是关于政府的无能和市民们不愿意严肃地对待这场战争，而且从一开始他就知道这场战争的宣传工作因为处置失当而陷入绝望。事前根本没有进行任何努力让亚洲人愿意接受战争，就连保护他们的准备工作也没有进行——新加坡岛上连一个地下防空洞都没有——而且日本人的飞机一出现那些码头苦力就成批地逃跑，实在是蔚为壮观，而乡下人则无动于衷地看着日军逼近。

普莱菲尔先生注意到虽然新加坡只是一个投资的地方，肤色隔阂却和任何地方一样严重。他记录了几件无可原谅的事情。比方说，槟城这个战略要地完整地落入了日本人的手中，他们在两天内就开始从电台发出广播。

尽管如此，普莱菲尔先生并不认为人们普遍相信在马来亚发生过的那些事情是真实的，他写到了一些记者，大部分是美国人，他们在热情地传播反对英国的言论。他说出了需要说的话，并以正确的观点去看待新加坡这场灾难。

对于这场大崩溃的主流看法是，罪魁祸首是刚愎自用的"毕灵普分子"和总是醉醺醺的种植园农场主，而且要是马来亚政府能够武装人民，消除肤色歧视和传播爱国口号的话，情况将会很不一样。

这么说并不符合事实。首先，这场军事灾难是不可避免的。英国人在欧洲为了生存而奋战，印度支那落入了日本人的手中，马来半岛在战略意义上已经是守不住了，而且新加坡本身根本经不起围攻。

它不是一座要塞，和普利茅斯一样只是一个海军基地，而且它有一百万人口，水源供应却只能够支撑几天。要是指挥官①不投降，数十万无辜的亚洲人会被活活渴死。

而且仓促之下根本不可能去组织群众对侵略者进行大规模的抵抗。马来亚的人口非常混杂（事实上，马来人是少数民族，中国人的规模和它一样大），而且经过多年的英国殖民统治，变得完全没有尚武精神。"父权"政府的一大弊病在于它扼杀了被统治民族的爱国心或责任感。当伦敦遭受轰炸时，伦敦"顶住了"。新加坡所遭受的轰炸在我们看来根本算不了什么，但由华人、印度人、马来人和阿拉伯人所组成的混杂的人口只会认为日本人是危险人物，奉行不抵抗政策会比较好。同样的事情在缅甸也发生了。

这些灾难表明被统治的民族即使当他们并没有遭到过分的剥削时，从军事意义上说也只会是负担。但马来亚的局势只有提早几十年着手进行改革才有可能得以改善。而且，正如普莱菲尔先生所坚持的，将主要的责任推到当事人身上是不公平的。罪魁祸首是英国的公众，他们有模糊的反对帝国主义的思想，但他们对殖民地的具体问题无动于衷。在危机时刻，马来亚的某些英国人的表现很糟糕，但像普莱菲尔先生这些人则展现了献身精神和智慧。

虽然这本书轻描淡写（大部分内容是以日记的形式），而且没有假装对当地很熟悉，但它是对关于马来亚战役的文学作品有益

---

① 从 1941 年 4 月起，负责指挥驻马来亚的英国部队的指挥官是亚瑟·厄尼斯特·珀西瓦尔将军（Arthur Ernest Percival，1887—1968）。

的补充。

理查德·温斯泰德爵士的这本小书是描写英联邦各个国家的系列作品之一。或许它所描绘的英国治下的马来亚过于美好，但它提供了有价值的背景信息和马来亚从十八世纪开始的简史。它有很多好照片。理查德·温斯泰德爵士在马来亚任职多年，而且是从伦敦到马来亚的广播工作的负责人之一。

这个系列的其它即将出版的书籍或许会像乔伊斯·卡利①（《非洲自由的理由》的作者）的《英国与西非》和哈维②的《英国与缅甸》那样信息详实而且有可读性。

---

① 亚瑟·乔伊斯·卡利（Arthur Joyce Cary，1888—1957），爱尔兰裔英国作家、画家，代表作有《美国访客》、《儿童之家》等。
② 哈维（G. E. Harvey），情况不详。

书籍与民族：奥利弗·古德史密斯的 《维克菲尔德的牧师》①

马克·吐温对《维克菲尔德的牧师》的评价是："没有什么能比它的感伤更加滑稽，而没有什么能比它的幽默更加悲哀。"或许他并没有夸大自己的感觉。对于马克·吐温这代人来说，十八世纪的优雅显得很呆板滑稽是很自然的事情，就像约翰逊博士认为称颂侠盗罗宾汉的民谣没有什么好赞赏一样。《维克菲尔德的牧师》是企鹅出版社重印出版的《英国经典系列》之一，它是一部时代作品，它的魅力与它的荒唐一样突出。它的故事毫无感人之处，根本没有一些十八世纪的小说里——比方说《艾米莉亚》——可以找到的写实心理。它的人物都很单薄，而且情节要比《琴报》里面的连载故事更加离奇。但它仍然很有可读性，而且自初版之后的 177 年里从未绝版。就像日本的木版画一样，它有自成一体的完美笔触，而且时至今日它所支持的行为准则由于时代久远而拥有了历史色彩。

《维克菲尔德的牧师》是一本"劝世作品"，以小说形式呈现的布道。它的主题是从贺瑞斯始到萨克雷终的数百位作家写过而且取得成功的熟悉的主题：世俗野心的虚荣和俭朴生活的愉悦。它的主角普里姆罗斯博士（他以第一人称讲述这个故事）是一个被

① 刊于 1944 年 11 月 10 日《论坛报》。

称为"养尊处优"的神职人员，他失去了财产，只能搬到另一个教区，靠耕种自己的土地养活自己。一系列灾难降临到他的家人身上，每一回都是因为他们野心勃勃，想"抬高他们的地位"，想去结交贵族而不是与邻近的农民打交道。大女儿被一个没心没肺的流氓诱拐了，农舍被烧成废墟，大儿子因为杀人而被逮捕，普里姆罗斯本人被关进债务人监狱，还有其它种种悲剧发生。当然，到最后一切都离奇地得以解决，一环接一环的事件就像拉链那样紧密相扣。普里姆罗斯的财产失而复得，好像被诱拐了的大女儿结果仍是"清白女子"，二女儿的追求者一直扮穷是想考验她的爱情，原来他是一个富家公子，等等等等。但古德史密斯在简朴的美德和金钱的算计之间的摇摆给这本书蒙上了奇怪的道德色彩。

书中的主要情节是几场亲事，在第一页就挑明了十八世纪对待婚姻的冷血态度。一开篇，普里姆罗斯博士说道（或许古德史密斯并非想要语带讥讽）："我接受圣职刚过一年，开始严肃地思考婚姻，我选老婆就像她选婚礼的礼服一样，不是为了表面的光鲜，而是经久耐用的品质。"但除了选老婆就像选布料这样的想法之外，还有结婚与做一笔划算的买卖的想法密不可分这一事实。一笔够分量的嫁妆或稳定的收入是第一考虑，如果谈好的钱没有付清，最热烈的恋爱也会被终止。但除了市侩的思想之外，书里还有一种对于婚姻神圣性的迷信观念，使得这本书最具戏剧性的一幕显得滑稽甚至有点恶心。

奥莉维娅被一个名叫汤希尔的人勾引了。他是一个有钱的公子哥儿，他的华服和伦敦做派让普里姆罗斯一家心醉神迷。他被描写成一个彻头彻尾的恶棍，用里面的话说是"负心汉"，勾引了无数女人，而且沾染了各种恶习，甚至是一个懦夫。为了套住奥莉维娅，他用上十八世纪常见的假结婚这一招。他伪造了一份结婚证书，雇了某个人假扮牧师，在结了婚的假象下，那个女孩就算"毁了"。今天很难相信会有人肯去费这么多心思，但像这样的手段在一个高度重视贞洁和女人除了结婚之外没有其它职业的社会里很有效。在这么一个社会，两性之间不断地进行斗争——在女人的眼里就像用勺子托着鸡蛋赛跑，而在男人的眼里就像是一场九柱撞球游戏。奥莉维娅上当了，一辈子就这么毁了。古德史密斯在故事里插入了下面这段很有名的歌词，借她的口唱出了当时盛行的思想：

> 当美丽的女人一时犯蠢，
> 发现男人变心为时已晚，
> 有什么能够洗清她的罪孽，
> 有什么能够治愈她的忧伤？
> 若想避开众人的眼光，
> 若想将她的罪孽掩藏，
> 若想让爱人萌生悔意，
> 心如刀绞，唯一的妙计就是——一死了之。

奥莉维娅确实应该去死，而且真的准备求死——以小说女主人公那种悲愤交加的方式寻死觅活。但将一切拨乱反正的幸福结局降临了。原来奥莉维娅并没有被诱拐，她合法地结婚了！汤希尔先生总是以假证书和假牧师骗女人"结婚"，但这一次他的一个同伙心怀鬼胎，哄骗他带了一份真的结婚证书，并由一位真的牧师主持了婚礼。因此，这场婚姻是合法的！听到这个好消息"整家人都高兴坏了……快乐洋溢在每一张脸上，就连奥莉维娅的脸颊也似乎泛着幸福的红晕。她恢复了名誉和财富，立刻满心欢喜，身子不再虚弱，恢复了健康与活力。"

当大家都认为奥莉维娅失去"贞节"时，她失去了所有生存的理由，但当大家发现她这辈子嫁给了一个一无是处的恶棍时，一切都很好。古德史密斯并没有把结局写得过于荒唐，因为里面写到奥莉维娅一直和她的丈夫分居。但她有最重要的结婚戒指，而且得到了一笔丰厚的彩礼。汤希尔一个有钱的叔叔剥夺了他的财产作为惩罚，并把一部分财产赠予了奥莉维娅。事实上，我们从未忘记金钱与美德之间的联系。奥莉维娅认为自己"立刻恢复了名誉和财富"，汤希尔则看到"名誉扫地与困塞贫苦的深渊"出现在眼前。

除了债务人监狱的一两幕情景、在赛马会上几回小打小闹的赌博和对泥泞的乡村道路的描写之外，《维克菲尔德的牧师》里没有符合现实的细节。里面的对话很不可信，但是它的主题——时髦生活的空虚和乡村生活与家庭和睦的幸福——并不像那些离奇事件那么荒诞无稽。在斥责社会野心、无所事事的地主、华服、赌博、决斗、化妆品和都市的恶俗时，古德史密斯是在抨击他那个时代一个真正的趋势，斯威夫特和菲尔丁也以自己的方式进行谴责。

他非常了解一个现象，那就是没有责任感的新贵阶级的崛起。由于外贸的扩张，资本在迅速积累财富，贵族阶层不再生活在乡村。英国渐渐成为一个寡头统治的国度，而且乡村生活由于圈地运动和伦敦的吸引力而分崩离析。农民沦为无产阶级，小资

产阶级堕落腐化。古德史密斯本人在广为引用的《荒废的村庄》
中是这么写的：

> 疾病肆虐着这片土地，
> 财富在积聚，凡人却已消亡，
> 王公贵族须臾起落，
> 如气息般飘忽，
> 但坚强的农民，他们的乡村荣耀，
> 一旦被摧毁，就将云散烟消。

汤希尔代表了这种新一类的富人：辉格党贵族，而普里姆罗斯一家人自己酿醋栗酒，甚至在他们有钱的时候也很少离开家门口十英里，他们代表了旧时的自耕农或小地主。

在赞美乡村生活时，古德史密斯对他所赞美的东西了解并不多。他对乡村景色的描写有一种不真实的田园牧歌氛围，而且普里姆罗斯一家并没有在农场里干多少活儿。他们更经常做的事情就是坐在树荫下朗诵民谣，聆听画眉的歌声——务实的农民可没有多少时间去从事这些消遣。而且我们也很少看到普里姆罗斯博士作为一名神职人员的服务工作。事实上，他似乎只是时不时才记得自己的职责。但这本书的道德主旨是很清楚的，而且有一个章节里面硬生生地塞进了一篇反对寡头统治和资本积累的政治探讨。古德史密斯的结论是——无疑这是当时很普遍的保守党理论——只有强势的君主制才能够对抗寡头统治。普里姆罗斯博士的儿子乔治从欧洲旅行回来，也得出了同样的结论："我发现在君主制下穷人生活得最好，而共和制则最适合富人。"我们这个时代也以同样的理由为独裁体制辩护，而且同样的政治理念一而再再而三地以稍有不同的形式出现。乔治继续说道："我发现在每个国家的富人都拥戴自由，喜欢自由的人都希望别人臣服于他的意志。"

尽管在它的矫揉造作之下埋藏着一些严肃的社会批判，但这并不是《维克菲尔德的牧师》的魅力所在。它的魅力在于它的风格——不管故事有多么荒唐，它的文笔很优美，语言简洁而雅致，时而穿插着诗歌，而且有些旁支情节，例如摩西与绿色的眼镜那个众所周知的故事。许多喜欢读书的人都读过这本书，而且它值得读上第二遍。它是那种你在童年时喜欢读而等你长大后又会喜欢读的书，它似乎不会失去可读性，因为你总是会在不应该笑的地方大笑一通。

评威廉·亨利·加德纳的《杰拉德·曼利·霍普金斯》^①

今年是杰拉德·曼利·霍普金斯诞辰一百周年，也是他的朋友罗伯特·布里奇斯诞辰一百周年。后者多活了四十年，并在1918年编辑出版了《诗集》。要不是布里奇斯的努力，我们很有可能根本不会听到霍普金斯的名字，当前盛行的观点——加德纳先生似乎也有同感——布里奇斯的表现就像一个愚昧的庸人似乎并不公平。他对霍普金斯的崇拜是情有可原的。他早在十九世纪七十年代就敏锐地察觉到霍普金斯有第一流的才华，而且他将《诗集》的发表推迟到1918年，或许为奠定霍普金斯的名声做了很大的贡献，因为那个时候的公众品味经过庞德、艾略特、重新受到欢迎的多恩^②和布里奇斯本人的诗歌作品的教育熏陶，为接受霍普金斯做好了准备。加德纳先生花了整整一章引用评论和批评，它们所突出的就是，几乎没有例外，他们现在多么受到推崇。加德纳先生似乎认为霍普金斯没有得到应有的赞誉，但你只需要想到乔伊斯和劳伦斯遭受的指责，你就会意识到霍普金斯在生时虽然被忽略，在死后的境遇并不是那么糟糕。

---

① 刊于1944年11月12日《观察者报》。威廉·亨利·加德纳（William Henry Gardner，1865—1932），英国文学评论家，代表作有《牛津诗歌集》、《杰拉德·曼利·霍普金斯》等。
② 约翰·多恩（John Donne，1572—1631），英国圣公会牧师、玄学诗人，代表作有《伪殉道者》、《危急时刻的献身》等。

加德纳先生的文风不像是一个批评者，而是一位门徒，在谈到霍普金斯的词语或宗教信仰时，总是为他辩护。在对霍普金斯进行探讨时总是会遇到这个问题，但很少进行公开探讨：霍普金斯作为一位耶稣会会士对他的诗人身份造成负面影响了吗？

加德纳先生显然认为没有，而且几乎可以肯定的是，他是对的。最严苛的纪律如果不包括作伪，不一定会对诗人造成负面影响，而且霍普金斯作为教士的生平就是他的创作主题。艺术源于苦难，霍普金斯显然过得并不快活，不只是因为他身体欠佳，作为诗人没有受到关注和被迫从事并不喜欢的工作。他过得不快活的原因还有：虽然他的信仰很坚定，但要达到它的要求却不是一件容易的事情。他就像一个置身于战争中的士兵，他相信战争是正义的，但他不会去假装快乐。他的思想和情感都很怪异。他对英国充满感情，认为英国比其它国家都好，虽然他皈依了天主教，是一位虔诚的信徒，却又对大自然有一种近似于泛神论的爱，让他觉得惠特曼很亲近。你或许会猜想他宁可接受贫穷和守贞，也不愿意乖乖听命，而且他从来无法像他所希望的那样彻底泯灭自己的个性。

我们没有理由认为如果他不信教的话会是一位更好的诗人。或许他会成为一个创作力没有那么旺盛的诗人，写出来的东西没有那么别扭，文字不会那么艰涩。

每个人都会察觉得到霍普金斯的宗教斗争与他奇怪的用词之间有某种联系，而且很难不觉得除了无止境地追寻确切的意思之外，有一种无意识的、追求奇崛的欲望在起作用。他完全臣服于一个世界，那个教会的世界，而且或许他希望成为另一个世界——诗歌的世界——的叛逆者，以此补偿自己。无消说，加德纳先生不会去听这个解释。他倾向于认为霍普金斯的语言完全没有矫揉造作，还补充说霍普金斯总是"更重视意义而不是暗示和音韵"。当然，你会习惯霍普金斯的修辞（比方说，他喜欢省略关系代词），许多表面上似乎随性散漫的内容如果更进一步探讨的话其实另有深意。但你总是会读到某个似乎是硬生生插进去的词语，要么是因为它很古怪，要么是因为它的音韵组合。同样的倾向——比方说，词语和语句的颠倒——也出现在他的散文中。

加德纳先生说霍普金斯是一位伟大的诗人，这是对的，但他并不希望读者抛弃他们的批判力——事实上，他要求他们这么做。他从不承认对霍普金斯的负面批评是有道理的，而且有时候他还暗示说这些批评都并非出于真诚。和其他诗人一样，你应该可以说他的作品有好有坏。你应该能够说《菲利克斯·兰德尔》或许是英语最好的短诗，与此同时，你会觉得像"非常激烈的甜蜜"并不是好句，并认同布里奇斯的意见：用"communion"作为"boon he on"的韵脚实在是"糟糕透顶"（加德纳先生的态度是"要么接受，要么走开"）。这是一本任何对霍普金斯感兴趣的人都应该去读的书，但加德纳先生答应会出第二本，如果他记得批评和为圣徒立传是两回事，那这本书会更有价值。

评阿尔弗雷德·莱斯利·罗斯的《英国的精神》(关于历史与文学的散文)、卡修斯的《布兰登与比弗利》①

有一首音乐厅的老歌,副歌是这么唱的:

> 给你自己打打气,
>
> 打打气,打打气。

任何听过这首歌的人都会发现,当他读到《英国的精神》时,这首歌又回到了脑海里。因为虽然这本书是一本过去十年来在不同的时间所写的杂文和广播稿的合集,并非全部都与战争有关,但作为自吹自擂的典范它可谓罕有匹敌。

确实,罗斯先生有理由这么做。他是一个康沃尔人,觉得自己并不是英国人——他解释说,因此他可以自由地站在英国的立场说出他们自己无法表述的话。为什么我们不对这个国家所取得的非凡记录和了不起的成就感到自豪呢?为什么我们得为之感到抱歉,似乎那是什么值得羞愧的事情呢?我却认为"绝对有理由"这么做。

---

① 刊于 1944 年 11 月 16 日《曼彻斯特晚报》。阿尔弗雷德·莱斯利·罗斯 (Alfred Leslie Rowse, 1903—1997),英国历史学家、作家,代表作有《伊丽莎白女王与她的臣子》、《英国历史的精神》。

没有什么能比愚昧无知的沙文主义者更讨厌了，他们不知道我们崇拜历史的原因或对象——另一方面，不敢认识到自我贬斥的习惯同样具有毁灭性，甚至更加严重。此外，这种自我贬斥会让外国人信以为真。这么做很傻，而且会带来伤害。真正鲁钝的外国人，比方说日耳曼人，一辈子都在接受我们是一个腐朽没落的民族的宣传，当他们知道真相时，会感到非常震惊。

你或许会认为这番话有一定的道理，过去二十年来在英国知识分子当中风行的对于英国的鄙视是没有依据的，但你仍然会对罗斯先生的方式感到不安。

因为，首先，他最想称颂的不是英国的平民。"这或许是平民的世纪，"他说道，"这当然是老生常谈——但我要找的是非凡的人，有才华或能力的人。"事实上，他确实将绝大部分赞誉给予了那些已经成名的人，特别是学校教科书的编纂者十分熟悉的伊丽莎白时代的冒险者。

但他对英国人品格的评价很难找到一句不是恭维的话。我们似乎是斯文、慷慨、公正、富有想象力、勇敢、坚强、英勇和睿智的人——当然，我们还不知道自己拥有这些优点。这让人想起了那些占卜师，他们告诉你"你最大的缺点就是慷慨大方"，而且如果这番话出自一个外国人之口会非常令人高兴——但那必须是真正的外国人，而不是康沃尔人。

罗斯先生在重新出版这些文章时或许在关注美国。美国的反英思潮出了名的强烈，它们当中有的是因为对英国的历史一无所知，并对于英国的社会体制怀着过时的观念，显然，对这些思潮需要予以反击。

但是，这本书能否取得这个效果就说不准了。它过于着重强调英国的成就，对"伟大"但道德可疑的人物，像克伦威尔和马尔博罗公爵①，予以过分的赞美，过于看重军事辉煌，几乎没有提到英国人最好的品质，那就是，他们并不重视军事辉煌，他们更牢记的是失败而不是胜利。

或许这本书最有价值的文章是关于温斯顿·丘吉尔的开头那篇文章。它的文风过于刻意奉承，而且毫无必要地强调丘吉尔先生的贵族出身，但它让读者想起了容易忘记的一件事情——丘吉尔先生不仅是一位政治家，而且是一位相当好的作家。很有必要提醒公众那本很有可读性的书《我的早年生活》。

还有一篇关于伊拉斯谟②的详实的文章，伊拉斯谟在十六世纪初在英国生活了十年。但这本书给人的整体印象，就连各个章节的标题(《冒险精神——解读英国》、《德雷克的作风》、《水手与帝国》)也并不是称赞英国的恰当方式。

或许萧伯纳借他的人物之口说出的那番评论"每一个真正的英国人都痛恨英国"并不像它听上去那么夸张。

迈克尔·富特先生的书("卡修斯"的身份已经正式公布了)是一本非常轻松的讽刺短文，或许没有《审判墨索里尼》那么成功。它讲述了一个名叫忒普先生的人和一个名叫塔德波尔先生的人的故事，这两人其实就是稍加掩饰的布兰登·布雷肯③先生和贝

---

① 约翰·丘吉尔(John Churchill, 1650—1722)，马尔博罗公爵，英国军事家、政治家，曾在九年战争和西班牙继位战争中为英国立下赫赫军功。
② 迪斯德利·伊拉斯谟(Desiderius Erasmus, 1466—1536)，尼德兰思想家、神学家，代表作有《愚人颂》、《论死亡之准备》等。
③ 布兰登·布雷肯(Brendan Bracken, 1901—1958)，爱尔兰商人，曾于1941年至1945年担任英国新闻部长。

弗利·巴克斯特①先生。忒普先生是聪明的保守党人，而塔德波尔先生则是愚蠢的保守党人。他们正在为即将到来的大选构思竞选方案（时间是不远的未来），而这包括掩盖过去二十年来保守党的记录。

塔德波尔先生傻乎乎地尝试去为张伯伦的错误开脱，而不是悄悄地一带而过——忒普先生知道如果保守党能够抹上对手的政治色彩的话，获胜的希望会更大一些。富特先生无情地揭露了自1918年以来我们的领导人的愚蠢，但当他写到工党时则手下留情。

熟悉的指控还有绥靖政策是不可避免的，因为英国被左翼势力的和平主义削弱了，这个指控有一定的道理，并不只是一番狡辩。单举一例，直到1939年工党仍投票反对征兵制，却又同时要求对希特勒的立场要强硬。

在英国这么做是可以理解的，但在整个欧洲，包括法国，或许还有苏联，它所造成的印象就是英国无意参战。就连1933年牛津大学辩论社愚蠢的"国王与祖国"动议②，对意大利的法西斯主义者来说也是一大鼓舞，虽然英国人能够理解它真正的含义。这本书的结尾是虚构的丘吉尔先生的竞选演讲，还有由一位无名氏工党领袖所作的名为《将带来胜利的另一番演讲》的讲稿，两篇演讲都展现了富特先生的雄辩才华。

---

① 亚瑟·贝弗利·巴克斯特（Arthur Beverley Baxter，1891—1964），加拿大裔英国政治家，曾担任保守党下议院议员。
② 1933年，牛津大学辩论社以275票对153票通过一项动议：本议院在任何情况下都不会为国王与祖国而战。

评约翰·阿尔弗雷德·斯宾德的《最后的文章》、沃尔特·克雷·劳德米尔克的《巴勒斯坦，希望的土地》、雷吉纳德·莫尔的《作品选集》①

著名的自由主义记者约翰·阿尔弗雷德·斯宾德曾担任《威斯敏斯特公报》（它在 1928 年被《每日新闻》并购了）的编辑很多年。他生于 1863 年，在这场战争进行得热火朝天的时候去世了。他认识劳合·乔治和格雷爵士②，与格莱斯顿经常交谈，而且曾经与勃朗宁③和马修·阿诺德④会面，见过迪斯雷利，在牛津大学上学时还曾师从拉斯金⑤。

不可避免地，他的回忆是他最有趣的地方，但出版商在护封上说这些文章"就像它们刚出版的时候一样适用于我们这个时

---

① 刊于 1944 年 11 月 23 日《曼彻斯特晚报》。约翰·阿尔弗雷德·斯宾德（John Alfred Spender, 1862—1942），英国记者、作家，代表作有《公共生活》、《文学、新闻与政治》等。沃尔特·克雷·劳德米尔克（Walter Clay Lowdermilk, 1888—1974），美国水文专家，曾参与以色列建国规划。雷吉纳德·莫尔（Reginald Moore），情况不详。

② 乔治·格雷·阿斯顿（George Grey Aston, 1861—1938），英国海军军官、情报部官员，代表作有《新旧战争的启示》、《政治家与市民的战争研究》等。

③ 罗伯特·勃朗宁（Robert Browning, 1812—1889），英国诗人、作家，代表作有《戏剧抒情诗》、《戒指与书》等。

④ 马修·阿诺德（Matthew Arnold, 1822—1888），英国诗人、文化批评家，代表作有《文化与无政府状态》、《上帝与圣经》等。

⑤ 约翰·拉斯金（John Ruskin, 1819—1900），英国作家、诗人、画家、思想家，代表作有《现代画家》、《建筑学的诗艺》等。

代"自有其道理。

斯宾德代表了旧式英国报刊业的美好传统——不仅高度重视真相和言论自由,而且尊重知识分子,而这些如今已经不常见了。

这本书里有一个小插曲,无意中表明了这一点。在十九世纪八十年代,斯宾德担任一份没什么名气的小报的编辑,而马修·阿诺德刚刚发表了一篇面向本地文学圈和哲学家团体的演讲。

阿诺德向斯宾德打招呼,让他不要刊登关于这个讲座的报道,似乎这篇报道不刊登的话他可以在别的地方发表。斯宾德对他说这是没用的,因为其它本地报纸一定会进行报道。他自己的报道占据了五个专栏的版面。

你很难想象马修·阿诺德或其他人的演讲在今天会像当时一样成为"新闻"!

当他描写自由时,特别是出版的自由时,斯宾德让人意识到在十九世纪一个人能够形成自己的思想是多么美好的事情。没有几个现代人能够不去担心自由的代价。

在 1937 年,当绥靖政策成为时尚时,我们发现他勇敢地发言反对欧洲的独裁政体;在 1940 年,当英国陷入绝望的局势时,我们发现他仍然坚持认为说出真相是好事,而且诚实的批评不应该被噤声。

而且他不害怕成为孤家寡人。他最后的作品里有一篇文章为张伯伦辩护。无疑,张伯伦的政策是错的,而斯宾德为它辩护也是错的,但不管怎样,在那个时候(1940 年 11 月)要主动去对这个话题发表文章是需要勇气的。

这只是一本没有多少分量的作品，而且里面有的文章并不值得重印，但光是对格莱斯顿、格雷、博塔①、海格②和其他人的回忆就值得一读。里面时不时有一些精彩的评论，比方说：

"他们的祖国的拯救者其实大部分人是不好相处和危险的人物。正如历史所表明的，一个国家被'拯救'与被摧毁几乎同样都是不幸。"

"当一个国家得救后，就像柏拉图的理想国里的诗人一样，拯救者被戴上桂冠，并被送上前线。"

在写给侄子史蒂芬·斯宾德③先生的一封有趣的信件里，他表达了自己对当代诗歌的观点（负面的观点）。但在信中斯宾德仍然保持清醒，愿意承认或许他是错的——他还记得与勃朗宁同一时代的人对他的一些诗作的评价。

劳德米尔克博士的书是一本记录犹太复国主义者在巴勒斯坦所取得的成就的好书，里面有一些很有意思的茂密的森林和人口稠密的城市的照片，二十年前那些地方都是荒漠。

作者是一个美国土壤保护专家。他提供了证据表明巴勒斯坦在现代的干燥气候（它曾经是罗马帝国统治下的一个繁荣的行省）不是因为气候的变化，而是因为阿拉伯人落后的农业方式，以及他们养的那些什么都吃的山羊。

---

① 路易斯·博塔（Louis Botha，1862—1919），南非政治家，曾担任南非共和国第一任总理。
② 道格拉斯·海格（Douglas Haig，1861—1928），英国军人，曾担任一战英国陆军元帅。
③ 史蒂芬·哈罗德·斯宾德（Stephen Harold Spender，1909—1995），英国作家、诗人，代表作有《法官的审判》、《世界中的世界》等。

他倾向于建立类似于田纳西河谷管理局的约旦河谷管理局，并认为通过这种方式，巴勒斯坦的土地能够再养活四百万人口。这将一劳永逸地解决"犹太人问题"。

虽然劳德米尔克博士本人并不是犹太人，但他是犹太复国主义的热心支持者。他的书值得一读，但和所有犹太复国主义和亲犹太复国主义的文学作品一样——里面没有阿拉伯人的观点，因为阿拉伯人在国外没有媒体的根基，他们的呼声没有得到申辩的机会。

《作品选集》里的故事和诗歌大部分是未出版的手稿，其水平要高于目前的文集的平均水准。

特别值得一提的是由阿伦·刘易斯[①]写的关于军旅生活的短篇小说。他不久前在缅甸被杀了。还有弗雷德·厄克特写的另外一篇文章，他有非凡的才华，能够写出简洁的故事和可信的对话。

里面有一篇麦克拉伦-罗斯写的很有趣的小品文，亚历克斯·康福特[②]最近出版的小说《发电厂》，还有莱斯·戴维斯写的一篇不错的威尔士故事。

詹姆斯·塔姆比穆图[③]选择的诗歌和序文隐晦地暗示着文学

---

① 阿伦·刘易斯(Alun Lewis，1915—1944)，威尔士诗人，代表作有《致我的妻子》、《在绿色的树上》。

② 亚历克斯·康福特(Alex Comfort，1920—2000)，英国科学家、医生、和平主义者，代表作有《性的乐趣》、《和平与抵抗》等。

③ 梅利·詹姆斯·图莱拉贾·塔姆比穆图(Meary James Thurairajah Tambimuttu，1915—1983)，泰米尔诗人、作家，代表作有《纳塔拉加》、《摆脱战争》等。

流派的斗争，里面包括了乔治·巴克、陆思文·托德①、朱利安·
西蒙斯②和凯瑟琳·蕾恩等人的作品。

---

① 陆思文·坎贝尔·托德(Ruthven Campbell Todd，1914—1978)，苏格兰诗
  人、画家，代表作有《迷路的旅人》、《手中的世界》等。
② 朱利安·古斯塔夫·西蒙斯(Julian Gustave Symons，1912—1994)，英国作
  家、诗人，代表作有《杀了自己的男人》、《谋杀！谋杀！》等。

评赫伯特·约翰·克里弗德·格里尔森与史密斯的《英国诗歌的批判性历史》[①]

　　这本书有 521 页，以《贝奥武甫》作为开始，以亨利·特里斯[②]先生作为结束，一定将重点放在了历史上而不是批评上。它以长短不一的篇幅探讨了三百多位英国诗人，大体上是一本参考书，在如今图书馆被炸毁，地位不是很重要的古典作品总是无从寻觅的时候，像这样的书在今天非常有用。

　　两位作者将英国诗歌的发展追溯到黑暗时代，用的是惯常的分类方法。几位主要的作家用一个章节去讲述，爱尔兰和苏格兰的诗歌给予了应有的重视。对诗剧有充分的讲述，就连赞美诗也没有被轻视。但在这么一本包罗万象的书里，几乎没有提到打油诗似乎是一个遗憾，直到前不久它总是被单独当作一类诗，而且英伦诸岛的民族很擅长写这种诗。比方说，里面没有提到巴哈姆、萨克雷或刘易斯·卡罗尔，而卡尔弗利[③]只是勉强入选。贝洛

---

① 刊于 1944 年 11 月 26 日《观察者报》。赫伯特·约翰·克里弗德·格里尔森(Herbert John Clifford Grierson, 1866—1960)，苏格兰作家、批评家，代表作有《十七世纪英国文学的浪潮交叠》、《弥尔顿与华兹华斯》等。史密斯(J C Smith)，情况不详。
② 亨利·特里斯(Henry Treece，1911—1966)，英国作家、诗人，代表作有《黑暗的季节》、《诗集：王冠与镰刀》等。
③ 查尔斯·斯图亚特·卡尔弗利(Charles Stuart Calverley, 1831—1884)，英国诗人，为拉丁语诗翻译为英文诗作出了杰出贡献，而他本人的诗作富于机趣，代表作有《ABC》、《飞叶》等。

克先生被排除在外，评价是"他的十四行诗、警句和劝世诗还没有被遗忘"，这番话并不公允。而且里面没有提到英国的儿歌——这是一个遗憾，不仅是因为它们当中有一些是真正的诗歌，而且因为作者原本可以指出迄今为止还没有一部完整的儿歌集出版这个并不光彩的事实。

普通读者查阅这种书的目的是想了解那些不是很出名的诗人（比方说，十五世纪的诗人）或像《仙后颂》这样的作品，他们知道自己应该崇拜这部作品，却不愿意去读它。因此这在相当程度上取决于信赖。但对于这种书的批判性判断力能否被信任有一种考验方式——那就是，看看它对当代诗歌的看法，关于这些诗歌还没有形成定论。令人惊讶的是，许多选集和学术批评作品经不起这个考验。《牛津英国诗集》就是一个例子。这本书在编纂者开始运用自己的判断力之前算得上是一部好的选集，之后水平开始明显下降。

不过，格里尔森教授与史密斯博士对当前的发展有很好的把握，甚至给了当代诗歌本不应有的篇幅。事实上，他们的判断有许多值得商榷。他们坦诚偏爱乔治亚诗人（比方说，他们告诉我们拉尔夫·霍奇森①先生"所写的诗几乎都令人难忘"），而且他们只是略微提了一下霍普金斯。虽然他们花了一两页探讨艾略特，却没有提到《斯威尼诗集》，只是提起了《普鲁弗洛克》。庞德因为政治背景的原因连提都没有提。乔伊斯并不被看成是诗人，虽然他写出了唯一成功的英文维拉内拉诗。但不管怎样，两位作者

---

① 拉尔夫·霍奇森（Ralph Hodgson，1871—1962），英国诗人，代表作有《谜团》、《荣誉之歌》等。

并没有许多博学的人所共有的错误思想，认为文学发展在四十年前就停止了。他们愿意严肃地探讨奥登和麦克尼斯，其至迪伦·托马斯和末日派诗人。因此不是学者的普通读者可以有信心接受他们对亨利森①或特拉赫恩②或申斯顿③的看法。

但是，这本书最大的缺点——或许除非将书变得更厚，否则无法避免——就是它对文学作品的社会背景只是一带而过。形式、题材和语言的转变都有记录，但也只是一带而过。英语的现代形式固定下来之后——大约是在十六世纪初——英语诗歌的特征是它的多样性和某些理念的兴起与衰落。在某一个时代，几乎每个人都能写出过得去的抒情诗，而到了另一个时代，或许不到一百年之后，抒情诗似乎完全销声匿迹了。十八世纪的大部分时间里，英雄双韵体诗几乎是唯一的形式，莎士比亚是否受到推崇仍无法肯定，蒲柏对乔叟的作品的改写被认为是一项进步；然后，突然间，古典的文风似乎显得很夸张其至很滑稽，在一百多年的时间里，统治诗歌的形式是最为张扬的浪漫主义。

格里尔森教授和史密斯博士确实尝试了将这些改变与重大的历史事件联系在一起，但大体上他们将诗歌的历史当作个体或以个体为中心的"诗派"的历史去处理。他们得提到那么多诗人，或许这是不可避免的，但你总是会希望能够了解更多的背景信息——更详细地解释为什么英国人曾经是欧洲最有音乐才华的民

---

① 罗伯特·亨利森（Robert Henryson，1460—1500），苏格兰诗人，代表作有《克里斯达的证言》、《时代的颂歌》等。
② 托马斯·特拉赫恩（Thomas Traherne，1637—1674），英国诗人、牧师，代表作有《创世六日思考录》、《基督徒的伦理》等。
③ 威廉·申斯顿（William Shenstone，1714—1763），英国诗人，田园诗作的倡导者，代表作有《利索尔斯庄园》。

族，后来他们失去了这个地位，又或者为什么一个时代会忽略大自然，另一个时代会崇拜大自然，而又一个时代则觉得大自然有点可怕。但是，两位作者无疑有意缩窄了范围，他们成功地实现了他们想要达到的目的。这是一本信息详实的书，买书人可以将它作为收藏。

评詹姆斯·阿盖特的《贵族的责任——致另一个儿子的另一封家书》、杰克·林赛的《诗歌的视角》[①]

几个月前奥斯波特·西特韦尔[②]爵士写了一本名为《致我儿的家书》的篇幅不长的书，内容是呼吁艺术家应该享有独立，甚至可以不用承担责任。书中的儿子(虚构的儿子，被设想为一位画家或作家)被教导要认为自己是以赛玛利[③]，无论代价多大都要保住自己的思想独立。

詹姆斯·阿盖特先生写了一则热情但并不是过于激烈的回应，认为艺术家不应该被特别对待，而是应该像其他人一样承担同样的责任。

阿盖特先生所说的许多内容都很有道理。确实，艺术家不应该生活在真空中，而且他们应该捍卫我们这个相对自由的社会，抵御外来的征服，要求作家和画家免服兵役的呼吁不应该得到提倡。

但是，阿盖特先生只是在部分程度上回应了奥斯波特·西特

[①] 刊于 1944 年 11 月 30 日《曼彻斯特晚报》。詹姆斯·阿盖特(James Agate, 1877—1947)，英国日记作家、批判家，代表作有《马的王国》、《昨日集、今日集》等。罗伯特·利森·杰克·林赛(Robert Leeson Jack Lindsay, 1900—1990)，澳裔英国作家，代表作有《历史与文化》、《英国考古》等。

[②] 奥斯波特·西特韦尔(Osbert Sitwell, 1892—1969)，英国作家，代表作有《失去自我的男人》、《西奈山的奇迹》等。

[③] 以赛玛利(Ishmael)：《圣经》中的人物，其名字是"被遗弃的人"之意。

韦尔爵士的主要论点，而且他的语气会激怒很多人，而他们原本或许是会认同他的。

在一个健康的社会，每个人在某种程度上都是艺术家。在我们的社会，艺术家成了另类，而且他不得不当一个狡猾的人——不是为了生存，而是为了保住自己的灵魂。

阿盖特先生并不认为这是暂时的不幸，而是认为它是一条自然法则。他说普通人对美术或文学根本不感兴趣，而且暗示说情况一直都是如此。"要我说，"他说道，"我对教育的力量根本毫无信仰。"

"在我看来，它让孩子离开了健康而愚昧的黑暗，走进更加浓厚的以平庸侵蚀灵魂的深夜。"而且他一直在暗示说他认同，或在部分程度上认同普通人对于艺术的鄙薄，认同他们对"高雅人士"一贯抱以嘲讽，因为那些人"写晦涩难懂的诗"或"在一顶高礼帽上画三条沙丁鱼"，而且他还宣称高尔夫、板球和其它消遣"要比所有的诗歌加在一起更加深刻地打动了群众"。

阿盖特先生不理解的是，正是这个在公众中间非常普遍的态度，在像他这样的人的鼓动下，使得艺术家和知识分子变得不负责任。如果你把人当贱民对待，他们就会变成贱民。

年轻一代的英国作家和艺术家在当前这场战争中表现令人不齿，而且一种自称为无政府主义的个人主义似乎正在冒头。但解决的方法不是去恭维群众的糟糕品味。归根结底，解决的方法是推行阿盖特先生所不相信的教育。奥斯波特·西特韦尔爵士的这本宣传册应该有更好的回应。

杰克·林赛先生持不同的立场。他探讨的是几乎相同的问题——诗人在当今社会的地位——但他这篇简短的宣传文章还希望成为自上次战争以来文学发展的简史，并对更早前的历史进行回顾。

这应该是过去几年里马克思主义文学批评最有水平的文章之一。它不是很好读，一部分原因是他必须将材料压缩到 25 页的篇幅里，因此他只能草草了事，但这番努力是值得的。

林赛先生的观点是，诗歌只有在没有阶级的社会里才能获得真正的繁荣。在原始社会时期，个人与集体之间没有冲突。整个部落拥有集体意识，诗人同时也是祭司，只是以高度艺术化的形式去表达每个人的感受。他是一个非凡的人，但他并不像现代知识分子那样被孤立起来。

随着阶级区别和阶级矛盾的出现，诗歌的集体基础消失了，随之消失的还有诗人的自由，现在他必须与环境进行斗争。

只有当没有阶级的社会建立后，他的地位才能完全恢复，但即使在我们这个时代，只要他能认清并接受历史的必然趋势，他也能获得相对的自由。当他放弃自己的个体性，为建立没有阶级的社会而奋斗时，他才是最真实的个体。

许多尝试和失败体现于过去三十年来在英国先后涌现、兴盛一时的各个诗派——豪斯曼与乔治亚诗派、战争诗人、艾略特及其追随者、奥登的群体，最后是赫伯特·里德先生和过去几年来出现的无政府主义—和平主义青年诗人。

在广义上林赛先生的理论无疑是正确的，但你必须警惕他的政治倾向。

他没有明说，但他暗示为建立没有阶级的社会而奋斗意味着加入共产党，或至少对共产党抱以同情。但是，我们没有强有力的理由认为各国的共产党有可能甚至渴望建立没有阶级的社会。林赛先生拒绝承认他自己的马克思主义让他形成了错误的思想。

他声称那些拒绝正统共产主义的人这么做是因为他们害怕纪律，并希望获得思想上的自由，而那其实只是虚幻。

无疑对于某些人来说这就是内在的动机，但肯定不是所有人都这样。大体上，我们这个时代最有文学才华的人拒绝共产主义并不是因为它意味着纪律——原因很复杂。

但是，这并不意味着林赛先生的理论是错的。当诗人对历史进程起到促进作用时，他是最不孤单和最自由的——书中的许多内容你可以接受，但无法认同林赛先生关于历史进程的本质和节奏的看法。

这是一本很好的宣传作品，而且对最近一些年轻的诗人所发表的不负责任的直白言论发起了有效的反击。

詹姆斯·阿盖特在 1944 年 12 月 21 日发文至《曼彻斯特晚报》，对奥威尔的书评作出回应：

乔治·奥威尔先生在对我的作品《贵族的责任——致另一个儿子的另一封家书》的书评中以紊乱纠结的言论表达出错误的理解。下面是奥威尔先生的内容：

"阿盖特先生一直在暗示说他认同，或在部分程度上认同，普通人对于艺术的鄙薄……而高尔夫、板球和其它消遣要比所有的诗歌加在一起更加深刻地打动了群众。"

看一看我的书中的这段话：

定义狂喜的火焰是回归所有艺术的首要原则。我们或许可以断言寻找美的激情之旅是在寻找并不存在于海洋上或陆地上的光。某个神秘的疯狂想法指导着艺术家以文字、图画或声音将最高形式的价值记录下来，他的艺术超越了死亡，成就了永恒，让世界能够意识到他的存在，而这正是文明人的奇迹和财富。

奥威尔先生怎么能认为一个写出这段文字的人会认同或在部分程度上认同对艺术的鄙薄呢？我们的足球场、板球场、拳击擂台和赛道比老维克剧院吸引了更多的追随者，难道这不是事实吗？

奥威尔先生谎称我对群众的糟糕品味进行恭维。这表明他完全没有看懂我的书。下面我用简单的文字进行总结，作为对奥斯波特·西特韦尔爵士的《致我儿的家书》的回应：

一、 奥斯波特·西特韦尔爵士说一个人应该为了祖国的土壤上的鲜花而战斗和牺牲。我则说他应该为了祖国的土壤而战斗。

二、 奥斯波特·西特韦尔爵士说所有的艺术家都应该免服兵役。我则说所有的艺术家都应该被征召入伍，由其他人去决定他们继续自己的艺术创作是否能够更好地造福国家，而例子有：威廉·沃尔顿①、约翰·吉尔古德②、罗伯特·赫普曼③、汤米·特林德④等。

---

① 威廉·特纳·沃尔顿（William Turner Walton，1902—1983），英国作曲家。
② 亚瑟·约翰·吉尔古德（Arthur John Gielgud，1904—2000），英国演员、导演。
③ 罗伯特·赫普曼（Robert Helpmann，1909—1986），澳大利亚舞蹈家、演员、导演。
④ 托马斯·爱德华·特林德（Thomas Edward Trinder，1909—1989），艺名汤米·特林德，英国喜剧演员。

三、 奥斯波特·西特韦尔爵士认为艺术比生活中大部分精美的装饰更加重要，是生活的"最美妙的思想的精华"。我同意这个看法，但我要问的是这个最美妙的精华触及了谁和影响了谁？显然，只有那些能够理解艺术的人，大概也就是十分之一的人群。我认为，就像莎士比亚为那些能够理解莎士比亚的人带来快乐一样，亚历山大·詹姆斯①为不喜欢艺术的人带来了快乐。如果演员可以免服兵役，那么足球运动员为什么不可以？

四、 奥斯波特·西特韦尔爵士说战争或许会杀死未来的莎士比亚。是的，但它也可能会杀死未来的丘吉尔、鲁廷斯②、埃丁顿③、霍德④、奥古斯都·约翰⑤。因此，如果艺术家可以免服兵役，那么有潜力成为各个领域的杰出人物的人也必须免服兵役。让马尔康·萨金特⑥免服兵役而不让马尔康·坎贝尔⑦免服兵役未免荒唐。

五、 奥斯波特·西特韦尔爵士说了解另一个国家的最好的方式是去了解它的艺术品。

对于这一点我的回答是，英国人不应该让他们对歌德、海

---

① 亚历山大·威尔逊·詹姆斯（Alexander Wilson James，1901—1953），苏格兰足球运动员。

② 爱德华·兰西尔·鲁廷斯（Edwin Landseer Lutyens，1869—1944），英国建筑家。

③ 亚瑟·斯坦利·埃丁顿（Arthur Stanley Eddington，1882—1944），英国天文学家、数学家。

④ 托马斯·吉弗斯·霍德（Thomas Jeeves Horder，1871—1955），英国临床医生。

⑤ 奥古斯都·埃德温·约翰（Augustus Edwin John，1878—1961），威尔士画家。

⑥ 哈罗德·马尔康·沃茨·萨金特（Sir Harold Malcolm Watts Sargent，1895—1967），英国指挥家、作曲家。

⑦ 马尔康·坎贝尔（Malcolm Campbell，1885—1948），英国赛车手，曾于二三十年代创下赛车最快时速记录。

涅、巴赫、贝多芬和瓦格纳的爱蒙蔽了眼睛，看不见德国人好战的天性。

总而言之，我并不认同普通人对于艺术的鄙薄，也不会去恭维他的品味缺失。我的那本小书的最后一页有这么一段话："我意识到住在沃尔沃思路的人的品味很低，我认为百分之九十五的人是不会有改善的。或许我是错的，但我会以最坚决的态度坚持我的意见。我认为艺术家的责任是捍卫沃尔沃思路的群众，无论他们的品味有多么低，就像沃尔沃思路的群众为了他们的赌注那样充满男子气概和决心——愿上帝原谅我。"

我无法理解像奥威尔先生这么聪明的人怎么会认为这段文字是认同低俗品味或是对它的恭维呢。

我为这个国家的品味标准感到痛心。我要说的是那些品味更高的人的责任是为那些没有天赋的人而奋斗。

如果有读者能够找到更加直白浅显的文字表达我这番明显的含义，我答应在这本书的下一版中使用这些文字。

奥威尔在同一期的《曼彻斯特晚报》中的回应：

要对阿盖特先生的反对意见一一进行回应会占据太长的篇幅，但我希望就两点进行阐述。

一、 对艺术家的鄙薄：阿盖特先生的小书自始至终充斥着惯常的对"布卢姆斯伯里①"的轻蔑和诸如"假如知识分子有思考能力"这样的字句，显然他的目的是争取到那些鄙薄高雅艺术的

_____

① 布卢姆斯伯里(Bloomsbury)地处伦敦中心，区内有大英博物馆和伦敦大学学院等高等学府，曾是英国的文坛中心。

人。而且，他纵容甚至认同当前没有品味的状况，声称观众从板球、赛马等消遣中得到的快乐在本质上和从诗歌与音乐中得到的快乐是一样的。

"我认为，板球能让群众感到激动万分，而所有的感动都是平等的。"这句话以不同的形式一再出现。它的结论就是一位优秀的板球运动员与一位优秀的诗人同样重要。但是，阿盖特先生没有提到的是，诗人要比板球运动员更罕有，而且他们的价值要更加久远。

莎士比亚让十代英国人的生活更加富有价值，而威廉·吉尔伯特·格雷斯①，即使他在皇家板球场的那记著名的打破时钟的击球在某种程度上可以与《麦克白》或《李尔王》相提并论，但也已经开始被遗忘了。在拜占庭帝国走向衰败时，也有像阿盖特先生这样的人说群众从战车竞赛中得到的快乐比从《荷马史诗》中得到的快乐更大，对此有谁会怀疑呢？但《荷马史诗》成为了传世之作，而那些战车的御夫已经被遗忘了。而且，回首过去，我们能够看到古罗马竞技场的盛景的本质——不让群众去思考的精神鸦片。当社会恢复秩序时，我们这个时代的商业化的运动将会以同样的面目出现。

因此，难道说诗歌、音乐和绘画虽然会吸引很多庸人，但认为它们要比板球、高尔夫球或拳击更加重要就完全没有道理吗？

我完全同意阿盖特先生的看法——而且我也说过这一点——艺术家没有权利要求免服兵役。但我注意到阿盖特先生高声反对

---

① 威廉·吉尔伯特·格雷斯（William Gilbert Grace，1848—1915），英国著名板球运动员。

诗人的免役特权，而又赞同让那些受欢迎的娱乐明星免服兵役。他说道："显然，一个睿智的政府不会让威廉·沃尔顿、康斯坦·兰伯特①、克里福德·库松②、诺埃尔·考沃德③、约翰·吉尔古德、汤米·特林德去端刺刀。"

当然，政府不会让这些人去端刺刀，但它会让作家和画家等人去端刺刀，如果他们不是太老的话。有几位前途光明的年轻作家已经被杀了，而且 1914 年至 1918 年的那场战争对诗人展开了屠杀。回首过去，我认为让威尔弗雷德·欧文④免服兵役，并让赫拉修·威廉·博顿利应征入伍更能造福人类。

二、鄙视群众：虽然在每一页阿盖特先生都提到群众或普通人，他对他们的轻蔑体现于认为他们不仅没有艺术感觉，而且永远不会对艺术感兴趣。"我意识到住在沃尔沃思路的人品味很低，而且我认为百分之九十五的人是不会有改善的。"而且他坚称他不相信教育的力量。结论就是，现代机器文明的丑陋和庸俗是无法改变的，而且艺术家只为少数人服务，他们只是社会的累赘，是"漂亮玩意儿"的制作者。

值得注意的是，奥斯波特·西特韦尔爵士并不是那么鄙视群众。

他说比起生活舒适的中产阶层，工人阶级对艺术的敌意更少

① 莱纳德·康斯坦·兰伯特（Leonard Constant Lambert，1905—1951），英国作曲家、指挥家。
② 克里福德·迈克尔·库松（Clifford Michael Curzon，1907—1982），英国钢琴家。
③ 诺埃尔·皮尔斯·考沃德（Noël Peirce Coward，1899—1973），英国剧作家、作曲家、导演。
④ 威尔弗雷德·爱德华·索尔特·欧文（Wilfred Edward Salter Owen，1893—1918），英国诗人，代表作有《空虚》、《致被毁灭的年轻人的哀歌》等。

一些。但阿盖特先生的错误在于认为糟糕的品味是无法改变的人类的本质。莎士比亚是一个受欢迎的作家，阿里斯托芬的戏剧是广受欢迎的娱乐，而今天的原始民族也拥有高雅的品味。

我们英国人的品味很糟糕，就像我们长着一口烂牙一样。这是由复杂但可以去探索的社会原因引起的。我们要与之进行斗争，而艺术家和批评家正在进行重要的斗争。艺术家以保持自身气节的形式进行斗争，批评家以教育公众的形式进行斗争。恭维并不是教育。与其认为广大群众不可避免地都是傻瓜，然后暗示说当傻瓜是好事，甚至是光荣的事情，倒不如退回象牙塔，然后关上所有的窗户，这么做更有意义，而且更加值得钦佩。

评《通往未来的桥梁：马克斯·普劳曼的书信》[①]

你无法一次性通读一本书信集，特别是像这本书这么长的书信集。对于普通读者来说，对这本书的主要兴趣会集中在 1918 年和 1935 年到 1941 年。

除却纯粹的个人事务，马克斯·普劳曼的一生有两个伟大的事业——布雷克的诗歌（他担任编辑）与和平主义。在战争从地平线上逼近或真的发生的那几年，这些信件体现了最深刻的意义。

就连那些对马克斯·普劳曼的和平主义表达最强烈不满的人也不会被它激怒。他们总是说，你可以原谅他作为一个和平主义者，因为他并不是一个喜怒无常的人。这一点的确是真的，这些信件有力地证实了这一点。

他的本性是一个好斗的人，体格强壮而且品味简单，喜欢板球和园艺，而且不像是一个知识分子。他的和平主义没有与任何明确的政治纲领捆绑在一起。事实上，他的政治判断很不靠谱。

在这本书的结尾处，我们发现他认为慕尼黑会议挽救了和平，而且直到 1939 年 8 月，他显然还相信战争是可以避免的。

但是，他有着坚定不移的是非观念，而且有践行决心的行动

[①] 刊于 1944 年 12 月 7 日《曼彻斯特晚报》。马克斯·普劳曼（Max Plowman，1883—1941），英国作者，和平主义者，曾担任"和平誓约联盟"的秘书长，代表作有《和平主义的信仰》、《通往未来的桥梁》等。

力。他相信——用他自己的话说——"行动和存在比思考更加重要"，而且他更关心的是以行动而不是以辩论去促进和平事业。

这本书中最早期的信件表现他当时是一个三十岁左右的年轻人，因为他的第一本诗集所获得的赞誉而感到很高兴。他出身于生活舒适的中产阶级家庭（他的父母是普利茅斯兄弟会①的成员，但这一点在他的成长经历中似乎并没有留下多少痕迹），他投身商界，一直干到二十八九岁。

就在他踏上学术道路的时候，战争爆发了。他在 1916 年和 1917 年收集了《在索姆河的中尉》的素材，这本书是最好的英国战争书籍之一，但名气却并不是很大。

1918 年初他负伤回家，直到这件事之后，当他来到安全的地方时，他才得出杀人并不会有好的结果这个结论。

他并不是很快就得出这个结论——事实上，在他更早前的战争信件里，他表达了对于和平主义的反感，比后来他为和平主义的辩护条理更加清晰——但当他得出了这个结论，他就开始展开行动。他写信给军团的副官，声言他对战争的看法改变了，他将辞去军官委任状。

你得了解 1918 年的情形才能理解这么做的勇气。那时候不仅战争的歇斯底里气焰之盛是这场战争根本无法企及的。而且对基于良心而拒服兵役的人的惩罚要更加严酷无情得多——事实上，稍早一些时候，当局指控威胁一名诗人，说要将他列为精神病人，以此迫使他保持沉默。

---

① 普利茅斯兄弟会（the Plymouth Brethren），起源于爱尔兰都柏林的英国低教会福音教派。

还有一件事情，那就是不加思考的"国王与祖国"式的爱国主义在那时候比起现在更被视为天经地义的事情。

马克斯·普劳曼不得不与自己的出身进行斗争，甚至要与自己的情感进行斗争。但当他下定了决心就不会犹豫，虽然最后他没有被关进监狱，但当他写那封信的时候心里已经做好了充分的准备。

从1930年起，马克斯·普劳曼一直与《艾德菲报》保持联系，它是一份发行量不大的杂志，但锐意进取，鼓励年轻作家，并让撰稿人畅所欲言①。

几年后，他遇到了"迪克"·谢泼德②和克罗齐尔准将③，共同创建"和平誓约联盟"。马克斯·普劳曼还当了几年秘书。

如果你不加回避地回答"你准备怎么对付希特勒？"这个问题，你会觉得和平誓约联盟是建立在错误的世界观的基础上，而且它的一些活动造成了危害。但不知怎地你不会想去责备马克斯·普劳曼本人。

这不仅是因为他的活动总是完全没有私心，而且它们非常务实。他的行动要比思想更得体。

因此，当西班牙内战爆发时，马克斯·普劳曼和他的群体虽

---

① 马克斯·普劳曼在奥威尔的写作生涯曾给予热心支持，并安排《艾德菲报》出版了《班房》、《绞刑》等文章。他与妻子桃乐丝一直是奥威尔的朋友。

② 休·理查德·"迪克"·谢泼德（Hugh Richard "Dick" Sheppard, 1880—1937），英国圣公会牧师、和平主义者，曾担任坎特伯雷教堂主持牧师，代表作有《我们可以说不：对民众的和平主义指导》、《基督徒对于战争的态度》。

③ 弗兰克·克罗齐尔（Frank Crozier, 1879—1937），英国军人，后支持和平主义，和平誓约联盟的创始人之一。

然没有热烈地支持西班牙共和政府，但他们接纳了 50 名巴斯克地区的儿童，并照顾了他们几年。

马克斯·普劳曼认同慕尼黑会议的解决方案，但在一封致《曼彻斯特卫报》的信件里，他建议英国政府应该采取后续步骤，对苏台德地区的捷克难民予以赔偿。他对德国犹太人问题的回答是：支持犹太人不受限制地移民英国——这个计划从未付诸实施，但它或许能够避免数百万人的死亡或苦难。

这本书后期的信件大部分内容是关于埃塞克斯的兰厄姆的艾德菲中心。它创建时是一间社会主义暑期学校，后来在战争初期演变成一间因为良心而拒服兵役的人的农业社区。

马克斯·普劳曼和他的朋友米德尔顿·默里相信这样的社区能够扮演类似黑暗世纪的基督教修道院的作用——也就是说，它们将是战乱不断的世界的和平中心，并逐渐影响其它地区。

这个想法或许是错的。它没有考虑到现代专制政府的手段的黑暗世纪的专制政府更加彻底，而且在一个真的需要这样的绿洲的世界里，它们根本不可能被允许生存。

但马克斯·普劳曼最喜欢说的一句话是"和平主义是行动之友"。而且他心目中的和平主义就是互助和共同劳动。

他没有多少时间写作，在放弃写作三十年后，他并没有留下很多作品。但他是一个优秀的通讯记者，而且有趣的是，他的书信要比他出版的大部分作品更加生动有趣。

那些认识他并热爱他的人，即使他们认为他的想法是错误的，会很高兴他有这么多信件被翻寻出来并编辑出版。

生蚝与棕烈啤①

　　吉尔伯特·基思·切斯特顿曾经说过，似乎每一个小说家都有一本书的标题对他的生命态度进行总结。他举了狄更斯的《远大前程》和斯科特的《爷爷的故事》作为例子。

　　你会选哪一本书的书名去作为萨克雷的写照呢？答案显然就是《名利场》，但我相信如果你更仔细地探究的话，你会在《圣诞节的书籍》、《讽刺集》或《势利者的脸谱》作出选择——至少你会选择萨克雷曾为《潘趣》和其它杂志撰稿的散文中的一篇的标题。他不仅天生是一个讽刺作家，而且他主要是一位记者和一个零零碎碎的作家，而且他最具个人特征的作品与插图是无法完全分开的。那些插图中最好的几幅作品由克鲁克襄执笔，但萨克雷本人也是一位了不起的漫画家，在他的几篇小品文中，图画与文字有机地结合在了一起。他的长篇小说最好的部分似乎出自于他给《潘趣》投稿的作品，就连《名利场》也有片段化的特征，可以几乎从任何地方开始读起，而不用去了解前面发生了什么。

　　如今，他的几部主要作品——比方说，《埃斯蒙德》或《弗吉尼亚人》——几乎不堪卒读，只有一回，就是那本篇幅很短的《一位破落绅士的故事》，他才写出了一本我们现在视为严肃小说的作品。萨克雷的两个主题是势利和奢华，但当他以戏谑的手法

---

① 刊于 1944 年 12 月 22 日《论坛报》。

去描写时，他发挥出了最佳的水平，因为——与狄更斯不同——他没有什么社会洞察力，甚至没有清晰的道德准则。确实，《名利场》是一部很有价值的社会纪实描写，而且是一本很有可读性的有趣的书。它忠实地记录了十九世纪早期可怕的社会竞争的具体细节，那时候贵族阶级已经入不敷出，但仍然是时尚和举止的仲裁者。在《名利场》里，事实上，贯穿萨克雷的作品的始终，要找到一个生活量入为出的人是罕有的事情。

住一间对你来说太大的房子，雇佣你付不起工资的仆人，举办华而不实的晚宴，搞得自己身无分文，对为你供货的店家赖账，透支你的银行账户，永远受高利贷的控制——这几乎就是人类行为的常规。任何不想成为圣人的人都会尽量去模仿贵族阶层被视为天经地义的事情。对于昂贵的衣服、镀金的马车和成群的奴仆的渴望就像对于饮食的渴望一样，被视为自然的本能。萨克雷最擅长描写的人物是那些没有任何收入却过着时尚生活的人——像《名利场》中的贝基·夏普和罗登·克罗莱，或不计其数的寒酸的冒险家，洛德少校、鲁克上尉、科迪蒂根上尉、杜西斯先生一样，他们的生活就是无休止地在扑克桌和欠债人收容所之间来来去去。

就内容而言，萨克雷对社会的描绘或许是真实的。他所刻画的那些人物，那些靠典当维持的贵族，喝着白兰地的军官，挂着拐杖蓄着染黑的鬓须的年迈的富翁，安排相亲的母亲，庸俗的城市大亨等确实存在。但他观察的对象主要是外在的事物。虽然他一直在对法国大革命进行思考，这件事令他感到心醉神迷，但他并没有看到社会的结构正在改变。他看到全国上下的势利和奢华现象，却没有看到它的深层原因。而且，与狄更斯不同，他没有看到正在发生的社会斗争。他几乎不会去同情工人阶级，在他的心目中，他们就是仆人。他也从来不清楚自己的立场。他不知道放浪形骸的上流阶层或渴望攫取金钱的中产阶层哪一个更令人讨厌。他没有明确的社会、政治或宗教的信念，他无法想象朴素、勇气和"贞洁"（对于女人来说）之外的美德。（顺便提一句，萨克雷的"好女人"让人根本受不了。）《名利场》和《潘登尼斯》所隐含的道德观很空洞："不要做一个自私的人，不要做一个市侩的人，不要入不敷出地生活。"《一位破落绅士的故事》以更加精妙的方式表达了同样的内容。

但当萨克雷放弃描写真实的人物时，他的狭隘思想对他来说其实是一个优势。他那些短篇作品一个非常显著的特征就是富于生命力，甚至包括那些他本人觉得转瞬即逝的事物。如果你通读他的作品合集——包括他的书评——你会体会到那种标志性的风味。一部分是十九世纪早期的奢华宴席的氛围，一种由生蚝、棕烈啤、掺水的白兰地、海龟汤、烤里脊、大块鹿肉、马德拉白葡萄酒和雪茄构成的氛围，萨克雷很擅长于表达这种氛围，因为他很了解那些细节，而且对食物很有兴致。

他对食物的描写甚至比狄更斯还要频繁，而且更加准确。他对自己在巴黎的晚餐的描写——不是昂贵的晚餐——《饕餮回忆录》是一本引人入胜的书。《法国炖鱼民谣》是这类英文诗中最好的作品。但萨克雷的标志性风味是插科打诨，那是一个没有好人也没有严肃的事情的世界。它弥漫于他的小说中最好的章节，在小品文和诸如《伯奇博士与他的年轻朋友们》、《玫瑰与戒指》、《要命的靴子》和《到蒂明斯家略进晚餐》这些故事中臻于完美。

《玫瑰与戒指》好像是一个字谜，在主旨上与《英戈尔兹比故事集》很接近。《到蒂明斯家略进晚餐》相对来说是一个贴近自然主义的故事，而《要命的靴子》则介于二者之间。但是，在所有这些相似的作品中，萨克雷克服了大部分小说家会遇到的困难，而这个困难是任何典型的英国小说家一直无法克服的——将应该真实和"存在于现实中"的角色与纯粹搞笑的角色相结合的困难。

自乔叟以降的英国作家都觉得很难抵制插科打诨的诱惑。但一旦开始插科打诨，故事的真实性就会受到戕害。菲尔丁、狄更斯、特罗洛普、威尔斯甚至乔伊斯都在这个问题上栽过跟头。萨克雷在他最好的短篇故事里将所有的角色都变成漫画人物，解决了这个难题。《要命的靴子》里的主人公无疑"存在于现实中"，但他就像画像一样扁平。在《到蒂明斯家略进晚餐》里——它是迄今为止最好的幽默短篇故事，虽然很少被重印——萨克雷就像在写《名利场》一样，但没有加进模仿现实生活和引入了无兴趣的动机这些复杂的因素。它是一个很简单的小故事，讲述精当，而且基调渐渐变强，在恰当的时候结束。一个收到一笔丰厚的费用的律师决定举办一次晚宴作为庆祝。他受到诱使，花了比自己的承担能力多得多的钱，然后是一连串的灾难，使他背上了沉重的债务，朋友们疏远了他，丈母娘长住在他家里。从开始到结束，每个人从这次晚宴中得到的只有痛苦。在结尾处，萨克雷写道："到底为什么蒂明斯一家要举办这么一个派对呢？"你会觉得它所描写的社会野心驱使下做出的傻事比《名利场》里面描写得更好。萨克雷能够完美地描写这类题材，正是像这种滑稽的事情的反复出现，而不是它的中心故事，使得那些较长的故事值得阅读。

评查尔斯·德伊德瓦尔的《西班牙插曲》，
埃里克·萨顿译本^①

不情愿的证人所说的话总是最靠谱的，查尔斯·德伊德瓦尔先生至少在一部分程度上是不情愿地反对佛朗哥政权的证人。他是比利时记者（显然是一位虔诚的天主教信徒）。在西班牙内战期间，他热心支持佛朗哥将军，曾经在他所统治的地区呆了几个月。当他自己的祖国被德国人征服时，他曾辗转来到英国。他觉得自己尽力支持了西班牙国民政府的事业，它应该不会妨碍他的行动。因此，令人惊讶的是，他发现自己刚一踏足西班牙的土地就被逮捕了，并被关进监狱。

那是 1941 年底的事情。八个月之后他才被释放，很快他就发现自己被指控了什么罪名。或许他被捕是因为他曾投奔英国这件事表明他对同盟国怀有同情。起初他被关押在巴塞罗那的模范监狱，它原本只用于关押 700 个犯人，当时却关押了 8 000 人之多。后来，他被关进一座集中营，里面关押了各国的难民。那里的情况相对好一些，还能买到点奢侈品，能够选择和谁一起住，在铁丝网下挖渠时还展开了国际竞争。正是那座模范监狱让德伊德瓦尔先生对西班牙政权的本质有所醒悟。

---

① 刊于 1944 年 12 月 24 日《观察者报》。查尔斯·德伊德瓦尔（Charles D'Ydewalle），情况不详。

到了 1941 年底，西班牙内战结束快三年了，枪毙仍在继续，而在这座监狱，每个星期就有五六人被枪毙。而且还有酷刑，或许是为了逼供。有时候那些行刑者"极其过分"。政治犯和普通的犯人大体上被囚禁在一起，但大多数犯人是内战期间遗留下来的，许多人得服刑三十年。德伊德瓦尔先生注意到许多人得被关押到九十五岁的高龄。枪决的执行极其残酷。直到行刑的当天早上，没有人知道自己会不会被枪毙。

每天清早沿着走廊会传来靴子的踏地声和刺刀的敲击声。突然间这扇门或那扇门被打开，一个名字被大声宣布。当天稍晚一些，犯人们会看到那个死人的席子就摆在牢房门外。有时候一个犯人被判了死缓，但一两天后就因为别的罪名而被枪决。但星期天和节日没有行刑。宗教虔诚的刻意展现和监狱生活让德伊德瓦尔先生感到很反胃。

德伊德瓦尔先生在西班牙只享受了一两天的自由，但在集中营里他发现那些看守他们的可怜的西班牙士兵会向有钱的犯人乞讨食物。他心怀不满地记录下这些事情，很不情愿地从中吸取教训。事实上，直到最后他似乎仍然相信在这场内战中佛朗哥是正义的一方，只是后来情况才出现了差错。有时候他在监狱里安慰自己说，他身边那些可怜的人就在几年前对国民政府的同情者做出了同样的事情。他反反复复地强调自己相信"赤匪的暴行"，而且不止一处暴露出他是一个反犹主义者。

这本书所表达的主要印象让人觉得很迷惑。为什么他会被逮捕呢？"光荣的十字军东征"怎么会变成这样呢？他甚至对一个自称信仰天主教的政权支持希特勒和墨索里尼表示惊讶，而这似乎是一件再简单不过的事情，因为佛朗哥将军并没有隐瞒他的政治立场。

对于一个在内战时期真心支持国民政府的人来说，要承认模范监狱的恐怖从国民政府政权建立的那一天起就暴露无遗自然不是一件容易的事情。但德伊德瓦尔先生的缺点在于他来自一个秩序井然治理得当的国家，因此一开始的时候对极权主义没有了解。

极权主义的本质是它没有法律。人们不是因为某个特定的罪行而遭受惩罚，而是因为他们被认为在政治上或思想上不可靠。他们做了什么或没做什么并不重要。德伊德瓦尔先生过了一段时间才习惯了这一理念，根据他的观察，其他来自西欧的囚犯也很难接受这一理念。在监狱里呆了几个月后，几个英国士兵从法国逃了出来，和他关在一起。他告诉他们关于行刑的事情。刚开始的时候他们不相信他，后来，随着一张接一张的毯子出现在某间牢房的外面，他们意识到他所说的确实是真话，不失理智地说道："唉，总归还是英国好。"

这本书是历史有用的注解。作者朴素的世界观对他的描述是一个帮助。但是，你会猜想，再有下一个佛朗哥将军出现的话，或许德伊德瓦尔先生就不会支持他了。

评罗伯特·吉宾斯的《美好的李谷》、维拉·米尔斯基的《茶杯里的风波》①

很难确切地肯定吉宾斯先生的这本书有多少内容可以相信。不是说他对气候、动植物、路边的客栈和西爱尔兰一带的描写都是不真实的——而是他真的像他所写的那样相信精灵的存在吗（隐晦地称其为"神仙"）？

> ……每个人都知道，哈克特城堡是梅奥所有精灵的家园。那里有一块地从来没有人耕种过。那里曾是雅森利战役②的所在地，有一万人死在那里。
>
> "我才不在乎那里打过什么仗，"一个男的说道，"田地就是田地，没什么不一样的。"但当他准备牵马去耕田的时候，它们都很害怕。他开始翻土，还没耕上两行，一个小巧玲珑的女人朝他走来。"你干嘛要毁坏我的家园？"她说道。但他只是冲她大笑一通，继续耕他的田。耕完那一行后第二行刚耕到一半，他就全身剧痛，犁头从他的手里掉了下来。

---

① 刊于 1944 年 12 月 28 日《曼彻斯特晚报》。罗伯特·吉宾斯（Robert Gibbings，1889—1958），爱尔兰作家、木版画家、雕塑家，代表作有《早年》、《静静流淌的泰晤士河》等。维拉·米尔斯基（Vera Mirsky），情况不详。

② 雅森利战役（the Battle of Athenry），发生于 1249 年 8 月 15 日爱尔兰凯尔特人与诺曼人之间的一场战役，传闻战况惨烈，但实际数字已无法考据。

他倒在地上动弹不得，甚至连动一根脚指头都做不到。邻居们出来把他扛回家。他得了肺炎，几乎病死。他的两匹马在一周内死掉了。妻子也死了，孩子们总是病恹恹的，庄稼收成很差，那把犁头就搁在耕到一半的垄道里，没有人敢去碰它。

像这样的奇闻轶事每隔几页就有。有趣的是，虽然"神仙"总是被认为是精灵，但有时候他们会被误认为是幽灵。里面提到了许多会说话的动物、能够随心所欲变成人形的海豹和揭示藏宝地点的梦境。

此外还有从海里跑出来的神秘的马匹，它们能够被捉来干活，但得用一种草做的特别的笼头。这是一个很有魅力的传说，但很难相信从贫瘠的土地里刨食的爱尔兰农民会被这样的迷信所主宰。

但是，吉宾斯先生的书并不单单只是在写精灵。它还讲述了探访他的故乡科克郡的李谷，还曾几回远足到西海岸之外的岛屿。

吉宾斯先生写道："科克是世界上最可爱的城市。不同意我这番话的人，要么不是出生在那里，要么就是心怀偏见。"

除了每个人对于家乡的温柔情怀之外，西爱尔兰的生活确实有一种在现代世界很难找到的闲适的魅力。奶牛和泥炭的烟雾的味道似乎萦绕于一切东西之上，尽管几乎每个人都在工作，但没有人行色匆忙——巴士会在路边耐心地等候一个想要搭车却在摆弄头发的女人——钓鱼和打猎比挣钱更加重要。

人们说话时带着诗意般的生动。"那天晚上我问一个人能不能告诉我去学院怎么走。'去学院怎么走?'他说道:'如果我把两只鞋放在人行道上,它们自己就会走着去。'"

又或者,市场有两个女人在谈论婚嫁——"但我问他:'她会挤奶吗?'问得他哑口无言。他一直没有考虑过她会不会干活……就像你见到墓碑会躲一样,这不是明摆着的事情嘛,他都快娶玛丽·瑞恩了,却还没想过这个,那小样儿,放手掌心上吹口气就摆平了。"

还有一回,一个有两个爵号头衔的人经过市场。"那不就是克莱尔与盖尔威爵士吗?"一个农民对另一个农民说道。"是的。"另一个农民说道,"两人都醉醺醺的。"

爱尔兰有许多青铜器时代和石器时代的遗迹,这本书有许多关于巨石阵和湖畔房屋的有趣的信息,它们与瑞士的洛夫·卡拉和其它地方可以找到的巨石阵和房屋很相似。而且它有许多关于鸟类、海洋垂钓、非法威士忌、地名和驴子(似乎直到十九世纪爱尔兰才有了驴子)、淡水珍珠和其它无关主旨的信息。

关于在大西洋里的远方那个想象中的圣·布兰登岛有一则有趣的题外话,直到一个世纪前世界上的人依然相信它的存在。书里有许多作者画的黑白插图。这是一本很有吸引力的书,可以拿来消磨半个小时,而且值得注意的是,书中没有直接提到这场战争。

《茶杯里的风波》是来自欧洲大陆的集中营对爱尔兰偏僻的湖泊和山脉的遥相呼应,它的出版商把它描述为"最非同寻常的作品",但这是错的,因为同样的故事已经被讲述了好几遍,但它值得时不时地再被提起,以免它被遗忘。

作者是一个白俄罗斯人，在战争爆发迁徙生活在法国，而且政治背景很可疑——可疑指的是人们认为她是一个反法西斯主义者。

结果，和无数其他反法西斯主义者一样，反法西斯战争一打响她就立刻被达拉第政府逮捕了，未经审判就被判刑。苏德条约和接下来的法国共产党进行的反战活动使得法国政府有了理由宣传所有"赤色分子"都是叛徒，但这当然只是镇压政敌的借口。

作者被囚禁的集中营有 600 个女人，而且里面找不到一个亲纳粹分子。亲纳粹分子在逍遥自在，那些自从 1931 年起就与希特勒进行斗争的人都被关押或被密切地监视。

作者在 1940 年获释，并在德国入侵苏联之后设法离开法国。她的书里有一些章节读起来很乏味，因为作者的思想过于正统，但对于集中营的具体生活的描写，它的无聊、无法忍受的拥挤和由于无所事事的品格堕落，是对监狱文学的有价值的补充。

评埃德温·摩根的《恶之花：查尔斯·波德莱尔的生平》①

　　波德莱尔的生平梗概：他负债累累，吸毒成瘾，他有一个黑人情妇，就像婴儿一样依恋母亲，痛恨专横刚愎的继父，这些都为人所熟知。除了曾经短暂探访过毛里求斯之外，他从未去过比比利时更远的地方，在现实世界里他这一生从未做过冒险的事情。这主要是因为他债务缠身，而且他在经济上和情感上都依赖于母亲。值得临终前他还给她写信，讨论他的创作计划，寄去他的诗稿，夸耀未来的成功，但显然从来没有激起她对他的作品的兴趣，她只是希望他应该"尝试着和别人一样"。他死在她的怀抱中，一个疲惫的白发苍苍的瘫子，年仅46岁。

　　你会觉得，即使波德莱尔有最好的运气，也很难相信他的生命会取得普通意义上的成功。他以这句著名的诗自况：

　　"巨大的翅膀成了他行走的负担。"

　　如果他能有一刻拥有体面或平凡人的思想，或许我们将永远不会听到他的名字。他是描写肮脏、变态、自厌和百无聊赖的诗人，摩根先生翻译为"厌倦"，但这么翻译并不是很到位。（英语

---

① 刊于 1944 年 12 月 31 日《观察者报》。埃德温·乔治·摩根（Edwin George Morgan，1920—2010），苏格兰作家、诗人，代表作有《死人的好年头》、《贝奥武甫》现代英语版本等。

里没有对波德莱尔赋予这个词的含义的对应词语，或许"厌世"①会是准确的译法），他的故事似乎不值得重读，除非你愿意承认他的作品中有着强烈的道德反抗元素。

不幸的是，摩根先生的书尝试将波德莱尔塑造成一位虔诚的天主教徒——至少是一位"真正的"天主教徒。这么说的依据是据称波德莱尔在临终的那一年皈依了天主教会，而且他还宣称波德莱尔的作品在本质上是基督教的作品，即使他总是颠覆了天主教的伦理观念。这种说法曾经被提出过——并遭到驳斥。摩根先生试图寻找确切的证据证明波德莱尔是正统的教徒，但结果并不很让人满意。

波德莱尔最后皈依天主教似乎只有两三个人的证言。波德莱尔真的明确地表明要皈依教会吗？如果真的有，他这么说的时候头脑清醒吗？在死前的那一年他失去了说话能力，而且似乎从未完全恢复。这本书篇幅很短，而且没声称它是一部完整的传记，但是，它的题目是"生平"，却一次都没提到波德莱尔得了梅毒，这算是哪门子的"生平"呢？或许摩根先生并不相信这是事实——因为对于这个问题存在争议——但他至少应该提到它，并解释波德莱尔46岁时就成了瘫子并死去的原因。这不仅是一桩丑闻，任何为波德莱尔立传的人都必须对这一点有明确的看法。因为这种病的本质不仅反映了他临终那一年的精神状况，而且反映了他的整体人生态度。

在整本书中摩根先生都在暗示通过描写罪恶、愚昧和它们所造成的影响，波德莱尔展现了基督徒式的对人世间的快乐实为虚

---

① "厌世"：原文是 taedium vitae。

幻的理解。他说波德莱尔其实是基督教的悲观主义者，并将他对自由主义、民主和进步理念的厌恶归结于他对彼岸世界的追求。但是，有哪个得了波德莱尔那种病的人会是对人世间的快乐不感兴趣的人呢？而且，以波德莱尔的作品为证据，很难感觉到他只是一个文化意义上，或者说，人类学意义上的基督徒。有时候他会玩味撒旦崇拜，但撒旦崇拜并不是像人们经常说的那样是基督教信仰的镜像。

这本书给人的印象是它是在进行宣传而不是传记或批评。它引用了许多《恶之花》的内容，但让人觉得很不靠谱，很多内容并不完整，而且翻译并不准确，有一两回摩根先生省略了一句话，却根本没有提到有内容被省略了。但是，他给予了埃尼德·斯塔基小姐①的传记应有的赞誉，如果这本书能够引起一些新读者的关注，他的努力将不会白费。

---

① 埃尼德·玛丽·斯塔基(Enid Mary Starkie，1897—1970)，爱尔兰作家，作品多是文化名人的传记，代表作有《波德莱尔》、《福楼拜》等。

奥威尔作品全集

· 奥威尔纪实作品全集

《巴黎伦敦落魄记》

《通往威根码头之路》

《向加泰罗尼亚致敬》

· 奥威尔小说全集

《缅甸岁月》

《牧师的女儿》

《让叶兰继续飘扬》

《上来透口气》

《动物农场》

《一九八四》

· 奥威尔散杂文全集

奥威尔杂文全集（上、下）

奥威尔书评全集（上、中、下）

奥威尔战时文集

George Orwell
奥威尔散杂文全集

奥威尔书评全集

Collected Literary Reviews of George Orwell

（下）

［英］乔治·奥威尔 著　陈超 译

上海译文出版社

下册目录(1945—1949)

评赫伯特·里德的《千色衣：散文节选》①

　　这本篇幅中等的书所收录的散文和评论涵盖了无政府主义、战争书籍、图卢兹-洛特雷克②、保罗·克利③、埃里克·吉尔、哈维洛克·埃里斯④、散文风格、阿拉伯的劳伦斯、杰拉德·曼利·霍普金斯、社会现实主义、乔治·塞恩斯伯里⑤、魏尔伦⑥、司汤达、华兹华斯的《序曲》、马洛的《浮士德博士》、中国绘画、萨尔瓦多·达利、克尔凯郭尔⑦和亨利·詹姆斯⑧。我所列举的内容大概占赫伯特·里德谈论的题材的四分之一——显然，这么一本书是无法用一千字或一千五百字就加以概括。我希望主要对一个

---

① 刊于 1945 年《诗歌季报》冬季刊。赫伯特·爱德华·里德（Herbert Edward Read, 1893—1968），英国思想家、批判家，代表作有《艺术与工业》、《通过艺术进行教育》等。
② 亨利·德·图卢兹-洛特雷克（Henri Marie Raymond de Toulouse-Lautrec-Monfa, 1864—1901），法国画家。
③ 保罗·克利（Paul Klee, 1879—1940），德裔瑞士画家。
④ 亨利·哈维洛克·埃里斯（Henry Havelock Ellis, 1859—1939），英国作家、性学先驱，代表作有《男人与女人》、《新的精神》等。
⑤ 乔治·爱德华·贝特曼·塞恩斯伯里（George Edward Bateman Saintsbury, 1845—1933），英国作家及文学史专家，代表作有《英国文学简史》、《法国文学简史》等。
⑥ 保罗·马利·魏尔伦（Paul-Marie Verlaine, 1844—1896），法国诗人，代表作有《月光曲》、《忧郁诗篇》等。
⑦ 索伦·奥贝·克尔凯郭尔（Soren Aabye Kierkegaard, 1813—1855），丹麦神学家、哲学家，存在主义前驱，代表作有《恐惧与战栗》、《非此即彼》等。
⑧ 亨利·詹姆斯（Henry James, 1843—1916），英国作家，曾在美国出生成长，为美国与英国文化沟通作出很大贡献，代表作有《美国人》、《大使》、《黛西·米勒》等。

问题进行探讨——里德的政治信仰和他的审美理论之间的矛盾。但题材的多样性本身就值得关注。即使你认为里德只是一个美术作品的批评家，他的兴趣和共鸣的范围依然非常广泛，而且他开放的思想对他作为一个作家来说既是优点也是缺点。

里德是一个无政府主义者，而且是那种毫不妥协的无政府主义者。他承认现在无法实现理想化的社会，但他拒绝接受形而下的世界或放弃人可以变得完美这个信仰。而且他接纳了机器时代，并从美学的基础上为机器的产品辩护。在这本书的几篇散文里，特别是《艺术与闭关自守》和那篇关于埃里克·吉尔的文章，他几乎没有进行正面回答，但基本上他坚持认为无政府主义社会与高度的技术发展是不相悖的：

> 无政府主义暗示着全面的对权威的去中心化，以及全面的生活简化。像现代都市这样的非人性化的实体将会消失。但无政府主义并不必然意味着回归手工艺和户外厕所。无政府主义与电力，无政府主义与空中教堂，无政府主义与劳动分工，无政府主义与工业效率之间并没有矛盾，因为功能团体会为了共同的利益而工作，不是为了其他人的利润或共同毁灭，对效率的渴求将成为幸福生活的尺度。

最后那句话的模糊含义回避了一个重大的问题：自由和组织如何进行调和？如果你考虑到合理性的话，你会得出这么一个结论：无政府主义意味着低水平的生活。它不一定意味着吃不上饱饭或过着痛苦的生活，但它不可能享受到那种现在被认为是美好的，进步的，由空调、镀金铬盘和机器主宰的生活。比方说，制造飞机的过程非常复杂，只有在有计划的集权化社会中才能制造出来，其它有代表性的机器也是一样。除非人的本性发生了不可预料的变化，自由和效率一定是互相排斥的。里德并不承认这一点，而且他没有完全承认机器已经扼杀了创造性的本能和降低了审美意识。事实上，在赞美机器和大规模生产的物品并否认手工制品的成就时，他似乎得到了一种乖张的快乐：

> 新的美学必须以现代文明的新的因素为基础——大规模机器生产。这种生产方式包含了某种与广为接受的美学观念相冲突的特征——这些特征通常用"标准化"一词进行概括。标准化本身并不是一个美学意义上的问题。如果一个事物是美丽的，你去复制它并不会抹杀它的美……标准化机器产品是完美的复制品，如果有一个是美的，那么所有的产品都是美的……我们或许会承认某些形式的个人表达并不适合作为标准化的物品进行机械复制，但我要说的是艺术家的创作意愿应该适应新的形势。我们注意到现代艺术（抽象艺术、非代表性艺术或建构主义艺术）仍然是创作它的艺术家的非常个人化的表达，它是机器艺术的典范。像这样的艺术品被复制并不会抹杀它们的艺术性。

乍一看这个观点很有道理，而反对它的意见似乎是多愁善感和附庸风雅的艺术。但是，举几个具体的例子对它进行考验。"如果一个事物是美丽的，你去复制它并不会抹杀它的美……"我猜想《艾达的眉梢》很美（如果你不喜欢这首诗，你可以找别的诗代替）。你愿意听它被一连高声朗诵上五千遍吗？到最后它还会是一首美妙的诗吗？恰恰相反，它将会是最令人生厌的词语的组合。任何形状、任何声音、任何颜色、任何味道，经历了太多的重复都会变得讨厌，因为重复造成了感官的疲劳，而美必须通过感官去感受。里德总是把美说成是类似于柏拉图式的独立存在的绝对实体，不依赖人的理解和欣赏。如果你接受这一观点，你就必须认为一幅画的价值存在于这幅画本身，而与创造它的方式无关。它可以通过机器创造出来，也可以像超现实主义的画作那样，以无心挥洒的方式创造出来。但书籍呢？或许将来可以用机器写书，而且很容易想象诗歌可以通过偶然的方式进行创作——譬如说，利用类似万花筒的设备。如果它们是"好诗"，我不知道里德如何能够提出反对。对于一个无政府主义者来说，这是一个尴尬的处境。

但是，里德对于机器的接受并不是一以贯之的。在这本书里，我们发现他在赞美现代汽车的设计美，又发现他指出工业化国家的群众因为"让人累得半死的劳动和死气沉沉的环境"而产生了"精神疾病"。我们发现他认同保罗·克利和本杰明·尼克尔森①，而且认同拉斯金和沃尔特·德拉梅尔。我们发现他在说"就我个人而言，我反对宏大的艺术"，然后我们发现他在赞美金字塔。事实上，任何被他评论过的人都知道，里德是一个太大度的批判家。正如我之前所指出的，他的好感非常宽泛，或许太宽泛了。他唯一强烈反对的事物只有保守主义，或者更确切地说，经院主义。他总是站在年轻人的一方反对老人。他喜欢抽象画和流线型的茶壶，因为美学保守派不喜欢它们，他喜欢无政府主义

---

① 本杰明·尼克尔森（Benjamin "Ben" Nicholson，1894—1982），英国画家。

因为政治保守派，包括那些正统的左翼人士不喜欢它。他陷入了一个悖论，一直无法解决。

里德作为不受待见的事物的普及者与拥戴者所作出的贡献再怎么称赞也不为过。我猜想我们这个时代没有人在鼓励年轻的诗人和让英国的公众了解欧洲的艺术演变方面作出比他更大的贡献。没有人像他一样有勇气站出来在过去十年里直言反对亲俄的狂热情绪。但不管怎样，泛滥的同情心会招致惩罚。对于任何艺术家来说，即使是一个批评家，过分地想要"与时俱进"或许是一个错误。这并不表示你得接受文学和艺术在四十年前就已经结束这个正统学术派的结论。显然，年轻人和中年人应该尝试着互相理解。但是，你也应该意识到一个人的审美判断只能在非常明确的年代中才有完全的活力。不承认这一点就等于将一个人生于某个特定的时代的优势抛弃掉。在现在活着的人当中有两条非常明显的划分界线。一条在于是否能够记得 1914 年以前的情况，另一条在于 1933 年是否已经成年。不去考虑别的事情，谁更有可能对现在的情况有更贴近真实的看法，一个二十岁的人还是一个五十岁的人？你无法作出判断，得留给后世去决定。每一代人都认为自己比前一代人更聪明，比后一代人更睿智。这是一个幻觉，你应该认识到这一点，但你也应该坚持自己的世界观，即使代价是被认为是老古董，因为这个世界观来自于年轻一代人不曾有的经历，放弃这个世界观就相当于扼杀你的思想根源。

如果我对里德进行一个简单的考验——"他有多少作品能够成为传世之作？"——我发现他的评论作品并没有像他关于童年的文章和几首诗那样给我留下深刻的印象。这个时候我记得特别清楚的是一篇描写用子弹模具制作铅弹的文章——他说做这件事的快乐不在于做出有用的子弹，而在于崭新的铅弹银光闪闪的美——还有一首在战争早期所写的诗《相反的经历》。在这些相似的作品里，里德只是在讲述他的经历，他没有尝试当一个思想开放或与时俱进或世界大同或具有公众思想的人。里德在政治上是一个无政府主义者，在审美理论上是欧化主义者，但他是一个约克郡人——一个非常土气低俗的社区的成员，他们打心眼里相信世界上的其他人都比不上自己。我认为他的最佳作品来自于他的约克郡特征。我并没有贬斥他的文艺批评活动。它们起到了教化的作用，不承认这一点就是忘恩负义。但是，与他的自传、他的一些诗歌和政治宣传的篇章相比，他那些纯粹的批评作品让人觉得很散漫平淡，这源自于他太过于思想开放，太过于好心眼，太过于斯文，太过于想要与现代思想并肩，与所有的运动与时俱进，而不是表达强烈的爱与憎，尽管这些情绪一定存在于他的思想中，和任何作家一样强烈。

莱纳德·梅里克的
《佩姬·哈珀的立场》序文^①

莱纳德·梅里克于 1939 年逝世，在他的后半生，他创作并出版的作品只有短篇小说。除了一本如今已经被遗忘的早期作品《紫色的沼泽》之外，他的长篇小说都属于 1900 年至 1914 年那段时期，大概有十几本，整体水平都很高，不过很容易挑出比其它作品更有重版意义的六部作品，但很难将选择缩减到只出版一卷本的数目。

梅里克的特点是，虽然他绝不是一位"高雅"作家，但他的故事几乎都以某一门艺术为背景。在他的长篇小说中，仅有的例外是《沃德林一家》—— 一则以提克伯恩诉讼为蓝本的骗局故事——和《一个人的观点》，后者在部分程度上算是例外，因为主角是一位律师。他所描写的其他人物基本上都是小说家、诗人、画家，而最具特色的是演员。如果非要说他有哪一点值得缅怀的话，那就是他对舞台生活非常令人信服而且不加渲染的描写。而这一点，或许证明了为什么会是《佩姬·哈珀的立场》重版而不是《辛西娅》或《沃德林一家》重版，后两者也同样是一本好书，

---

① 成文于 1945 年。埃尔与斯博提斯伍德出版社原定会出版《佩姬·哈珀的立场》，由奥威尔撰写序文，但这本书最后未能出版。莱纳德·梅里克（Leonard Merrick，1864—1939），英国作家，代表作有《我本善良》、《凡夫俗子》。

虽然手法有所不同。

　　尽管几乎所有梅里克的作品都是关于作家或画家的,它们却可以被清楚地分为两类。其中一类是他不幸最为人所知的,也就是他的巴黎系列作品,大部分是短篇小说集,例如《林荫道上的椅子》。这些故事描写了梅里克并没有切身经验而且是否存在并不肯定的波希米亚主义。它们所尝试表达的是《特利比》式的气氛,顶不济是威廉·约翰·洛克①的《阿利斯泰·普约尔》。而在《辛西娅》的几个章节里,梅里克描写了自己在巴黎的历险记,那是另一个故事。风光描写消失了,取而代之的是他非常了解的可怕的事情:斯文人的破落潦倒。梅里克描写死要面子的破落户的小说是最值得重视的作品,其中最好的几部除了已经提过的那些故事之外,还有《我本善良》、《演员的经理》、《林奇家族》和《优雅的伴侣》。《追寻青春的康拉德》——梅里克最成功的作品之一——一部分内容描写的是舞台生活,但与其他故事不同的是,贫穷不是一个重要的主题。

　　金钱总是一个令人心醉神迷的题材,只要描写的金额并不是太多。可怕的忍饥挨饿并不有趣,金额数以十亿英镑计的交易也并不有趣,但一个失业的演员典当自己的怀表而且不知道下星期能否把表赎回来——这是有趣的故事。但是,梅里克的作品并不只是在描写谋生的艰辛。他的主题其实是一个敏感而诚实的人在被迫与以商业为标准的人打交道时的屈辱。《佩姬·哈珀》的主人公克里斯朵夫·塔桑写了一部大获成功的情节剧,而他倾注了心

---

　　① 威廉·约翰·洛克(William John Locke,1863—1930),英国作家,代表作有《爱在何方》、《白鸽》等。

血的喜剧作品则辗转于经纪人之间，变得皱皱巴巴。这是一个有趣的细节——让人想起过去三四十年来文人的处境——塔桑的五幕情节剧得到的稿酬只有区区十五英镑！但在社会意义上，稿酬微薄并没有他被孤立这个事实那么意义重大。

直到几乎为时已晚的时候，他根本没有机会和处境与自己相似的人接触。比起那个买下他的情节剧的演员经理，他那个愚笨而势利的母亲和他那个"做啤酒花买卖的"有钱的舅舅更不能理解他的观点。他傻乎乎地订婚了，纯粹是因为他很孤独。

他第一次和佩姬·哈珀见面时大约二十一岁，他或许并不知道——他从来没有机会去了解——世界上其实有既漂亮又聪明的女人。

在他靠自己的努力成名之前，他在社会上没有容身之处。他的家庭所代表的那个商业世界和那个由巡回表演公司构成的庸俗潦倒的世界都对他报以敌意，幸运的是，这两个世界都没有永远将他吞没。

梅里克并不是一个有意识的或过分明显的"主旨明确"的作家。他反对并痛斥英语文明的重商主义和庸俗，但认为它们就像英国的气候一样无法改变。他甚至没有对那个时代许多被接受的价值理念提出质疑。

具体而言，他处处认为"绅士"要比"俗人"优越，"上流口音"要比"伦敦土腔"优越。在他的大部分作品里都有如果在今天会被视为"势利心态"的描写。事实上，梅里克并不是一个势利的作家——如果他是这种人的话，或许他会去写有钱人或贵族，而不是专注于描写破落的阶层了——但他太过诚恳，没有去掩饰自己本能上的偏好。他强烈认为良好的举止和精致的品位很重要，而贫穷最可怕的地方之一是得对庸俗不堪的人唯命是从。《佩姬·哈珀》里有一段优美的小场景展现了一个受过教育的男人在一家低级的巡回演出公司必须忍受的奴颜婢膝的处境。在一次排练的时候，剧本里有"威胁"（menace）这个词语，那个不学无术的剧院经理坚持说这个词得念"韦泻"（manace）："什么——你怎么念来着？'威胁'？见鬼了！那个读法是现存的，完全是现存的①。"显然，他很高兴自己会用"现存"这个词，他似乎相信这个词是"过时"的学术说法。他找来塔桑，然后问道："难道'威胁'这种读法不是现存的吗？""必须是。"塔桑回答。

和梅里克的大部分作品一样，《佩姬·哈珀》（唯一的例外是《我本善良》）有一个"快乐结局"，但自始至终它都在暗示体面和拥有思想是沉重的负担。《辛西娅》是一个关于小说家的故事，诚实与面包黄油之间的冲突甚至更加痛苦。

拿《辛西娅》和乔治·基辛的《新格拉布街》相提并论似乎并不会太离谱，它的主题是许多作家已经探讨过的。梅里克能够做到的而其他人似乎做不到的特别之处在于他能重现低级剧院生活的气氛：油墨和鱼与薯条的味道、肮脏卑鄙的勾心斗角、辛苦的周日旅行、拖着行李箱在陌生的小镇穿街走巷、由"老妈子"料理的"职业人士"招待所、狭小的卧室、摇摇晃晃的洗手盆和床底下脏兮兮的白色夜壶（梅里克真的提到过夜壶吗？或许没有，但你似乎会想象到它）、穿着鞋底磨穿的靴子在斯特朗大街徘徊，那里是经纪人的办事处所在；穿着艳俗的长裙的女人坐在街上等候着轮到自己上场，绝望地收集剪报，巡回演出进行到一半时经

---

① 不学无术的剧院经理显然是把现存（extant）与消亡（extinct）弄混淆了。

理卷款跑路了。

虽然梅里克成为了一名很成功的短篇小说作家，特别是到了他的晚年，但他的长篇小说在英国一直"没有销路"。1918 年前后，霍德与斯托顿出版社统一出版了他的作品，由赫伯特·乔治·威尔斯、吉尔伯特·基思·切斯特顿、威廉·狄恩·霍威斯[1]和其他知名作家撰序。他们都很推崇他，觉得他未得到应有的名声。

《佩姬·哈珀》的序文由亚瑟·皮纳罗爵士[2]撰写。但这套统一版和先前的作品一样并没有获得成功——这个情况令人感到困惑，因为贯穿梅里克的一生，他的作品在美国一直卖得不错。

对他的作品不受欢迎的浅显解释是他选择了描写艺术家，而正如他本人所说的，公众更感兴趣的是政治家或商人。而且他的作品的美国统一版由达顿出版社出版，这家出版社还出版了所谓的"灰色"或"阴暗"或"过于贴近现实"的作品的限量版。确实，梅里克的大部分作品并不是振奋人心的故事。它们笔触轻松，而且为了保持喜剧色彩，它们通常会有一个"快乐结局"，但它们的基调是苦涩的。不过，这并不能清楚地解释为什么梅里克在美国更受欢迎。美国公众应该并不比英国公众更支持艺术家并与社会作对。而且梅里克也没有向美国读者作出让步，因为他的大部分作品的题材和气氛都带有强烈的英国色彩。

或许在美国人的眼中，那种英伦范儿带有异国风情的吸引

---

[1] 威廉·狄恩·霍威斯（William Dean Howells，1837—1920），美国作家、批评家，曾担任著名文学刊物《大西洋月刊》的编辑，代表作有《每天都是圣诞节》、《塞拉斯·西帕姆发迹史》等。

[2] 亚瑟·温·皮纳罗（Sir Arthur Wing Pinero，1855—1934），英国演员、剧作家，代表作有《亚马逊人》、《公主与蝴蝶》等。

力，而且梅里克所描写的那种贫穷和失败并不是美国人所害怕的。

　　不管怎样，梅里克一贯拒绝看到并不存在的慰藉，他不受待见或许与此有关。或许重要的是，《追寻青春的康拉德》的主人公是一个有钱人，而那是他最为成功的作品。如今，对贫穷的恐惧不再那么有压迫力，而对积极向上的故事的需求不再那么强烈，或许他能受到应有的欢迎。

评康拉德·海登的《元首》[①]

　　大约八年前，刚刚出版《元首》的同一家出版社出版了一本关于希特勒的大部头作品，起了个骇人听闻的书名叫《棋子希特勒》。它的主题是当时普遍为人所接受的观点：希特勒只是一个无足轻重的人，是德国工业巨头的傀儡。

　　后来的事件证明这个观点是错的，海登先生这本详实的长篇作品很有可读性，尝试解释那些极其复杂的原因——思想、宗教、经济和政治上的原因——为什么一个半癫狂的人能够掌控一个大国，并让数千万人丧命。

　　海登先生以1934年6月的大清洗作为结束，他指出这个事件并不是一个随意的终止点，因为这一暴行标志着新的历史阶段，而这个历史阶段还没有结束。

　　故事从希特勒出生之前开始。确切地说，是从1864年一份如今已经被遗忘的抨击拿破仑三世的非法宣传册开始的。

　　过了不久，沙皇的秘密警察得到了这份宣传册，从中捏造出那部臭名昭著的伪作《锡安长老会纪要》。他们的目的是以种种犹太人的阴谋恐吓沙皇，然后促使他以暴力手段镇压俄国革命。

[①] 刊于1945年1月4日《曼彻斯特晚报》。康拉德·海登（Konrad Heiden，1901—1966），德国犹太裔记者、历史学家，对德国魏玛共和时期和纳粹时期的历史有深入研究，代表作有《国家社会主义的历史》、《第三帝国的崛起》等。

种族主义者罗森堡①来自俄国的波罗的海地区，革命期间在莫斯科上学，逃到德国的时候随身带了一份《锡安长老会纪要》，希特勒正是从这份文件中归纳出反犹主义思想，它成为希特勒高度重视的欺骗手段和政治工具。

海登先生详细地描述了希特勒的早年历史，以一位名为汉尼斯克②的画家的描述填补了《我的奋斗》的空白，他在维也纳和希特勒一起挨过几年穷日子。

根据海登先生的研究，似乎《我的奋斗》的自传部分是可信的。即使根据希特勒本人的描述，直到1914年战争爆发之前，他一直是个彻头彻尾的失败者，从来没有干成过什么事情。他的性格特征就是懒惰，没有能力结交朋友，对不能让他过上体面生活的社会充满仇恨，还喜欢画画。（值得注意的是，许多独裁者都是落魄的艺术家——亨利八世和弗里德里克大帝都写一些蹩脚的散文，拿破仑和墨索里尼尽写一些没有人会排演的戏剧。）

那场战争是希特勒的天赐良机。他享受着战争的每一刻，这似乎是真的，虽然很多人总是否认希特勒战功卓著，曾因作战英勇而被受勋。他说当战争结束时他哭了，从那时开始，恢复战争的气氛成了他的主要目标。

在1918年乱糟糟的德国，像希特勒这种品性的男人自然会步入风云诡谲的政坛。他加入了德国工人党——国家社会主义党的

---

① 阿尔弗雷德·厄尼斯特·罗森堡（Alfred Ernst Rosenberg, 1893—1946），德国纳粹党核心成员之一，是纳粹主义意识形态的主要奠基人之一。
② 莱因霍尔德·汉尼斯克（Reinhold Hanisch, 1884—1937），奥地利人，曾于1910年与希特勒一同共事生活，希特勒掌权后发表了若干篇关于希特勒早年生平的文章。

前身——当时只有六个会员，全副家当就只有一个文件箱和一个用作收银箱的雪茄盒。

那些被遣散的帝国国防军的军官计划重建德国军队，反对凡尔赛条约，正在寻找一个能掩护他们的目标的政党，德国工人党假把式的社会主义纲领对他们来说似乎可以加以利用。

因此，希特勒从一开始就有了靠山，但一段时间之后，当他已经控制一股不可忽视的政治势力时，那些工业巨头才开始大手笔地资助他。

作为一个政治家，他有三个优点。第一点是他完全没有怜悯或爱心，也不受人性的束缚。第二点是他对自己充满无限的信心，鄙视其他任何人。第三点是他充满魄力和感染力的声音，几分钟内就能让任何听众忘记他那查尔斯·卓别林式的长相。

几年后，他以三寸不烂之舌挑起一场可怕的运动，在一个又一个演讲台上滔滔不绝地讲述着反犹、反资、反布尔什维克和反法言论——这些对无业工人、破败的中产阶级和渴望另一场战争的军官们来说都非常有吸引力。

但是，要取得最高权力则是另一回事，多年来国家社会主义党的历史起起落落。大体上说，当局势不好时，希特勒成了政坛明星；当局势好转时，他的地位就每况愈下。在景气的二十年代，道威斯计划①实施期间，英国和美国经济复苏，俄国的新经济政策和国家社会主义党似乎就要销声匿迹了。

---

① 道威斯计划（the Dawes Plan）：为缓解德国因凡尔赛条约赔款而承受的巨大财政压力和解除法国与比利时对德国鲁尔区的军事占领，由美国人查尔斯·盖茨·道威斯（Charles Gates Dowes）主持该计划，协助德国的战后赔款，从1924年至1929年生效。

接着大萧条来临了,希特勒平步青云。我们不知道那时候是否有机会挫败他,但不管怎样,事实就是他在德国的真正敌人——共产党和社会民主党一直在内讧,而不是联手对付共同的敌人。

希特勒以鹬蚌相争渔翁得利之计将他们都消灭了,最后将自己党内的左翼分子屠戮殆尽,巩固自己的地位。接下来的故事我们都非常清楚了。

这本书除了介绍希特勒之外,还介绍了关于其他人的有用的背景信息——特别是赫斯、戈林、罗姆和休斯顿·张伯伦①,那个古怪的英国叛徒,他是泛日耳曼运动的创始人之一。这本书很有价值,因为它既没有贬低希特勒,也没有抬高他。也就是说,它没有从狭隘的经济角度去帮他开脱,也没有假惺惺地说只要他一死,世界的主要问题就能解决。下面是海登先生的原话:

> 希特勒能够奴役本国的人民,因为他能为他们提供就连传统宗教也再无法提供的慰藉——对超越狭隘的个人利益的存在意义的信仰。当人们意识到自己与邪恶为伍,但感觉与其在没有更宏大的意义的状态下空虚地生存下去,倒不如选择邪恶时,真正的堕落就开始了。

当今的问题是找到那个更宏大的意义和被物质世界矮化的生命的尊严。这个问题没有得到解决之前,消灭纳粹主义只不过是让世界的动荡不安少了一个迹象而已。

---

① 休斯顿·斯图亚特·张伯伦(Houston Stewart Chamberlain, 1855—1927),英裔德国作家,其作品《十九世纪的基础》是泛日耳曼主义的重要作品之一。

评莱纳德·阿尔弗雷德·乔治·斯特朗 《如何成为作家》(生平文集第二卷)^①

据说严苛的宗教秩序不鼓励接纳改变宗教信仰的人，莱纳德·阿尔弗雷德·乔治·斯特朗先生也遵循同样的原则。他本人是一位成功的小说家、短篇作家和广播剧作家，在新闻学院里当过老师。他开篇明义就说这个职业不好做。和其他职业一样，它需要经过学习，而且有干不完的工作，而且你不能指望能够挣大钱。

事实上，斯特朗先生说他自己奋斗了十五年才让写书成为他谋生的主要手段，他寄出去的头四十份手稿有三十九份被寄了回来。

大部分关于"如何成为一名作家"的书(这类书不计其数)都毫无价值，因为它们是由视写书为挣钱手段的人所写的。以这种方式去写书，则事事皆错。

首先，写书不是一份能挣大钱的职业(收入能与普通乡村医生相当的小说家已经算是非常成功了)，即使是最低层次的写作也必须是为写作而写作。

其次，即使从商业角度考虑，大部分自封的新闻老师也是最

---

① 刊于 1945 年 1 月 11 日《曼彻斯特晚报》。莱纳德·阿尔弗雷德·乔治·斯特朗(Leonard Alfred George Strong, 1896—1958)，英国作家、诗人，代表作有《最后的敌人》、《缺席者》等。

糟糕的导师，因为他们没办法将自己的指导付诸实践。如果他们真的懂得如何靠撰写新闻挣钱，他们干吗不自己去挣，而要把秘密兜售给别人呢？

但是，斯特朗先生是一个例外，他的意见很值得听取。他是一个成功的作家，而且很能干，能够兼职教授新闻课程。

他知道文学既是生意同时也是艺术，但与大部分导师不同的是，他能理解创作的本质，意识到即使是在记者这个行业混也需要诚恳和能力。他以不同的方式一再强调："不要歪曲想法，即使从挣钱的角度去考虑这也是没有好处的。"

他早年的时候有一位好心的朋友告诉他："先写人们想要看的，然后等你有了名气，再去写你想要写的。"

斯特朗先生补充说："我不接受这个意见，我觉得它很糟糕，到了今天我更加无法接受……我自己的经验就是一定要诚恳。有一次，时间不是很长，那时候我的处境很艰难，我绝望地想写一些我觉得大众想要看的内容。结果我一败涂地，写出来的那些东西根本没有人想看……虚伪无法弥补才华。诚恳的作家，无论他的才华有多么浅薄，也要比不诚恳的作家有更大的机会取得成功。"

在这段和其他类似的段落里，斯特朗先生并不只是单指艺术上的虚伪。如今许多记者承受着沉重的政治压力。有的话题基本上是不可提及的，对"快乐结局"的推崇与呈现社会美好一面的渴望是密不可分的。

那些受雇于新闻学院的通讯记者导师总是警告学生"不愉快"或"有争议"的作品是卖不出去的。斯特朗先生对这些伪顾问的评价是"告诉他们该去哪儿去哪儿"。

但是，这并不是说他鄙视或无视写作的商业性一面。

首先，每一个作家，无论他的才华有多么出众，都必须学会写出有可读性的内容。他必须通过练笔和实习学会编排材料和明确无误地表达出自己的意思。

斯特朗先生强调，或许过度强调了一个道理：在短篇小说或简短的文章里，最好"只专注于一点，不要言及其他"。

此外，作者必须学会配合编辑和出版社的愿望，只要不涉及思想诚实。他必须在文章篇幅太长时将它缩短，而且意识到不能以相同的风格为日报、周刊评论和技术性的杂志写作。

他必须研究市场，譬如说，不要犯"将写橄榄球的文章投给女性杂志或将关于白老鼠的文章投给游艇杂志"的错误。

像这么愚蠢的事情每天都会发生，许多本有希望出版的小说被扔进垃圾桶里，因为作者投错了出版社，然后被退稿后就灰心丧气。

斯特朗先生针对小说、文章和短篇给了一些有用的意见，并建议刚刚崭露头角的作家不要鄙视讲师这份吃力不讨好而且薪水微薄的工作。

但是，他不鼓励刚入行的人去尝试写戏剧或电影的剧本。他认为由一个新人担纲剧本创作可谓万中无一。

出版社发行一本书只需花几百英镑，而一部舞台剧则需耗资数万英镑，经理自然会倾向于和已经有名气的作家合作。

电影业就更难进了。事实上，那几家规模最大的电影公司的惯例是，所有未约稿的剧本统统不予理睬。

广播是新人有望发挥的领域。它有别于普通的写作，需要学习特定的技巧，但广播稿的需求很大，相对不是那么歧视新人。

最后斯特朗先生介绍了文学作品经纪（对于写书的作家很有帮助，但对于自由撰稿的记者来说就不是那么有帮助了）、新闻学院、出版社和合约等内容，内容都很诚恳。

这是一本很有用的书。如果你没有才华，没有哪本书能够教会你写作，但至少你能够学会如何使用朴素的语言，如何避免不必要的技术性错误，如何推销你的作品和如何避开不计其数的在文坛招摇撞骗的恶棍。

斯特朗先生从来不会忽视谋生的需要，但他的建议很有价值，因为他知道挣钱的渴望并不是任何作品值得一读的作家的根本动机。

评帕里努鲁斯的《不得安宁的坟墓：世界的循环》^①

"帕里努鲁斯"一看就知道是某个知名文学评论家的化名，但即使不知道他是谁，你也能猜测出这本书的作者大概 40 岁，身材略胖，在欧洲大陆住过很长的时间，没有从事过真正的工作。他的书类似于日记或日志，夹杂着出自帕斯卡、老子、拉罗什富科^②等人的言论，其基调是精致而悲观的享乐主义。作者说，他的前世是"一个西瓜、一只龙虾、一只狐猴、一瓶红酒和亚里斯提卜^③"，还说他生活过的年代包括古罗马的奥古斯都时期，"然后是从 1660 年至 1740 年的巴黎和伦敦，最后是 1770 年到 1850 年……在荷兰别墅度过午后，在切斯·玛格尼餐厅吃饭。"

"帕里努鲁斯"有古典教育背景，对宗教持怀疑态度，喜欢旅行休闲，住的是别墅，吃饭讲究礼仪；自然而然地，在他思考现代世界时，他没有热情，甚至有时候带着贵族的鄙夷，但也带着自责和作为旧世界的最后产物的自省。他是一个幽灵，就像公元 400 年那些文质彬彬的异教徒。这本书几乎每一页都展示了资本

---

① 刊于 1945 年 1 月 14 日《观察者报》。帕里努鲁斯（Palinurus），古罗马神话中英雄埃涅阿斯的船只的舵手，后成为领航员或向导的代名词。

② 弗朗索瓦·拉罗什富科（François La Rochefoucauld，1613—1680），法国作家，代表作有《回忆录》、《箴言集》等。

③ 亚里斯提卜（Aristippus，公元前 435—公元前 356），古希腊哲学家，昔兰尼学派创始人，曾师从苏格拉底，其哲学主张是生命的意义在于适应环境并追求快乐。

主义民主的特殊产物的特征，一种由非劳动收入引起的自卑情结。作者既想要舒适和特权，又因为这个想法而羞惭。他觉得自己有权利得到这些，但确切地觉得它们肯定会消失。不久之后，那些暴民就会发动起义，将剥削他们的人统统消灭，但这么做也将文明摧毁：

> 英国的人民是可爱的：他们慷慨、得体、忍让、务实，而且不愚昧。但可悲的是，他们的人数太多了，而且他们没有目标。他们被劝导当奴隶，并繁衍生殖，但他们的人数多得不愿意再充当奴隶。有一天，这些数目惊人的群众将会掌握权力，因为除此之外别无出路。但是，他们既不想要权力，也没有做好行使权力的准备。他们只会以新的方式厌倦。迟早英国的人民会变成共产主义者，然后由共产主义接管。只有某种形式的共产主义才是工人阶级信奉的宗教，因此它的到来将是不可避免的，就像以前基督教的到来不可避免一样。忠于自由主义的人将遭受和历史上那些"善良的异教徒"同样的命运，被统统消灭。

这本书由始至终以不同形式反反复复地重复着这一点。蜂巢社会即将来临，个体将被蹂躏，不复存在，未来将是充斥着假日营地、V型飞弹和秘密警察的世界。但是，"帕里努鲁斯"与情况和他相似的同时代的人的区别在于，他并没有默许这一过程。他拒绝离开个人主义这艘正在沉没的船。对"人类只有通过参与有组织的集体生活才能获得圆满"这番话，他说了七次"不"。但是，他看不到摆脱蜂巢社会的出路。他看到，或者说，他自以为看到能将秩序和自由、理性和神话结合在一起的方式，但他并不相信文明会转到这一方向。最后，他没有什么可以依赖，只能孤独地进行抗争，就像最后一头猛犸，或像浮士德那样，试图在海伦的怀抱中忘记诅咒。

这个观点是极权主义和科学的畸变的产物，或许正在逐渐普及，仅凭这一点，这本零碎杂乱的书就是一本很有价值的文献。它来自于觉得自己没有权利存在的食利阶层的绝望呐喊，但食利者们依然觉得自己要比无产阶级更加优雅。它的错误在于以为集体社会将会摧毁个体的人性。英国共产主义者或"同路人"也是这么想的，并以受虐心态的狂热放弃了自己的思想诚实。"帕里努鲁斯"拒绝投降，但和其他人一样，他接受了"共产主义"的价值观。

这两种情况的内在机制都是一样的。他们都以为社会主义或共产主义的目标就是将人类变成昆虫。他们知道自己享有特权，如果他们抵制社会主义，他们的动机一定值得怀疑。因此，他们无法看到更深的层面。他们没有想到，当前存在的所谓的集体主义体制只是想要消灭个体，因为它们并不是真正的集体主义，而且根本没有平等可言——因为，事实上，它们是新的特权阶级的伪装。如果你能明白这一点，你就能心安理得地去反抗将人变成昆虫的安排。当然，如果你是不劳而获的人，要明白这一点或大声地说出这一点会比较困难。

评哈罗德·约翰·马辛汉姆编撰的 《自然秩序：关于回归农事的文集》①

你不需要是一个中世纪主义者才会感觉到现代世界有很严重的问题。在任何大城镇里，只需要朝最近的窗外看一眼就能够说服最乐观积极的人科学进步并非只带来幸福。

但是，大部分观察家满足于认为我们现在的弊病的病因是过时的经济体系，它无法消费所有制造出来的商品，不可避免地会导致对市场的争夺和帝国主义战争。

有思想的人中鲜有会同意机器文明本身是敌人的。大部分人会说，合理地利用机器能够让我们从艰苦的劳动中得到解放——但恰恰相反，目前的情况是浓烟污染了郊野，V型飞弹炸毁了城镇。

自从工业革命早期开始就已经有一个相反的思想流派——包括诸如科贝特②、拉斯金和切斯特顿等人——拒绝接受如果机器产品能够更平均地得到分配的话，机器将成为人类的朋友这个想法。根据这个思想流派的看法，创造性的劳动对于人类来说在精神上是必要的。

---

① 刊于1945年1月25日《曼彻斯特晚报》。哈罗德·约翰·马辛汉姆（Harold John Massingham，1888—1952），英国作家，代表作有《赞美英格兰》、《黄金年代》等。
② 威廉·科贝特（William Cobbett，1763—1835），英国作家，代表作有《乡村经济》、《乡村之旅》等。

没有人会支持彻底放弃机器进步，但他们说真正的人类生活——个体快乐和国际和平——只能以手工劳动和共同财富的平均分配作为基础。

这本书通过一系列作家的文章有力地重申了这个观点，他们当中有的人就在从事农业。

哈罗德·约翰·马辛汉姆先生在序文中花了很多篇幅对"农事"加以定义，并发现它的意义远远不只是耕种土地。

"如果我们对'农事'这个词进行深入了解，我们可以试着对它进行定义，即有爱的经营。它意味着人是万物之灵，但以对待家庭的态度去对待大自然。没有什么能比现代科学所宣扬的'征服自然'更加偏离这个理念，它不仅背离了自然规律，而且是一个荒谬的说法。"

"现代世俗主义将人类贬低为彻底的世俗动物，没有超越个体的命运。与此同时，它把这头不完整的动物抬高到大自然的征服者的地位——这是一个极其幼稚的想法——而有爱的经营确切地定义了人在大自然中的地位，并尊重自然法则，认为人是万物之灵，但和万物一样，臣服于造物主。"

马辛汉姆先生还写了一篇文章，讲述了强调性质的工作方式很难与大规模生产进行结合，或根本不可能结合。

《新闻纪实报》的农业通讯记者伊斯特布鲁克①先生、《新英语周刊》的编辑菲利普·梅尔里特②先生、菲利普·奥伊勒③先生、

---

① 伊斯特布鲁克(L F Easterbrook)，情况不详。
② 菲利普·梅尔里特(Philip Mairet，1886—1975)，英国作家、记者，代表作有《贵族与阶级统治的意义》、《边境》等。
③ 菲利普·奥伊勒(Philip Oyler，1880—1973)，英国诗人、作家，代表作有《慷慨的大地》等。

霍华德·琼斯[1]先生和其他人讲述了均衡农业的重要性和从自给自足的角度让英国实现粮食自给的必要性。

诺斯伯恩[2]勋爵探讨了合理的农业种植方式与国民健康之间的关系。罗尔夫·加德纳[3]先生针对目前英国重新造林的方式写了一篇富于启迪意义的高度批判性的文章。

霍斯金[4]先生描写了农业机械化的可能性和局限性。还有几篇文章探讨了类似的主题，还有一份有用的书目。

没有哪个有思想的人会否认马辛汉姆先生和他的同仁们说的话很有道理。

战争迫使我们必须规划船只的使用。结果就是本土农业遭到压迫，为从加拿大、澳大利亚、阿根廷等国家的进口粮食让道，这些进口粮食是英国出口工业制品或资本的回报，而且国内外都有强大的势力阻止英国的农业复兴，只有破除这些因素，英国的农业才能获得发展。

与此同时，英国的人口正逐渐被赶出土地，而在农产品国家，大量的土地因为推行"单一农业"而变成了风沙侵蚀区。

这本书的许多作者坚持认为机器文明引发了比经济稳定更深层次的问题，这是很正确的。大家都知道，按照自己的时间以自己的方式去从事一件需要技巧的工作并为它感到自豪要好过每天在传送带旁边一遍又一遍地拧紧同样的螺丝钉八个小时。

---

① 霍华德·琼斯（C Howard Jones），情况不详。
② 诺斯伯恩勋爵（Lord Northbourne，1896—1982），英国贵族、作家，代表作有《凝望大地》、《现代世界的宗教》等。
③ 亨利·罗尔夫·加德纳（Henry Rolf Gardiner，1902—1971），英国作家，代表作有《没有尽头的世界》、《英国与德国》等。
④ 霍斯金（J E Hosking），情况不详。

马辛汉姆先生指出，为机器文明辩护的理由——机械劳动只需要占据一天几个小时，而得到的闲暇可以用来进行创造性的活动——或许是一个谬论。人是工作的动物，他的工作是生活的主导因素，那些从事摧残灵魂的工作的人在闲暇时倾向于寻求机械性的、大规模生产的娱乐（电影和广播）。

这一点从来没有得到为机器文明辩护、拥戴社会主义或大规模资本主义的人言之成理的回应，而这本书的作者们提出这一点是很正确的。

但是，他们并没有面对我们可以看到的事实：第一，机器与机器文明已经存在，而且不可能被摆脱。

这些作家没有明确承认绝大多数现代人倾向于机器文明。他们不想回到农村生活，他们想要远离农村生活——这一点在真正的农业国家如印度比在英国更加明显。

第二，机器文明是无法逃避的，因为在现代世界里，任何工业不发达的国家在军事上都会陷于无助。农业国一定会被某个工业更发达的国家统治和剥削。

由于民族主义非常盛行，任何国家都会努力维护自身的独立，愿意为战舰、大炮、飞机和制造这些东西的复杂工业机器付出代价。

这些都是目前无法逃避的事实，与马辛汉姆先生和他的同仁所提出的世界观相抵触。他们或许在倡导美好的前景，但它不会实现，至少在目前无法实现。但这并不是说像这样的书就毫无意义。

恰恰相反，它们是对即使在轰炸中也仍然盛行的乐观主义的有益纠正。而且有必要提醒那些鄙视历史、拒绝相信乡村要比工业城镇更加优越的人一直在发生的土壤流失和森林破坏等严重的问题。

这本书的插画作家是托马斯·亨内尔①，画得很不错。

---

① 托马斯·亨内尔(Thomas Hennell, 1903—1945)，英国插画家、作家，代表作有《农场的变迁》、《英国的匠人》等。

评亨利·伍德·内文森的《视觉与记忆》①

    在这本书的序文里——这是一本横跨 30 年的散文集——吉尔伯特·穆雷②教授指出亨利·伍德·内文森是一位不同寻常的记者，一部分原因是他并不具备在这个职业获得成功通常所需要的品质。"他太温和，对暴力和残忍过于反感，被卷入战争和压迫太深。无论世界上哪个地方发生这样的事情，内文森总是会发出怒吼。"他还补充说内文森是一个"敏锐的学者"和捍卫失败的事业的斗士。在这本书的几乎每一篇文章中都可以看到这两个品质，以及他总是出现在炮火连天的地方。

    大部分文章探讨的是文学话题，但有趣的是，即使在他的最刺激的冒险里内文森仍然保持着一个文明人的思想。我们发现他在 1897 年志愿与希腊人共同抗击土耳其人，在品都斯山脉过着十分艰苦的生活，但他以清醒的目光看着他那些希腊非正规军同志，从未忘记他正跨越的这片土地的古典联系。经过三天的行军，他爬到关隘的顶部俯瞰大海，立刻想起了亚克兴角海战③和狄

---

① 刊于 1945 年 1 月 28 日《观察者报》。亨利·伍德·内文森（Henry Woodd Nevinson，1856—1941），英国战地记者，代表作有《负轭前行》、《告别弗里特街》等。
② 乔治·吉尔伯特·穆雷（George Gilbert Murray，1866—1957），英国古典学家，精研古希腊文化，代表作有《古希腊文学解析》、《古希腊研究》等。
③ 亚克兴角海战（the Battle of Actium），奠定古罗马帝国的决定性战役，公元前 31 年屋大维战胜政敌马克·安东尼与埃及女王克里奥佩特拉的联军。

奥多拉皇后①。三年后我们发现他与罗伯茨的胜军一起挺进比勒陀利亚，他从布隆方丹开始追随这支部队一直到约翰内斯堡，"以死马的臭味和秃鹫的踪迹作为引导"。在比勒陀利亚他看着米字旗升起和部队行军在司令面前经过，然后他注意到附近的一座房子里"某个战败者正在弹奏贝多芬"。他知道在胜利者和失败者都被遗忘后这首乐曲仍将被缅怀。在中非：

> 一个土著野人拿着铜块砸中了我的一个脚夫，其他脚夫要求我将他处死。我反对死刑，但我让那个男人站在一个圆圈中间，举起步枪瞄准他的心脏，他那种黑黝黝的脸吓得发青。突然间，有三个脚夫朝我跑来，抬起我的步枪，哀求我不要开枪。我松了口气，因为我知道那支步枪的枪膛塞住了，根本开不了火。

内文森喜欢加入细微的描写，就像步枪的枪膛塞住了，这让他似乎显得没有男子气概。但正是"反对死刑"和习惯性地陷入必须杀人的处境将他与普通的记者区别开来。

内文森的思想从未远离古典时代，对他影响最大的两位现代作家是歌德和马修·阿诺德。这本书最好的内容或许是虚构的马可·奥勒留②与一个基督教圣徒的会面。而且他怀有令人意想不

---

① 狄奥多拉皇后(Theodora, 500—548)，拜占庭皇帝查士丁尼一世的妻子，协助夫君执政，镇压尼卡暴动，维护拜占庭帝国的稳定和繁荣。

② 马可·奥勒留·安东尼·奥古斯都(Marcus Aurelius Antonius Augustus, 121—180)，古罗马皇帝，斯多葛学派学者，曾于166年派遣使者出使中国汉朝，代表作有《沉思录》。

到的热情。这本书里有一段写得很精彩的对威廉·巴特勒·叶芝①的追思和为布莱克的画作的热烈辩护，在写这篇文章的时候（1913）一定是基于独立的判断。但是，一年后内文森写了一篇同样热情洋溢的为未来主义诗人马里内蒂②辩护的文章，后来马里内蒂成了法西斯政权的御用诗人。在这篇文章里，内文森甚至引用了几页马里内蒂庸俗的、离经叛道的言论和对血腥暴行的美化，这些内容体现了无疑存在于内文森的本性中的乖张特征。他支持任何不受欢迎的事情——而马里内蒂在1914年就是一个不受待见的诗人。正如穆雷教授所说的："他是一个激烈的党争者，对另一面拥有非凡的理解力。"当他所支持的失败的事业最后获得胜利时，他就对它失去了兴趣。

内文森于1941年底逝世，享年85岁。穆雷教授和这本书的编辑伊芙琳·夏普③小姐都说老迈无助的他无法承受看到一场比他年轻时所经历的那场战争规模更大、目的更明确的战争爆发。不过，他似乎一直保持着思想的活力，最后一篇文章是他临终前一个月写的。即使之前你没有听说他的名字，这本书将会表明他是一个非凡的人。他是一个勇敢、斯文而且思想诚实的人——随着我们渐渐远离十九世纪，像这样的人越来越稀罕了。这本书里有几张好照片，而且装帧和印刷要比如今大部分书籍好一些。

---

① 威廉·巴特勒·叶芝（William Butler Yeats，1865—1939），爱尔兰诗人、剧作家，1923年诺贝尔文学奖得主，代表作有《当你老了》、《钟楼》、《旋梯》等。
② 菲利伯·托马索·埃米利奥·马里内蒂（Filippo Tommaso Emilio Marinetti，1876—1944），意大利诗人、编辑，未来主义诗派运动的创始人，代表作有《未来主义者马法卡：一部非洲小说》、《教皇的飞机》等。
③ 伊芙琳·珍·夏普（Evelyn Jane Sharp，1869—1955），英国女权活动家，代表作《伦敦的孩子》、《未完成的历险》等。

评罗德斯·法默的《上海收获》、诺曼·道格拉斯的《沙漠中的清泉》[①]

罗德斯·法默先生在书的最后——这本书记录了他作为战地记者从 1937 年 7 月到 1939 年底的经历——加入了写于 1944 年的结语。它的最后一句话是:"中国拒绝向日本投降在世界史上与英国在 1940 年拒绝向德国投降一样具有决定性的意义。"他给出了这番话的理由,指出要不是中国坚定不屈地抗击日本侵略并拖住了日本的军队长达五年之久,日本人或许将能够征服澳大利亚和印度,甚至能够和德国在埃及附近会师,这对于英国和苏联来说将会带来灾难性的后果。

他的结束语是一个目前迫切需要的强有力的呼吁,现在和以后我们都会记得中国在这场战争中所起到的重要作用和她的深重苦难。这本书的主要内容阐明并强调了他的主旨。

这是一本匆忙写成的书,在许多小节上无疑不是很准确,但每一页都写得很生动。1937 年澳洲记者法默先生去上海度假。他并没有强烈的抗日情绪——事实上,他是一艘日本小货船上唯一的乘客,而且和那些军官相处得很好。但他一到上海事情就开始了。

---

① 刊于 1945 年 2 月 2 日《曼彻斯特晚报》。罗德斯·法默(Rhodes Farmer),情况不详。

日本人所说的"支那事件"突然间演变为全面战争，炸弹像雨点一般降落在公共租界周边毫无保护的华人居住区。法默先生近距离地目睹了战斗，接受了《华北日报》的一个职位。后来他成为中国情报部门的编辑顾问，翻译了大部分蒋介石大元帅的战争发言，并编辑和监督了宋美龄第一本书的出版。

中国军队败出上海之后，中国的防线在几个月内几乎彻底崩溃，首都南京被迅速攻占。那里发生了现代历史中最惨绝人寰的屠杀。现场的观察家相信日本人至少屠杀了 2 万战俘和 3 万平民，许多人被活活烧死或拿来当训练拼刺刀的靶子。

法默先生刊登了一幅日本士兵拿戴着镣铐的中国囚犯当刺刀靶的照片。这幅照片颇有历史价值。它刊登在 1941 年底的《画报》里，被许多人怀疑是伪作。但是，法默先生解释了这幅照片和其他照片是如何辗转落到他手里的。这些照片展示了日本士兵做出的虐待、砍头等暴行。这些士兵有时候会去上海的租界冲洗相片，通过中国的地下情报工作，这些照片被送到了中国的情报部门。

早在 1938 年法默先生就在几份美国杂志上刊登了这些照片，正如他所说的，"如果那些受害者是西方人而不是卑贱的中国人，它们将会震惊整个世界。"

法默先生去过许多没有被日本人占领的地方，虽然中国时局混乱、发展落后、缺乏工业资源、人民由于毫无防御的城市遭受狂轰滥炸而流离失所、军队装备非常落后，他最深刻的印象却是中国是不可战胜的。但他坚持认为，去年日本发起新的攻势为中国带来的苦难要比西方国家所想象的更加惨重，而华南机场的损失使得最终征服日本的道路变得更加漫长。

他指出，如果将输送给苏联和欧洲抵抗运动的武器和物资输送给中国，情况或许会大有改观。事实上，从 1940 年开始中国就没有得到武器供应，"空运到中国的物资比经过滇缅公路输送的更多"这番话根本与事实不符。（顺便提一下，滇缅公路已经重新开放也是不符合事实的言论，直到攻占仰光之前，它都是无法使用的。）

法默先生的总结是："中国是四巨头同盟中的悲剧角落，而四巨头中，只有斯大林、丘吉尔和罗斯福有真正的话语权。"

法默先生非常钦佩蒋介石和宋美龄，在暧昧的政治分歧引发了一部分媒体对蒋介石的反对之时，他对他们的赞扬很有意义。这本书里有许多相片，有的颇具纪念价值。

《沙漠里的清泉》被归为游记文学，或许在读完法默先生所记述的战争苦难之后，读一读他的书会感觉好一些。

1911 年前后，诺曼·道格拉斯先生在突尼斯南部漫游，并在加夫萨古城呆了几个星期。古罗马人经常到这里来泡具有治疗作用的泉水，而比那还要早几千年，旧石器时代的人类留下了丰富的石筑遗迹。

之后他去了更南边的绿洲和盐沼，那里是撒哈拉沙漠的低地，据说曾是消失的湖泊的湖床。道格拉斯先生的游记带有一种特别的闲适的魅力，讲述了阿拉伯人、殖民的法国人、燧石工具、古罗马的遗迹、枣椰树、矿藏、阿拉伯的草药、毒蛇、鞋子和突尼斯的其他风土人情。

读过《旧巴拉布里亚》和《塞壬之地》的人都知道道格拉斯先生是最引人入胜的游记作家之一。企鹅丛书出版这本没有另外两本名气那么大而且早已绝版的书是一件很有意义的事情。

评霍尔多·拉克尼斯的《独立的人》，安德森·汤普森从冰岛文的译本[①]

当你阅读一本外国译著时，最困难的事情是确定它是否符合真实的情景。经过翻译后精妙的意思就不复存在，你总是会把一个玩笑错认为是严肃的宣言，或把一段滑稽的描写错认为是现实生活的真实写照。

譬如说，狄更斯在一些欧洲国家并不被认为是一位幽默作家，而是一位严肃的社会历史作家。

《汤姆叔叔的小屋》在法国享有令人惊讶的崇高声望，它那富于张力的故事令人击节赞叹，却没有人注意到英语读者能够感受到的略显荒谬的气氛。

当你阅读《独立的人》这本冰岛小说时，你必须记住这一点。它无疑是一本优秀的作品——事实上，在过去几年来不得不忍受那些自称为小说的书后，能够读到这么一本书实在是很开心的事情。

但是，它真的是一本小说吗？——还是说它只是在描写带有讽刺笔触的田园风光？它讲述了一个关于冰岛农民的故事，他们是最穷苦的农民，靠牧羊为生，从出生到进坟墓都负债累累，总

[①] 刊于 1945 年 2 月 8 日《曼彻斯特晚报》。霍尔多·拉克尼斯（Halldór Laxness，1902—1998），冰岛作家，代表作有《圣山之下》、《冰岛的钟声》等。安德森·汤普森（Anderson Thompson），情况不详。

是在冬天死于饥荒——但在何种程度上它贴近现实是一个很难回答的问题。

故事的主人公——萨莫豪斯的比亚图（就像苏格兰高地的农民一样，这些农民以他们的农场为姓）——是一个佃农，在为一座大庄园干了18年的活儿之后，几经努力建立起自己的农场。

他买到的那片荒地据说闹鬼，那是源自古老的维京时代的迷信，比亚图的生活就是漫长的灾难史，以破产而告终，包括几任妻子和好几个孩子的死去。

但是，比亚图是一个不平凡的人，而且不会轻易被打垮。他甚至不肯依照当地的风俗向那个恶鬼献上祭品，或许它就是不幸的根源。冒着寒冬的风暴走20英里路，或骑着一头野驯鹿游过一条布满冰块的河流，对他来说就像是家常便饭。

比亚图的一生对两件事情感兴趣——牧羊和写诗。所有的冰岛农民似乎都是诗人或能够欣赏诗歌，而且他们的品味不像你所想象的那样只是欣赏简单的歌曲和民谣——他们还能欣赏非常典雅深奥而且韵律复杂的诗作。比亚图本人几乎一直都在写这种诗。

但他对绵羊更感兴趣。无论是结婚、葬礼、受洗还是地方理事会开会，谈话的主题很快就会转到羊身上，最吸引人的话题是羊身上的各种虫子。

比亚图的第一任妻子临产前一两天，他去山里找一头丢失的绵羊，其实它被饿坏的妻子偷偷吃掉了。回到家里时，他发现妻子已经死了，牧羊犬在为新生的孩子保暖。比亚图去邻居那里寻求帮助，但即使发生了这样的事情，他们仍谈起了羊，而且他在宣布消息之前还背诵了一两首诗。

这个新生的孩子并不是他的亲生骨肉，这本书的大部分内容讲述的是他与这个女孩的复杂关系。

对于一个英国读者来说，这本书最有趣的一点就是揭示了赤贫的农民生活，而无知和迷信使得情况更加糟糕。一切都取决于让羊群活着过冬——春天迟来或在北方冬天短暂的白昼没办法收集到足够的干草都意味着灾难甚至饥荒。比亚图多年来甚至连奶牛都养不起。一个接一个的孩子因为没奶喝而夭折，但给奶牛准备饲料意味着最重要的羊就没有足够的饲料。

男女老少都一起睡在小茅屋里，腌鱼是主要的食物，破旧的衣服和身上长虱子被视为天经地义的事情。

这本书的书名源于比亚图心中那个自己当家作主和不欠别人债务的愿望。多年来他一直不肯加入农民的合作社，因为他觉得这么做侵犯了他的独立。

你能隐约察觉得到冰岛的政治模式，它的基础是内陆的农民被海港的商业利益所束缚，他们对世界事件懵懂无知。

经过多年与艰苦环境和低价的对抗，比亚图和数千个像他一样的农民取得了成功，但他们被1914年至1918年那场战争引起的虚假繁荣摧毁了。突然间，所有参战的国家都需要鱼、羊毛、石油和腌羊肉，农民们发现自己可以将农产品卖出前所未闻的高价，甚至能够开始偿还债务。

他们不知道这样的环境不会一直持续下去，不明智地进行商业扩张，而战后的萧条使得冰岛比以前更加不景气。最后，政府被迫卖掉这个岛国唯一的财富：它的渔场。

比亚图被毁灭了，因为他冒失地决定建造一座真正的房子，有坚固的墙壁、锡皮屋顶和玻璃窗户，代替他那座茅屋。结果这座房子很冷而且很不舒服，建造成本耗尽了他的财富。

在最后一页，他在 60 岁的时候只剩下一小块田地，那是他岳母的财产。

这是一本不寻常的书。或许冰岛那些牧羊的农民的生活并不像书里所描写的那么悲惨；或许他们没有那么原始，也没有那么富于诗情画意，和我们更加相似；或许里面所描写的情景与现实的关系就像托马斯·哈代的小说与当代英国乡村的关系。

但这本书"创造了属于自己的天地"，没有哪个读过这本书的人会忘记它。

它再一次表明这个可悲的事实：如今当你读到一本好的小说时，它通常是一本译著。

评卡莱尔·帕克·哈斯金斯的
《论蚂蚁与人类》[①]

在身体结构上，蚂蚁和人类几乎完全不一样，但在行为上，它们和人类的活动则颇有相似之处，而且它们的社会结构比我们的社会结构要更有效率，不仅能够作为类比的对象，而且是我们检讨自身社会的客观参照。哈斯金斯的书顺带介绍了蚂蚁的许多习性，但他的主要目标是确定蚂蚁与人类之间是否真的有相似之处。我们能够像所罗门王所说的那样"去察看蚂蚁"[②]并从中受益吗？蚂蚁的身体构造和社会进化真的有助于指明我们自己发展的方向吗？

他的书中有着许多奇怪的，甚至是——从那些憎恨昆虫的普通人的角度看——很恐怖的事情。他不经意提到的有些事实比人类社会的任何事实更加奇怪——奇怪之处在于蚂蚁的制度要更加多样化，更加高度发达。比方说，人类驯化了大约五十种畜类和禽类，蚂蚁已经驯化了三千种昆虫。另外，蚂蚁有着极其不同的分工，不仅存在着有性和无性的蚂蚁，而且最骇人听闻的是，它们有着不同的尺寸。有时候，在同一个巢穴里，蚁后或兵蚁的体

---

① 刊于 1945 年 5 月 5 日《观察者报》。卡莱尔·帕克·哈斯金斯(Caryl Parker Haskins, 1908—2001)，美国生物学家、作家，代表作有《论蚂蚁与人类》、《论人类与社会》等。
② 此句出自《圣经·箴言》，全句是："懒惰人啊，你去察看蚂蚁的动作，就可得智慧。"

格要比普通工蚁大几百倍。它们之间的体格对比就像是一只狗和一只耗子之间的区别，彼此友好地合作，每种蚂蚁都是为了履行自己的职责而完美设计的。因此，那些出了名的"樵蚁"依靠培育一种霉菌而生存，用咀嚼过的树叶作为堆肥。切割和搬运树叶由体格更加庞大的蚂蚁去做，但庄稼地则由体格细小的"微蚁"在照顾。

还有贮存粮食的蚂蚁，它们的规模如此庞大，有时候会引起人类对它们采取消灭行动。有食肉的蚂蚁、制造奴隶的蚂蚁——这或许是最令人惊讶的习性——还有适应力极强的蚂蚁，它们似乎能在很短的时间内改变自己的生活习惯，取代了地球上许多地区那些相对保守的物种。但是，蚂蚁可怕的效率与它们对于寄生虫的忍耐形成了奇怪的反差。除了许多种蚂蚁豢养当作"奶牛"的蚜虫之外，还有其他昆虫在蚂蚁巢穴内靠打劫为生，而这些寄生虫显然是被当成宠物豢养，因为它们能够散发出怡人的气味。有时候，这些昆虫的数目如此之多，整个巢穴的生态都被打乱，最后它们和蚂蚁一起死翘翘了。

哈斯金斯博士没有明确地总结说我们是否能够通过观察蚂蚁去预测我们自己的发展，但他倾向于认为，就蚂蚁而言，极权体制要比民主体制更加优越。越原始越失败的蚂蚁，其社会结构通常就越民主，而那些更加高度发达的蚁种组织得当的巢穴与法西斯主义有许多共同之处。但正如他贯穿始终一直承认的，确实，在个体特征上，蚂蚁和我们是如此不同，能否进行类比仍尚未可知。蚂蚁生活的世界和我们的世界差异太大，很难相信它们拥有我们所理解的意识。每一只蚂蚁被孵出来之后就已经知道它需要知道的事情。它们不会去尝试独立的活动，而是重复着有时候已经重复了数百万年的模式。有时候，它们所展现的愚蠢几乎让人难以置信。以寄生类蚂蚁斩首穴臭蚁的习性为例：

> 进入殖民目标的蚁穴后不久，这个蚁种的蚁后就会寻找该蚁群的蚁后，后者的体格要比它们庞大得多。斩首穴臭蚁的蚁后爬到原来的蚁后的背上，接下来的几天从上方将这些蚁后的头给锯断。之后，这些假冒者就被蚁穴中的工蚁接受了。

人类政治也有同样的事情发生，但它们不会那么轻易地被容忍，而且我们会觉得即使比起那些最具天赋的蚂蚁，我们对自己的命运也有着更多的控制权。但是，当你想到它们是那么勇敢，繁殖力那么强盛，它们能够在几乎任何气候下生活，能够几乎以任何东西为食，而且最重要的是，对自己的同类有着无可置疑的忠诚时，你会不禁心想，幸好蚂蚁的个头都很小。

评威廉·珀西瓦尔·克罗齐的《命运在大笑》、乔治·贝克的《山上哭泣的希拉斯》^①

历史小说——或许包括大部分描写古典时期历史的小说——引发了以英语进行创作的小说家很难解决的问题。

一个难题就是让那些角色接地气，而不是让人觉得他们只是被安排在古代背景的现代人。

由于现代英语的俚语，这个难题在对话中显得尤为突出。下面是从《命运在大笑》中随机节选的一段对话：

"如果他是一个哲学家，"卢修斯悄悄对梅特拉说道，"他是那种可笑的类型，但他可无法被提比略接受。"

"他就是从提比略那里过来度假的，"梅特拉回答道，"盖乌斯和德鲁希拉也是——她很可爱，不是吗？——这就是为什么他们都那么开心。听他们在说什么。"

"我喜欢你的裙子，罗莉娅。"德鲁希拉说道，"这里没有哪件衣服能比它更漂亮。"

"我可以告诉你，"盖乌斯说道，"如果那些乡下人看到你这么穿，他们会吓一跳的——顺便说一下，这么做可不难，罗莉娅。你最好不要让皇帝知道，这几天他心情糟得很。"

---

① 刊于 1945 年 6 月 7 日《曼彻斯特晚报》。威廉·珀西瓦尔·克罗齐 (William Percival Crozier, 1879—1944)，英国记者、作家，代表作有《命运在大笑》、《比拉多通信录》等。乔治·贝克 (George Baker)，情况不详。

你会相信这些就是公元 40 年的古罗马人所说的话吗？不，你不会相信，而且你的本能感觉是古罗马人应该更加高贵威严，而这是有理由的，因为这些人所说的话应该不像我们的话那么低俗。

另一方面，旧式的历史小说，譬如哈里森·艾恩斯沃①的作品，所有的角色都用第二人称单数，并且随心所欲地说出"呸"和"去"这样的话也好不到哪里去。

正是语言的这一特征使得法语重新建构的古代生活——譬如说，福楼拜的《萨朗波》或安纳托尔·法郎士的《白石》——要比英国的作品更加真实可信。法语的口语和书面语要更加接近，而且更容易让对话听起来更加高贵一些，而不会显得很假。

虽然《命运在大笑》展示了博学的内容——或许用"暗示"会比较公平，因为这些并没有硬塞给读者——里面大部分角色给人的印象是他们属于我们这个时代。

它讲述了一户古罗马家庭在帝国早期动荡之中的沉浮，以宫廷权斗作为背景。阴险而富有才干的提比略被有虐待倾向的卡里古拉所取代，他又被城府深沉的克劳狄取而代之，后者装疯卖傻逃避了刺杀……而将会成为下一任皇帝的尼禄还只是一个小男孩。

帝位的更替并没有遵循任何法则，每一次都是通过政变实现的。直到旧的皇帝死去之前，你永远不会知道谁会是新的皇帝，而新任皇帝总是通过屠杀政敌和排除异己开始自己的统治。

---

① 威廉·哈里森·艾恩斯沃（William Harrison Ainsworth，1805—1882），英国作家，代表作有《温莎古堡》、《兰卡夏的女巫》等。

要事先就找出皇位的继承人——为了达到这个目的总是求助于卜师术士——成功与失败的差别体现在是当上一个行省的总督还是掉脑袋。

故事的中心人物是梅特拉，一个年轻的大家闺秀，她冒险嫁给了自己喜欢的男人，拒绝了一个有权有势的富有追求者。她的父亲普利乌利斯·安东尼乌斯是一个和蔼的老元老，喜爱古希腊的诗歌。

他有一个希腊奴隶，名叫伯利克里——有钱的罗马人都喜欢豢养一个博学的奴隶——他总是能够引经论典，而且很像佩尔汉·格伦威尔·沃德豪斯笔下的吉弗斯。

在这段时期古罗马帝国变得越来越倾向于军事专制，元老院根本无所作为，而且贵族阶层面临一个放高利贷和投机者的新世界，只能以拒绝参与公共生活的方式保全尊严。

这本书里有思想的角色都担心罗马文明将会发生灾难性的改变，而且他们认为有着严格家庭纽带和严苛宗教要求的旧时纯朴的共和国要比穷奢极欲的帝国更加美好。

但旧的生活赖以建立的信念已经不能恢复了，而且从东方涌入了新的宗教填补空白，其中就有基督教。这无疑就是当时所发生的事情，但很难不让人觉得克罗齐先生从他的角色中解读出了二十世纪的思想。

他们都太了解他们生活其中的历史进程，而且只有少数几个人性情残忍，而事实上，残忍的心态在古代是很普遍的。

确实，梅特拉曾经下过鞭刑的命令，但在大部分内容中，她的思想很像费边社的成员。她对奴隶很人道，不相信占卜师的话，支持男女平等，反对侵略战争，而且讨厌角斗表演。

但是，关于古罗马小说的一大诱惑，让某个人成为基督徒并殉教的诱惑被抵制了。书里提到了新的宗教，心地善良的犹太行省总督本丢·比拉多出现了几次——这番心理描写在当时无疑是正确的——但没有读者会感兴趣。

《山上哭泣的希拉斯》要轻松得多，它描写的时代似乎是特洛伊沦陷前的一代人，混杂着众所周知的神话和不合情理的冒险。

两个主角是赫拉克勒斯和希拉斯，还有许多熟悉的名字出现，但他们是不是兰普里埃①的《古典辞典》里面所记载的那些人物则不得而知。这本书的对话也很现代，效果有时候比《命运在大笑》还要糟糕。

---

① 约翰·兰普里埃（John Lempriere，1765—1824），英国学者，精通词源学与神学，曾编撰过古典作品词源。

评萨缪尔·巴特勒的《埃瑞璜》①

　　关于萨缪尔·巴特勒出版于 1870 年前后的《埃瑞璜》，任何人首先会注意到的是，它的书名很傻气。如果你把它写下来：Erewhon, E.R.E.W.H.O.N.，它只不过是把"nowhere"（乌有之乡）这个单词打乱了重新排列而已。这个书名很糟糕，因为你乍一眼不知道它应该怎么读。一个更老练的作家知道人们不喜欢去图书馆借一本书名不知道怎么念的书，是绝对不会选这个书名的。这并非是无足轻重的事情，稍后我会解释。但是，这个书名让你对它的内容有所了解。它的意思是"乌有之乡"，内容是关于一个并不存在的乌托邦。萨缪尔·巴特勒一生大部分时间生活在英国，但年轻时在新西兰住过几年，他把故事的背景设在了新西兰，当时那里的大部分土地还没有被开发。在故事里，男主角走过了千山万水，无意间来到一个拥有高度文明的国度，那里的人和我们很相似。他们好客地接待了他——他惊讶地发现他们似乎很看得起他，因为他长着金发和健康的肤色——很快他就学会了他们的语言，和他们一起生活了几年。这本书的大部分内容是关于他们的信仰和习俗——无消说，许多与巴特勒时代的英国的信仰和习俗很相似。

　　所有的乌托邦作品都是在进行讽刺或表达某个寓意。显然，

---

　　① 于 1945 年 6 月 8 日播放于英国广播公司"本土节目"。

如果你虚构出一个想象中的国家的制度，你的目的是影射某个现实中存在的国家，或许就是你自己的国家。埃瑞璜国也不例外。当然，虽然它无法与像《格列佛游记》这样的作品相提并论，但它仍是最具原创性和最深刻的英语乌托邦作品之一。它嘲讽了维多利亚时期的英国社会，但那是好性子的嘲讽，而且巴特勒的建设性大于破坏性。他最猛烈抨击的对象是伪善这个我们的民族劣根性，而在当时这一点尤为突出。譬如说，他嘲讽了传统的宗教。在埃瑞璜国有奇特的机构，名为音乐银行。它们很像普普通通的银行，有一排排的柜台，出纳员们端坐在黄铜围栏后面。但那里的气氛很庄严，而且一直播放着音乐。人们不时会去音乐银行里填表取钱，但它并不是普通意义上的钱，而是出了银行就毫无价值的钱。每个人都声称比起普通的钱，自己更看重这种特殊的钱，但没有人会去用它。事实上，要是你说要拿这种钱买东西的话，商店老板会非常生气。当然，你明白这象征着什么。音乐银行就是教堂，而那些毫无价值的钱代表了信仰，很多人只是在星期天去做表面功夫，但他们并不容许信仰影响他们的日常生活。

这是非常浅显的讽刺，许多十九世纪的英国作家都写得出来。但埃瑞璜国的人民最古怪的一点是他们对待疾病的态度。我讲过这本书的主人公刚来到埃瑞璜国时，他发现那里的人很钦羡他，因为他有一副好体魄和健康的肤色。不久之后他偶感风寒，但和他所想象的不一样，没有人表示慰问或同情，他发现每个人都非常震惊，而且似乎认为如果他真的感冒了，他应该默不作声。他发现埃瑞璜国的人都特别英俊美貌，而且看上去很健康。基本上没有人生病，至少没有人会承认病了。另一方面，他惊诧地发现那里的人会毫无廉耻地承认我们认为于德有亏的事情。

譬如讲，有人会说："昨天我从商店柜台上偷了一双袜子。"语气之轻松就好像我们在说"我昨天头疼"一样。一个鼻子通红的人会努力向每个人解释那是因为他喝酒了，而心地不好的人会在他的背后说那或许是由消化不良引起的。每个人都认为这是天经地义的事情，并反映在埃瑞璜国的法律条文中。任何被发现患病的人都会遭到指控，甚至可能会被判处长期监禁，而另一方面，寻常意义上的犯罪当然被视为不好的事情，但并不被认为是丑事。结果，每一个生病的症状都会被费尽心机地隐瞒。事实上，在埃瑞璜国，犯罪就是生病，而生病就是犯罪。

巴特勒这么写是想表达什么呢？大体上，他的意思是——在部分程度上这确实就是他的用意——道德上的邪恶其实就像疾病一样，是由于遗传和早年教育的错误而造成的不幸。虽然你当然得尽可能去改造犯人并保护社会不遭到罪犯的侵害，但你不应该去责备他们，就像你不应该去责备一个残疾人那样。犯罪只不过是像天花或伤寒那样的问题，只有彻底铲除它的根源才能杜绝犯罪，而不是去谴责和迫害个体。这番话到了现在已经不是什么惊人之语，但在巴特勒的时代似乎很骇人听闻。我们现在意识到应该归因于恶劣环境的罪行，在我们的祖父那一辈被归结为人类就是那么坏。譬如说，在十九世纪的英国酗酒非常严重。大部分原因其实是当时绝大多数人的生活条件实在是不堪忍受：他们拥挤地蜗居在恶劣的贫民窟，他们的工作时间长得我们现在认为不可能会出现，他们几乎没有机会进行娱乐，许多人甚至不识字。在这样的条件下，自然而然地，数以百万计的人在有钱的时候就会去买醉。如今在我们看来这一因果关系非常浅显，但直到萨缪尔·巴特勒和其他像他那样的有识之士提出来之前，并不为人所知。但当他将犯罪和疾病相提并论时，他还另有深意，与他本人有着更深切的联系。如果你要完全理解巴特勒这部作品的全部含义，你就必须理解这一点。埃瑞璜国的人不仅会因为生病而遭受迫害，而且还会遭受各种不幸。譬如说，如果张三坑了李四一笔钱，被关进监狱的是被骗的李四，而不是行骗的张三。这似乎是一个荒诞不经的想法，但它与一个关于人性本质的理论是紧密相关的，那就是巴特勒另一部名作《众生之路》的基础。巴特勒对进化论很感兴趣，耗费了大量的时间和精力与查尔斯·达尔文进行争辩。他相信进化只是发生在个别人身上，而且他们会为所取得的进步付出代价。他认为，在任何时候，任何物种的最佳代表，人或动物，并不是那些正在进化的个体，而是那些已经进化到死胡同的个体。在下周我会对《众生之路》进行探讨。巴特勒最推崇的人不是或许能将人类提升到新高度的罕见的天才，而是那些健康纯朴的平庸之人，那些在目前的条件下没有遭受不幸且能够享受生活的人。无疑，巴特勒对头脑简单、成功健康的普通人的推崇过于夸张了，一部分原因是他自己根本不是那种人。他是另一种人，那种才华横溢却无法适应社会的人，他能够缔造新的思想，却不能在自己的生活中获得成功。他不够世故，而且他知道这一点。在这个谈话节目的开头，我指出《埃瑞璜》这个书名起得不好，一定会影响这本书的销售。直到这本书出版之后，巴特勒才意识到这个问题，而这种小错误在他的一生中屡见不鲜。他没有销售的概念，没有商业意识，终其一生，他并未靠他的作品谋生，有的只是毫无回报的损失。除了《埃瑞璜》之外，没有一部作品的销量超过几百部，而且直到死后才奠定了他的名声。幸运的是，他有一笔微薄的收入能够赖以生存，但即使如此，由于不明智的投资和被一个本不应该信任的朋友欺骗，他蒙受了非常惨重的损失。他自己的生活展现了他在《埃瑞璜》和别的作品中所表明的一点：能够为社会贡献智慧的人往往并不幸运或快乐。几年后巴特勒写了《重返埃瑞璜》，对才华与世故之间的区别有更多想要倾诉的内容，而在他的《札记》里，他对这个问题反复进行了探讨。（顺带一提，如果你想读萨缪尔·巴特勒的《札记》，可以试着去找找出版于1920年前后的那个版本，它有几个更新的版本，但许多最好的篇章都没有收入。）但是，在《埃瑞璜》里，还有一个非常重要的理念，并一直影响着人们的思想，虽然有被强加入书中之嫌。埃瑞璜国的人除了对犯罪和疾病有独特的态度之外，他们还有另一个特征令主人公感到非常惊讶，那就是他们对机器的仇视——或许仇视不是很贴切，应该说猜忌。主人公发现他们过着舒适的生活，但机械效率很低。譬如说，他们没有火车或手表。有一天，他碰巧去博物馆，惊讶地发现那里保存着许多欧洲正在使用的机器——他们保存这些东西只是当它们是稀奇古怪的物品。以前他们一度掌握并使用这些机器，但他们有意抛弃了机器。经过一番询问，他了解到法律禁止使用任何发明于某个规定的日期之后的机器。机器进步被刻意中断了。

这么做的理由有一段长文进行解释，巴特勒在成书前几年在新西兰的一份报纸上发表了它的主要内容。埃瑞璜国的人认为机器是人性的敌人。如果你由得机器发展到超越某个临界点的话，它将能够摧毁文明，并可能彻底灭绝人类。如今这似乎并不是什么革命性的思想。现在我们都充分地意识到由得机器进步继续下去而不由某个国际权威组织对它加以控制并停下来去思考它将把我们引向何方的话，将会有非常可怕的危险。我们意识到这一点是因为我们已经知道原子弹和战争所造成的可怕的毁灭。但是，在巴特勒写《埃瑞璜》的时候，确实需要高度的想象力才能看到机器既有用处又会带来危险。我们要记住，那时候火车还是新鲜事物，几乎没有人能够想象飞机，而战争的武器几乎仍然和一个世纪前没什么两样。巴特勒并不是太在意未来战争可能会造成的破坏，他担心的是机器将会剥夺人类的创造力，并将他变成没有技能的劳动者，甚至变成寄生虫。他意识到，机器很有可能发展到人类再也不需要使用手脚的地步。一切事情，甚至就连擤鼻涕或梳头发，都可以由某样机器帮我们完成。但说到底，如果一切事情都由机器帮你做了，你会过着怎样的生活呢？——你的生活还会有什么目标或意义呢？《埃瑞璜》的这部分内容需要仔细地去阅读，因为巴特勒夸大了情况，让人觉得他只是在开玩笑。但他的玩笑并不能抹杀他所阐明的真相。除非得到精心的控制，否则机器将会成为人类生活的敌人。而且为了控制机器，我们甚至不得不作出埃瑞璜国的人所做的匪夷所思的事情，那就是：故意中止机器发明。据我所知，萨缪尔·巴特勒是第一个指出机器进步所蕴含的危险的人，而且他是在危险并不存在的时候指出的，在当时确实需要想象力的启发。他所说的许多内容如今似乎很平淡无奇，但那只是因为他的思想影响了无数其他的人，一直传到我们。无疑，你听说过那个去看《哈姆雷特》上演然后离开的老太太所说的话："我才不爱看呢，里面尽是引用别人的话。"萨缪尔·巴特勒和别的思想家的情况也是一样。他们的思想被普遍传播，如此深入全面，他们并没有因为这些思想而成名。

《埃瑞璜》算不上是一部伟大作品。除了他在新西兰写的那本后来出版的书信集之外，它是巴特勒的第一本书，是一个没有经验的作家的作品。内容编排很糟糕，而且正如我所指出的，使用改写名字的手法——书里所有的名字都是英国的名字的改写——读起来很费劲。而且，和许多其他作家一样，巴特勒并没有完全想好自己究竟是在写一部纯粹的讽刺作品还是在提出有建设性的意见。这本书讲述了一个并不能让人信服的故事，结局颇为荒谬。大体上，它是一部散文式的作品，要是巴特勒将它写成杂文的话，或许会更加成功。但它仍然是一本很有启迪意义的作品，是这一类英语作品中经受住了时间考验的书籍之一。萨缪尔·巴特勒生于 1835 年，卒于 1902 年，他著书并不算多，时至今日只有大约五本值得认真对待。我推荐《埃瑞璜》这本书——但我不会推荐它的续篇《重访埃瑞璜》——或许我更推荐的是《札记》，内容非常有趣，而且以简短的形式表达了巴特勒的大部分心声。但他的最佳作品，即使他所有其他的作品都被遗忘但他仍会因为这本书被记住的作品，是他的自传性小说《众生之路》，下周我将向你们介绍这本书。

评雅克·马里坦的《基督教与民主》 ①

马里坦先生的书一直都不好读，他这本最新作品有很多如今法国文学非常普遍的云里雾里的抽象章节，经过翻译后仍然很难懂。下面是两个随机挑选的句子：

> 民主是一个悖论和一个拉扯着人类忘恩负义而备受创伤的本质的挑战，激起它最初的渴望，并保留着尊严。
>
> 对于人类的邪恶来说，没有什么比将宗教与对种族、家庭或阶级、集体仇恨、对氏族的热情和政治假象，更加容易以并不虔诚但更加简单的方式弥补了个体纪律的活力。

这两句话以及遍布于这本书里的几百句其他类似的话自有其含义，但你不仅得从废话连篇的内容中进行挖掘，而且还得根据这本书的基调以及已知的马里坦先生本人的思想脉络进行推断。这本书里有许多章节读起来就像是一个不好战的政客在进行演讲，你一早就知道他的立场，但你很难去证明它。一个隐身的内容审查员在书页上盘旋，要瞒骗过他总是需要避免使用专有名词，并将抽象的词语换成具体的词语。

---

① 刊于 1945 年 6 月 10 日《观察者报》。雅克·马里坦（Jacques Maritain, 1882—1973），法国天主教神学家，复兴中世纪基督教神父托马斯·阿奎那的神学理念，是《人权普世宣言》的起草人之一。

马里坦先生所说的内容是民主和基督教并非不可调和——事实上，它们彼此依存。基督教的生活不能存在于不公正的社会，而以世俗主义为激励的民主总是会演变成为奴隶社会。而且，基督教的社会并不一定会是一个贫穷的社会。工人阶级渴望政治上获得平等，而且要求有更高的工资和更好的工作条件，这是合理的。正是这种渴望所遭受的不必要的挫折导致了共产主义无神论的兴起。总而言之，基督教与物质进步是不相悖的。

在我们听来这番话像是需要慎重说出口的言论，但马里坦先生这么写是有原因的。首先，这些文章写于 1942 年中，当时轴心国仍然似乎有望赢下战争，而且贝当政权不仅仍然掌握权力，还得到了法国境外的天主教会的鼎力支持。其次，马里坦先生所代表的基督教社会主义直到不久前才开始兴起，而且在教会中属于另类。马里坦先生的写作对象主要是天主教徒同仁，而且他很清楚天主教会与反动势力之间的联系。在十九世纪末他说道："工人阶级以否定基督教寻求救赎，而基督教的保守势力则以否定当前公义与慈爱以寻求救赎。"情况到了现在并没有改善，虽然轴心国势力的战败让情况看上去似乎有所好转。当你想起几年前红衣主教们和天主教卫道士们对法西斯主义的歌功颂德，马里坦先生以抚慰人心但含糊的语言掩饰他对基督教式社会主义的呼吁也就不足为奇了。

他并不介意承认他是一个孤家寡人。他有多么孤独，从西班牙内战时期他是极少数头脑保持清醒并拒绝为法西斯主义进行宣传的地位显赫的天主教徒就知道了。而且他高声呼吁民主和社会公平是基督教的应有之义，它们也一直是教会的领袖所倡导的内容，但很难相信他所针对的读者会有所触动。事实上，信奉天主教的人文主义者是罕有的动物，就像一头患白化病的大象，而且情况一直都会是这样。人文主义认为人是万物的尺度，而基督教的教义则认为这个世界只是来世的参考。在理论上它能够自圆其说，但当具体的问题出现时它总是站不住脚。马里坦先生知道群众脱离反动的教会是不可避免的，希望改变这个情况，但不是以法西斯主义让群众保持愚昧，而是号召富人进行忏悔。他不愿意承认或没有明确表达宗教信仰总是逃避忏悔的精神手段。

与此同时，最主要的问题依然存在。物质进步对于希望摆脱从事辛苦劳动的人类来说是必需的，但要实现它却要付出可怕的代价。对于生命的宗教态度一定会再度兴起，但对于西方世界而言唯一的宗教却有越来越多的人不愿意接受。马里坦先生所说的公义的社会只能建立在基督教的原则之上，但这种思想已经过时了。在说出这样的话之前，你应该想到世界上只有四分之一的人口信奉基督教，而且这个比例正在不停地缩小，而且印度人和中国人并不比我们更糟糕。马里坦先生在荒野中发出呼吁，而且声音含糊不清。但是，考虑到他所针对的读者和他或许面临的压力，在这个时候写出这么一本书一定需要相当大的勇气。

评乔治·萨瓦的《配得起英雄的土地》、列奥尼德·格罗斯曼的《一个诗人的死亡》①

　　《配得起英雄的土地》如今的用法带有讽刺意味，乔治·萨瓦先生的主旨是上一场战争的英雄得到了非常糟糕的待遇，而且这一次情况也可能好不到哪里去。

　　他的指责大体上是成立的，遗憾的是，他选择了一个不是很有代表性的例子。

　　故事的开头讲述了一个被严重烧伤的战斗机飞行员——失明并丧失说话能力、脊椎骨折、全身包着石膏，只能靠挪动一只包着绷带的手与外部世界交流——躺在一所棚屋医院的病床上，坚定地拒绝死去。在取得鲜有匹敌的英勇战绩之后，他被击落在熊熊燃烧的烈火中，他因九天的杰出英勇表现而获得维多利亚十字勋章，他成为公众名人，不计其数的完全不认识的女人写信向他求婚。这本书的大部分内容是他的回忆，并描述了他不大符合情理的出身。

　　这个年轻的飞行员名叫雷蒙德·马斯特斯，他的父亲是上一

---

① 刊于 1945 年 6 月 14 日《曼彻斯特晚报》。乔治·萨瓦（George Sava，1903—1996），俄裔英国作家，代表作有《天堂的窄门》、《逃亡的医生》等。"配得起英雄的土地"是英国首相劳合·乔治在 1918 年 11 月 24 日在伍尔弗汉普顿的演说中对归国将士的承诺，他的原话是："我们的任务是什么？让英国成为配得起英雄的国家。"但战后的萧条和政府的冷漠使得这番承诺成了空言。列奥尼德·格罗斯曼（Leonid Grossman，1888—1965），俄国文学评论家，代表作有《普希金》、《陀思妥耶夫斯基》等。

场战争制造的被抛弃的人之一，有着辉煌的作战记录，而且被授予杰出服务勋章和十字勋章，但中了氯毒气，由于无法证实这件事，领不到赔偿金。因此雷蒙德在非常穷苦的环境里长大，他的父亲和大部分退休军官一样，花光了积蓄，然后冒失地开了一间修车厂，后来又去当挣佣金的销售人员，接着失业了。

最后他在一间小工厂里当看更，几年后由于氯毒气的后遗症死了。雷蒙德的母亲一开始是一个过着"优裕生活"的女孩，"享受着冬天跳舞夏天开网球派对的单调生活"，后来沦为清洁女工。雷蒙德在贫民窟长大，却学会了上流社会的口音。他天生就拥有摆弄机械的才华，人生有很好的起点，去了一间汽车制造厂当学徒——但他娶了老板的女儿，丢掉了工作，她是个一无是处的女孩，刚结婚就抛弃了他。

战争爆发后雷蒙德加入了皇家空军，服役四年，战功累累，直到他被击落。在最后一页，他无法忍受另一场毫无意义的战争将在二十年后爆发这个想法，摔下病床了结了自己的生命。

这个故事里有太多的内容很随意主观，几乎没有真实性可言。确实，上一场战争有许多英雄被零星的遣散费打发了，没有机会过上体面的生活，但实际上有多少军官的妻子会沦为清洁女工呢？而且——虽然这种事情时有发生——一个出身中产阶级的男孩子在伦敦东区的贫民窟长大，因为他的口音"不一样"而几乎天天打架，这种情况是否有典型意义呢？有多少汽车厂的学徒能够娶到老板的女儿呢？

这本书想要成为一部社会史，但像这样的事情有违它的宗旨，而且作为一个故事它有点摇摆不定。书里有一个毫无意义的事件：雷蒙德的母亲受够了饱受战争摧残的丈夫，突然与一个年轻的农夫跑到郊区过了两夜，那个农夫在战争期间几乎成功地勾引到那时候还是地主女儿的她。这次偷情对故事并没有影响，因为书里强调一年后出生的雷蒙德并不是那个农夫的儿子。萨瓦先生写过很多本书，但就像护封上告诉我们的，这是他的第一本小说，或许他低估了写小说的难度。

《一个诗人的死亡》是一本生动而且相当可信的历史小说，作者以一位真实人物的虚拟回忆，讲述了俄国著名诗人和作家普希金之死，他在上个世纪三十年代的一场决斗中被杀，年仅 37 岁。这本回忆录似乎是德阿齐亚克子爵撰写的，他是圣彼得堡的法国大使馆的武弁，也是那个杀了普希金的法国青年乔治·德安特斯的表兄。德阿齐亚克是普希金的崇拜者，在这场决斗中不情愿地站在了表弟一方；后来，了解到这一事件的内情后，他完整地把它记录下来，将手稿交给了普罗斯佩·梅里美。

作者的主题是：普希金的英年早逝并不是一场没有意义的灾难，而是一场政治谋杀。普希金的思想与拜伦很相近，被认为是激进分子，甚至几乎被当成了革命党。他在欧洲的声望使得他遭到思想反动的沙皇的忌恨。因此，沙皇的支持者和刚从法国被放逐、同样反动透顶的查理十世的支持者们酝酿了这场除掉他的阴谋。那个参与决斗的青年其实是无辜的，只是被设计与普希金发生争吵，因为他们知道他的枪法很准。

这就是真相吗？或许你必须非常了解那个时代的历史才能给出权威的答案，但它或许是真的。碍事的人总是以相似的方式被除掉，进步与反动之间的斗争在当时就像现在一样如火如荼地进行。普希金属于进步的阵营，但和拜伦一样，他的身份很可疑。

另一方面，普希金出了名的喜欢和人争吵，至少曾经卷入过另一场决斗。

那时候像这样的事情很普遍，另一位几乎同样出名的诗人莱蒙托夫①在几年后也以同样的方式丧命。但这是一则生动的故事，只有几处地方流于平淡——有时候格罗斯曼会以当代马克思主义者的口吻谈起"历史的力量不可避免的碰撞"和"劳苦大众的愿望"——但成功地呈现了那个时代的精神。虽然你不知道原文写得怎么样，但埃迪丝·波恩②小姐的译文非常优秀。

---

① 米哈伊尔·尤里耶维奇·莱蒙托夫（Mikhail Yuryevich Lermontov，1814—1841），俄国诗人、作家，代表作有《当代英雄》、《面具》等。
② 埃迪丝·波恩（Edith Bone，1889—1975），匈牙利裔英国女记者、翻译家，曾翻译大量俄国文学作品。

评萨缪尔·巴特勒的《众生之路》[①]

　　萨缪尔·巴特勒的小说《众生之路》是他所写的十几本书中唯一的小说，在他逝世后几年才出版。这是他本人的愿望，因为这是一本自传体的小说，讲述了许多关于家族历史的内容，他希望等到书中的当事人都死去后才出版这本书是情有可原的。但我并不是想说《众生之路》是一本描写丑闻的作品，或是一本直接取材于生活的平铺直叙的作品。事实上，它与巴特勒的生活的关系就像是《大卫·科波菲尔》与狄更斯的生活的关系。也就是说，它并没有讲述实际发生的事情，甚至里面的真实事件也被修改和重新编排以适应故事的形式。它讲述了一个乡村牧师的儿子厄尼斯特·庞迪菲克斯的童年和长大后的生活。但故事并不是以厄尼斯特作为开始，而是从上两代人开始，厄尼斯特本人直到第十七章才出场，因为巴特勒比与他同一时代的大部分人更清楚人类并不仅仅是个体。一个人在很大程度上是由环境塑造的，没有人能够彻底摆脱发生在童年早期的事情。在某种程度上，你的性格取决于你的父母对待你的方式，而他们的性格又取决于他们的父母对待他们的方式。当然，你不能将这个过程追溯太远，但你如果对一个人的父母或祖父母只字不提的话，你就无法真正揭示一个人的历史，这或许是真的。巴特勒写《众生之路》的目的是

---

　　① 1945 年 6 月 15 日英国广播公司谈话节目。

研究亲子关系，并揭露当时的教育方式的愚昧。庞迪菲克斯家族是十八世纪末暴富的英国家庭之一，那时候世界贸易正在扩张，而英国正从一个二流国家跃升为世界霸主。厄尼斯特·庞迪菲克斯的曾祖父是一个乡下木匠。他的祖父乔治·庞迪菲克斯到伦敦经商并发了财。他的父亲西奥博尔德·庞迪菲克斯是乔治的小儿子，上过一所剑桥的学院，当了牧师。对于这个故事来说，重要的是他对这个职业并没有真正的热情。他不想当牧师，他甚至并不是真的相信他口头信奉的教义——如果他知道如何去分析自己的情感的话。

他只是被迫去从事一份不适合自己的工作，因为他无力反抗父亲，而那时候有钱的家庭总是会让一个儿子进教会。同样地，当西奥博尔德结婚时，这并非出于他的本意。就像他被困在教会里一样，迫于父母的压力，而且他身边的社会也给他施加了太大的压力，他娶了一个他并不喜欢的女人。被欺负的人一有机会的话就会去欺负别人。西奥博尔德成为一家之主后，他以父亲曾经欺压他的方式去欺压自己的孩子。厄尼斯特的童年并不快乐，但还不至于太糟糕，因为他和父亲家里的仆人交上了朋友，而且有一个很睿智的姨妈在生时一直保护他。但他还是遭到欺负殴打——甚至在他还是一个小孩子的时候就因为没有正确地拼读字母表而挨打——吃甘汞与泻盐，接受填鸭式的希腊文与拉丁文教育，直到十二岁的时候他的个性几乎被消磨殆尽。这时候他被送去了一所公学，书里给它起的名字是罗弗巴洛公学。厄尼斯特在学校里勉强能够立足，但他并不适应校园生活。他是一个很糟糕的学生，个头瘦小，不擅长体育，虽然他很聪明，但他似乎不会运用头脑。至于学校的正课——拉丁文、希腊文等等，他只是浅试辄止，根本学不进去。他知道懒散是坏事，但出于本能他一直懒散下去。他得到的教训是如果你喜欢做某件事，那它一定是错事，而任何不开心的事情——譬如说拉丁文语法或泻盐——肯定对你有好处。他接受了这一点，因为他从来没有听到它被质疑过，但他总是不能将它付诸行动。巴特勒为厄尼斯特安排了一个内在的自我，但他只是隐约察觉到他的存在。这个自我警告他不要将时间浪费在没有意义的学习上，不要当一个他的校长称之为好孩子的人。"你还不够强大，"——我在引用巴特勒的原话，这是厄尼斯特的无意识的自我在说话——"无法照顾你的身心成长和你的功课；而且，拉丁文和希腊文都是废话，你对它们的了解越多，你就会发现它们越发可憎。你喜欢的那些好人要么根本不懂拉丁文和希腊文，要么他们一早就把它们给忘了……除非你发现自己因为不懂某件事情而感到不开心，发现自己有机会去运用某门知识或预见到你将很快有机会去运用它，越快越好，否则什么都不要学。但在那个时刻到来之前，你应该把时间用在身体的成长上，这些对你来说要比拉丁文和希腊文更有用，如果你现在不好好长身体，将来就没有机会了。"

"好人"——巴特勒喜欢用这个词——是那些中庸、健康、理性的人，他们能够在世界上生存，而且温厚和善，但并不一定很聪明，而且不会一本正经。厄尼斯特打心眼里崇拜这些人，但他并不知道自己如何去实现这一点。

十四岁的时候他的生活开始有所好转，而且他的健康改善了，因为他的姨妈搬到学校附近住，并鼓励他发挥天赋才华，给予了他更大的自信。但一年后他的姨妈去世了，而且无意间他的谎言被父母揭穿，遭受了比以往更糟糕的镇压。

他在剑桥要比读公学时更开心，但他似乎仍然没有生活的目标，而且不知道怎么去运用自己的才华。他的父亲已经决定厄尼斯特必须也去当牧师。事实上厄尼斯特并不想要走这条路，比起西奥博尔德当年，他更清楚地知道自己内心的不情愿。他作了轻微的争执想要摆脱，但很快就被父亲镇压了。二十一岁时他继承了五千英镑，但即便是那个时候，他的思想仍然很幼稚，没有意识到他能够依靠这笔钱的利息谋生，从而摆脱他的父亲。他无精打采地准备当一个牧师，但没有进行积极的反抗，而且他经历了几次强烈但很短暂的宗教虔诚冲动。他还没有得到重要的教训，那就是：知道自己喜欢什么和不喜欢什么。

除了让自己违背本性被安排进教会之外，厄尼斯特还傻乎乎地让一个牧师同僚——他原本应该一眼就察觉出他不是好人——骗了他那五千英镑。但当他真的被指定为牧师，似乎从此得一辈子从事他并不适合的职业时，一桩事故拯救了他。这件事发生在普通人身上或许会是一场可怕的灾难，但在厄尼斯特的身上却是因祸得福。

由于不谙世故，他犯下了刑事罪行。那不是什么严重的罪行，真正的坏人是不会做出这种事情的，但他被判刑监禁六个月。顺便提一下，这桩罪行并不是基于巴特勒的生平。当然，这件事让他当不成牧师，但奇怪的是，正是从这时开始他才真正地成长起来。他的服刑是他平生第一次得到真正的教育。出狱之后他彻底摆脱父母获得了独立，并与他们的准则或生活方式决裂。

但是，他并没有学会智慧——或许我应该说他没有学会巴特勒心目中的智慧。譬如说，他还不了解金钱的重要，而巴特勒对此深有体会。巴特勒说："金钱损失"——他以相当长的篇幅阐述了这一点——"对于那些能够理解人生的各种损失的人来说是最难以忍受的。"厄尼斯特已经不再接受所谓的体面这种荒唐的事情，但现在他走向了另一个极端，在结局揭晓之前他犯了一个更大的错误，那就是傻乎乎地结婚了。在监狱里他学会了裁缝的手艺，出狱后他尝试——当然，现在他得重新开始生活——到一间裁缝店里找工作。正在努力找工作的时候，他遇到了一个名叫埃伦的女仆，八年前她被他的父母解雇了。埃伦比他大三岁，性情温顺，而且长得很漂亮，但显然不是一个靠谱的人。她向他提议，找工作对于一个没有经验的人来说几乎是不可能的事情，与其这么做，倒不如用剩下的钱去开一间二手衣服店。这是个好主意，厄尼斯特立刻着手进行，不幸的是，他还想娶埃伦，很快他就得偿所愿，和她生活了几年，生了两个孩子。一开始的时候厄尼斯特经营那间二手衣服店很开心，比他在公学和剑桥更加开心，但他的婚姻仍然是错误的，而这个错误他原本应该知道自己是不应该犯的。埃伦原来是一个酒鬼，将存货和家具统统变卖拿去换酒喝，让他几乎破产。得知这一事实后厄尼斯特情绪很低落，如果再和埃伦住上一两年他或许会彻底绝望，但他摆脱了她，这是他的人生转折点，现在他犯下了所有的错误，终于成长起来。

两年后他得知从小一直照顾他的阿莉希娅姨妈将所有的财产都留给了他，条件是直到他二十八岁之前他不能知道这件事也不能继承这笔钱。不消说，他的亲人自从他坐牢之后将他视为路人，现在他有钱了，他们立刻原谅了他。厄尼斯特的后半生都在写书，他的文学之路与巴特勒很相似。至于他的两个孩子，他让他们寄居在一位驳船船长的家里，虽然为他们提供一切所需的金钱，但并没有为他们提供正规的教育。他不和他们接触，他们会更加开心，因为他说，所有的父亲都会镇压孩子，而他自己如果和孩子们见面太多的话，也会像父亲对待自己那样去对待自己的孩子。

这就是书中的结局。你会看到这是一个很糟糕的结局，至少比起这本书的其它内容不是那么符合情理。这是巴特勒对待人生的态度，并尝试在这本书里进行表述。但巴特勒需要表达什么呢？有两件事情。首先是他的思想，在他其它非小说的作品中总是以不同的形式出现，那就是进化或进步只有通过经历苦难或犯错的个体才能实现，在任何时刻，完美的个体是再也无法获得进步的人。厄尼斯特·庞迪菲克斯属于那种能够进步的人，他不是天资聪颖的人，他犯过严重的错误，差点毁了一生，但他能够成长。在这本书里与他形成对照的是一个名为陶恩利的年轻人，厄尼斯特在剑桥和他相识，他拥有厄尼斯特所缺乏的每一个品质。他相貌英俊，身体健壮，有运动天赋，而且很受欢迎——是那种天生的成功人士，而且拥有他所需要的一切知识，却不会被好奇心所困扰。厄尼斯特很佩服陶恩利，深知自己永远比不上他。最后虽然仍很钦佩他，但厄尼斯特说他不想再见到陶恩利，不再和像他那样的人来往。这一次他超过了陶恩利：他吃过苦头，犯过错误，从错误中吸取教训，获得了更为深刻的智慧，这比天资聪颖更加宝贵。

我所探讨的这个不令人满意的结局源自于巴特勒对政治的冷漠。和他的其它作品一样，他在《众生之路》中暗示过上好生活的一个条件是继承足够多的金钱。他似乎没有意识到这只能在某种社会里实现，而且只能发生在少数人身上。事实上，虽然他尝试去改变人的思想和行为，但他似乎认为他所了解的十九世纪中晚期的社会将永远存在。在那个社会里，单是依靠遗产而生活——享受生活，不用工作挣钱——被视为正常甚至体面的行为，而且巴特勒接受了这种事情。如果他有政治立场的话，他是一个保守派。厄尼斯特最后踏上了创作之路，但那些被视为最体面的人物——陶恩利、阿莉希娅·庞迪菲克斯和讲述这个故事的欧弗顿先生——都不用工作而且不觉得需要工作。正是这种不用承担责任或做事的感觉使得这本书的结局没有其它内容那么优秀。厄尼斯特最后过的那种舒服的、不用承担责任的生活——甚至不用承担养育自己的孩子的责任——似乎让他所经历的斗争显得毫无价值。但巴特勒还嘲讽了宗教的伪善和维多利亚时期中产阶级的虚伪和残暴。虽然它的文风很温和，但《众生之路》是对父权的致命一击。书籍能够影响公众意见，如果父母与孩子的关系如今变得比一百年前更加和谐宽容，我认为萨缪尔·巴特勒作出了一定的贡献。

这本书有很高的社会史价值，是人们所说的时代篇章，特别是描写巴特勒上学和在剑桥的经历的那些内容，写得颇为详细深入。

我并不喜欢列举什么百大作品或二十大最佳作品，但如果你必须列出十二本最好的英文小说，我认为应该包括《众生之路》，虽然它有我所提到的那些缺点，有时候会偏离主题，把小说写成散文，而且回避了某些主题——譬如说，它没有描写一场恋爱。巴特勒没有尝试去唤起读者的感情，没有辞藻华丽的篇章，而且没有深刻的心理描写。

这是一本好书，因为它忠实地呈现了父亲与儿子的关系。它能够做到这一点是因为巴特勒是独立的观察者，而且最重要的是他很勇敢，说出别人知道但不敢说的事情。最后，他的文法简洁清晰，能够用短词的地方绝不用长词，这使他成为过去百年来最好的英语作家，并使他的作品成为传世之作，即使书中的理念似乎已经不再重要。

评肯尼斯·雷丁的《彼岸》、
薇琪·鲍姆的《哭木》^①

作为一个书评家不应该摆出高人一等的傲慢姿态，但是，如果他没有时不时地指出如今书籍的整体水平之低到了难以置信的地步，那是对公众的失职。

过去一两年来，英国文学，特别是小说，可以说水平屡创新低。无疑，最主要的原因是战争，因为情况到处都几乎一样。不仅是法西斯国家，而且那些刚刚从法西斯主义中解放出来的国家，无论是秘密出版还是在解放后出版的书都非常少，而里面没有几本是有价值的。

在苏联，文学创作成果依然丰硕——根据哈钦森先生源源不断的译本进行判断——着重的是数量而不是质量。只有在有闲暇、有宁静的心灵和有充足的纸张的美国，文学水平在战争年间才没有滑坡。

就英国而言，现在出版的大部分小说在和平年代都没有出版的价值，因此，当你看到某本书被称赞为"好书"或"优秀读物"时，你得记住平均水准下降这个事实。

因此，按照当前的标准，《彼岸》是一本相对不错的书——也

---

① 刊于 1945 年 6 月 21 日《曼彻斯特晚报》。肯尼斯·雷丁（Kenneth Reddin），情况不详。薇琪·鲍姆（Vicki Baum, 1888—1960），奥地利女作家，代表作有《舞蹈间隙》、《上海酒店》等。

就是说，它不至于是一部文笔不通的作品。它讲述了一个故事，而且构思和文笔都很精致。

这也是一本傻帽而且琐碎的书——说得不好听是很琐碎无聊，讲述了一个根本不可能发生的、"造化弄人"的逃避主义主题，读者根本不应该严肃地去对待它。

它的主人公是一个名叫格列弗·谢尔斯的年轻人，他的理想是在南太平洋生活，最好是在拉拉汤加岛。格列弗继承了一笔每周三英镑左右的收入，但显然他需要有更高的收入——大概一年再挣上四百英镑左右——如果他想要实现梦想的话。但是，他想出了一个捞钱的好办法。他会去救一个遭遇事故的有钱人，而那些有钱人会立刻给他几千英镑作为答谢。格列弗怀着这个想法几年来就坐在圣史蒂芬绿地的公共长椅上，他认为这里可能会有某个意外发生。然后，他换了个地方，一连几个月每天站在北不列颠商业保险公司的门口。

与此同时，他认识了一位英裔爱尔兰女孩，有经验的读者立刻就会知道她将会成为他的妻子。后来，期待已久的事故终于发生了，格列弗有条件出发去太平洋了。但最后由于出了另一桩事故，他没有去成。他留在了英国，和那个英裔爱尔兰女孩结了婚。每一位老练的读者都会预料到这个结局。

这种故事如果用伊夫林·沃式的幻想文风去写的话或许会取得成功，但是，当它以现实生活写照的形式加以呈现时，就只会让人觉得很讨厌。显然，作者希望我们相信男主人公不仅存在于生活中，而且是一个很值得尊敬、特别聪明的人。那个"恋爱故事"写得很严肃，甚至有几段假惺惺的感伤描写，有时候还偏离主题去讲述政治。结果就是，你会猜想作者是在故意挥霍才华还是因为无话可说而故作惊人之语。但是，这本小说要比近期出版的大部分作品水平更高——这就是我们沦落的境地。

薇琪·鲍姆小姐的小说以橡胶为主题——说它的主题是橡胶其实是对它的贬低——对于那些愿意去读 500 页印得密密麻麻的文字的人来说，里面有很多可以引用的信息。譬如说，野生橡胶树的原生地是巴西，后来才被引进到东印度群岛，你知道吗？

或许你知道，但你可能不知道在十八世纪时生活在森林地区的印度人就已经知道橡胶的性质，并用它制作防水的袋子和节日庆典时用来互相喷水的小喷水筒。和奎宁一样，橡胶是由一个耶稣会的传教士引进到欧洲的，据说还有人进贡了一双橡胶靴子给腓特烈大帝。奇怪的是，橡胶受到重视是因为它的防水性质而不是因为它的绝缘性质。它最初的大规模应用是制作橡胶套鞋。

薇琪·鲍姆小姐从工资低廉的劳工在丛林里从橡胶树上收集树脂开始讲起，到种子被带到东印度群岛，以苦力为基础的大种植园在东印度群岛、马来西亚和锡兰纷纷建立，到合成橡胶的发展，直到橡胶树回到原产地巴西。

为了让美国能够获得亚洲之外的橡胶供应，亨利·福特和其他人在亚马逊河流域开辟了种植园，之前让亚洲成为更适宜的种植地的劳动力难题和树病有望被克服。有关橡胶的各个历史事件被串成情节，但为什么这么一本书会被包装成一本小说就不得而知了。顺带提一下，书名是印第安人为橡胶树起的名字，"哭"指的是切开树皮后流下的白色乳液。

评约瑟夫·康拉德的《种水仙的黑人》、《台风》、《影线》、《弄潮儿》 [1]

据说一位作家的创作高峰期是十五年左右，按照人人丛书重版的《康拉德短篇小说》里的书目，康拉德的创作高峰期是 1902 年到 1915 年，似乎证实了这一点。在那几年，他不仅写出了《间谍》、《机遇》和《胜利》，还写出了一系列精彩的短篇和中篇，如《青年》、《走投无路》、《福克》和《黑暗之心》。而且，只有在这个时期，他的作品才不以海洋作为主题。

现在重版的故事里（企鹅图书出了四本），只有《台风》这一本体现了他的最佳水平。他的名字与海洋和太平洋东部群岛泥泞的岛屿"浪漫"联系在一起。在纸张短缺的时期无疑应该选择他的那些更加生动别致的作品重版。但是，即使这是不可避免的，它仍是一件不幸的事情。譬如说，《马拉塔的庄园主》占据了《弄潮儿》接近一半的篇幅，但它并不值得重版。这只是展现了通俗的戏剧风格，而那却是康拉德尊贵高尚的情感的反面。

另一方面，录入同一卷书里的《伙伴》是一个非常好的故事，虽然康拉德用第三人称直接讲述这个故事时显得很别扭。《种水仙的黑人》里面有几处非常精彩的描写，奇怪的是，让人记忆最深刻的却是几个无关主旨的段落——康拉德跳出主题，谈起了

---

① 刊于 1945 年 6 月 24 日《观察者报》。

他的那些反动的政治和社会思想。曾经当过水手的作家乔治·盖拉特①在几年前出版的一篇深刻的散文里指出，整个故事或许可以追溯到康拉德在担任海军军官时与某个刺头海员之间的矛盾。《影线》是一个挺好的故事，和康拉德所写的十来篇其他故事差不多同一水平。当然，《台风》很有重版的价值，但你不禁会为它没有和《机遇》、《间谍》以及其他类似题材的短篇一起重版感到遗憾。

康拉德的魅力几乎都来自于他是一个欧陆人而不是英国人。这在他的写作风格中体现得最为明显。甚至就连他最好的作品，或许特别是他最好的作品，都带有译本的味道。据说有很多年他得将自己的所思所想从波兰文译为法文，然后再从法文译为英文。当他写出"他的病羊般的脸"或将形容词放在名词后面时（"那就是命运，独特的和他们自己的"），这种文风至少可以追溯到法文。但康拉德的浪漫主义，他对宏大姿态和孤独的普罗米修斯与命运进行斗争的热爱，也体现了非英语的色彩。他有着一位欧洲贵族的思想，他相信"英国绅士"的存在，而当时这种人已经绝迹两代人了。结果，他总是创造出适合冒险而且能够去欣赏冒险的角色，而现实中这种人是不可能出现的。譬如说《吉姆爷》的内容大体上是荒谬的，虽然描写沉船的一幕非常精彩。《走投无路》是体现康拉德个人情感的高贵风范产生了真正打动人心的效果的一个例子，但或许一个英国人不会去写它。要像康拉德那样崇拜英国人，你必须是一个外国人，带着新奇的目光看待英国人，并对他们产生了一点误解。

---

① 乔治·盖拉特（George Garratt），情况不详。

康拉德从他的欧陆背景获得的另一个好处是对政治的勾心斗角的深入了解。他总是表达对无政府主义者和虚无主义者的恐惧，但也对他们抱以同情，因为他是一个波兰人——或许在内政上是一个反动派，但反对俄国和德国。他最具色彩的描写或许是关于海洋的，但他最成熟的作品是在描写陆地。

评约瑟夫·康拉德的《种水仙的黑人》、《台风》与《影线》、理查德·丘奇与米尔奇德·波兹曼的《我们这个时代的诗歌：1900—1942》①

人人丛书重版康拉德的三个短篇刚好碰上企鹅出版社重版《弄潮儿》和其他短篇，真是太巧了。

和几乎其他每一位作家一样，康拉德的作品大部分都绝版了。能够以低廉的价格再买到他的一些作品是一件开心的事情。但是，现在这个选集是不是最好的选集则是另外一个问题。大部分康拉德的崇拜者会说"是的"，但少数喜欢康拉德描写陆地的作品的人会回答"不是"。

康拉德有两个突出的特征。一方面，他是一个撰写海洋和冒险故事的作家，有时候会写在文明边缘的蛮荒之地进行的非常戏剧性的冒险。在小说家进行创作的时候，他通常会倾向于专门经营一种特殊的地域色彩，并在读者的心目中与某些地方联系在一起。读者们觉得康拉德"属于"印度洋和马来群岛，就像阿诺

---

① 刊于 1945 年 6 月 28 日《曼彻斯特晚报》。理查德·托马斯·丘奇（Richard Thomas Church, 1893—1972），英国作家、诗人，代表作有《生命的洪流》、《孤独的人》等。米尔奇德·波兹曼（Mildred M Bozman），情况不详。

德·本涅特"属于"瓷都五镇①，威廉·魏马克·雅各布"属于"沃平，托马斯·哈代"属于"韦塞克斯，而巴利"属于"苏格兰一样。

但是，康拉德的题材不是那么明显的渊源是他的欧洲大陆出身。虽然他年纪轻轻就出海了，并最终加入了英国国籍，但他生来是一个波兰人，属于拥有土地的小贵族阶层。他继承了反俄反德的传统——事实上，他的父亲就被沙皇流放到西伯利亚去了。

他对欧洲历史的了解或许是一位拥有同样的才华的英国作家所无法企及的，而且他能够深入地理解政治勾心斗角的气氛。在政治上他是反动派，而且从来不会进行伪装，但他也是被压迫的民族的一员，理解为什么人们会去扔炸弹，即使他并不赞成这些活动。

这一点体现于几则关于俄国和波兰主题的短篇小说，但最淋漓尽致的体现是那部张力十足但被低估的小说《间谍》——我很希望《间谍》能在不久的将来重版，还有《机遇》——除了几段一流的关于海洋的描写之外，那段关于一个欺诈成性的放高利贷者的描写也特别令人难忘。

现在重版的三个短篇都在描写海洋。无须赘言，《台风》是这类英文作品中最好的故事之一，讲述了一艘船在中国海域挣扎求存，而那个冥顽而愚蠢的船长使得热带风暴的戏剧性进一步增强。南山号的船长马克·胡沃证实了康拉德曾经说过的话：冒险并不一定会发生在热爱冒险的人身上，而是发生在依照责任感行

---

① 瓷都五镇：指英国中部的康舒妥、伯斯勒姆、汉利、斯托克与芬顿五个盛产陶土与陶瓷制品的城镇。阿诺德·本涅特是汉利人。

事的正派的普通人身上。

《种水仙的黑人》也讲述了类似的故事，但它是在康拉德的创作生涯早期写成的（他出版的第三部作品），故事以他当一个普通海员时从澳大利亚到英国的一趟旅途经历为基础，内容更加复杂，而且没有那么成功。

《影线》讲述了一艘船在一片死寂中想要艰辛地行驶到暹罗湾上，所有的船员都被疟疾折磨得半死不活。

它的前任船长在船只因为无风而无法行驶的时候就死掉了，那些迷信的船员相信他的幽灵在船上出没。事实上，那个已故的船长所做的事情，是将船上所有的奎宁都卖掉了，发了一笔不义之财。

人人丛书的版本收录了康拉德的作品参考书目，还有一篇简短但很有意义的序文。顺带提一句，似乎还没有关于康拉德生平的确切的传记，也没有对他的作品详尽的批判性研究。现在是时候去满足这两个需要了。

《我们这个时代的诗歌：1900—1942》不可避免地包含了许多垃圾，但三先令的售价很值，而且值得放在家里收藏。在 310 页的篇幅里，它收录了 700 多首诗歌，按照时间从生于 1840 年的托马斯·哈代到生于 1922 年，才 21 岁就死于战斗的西德尼·凯斯①。

这类选集的目的是求全而不是求精，有时候它所选择的诗歌并不能让人满意。譬如说，托马斯·斯特恩斯·艾略特先生最好的作品只有《空虚的人》入选。但是，诗集的编撰者无法随心所

---

① 西德尼·亚瑟·基尔沃斯·凯斯（Sidney Arthur Kilworth Keyes，1922—1943），英国诗人，代表作有《残忍的冬至》、《铁桂冠》。

欲，因为为了照顾到多样性，他们只能专注于短诗。

而且它过分重视乔治亚时代的诗人，代价就是忽略了在1920年后开始崭露头角的不那么传统的诗人。

譬如说，威廉·亨利·戴维斯有十五首诗入选，沃尔特·德拉梅尔有十四首，爱德华·托马斯①有十一首，鲁伯特·布鲁克有七首，艾略特只有四首，威斯坦·休·奥登只有三首，塞西尔·戴伊·刘易斯②有六首，路易斯·麦克尼斯只有两首。

但是，或许编纂者的品位就倾向于乔治亚主义，但他们的思想非常开放。你可以在这本书里找到在战争年间才出现的非常年轻的作家——像亚历克斯·康福特③、罗伊·弗勒④、特伦斯·罗杰斯·提勒⑤、迪伦·玛莱斯·托马斯⑥和乔治·巴克——与拉迪亚·吉卜林、爱德华·香克斯、罗伯特·尼克尔斯⑦和西格弗里·萨松等人在一起。

这本选集只收录了1900年后的诗歌，但将我们带回了十九世

① 菲利普·爱德华·托马斯（Philip Edward Thomas, 1878—1917），威尔士诗人、作家，代表作有《美丽的威尔士》、《英格兰之心》等。
② 塞西尔·戴伊·刘易斯（Cecil Day Lewis, 1904—1972），爱尔兰诗人，曾翻译古罗马诗人维吉尔的作品，代表作有《从羽毛到坚铁》、《天马座与其他诗集》等。
③ 亚历克斯·康福特（Alex Comfort, 1920—2000），英国科学家、医生、和平主义者，代表作有《性的乐趣》、《和平与抵抗》等。
④ 罗伊·布罗德本特·弗勒（Roy Broadbent Fuller, 1912—1991），英国作家、诗人，代表作有《失落的季节》、《想象中的谋杀》等。
⑤ 特伦斯·罗杰斯·提勒（Terence Rogers Tiller, 1916—1987），英国诗人，代表作有《内心的禽兽》、《但丁》等。
⑥ 迪伦·玛莱斯·托马斯（Dylan Marlais Thomas, 1914—1953），威尔士诗人，代表作有《夜疯狂》、《死亡没有疆界》等。
⑦ 罗伯特·马里斯·鲍耶·尼克尔斯（Robert Malise Bowyer Nichols, 1893—1944），英国作家、诗人，代表作有《祈祷》、《斯芬克斯的微笑》等。

纪九十年代，弗朗西斯·汤普森、爱丽丝·梅内尔①和约翰·戴维森②都有作品入选。威廉·巴特勒·叶芝收录的作品最多，有十七首诗入选。这本书的编排还有待改进，因为它是根据题材进行安排的——对于诗歌来说这并不是一个令人满意的方式。如果它以编年体的方式进行编排的话会比较好。不过，它有很全面的索引，你不仅可以找到每一位作者的出生日期，还有诗歌出版的书名和出版社的名字。

---

① 爱丽丝·克里斯蒂娜·格特鲁德·梅内尔（Alice Christiana Gertrude Meynell，1847—1922），英国女作家、诗人，代表作有《精神之花》、《伦敦印象》等。
② 约翰·戴维森（John Davidson，1857—1909），苏格兰诗人，代表作有《北墙》、《圣乔治的日子》等。

为沃德豪斯辩护[①]

　　1940年初夏德军快速挺进比利时，除了夺取资源外，还俘虏了佩尔汉姆·格伦威尔·沃德豪斯先生，在战争初期他一直生活在勒图凯的别墅里，似乎直到最后一刻才知道自己的情况十分危险。他被带进看守所时，据说他说过这么一番话："经过这件事后，我或许应该写一本严肃的书。"当时他被软禁起来，根据他后来所说，他似乎得到了相当友好的礼遇，住在附近的德国军官经常"登门拜访，过来洗澡或举行派对"。

　　一年多后，在1941年6月25日，有消息说沃德豪斯被释放了，就住在柏林的阿德隆酒店。第二天，公众惊讶地得悉他同意在德国电台进行一些"无关政治"的广播节目。这些报道节目的全文现在已经很难找到了，但6月26日至7月2日间，沃德豪斯似乎做了五次广播，然后德国人又中断了他的节目。6月26日的第一次广播并不是在纳粹电台上进行的，而是以访问哥伦比亚广播公司的代表哈利·弗拉内利的方式进行，那时候哥伦比亚广播在柏林还有通讯记者。沃德豪斯还在《周六晚报》上发表了一篇文章，是他还在看守所里时写的。

　　那篇文章和那几次广播主要讲述的是沃德豪斯遭到软禁的经

---

① 刊于1945年7月《风车》。佩尔汉姆·格伦威尔·沃德豪斯（Pelham Grenville Wodehouse, 1881—1975），英国作家，代表作有《杰弗斯与伍斯特系列》、《要我是你》、《布兰丁斯城堡》等。

历，但它们也包括了对这场战争只言片语的评论。下面是几段公允的节选：

"我对政治从来不感兴趣。我很难酝酿起任何好战的情绪。当我就要对某个国家感到有好战的情绪时，我就会遇到一个正派人。我们一起出去，好斗的想法和情绪就消失了。"

"不久前他们看了一眼我们的列队行进，得出了正确的想法。至少他们把我们送进了当地的疯人院。我在那儿呆了42个星期。软禁还是蛮不错的。它让你去不了沙龙，让你能专心读书。被软禁的最大麻烦是你得有很长一段时间不能回家。当我与妻子重逢时，我最好得带一封介绍信比较妥当。"

"在战前的时候，我总是为身为英国人感到有些自豪，但现在我已经在这个关押英国人的地方住了几个月，我心里有点踌躇了……我要求德国人所做的唯一让步就是要他们给我一块面包和让大门口那位佩枪的绅士看着别处，其他的事情我就不管了。作为回报，我准备交出印度和一套我签名的书，并透露在取暖器上面烤土豆片的秘方。这个提议到星期三就作废哦。"

上面引用的第一个选段激起了极大的公愤。沃德豪斯还因为写下了"无论英国赢得战争与否"这句话（在与弗拉内利的访谈中）而遭到责备，而且在另一次广播中他描述了和他一起被拘禁的比利时囚犯肮脏的习惯，让他更不讨好。德国人录下了这次广播，重播了几遍。他们似乎对监督他的言论漫不经心，不仅允许他拿集中营的种种不便开玩笑，还让他说出"关押在特罗斯特集中营的囚犯们都衷心相信英国将获得最终胜利"这样的话。然而，这些谈话的大体意思是，他并没有遭到虐待，而且心里并没有恨意。

这些报道在英国立刻引起公愤。议会里展开质询，报刊里刊登了愤怒的社论，几位作家寄去了一连串信件，几乎所有的信件都表达了不满。不过，有一两个人建议不要妄下结论，有几封信为沃德豪斯求情，说他可能并没有意识到自己在做什么。7月15日，英国广播公司的本土频道播放了《每日镜报》的"卡桑德拉"的一篇极度激烈的后评，指控沃德豪斯"卖国"。后评大量使用了诸如"卖国贼"和"崇拜元首"这样的话。最严重的罪名是沃德豪斯同意为德国人进行政治宣传，换得自己逃脱集中营的苦海。

"卡桑德拉"的后评引起了相当程度的抗议，但大体上它似乎加深了公众对沃德豪斯的反感。结果之一就是，很多间图书馆撤走了沃德豪斯的书，不予出借。以下是一篇典型的报道："在听到《每日镜报》的专栏记者卡桑德拉发表的广播24小时后，波特丹（北爱尔兰）城市委员会查封了公共图书馆里沃德豪斯的作品。爱德华·麦坎恩先生说卡桑德拉的广播为这件事情定了性。沃德豪斯的作品幽默不再。"（《每日镜报》）

此外，英国广播电台封杀了沃德豪斯作词的歌曲，几年后封杀仍在继续。到了1944年12月，国会里仍有人要求以叛国罪审判沃德豪斯。

俗话说得好：脏水泼得多，不沾身也难。往沃德豪斯身上泼脏水的方式很是特别。沃德豪斯的谈话节目（并非任何人都记得他在节目中说过些什么）给人留下的印象是，他不仅是一个卖国贼，而且还是法西斯主义的同路人。当时甚至有媒体还刊登了几封信，宣称他作品里有"法西斯主义倾向"，这一指控此后一再重复。接下来我会尝试着分析那几部作品的精神氛围，但重要的是，要知道1941年的事件对于沃德豪斯来说只不过是愚蠢的举动。真正有趣的问题是，为什么他会这么傻。当弗拉内利和沃德豪斯(已被释放，但仍然受到监视)在 1941 年 6 月于阿德隆酒店见面时，他立刻知道他和一个政治白痴在打交道，在准备他们的广播访谈时，他不得不警告他不要说一些会招致不幸的话，其中之一就是稍有反俄意味的话。事实上，"无论英国是赢是输"倒是通过了。访谈过后，沃德豪斯告诉弗拉内利说他准备在纳粹电台做广播节目，显然没有意识到这么做有什么特别的含义。弗拉内利的评论(哈利·弗拉内利的《柏林任务》)是：

> 到了这个时候，这场沃德豪斯阴谋昭然若揭。这是纳粹战时宣传最成功的表演之一，第一次利用了人性……普拉克(戈培尔的副手)去过格莱维茨附近的战俘营看望沃德豪斯，发现这位作家完全没有政治意识，于是产生了一个想法。他对沃德豪斯说，如果他对自己的经历写几篇广播稿的话，他就可以获释。广播内容不会受到审查，他还可以亲自进行广播。普拉克提出这么一个建议，表明他很了解他的对象。他知道沃德豪斯在所写的故事中都在拿英国人开涮，很少以其他方式写作，仍然生活在他所描写的那个时代里，对纳粹主义及其一切含义没有任何认识。沃德豪斯就是他笔下的伯尔蒂·伍斯特①。

沃德豪斯与普拉克达成了事实上的交易似乎只是弗拉内利自

---

① 伯尔蒂·伍斯特(Bertie Wooster)是沃德豪斯的系列作品《杰弗斯》中的人物，是个悠闲而无能的公子哥儿，总是遇到尴尬的情况，靠忠心而能干的仆人杰弗斯解决问题。

己的解释。其约定或许不是那么明确，而从广播的内容本身判断，沃德豪斯进行广播的主要想法是与他的读者保持联系和——喜剧家最突出的热情——博他们一笑。显然，它们不是埃兹拉·庞德或约翰·埃默里①那一类人的卖国言论。或许他不是一个能理解卖国的本质的人。弗拉内利似乎警告过沃德豪斯进行广播并非明智之举，但言辞并不强硬。他补充说，沃德豪斯(虽然在一则报道中他自称是英国人)似乎认为自己是美国公民。他以为自己已经归化了，但从未填写任何必要的文件。他甚至对弗拉内利说出了这么一番话："我们并没有在和德国打仗。"

我面前有一份沃德豪斯的书目。里面列出了将近 50 本作品，但肯定是不完整的。我应该老实地承认，沃德豪斯有很多本作品我没有读过——大约有四分之一或三分之一。事实上，要通读一位受欢迎的作家的全部作品不是件容易的事情，他的作品通常是以廉价书的形式出版。但从 1911 年以来我一直在密切跟读他的作品，那时候我才 8 岁，很熟悉它那种奇怪的精神氛围——当然，这种风格并非完全没有变化，但自 1925 年来鲜有更改。在上文我所引用的弗拉内利的书中章节里，有两句话会立刻引起沃德豪斯的读者的关注。其中一个印象是，沃德豪斯"仍然生活在他所描写的那个时代里"，另一个印象是纳粹的政治宣传部利用了他，因为他"拿英国人开涮"。第二点是因为误会而产生的，待会儿我会对其进行探讨。但弗拉内利的其它评论说得很对，其中包含了理解沃德豪斯的行为的一部分线索。

---

① 约翰·埃默里(John Amery, 1912—1945)，英国法西斯分子，在二战时与德国纳粹分子勾结，出卖英军情报和从事纳粹宣传，因叛国罪而被处决。

人们经常忘记了沃德豪斯的小说中那些名气比较大的作品是在多久之前写的。在我们的想象中，他总是代表了二十世纪二十年代和三十年代的愚蠢，但事实上他最为人所牢记的场景和人物都是在 1925 年以前写的。史密斯①首次出现于 1909 年，被早期校园故事的其他人物角色掩盖了。住着巴克斯特和埃姆沃斯公爵的布兰丁斯城堡是 1915 年写的。杰弗斯—伍斯特系列始于 1919 年，而杰弗斯和伍斯特在早些时候已经短暂地出现过了。厄克里奇②出现于 1924 年。当你通览从 1902 年至今沃德豪斯的书目的话，你会看到三个特征非常明显的阶段。第一个阶段是校园故事时期，包括了《金球拍》、《波特亨特一家》等作品，其巅峰作品是《迈克》（1909）。《史密斯进城》出版于次年，也属于这个时期的作品，但与校园生活并没有直接的联系。接下来是美国故事阶段。从 1913 年至 1920 年，沃德豪斯似乎生活在美国，有一段时期在习语和思想上有美国化的迹象。《笨拙的人》（1917）的一些故事似乎影响了欧·亨利。这段时期所写的其他作品使用了美国方言（比方说，用"高球喝法"代替"威士忌掺苏打"），而这些词语英国人通常是不会用的。不过，这段时期几乎所有的作品——《史密斯》、《新闻记者》、《小金块》、《阿尔奇的轻率之举》、《皮卡迪利的吉姆》和其他作品——其效果取决于英国与美国的礼仪区别。英国人物出现在美国背景中，或反过来，美国人物出现在英国背景中。他写了一些纯粹的英国故事，但几乎没有纯粹的美

---

① 鲁伯特·史密斯（Rupert Psmith）是出现在沃德豪斯几部作品中的角色，机智而健谈，总是能够顺利渡过险关。他将 Smith 这个名字改为"Psmith"（字母 P 不发音），以示与别的名为"史密斯"的人的不同。
② 斯坦利·厄克里奇（Stanley Ukridge），沃德豪斯笔下的人物，为人贪婪，不放过任何可能牟利的机会。

国故事。第三个阶段或许可以称其为"乡村别墅时期"。到了二十年代早期沃德豪斯一定挣了不少钱，他笔下的人物的社会地位也相应提高了，不过厄克里奇的故事是例外。如今的典型环境是一座乡村别墅、一间豪华的单身公寓或一家昂贵的高尔夫俱乐部。早期学童的运动狂热渐渐淡出，板球和足球被高尔夫球替代，滑稽和闹剧的成分更加突出。无疑，许多后期的作品，例如《夏日的雷电》都是轻喜剧，而不是纯粹的闹剧，但在《史密斯》、《新闻记者》、《小金块》、《比尔驾到》、《笨拙的人》和一些校园故事中偶尔会发现的展现道德热诚的尝试再也没有了。迈克·杰克逊变成了伯尔蒂·伍斯特。然而，这并不是会让人惊诧的蜕变。沃德豪斯最引人注目的事情之一是，他没有进步。像写于本世纪初的《金球拍》和《圣奥斯汀的传说》已经有了那为人所熟悉的氛围。他后期的作品有多大程度上是在进行公式化写作可以从一件事情上看出来：在他被囚禁之前的 16 年里，他一直住在好莱坞和勒图克，而他仍继续在写关于英国生活的故事。

现在已经很难找到未删节的《迈克》这本书了，它应该是最好的英语"轻松"校园故事之一。虽然它的故事大部分是闹剧，但它们并不是对公学体制的嘲讽，而《金球拍》、《波特亨特一家》更加不是。沃德豪斯在达威奇公学接受教育，然后在一家银行工作，通过写非常低俗的新闻文章逐渐走上小说创造之路。显然，多年来他一直"念念不忘"他的母校，厌恶毫无浪漫气息的工作和围绕在他身边的下层中产阶级的生活环境。在他的早期故事中，公学生活的"魅力"（球类比赛、高年级学生使唤低年级学生、围炉喝茶等等）被极尽渲染，"重在参与"的道德规范几乎被照单全收。沃德豪斯笔下那所虚构的公立学校利金公学是一所比达威奇公学更时髦的学校，你会觉得从《金球拍》（1904）到《迈克》（1908），利金公学变得越来越昂贵，并且离伦敦越来越远。最能揭露沃德豪斯早期心理层面的作品是《史密斯进城》。迈克·杰克逊的父亲突然间败了身家，和沃德豪斯本人一样，迈克在十八岁的时候不得不在一家银行里从事一份工资微薄的下层工作。史密斯也在干类似的工作，不过并非出于经济窘迫。这本书和《记者史密斯》（1915）的不寻常之处在于，它们展现了一定程度的政治意识。这个时期的史密斯自称社会主义者——在他的心目中，无疑也是在沃德豪斯的心目中，这不过意味着忽略阶级差别——有一回，两个男生参加了克拉汉姆公园的露天集会，然后和一个上了年纪的社会主义演讲者回家喝茶，那人的寒酸陋室描写得相当准确形象。但这本书最显著的特征是迈克没办法摆脱校园气氛。他上班工作，没有装出一丝热情。他最大的愿望不是像别人所希望的找一份更有趣更有意义的工作，而是去打板球。当他得给自己找个地方住时，他选择了在达威奇住下来，因为在那里他可以住在学校旁边，能听到球拍击中球时清脆悦耳的声音。本书的高潮出现于迈克得到机会在郡级比赛里上场，他抛弃了工作，为的就是能参加比赛。重要的是，在这一点上沃德豪斯对迈克抱以同情：事实上，他认为迈克就是自己的写照，因为十分明显，迈克与沃德豪斯的关系就像是于连·索雷尔与司汤达的关系。但他创造了许多在本质上相似的主人公。在这一时期和下一时期的作品中，有整整一系列的年轻人，对他们来说，生命中有比赛和"健身锻炼"就足够了。沃德豪斯似乎没办法想象出一份体面的工作。重要的事情是自己要有钱，如果做不到，那就找一份闲职。《新鲜事儿》（1915）的主人公摆脱了低下的记者工作，给一个消化不良的百万富翁当体能训练指导员——这被认为在道德上和经济上都上了一个台阶。

第三时期的作品没有自我陶醉，也没有严肃的插曲，但隐含的道德和社会背景的变化并不像乍一眼看上去的那么大。如果你把伯尔蒂·伍斯特和迈克进行比较，甚至和最早期的校园故事中那些玩橄榄球的模范生进行比较的话，你会看到两者之间唯一真正的区别在于伯尔蒂更有钱一些，更懒惰一些。他的理想几乎和其他人一样，只不过他无法践行这些理想。《阿尔奇的轻率之举》（1921）里面的阿尔奇·莫法姆是介于伯尔蒂和早期主人公之间的中间类型，他是个蠢蛋，却是个老实人，为人热心，热爱体育，很有勇气。由始至终沃德豪斯都认为公学的行为准则是天经地义的事情，不同的是，在他更加成熟的后期，他喜欢展现他的人物违背或违心地遵守这一行为准则：

"伯尔蒂！你不会让好伙伴失望吧？"

"不，我会的。"

"但咱们可有同窗之谊啊，伯尔蒂。"

"我才不在乎呢。"

"咱们的母校呢，伯尔蒂，母校！"

"噢，哎——真见鬼！"

伯尔蒂是慵懒的堂吉诃德，没有与风车战斗的愿望，但当事关荣誉的时候他是不会拒绝的。大部分沃德豪斯寄予同情的人都是寄生虫，有些人就是纯粹的白痴，但只有极少数人可以被称为是不道德的人。就连厄克里奇也是一个有梦想的人，而不是彻头彻尾的坏蛋。沃德豪斯的角色里最道德败坏或不道德的人物是杰弗斯，他的作用是为了衬托伯尔蒂·伍斯特品格高贵的形象，或许是象征在英国广为传播的认为聪明和狡诈是同一回事这个信念。沃德豪斯对传统道德的坚持可以从这个事实看出来：在他书里没有任何一处地方能找到有关性的笑话。对一个闹剧作家来说这是一个重大的牺牲。不仅书里没有下流的笑话，而且几乎没有任何妥协原则的情景：通奸的主题几乎完全没有。当然，大部分长篇作品里有"爱情描写"，但那总是轻喜剧的水平，恋爱的故事总是一团乱麻，而且像田园诗一般浪漫，一直在谈恋爱谈恋爱，但正如俗话所说的，到最后"不了了之"。有趣的是，沃德豪斯本质上是一位闹剧作家，居然能和伊安·赫伊（参阅《皮普》等）不止一次合作。伊安·赫伊是一位半严肃半诙谐的作家，而且是最傻帽的"清白做人"英国传统的吹鼓手。

在《新鲜事儿》中，沃德豪斯发现了英国贵族阶级的喜剧潜力，于是就有了一连串的滑稽但——极少数例子除外——实际上并不可鄙的男爵、公爵和诸如此类的人物。这产生了奇怪的效果，使得沃德豪斯在英国境外被认为是一位嘲讽英国社会、思想深刻的讽刺作家。因此弗拉内利说沃德豪斯"拿英国人开涮"这样的话。或许这就是他留给德国读者甚至美国读者的印象。在柏林播放了那些广播后，我和一位为沃德豪斯热心辩护的年轻的印度民族主义者对此进行了探讨。他理所当然地认为沃德豪斯投靠了敌人，而在他眼中，这是正确之举。但让我感兴趣的是，我发现他认为沃德豪斯是一位反英国的作家，对揭露英国贵族的本质作出了贡献。这是一个错误，但英国人可不会犯下这个错误。这是一个很好的例子，表明外国读者在阅读文学作品，尤其是幽默作品时，无法领略其微妙之处。因为沃德豪斯很明显不是一个反对英国的作家，也不是一个反对上层阶级的作家。相反，从他的作品中始终可以察觉得到一种无害的老式势利心态。就像一个睿智的天主教徒能明白波德莱尔或詹姆斯·乔伊斯的亵渎言论对天主教信仰并不会造成严重破坏一样，一位英国读者能够看到，沃德豪斯创造了像"第十二任德里弗斯伯爵希尔德布兰德·斯宾塞·波因斯·德·巴罗·约翰·汉尼塞德·康姆比-克伦比"这么一个人物，但他并没有在抨击社会等级制度。事实上，一个真心鄙视贵族称号的人是不会如此热衷于写这些东西的。沃德豪斯对待英国社会的态度和他对待公校道德准则的态度是一样的——以温和的玩笑掩盖不假思索的接受。埃姆沃斯伯爵很可笑，因为一位伯爵应该有更多的尊严，而伯尔蒂·伍斯特无助地依赖杰弗斯之所以好笑的一部分原因是，仆人不应该比主人更强势。美国读者可能会把这两个角色及其他类似的角色误认为是带着敌意的讽刺手法，因为他们本来就讨厌英国人，而这些人物符合他们对于没落贵族先入为主的看法。伯尔蒂·伍斯特和他的鞋罩与手杖是传统舞台上的英国人，但正如任何英国读者都可以看出的那样，沃德豪斯的本意是想把他当成一个可爱的角色，他真正的罪是将英国上层阶级美化成比他们实际上好得多的人物。自始至终，他的作品总是在回避某些问题。几乎毫无例外，他笔下那些有钱的年轻人个个谦逊随和，而不是贪得无厌之人；史密斯奠定了他们的基调，他保持着自己作为上流阶级的外表，但管每个人都叫"同志"，消弭了阶级地位的鸿沟。

但伯尔蒂·伍斯特还有很重要的一点：他的落伍。伯尔蒂是在 1917 年前后构思的人物，实际上属于比那更加久远的时代。他是 1914 年以前的"纨绔子弟"，是类似于《菲尔伯特家族的吉尔伯特》或《摄政王宫里鲁莽的雷吉》这些歌曲所描写的人物。沃德豪斯喜欢描写的那种生活，那种"俱乐部会员"或"城里人"的生活，那种优雅的年轻人整个早上在皮卡迪利流连，腋下夹着一根手杖，纽扣孔里插着一朵康乃馨的生活，到了二十年代已经几乎销声匿迹了。有意思的是，沃德豪斯在 1936 年还能出版一本名为《穿着鞋罩的年轻人》的书。那时候还有谁穿着鞋罩呢？早在十年前它们就已经过时了。但传统的"纨绔子弟"，"皮卡迪利的花花公子"就应该穿着鞋罩，就像哑剧中的中国人就应该拖着一根辫子一样。一位幽默作家不一定非得跟上时代。沃德豪斯挖到了一两口富矿，于是就定期对其进行挖掘，而在他被关押前的十六年间他从未踏足英国，以此进行创作无疑会更加方便。他笔下的英国社会风情画是在 1914 年之前形成的，那是一幅天真的，传统的，归根结底令人觉得羡慕的图画。他从来没有真正地被美国归化。正如我所指出的，在中期阶段的作品中的确出现了自然而然的美国元素，但沃德豪斯仍是地道的英国人，觉得美国俚语是一种好笑而有点让人吃惊的新鲜玩意儿。他喜欢在沃尔杜街英语①中插入一句俚语或生硬的事实（"厄克里奇发出一声空洞的哀号，向我借了五先令，然后消失在夜色中"）和类似"小菜一碟"或"敲他的狗头"这样的表达，都是为了这个目的而借用的。但这一招早在他和美国有任何接触前就已经形成了，而且他断章取义地引用别人作品的把戏也是英国作家常用的手法，可以追溯到

---

① 沃尔杜街（Wardour Street），伦敦的一条街道，曾经是集中贩卖假古董的地段。沃尔杜街英语指的是古腔古调的伪文言英语。

菲尔丁那里。正如约翰·海伍德①先生指出的②，沃德豪斯的英国文学功底非常深厚，对莎士比亚尤其熟悉。显然，他的作品不是针对知识分子群体，而是针对接受过传统教育的人。例如，当他描写某个人长叹一声，"就像普罗米修斯在那只兀鹰飞落下来准备饱餐一顿时一样发出长叹"，他是在设想他的读者会对希腊神话有所了解。他早期所钦佩的作家或许有巴里·佩恩、杰罗姆③、雅各布斯④、吉卜林和安斯泰，比起那些节奏明快的美国幽默作家像林戈尔德·拉德纳⑤或达蒙·鲁尼安⑥，他与前者的风格更加接近。在与弗拉内利的电台采访节目中，沃德豪斯表示他不知道"他所描写的那种人和那样的英国在战后是否还会继续存在"，没有意识到他们已经是鬼魂了。"他仍然活在他所描写的时代里"，弗拉内利说道，或许指的就是二十年代。但那个年代事实上是爱德华时代，如果真有伯尔蒂·伍斯特这么一个人，在 1915 年的时候他就被杀死了。

如果我对沃德豪斯的精神分析可以被认可的话，那认为他在 1941 年有意识地帮助纳粹宣传机器这一看法就不能成立了，甚至

---

① 约翰·戴维·海伍德（John Davy Hayward，1905—1965），英国作家、编辑，代表作有《查尔斯二世》、《斯威夫特作品编撰集》等。
② 原注：《评佩尔汉姆·格伦威尔·沃德豪斯》，作者约翰·海伍德（1942年"星期六图书出版社"）。我相信这是唯一一部讨论沃德豪斯作品的长篇书评。
③ 杰罗姆·克拉普卡·杰罗姆（Jerome Klapka Jerome，1859—1927），英国作家，代表作有《三人同舟》、《朝圣者日记》等。
④ 威廉·魏马克·雅各布斯（William Wymark Jacobs，1863—1943），英国作者，擅于撰写幽默故事，代表作有《驳船上的女士》、《水手的绳结》等。
⑤ 林戈尔德·威尔默·拉德纳（Ringgold Wilmer Lardner，1885—1933），美国作家、专栏作家，代表作有《大都会》、《理发》等。
⑥ 阿尔弗雷德·达蒙·鲁尼安（Alfred Damon Runyon，1880—1946），美国作家、新闻记者，代表作有《杀人这桩小事》、《盖伊斯与多尔丝》等。

是荒唐可笑的。或许他是受到了早日获释这一承诺的诱惑而进行广播（他原定的释放时间要晚几个月，接近他 60 岁的生日），但他不可能意识到他所做的事情会有损英国的利益。正如我所尝试说明的，他的道德观一直是一位公学学生的道德观，根据公学的规矩，战争时期的叛国行为是最不可原谅的罪行。但是，他怎么可能不知道他所做的事情会对德国人的宣传有很大的助益，而且会为自己招致猛烈的批评呢？要回答这一问题，你必须考虑两件事。首先，沃德豪斯完全没有政治意识——这从他出版的作品中可见端倪。说他的作品中有"法西斯主义倾向"简直是一派胡言，那里面根本没有半丁点儿 1918 年后的各种政治倾向。他的作品里始终有一种对阶级差异这一问题不安的意识，在不同的时期里零星提及社会主义，内容很无知，但并非完全不友好。在《傻瓜的心》（1926）里有一则关于一位俄国小说家的很可笑的故事，似乎是受当时苏联正如火如荼进行着的党派斗争的启发。但里面对苏联体制的描写都是一些无关紧要的琐事，考虑到创作的时间，并没有露骨的敌意。这就是从他的作品中所能发觉的政治意识所能达到的程度。据我所知，他从未在哪里使用过"法西斯主义"或"纳粹主义"这样的字眼。在左翼圈子里，事实上，在任何一个"开明的"圈子里，在纳粹的电台进行广播，与纳粹打任何形式的交道，在战前和战时都是骇人听闻的事情。但这是一种近十年来在与法西斯主义进行意识形态斗争时形成的思维定式。你应该记住，大部分英国人直到 1940 年的时候仍对那场斗争麻木无知。阿比西尼亚、西班牙、中国、奥地利、捷克斯洛伐克——那一长串的罪行和侵略只是在他们的脑海里掠过或隐隐约约有所意识，因为外国人之间的争吵"不关我们的事"。从英国平民将"法西斯主义"视为纯粹是意大利人搞出来的东西,而当这个词用于描述德国时他们竟然大惑不解,就可以知道他们是多么无知。沃德豪斯的作品中没有任何地方表明比起他的读者群体,他的了解更丰富或对政治更感兴趣。

还有一件事情你必须记住,那就是沃德豪斯刚好是在战争最绝望的阶段被俘的。如今我们忘记了这些事情,但直到那时候,公众对战争的情绪依然很淡漠。几乎没有战斗发生,张伯伦政府不得民心,著名的宣传工作者如劳合·乔治和萧伯纳在暗示我们应该尽快妥协以达成和平,全国各地的工会和工党支部正在通过反战决议。当然,后来事情发生了变化。军队几经艰辛从敦刻尔克撤退,法国沦陷了,英国孤军奋战,炸弹如雨点般落在伦敦,戈培尔宣布英国将被"夷为堕落与贫穷之地"。到了1941年中,英国人民知道了他们所面对的情况,知道自己要对付的是前所未有的凶残的敌人。但沃德豪斯已经在集中营里被关押了一年,俘虏他的人似乎给了他相当的优待。他错过了战争的转折点,到了1941年他的反应仍然就好像在1939年一样。在这一件事情上并非只有他一个人是这样。在这个时期里,德国人好几次将俘虏的英国士兵带到话筒前面,有几个人说出了至少和沃德豪斯一样失策的话。然而,他们并没有引起关注。就连像约翰·埃默里[1]这么一个彻头彻尾的卖国贼后来引起的愤慨也比不上沃德豪斯。

但是,这是为什么?为什么一个年迈的小说家说了一些傻气但是没有危害的话会引起这么一场轩然大波?你必须在宣传战的

---

① 约翰·埃默里(John Amery,1912—1945),英国法西斯分子,在二战时与德国纳粹分子勾结,出卖英军情报和从事纳粹宣传,因叛国罪而被处决。

肮脏需要中寻找或许成立的答案。

关于沃德豪斯的广播,有一点显然是至关重要的——那就是日期。沃德豪斯是在入侵苏联的两三天前获释的,当时纳粹党的高层一定已经知道入侵行动蓄势待发。尽可能长地阻止美国参战极其必要——事实上,当时德国人对美国的态度确实比以前变得更加怀柔。德国人根本不敢幻想一己对抗俄国、英国和美国的同盟,但如果他们能迅速解决俄国——他们大概就是这么打算的——美国人可能就永远不会插足了。释放沃德豪斯只是一个小小的行动,但对于美国的孤立主义者们来说不失为一点小贿赂。他在美国很有名气,在讨厌英国的美国人中,作为一个取笑傻冒英国人的鞋罩和单片眼镜的讽刺作家,他很受欢迎——或者说,德国人是这么算计的。他坐在话筒跟前,可以相信他多多少少能挫败英国的威望,而他的获释将表明德国人都是好人,知道如何大度地对待他们的敌人。这或许就是他们的算计,虽然事实上沃德豪斯的广播节目仅仅持续了一个星期,这表明他并没有满足他们的期望。

而在英国这一边,类似的但完全相反的算计也在进行。敦刻尔克撤退之后的两年间,英国的士气大部分依赖于这么一种感觉:这场战争不仅是保卫民主的战争,而且平民大众必须依靠自己的力量去争取胜利。上层阶级因为他们的绥靖政策和 1940 年的一系列败仗而声名狼藉,社会地位趋于平等的过程似乎开始发生。爱国主义和左翼情绪在民众的心目中是联系在一起的,许多有才干的记者致力于使这种联系变得更加紧密。普雷斯利在 1940 年的报道和《每日镜报》的"卡桑德拉"专栏文章就是当时盛行的煽动性政治宣传的好例子。在这种气氛中,沃德豪斯成为了理想的替罪羊，因为大家都觉得有钱人阴险狡诈，而沃德豪斯——正如"卡桑德拉"在广播中不遗余力地指出的那样——就是一个有钱人。但他是那种可以进行攻讦而不会造成不良后果的有钱人，也不会对社会结构造成任何破坏。谴责沃德豪斯不像谴责例如比弗布鲁克这样的人。他只是个小说家，无论他挣多少钱，他都不是有产阶级。就算他的收入达到一年5万英镑，他也只是徒有百万富翁的外表。他是个碰巧发了财的圈外人——通常来说财富总是很短暂——就像德比赛马奖金的得主。因此，沃德豪斯的言行失检成了进行宣传的好借口，有机会"揭露"一个有钱的寄生虫，却又不招致对那些真正有害的寄生虫的关注。

在当时绝望的境地中，对沃德豪斯的所作所为表示愤慨是情有可原的，但在三四年后仍继续对他进行谴责——而且还要让人认为他是个丧心病狂的卖国贼——就不可原谅了。在这场战争中，没有什么事情能比当前对卖国贼和英奸进行追查更加让人觉得在道德上很恶心。往最好里说，它就是贼喊抓贼的勾当。在法国，各种各样的小耗子——警官、卖文为生的记者、和德国兵上床的女人——都被抓捕了，而大老鼠毫无例外都逃走了。在英国，对英奸发表最激烈的演说的都是那些1938年奉行绥靖政策的保守党人和1940年鼓吹绥靖政策的共产党人。我竭力想说明的就是，可怜的沃德豪斯——正是因为成功和侨居国外让他在精神上仍停留在爱德华时代——成为了一场宣传试验中的标本。我认为现在是时候让这件事情结束了。如果埃兹拉·庞德被美国当局逮捕并枪决，那将奠定他数百年的诗人名声。即使在沃德豪斯身上，如果我们把他逼得只能逃到美国并放弃自己的英国公民身份，我们应该为自己感到无比羞愧。与此同时，如果我们真的要惩罚那些在关键时刻败坏国民士气的人，国内还有其他罪人更值得追查。

评奥诺雷·德·巴尔扎克的《九个故事：一百个滑稽故事选集》，普拉默、斯卡特、科拉斯的译本，布兰特插图[①]

《一百个滑稽故事》有了新的译本，它通常被归入拉伯雷式的文学，而事实上，有时候人们谈论起它的时候就把它当作拉伯雷作品的延伸。巴尔扎克本人在前言中盖棺论定地说"我们尊敬的导师……智慧与幽默的王子"，而且有好几处在模仿拉伯雷的文风。但是，这些相似都只是流于表面，而引用拉伯雷的主要动机或许是让色情描写显得体面一些。

这本选集里有九个故事，其中七个似乎源自于薄迦丘或维庸的叙事诗。它们描写的是通奸和欺骗债主的主题。《失忆的教务长》是一个很有想象力的故事。《默顿的快乐牧师的布道》在直接模仿拉伯雷，在气氛渲染上做得很成功，但作为一个故事似乎没有什么意思，而穿插书中的几处评论表明巴尔扎克认为拉伯雷主要是一位幽默作家。《妖女》要比其他故事篇幅更长一些，而且性质不大一样。它的主题是宗教法庭对一个人们相信是恶魔化身的年轻女人进行审讯、虐待和最终执行火刑。这个故事有很多机会进行色情描写，而巴尔扎克也充分地利用了这些机会，但是，他

---

① 刊于 1945 年 7 月 8 日《观察者报》。普拉默、斯卡特、科拉斯(J Plummer、R Scutt、J P Collas)，情况不详。布兰特(R A Brandt)，情况不详。

的主要目的似乎是对偏执和迷信进行人道主义抗议。这个故事的气氛和隐含的道德思想让人想起安纳托尔·法郎士的《科纳德神父》系列故事中的一些篇章。

很难不觉得在几乎所有这些故事中，巴尔扎克只是沉溺于肮脏的描写，以怀古作为掩饰，让它看上去体面。在十九世纪的法国，拉伯雷或许被认为是一个色情作家，这就是他在十九世纪英国的名声。我们都记得执事长格兰特里将他的作品"藏在桌子下面的一个暗格里"①。在勃朗宁的一首名诗里，《拉伯雷小集》是一个单身汉寝室里五花八门的东西的一部分。直到今天，印制粗劣的平装厄克特译本连同《家庭女教师莫萍》和《亚里士多德全集》一起销售。但出于某种原因，人们一直在说拉伯雷那些诲淫诲盗的作品是"健康而自然的"，完全不像斯特恩②或皮特尼乌斯③的作品。"拉伯雷式"这个词总是用于表示某种市侩的庸俗，只是为了达到幽默的效果，并不会败坏道德。事实上，拉伯雷总是被当作一个标杆用于衡量像斯温伯恩④、乔治·摩尔⑤或戴维·赫伯特·劳伦斯这样的作家。他的作品中有的章节极为病态恶

---

① 出自安东尼·特罗洛普的《执事长》。执事长格兰特里关上书房的门，从暗格里拿出一本《拉伯雷文集》，读着那些"巴汝奇机智的恶作剧"消磨上午的时光。

② 劳伦斯·斯特恩（Laurence Sterne，1713—1768），爱尔兰作家、牧师，代表作有《项狄传》、《法国与意大利的伤感之旅》。

③ 皮特尼乌斯·阿比忒（Petrenius Arbiter，27—66），古罗马暴君尼禄的奸臣，据说是讽刺小说《萨提利孔》（the Satyricon）的作者。

④ 阿尔杰农·查尔斯·斯温伯恩（Algernon Charles Swinburne，1837—1909），英国诗人，对回旋诗体进行了创新发展，曾获六次诺贝尔文学奖提名，但未能获奖。代表作有《回旋诗百首》、《阿尔杰农·查尔斯·斯温伯恩诗集》等。

⑤ 乔治·奥古斯都·摩尔（George Augustus Moore，1852—1933），爱尔兰作家，代表作有《伊斯帖·沃特斯》、《异教徒之诗》等。

心，但因为大家都公认他是"健康的"作家，清教徒们也就能够去阅读他的作品。果不其然，他的影响在不应该出现的地方出现了，譬如说，查尔斯·金斯利的《水做的女子》。巴尔扎克声称自己是拉伯雷的信徒，事实上，他是在说他的动机是无害的，因此可以被当作是对薄伽丘或《魔法全书》的模仿。

问题是，当你读着像《德亚兹城堡是如何建成的》或《僧侣阿玛多》这样的故事时，你会觉得在巴尔扎克和薄伽丘之间横亘着宗教改革的时代。巴尔扎克在序文里解释（他补充了"遗憾地"这个词）他删掉了那些不宜刊印的文字。结果就是，几乎由始至终充斥着难以忍受的俏皮：几乎每一个段落都在描写读者们心领神会的内容，却又只能以拐弯抹角的方式提及。在编撰《十日谈》时，没有什么是不能写的，但这些故事是几乎已经被视为异端的文明的产物。薄伽丘的故事里总是有俏皮的描写，但大体上它们并不是以哗众取宠为目的。宗教的地位以如今不会采取的最暴烈的方式得到了巩固。在巴尔扎克之前已经过了几个世纪的清教徒主义，他无法像薄伽丘那么天真。他清楚地知道自己是多么淘气，以聪明的、看似清白的譬喻表达不宜刊印的意思。结果就是令人倒胃口的、做作的插科打诨。巴尔扎克的许多小说如今都找不到了，将纸张浪费在这本并不成功的次要作品上似乎很可惜。

评皮埃尔·梅洛德的《英国人的方式》、约翰·基南的《印度的钢人》、托马斯·曼的《一家之主约瑟夫》[①]

在现在这种时候，当叙利亚的问题仍是法国报刊的头条新闻时，我们很高兴地得知还有法国人喜欢我们。但事实上，虽然梅洛德先生的书很友善，甚至过于友善，但它让我们更真切地了解到当代法国人对待英国的态度，而不是你会从泡酒吧的人那里听到的话。几乎所有近期去过法国的人都同意亲英情绪从未如此强烈，现在正是两个国家达成更紧密的伙伴关系的最佳时机。

梅洛德先生的书针对的是英国公众而不是法国公众。它最根本的宗旨是呼吁英法合作，以及达成合作所需要的共识。

它还对英国文明、英国的特征、英国政党的结构和特点、英国作为欧洲一部分同时又是欧洲之外一个庞大帝国的中心这个特殊的地位所决定的政策和战略进行了分析。过去十四五年来梅洛德先生一直住在英国，对我们的国家非常了解。在这场战争的大部分时间里，他是一个小而精干的法国广播小队的一员，他们成功地让英国广播公司成为被占领的法国最受信任的节目来源。

或许这本书最有价值的部分是它对两次战争之间英国的外交

---

① 刊于 1945 年 7 月 12 日《曼彻斯特晚报》。皮埃尔·梅洛德（Pierre Maillaud），情况不详。约翰·基南（John L Keenan），情况不详。

政策的分析。在政治上他是自由派，他最欣赏英国的品质是它对少数派的尊重和能够在避免流血且不背弃传统的情况下实现深刻的变革。但是，他能以外国人的超脱看到这些品质源自英国孤立的地位，而这也导致了无知和自大。

英国在1930年到1940年之间的外交政策没有什么值得骄傲的，梅洛德先生并没有放过这一点。他正确地指出阶级情感在保守党的绥靖政策中所起的作用，但他也强调——这番话如今已经不受欢迎——英国工人阶级的和平主义，还有左翼政党不切实际的思想同样也有罪责，他们要求制订积极的外交政策，却又不愿意以足够规模的军队作为后盾。

重要的是有尽可能多的外国批评家指出这一点，因为很少有人意识到工党反对征兵制在欧洲所造成的灾难性的后果。但梅洛德先生看到的不仅仅是表面，他看到问题的一部分原因是英国几乎所有阶层都有仇外情绪。英吉利海峡给予了他们安全，也让他们有意无意之间对外国人抱以轻蔑——梅洛德先生补充说，特别是那些"最吵闹和头发最黑的人"——这导致对外国事务的漠不关心和对危险的迟钝反应。

绥靖政策一部分原因是群众的冷漠。要是他们关注欧洲的话，他们更同情的是德国人而不是法国人。但是，还有一部分原因是英国政府需要考虑到各个自治领，它们并不愿意卷入欧洲的纷争。

梅洛德先生还指出了一个事实，表明他是一位非常敏锐的观察者。英国与美国的特殊关系，以及它对英国政策的全方位影响，都是很明显的，但很少有欧洲人意识到澳洲和加拿大并不只是白厅治下的行省，英国在确定欧洲行动时必须考虑到那些国家的民意。

梅洛德先生以紧急呼吁作为这本书的结尾，要求英国放弃德黑兰协议所暗示的政策（这本书应该写于1944年初），并记得它是欧洲的一部分，它的主要利益是在欧洲。他在1940年说道：所有的欧洲人都认为英国是西方文明的守护者。但是，如果英国认同"四巨头"政策，让自己与俄国和美国站在同一阵线，对弱小国家的命运不闻不问，它或许将会失去这个特殊的地位。

他希望看到一个西欧各国组成的联邦——这是一个很有吸引力的计划，但比起这本书在撰写的时候，它实现的希望更加渺茫了。但是，迈向它的第一步是英国和法国之间能有更好的相互理解，而这本书至少能够对实现这一点起到帮助。

《印度的钢人》对得起护封上说的"一本不同寻常的书"这句话。事实上，一本关于印度的书很难摆脱熟悉的气氛和题材，虽然里面写了很多喝威士忌酒的场面，而不是去写打老虎。它讲述了在贾姆谢德布尔建造规模宏大的塔塔钢铁厂的故事，基南先生在那里当了二十五年的鼓风炉工程师。在上一场战争爆发前不久，塔塔家族，帕西人商圈中特别思想开明和积极进取的家族（顺便提一下，萨卡拉瓦拉先生多年来一直是巴特西的共产党议员，就是这个家族的子弟）认定在印度产钢是可行的，并着手开始动工，虽然遭到英国人的反对和阻挠。塔塔钢铁厂如今成为了大英帝国规模最大的钢铁厂。

就像其他印度工业遭到了英国商界的阻碍一样——他们担心会引来竞争——塔塔只能去美国购买机器和聘请专家。但是，在第一次世界大战时，这些额外的钢产量对于协约国非常重要，因此在这场战争里，阻挠印度工业化的短视政策大部分被废除了。

基南先生的文笔草率马虎，而且对印度政治的评论很肤浅。他真正感兴趣的是炼钢和炼钢工人，当他在描写这一主题时，他的文字总是很有可读性。

《一家之主约瑟夫》是托马斯·曼对《创世记》的长篇改写的第四卷，也是最后一卷。它有 447 页，托马斯·曼的信徒会一字不漏地去读，但普通读者或许会问，将《圣经》十五个简短的章节的内容写成这么厚厚一本书，到底有什么意义。

评霍斯·安东尼奥·阿古雷的《以血肉铸就自由》、《个人的风景：放逐者的选集》[①]

西班牙内战催生了许多奇怪的故事，但这场战争中所发生的事情没有几件能比巴斯克共和国总统的历险更加离奇。

1937年初巴斯克共和国惨遭得到意大利大规模援助的佛朗哥军队的入侵。从一开始它就被切断与其他地方的共和军的联系，而"不干涉政策"加上佛朗哥的海上优势，使得它根本不可能得到食物和武器。但是，海外的保守党对巴斯克共和国的仇视程度并没有像对西班牙共和政府那么深，因此阿古雷先生与他的共事者们能够以流亡政府的身份呆在巴黎。

这个政府甚至还有国民，因为巴斯克共和国有百分之五的人口（约20万人）成为难民。阿古雷先生运气很好，活着逃离西班牙，但他真正的冒险直到1940年5月德国侵略后才开始，当时他身处比利时。

他与家人无法返回法国，虽然他们亲眼目睹敦刻尔克撤退，但他们没办法登上船只。他们在布鲁塞尔匿藏了一段时间，面临着被盖世太保认出来的致命危险。

第三共和国为阿古雷先生提供庇护，但佛朗哥悬赏他的人

---

① 刊于1945年7月19日《曼彻斯特晚报》。霍斯·安东尼奥·阿古雷（José Antonio Aguirre, 1904—1960），西班牙政治家，巴斯克共和国自治政府首任总统。

头，如果他落入德国人或维希政府的手中肯定就没命了。他会像加泰罗尼亚共和国的总统孔帕尼斯①一样被移交给佛朗哥，然后被枪毙。与此同时，通往中立国或同盟国的道路似乎都被封锁了。

然后阿古雷先生想到最好的方式就是借道德国。显然，巴斯克信奉一则格言，说的是当你看见一群人朝一个方向去的时候，你应该反其道而行，他正是按照这个准则去做的。

他蓄了一把大胡子，给自己改了名字叫"阿尔瓦雷斯博士"，是巴拿马公民，而他的妻子假扮成一个委内瑞拉寡妇，名叫"格拉夫人"。她起这个名字是因为如果他们的孩子不小心说出他们的真名，可以被当成口误。通过各个南美领事馆的朋友的帮助，他们很容易就弄到了伪造文件，经过一番周折和盘问，他们获得了进入德国的许可令。

阿古雷先生在德国呆了六个月，还有闲暇写日记，并成功带了出来。当时正值德国在希腊和巴尔干各国取得胜利，但即使在当时，战争带来的沉重的经济压力正逐渐明显，而且英国正逐步加强空袭。

盖世太保在文件上盖章后，阿古雷先生和妻子都没有遭到当局的刁难。最大的危险是那几个孩子，他们总是会说起巴斯克语。

德国入侵苏联前不久，全家人来到了瑞典，从那里乘船去里约热内卢，伪造的文件做得天衣无缝。

这本书写得不是很好，但除了有趣的德国插曲之外，它的价

---

① 路易斯·孔帕尼斯（Lluís Companys，1882—1940），西班牙政治家，曾担任加泰罗尼亚自治政府总统。

值在于它表明了一个信奉天主教的民主人士的思想。过去二十年来，大家都觉得一个天主教信徒一定是亲法西斯分子，而在西班牙内战期间，几乎所有国家的天主教报刊都在不遗余力地加深这一印象。

几乎没有人注意到巴斯克共和国是坚定的反佛朗哥政权，与此同时也是西班牙境内最信奉天主教的地区。正如阿古雷先生所指出的，巴斯克共和国是欧洲最古老的民主政体，极左或极右的思想从未在那里立足。这本书大概有三分之一的篇幅用于分析这场世界大战的问题，并表达了对于未来民主世界的诚恳但或许过于乐观的信仰。

《个人的风景》由罗宾·菲登①、特伦斯·提勒②、劳伦斯·德雷尔③、休·戈登·波特斯④等人在开罗编写而成。它并没有宣称代表任何学派，入选文章的共同特征是思乡之情，其中一篇文章是关于《芬尼根守灵夜》的，但并不会令人感到惊讶的是，还有一篇文章对莎士比亚的十四行诗进行了探讨（顺便提一下，最后一篇署名文章的作者格温·威廉姆斯⑤先生提出了一个有趣的理

---

① 亨利·罗宾·罗密尔利·菲登（Henry Robin Romilly Fedden，1908—1977），英国登山家、作家，代表作有《十字军的城堡》、《迷人的群山》等。
② 特伦斯·罗杰斯·提勒（Terence Rogers Tiller，1916—1987），英国诗人，代表作有《内心的禽兽》、《但丁》等。
③ 劳伦斯·乔治·德雷尔（Lawrence George Durrell，1912—1990），英国作家、诗人，代表作有《黑皮书》、《爱尔兰的浮士德》等。
④ 休·戈登·波特斯（Hugh Gordon Porteus，1906—1993），英国评论家，代表作有《温德汉姆·刘易斯》、《中国艺术的背景》等。
⑤ 戴维·格温·威廉姆斯（David Gwyn Williams，1904—1990），威尔士诗人、学者，代表作有《威尔士诗歌》、《威尔士文学介绍》等。

论，认为十四行诗里的《黑女士》或许是一个黑人女子）。

罗宾·菲登先生的序文解释了这本选集是如何编撰的，并分析了当代埃及古怪而且很不友好的文化氛围。

中东战役的一个有价值的文化成果似乎是让英国的读者了解到了当代的希腊文学作品。在战前希腊与英国的作家之间就已经有了接触，但这场战争使得接触更加频繁。这本选集里有几个希腊诗人的作品的译本，还有一篇关于亚历山大港的诗人康斯坦丁·卡瓦菲①的文章，卡瓦菲死于1933年，我们有许多人或许从来没有听说过他的名字。

我们有许多人也没有听说过埃利·帕帕迪米特里乌斯②，但从这本书里的译文看，我们应该去了解他。介绍得最多的英国诗人是特伦斯·提勒、基思·道格拉斯③和劳伦斯·乔治·德雷尔。要说这本选集里没有不足为道的文章是不真实的，但它是迄今为止那些服役的作家写出的最有希望和最有趣的作品集。

---

① 康斯坦丁·卡瓦菲(Constantine Cavafy, 1863—1933)，希腊诗人，代表作有《伊萨卡》、《峥嵘岁月》等。
② 埃利·帕帕迪米特里乌斯(Elie Papadimitriou)，情况不详。
③ 基思·道格拉斯(Keith Douglas, 1920—1944)，英国诗人，在诺曼底登陆作战中牺牲，代表作有《阿拉曼到祖拉姆》。

评埃里克·卡勒的《人的尺度》[①]

　　正如它的名字所暗示的，这本分量十足的书(640 页，有 30 页是参考书目)探讨了人文主义的问题，而且它还尝试对自青铜时代以来的世界历史进行总结。作者本人是一个并不坚定的——或者说是不安的人文主义者。他看到宗教信仰由于人类的解放而逐渐消亡，而且他接受进步和进化的原则，否定在任何时代都有所谓不变的"人的本质"。事实上，在这本书中最有趣的章节里，他反对马克思和其他类似的思想家，认为我们现在认为几乎是本能的动机其实是直到不久前才发挥作用的：

　　　　一些当代经济学家和社会学家试图证明早在古巴比伦就有资本主义萌芽。但他们所发现的并不是资本主义。资本主义并不等同于财富和动产，并不等于与挣钱和借钱，甚至并不等同于投资生产。所有这些都不是资本主义，因为所有这些都服从于一个生命原则，而不是为了经济上的目标。它或许是为了一个人文的目的，一个人道的宗旨，让人类能够去享受。

　　这段文字的背景是最早一批真正的资本家富格尔家族的小

---

① 刊于 1945 年 7 月 22 日《观察者报》。埃里克·卡勒(Erich Kahler，1885—1970)，德国历史学家，代表作有《人的尺度》、《高塔与深渊》等。

传。他们是哈布斯堡王朝的财库和控制者，但他们与意大利的富商不同，他们只会用金钱去创造更多的金钱。在另一个内容很相似的章节里，卡勒先生解释为什么在古代物理科学未能发展。他认为原因不在于智力缺陷或技术落后，而是因为思维习惯不同：

> 拜占庭的数学家与建筑家安特米乌斯……甚至清楚地知道蒸汽压力的技术应用。他本来可以轻松地发明蒸汽机，但他只是运用他的知识弄出了一场人工地震当作一场玩笑吓唬他的朋友……前提条件是我们这个时代的技术与工业飞速进步在于当代的思想观念，而阻止古人形成这一观念的因素是宗教……宗教是技术和经济的大敌。

贯穿这本书的始末，卡勒先生认为人类历史的各个时代被当时的人的思想所塑造和主宰，而不是像现在更时髦的观点认为的，思想只是外部条件的反映。它的结论是，世道的改善必须先有思想上的改变，单是提高机械效率并不能改变什么。就连让每个人都能吃上饱饭这个简单的问题没有"思想上的深刻改变"也是无法解决的。

但在书中的结尾，卡勒先生似乎认为人类只有在经历了外部的苦难之后才能吸取经验。他说："依靠纯粹的思想并不能创建一个理性的社会，苦难会将人的思想扭曲——而那番苦难会有多么深重，接下来的几代人将会知道。人的理念，新的人道主义的指导，将会是推动现在的世界进行深刻改变的根本因素。"

当然，这本书的后半部分探讨了极权主义的崛起。有几篇探讨这一问题的章节思维陷入了扭曲，因为它是写于 1941 年和 1942

年，当时德国仍未呈现败象。事实上，由始至终它倾向于把当代世界的所有罪恶都推到了德国身上，并将原因追溯到阿米尼乌斯的时代。

但大体上这本书更像是历史作品而不是政治宣传，人文主义者的难题到最终并没有得到解答。只要超自然的信仰依然存在，人类就会遭到狡猾的牧师和寡头统治阶级的压迫，而技术进步这个实现公平社会的前提就无法实现。另一方面，当人们不再崇拜上帝时，他们就会去崇拜个人，造成灾难性的结果。人文主义者必须决定是否需要进行再教育和"心的改变"，还是说不可逾越的第一步是消灭贫穷。卡勒先生在这两个立场之间徘徊，但倾向于第一个立场。这本书最好的部分是纯粹描写历史的部分，展现了渊博深厚的学识。

好笑，但并不低俗①

　　十九世纪的前七十五年是英国幽默作品的伟大年代——它们并不机智，也没有讽刺意味，纯粹只是幽默。

　　那段时期诞生了狄更斯的大量滑稽作品、萨克雷杰出的滑稽剧和短篇小说如《要命的靴子》和《到蒂明斯家略进晚餐》、苏迪斯的《汉德利十字架》、刘易斯·卡罗的《爱丽丝漫游仙境》、道格拉斯·杰罗尔德②的《考德尔夫人的垂帘讲演》和托马斯·巴勒姆③、托马斯·胡德④、爱德华·利尔、亚瑟·休·克拉夫、查尔斯·斯图亚特·卡尔弗利和其他作家所写的诙谐诗。另外两部杰出的幽默作品——安斯泰的《反之亦然》和格罗史密斯父子⑤的《小人物日记》成书于我所提到的时期之外。但不管怎样，直到1860年前后，漫画家仍然存在，看看克鲁克襄⑥给狄更斯画的插画、利奇给苏迪斯画的插画和萨克雷为自己的作品画的插画就知道了。

---

① 刊于1945年7月28日《领袖杂志》。
② 道格拉斯·威廉·杰罗尔德（Douglas William Jerrold，1803—1857），英国作家、剧作家，代表作有《一根羽毛的故事》、《金钱堆成的人》。
③ 托马斯·巴勒姆（Thomas Barham）：情况不详。
④ 指汤姆·胡德（Tom Hood，1835—1874），英国幽默作家，曾任《潘趣》杂志的编辑，代表作有《金子的心》、《船长的孩子》等。
⑤ 乔治·格罗史密斯（George Grossmith，1847—1912），英国喜剧演员、作家。小乔治·格罗史密斯（George Grossmith, Jr，1874—1935），英国喜剧演员、剧作家，父子的代表作有《小人物日记》、《海滩上的宝贝》等。
⑥ 乔治·克鲁克襄（George Cruikshank，1792—1878），英国漫画家，与狄更斯是好友，为他的作品创作了许多插画。

我不是想夸张地说，在我们这个世纪里英国没有诞生任何有价值的幽默作品。比方说，我们有巴里·佩恩①、雅各布斯、斯蒂芬·李科克②、沃德豪斯、心情较为轻松的威尔斯、伊夫林·沃和希莱尔·贝洛克——他是一位讽刺作家而不是幽默作家。但是，我们不仅没有写出达到《匹克威克外传》这一高度的幽默作品，而且或许更重要的是，过去几十年来一直没有一本称得上一流的幽默期刊读物。人们一直批评《潘趣》"和以前不一样了"，不过这番话在当下或许并不公允，因为《潘趣》比十年前更好笑了，但比起九十年前，它确实没有那么好笑。

滑稽诗已经完全失去了它的活力——这个世纪没有诞生任何有价值的英语打油诗，贝洛克先生的诗和切斯特顿的一两首诗除外——而一幅不仅是因为它所展现的笑话好笑，而且本身的笔触也好笑的漫画也极为罕见。

这些大体上都得到了承认。如果你想要开怀大笑，去音乐厅或看场迪士尼电影会更靠谱，或调到汤米·汉德利③的节目，或买几张唐纳德·麦吉尔的明信片，而不是去看书或看杂志。大家都承认美国滑稽作家和漫画家比我们的作家和漫画家更出色。当下我们根本没有人能和詹姆斯·瑟博④或达蒙·鲁尼安相提并论。

① 巴里·埃里克·奥德尔·佩恩(Barry Eric Odell Pain, 1864—1928)，英国作家、记者、诗人，擅长创作幽默故事，代表作有《百重门》、《看不见的影子》等。
② 斯蒂芬·李科克(Stephen Leacock, 1869—1944)，加拿大作家，作品以幽默风趣著称，代表作有《幽默随笔》、《小镇艳阳录》等。
③ 托马斯·雷吉纳德·汉德利(Thomas Reginald Handley, 1892—1949)，英国喜剧演员，以主持英国广播电台的《原来又是他》节目而出名。
④ 詹姆斯·格罗夫·瑟博(James Grover Thurber, 1894—1961)，美国作家、记者、卡通画家，长期担任《纽约客》专栏作家，代表作有《男人、女人和狗》、《了不起的O》等。

我们不知道开怀大笑是如何产生的，或为了什么生物功能而服务，但我们大体上知道是什么引至开怀大笑。

当一件事情不合常规时，它就是好笑的——只要它不伤人或令人害怕。每一个笑话都是一场小小的革命。如果你只能以一句话去修饰幽默，或许你可以将其定义为"让尊严坐在大头钉上"。无论是什么摧毁了尊严，将强权者从他们的宝座上拉下来，最好摔上一跤，这就很好笑。摔得越重，玩笑就越成功。朝一个主教扔奶油蛋糕比朝一个牧师扔奶油蛋糕更过瘾。我觉得，记住这一原则，你就能开始认识到英国的幽默文学在这个世纪出了什么岔子。

如今几乎所有的英国幽默作家都太斯文，太善良，太刻意地走下里巴人路线了。沃德豪斯的小说，或赫伯特的诗歌，似乎都是写给发达的股票经纪看的，供他们在某个郊区高尔夫球场的休息室消磨时间。他们这些人一心想的就是担心会身陷丑闻，道德上、宗教上、政治上或思想上都是如此。我们这个时代大部分最优秀的幽默作家——贝洛克、切斯特顿、"提摩西·夏伊"[1]和最近冒出来的"比奇康莫"[2]——都在为天主教辩护，也就是说，他们都有着严肃的目的，而且愿意使用下三滥的手段。这并不是出于巧合。现代英语幽默的傻蛋传统、避免描写暴行和害怕思想可以用"好笑，但并不低俗"这句话加以概括。在这个语境里，"低俗"通常意味着"淫秽"。我们得承认，最好的笑话不一定得是下流的笑话。例如，爱德华·利尔和刘易斯·卡罗从未写过这一类

---

① 提摩西·夏伊(Timothy Shy)是英国作家多米尼克·贝文·温德汉姆·刘易斯(Dominic Bevan Wyndham Lewis，1891—1969)，在《新闻纪实报》上的笔名。
② 比奇康莫(Beachcomber)，1919年至1975年《每日快报》的专栏《顺便说一句》集体创作的笔名。

笑话，而狄更斯和萨克雷写的也不多。

大体上，维多利亚早期的作家避免拿性开玩笑，虽然有几个是例外，如苏迪斯、马里亚特和巴勒姆，他们仍然保留着十八世纪的低俗。但问题的关键是，现代对于所谓"干净的笑话"的强调其实是不愿触及任何严肃或有争议的题材的体现。说到底，淫秽是一种颠覆。乔叟的《米勒的故事》是道德层面的反叛，就像《格列佛游记》是政治层面的反叛一样。事情的真相是，你要描写那些富人、有权有势的人和自鸣得意的人不愿意提及的话题，你才能成为难忘的幽默作家。

上面我提到了几位十九世纪最优秀的幽默作家，但如果你去考察早期的英国幽默作家的话，这一点就更加明显了——例如乔叟、莎士比亚、斯威夫特和流浪汉小说家斯莫利特、菲尔丁和斯特恩。如果你将外国作家考虑在内，包括古代的和现代的作家，那就更了不得：例如阿里斯托芬、伏尔泰、拉伯雷、薄迦丘和塞万提斯。所有这些作家都很残忍和低俗。那些人物被裹在毛毯里扔掉，他们砸穿了黄瓜棚架，他们躲在洗衣篮里，他们抢劫、撒谎、行骗，在每一次可能丢脸的时候都会出洋相。所有伟大的幽默作家都愿意去攻击作为社会基础的信仰和美德。薄迦丘将地狱与炼狱视作无稽之谈，斯威夫特嘲笑人类的尊严，莎士比亚让福斯塔夫在战斗中发表一则演讲为懦弱辩护。至于婚姻的神圣，在基督教社会里一千年来有大部分时间它是幽默的主要题材。

所有这些都不是说幽默的本质是不道德或反社会的。一个笑话顶多是对美德暂时性的反叛，其目的不是要贬低人类，而是让他知道他已经堕落了。极其淫秽下流的玩笑能和非常严肃的道德标准结合在一起，就像在莎士比亚的作品里一样。有些幽默作家，如狄更斯，怀有直接的政治目的。其他作家，如乔叟和拉伯雷，接受了社会的败坏，认为那是不可避免的。但没有哪位达到一定高度的幽默作家曾经说过社会是美好的。

幽默是对人性的揭露，只有在与人类有关的情况下它才有趣。比方说，动物只有在它们是对我们自己的拟人化戏仿时才有趣。一块石头本身不会有趣，但如果它打中了一个人的眼睛或被雕成人的模样，那它就是有趣的。

但有比扔奶油蛋糕更加微妙的揭露方式。还有纯粹幻想的幽默，嘲讽人类自诩不仅是有尊严的生物，还是理性的生物。刘易斯·卡罗的幽默的主要方式是嘲笑逻辑，爱德华·利尔则喜欢和常理玩恶作剧。当红桃皇后说"我见过的山丘，你所看到的那座山丘和它一比，就变成山谷了"时，她和斯威夫特或伏尔泰一样是在以自己的方式向社会的基础发起抨击。在利尔的幽默诗《向咏吉—邦吉—波求爱》中，幽默的诗篇总是在于营造一个梦幻的世界，那个世界和真实的世界很相似，以此剥夺了后者的尊严。但它更经常依赖反高潮的手法——即一开始用高雅的语言去写，然后突然间直转而下，重重地摔个跟头。例如：卡尔弗利的这几行诗：

> 曾经，我是一个快乐的孩子，终日
> 在绿色的草坪上欢乐地歌唱，
> 心满意足地穿着
> 一套有点紧身的小蓝衣。

这首诗最开始的两句会让人觉得这将是一首关于童年的美好的抒情诗。贝洛克先生在《现代旅行者》中对非洲的祈祷：

噢，非洲，神秘的土地，

被许多沙子包围，

尽是草原和树木……

遥远的俄菲乐土，有黄金的矿藏，

那是尊贵的老所罗门王的财产，

向北驶向丕林岛，

带走了所有的黄金，

留下了许多洞穴。

布雷特·哈特的续篇《致玛乌德·穆勒》，有这么两句话：

但在他们结合的日子，

玛乌德的哥哥喝得酩酊大醉。

用的是同一种手法，而伏尔泰的嘲讽之作《圣女》和拜伦的许多散文则以不同的方式做到这一点。

这个世纪的英文诙谐诗——看看欧文·希曼①、亨利·格拉汉姆②、艾伦·帕特里克·赫伯特③、艾伦·亚历山大·米尔

---

① 欧文·希曼（Owen Seaman，1861—1936），英国作家、编辑，长期担任《潘趣》杂志的编辑，代表作有《海湾的战斗》。
② 乔斯林·亨利·克莱夫·格拉汉姆（Jocelyn Henry Clive Graham，1874—1936），英国作家、记者，代表作有《我们嘲笑的世界》、《快乐的家庭》等。
③ 艾伦·帕特里克·赫伯特（Alan Patrick Herbert，1890—1971），英国作家，代表作有《秘密的战斗》、《泰晤士河》等。

恩①和其他人的作品——大部分都是劣作，不仅缺少想象力，而且没有思想。那些作者都处心积虑地避免阳春白雪——即使他们用韵文诗写作，也处心积虑地避免做诗人。而维多利亚时代早期的诙谐诗里到处都有诗歌的影子。它们往往是技艺精湛的韵文诗，有时候甚至讲究用典，"晦涩难懂"。巴拉姆曾写道：

> 你背后的双臀肌受了伤，
>
> 布劳迪·杰克，
>
> 你的美第奇②曾经受过伤，
>
> 你的爱神在多处地方受过伤，
>
> 我想大概有二十处，
>
> 如果没有更多，
>
> 她的手指和脚趾都掉在地上。

他是在展现大部分严肃的诗人都会尊敬的艺术品位。或者引用卡尔弗利的《烟草颂》：

> 你，当恐惧来袭时，
>
> 你将它们驱走，将骑手
>
> 鞍后坐着的那黑色的忧愁

---

① 艾伦·亚历山大·米尔恩（Alan Alexander Milne，1882—1956），英国作家，缔造了童话形象小熊维尼，代表作有《小熊维尼》、《爱在伦敦》。
② 指皮耶罗·迪·科西莫·德·美第奇（Piero di Cosimo de' Medici，1416—1469），常被称作痛风者，掌控佛罗伦萨，热心艺术，曾赞助许多艺术家。

拉下马；①

　　甜美啊，你在微光初现的清晨，

　　甜美啊，当他们收走了午饭的杯盘时，而在一天快过去
的时候，

　　你最是甜美！

　　看得出卡尔弗利并不害怕运用深奥的拉丁典故以引起读者的
注意。他不是在为下里巴人写作——特别是他的《啤酒诵》——
而且擅长反高潮的诗，因为他愿意向真正的诗靠拢，并认为他的
读者应该有充分的知识。

　　看起来，要想写出好笑的东西来，你就非得低俗不可——这
里所说的低俗是以我们这个时代大部分英语幽默作品所针对的读
者的标准而言的，因为不仅性是"低俗的"，死亡、生孩子和贫穷
也是。最好的歌舞厅幽默作品就是拿后面那三个开涮。尊重思想
和强烈的政治情感，如果不是真的低俗，也被视为品位很可疑。
当你的主要目的是取悦那些优裕的阶级时，你不可能做到真正的
好笑：它意味着忽略太多的东西。事实上，要做到好笑，你必须
严肃对待。过去至少四十年来的《潘趣》给人的印象是，它在试
着让人感觉心里踏实，而不是要逗笑。它所隐含的信息是，一切
都好得不能再好了，没有什么事情会发生真正的改变。这绝对不
是它创刊时的信念。

―――――――――――――――

　　① 此句衍生自一个拉丁典故："黑色的忧愁坐在骑手的鞍后"（*Post equitem
sedet atra cura*），出自古罗马诗人贺拉斯的诗句。

评萨缪尔子爵的《回忆录》、克里斯朵夫·伊舍伍德的《告别柏林》、弗吉尼亚·伍尔夫的《一个人自己的房间》、查普曼·科恩的《托马斯·佩恩》[①]

萨缪尔勋爵是一个理性的人，而理性的人并不总是会让人觉得激动。那些读过他的乌托邦作品（《未知的土地》，大概出版于三年前）的人会记得它描写了一个如此美妙、方方面面都没有疏漏的社会，但没有哪一个正常人能够住上半个月而受得了。

因此，如果他的回忆录的价值就只在于准确地记录了历史事件，可以用于检验当代历史的疑点，这并不会令人感到惊讶。

萨缪尔勋爵生于一个富裕的银行世家，父母希望他能从事法律。但他从小就决定投身政治。1889 年的码头大罢工，威廉·布什[②]的《在最黑暗的英国》，代表他的哥哥为怀特查佩尔的郡议会

---

① 刊于 1945 年 8 月 2 日《曼彻斯特晚报》。赫伯特·路易斯·萨缪尔（Herbert Louis Samuel, 1870—1963），英国自由党政治家，曾担任内政大臣、邮政总长等职务。克里斯朵夫·伊舍伍德（Christopher Isherwood, 1904—1986），英国作家，代表作有《在前线》、《诺里斯先生换乘火车》、《告别柏林》等。弗吉尼亚·伍尔夫（Virginia Woolf, 1882—1941），英国女作家，代表作有《日日夜夜》、《年华》等。查普曼·科恩（Chapman Cohen, 1868—1954），英国作家、学者，代表作有《自由思考文集》、《有神论与无神论》等。托马斯·佩恩（Thomas Paine, 1737—1809），英/美作家、思想家、革命家，代表作有《论常识》、《理性的时代》、《人权》等，其思想对美国独立革命有深刻影响。
② 威廉·布什（William Booth, 1829—1912），英国卫理公会牧师，于 1878 年创建救世军慈善机构。

选举进行的工作，这些事情使他意识到数百万英国人糟糕的生活条件，从那时起，他就坚定地支持自由党，因为直到 1900 年，那是唯一的左翼政党。

在牛津大学的时候，他积极参与地区政治，遭受压迫的牛津郡农场工人第一次成立工会就有他的一部分功劳。

那时候这种活动不像今天那么风行，萨缪尔先生（那时候还不是勋爵）的家门有时候都快被吵闹的大学生给拍烂了，而来自伦敦的名人就在他的房间里会面。从牛津大学毕业后他被选为南牛津郡自由党的候选人，但未能赢得议席，直到 1902 年才进入议会。

这本书最有趣的部分是讲述 1914 年到 1916 年的那几章。在战前和战争期间，萨缪尔勋爵在阿斯奎斯的政府里任职，能够对格雷①、霍尔丹、基奇纳②和劳合·乔治这些人作出权威性的判断，并讲述 1916 年底政府剧变的内情。

劳合·乔治继任首相后，他希望萨缪尔勋爵继续担任内政大臣，而萨缪尔勋爵拒绝了，因为他不仅反对新政府的人员构成，而且反对让阿斯奎斯倒台的不择手段的媒体报道。

他还补充写道劳合·乔治自认是为了国家真正的利益而行动，但其实是为了让自己攫取权力。这一部分的内容大部分是萨缪尔勋爵当时写的日记，对于纠正劳合·乔治本人多年之后所写的记录中的谬误很有价值。

---

① 乔治·格雷·阿斯顿（George Grey Aston，1861—1938），英国海军军官、情报部官员，代表作有《新旧战争的启示》、《政治家与市民的战争研究》等。
② 赫伯特·基奇纳伯爵（Earl Herbert Kitchener，1850—1916），爱尔兰裔英国陆军元帅，曾指挥英军在苏丹、印度、布尔等地镇压殖民地反抗，一战时被委任为国防部长，1916 年经海路至俄国时所在军舰被德军鱼雷炸中身亡。

其它部分的回忆内容很拖沓，不过萨缪尔勋爵认识自 1890 年之后的每一个大人物，而且了解许多人的轶事趣闻。

只有当他谈论自己亲身了解的政治事件时，他才写出最好的内容，在这本书的结尾有几段关于慕尼黑会议、重整军备和外交政策的结构精当的描写。

硬要说克里斯朵夫·伊舍伍德先生编撰的以《告别柏林》为书名的那册简笔故事集与那本简短的杰作《诺里斯先生换乘火车》水平相当是荒唐的。它们描写的是同一题材，因此这些故事的一部分魅力甚至就来自对于后者的回忆。

但它们仍然是对一个走向衰落的社会非常精彩的描写。在一篇简短的序文里，伊舍伍德先生解释他最初的目的是写一篇关于希特勒上台前的柏林的长篇小说——它原本的名字是《迷失》——这些故事原本是它的一部分内容。它们当中最精彩的是《诺瓦克一家人》，描写了沦落到贫困线上的一户德国工人阶级家庭，并描写了冬天一座肺结核疗养院凄楚的情景。

读着像这样的故事，你感到惊讶的不是希特勒能够上台，而是为什么他没有早几年上台。这本书的结局是纳粹党的胜利和伊舍伍德先生离开柏林。

施罗德太太（他的女房东）根本无可救药……向她解释或谈论政治根本没有意义。她已经在适应了，无论哪一个新的政权成立她都会这么做。今天早晨我甚至听见她对门卫的老婆满怀敬意地谈起"元首"。如果有人提醒她在去年十一月的选举时她投票给了共产党，她会激烈地否定这一点，并虔诚地……成千上万像施罗德太太这样的人正在让自己适应形势。

自从伊舍伍德先生的上一本小说问世至今，已经过去很久了，大部分时间他一直在加州追随杰拉德·赫德先生①。这些短文的重版提醒了我们他曾经是一位很优秀的作家，并让许多人希望他能够抛弃好莱坞回到欧洲，再看一看柏林。

弗吉尼亚·伍尔夫的这本书是一篇很长的散文，探讨了与男人相比阻碍女人写出第一流的作品的原因。她相信的主要原因在书名里已经有所暗示。她认为如果一个作家要写出自己最好的作品，他需要一年有 500 英镑和属于自己的房间，而比起男人，能够享受到这些条件的女人要少得多。

但是，还有其他不便——伍尔夫小姐构思出了威廉·莎士比亚的妹妹②，她的才华不在哥哥之下，但社会根本没有给她发挥才华的机会。这本书有时候过度渲染了女性所碰到的阻碍，但几乎每一个男性读者都能够带着优越感去阅读。

《托马斯·佩恩》是这位伟大的英国激进主义者的小传（他是英国人，但美国人总是会忘记这件事）。他支持美国的殖民者和法国的革命党人，并参与起草了《独立宣言》。

---

① 亨利·菲茨·杰拉德·赫德（Henry Fitz Gerald Heard，1889—1971），英国历史学家、教育家、哲学家，代表作有《人类的五个时代》、《第三种道德》等。
② 莎士比亚有四个妹妹，但三个早夭，第二个妹妹名叫琼。莎士比亚在遗嘱中为她提供了很好的照料，她比莎士比亚多活了三十年。

评爱德华·萨克维尔-韦斯特的《拯救》
限量版，由亨利·莫尔绘制插画[①]

电台节目是用来听的，不是用来读的。萨克维尔先生为《拯救》所写的序文（或"导言"，因为他喜欢这么说）比这出剧本身更值得一读。这出广播剧确实有几个章节很有阅读的价值，而且关于"音效"和消音的指引有技术上的趣味性，但是，任何没有听过实际播出的人会从"导言"里获益更多，它严肃地探讨了此前还没有进行过讨论的广播剧的可能性和尚未解决的难题。

《拯救》分两部分播出，每一部分用时二十五分钟，是《奥德赛》最后几章的戏剧化版本，进行了很多改动以赋予它情节剧的效果。有几段插曲是诗歌，还有几段插曲用日常俚语写成，它用的是高度风格化的语言，游走于诗歌的边缘，而且一直有音乐在伴奏。第一幕描写了佩内洛普遭到追求者的逼迫，第二幕的高潮是奥德修斯获得胜利。它最大程度地遵循严格的戏剧体裁，沉闷的旁白被取消了，他的位置由诗人斐弥俄斯和雅典娜女神代替，他们在剧情中会进行必要的解释。

你得听一听这出广播剧才会知道它的播出效果如何，但即使

---

① 刊于 1945 年 8 月 5 日《观察者报》。爱德华·查尔斯·萨克维尔-韦斯特
（Edward Charles Sackville-West, 1901—1965），英国作家，代表作有《辛普森的一生》、《留声机》等。亨利·斯宾塞·莫尔（Henry Spencer Moore, 1898—1986），英国雕塑家、画家。

你在阅读文本时，你也会提出一两点反对意见。首先，《奥德赛》适不适合被改编成舞台剧。作为一种人们所不熟悉的艺术形式，或许选择听众已经知道的故事会比较明智，但麦克风所体现的一个事实是，有些故事要比其它故事更加具有表现力。比方说，在这部戏里，奥德修斯用他的弓箭将追随者射死就不能很好地呈现。它只能由欧迈俄斯向斐弥俄斯间接地描述。而且，很遗憾的是，像这样一出严肃的作品弥漫着官方宣传的味道，即使只是很轻微地。被追随者们占领的伊萨卡被比拟为被德国人占领的希腊，虽然没有紧紧地扣住这一主题，但在第二幕里明确地提到了。甚至有一处地方似乎将奥德修斯与希腊国王乔治二世等同起来。

在"导言"里，萨克维尔谈论的主要是音乐伴奏的问题，但他还说到了关于广播剧的几个有趣的基本问题。他指出广播剧复兴了独白（在现实舞台上已经没有人能够忍受），而且在时间和空间上比电影更方便。另一方面，任何广播剧如果使用超过两到三个声音，就会让听众觉得很难理解剧情以及到底是谁在和谁说话，这个难题没有得到完全解决。通常的做法是安排一个叙述者，但这会破坏戏剧效果，或使得角色说出解释性的话语，可能使得情节没有那么精彩，而且要让它们听起来可信的话必须写得很有技巧。

但是，这些问题并没有得到深入的研究。基本的原因是，和几乎所有国家一样，英国的电台被垄断了。节目的来源只有一个，那就是英国广播公司，但所有的节目内容，从"漫画"到"希伯特新闻"，都有严格的长度限制。显然，没有多少时间安排给"高雅的"节目，因为大部分听众并不喜欢，而由于英国广播公司是一个半官方的组织，总是会受到爱管闲事的人的干预，他们只要一听到有节目听起来太难懂就会提出抗议。而且还有金钱上的困难。一出广播剧的制作要花很多钱——《拯救》里有三十多个配音，一定得花费好几百英镑——而且它只播出一次，最多两到三次。因此，它不可能进行精心排练——事实上，要让配音演员记住他们的台词是不可能的，而要给创作者一笔钱，足以让他花几个星期或几个月专心写剧本也是不可能的。这些条件都不利于实验性的工作。

与此同时，看到广播剧被印成书是一件令人振奋的事情，而且用的是高质量的纸张。如果它们以印刷品的形式存在，它们将更有可能复兴。如果电台节目能够播放不止一次成为常态，那些剧作家将会更加严肃地对待创作。

它们让人进一步了解印度[①]

　　企鹅出版社有一本"近期出版或即将出版"的书，是穆尔克·拉杰·安南德[②]的《苦力》，他还创作了《村庄》、《双叶与花蕾》、《剑与镰刀》和其他关于印度生活的小说。

　　安南德先生是以英语写作的印度作家小群体中的一员。过去二十年来这个群体的出现标志着英印关系的一个重要转折点。这个群体中还有艾哈迈德·阿里[③]、伊科巴·辛[④]、纳拉耶纳·梅农[⑤]和欧亚混血作家塞德里克·多弗[⑥]。

　　这些作家中有的人选择英语作为创作语言或许是为了能有更大的读者群体，但他们几乎将英语当成了母语，甚至有迹象表明一门独特的英语方言正在形成，就像爱尔兰英语一样。譬如说，艾哈迈德·阿里的《德里的早晨》的文风很精致，但你或许可以不用提示就能猜到它不是出自一个英国人的手笔。

---

① 刊于 1945 年 8 月 9 日《曼彻斯特晚报》。
② 穆尔克·拉杰·安南德(Mulk Raj Anand, 1905—2004)，印度作家，作品多揭露印度等级社会的黑暗，代表作有《印度亲王的私生活》、《七个夏天》等。
③ 艾哈迈德·阿里(Ahmed Ali, 1910—1994)，印度作家、诗人，代表作有《德里的暮光》、《火焰》等。
④ 伊科巴·辛(Iqbal Singh)，情况不详。
⑤ 瓦达克·库鲁帕斯·纳拉耶纳·梅农(Vadakke Kurupath Narayana Menon, 1911—1997)，印度音乐家、舞蹈家，曾担任英国广播电台音乐指导，代表作有《沟通的革命》、《音乐的语言》等。
⑥ 塞德里克·多弗(Cedric Dover, 1904—1961)，印度作家，代表作有《混血儿》、《地狱的阳光》等。

这些拥有双重出身的作家的优势在于他们能够直接向英国公众介绍印度。那些曾经在印度文学中占据重要地位但其实只占印度人口千分之一不到的"白人老爷"并不是他们的故事的主人公。

除了那些以英语写作的作家之外,还有其他作家——短篇小说作家普雷姆参德①就是一例——坚持以印度语创作,但深受欧洲作家如莫泊桑的影响。他们的作品译本英国读者一下子就能读懂。通过这个作家群体,你能了解到村庄和巴扎集市的生活情景,而从任何英国小说家或纯粹的印度作家那里你是无法了解这些的。

在吉卜林之前,英国在印度的统治有时候会催生有趣的文献,例如印度兵变时期的日记,但很少有幻想式的文学作品。

吉卜林似乎是第一位注意到并描写印度独特风情的英国作家。他被指责带有势利而且赤裸裸的帝国主义思想,这是公允的评价;但是,他最好的作品源自于事实上他并不真正属于侨居印度的英国人这个阶层。

他年轻的时候曾是拉合尔一个薪水微薄的报纸副编,《山中传说》和《三个士兵》这些作品的活力就来自于这一时期和他的童年回忆。但是,吉卜林的作品主要描写的是英国治下的印度。就连《金姆》这部讲述一个印度男孩的故事的作品——不是很有说服力——主角也是一个神明一般的英国官员。

在描写印度人时,吉卜林总是无法摆脱纡尊降贵的姿

---

① 曼施·普雷姆参德(Munshi Premchand, 1880—1936),印度作家,代表作有《曼陀罗》、《中奖》等。

态，而在涉及政治问题时就蜕变为麻木不仁。弗罗拉·安妮·斯蒂尔①的才华远远比不上吉卜林，现在几乎被遗忘了，但她更加严肃地尝试去理解印度人的思想。

吉卜林之后的下一部里程碑式的作品是爱德华·摩根·福斯特出版于1924年的《印度之行》。这本书仍然是，而且或许将是出自英国作家之手的印度题材作品中最好的一部。它是在机缘巧合之下写出来的，因为福斯特先生的经历不是在英国统治下的印度，而是一个印度的小邦。但是，思想的改变体现了英国的变迁。

对白人的优越性的信仰已经不复存在，人们不再认为印度人是古怪的封建体制的遗民，甚至不再是遭受蹂躏的受害者，而是一个纯粹的个体。这本书的力量在于，虽然在政治意义上福斯特与印度人站在同一阵营反对英国人，但他并不觉得一定要表现他们在道德上或思想上的优越性。

几乎所有的角色，英国人和印度人，虽然遭到帝国主义的侵蚀，但仍有正派的思想，值得同情。

福斯特之后关于印度的"复杂深刻"的作品变得更加普遍，例子有爱德华·汤普森②的《印度一日》、约翰·斯图亚特·科里斯③的《缅甸的审判》④和一部非常"轻松"但展现了没有肤色意

---

① 弗罗拉·安妮·斯蒂尔(Flora Annie Steel, 1847—1929)，英国女作家，代表作有《五河之地》、《旁遮普的传说》。
② 爱德华·汤普森(Edward Thompson)，情况不详。
③ 约翰·斯图亚特·科里斯(John Stewart Collis, 1900—1984)，英国作家，代表作有《光明的道路》、《脚踏实地》等。
④ 奥威尔的笔误。《缅甸的审判》的作者是莫里斯·斯图亚特·科里斯(Maurice Stewart Collis, 1889—1973)，英国作家，曾担任驻缅甸行政官，代表作有《黑暗之门》、《三界之主》等。

识的小说——乔·兰道夫·阿克利①的《印度假日》——而这在几年前是不可能发生的。

如果当代文学作品将流传下去的话，《印度之行》会是一部传世小说，但它的主题使得它被当成了一本社会纪实作品。它描写了在帝国主义体制下印度人与英国人不可能建立真正的友谊。在那个时候（这本书的构思或许是在 1913 年）这个主题几乎被强加在任何要去描写印度的诚实的作家的身上。然而，在不远的将来，或许我们将会看到关于印度的写法不同的小说。

福斯特所描述的紧张关系不会再持续很久了。不用再过几年印度将会获得独立，与此同时，数十万名英国士兵来到印度，已经建立起了新的接触——他们不是以前那些目不识丁的雇佣兵，而是接受了良好教育的应征入伍的士兵。或许下一批印度小说将会以他们的经历作为基础。

与此同时，我们可以从那个以英语进行创作的印度作家小群体那里了解到关于印度的大部分事情。对于英国公众来说他们并不是太出名，而且他们几乎没有得到英国政府的扶持，因为英国政府从来没有意识到英语作为欧洲与亚洲之间的纽带的重要性。在某种程度上，他们当中最有趣的人是《混血儿》的作者塞德里克·多弗，他是少数几个让外界了解到规模虽小但很重要的欧亚混血儿群体的作家之一。

事实上，我记得的关于这个题材的其他书籍还有彼得·布伦戴尔②的作品——《波尼奥的波德先生》等——它们是非常"轻

---

① 乔·兰道夫·阿克利（Joe Randolph Ackerley，1896—1967），英国作家，代表作有《战俘》、《父亲与我》等。

② 彼得·布伦戴尔（Peter Blundell），情况不详。

松"的作品，但信息量很大。如果企鹅丛书能够在出版《苦力》之后出版福斯特和艾哈迈德·阿里描写旧德里的文集，将有助于改善英印关系。

评克里夫·斯特普尔斯·刘易斯的《那股残暴的力量》、纳里娜·舒特的《交杯酒》①

大体上，小说最好不要去描写奇迹。但是，有许多描写鬼怪、魔法、千里眼、天使、美人鱼等等的小说是有价值的作品。

克里夫·斯特普尔斯·刘易斯先生的《那股残暴的力量》可以被归入此列——但奇怪的是，如果将它的魔法内容去掉的话，它会是更好的作品，因为在本质上它是一个犯罪故事，而且那些离奇的事件虽然在结尾部分更加频繁地出现，但并不是故事的必不可少的部分。

它的故事梗概和气氛都有点像吉尔伯特·基思·切斯特顿的《曾经是星期四的男人》。

作为作家，刘易斯先生或许借鉴了切斯特顿，而且和他一样对现代机器文明感到恐惧（顺便说一下，这本书的书名取自一首关于巴别塔的诗），一样坚信基督教会的"永恒真理"，反对科学唯物主义或虚无主义。

他的这本书描写了一个理性人的小群体对抗几乎征服了整个世界的梦魇。一个由疯狂科学家组成的公司——或者说，他们并不是疯了，只是消灭了自己的人性，全无善恶之分——阴谋征服

---

① 刊于 1945 年 8 月 16 日《曼彻斯特晚报》。纳里娜·舒特（Nerina Shute, 1908—2004），英国女作家、记者，代表作有《维多利亚时代的爱情故事》、《热烈的友谊》等。

英国，然后是整个地球，然后是其他星球，直到他们控制了整个宇宙。

所有多余无益的生活都必须被消灭，所有的自然力量都会被驯服，群众将沦为奴隶，统治阶层的科学家会对他们进行活体解剖。这些科学家甚至获得了不朽的生命。简而言之，人类征服了天堂，推翻了上帝，甚至自己成为了上帝。

这么一场阴谋并非完全不可能的事情。事实上，在一颗原子弹——已经被称为"过时"的原子弹——刚刚将大约三十万人炸得粉碎的时候，这个故事听起来已经是老生常谈了。我们这个时代有许多人确实在梦想着拥有他笔下某些角色的可怕力量，而如今这些噩梦即将成为现实。

他对国家实验协调中心以及它遍布世界各地的机构的描写——它的私人军队、它的秘密行刑室、它那个由一个被称为"头儿"的人掌控的内部人员小圈子——都是令人兴奋的侦探题材。

只有非常老练的读者才能在发现是"头儿"不慎泄露秘密的时候不感到兴奋。如果刘易斯先生能够成功地一直保持这个水准的话，我会毫无保留地推荐这本书。不幸的是，超自然的力量总是介入，而且毫无节制，令人感到困惑。那些科学家在尝试寻找已经被埋葬了1500年的古代凯尔特魔法师梅林的身体——他并没有死，只是处于神游状态——希望能够从他身上了解到基督时代之前的魔法的秘密。

他们被一个几乎很难被称为人类的角色挫败了。之前他在另一个星球上获得了永恒的青春。然后还有一个拥有千里眼的女人、几个幽灵和其他来自外太空的超人，有几个的名字在刘易斯先生之前的作品中出现过，读起来让人觉得很无聊。这本书的结局如此荒唐无稽，甚至并不让人感到恐怖，虽然有许多血腥的描写。

很多描写是围绕着科学家与恶灵的接触这个剧情进行的，虽然这个事实只有最内部的小圈子才知道。刘易斯先生似乎相信善灵与恶灵的存在。他有理由坚持自己的信仰，但它们削弱了他的故事，不仅是因为它们让读者感到不合情理，而且提前决定了结局。当你了解到是上帝在与魔鬼对抗时，你就知道哪一方会获胜。与邪恶进行斗争的戏剧性的魅力在于你没有超自然力量的帮助。不过，按照如今小说的水准，这本书值得一读。

《交杯酒》是那种价值与作者的意图并不一致的书。它的护封写着"一个古怪而叛逆的年轻女人的自传"，这番话清楚地表明了整本书那种自恋的氛围。作者喜欢以第三人称叫自己的姓——"舒特做了什么什么事情"和"舒特又做了什么什么事情"——这个习惯叫人想起一个戴着粉红色发夹的小女孩在镜子前面搔首弄姿，还问道："我可爱吗？"

但是，从社会学的角度看，这本书的价值在于它类似于《乱世春秋》的后记，罗列了从 1930 年以来的各种时尚的愚蠢和荒唐。虽然她主要依靠写影评和为化妆品写广告词挣钱，舒特小姐还有时间浮光掠影地对几乎每一样东西做一点了解，从苏维埃共产主义到基督教民主、试婚、莫斯利的新党、道德重整运动、天体主义、共产主义、芭蕾舞狂热、超现实主义、共同财富党和许多其它话题都草草提及，还点缀着对几位著名作家的简短的评论，有几个人的名字都写错了。它的结局是快乐的，舒特小姐几经辛苦终于争取到离婚，开始一场新的婚姻，并坚信经过这场战争，英国获得了新生。

这是一本傻帽而且肤浅的书，但如果你想要知道比弗布鲁克怎么吃午餐，或一个电影明星应该有多少件貂皮大衣，或坎特伯雷大主教对温莎公爵的评论，舒特小姐都能够告诉你。

评莱昂内尔·詹姆斯的《被遗忘的天才：圣科伦巴公学与拉德利公学的瑟维尔》①

如果弗洛伊德没有为人类作出别的贡献，至少他打破了人们在早餐饭桌上谈论梦境的习惯。心理学知识的传播揭露了很多本被视为纯洁的思想。瑟维尔博士②是两所公学的创始人，并担任其中一所的校长。如果他在今天撰写回忆录的话，很难相信他还会信口说出像"时至今日，拉德利的鞭笞室带给我最美好、最有感触、最神圣的印象"这样的话。并不是说这番话透露了关于瑟维尔的真相——鞭笞是十九世纪中期的通常做法，但他似乎很少这么做。但是，它确实表明他并不完全了解自己，而这正是许多维多利亚时代的伟人的优点和缺点。

威廉·瑟维尔是都柏林附近的圣科伦巴公学的创始人，后来又创建了拉德利公学，并从 1853 年到 1861 年担任校长。如果现在他被遗忘了，那么这本书并无助于改变这种情况，因为书中的大部分内容是难懂的文件，但作者有充分的理由认为瑟维尔对英国公学的现状所作出的贡献比起阿诺德③可谓有过之而无不及。

---

① 刊于 1945 年 8 月 19 日《观察者报》。西里尔·莱昂内尔·罗伯特·詹姆斯（Cyril Lionel Robert James，1901—1989），英国记者、作家，代表作有《辩证主义：论黑格尔、马克思与列宁》、《国家资本主义与世界革命》等。
② 威廉·瑟维尔（William Sewell，1804—1874），英国教育家。
③ 托马斯·阿诺德（Dr. Thomas Arnold，1795—1842），英国教育家、历史学家，曾担任著名的拉格比公学校长及牛津大学特级客座教授。

他是圣公会高教会派的信徒和坚定的保守党人，热烈地坚信"出身的重要"，但他也是一个富于远见卓识的教育理论家，甚至在为贵族子弟规划学校时能够想到"创建并维系为穷人服务的类似的学校"。创建圣科伦巴公学的初衷就是为了培养英裔爱尔兰贵族，他们应该是忠于皇室的清教徒。瑟维尔意识到语言的差异是爱尔兰的麻烦的根源之一，创造性地将凯尔特语列为必修课。他在拉德利公学的活动影响更为广泛。

在十九世纪初期，各所公学情况都非常糟糕，那是它们能否延续下去的生死关头。即使是最有名的公学，那些男生身陷其中的混乱、肮脏和恶习以及缺乏照管简直令人难以置信，要不是有无数人证实了这些事实。结果，它们的学生人数迅速减少。詹姆斯先生列举了几个有趣的数字证实这一点。哈罗公学在 1844 年只有 69 名学生，而半个世纪前它有 350 名学生。威斯敏斯特公学的学生人数从 1821 年的 282 人下降到 1841 年的 67 人。伊顿公学有很长一段时间甚至没办法招满 70 名拿国王奖学金的学生，1841 年的 35 个奖学金名额只有两个候选人。与此同时，人口正在增长，新的有产阶层需要有学校让他们的儿子就读，严肃对待教育的大型日校开始出现。如果不是阿诺德、瑟维尔和其他几个人对旧式的公学进行改革的话，或许它们就会自此消亡。

瑟维尔在拉德利公学呆了八年，结局是灾难性的。詹姆斯先生说："没有人会说理财是他的强项。"拜令人吃惊的奢侈所赐，学校一度陷入破产。但与此同时，他留下了自己的烙印，为其它学校树立了典范和影响。他的改革是推行更严格的管理，进一步发展模范生体系，更强调宗教教育和鼓励运动。他的目标是培养统治阶级，而且他是最早意识到需要为新建立的帝国培养行政人才的人。他的政治思想在某些方面很接近迪斯雷利，他的小说《霍克斯通》描写的是浪漫的贵族约翰·曼纳斯勋爵①。

詹姆斯先生努力将瑟维尔塑造成一个值得同情的人物，但并不成功。除了花钱无度之外，他似乎是一个谨慎细心的人，但身边的人都不怎么喜欢他。在温彻斯特公学，他是没有加入那场出名的造反的七个学生之一；年轻时他曾订过婚，但后来解除了婚约，不愿意透露原因。在牛津大学他参加了牛津运动，但在 90 号传单②引起的风暴中时他精明地置身事外。在牛津大学他的绰号是"小猪"③，虽然是对他的本名的戏仿，但并不表示尊敬或友好。但詹姆斯先生说他是一个重要人物，这是对的。没有他的努力，强制参加的体育活动、模范生体制、鞭笞室或许在英国上流阶层的教育中不会占据那么重要的地位。

---

① 约翰·詹姆斯·罗伯特·曼纳斯（John James Robert Manners，1818—1906），英国政治家，曾担任迪斯雷利内阁的枢密院顾问官及邮政总长。
② 宣传册第 90 篇（Tract 90）是牛津运动人士在 1841 年针对英国国教第三十九条发起的宗教宣传，旨在将英国国教定性为天主教而不是基督新教，引起英国国教内部的纷争。
③ 原文是"Suillus"。

评科内伊·楚科夫斯基的《斯人契诃夫》，宝琳·罗丝译本^①

　　或许接下来的故事与文人和艺术家的生平有关，还不至于太耳熟能详，失去复述的价值。

　　十九世纪中期，小丑格里马尔迪^②是伦敦舞台的一道亮丽风景。有一天，一个无精打采、神情忧郁的男人来到一位医生的问诊室，向医生解释说他受长年忧郁所苦。医生给他做了检查，发现他的身体并没有问题。

　　"你需要的，"最后他说道，"是能令你振奋的事情。你倒不如试着暂时忘却你的烦恼？听我的建议，今晚就去看格里马尔迪的哑剧表演。"

　　"我就是格里马尔迪啊。"那个病人回答道。

　　同样的对比出现在很多作家身上，他们在私人生活中所展现的性格和从他们出版的作品中似乎展现的性格截然不同。俄国剧作家和短篇小说作家安东·契诃夫也是如此——如果楚科夫斯基先生所写的内容可信的话——他是一个与我们原先所想象的决然不同的人。

---

　　① 刊于 1945 年 8 月 23 日《曼彻斯特晚报》。科内伊·楚科夫斯基（Kornei Chukovsky, 1882—1969），俄国作家、诗人，代表作有《埃波利医生》、《神奇的故事》等。宝琳·罗丝（Pauline Rose），情况不详。
　　② 约瑟夫·格里马尔迪（Joseph Grimaldi, 1778—1837），英国喜剧演员。

这本小书并不是一本传记。正如目录所表明的，这只是一本对契诃夫的性格的研究。全世界的读者都知道契诃夫作为弱者的记录者，文风精致但缺乏力量。他是第一个摆脱"情节"束缚的短篇小说作家，并写出了依赖气氛和角色而不需要有出人意表的结局的故事。

但他的突出特点是他所描写的人充满了魅力却又毫无作为。他最后一部同时也是最出名的戏剧《樱桃园》展现了一个小地主家庭由于软弱无能而被赶出他们再也没有本事维持的家业。

整部戏剧在哀叹旧式半封建的农业社会的消逝，结局中斧头砍伐树干发出的咣当咣当声给人留下了深刻印象。虽然他的许多作品内容诙谐甚至傻气，但契诃夫仍会让读者觉得他是一个感伤的天才。

但楚科夫斯基先生还说，契诃夫其实并不是这样的人。

契诃夫不仅友善慷慨，而且积极进取，这些我们可以从他的作品中推断出来，但他还是一个有着钢铁般意志的男人，拥有几乎超人般的能量。楚科夫斯基先生的书列举了契诃夫投身其中的许多活动，当你记起契诃夫在并不算老的年纪就死于肺结核时，这些活动之多令人感到钦佩，而且他不仅以行医为业，还写出了大量作品。

他游历过整个世界，对城镇规划很感兴趣，他创建了四所学校和一座图书馆，捐赠了 2 000 本书。从他的学生岁月开始，他就养活了一大家子，在霍乱流行的瘟疫中他巡视了 25 个村庄，他协助组织了全俄人口普查，扶助了多位贫困潦倒的作家，不仅给他们送钱，还帮他们改写故事。除此之外，他还活跃地从事社交活动，而且乐善好施。

但他最突出却并不最为人所熟知的事迹，是他到库页岛研究监狱里囚徒的生活条件。

来到库页岛之后，契诃夫不仅详细研究了劳改营的情况，还独立对全岛进行了人口普查。

但他就此次行程所写的书并没有带给他多少名气。沙皇时代的俄国的氛围对这类揭露文学并不是非常友好。

在书中的最后，楚科夫斯基先生表明自己对契诃夫的性格的看法与几乎每个人的想法都不一样。他说道："我能够引用数百页关于契诃夫的文章和书籍的内容，说他'软弱'、'被动'、'没有个性'、'不积极'、'优柔寡断'、'惰怠'、'衰弱'、'无能'、'呆滞'。"

确实，他对这些描述作出了有效的回应，但你一直会觉得契诃夫的道德热诚和社会意识被描写得过于突出。或许楚科夫斯基先生的一部分目的是恢复契诃夫的本来面目，就像过去十年来，许多俄国革命前的著名人物已经恢复了本来面目那样。

这本书最后提到了斯大林元帅和伟大的卫国战争，楚科夫斯基先生甚至小心翼翼地坚称契诃夫虽然生于亚速夫海附近并喜欢说自己是"古格尔人"（乌克兰人），但他是血统纯正的俄罗斯人，而且有典型的俄国品味和习惯。不过，这是一本能让人产生共鸣的书，在主旨上能自圆其说，而且能够帮助许多读者带着更多的了解去阅读契诃夫的作品。

评伊芙林·安德森夫人的《锤子还是铁砧？德国工人阶级运动的故事》、朱里奥斯·布朗瑟尔的《追寻千年》[①]

这两本书虽然宗旨不同，但在内容上互相补充。安德森夫人的书是德国左翼运动简史，重点在于 1918 年之后的事件。《追寻千年》不那么强调历史，带有更强烈的自传色彩，作者是一位奥地利人。

他在奥地利的社会主义运动中扮演着重要角色，直至许士尼格[②]政府在 1935 年将他驱逐出境，但他对从 1905 年至上一场战争结束的那段时期尤为感兴趣。从这两本书中你能勾勒出导致希特勒崛起的一长串错误和灾难的清晰图景。

在一战之前和二十年代的大部分时间里，德国的工人运动是世界上最蔚为壮观的。最终它被镇压了，但正如安德森夫人的描写所表明的，它真正的失败原因在早前就已经埋下，它在战后掌握了权力，却未能贯彻必要的改革。安德森夫人认为问题的根源在于，早在 1914 年前，工人运动内部就已经貌合神离。

[①] 刊于 1945 年 8 月 30 日《曼彻斯特晚报》。伊芙林·安德森夫人（Evelyn Anderson, 1909—1977），德裔英国女记者，其作品《锤子还是铁砧？德国工人阶级运动的故事》由奥威尔的太太艾琳担任编辑。朱里奥斯·布朗瑟尔（Julius Braunthal, 1891—1972），奥地利作家、政治活动家，代表作有《国际主义史》。

[②] 科特·许士尼格（Kurt Schuschnigg, 1897—1977），奥地利政治家，曾于 1934 年至 1938 年担任奥地利总理。

德国的社会主义民主派的大部分人是"改革派"，他们的领导人习惯于通过争取议席进行斗争，并不愿意采取激进的行动。

而像卡尔·李卜克内西和罗莎·卢森堡这些激进派人物更加了解世界政治，但脱离了群众，而且低估了工联主义的重要性。

但是，罗莎·卢森堡热诚地信奉民主，早在1905年她就反对集权思想。她与李卜克内西在1919年初被残忍地杀害了，她的死去标志着可以将德国的社会主义运动团结起来的唯一人选消失了。

结果，右翼人士和左翼人士几乎毫无间断地互相争斗，直到希特勒掌握权力，然后将改革派和革命派一同镇压下去。

安德森夫人以详实的手法和不偏不倚的态度复述了那个可悲的故事。自然而然地，到了结尾这个问题出现了：社会主义者、共产党人和别的左派团体被12年来的纳粹主义白色恐怖彻底摧毁了吗？安德森夫人用四个章节的篇幅描写了地下斗争。这些内容无疑是在欧战胜利日之前写的，当时关于德国的内部情况几乎没有多少真实的数据，但大致的结论已经被证明是正确的。安德森夫人强调同盟国发表的"无条件投降"的条款使得德国境内的抵抗者处境更加艰难——事实上，在战后这成为了广泛共识。

她的结论是：现在德国的整整一代年轻人对纳粹主义已经完全幻灭，但没有明确的政治理念，他们或许会走上任何方向，这取决于他们将会有怎样的领导者。他们的再教育最终取决于能让德国再度走向繁荣的、公正的和平方案，而不是将德国再度逼入誓要复仇的民族主义。

布朗瑟尔先生也强烈地认同这一点，他悲伤地注意到英国工党在战争开始时的决议——"我们不应该接受专断的和平。我们无意去羞辱、摧毁或瓜分德国。对侵略行径的受害者必须作出补偿，但所有报复和惩罚的想法都必须被摒弃"——在过去五年来似乎已经变得声音非常微弱。

布朗瑟尔先生生于 1891 年，父母是虔诚的正统犹太教信徒，14 岁的时候去当书籍装订的学徒。那一年俄国革命失败了，这一事件是他将毕生奉行给社会主义运动的原因之一。

他说在奥地利，特别是在一战之前，社会主义是一种生活方式和道德态度，而不只是一个政治和经济理论。迫害、失败和流放只是加深了他的情感，他认为如果社会主义不意味着对人类大同世界的热诚信仰，那它就毫无意义。从奥地利被驱逐出境后，他在巴勒斯坦待过一段时间，然后来到英国。

他对英国怀有深厚的感情，经过一番困惑之后，他对英国的政治制度心怀敬意。他在书中的结尾热烈地呼吁国际主义世界观的回归，并真挚地说，默许八百万德国人从东普鲁士被驱逐以及类似事件的发生将预示着"社会主义所代表的一切的彻底失败——它将标志着马基雅弗利式的唯物主义在道德上和政治上获得了胜利"。

评乌娜·波普-轩尼诗的
《查尔斯·狄更斯》①

关于狄更斯的完美作品，也就是说，一本真实地展现他的生平与作品以及他的作品与他所处的环境之间的关系的书，目前还没有出现，但乌娜·波普-轩尼诗夫人的作品搜罗了许多材料，而且立意公允，使得接下来的纯粹传记类的作品显得没有存在的必要。

大部分关于狄更斯的作品要么是"热情支持"他，要么是"激烈反对"他，根据他是作家还是丈夫的身份而定。从长远来看他的名誉或许被福斯特②的《生平》所损害，这本书隐瞒或含糊带过了许多事件，而这些事件在当时一定已经有很多人知晓。结果就是，它造成了某种冲击——事实上，人们觉得被狄更斯欺骗了。公众最终发现这个卫道士至少有一个情妇，与妻子结婚二十二年后分居，对他的几个儿子专横霸道。乌娜夫人的书属于"支持"的一类，但她并没有尝试去掩盖事实，甚至补充了一两个此前没有被揭露的细节。在其它方面，有时候狄更斯因为他在处理金钱事务上的做法、他对待父母和"岳父母"的做法以及他刻意

---

① 刊于 1945 年 9 月 2 日《观察者报》。乌娜·康斯坦丝·波普-轩尼诗(Una Constance Pope-Hennessy，1876—1949)，英国女作家，作品多为传记，代表作有《爱伦坡》、《查尔斯·狄更斯》等。
② 约翰·福斯特(John Forster，1812—1876)，英国传记作家，代表作有《狄更斯的生平》、《斯威夫特的生平》等。

迎合公众的信条而遭到谴责，在这些问题上她的立场是支持他，而且获得了成功。

狄更斯的性格有两个主导事实，那就是他颠沛流离的童年和他年纪轻轻就成为著名作家。乌娜夫人认为他的出身让他对"以代议政府作为掩饰的贵族体制"感到恐惧和不信任，因为他的祖父是一个马夫，父亲在一座乡村别墅的仆人宿舍里长大。但在他童年时发生过一段插曲——那时候他的父亲被关进债务人监狱，而他自己在斯特朗街的鞋油厂上班，狄更斯对这段插曲的态度一部分是势利，但另一部分是悲伤和孤独，觉得他的父母不爱他了。然而，离开鞋油厂十几年后，他已经是一位非常成功的作家，二十五岁之后他再也没有尝过为金钱所苦的滋味。只有一段非常短暂的时期他或许可以被称为"挣扎中的作家"，而且他没有经历普通意义上的进步，一开始先写出几本尖刻的作品，然后获得成功，变得更加"圆润成熟"。大体上，随着他年纪渐长，他的书变得越来越激进。《小杜丽》、《艰难时世》或《远大前程》比起《雾都孤儿》或《尼古拉·尼克贝》并没有更为激烈的个人谴责，但它们所隐含的社会思想却更加悲观。

乌娜夫人作为批评家没有传记作家那么成功，而且她对几本小说的概述对于还没有阅读过的人来说并没有很大的帮助。但是，她充分阐述了狄更斯对生活和社会的态度，并纠正了早期批评家强加在他身上的歪曲的看法。狄更斯不是新天主教徒，不是马克思主义者，不是墙头草式的骗子，也不是保守党人。他是一个激进主义者，不相信贵族统治，也不相信阶级斗争。他的政治思想可以用他自己说过的话进行归纳："大体上，我对人民统治的信仰是无穷小的，而我对被统治的人民的信念是无穷大的。"——

这番话由于英语的含糊，有时候被解读为狄更斯是民主的敌人。无疑，狄更斯的私德从五十年代前后起开始堕落，但这并不能表明他出卖了自己的思想或不再与弱势群体站在同一阵营。有一件事情似乎与这一立场相抵触，那就是他接受了男爵封号，但那是他临终前几个星期的事情，那时候他可能已经神志不清了。

乌娜夫人的描写似乎表明狄更斯的性格的改变是从他久居巴黎开始的，那时候正值法兰西第二帝国辉煌的早年。他交往的社会群体要比以前他所认识的群体更加势利和世故，患了淋巴症的狄更斯夫人作为十个孩子的母亲，一定显得格格不入。而且狄更斯还结交了像威尔基·科林斯①这样的损友，对舞台越来越感兴趣，总是有家不回，与迷人的年轻女子接触交往。和吉辛一样，乌娜夫人认为狄更斯所感受到的兴奋以及他在公开朗诵时与观众的交流带有病态的色彩，而且是他健康恶化的原因。但是，她似乎低估了从一开始就存在于狄更斯身上的病态特征。说到他与埃德加·爱伦坡在1842年的会面时，她说爱伦坡的恐怖故事在当时并不能让狄更斯有所触动，虽然狄更斯在《雾都孤儿》里写过几幕恐怖的情景，而且《匹克威克外传》里面那个疯子的故事几乎就是对爱伦坡的模仿。

---

① 威廉·威尔基·科林斯（William Wilkie Collins，1824—1889），英国作家、剧作家，代表作有《月长石》、《无名氏》等，与狄更斯从青年时期就相识。

评"大众观察"的《英国与它的出生率》[①]

众所周知——但"大众观察"的报告表明有许多人并不知道——英国的人口现在正在急剧下降。战争的后几年出生率有了轻微的提高，但过去半个世纪来的整体趋势是下降，而且达到了，或几乎达到了死亡人数多于出生人数的水平。

"大众观察"所报道的评论表明并不是有很多人知道这意味着什么。他们以为这只是意味着人少了，很多人觉得这是好事，因为它将解决房屋紧缺的问题或减少失业。但事实上它意味着不仅人少了，而且还会持续地减少——并导致灾难性的经济后果——和迅速老龄化的人口。人口统计在某种程度上是不可预测的，因为可能会有什么事件改变趋势，但如果当前的趋势一直持续下去的话，我们知道将会发生什么事情。因此，如果生育率继续像三十年代那样下降的话，到 2015 年，只需要 70 年的时间，英国的人口将只有一千万人，其中过半人口年龄大于 60 岁。

即使生育率没有进一步下降，而是维持现状，人口仍会出现灾难性的下降。到本世纪末，将近三分之一的英国人将会在 60 岁以上，而只有 11% 是小孩子。

以这些数字作为背景，"大众观察"开始着手调查出生率下降的原因，或如何改变社会气氛能够再度提高出生率。目前所需要

---

① 刊于 1945 年 9 月 6 日《曼彻斯特晚报》。

的增幅并不是很大。如果每户家庭多生一个小孩，人口将再次达到更替水平，但如果在短期内人口没有增加的话，以后就需要有更高的增长率。

但是，"大众观察"的研究表明人们不仅不想要大家庭，而且希望有更小的家庭。两个孩子——这比目前的平均数字要低，而且远远低于更替水平——几乎被普遍视为理想的家庭模式。另一方面，故意不生孩子的婚姻并非普遍现象。

这个调查所揭示的一个事实就是，出生率下降的原因并不是直接的经济考量。最普遍的解释是现在人们"承担不起"生育孩子，但事实上最穷的人群出生率总是最高。全世界都是这样——生活水平最低的国家生孩子总是最快——英国在维多利亚时期人口迅速增长的背景是不堪忍受的贫穷。

生活水平的提高伴随着生育率的下降，一部分原因是有其它诱惑与孩子竞争——电影、广播等等——另一部分原因是人民希望更多地享受生活，女人不愿意从25岁起就变成疲惫的黄脸婆。此外，孩子们如今比以前更受重视。每个人都希望给自己的孩子最好的教育和环境。那些有三四个孩子的家庭免不了会有疏忽漠视。

总的来说，反对大家庭的社会压力是很大的，生了10个孩子的母亲会被没有生孩子的大龄女士怜悯或嘲笑。

因此，"大众观察"指出，靠补贴产妇能否取得成效仍不清楚。某些细微的改善，像育婴医院更及时和周到的服务会有所帮助，但家庭补贴、日托、看护、免费尿片服务等或许会加剧出生率的下降。

所有这一类社会服务会直接或间接提高生活水平，迄今为止生活水平的提高都导致生育率的下降。人们越习惯舒适和休闲，他们就越不愿意让自己的身边围绕着成群的孩子。另一方面，经济的稳定，从摆脱失业的意义上说，对于大家庭是有利的：目前的房屋紧缺是许多家庭不生孩子的直接原因。

"大众观察"的结论是，这种情况只能在未来恢复信念后才能得到解决。如果人们认为把孩子带到这个世上是对孩子好的话，他们就更有可能去养育一个大家庭——如果他们相信1970年的生活要比现在更美好。

事实上，这一信念目前并不存在。恰恰相反，人们普遍认为失业将会回来，甚至都认为另一场世界大战将在下一代人身上发生，有一些人猜疑努力提高生育率其实是为了制造"炮灰"。值得注意的是，宗教信徒，无论是天主教徒还是新教徒，都要比非信徒的生育率高一些。

这份调查或许是在大选前进行的，或许过度强调了存在于英国的政治冷漠和对未来的偏激。但它的主要结论是访问了数百位中产阶级和工人阶级的女士后得出的，很难去回避它。

人们组织小家庭是因为他们没有能够超越享受舒适和社会尊严的人生目标，单纯让他们得到经济上的好处并无法改变这一趋势。与此同时，辅助措施包括迅速的房屋重建和减少婴儿的死亡率，而最重要的是，要对公众舆论进行教育。

正如"大众观察"所说的，几十年内我们的人口的下降和老龄化对于我们来说是所有问题中最为紧迫的。人们越早意识到事情演变的方向，越早停止相信人口减少意味着失业率的降低，情况就会越有利。这是一本让人不安的书，但是，如果你能找到这本书，至少读一读前面的几个章节。

评萨吉塔利尔斯的《箭袋的选择》 [①]

没有人能够每个星期都保持最佳状态，萨吉塔利尔斯的几首诗（她以这个笔名在《新政治家报》和其他报刊如《论坛报》和《时代与潮流》上出现）要比别的诗好一些，但她是我们这个时代唯一的政治诗人，将诗歌的技巧和理智的评论结合在一起。奇怪的是，当她模仿流行于维多利亚时代但现在已经绝迹的诗歌时，她能写出最好的作品——不是模仿某位作者或流派，而是有个人风格的作品，例如：

> 那是一个宁静的夜晚，
> 老威廉的手表不走了，
> 他正在对着沙包的洞穴前，
> 擦亮他的长枪。
> 战争的孤儿薇芙琳，
> 正在身边的草坪上打扫。

> 她在一堆废物里翻寻，
> 找到了一个生锈的铁罐，

---

① 刊于 1945 年 9 月 7 日《论坛报》。萨吉塔利尔斯(Sagittarius)是奥尔塔·卡金(Olta Katzin，1896—1987)的笔名，Sagittarius 的本义是射手座。

高兴地叫嚷着:

"就用这个来装急救品吧!"

但他回答道:"不,小姑娘,

我会用它做一个手雷。"

　　还有一首诗写的是伊诺努总统[①],模仿的是厄尼斯特·道森,叠句是"我以自己的方式忠于盟友",气氛非常欢乐。还有一首诗,模仿的是威廉·艾灵汉姆[②],描写的是斯科特委员会的乡村管制计划:

上至那规划的山峰,

下至那指定的溪谷,

教育委员会

正派出它的人员——

系着绿色皮带的顽童,

在校园里乱跑。

年轻的群体和他们的领袖,

正在破坏规矩。

由细则规定的山坡,

围着石楠的篱笆,

爱人与情侣,

---

① 伊斯梅特·伊诺努(Ismet Inonu,1884—1973),土耳其军人,曾于1923—1924年和1925—1937年担任土耳其首相,1938年至1950年担任总统。

② 威廉·艾灵汉姆(William Allingham,1824—1889),爱尔兰诗人、作家,代表作有《日记集》、《爱尔兰诗歌》等。

正并肩而行。

相形之下，那些更加严肃的诗歌有时候太过刻意，而且加入了外国的名字和语句，总是很难取得成功。很遗憾的是，这些诗歌没有以时间顺序进行排列，但即便如此，把它们从 1935 年到 1945 年进行排列，它们就是对政治事件的完整记录。这本书的一个小小的吸引人的地方是读者可以自己玩一个游戏，尝试找出哪首诗写于哪一个年代。

评麦卡尼的《法国厨师协会》①

    麦卡尼先生的小册子不经意间揭露了几乎任何一家餐馆或酒店的厨房门后的肮脏、拥挤、欺凌和辛劳，但是，大体上它是对闪电式罢工的技巧的一份非常专业的研究。在一战之前，他和其他人促成了厨房工人联合工会的成立（组织没有永久性的领导，而且这些职位都是没有酬劳的），并与已经存在的服务员工会达成了协议。然后他们准备好了举行第一次罢工，方式是在晚餐进行到一半时突然停止工作，成功与否取决于隐秘性、纪律和精确的时机把握。

    还差五分钟到六点半，晚餐进行得很顺利，吸引了那些脑满肠肥的寄生虫一般的客人前来"就餐"。他们坐了下来，由笑容可掬点头哈腰的服务员招待，却招来他们的轻蔑。六点三十分，开胃菜上了，然后上了汤，然后上了鱼。正菜到了，而时间也到了。七点钟，一个陌生人走进就餐室，用一条白手帕抹了抹额头——这是秘密会议上决定的暗号。服务员们像雕像那样僵住了，只有一、两个还在伺候人。厨房收到了"风声"，大家都立刻不干活……客人们喊叫着要领班过

① 刊于 1945 年 9 月 8 日《自由——以无政府主义的形式》。麦卡尼（W McCartney），情况不详。

来，上帝啊，天哪，谁肯来伺候他们啊！神圣的就餐室在它悠久的历史里从未见过这么一幕。客人们吃到一半的时候被遗忘了，他们都是绅士，却开始骂骂咧咧。他们开始离开酒店，却不得不自己去找帽子和大衣，自己叫马车或出租车。这让我想起了刚才看到的伦敦街头那些饥肠辘辘的愤怒的人，但那些人是要挨棍子的。

此次打击的方式不是很光明正大，但立刻产生了效果。经理发现与自己作对的是一个庞大的工会，之前他根本不知道这个工会的存在而他所有的下属都是它的成员。他在长长一列要求下面签了字，包括为所有的工人交工会费、废除给小费、一周工作四十八小时和每年一周的带薪假期。

其他罢工都取得了成功，虽然有一定程度的破坏罢工的活动存在。运动源起于厨房工人，他们大部分都是外国人，而最喜欢破坏罢工的人是英国人。在1905年到1914年间有三十八场类似的罢工，都取得了成功。当然，短期的目标是改善工作条件和终止不给工人开工资，他们只能挣小费的恶劣行径。但是，他们的终极目标是彻底消灭谋求利润的餐饮业，并"拥有和控制餐饮业，为工人谋福利而不是为少数无所事事的寄生虫挣钱"。

当然，这场运动不受工会领导人的欢迎，但它获得了成功，直到1914年战争爆发前仍保持团结。战争使得餐饮业的人员构成发生了变化，从而瓦解了运动，而且战后的大规模失业催生了大批的破坏罢工者。工作条件被迫回到1910年的水平，新的工会成立后，漫不经心的斗争策略导致了悲剧。麦卡尼先生被雇主协会列为危险人物，并逐出餐饮业，最终因为在劳动节游行上发表太过革命的演讲而被逐出总工会。

　　我曾经接触过酒店工作，麦卡尼先生在这个行业呆了五十年，因此，他所说的话不需要得到我的确认。但我要说的是，他所描写的地窖的生活，那种高温、肮脏、吵闹和混乱，和我1929年在巴黎当厨房小工时的经历一模一样。

评布莱恩·梅里曼的《深夜的庭院》，由弗兰克·奥康纳从爱尔兰文翻译[①]

在战争年间我们与爱尔兰有很多接触，奥康纳先生的这本书应该受到欢迎，因为它不经意间让我们了解到当前爱尔兰文学的情况，并向我们介绍了一位不知名的十八世纪诗人。

布莱恩·梅里曼是克莱尔郡的一个乡村学校校长，根据梅里曼先生所说，那个地方在当时"与欧洲的任何地方一样野蛮落后"。后来他去了利默里克，以教数学为生，1805年的时候在籍籍无名中死去。奥康纳先生翻译的那首长诗在某种程度上是幽默的譬喻，主要内容是对梦境的描述。或许最好先对这首诗进行概述，然后再总结奥康纳先生的解释。

诗人写道，有一天他在蕨丛中睡着了，然后童话王国的女王叫醒了他（她长得可不像提坦尼亚[②]，而是一个极其丑陋的巨人）。宫廷正要审判一个年轻的女人。她嫁给了一个老头，在婚礼的当天就生了一个孩子。审判演变成为男人与女人之间的口角，作者同情的是女人。

第一个发言的是一个女孩，愤怒地抱怨说现在的男人都不结

---

① 刊于1945年9月27日《曼彻斯特晚报》。布莱恩·梅里曼（Brian Merriman，1749—1805），爱尔兰诗人，代表作有《深夜的庭院》等。弗兰克·奥康纳（Frank O'Connor，1903—1966），爱尔兰作家，代表作有《午夜的法庭》、《孤独的声音》等。

② 提坦尼亚（Titania）是莎士比亚的作品《仲夏夜之梦》中精灵女王的名字。

婚，而且总是喜欢年轻貌美的女人：

> 一个脸色绯红、年轻活泼的男孩，
> 带着亲切的微笑，和挺拔的身躯，
> 找到了最吸引人的财富，
> 充满了迷人的魅力。
> 有位焦躁的老女仆，双脚踩在粪便中，
> 虔诚的表情和歹毒的言语，
> 恶毒而嫉妒，唠唠叨叨，哼哼唧唧
> 哭哭啼啼，机关算尽——
> 她的灵魂来到了地狱，一头粗俗的母猪，
> 长着一双罗圈腿，和杂草般的乱发，
> 这天早上她来到祭坛，
> 心中满怀希望！
> 难道就没有男人爱我吗？
> 我不是身材丰满声如银铃吗？
> 我的嘴唇在等候热吻，我的皓齿在灿烂微笑，
> 花瓣般的肌肤和闪闪发亮的额头。

她继续畅所欲言地描述自己的迷人之处，最后还提到了关于当时爱尔兰人很爱用的春药的有趣信息。接着是那个被妻子背叛的老头发言。他激烈地嘲讽婚姻和自己的妻子，并宣称爱尔兰人完全被野种取代会更好。第一个发言的女孩为那个与人私通的妻子辩护，并斥责神职人员的独身是女孩子们嫁不出去的主要原因之一。她说牧师们总是包养情妇，如果他们必须结婚的话情况会

变得好一些。童话王国的女王作出了判决，宣判故意不结婚的男人将接受惩罚。那个诗人已经 30 岁了，但仍然独身，被判处鞭刑，但正好从梦境中醒来。

你应该如何去理解这首奇怪的而且有几处地方很下流隐晦的诗呢？奥康纳先生说它是由一个拥有欧洲大陆的观念并被卢梭的思想所影响的人作出的对爱尔兰的清教徒主义和圣职主义的抨击。虽然以凯尔特语进行创作，但他模仿的是当时的英文诗歌，根据奥康纳先生所说，他是第一个摆脱抒情主义的爱尔兰诗人。

奥康纳先生说在梅里曼之前，"爱尔兰的戏剧、散文、批评或叙事诗都一无是处，有思想的爱尔兰文学并不存在。梅里曼希望写出爱尔兰人从来没有想到过的作品，一部结构平衡的、以时代题材为主题的作品，每一个细节都服从于中心主题。这首诗就像利默里克的海关大楼一样充满古典风格，幸运的是，作品委员会没有对它下手。"

因为你读的是译本，所以很难知道这个判断在严格的文学意义上是否成立。奥康纳先生所使用的欢畅的格律并没有体现出古典诗歌的流畅。

他说"《午夜的法庭》的宗教背景是新教主义"，这番话或许是对都柏林的天主教主义的有感而发。神职人员的独身不是新教的制度，但也不是性的解放——而这首诗呼吁的正是性的解放。发表言论的男人和女人虽然从不同的角度对这个问题进行阐述，但两人都是在抨击清教徒主义，而除了爱尔兰之外，这种主义在奉行天主教的国家并没有在奉行新教的国家那么盛行。

但奥康纳先生说这首诗体现了伏尔泰和卢梭以不同的方式进行阐述的"启蒙"和对"人性"的推崇，他或许是对的。在梅里曼进行创作的时候，它即将在法国大革命中找到政治表达。

奥康纳说梅里曼"在十八世纪的爱尔兰乡村所写的内容即使是叶芝本人在二十世纪说英语的都柏林也得想一想再去写"，我们或许可以猜到他能够幸免是因为他是一位无名诗人。

在《午夜的法庭》之后梅里曼再也没有新的作品，而是去了利默里克教数学，或许他希望在新教徒的地区找到志趣相投的思想。如果是这样的话，他失望了，而且他对清教徒主义和圣职主义的抨击以失败告终，特别是在他所选择的城市。正如奥康纳先生所说：

> 这里是爱尔兰清教徒主义最盛行的地方。在夕阳中倚在桥上，看着在克莱尔的青山间蜿蜒的河流，很久很久以前老迈的梅里曼曾经来过这里，你可以听到格里高利合唱团唱着《我盼望死者复生》，回到他曾经走过的街道，回想在利默里克没有其他事情值得期待。

介绍杰克·伦敦的《热爱生命》和
其他故事①

娜德斯达·克鲁普斯卡娅在她的《回忆列宁》这本小书里讲述道，在列宁病逝之前，她总是在傍晚大声地读书给他听。

> 在他去世两天前，我在傍晚为他朗读了杰克·伦敦的《热爱生命》——它仍然放在他的房间的桌子上。那是一篇非常精彩的故事，在从来没有人类踏足的冰雪荒原上，一个就快饿死的病人挣扎着要到一条大河的港口那里。他的力气正在消失，他走不动了，只能挪着步子，一条狼就在他身边游走——它也快饿死了。人狼之间展开了一场搏斗，那个男人赢了。半死不活，半疯半癫，他来到了目的地。这个故事让伊里奇(列宁)很振奋。第二天，他叫我再读杰克·伦敦的作品给他听。

克鲁普斯卡娅接着读下去，但是，下一个故事却"浸透着资产阶级的道德观"，"伊里奇微笑着挥了挥手，示意不要读下去"。杰克·伦敦的这两篇故事就是她读给他听的最后的作品。《热爱生命》这个故事要比克鲁普斯卡娅在小结里面所讲述的

---

① 定稿于1945年10月。

更加残酷，因为它的结局是，那个男人吃掉了那条狼，死死地咬住它的喉咙，吮吸它的鲜血。正是类似这样的主题，赋予了杰克·伦敦无法抵挡的魅力，在列宁的临终床头被阅读本身就是对伦敦的作品的褒扬。他是个擅长描写残忍的作家——事实上，他的主题就是大自然或当代生活的残酷。他还是一个特别丰富多变的作家，许多作品是在懈怠而匆忙的情况下写就的。克鲁普斯卡娅或许说的对，他的身上或许有一种叫做"资产阶级情怀"的气质——一种与民主和社会主义的信念格格不入的气质。

过去二十年来，杰克·伦敦的短篇小说不知为何被遗忘了——你可以从它们完全停印这件事了解到它们彻底被遗忘。就大众读者而言，他的许多关于动物的书籍还被记得，特别是《森森白牙》和《野性的呼唤》——这些作品迎合了盎格鲁-撒逊人对于动物的情怀——到了1933年后，他因为《铁蹄》这部写于1907年的作品而声誉渐隆，从某种意义上说，这是一本关于法西斯主义的预言。《铁蹄》并不是一部好作品，大体上它的预言并没有实现。它的时间和地理很滑稽，伦敦犯了那时候常见的错误，认为革命会在高度工业化的国家率先发生。不过，在几点上伦敦说对了，而几乎所有作出预言的人都错了，而他之所以是对的，是因为他与生俱来的气质，使他成为一个优秀的短篇小说作家和一个不是太可靠的社会主义者。

伦敦想象美国爆发了无产阶级革命，然后被资产阶级发起反击并镇压下去，或者说，在部分程度上镇压下去了。随后，在漫长的时间里，社会由一小撮暴君统治，他们被称为"寡头统治集团"，手下是一帮被称为"雇佣兵"的类似于盖世太保的打手。伦敦所能想象的就是反对独裁制度的地下斗争。他以令人惊讶的准确性预见到了某些细节，比方说，极权社会的独特恐怖、一个人被怀疑是政权的敌人就会平白无故地消失。但这本书最值得注意的地方是，它认为资本主义不会因其"内在矛盾"而毁灭，占有财产的阶层能将自己凝聚成一个庞大的集团，甚至演变成一种扭曲的社会主义，牺牲它的许多特权以保持它的优越地位。伦敦对"寡头统治集团"的思想进行分析的那部分章节非常有趣：

> （该书虚构的作者写道）作为一个阶层，他们相信是他们独自支撑着文明。他们认为，如果他们被削弱了，那头巨兽就会以其滴着黏液的血盆大口将一切美好、快乐、奇妙的事物吞噬。没有了他们社会将会陷入无政府状态，人类将回到几经痛苦才摆脱的原始的黑暗……总而言之，凭借着他们的不懈斗争和自我牺牲，他们靠着一己之力屹立在脆弱的人类和那头吞噬一切的巨兽之间。他们对这件事坚信不疑。
>
> 我想再三强调整个寡头统治集团高度的正义感。这就是铁蹄的力量，许多同志不愿意或很晚才意识到这一点。许多人将铁蹄的力量归结于其奖惩制度。这是错的。天堂和地狱或许是一个宗教的狂热的主要因素，但对于大多数信徒来说，天堂和地狱就对应着正义与谬误。热爱正义，渴望正义，对任何不正义的事物感到不悦——简而言之，正义的行为才是宗教的根本因素。而寡头统治制度也是如此……寡头统治集团的巨大驱动力是他们坚信自己是正义一方的信念。

从这些和其它类似的章节可以看出伦敦对于统治阶级的本质的理解非常深刻——那就是，一个统治阶级如果要生存下去的话所必须拥有的特征。根据传统的左派观点，"资本家"只是一个没有人情味的恶棍，没有尊严或勇气，一心想的就是往口袋里塞钱。伦敦知道这个观点是错误的。但你或许会问，为什么一个忙于奔波、多愁善感、在某些方面很幼稚的作家对这一方面的了解要比身边的社会主义者更加深入呢？

答案当然就是，杰克·伦敦之所以能预见到法西斯主义，是因为自己就有法西斯分子的气质——或者说，那是一种突出的、残酷无情的气质和几乎无法克服的崇尚强者贬斥弱者的倾向。他本能地知道那些美国商人在自己的财产有危险的时候会进行抗争，因为设身处地，他自己就会进行抗争。他是个冒险家和实干家，没有几个作家像他这样。他出身贫寒，但由于他的领袖气质和强健体格，十六岁的时候就摆脱了贫穷。年轻的时候他和牡蛎捕捞者、淘金人、流浪汉和拳击手混在一起，崇拜强者。另一方面，他从来没有忘记童年时的悲惨，保持了对于受剥削阶级的忠诚。他的大半辈子都花在为社会主义运动奔波和讲课上，当他名成利就时，他能乔装打扮成一个美国水手，到伦敦贫民窟最穷困的地方进行考察，并写成一本仍然具有社会意义的书（《深渊中的人》）。他的世界观是民主的，因为他痛恨剥削和世袭特权，而且他和靠着双手劳动的人在一起时感觉最自在，但他本能地倾向于接受天生体现了力量、美和才华的贵族统治。从《铁蹄》里的众多评述可以看出，在思想上，他知道社会主义应该意味着柔弱的人继承了世界，但这并不符合他的性格。在他的许多作品中，他的性格中的一个特征压倒了其他特征，而当它们互相配合的时候，就像它们在他的几个短篇里所体现的那样，他就能发挥出最好的水平。

杰克·伦敦的一大主题是大自然的残酷。生命是一场野蛮的斗争，胜利与正义无关。在他最好的短篇小说里，令人惊讶的是，他不予置评，一心只沉浸于斗争中，感受着它的残酷。或许他最好的作品是《我为鱼肉》。两个窃贼偷到了一大批珠宝，每个人都想着把对方弄死，然后独吞，于是同时用士的宁把对方毒死了。故事的结尾是，两人都倒毙在地上，书中几乎没有评论，当然也没有"道德说教"。在杰克·伦敦眼中，它只是生命的一个片段，这种事情正在当今世界上发生，但是，很难相信有哪一个不对残忍着迷的作家会去描写这么一个情节。或以《弗朗西斯·斯派特》这个故事为例。一艘漏水的轮船上饥肠辘辘的船员决定吃人充饥，刚刚鼓起勇气让自己开始这么做，另一艘船就驶入了视野，它是在船舱的仆童被割喉之后而不是之前出现的，这就是杰克·伦敦的风格特征。另一则更典型的故事是《一块牛排》，伦敦对拳击的热爱、对形体力量的膜拜、对社会竞争的卑鄙和残酷的感受，以及他本能地接受成王败寇的这条自然法则，都在文中得到体现。一个年迈的拳击手在进行最后一场比赛，他的对手是一个新手，年纪轻轻，充满活力，但没有经验。老头子几乎就要赢了，但最后他的擂台经验敌不过年轻对手的恢复力。虽然他压制了对手，但他就是没有办法击出那记解决对手的重拳，因为比赛前他已经几个星期没吃上饱饭了，他的肌肉没办法挥出那致命的一拳。赛后他痛苦地回味着，要是在比赛当天他能好好吃一顿牛排的话，他原本能赢的。

　　那个老人的思绪围绕着这个主题："年轻就是本钱。"刚开始的时候你年轻而强壮，将老人们击倒，挣钱后肆意挥霍；然后你的力量开始减退，轮到你被年轻一辈击倒，然后落得一文不名，这就是拳击手的命运。如果要说伦敦认同一个将人当成角斗士的扭曲社会，对他们的死活不闻不问，这只是低俗而夸张的说法。那块牛排的细节——严格来说并没有必要对其进行描写，因为故事的主旨是那个年轻人终将凭借着自己的年轻而获胜——反反复复地进行着经济上的暗示。但是，伦敦似乎很享受这一整个残酷的过程，但这是对大自然的本质的神秘信仰，并不代表对它的赞同。大自然就是"滴着鲜血的爪牙"。或许残忍是不好的，但残忍是生存的代价。年轻一辈杀死老一辈，强者杀死弱者，这是不变的法则。人类与天斗，与地斗，与人斗，只能靠自己的坚强才能帮助自己挺过来。伦敦或许会说他只是在描写实际生活，而在他最好的短篇小说中他就是这么做的，但是，同样的主题反复出现——斗争、坚强、生存——这表明了他天性的倾向。

伦敦深受"适者生存"的理论的影响。他的作品《在亚当之前》——一则不是很准确但很有可读性的史前故事，在里面猿人、旧石器时代和新石器时代的人一同出现——希望推广达尔文的理论。虽然达尔文的主要思想没有被动摇，但过去二三十年来，思想界对它的阐释已经发生了改变。在十九世纪末，达尔文主义被用来证明自由放任的资本主义、强权政治和对被征服的民族进行剥削的正当性。生命是一场自由竞争，能够生存下来本身就是适者生存的证明。对于成功的商人来说，这个思想带来了安慰，而且很自然地延伸到"优秀"民族和"劣等"民族的概念，虽然这并不非常符合逻辑。到了我们这个时代，我们不再倾向于将生物学的思想用在政治学上，一部分原因是我们目睹了纳粹做出了那种事情，做得如此彻底干脆，造成了可怕的结果。但在伦敦创作的时代，达尔文主义的低俗版本广泛传播，一定很难将其摆脱。他自己甚至有好几次屈服于种族主义的歪理邪说。他曾一度不是很严肃地思考过类似于纳粹种族理论的思想，而"日耳曼神话"的烙印贯穿于他的作品之中。它一方面与他对拳击手的崇拜联系在一起，另一方面与他拟人化的动物观有关联，因为似乎有充分的理由认为对动物夸张的爱通常是与对人类抱以残忍的态度联系在一起的。伦敦是一个有着掠夺者本能和受过十九世纪功利主义教育的社会主义者。基本上，他的故事背景并不是工业化的社会，甚至不是文明世界。大部分故事发生在大牧场或南海的岛屿、轮船、监狱和北极的荒原之上：在那些地方，人要么是孤独的，只能依靠自己的力量和智慧，要么生命本来就是由自然支配的。

但是，伦敦时不时会描写当代的工业社会，大体上，当他进行这一描写时，他的文笔是最好的。除了他的短篇小说之外，还有《深渊中的人》、《路》（一本杰出的小书，描述了伦敦年轻时当流浪汉的经历）和《月亮谷》的某些章节，以混乱的美国工会主义史作为它们的背景。虽然他向往的是远离文明，但伦敦对社会主义运动的文学作品进行过深入的阅读，他的早年生活教会了他如何去了解都市的贫困。11 岁的时候他就在工厂里工作，没有这一段经历的话，他几乎不可能写出像《变节者》这样的故事。在这个故事中，就像在他最好的作品中一样，伦敦并没有进行评论，但毫无疑问他的用意是唤起同情和愤慨。基本上，当他描写更加原始的情景时，他的道德态度就变得模棱两可。比方说，在《向西进发》这个故事中，伦敦同情的是谁？库伦船长还是乔治·多雷迪？你会觉得如果他真的得作出选择的话，他会与前者站在同一阵线——这位船长虽然犯下了两桩命案，但成功地驾船绕过了合恩角。另一方面，像《奇纳格》这样一个故事，虽然它以惯常的毫无怜悯之情的风格去讲述，但任何人都可以看到它的"道德"。伦敦良善的一面是他的社会主义信念，当他描写像对有色民族的剥削、童工和罪犯的待遇这样的主题时这一信念就会发挥影响，但在他描写探险家或动物时则几乎不起作用。或许正是因为这个原因，在他水平比较好的作品中，有很大一部分是在描写都市生活。像《变节者》、《我为鱼肉》、《一块牛排》和《向来如此》等故事，无论它们看上去多么残忍和卑鄙，总是有什么东西让他没有偏离正轨，没有将他天生的冲动引向对残忍的歌颂。"那个东西"就是他的知识，既有理论知识也有实际知识，知道工业资本主义意味着人类的苦难。

杰克·伦敦是一位水准参差不齐的作者。在他短暂而奔波不停的一生，他创作了大量的作品，规定自己每天要写出 1 000 字，而且大体上都做到了。即使是他最好的作品也带有故事讲述精当但文笔不佳的特征。它们的讲述非常精彩，令人击节赞赏，在正确的场合发生了正确的事情，但文笔很糟糕，语句陈旧而平淡，对话内容古怪。他的声誉起伏不定，有很长一段时间他在法国和德国比在英语国家更加受到推崇。希特勒的上台使《铁蹄》摆脱了默默无闻，但在此之前他已经是一个知名的左翼"无产阶级"作家——同类知名的作家还有罗伯特·特雷斯威尔①、特拉文②或

---

① 罗伯特·特雷斯威尔（Robert Tressell，1870—1911，本名罗伯特·克罗克 [Robert Croker]），英国作家，代表作有《穿着破裤子的慈善家》等。
② 特拉文（B. Traven）是某位真名、国籍、生卒时间不详的作者的笔名，代表作有《棉花采摘工人》、《死亡之船：一位美国水手的故事》。

厄普顿·辛克莱尔。马克思主义作家攻击他有"法西斯主义倾向"。毫无疑问，他的身上确实有这些倾向，以至于如果你想象他活到我们这个时代而不是在1915年去世，很难确认他会选择哪一个政治阵营。某些人认为他会选择共产党，某些人认为他会拜倒在纳粹党的种族理论之下，某些人认为他会是某个托派组织或无政府主义政党堂吉诃德式的急先锋。但正如我尝试解释清楚的，如果他是一个政治上可靠的人，或许他根本不会留下任何有意思的作品。与此同时，他的名誉大部分是由《铁蹄》奠定的，而他优秀的短篇小说几乎被遗忘了。这卷合集里收录了十几个最好的短篇，还有几则值得从图书馆的书架和二手书箱那里搜罗来的故事。希望当纸张供应充裕的时候，《路》、《星游者》、《在亚当之前》和《月亮谷》能够重版。杰克·伦敦的大部分作品草率而牵强，但他写出了至少有六部值得刊印的作品，对于一个四十一岁英年早逝的作家来说，这是很了不起的成就。

评克莱顿·波蒂厄斯的《残存的土地》、利奥·基亚切利的《格瓦蒂·比格瓦》①

　　《残存的土地》这本书再一次证明几乎任何东西都可以被写成一部小说。它只是一系列事件，每一个事件都不能被看成是一个有意义的故事，没有引发任何危机，但有几段文笔很好的描写和无关主旨的信息稍作了弥补。

　　男主角是一位小说家，热爱"郊野"，认为田园生活是最美好和最有意义的生活。糟糕的是，小说家不应该去描写小说家，对"大自然"和"土地"的矫情推崇是现代英国文学的诅咒之一。

　　但是，波蒂厄斯先生并没有落于窠臼。他很了解农场的工作和经营，而且他不会将土地或农民理想化。

　　他知道挖萝卜的辛苦和凌晨挤奶的寒冷。他能够解释为什么种一块四英亩的田地会亏本，能够清晰地描写一座普通农场的萧条和混乱。他甚至能栩栩如生地描写捕猎雪貂，注意到野兔总是有绦虫寄生在身体里。

　　事实上，从这本书里你能了解到许多知识，特别是后半部分，它写到了战争农业委员会和农场与军队争夺人力的斗争。

---

① 刊于 1945 年 10 月 4 日《曼彻斯特晚报》。莱斯利·克莱顿·波蒂厄斯（Leslie Crichton Porteous，1901—1991），英国作家，代表作有《农民的信条》、《土地的召唤》等。利奥·基亚切利（Leo Kiacheli，1884—1963），格鲁吉亚作家，代表作有《格瓦蒂·比格瓦》、《玛雅公主》等。

在书的开头男主人公格兰特·斯科特仍然过着文人的优裕生活，但随着战争的到来，他觉得自己有责任回到农场工作，他是在农场长大的。他先是去了奶场，负责送奶路线。然后他得到去农业委员会工作的机会，很快就接受了这份工作，但他心里觉得很不自在，因为他应该留在土地上。

他描写了委员会的工作：那些红头文件和用意，以及委员会与农场主无休止的斗争。农场主们总是需要更多的帮工，想尽一切办法不让他们的儿子去参军，这些显然都是取自于生活，有些内容非常有趣。

虽然战争期间的生产力有了很大的提高，但波蒂厄斯先生所描绘的英国农业的未来很黯淡。最重要的事实是年轻人离开了土地，他们不愿意忍受乡村生活，即使农业并不是报酬最低的行业，而是报酬最高的行业，他们也觉得它根本无法忍受。

在故事的结尾，如果它能够被称为一则故事的话，格兰特·斯科特仍然相信我们对英国的土地负有责任，但不知道这份责任到以后还会不会有人承担。

当你读到这么一本观察是如此细致准确但文笔是如此糟糕的书时，你会强烈地觉得有必要创造一种受认可的艺术形式去容纳素描和传闻轶事，而不是硬要把它们写成故事。本质上是零碎的内容杂糅而成的书——威廉·亨利·哈德森的几部作品就是这种书——如果要冒充是一本小说的话，就被毁了。

《残存的土地》中真实的一面都是信手写出来的，像送奶路线的描写、与饱受摧残的农场主们的对话、狡猾的逃兵役者、风吹过燕麦田时麦穗的起伏或农舍的地窖里堆成金字塔形状的新制奶酪等等。

作者觉得像这些事物都值得记录，他是对的，但他只是将它们记录下来，没有尝试将它们串成一个故事，按照我们现在的观点，它并不能被称为一本书，因此有很多赘言废话，浪费了作者的天赋。

但是，当作者不去构思情节时，这本书总是值得一读。

过去五年来许多当代俄文作品已经被翻译成英文，但几乎所有的作品都是出自俄国人的手笔，能够读到一本由某个苏维埃小国的国民写的作品是很有趣的事情。《格瓦蒂·比格瓦》这本小说获得了斯大林奖，描写的是格鲁吉亚，先是从格鲁吉亚文翻译成俄文，再从俄文翻译成英文。

格瓦蒂·比格瓦是一个中年丧偶的农民，因为患了疟疾而脾脏肿大，抚养着四个孩子。他有点狡诈，但内心很善良。

他以投机主义的心态对待前不久开始进行（大概是1936年左右）的集体化，但并没有心怀不满。他会为集体化的农场工作，有必要的时候他还会卖力地干几天活儿，但他喜欢溜到最近的集市干一点小买卖，有时候还去销赃。

偶然之中他接触到几个比自己更坏的恶棍，他们是当地"富农"的残余分子，他们被剥夺了财产，仍然想要破坏苏维埃政权。

对这些人的恐惧，以及对四个孩子的责任感，促使格瓦蒂·比格瓦翻开了人生新的篇章。最后他挫败了烧毁锯木厂的阴谋，成为一个光荣的英雄。

与当代苏维埃文学一样，这本书在进行道德说教，但它并没有气急败坏地说教，而是有真正的幽默和真实可信的主人公。

你会希望听到更多关于这个苏维埃阳光明媚的遥远角落的故事，过去二十五年来的剧烈变迁并没有让农民们改变他们独特的服饰或失去对历史的骄傲。

评费奥多·陀斯妥耶夫斯基的《卡拉玛佐夫兄弟》和《罪与罚》，康斯坦斯·加内特译本[①]

　　康斯坦斯·加内特的译本即将重新发行，它们是最早的陀斯妥耶夫斯基译本，直接从俄文翻译成英文，在上一场战争前几年出版。那时候阅读陀斯妥耶夫斯基是非常精彩的体验，带给许多读者的感受应该和前一代人读福楼拜或后一代人读乔伊斯的感受一样——那种感觉就是，这里有一个你一直知道存在的精神国度，但你从来没有想到它会存在于小说的领域里。陀斯妥耶夫斯基比几乎所有小说家都更能带给读者这样的感受："他知道我的秘密想法，他写的就是我。"以《罪与罚》的开篇为例，很难想到英语小说里有哪部作品能与之媲美。在开篇中，醉酒的官员马莫拉多夫讲述了他的女儿索尼娅被迫流落街头支撑饿着肚子的全家。

　　在英国读者的眼中，陀斯妥耶夫斯基的魅力来自于他的异国情调——或许说起他酗酒的目的是为了后来的忏悔时，人们总是说他"很有俄国味儿"——但他最重要的品质是他悲天悯人的情怀。他对所有的角色都抱以同情，甚至是那些可敬的人。他打破了主角—反角对立的模式，加上严格的道德观，创造了新的文风，有一段时间他似乎既是一位伟大的小说家，又是一位伟大的思想家，这并不令人惊讶。

　　[①] 刊于 1945 年 10 月 7 日《观察者报》。

到了现在，特别是当你通读了长达 800 页的《卡拉玛佐夫兄弟》后，你会看到三十年前并不明显的缺点。你从陀斯妥耶夫斯基身上所得到的印象是你正在看着一系列栩栩如生的图画，只是它们都是黑白素描。从某种意义上说，他的所有角色都是同样的人，没有特例，或许更贴近真实的说法是，他们都不是普通人。牧师、农民、罪犯、警察、妓女、商人、时髦女郎、士兵，所有人似乎都能轻易地在同一个世界里交融；更有甚者，每个人都在告诉别人他的精神状况。有必要将《罪与罚》里面拉斯科尼科夫和警官波尔菲利·佩特洛维奇之间的对话和英国一个神经质的大学生和一位警探之间的对话进行比较。每一位小说家必须面对的巨大障碍——将幻想中的人物和现实中的人放在同一幅画面中——就这么简单地被绕开了。

除了《宗教大法官》这一著名的章节之外，《卡拉玛佐夫兄弟》的剧情发展很缓慢。它的主题似乎与其篇幅并不相符，有三分之一的内容在进行铺垫介绍，里面有一些篇章让人觉得陀斯妥耶夫斯基习惯在厨房角落的桌子上写书，而且不会去修改。《罪与罚》则很不一样。这本书非凡的精神洞察力的一个体现就是你完全认同拉斯科尼科夫的行为，但是，在他犯下谋杀罪之前并没有点明充分的动机。一个聪明而敏感的年轻人会突然间犯下一桩令人厌恶而且几乎没有目的性的罪行，却又让人觉得很可信，原因就是陀斯妥耶夫斯基清楚地了解一个杀人犯的心理。一个更有意识的艺术效果，堪称这本书的神来之笔，是那匹奄奄一息的马的梦境，昭示了拉斯科尼科夫的罪行。

海涅曼出版社有意重新出版康斯坦斯·加内特的全部译本，这套书卖 8 先令 6 便士一本，价格很划算。你可以去找一本书——《死屋》，以小说作为掩饰，描述了陀斯妥耶夫斯基本人在西伯利亚的囚犯经历，里面有一则令人永远无法忘怀的短篇小说《阿库尔卡的丈夫》。

评科尔温·爱德华·弗里亚米的《埃德温与伊琳娜》、伊丽莎白·泰勒的《在利平克特夫人之家》、伊内斯·霍尔登的《泛舟》①

    几年前詹姆斯·拉弗尔②先生写了一本关于时尚史的书，在书里他表明几乎任何事物经过一段时间都会变得优雅，而这段时间有可能会是几十年。

    一件服装或一件家具一开始时"风靡一时"，然后过时，然后被认为很丑，然后被认为很滑稽，然后拥有古董的魅力；最后，它甚至可能会以时尚的姿态回归。

    有箍衬裙现在被视为一件很有吸引力的服装，虽然或许很不方便。还有那些镶嵌着珠母层的黑漆家具，我们的父亲把它们丢进垃圾堆，现在成了收藏家的宝贝。事实上，维多利亚时代的生活的几乎每一个方面在过去十年或二十年间都经历了价值重估，提起陀螺裤或里顿·斯特拉奇③《维多利亚时代名人录》里女王的

---

① 刊于 1945 年 10 月 11 日《曼彻斯特晚报》。科尔温·爱德华·弗里亚米 (Colwyn Edward Vulliamy, 1886—1971)，英国作家，代表作有《信仰的英雄》、《人与原子》等。伊丽莎白·泰勒 (Elizabeth Taylor)，情况不详。碧翠丝·伊内斯·利赛特·霍尔登 (Beatrice Inez Lisette Holden, 1903—1974)，英国女作家，代表作有《返老还童》、《夜班》等。

② 詹姆斯·拉弗尔 (James Laver, 1899—1975)，英国作家、艺术批评家，代表作有《品位与潮流：从法国大革命到今天》、《服装风格》。

③ 贾尔斯·里顿·斯特拉奇 (Giles Lytton Strachey, 1880—1932)，英国作家，其传记作品以细腻描写及心理阐述而见长。

丈夫再不会让人哈哈大笑。

这一观点的改变使得像《埃德温与伊琳娜》这样精致的玩笑似乎失去了意义。它讲述了一个关于维多利亚时代生活的故事，大概是发生于 1854 年到 1856 年之间，以日记和书信的形式讲述，自始至终都在暗示我们的爷爷那一辈要比我们更滑稽可笑。对于任何无法接受这一点的人来说，这本书只是在浪费才华。

它的主题是在所谓的"美好社会"里的一桩私奔。一对似乎很般配的傻乎乎的年轻夫妇——丈夫从事绘画，妻子有一搭没一搭地写着一本名为《弗罗里奥·庞松比爵士》的浪漫小说——慢慢地渐行渐远，丈夫爱上了别的女人，妻子被一个文学青年迷住了，最终为了他而私奔。

这是一个很空洞的故事，但在现实生活中它会是一个痛苦的故事。在我们这个时代，勾搭会更快地发生，而结局则会很相似。好笑的地方在于这些事件发生的背景是鬓须、丁尼生的诗歌和当时的时尚，比方说装饰用的玻璃杯，上面用明胶贴着纸花纹。

兰西尔[①]与十九世纪的其他画家很频繁地出现，还有几首戏仿丁尼生的诗。这本书还进行了其他研究，但里面写得最出彩的是对克里米亚战争的评论，还提到了当时正逐渐普及的缓慢、肮脏、危险的火车。

《在利平克特夫人之家》是另一种方式的才华的浪费。它的文

---

① 埃德温·亨利·兰西尔（Edwin Henry Landseer，1802—1873），英国画家、雕塑家，特拉法尔加广场上的四只石狮便是出自他的手笔。

笔很出众，作者给人的印象是对某件事情怀有强烈的情怀，但很难了解这本书的意义和主旨。它讲述了一个空军军官的妻子——她是故事的主角——来到丈夫驻扎的一个沉闷的小镇和他团聚。他们住进了一间装修好了的房子。

她的侄子和她一起过来，不知怎地加入了当地的共产党。妻子朱莉娅被描写为一个不切实际和爱吵架的女人，总是幻想着不忠。故事的最后，原来她的丈夫已经对她不忠，比起朱莉娅做过的或想要去做的事情，他的行径要更加卑劣。

故事的背景里有神秘的飞行中队指挥官，没有人知道他在和平年代从事什么工作，女房东利平克特夫人也很神秘。朱莉娅的儿子才七岁，却很早熟。或许这本书想讲述什么，但意思却没有点明。

伊内斯·霍尔登是一个水平不稳定的作家，但《泛舟》里的几个故事她写得非常好，比方说《音乐主席》和《一个醉醺醺的叔叔的主题曲》。前者是书中篇幅最长的，描写了一个劳动力市场的上诉委员会是怎么运作的——令人觉得非常可信，无疑是出自亲身的经历。

委员会非常尽责，而且立意公正，但它总是把每一件事情都搞砸了，因为那些养尊处优的人根本无法理解挣工资的人过着怎样的生活。在《糟糕的天气，不是吗？》里描写了相似的没有人情味的政府部门，那是监狱的探访日。但是，这些故事并不只是"社会纪实"。就像霍尔登小姐描写的工厂生活一样，它们有准确的细节和贴近生活的对话，但它们形成了一种模式，有时候一句话会反复出现，就像一首歌曲的副歌。

用这种方式写出来的东西其实只是一则白描——比方说，对一个人的性格或一座房子的气氛的描写——它可以独立成文，并不一定非得伪装成一个有"结局"的故事。

在《一个醉醺醺的叔叔的主题曲》里，反复强调的主旨是那个叔叔总是指责别人酗酒，在他死后，他的遗嘱里还有一个指责，巧妙地将故事兜了回去。

这本书有六七篇故事是以这种手法构建的。有一两篇故事，譬如说《士兵们的合唱》，只是白描。最后是三篇非常简短的以基础英语①写成的故事（这些故事的意义在于语言学的探究，但有一篇本身是很好的故事）。

---

① 基础英语：由英国语言学家查尔斯·凯伊·奥格登（Charles Kay Ogden，1889—1957)在1920年至1930年间发明的语言，只有850个单词。

评贺蒙·欧尔德编撰的《言论自由》[①]

我从未亲眼见过一只北极熊戴着拳击手套试图捡起一个水银珠子，但我想象那一幕情景一定和一场所谓的"座谈会"很相似。"座谈会"（它的字面意义是酒宴，但这个词义在很久以前就不再使用了）是一个观点各异的小圈子进行研讨会，或就同一个主题发表一系列的谈话。大体上说，在电台上进行的座谈会内容最为含糊缥缈，但是，一年前在由笔会俱乐部[②]主办的座谈会上发表的谈话现在以《言论自由》一书集结出版，其特别之处就在于它们根本没有对所谓的主题进行探讨。事实上，关于笔会座谈会的主题似乎至少有两派不同的理念。

书封告诉我们，座谈会的主题是纪念米尔顿的《论出版自由》[③]出版三百周年。我们都记得《论出版自由》是一本写于1644年的捍卫出版自由的小册子，而这本谈话集起名为《言论自由》，因此，如果你以为谈话集的主题就是言论自由，这是情有可原

---

① 刊于1945年10月12日《论坛报》。贺蒙·欧尔德（Hermon Ould, 1886—1951)，英国作家，代表作有《从日出到日落》、《黑处女》等。

② 笔会（PEN)，是"诗人、散文家与小说家"（*Poets，Essayists and Novelists*)三个单词的首字母缩写，与英语单词"pen"（笔）拼写相同。该协会于1921年由英国女作家凯瑟琳·艾米·道森·斯科特（Catherine Amy Dawson Scott, 1865—1921)创建，首任主席是英国作家约翰·高斯华绥（John Galsworthy, 1867—1933)，第一批会员包括萧伯纳、威尔斯等著名作家。

③ 《论出版自由》（Areopagitica)是1644年英国作家约翰·米尔顿在英国国会发表的演说。

的。但根本不是这样！贺蒙·欧尔德先生在序言中写道，这次座谈会的目的是"提供一个平台，对当前最重要的问题——人类的未来中精神与经济价值的地位——进行思考并不受限制地发表观点和看法"。很难理解这和《论出版自由》有什么相干——事实上，那三四十个演讲者中有一半根本没有提到米尔顿。

剩下的人中，有十几个人提到了自由的问题，而有几个人隐晦地提到了这一点。关于这个国家当前出版情况的阐述如此之少，可以用区区几行字进行总结。爱德华·摩根·福斯特先生在他的开场白中对新闻部和文化委员会进行了非常温和的批评。艾弗·伊文斯①先生指出，赋予媒体真正的自由会招致极大的危险。约翰·博尔顿·桑德森·霍尔丹教授探讨了内容审查制度对广播和电影的影响，并提到了对《工人日报》的镇压。约翰·兰德尔·贝克先生表示英国的媒体受到内容审查，得益的是俄国的政治宣传，像"公民自由权利全国委员会"这样的机构已经被倾向于极权主义的人从内部占领了。赫伯特·里德先生认为米尔顿要求出版不受审查限制的呼声仍然有其意义。穆尔克·拉杰·安南德先生对印度的出版审查制度大加谴责。哈罗德·拉斯基先生承认在战争期间英国媒体享有比意料之中更大的自由。金斯利·马丁②先生指出为了捍卫自由，你必须剥夺那些一有机会就会摧毁自

---

① 本杰明·艾弗·伊文斯（Benjamin Ifor Evans，1899—1982），英国历史学家，代表作有《英国文学的价值与传统》、《传统与浪漫主义：英国诗歌研究》等。

② 巴兹尔·金斯利·马丁（Basil Kingsley Martin，1897—1969），英国记者，长期担任《新政治家报》的编辑，代表作有《王室与制度》、《君主制的魔力》等。

由的人的自由。埃里克·克雷格^①先生对涉及到淫秽文学的法律进行了批判。在将近两百页印得密密麻麻的谈话集里，这些就是与米尔顿所提出的问题有关的内容了。

此次座谈会几乎所有的发言人以及听众中相当大一部分人都在直接从事写作。考虑到我们所生活的年代和过去十五年来发生在作家和记者身上的那些事情，难道你不期盼与会之人的指控能更激烈一些，更清晰一些吗？有几个话题没有被提及，或几乎未被提及——英国媒体的高度集中所有权，以及它由此而拥有的对任何新闻报道进行肆意压制的权力；谁是英国广播公司的真正的控制者；电影公司和新闻部等部门如何收买年轻作家；英国驻外国的通讯记者如何被逼撒谎或隐瞒真相；出版业的文学评论的腐败问题；不受欢迎的主题遭受半官方的压力而无法出版；极权主义思想在英国知识分子中的传播。你可以将这一清单继续延长下去，但它的影响现在威胁到了我们所理解的思想自由。除了约翰·贝克先生、艾弗·伊文斯先生和霍尔丹教授的演讲之外，几乎没有一个问题被明确地提起。

谁会想到，一个有三十多位文学界人士参加的聚会，居然没有一个人能明确地说出版的自由意味着批评和反对的自由，因此，在苏联没有文学的自由，除非你赋予这个名词完全不同于弥尔顿以及从他的时代到我们这个时代的意义。如果在苏联有出版的自由，那么这里就没有自由；因此，一切关于"捍卫我们艰辛得来的自由"的言论都毫无意义，难道这不是明摆着的事情吗？

---

① 乔治·埃里克·克雷格（George Alec Craig，1897—1973），英国诗人、作家，代表作有《英国禁书录》、《在一切自由之上》等。

然而，几乎没有一个演讲者能指出这一点，也没有一个演讲者能朝比弗布鲁克或罗瑟米尔早就该被踹的屁股踹上一脚。

这个座谈会要放在四十年前举行或许会很热烈，如果放在某本不出名的期刊上，由那些没有什么可以失去的人进行讨论的话，或许也会很热烈，但它被两个截然不同但互相制约的影响扼杀了。其中一个影响是迈向中央集权的、反民主的计划体制的大体趋势，在这个体制里，作家或记者将成为不起眼的小官僚。另一个影响是极权主义宣传的压力。有多少靠写作为生的人能承担得起得罪新闻部、英国广播公司、文化委员会、出版业巨头、电影公司老板、大出版公司和各大报纸编辑的代价？但是，如果你要为出版的自由发言，你就只能得罪这些人。多少人拥有——在1944年的夏末拥有——对苏俄进行批评的勇气？因此，为了纪念米尔顿捍卫自由的伟大篇章，你有了这本语焉不详、装模作样的书，在里面，应该得到捍卫的自由没有得到明确的定义——事实上，你甚至不知道它在谈论什么主题。大体上说，这是一本让人觉得很消沉的书。

评瑞斯·戴维斯的《故事选集》[①]

目前英国只有几位成功的短篇小说作家，而瑞斯·戴维斯先生就是其中之一。他的文章为许多沉闷的杂志带来了轻松，要对他进行深入的批评似乎是忘恩负义之举。

但是，对他这本书的故事的探讨再一次表明这个题材过去二十年来所经历的困难——那就是，写出有事件、有情节发展的真正的故事，还要兼具可读性且贴近真实生活。

戴维斯先生的故事的题材就可以充分体现这一点。他这本书有十个故事，只有两个故事有失他的正常水准，另外八个故事和他的大部分作品一样，描写的是他的家乡威尔士。

第一个故事描写了一具尸体在下葬前死而复生，让她的姐妹们很不高兴，因为她们已经为她的葬礼花了很多钱。

第二个故事写的是一个济贫院的老女人拒绝使用新安装的马桶的故事。

第三个故事写的是一个年轻的矿工从来没有见过自己的老婆脱光衣服。

第四个故事写的是一户威尔士家庭在父亲就快病死在楼上的时候为了他的财产争执不休。

[①] 刊于 1945 年 10 月 18 日《曼彻斯特晚报》。瑞斯·戴维斯（Rhys Davies，1901—1978），威尔士作家，代表作有《兔子的足迹》、《枯萎的根》等。

第五个故事写的是一个古怪的老女仆坚持带她的奶牛一起上教堂。

第六个故事写的是一个保险经纪最近的生活有所改善，每顿饭都吃上了比较嫩的肉，其实是因为他的妻子与肉店老板私通。

第七个故事写的是一个有绘画天分的侏儒奸杀了一个无情对待他的女孩。

第八个故事写的是一个傻乎乎的诗人，他的妻子把他赢得诗歌大奖的橡木奖座当成柴火劈掉了。

显然，以这种方式进行总结即使对最短篇的小说也是不公平的，但这些简短的总结或许能够让你对弥漫于瑞斯·戴维斯先生几乎所有作品中的气氛有所了解。他的主题几乎都是古怪的题材——有时候很幽默，有时候很阴森，大体的倾向是回避日常事件和平凡的角色。

作为一个故事作家，比起莫泊桑，瑞斯·戴维斯先生与汉斯·安徒生更加接近。他的故事并没有描写超自然的现象，但它们总是描写不合情理的事情，有些作品其实是散文诗。说到底，短篇小说作家能够摆脱困境的方式之一，就是通过牺牲真实性保全形式和风格。

每一位编辑和出版商都知道，如今想要忠实描写生活的短篇小说的内容几乎都平淡枯燥。一个孤独的女人坐在房间里等待着电话铃响，但它从来都没有响过。把这个故事勉强写成两三千字，就是现代短篇小说的情况。

似乎这一时期的文明使得想象富于戏剧性并真的有可能发生的事件变得非常困难。在一本长篇小说里，角色刻画能够弥补剧情的不足，但在短篇小说里，你基本上必须在平淡和古怪之间作出选择。显然，瑞斯·戴维斯先生是写古怪故事的行家里手。

说到底，这些事情要多久才会发生一回呢：一个死去的女人被放进棺材后会坐起身？有多少人会牵牛去教堂？这些荒诞不经的事情就像坚果壳上的雕刻，可以是优秀的艺术品，但它们与日常生活无关，而且立意正在于此。

这本书最长的故事《阿丰》，就是那个写有绘画天分的侏儒的故事，它有可能在现实中发生，但在讲述时作者将它变成了诗歌，而真实的细节则被忽略了。那个牵牛上教堂的故事以不同的方式体现了瑞斯·戴维斯先生回避平凡内容的本能。这个故事的要点是大家得忍受那个老女人的缺点，因为她会捐款给教会，这笔钱很重要，不能没了。

一代人之前，杰克·伦敦、赫伯特·乔治·威尔斯、戴维·赫伯特·劳伦斯等人能够写出情节丰满又峰回路转而且贴近日常生活的故事。但这已经成为不可能的事情，最真实的故事也像是在胡思乱想。遗憾的是，由于刻意想写出异想天开的内容，他的题材不可避免地陷入狭隘。

评肯尼斯·梅兰比的《人类白老鼠》^①

医学已经能够治疗像伤寒和黑死病这类可怕的疾病，但对某些小的病痛仍然束手无策。

冻疮和寻常的感冒仍然像我们的父辈那时候一样神秘，虽然一两年前听说晕船已经有得治了，但现在还是没有药。另一个一直让医生感到困扰的小病是疥疮，大家都叫它"痒痒"。

虽然疥疮不会要人命，但和所有的皮肤病一样，它很痛苦，而且很讨厌，而且没办法快点好，让人心里很不爽。

众所周知，它的病因是在皮肤下繁衍的一种螨虫，但关于它的传播方式的了解并不多，而且很难阻止它的传播。梅兰比医生这本朴实的小书描写了治疗疥疮的实验，在战争年间情况很是特殊。

在战争初期，梅兰比医生在调查学生的头虱问题，惊讶地发现疥疮蔓延得很快，并设法得到卫生部的资助对这个问题进行调查研究。从 1926 年起疥疮变得越来越普遍（发病率的上升与战争并没有关系），并引起军队效率的显著下降。

他的第一个想法是拿马作为试验品，但显然研究疾病在人身上的情况会更加理想，于是他想到或许他能够在基于良知而拒服

---

① 刊于 1945 年 10 月 25 日《曼彻斯特晚报》。肯尼斯·梅兰比（Kenneth Mellanby, 1908—1993），英国生态学家，代表作有《滴滴涕的故事》、《耕种与野生》等。

兵役的人中找到愿意配合试验的志愿者。

即使那些拒绝参加任何形式的兵役服务的人也会觉得参与这类研究是合乎情理的事情，因为它能造福人类，而且并不会助长战争。在梅兰比医生看来，基于良知而拒绝兵役的人的优势在于他们不会在试验进行到一半的时候被征召入伍或被命令从事其他工作。

他很容易就找到了四十多个合适的志愿者，他们被安置在谢菲尔德的一座大房子里，满怀热情地忍受他们被要求的痛苦而且难受的事情。

当然，试验要让大部分人染上疥疮，有时候会让这个病一直持续下去，引起难以忍受的症状、失眠和腐烂感染。最后，此前不为人知的几个重要事实终于揭晓了。

一个事实是疥疮由亲密的人际接触进行传播，而不是像之前所想象的那样由被污染的衣服或被褥传播。另一个事实是疥疮螨虫的孵化期很长。另一个事实是士兵得疥疮总是发生在放假期间，而不是被他的同志传染的。

结果就是，当时正在军队里使用的预防措施——用高温给衣服和被褥"消毒"——是在浪费燃料和劳动力。要阻止这个疾病的传播，必须让整户家庭接受治疗，包括那些看上去没有被感染的人。

如何治疗疥疮已经知道了，但当时的治疗方式非常夸张，把病人都给吓跑了。梅兰比医生形象地对它进行了描述。

首先病人全身上下擦了肥皂，然后在他能承受的最热的水里泡二十分钟，然后用硬毛刷猛刷身体，然后涂上硫黄药膏。这么做基本上能够保证治愈，但非常痛苦和累人，总是会让病人晕厥过去。将全身上下涂满苯甲酸苄酯乳液这个比较温和的权宜之计也有同样的疗效。

除了与疥疮有关的试验之外，那群基于良知而拒服兵役的人还配合参与了其他试验。大部分是饮食治疗试验，有一个研究的是口渴对海难幸存者的影响，包括三四天不喝水。

在这本书的结尾梅兰比先生指出，拿人类当小白鼠的好处或许还有很多，一开始的时候志愿者或许还会是基于良知而拒服兵役的人。他说，如果在和平时期征兵制依然推行的话，或许会有很多志愿者。其他人或许愿意短期内担任志愿者，甚至有些人为了献身科学，愿意一辈子从事这种工作。

梅兰比医生本人并不是基于良心而拒服兵役的人，而且他对强制服役似乎并没有强烈的"赞同"或"反对"的想法。

他的工作让他接触到许多基于良心而拒服兵役的人，他觉得他们当中有相当一部分人是有进取心的人，他们并非不愿意抛头颅洒热血，而是不愿意服从权威。但他相信大部分人是诚实的人，虽然和平主义或许可以被归为几个不同的动机，怯懦却是很少出现的情况。那些参加他的试验的人几乎毫无例外都是意志坚定、可靠和理性的人。

虽然文字粗浅，这是一本有趣的书，而且在 96 页的内容中触及了一些颇有争议性的问题。在序言中梅兰比医生为独立科学研究者而呼吁，反对由国家控制的团队研究，许多人认为后者是好事。如今的国家全面规划总是会对这个问题进行讨论，而梅兰比医生对疥疮的自发试验没有得到官方的干涉，有力地证明和艺术家一样，科学家应该保持独立的身份。

评肖恩·奥卡西的《窗户下面的鼓》[①]

威廉·巴特勒·叶芝曾经说过，一只狗可不会去赞美它的虱子，但这番话与爱尔兰民族主义作家在这个国家所享受到的特别待遇有点抵触。考虑到英国与爱尔兰的关系史的演变，会有以抨击英国作为毕生事业的爱尔兰人并不会让人觉得奇怪，但值得注意的是，他们能够向英国公众寻求支持，有时候甚至就像肖恩·奥卡西先生一样，喜欢生活在这个他们一心痛恨的国家。

这本书是奥卡西先生的自传的第三卷，它似乎描写的是 1910 年到 1916 年这段时期。要是你能从大段大段矫揉造作的文字里挖掘出它的创作主旨，它还是蛮有价值，也蛮有趣的。奥卡西先生是一户贫穷的新教徒家庭的小儿子，当过几年苦工，在那段时间密切参与民族主义运动和许多与之联系在一起的文化运动。他的几个哥哥和姐姐死于赤贫，这让他极其痛恨英国人对爱尔兰的占领。他给拉尔金[②]、康纳利[③]、玛姬维丝伯爵夫人[④]和其他先锋政

---

① 刊于 1945 年 10 月 28 日《观察者报》。肖恩·奥卡西(Sean O'Casey, 1880—1964)，爱尔兰剧作家、社会主义者，代表作有《一个枪手的故事》、《出发吧》等。

② 詹姆斯·拉尔金(James Larkin, 1876—1947)，爱尔兰工会领袖、社会主义活动家。

③ 詹姆斯·康纳利(James Connolly, 1868—1916)，爱尔兰共和党人、社会主义活动家，因组织 1916 年爱尔兰"复活节起义"被英国政府逮捕并处决。

④ 康斯坦丝·乔治妮·玛姬维丝(Constance Georgine Markievicz, 1868—1927)，爱尔兰女政治家、女权主义者，曾担任英国议会都柏林代表议员。

治人物当过助手，而且他近距离见证了 1916 年的复活节起义。但书中对这次起义的描写非常模糊，很难确认事实或年表。整本书都是以第三人称的视角出发（"肖恩做了这件事"和"肖恩做了那件事"），营造出了令人难以忍受的自我陶醉效果，有很大一部分是在简单地模仿《芬尼根守灵夜》的风格，有点像简版的乔伊斯。这种手法有时候会营造出幽默的效果，但对于记叙文来说则一无是处。

不过，奥卡西先生的出色之处在于，他将浪漫的民族主义与共产主义结合在一起。这本书基本上没有提到英国，没有仇视或轻蔑的态度。另一方面，几乎每一页都有像这样的章节：

> 侯里汉家的凯瑟琳①赤着脚，正在放声歌唱，因为她本已几乎消失的自尊又回来了。穿着褴褛的外衣，披散着头发，她歌唱着，将头发上面的灰尘掸掉，抹平衣服上比较大的褶子。她正在
> 为投身战场的好男儿而歌唱，
> 他们的身心做好了准备，
> 吹着军号和横笛，高举旗帜前进，
> 为了祖国不惜战死沙场。

又或者：

> 凯瑟琳，侯里汉家的女儿，如今能稳稳当当地走路了。

---

① "侯里汉家的凯瑟琳"（Kathleen Ni Houlihan）是爱尔兰文学作品中爱尔兰民族主义的拟人化形象。

她胖嘟嘟的脸颊血色红润。她听得见人们心里的喃喃自语。爱她的人就在她的身边，因为事情变了，完全变了，"一位大美人诞生了。"

如果你将这些相似的章节中的"侯里汉家的凯瑟琳"（顺便提一下，每一章都会提到侯里汉家的凯瑟琳的样貌好几次）换成"大不列颠"，一眼就可以看穿它是在夸大其词。但为什么最极端的沙文主义和种族主义出自一个爱尔兰人的手笔，我们就必须抱以宽容呢？为什么像"无论对错，我的祖国"这样的话用在英国身上就应该加以谴责，而用在爱尔兰身上（或在印度身上）就是可敬的呢？因为这种传统无疑确实存在，而英国的"开明"派能接纳哪怕最肆无忌惮的民族主义，只要它不是英国人的民族主义就行。如果你在合适的地方插入某些国家的名字，像《大不列颠颂》或《英格兰的水手们》这样的诗歌就会被认真对待。正如你所看到的，今天法国或俄国许多描写战争的诗人得到了推崇。

谈到爱尔兰，最根本的原因或许是英格兰问心有愧。英国人几个世纪来的暴政和剥削似乎没有得到宽恕，很难去反对爱尔兰的民族主义。特别是奥卡西先生的这本书结尾所描写的那次事件，二三十个原本应该被当成战俘处理的起义者被当场处决，这是一个错误，也是一桩罪行。因此，关于这件事无论怎么说都无可辩驳，而叶芝关于这个主题的诗，可以作为奥卡西先生的这本书的主题曲，只能被不加批判地被接受为一首好诗。事实上，它并不在叶芝的好作品之列。但当一个英国人意识到自己的国家在这件事情上和许多事情上犯下了过错，他又能说些什么呢？因此，文学上的评判受到了政治同情的歪曲，而像奥卡西这样的作家几乎没有人提出批评。我们的态度似乎得加以修正，因为没有理由让克伦威尔的屠杀使得我们将一本糟糕或无关紧要的作品吹捧为一部佳作。

评霍华德·克鲁斯的《死地》、《朱塞佩·马志尼文选》，由甘古里教授编辑并作序；《审判琼斯与胡尔腾》，由卡尔·埃里克·贝克霍夫·罗伯茨编辑并作序①

1914 年至 1918 年的那场战争结束后过了 6 到 8 年才诞生了几本一流的小说，1939 年到 1945 年的这场战争似乎也会遵循同样的模式。

今后我们或许会看到像 1925 年到 1930 年间涌现的优秀战争作品，但到目前为止似乎还没有能正确看待战争的作品。最好的作品——像《人间渣滓》这样的"报告文学"或像《阿达诺的钟声》这样的传闻轶事，或像阿伦·刘易斯②和麦克拉伦-罗斯所写的反映孤独和无聊的短篇小说——要么不够分量，要么内容凌乱。

《死地》是迄今为止最好的英国战争书籍之一，它与《阿达诺的钟声》属于同一类作品，也就是说，它以真实的军旅背景讲述

---

① 刊于 1945 年 11 月 1 日《曼彻斯特晚报》。霍华德·克鲁斯（Howard Clewes，1912—1988），英国作家、剧作家，代表作有《逃脱者》、《漫长的回忆》等。纳根德拉纳斯·甘古里（Nagendranath Gangulee，1889—1954），意大利学者、作家，代表作有《不朽的证言》、《纳粹德国的精神与面孔》等。卡尔·埃里克·贝克霍夫·罗伯茨（Carl Eric Bechhofer Roberts，1894—1949），英国作家，代表作有《美国著名审判》、《通灵术的真相》。
② 阿伦·刘易斯（Alun Lewis，1915—1944），威尔士诗人，代表作有《致我的妻子》、《在绿色的树上》。

了一个很不合情理的故事，虽然态度冷静并且有许多贴近现实的细节，但没能摆脱奇谈的色彩。但是，它所蕴含的战争观和对发生战争的解释非常清醒。

在英国一个不知名的小海港——可能是在约克夏或诺森伯兰——一艘老蒸汽船正抛锚停泊，船长和一个工程师在船上，如果德军发动侵略的话，这艘船将被炸沉堵住港口。

它已经停泊在那里八个月了，总是冒着蒸汽。船长一辈子都在海上漂泊，相信船是用来航行的，而不是拿来沉掉，几乎想要发动兵变。那个工程师的精神似乎不是很正常，几个月前在当地的酒吧里张贴了一份宣言后就把自己反锁在引擎室里。

故事描写了军方对船长施压，要求他服从命令，允许他的船被装上压舱物。最后，他不胜其扰，把船开进水雷区，把船给炸毁。书里有许多旁枝末节，但这就是故事的梗概。

这种事情是可能发生的——有无数与他们不理解的强大力量进行抗争的个体以同样愚蠢而可悲的方式遭到毁灭——但其他角色对船长的同情在一定程度上戕害了这个故事。

书里告诉我们几乎每一个人都支持船长，就连那些应该希望看到以沉船封锁港口的军官也是这样，只有那个副官是例外，他是一个牢骚满腹的旧式毕灵普分子，希望把这件事情给办成。在港口把船弄沉这件事被视为荒唐之举，船长有权力进行抵制。但是，当时是否真会有人这么想值得怀疑——那时候是 1941 年。

现在我们知道德国的侵略不会发生，但有大概一年的时间我们时时刻刻都在准备抵御入侵，那一整段时间防备措施要比克鲁斯先生所暗示的更加严肃。克鲁斯先生还写了另外一部小说，他能够写出一本比这更好的作品，或许以后他能够写得出来，他今后的作品值得期待。

马志尼^①或许是十九世纪最伟大的自由派民族主义者。他的一生都在为意大利的解放和团结而努力，但他并没有陷入被统治的民族往往陷入的那种狭隘的种族主义思想，也没有幻想报复和征服。他希望意大利不仅获得独立，还能够成为摆脱宗教的共和国，而且他也希望欧洲其他受到压迫的国家获得自由。

虽然他反对马克思对历史的经济诠释，但他知道单是摆脱外国统治而没有解放无产者是没有意义的。他想象中的欧洲是一个社会主义共和国的联邦体制，奉行基督教的道德法则和信仰，但不向教皇效忠。

马志尼的作品有许多内容时至今日仍有意义，但他与其他人所从事的活动在一定程度上徒劳无功，因为那时候他们没有意识到民族主义本质上是反动力量。

当民族主义意味着被压迫的民族反抗奥地利、俄国和日耳曼帝国时，它是进步的同义词，但当被压迫的民族获得自由时，他们总是建立起让自己当压迫者的体制。在马志尼与他的追随者的时代之后民族主义露出狰狞的面目，一部分罪名被扣在了他们头上。

他的书中有一些内容带有非常强烈的现代色彩——"让年轻人充当群众暴动的先锋，你不知道这些年轻人的身上蕴含着多么强大的力量，他们的声音对于群众有多么神奇的蛊惑力……年轻

---

① 朱塞佩·马志尼（Giuseppe Mazzini，1805—1872），意大利思想家、作家，意大利统一运动的先驱，青年意大利党创始人之一，代表作有《论民族》、《反人类的战争》等。

人在运动中生存，胸怀热情和信仰。为他们安排崇高的任务，让他们置身于竞争和歌颂的熊熊烈火中，在他们中间传播热烈的话语，激励人心的话语，对他们说祖国、荣誉、权力和美好的回忆。"

墨索里尼对年轻人说的就是这些，结果我们都看到了。民族主义的烈火如今在亚洲正熊熊燃烧，这本书的编辑甘古里博士就是意大利人，在序言中提到马志尼的作品在民族主义情绪高涨的意大利学生中享有崇高的威望。

忠实的庭审记录总是很有可读性，不仅是因为罪行很有趣，而且是因为它反映了群众的日常生活。但"裂下颌谋杀案"在年初引起了骚动，是一桩特别卑劣无趣的罪行。

一个美国逃兵和一个跳脱衣舞的 18 岁女孩在犯了几宗严重的抢劫案之后劫杀了一个的士司机。这件案子的有趣之处在于，它表明电影和廉价小说的影响力为犯罪行为蒙上了光环。但法庭审讯并没有戏剧性可言，大部分读者通过贝克霍夫·罗伯茨先生在前言中的结案陈词就能够对它了解得差不多了。

评赫伯特·乔治·威尔斯的《思想的尽头》^①

威尔斯先生在序文中解释说他的新书《思想的尽头》将会代替去年出版的散文集《42 年至 44 年》，那本书是匆忙拼凑而成的，因为那时候他觉得自己命不久矣。

现在这本书(只有 34 页)对一系列散文、回忆录、宣传文章作了最后的定论，作者通过实验、讨论和材料组织，对生命和时间的本质进行探讨。就其本质而言，他并没有什么要补充，而且永远不会有什么要补充。

事实上很难理解威尔斯先生能够对他当前的那番话再加以补充，因为那番话其实是在说——如果他的推理是正确的话——这个星球上的生命现在将步入终结。

"这个世界，"他写道，"走到了它的尽头，到最后，我们所谓的生命将会结束，这是无可避免的。"到底这意味着所有的生命抑或只是人类的生命无法完全肯定，但不管怎样，智人注定会毁灭。

一系列事件使得这位睿智的观察者意识到人类的故事已经步入终结；"智人"，他一直这么称呼自己，这一当前的形态已经没有前途了。命运已经不再眷顾他们，他们必须让位给更能适应渐渐逼近人类的命运的物种。

---

① 刊于 1945 年 11 月 8 日《曼彻斯特晚报》。

你无法再写出比这番话更决定性的内容了。但是，过了不久，威尔斯先生似乎暗示说继承人类的物种或许是人科动物。少数能够适应的人类如果能够蜕变成其他物种，或许能够生存下来：这一新的物种将会拥有完全不同的特征，或许它将是人科的新物种，甚至是人种的直接延续，但它肯定不会是人类。人类别无出路，只会大起大落。适应或是毁灭，一如既往，现在和以往任何时候一样，这就是大自然无情的命令。

　　换句话说，生存的代价就是剧烈地进化，演变出不是人类的物种。但是，这本书的最后一句话再次宣称生命本身将步入"无可避免的终结"，因此似乎在最后的死亡的痛苦里有没有几只进化的人科物种已经无关紧要了。

　　事实上，虽然这本书篇幅很短，而且似乎没有写完，但它的内容前后矛盾。当然，它所提出的问题很有趣——到了这个时候，你没办法不去理会人类即将灭亡的宣言。或许人类真的会灭亡。威尔斯先生并没有给出认为生命本身将步入终结的原因，但就人类而言，或许他认为原因是现代武器的威力和我们完全无法构建出一个能够控制它们的社会和政治组织体系。

　　有趣的是，他是在原子弹发明之前写出这本书的——而在几年前的《解放世界》里他本人就预见到了原子弹。

　　确实，人类必须要么立刻改弦更张，要么看到文明被炸成碎片——或许正如威尔斯先生所说的，大部分人类教而不善，必要的改变只能通过被选择的少数人的进化演变而发生。

　　但是，你一定会问——这些少数人从何而来？我们自己是这个星球上唯一的人科物种，而人种之间并没有显著的差异——经历剧烈的进化演变并诞生出"不是人类"的物种不大可能在几代人里发生。因此，似乎那种必要的新物种还未曾出现，生命就已经终结了。但一丝淡淡的怀疑——并非完全出自一厢情愿——总是会自发浮现。

我们真的没救了吗？如果最糟糕的情况发生，一场原子弹雨降临在世界每一个大城市的上空，那一定就是结局吗？机器文明的终结——是的，但或许并不是人类文明的终结。我们得记住，人类在最近几个世纪中数目增加了许多，欧洲的人口大约是古罗马时期的十倍，北美的人口是哥伦布时期的百倍。你可以消灭掉95%的人类，而世界上的人口仍要比石器时代的人口多。那些幸存者将回到蛮荒，但他们或许仍将保留使用金属的知识——不管怎样，要等很长一段时间他们才会再有机会摆弄原子弹。

硬要说这是威尔斯先生的一部比较优秀的作品会是违心之论。

事实上，它根本算不上是一本书，只是一系列没有关联的短文，或许是在病痛的间隙很费力才写出来的。但是，它拥有威尔斯先生的作品总是拥有的那种魅力——吸引读者的关注和逼迫他们进行思考和争辩的魅力。它所提出的论点或许有点牵强附会，甚至或许有点荒唐，但拥有某种庄严的色彩。

它让人想起了威尔斯先生所缔造的、属于他自己的那个冷却的星辰和厮杀搏斗的恐龙的世界。威尔斯先生79岁了，他或许认为自己时日无多。不管怎样，在写这本书的时候，他一直在构思另一本书，并会将其命名为《君主制和争权夺利的帝国主义的衰亡》。让我们希望他能把它写出来。与此同时，虽然这本书内容前后矛盾，但花上一个小时去读一读还是很值得的。

评萧乾编撰的《千弦琴》 ①

　　萧乾先生没有担任任何职务，而且没有直接的政治目的，但过去几年来他出版的作品对改善英中关系作出了贡献。他现在这本书是一本很有趣的选集，一部分内容是中国文学和民间传说的译文，一部分内容是欧洲作家对中国的生活和文化的理解。入选的中文素材大部分来自传记或自传，还有诗歌、格言、童话和民间幽默故事。欧洲作家探讨了从哲学到昆虫学的广泛题材，时间跨度从约翰·曼德维尔爵士②到威廉·燕卜荪③。

　　萧先生的目的主要是展现从马可·波罗时代以来欧洲人对于中国的不同的态度。大约从十七世纪末起，中国进入了欧洲人的视野，在《鲁宾孙漂流记》里遭到恶意抨击，书中引用了它的部分章节。笛福曾经写过一篇支持中国的文章，但从《鲁宾孙漂流记》中你得到的印象是，他对有这么一个辽阔强大、拥有高度文明却又不信奉基督教的国家的存在感到愤怒和害怕。但是，斯普雷格·艾伦④先生的文章表明，中国在十八世纪大体上得到了正面

---

① 刊于 1945 年 11 月 11 日《观察者报》。
② 约翰·曼德维尔(John Mandeville)是十四世纪法文作品《约翰·曼德维尔游记》的主人公。
③ 威廉·燕卜荪(William Empson，1906—1984)，英国诗人、批判家，代表作有《七种含糊的意义》、《论文艺复兴文学》等。
④ 比弗利·斯普雷格·艾伦(Beverly Sprague Allen，1881—1935)，美国学者，纽约大学英文系教授，代表作有《英国文学的〈圣经〉与古典背景》、《英国品味的潮流》等。

的宣传，事实上，好得令卫斯理①和约翰逊博士②提出了抗议。

中国人邪恶而滑稽的形象是后来才产生的，或许与鸦片战争及商业渗透不无联系。萧先生引用了德·昆西的一篇带着敌意的文章、约翰·斯图亚特·米尔③的几则轻蔑的评价和兰姆④的《论烤猪》，它们是盛气凌人的调侃，而这正是近百年来的普遍态度。里顿·斯特拉奇⑤在论述戈登的文章里对中国文学的态度与兰姆很接近。另一方面，罗尔斯·狄金森⑥的《来自约翰·支那人的信件》，里面对中国感性的赞美其实是隐晦的侮辱。直到几年前中国人才被当成是人，或许"支那人"这个词的消失标志着思想的改变。

艾琳·鲍尔⑦小姐写了一篇关于马可·波罗的有趣的文章，亚瑟·魏理⑧写了关于中国文学的两篇文章，还有许多关于乐器、瓷器、园林、蝴蝶、短吻鳄等事物的内容。在零碎的游记中，马

---

① 应指约翰·卫斯理(John Wesley, 1703—1791)，英国神学家，卫斯理公会创始人，代表作有《圣经新约注》、《原罪的教条》等。

② 应指萨缪尔·约翰逊(Samuel Johnson，1709—1784)，英国作家，曾编撰出第一本现代意义的英文字典，为英国普及文字教育作出了杰出贡献。

③ 约翰·斯图亚特·米尔(John Stuart Mill, 1806—1873)，英国哲学家、政治经济学家，代表作有《人口问题》、《战争的支出》等。

④ 查尔斯·兰姆(Charles Lamb, 1775—1834)，英国作家，代表作有《伊利亚随笔集》、《尤利西斯历险记》等。

⑤ 贾尔斯·里顿·斯特拉奇(Giles Lytton Strachey，1880—1932)，英国作家，其传记作品以细腻描写及心理阐述而见长，代表作有《维多利亚女王》、《维多利亚时代的伟人》等。

⑥ 古斯沃兹·罗尔斯·狄金森(Goldsworthy Lowes Dickinson，1862—1932)，英国政治学家、哲学家，代表作有《宗教与不朽》、《欧洲的君主制》等。

⑦ 艾琳·埃德娜·鲍尔(Eileen Edna Power，1889—1940)，英国历史学家，代表作有《剑桥欧洲经济史》、《中世纪的女性》等。

⑧ 亚瑟·戴维·魏理(Arthur David Waley，1889—1966)，英国东方学家、翻译家，曾翻译许多中国与日本的古典作品，包括《诗经》、《源氏物语》等。

戛尔尼勋爵①在 1793 年的热河之行的记述非常生动，很有可读性。

中文译文的大部分内容被编排在《中国妇女的演变》和《中国男人的演变》两个标题下。内容从三世纪到二十世纪四十年代。里面有一篇孙中山先生在 1896 年的自述《伦敦蒙难记》。最有趣的故事是十八世纪末画家沈复的婚姻故事，那时候中国安定繁荣，"男子皆斯文，女子尽妇功"。其他节选展现了个人与家庭的冲突，以及来自婆婆的糟糕的影响。一首三世纪的诗歌，翻译得很有技巧，里面的比喻暗示都翻译得很到位，描述了一对青年夫妇成为封建孝道的牺牲品。从后来那些作者离经叛道的态度你能够体会到与家庭体制进行斗争是多么艰难。

中国的格言虽然不无像"骑虎难下"这样的金句，但大体上它们让人感到失望，许多内容其实是训诫。它们没有欧洲格言那么贴地气，其宗旨总是激励向上的态度。这本书还选录了几首歌曲、展现中国瓷器艺术的带有落款和符号的盘子，还有一篇讲述从新石器时代起中国文化的发展脉络的文章。这是一本零散的书，在学术价值上不能令人满意，但你可以走马观花地阅读，并从中获益。

---

① 乔治·马戛尔尼（George Macartney，1737—1806），英国外交家，曾于 1793 年出使中国，觐见乾隆皇帝。

评伊利安·柯南·道尔的《真实的柯南·道尔》，胡伯特·高夫将军作序[①]

　　已故的亚瑟·柯南·道尔爵士不是一位伟大的作家。事实上，他甚至不是一位你会严肃对待的作家。但是，他做到了我们这个时代其他人没能做到的事情：他创造了一个能够摆脱原著的人物形象，成为全世界家喻户晓的名字。

　　虽然神探福尔摩斯的故事是他最杰出的成就，他的其它作品却涵盖了非常广泛的题材。他详实准确地记载了关于布尔战争和1914年至1918年那场战争的历史，写了几篇生动而文献详实的历史浪漫作品、一本优秀的拳击小说和当医生时的回忆录，还有许多冒险故事，并花费多年的时间进行精神研究。

　　显然，他是一个思想不同寻常的人，能够了解到关于他的私人生活和家庭历史的新事迹是一件有趣的事情。

　　这本书由他的儿子执笔，并不是一本传记，而是对赫斯凯茨·皮尔森先生[②]最近出版的传记的"回应"，带有这些作品常有的愤恨之情。你会猜到柯南·道尔被塑造成一个接近完美的人，而他的一些活动——譬如说，他对招魂术的信奉——被他的儿子

---

　　① 刊于1945年11月15日《曼彻斯特晚报》。胡伯特·高夫（Hubert Gough，1870—1963），英国军人，曾担任英国陆军中将。
　　② 爱德华·赫斯凯茨·吉本斯·皮尔森（Edward Hesketh Gibbons Pearson，1887—1964），英国剧场导演、作家，曾撰写莎士比亚、狄更斯、萧伯纳等文化名人的传记。

作了低调处理。

但是，你可以从这篇 23 页的文章里发掘到许多事实，至少有一则信息会被全世界的夏洛克·福尔摩斯的拥趸所重视。

柯南·道尔是爱尔兰裔出身，从小是天主教信徒，但后来背离了信仰，这段经历似乎并没有对他的思想造成影响。他先是当了医生，根据早年的挣扎经历写出了《红灯的周围》里那些精彩的故事，还有一本以日记形式写成的书，现在已经很难找到但很有价值。他的儿子刻意强调他的祖先是名门望族，而且他从小接受的是"完全封建"的教育。

童年时他就已经是纹章学的专家(他的一个叔叔碰巧是"英国王室爵位花纹"的设计师)。无疑，他早年的阅读在一部分程度上造就了他能写出历史浪漫作品的才华。他是个性情暴烈的人，为人慷慨大度，而且做事极为周密。

有一次他砸烂了儿子的烟斗，因为他犯了在女人面前吸烟的过失。还有一次他脱下自己的鞋子送给了一个流浪汉。70 岁的时候他还拿着一把雨伞与侮辱他的人决斗。众所周知，他花了好几年的时间为释放蒙受冤屈的奥斯卡·斯拉特①奔走，拒绝因他为这件事所写的文章领取稿酬。根据他的儿子所说，他宁愿牺牲贵族身份也不愿意放弃捍卫招魂术的公共身份。

柯南·道尔是一个魁梧强壮的男人，精力充沛、思想活跃，擅长很多运动，特别是拳击。

有一个故事——即使没有真的发生也很像是真有其事——说

---

① 奥斯卡·约瑟夫·斯拉特(Oscar Joseph Slater，1872—1948)，德裔犹太人，因逃避兵役来到英国，于 1896 年与 1897 年被控告伤人罪名，但后被判无罪释放。

是有一位老迈的拳击手在临终时聆听一位好心的探访者向他朗诵道尔的《罗德尼·斯通》。听到高潮处这个垂死的大块头老人激动得坐起身高喊道："上帝啊，他把他搞定了。"据说这件事让柯南·道尔很开心，比他从任何书评家那里听到赞誉更开心。

道尔工作非常勤勉，在写《白衣军团》之前他花了一年的时间阅读了 65 部关于十四世纪的参考文献。而且，虽然他性情大大咧咧，但他对细节观察入微。他的儿子说夏洛克·福尔摩斯其实是他的自画像，而不是像许多人所想的那样，以道尔在学医的时候师从的约瑟夫·贝尔医生为原型。

道尔似乎在创作时就像福尔摩斯一样穿着晨衣，但里面没有写他是不是把烟草放在一只波斯拖鞋里。他的儿子透露了一件迄今为止还没有公布的令人惊讶的事情：华生医生的构思要比福尔摩斯还早。《血字的研究》有一份不是打印的手稿（它的原名是《黑暗天使》），里面并没有福尔摩斯。希望当纸张供应更充足的时候这份手稿能够被出版，看看华生如何独力破案会是很有意思的事情。

遗憾的是，虽然这篇文章提到了道尔作为一位招魂术的信徒的活动，但只是语焉不详地含糊带过。谈到这个问题的时候他的儿子为他辩护，努力想为他父亲洗清轻信的恶名。

"我的父亲开始他的研究，"他说道，"坚定地反对关于来生的信仰，他花了三十三年的时间进行研究，然后才作出最后的判断——这一点非常重要。"或许是这样，但事实上道尔有时候轻易地受到蒙骗，就像那宗关于精灵的声名狼藉的事件①，而且他还

---

① 1920 年，道尔受科丁利的两个少女的蒙骗，她们谎称在花园里拍到了精灵的相片。当事人之一埃尔希·赖特在 1983 年承认那是一场骗局。

为那些显然是在装神弄鬼的灵媒辩护。他是一个知识广博而且思想敏锐的人，在这个问题上的盲点是一个很有趣的精神研究问题，任何对道尔的严肃探究应该对此作出解释。

道尔丰富多彩的生活可以从他的书桌上的小物件得到体现。他的儿子列举了布尔战争的勋章、毛瑟枪的子弹、古希腊硬币、一把德国狙击枪的达姆弹、一颗鱼龙的牙齿、一个铁十字架、几尊古埃及的小雕像、一大块鲸鱼肚子里的结晶石、古罗马的玻璃碎片和陶片，还有一枚摧毁庞贝古城的岩浆里的硬币。

显然，他是一个可亲的人，而且就算他没有写出《神探福尔摩斯》也是一个有趣的人。但他需要有一本信息详实的传记，既不盛气凌人，也不像现在这篇文章一样太虔诚恭敬。

评戴维·赫伯特·劳伦斯的《普鲁士军官》^①

评论不应该包括个人的回忆和怀念，但或许有必要提一提我是怎么最早读到戴维·赫伯特·劳伦斯的作品，因为我是先读到他的书，再听说有这么一位作家，那时候给我留下深刻印象的品质或许就是最重要的品质。

1919 年的时候，我有事去校长的书房，在那里找不到他，于是拿起书桌上一本蓝色封面的杂志。那时候我 16 岁，沉醉于乔治亚时代的诗歌。我心目中的好诗会是鲁伯特·布鲁克的《格兰切斯特》。我一翻开杂志，就被一首描述一个女人站在厨房里，看着丈夫经过田地朝她走来的诗歌彻底吸引住了。他一边走一边从猎兽的套子里掏出一只兔子，把它给宰了。然后他走了进来，把死兔子扔在桌子上，双手仍沾着兔毛，臭烘烘的，一把将那个女人搂住。从某种意义上说，她恨着他，但她彻底被他迷倒了。比起性接触，劳伦斯对"自然的美"有着更深的感触，但他能像水龙头一样收放自如，令我印象深刻，尤其是这两句诗（描写一朵花）：

> 于是她袒露光洁的胸脯，
>
> 为她的爱人哺育蜜汁。

------

① 刊于 1945 年 11 月 16 日《论坛报》。

但我没有去注意作者的名字，甚至没有去注意那本杂志的名字，它应该是《英语评论》。

四五年后，我仍然没有听说过劳伦斯。我得到了一本短篇小说集，企鹅出版社现在重印了它。《普鲁士军官》和《肉中刺》让我印象非常深刻。打动我的不是劳伦斯对军事纪律的恐惧和仇恨，因为他明白了它的本质。不知道为什么，我知道他没有当过兵，但他能让自己进入军队的氛围，在那个故事里，是德国的军队。我猜想他是在某个卫戍小镇看到几个德国士兵在走动，然后构思出了这支军队。从另一篇故事《白袜子》（也在这本短篇集里面，但我想我是后来才读到它的），我推理出如果女人时不时嘴里被塞进一只袜子的话，她们在道德上就会更加规矩。

显然，劳伦斯的魅力并不止于此，但我认为这些最初的冲击让我为他勾勒出了一幅大致上真实的画面。他本质上是一位抒情诗人，一位漫无纪律的"自然"的（即辽阔的大地）崇拜者，这是他最主要的特征，但比起他对于性的沉迷，这一点很少有人注意到。除此之外，他拥有或似乎拥有理解与他决然迥异的人的能力，像农夫、猎场看守人、神职人员和士兵——你或许还可以加上矿工，因为虽然劳伦斯本人13岁时曾经在矿井下工作过，但显然他并不是一个典型的矿工。他写故事就像是写抒情诗，只需要看着一个陌生的、无法理解的人，然后就能突然间体验到一个内在生命的极富想象力的视野，然后写出作品。

这个视野到底多真实有待争议。就像十九世纪的一些俄国作家将所有的角色都塑造得内心同样敏感那样，劳伦斯以此摆脱了纠缠着小说家的问题——在他的故事里，所有的人物，就连那些他抱以敌意的人物，似乎都在经历着同样的感情，每个人都可以与其他人接触交流，而我们所知道的阶级壁垒几乎被消弭了。但是，他似乎总是拥有非凡的能力，通过想象领悟到凭借观察不可能了解到的事情。在他的一部作品里，他写道你开枪打一只野生动物和开枪打靶是不一样的。你不会看着准星，而是在本能的驱使下瞄准了整个身体，似乎就是你的意志在推动着子弹前进。这是很真实的描写，但我认为劳伦斯从未开枪射击过一只野生动物。或想一想《英格兰，我的英格兰》结尾部分的死亡一幕（不幸的是，它不在现在这本选集里）。劳伦斯从未置身于他所描写的那些情景中，他只是以个人的视角去了解一个士兵在战火之下的感受。或许他的描写是忠实于现实经历的，或许不是，但至少在情感上是真实的，因此让人觉得很有说服力。

　　大体上说，劳伦斯的标准长度的小说几乎都很难读完。他的缺点在短篇小说里不是那么要紧，因为一则短篇可以完全用于进行抒情表达，但一本长篇小说则得考虑到合理性，不得不以冷血的态度去谋篇布局。在以《普鲁士军官》命名的这本短篇集里，有一则极为出色、篇幅较长的故事，名叫《牧师的女儿》。一个中产阶级出身的圣公会牧师被贬到一个采矿的村子，他和一家人只有微薄的俸禄，几乎就要饿死了。而且他一无是处，那些矿工根本不需要他，对他毫无怜悯。他们是典型的家道中落的中产阶级家庭，孩子们长大以后自以为在社会地位上高人一等，一直戴着这个思想上的镣铐。那个老问题出现了：两个女儿怎么出嫁呢？大女儿有机会嫁给一位经济稍微宽裕些的神职人员。他是个矮子，而且患有暗疾，而且是一个完全没有人性的家伙，不像一个男人，却像是一个早熟而让人讨厌的小孩。按照家里大多数人的标准，她做了正确的事情：嫁给了一位绅士。小女儿的活力没有被势利所侵蚀，她将家族的名誉抛到一边，嫁给了一个健康的年轻矿工。

可以看到，这个故事与《查泰莱夫人的情人》很相似。但在我看来，它比那本小说更精彩更有说服力，因为单凭想象力的冲动就足以撑起这个故事。或许劳伦斯在哪儿看到过一位牧师的女儿，吃不饱饭，受尽压迫，弹奏着管风琴，消磨她的青春，突然间看到自己的出路，来到更有温情的工人阶级的世界里，那里有很多人可以当她的丈夫。对于一则短篇小说来说，这是一个很合适的题材，但一旦被延伸到一本小说的长度，它就提出了劳伦斯所无力解决的难题。在这本书的另一则故事《春天的阴影》中，一个猎场看守人被描写成一只充满野性的动物，是那些多愁善感的知识分子的对立形象。这样的角色在劳伦斯的作品中一再出现，我想他们出现在短篇里时更加令人信服，因为在短篇里面我们无须对他们了解很多，而在长篇小说（譬如说《查泰莱夫人的情人》或《骑马出走的女人》）里，要使其与情节相吻合，他们必须有复杂的思想才显得可信，而这破坏了他们的自然天性。另一篇故事《菊花香》描写了一个矿工在一场矿井事故中死去。他是一个酒鬼，直到他死的那一刻，他的妻子一心想的就是如何摆脱他。但当她为他的尸体擦身时，她似乎是第一次感受到他是那么英俊。这就是劳伦斯的能力，在故事的第一段里就展现了他的视觉描述能力。但你不能将这么一个故事写成一本标准长度的小说，没有其它更加平淡的元素，也无法将这些故事写成一部系列作品。

这本书不能算是劳伦斯的短篇小说最好的选集，企鹅出版社可能会接着重印《英格兰，我的英格兰》。里面除了同名的故事以外，还有《芬妮和安妮》、《马贩的女儿》以及《福克斯一家》。最后这则故事或许是劳伦斯的最佳作品，但它有一种不同寻常的特征，围绕着一个每个人都有可能会想到的想法而展开，因此你可以想象要是同样一则故事由托尔斯泰、莫泊桑、亨利·詹姆斯或埃德加·华莱士①去讲述会是什么样。目前这本选集至少有六篇第一流的故事，只有一篇（《一块彩色玻璃的碎片》）确实写得不好。

---

① 理查德·霍拉西奥·埃德加·华莱士（Richard Horatio Edgar Wallace，1875—1932），英国作家，作品多涉及犯罪心理小说，代表作有《四个公正的人》、《神探里德》、《金刚》等。

评罗伯特·路易斯·史蒂文森的《小说与故事》，维克多·索顿·普里切特选编并作序①

当你看到文选、节选或选集时，很难不提出抱怨。你会忍不住说，为什么像甲这么一部优秀作品被忽略了，而像乙这么一部显然是二流的作品会被选进去呢？像史蒂文森这样的作家的文集更会引起激烈的争议。关于他有两个相反甚至敌对的思想派别，一方认为他是一个严肃的小说家，另一方则认为他是怪诞大师。

这本选集——大部分内容很有价值——包括了《自杀俱乐部》、《斯洛恩·杰尼特》、《与驴同行》、《绑架》、《法尔萨海滩》、《巴伦特雷的主人》和《赫米斯顿堰》。看得出普里切特先生更加认同史蒂文森的严肃作品，虽然在序文中他分析了史蒂文森作为小说家和思考者的几个严重的缺点。他只选了一部幽默作品(很难去定义这些作品，或许高雅的惊悚作品会是贴切的名称)，而这部作品《自杀俱乐部》只是《新阿拉伯一千零一夜》的一部分内容。《金银岛》没有被选入，理由是它是少年作品，而《化身博士》没有被选入是因为"它最近刚刚再版了"——在这个没有书可读的年代是一个很不能令人满意的理由。除了《法尔萨海滩》之外，《海岛之夜娱乐记》没有其他内容入选。但是，任

---

① 刊于 1945 年 11 月 18 日《观察者报》。维克多·索顿·普里切特(Victor Sawdon Pritchett，1900—1997)，英国作家、评论家，代表作有《生命由你做主》、《西班牙的风暴》等。

何史蒂文森的选集都应该包括《瓶中的魔鬼》，还有幻想色彩较淡但更加恐怖的《掘墓者》。另一方面，《与驴同行》是否应该被归为小说和故事仍有疑问。

普里切特先生认为史蒂文森主要是一位小说家，认为当他描写自己的家乡苏格兰时总是能够写出最好的作品。他说史蒂文森拥有杰出的叙事才华，并承认他的一些创作手法让人感到不悦，虽然他觉得它们还可以忍受。他还承认史蒂文森的思想很狭隘，并且带有清教主义的痕迹。这些意见都是正确的。但他没有说，正是这些品质的结合使得史蒂文森成为一个半滑稽的情节剧作家，使得他的文风令人厌烦，而且在严肃说教的时候让人无法苟同。史蒂文森关于维庸的文章写得很糟，由始至终都充斥着糟糕的文笔和虚伪的愤慨。他的文字空洞而吃力，有一种性情上的孤高，却又没有任何明确的宗教信仰去充实它。他似乎总是在对读者说："看看我有多辛苦！"累积的效应就是任何希望他写得简洁一些的人读起来都会觉得很费劲。

在他的怪诞作品中，史蒂文森倾向于以更加简洁的方式进行创作，但当他描写的是像马尔萨斯先生和弗罗利泽王子这样的人物时则有一种巴洛克风格的魅力。而那些恐怖的题材回应了他本性中深层次的需要，释放了他的想象力并暂时纠正了他的道德倾向。《瓶中的魔鬼》和《化身博士》都没有明确的道德说教，而这就是它们的魅力的一部分。

史蒂文森的更加正统的信徒会很高兴看到《绑架》和《巴伦特雷的主人》被放在同一卷书里。异端们会因为《新阿拉伯一千零一夜》没有被全本刊印而感到遗憾。但他们也会对《法尔萨海滩》被选入而高兴，这部作品不仅有着像《提洛尔的竖琴》的诗情画意的笔触，而且带有一种史蒂文森很少能做到的狡黠的气质。《赫米斯顿堰》有一些描写被宣判绞刑的法国人的零星片段很值得一读。普里切特先生猜想这本书会有怎样的结局，并总结说如果史蒂文森写完它的话，他或许会把它写砸。有一个更重要的问题，它的答案能够在很大程度上揭露清教主义的本质，那就是史蒂文森是否崇拜他所描写的那些讨厌的恶棍。普里切特先生决定这本书必须体现"纯粹的史蒂文森的风格"，坚决不把几本合著的作品包括在内，这让人觉得遗憾，因为任何史蒂文森的作品选集都应该包括《退潮》，一个激烈而狰狞的故事，他的叙事才华和暧昧的道德态度都得到了淋漓尽致的体现。

评詹姆斯·哈吉斯特准将的《告别第 12 号集中营》、伊夫林·伦奇爵士的《不朽的年代》、阿尔伯特·兰卡斯特·劳埃德编选的《玉米棒子：美国流行与传统诗歌》[①]

几乎所有的监狱故事都很有可读性，而当它们描述越狱时更是如此。即使是最平淡的越狱也有它充满魅力的时刻，你总是会去同情那个逃犯，即使他只是一个普通的犯人，被囚禁是理所应当的。

《告别第 12 号集中营》的内容很平淡。詹姆斯·哈吉斯特是新西兰人，在这场战争和上一场战争中拥有辉煌的战斗履历。

经历了希腊和克里特岛战役后，1941 年底他在托布鲁克附近因为参与了一场以失败告终的军事进攻而被俘虏，由潜水艇押送到意大利，同行的还有其他几位高级军官，他们也是在同一时候被俘虏的。

早在离开非洲之前，事实上，在被俘虏了一两个小时后，他就开始想着逃跑。他和其他军官作了一系列的尝试，但总是以失

---

① 刊于 1945 年 11 月 22 日《曼彻斯特晚报》。詹姆斯·哈吉斯特（James Hargest，1891—1944），新西兰军人，曾参与第一次及第二次世界大战。约翰·伊夫林·莱斯利·伦奇（John Evelyn Leslie Wrench，1882—1966），英国政治家，曾担任爱尔兰国土部长、枢密院大臣等职务。阿尔伯特·兰卡斯特·劳埃德（Albert Lancaster Lloyd，1908—1982），英国歌手、民歌收集者。

败告终，因为还没等他们做好准备就被转移到了另一座战俘营。

他被押送到佛罗伦萨附近的温希利亚塔堡的时候机会终于来了。那里囚禁着几位英国将军。虽然被搜查了无数遍，但他想方设法保住了一个指南针和一些钱，大概一年后，经过几个月的艰辛劳动，他和五位将军逃跑了。四个在一两天后又被俘虏，但詹姆斯·哈吉斯特安全抵达瑞士，从那里借道法国和西班牙来到直布罗陀。

经过几次未能成功的翻墙逃跑的尝试之后，他们意识到唯一的希望是挖地道。意大利人把城堡设为监狱时用砌墙将其加固，而在没有用到的地方有一座小教堂，显然是用来藏匿挖出来的泥土的理想地点。

要进教堂他们必须在通风井的侧面凿出一个洞，再用看上去很像墙壁的胶合板盖住洞口作为掩饰。

进了小教堂后，他们挖了一条 10 英尺深的垂直的地道，然后沿水平方向朝外墙挖去。由于下面的土层大部分是岩石，而他们的工具只有冰刀、小刀和几根铁撬，他们每星期的挖掘进度只有几英尺。

到了 1943 年初，他们挖通了外墙，而且挖出了一条通往地面的通道。现在是时候等候一个月黑风高的夜晚了，运气好的话，墙上的岗哨可能不会看见他们。合适的夜晚终于来临了。

囚犯们在床上放了假人，打破最后一层泥土，爬到地面上，用一块木板盖住洞口，上面撒上泥土和松针。

那些逃脱后又被俘虏的人里有知名的德·维阿特将军[①]，纳

[①] 亚德里安·保罗·吉斯兰·德·维阿特（Adrian Paul Ghislain Carton de Wiart，1880—1963），英国军人，曾担任英国陆军中将，曾于 1943 年 10 月作为丘吉尔的私人代表出使中国。

维克战役①和其他战役的英雄。

詹姆斯·哈吉斯特一到瑞士就向警察自首，很快就被瑞士政府释放。

以翻越铁丝网被严重扎伤作为代价，他设法越过了法国边境，然后抵抗运动组织为他提供庇护，接下来的行程基本上都很顺利。

他对维希政府和当时几乎公开听命于纳粹党的西班牙佛朗哥政府的观察内容很有趣。

这是一本不矫揉造作的书，讲述越狱细节的中间那几个章节很有可读性。

伊夫林·伦奇爵士经常旅行，比詹姆斯·哈吉斯特去过更多的地方，但目的地都更加和平安宁。他的书以日记为蓝本，从1937年开始讲述，但主要描写的是战争那几年。

1940年时他到奉行中立的美国进行巡回演讲，原本准备只呆四个月——但他去了墨西哥、新西兰、澳大利亚、马来亚、印度和巴勒斯坦，最后到1944年才回国。

他有机会观察到在1940年的秋天孤立主义与亲英情绪之间的斗争，而且在1942年的艰难时期他和几乎每一位印度政治领袖都交谈过，当时轴心国似乎将取得胜利，日本很有可能会入侵印度。

或许印度的插曲是这本书里最有趣的内容。伊夫林爵士坚信

---

① 纳维克战役（the Battles of Narvik）发生于1940年4月9日至6月8日，围绕挪威纳维克市进行。

给予印度自治领的地位是解决印度问题的最佳方式，而且他有理由对印度国大党在危机时刻的态度感到愤怒。

或许这导致他高估了穆斯林联盟的重要性和当英国人离开时爆发内战的危险。

但他和甘地有私交，而且曾经对他做过几次友好的访问，这是他的优势。

他离开的时候不再像十年前召开圆桌会议的时候那么肯定地认为甘地是一位圣人了。

在谈论巴勒斯坦的章节里，他公平地阐述了双方的理由，认为问题有望得到和平解决。

这是一本匆忙写成的书，如果篇幅只有一半的话会更好一些，但研究当代历史的学者可以从中挖掘出一些有价值的内容。

《玉米棒子：美国流行与传统诗歌》贵得离谱（一本 60 页的平装书卖 3 先令 6 便士），但能够得到像《弗朗基与琼尼》或《大糖山》等一知半解的歌曲的全本是一件高兴的事情。

这类歌曲没有作者，一代代地传承下来，没有哪两个版本的内容是一样的。有几首歌特别古老，看到它们仍然被作词是一件有趣的事情，选集里还有几首歌唱的是希特勒和罗斯福。

劳埃德先生撰写了一篇很有意义的序文，提出了与大部分人的想法相反的意见，认为电台或许能够让民间的诗歌流传下去。

评诺曼·科林斯的《伦敦属于我》^①

有一些作家的文学师承是非常清晰的，就好像《圣经·旧约》里的那一章节，整篇都是"某某某传某某某"。塞万提斯传斯莫利特，斯莫利特传狄更斯，狄更斯传沃波尔（当然，还有其他几位小说家），沃波尔传普雷斯利^②，而普雷斯利传诺曼·科林斯先生，他的《伦敦属于我》一书应该是最近几年来英国出版的最厚重的小说之一了。

除了分量够重之外，它并非一无是处。事实上，科林斯先生要比他的两位前辈更好一些，特别是与普雷斯利先生相比，他的优点在于没有强烈的乐观主义。但这两卷书的读者会立刻察觉到它们与普雷斯利的《天使之路》大体上很相似。

《伦敦属于我》是那种庞杂的书，同时讲述好几个故事，并尝试通过刻画碰巧生活在同一个地区的人们的命运展现伦敦生活的一个截面。

这两卷书的用意是营造幽默的气氛，而且有太多的插科打诨。两卷书都有意无意地以小说应该效仿狄更斯而不是福楼拜这个理论为依据——也就是说，小说应该写得很长、没有结构、事

---

① 刊于 1945 年 11 月 29 日《曼彻斯特晚报》。诺曼·科林斯（Norman Collins，1907—1982），英国作家，代表作有《黑象牙》、《总督夫人》等。

② 约翰·布伊顿·普雷斯利（John Boynton Priestley，1894—1984），英国作家、剧作家、广播员，作品诙谐而具有批判精神，倾向社会主义。

件丰富且充斥着离奇古怪的角色。

科林斯先生描写的第一个地方是伦敦南部的扬琴街 10 号，在肯宁顿椭圆球场附近。

那是一座"公寓"房，有五户人家和女房东。或许最重要的人物是乔瑟先生，他 65 岁，以前是市政厅的文员，每周领 2 英镑的退休金，有一个很能干却很霸道的妻子和两个成年的孩子。

还有布恩太太，她的儿子珀西在修车厂工作，是个吊儿郎当的人。还有普迪先生，一个年迈的鳏夫，一辈子的兴趣就是吃。还有康妮，在夜总会的衣帽存放间上班。还有灵媒斯科尔斯先生和女房东维萨德太太，她有点吝啬，却对灵媒感兴趣，最后迷恋上了斯科尔斯先生。

从这些角色略带幻想气质的名字，你可以提前预料到这本书的基调。它所描写的时间是从 1938 年末到 1941 年初。

两件大事是一宗谋杀——或许可以被列为过失杀人——和一场背信弃义。处理贼车是珀西·布恩上班时的家常便饭，最后他自己偷了一辆车，在开车逃脱时撞死了一个和他纠缠不休的女孩，但并非出于故意。

和"浴室女尸案"的约瑟夫·史密斯一样，他的审判刚好碰上战争打响，还有几个角色在为战争进行准备，而珀西被定罪后请求宽大处理。

科林斯先生对那宗谋杀和审判的描写最为精彩。他了解律师的收费和庭审程序的不公，而且他竭力营造一种印象，那就是：虽然珀西的所作所为极其残忍无情，但他并不应该承担被指控的罪责。

那个灵媒斯科尔斯先生是一个漂泊不定、一无是处的人，会算命、看相和占星，什么事情都搞砸了。他给自己起了一个很唬人的名字，叫科里托教授。奇怪的是，他时不时会真的有灵力，但似乎对他来说这是一件不开心而且烦恼的事情。

他一直希望能够找到一个愿意支持他的女人。他轻松地征服了维萨德太太。但是，几乎同一时候，他遇到了一个更有魅力的女人，一个伦敦上流社会的寡妇，体格壮硕但很有钱。在三次宣称会与维萨德太太结婚后，他抛弃了她，然后被指控背弃婚姻。

他得到了应有的惩罚，被关进了马恩岛。原来他的名字真的是科里托，而且他是意大利人。他得到了报应。

这些故事和其他故事同时发生，被编排成简短的章节，从一个角色写到另一个角色。事件很简短，而这正是这类书籍和它们所模仿的维多利亚时代的三卷本小说之间的不同。

在狄更斯最具风格的小说里也会有几个情节同时进行，有时候几乎独立进行，但每个故事都很长，能够好好地讲述故事，而且人物的丰满和支线情节的复杂并不能完全归结于狄更斯的旺盛创造力。

那时候将一本小说按月出版是司空见惯的事情，要留住订阅月刊的读者，就得不停地制造悬念，总得有事情发生。

因此，在角色之间跳跃、每一个事件都带来新的问题、得等上一个月才会揭晓悬念是出版业的惯用手法。在那些不是按月出版的小说里，狄更斯更倾向于讲述单独一个故事。

如今还有没有人真的有心情像狄更斯那样漫不经心地进行大部头的创作很值得怀疑。科林斯先生的书有 30 万字——相当于四本普通小说。它写出了伦敦的广袤，而且事件从胸腔膜积水手术到一家夜总会遭到轰炸，从一场重量级拳击比赛到 1940 年的大轰炸。

它用了许多已经消亡的词语，而且或许是匆忙写成的。但心理描写和大部分描写谋杀的章节都写得很棒。这本书的编排能够让人跳着读，因此它可以被列为今年出版的少数值得一读的作品之一。

评让-保罗·萨特的《禁闭》、皮特·乌斯蒂诺夫的《班伯里的鼻子》、亚瑟·科斯勒的《黄昏酒吧》[①]

这三部戏剧，一部是由一位知名的小说家写出的毫无价值的失望作品，另一部是一个才华横溢的年轻演员所写的多愁善感的古装剧，第三部是一位哲学家写的难以捉摸的幻想剧，三部戏剧都罔顾合理性和时间空间法则，或许这么做蕴含着深刻的意义。如果是这样的话，我无法体会到这个意义，但我猜想，或许可以说许多人现在倾向于描写虚幻的世界或遥远的历史，因为他们无法面对实际存在的问题。我会先对萨特的戏剧进行总结，然后让读者作出自己的结论。这或许不会是无益之举，因为我们可以肯定还会再看到萨特的作品，而且很快他的这部作品和其它作品将会被翻译成英文。他是少数几个在德国占领时期崭露头角的法国作家之一，除了是一位小说家和剧作家之外，他还是存在主义哲学的领军人物。通常和他联系在一起的作家是加缪[②]，他也是一位剧作家，而且曾经担任过几年《战斗报》的编辑，那是抵抗势力办得最出色的报纸。或许读者愿意对萨特这部最成功的戏剧作深

[①] 刊于 1945 年 11 月 30 日《论坛报》。皮特·乌斯蒂诺夫（Peter Ustinov，1921—2004），英国演员、剧作家，代表演出作有《斯巴达克斯》、《尼罗河上的惨案》等。

[②] 阿尔贝·加缪（Albert Camus，1913—1960），法国哲学家、作家，代表作有《鼠疫》、《西绪福斯神话》等。

人的了解，原因就是我们都希望自己跟得上时代的潮流。

这部戏里只有四个角色——事实上只有三个——而读者在读完一两页之后就知道情节发生于地狱。地狱似乎是一间闷热的客厅，装饰是丑陋的法兰西第二共和国的风格。房间里没有窗户或镜子，门被反锁了，门铃不会响。对家具细节的描写是为了增强无聊和空虚的感觉；譬如说，房间里有一把裁纸刀，却没有书或纸张。当三个遭到诅咒的灵魂意识到他们将永远呆在这个房间里，没有能力改变自己的命运时，气氛达到了高潮。

这三个人是伊内斯，曾经在邮局当文员；埃丝特尔，一个来自于时尚圈的女孩；还有加尔辛，一个记者。他们在生时从未见过面，慢慢地明白他们之所以被安排在一起，是因为他们的脾气正好相克。当他们意识到自己的处境后，他们根本无力得到进步。他们一心只想着他们离开的那个世界，当人们碰巧说起他们的时候甚至能够看到和听到那个世界。

他们遭受诅咒的原因一点一滴地被揭晓。伊内斯是三个人中最愤世嫉俗，或许是最有思想的人，而且是一个同性恋者。她要为另一个女人的自杀负责，而且要为后者的丈夫的死承担间接责任。埃丝特尔第一次出现的时候装出一副无辜的样子，但后来才知道她有一个私生子，而且因为孩子的父亲自杀身亡，她把孩子活活淹死。加尔辛的情况要更加复杂一些。他是一个信奉和平主义的记者，因为他的祖国在进行战争，他却一直在从事和平主义活动而被枪毙。因此，他似乎是一位英雄和烈士。他自己知道他遭受诅咒是因为他对妻子作出的残酷行为。多年来他一直在故意折磨她，享受着这个过程，"因为那是如此轻松惬意"。但他真正的秘密是，他其实是一个伪和平主义者。当战争爆发时，他忘记了自己的原则，逃避了兵役，在被枪毙时他的表现非常懦弱。当然，这并不是说这三个人是因为犯了谋杀或通奸的罪行而遭到诅咒，但正是因为这些行为，他们变成了无可救药的堕落者。

这三个人的性格构成了一个稳固的三角力场，使得任何新的模式都不可能出现。那个同性恋者伊内斯在追求埃丝特尔。埃丝特尔美丽的外表掩盖了丑陋的性格，她在追求加尔辛。加尔辛对她非常粗暴，而且根本不假装爱她，却准备好了接受她，但伊内斯一直在冷眼旁观和嘲笑她，使他没办法接受埃丝特尔。肉欲、嫉妒、仇恨和悔恨一直循环重演，就像一个音乐盒的曲调，暗示着这个毫无意义的重复将会永远持续下去。我尽自己的最大努力翻译了结尾：

加尔辛："不行，她老是看着，我没办法和你做爱。"

埃丝特尔："好吧！她不会再看下去了！"（她从桌上拿起那把裁纸刀，朝伊内斯冲了过去，狠狠地捅了她几刀。）

伊内斯（和她扭打着，大笑着）："你在干什么？你疯了吗？你知道我已经死了。"

埃丝特尔："死了？"（她放下那把裁纸刀，停了下来。伊内斯拿起刀子拼命地往自己身上捅。）

伊内斯："死了！死了！死了！这把刀，毒药、绳子——没用的。死了就是死了，难道你还不明白？我们会永远在一起。"（她大笑着。）

埃丝特尔（发出哈哈大笑）："永远！太可笑了，不是吗？永远！"

加尔辛（看着她们，也大笑着。）

（他们倒在沙发上。不再哈哈大笑，沉默着看着对方。加尔辛站起身。）

（落幕。）

问题是，这到底是想表达什么呢？虽然要对外文作品作判断不是一件容易的事情，但我很肯定这是一部很有张力的戏剧，文笔洗练，而且心理描写准确到位。对于活着的人来说它是否有意义则不是很清楚。它是一幅可信的幽灵的图景，那些幽灵无法得到进步。但据我们所知，幽灵并不存在，而人一直到死都在演变，或发生变化。真的是这样吗？萨特想表达的或许是活死人这么一种状态，如果一个人扼杀了内心的善良的话，他将无法摆脱活死人的状态。虽然没有"来生"，但会遭受类似于这部戏里的诅咒。当一个人沦落到这个境地时，他就会一遍又一遍地重复同样的行为模式。这就是从这出戏里我所能得出的道德上或政治上或心理学上的全部意义。否则，它只是一部冷漠而富于技巧的戏剧，就像是棋盘上的一系列棋步。你必须记住，这出戏是在德国占领时期在巴黎上演的，那时候，当一个作家想要保住气节，又希望作品能够出版时，就只能选择远离现实生活的题材。

皮特·乌斯蒂诺夫是一个杰出的演员，而且如果他坚持写自己所擅长的离奇古怪的主题的话，将会成为一流的剧作家。他展现了滑稽剧和哑剧巨大的潜在可能性。他的这出戏虽然无疑在舞台上很成功，但如果不是以特殊的手法赋予其生机的话，会显得很空洞。故事围绕着一户"郊区"家庭展开，他们是常见的吉卜林式家庭，军人世家，以猎狐为乐。故事采取的是倒叙的手法。我们看到他们在 1943 年最终潦倒，然后一直往前追溯，直到 1884

年，家庭传统扭曲了每一代人。最开始的时候，每一个角色几乎都是他后来的结局的反面：那个年轻的诗人成了毕灵普分子，那个无神论者成了牧师，那个愤世嫉俗的人成了理想主义者。这个故事让人觉得很可信，但如果以正常的顺序去讲述的话，似乎就没有讲述的价值了。

戏剧不是亚瑟·科斯勒的强项。他在几年前写了这出戏，匈牙利警察没收了它，最近他又把它重写出来。两个来自另一个星球的旅行者来到地球，并宣布人类将被灭绝，除非在截止时间之前他们能够证明世界上的幸福要大于不幸。地球上的人绝望地想要快乐起来，但并没有取得成功。最后，他们的命运悬而未决，甚至不知道那两个天外来客是不是骗子。书中没有明确的结论，一部分原因是亚瑟·科斯勒和我们一样，没办法想象如果快乐是可以争取的话会是什么情形。剧中的对话很一般，而且大体上这出戏表明了有想法和把这个想法写成一部戏剧之间的差距。

评西里尔·弗农·康纳利的《荒废的乐园》①

　　康纳利先生所指的乐园是已经失去的二十世纪三十年代的世界（他所说的事情有一些或许与二十年代更吻合），那时候文学作品还没有被政治渗透，而且你能够怀着善意装疯卖傻。这本书里重印的那些文章写于 1927 年到 1944 年间，文风虽然并没有太大的变化，但随着时间的流逝，确实变得越来越严肃，而且不再是纯粹的文学创作。在早期的文章里有关于乔伊斯、纪德、斯威夫特、斯特恩和切斯特菲尔德②的评论，而在后期的文章里，有关于精神分析、西班牙内战时的巴塞罗那、已故的纳伯沃斯勋爵③的早逝，还有一篇写于 1943 年的精彩文章，回顾 1843 年所取得的成就。

　　里面有康纳利先生作为一个小说评论家回顾自己短暂而不平静的生涯的一些旧文，包括一篇名为《迦特书》的对奥尔德斯·赫胥黎的拙劣模仿。他说："像大多数评论家一样，由于我无法坚守道德，我进了这个行业……我并不鄙视评论……但我希望自己是一位更好的评论家——我没有进行乐观的描写，因为我得为那

---

① 刊于 1945 年 12 月 2 日《观察者报》。西里尔·弗农·康纳利（Cyril Vernon Connolly，1903—1974），英国作家、书评家，代表作有《石潭》、《承诺的敌人》等。
② 菲利普·多莫·斯坦霍普（Philip Dormer Stanhope，1694—1773），封号切斯特菲尔德伯爵（Earl of Chesterfield），英国政治家、作家，代表作有《致儿家书》等。
③ 纳伯沃斯（Lord Knebworth），情况不详。

么多糟糕的作品写书评。"但是，他确实对一些糟糕的作品说出了自己的心声，当时他定期为一份周刊撰稿。下面是一篇名为《小说评论九十年》的文章的节选：

> 小说评论是白人刊物的坟墓。它就像是在无法忍受的热带气候下修筑桥梁……每清空一小块地方都会让人精疲力竭，而一夜之间丛林就会加倍侵蚀回来……丛林里令人感到厌恶的一幕是评论家回归原始。他不再与丛林进行斗争，而是向它屈服，不停地从一朵鲜花跑到另一朵鲜花，每一朵花都让他惊叹道："大自然的杰作！"

这段话之后是几篇更加严肃的关于当代英国小说的文章，后面是对爱德华·摩根·福斯特和萨默塞特·毛姆的作品的理解。康纳利先生对英国小说的一些论断可谓一针见血。他说英国僵化的阶级体制限制了几乎每个人的体验范围，它是导致小说在整体上题材单薄贫乏的罪魁祸首，并间接导致了目前英语的衰微，这大体上是正确的。但是，在这个阶段，康纳利先生的文学批评作品的特征是对美国文学不加批判的崇拜。他说："美国的小说家，海明威、哈米特①、福克纳、菲茨杰拉德、奥哈拉②，凭借着本能为他们那个时代的读者进行创作，和读者分享同样的经历……英国的小说似乎总是为地位更高的人或地位较低的人而写的，为年

---

① 萨缪尔·达希尔·哈米特（Samuel Dashiell Hammett，1894—1961），美国作家，代表作有《玻璃钥匙》、《马耳他猎鹰》等。

② 约翰·亨利·奥哈拉（John Henry O'Hara，1905—1970），美国作家，代表作有《活下去的希望》、《天堂之盼》等。

老一些的人或年轻一些的人所写的，或者为异性所写的。"

这么说太武断了。首先，因为他只摘录了几位英国作家的作品进行笼统的批评，所以康纳利先生实际上是拿最好的美国小说和最差的英国小说进行比较。总之，他所崇拜的激烈的美国小说意味着在大部分情况下那些角色脱离了普通人所生活的环境。而且那种伪简洁的文风——"and"这个单词就像被霰弹打中的松鸡那样遍布全文——并不比康纳利先生所鄙薄的"官样文章"好到哪里去。

有几篇关于小说和小说评论的文章带着仇英情绪，读这本书的一个有趣之处就是见证康纳利先生对祖国的情感的起伏。他与英国的关系就像是一场婚姻，哭闹过，砸过东西，然后是精疲力竭的和解，但迟早会以上法庭离婚作为结束。1929 年他否定英国，1940 年他很崇拜英国，但到了 1943 年他发现法国在最重要的事情上更加优越。西班牙或许是他最热爱的国家。他的一些见解肤浅而有失公允，而且带着过于浓厚的"文明存在的目的就是为了创造艺术品"这一论断的色彩。但是，他没有被斯文的享乐主义影响，这使他成为一位很有可读性的作家。这是一本理智而且很有意思的作品，在高蹈的思想和低劣的文笔成为普遍现象的时候更是应该受到欢迎。

评莱纳德·罗素编撰的《周末读物》[①]

所有热爱《宝石》和《磁石》的人——这两份报纸有数以万计的拥趸，遍布英国和各个自治领——会很高兴看到弗兰克·理查德[②]又回到工作岗位上，并在今年的《周末读物》里写了一篇很长的自传文章。

我们希望过去五年来因为纸张紧缺而与其它刊物合并的《宝石》和《磁石》能够在不久之后重新发行。

弗兰克·理查德——这是他在《磁石》里的笔名，而在《宝石》里他是马丁·克里福德——是格雷弗莱尔斯学校和圣吉姆学校这两所虚构的公学的缔造者，从 1909 年到 1940 年他每周撰写关于这两所学校的故事，每年的创作量大概是 150 万字。

没有哪个童年时读过这两份刊物的人会忘记鲍勃·切利和格雷弗莱尔斯公学出名的五人帮，或圣吉姆公学的汤姆·梅利和尊贵的亚瑟·奥古斯都·达西，但理查德先生最杰出的贡献无疑是胖墩比利·班特。

通过班特——他那副庞大的圆滚滚的体格、他的眼镜、他永无休止的对食物的渴求、他永远没有寄到的邮政汇款——理查德

---

① 刊于 1945 年 12 月 6 日《曼彻斯特晚报》。莱纳德·罗素（Leonard Russell），情况不详。

② 弗兰克·理查德（Frank Richard）是英国作家查尔斯·哈罗德·汉密尔顿（Charles Harold Hamilton, 1876—1961）的笔名。

先生取得了绝大多数幻想作家所无法取得的成就：他创造了一个超越了其读者群体的形象。

我知道有一个拦阻气球的操作员为它起了比利·班特这个绰号，还有一座农场给一头长势很好的肉猪也起了这个名字。

或许那个拦阻气球的操作员或那座农场的人并不知道这个名字的由来。这就是名气，在他那篇有趣的文章里，理查德先生讲述了他是如何做到这一点的。

但是，他还花了一两段的篇幅对我提出了批评，我必须作出回应。几年前我在一份月刊里发表了一篇关于《宝石》和《磁石》的文章①，理查德先生在次月就热烈地回应了我。我误以为弗兰克·理查德的故事是一帮三流作家共同创作的产物，这似乎引起了埋怨。在《周末读物》里，他又提到了这一点：

> 告诉公众《磁石》是以一种很容易模仿的文风专门写成的有什么意义？我的稿件相当受欢迎，数不清有多少可怜的模仿者尝试过模仿它——但没有一个成功过。
>
> 布丁好不好吃要吃过才知道——他们不停地被追讨稿件，超出了所能应付的负荷，许多人尝试过，但最终都被累垮了。乔治在自己的领域是一位非常优秀的作家——但在这件事情上，他根本不知道自己在写些什么。

在重印那篇文章时我改正了原先的错误，但是，如果这篇文章会被理查德先生看到，我希望解释我是如何犯下这个错误的。

----

① 指刊于 1940 年 3 月 11 日《地平线》的文章。

事实上，我觉得一个人根本不可能花三十年的时间每个星期定期写一则长篇故事——更别说两三个类似的故事了。

理查德先生在这段时间大概写了 4 500 万字。作为一个工作很努力，每年写 15 万字的记者，我觉得这根本不可想象。但是，现在我从几个渠道了解到，这确实是真事。

顺便提一下，我还知道有一位漫画家 29 年来每周工作 6 天，毫无间断地作画。

理查德先生补充说他的一个理想是写一部关于宗教的作品。我期待读到这本书。与此同时，祝他好运，希望很快《宝石》和《磁石》能够重新发行①。谁会不愿意再次听到鲍勃·切利快活的"你好，你好，你好啊"或看到某场悲剧发生在格西的高礼帽上呢？

不管怎样，自从这两份报纸停刊后，五年来社会气氛已经发生了变化。如果我是理查德先生的话，我会在我的故事里加进一点左翼意识形态，甚至把主角们转到一所更加"进步"的学校。

把圣吉姆公学变成一所男女同校的学校怎么样？或者说，让比利·班特和五人帮去达廷顿市政厅？

当然，理查德先生的文章不是《周末读物》的全部内容，里面还有许多意想不到的东西。

阿尔弗雷德·莱斯利·卢维思②写了一篇关于万灵学院的文章，史蒂芬·斯宾德写了一篇长文解释创作一首诗的几个阶段。

---

① 《宝石》与《磁石》都没有复刊。
② 阿尔弗雷德·莱斯利·卢维思（Alfred Leslie Rowse，1903—1997），英国历史学家、作家，代表作有《英国历史的精神》、《历史的作用》等。

有一篇文章探讨了意大利犯罪学家隆布罗索[1]，作者也是一个犯罪学家，西塞利·维罗妮卡·韦奇伍德[2]小姐写了一篇关于尤金妮亚皇后的研究，诺拉·霍尔特[3]和朱利安·麦克拉伦-罗斯创作了短篇小说，厄尼斯特·纽曼[4]写了一篇关于历史学家的错误的文章，等等等等。

有两篇文章因为内容不同寻常而引人注目，分别是朱利安·西蒙斯[5]和弗雷德·贝森[6]先生的作品。贝森先生是一个二手书商，与小说家和剧作家萨默塞特·毛姆是多年的相识，在这本书里写了关于他的回忆录。

朱利安·西蒙斯是已故的阿方斯·詹姆斯·阿尔伯特·西蒙斯[7]的弟弟，提供了一些迄今为止还没有发表的、令人惊诧的信息，是关于神秘的科尔沃勋爵[8]——《哈德良七世》的作者的。阿方斯·詹姆斯·阿尔伯特·西蒙斯对他做了深入的研究。

---

[1] 切萨尔·隆布罗索(Cesare Lombroso, 1835—1909)，意大利医生、犯罪学家，其犯罪理论认为犯罪具有遗传性，可以通过人类学、精神病学和社会心理学加以判断并予以防止。

[2] 西塞利·维罗妮卡·韦奇伍德(Cicely Veronica Wedgwood, 1910—1997)，英国女作家，代表作有《奥利弗·克伦威尔》、《三十年战争》等。

[3] 诺拉·霍尔特(Norah Hoult, 1898—1984)，爱尔兰女作家，代表作有《父与女》、《神圣的爱尔兰》等。

[4] 厄尼斯特·纽曼(Ernest Newman, 1868—1959)，英国音乐批评家、作家，代表作有《无意识的贝多芬》、《瓦格纳的研究》等。

[5] 朱利安·古斯塔夫·西蒙斯(Julian Gustave Symons, 1912—1994)，英国作家、诗人，代表作有《杀了自己的男人》、《谋杀！谋杀！》等。

[6] 弗雷德·贝森(Fred Bason)，情况不详。

[7] 阿方斯·詹姆斯·阿尔伯特·西蒙斯(Alphonse James Albert Symons, 1900—1941)，英国作家，代表作有《寻找科尔沃》、《九十年代诗歌选》等。

[8] 弗雷德里克·威廉·罗尔夫(Frederick William Rolfe, 1860—1913)，封号为科尔沃男爵(Baron Corvo)，英国作家、摄影师，当时被视为怪人，代表作有《渡渡鸟告诉我的故事》、《威尼斯札记》等。

楼尔①画了 12 幅滑稽肖像画——有伯特兰·罗素、安奈林·比万②、托马斯·斯特恩斯·艾略特、威廉·毕福理奇爵士等人——书里有两部分用于展示照片。其中一个部分有几幅非常漂亮的合成照片，展示了家具和其他用具。

　　另一个部分展示了 50 年前的英国风貌。你可以看到穿着猎鹿装的凯尔·哈迪③、戴着高礼帽的威尔士王子（爱德华七世）、蓄着中等长度胡须的萧伯纳、第一批穿着短裙的女人学着骑固定轮的单车、穿着花格子衬衣的奥伯利·比亚兹莱④和许多演员、政客、科学家等人物的照片。

　　还有一组照片展示了芭蕾舞的演变。在书中的另一部分，奥利弗·库克⑤小姐用彩色图片展示了英国与法国绘画之间的联系。

　　这本书的护封破破烂烂，很不像样，但除此之外，拿来当圣诞节礼物还是不错的。

---

① 亚历山大·塞西尔·楼尔（David Alexander Cecil Low，1891—1963），新西兰漫画家，长期定居英国进行创作。
② 安奈林·比万（Aneurin Bevan，1897—1960），威尔士工党政治家，曾在二战后担任艾德礼政府的卫生部长，推行全民免费医疗，长期担任南威尔士众议员。
③ 詹姆斯·凯尔·哈迪（James Keir Hardie，1856—1915），苏格兰政治家，独立工党领导人。
④ 奥伯利·比亚兹莱（Aubrey Beardsley，1872—1898），英国插画艺术家，创办杂志《黄皮书》，其作品为二三十年代的中国文坛所重视。鲁迅对他的评论可参阅《集外集拾遗》。
⑤ 奥利弗·库克（Olive Cook，1912—2002），英国女画家。

评弗朗兹·卡尔·韦斯科夫的《行刑队》、顿萨尼勋爵的《塞壬的觉醒》^①

　　《行刑队》的广告是"全新形式的战争小说"，这或许有点夸张了，但它确实是一本不同寻常的作品。它描写了战争，但没有描写战斗，它的描述重点是心理问题。那是关于敌占区的故事——大部分情节发生于布拉格——从一个德国人的视角进行讲述。

　　这本书据说是根据真人真事写成的，但最离奇的一点是它的讲述方式。

　　故事的讲述者是一个年轻的德国士兵，负伤后被俄国人俘虏，向医院的一个护士讲述他的经历，那个护士把它们记录下来。

　　之前他写了一本日记，但丢失了，因此他尝试以这种方式去代替它。奇怪的是，居然有医院能够让护士在战争时期去做这种事情，而且开头的忏悔不是非常可信：

　　　　你怎能意识到一个德国国防军的士兵根本不能拥有一个

---

① 刊于 1945 年 12 月 13 日《曼彻斯特晚报》。弗朗兹·卡尔·韦斯科夫（Franz Carl Weiskopf, 1900—1955），捷克作家，代表作有《行刑队》、《不屈的巴尔干民族》。顿萨尼男爵爱德华·约翰·莫尔顿·普兰克特（Edward John Moreton Plunkett, Baron of Dunsany, 1878—1957），英国作家，代表作有《时间与神明》、《做梦者的故事》等。

朋友，能够和他开诚布公地谈话，不用偷偷摸摸地暗示和拐弯抹角呢？他们把我们逼成这样，都是因为他们的监视、羞辱和施暴。他们逼得我们只敢低声嘀咕着心里的念头……

很难想象会有人这么说话，也很难相信受到这么严密监视的人敢冒险写日记，还记录了自己的秘密思想。但这种夸张的自我憎恨的基调到后来减弱了，故事的大部分内容都是平铺直叙，只是偶尔会有一段小结或插入一两段话，让读者了解当时的政治和军事形势。

大体上这是一个凌乱的故事。那个讲述故事的年轻人名叫汉斯·霍勒，是苏台德地区的德国人。他在南斯拉夫负了伤，在1941年的冬天被派遣驻守捷克斯洛伐克。

他的连队里什么人都有，但大部分都是体面人。他们更关心享受而不是压迫捷克人，一开始的时候他们很讨厌处决破坏者这份工作。

但是，随着战争的持续，那些没有死掉的士兵陷入了崩溃——因为一个接一个的士兵被调派到惨烈的俄国战场。

一个士兵自杀了，另一个成为盖世太保的密探，其他人因为犯罪或莫须有的罪名而被枪毙。所有人渐渐因为劫掠和"报复"而变得性情凶残，甚至在没有受战火侵袭的德国，家庭生活也因为战争的压力而分崩离析。

汉斯被迫与一个就快生孩子的女人结婚，但他知道那并不是自己的孩子。结婚后他就爱上了她的妹妹。而她还是个孩子，而且因为曾经进了希特勒青年团而染上了性病。

汉斯越来越觉得自己生活在一个梦魇里。最后的打击来临了：他看到一张通缉海报，上面那张脸赫然就是一个他在战前谈过恋爱但后来好几年没有联系的捷克女孩。海报上还写着："通缉——生死勿论"。

三件事情逐渐地摧毁了他的意志。一件是捷克人平静而轻蔑的仇恨，对这个民族施暴或时不时加以怀柔根本不起作用。另一件事情是永无休止的战争和每一户家庭逐渐增加的死亡人数。

还有一件事情——虽然只是偶尔起作用，但造成了戏剧性的效果——是他发现德国的新闻并没有报道真相。其隐含的意思是它需要军事上的失利以激起德国人民的愧疚感——无疑这是非常真实的。

这本书的结局是骇人听闻但或许贴近真实的对俄国战役惨剧的描写。

有几处地方，特别是开头和结尾，这本书流于庸俗的政治宣传，而且在精神描写上并不真实，但它是一本水平还不错的当代战争小说。

顿萨尼勋爵的书或许是用好素材的反面教材。它是一本回忆录，涵盖了从1930年到1942年的事件，但随意地堆在一起，几乎不堪卒读。

那时候顿萨尼勋爵经历了许多事情，特别是最后三年，但他并不满足于讲述他的主要经历。恰恰相反，每一页都堆砌着琐碎的细节和他所写的应景诗。对于他的这个爱好有一个例子值得一提。

南斯拉夫与希特勒达成协议时，正在希腊的顿萨尼爵士写了一首表示谴责的诗，在希腊的广播电台上朗诵。第二天，在国王发动政变后，他又写了另一首诗，歌颂南斯拉夫人的英勇，这首诗也在电台上播放了。

到了 1940 年底，顿萨尼勋爵被派遣出使希腊。他必须先乘船到开普敦，然后飞去埃及，乘船到尼罗河上游，那里有成群的河马，而岸上的鳄鱼正虎视眈眈。

刚到希腊不久德国人又逼着他离开了，他乘坐一艘挨过轰炸、挤满了人的轮船再次穿过地中海，乘客们上船前就知道上面的救生船只够让女人用。

回家的路上他探访了非洲的许多地方，甚至去了摩德河的战场，布尔战争时他曾经在那里打过仗。大体上这是一个跌宕起伏的故事，遗憾的是，它没有被写成一本更好的书。

评威廉·鲍耶·哈尼的《科学与创造性艺术》

过去几年来，有一些作家尝试调和科学家和艺术家之间的矛盾，但从未取得令人满意的效果。这个争议因为各种嫉妒和误解而变得模糊不清，而且从一开始就被现代人根本无法停止崇拜科学却又无法想象一个真正科学的文明这个事实所戕害。哈尼先生从几个方面对这个问题发起了抨击。但是，虽然时不时会有精辟的见解，但他似乎自相矛盾，并最终屈服于一开始抨击的科学态度。

这本书的第一篇同时也是最长的一篇文章旨在表明人的本性有相当大的非理性特征，是科学无法解释的。艺术的存在，特别是那些最"没有用处"的艺术——诗歌和音乐——证明了这一点。艺术没有生物性的功能，没办法用生存斗争的理论进行满意的解释。最重要的是，艺术作品是不能人工合成制作的。要用弗洛伊德或马克思的理论去搪塞解释艺术冲动是很容易的事情，但这并不能让我们更加深入地理解好的艺术作品与糟糕的艺术作品之间的区别。这一区别只能通过本能进行感知，而唯一有效的考验是艺术作品能否流传于世。换句话说，审美是超越逻辑的，科学家没办法去解释它或控制它，因此削弱了他要当人类的立法者

---

① 刊于 1945 年 12 月 16 日《观察者报》。威廉·鲍耶·哈尼（William Bowyer Honey，1889—1956），英国作家、学者，代表作有《科学与创造性的艺术》、《欧洲陶瓷艺术》等。

的说服力。大部分会被诗歌、音乐或雕塑艺术感动的人都会认同这一点。但遗憾的是，这篇文章大部分内容针对的是康拉德·哈尔·沃丁顿①博士，但很难责备他有科学至上的傲慢态度或庸俗思想。

第二篇文章的名字叫《科学与伦理》，哈尼先生在文中的立场更不牢固。他说伦理价值和审美价值一样是非理性的，无法以进化过程的产物作为解释：

> 就像智力一样，活力是可以获得奖励的，而道德价值则是斗争生存的障碍。大自然青睐的是狡诈和阴险，而不是信任或公平，它青睐的是侵略性和占有性的自我实现，而不是对我们的同胞的无私、热情和爱，它青睐的是掠夺性的竞争和对我们的敌人的无情毁灭，而不是忍耐和无私的奉献。如果某一个价值标准无法形成进化上的优势，那么它是否真的有价值可言值得怀疑。

很难相信这是真的。即使在动物世界里，群居和温顺的动物总是最成功的动物。绵羊要比狼更长命。在人类身上，几乎每一个"美好的"品质都是能让人生活在集体中的品质，或某个更早时期的具有利他功能的态度的传承，比如对嫉妒的抵制。在书中的这个部分，哈尼先生的解释并不能令人满意，而且他似乎过分强调了物质与精神的对立。

---

① 康拉德·哈尔·沃丁顿（Conrad Hal Waddington，1905—1975），英国生物学家、哲学家，代表作有《科学的态度》、《思想的工具》等。

最后一篇文章名为《新社会秩序下的科学与艺术》。"新社会秩序"这个说法并没有什么新意：我们将生活在一个理性的、有规划的世界，没有浪费，没有剥削，没有混乱，没有贫穷，没有严重的不平等——总而言之，我们都想要甚至可以得到的世界，如果原子弹没有先把我们炸得粉碎。但是，与此同时，"国家本身并不是最终的目的"，只要不公开造反，人们可以享有最彻底的思想自由。

或许思想自由很有希望在一个高度组织化的社会里存在，但是，更重要的是，在这个背景中，如果机器像哈尼先生所设想的那样获得彻底的胜利，艺术冲动将被扼杀，或发生改变。他可以鄙视那些将过去理想化的人，但是，他似乎没有看到消灭了日常劳动中的创造性元素后，机器已经改变了艺术家的地位。在一个彻底机器化的时代，艺术要么不再是个体的活动，要么必须切断与实用性的联系。假定机器将一直存在下去，或许某种形式的艺术将会存在。它将以什么方式存在，问题正在于此，而哈尼先生就此停笔。最后这篇文章的观点与第一篇文章的观点之间的矛盾是很难调和的。这是一本不了了之的书，有几处地方根本不堪卒读，但它引出了几个好话题。

评威廉·拉塞尔的三幕剧《地窖》^①

最近有许多部戏剧出书了。比方说：爱德华·查尔斯·萨克维尔-韦斯特的广播剧《拯救》、亚瑟·科斯勒的不是很成功的幻想剧《黄昏的酒吧》和一部更加贴近工人阶级的戏剧《班伯利的鼻子》，作者是彼得·乌斯蒂诺夫，它已经在舞台上公演。在战争年间声名鹊起的法国作家之一让-保罗·萨特的很有张力的戏剧《禁闭》最近在英国也出版了法文版，而且或许很快就会出英文版。

有趣的是，虽然戏剧主要是针对舞台而写的，但以书本的形式出版后却和一般的小说一样很有可读性。萧伯纳总是会为他的戏剧配上细致的舞台介绍，基本上把它们变成了小说，然后出书。詹姆斯·巴利爵士的《令人羡慕的克莱顿》也是这样出书的。

这么做是否必要或是不是好事值得怀疑。萧伯纳戏剧的舞台介绍有很多内容是演员无法表现的，读完之后总是会有什么东西被遗漏了的感觉。或许以制作人能够运用的形式去出版一部戏剧会比较好。

《罗伯特·该隐》在一年前出版，描写了美国南部各州的肤色

---

① 刊于 1945 年 12 月 20 日《曼彻斯特晚报》。威廉·拉塞尔（William Russell），情况不详。

问题，威廉·拉塞尔或许会因为这部不同寻常的小说而被记住。在他这部戏剧里，肤色问题也是重要的内容，但不是中心主题。戏里只有五个角色，所有的剧情都在同一个地方展开：那五个人躲避警察的一座空房子的地窖。他们刚从一场监狱暴动中逃出来，等着一个同犯开一辆卡车接他们到安全的地方，但那个人一直没有来。

在监狱暴动中，他们中间有一个人杀死了一个狱卒，还有另一个名叫约翰逊的黑人受了重伤。他的身体里有一颗子弹，痛苦万分而且脱水很严重。最后，他们都知道如果不去寻求救助的话，约翰逊会死掉的。

这时候几个人的性格暴露无遗。泰德是一个黑帮混混，阿尔奇是一个银行职员，心地温和而且深思熟虑。西德尼就是那个打死狱卒的人，是一个放荡的恶棍。还有一个年轻人莱斯利总是随遇而安，最后一个人就是约翰逊，来自美国南方的黑人。他悲哀地意识到像他这样的人并不被看成是真正的人。

这出戏的中心事件是泰德与阿尔奇之间的斗争。泰德看不起黑人，骂他们是"黑鬼"，想让约翰逊就这么死掉。这帮逃犯要是去寻求帮助的话，一定会暴露自己的行踪。

西德尼当然和泰德在同一阵营。莱斯利一开始支持阿尔奇，但后来被泰德说服了。最重要的事情是，他们当中唯一心存善念的人阿尔奇其实是一个懦夫。

当第三天的黎明来临时，约翰逊在地窖的角落里奄奄一息。四个幸存者爬出栅栏没命地逃跑。他们牺牲了约翰逊，却没有给自己带来什么好处。

它所隐含的意义——没有明确地加以表达——就是：如果约

翰逊不是一个黑人的话，他们所有人，包括阿尔奇，或许会愿意冒险去救他。阿尔奇最后的念头是虽然他们逃脱了真实的监狱，但他们仍将是性格和成长经历的囚徒。

这出戏有不少缺点，但很有可读性，而且要比《罗伯特·该隐》更加成熟。联合剧院或别的某个剧院或许会举行试演。

无厘头诗歌：论鲁道夫·路易斯·梅格罗兹编撰的《利尔文集》[①]

　　据说许多语言都没有无厘头诗歌，即使在英语中，无厘头诗歌也不是很多。大部分的形式是儿歌和民间诗歌的片段，其中有一些刚开始时严格来说并非是无厘头，但后来它们本来的意义被遗忘了。比方说，关于玛洁莉·道尔的打油诗：

> 跷跷板，玛洁莉·道尔，
> 多宾得有个新主人，
> 一天只有一便士，
> 因为他根本跑不快。

或我小时候在牛津郡学会的另一个版本：

> 跷跷板，玛洁莉·道尔，
> 卖了她的床，躺在干草上，
> 她真是一个傻姑娘，
> 卖了她的床，躺在泥土上。

[①] 刊于 1945 年 12 月 21 日《论坛报》。鲁道夫·路易斯·梅格罗兹（Rodolphe Louis Mégroz, 1891—1968），英国作家、诗人、评论家，代表作有《与约瑟夫·康拉德的对话》、《莎士比亚评述》等。

或许真的曾经有一个人名叫玛洁莉·道尔，甚至或许真的有一个人名叫多宾，不知怎地被编入了故事中。当莎士比亚让埃德加在《李尔王》里引用"小雄鸡坐在高墩上"①和类似的只言片语时，他是在写一些无厘头的东西，但无疑这些片段来自于被遗忘的民谣，曾经有过含义。你几乎是在无意识中引用的典型的民间诗歌片段并不一定都是无厘头，而是带有韵律的对某件司空见惯的事情的评论，比如说"一便士，两便士，热辣辣的十字架包子"或"波利放上水壶吧，我们都来喝茶吧"。这些看似轻佻的押韵诗句事实上表达了深刻而悲观的生命观和农民看透生死的智慧。例如：

> 所罗门·格兰迪，
>
> 周一出生，
>
> 周二受洗，
>
> 周三结婚，
>
> 周四染疾，
>
> 周五病重，
>
> 周六死掉，
>
> 周日下葬，
>
> 这就是所罗门·格兰迪的下场。

这是一则悲伤的故事，却阐述了你我共同的命运。

---

① "小雄鸡坐在高墩上"一句出自莎士比亚《李尔王》（朱生豪译文），原文是："Pillicock sat on Pillicock Hill"。

在超现实主义明确地侵入无意识前，除了那些没有意义的歌曲叠句之外，无厘头诗歌似乎并不普遍。这使爱德华·利尔拥有了特殊的地位。鲁道夫·路易斯·梅格罗兹最近对他的无厘头诗歌进行编辑，在战争爆发的一两年前，他还编辑了一本由企鹅出版社发行的诗集。利尔是最早描写纯粹的虚幻的作家之一，内容有幻想的国度和新造的词语，并不是以讽刺挖苦为目的。他的诗歌并非都是无厘头，有的是通过歪曲逻辑而营造效果，但其蕴含的情感都是一样的，悲伤而不怨毒。它们表达了一种亲切的疯癫，对一切弱小而荒唐的事物抱以同情。平心而论，利尔可以被称为五行打油诗的鼻祖，虽然以几乎相同的体裁写成的诗歌在更早的作家那里也可以找到。关于他的五行打油诗有一点有时候被视为缺陷——第一句和最后一句总是用同一个韵脚——但这也是其魅力之一。只是稍加改动增加了它不刻意为之的效果，如果故意语出惊人或许就会破坏这一效果。例如：

> 曾经有一位小姐来自葡萄牙，
> 她很想去航海，
> 她爬到一棵树上，
> 端详着海洋，
> 却宣布她永远不会离开葡萄牙。

在利尔之后，几乎没有一首五行诗内容有趣，可以被刊登出来，值得加以引用。不过，他写得最好的是几首稍长一些的诗如《猫头鹰和猫咪》或《永吉-邦吉-波的求爱》：

在科罗曼德的海岸，

那里有初生的南瓜在摇摆，

在树林的里面，

住着永吉-邦吉-波。

有两张凳子，和半支蜡烛

一个旧水壶，没有了手把，

这些就是他的家当。

在树林的里面，

这些就是他的家当。

永吉-邦吉-波的家当，

永吉-邦吉-波的家当。

后来出现了一位养杜金肉鸡的姑娘，接着描写了一段没有结局的爱情。梅格罗兹先生认为，它或许反映了利尔自己的生平，情况或许就是这样。他终生未婚，而且很容易猜出他的性生活很有问题。无疑，一个精神学家能从他的画作和不断出现的某些生造的词语如"三齿叉"中找到各种含义。他的健康状况很糟糕，而且作为一户有二十一个孩子的家庭中的老幺，从很小的时候开始他一定就品尝到了烦恼和艰辛的滋味。显然，他郁郁寡欢，而且天性孤僻，虽然他有几个好朋友。

奥尔德斯·赫胥黎称赞利尔的幻想是自由的宣言，指出《他们》这首五行诗代表了理性、守法和沉闷的美德。"他们"是现实主义者，是务实的人，是戴着高礼帽的冷静的市民，他们总是热情地阻止你做出任何值得去做的事情。例如：

怀特黑文有一个老人，

他与一只乌鸦跳起了四对方舞，

但他们说："这太荒唐了，

竟然和这只鸟跳舞！"

于是他们打死了那个怀特黑文的老人。

因为一个人和一只乌鸦跳四对方舞而将他杀死正是"他们"会做出的事情。赫伯特·里德也称赞过利尔，并认为他的诗要比刘易斯·卡罗尔的诗更好，更加具有纯粹的梦幻色彩。至于我的看法，我要说的是，我发现当利尔最不武断时，不插科打诨或歪曲逻辑时，他所写的东西最有趣。当他放任自己的幻想时，就像他所幻想的那些名字，或像《家庭烹饪的三张收据》所写的那样，他是个傻气而让人厌烦的作家。《没有脚趾的波普》被逻辑的幽灵所困扰，我觉得是里面的某种感觉让它很有趣。我们或许记得，波普去布里斯托运河钓鱼：

所有的水手和将军齐声高喊，

当他们看到他越走越远，

"他去钓鱼了，为了姨妈乔比斯卡

那只长着红胡须的三叉猫！"

这首诗有趣的地方在于拿将军开涮的调调。那句胡说八道的话——那只长着红胡须的三叉猫！——只是让人觉得尴尬。波普在水里的时候，某只不明怪物过来将他的脚趾头咬掉了。等到他回到家里时，他的姨妈说道：

这件事众所皆知，

没有了脚趾的波普更开心。

这句话也很有趣，你甚至可以说带有政治寓意。因为对专制政府的批判就蕴含于"没有了脚趾的波普更开心"这句话里。那首著名的五行诗也是一样：

曾经有一个老头住在贝辛，

他的思想真是古怪，

他买了一匹骏马，

飞奔离去，

离开了人们，离开了贝辛。

这并不是胡说八道。最有意思的就是对住在贝辛的人温和而含蓄的批判，那些人又是"他们"那些值得尊敬的人，思想正确、憎恨艺术的大多数人。

和利尔同一时代的作家中最接近他的是刘易斯·卡罗尔，但是，他没有那么异想天开——而且我觉得要更有趣。从那时之后，正如梅格罗兹先生在序文中指出的，利尔一直很有影响力，但很难相信他写的都是好诗。现在那些傻乎乎的、异想天开的儿童书籍或许在部分程度上是受他的影响。不管怎样，刻意去写无厘头的诗这个想法虽然在利尔身上获得成功，但让人觉得很困惑。或许最好的无厘头的诗是在集体创作的情况下慢慢地、不经意间产生的，而不是出自个别作者的手笔。另一方面，作为漫画插画家，利尔的影响力应该是正面的。比方说，詹姆斯·瑟博①一定借鉴了利尔的插画。作为一本信息详实的介绍，这本书会是挺好的圣诞节礼物。

---

① 詹姆斯·格罗夫·瑟博（James Grover Thurber，1894—1961），美国作家、记者、卡通画家，长期担任《纽约客》专栏作家，代表作有《男人、女人和狗》、《了不起的O》等。

对詹姆斯·伯恩汉姆的反思①

詹姆斯·伯恩汉姆的作品《管理革命》出版时在美国与英国引起了强烈反响，它的主题已经被深入探讨过，基本上不需要再对其进行详细的阐述。我对这本书的小结如下：

资本主义正在消失，但社会主义将不会取代它。当前正在崛起的是一种新型的中央集权计划社会，既不是资本主义，也不能用任何为人所接受的民主概念去描述它。这个新社会的统治者将是那些实际掌握了生产资料的人，即商业行政人员、技术人员、官僚和军人，按照伯恩汉姆所说，以"管理者"的名义勾结在一起。这些人将消灭旧的资产阶级，镇压工人阶级，构建组织严密的社会，并将所有的权力和经济特权掌握在手中。私有产权将被消灭，但公有制并不会确立。新型的"管理式"社会不是几个独立的小国，而是围绕着欧洲、亚洲和美洲的工业中心成立的超级大国。这些超级大国将为了地球上尚未被占领的地区而彼此之间展开战争，但或许没有能力彻底征服对方。每个社会的内部都是等级森严的体系，最顶端是富有才华的贵族阶层，最底层是半奴隶的群众。

在他的下一部作品《马基雅弗利的信徒》中，伯恩汉姆阐述

---

① 1946 年由社会主义书社出版。詹姆斯·伯恩汉姆(James Burnham, 1905—1987)，美国政治思想家，托洛茨基运动的美国领导人之一，代表作有《管理革命》和《马基雅弗利的信徒》。

并修正了原来的言论。该书的大部分内容讲述了马基雅弗利的理论和他的现代信徒莫斯卡①、米歇尔斯②和帕累托③,并为其进行令人疑惑的辩护。伯恩汉姆还把工团主义作家乔治斯·索雷尔④归入他们的行列。伯恩汉姆主要想表达的是,根本不曾存在过什么民主社会,而根据我们的理解,这一社会永远不会出现。究其本质,社会是寡头政治体制,执政者的权力总是依靠暴力和欺诈这两种手段去维持。伯恩汉姆没有否认"善的"动机或许在私人生活中起作用,但他认为政治就是权力的斗争,除此无它。所有的历史变迁归根结底就是一个统治阶级取代另一个统治阶级的过程。所有关于民主、自由、平等、友爱的言论,所有的革命运动,所有对乌托邦或"无阶级社会"或"地上天国"的想象都是谎言(不一定是有意识的谎言),掩盖了某个正在为权力拼杀的新阶级的野心。英国清教徒、雅各宾派、布尔什维克党都只是一群群争权夺利之徒,利用了群众的热情,为自己掌权铺平道路。有时候权力可以不靠暴力维持,但欺诈是必需的手段,因为群众必须加以利用,但如果群众知道自己只是一小撮人达成目标的工具,他们是不会配合的。在每一次大型的革命斗争中,群众被"四海之内皆兄弟"的美梦所诱导,但一旦新的统治阶级牢牢掌握了权

---

① 盖塔诺·莫斯卡(Gaetano Mosca, 1858—1941),意大利政治学家,崇尚精英主义理论,与威尔弗里多·帕累托和罗伯特·米歇尔斯并称为精英主义学派的代表人物。
② 罗伯特·米歇尔斯(Robert Michels,1876—1936),德国社会学家,崇尚精英主义理论,在意大利从事法西斯主义活动,精英主义学派的代表人物。
③ 威尔弗里多·帕累托(Vilfredo Pareto,1848—1923),意大利社会学家、经济学家和哲学家,拥戴墨索里尼的法西斯统治,精英主义学派的代表人物。
④ 乔治斯·索雷尔(Georges Sorel,1847—1922),法国哲学家和工团主义理论倡导者,其观念更偏向于反精英主义。

力，他们就会重新沦为奴隶。这就是伯恩汉姆眼中的政治史的全部内容。

第二本书不同于第一本书的地方在于，它声称如果能更诚恳地面对现实的话，整个过程可以或多或少地道德化。《马基雅弗利的信徒》的副标题是《自由的捍卫者》。马基雅弗利和他的追随者教导说，在政治领域里根本没有面子可言。伯恩汉姆声称，这样能使政治变得更加明智，更少压迫。意识到自己的真正目的是保住权力的统治阶级也会知道，要是它能创造共同的福祉，避免成为僵化的继承制贵族阶级，保住权力的希望会更大一些。伯恩汉姆强调了帕累托的"精英循环"理论。如果统治阶级希望保住权力，它就必须不停地从下层阶级中接纳合适的新人，这样一来，最有能力的人可以总是屹立于权力之巅，让新的渴望权力的反抗阶级不至于形成。而这样一种情形，伯恩汉姆认为，在一个仍然保留着民主习惯的社会里是最有可能出现的——也就是说，在一个反对派依然存在，出版和工会等团体也能保持独立的社会里。无疑，在这一点上伯恩汉姆与他早期的意见相左。《管理革命》写于 1940 年，它理所当然地认为"奉行新型管理"的德国在各个方面都要比资本主义民主国家如法国或英国更加高效。而在 1942 年写成的第二本作品中，伯恩汉姆承认如果德国允许言论自由的话，或许它原本可以避免几个严重的战略错误。但是，他并没有放弃主要的观点：资本主义已经日落西山，社会主义只是空想。要是我们能够理解要解决的问题到底是什么，或许我们可以在部分程度上引导管理的革命，但无论我们喜不喜欢，革命正在发生。两本作品，尤其是第一本，都流露出确凿无疑的对书中所探讨的政治残忍和邪恶的喜爱之情。虽然他强调他只是在列举事实，并不是在表明他自己的倾向，但明显看得出伯恩汉姆对权力感到心醉神迷。他支持德国，因为德国似乎正在赢得这场战争。他的一篇近期文章《列宁的继承人》在 1945 年初刊登于《党派评论》，这篇文章表明他支持的是苏联。《列宁的继承人》在美国的左翼团体中引起了轩然大波，但还没有在英国出版，我将在本文的后面对其进行探讨。

我们可以看到，伯恩汉姆的理论严格来说并没有新鲜内容可言。之前已经有许多作家预见到了一种新社会的出现，它既不是资本主义，也不是社会主义，而是可能以奴隶制为基础，但是大部分作家与伯恩汉姆的不同之处在于，他们不认为这一发展趋势是不可避免的。一个好的例子就是希莱尔·贝洛克出版于 1911 年的作品《奴役社会》。《奴役社会》的文笔很枯燥，而它所提出的解决之道（回归小国寡民的农业社会）从很多方面来说都是不可能实现的，但是，它确实以非凡的预见能力揭示了自 1930 年以来正在发生的事情。切斯特顿预言民主和私有财产将会消亡，一个可以被称为"资本主义"或"共产主义"的奴隶社会将会兴起，但他的系统性要相对差一些。杰克·伦敦在《铁蹄》（1909）中预言了法西斯主义的几个重要特征。还有像威尔斯的《沉睡者醒来》（1900）、扎米亚京①的《我们》（1923）和奥尔德斯·赫胥黎的《美丽新世界》（1930），这几本书都描写了想象中的未来世界，资本主义的特殊问题得到了解决，但并没有带来自由、平等或真正的快乐。事实上，一个中央集权的计划社会将演变成为寡头政治或独

---

① 叶甫格尼·伊万诺维奇·扎米亚京（Yevgeny Ivanovich Zamyatin，1884 — 1937），俄国作家，因在作品中对苏联政府进行批判而遭到流放，代表作有《我们》、《岛民》、《上帝遗忘的洞穴》等。

裁体制是非常明显的事情。正统的保守派无法看清这一点，因为他们认为社会主义"行不通"，而资本主义的消亡将意味着混乱和无政府状态，这让他们心里觉得很不踏实。正统的社会主义者无法看清这一点，因为他们希望自己能赶快掌权，因此，他们觉得当资本主义消亡时，社会主义将会取而代之。结果，他们没能预见到法西斯主义的崛起，也没能在这件事已经发生后作出正确的预测。但是，工业主义必将以寡头垄断而告终，而寡头垄断必然意味着暴政，这一理念并不是什么值得大惊小怪的事情。

伯恩汉姆与大部分思想家的不同之处在于，他尝试准确地勾勒出"管理的革命"在世界范围内发生的进程，并认为极权主义是不可阻挡的发展趋势，因此绝不能与之对抗，但这个过程或许可以被加以引导。根据伯恩汉姆在1940年所写的内容，"管理主义"在苏联取得了最完善的发展，而德国的发展也不遑多让，并在美国开始出现。他将罗斯福新政形容为"原始的管理主义"，但这股潮流在各地都是一样的，或几乎没有任何区别。自由放任的资本主义总是会被计划和国家干预所取代，纯粹的所有者被技术人员和官僚褫夺了权力，但社会主义——以前被称为社会主义的那一套社会体系——并没有出现的苗头：

> 有些人试图为马克思主义辩护，说它"根本没有机会"。这根本不是事实。马克思主义和马克思主义政党有过许多次机会。在俄国，马克思主义政党执政了。在短短的时间里，它背弃了马克思主义，虽然没有在口头上这么说，但付诸了行动。第一次世界大战临近结束的那几个月和接下来的那几年，大部分欧洲国家遭遇了社会危机，为马克思主义

政党大开方便之门，但无一例外，他们都无法获得并保住权力。在许多国家——德国、丹麦、挪威、瑞典、奥地利、英国、澳大利亚、新西兰、西班牙、法国——改革派马克思主义政党组建了政府，但都没有引入社会主义或采取迈向社会主义的措施……这些政党在实际行动中一遇到历史的考验——已经有过许多次历史的考验——就要么辜负了社会主义，要么干脆背弃社会主义，这是社会主义者最恶毒的敌人或最热烈的朋友所不能抹杀的事实。

当然，伯恩汉姆没有否认新的"管理型"政体就像俄国和纳粹德国的政权那样可以标榜为社会主义政权。他只是在说，它们不会是马克思、列宁、凯伊·哈迪①或威廉·莫里斯所接受的那个意义上的社会主义——事实上，它们与1930年之前任何形式的社会主义都根本不是一回事。直到不久前，社会主义还曾经被认为在政治上奉行民主，在社会上推行平等，并信奉国际主义。这种事情根本没有迹象发生，一个据说曾经发生了无产阶级革命的大国，已经与以前旧日想象中的那个以人类大同为目标的自由平等的社会渐行渐远。从革命伊始，自由和代议机构就几乎毫无间断地被侵蚀和扼杀。而不平等的情况日益严重，民族主义和军国主义越来越强大。但与此同时，伯恩汉姆坚持认为资本主义已经一去不复返，"管理主义"正在壮大发展。根据伯恩汉姆的看法，它正在世界各地发生，但其具体情况因为国情不同而各有不同。

---

① 詹姆斯·凯伊·哈迪（James Keir Hardie, 1856—1915），英国工人运动领袖，是英国独立工党的创始人之一，曾担任英国下议院议员。

伯恩汉姆的理论对当前所发生的事情貌似很有解释力，至少他的理论要比其它理论对苏联过去十五年来所发生的事情更有解释力。显然，苏联并不是社会主义国家，硬要称之为社会主义国家的话，除非你赋予"社会主义"这个词语与任何其它语境下的解释都不相同的意义。另一方面，那些关于俄国政权会回归资本主义的预测都是一派胡言，现在看来是根本不会发生的事情。伯恩汉姆声称俄国"管理主义"的发展与纳粹德国相比不遑多让，这或许夸大其词了，但俄国的发展方向确实是远离原来的资本主义体制，向计划经济和寡头统治相结合的体制迈进。在俄国，资本家先是被消灭，然后工人再遭到镇压。在德国，工人先遭到镇压，而消灭资本家则刚刚开始，把纳粹主义称为"纯粹的资本主义"，在此基础上对其进行揣测，总是会被事实打耳光。伯恩汉姆最离谱的错误，似乎是相信"管理主义"正在美国兴起。在这个广袤的国家，资本主义仍方兴未艾。但假如你思考世界大势，他的结论是很难抵制的。甚至在美国，对自由放任的资本主义的普遍信念也未必能经受得住下一次严重的经济危机的冲击。对伯恩汉姆的反对意见指出，他赋予了"经营者"太过分的重要性，从狭义上说，"经营者"指的是厂长、计划制订者和技术人员——这似乎在说即使是在苏联，真正掌权的是这些人，而不是共产党的各个书记。但是，这只是枝末细节上的错误，在《马基雅弗利的信徒》中得到了部分修正。真正的问题不在于接下来的五十年里往我们身上踩上一脚的那些人会被称为"经营者"、"官僚"、还是"政客"；真正的问题是，现在看来注定会毁灭的资本主义到底会演变成寡头统治还是真正的民主？

但有趣的是，当你探究伯恩汉姆根据他的基本理论所做出的预测时，你会发现在所有可以被验证的事情上，它们都已经被证伪了。许多人已经指出了这一点。但是，有必要对伯恩汉姆的预测的细节进行探究，因为它们构成了一种与当前事件的关联模式，揭示了在我看来是当代政治思维中一个非常重要的缺陷。

首先，伯恩汉姆在 1940 年时认为德国的胜利是顺理成章的事情。英国被描述为"分崩离析"，展现了"在历史的时代变迁中颓败式微的文化所独有的所有特征"，而德国在 1940 年对欧洲的征服和吞并被称为"无可挽回"。伯恩汉姆写道："无论英国和哪个欧洲国家结盟，都没有希望征服欧洲大陆。"就算德国输掉了这场战争，它也不会被解体或回归到魏玛共和国时的状态，它将一直是大一统的欧洲的核心。未来世界的三个超级大国分庭抗礼的版图业已大体上确定了。"这三个超级大国的核心，无论它们将来叫什么名字，是曾经存在过的三个国家：日本、德国和美国。"

伯恩汉姆还坚持认为德国在英国被打败之前不会进攻苏联。1941 年 5—6 月刊的《党派评论》发表了他的作品的浓缩版，可能是在该作品之后写成的，在里面他写道：

> 俄国的情况和德国相类似，管理主义的第三个问题——与其它奉行管理主义的社会争夺统治权的斗争——将是留给今后的问题。首先要做的是，向资本主义的世界体系发出致命的一击，并将其彻底摧毁，这意味着首先摧毁大英帝国的根基（它是资本主义的世界体系的命脉），以直接的方式和以毁灭欧洲政治结构的间接方式同时进行，而后者是大英帝国的重要支撑。这是对苏德同盟的基本解释，也是唯一的正确之道。德国和俄国之间未来的冲突将会是"管理主义的正式

冲突"，在奉行管理主义的国家之间爆发世界大战之前，首先要做的是终结资本主义秩序。认为纳粹主义是"腐朽的资本主义"这一想法……根本无法合理地解释苏德同盟。根据这一理论，德国和俄国必有一战，而不是正在发生的德国与大英帝国之间你死我活的战争。德国和俄国之间的战争是未来的管理主义的战争，而不是以前和现在的摧毁资本主义的战争。

然而，对俄国的进攻将会在以后发生，而俄国肯定，或几乎可以肯定，会被击败。"我们完全有理由相信……俄国将分崩离析，西边的领土会并入西欧，而东边的领土会并入亚洲。"这番话出自于《管理革命》。在上面引用的文章里（或许是六个月后写出来的），作者更加斩钉截铁地指出："俄国的弱点表明，俄国不可能维持长久的统治，它将分裂为东西两部分。"在英国版本（塘鹅出版社出版）的一则补注（似乎是 1941 年底写的）里，伯恩汉姆指出，"分裂的过程"似乎已经发生了。他说道："这场战争是俄国的西部领土被并入欧洲超级大国的过程的一部分。"

把这么多的论点整理后，我们得出了以下的预言：

一、德国必定会赢得这场战争。

二、俄国和日本一定能生存下来，成为超级大国，并成为所在地区的核心力量。

三、德国会等到英国战败之后才进攻苏联。

四、苏联必定会战败。

但是，除了这些之外，伯恩汉姆还做过其他预测。1944 年夏天，在《党派评论》的一篇短文里，他认为苏联将会和日本联手，帮助日本避免全面的溃败，而美国的共产党将被安排在东线发动怠工破坏运动。最后，到了 1944 年和 1945 年的冬天，在同一本刊物里，他说"不久前还注定会分崩离析"的俄国即将征服整个欧亚大陆。这篇文章在美国的知识分子圈子里引起了激烈的争议，但在英国并没有重印。这里我必须对其进行一番讲述，因为它的写作手法和感情基调十分特别，对它们进行研究能让你更接近伯恩汉姆的理论真正的基础。

这篇文章的标题是《列宁的继承人》，旨在表明斯大林是俄国革命真正合法的捍卫者，他并没有"背叛"革命伊始所制订的纲领，而是将其贯彻到底。托洛茨基派总是声称斯大林是一个投机分子，将俄国革命引向歧途，为其一己之私服务，如果列宁没有逝世或托洛茨基仍然掌握权力的话，俄国将会有一番新气象，而这篇文章的观点则更容易为人所接受。事实上，没有理由相信俄国发展的主要脉络会有什么不同。早在 1923 年之前，种子就已经播下了。列宁由于过早逝世而获得了更崇高的声望。[①]要是他继续活下去的话，要么会像托洛茨基一样被驱逐出党，要么会像斯大林那样以同样的手段保住自己的权力。因此，伯恩汉姆这篇文章的标题看上去似乎是一篇讲道理的文章，让读者以为他会以事实来证明自己的观点。

然而，这篇文章只是对此主题作了蜻蜓点水式的探讨。显

---

① 原注：很难想象有任何一位政治家活到了八十岁时仍被视为一位成功人士。我们所说的"伟大的"政治家通常都是那些在其政策还没来得及生效时就死去的人物。要是克伦威尔多活上几年的话，他或许会失去权力，那样的话，现在我们会认为他是个失败者。如果贝当在 1930 年就死去的话，法国人会尊崇他是爱国英雄。拿破仑曾说过，当他策马跨进莫斯科时，要是一颗炮弹碰巧击中了他，他将成为历史中最伟大的人。

然，要是有人真的想表明列宁和斯大林的政策有一脉相承的关系，他会先概括出列宁的政策的纲领，然后解释在哪些方面斯大林的政策与其相类似。伯恩汉姆并没有这么做。除了草草一两句话之外，他对列宁的政策几乎只字未提，在长达十二页的文章里列宁的名字只出现了五次。前七页除去标题根本没有出现列宁的名字。文章的真正目的是烘托出斯大林巍峨高大的形象，将他捧上神坛，而布尔什维克主义则是一股席卷全球的不可阻挡的势力，直到它扩张到欧亚大陆最遥远的疆域。伯恩汉姆一再强调斯大林是"一位伟人"，以此作为自己的观点的证言——或许斯大林的确是个伟人，但这与主题根本不相干。此外，虽然他确实在斯大林的聪明才智上举出了几则让人信服的论证，但显然，在他的心目中，"伟大"是与铁腕密不可分地联系在一起的。

伯恩汉姆将斯大林与半神化的英雄，像摩西或阿育王相提并论，他们是时代的体现，配得上他们并没有亲手缔造的丰功伟绩。写到苏联的外交政策和设想的目标时，他写下了这么一段更加难以揣测的文字：

苏联的霸权以欧亚大陆的中心地带为核心，就像新柏拉图主义的"真实本质"那样以辐射的方式向外部扩张。西至欧洲、南至近东、东至中国，从大西洋沿岸、黄海、中国海、地中海到波斯湾，尽在其掌握。就像无差别的"真实本质"的传播过程经过**意识**、**灵魂**和**物质**，然后**回归**自身一样，苏联的霸权从极权主义的核心政权开始，一路向外扩张，**吞并**波罗的海、比萨拉比亚、布科维纳、波兰东部，**统治**芬兰、法国、土耳其、伊朗、中国的中部和南部地区，直到消失于外层物质空间，远远超越欧亚大陆的边境，以**绥靖和渗透**（英国和美国）暂时蛰伏。

这一段文字里的那些没有必要的黑体字是为了催眠读者，我想这么说并不夸张。伯恩汉姆试图勾勒出一幅可怕的、无法抵挡的力量的图画，把渗透这一普通的政治行动写成"**渗透**"，以此增强其整体的气势。这篇文章应该全篇通读。虽然它不是那种一般的亲俄分子所能接受的歌功颂德的文章，虽然伯恩汉姆本人或许会声称他严格地恪守客观，但事实上他是在对苏联表示臣服效忠，甚至是在作践自己。与此同时，这篇文章让我们了解到他的另一个预言：苏联将征服整个欧亚大陆，甚至更广袤的地区。你必须记住，伯恩汉姆的基本理论包含着一个仍有待考察的判断，那就是：无论发生其他什么事情，奉行"管理主义"的社会必将获得胜利。

伯恩汉姆先前预测德国会取得战争的胜利，以其为核心整合欧洲，这个预测被修正了，包括其主旨和某些重要的细节。伯恩汉姆一直坚持认为"管理主义"不仅要比资本主义民主体制和马克思社会主义更有效率，而且更为群众所接受。他说民主和民族自决的口号不再对群众有吸引力，而"管理主义"可以唤起热情，制订理性的战争目标，在各地成立第五纵队，鼓舞士兵狂热的斗志，强调德国人的"狂热"与英国人和法国人的"冷漠"或"冷淡"形成了鲜明的对比。纳粹主义被视为横扫欧洲革命的力量，其理念像"瘟疫"一样广泛传播。纳粹的第五纵队"无法被消灭"，德国人民和其他欧洲人民希望建立新秩序，而民主国家没办法提出解决方案。总之，民主国家只有"比德国在管理的道路上走得更远"，才能战胜德国。

所有这些话所蕴含的道理就是，那些欧洲小国在战前那几年由于混乱和萧条而意气消沉，迅速陷入崩溃，原本它们并不至于落到这般田地。如果德国人能够兑现一部分承诺的话，或许他们已经接受了新秩序。但德国统治的真实情况立刻激起世所罕见的仇恨和愤怒。1941年初之后，战争已经几乎不需要一个积极的目的，因为干掉德国佬已经名正言顺。斗志以及它与民族团结之间的关系是虚无缥缈的问题，可以随心所欲地操纵证据去证明几乎任何事情。但如果你去计算战俘与伤亡的比例和卖国行为的数量，极权主义国家相比之下要比民主国家更加糟糕。在战争期间，似乎有数十万俄国人投靠了德国，但在战前德国人和意大利人投靠同盟国的人数似乎也差不多，卖国的美国人或英国人却似乎只有几十个。为了举例证明"资本主义意识形态"毫无作为以赢得支持，伯恩汉姆引用了"英国在招募志愿军方面彻底失败（整个大英帝国都是如此），而美国也是一样"。从这句话你可能会猜想极权主义国家的军队都是志愿军。事实上，极权主义国家从来没有考虑过征募志愿军去实现任何军事目的，纵观历史，没有哪一支庞大的军队是通过志愿征募的方式组建起来的。[1]没有必要去援引伯恩汉姆罗列的相似的理由。重要的是，他认为德国一定会赢得宣传上的战争和军事上的战争，至少在欧洲，而这个预测并没有被事实所证明。

---

[1] 原注：1914年至1918年那场战争的初期，英国征募了一百万志愿军，一定创造了一项世界纪录，但它所施加的压力非常大，能否把它称为志愿征募实在是很可疑。即使是"意识形态色彩"最浓厚的战争在很大程度上也是由受到强迫的士兵在打仗。在英国内战、拿破仑战争、美国内战、西班牙内战等战争中，交战双方仰仗的是征兵制或受压迫的士兵。

可以看得出，伯恩汉姆的预测在可以对其进行验证的时候不仅总是错的，而且有时候一厢情愿地自相矛盾。而后面这一点很重要。政治预测经常会出现错误，因为它们总是基于一厢情愿，但它们能够反映出症结所在，尤其是当它们出现急剧改变的时候。而揭示真相的因素总是它们被提出时的日期。通过内部渠道尽可能准确地考证伯恩汉姆的作品，然后对同一时间的历史事件进行关注，我们发现了下面的这些关联：

在《管理革命》中，伯恩汉姆预言德国将获得胜利，苏德战争将在英国被打败后才会发生，然后俄国将会被击败。这本书的大部分内容写于 1940 年的下半年——是时德国在西欧势如破竹，对英国展开狂轰滥炸，而俄国与德国关系颇为密切，至少在表面上有奉行绥靖主义的想法。

在该书的英文版中，伯恩汉姆增加了补注，认为苏联已经被击败了，行将分崩离析。这本书在 1942 年春出版，或许是在 1941 年底成书的，当时德军正进逼莫斯科的郊区。对俄国会与日本联手对抗美国的预测是在 1944 年初写的，结论是新的日俄条约将会缔结。1944 年冬天，他预言俄国将征服世界，当时俄国人在东欧迅速推进，而西边的盟军仍然被困在意大利和法国北部。

看得出来，在每一个历史的节点上，伯恩汉姆所做的预测是正在进行的事情的延续。这种倾向并不像含糊或夸张那样只是一个坏习惯，可以通过思考而加以改正。这是一种严重的精神疾病，一部分根源是怯懦，另一部分根源是对权力的崇拜，而后者和前者是分不开的。

假如 1940 年你在英国参加盖洛普投票，问题是"德国将赢得这场战争吗？"你会发现非常奇怪的是，聪明人——我们就假定是智商高于 120 的人——回答"是的"的百分比要比回答"不是"的高得多。在 1942 年中段,同样的事情也会发生。这一次数字的对比不会那么鲜明,但如果你问的是"德国将攻占亚历山大港吗?"或"日本人守得住他们掠夺到的土地吗?"那么知识分子群体会明显地倾向于作出肯定的回答。而每一次,那些不是那么聪明的人更有可能会作出正确的选择。

要是你只是从表面上去思考这些事情,你或许会认为高智商与糟糕的军事判断总是会凑到一块儿。但事情并非这么简单。英国的知识分子大体上要比人民群众更加倾向于失败主义——他们当中有些人在战争显然将取得胜利的时候仍然是失败主义者——一部分原因是他们更能想象接下来的战争中那些沉闷无聊的年头。因为他们的想象力更加丰富,所以他们的士气更加低落,结束战争最快的方式就是输掉它。如果一个人觉得一场漫长的战争的前景让他无法忍受,那么他相信根本不可能取得胜利也就顺理成章了。但是,事情并不只是这样。还有许多知识分子对英国感情淡漠,这使得他们很难不与敌国站在同一阵营。而归根结底,那是一种崇拜——虽然只有少数人是有意识地崇拜——对纳粹政权的权力、活力和凶残的崇拜。翻看左翼出版物和罗列 1935 年至 1945 年所有对纳粹主义抱以敌意的文献会是一件很繁重但很有意义的事情。我能肯定你会发现它们在 1937 年至 1938 年和 1944 年至 1945 年达到了高峰,而在 1939 年至 1942 年显著减少——那段时间正值德国似乎就要取得胜利。你还会发现,1940 年鼓吹妥协和平和 1945 年同意将德国解体的都是同一帮人。如果你研究英国知识分子对苏联的反应,你也会发现真心追求进步的热情与对于权力和残忍的崇拜交织在一起。如果说亲俄的动机只是出于权力崇拜的话并不公平，但它确实是动机之一，而在知识分子身上，它或许是最强烈的动机。

对权力的膜拜会干扰政治上的判断，因为它会让人觉得当前的趋势会继续下去，几乎是无法避免的。现在得势的一方似乎总是战无不胜。如果日本人征服了南亚，他们将永远占领南亚；如果德国人攻占了托布鲁克，那他们肯定将占领开罗；如果俄国人杀到了柏林，不久以后他们就将杀入伦敦；等等等等。这一思维定式还会让人相信事情将比现实发生得更加迅速，更加彻底，更加具有毁灭性。他们以为帝国的兴衰或文化和宗教的消亡就像地震那样说来就来，而刚刚开始的进程在他们口中似乎已经就要结束了。伯恩汉姆的作品充斥着末日毁灭的意象。国家、政府、阶级、社会体制在他的笔下总是在扩张、萎缩、腐朽、解体、倾覆、对抗、崩溃、僵化，而且基本上都在以一种不稳定的戏剧性方式在演变。历史变迁是缓慢的，任何一个时代总是包含着上个时代留下来的东西，但伯恩汉姆从来没有考虑到这些。这种思维方式注定会得出错误的预测，因为即使它猜对了历史事件的发展方向，也会算错它的节奏。在五年的时间里，伯恩汉姆预言了德国将统治俄国，又预言俄国将统治德国。每一次作出预言时，他都遵循着同样的本能——对当时的征服者俯首帖耳，认定当时的趋势不可逆转的本能。记住这一点，你就能以更广阔的视野去批评他的理论。

我所指出的错误并没有推翻伯恩汉姆的理论，但它们或许能帮助我们了解为什么他会信奉这一理论。关于这一点，你不能忘记伯恩汉姆是一个美国人。每一个政治理论都带有某种宗教色彩，而每一个国家和文化都有其独特的偏见和愚昧的地方。看待有一些问题的视角几乎可以肯定会因为观察者所处地理位置的不同而不同。伯恩汉姆把共产主义和法西斯主义看成是同一回事，并同时接受了这两者——至少并不认为需要同这两者作你死我活的斗争——这就是一种典型的美国态度，而对于一个英国人或西欧人来说，是几乎不可能产生这一态度的。认为共产主义和法西斯主义是一丘之貉的英国作家认为二者都是恐怖的，必须与之进行殊死搏斗。而那些相信共产主义和法西斯主义水火不容的英国人会认为自己应该选择其中的一个阵营。[①]这一观念的差异形成的原因很简单，照样是和一厢情愿联系在一起的。如果极权主义获得胜利，其地缘政治的梦想得以实现，英国将不再是一个强权国家，整个西欧将被某一个大国吞并。面对这么一个前景，英国人很难做到无动于衷。要么他不希望英国步入毁灭——如果是这样的话，他得构建理论去证明自己的想法——要么，作为一个少数派的知识分子，他认定自己的国家已经无可救药，会将自己的一片忠心献给某个外国强权。美国人就不用作出这番选择。无论发生什么事情，美国都会作为一个强权继续存在，在美国人的眼中，欧洲是被俄国还是德国支配并没有太大的区别。大部分美国人在考虑这个问题时希望看到世界被两到三个超级大国所瓜分，这些超级大国扩张到了自然疆域的边界，彼此之间进行经济贸易，完全不受意识形态对立的影响。这么一幅世界图景符合美国人为了自身的利益对国土规模的推崇和为达成功可以不择手段的态度，而且也迎合了极为盛行的反英情绪。在现实中，英国和美

---

① 原注：我能想到的唯一的例外是萧伯纳，早在几年前他就宣称共产主义和纳粹主义其实是一样的，两者他都表示认可。但是，萧伯纳毕竟不是英国人，或许他不认为自己的命运与英国的命运休戚相关。

国曾两度被迫联手对抗德国，或许很快就得被迫联手对抗俄国，但主观上大部分美国人喜欢德国或俄国甚于喜欢英国，而在俄国和德国之间，他们喜欢的是现在强大的一方。[①]因此，伯恩汉姆的世界观总是明显流露出美帝主义倾向或孤立主义倾向也就不足为奇了。这是"硬派"或"现实"的世界观，符合美国式的一厢情愿。伯恩汉姆在他的前两本作品中几乎赤裸裸的对纳粹行事手段的崇拜似乎会让几乎每一个英国读者感到错愕，但归根结底这建立在大西洋要远比英吉利海峡辽阔这一事实之上。

正如我前面所说的，伯恩汉姆对当前和不久之前的情况所说的话中正确的内容多于错误的内容。过去五十年里，整体的大趋势几乎可以肯定是在走向寡头政治。工业和金融势力空前集中，个体资本家或股东的重要性逐步下降，由科学家、技术人员和官僚所组成的新的"管理阶层"开始崛起，无产阶级无力抗衡中央极权国家，小国越来越任由大国欺凌，代议机构逐渐败坏，以警察恐怖主义为基础的一党专政开始出现，公民投票弄虚作假，等等等等。所有这些似乎都在直指同一方向。伯恩汉姆看到了这一趋势，认为这是不可抵挡的，就像一只被大蟒蛇吓坏了的小白兔，认为大蟒蛇就是世界上最强壮的动物。当你看深一层后，你会发现他的所有理念建立在两个设想之上。这两个设想在第一本书里被视作理所当然，而在第二本书里进行了一部分阐述。它们是：

---

① 原注：1945 年秋，在驻德美军中进行的意见调查表明，51% 的美军认为"希特勒在 1939 年之前做了不少好事"。这就是历经五年的反希特勒宣传后的结果。上述这一结果并不能表明美国人倾向于德国，但很难相信会有51% 的美国士兵倾向于英国。

一、 在所有的时代里，政治总是相同的。

二、 政治行为有别于其他行为。

首先我们探讨第二点。在《马基雅弗利的信徒》中，伯恩汉姆坚称政治就只是争权夺利。每一次重要的社会运动，每一场战争，每一次革命，每一个政治计划，无论多么富有启迪意义和理想化，背后都是某个希望攫取权力的利益团体的野心在作祟。权力从来不受伦理或宗教的制约，能制约它的只有别的权力。最接近可能的利他行为是统治阶级意识到如果能推行善治的话，自己或许能更长久地保住权力。但奇怪的是，这些总结只适用于政治行为，对于其它类型的行为并不适用。对于日常生活，伯恩汉姆看到并承认不能以利益动机去衡量人类的每一个行为。显然，人类有并非出于自私的本能。因此，人在作为个体时可以依照道德行事，但在集中行动时却变得不讲道德。但即使是这个结论也只是适用于地位较高的群体。人民群众似乎对自由和四海之内皆兄弟的世界怀着模糊的向往，很容易受到渴望获得权力的个人或少数群体的操纵。因此，历史由一系列的骗局所构成，人民群众先是受到对乌托邦世界的许诺的劝诱而发动起义，然后，当他们没有了利用价值后，新的统治者又重新对他们进行奴役。

因此，政治活动是一种特殊的行为，其特征就是不择手段，只有一小撮人会去做这种事情，特别是心怀不满的群体，在现有的社会形态下，他们的本领无法得到自由地发挥。人民群众总是对政治漠不关心——而这就是第二点与第一点的纽带。因此，人类实际上被划分为两个阶级：孜孜谋求一己私利的伪善的少数人和没有头脑的民众，后者的命运总是被领导或被驱使——你能用踢打的方式将一头猪赶回猪圈，也能够用一根棍子在泔水桶里搅拌把它给哄回去，采取什么做法视当时的情况而定。这一美妙的模式将会永远继续下去。个体或许可以在两个阶层之间流动，某个阶级或许会摧毁其它的阶级，并占据统治地位，但人类分为统治者和被统治者这一模式是不会改变的。人与人的能力、欲望和需求是不一样的。寡头统治是铁的法则，即使在民主有技术手段可以实现的时候也是如此。

奇怪的是，在滔滔不绝地论述权力斗争时，伯恩汉姆从未停下来思考为什么人想要获得权力。他似乎认为对权力的渴求虽然只在相对少数人身上占支配地位，却是一种不需要加以解释的自然本能，就像对食物的渴望一样。他还认为社会划分为不同的阶级在任何时代都是为同一目的服务。这实际上是忽视了数百年的历史。当伯恩汉姆的师傅马基雅弗利在写作时，阶级分化不仅不可避免，而且应该这么做。只要生产方式仍然处于原始落后的状态，绝大多数人都必须进行繁重的体力劳动，只有少数人才能摆脱辛劳，否则文明将无以为继，更遑论取得进步。但自从机器时代到来后，整个模式已经被改变了。阶级分化的理由，假如它真的存在的话，已经不再成立，因为再没有技术上的理由让普通老百姓继续充当苦力。的确，苦工仍然存在，阶级差别或许正以新的形式卷土重来，个体自由每况愈下，但这些情况如今在技术上是可以避免的，它们应该有某个心理上的原因，但伯恩汉姆并没有尝试进行揭示。他应该提出但从来没有提出的问题是：为什么在人对人的压迫不再有必要的时候，对赤裸裸的权力的渴求现在成为了人类的一大动机？至于这个那个"人类的本性"或"无法改变的法则"使得社会主义无法实现，那只是用历史去揣测未来。伯恩汉姆争辩说事实上自由平等的社会从未存在过，也永远不可能存在。以同样的方式，你可以在1900年争辩说飞机不可能出现，或在1850年说汽车不可能出现。

机器已经改变了人与人之间的关系，马基雅弗利的学说也已经因此而过时——这一看法是不言自明的。如果伯恩汉姆无法接受这一点，我想那只是因为他自己的权力本能让他拒绝接受马基雅弗利那充满压迫、欺骗和暴政的世界或将步入终结的这一建言。重要的是，记得我在前面所说的话：伯恩汉姆的理论只是一个变体——美国式的变体，这个变体很有趣，因为它极为详尽——是风靡知识分子圈子的权力崇拜的变体。在英国，更加普遍的变体是共产主义。如果你去研究那些对俄国政权的本质有所了解的亲俄派，你会发现他们大体上属于伯恩汉姆所写的"管理阶层"。他们不是狭义上的经理，而是科学家、技术人员、教师、新闻从业人员、广播员、官僚、职业政客，大体上是那些感觉自己被一个仍然带有贵族色彩的体制压迫的中间阶层，渴望获得更多的权力和声望。这些人看着苏联。他们看到，或以为自己看到，苏联的体制消灭了上流阶级，驯服了工人阶级，将不受制约的权力交给和他们自己相似的人。直到这时，才有许多英国知识分子开始对它感兴趣。虽然英国的亲俄派知识分子会批判伯恩汉姆，其实他说出了他们的秘密愿望：摧毁旧式的奉行平等的社会主义，迎接一个等级森严的社会，而知识分子终于可以手持钢鞭将人打。伯恩汉姆至少诚实地说社会主义不会到来，而其他人只会说社会主义即将到来，而其实那是挂羊头卖狗肉的"社会主义"，与真正的社会主义根本不可同日而语。但他的理论虽然貌似客观，却只是在一厢情愿地自圆其说，没有强有力的理由认为它向我们揭示了未来，或者说，是不久的未来。它只是告诉我们那些头脑更清醒、野心也更大的阶级成员希望生活在什么样的"管理式"社会里。

幸运的是，那些"管理者"并没有如伯恩汉姆所想象的强大到不可战胜的地步。奇怪的是，在《管理革命》里，他总是对民主国家在军事和社会方面所享有的优势视而不见。在每一点上他都在硬生生地摆出证据，目的是证明希特勒的癫狂政权的力量、活力和长治久安。德国在迅速扩张，而"领土的迅速扩张不是衰败的迹象……而是日新月异的迹象"。德国成功地挑起了战争，而"有能力制造战争从来都不是腐朽的迹象，而是它的对立面的体现"。德国还"鼓舞了数百万人狂热的忠诚，而这也是一个衰亡的国家所没有的特征"。就连提及纳粹政权的凶残和狡诈时他也带着赞许，因为"新生的、年轻的、崛起的社会秩序与旧的秩序相比，更有可能利用大规模的谎言、恐怖和迫害"。但是，就在短短五年内，这个新生的、年轻的、崛起的社会秩序就将自己轰得粉碎，套用伯恩汉姆喜欢的那个词，变得"没落腐朽"了。这种事情之所以会发生，原因很大程度上就出在伯恩汉姆所膜拜的"管理式"（即非民主）的结构上。导致德国迅速溃败的原因，是前所未闻的军事上的愚蠢，在英国还没战败而美国显然已经蓄势待发的时候就进攻苏联。这种程度的错误只有在公意没有影响力的国家才会出现。只要民众的呼声能得到反映，像这种不要在同一时间与你所有的敌人作战的基本错误是不大可能会出现的。

但不管怎样，从一开始你就应该已经看出这场纳粹主义运动是不会有什么好结果的。事实上，只要德国人在获胜，伯恩汉姆就似乎认为纳粹的行事方式没什么不妥。他说这种行事方式之所以看上去很邪恶，只是因为它们是新鲜事物：

没有哪一条历史法则规定文明和"正义"就会获得胜利。历史上这样一个问题永远存在：**谁的**文明，**谁的**正义。一个正在崛起的社会阶级和一个新的社会秩序必须突破旧的道德规范，正如他们必须突破旧的经济和政治制度一样。自然而然地，在旧的阶级眼中，他们都是邪恶之人。如果他们获得胜利，假以时日，他们也会培养起文明和道德。

这暗示着对与错取决于当前统治阶级的意志。它忽视了如果人类社会要团结在一起的话，有些行为守则是必须遵守的。因此，伯恩汉姆没能看到纳粹政权的罪行和愚昧只会以某种方式通向毁灭。他转而崇拜斯大林主义，也是出于这番错误。但现在要指出俄国政权将以什么样的方式走向自我毁灭仍为时过早。如果要我作出预测，我会说过去十五年来的俄国政策如果延续下去的话——当然，内政外交政策是同一事物的表里两面——只会引发一场核战争，让希特勒的侵略战争显得像一场茶话会。但不管怎样，俄国政权要么将自行走向民主化，要么将走向灭亡。伯恩汉姆梦想的那个不可战胜、长治久安的庞大帝国似乎是不会建立的，即使被建立起来，它也不会长久，因为奴隶制不再是人类社会的稳定基础。

没有人能总是作出肯定性的预测，但有时候我们应该可以作出否定性的预测。没有人能预见到凡尔赛条约的确切后果，但数百万有识之士有能力也确实预见到其后果会很严重。许多人预见到当前强加给欧洲的战后方案也将会带来严重的后果，但与上一回相比，这一次人数就没那么多了。而要做到不去崇拜希特勒并不是一件需要费煞苦心去思考的事情。

但在部分程度上这需要经过一番道德挣扎。伯恩汉姆这样富有才华的人一度崇拜纳粹主义，认为它将有能力缔造一个可行持久的社会秩序，这表明现在所谓的"现实主义"理念对人们的现实感知力造成了多么大的破坏。

价值 3 英镑 13 便士的快乐[1]

在十二月底或一月初，书评家们通常都会"回顾"并列出过去一年来他们所评论的优秀作品的清单。

但是，即使是最阳光的乐观主义者也不会否认 1945 年是一个书籍的荒年。我认为，列出我没有作过评论但在这一年读过并特别喜欢的书籍清单或许更有意义——事实上，这些书我非常喜欢，愿意对每个人说"一定要去读这本书"。

除了企鹅出版社和鹈鹕出版社之外，还有十几本书是我在这一年借阅或买二手的。没有一本书是新近出版的，但除了两本之外，所有的书出版的时间不早于 20 年前，几乎所有的书都可以从任何一间好的公共图书馆借阅到，或可以在二手书店找到。每一本书我都标明了出版社和出版时间。

安托尼亚·怀特[2]的优秀小说——《五月飞霜》（德斯蒙德·哈姆斯沃出版社，1933 年）

这本书很尖酸刻薄，但我相信它大体上真实地反映了在一座摩登的教会学校里的生活。它会让人心生疑问，到底对天主教会

---

① 刊于 1946 年 1 月 3 日《曼彻斯特晚报》。
② 安托尼亚·怀特（Antonia White，1899—1980），英国女作家，代表作有《五月飞霜》、《迷路的旅人》等。

应该是抱以崇敬还是警惕。里面的修女心思城府之深令人惊讶，一如她们的狭隘思想，而且她们的教育方式夹杂着精深的思想和微妙的精神虐待。

休·金斯米尔的《清教徒主义之后》（达克沃斯出版社，1929 年）

里面有四篇关于主持牧师法拉①、萨缪尔·巴特勒、弗兰克·哈里斯②和威廉·托马斯·斯泰德③的好文章，而关于萨缪尔·巴特勒的那一篇尤其出色。

《如何撰写短篇小说》，作者林·拉德纳④（查托与温度斯出版社，1926 年）

不知何故，林·拉德纳，美国最诙谐的短篇小说作家之一——我认为足可以与达蒙·鲁尼安相提并论，只是风格略有不同——已经有一段时间没有在英国再版了。这本书收录了他的十篇故事（最精彩的是《冠军》与《有人喜欢吃冷食》）。不过，你可以在另一本合集《集结号》里找到更多他的故事，那本书大概出

---

① 弗雷德里克·威廉·法拉（Frederick William Farrar, 1831—1903），英国圣公会牧师，曾任职坎特伯雷大教堂主持牧师。
② 弗兰克·哈里斯（Frank Harris, 1855—1931），英国作家、编辑，代表作有《莎士比亚与他的悲剧》、《吾生与吾爱》等。
③ 威廉·托马斯·斯泰德（William Thomas Stead, 1849—1912），英国著名报人，对新闻舆论监督政府作出杰出贡献，于 1912 年死于泰坦尼克号船难。
④ 林戈尔德·威尔默·拉德纳（Ringgold Wilmer Lardner, 1885—1933），美国作家，代表作有《大都会》、《理发》等。

版于同一时期。

彼得·德鲁克的《工业人的未来》（海曼出版社，1943 年）

德鲁克是美国人，属于悲观保守的社会学家的行列。他不相信所有的乌托邦，声称只有"多元社会"才能捍卫我们的自由权利。但无论你多么不认同他的观点，他总是能激发思考。

娜德斯达·克鲁普斯卡娅的《回忆列宁》（劳伦斯与维萨特出版社，删节版，1942 年）

克鲁普斯卡娅是列宁的妻子，这本书是现有的关于列宁的作品中最友善质朴的。它让读者了解到列宁喜欢狗，喜欢打猎，文学品味很简单，它还告诉读者关于他的政治斗争事件，和他被放逐英国和西伯利亚的岁月。

《兰贝斯的丽莎》，作者是威廉·索姆瑟·毛姆（海曼出版社，作品合集）

这本书是毛姆先生的第一部小说，描写了十九世纪九十年代的贫民窟的生活——那时候每一座大城镇都有大片大片的区域很肮脏危险，其贫穷程度是我们现在难以想象的。毛姆先生的第一份工作是医生，这则简短的故事，开头是围着手摇风琴的载歌载舞，结局是产褥上的早夭，取材于他早年的经历。

《野蛮的朝圣》，作者凯瑟琳·卡斯维尔①（查托与温度斯出版社，1932年）

这是关于戴维·赫伯特·劳伦斯的传记中最具同情和理解态度的作品，由一位与他差不多是同一时代并相知多年的作家执笔。

格拉汉姆·格林编撰的《母校》（乔纳森·开普出版社，1934年）

由18位人士讲述求学岁月的经历，探讨的学校包括伊顿公学、圣保罗学校、格雷萨姆公学、贝达勒斯公学、萨尔福德的一所市政学校、科特林文法学校和三所女校。

《英国的弥赛亚》，作者罗纳德·马修斯②（梅修恩出版社，1936年）

这本书详实而且很有可读性地记载了从十七世纪到二十世纪在英国出现的众多宗教疯子，如乔安娜·绍斯科特③、詹姆斯·内勒④等人。

---

① 凯瑟琳·卡斯维尔（Catherine Carswell，1879—1946），苏格兰女作家、记者，代表作有《罗伯特·伯恩斯传记》、《野蛮的朝圣者》等。
② 罗纳德·马修斯（Ronald Matthews），情况不详。
③ 乔安娜·绍斯科特（Joanna Southcott，1750—1814），英国一位自称是天启降临时的女先知的女信徒。
④ 詹姆斯·内勒（James Nayler，1616—1660），英国贵格会信徒，因在1656年效仿耶稣基督骑驴进城的举动而遭到亵渎神明的指控并被监禁，于1659年出狱，不久便因健康恶化而亡故。

《穷街僻巷的故事》和《贾戈的孩子》，作者亚瑟·莫里森①（梅修恩出版社，1906 年和 1911 年出版）

在我的清单里，只有这两本书可能会比较难找到。亚瑟·莫里森是一个不同凡响的作家。上世纪九十年代和本世纪初他似乎很受欢迎，然后沉寂了三十年——他刚刚在 1945 年逝世。现在他又开始引起关注，有几本作品将会再版。它们是极具张力、感人至深的维多利亚时代晚期贫民窟骇人听闻的生活故事。我特别推荐《贾戈的孩子》这本书。

《凯撒的生平》，作者古雷莫·费雷罗②（艾伦与昂温出版社，1933 年出版）

这本书我还没有读完，但已经读得相当深入，知道费雷罗还写了《罗马帝国的伟大与衰亡》这本书，是历史学家中的翘楚。他拥有非常难得的品质——对历史的经济基础的了解，而且能够把握文风和人物性格，写出生动的文字。

在 1945 年我购买的企鹅读物和鹈鹕读物中，我特别推荐詹姆斯·伯恩汉姆的《管理革命》、《铁蹄》（杰克·伦敦写于 1909 年的关于法西斯主义的预言）、乔治·格罗史密斯与韦登·格罗史密

---

① 亚瑟·莫里斯·宾斯泰德（Arthur Morris Binstead，1861—1914），英国作家，代表作有《高尔的随笔》、《投手》等。

② 古雷莫·费雷罗（Guglielmo Ferrero，1871—1942），意大利史学家，代表作有《罗马帝国的伟大与衰亡》、《新世界与旧世界之间》等。

斯①的《一个小人物的日记》和爱伦·坡的《离奇与想象的故事》。最后这本书并不是令人很满意的选集，但每一本爱伦·坡的作品选集都会漏掉一些好作品，是时候出版他的平价版作品全集了。

最后是几本帝企鹅丛书，我不是很肯定该系列的出版时间，可能前几年买过其中几本。我对《可吃的青苔》、《有毒的青苔》、《英国贝类》、《英国鱼类》这几本书特别予以好评，最后那本书要比其它几本更有价值。

上面提到的书里面有一本是借的，但其余的我都是买的。还有一则或许有点意思的金钱上的小注。上面提到的这么多本书全部加起来的价格是 3 英镑 13 先令，比起从中所得到的那么多个小时的快乐，这个价格并不算高。

---

① 乔治·格罗史密斯（George Grossmith，1847—1912），英国喜剧演员、作家。韦登·格罗史密斯（Weedon Grossmith，1854—1919），英国喜剧演员、作家。

评叶甫盖尼·扎米亚京的《我们》[①]

在听说扎米亚京的《我们》好几年后，我终于入手了一本。在如今这个焚书的时代，这本书可算是文学上的一朵奇葩。我查阅了格列伯·斯特鲁夫[②]的《苏俄文学25年》，发现这本书的历史是这样的：

1937年扎米亚京于巴黎逝世，他是一位俄国小说家和评论家，在俄国革命前后出版过几本作品。《我们》写于1923年，虽然它并没有描写俄国的情况，与当时的政治没有直接的联系——它讲述的是公元26世纪的事情——但该书被拒绝出版，理由是其意识形态不合要求。一份手稿被送出了俄国，以英文译本、法文译本和捷克文译本出版，但从未出过俄文版。英文译本在美国出版，我还没有拿到这个版本，但法文译本（书名是：法文的《我们》）倒是能找到，最后我借到了一本。在我看来，这不算是第一流的作品，但它确实是一本不同寻常的书，我很奇怪为什么英国出版社没有眼光再版这本书。

任何人注意到《我们》的第一件事情是——我相信这一点从未被指出来——奥尔德斯·赫胥黎的《美丽新世界》肯定在部分程度上受其影响。两本书都写到了原始的人性反抗理想化和机械

[①] 刊于1946年1月4日《论坛报》。

[②] 格列伯·彼得洛维奇·斯特鲁夫（Gleb Petrovich Struve, 1898—1985），俄国诗人与文学史家，向英语世界翻译介绍了许多俄国作品。

化的、没有痛苦的世界，两个故事讲述的都是设定于六百年后的事情。两本书的氛围很相似，描述的都是相同的社会，不过赫胥黎的作品政治意识少一些，受近代生物学和精神学理论的影响更大一些。

在扎米亚京的想象中，到了 26 世纪，乌托邦的居民已经完全失去了个体性，只是以数字为身份。他们生活在玻璃房子里（这一描写是在电视发明之前），让被称为"守护者"的警察能更加方便地监视他们。他们都穿着一模一样的制服，一个人通常会被称为"某某数字"或"某制（制服）"。他们吃的是合成食物，通常的娱乐是四个人一组进行游行，而众一国的国歌在高音喇叭中播放。在规定的时段他们可以有一个小时在他们的玻璃公寓里放下窗帘（称之为"性爱时刻"）。当然，婚姻没有了，但性生活似乎并没有完全陷入混乱。为了做爱，每个人都有一本定量手册或粉红的票据，由与他一起度过"性爱时刻"的伴侣签署票据的存根。众一国由一个名叫"恩主"的人物统治，每年由全体人口以不记名投票的方式选举产生。这个国家的指导原则是幸福和自由是水火不容的。伊甸园里的亚当很幸福，但他傻乎乎地要求自由，于是被驱逐到蛮荒之地。现在，众一国把人类的自由剥夺，重新缔造了人类的幸福。

至此它与《美丽新世界》惊人地相似，但尽管扎米亚京的作品结构略有瑕疵——它的情节过于薄弱散漫，很难进行总结——它的政治观点却是《美丽新世界》所缺少的。在赫胥黎的作品中，"人性"的问题已经解决了，因为它的设定是，通过产前处理、药物和催眠暗示，个体可以随心所欲地从任何方面进行专门化处理。培育一个顶尖的科学工作者就像制造一件东西那么简单，原始本能的残余，比方说母性或对自由的向往，都可以被轻松地解决掉。与此同时，为什么社会会演变出书中所描写的那种缜密的阶级分层则没有给出明确的理由。它的目标不是进行经济上的剥削，而欺凌和统治的欲望似乎也不是内在的动机。没有对权力的渴望，没有虐待，没有任何方面的困难。那些顶层的统治者没有强烈的愿望要保住地位，尽管每个人都快乐而空虚，生活变得如此没有意义，但很难相信这么一个社会能持续下去。

大体上，扎米亚京的作品与我们的情况更加贴近。"守护者"受过教育，而且很警觉，许多远古的人性本能仍然存在。故事的讲述者 D-503 虽然是个很有天分的工程师，却是个可怜守旧的人，类似于乌托邦里的"伦敦市的比利·布朗"①，总是为自己返祖本能的发作而感到恐慌。他爱上了 I-330（这当然是犯罪行为），而她是一个地下反抗组织的成员，并且一度成功地引诱他一起造反。叛乱发生时，恩主的敌人似乎数目相当庞大，这些人除了图谋颠覆国家之外，甚至在放下窗帘的时候沉溺于抽烟喝酒等恶习。D-503 最终没有因为自己的一时糊涂而被处死，官方宣布他们已经发现了近来这些动乱的原因：某些人受到一种名为想象力的疾病的侵袭。医治想象力的精神中心成立了，这种疾病可以用 X 光进行治疗。D-503 做了手术，从此可以轻松自在地做他知道应该做的事情了——他把同伙招供给了警察，怀着平静的心情看着 I-330 被关在玻璃大钟里受压缩空气的折磨：

---

① "伦敦市的比利·布朗"（Billy Brown of London Town）是漫画家戴维·兰登（David Langdon）在二战时为伦敦交通局创作的漫画形象。

她看着我，用力地抓着椅子的扶手，一直看着我，直到她的眼睛彻底闭上。接着她被拖了出来，借助电极的刺激她立刻恢复了清醒，然后又被关进气钟里。这重复了三遍，但她仍然一言不发。

　　其他和这个女人一起被抓来的人更加诚实，许多人经过第一次折磨后就开始招供。明天他们将被送上"恩主的机器"。

　　恩主的机器就是断头台。在扎米亚京的乌托邦国度里有很多死刑。他们在恩主的面前行刑，向公众开放，由官方诗人高唱着胜利的颂歌。当然，断头台不是陈旧粗糙的设备，要先进得多，能将受刑者彻底消灭，在须臾之间就把他化成一股青烟和一摊清水。事实上，行刑是以人作为祭品，而场景的描写刻意流露出远古奴隶社会时代残忍的色彩。正是这一出于本能的对专制主义非理性一面的把握——以生人为祭品、为残忍而残忍、将领袖摆上神坛的盲目崇拜——使得扎米亚京的作品比赫胥黎的作品高出一个境界。

　　不难理解为什么这本书被拒绝出版。以下是 D‐503 和 I‐330之间的对话（我作了一点删节），其内容足以让蓝铅笔[①]开始动笔了：

　　"你在筹划的是一场革命，你知道吗？"

　　"是的，就是革命，这怎么就荒唐了？"

---

① 蓝铅笔（blue pencil），以前英文编辑以蓝铅笔标注需要更改的文字，后来成　　为内容审查制度的代名词。

"因为不会再有革命了。我们的革命是最后一场革命，不会再有革命了。每个人都知道这一点。"

"我亲爱的，你是一位数学家，告诉我，最后的数字是什么？"

"你在说什么？什么最后的数字？"

"嗯，那就最大的数字吧！"

"但这太荒唐了，数字的数目是无限的，怎么会有最后的数字？"

"那怎么会有最后的革命呢？"

还有其他相似的章节。不过，或许扎米亚京根本不是在故意讽刺苏联当局。他是在列宁死去的时候写出这本书的，他不可能知道斯大林的手段，而且1923年俄国的情况并不会让任何人因为觉得生活正变得太安全舒适而心生厌恶。扎米亚京似乎没有针对某一个国家，而是影射整个工业文明。我还没有读过他的其它作品，但从格列伯·斯特鲁夫那里我了解到他曾在英国住过几年，针对英国式的生活写过几篇言辞激烈的讽刺文章。从《我们》一书明显可以看出他有强烈的尚古主义倾向，1906年他被沙皇政府逮捕入狱，1922年他被布尔什维克党人逮捕，关进了同一间监狱的同一条过道，他有理由憎恨他所生活的政治体制，但他的作品并没有一味宣泄不满。事实上，它是对"机器"这个人类鲁莽地放出来却无法收进去的魔鬼的研究。这本书如果在英国出版的话值得找来读一读。

评道格拉斯·古德林的
《二十世纪二十年代》①

二十世纪二十年代已经过去很久了，描写那个时代的平心静气而且细致深入的作品具有了历史价值，即使内容只是个人的回忆。二十年代是一个有趣的时代，那时候的政治犯罪与政治错误导致了极权主义的兴起和第二次世界大战的爆发，但那时候也经历过短暂的繁荣，个人自由蓬勃兴起，艺术受到严肃的对待，这种事情在我们这辈子是不大可能会重现的。任何二十年代末生活在巴黎并认识福特·马多斯·福特、哈罗德·门罗②、戴维·赫伯特·劳伦斯和西特韦尔家族的人都应该能够写出一本有趣的书。

不幸的是，古德林先生并不满足于写一本时代的纪实历史或填补众多他认识的名人的传记的空白。这本书的内容没有依照时间顺序，而是一系列关于大罢工、"新道德"、国联、里维埃拉的生活等题材的散文，而且他总是会随时发表与主题似乎没有关联的长篇大论。他斥责的两个主要对象是保守党和美国，不愿意放过任何机会对他们进行谩骂，使得文章总是跑题。

---

① 刊于 1946 年 1 月 6 日《观察者报》。道格拉斯·古德林（Douglas Goldring，1887—1960），英国记者、作家，代表作有《荣誉》、《民族与土地》等。

② 哈罗德·爱德华·门罗（Harold Edward Monro，1879—1932），英国诗人，代表作有《黎明之子》、《青年的武装》等。

这本书最有价值的部分是对 1917 年俱乐部[①]的描写，在上一场战争的后半段它成为了众多非正统思潮的集结阵地。去那里的人形形色色，有拉姆西·麦克唐纳[②]、亨利·伍德·内文森[③]、赫伯特·乔治·威尔斯、奥尔德斯·赫胥黎、弗朗西斯·比雷尔[④]、克里蒙特·艾德礼和埃德蒙德·迪恩·莫雷尔[⑤]。古德林先生与莫雷尔相识多年，介绍了这位富于英雄色彩但已经几乎被遗忘的人的一些趣事。1917 年俱乐部的首任主席是拉姆西·麦克唐纳，而按照古德林先生的说法，他是最无趣的人。古德林先生还说他对麦克唐纳的话从来就不当回事儿——从 1931 年起就有很多人说过类似的话，你会很纳闷麦克唐纳是怎么成为工党的领导人和首相的。

古德林先生的这本书的一部分问题在于他的某些观点自从 1920 年后就已经改变了，而且他过于热切地想要抹杀这一点——而且他现在认为是错误的观点其实在当时是正确的。他似乎赞成 1917 年的妥协和平方案，当战争结束时，曾激烈地反对将会种下仇恨的和谈，此次和谈的主题是吞并和赔偿，并将"战争罪"的

---

① 1917 年俱乐部(the 1917 Club)，由社会主义者莱昂纳德·伍尔夫(Leonard Woolf)创建的社会主义者俱乐部，主要参与者有拉姆西·麦克唐纳、奥尔德斯·赫胥黎、赫伯特·乔治·威尔斯等人，聚会地点位于伦敦杰拉德街 4 号。

② 詹姆斯·拉姆西·麦克唐纳(James Ramsay MacDonald, 1866—1937)，英国工党政治家，英国首位工党首相，于 1929—1931 年，1931—1935 年组阁。

③ 亨利·伍德·内文森(Henry Woodd Nevinson, 1856—1941)，英国战地记者，代表作有《负轭前行》、《告别弗里特街》等。

④ 弗朗西斯·弗雷德里克·比雷尔(Francis Frederick Locker Birrell, 1889—1935)，英国作家，代表作有《对话录》、《格莱斯顿》等。

⑤ 埃德蒙德·迪恩·莫雷尔(Edmund Dene Morel, 1873—1924)，英国记者、作家，代表作有《战争的真相》、《黑人的负担》等。

帽子扣在德国的头上。

到了现在，他赞同吞并、赔偿和严厉惩治战犯，甚至认为凡尔赛条约并不像当时认为的那么糟糕。数以千计的英国知识分子经历了类似的演变，但1920年的正统左翼思想与今天的左翼思想是不相容的，只能通过歪曲事实才能实现。古德林先生的办法是将过去和现在的弊端都推给保守党和"宗派主义"思想。保守党扼杀了魏玛共和国，助长了希特勒的气焰，打压了国际主义，并将自己的阶级利益凌驾于国家利益之上。这无疑是部分真相，或许甚至是四分之三的真相，但时至今日没有必要再去说了，而且它回避了保守党的内政外交政策得到了英国群众的支持，直到它们结出了无法忍受的恶果为止这个事实。

古德林先生论述美国的章节名为《美国那些事》，是赤裸裸的反美情绪的爆发，但它对英国人民与美国人民之间缺乏接触和英国书籍基本上在美国市场绝迹这两件事作了有价值的评论。《艺术与文学》这一章节提及了几份几乎被遗忘的杂志的名字，但那些批评文章都很肤浅，即使当古德林先生评论的是他应该理解的与他同一时代的作家时也是如此。这是一本凌乱而且不令人满意的书，甚至连索引也没有。

评史蒂芬·巴格纳尔的《弹坑边上》、马尔科姆·詹姆斯的《沙漠之子》[①]

有一个广为流传的信念——很难对它进行验证——那就是，快淹死的人在死前的几秒钟会看到过去的一生。

《弹坑边上》的出版商说其他形式的死亡或许也会带来同样的体验，这本书以这个理论作为起点。事实上，它的内容只是一个临终的人支离破碎的记忆，它的开始和结束都很模糊。

一个大概 28 岁的年轻人无助地躺在一个炮弹坑里——或许那是炸弹坑：他不知道那到底是炮弹还是炸弹炸出来的。我们不知道他参加的是哪场战役，他也不记得他受伤的情形。他甚至不知道他的哪个部位受伤了，但他知道自己的双腿不听使唤了。

大部分时间他在努力回忆或从身边的情形推测他到底是掉在弹坑里了还是被担架员放在这里的，他们还会不会回来接他。他渐渐意识到他们是不会回来了，而且他就要死了，但我们一直不知道他是不是真的快死了。其余的内容，在失去意识和疼痛轮流发作的间隙，就是他的回忆。

他并不是以先后顺序唤起这些回忆的，但从中我们能够构建起他的生平历史。直到战争爆发之前，它并不是一段煽动人心的

---

① 刊于 1946 年 1 月 10 日《曼彻斯特晚报》。史蒂芬·巴格纳尔（Stephen Bagnall），情况不详。马尔科姆·詹姆斯（Malcolm James），情况不详。

历史。

他是一个热爱音乐的年轻人，而且有文学理想，但在父母的迫使下——或许进行了并不是非常激烈的反抗——从事一份单调的工作，但我们对它的了解并不多。但他在静躺的时候真正思考的是他与三个深深爱着的人的关系，以及他时断时续的挣扎，想找到一个不会与他的思想起冲突的宗教信仰。

他谈过两次普通意义上的恋爱，而且有过似乎完美无瑕的友谊，因为它已经被埋葬在久远的过去，而且不可能再续前缘。他爱过的一个女孩其实是一个坏女人，但另一个女孩对他造成了最深切的伤痛。

他一生最爱的女孩是伊丽莎白，她比他年轻九岁，他第一次见到她的时候她才八岁，两人再次见面时，她十六岁。

她告诉他，自从第一次见到他之后，她就悄悄地崇拜他。他像父亲一般呵护她，而回报却是收到这么一封信，开头是：

> 最亲爱的西蒙，我真的不知道该怎么告诉你我想说的话，但或许我最好还是长话短说。你曾经告诉过我，如果有一天我遇到一个人，我爱他胜过爱你，我得告诉你，你会理解。事情是这样的……

在这件事情上很难去同情西蒙，他太有绅士风度了，为自己带来了痛苦。他一辈子的麻烦就是被道德感压得喘不过气来，无法得到任何明确的哲学的慰藉，而他的审美情感无法以持续的创造性活动进行表达。

除了讲述他的个人关系之外，这本书还讲述了他的宗教困境。他认为英国国教已经僵死，而且虽然他很尊崇天主教会，但它的政治记录在他看来打上了邪教的烙印。他没办法爱他的敌人——他绝对没办法爱上希特勒——而且他对上帝的信仰存有疑惑。

直到最后，他的力气渐渐流失，他的疑惑似乎逐渐消除：

> 所有的紧张和压力都突然中断并渐渐消失，他躺在那儿，口干舌燥、精疲力竭，头脑却十分清醒。他已经变得更加成熟、睿智和平静。他希望找一个人倾诉。之前他从来没有告诉过别人，总是矜持地说"或许下周吧"或"等我四十岁的时候再说吧"。他不知道为什么他活了这么久，却在蹉跎光阴。但他不会再浪费任何时间。他开始祈祷。

这就是书的结尾。它是一件小事，而且或许过多地描写了西蒙对自己无可指摘的一生的悔恨，它在这个狭隘的题材上成功了，而且文笔很洗练。

大概在1941年底，当战争的形势最为严峻时，西部沙漠成立了特别空中部队，目标是执行长途轰炸，打击敌人的补给。马尔科姆·詹姆斯上尉在1942年和1943年担任这支部队的医疗官，《沙漠之子》讲述了他的冒险经历。

特别空中部队通常打击的目标是敌人的机场。小规模的部队或通过空中降落或以开吉普车横穿沙漠的方式对孤立的机场发起突袭，用"黏性炸弹"摧毁地面的飞机。他们只能依靠自己制订作战策略，而且一开始的时候几乎没有得到高层的鼓励支持。

詹姆斯上尉不得不在一堆红头文件中杀出一条路才能得到他需要的医药。这支部队甚至得经过漫长的争取才得到一架飞机练习跳伞。

突袭并不总是获得成功，沙漠的条件非常恶劣，伤亡情况很严重。如果有一处岩洞作为救助站詹姆斯上尉就已经觉得很幸运了——更常见的情况是在烈日和苍蝇乱飞的情况下进行救助，而敌人的飞机飞得很低，白色的绷带可能会引起他们的注意。

詹姆斯上尉在开罗住过一两回，他对那些穿着帅气制服的"基地士兵"心怀不满，他们对待胡子拉碴、肮脏邋遢的特别空中部队的态度很冷漠。这本书或许最有趣的内容是对跳伞训练的细心描述，每一个细节都让人很揪心，你会觉得经过前面的折磨，最后从飞机上一跃而下几乎是一种解脱。

评凯瑟琳·曼斯菲尔德的《故事集》^①

　　凯瑟琳·曼斯菲尔德去世的时候年仅 34 岁，或许更重要的是，她一直知道自己会早逝。这个念头一定影响了她的创作态度，无疑是她一直进行短篇小说创作而不是进行长篇创作的原因，她或许没办法在有生之年写完。这本故事集里有两则篇幅较长的故事：《序曲》和《港湾》，似乎是一本长篇小说的片段，还有几篇文章其实应该算是素描而不是故事，缺点是结局生硬突兀，如果它们只是一本长篇的片段，或许可以写得相当成功。

　　凯瑟琳·曼斯菲尔德的作品总是被说成"内容单薄"，不会成为传世之作。事实上，她相当多产——大约有 60 篇长短不一的故事，不算少年读物——她最好的故事没有"时代背景"，而且角色的刻画相当精细。在《已故上校的女儿》中，那两个枯萎的老处女在那个护士的照顾下备受折磨，她曾在她们的父亲临终前照顾他，对黄油"非常在意"：

　　　　约瑟芬无法忍下去了，"我觉得那些又不是什么奢侈的东西。"她说道。

　　　　"怎么了？"安德鲁斯护士问道，透过眼镜目光灼灼地打

---

① 刊于 1946 年 1 月 13 日《观察者报》。凯瑟琳·曼斯菲尔德（Katherine Mansfield, 1888—1923），新西兰女作家，代表作有《花园酒会》、《幸福》等。

量着她，"没有人可以吃过量的黄油——难道不是吗？"

"按铃吧。"约瑟芬嚷道。她不知道自己该如何回应。

年轻气盛的凯特，那个被施了魔法的公主，走进来看这两个老女人想要做什么。她把她们那两位不知道是什么仿品的盘子一下子给收走，扔下一杯白生生的惊呆了的牛奶冻。

还有许多其他章节写得一样好。拿"惊呆了"形容一杯牛奶冻，用"非常在意黄油"总结一个中产阶级女人的一生，正是凯瑟琳·曼斯菲尔德的文笔的美妙之处。她的故事题材或基调经不住时间的考验。她总是在描写无助的步入腐朽的人，或想要从生命中得到些什么却不知道究竟想要什么的孩子和年轻人。她不会去描写那些有明确的目的而且正在付诸行动的人。由始至终她的作品暗示着敏感是一个优秀的品质，她的几篇最好的故事，如《婚姻模式》只是记录了精神上的小小挫折或堕入庸俗。不可避免地，她所描写的灾难比起二十年前似乎没有那么要紧了，而且她的作品里几乎没有社会批判——就连隐晦的批判也没有——这是一个引人注目的特征。所有的情节都以个体和微不足道的行为堕落为中心。与这密切相关的理念是，如果可能的话，一个人不应该长大——这就像是在耍小性子，正如《幼稚与天真》里所体现的。

对于敏锐情感的强调在凯瑟琳·曼斯菲尔德那个时代的作家里很普遍，无疑，她本身深受契诃夫的影响。但命不久矣的想法或许是她的创作题材很狭隘的原因，并使得她容易着墨过多——不是写出辞藻华丽的篇章，而是刻意经营文字以营造效果。从某种程度上说，她的作品的缺点在于里面没有平淡的章节，每一段文字都显得很紧凑。到最后，当她放弃了恢复健康的希望时，她曾一度中断写作；她说她想要再次进行写作，但"以不一样的方式去写——要更加平和稳重"。她所说的这些"不一样"的作品一直没有写出来，但我们或许可以猜测它们的篇幅会更长，题材更广泛，而且不那么紧凑。

这本选集里有几篇还没有写完的故事，还有故事的梗概，有一两篇本身就是艺术精品。但将名为《德国养老金》的系列故事也收录进去似乎对凯瑟琳·曼斯菲尔德并不公平，那是她在19岁时写的，后来不愿意接受这部作品。正如米德尔顿·默里①先生在序文中介绍的，她有好几次拒绝再版这本书，但最后在他的坚持下同意了，前提是她要补充一篇序文。这篇序文她一直没有写出来，你会觉得这就已经足够成为不去再版这部作品的理由。但是，这些早期的故事要比她对它们的评价好得多。这本书制作精美，而且按照目前的标准，花十五先令很划算。

---

① 约翰·米德尔顿·默里（John Middleton Murry, 1889—1957），英国作家，代表作有《致未知的神明》、《济慈与莎士比亚》、《耶稣的生平》等。

评马克·艾布拉姆斯的《英国人民的情况，1911 年至 1945 年》[1]

数据本身并没有生动的可读性，但艾布拉姆斯先生的这本小书比较式的数字占据了几乎与正文同样多的篇幅，描绘了过去一代人的时间里关于英国发展的有趣而令人信服的图景。

这个研究是为费边社准备的，时间跨度是从 1911 年到 1945 年，这并不是随意确定的，在这段时间里发生了一系列事情，艾布拉姆斯先生称之为爱德华改革，他认为现在这个改革已经结束了。

爱德华改革始于本世纪初，包括像通过国家保险法案、引入养老金和开始大规模进行房屋重建等措施。

它的目标是改善穷苦阶层的状况，但不去触动当前的财产所有制，它所遵循的方式是重新分配国民财富，而不是增加国民总财富。那场战争启动了一系列新的进程，艾布拉姆斯先生的主要目的是将 1938 年的情况与 1911 年的情况进行对比。即使没有他的解释，他所给出的数据也清楚地表明这些年来国民生活的变化趋势。

---

[1] 刊于 1946 年 1 月 17 日《曼彻斯特晚报》。马克·亚历山大·艾布拉姆斯（Mark Alexander Abrams, 1906—1994），英国社会科学家，被誉为"英国社会调查和市场研究之父"，代表作有《英国人口的情况》、《社会调查与社会行动》等。

如果你要用一句话对发展进行总结，你或许可以说英国已经成为一个城市化的国家。首先，人口一直在稳定地从苏格兰、威尔士和英格兰北部等旧工业区转移到伦敦和周边各郡。

在伦敦和几乎每一个大城镇，趋势是离开市中心，到郊区新建的相对方便的住宅区。以前的支柱产业像棉花和煤炭逐渐衰落，与之相应的是新型轻工业的发展，大部分产业坐落于英格兰南部。

生育率在令人惊讶地降低，随之而来的是家庭规模的缩小。虽然实际增加的财富并不是很多，但工人阶级的生活水平，特别当你把工时的缩减考虑在内时，有了显著的提高。艾布拉姆斯先生称，1938年英国的人均生活水平比1911年提高了20%。

除了工人阶级生活水平的整体提高之外，两次战争之间那几年的发展形成了十九世纪从未存在过的新兴阶级。这个阶级由领取工资的白领工人构成，他们无法被明确地归为资产阶级或无产阶级，而艾布拉姆斯先生认为这一阶级划分方法已经过时了。

除了通过税收形式平均分配收入之外——目前，理论上一个百万富翁的年收入也比4 000英镑高不了多少——越来越多的人通过营建合作社成为房产的拥有者，这已经成为一种趋势。

这些营建社直到1924年前后才大规模地兴起。如今英国有将近四百万人拥有他们自己的房产——在人口中所占的比例和一个欧洲国家拥有土地的农民一样大。

大体上的情形是生活水平的提高和阶级差异的消失，但这并非都是好事。首先，经济体系一直没办法消除大规模的失业，也无法让相当一部分人——确切地说是百分之十的人口——摆脱赤贫。一直存在于大城镇的骇人听闻的拥挤和肮脏的生活条件直到前几年才略有改善，因为人口并没有急剧增长，而战前五年兴建了许多新的房屋。

但营养不良的问题一直很严重，约有 20% 的工人阶级的孩子所生活的家庭没办法满足英国医疗协会规定的膳食最低要求。在两次战争之间一直有一两百万人失业，福利水准很低，一户失业家庭不可避免地会遭受营养不良。

另外一个同样令人感到不安的现象是这一时期生育率的下降。导致这一现象的一部分原因是生活水平的提高和对孩子需要付出更多的照顾，父母们不愿意生一大群孩子，他们一生下来就只能过苦日子。

迄今为止生育率的下降对家庭来说似乎是好事，因为工资和居住空间没有分摊给那么多人，但它意味着消费者和年轻工人的减少，这将对未来的工业造成严重的影响。战争年间生育率在稳定增长，但这是否代表了趋势的真正改变还无法肯定。

在 1938 年国民的"实际"收入比 1911 年提高了 20%。战争的破坏和浪费的劳动使得生活水平几乎倒退到 1911 年的水平。这本身就足以表明我们所面临的任务之艰巨。

艾布拉姆斯先生的书完成于大选之前，他的总结是："时至今日，显然爱德华改革的方式即使被推到其极限，单靠其本身并不足以完成所有的目标。我们一直没有制定全面的经济政策，提供全面就业并显著提高英国工业的生产力。"

在他描写选举之后的后记里，他似乎对工党政府满怀希望，相信它能做到之前六届政府不能做到的事情，我们或许可以相信他是对的。这本书有一段有趣的引文,将 1913 年的生活与今天的生活进行比较,乔治·道格拉斯·霍华德·科尔①为它写了一篇短序。

---

① 乔治·道格拉斯·霍华德·科尔(George Douglas Howard Cole,1889 —1959),自由派社会主义者,费边社的成员,支持"社会合作化运动"。

评乔治·米拉的《长角的鸽子》[①]

　　上一场战争创造了一系列"越狱"文学，虽然它们内容各异——米拉先生的书比起普通的书有着三倍的暴力和感官描写——但它们的共同特征似乎使得对这个题材的作品进行总结成为可能。首先，战俘似乎比普通囚犯更想越狱，而且有更好的机会这么做，虽然他们所面临的不利条件是被关押在陌生而带着敌意的国度。其次，军官们似乎比"普通士兵"更加频繁地越狱。第三点，第一次尝试越狱总是以失败告终，最后总是出于事先没有预料到的情况而成事，比方说跳火车。

　　1942年秋米拉先生在利比亚被隆美尔的部队俘虏，移交给了意大利人，意大利退出战争后被押送到德国。他在1944年初越狱，一路经法国和西班牙来到英国，然后被派回法国参加抵抗运动（在他早前的作品《玛基斯》中描写了这段经历），到了1945年春天担任《每日邮报》的通讯记者，负责报道原先他逃脱的德国地区的新闻。

　　这个故事夹杂着国内的复杂局势，或许在这类作品中不作描写会比较好，但最引人入胜的部分是对他先前几次未能成功的尝试的描述，以及轴心国的颓势尚未明朗的时候意大利集中营的条

[①] 刊于1946年1月27日《观察者报》。乔治·雷德·米拉（George Reid Millar，1910—2005），苏格兰记者、作家，代表作有《抵抗之路》、《长角的鸽子》等。

件。那里有着各种肮脏、寄生虫、饥饿、悲哀的惨状，而且米拉先生认为战俘们在北非的转运站被刻意饿成稻草人，再被带到意大利作为英国"衰败"的证明。他本人在被俘后也得了痢疾和营养不良，但来到意大利的帕多瓦后，伙食有所改善，他开始恢复气力，为越狱进行准备。

越狱最常见的方式是挖地道。战俘们，尤其是被俘虏的军官们能够挖地道，因为他们有很多空闲时间，如果他们被囚禁在一座要塞里，那里通常有一个地窖用于匿藏挖出来的泥土。接下来的便是所有这类故事的相同内容：使用土制工具在地底拼命地挖，外面的同伴在关键时刻吸引注意力，把毛毯或制服改成平民的服饰，用墨水或红酒染色，越狱的当晚把假人放在床上。但这些尝试鲜有成功的机会。

另一个方法是虚张声势或行贿。米拉先生和两位同志曾胆大包天地穿着意大利士兵的制服，想直接走出大门，但因为运气不好而事败。他们又被俘虏，还被痛揍了一顿，然后被关进惩戒营。他们继续挖地道，意大利投降后德国人占领了这座集中营。米拉先生和其他人试图藏在集中营里，希望在其他战俘被转移后逃出去。去德国的途中，有几个战俘跳下火车，大部分人被卫兵枪杀。米拉先生的逃脱方式也是跳火车，但那时候纳粹政权开始崩溃，逃脱的战俘能够从地下组织那里获得帮助。

这本书的后半部分记载了他横穿法国和西班牙，最后来到巴塞罗那的英国大使馆的旅程。或许这本书描写了太多的细节，但它的许多内容具有历史价值，而且优点是没有强烈的政治倾向与色彩。米拉先生注意到，在慕尼黑掩护过他并竭尽所能破坏德国战争机器的法国流民是贝当的支持者，他们认为贝当政权是一个好政权。他还绘声绘色地描写了俄国囚犯爬上集中营的铁丝网，弄得自己双手鲜血淋漓，为的是能到关押英国囚犯的集中营吃上一顿果酱面包，他们用唱歌作为报酬。虽然有几处地方写得很拖沓和以自我为中心，就题材而言，它是迄今为止最好的战争作品。

评科尔姆·布罗甘的
《晚餐桌上的民主主义者》^①

　　自恋是小说家的正常动机，包括最好的小说家也是一样。在危机时刻表现坚定果敢，打抱不平，叱咤风云，当一个万人迷，手持钢鞭将私敌打等等——这些事情在纸上比在现实生活中更容易实现，很少有小说里面没有化身为英雄、圣人或烈士的作者。在以对话为主的小说里这一点尤为突出，布罗甘先生的书就属于这一类。布罗甘先生并没有模仿切斯特顿，但显然受到他的影响，书中的主角是一个布朗神父式的人物，在辩论中压倒对方，身边总是会出现傻瓜和恶棍，他们的用处是衬托他的妙语连珠。

　　故事情节——或这本书里的一系列讨论——发生于一座私人旅店。故事中的"我"说自己是一个民主党人，而且似乎是一个天主教徒，与他坐在同一张晚餐桌子上的人有：一个犹太共产党人、一个有着先进思想的校长、一个印度民族主义者、一个商人、一个诗人和旅店女老板。前面三个人是彻头彻尾的丑角，而那个商人则时不时展现出理性的光芒。那个诗人是一个神秘的角色，有时候会与故事的讲述者站在同一阵营，而旅店女老板是典型的切斯特顿式人物，毫无逻辑思想可言，却拥有超越男性的智

---

② 刊于 1946 年 2 月 10 日《观察者报》。科尔姆·布罗甘（Colm Brogan，1902—1977），苏格兰记者、作家，代表作有《英国社会主义五十年：1900—1950》、《教育的革命》等。

慧。讨论围绕着自由企业与国有控制以及延长离校年龄等问题而展开，有经验的读者能够提前就知道每一个辩论者会说出什么样的话。

但是，当你拿这本书与十或二十年前的类似作品进行比较时，你会感叹保守主义的倒退——广义的保守主义。布罗甘先生在为资本主义辩护，殚精竭虑地想表明英国如果推行"自由"经济，将比推行工业国有化更有机会重新占领市场。他没有像切斯特顿那样伪称回到中世纪是可能实现的，而且很多人渴望这么做。他甚至为大规模生产辩护，愿意接受社会保险，但他反对将其强制推行。他反对统一的教育体制和提高离校年龄，但另一方面，他希望能将更多钱用在幼儿园上，而且他没有说出不久之前类似的思想家会说出的话：父母有权决定让不让孩子接受教育。事实上，这本书在负隅顽抗——为过去进行辩护，但心里清楚地知道没有多少东西值得去辩护了。

但是，那些对话遵循着同样的模式。那个共产党人是一个坏心眼的恶棍，几乎每句话都会扯到苏俄。那个校长只会夸夸其谈。那个印度人尽说一些不着边际的积极言论和自怨自艾，就连那个商人——他很清楚自己的主张——也被坎特伯雷主持牧师的布道所感染。至于故事的讲述者，他是智慧、学识、思想、理性和胸怀宽广的典范，如果他最终无法说服其他人接受他的观点，那是因为他们的头脑已经被现代教育的愚昧侵蚀了。

所有这类作品的问题是为没有真正具有可行性的方案而发牢骚。布罗甘先生或许意识到回归自由放任的资本主义体制已经不可能了，就像切斯特顿已经意识到回归小农所有制是不可能的事情。或许他也意识到告诉人们义务教育、强制性社会保险、投资控制和劳动引导将会导致奴隶制是没有意义的，因为即使真的会变成这样，广大群众宁愿当奴隶也不想要过上别的生活。

世界正朝他不喜欢的方向迈进，但他想象不出它还能朝哪个方向迈进。因此，他采取了以防守为主的策略，指出"先进"思想的荒谬和恐怖——而这并不是非常困难的事情。但靠这些手段并没有办法让那些意见相左的人对共产主义、女权主义、无神论、和平主义或其它布罗甘先生不喜欢的主义进行反思。

文字与亨利·米勒^①

很遗憾没有哪家出版社有勇气再版《北回归线》。大概一年后他就可以通过出版一部名为《狱中见闻》或别的什么书挽回损失，与此同时，在这本禁书的完整版被刽子手或其他人销毁之前让公众接触到它。究其本质，《北回归线》一定是当代最罕有的书籍之一——虽然据说它的盗版两三年前就已经在美国发行了——就连《黑色的春天》也一书难求。亨利·米勒的零星片段到处都在刊登，而那些有价值的部分却仍然没办法读到。要写他的书评，你只能依赖记忆，而由于读书评的人或许从来没有机会去读那些书，整个过程就像是带一个盲人去看烟火表演。

这本选集包括了那则短篇小说——或者说只是一则短篇的梗概——《麦克斯》、那篇优秀的自传素描《从纽黑文到迪耶普》、被蓝铅笔删改了很多的出自《黑色的春天》的三个章节、一出超现实主义电影的场景和几篇批判性的散文和片段。这本书以一则传记收尾，或许在主要情节上真有其事，它的结尾是这样的：

> 我希望读我的作品的人越来越少，我对群众的生活没有兴趣，对当前政府的意图也没有兴趣。我希望，而且相信整个文明世界在接下来的一百年里将会毁灭。我相信人类能够

---

① 刊于 1946 年 2 月 22 日《论坛报》。

存活下去，而且一定会过上更美好、更宏伟的"没有文明"的生活。

拿《从纽黑文到迪耶普》和米勒与迈克尔·法兰克尔合著的工于文字的《哈姆雷特》的章节进行比较，你就能了解到米勒能写出什么和写不出什么。《从纽黑文到迪耶普》是一篇真挚而感人的作品。它记录了 1935 年米勒去英国的不成功的经历。那些移民官员察觉到他是个穷鬼，立刻将他关进治安法庭的牢房里，第二天就经英吉利海峡遭返回去，整件事情极其愚昧和令人厌恶。整件事情中唯一闪烁出人性光芒的人是那个看守米勒过夜的头脑简单的警察。刊载了这篇散文的那本书于 1938 年出版，我记得是在慕尼黑会议之后读到的，我心里觉得虽然慕尼黑协议并不是什么光彩的事情，但这件小事更让我对自己的国家感到羞愧——不是因为纽黑文的那些英国官员的行径要比各个地方的官员更加卑劣，而是因为整件事情让人感到很悲哀。一个艺术家得仰仗几个官僚的恩惠，而且他们对付他时的那种恶意、狡猾和愚昧让人怀疑民主、出版自由等制度到底有什么意义。

《从纽黑文到迪耶普》和《北回归线》很相似。米勒大概过了四十年颠沛流离的不体面的生活，他有两项杰出的天赋，或许都可以追溯到同一起源。一个天赋是他完全没有平常人的羞耻心，另一个天赋是能够写出直白、华丽和富于韵律感的散文，过去二十年来英国很少见到这样的作品。另一方面，他没有自律的能力，没有责任感，或许没有多少想象力，只会空想。因此，他最适合当一位自传体作家，当他过往的生活素材干涸时，他也就江郎才尽了。

写完《黑色的春天》之后，很多人认为米勒会蜕变为一个庸俗的作家，事实上，后来他所写的东西有很多的内容就好像在敲大鼓一样——从空洞中发出的噪音。任何人只要读一读这本书里的两篇文章《死亡的宇宙》（关于普鲁斯特和乔伊斯的书评）和《致每一个地方的超现实主义者的公开信》就明白了。在长达70页的篇幅里，他所写的内容如此贫乏，却又说得很气势磅礴。那个引人注目但事实上几乎没有意义的短语"死亡的宇宙"带有鲜明的特征。米勒的一个手段就是总是使用启示录式的语言，每一页都写着像"宇宙—逻辑的变迁"、"月光的魅力"、"星际的空间"或类似于"我所运行的轨道带着我渐渐远离孕育我的死去的太阳"这样的句子。评论乔伊斯的那篇文章的第二句话是："自陀斯妥耶夫斯基之后，文学的发展都是在死亡的另一边进行的。"当你去琢磨这句话时，就知道它根本就是一句废话！这种文章的关键词是"死亡"、"生命"、"诞生"、"太阳"、"月亮"、"子宫"、"宇宙"和"天灾"，并肆意滥用最陈腐平凡的语言使其听起来很独特生动，而根本没有意义的内容则被蒙上了神秘深奥的色彩。就连这本书的标题《宇宙哲学的眼睛》也没有切实的含义，但听起来像是那么一回事。

当你从这些华而不实的语言中发掘出含义时，你会发现米勒的大部分想法其实很平庸，而且总是有反动色彩。它们归根结底是虚无寂灭主义。他声言对政治不感兴趣——在这本书的开篇他宣称自己变成了"上帝"，对"世事毫无兴趣"——但事实上他总是在发表政治言论，包括不值一哂的种族言论，什么"法国人的灵魂"、"德国人的灵魂"等等。他是个极端的和平主义者，却又渴望暴力，前提是发生在别的地方就行了。他认为生命是精彩的，却希望在不久之后就将一切炸得粉碎，并大谈什么"伟人"和"贵族的灵魂"。他拒绝探讨法西斯主义和共产主义之间的区别，因为"社会是由个体组成的"。如今这已经成为一种熟悉的态度，如果顺着它的逻辑延伸下去，将会是一个很体面的态度，它意味着在战争、革命、法西斯主义或其它事情面前逆来顺受。事实上，那些说着和亨利一样的话的人总是会小心翼翼地留在资产阶级民主社会里，拿它当保护伞，却又不愿意为它负责任。另一方面，当必须作出真正的选择时，寂灭主义者的态度从来不曾存在。说到底，米勒的世界观只是不承认对任何人的义务的个人主义——不对社会负任何责任——甚至认为不需要有一以贯之的思想。他的后期作品有许多内容只是以更铿锵动听的文字去阐述这一点而已。

如果米勒只是一个被驱逐的人和浪子，与警察、房东太太、妻子、债主、编辑这些人相处不欢，他那些不负责任的态度并不会造成危害——事实上，作为像《北回归线》这么一本书的基础，那是最好的态度。《北回归线》的杰出之处是它没有道德可言。但如果你描写的是上帝、宇宙、战争、革命、希特勒、马克思主义和"犹太人"，那么米勒标志性的思想诚实并不足够。要么你得真心置身于政治之外，要么你必须意识到政治是关于可能性的科学。在米勒后期的作品中处处都有不加修饰的自传描写——《从纽黑文到迪耶普》就是一例，就连不堪卒读的《哈姆雷特》这本书也有一些相应的章节——然后那套老把戏再次出现。米勒的真正天赋是他能够描写底层的生活，但或许他需要不幸去刺激他将其发挥。但是，似乎过去五六年来他在加利福尼亚的生活并不是一直都很幸福，或许有那么一天他不会再写那些关于死亡和宇宙的空洞的句子，而是回头去写他真正适合写的东西。但他必须不再"担任上帝"，因为上帝只写过一本书，那就是《圣经·旧约》。

　　与此同时，这本选集会让新的读者对米勒的作品产生比较靠谱的印象。但既然《黑色的春天》可以将其中三章在印满星号后刊印，很遗憾《北回归线》不能以同样的方式出版，它的部分内容并不是那么淫秽不堪，要让它能够被刊印其实也不难，只是偶尔有几行省略号罢了。

评弗利尼薇德·丁尼生·杰西的《缅甸故事》、理查德兹的《缅甸宣传第七期：对缅甸人的理解》、哈利·马歇尔的《缅甸宣传第八期：缅甸的克伦邦人》[①]

直到十一世纪之前，缅甸的历史都是传说，而直到十八世纪中期之前，它的历史一直是一个谜团，当时缅甸人终于征服了这个国家的原住民得楞人。丁尼生·杰西小姐的书并不是一部编年纪事史，跳过了早期的历史，专注于现代缅甸历史的转折点——1885 年吞并上缅甸。她认为当时英国人犯下的错误是没有建立起一个合理和受欢迎的政权，因此，它要为 1942 年的政权崩溃承担起一部分责任。

英国人在缅甸的所作所为或许并不像丁尼生·杰西小姐所描写的那样无可指摘，但可以肯定的是，即使英国人没有剥夺缅甸人的独立，其他强权大国也会这么做，或许会是法国人。缅甸在地理位置上是一个孤立的国家，几个世纪来，缅甸对外边的世界一无所知。想到 1820 年前后，缅甸派遣了一支军队准备侵略印度，他们得到的命令是将印度总督用铁链绑回来，如果有必要的

---

① 刊于 1946 年 2 月 24 日《观察者报》。弗利尼薇德·丁尼生·杰西
 (Fryniwyd Tennyson Jesse, 1888—1958)，英国女犯罪学家、作家，代表作
 有《从别针里窥视西洋镜》、《拉克夫人》等。理查德兹(C. J. Richards)，
 情况不详。哈利·马歇尔(Harry I. Marshall)，情况不详。

话，还想远征攻克伦敦，你会觉得好笑。下缅甸被吞并后，上缅甸迟早将步其后尘，但即使如此，醉醺醺的锡袍王和他的妻子苏帕娅拉还是犯下了每一个可能会犯的错误。英国和印度的贸易商被百般羞辱，而锡袍对自己的臣民还时不时展开屠杀——他登上王位的庆祝就是将他的兄弟统统处死，大概杀了80人——就连英国的反帝国主义者也感到不齿。当侵略最终发生时，锡袍的正规军不战而溃，但游击队仍坚持长达数年的抗争。

丁尼生·杰西小姐认为废除君主制是一大败笔。锡袍必须被罢黜，但应该扶植另一个亲王登基。结果，缅甸人习惯了几个世纪的权威被摧毁了，而这个国家赖以建立的道德基础——僧侣阶层的权威——也被间接削弱了。旧的秩序土崩瓦解，缅甸接受了一套陌生的法律、行政和教育体系，但它一直无法扎根。结果，暴力犯罪泛滥横行，僧侣阶层涉足政治，大学培养出的是失业的知识分子，他们成为民族主义运动的核心力量，整个基层行政阶层的腐败无可救药。与此同时，缅甸在方方面面仍是一个落后的国家，基本上所有的大型贸易都掌握在英国人、印度人或中国人的手里。就连军队也主要是从非缅甸人的群体里招募的。自然而然地，不满情绪逐渐积累，虽然日本侵略者或许没有得到非常活跃的支持，但就缅甸人而言，他们对于英国政权根本没有忠诚可言。

许多对缅甸持同情态度的观察者会认同丁尼生·杰西小姐的观点，无疑，它们蕴含了一部分真相。但是，她在暗示如果当时鼓励缅甸非常缓慢地从中世纪苏醒过来会比较好，而最重要的是，我们本应该尽力保持佛教的完整和纯洁。她的潜台词是如果我们不冒失地将西方的制度强加于缅甸之上的话，反英民族主义运动或许就不会兴起。这个看法似乎很可疑。民族主义意识——
而在这种情况下产生的只会是反英民族主义——不管怎样一定会
以某种形式兴起，而日本人对缅甸许下的帮助它走向现代化的承
诺使其宣传很有吸引力。丁尼生·杰西小姐似乎低估了亚洲民族
主义和肤色意识的重要性。她认为在1942年的战役中缅甸的第五
纵队只有5 000人，这一定是严重的低估。这本书是很有意义的普
及性读物，前提是读者必须意识到她是从所谓的帝国主义仁政的
角度去写的，虽然她对缅甸人抱以同情，但对英国人过于宽容。

　　缅甸宣传的第八期是关于缅甸最大的少数民族克伦邦人的信
息详实但文风幼稚的研究报告，主要的信息来源是皈依基督教的
当地人。第七期是一本立意良好的对于缅甸人国民性的阐述，但
很难相信会有缅甸人会喜欢去读这本书。你会觉得里面所描写的
那些人充满魅力但并不可靠。现在不应该再使用"缅人"这个带
有些许贬低色彩的名称，而是应该使用"缅甸人"这个名称，难
道不是吗？

评理查德·赖特的《黑孩子》、詹姆斯·奥尔德里奇的《群众》、阿尔伯特·马尔茨的《弓箭》 [①]

美国的肤色问题并非无法解决，但即使进行最深入的改革，它也不可能在一代人的时间里得到解决。问题的关键不是白人的傲慢，而是黑人自己所形成的思想态度，理查德·赖特先生的《黑孩子》正是围绕着这一事实而展开描写。

《黑孩子》讲述了美国南方某个州一个黑人的童年故事。他过着赤贫的生活，但它所描写的生活条件并不比欧洲的贫民窟差——或许比起英国的贫民窟也糟糕不到哪里去。

问题的根源不是黑人没有衣服穿或没有饭吃，而是他意识到自己没有权利。作者在一个几乎全是黑人的社区里长大——这本书是直白的自传——逐渐意识到所谓的白人的独立存在。

一开始的时候他对黑人与白人的区别感到很困惑，因为他的祖母有着白人的样貌，虽然她其实是黑人。他逐渐意识到"他们"直接或间接地控制了他的行为的每一个细节，所有的反叛都

[①] 刊于 1946 年 2 月 28 日。理查德·纳撒尼尔·赖特（Richard Nathaniel Wright, 1908—1960），非洲裔美国作家，代表作有《黑孩子》、《土著之子》等。哈罗德·爱德华·詹姆斯·奥尔德里奇（Harold Edward James Aldridge, 1918—？），英国记者、作家，代表作有《海鹰》、《最后的放逐者》等。阿尔伯特·马尔茨（Albert Maltz, 1908—1985），美国作家、剧作家，代表作有《弓箭》、《海军陆战队的荣誉》等。

是徒劳，因为"他们"无所不能。法律不能提供保护，如果一个黑人违背了潜规则——譬如说，如果他去接近一个白人妇女，或"放肆无礼"，或只是被怀疑怀有不正当的思想——他就会被杀死，而且总是有人就这么死掉。没有人能为他们争取公道，因为警察和法官都是白人。

黑人能不能接受教育很大程度上取决于父母的经济条件。南方的许多黑人甚至大字不识一个。

但即使是接受过良好教育的黑人也被以恐吓的方式排除在技术工种或薪水优厚的职业之外。最重要的是，每一个黑人从早年就学会忍气吞声，隐藏自己的真实情感，迎合白人的虚荣心。最可怕的事情是绝大部分黑人接受了自己的处境。无论他们多么仇视白人——事实上，几乎所有的黑人都仇视白人，即使是那些心地善良的人也是如此——他们知道只有展现出奴颜婢膝的姿态才能生存下来。

黑人会互相告发，勾结白人对付自己人，刻意插科打诨或装疯卖傻以得到白人视他们为"传统老黑"的宽容对待。在理查德工作过的一个地方，他被白人怂恿和另一个黑人孩子打架，赌注是五美元。

这两个孩子素来无冤无仇，但打架的一幕能取悦白人，于是他们就朝对方大打出手。

与白人进行正当交往是不可能的事情。理查德遇到一个北方白人，他的态度与南方人很不一样，把他当做白人对待，即便如此，理查德觉得他的友善一定是伪装出来的。反犹主义在黑人中很普遍，就连小孩子也被教导要朝犹太人破口大骂。这是一个他们向白人种族的成员进行报复的机会。

要摆脱这种处境只有两条路。一条路是攒够钱跑到北方去，另一条路是宗教。理查德的老一辈的亲人都很虔诚，而他自己在十五岁的时候也得到了"救赎"，但那种效果很快就消失了。

　　最后，通过干入室盗窃的勾当，他攒够了去孟菲斯的车费，然后找到一份薪水还算优厚的工作干了一段时间，出发去芝加哥准备开始新的生活。这本书是肤色问题文学的有价值的补充。它所描写的时期大概是1910年到1930年，我们或许可以希望数十万有色人种士兵到欧洲后能够让这本书里所描述的问题有所改善。

　　《群众》和《弓箭》都是战争小说。《群众》不是非常成功地模仿了海明威，描写了一个工作不详的年轻人能够随意地周游世界，去过赫尔辛基、阿拉曼、斯大林格勒、新加坡、莫尔兹比港和其他正在发生重大事件的地方。

　　《弓箭》是一本更加严肃的作品，有一个很好的主旨。在一座伪装的德国兵工厂，一个工人被逮到向每晚从头顶飞过的英国轰炸机打信号，这些轰炸机一直没有轰炸这座工厂。他被党卫军的巡逻队开枪打中了肠子而昏迷不醒。如果他的信号没被看到的话，不出二十四小时这座工厂可能就会遭到轰炸。与此同时，工厂的经理和盖世太保都想知道为什么他要打信号。

　　他是因为一时的冲动而这么做吗？或许他是英国情报部门的间谍？还是说地下反纳粹组织已经混入了这座工厂？如果是这样的话，谁是他的同党呢？盖世太保必须立刻查明内情，这样在轰炸开始时才能够应付有组织的破坏行动。但那个人一直昏迷不醒，即使他醒过来也不知道他能不能清楚地说话。

这个故事对这个受伤的男人的动机进行了抽丝剥茧的解析，描写了医生与别人对他的救治，那个医生是路德派的牧师，曾经和他同在一座集中营，也在工厂里上班。里面的时间大概过了不到十二小时。这是一本很有可读性的书，但有一个小小的批评：这本书的封面印了一个"卍"字徽。希特勒掌权已经十二年了，一家大型出版社的主管应该知道那个"卐"字徽的旋转方向是哪一边。

评雅克·巴尊的《我们这些教书的》[①]

教育是一个重大的课题，雅克·巴尊先生的这本书很有分量——如果印刷的字体再大点的话会很厚重。

这是一本漫谈，有些内容纯粹只是探讨美国的问题，但任何对教育感兴趣的人，甚至想要知道为什么现代的孩子似乎写不出一手好字的人，都能在几乎每一章中找到启发。

巴尊先生描写的是美国，在那里受过大学教育的人要比英国多得多，而他重点强调的就是大学生。

他探讨了当前历史、数学、语言、文学和科学的教育方式，并对诸如智力测验（他认为那是最荒唐无稽的事情）、研讨组、师生关系、对老师施压不让他们说出"颠覆性"的言论等话题有很多话想说。

他所说的许多内容与教育实践的细节有关。譬如说，为什么在战争时期能够很快让被挑选出来执行特别任务的军官学会像俄语或日语这种困难的语言，而一个学生花五到十年的时间学一门像法语这样简单的语言，到最后连话都不会说。

"没有数学头脑"这种事情真的存在吗？还是说人们只是被教授数学的方式吓坏了？音乐天赋真的是天生的吗？还是后天可以

---

① 刊于 1946 年 3 月 7 日《曼彻斯特晚报》。雅克·马丁·巴尊（Jacques Martin Barzun, 1907—2012），法裔美国作家，代表作有《我们所传承的文化》、《论人的自由》等。

掌握的？应该鼓励孩子们去读好书还是由得他们想读什么就读什么呢？等等等等。

但是，虽然他漫无次序地从一个话题跳到另一个话题，我们还是能够了解到巴尊先生的主旨，尽管它并没有被非常明确地阐明，那就是对现代教育的专业分化趋势和过分强调知识而戕害求知热情与文化修养的抗议。

巴尊先生对目前的科学教育的方式提出了尖锐的批评，它的目标并不是培养科学态度，而是向学生填鸭式地灌输大量的事实，而他们在今后或许根本用不着，而且或许会阻碍他将头脑运用于更加广泛的领域。

他的整体评价是："科学老师或许造就了最多的思想落后、反智呆板的学生。大体上，'攻读理科'的学生构成了现代社会两大人群——思想单一的专家和科学白痴。"

美国的弊端的一部分原因是教育机构之外的商业世界的要求和公众的态度，他们被误导了，以为纯粹的科学只是由有用的知识构成。一个拥有理科学位的年轻人更有机会找到工作，而纯科学现在是许多大学的主导科目，贬低像文学甚至历史这些科目成为一种趋势，认为它们毫无用处而且不切实际。

古典语言几乎被完全消灭了。哈佛大学的一位院长曾说一个拥有理科学士学位的人"并不保证了解任何科学，但保证不懂拉丁语。"

巴尊先生曾在另一本书中指出学拉丁语是有好处的，并指出现在它成了一门被禁的语言，提到它的时候总是语焉不详。

伴随着对专业知识的青睐的是文化和语言的没落。巴尊先生举了几个学术圈与师生交流的文本作为例子，下面是其中一例：

在我所提出的研究里，我希望描述和评估这些领域的代表性的课程，记录我眼中的高等教育对人际关系和群际关系愈发重视的趋势，并以这种方式引起对实践中的杰出贡献的关注。

之所以有人会写出这样的文字，一部分原因是科学用语入侵了日常的语言，一部分原因是"长词比短词更优雅"这个广为流传的看法。事实上，虽然拉丁语和希腊语失去了学校课程的主导地位，但它们仍牢牢地控制着英语。

巴尊先生还对图书馆的使用以及几乎所有公立图书馆对学生的不合作态度这个话题发表了颇有价值的评论。有多少图书馆可以让学生安静地学习呢？有哪一间图书馆可以让学生"在书架间流连徘徊，并捕捉住一个想法"呢？

他说大部分美国大学的图书馆很担心书本会被偷走，而他们应该认为学生偷书是一个好的迹象，如果损失在合理范围之内的话。巴尊先生还对指导年轻人读书提出了建议——不只是读什么书，还有如何精读和略读。顺便提一句，这一章表明美国人买书比我们还要小气，平时只有百分之一的纸张用于印书。

这本书的最后几章并没有探讨狭义的教育，而是探讨整体的思想生活。里面有关于脑力工作者需要安宁、欧洲演讲者在美国放浪形骸的举止、填鸭式的没有意义的教学以及非正统思想者缺乏鼓励等现象的评论。虽然它主要是在描述美国，但这本书很有意义，几乎每一页都有一些有趣的内容。

评马克·宾尼的《慈善》 [1]

马克·宾尼先生的这本书是否应该被称为一部小说值得商榷，虽然它的创作形式的确是小说。或许就像纪实电影一样，它正确的名字是纪实小说。它是对战争时期矿场条件的调查，重点讲述了矿工与矿场主之间错综复杂、世代相传的斗争。

1944年，弗朗西斯·约翰逊——一个燃料部的劳工关系官员来到一个产矿小村庄，并住进了一位矿工的小屋的一个房间。他受到矿工们的款待，可以自由进出俱乐部和福利部门，熟悉当地的风俗，甚至尝试着时不时到采矿面干一天的活儿——对于任何不是生来从事这个行业的人来说真是非常勇敢的行动。

宾尼先生忠实地描述了狭窄的地下世界，在那里，戴维矿灯微弱的光线无法穿透煤灰的厚霾，而工作的前奏"通勤"意味着在四到五英尺高的狭道走上一两英里——甚至可能是三英里或更长。他没有充分地强调矿工的辛苦：他的男主人公来到采矿面后仍然有足够的力量去干一点儿活。他描写了许多种矿洞，包括那些没有支柱，只有一条石梯贯穿山脉的旧矿洞。但这只是背景描写，这座典型的矿业村庄的历史在最后一章单独进行介绍。这本书的主题是整个采矿业的愤恨气氛，以及矿工自身的思想所起的

---

① 刊于1946年3月10日《观察者报》。马克·宾尼（Mark Benney，1910—1973），英国作家、社会活动家，代表作有《下等人》、《慈善》等。

作用。

由于那是战争时期，矿区的麻烦不是生产过剩和失业，而是生产不足和旷工现象。有三件事对约翰逊留下了深刻的印象。第一件事情是英国的煤矿业极其落后，工作条件在短时间内无法改善到让人能够忍受的地步，除非将煤矿国有化，否则根本无法对其加以现代化改造。第二件事情是煤矿业的境况之所以那么糟糕，是因为煤矿主贪婪而短视，他们精于将煤矿卖出高价，将矿工当牲口使唤，只要这么做不会有事。第三件事情是矿工们在漫长的斗争中所形成的思想使得任何大规模的改善只能有策略地进行。

刚开始调查的时候他就惊讶地发现，和矿工们打交道时他们其实也不是很老实。比方说，他们会要求更高的报酬，并谎称这是为了改善安全措施。又或者，他们会揪住早已不复存在的弊端不放——例如，他发现他们相信1944年仍得付采矿许可费，而早在1938年采矿许可费就已经国有化了。而且矿工们不信任陌生人，对技术革新持仇视态度，并且愿意忍耐可怕的虐待——例如，他们得花钱为自己买矿灯——如果这被认为是天经地义的传统的话。但是，随着他逐渐了解情况，他意识到矿工们从几个世纪的经验和传统中学到的唯一安全的策略就是总和煤矿主唱反调，如果政府代替了煤矿主，就和政府唱反调。

这一态度几乎固化成了一种本能。矿工们深知他们所享受的每一个好处——组织的权利、开办合作社、安全规定、在井口洗澡——都是靠他们自己努力反对痛苦的压迫而争取到的。在萧条的矿业村庄如果有一座像样的建筑，那通常都是矿工们自己出钱修建的。矿区与世隔绝，每个人都知道别人挣多少钱，社区里总是进行集体活动，并带有军事化的特征。

在结尾部分，弗朗西斯·约翰逊因为一个鲁莽的行为而被解雇。在离开之前他提交了一份报告，里面包括了一些建议，无疑就是宾尼先生本人的想法。他认为当务之急是组织一个训练有素且独立的观察者团队对矿业动荡的原因进行调查。在结尾处他指出，无论如何不能再让煤矿主把持煤矿业，但矿工们也没有能力运作煤矿业，必须由政府接管，并提早对它将面临的反对意见作好充分的认识。因此，了解生活在联系紧密的小社区、从事艰苦危险的低报酬职业的那些人的思想尤为重要。这是一本很有可读性而且内容详实的作品。

经典书评:《英烈传》[①]

　　如果有人要撰写一部世界史,是记录你能了解到的真实事件比较好呢,还是虚构出一切比较好呢? 答案并不像它看上去的那样不言自明。任何为大时代撰写历史的人一定想将历史事件套进一个模式中,至少想找出这么一个模式;因此,合理的自洽理论,甚至是本能的对可能性的把握,或许要比堆积如山的文献更有意义。一部依靠想象而构建的历史或许无法准确地描述任何一个历史事件,但它或许要比单纯地罗列没有错误的名字和日期更加接近真相的本质。

　　温伍德·里德[②]的那部古怪而且不受重视的杰作《英烈传》会带给你这种强烈的感觉。当然,里德不是单靠想象写出历史。确实,在某种程度上,他是在重申实证知识的价值,反对传统和权威,因为他的主旨是抨击当时的宗教信仰,而他的方式是坚持已知的事实,包括《圣经·新约》的文本,而那些正统的信徒则宁愿遗忘这本书。他从不同领域的专家那里大段大段地引用内容,在他的序文中他提到了部分信息来源,坦白地表明“这本书里几乎没有什么内容可以说是我的。我不仅从其他作家那里引用事实和理念,而且引用文字甚至段落”。但是,这本书是一部很有想象

---

① 刊于 1946 年 3 月 15 日《论坛报》。
② 威廉·温伍德·里德(William Winwood Reade,1838—1875),英国历史学家、探险家,代表作有《英烈传》、《荒岛求生》等。

力的作品，并不仅仅是事件的记录。或许他并没有先入为主地认定历史有模式可循，但通过阅读和游历，他认为自己找到了这个模式，而一旦这个模式被发现，细节就会随之填补完整。这本书就好像是一个愿景，或一部史诗，受进步理念的鼓舞。人类就是普罗米修斯，他偷到火种，因此遭到残酷的惩罚，但最后他会将众神赶出天堂，由理性进行统治。

虽然《英烈传》的文笔晓畅且富于感染力，但它并不是一本编排得当的书。它被随随便便地分为四个主要部分，以战争、宗教、自由和思想为标题，认为从这四个方面就能对人类的发展进行大致的总结。第四部分对前面已经提到过的内容进行了概述。当然，它带有偏见，或许任何世界史都一定会是如此。对于一个欧洲人来说，"世界"只是意味着地中海和大西洋沿岸，印度或中国并没有被纳入里德的考虑范围，英国、俄国或南美也不在考虑之列。在他眼里，世界的中心是埃及和中东国家，在描写古代奴隶帝国和闪米特宗教的崛起时，他发挥了最佳的水平，以这段典型的文字为例：

> 直到面临毁灭之时，罗马一直依靠资本而生存。只有工业才是财富的源泉，而罗马却没有任何工业。奥斯蒂亚大道挤满了手推车和赶骡子的人，运来了丝绸、东方的香料、小亚细亚的大理石、阿特拉斯山的木材、非洲和埃及的谷物，而运出来的只有一车车的粪便。这就是他们的回报。

这段文字里的反讽、自负才学的姿态，对经济的重要程度的强调，以及生动的描写——我想你能明白里德受到普遍欢迎的原因。人们觉得他们是从一位了解所有的史实，却又不是教授身份的人那里了解到历史——他不是上流阶层和教会阶层的食客。里德与那些干巴巴的"经济史学家"完全不同。历史浪漫的、欢庆的一面，鼓足风帆的腓尼基桨帆船、古罗马士兵的铜盾、骑士、城堡、巡游、铿锵的名字——恺撒、亚历山大、汉尼拔、尼布甲尼撒、查理曼——这些都出现在他的作品中，但带着新的倾向，似乎他一直在说："看看这些，谜团全都解开了。"这本书的一个突出特征就是它对时间的精妙把握。历史变得生动了：大时代用一段话就加以总结，从埃及人过渡到波斯人，从波斯人过渡到希腊人，从希腊人到罗马人，从野蛮时代过渡到封建时代，从封建时代到资本主义时代，具体到让你似乎就在看一幅全景画一样，它的本质暴露无遗，却又带着自己的色彩，并保留着许多细节。

在《思想者图书馆》版本的序文中，约翰·麦金农·罗布森[①]先生指出《英烈传》是一部了不起的作品：

> 它立刻影响了两代读者，虽然面对文学界和新闻出版界的轻蔑或敌意，没有得到文学界只言片语的赞誉，也没有出版社为它做宣传，但从出版的那一年起它就脱颖而出，出版六十多年来，它一直卖得很火，一版接一版地发行，直到现在。

这本书不是正史。里德针对的读者是那些思想开放的人，那

---

① 约翰·麦金农·罗布森(John Mackinnon Robertson, 1856—1933)，作家、记者，代表作有《十九世纪的自由思想》、《历史上的耶稣》等。

些不怕了解真相的人，但这本书很流行，几乎从第一页开始就在批判资产阶级社会的价值观。你或许会猜想它最深层的吸引力，以及出版界之所以对它抱以敌意，是因为它对基督教的人文主义阐述。在1872年，这本书出版之时，要阐述这一主旨需要勇气，但时隔四五十年后它似乎仍然是一本革命性的书籍。我清楚地记得在我大约十七岁的时候第一次读到这本书时它对我产生的影响。当我读到里德对希伯莱先知的描述时，看到这些话——"他接受这一使命之后，就立意不再洗澡"——我有种深刻的感觉："这个人和我一样。"然后我继续读下去，读到里德对耶稣的性格分析。那是一种奇怪的获得解放的经验。他从来不肯接受耶稣是神的儿子，也没有像当时风行的那样，认为耶稣是一位伟大的道德导师，而是把他描述为一个和任何人一样会堕落的人——一个称得上高贵的人，但有着严重的缺陷，而且只是一长串犹太狂热分子中的普通一员。里德说，直到他死去一个世纪后，众多属于欧西里斯和阿波罗的异教徒的传说才被归到他的身上。

这个解释是真的吗？那时候我不知道，现在也不知道。但至少里德对耶稣生平的描述可能是真实的，而那些校长硬要我接受的耶稣生平的版本则有悖常理。里德是一位解放性的作家，因为他以人与人之间的谈话方式在交流，将历史归纳为可以被理解的模式，而这个模式不需要奇迹。即使他错了，他也是一个成熟的人。

虽然它受到进步观念的鼓舞，虽然它影响了两代左翼运动，你不应该认为《英烈传》是一部社会主义作品。里德深受达尔文的斗争和适者生存理论的影响，在某些方面，他的观点非常反动。他明确地宣传他不信仰社会主义，坚信商业竞争的意义，认为应该提倡帝国主义，似乎认为东方民族天生就是劣等民族。他还怀有一个危险的理念，认为真理有不同的层次，有时候一个错误的信仰如果具有社会价值的话，不应该将其揭穿。但他说过一些很有先见之明的话，而且他清楚地了解除非机器文明高度发达，否则人类大同是无法实现的。大部分社会主义者都会接受他的目标，但无法接受他对当前社会的态度。他向宗教的阵地发起进攻，是社会主义运动不可靠的同盟者。许多工人阶级的读者一定不认同他的某些结论，但觉得这个学者是他们的好朋友——他反对牧师，让历史变得晓畅而生动。

评阿托罗·巴里亚的《冲突》[①]

　　这是阿托罗·巴里亚的自传的第三卷，也是最后一卷，涵盖了 1935 年至 1939 年这段时期，因此大部分内容与内战有关。他的个人奋斗和他第一次婚姻的失败与整体的社会紧张气氛密不可分，而那场战争就是它的一个结果。他在 1937 年底第二次结婚，个人和政治的动机更加紧密地纠缠在一起。这本书始于卡斯蒂尔的一个小村庄，终于巴黎，但它的主要内容是马德里围城。

　　从战争一开始巴里亚先生就在马德里，一直呆在那儿，直到无形但不可抵挡的政治压力在 1938 年的夏天将他逐出西班牙。他目睹了早期的狂热和混乱、军事征用、大屠杀、对这座绝望的城市的轰炸、秩序的逐渐恢复，以及群众、官僚和外国共产党员三方的争斗。他曾在外国媒体内容审查部门担任一个重要职位长达两年，并且曾经主持"马德里之声"的广播节目，它在拉丁美洲相当成功。在战前他是受雇于专利局的工程师，原本可以成为一名作家，却什么也没写出来。他是一个虔诚的天主教徒，却讨厌西班牙的教会。他是一个率性而为的无政府主义者，没有严格的政治派系。但最重要的是，他出身于农民阶层，这让他能够从一个西班牙人的角度对战争进行描述。

　　战争一开始可怕的事情就发生了。巴里亚先生描述了对马德

---

　　① 刊于 1946 年 3 月 24 日《观察者报》。

里兵营的轰炸、活人从楼上的窗户被扔下去、革命审判、尸体被堆放多日的行刑场。在此之前，当他描写他经常去度周末的小村庄里农民的生活条件和地主的所作所为时，他提到了这些野蛮行径的一部分原因。他在审查部门工作，虽然他意识到这份工作很有意义而且很有必要，一开始的时候却是与红头文件和不可告人的权谋进行斗争。内容审查从未做到滴水不漏，因为大部分使馆对共和国持仇视态度，而记者们被愚蠢的规定激怒——巴里亚先生收到的最早的命令是不能放行"任何没有提到政府军胜利的内容"——他们想尽一切办法进行破坏。后来，当共和国的情况暂时有所改善时，那些编辑进一步进行破坏活动，意大利战俘被巧妙地描述为"民族主义者"，目的是让不干涉主义的谎言延续下去。但到了后来，俄国人收紧了对共和国的控制，在马德里面临危机时逃跑的官僚回来了，巴里亚先生和他的妻子逐渐被逼到了绝境。

到了战争的这个时候，那些在头几个月望风而逃的人开始争权夺利，但除此之外，麻烦的事情还有巴里亚先生的妻子是一个托派分子。应该这么说：她不是一个托派分子，但她是一个与共产党有过矛盾的奥地利社会主义者，因此，在政治警察的眼中，她就是一个托派分子。司空见惯的事情发生了：警察半夜上门、逮捕、复职、再一次逮捕——那种一个陷入分裂的国家奇怪的、梦魇般的气氛，永远无法肯定什么人要为什么事情承担责任，甚至连政府的高层官员都无法保证自己的下属不会被秘密警察抓走。

这本书所揭示的一个问题是，我们几乎没有从西班牙人那里了解到关于西班牙内战的事情。对于西班牙人来说，这场战争并不像那些"反法西斯作家"所说的是一场游戏，那些作家在马德里开会和大吃大喝，而外面就是忍饥挨饿的西班牙人。巴里亚先生只能无助地目睹那些外国共产党员的权谋、英国观光客的滑稽和马德里人民的苦难，并渐渐地意识到这场战争注定会以失利而告终。正如他所说的，法国和英国放弃了西班牙，这实际上意味着保皇派的西班牙政府由德国主宰，而共和派的西班牙由苏联主宰，由于俄国人不能与德国进行公开的战争，西班牙人民只能缓慢地承受轰炸和饥饿，最后投降，早在 1937 年就已经注定会是这个结局。

巴里亚先生逃到法国，那里的外国人愁眉苦脸，街上的人听到慕尼黑协议长舒一口气。最后，在更大规模的战争爆发之前他离开法国前往英国。这是一本非同凡响的书，它的中间部分很有历史价值。

评约翰·布伊顿·普雷斯利的《秘密的梦》、诺拉·霍尔特的《故事集》、弗雷德·厄克特的《故事集》、约翰·布罗菲的《故事集》[①]

普雷斯利先生的小册子副标题为《论英国、美国和俄国》，有着值得称赞的宗旨——要让这三个强权国家互相理解并更加友好。必须承认，普雷斯利先生选择了一种奇怪的方式去实现这一点。首先，他对每一个国家的夸奖似乎都是它并不拥有的品质。

在谈到法国大革命的著名理念时，他宣称英国人民最重视的理念是自由，美国人最重视的理念是平等，而俄国人最重视的理念是友爱。如果真是这样的话，你只能说这三个民族非常成功地伪装了他们的理念。

英国并没有多少自由可言，而且并不渴望自由。另一方面，这里有很多友爱，如果友爱意味着善意、没有民族主义情绪和能够和平合作的能力。

美国甚至并不伪装是一个平等的国度——譬如说，考虑一下，700万黑人被剥夺了公民权——但它仍比许多国家拥有更多

---

① 刊于 1946 年 3 月 28 日《曼彻斯特晚报》。约翰·布伊顿·普雷斯利（John Boynton Priestley，1894—1984），英国作家、剧作家、广播员，作品诙谐而具有批判精神，倾向社会主义。诺拉·霍尔特（Norah Hoult，1898—1984），爱尔兰女作家，代表作有《父与女》、《神圣的爱尔兰》等。弗雷德·厄克特（Fred Urquhart，1912—1995），苏格兰作家，代表作有《垂死的种马》、《艰苦的比赛》等。约翰·布罗菲（Brophy），情况不详。

的自由。

在苏联有基本的经济平等，这是别的国家所没有的，但另一方面，人民内务委员会的所作所为和过去十五年来俄国的外交政策似乎都不是倡导友爱的范例。简而言之，这三个国家似乎应该调个个儿。

如果你继续读下去，你会发现普雷斯利先生真正的目的是贬低美国以"歌颂"苏联，并建议说如果我们能够做到更加怀柔，俄国人对我们不会那么猜忌。情况或许就是这样。

确实，过去二十年来，我们让俄国人有理由不喜欢我们。但过去五年来我们也确实做到了前所未有的怀柔，却没有收到任何效果。

你会觉得这篇出自好心的文章或许只会让人觉得困惑。强权大国之间真正的问题并不是错误的宣传方式，而是赤裸裸的经济与战略考量，而普雷斯利先生根本没有提到这些。

《沙漏丛书》出版瑞斯·戴维斯先生的威尔士短篇小说开了个好头，并承诺会保持出版高水平的作品。诺拉·霍尔特小姐的《故事集》中大部分故事之前就以书籍的形式出版过，但已经过去很久了，里面至少有三篇故事能够重温是一件愉快的事情。

弗雷德·厄克特的大部分故事和布罗菲先生的几篇故事是战争年代的产物，是从期刊里找出来的。

作为一位短篇小说作家，厄克特先生有其缺点，但他迟早会写出一本优秀的小说，因为虽然他的故事总是缺乏情节——在长篇小说中这个缺点没有在短篇小说中那么严重——没有几个人能比他更有技巧地处理对话。

让我们对他这篇《囚犯的单车》或——展现他的特殊才华的一个更好的例子——《脏兮兮的亚麻布》进行探讨。

第一个故事的结尾出人意表，但算不上令人错愕，而第二个故事几乎没有情节发展——只是一群女人在公共洗衣房的洗衣盆边吵架和说长道短。

但是，它的内容很吸引人。你在阅读的时候似乎一直听到尖利的苏格兰口音此起彼伏，当两个女人为了一条其实不是她们的裙子应该归谁而吵架时，她们互相责骂的那些话几乎就像诗歌一样美妙。

另一个富于技巧、曾经单独出过书的故事，是《我爱上了一个水手》——一个女店员午后外出的故事，结尾非常哀伤，"我对他的回忆就只有他的照片和恐惧"。其他故事以意大利囚犯、转移阵地的波兰士兵和妇女陆军队为题材。护封上的宣传告诉我们厄克特先生正在写一本以苏格兰为背景的长篇小说，它是一本有鉴别能力的读者将会怀着兴趣去等候的作品。

诺拉·霍尔特小姐处理对话时没有厄克特先生那么有技巧。她的长处是她描写肮脏污秽的题材的能力；由于她坚信每个人都有体面攸关的事情，甚至拥有理想，这样的题材不至于让人觉得讨厌。

这本书的第一个或许也是最好的故事描写了一个已经年华老去的妓女，正拖着流感病后的身躯在伦敦西区招揽客人，但没有客人光顾。

另一个好故事《布里奇特·基尔曼》描写了一个备受欺凌的爱尔兰女仆生命中的一天，被心胸狭隘的主妇呼来喝去，而且她还担心自己已经怀孕了。

《漫长的九年》描述了一个中年妇女逐渐肯定她的情人——她并不是很爱他，但他给她钱，而且他的关注给了她自尊——已经遗弃她了。

这个故事的角色塑造很突出。故事里的三个主要角色几乎没有怎么描写，但你似乎能够感觉得到每个人背后都有一段漫长复杂的历史。

但比起对男人的了解，霍尔特小姐似乎更理解女人和发生在女人身上的勾心斗角，这本书里围绕着男性角色的两个小故事没有其他故事那么成功。

约翰·布罗菲先生的故事与另外两本书相比不在同一档次，但都很有可读性。《西洋镜》是一个精致的小故事，而另两个故事《半克朗》和《一个演员的死》塑造了一定意义上成功的角色。

但是，大部分故事的缺点是两头不到岸。它们并不具备成为奇闻轶事的亮点，而且写得不是很好，不足以单凭其文笔描写而成功。

这个系列还要出另外八本书，有几本是著名作家写的，还有两本书的作者是弗兰克·奥康纳①和玛拉姬·惠特克②，他们本应该是更有名气的作家。

---

① 弗兰克·奥康纳（Frank O'Connor，1903—1966），爱尔兰作家，代表作有《午夜的法庭》、《孤独的声音》等。
② 玛拉姬·惠特克（Malachi Whitaker，1895—1976），英国女作家，代表作有《四月的霜冻》、《我也是》等。

评大卫·马修的《行动：决定性的时代》[①]

    介绍、选集、文集与评论式的传记总是不可信且带有误导性的，但如果你希望了解信息，它们是很有用的。你无法通读所有的作品，甚至要作大致了解也意味着接受大量的二手或三手信息。一位多年来我一直想要去阅读的作家是十九世纪的天主教历史学家亚克顿[②]，我怀着兴趣阅读了马修博士最新的作品，希望它能够提供一些有用的信息摘要。不幸的是，这本书很特别。它的副标题是《决定性的时代》，认为读者已经了解亚克顿生平的主要事实，而且主要描写的是他年轻时的家庭和教育的影响。因此，它面向的是希望对问题进行深入考察的读者。说到底，亚克顿代表了什么立场？他有着怎样的背景？是一个怎样的人？

    我不想伪称我一开始什么都不知道。我对亚克顿略有了解。我知道他是一个学养深厚的人，但他的《自由的历史》没有写完。我知道他从小就是一个天主教徒，而不是后来才皈依天主教，我知道红衣主教曼宁并不喜欢他——这些事情结合在一起，或许意味着他反对教皇至上论。我还知道那句永远不会被忘记的名言"权力导致腐败，绝对的权力导致绝对的腐败，伟人通常都是坏人"被

---

① 刊于 1946 年 3 月 29 日《论坛报》。大卫·马修（David Mathew），情况不详。

② 约翰·爱德华·达尔博格-亚克顿（John Edward Dalberg-Acton, 1834—1902），英国历史学家、作家，代表作有《美国内战的历史地位》、《基督教的自由史》等。

认为是他说的，但他其实并没有说——或者说，他说过类似的话，但措辞更加谨慎得当，这就是我所了解的所有内容。

从马修博士的书中摘录来看，虽然这本书很有可读性，而且有几个章节富有想象力，但它并不是一本编排得当的书或成功的阐述作品。作者知道亚克顿出身贵族世家，并一直在介绍无关主旨的社会历史。例如（出自一则对七十年代的生活的描写）：

> 在乡村，油灯是普遍的照明设施，点的是石蜡，在白色球形玻璃罩子里燃烧。白炽灯仍然只有城里的房子才有……在长长的石头走廊的另一头，仆人的宿舍里响起了清脆的铃声。银器闪耀着光芒，盛宴即将开始。当你穿过仆人的宿舍绿色的粗呢门帘时，迎面而来的是金属抛光剂的味道，还有浓烈的啤酒和波特酒的味道……在会客厅里，壁炉的火在熊熊燃烧，卧室里火光在刷了石灰的屋顶闪耀，新床没有挂上帐子，架子上摆着瓷瓶与闪闪发亮的肥皂盘子和海绵托架。

肥皂盘子，甚至关于亚克顿家世的那几章并没能让我们对主旨有进一步了解，所有这些内容所描绘的图景让人感到困惑。虽然亚克顿是一位天主教徒，但他似乎与辉格党的贵族走得更近。他的母亲是法国人，他接受的主要是德国的教育。他出生于1834年，年轻时因为宗教原因而被禁止在英国上大学①。在文化上乃至

---

① 从1581年起，牛津大学要求入读学生必须接受英国教会的第三十九条款才能被录取。从1616年开始，剑桥大学允许不同意这一条款的人接受教育，但不能获得学位。这一条款限制了罗马天主教徒、非国教信徒和犹太人入读牛津和剑桥大学，直至1871年这一条款才被废除。

政治立场上，他支持德国反对法国，但他忠于南日耳曼而不是普鲁士。他是众多博学的评论刊物的编辑，曾经是下院议员，但在那里并不受欢迎。而且他鄙视那些典型的英国政客，譬如帕尔默斯顿①，因为他们思想浅薄，沉迷运动。他对新出现的都市无产者一无所知也不感兴趣，但因为他出身欧洲大陆，他不像英国的贵族那样看不起中产阶级。他成为格莱斯顿的追随者，乃至一位信徒，坚定地支持格莱斯顿的爱尔兰政策和马尤巴战役②的解决方案③。另一方面，他似乎反对公民权的普及。

从所有这些很难得出任何清晰的结论。但是，马修博士无意中对亚克顿的性格和思想作出了许多总结，并引用了很多他自己说过的话，以及其他或许他会认同的内容。他声言亚克顿比和他同一时代的人更清楚地预见到现代民族主义和种族主义的危险，他最突出的力量是能够抓住理念的发展脉络——也就是说，他能够看清某一个理论学说将会导致怎样的结果，以及似乎并没有联系的政治理论其实是互相联系的。下面是几段他引用的话：

> "所有的自由都存在于不让政府的权力侵蚀内在世界的欲望中……自由源自于教会与国家的分离（'分裂'并不贴切）。"——亚克顿

> "由于专制权力而导致的两个体制的分歧最大莫过于一

---

① 帕尔默斯顿勋爵亨利·约翰·滕普（Lord Palmerston Henry John Temple，1784—1865），英国政治家，曾两度担任英国首相。
② 马尤巴战役（the Battle of Majuba），发生于 1881 年 2 月 27 日的南非马尤巴山，是第一次布尔战争的决定性战役，以英军的惨败而告终。
③ 1881 年 8 月，英国与德兰斯瓦人达成协议（《比勒陀利亚协约》），承认布尔人的自治权利。

个要求主权法律的体制与其它体制的矛盾。"——亚克顿

"法国的巨大不幸是它更渴望平等而不是自由。"——托克维尔①

"在世界上所有的国家里，那些能够永远摆脱专制政府的国家正是那些贵族阶层不复存在而且再也无法出现的国家。"——托克维尔

"我相信，一个人对社会自由、民权自由和宗教自由的深切而真挚的热爱必将促使他深切而真挚地痛恨民粹体制，因为它正是此三者的敌人。"——莎夫茨伯里②

"当博尔克③说一个人拥有享受自己的劳动成果的权利时，他拍案而起，并接受革命。"——亚克顿

"一个理解并热爱自由的民族，是不会容忍征兵制的。"——亚克顿。

"革命是改革的大敌，它使得明智而公正的改革不可能实现。"——亚克顿

"几个民族在同一政体下共存是一场考验，也是自由最大的保障。它是民主的工具……民族权利最大的敌人正是现代民族理论，将政府与国家等同起来，就基本上消除了所有民族可以和平共处的主观条件……因此，民族国家的理论，是历史的倒退。"——亚克顿

---

① 亚历西斯·查尔斯·亨利·德·托克维尔（Alexis-Charles-Henri de Tocqueville, 1805—1859），法国思想家、历史学家，代表作有《论美国的民主》、《旧制度与大革命》等。
② 莎夫茨伯里伯爵，即安东尼·阿什利·库珀（Anthony Ashley Cooper, Earl of Shaftesbury, 1621—1683），英国政治家，辉格党创始人之一。
③ 托马斯·博尔克（Thomas Burke, 1886—1945），英国作家，代表作有《莱姆豪斯的夜晚》、《伦敦的间谍》等。

"除了福罗德①之外，我认为（卡莱尔）是最可恶的历史学家。英雄的信条凌驾于法律的信念之上，旗帜压倒了美德，惨剧随之而来……德国人爱他是因为他是他们自己的古典时代的回音。"——亚克顿

"权力导致腐败，绝对的权力导致绝对的腐败。伟人通常都是坏人，即使当他们在发挥影响而不是行使权力时也是如此。"——亚克顿

你会如何看待这种既在倡导自由又在抨击自由的奇怪理论呢？人类应该获得自由，但大部分人应该被剥夺政治权利：国家是必要的恶，要对它抱以怀疑，但唯一能制约国家的事情——政治权力的广泛普及——同样不是好事。显然，如果我们接受关于博尔克的那番话，大部分人甚至不应该拥有经济权利。你必须记住，比起现在，这些言论在当时听起来并没有那么奇怪。上面所引用的莎夫茨伯里勋爵的话，现在读起来像是一段微妙的悖论，但他只是在重复迪斯雷利和数以百计的人的话。马修博士在书里并没有完整地解释亚克顿说的"自由"是什么。从上面我所引用的言论中看，那似乎是老得几乎已经被遗忘的贵族式的自由的概念——它认为，自由和平等是不兼容的；在一个等级分明、"人人各得其所"的社会里，人是最自由的；在一个有很多经历了漫长的演变而不受质疑的权力席位的社会里，专制主义无法得到发展，等等。我能从这本书里得出的结论是：亚克顿的立场——他

---

① 理查德·胡雷尔·福罗德（Richard Hurrell Froude，1803—1836），英国圣公会牧师，牛津运动发起人之一。

是一个社会理论家，而不只是一个历史学家——是一种有道义的封建主义。但是，他对于民族主义的评论——那是在十九世纪中期说的，当时进步和民族自决几乎是同义词——表明他并非一个那么简单的人，等下一个下雨的星期天我找到合适的书目，我会看得更深入一些。

评巴兹尔·亨利·李德尔·哈特的
《战争方式的革命》①

———————————————

　　李德尔·哈特上尉的这本书写于第一颗原子弹投放之前，但正如他在附录里所说的，这种新型武器的出现只是验证了他的先见之明：技术在战争中逐渐压倒人的因素，还有战争作为一种解决争端的方式的荒唐和愚蠢。

　　这本书有两个主题。其一是战争技术的发展，从长矛到火箭导弹；另一个主题是"有限战争"与"全面战争"在不同时代的更迭。

　　这两个主题相互关联，但某一个时代进行什么样的战争并不完全由当时能够使用的武器所决定。

　　在有的时代，比如远古时代，那时候的武器很原始，但战争以极其残酷和彻底的方式进行。而在其他时代，例如十九世纪中期，那时候人类已经掌握了相当可怕的毁灭力量，却很人道地使用它们。决定性的因素是时代的主流思想，而这取决于强烈的部落式忠诚或强烈的意识形态对立是否存在。

　　李德尔·哈特上尉在技术层面上展示了军队的结构和他们的机动能力与出奇制胜的能力如何受到新发明——火药、机关枪、坦克、轰炸机——以及那个时代的社会关系和整体技术层面的

———————————————

① 刊于 1946 年 4 月 4 日《曼彻斯特晚报》。

影响。

他坚持认为即使到了现在，战争已经实现了完全的机械化，防守的一方仍比进攻的一方占有优势。他还令人信服地主张大规模陆军的时代已经结束了，如果我们继续在和平时期推行征兵制，那将会是一个错误。

他认为火箭弹道武器的潜力一直被低估了。另一方面，他本人似乎贬低了飞机的重要性——他几乎没有提到空军，也没有提到伞兵部队——或许一部分原因是他认为轰炸平民在道德上站不住脚。

至于战争的方式，他的主旨是：当交战双方彼此很熟悉，并且是出于有限的物资争夺目的的话，战争会很人道，或尽可能地人道。当人们相信自己是为了捍卫某个神圣的事业而战时，最野蛮的事情就会发生。

战争并不是逐步变得越来越残忍或越来越克制，而是在不同的世纪里徘徊于残忍和克制之间。因此，在野蛮残忍的"三十年战争"①之后就是十八世纪那些相对比较人道的战争。法国革命的战争有"意识形态"的性质，新的精神体现在根据人民大会的决议对英国部队格杀勿论。十九世纪的大部分战争都能按照公认的规矩进行，而到了我们这个时代，战争又蒙上了十字军的色彩，奉行极其残忍的屠戮。

依照国际公认的规矩对战争进行约束的尝试并非总是以失败

---

① 三十年战争（the Thirty Years' War），指 1618 年至 1648 年在欧洲中部发生的几乎所有欧洲国家都牵涉其中的战争，是欧洲史上最惨烈的战争之一。

告终。李德尔·哈特上尉提到瓦特尔①在1758年制订的法则时，引用了意大利史学家费雷罗的一段有趣的话：

> 瓦特尔对激情的作用有着深深的恐惧，他禁止交战双方相信自己在进行正义的事业。如果交战的两个敌国都认为自己是为了捍卫公义在抵抗无法无天的敌人，他们将会互相仇视并进行激烈的战斗，不会作任何妥协。但自1792年后，这些睿智的思想被忽视了……仇恨与猜疑刺激着双方阵营的政治考量。渐渐地，一切都受到影响，包括外交及战略，直到交战双方再也不知道自己为了什么而战斗。他们进行战斗，因为他们彼此仇恨，而他们彼此仇恨是因为他们正在进行战斗……

然而，即使在我们这个时代，过去的有些做法也被废止了。大规模屠杀战俘不再是司空见惯的事情。正如李德尔·哈特上尉所指出的，在上一场战争中，针对平民的施暴并没有频繁出现。那些大的罪恶是交战的政府以及他们派出的宪兵队做出的，而不是那些作战的士兵。

但是，有一个新的骇人听闻的罪行出现了——大规模轰炸平民。李德尔·哈特上尉对此有着强烈的不满，而且他反对我们的轰炸政策，这个想法有时候似乎使他的判断出现偏差。

首先，他认为轰炸德国并没有对德国的军事工业造成足够的

---

① 埃默尔·德·瓦特尔（Emer de Vattel，1714—1767），瑞士哲学家、国际法学家，现代国际法奠基人之一，代表作有《万国法》等。

破坏以影响战争的走势，而且它使我们遭受了反轰炸，对我们的军事工业造成了严重破坏。

他还认为事情是我们挑起的，德国的轰炸只是对我们之前的进攻的正当报复，而且德国人多次尝试通过制订共同协议约束轰炸。这是非常站不住脚的言论。战争的肇因——在宣战几小时前所发生的事情——是轰炸华沙，而在几年前，德国人对马德里和巴塞罗那毫无防备的平民展开了狂轰滥炸。

他们尝试与英国达成约束轰炸的共识是因为他们知道美国的工业凌驾于他们之上，而且到最后德国将被炸成一片废墟，而事实的确如此。

但在轰炸波兰人、西班牙人、荷兰人或塞尔维亚人时，他们极其冷血无情。日本人在中国的所作所为也不遑多让。

李德尔·哈特上尉知道阻止战争是不可能的——甚至从某种观点看是不好的，但他认为有可能对战争加以约束。这本书以希望渺茫的探讨作为结束，并呼吁以后英国的军队应该保持较小的规模，由志愿军组成，并由经过科学训练的人员进行指挥。

评格里戈雷·加芬库的
《俄国战役的序幕》 [①]

在战争开始之前，当俄国的清洗仍在继续，德国和苏联的报纸以几乎无法刊印的字眼互相抨击对方时，一个俄国朋友如是说道："难道你不觉得这或许意味着德国和俄国将会达成协议吗？"这番话让我大吃一惊。当我询问个中原因时，他的回答是："我注意到当斯大林想要有所行动时，他总是会先谴责他的敌人做了那件事情。现在他说托派分子想要和敌人达成共识，我觉得很有可能这就是他本人的想法。"

有趣的是，这个正确的预测——几乎是我自己听到过的唯一对苏德条约的正确预测——是基于一个不靠谱的性格解读而不是基于切实的政治思考。政治观察家们，右派、左派或中立派，都没能预测到 1939 年的条约——当然，后来伦敦有一半的政治记者声称他们"早就知道了"，但奇怪的是，他们却没有将这件事写下来——因为他们被卷入了意识形态的斗争，接受了共产主义和法西斯主义水火不容的政治宣传。缔约的消息一经宣布，双方从缔约所获得的短期的好处是如此明显，让你在心里纳闷为什么之前你会有别的想法。另一方面，希特勒最终撕毁条约的原因仍有待

---

① 刊于 1946 年 4 月 5 日《论坛报》。格里戈雷·加芬库（Grigore Gafencu，1892—1957），罗马尼亚政治家、外交家，曾担任罗马尼亚外交部长。

考证，这本书的作者掌握了那段关键时期的事件的第一手资料，是一本让人很着迷的有趣作品。

格里戈雷·加芬库先生曾是罗马尼亚的外交部长，在 1940 年 8 月后是驻莫斯科的大使——那时正值俄国人占领了比萨拉比亚——直到苏德战争爆发。在 1940 年底，他碰巧拿到一份报告，是 1811 年奥地利驻圣彼得堡大使圣朱利安发给梅特涅①的，里面所描述的情形与 1940 年的情形出奇地相似。加芬库先生将报告发给了自己的政府，预测德国很快就会进攻俄国。他这本书的大部分内容在寻找那两个时代的共同之处，表明虽然希特勒和拿破仑的俄国战役在某种意义上是愚蠢的赌博，但他们是迫于地缘因素而这么做的。

和拿破仑一样，希特勒如果不能征服英国，他就不能安稳地统治欧洲，而要征服英国，他需要俄国的经济协助以抵消海上禁运的影响。1939 年的协议确保了这一点，同时似乎也为双方带来了巨大的军事和政治上的好处。苏联巩固了 1914 年的边境，而且不用担心遭到进攻。德国巩固了欧洲其它地区，而且在解决英国之前俄国会保持中立。但不幸的是，双方都不信任对方，而理由都很充分。要征服英国，即使能将美国摈除在外，也是一件棘手的事情，会让德国元气大伤。而且希特勒很清楚就在他背后，红军正在日益壮大。另一方面，德国征服了巴尔干各国，这并不是和约的内容，对俄国的安全构成了严重威胁。德国入侵罗马尼亚

---

① 克莱门斯·温泽尔·冯·梅特涅（Klemens Wenzel von Metternich, 1773—1859），奥地利政治家，曾担任奥地利帝国首相及外交大臣等职务，工于政治投机，拿破仑得势时促成奥地利与法国联姻，拿破仑远征俄国失败后积极组建反法同盟，并担任维也纳会议的主席，力图使欧洲回到法国大革命前的封建制度，维护奥地利帝国在欧洲的地位。

后，德国与苏联的关系开始恶化，虽然俄国人到了最后一刻仍在竭力回避战斗，就像他们在 1811 年所采取的行动一样，让英国吃了闭门羹以表忠诚。

最关键的决定因素是食物。"为了征服英国，"加芬库先生说道，"希特勒必须征服欧洲，而要保持欧洲的主宰地位，他必须让欧洲吃上饱饭，而要让欧洲吃上饱饭，他必须成为俄国的主人。"确实，征服俄国或许不能立刻给他带来多少好处。就像科兰古侯爵①恳求拿破仑不要发动俄国战役一样，希特勒的参谋们劝告他，从一个友好的中立国那里得到的好处要大于一个被战争摧毁的国家。事实上，俄国人很及时地提供粮食、石油和原材料。1940 年11 月莫洛托夫②访问柏林之后，两国的经济关系比以往更加紧密。但问题是，俄国的物品输送是自愿的，而且他们换得了工业品，而这些会壮大红军的实力。在某个危急时刻，斯大林可能会露出狰狞的面孔并切断供应。又或者，在经历了漫长的战争后大家都精疲力竭，他或许将利用俄国的经济实力获得欧洲的政治控制权。在希特勒看来，将乌克兰的小麦和高加索的石油掌握在自己手中更加安全，即使这些地区会暂时失去生产力。因此，互不侵犯条约的签署双方被逼着卷入了他们真心希望避免的斗争中。希特勒收买俄国人，使得他们变得更加强大并激起了他们征服的野心。斯大林纵容德国进犯英国，使得德国人迟早需要征服乌克兰。如果你把几个名字改一下，然后换几个日期，这活脱脱就是

---

① 科兰古侯爵阿曼德-奥古斯丁-路易斯（Armand-Augustin-Louis, Marquis de Caulaincourt，1773—1827），法国军人，曾担任拿破仑一世的副官。
② 维亚切斯拉夫·米盖尔洛维奇·莫洛托夫（Vyacheslav Mikhailovich Molotov，1890—1986），苏联政治家，十月革命领导人物之一，斯大林政权的二号人物，曾担任人民委员会主席、外交部长。

拿破仑的故事一步步在重演。就连侵略的日子——6月22日——也是一样的。

和拿破仑一样，希特勒覆灭的一部分原因是自己声名狼藉。如果苏联、英国和美国都卷入战争，如果他们达成联盟，即使德国得到了日本人的帮助也无法获胜。深思熟虑的德国人一定已经意识到了这一点。因此，问题就变成了迅速征服英国还是迅速征服俄国。然而，无论是哪一个方案，都意味着达成妥协，而这与神圣征服者的虚荣心是相悖的。要将全部力量倾注在进攻英国上面，希特勒就必须保证俄国的友好，而代价就是将东欧拱手相让。另一方面，要解决俄国，他就必须与英美两国达成和平，而要做到这一点就必须同意解放法国、挪威等国，退出与日本的同盟和放弃对非洲的一切要求。换句话说，要想生存，希特勒必须进行妥协，而如果他作出妥协，他就变成了一个无法鼓舞人心的平庸政客。

加芬库先生的故事最突出的特征是直斥政治在道德上的肮脏。诚然，在任何国家的外交政策中，至少是任何大国的外交政策中，诚实、慷慨、感恩乃至道义，如果放宽视野，根本没有存在的意义，有的只是攫取更多的权力和领土的欲望，所有人都认为这是天经地义的本能，就像"食色性也"一样。加芬库先生这本书的大部分内容写于1941年冬天和1942年夏末之间。那时他就已经预见到德国人将不会获得这场战争的胜利，而且俄国人对欧洲也有同样强烈的意图。后来，在1943年补充的附录中，他的心中充满了更多的希望——斯大林在1942年11月宣称联合国的目标是"国家之间的平等，各国的领土不容侵犯，解放被奴役的国家，重建他们的主权，尊重他们建立符合自己意愿的政府"和其他现在读来很讽刺的事情。作为一个小国的国民，加芬库先生知道将小国视为鱼肉的"现实主义"政策将不可避免地导致战争。将欧洲划分出"势力范围"是不可行的，因为只有大西洋才是真正的边境。要么各国必须真心进行合作，这意味着体面地对待小国；要么整个欧洲必须由某一个国家主宰。第一个解决方案或许不会有人去尝试，而第二个解决方案必须加以抵制，另一场规模更大的屠杀似乎是最有可能发生的结果。

评古斯沃兹·罗尔斯·狄金森的《来自中国人的信件和散文》、沃尔特·詹姆斯·特纳的《英国人的国度》①

　　《来自中国人的信件和散文》是如今罗尔斯·狄金森最知名的作品，但和他另外几篇讲述中国的文章相比并不能同日而语，这几篇文章前不久在《千弦琴》中重刊。在《来自中国人的信件和散文》这本选集里，将作为书名的故事与十几年后狄金森先生对中国作出的更加中庸的判断进行比较是一件有趣的事情，那时候他真的探访了中国。《来自中国人的信件和散文》出版于 1901 年，背后的驱动力是对镇压义和拳运动的野蛮行径的愤慨。《千弦琴》出版于 1913 年，里面还刊载了两篇关于印度和日本的文章。

　　虽然他严重地低估了亚洲民族主义的力量，但狄金森后期的观察非常精确。在《来自中国人的信件和散文》中，他所提到的中国文化似乎是一个静止而完美至极的事物，它的最大优点是拒绝机器和重商主义。而到了 1913 年，他了解到东方国度的古老文化正在迅速瓦解，只有接受工业主义才能让这些国家免遭外国征服。奇怪的是，在这三篇文章中，最富于真知灼见的文章是那篇

---

① 刊于 1946 年 4 月 7 日《观察者报》。古斯沃兹·罗尔斯·狄金森（Goldsworthy Lowes Dickinson，1862—1932），英国政治学家、哲学家，代表作有《宗教与不朽》、《欧洲的君主制》等。沃尔特·詹姆斯·特纳（Walter James Redfern Turner，1889—1946），英国作家，代表作有《音乐与生命》、《黑火》等。

关于印度的文章，但狄金森并不喜欢印度，并声称自己不了解它。他对审美标准的骤然降低作了特别精彩的评论，这种情况总是发生在欧洲工业品被引入之后，表明几乎所有东方人在独自生活时所展现的天然完美的品位似乎只不过是僵化的墨守成规的结果。他对推行西方教育的结果，尤其是它在印度推行的结果的阐述也非常深入，而那时候知识分子的失业问题还没有那么严重。

从这些内容转到《来自中国人的信件和散文》令人感到很奇怪，后者总是在一味坚持中国文化的优越性。

这些人没有卑鄙残忍的尔虞我诈。没有人是主子，也没有人是奴才，只有真正的、切实的平等在引导着和维持着他们的交往。他们健康地劳作，充分地休息，坦诚而好客，这些都是气质使然，不受虚无的野心的影响。世界上最美好的自然风光孕育出了他们的美感，既体现于精美的艺术形式，也体现于优雅高贵的言行举止——这些就是我所生活其间的人们的特征……当我回想多年来我观察欧洲平民后得到的印象时，我看到了什么样的人呢？我看到一个脱离了自然的人，却没有被艺术教化。他们接受的是指导，而不是教育；善于吸收，却不善于思考……在宗教上他墨守成规，更重要的是，他的道德和信条一样也是墨守成规：慈善、贞洁、自制、鄙视世俗利益——这些就是他从小被灌输接受的思想。这些都只是空话，因为他从未见过别人践行这些准则，而他自己也从来没有想过要去践行。它们对他有很大的影响，让他成为一个伪君子，却不足以让他知道自己就是一个伪君子。

整篇文章在心理学意义上很有趣，或许可以和卡莱尔、拉弗卡迪奥·赫恩①和其他对想象中的外国有情感寄托的英美作家的作品进行比较。但是，与其他人不同的是，狄金森摆脱了他的忠诚，并意识到所有想要证明这个国家"好"、那个国家"不好"的概括都是不真实的。在这本书的其他文章中，最好的一篇是关于人的不朽的探讨。狄金森谦和而富有说服力地为灵魂不朽的思想进行辩护，而且认为大体上来生是值得期盼的。令人吃惊的是，他在结尾处还说招魂术值得进行严肃的思考。

《英国人的国度》是一本合辑，作者是埃德蒙德·布兰登、约翰·贝耶曼②和其他人，书中的描写让人觉得很惬意，但或许太过于强调田园风光、如诗如画的英国大城镇外的生活。它最好的内容是那些彩图，里面有很多画作，特别是那两幅特纳的水彩画的复制品（其中一幅是艳俗的暮光下的牛津风光），还有一幅是康斯特布尔③的水彩画，以及两幅版画，一幅是 1846 年的利物浦，另一幅是 1817 年的道利什。

---

① 帕特里克·拉弗卡迪奥·赫恩（Patrick Lafcadio Hearn，1850—1904），日语名为小泉八云，旅日美国作家，代表作有：《怪谈录》、《日本与日本人》等。
② 约翰·贝耶曼（John Betjeman，1906—1984），英国诗人、作家，代表作有《高与低》、《旧钟楼里的新蝙蝠》等。
③ 约翰·康斯特布尔（John Constable，1776—1837），英国画家。

评理查德·哈里斯·巴哈姆的
《英戈尔兹比故事集》①

 当《英戈尔兹比的传说》于 1837 年首次出版时，副标题是
《欢笑与惊奇》，这个标题恰如其分地强调了它已经被遗忘的一
面。这些传说不再像过去那样为人所熟知了，但它们在记忆中只
被当成滑稽的诗歌。事实上，它们并不只是滑稽的诗歌。

 它们属于浪漫复兴时期的作品，那是赋予苏格兰小说和哥特
式议会大厦以灵感的时期，而且它们的魅力绝大部分来自于作者
对中世纪的热爱和他对魔法与巫术的深入了解。

 它们几乎都是滑稽的诗歌，但至少有一半的主题很恐怖。其
中一篇散文题材的故事《已故的亨利·哈里斯生平的孤篇》非常
吓人，像是出自埃德加·爱伦·坡的手笔。

 或许唯一仍被世人牢记并广为传颂的传说是《兰斯的寒鸦》，
描写了一位红衣主教的戒指不见了，他的诅咒降临在一只寒鸦身
上。其他同样好甚至更好的故事有《圣顿斯坦的叙事诗》、《捎客
的狗》、《内尔·库克》和或许是最好的一则传说《什鲁斯伯里的
布罗迪·雅克》，在英国背景下重新讲述了蓝胡子②的故事。

---

① 刊于 1946 年 4 月 11 日《曼彻斯特晚报》。理查德·哈里斯·巴哈姆
 (Richard Harris Barham, 1788—1845)，英国国教牧师、幽默作家，代表作
 是志怪杂文《英格尔兹比故事集》。
② 蓝胡子(Bluebeard)是法国民间传说中一位凶残的、长着蓝胡子的贵族，残
 忍地杀害了自己的几任妻子。

巴哈姆因其韵文诗的精巧而得到称颂，在这一点上他比威廉·吉尔伯特①更加出色——事实上，比任何其他英国作家都更加出色。

他能将几乎任何市井俚语写成一句诗，为几乎任何词语找到合适的韵脚。勃朗宁用"haunches stir"与"Manchester"押韵，或用"alas mine"与"jasmine"押韵，你会觉得这不合情理而且很别扭，但巴哈姆用"isinglass"与"pies in glass"押韵，或"blockhead if"与"vocative"押韵，或"leveret"与"never ate"押韵，这些组合读起来非常贴合语境且朗朗上口。

有时候，他的作品有优雅的韵律，这不是光凭才华能够做到的，就像：

> 你背后的双臀肌受了伤，
>
> 布劳迪·杰克，
>
> 你的美第奇②曾经受过伤，
>
> 你的爱神多处受过伤，
>
> 我想大概有二十处，
>
> 如果没有更多，
>
> 她的手指和脚趾都掉在地上。

或者是：

---

① 威廉·吉尔伯特（William Gilbert，1804—1890），英国作家、皇家海军外科医生，作品涉及小说、诗歌、历史、传记、幻想故事等，代表作有《玛格丽特·梅铎丝，法利赛人的传说》、《圣诞节的传说》、《魔镜》等。

② 指皮耶罗·迪·科西莫·德·美第奇（Piero di Cosimo de' Medici，1416—1469），常被称作痛风者，掌控佛罗伦萨，热心艺术，曾赞助许多艺术家。

简小姐个头高挑又苗条,

　　简小姐美丽又动人,

　　她的主人托马斯爵士长得胖乎乎,

　　总是气喘吁吁,双目又无神

　　他戴着一顶宽边帽,

　　和一双绿色的玳瑁镜,

　　她却非常喜欢他,

　　两人相亲又相爱!

　　但巴哈姆最大的力量是他让人想起了虚伪但充满魅力的中世纪,那里生活着圣人、魔鬼和巫女。当你读到像这句开场白时:

　　在达戈贝尔特国王的鼎盛时期,

　　圣人辈出,宵小绝迹。

或者:

　　圣顿斯坦站在他那座长满青藤的高塔,

　　蒸馏器、坩埚、器物一应俱全。

　　你知道你会读到一个生动而且诙谐的好故事。有时候巴哈姆会写出一段模仿中世纪风格的诗,就像这几行家喻户晓的诗句:

　　弗兰克林的狗蹦蹦又跳跳,

　　它的名字叫小宾果,

宾是宾果的宾，

果是宾果的果，

他们都管它叫小宾果！

　　和几乎所有维多利亚时代的幽默作家一样，巴哈姆是一个多
愁善感的人，而且钟爱恐怖故事。而且他有一点描写下流题材的
倾向——这就与他同时代的人不大一样。许多人指出我们这个时
代没有诞生多少有价值的幽默诗，而十九世纪的前七十五年诞生
了巴哈姆本人、胡德、卡尔弗利、爱德华·利尔、刘易斯·卡罗
尔，你或许可以加上萨克雷，他写过一两首优秀的幽默诗。事实
上，如果你列出幽默诗的清单的话，或许应该加上拜伦的《审判
日之景象》。

　　似乎可以肯定，当代滑稽诗歌的问题在于它故作斯文、过分
节制和刻意迎合低级趣味——显然，为了营造幽默的效果，你必
须避免严肃的话题。

　　最好的维多利亚时代的作家不是这样。他们不害怕写出病态
或多愁善感的作品，也不害怕强迫他们的读者去思考，最好的作
品就像卡尔弗利的《烟草颂》或克拉夫的《有钱是多么开心的事
情》，他们的诗句既有诗意又很有趣。

　　巴哈姆是一个博学的古物学家，他认为读者也应该具有丰富
的学养，因此毫不犹豫地引用生僻的历史典故并在诗句中插入拉
丁文。如果他刻意去迁就读者，保持轻松的文风的话，或许内容
就不那么有趣了。

　　大概有六七篇传说是以散文为体裁。除了《已故的亨利·哈
里斯》之外，最好的作品是《塔平顿的幽灵》，它与萨克雷的轻松

作品有着同样的气氛，还有《福克斯顿的水蛭》，在里面巴哈姆运用了他对交感巫术的深厚知识。他的许多作品以肯特郡的乡村作为背景，他在那里出生并度过了青春岁月，而在《内尔·库克》里，他记录了一则依然流传的地方传说。

他的一部分作品由克鲁克襄和利奇①配图，1889 年由弗雷德里克·沃恩出版社发行的有二十幅插图的版本有时候可以在一间二手书店买到。

---

① 约翰·利奇(John Leech，1817—1864)，英国漫画家，曾为狄更斯的作品、《潘趣》杂志等作品创作插画。

评辛克莱尔·刘易斯的《卡斯·廷伯雷恩》①

　　辛克莱尔·刘易斯先生曾经写出可以被严肃对待的书籍——
有小说，还有社会纪实——如果你记得《巴比特》、《主街》、《埃
尔默·甘特利》和其他作品的话，你会忍不住惊诧于他能够写出
这本如此没有目的和如此失败的书。

　　故事的背景是格兰德共和邦，一个中西部的城镇，大约有十
万人住在那里，时间从 1941 年到 1944 年或 1945 年，不过你几乎
无法从书中所发生的事情察觉出当时战争正在进行。

　　主人公卡斯·廷伯雷恩是一位法官（在英国他或许会被称为钦
命法官），人到中年，刚刚与妻子离婚。他爱上了一个比自己年轻
许多的轻浮女子，和她结了婚。她得了糖尿病，生了一个孩子夭
折了，与他最好的一个朋友私奔了，差点丧命，痊愈后重回丈夫
的身边。这就是故事的主要情节。

　　当然，还有其他故事发生。刘易斯先生知道自己的角色是一
位社会历史学家，这一点贯穿故事的始终，他用回了老桥段，在
故事中添加一些小插曲，与故事没有紧密的关联，目的是让人觉
得他正在阅读一个社区的故事，而不是某一个人的故事。

　　其中一则插曲——对一起自杀的描写——写得很成功，几乎

<hr>

① 刊于 1946 年 4 月 18 日《曼彻斯特晚报》。辛克莱尔·刘易斯（Sinclair
　　Lewis, 1885—1951），美国作家、剧作家，曾获 1930 年诺贝尔文学奖，代表
　　作有《巴比特》、《主街》等。

称得上是书中唯一有价值的地方，但大部分内容只是突出了整体的漫无意义。

很难觉得卡斯·廷伯雷恩是一个有意义的人物。巴比特，那个积极进取、戴着无框眼镜的商人，在本质上是嘲讽的对象。刘易斯先生对他表示同情，但知道他是一个混蛋，并甘冒天下之大不韪去说出这一点。埃尔默·甘特利是复兴教会的牧师，更是让人痛恨的讽刺形象。

另一方面，卡斯·廷伯雷恩的审美标准和社会活动与其它人并没有什么不同，让我们不觉得他是一个可敬的人。问题在于，刘易斯先生和许多反叛者一样，最后反倒赞扬起他原本谴责的事物来了。

美国资产阶级过着空虚低俗的生活，他们肆意奢侈，粗野而势利，而且毫无目标，现在却被当成了有趣甚至值得尊敬的人物。卡斯·廷伯雷恩的"问题"——与一个比他年轻的女子寻找幸福生活的问题——也被当作一件严肃的事情进行描写，似乎无休止地换妻以寻找完美的"灵魂伴侣"是一个悲剧性的主题，而不是嘲讽的对象。但是，这本书作为社会史还是有价值的，不经意地描绘了战争时期美国上流社会的图画。

在刘易斯先生的早期作品《自由的空气》、《我们的伦恩先生》中，很容易看到他与美国社会的冲突并非不可调和。他攻讦美国同胞，因为他们粗鲁、傻帽、低俗。他隐含的比较标准是几乎每个人都斯文、明智、浪漫的欧洲。但欧洲的情况并非如此，而刘易斯先生迟早会发现这一点。在他了解到真相之后，他跳到了另一个极端，觉得那些"普通人"，那些投票给共和党、有十万美元安全投资、极其庸俗市侩的商人才是值得尊崇的对象，这是再自然不过的事情。

《卡斯·廷伯雷恩》和《道兹沃斯》一样，在本质上是从同情的角度对《巴比特》的改写。但由于这类人根本不值得同情，至少不值得尊崇，任何尝试严肃对待他们的作品一定会给人以一无是处的印象。

由于刘易斯先生不再对任何社会趋势有强烈的感受，他的角色从言谈到行动都很相似，很难将他们区分开来。自从《这里没这种事儿》出版已经过去将近十年了，他的作品呈现出每况愈下的趋势，但这是第一次他写出不堪卒读的作品。

评乔治·伯纳诺斯的《自由的呼吁》[①]

    当乔治·伯纳诺斯的《致英国人的信件》在 1941 年初成书时，它的译本没有出版，而法语原本也很难找到。现在这本书中加入了《致美国人的信件》和《致欧洲人的信件》，都是在美国参战前不久写成的。

    《致英国人的信件》最初是对 1940 年法国战败的直接反应，虽然内容离题，现在比起当时也没有那么激动人心。高屋建瓴的雄辩——对每件事情都发表长篇大论的倾向，铿锵有力但含糊不清——似乎是当前法国作家的通病，伯纳诺斯先生也不例外。事实上，你读完他那篇 80 页慷慨激昂的文章后只会了解到作者一方面是天主教徒，另一方面是贝当元帅的反对者。但是，那本身是一个复杂的立场，必须赞扬伯纳诺斯先生的是，他并没有简单地尝试进行政治宣传，而是解释为什么法国会沦陷和出于好意的人是如何共谋导致它的沉沦。

    大体上，《致英国人的信件》是对法国资产阶级的猛烈抨击，这个词取的是它为人所接受的经济含义。资产阶级有商业头脑，知道这场战争没有好处可捞，只会想出绥靖媾和的政策。一有机会，他们就会做出像 1918 年那样的背叛勾当，而 1940 年的时候

---

① 刊于 1946 年 4 月 21 日《观察者报》。乔治·伯纳诺斯(George Bernanos，1888—1948)，法国作家，保皇派和天主教徒，代表作有《在撒旦的太阳之下》、《一位乡村牧师的日记》等。

他们确实就这么做了。即使有奇迹出现——比方说，德国军队爆发疫情——战争的局势突然改变，资产阶级还是会以同样的方式利用胜利和失败——它的目的是恢复秩序，捍卫私有财产和镇压群众：

> 资产阶级鄙视群众，但害怕群众……如今法国资产阶级的问题是，他们拥有金钱和权力，能为社区造福，但他们的出身太过卑贱，无法上升到不计报酬进行服务的高度。他们鼓噪着要捍卫宝贵的"价值"，总是天真地使用"我们的"这个词语。他们说的是我们的法律和秩序，我们的财产、我们的公义……因为我坚持写出自己的想法，那些被资产阶级收买的知识分子将我斥为煽动者。事实上，我是旧法兰西人，或者说，就是法兰西人，因为千年的历史不会被一百五十年可悲的摸索所抹杀。现在不再是享受权利的时候——现在是履行义务的时候。这就是法国人民政权的统治原则，我仍然对它效忠。

在斥责法国的资产阶级时，伯纳诺斯先生并没有声称他们只是卑鄙小人。"我们的精英，"他说道，"曾经有原则，他们怀着原则在爬行，就像一具长满了蛆虫的尸体。"但他们失去了自己的传统，变成了——虽然大体上教会势力与反动势力勾结在一起——非基督徒。另一方面，普通群众仍然是爱国的基督徒，虽然他们自己不知道这一点。"群众不再去做弥撒……但在他们的灵魂深处，不经意间有着对一个从未真正存在过的社会的憧憬，他们的祖先等候着令人难以置信的基督降临，等候了一个世纪又一个世纪——真正团结一致的群体，以兄弟情谊作为纽带。"

伯纳诺斯先生的浪漫爱国主义有许多地方可以商榷。他认为1789 年是法国现在所遭受的一切苦难的根源，而且他相信群众，却又不相信民主。无疑，法国大革命究其本质是中层资产阶级的胜利，但这场革命确实建立了贝当及其追随者处心积虑想要破坏的原则。事实上，这本书所反映的一个事实就是法国的阶级分化要比英国更加严重。几代人以来，这个国家重要的组成群体拒绝接受他们的政权。伯纳诺斯先生想要看到天主教徒、保皇派和无产阶级站在同一阵营，而共和派、商人和法西斯分子站在另一个阵营——这是不可能出现的情况，只是因为他是一个诚实而好斗的人，对过去充满热爱，才会去相信这种事情。他的政治原则，以及他的结论，或许会更接近贝当的思想，而不是曼德尔或布鲁姆的思想，但他对谎言和暴政的仇恨使得他走向相反的方向——就像在 1937 年时他的大部分天主教同仁宣称佛朗哥是"十字军战士"，而他没有这么做一样。

阅读这本书时，你一定不能忘记它是在什么时候写的，以及欧洲和美国数以百万计的天主教徒的态度。它所说的许多内容是那时候应该说出的话，遗憾的是，五年前它没有被翻译成英文。

《辩论》社论[①]

　　《现代季刊》十二月刊的社论中有一段话对《辩论》进行抨击，似乎认为它在"一以贯之地试图混淆道德问题，抹杀是非对错的区别"。或许重要的一点是，只有《辩论》——而不是《真理》、《碑文报》或《十九世纪与之后》——被共产党人控制的《现代季刊》单独点名并大加斥责。但在回应这一点之前，有必要了解一下《现代季刊》所捍卫的道德准则是什么。

　　上面所引用的那番话暗示着有所谓的"对"与"错"两个明确的概念，两者有着清晰的区别和相对稳定的性质。没有这一假设，这番话就失去了意义。在那篇社论的下一段，我们发现有这么一番话："伦理的整个基础需要重新思考。"——当然，这意味着对错的区别并不是明显的、不容挑战的，将其摧毁或重新去定义它或许是一个责任。在同一期刊物的后面有一篇名为《信仰与行动》的文章，我们发现约翰·德斯蒙德·伯纳尔[②]教授其实是在声称几乎任何道德标准在政治的权衡利弊面前都可以被抛弃。毋庸置疑，伯纳尔教授并没有直白地这么说，但如果他所说的话真有什么含义的话，那就是他的意思。下面是他阐述自己的观点的众多段落中的一段，重点在于：

---

① 1946 年 5 月于《辩论》匿名发表。
② 约翰·德斯蒙德·伯纳尔（John Desmond Bernal, 1901—1971），英国科学家，代表作有《科学与人性》、《没有战争的世界》。

人类已经进入组织与计划的社会，新的社会关系要求道德发生深刻改变。不同价值观的相对重要性将会受到影响。旧的价值或许甚至会被视为恶习，而新的价值将会被确立（原文如此）。当然，许多基本的价值——尊重真理和同志情谊——和人性一样古老，不需要改变，**但那些过分强调个体诚实的价值则需要以社会责任为依归重新定义。**

　　简而言之，这段话的重点含义是：公益精神和道义是互相抵触的，而整段话的意思是我们必须不时地修正是非对错的观念，不仅年年月月需要这么做，如有必要的话，时时刻刻需要这么做。无疑，伯纳尔教授和类似他的思考者一直就在这么做，而且相当活跃。过去五六年来，是非对错在以令人目眩的速度彼此调换，甚至有可能在某个时间的错误行为后来回顾时变成是正确的，反之亦然。因此，1939 年的时候，莫斯科的广播在谴责英国对德国的海上封锁是惨无人道的做法，令老幼妇孺受苦。而到了1945 年，同一个电台在斥责那些反对将上千万德国农民逐出家园的人是亲纳粹分子。因此，将德国的老幼妇孺饿死从坏事变成了好事，或许原先饿死人的行径随着时间的流逝也变成了好事。我们或许可以认为伯纳尔教授认同莫斯科在那两个情境下所广播的内容。同样地，1945 年时，德国侵略挪威是对没有防备的中立国家卑鄙无耻的偷袭，而在 1940 年那是针对之前英国的进攻非常合情合理的反击。你可以举出几乎无穷无尽的类似的例子。但是，在伯纳尔教授的眼中，显然任何美德都可能会变成恶行，而任何恶行也都可能变成美德，一切取决于当时的政治需要。当他将"尊重真理"作为例外时，或许他只是出于谨慎。整段话在暗示撒谎或许也是美德。但将这番话刊印出来或许没有好处。

在这篇文章稍后的内容里，我们读到："因为在工业和政治领域里，只有集体行为才是唯一有效的行动，因此，它也是唯一符合道德的行为。"这句话隐含的信条是：一个行动——至少在涉及政治和工业的领域——只有在获得成功的时候才是正确之举。认为这番话的意思就是每一个成功的行为都是正当之举并不公允，但这篇文章的基调无疑表明在伯纳尔教授的心目中，权力与美德是密不可分的。正确的行为并不是遵从你的良知或依照传统的道德观行事。正确的行为是依照历史行进的方向去推动历史。而那个方向是什么呢？当然，是所有正派的人所向往的没有阶级的社会。但是，虽然那是我们前进的方向，我们仍需要作出努力才能到达那里。那么，到底应该作出什么努力呢？当然是与苏联紧密配合——而按照任何共产党人必定会作出的诠释，那意味着顺从苏联。下面是伯纳尔教授的结语的一些内容：

> 战争已经获得了胜利，世界将进入艰苦而光荣的恢复和重建时期……由于艰苦战争的需要而成立的联合国同盟组织已经成为愈发重要的防止未来战争的保证，而未来一旦爆发战争，将比我们所经历过的战争更加惨烈。维持这一联盟，保护它不受敌人和更加隐秘的、挑起相互猜忌的煽动者的破坏，需要一直保持警惕和持续地努力达成更加紧密的相互理解……只有在目标一致的情况下，我们才能怀着希望以同志情谊并肩前进。

伯纳尔教授所指的英国与苏联之间的"同志情谊"和"更加

紧密的相互理解"到底是什么呢？他的意思是，譬如说，大批的英国独立观察家应该获准自由地进入苏联的领土并发送不受内容审查的报告回国吗？或苏联的公民可以受鼓励去阅读英国的报纸，收听英国广播公司的节目，以友好的态度去看待英国的体制吗？显然，他并不是这个意思。因此，他想表达的意思是：俄国在英国的宣传应该加强，而对苏联政权的批评者（被阴郁地称为"更加隐秘的、挑起相互猜忌的煽动者"）应该被勒令噤声。在他的这篇文章里，有好几处地方讲述了相同的内容。因此，如果我们概括出他的主旨，我们会得出如下陈述：

除了"尊重真理和同志情谊"之外，没有什么品质可以被明确地界定为好或坏。

任何推动进步的行为都是美好的。

进步意味着朝科学规划的、没有阶级的社会前进。

达成目标的最快捷的途径是与苏联合作。

与苏联合作意味着不去批评斯大林政权。

更简洁的说法是：任何有利于俄国外交政策的事情都是正确的。伯纳尔教授或许不会承认这就是他的意思，但事实其实就是如此，虽然他花了十五页的篇幅去表达。

伯纳尔教授的文章一个特别值得关注的特点是它的文笔既浮夸又马虎。关注这一点并不是学究式的迂腐，因为极权主义的思维习惯与语言的败坏之间的联系是一个还没有得到充分研究的重要话题。和他那个小圈子的所有作家一样，伯纳尔教授在表达不愉快的内容时习惯于使用拉丁语。有必要再去看一看上面所引用的第一段内容中的黑体文字。说"对政党的忠诚意味着泯灭你自己的良知"太直白了；而"那些过分强调个体诚实的价值则需要以社会责任为依归重新定义"基本上说的是同样的意思，但说出来不需要那么大的勇气。这些冗长而含糊的字词表达了他想表达的含义，同时模糊了那番话肮脏的道德意味。在安斯泰的《反之亦然》里有这么一句话："激进的措施要用拉丁文大肆宣扬。"这清楚地揭示了这种写作风格的本质。但对极权主义态度友好的作家还有另外一个不那么受到关注的特征，那就是玩弄句法并写出凌乱不堪或完全不知所云的句子的倾向。我们看到，那段引文中有一句话必须加上"原文如此"以表明是忠实引用。还有其它更加极端的例子。在 1944 年《党派评论》的冬季刊里，美国批评家埃德蒙德·威尔逊①对这一主题就《出使莫斯科》作了有趣的评论。

　　《出使莫斯科》改编自约瑟夫·爱德华·戴维斯②的一部作品，他曾在肃反时期担任美国驻莫斯科大使。在这本书里，他对审判反革命分子的正义性表示深切的怀疑，而在电影中(他是剧中的角色之一)他的表现似乎是根本不加怀疑。在拍摄这部影片时，美国与苏联是盟友关系，拍这部电影的目的之一是"渲染"俄国的肃反是完全正当的消灭叛徒的行为。第一个版本甚至有托洛茨基与里宾特洛甫进行秘密谈判的"镜头"。后来这些镜头被剪掉了，或许是照顾犹太人的感受，或许是因为它们与里宾特洛甫和斯大林谈判的真实照片太过于相似。戴维斯认可了这部电影，而这与他早前的言论是自相矛盾的。威尔逊引用了戴维斯的部分内

---

① 埃德蒙德·威尔逊(Edmund Wilson, 1895—1972)，美国作家、评论家，代表作有《三重思想家：文学主题十二讲》、《四十年代文学纪实》。
② 约瑟夫·爱德华·戴维斯(Joseph Edward Davies, 1876—1958)，美国外交家，曾任美国驻俄国大使、美国驻比利时大使等职务。

容，目的是它们或许有助于了解戴维斯的思想。引用两段话就够了：

> 欧洲的和平，如果它得以维持的话，将遭遇成为独裁者治下的和平的巨大危险，所有的小国都会迅速躲到德国的强大力量的保护下，而情况将会是：即使各方势力能达至平衡，正如两年前我向你们预言的，各国将会"唯希特勒马首是瞻"。

下面是戴维斯先生关于《叶甫盖尼·奥涅金》的主题的评论：

> 歌剧与芭蕾舞剧都是改编自普希金的作品，由伟大的柴可夫斯基创作音乐。《叶甫盖尼·奥涅金》这出歌剧讲述了两个年轻人的友谊因为一场误会和恋爱的争执而破裂的浪漫故事。结局是一场决斗，诗人被杀了。离奇的是，普希金书写了自己的结局。

这段文字让人觉得很困惑，要花上几分钟的时间才能理出它的好几处错误。

下面是伯纳尔教授的话：

> 我们的英国民主长久以来能够在没有强制或流血事件的情况下实现社会稳定，但它没有效率，反应过于迟钝，过分维护自古以来的特权。

这句话里遗漏了什么字眼或语句吗？我们不知道，或许伯纳尔教授也不知道，但总之这句话根本没有意义。奇怪的是，在社论中出现了相似的英语：

> 如果说科学能够让我们学习到什么，科学还必须意识到：如今它遭到了那些担心人类会掌握超出其道德控制之外的力量的人的猛烈抨击。正是这类口若悬河而且自命不凡的思想需要进行无情的批判。

总共八十六个字里出现了一个不当结论、一个无谓重复的语句和两处语法错误。整篇社论的文笔大致就是这个水平。当然，这并不是说造成文风拖沓或词不达意的文笔的原因都是相同的。有时候要怪罪的是"弗洛伊德式的口误"①；有时候是思想水平不足；有时候是出于真实想法对于正统思想是威胁的本能直觉。但接纳极权主义的教条和低劣的英语文笔之间似乎有着直接联系，我们认为有必要指出这一点。

回到《现代季刊》对《辩论》的抨击，我们已经表明了伯纳尔教授传授的信条是只有符合政治需要的事情才是正确的，而那篇社论似乎认可他的看法。那为什么他们同时又指责《辩论》"混淆道德问题"，似乎"对"与"错"是每个体面的人已经知道如何区分的固定的实体呢？原因只会是，他们对思想较为温和的读者的反应有所顾忌，认为他们的真实意图不应该太直白地表露出来。而且，他们声称自己愿意倾听一切观点或尽可能多的观点：

---

① 即在无意识中暴露一个人真实动机的口误。

（主编认为）我们需要广泛思考不同意见。思想的自由和大胆的陈述不仅是被允许的，而且被认为是好事。人们不应该因为觉得自己的观点不合正统观念，无论是左派还是右派的正统观念，而不去表明自己的观点。另一方面，如果最神圣的典籍遭到了不智和愚昧的挑衅，断然而有效的回应总是能够加以弥补。

对这番话进行几个考验会是很有意思的事情。譬如说，《现代季刊》会刊登逮捕和处决波兰社会主义领导人厄里奇①和埃尔特②的完整历史吗？它会再度刊印自1940年以来共产党的"阻止战争"的宣传册吗？它会出版安特·西里加③或维克多·谢尔盖④的文章吗？它不会的。因此，上面的引文都是假话，目的是让不够老练的读者以为他们胸襟广阔。

《现代季刊》仇视《辩论》的原因并不难猜测。《辩论》受到抨击是因为它倡导的某些道德和思想的价值观如果流传下去的话，在极权主义者的眼中将会构成威胁。这些价值统称为自由主义价值——取"自由主义"这个词的"热爱解放"这个古老的含义。它的根本主旨是捍卫思想和言论的自由，在过去的四百年里，它几经艰苦赢得了胜利。自然而然地，伯纳尔教授和像他一

---

① 亨里克·厄里奇(Henryk Ehrlich, 1882—1942)，波兰政治活动家，二战期间华沙市政委员会成员。
② 维克多·埃尔特(Victor Alter, 1890—1943)，波兰政治活动家，曾担任第二共产国际执行委员会成员。
③ 安特·西里加(Ante Ciliga, 1898—1992)，克罗地亚政治家，南斯拉夫共产党创始人之一。
④ 维克多·谢尔盖(Victor Serge, 1890—1947)，俄国革命家，因反对斯大林主义而被驱逐出党。

样的人会认为这是比建立某个对立的极权主义体制更过分的冒犯。伯纳尔教授说：

> 自由的、个人主义得几乎像原子一般的哲学始于文艺复兴时期，在法国大革命时期完全成熟。它是"人权"、"自由、平等和博爱"、私有产权、自由企业和自由贸易的哲学。我们知道它已经如此堕落，如此与时代的需求模式脱节，只剩下花言巧语，诚实而愚笨的人更倾向于兽性的法西斯主义，而不是它那不切实际而且一无是处的宗旨。

我们不得不努力适应这种司空见惯、云里雾里的语言和思想的混乱，但如果最后一句话真有意思的话，它的意思是伯纳尔教授认为比起自由主义，法西斯主义要更好一些。或许《现代季刊》的编辑在这一点上和他意见一致。至于针对我们"抹杀是非对错的区别"的那番控诉，它被提出的原因是为我们撰稿的一位作者反对英国报刊报道绞刑架上晃晃悠悠的尸体时令人作呕的沾沾自喜。我们认为我们已经清楚地表明，在《现代季刊》的眼中，我们真正的罪行其实是捍卫是非对错和思想道义的观念，它是过去几个世纪以来一切真正的进步的根源，而没有了它，文明生活或许将无法延续下去。

赫伯特·乔治·威尔斯的真实模式[①]

当一个伟人逝世后，他的一生可以被盖棺论定，你能够判断他的哪些成就最为重要、最有可能流传下去，而当他还在生的时候，你总是无法做到。

赫伯特·乔治·威尔斯的精力和思想上的好奇一直保持到人生的最后一刻，许多年来，他一直倾向于认为自己是一位宣传人员和哲学家，而不只是一位艺术家。结果，他的晚期创作活动在某种程度上掩盖了他的早期作品的文学才华。

威尔斯的原创性和他的作品那种独特风格在部分程度上可以归因于他特别的成长经历。1866 年他生于肯特郡的布隆利，父母虽然贫穷，但严格来说不属于工薪阶层。他的母亲当过女管家，而他的父亲是一个园丁和职业板球运动员，后来成了一间小店铺的业主。

这间店铺构成了威尔斯最早的回忆的背景。他自己在 13 岁的时候到一间布料店当学徒，有过悲惨而荒唐的经历，后来他在《吉普斯》中作了描写。但是，他是一个才华横溢而且志向远大的男生，不会久屈在一份他痛恨的工作里。

他很有才华，通过了一系列考试，并获得了多份奖学金，很快他就摆脱原来的处境，来到一个决然不同的新环境里。他在南

---

① 刊于 1946 年 8 月 14 日《曼彻斯特晚报》。

肯辛顿的皇家科学学院深造了几年，接着有过短暂的执教经历，然后，年纪轻轻的他就开始靠为杂志撰稿为生。

威尔斯有两大创作来源，一方面是他对友好的滑稽的死要面子的破落家庭的童年回忆，另一方面则是他在南肯辛顿所获得的科学世界观。

他的科学浪漫主义最灿烂的时期是他的早年。《时间机器》是他出版的第二部作品，而《莫洛博士的岛屿》，后人或许会认为是他的杰作之一，是他的第三部作品。《透明人》、《登月第一人》、《世界大战》都是他四十岁之前的作品。还有长长一系列精彩的短篇故事《水晶蛋》、《普拉特纳的故事》、《在深渊中》、《做钻石的人》等等，也都是在这个时间前后创作的。

他曾偏离科学主题——短暂地滑向魔法主题——他写了两篇不是很成功的幻想作品：《海之女》和《奇妙的探访》。

有一种说法是，一位作家的创作力高峰大概可以维持十五年，威尔斯就是这种情况的一个好例子。几乎他的所有最好的作品都是在 1895 年到 1910 年之间写出来的。在那段时间，他没有脱离自己的出身，写出了反映中产下层阶级生活的精彩喜剧作品，如《吉普斯》和《波利先生的生平》，还有《命运之轮》，但后者没有前二者那么成功。所有这些作品的主要背景都是一样的：威尔斯深深热爱的肯特郡的风景，还有那间布料店，虽然他并不喜爱，但再熟悉不过了。在《爱情与鲁雅轩》中，他的两大主题——中产下层阶级的生活和科学的好奇心——成功地结合在了一起。

这本书既诙谐又感人，围绕着带给威尔斯快乐并塑造了他的科学院而展开。与《爱情与鲁雅轩》可以归为一类的还有几个短篇故事，譬如说，《显微镜下失足记》和《温彻尔茜小姐的心》，是英语文学中相同篇幅的作品中最好的故事，但它们从未得到应有的赞誉。

从 1905 年前后起，威尔斯开始写出更加严肃的小说。作为一位小说作家，他的创作巅峰之作是出版于 1911 年的《托诺—班盖》。尽管充斥着明显的缺陷，《托诺—班盖》或许是威尔斯所写过的最严肃和诚恳的作品。它讲述了一个很努力的小骗子靠一样毫无价值的专利药品发了大财但最终步入毁灭的故事。

但它的内容并不止这些。威尔斯再一次以他童年时的回忆作为素材，比以往更加成功，他对二十世纪早期的漫无规划贪婪成性的社会的深切厌恶提供了某种驱动力，几乎每一页都能让人察觉。

但是，虽然他写出了许多本小说，虽然他在描写对话和营造氛围方面很有技巧，但威尔斯的“直白”小说并非他的最佳作品。他对自己的角色没有充分的耐心或同理心，而且有几类很重要的人物他实在是无法理解。

《托诺—班盖》之后那一系列更加野心勃勃的小说——《婚姻》、《新马基雅弗利》、《伟大的研究》、《艾萨克·汉南爵士的妻子》等作品可以肯定会被归为失败之作。

而在上一场战争期间和之后创作的多部小说，譬如《琼与彼得》、《看透一切的布里斯特林先生》和《心之秘处》也是。在这几部小说里，威尔斯十分努力地尝试去表达他对当代社会的想法，但大体上它们都不令人信服，而且毫无章法。当他不得不去描写思想和背景与他决然迥异的人物时，他失去了自信的笔触。

在全世界范围内，至少除了英语国度，威尔斯或许被认为是乌托邦世界的创造者。他受过科学训练，他不屈从于社会，自然而然地，他不仅会尝试去构建幻想的世界，而且会详实地预测未来。

《预言》和《现代乌托邦》是他朝这个创作方向所作出的努力。就机器进步而言，威尔斯的预言总是被证明非常准确。

举个例子，在《解放全世界》（1914），他以惊人的准确性预测到了原子弹。但在预测人类社会的演变方向这个问题上，他就没有那么成功了。在他的大部分乌托邦作品里，他的错误在于过于理性。他设想决定演变的主要因素将会是理性的冲动，而且他对当时的政治结构和将其改变的具体方式并不感兴趣。事实上，他对政治细节从未有过耐心，他加入过费边社，但在大吵一架之后很快就退出了。在他的几部乌托邦作品里——譬如说《在彗星上的日子》——他祈求奇迹或一场激变发生，促使新社会的形成。

在其他作品里，如《梦境》、《天神一般的人》，背景设置在遥远的未来或虚无缥缈的世界，没有解释它是如何形成的。

但有一部乌托邦作品与其他作品有着明显的区别，它就是《沉睡者醒来》。在这本书里，威尔斯放弃了所有的乐观精神，预测了一个赤裸裸地以奴役劳动为基础的高度组织化的极权主义社会。在某些方面，它与当代世界正在发生的事情或似乎将会发生的事情极为相似，想象的详实程度准确得惊人。不知为何，威尔斯本人对《沉睡者醒来》的评价并不高，它启发了奥尔德斯·赫胥黎的《美丽新世界》和其他悲观的乌托邦作品，但这一点并没有被广泛认可。威尔斯属于思想自由战胜了维多利亚时代的蒙昧主义的那一代人，他在性格上属于乐观主义者。直到1914年，他或许相信——尽管疑虑重重——人类一定拥有理性的秩序的未来。1914 年至 1918 年的那场战争动摇了他的信心，从那时起，他变得越来越一心想要宣扬世界统一治理的需要。

这一主题经常出现在他早期的作品里，但《历史概要》是他的第一部以"要么团结，要么毁灭"为主题的长篇布道，第一版出版于 1920 年。尽管《历史概要》行文仓促而且有多处地方并不准确，而且带有偏见，但它仍然是一本了不起的书，是少有的撰写人类通史的尝试之一。它与被遗忘的温伍德·里德的《英烈传》属于同一类作品。威尔斯对这本书大为赞赏。

直到逝世之前，威尔斯一直是一位多产的作家，但后期的作品与前期的作品根本不可同日而语。在 1920 年之后他所写的每一本书几乎都是同一主题的变体——世界统一治理和人类思维习惯发生剧变的需要——虽然他继续在写小说，但旧时的魔力已不复存在。

我们这个时代没有哪一个作家，至少没有哪一个英语作家，能像威尔斯这般深刻地影响同时代的人。他是文坛大腕，他在塑造世界图景上作出了如此突出的贡献，无论我们是否认同他的理念，我们总是会忘记他纯粹的文学成就。在他自己的眼中，文学成就是次要的，甚至无足轻重的。他的思想和性格有缺陷，但很少有作家能像他那样没有文学的虚荣心。

政治与文学：《格列佛游记》评析^①

　　《格列佛游记》至少从三个不同的角度对人性提出抨击或批判，而在这个过程中，格列佛本人内在的性格也必然经历了改变。在第一部里，他是个典型的十八世纪的航海家——勇敢、务实、没有浪漫气质，在开篇关于生平细节的那富于技巧的描写中，他朴实的世界观深深感染了读者，里面写到了他的生平和他的年龄（旅程开始时他年届不惑，有两个孩子），写到了他口袋里的东西，特别是他那副眼镜被描写了好几次。在第二部里，他的性格基本上没有改变，但有时候根据故事情节的需要，他会变成一个白痴，一边吹嘘着"我们高贵的祖国，艺术与武力的国度，让法国人吃尽苦头"等等，一边暴露了他所热爱的国家每一件丢人现眼的事情。到了第三部，他和第一部里的形象基本上是一致的，不过，因为他交往的对象大部分是朝臣和学者，你会感觉他的社会地位提高了。在第四部里他了解到在前面三部里没有提到或只是隐约提到的人类的恐怖，变成一个没有宗教情怀的隐士，只想在某个人烟绝迹的地方生活，在那里他可以全心思考"慧骃"的美德。然而，这些性格上的改变是斯威夫特不得已而为之的，因为格列佛这个角色的主要作用是对比衬托。比方说，在第一部里他似乎是一个理性的人，而在第二部里时不时的像个傻

---

　　① 1946 年 9 月刊于《辩论》。

瓜，因为在两部书里，主要的手法都是一样的，就是将人类想象成身高仅有 6 寸的生物，以此达到滑稽的效果。当格列佛不在扮演小丑的角色时，他的性格还是前后一致的，特别体现于他的机智灵活和他对细节的敏锐观察。当他将布列弗斯库国的战舰拖走，当他割开那只庞大的老鼠的肚皮，当他用耶胡的皮做成一艘不坚固的小船扬帆出海时，他一直是同一个人，文章的风格并没有改变。此外，很难不觉得在格列佛比较狡猾精明的时候，他就是斯威夫特本人——至少有一回，斯威夫特似乎借机发泄他对同时代的社会的私愤。我们都记得，当小人国的王宫起火时，格列佛撒了一泡尿将火势浇灭。他不仅没有因为临急生智而受到嘉奖，反而发现自己因为在王宫里面撒尿而犯下了死罪，而且：

> 有人偷偷告诉我皇后对我的所作所为大为不满，搬到了宫里最边远的角落，决心就算那些宫殿修好了也不回去住。她还忍不住在她最亲信的人面前发誓要报复。

根据乔治·麦考利·特里维廉①教授的看法（《安妮女王治下的英国》），斯威夫特未能平步青云的一部分原因是女王在《木桶奇闻》中遭到诋毁——而斯威夫特或许觉得他写了这本宣传册是在为英国王室歌功颂德，因为它斥责了非国教信徒，更对天主教徒提出责难，而没有触及英国国教。但不管怎样，没有人能够否认《格列佛游记》是一本充满怨恨和悲观的书，特别是在第一部

---

① 乔治·麦考利·特里维廉（George Macaulay Trevelyan，1876—1962），英国历史学家，代表作有《斯图亚特王朝治下的英国》、《一位历史学家的消遣》等。

和第三部里，它总是流于狭隘的政治党争。促狭小气与宽宏大量、共和主义和专制主义、热爱理性和麻木不仁全都混杂在一起。斯威夫特所特有的对于人的肉身的痛恨在第四部中才出现，但这一新的主题并不让人觉得惊讶。你会觉得所有这些冒险，所有这些心境的变迁，都可能发生在一个人身上，而斯威夫特的政治上的忠诚和他的最终绝望之间的内在联系是这本书最有趣的特征之一。

在政治上，斯威夫特是那种因为当时的进步人士所做的蠢事而不情愿地加入保守党的乖张之人。可以看到，《格列佛游记》的第一部里对人类的伟大进行了流于表面的嘲讽。如果你再看深一层的话就会认识到那是对英国，对统治的辉格党和对英法战争的攻讦，而这件事——无论盟军的动机是多么卑劣——确实将欧洲大陆从一个反动的强权势力手中解救了出来。斯威夫特不是一个拥戴詹姆斯二世①的保皇党，严格来说也不算是一个保守党人，而且他在战争中所宣称的目标只是达成温和的和平条约，而不是英国彻底战败。但是，在他的态度中确实有着背叛祖国的色彩，在第一部的结尾部分得以体现，这妨害了故事的寓意。当格列佛从利立普国（英国）逃到布列弗斯库国（法国）时，一个身高六寸的小人一定是卑劣可鄙的生物这一观念似乎被放弃了。利立普国的国民对格列佛极其苛刻凉薄，布列弗斯库国的国民则非常大方坦率。事实上，该书的这一章结尾的基调与前面的几章那种全方位的幻灭感很不一样。显然，斯威夫特的主旨首先是反对英国。巨

---

① 詹姆斯二世（1633—1701），1685 年至 1688 年任英格兰、苏格兰及爱尔兰国王。1688 年光荣革命时被剥夺王位，流亡法国。

人国的国王觉得"你的同胞"（即格列佛的同胞们）是"自然界孕育的危害最大的、歹毒的、卑微可憎的寄生虫"。结尾的那篇长文对殖民活动和海外征服进行了谴责，尽管说的是反话，但针对的就是英国。英国人的盟友荷兰人是斯威夫特一本最出名的政治宣传册里抨击的对象，在第三部里也被肆意抨击。当格列佛知道他所发现的那几个国家不可能成为英国王室的殖民地，并心满意足地进行记录时，那段文字似乎是在宣泄私愤：

> 事实上，慧骃似乎并没有为战争好好地进行准备，他们对于战争这门学问完全是门外汉，更无力抵御火器。但是，假如我是总理大臣，我绝对不会下令去侵略他们……想象一下两万匹慧骃冲入一支欧洲军队，搅得他们阵脚大乱，将战车推翻，它们的后蹄猛地一踢就将士兵们的脸踩成肉泥……

考虑到斯威夫特的洗练文笔，"将士兵们的脸踩成肉泥"似乎表明斯威夫特内心暗暗期盼着看到马尔博罗公爵①的无敌大军遭受这一命运。其他地方也有类似的笔调。就连第三部中所提及的那个国家——"大部分国民都是窥私者、告发者、密报者、控告者、起诉者、作证者、起誓者，连同他们那些附属下级，全都以众国务大臣的名号行事，受其节制并食其俸禄"——其国名叫兰登国（Langdon），与英国（England）的区别只有一个字母（这本书的几个早期版本有许多误印之处，或许它原本就是完全的回文构词

---

① 约翰·丘吉尔（John Churchill，1650—1722），马尔博罗公爵，英国军事家、政治家，曾在九年战争和西班牙继位战争中为英国立下赫赫军功。

法）。斯威夫特对人类的反感确实真有其事，但你会觉得他对人类虚有其表的揭露，他对贵族、政客和宠臣等人的控诉大体上是很狭隘的，这是因为他属于一个失败的政党。他谴责不公与压迫，但这并不能证明他有民主倾向。虽然他能力出众，但他的立场和我们今天那些不胜其数、既愚昧又精明的保守党人很接近——譬如说，艾伦·赫尔伯特①爵士、乔治·马尔康·杨格教授②、埃尔顿勋爵③、保守党改革委员会以及从威廉·贺雷尔·马洛克④以降的长长一列为天主教辩护的作家，这些人精于对"现代"和"进步"百般嘲笑，因为他们知道自己无力左右事件的进程，所以他们的思想往往更加极端。说到底，像《反对废除基督教的理由》这样的宣传文章就像"提摩西·夏伊"⑤对《智囊团》⑥进行无害的嘲讽一样，或像罗纳德·诺克斯⑦神父指出伯特兰·罗素的谬误一样。人们如此轻易就忘记了——有时候就连虔诚的信徒也会这样——斯威夫特在《木桶的故事》里所说的那些亵渎神明的言

---

① 艾伦·帕特里克·赫尔伯特（Alan Patrick Herbert，1890—1971），英国作家，代表作有《秘密的战斗》、《泰晤士河》等。

② 乔治·马尔康·杨格（George Malcolm Young，1882—1959），英国历史学家，代表作有《时代的写照》等。

③ 戈弗雷·埃尔顿（Godfrey Elton，1892—1973），英国历史学家，代表作有《法国革命理念》等。

④ 威廉·贺雷尔·马洛克（William Hurrell Mallock，1849—1923），英国作家，代表作有《每个人都是自己的诗人》、《新共和国》等。

⑤ 提摩西·夏伊（Timothy Shy）是英国作家多米尼克·贝文·温德汉姆·刘易斯（Dominic Bevan Wyndham Lewis，1891—1969）在《新闻纪实报》上的笔名。

⑥ 《智囊团》（the Brain Trusts），英国广播电台的讨论节目，于1941年1月开始播放，西里尔·乔德是该节目的主持。

⑦ 罗纳德·阿布斯诺特·诺克斯（Ronald Arbuthnott Knox，1888—1957），英国神学家，曾是英国圣公会牧师，后改宗罗马天主教，曾将拉丁文《圣经》重译为英文《圣经》。

论，这一点清楚地表明和政治情感相比，宗教情感是多么脆弱。

但是，斯威夫特的反动思想的主要体现并不是他的政治立场，而是他对科学的态度，更笼统地说，是他对好奇心的态度。《格列佛游记》第三部里所写的著名的拉格多学院无疑是对斯威夫特时代大部分那些所谓的科学家的合乎情理的讽刺。值得注意的是，那些进行研究工作的人被形容为"项目专员"，他们不是在进行无趣的研究，而是在寻找能够节约劳动和产生经济效益的设备。但没有迹象表明斯威夫特认为"纯粹的"科学是值得进行的活动——事实上，贯穿该书的始终有许多相反的迹象。在第二部里面，那些更为严肃的科学家已经被狠狠地教训了一通。当时大人国国王的那些御用"学者"试图解释格列佛为什么个头如此娇小：

> 经过一番激烈争辩后，他们一致认为我只是一个 *Relplum Scalcath*，也就是"天生怪胎"的意思。这个判断与欧洲的现代哲学完全一致，那些教授鄙夷神秘主义的古老遁词——亚里士多德的追随者们只会借此徒劳地掩饰自己的无知——于是想出了这个解决一切困难的妙法，以推动人类知识无法言喻的进步。

如果这只是孤例的话，你或许会认为斯威夫特反对的只是伪科学。但是，在多处地方，他不厌其烦地宣称所有的学术或思想都没有什么实际用途。

> （大人国的）学问很有缺陷，只有伦理、历史、诗歌和数

学，在这些领域他们取得了成功。但是，最后这门学问完全
应用于生活中有用的方面，用于改善农业，而所有机械的艺
术都不怎么受到尊重。至于理念、实体、抽象概念和先验思
想，我根本没办法让他们理解最浅白的概念。

斯威夫特的理想生物慧骃在机器方面的知识如此落后，它们
不熟悉金属，从未听说过舟船，确切地说，从未从事过农业耕作
（我们了解到它们所赖以生存的燕麦是"自然生长的"），似乎还
没有发明轮子。[①]它们没有字母表，而且显然对现实世界没有多少
好奇心。它们不相信除了自己的国家之外还有其他国家的存在，
虽然它们了解日月的运动和日食月食的原理，"这就是它们的天文
学知识最了不起的进步了。"与之形成对比的是，拉普达飞行岛
上的哲学家们一直沉迷于数学思考，在和他们说话之前，你得在
他们的耳朵旁边打破一个气球以引起他们的注意。他们将一万颗
恒星分门别类，确定了九十三颗彗星的周期，比欧洲的天文学家
更早地发现火星有两个卫星——显然，斯威夫特认为所有这些内
容都是无趣、荒唐和毫无用途的。正如你或许意料到的，他认为
如果科学家有一席之地的话，就只能躲在实验室里，而且科学知
识对于政治事务没有任何影响：

　　我觉得完全无法接受的是，我在他们身上观察到的对时
事和政治的强烈兴趣，总是在打听公共事件和论断国事，对

---

① 原注：根据里面的描写，无力走动的年迈慧骃用"雪橇"或一种交通工具
载着，像拉雪橇那样被拉着走。或许这些雪橇没有轮子。

每一个党派理念进行热烈的争辩。事实上，我发现我所认识的欧洲大部分数学家都有同样的倾向，但我想这两门学科之间根本没有任何相似之处，除非这些人相信，因为最小的圆和最大的圆有着同样的度数，所以规划和管理世界所需要的能力和把玩转动一个地球仪的能力便可以相提并论。

"我想这两门学科之间根本没有任何相似之处。"这句话是不是听起来很熟悉呢？这不就是那些流行的天主教辩护者们的论调吗？当一位科学家就上帝的存在或灵魂的不朽发表意见时，他们就会表示惊诧。他们告诉我们科学家只是某一个领域的专家，为什么要去重视他们的意见呢？其言下之意是，神学就好像化学一样，是一门纯粹的科学，而牧师也是专家，因此他们关于某方面的结论必须得到接受。实际上，斯威夫特同样这么为政治家争辩，但他更过分的做法是，在他的思想中，科学家——纯粹的科学家或专门的研究员——并不是有用的人。即使他没有写出《格列佛游记》的第三部，你也可以从书中的其他部分得出这一结论：与托尔斯泰和布雷克一样，他十分痛恨研究自然过程这个想法。他推崇慧骃的"理性"的原因并不意味着从观察到的事实中得出符合逻辑的推论的能力。虽然他从未对其加以说明，但在大部分语境中，它似乎意味着常识——也就是说，接受显然的道理，鄙夷诡辩和抽象——或清心寡欲和拒绝迷信。大体上，他认为我们已经知道了需要知道的事情，只是我们没有将知识进行正确的运用。比方说，医学是一门没有用的科学，因为如果我们的生活方式更加自然的话，就不会有疾病。然而，斯威夫特既不崇尚简单生活，也不推崇高贵的野人。他喜欢文明和文明的艺术。

他不仅明白良好的礼貌和对话的价值，而且知道学习文学和历史的意义。他也明白农业、航海和建筑需要进行研究，而且推动其进步将会带来好处。但他暗示的目标是一个静态的、没有好奇心的文明——就是他那个时代的世界的写照，只是更加干净一些，理性一些，没有激烈的变动，不去探索未知的领域。虽然他不受谬误思想的影响，但出人意料的是，他推崇过去，特别是古典时代，相信现代人在过去的几百年间经历了急剧的堕落。[1]在巫师的岛屿上，死者的灵魂可以被随意召唤：

> 我希望能在一间大屋里看到古罗马的元老，在另一间大屋里看到当代的议员，作为对比。第一群人里集结了英雄和半神，而第二群人却是小贩、扒手、拦路抢劫的强盗和地痞的乌合之众。

虽然斯威夫特在第三部的这一节里对历史的真实性进行抨击，但当他谈到希腊人和罗马人时，他的批评精神立刻就不复存在。当然，他提到了罗马帝国的堕落，但他对古代世界的几位领袖怀有几乎失去了理性的崇拜：

> 我带着崇敬的心情看到布鲁图斯，在他身上我看到了至善、至勇和至坚的美德。他的面容轮廓流露出对祖国最真切

---

[1] 原注：斯威夫特所观察到的肉体上的堕落或许在当时是真实的。他将原因归结于梅毒，当时它在欧洲是一种新疾病，或许比现在更加致命。十七世纪时，蒸馏酒精饮品也是新鲜事物，肯定造成了酗酒现象的第一次急剧增加。

的热爱和对人类最普遍的仁慈……我有幸与布鲁图斯进行了深入的交谈，他告诉我，他的先祖朱尼厄斯、苏格拉底、伊巴密农达、小卡托、托马斯·莫尔爵士和他本人总是在一起。这六人是所有时代的六大贤者，再无第七人可以和他们相提并论。

值得注意的是，这六个人中只有一个是基督徒。这是重要的一点。如果你将斯威夫特的悲观主义、他的崇古倾向、他没有好奇心的思想和他对人的身体的恐惧结合在一起，你就会得到笃信宗教的反动分子共有的一种态度，那就是：捍卫社会的不公正秩序的人会宣称这个世界不可能得到根本改善，只有"来世"才是重要的事情。然而，并没有迹象显示斯威夫特有任何宗教信仰，至少没有任何字面意义上的宗教信仰。他似乎并不相信死后会有来生，他对美好的想法与共和主义、热爱自由、勇气、"仁义"（意思就是公益精神）、"理性"和其它异教徒的品质紧密联系在一起。这让人想起了斯威夫特的另一个特征，与他对进步的怀疑和他对人类的仇恨不是很一致。

首先，他也有"建设性"，甚至"进步"的一面。偶尔的前后矛盾几乎是乌托邦作品的活力的一个特征，有时候斯威夫特会在一段本应纯粹嘲讽的文字中插入一句赞赏之辞。因此，他对年轻人的教育问题的看法被嫁接到利立普国人的身上。在这个问题上他们的看法和慧骃的看法有许多共同之处。利立普国也有许多社会和法律制度（比方说，那里有养老金，人们会因为奉公守法而得到嘉奖，也会因为违法而遭受惩罚），斯威夫特愿意看到这些制度在英国普及。在这段文字的中间斯威夫特想起了他的本意是进行嘲讽，并补充道："提到这些和相关的法律，我只是想介绍原先的制度，而不是这些人受人性堕落本能的影响所坠入的其最可耻的败坏。"但因为利立普国应该是英国的写照，而他所提到的法律在英国从未存在过，显然，要提出有建设性的建议对他来说要求太高了。但斯威夫特对狭义上的政治思想的更大贡献在于他的抨击，特别是在第三部中，对现在所谓的极权主义的抨击。他高瞻远瞩地预见到了间谍横行的"警察国家"，老是在追捕异端和审判卖国贼，而这一切的真正目的是平息民众的不满，并将其转化为战争狂热。你必须记住，在这一点上斯威夫特能见微知著，因为他那个时代软弱无能的政府并没有给他提供现实的样板。比方说，政治研究员学校的教授"给我看了一大本如何洞察阴谋诡计的手册"，他宣称你可以通过检验人们的排泄物了解他们的秘密想法：

> 他通过反复的试验，发现人在拉屎的时候是最严肃、最深思熟虑和最意志坚定的。因为在这种时候，当他琢磨着以什么方式去刺杀国王时，他的粪便就会变成绿色，但当他只想到造反或焚毁首都的时候，颜色就会变得很不一样。

据说斯威夫特想出了这位教授和他的理论是受到一桩国家公审的启发，几封在厕所里找到的信件被作为证据，在我们看来，这并不是特别离奇或恶心的事情。在同一章节的后面，我们似乎置身于俄国大清洗中：

> 在特里布尼亚国，当地人称其为兰登国……大部分国民

都是窥私者、告发者、密报者、控告者、起诉者、作证者、起誓者……首先，他们取得内部共识，决定要给那个被指控的人安上什么罪名；然后，他们精心地收集所有用于指控的书信。这些文件被交给一帮设计师，他们非常善于找出单词、音节和字母的神秘含义……当这种办法行不通时，他们还有两个更行之有效的法子，他们当中的博学者将它们称为字母离合法和回文构词法。第一个方法是，他们能将所有的首字母编译成某种政治含义——例如，N 代表阴谋，B 代表骑兵团，L 代表海上舰队。而第二个办法是，他们将有嫌疑的内容的字母进行移位，就能揭发一个不满的党派隐藏极深的阴谋。比方说，如果我在写给朋友的信里面说"我们的兄弟汤姆得了痔疮"[①]，一个技巧高明的解码员会将构成这句话的相同的字母进行重新组合，变成了："忍耐——计划已经诞生——塔楼"[②]。这就是回文构词法。

同一间学院的其他教授发明了简化的语言，用机器写书，教育他们的学生将课程刻在一块威化饼上，然后让他们吃下去，或提出将一个人的大脑的一部分切除，然后再移植到另一个人的头里面，以此消灭个性。这些章节的氛围有某种奇怪而熟悉的特征，因为除了戏谑之外，它还揭示了极权主义的目标不仅是确保人们有正确的思想，而且还要让他们不去思考。然后，斯威夫特还描写了统治耶胡部落的领袖，和那些"宠臣"，先是利用他们去

---

① 原文是：*Our Brother Tom has just got the Piles.*
② 原文是：*Resist — a Plot is brought Home — The Tour (Tower).*

做一些卑劣的勾当，然后拿他们当替罪羊，这和我们这个时代的政治模式如出一辙。但是，我们能从这些推导出斯威夫特是反对专制和捍卫思想自由的斗士吗？并不是，你能够察觉到他的观点并不倾向自由。毫无疑问，他痛恨贵族、国王、主教、将军、时髦女性、等级秩序、头衔和表面恭维，但他对民众的观感并不比对他们的统治者好到哪儿去，对日益增进的社会平等不感兴趣，对代议机制也不热心参与。慧骃的社会组织是带有种族色彩的种姓体制，那些从事苦活累活的马与它们的主人颜色不一样，也不会和它们进行配种。斯威夫特所崇尚的利立普国的教育体制认为阶级差别是天经地义的事情。最穷苦阶级的孩子不去上学，因为"他们的任务就只是耕种土地……因此，他们的教育对公共事务无关紧要"。他似乎不是特别支持言论和出版自由，虽然他本人的作品得到了容忍。大人国的国王对英国的宗教派别和政治派别之多感到惊讶，认为那些"怀有不利于公众的想法"（在这一语境下，这似乎指的是异端思想）的人，虽然没有必要进行思想改造，但他们不应该让人知道这些思想，因为"如果政府要求做到前者未免失之暴虐，而不强制做到后者则失之软弱"。格列佛离开慧骃国的方式隐晦地揭示了斯威夫特自己的态度。斯威夫特的思想至少断断续续有无政府主义倾向，《格列佛游记》的第四部就是一幅无政府社会的图景，没有通常意义上的法律约束，而是由"理性"进行指引，每个人都自发地接受其约束。慧骃的集体大会"规劝"格列佛的主人将他赶走，他的邻居对其施压，要求他依照裁决行事。理由有两个：其一，这只不同寻常的耶胡的出现可能会扰乱其它部落成员；其二，慧骃与耶胡的友谊"于理性和天性不合，此等事情闻所未闻"。格列佛的主人不肯服从，但无法对

"规劝"（书中说到慧骃从不会被迫去做什么事情，他只是被"规劝"或"建议"）置之不理。这充分体现了无政府主义或和平主义者理想中的社会的极权主义倾向。在一个没有法律的社会里，理论上是没有强迫的，约束行为的唯一仲裁就是公共舆论。但由于群居动物有顺从的强烈天性，公共舆论比任何体制的法律更加不宽容。当人类受"你不得如何如何"的管制时，个体还可以装疯卖傻。当他们受到所谓的"爱"或"理性"约束时，他会时时刻刻受到压力，迫使他的行为和思想与其他人保持一致。我们了解到，慧骃对几乎任何问题都持一致的看法。他们唯一探讨过的问题是如何处置耶胡。除此之外他们在任何问题上都保持一致，因为真理总是不言自明的，不然的话，那就是无法探究或并不重要的内容。他们的语言里显然没有"意见"这个词，在他们的对话中没有"思想分歧"。事实上，他们达到了极权组织的最高阶段，全体顺从一致，达到了不需要警察的程度。斯威夫特对这种事情持认可态度，因为在他的众多禀赋中并不包括好奇和善良的天性。在他看来，拒不服从就是乖张任性。他说："在慧骃中间，理性并不像困扰我们那样是一个麻烦的问题，他们不会围绕着问题的两面进行似是而非的争辩，而是能立刻让你信服，而且必然让你信服，因为他们的理性不会被激情和利益所纠缠、掩盖和玷污。"换句话说，我们已经知道了一切，因此为什么要容忍不同的意见呢？慧骃的极权主义社会里没有自由也没有发展，就是这种情况顺理成章的结果。

我们可以认为斯威夫特是一个反传统的叛逆者，但除了一些次要的问题外，比方说他坚持认为女人应该和男人接受同样的教育，他不能被称为"左派"。他是一个保守的无政府主义者，蔑视权威又不相信自由；他仍然保持着贵族的思想，却又清楚地看到当时存在的贵族制度的腐朽和可鄙。当斯威夫特对有权有钱的人说出富于个人特色的抨击时，正如我之前说过的，你得记住，他自己属于一个不是那么成功的政党，这是出于个人层面的失望。显然，"体制外的人"总是比"体制内的人"更加激进。①但斯威夫特最根本的特征是，他无法相信生活——这个世界上的普通人的生活，而不是理性化的、消除了丑恶现象的生活——值得过下去。当然，没有哪个诚实的人会说快乐现在成为了人类的常态，但或许它能够成为常态，所有严肃的政治争论所围绕的正是这个问题。我相信，有一点是一直以来没有被注意到的，那就是：斯威夫特和托尔斯泰有许多相同之处，托尔斯泰也不相信快乐是可以实现的。这两个人的无政府主义思想下都掩盖着专制主义的意识。两人都对科学持仇视的态度，都对反对者缺乏耐心，都没办法了解到自己所不感兴趣的问题的重要性，而且都对生活感到恐惧。只不过在托尔斯泰身上，这种情况来得晚一些，方式有所不同。这两个人的性苦闷不尽相同，但有一点是共通的：两人对性既真心地感到厌恶，又带着病态的痴迷。托尔斯泰是一个洗心革面的浪子，最终的下场是彻底禁欲，并坚持到晚年。斯威夫特应

---

① 原注：在该书的最后，为了体现人类的愚昧和邪恶的体现，斯威夫特指定了"一个律师、一个扒手、一个上校、一个傻瓜、一个贵族、一个赌徒、一个政客、一个皮条客、一个医生、一个作伪证者、一个唆使者、一个检控官、一个叛国者"。在这里你看到那些没有权力的人不负责任的暴力。这张名单里既包括了那些破坏传统道德的人，也包括了遵守道德的人。比方说，当你自发地谴责一位上校时，你又有什么理由去谴责一个叛国者呢？又或者说，如果你要镇压小偷，你就必须立法，而这意味着你必须有律师。但结尾的整段文字所蕴含的仇恨是如此真切，而给出的理由却很不充分，无法令人信服，你会觉得是一己私愤在作祟。

该是性无能，对人的粪便有着夸张的恐惧。显然，贯穿他的作品的始终，他总是不停地思考着这个问题。这种人不会像大部分人那样去享受些微幸福，而出于明显的动机，他们不愿意承认俗世的生活能获得较大的改善。他们在好奇心与宽容心方面的匮乏，也都是出自同一根源。

　　如果此生是来生的准备，那么斯威夫特的厌恶、怨恨和悲观主义还情有可原。由于他似乎不是很相信有"来生"，他就必须构建一个存于这个世界上的天堂乐土，但和我们所了解的某个天堂乐土很不一样，他所不满的一切——谎言、愚蠢、变动、热情、愉悦、爱与肮脏——从这片乐土中被一扫而空。他所选择的理想动物是马，马粪的味道不是太难闻。慧骃是很乏味的动物——这是得到公认的一点，不需要再多加解释。斯威夫特的才华能将它们描述得很可信，但它们在读者心中所引发的情感只有讨厌。这不是出于看到比人类优越的动物时受到伤害的虚荣心，因为在这两种动物中，慧骃比耶胡更接近人类。格列佛对耶胡的恐惧，以及他自认和它们是同一类动物的观念，在逻辑上是荒谬的。当他第一次看到它们时，他的内心就产生了这种恐惧。他写道："我去过这么多地方，从未见过这么令人生厌的动物，也没有什么能像这种动物那样让我自然而然地觉得反感。"但耶胡和什么动物相比起来令人觉得讨厌呢？不是和慧骃作对比，因为这时格列佛还没有见过慧骃。它只能跟他本人进行对比，也就是说，与一个人进行对比。但后来我们了解到，耶胡就是人类，格列佛无法接受人类社会，因为所有的人都是耶胡。这样的话，为什么他之前没有察觉到他对人类的厌恶呢？事实上，我们了解到，耶胡和人类有着非常大的不同，却又是同一类生物。斯威夫特有点太过于愤怒了，对他的同胞们嚷道："你们是何其肮脏的动物！"但是，要对那些慧骃产生同情是不大可能的事情，不是因为他们在压迫耶胡，而是因为他们是毫无魅力可言的动物。他们没有魅力是因为支配他们的思想的其实是对死的渴望。他们没有爱、友谊、好奇、恐惧、悲伤、愤怒和仇恨——只有对耶胡的厌恶，它们在慧骃社会中的地位就如同犹太人在纳粹德国的地位。他们对马驹或幼马没有爱意，但精心教导他们，完全是出于理性的指引。他们重视"友谊"和"仁慈"，但"这两者并不局限于特别的个体，而且面向整个种族"。他们重视交流，但他们的谈话没有不同的看法，"只交流有意义的事情，以最少和最精确的词语加以表达"。他们奉行严格的生育控制，每对夫妇生两个孩子，然后就禁止行房。他们的婚姻由老一辈人包办，以优生学为原则。他们的语言里面没有"爱"这个字的性含义。当有人死去时，他们的生活照旧进行，不会感到悲痛。他们的目的就是尽可能地像行尸走肉一样生活，同时保留着肉体上的生命。确实，他们有一两个特征严格来说似乎不符合他们自己对于"理性"的含义。他们不仅高度赞扬肉体上的坚强，而且崇尚运动，投身于诗歌创作中。但这些例外并不像它们所看上去的那么随性。斯威夫特强调慧骃的力量或许是为了挑明他们不可能被受其痛恨的人类所征服，而他们喜欢诗歌，因为对于斯威夫特来说，诗歌是科学的对立面，而在他眼中，最没有意义的思想追求就是科学。在第三部中，他说"想象力和发明是拉普达的数学家所全然缺乏的（虽然他们热爱音乐）"。你必须记住，虽然斯威夫特是一位值得尊敬的幽默诗人，他所推崇的却或许是说教式的诗歌。他说：

慧骃的诗歌比任何凡间的诗歌都更加美妙，他们有精彩的譬喻，描写细腻而准确，拥有无与伦比的文采。他们创作了大量的韵文诗，歌颂友谊和仁慈，或赞美赛马及其他运动的胜利者。

　　呜呼，就连斯威夫特的才华都无法写出一首样板诗，让我们领略慧骃的诗歌才华。但它的内容听起来似乎冷冰冰的（或许是英雄双行体），与"理性"的原则没有严重的冲突。

　　众所周知，快乐是难以形容的，而展现公正的、秩序井然的社会画卷总是不那么吸引人或令人信服。但是，大部分"美妙的"乌托邦的创造者关心的是展现更加圆满的生活将会是怎样的。斯威夫特却推崇对生活纯粹的弃绝，声称"理性"就是战胜你的本能。慧骃是没有历史的生物，他们一代代地繁衍，过着简朴的生活，其数目精确地保持在同一水平，回避一切激情，从不患病，淡然迎接死亡，以同样的原则教育他们的下一代——这一切都是为了什么？为的是同样的过程能永久地持续下去。当下的生活值得一过，或生活可能被改造得值得一过，或为了未来的美好生活必须作出牺牲等想法，他们统统都没有。慧骃的无聊世界既不相信"来生"，又不能从日常的活动中获得快乐，那就是斯威夫特所能构建出的最美妙的乌托邦。但它的真实用意并不是树立某个值得追求的事物，而是作为抨击人类的另一个理由。和平时一样，这么做的目的是羞辱人类，让他们意识到他们的软弱和可笑，最重要的是，让他们知道自己是臭烘烘的动物。而最根本的动机或许是某种嫉妒——鬼魂对于生人的嫉妒，一个知道自己不可能开心起来的人对另一个（他害怕的正是这一点）他觉得比自己开心一些的人的嫉妒。这一思想在政治上只会走向反动或虚无主义，因为有这种思想的人会想去阻止社会朝某个可能会令他的悲观主义遭受挫败的方向发展。要做到这一点，你可以要么将一切炸成碎片，要么避免社会变革。斯威夫特最终将一切炸成碎片，用的是原子弹发明之前唯一可能的方式——就是说，他发疯了——但是，正如我所试图表明的，他的政治目标大体上是反动的。

从我所写的这些文字，或许你可以认为我持反对斯威夫特的立场，我的目的是驳斥他，甚至贬斥他。站在政治和道德的立场我是反对他的。但是，奇怪的是，他是我最毫无保留地崇拜的作家之一，而《格列佛游记》是一本我似乎不会看厌的书。我八岁时第一次读到这本书——确切地说是差一天到八岁，因为我把原定于第二天八岁生日时给我的这本书偷到手，悄悄地读完了它——从那时起这本书我读了不下六七遍。它的魅力似乎无穷无尽。如果要我列出六本保留下来的书，而其它书都被销毁的话，我一定会把《格列佛游记》列入书目中。这引发了一个问题：认同一位作家的观点和享受他的作品之间是什么样的关系呢？

如果你能做到思想中立的话，你就能**认识**到一个在观点上与你有很大分歧的作家的优点，但**享受**则是另外一回事。假如真有好的艺术和坏的艺术这回事，那么，好与坏就一定蕴含于艺术作品本身——不独立于观察者，却又不依赖于观察者的心情。因此，在某个意义上，一首诗不可能星期一是好诗，到了星期二就变成了劣诗。但如果你以一首诗所唤起的美妙感觉去作判断，那么它可以是成立的，因为美妙或愉悦是一种不受支配的主观感受。即使是最有修养的人，在他醒着的大部分时间里也没有什么审美的情感，而且美感可以被轻而易举地摧毁。当你害怕时，饥饿时，牙痛时，晕船时，《李尔王》在你眼中和《小飞侠》差不了多少。你或许在理智上知道哪本是好书，但那只是你所记住的一个事实，只有当你恢复正常后你才能再度领略《李尔王》的美妙。美学上的判断因为政治或道德上的意见不一而被毁灭——而因为原因并没有那么明显，所以后果更加严重。如果一本书激怒了你、伤害了你或引起你的警惕，那你就无法享受这本书了，无论它有什么样的优点。如果它在你眼中就是一株毒草，有可能以不好的方式影响别人，那么你或许会构建出一套美学理论去证明它没有优点可言。当前的文学评论基本上就是这种在双重标准之间玩捉迷藏的把戏。但是，反之而行的情况是可能发生的：愉悦能够压倒反对意见，即使你清楚地知道自己正在享受一本有害的书。斯威夫特的世界观古怪得令人难以接受，但他仍然是一位极受欢迎的作家，正是这种情况的一个好例子。为什么我们不介意被称为"耶胡"，虽然我们坚信自己并不是耶胡呢？

　　通常人们会说斯威夫特是错的，说他事实上是个疯子，但这是不够的，他是一位"优秀作家"。一本书的文学品质从某种微观的程度上说，是可以与其主题分开的。有的人天生就拥有遣词造句的能力，正如有的人天生就有打猎的"好眼力"一样。总的说来，那是对时机的把握和本能地知道如何进行张弛有道的描写。作为手头的一个例子，看看我在前面所引用的章节，从"在特里布尼亚王国，那里的国民称之为兰登"开始。它的感染力大部分来自于最后一句话："这就是回文构词法"。严格来说，这句话可有可无，因为我们已经看到用回文构词法进行破译的例子，但这句故作严肃的重复让人深刻地体会到了里面所描写的那些勾当之荒唐，你似乎听到斯威夫特本人的声音正在说出这番话。它就像是画龙点睛的一笔。如果斯威夫特的世界观真的有缺陷或令人觉得厌恶的话，那么他的文章的力量、简洁和想象力并不能创作出一系列比历史著作更加可信的虚幻世界。来自许多国家的数百万名读者一定都读过《格列佛游记》，并或多或少了解到该书的反人类暗示，就连觉得第一部和第二部只是故事书的小孩也会觉得将人类想象成只有六英寸高的生物未免有点荒唐。对此的解释一定是斯威夫特的世界观并非全然错误——或许更准确地说，并非一直错误。斯威夫特是一个患病的作家。他一直精神忧郁，就像一个人得了黄疸或流感那样，但仍有精力去写书。我们都知道那种心情，他的作品让我们有所触动。以他最具个人风格的一部作品《春闺风光》为例——你或许还可以加上那首类似的诗《与一位年轻貌美的仙女共赴云雨》。这两首诗所表达的观点和布雷克的那句"神圣的、赤裸的女性"所隐含的观点，哪一个更加准确呢？无疑，布雷克的观点更加接近真实，但谁会在看到无耻地意淫女性的文字时不感觉到某种愉悦呢？斯威夫特看待世界的眼光是扭曲的，拒绝看到人类的生活除了肮脏、愚蠢和邪恶之外还有另一面，但他所描绘的那一面是存在的，那是我们都知道却不愿提及的事情。我们的一部分思想——在任何正常人身上，这一想法占据了主导地位——相信人是高贵的动物，生活值得过下去。但是，我们还有一部分内心至少会时不时地对生存的恐怖感到十分害怕。愉悦与厌恶以最奇妙的方式联系在一起。人的身体是美妙的，同时也令人讨厌和滑稽，到任何一个游泳池就可以验证这一点。性器官是欲望的对象，也是厌恶的对象，有许多语言，即便不是所有的语言，以它们的名称作为骂人的话。肉是美味的，但肉店却让人觉得恶心。事实上，我们所有的食物都来自粪便和腐尸，而这两样东西在所有人看来是最可怕的事物。一个小孩子，当他度过了婴幼儿期但仍然以少不更事的眼光观察世界时，总是会感到惊奇和害怕——害怕鼻涕和口水，害怕人行道上的狗屎、长满了蛆虫的垂死的蟾蜍、大人的汗臭和老人丑陋的秃顶和酒糟鼻。斯威夫特喋喋不休地说着疾病、肮脏和畸形，但他并不是在凭空捏造，他只是将事情暴露出来。正如他所说的，人类的所作所为，特别是政治圈子的行为，确实就像他所描述的那样。不过这里面还有其它重要的因素，但他拒绝承认。我们可以看到，在这个世界上延续生命不可能避免恐惧和痛苦，因此，像斯威夫特这样的悲观主义者会说："如果恐惧和痛苦总是伴随着我们，生活怎么可能得到改善呢？"他的态度本质上是基督徒的态度，只是没有被"来生"收买——但"来生"对信徒的思想影响可能不如"此生是泪水的溪谷而坟墓是安息的场所"这个信念那么强烈。我肯定这是错误的态度，而且这个态度会对行为造成负面影响，但让我们有所触动，因为它让人想起了葬礼时那些悲观的话语和乡村教堂的死尸发出的气味。

许多人总是说，至少那些承认主题的重要性的人总是说，如果一本书表达了明显错误的生命观，它不可能是一本"好书"。我们被告诫说在我们这个时代，任何拥有真正的文学价值的作品都或多或少有"进步"倾向。这忽略了一个事实：贯穿历史始终，进步和反动一直在进行较量，任何一个时期的作品总是从几个不同的观点角度写成的，有的观点要比其它观点更加错误。只要作者承担着宣传的职责，我们能要求他的就是他应该真心相信自己所说的话，以及那不应该是极其白痴的内容。例如，你可以想象现在天主教徒、共产党人、法西斯分子、和平主义者、无政府主义者能写出一本好书，或许老派的自由党人或保守党人也能写出好书，但你无法想象信奉通灵论的人、布克曼的追随者或三 K 党人能写出一本好书。一个作家的观点必须符合理性，精神健康，而且能够持续地进行思考。在此之上，我们对他的要求是要有才华，或者换个说法，要有说服力。斯威夫特算不上拥有智慧，但他拥有极强的观察力，能洞察一个隐藏的真相，将其放大变形。《格列佛游记》的经久不衰表明，如果它的背后拥有信念的力量，一个几乎谈不上理性的世界观也足以催生一部伟大的艺术作品。

评弗朗西斯·阿斯卡姆的《愚风》、弗朗西斯·阿什顿的《挣脱束缚》和斯温·奥朗的《三色旗飘扬》^①

《愚风》是一本不同寻常的作品。鉴于当前的小说创作艺术处于低潮，它几乎可以称得上是一本值得激动的作品。它拥有讲述一个好故事的奇特品质，而且几乎没有直接提到中心主题，这个主题并不需要这么一个故事加以阐述。

或许先对故事进行概述会比较好。

战争刚刚结束，一个承担文化使命的英国中年男子来到一个刚刚被解放的国家，该国名叫"莫雷利亚"，但它应该是南斯拉夫或阿尔巴尼亚。

他的工作——你会相信英国政府真的会资助这类研究——是收集关于一个刚刚逝世、籍籍无名的莫雷利亚诗人的信息，他死后除了一沓未出版的手稿之外什么也没有留下。

原来，那个诗人上学的时候曾经参与了刺杀该国已故国王的行动，直到他发现国王就是他的父亲。与这个浪漫的故事一同讲

---

① 刊于 1946 年 11 月 7 日《曼彻斯特晚报》。弗朗西斯·阿斯卡姆（Francis Askham），原名朱莉亚·考特尼·格林伍德（Julia Courtney Greenwood），具体情况不详。弗朗西斯·阿什顿（Francis Leslie Ashton, 1904—1994），英国作家，代表作有《挣脱束缚》、《啊，那座伟大的城市》等。斯温·奥朗（Sven Auren, 1906—1985），瑞典记者、作家，代表作有《三色旗飘扬》、《巴黎生活》等。

述的还有一个更隐晦也更有可能发生的故事。

那个英国人，休·珀克伦，是一个精力衰竭的学究单身汉，有一点私人收入，在研究的时候得到一个年轻女裁缝的帮助，她曾参加抵抗运动，德国人在她的前额烙印作为惩罚。

有一段时间他成了她的爱人，而且还想过娶她，把她带回英国。他甚至为此着手做安排，虽然他下意识地知道这个计划注定会无果而终。

结果，那个女孩是恐怖分子团伙的成员，当新的国王结束流放生涯，回来接管被解放的祖国时，她朝其马车下面扔出炸弹，但没有成功。几个小时后，她自杀了。故事的这个部分很令人信服，甚至很感人，但这本书的主题通过故事的氛围得以呈现，而那些跌宕起伏的情节其实并不是很有必要。

这个主题就是像英国这样的繁荣稳定的国家与从来没有实现过政治或经济稳定的国家之间无法弥补的裂痕。两种生活方式之间的鸿沟的体现就是那位很有思想而传统的英国人与那位同样很有思想但不受道德约束、不负责任的女孩之间无果的恋爱——那是一场误解几乎总是不断出现而且显然注定会以悲伤告终的恋爱。

但这本书写得最好的是那些细微的事件。几个饥肠辘辘、道德败坏的孩子之间的对话，一个中年政府官员在寄宿家庭的餐桌上突然乞求再多分他一勺豆子，一个多年在黑市谋生并且几乎失去了国家情怀的英国逃兵——正是通过这些事情，小说传神地表达出了无处不在的悲惨、不安和崩溃。

莫雷利亚不仅遭受贫穷和国内动荡，而且多年来被外国势力占领。那些孩子半是罪犯半是野人，八岁左右就不以为意地沦为娼妓，或许这是外国势力占领最骇人听闻的结果。

从某种程度上说，故事的政治背景语焉不详。里面没有提到在巴尔干国家无处不在的同盟国之间或极权主义国家之间的斗争，也没有提到在现实生活中对休·珀克伦这类执行这么一个不切实际的任务的人展开追踪的宪兵队。

但那种饥饿、紧张、卑鄙斗争和无以言状的恐惧的整体氛围能够恰如其分地表达出来，而平静中和的文风与主题很契合。弗朗西斯·阿斯卡姆（这是一位女作家的笔名吗？）在这本书之前只出版过一本小说，以后他或她再出书值得找来读一读。

相比而言，《挣脱束缚》是一部糟糕的作品，但按照当前的标准并非一无是处。它的主题是：人类在这个星球上已经比原定的时间生存了更久，高度发达的文明曾在二十五万年前存在，但后来都被洪水和其它灾难摧毁。

男主人公在一位精神学家的专业治疗中，被引导着记起了他过去的一段经历，这本书的大部分情节发生在一个由巫师统治的邪恶社会，在那里人被当作祭品，月亮被尊崇为神明。最离奇的巧合是，女主人公那时候还活着，是男主人公的妻子。这个故事要比《火星的公主》要好一些①，但也就仅此而已。

《三色旗飘扬》是一部平平无奇的记叙文，记录了一位瑞典记者在巴黎获得解放后的生活。作为一个中立国人士，作者曾在德

---

① 《火星的公主》是美国作家埃德加·赖斯·布洛斯（Edgar Rice Burroughs）的作品。

国占领下的巴黎城中呆过，遗憾的是，他没有告诉我们那段时期他的经历，而我们对那段时期的了解非常简略。

事实上，他的这部作品几乎就是每一位驻巴黎的记者在那段时期发回国内的小道传闻——煤炭紧缺、物价昂贵、黑市横行、自行车充当的士、美国军队的所作所为、对通敌者的清洗等等。

关于解放后的法国，最有趣的特征就是共产党人、天主教徒和社会主义者的三角政治斗争，从德国人被赶走的那一刻起就进行得如火如荼，但这一方面的内容基本没有提及。作者见证了对贝当和拉沃尔的审判，他对自己所目睹的情况的描写是这本书最精彩的部分。

评安东尼奥·拉莫斯·奥利维拉的《现代西班牙的政治、经济和人民，1808 年至 1946 年》^①

奥利维拉先生将"现代"这个词和"1808 年"这个年份一齐放进了标题，表明了他的主旨。自从西班牙人民起义反抗约瑟夫·波拿巴^②以来，西班牙经历了种种改变，但问题的根源经历了每一种政权后仍然没有得到解决。而正如奥利维拉先生所说的，那些几乎不胜其数的内战"性质只有一种"。这本书配得起它的书名，有许多章节介绍了有意义的背景信息，并栩栩如生地描绘了历史中的风云人物。1931 年的第二共和国到整本书写完了一半才出现，而佛朗哥的叛乱在总共 45 个章节中只用了 7 个章节进行描写。

在这本书的前面，奥利维拉先生提到了 1814 年至 1923 年间西班牙经历了 43 场军事政变，11 场获得成功。然后他将这段时期的众多政权列成一张表格，以 R 标识出革命或改革政权，以 C 标识出反革命或保守政权。革命政权和反革命政权就像白天和黑夜一样有规律地交替出现，而且除了"复辟"时期（1874 年至 1931 年），没有哪一个政权能成功地维持十年以上的统治。这一钟摆式

---

① 刊于 1946 年 11 月 10 日《观察者报》。安东尼奥·拉莫斯·奥利维拉（A Ramos Olivera），情况不详。

② 约瑟夫·波拿巴（Joseph Bonaparte, 1768—1844），拿破仑·波拿巴的哥哥，被册封为那不勒斯、西西里与西班牙国王。

的运动所造成的结果要比未曾中断的专制统治更加糟糕。每一次的改革尝试在几年后都会被推翻,没有哪个拥戴进步的政府能有时间真的将权力掌握在自己手中。因此,西班牙的农业问题这个中心问题一百多年来几乎没有得到过探讨解决。

西班牙是一个农业国,直到不久前,1%的人仍控制着50%的土地。十九世纪初自由党曾经尝试过改革,但实际效果是无地的农业工人数量进一步增加了。奥利维拉先生对西班牙的农业体制进行了有趣的调查。这份调查表明,拥有土地的贵族阶层的主要据点是种植小麦和橄榄的地区。这些人(在该书里始终被称为"寡头统治阶层")不仅在每一次政治动荡中保住了自己的土地和权力,而且摧残整个国家的经济为自己谋利,打压其它形式的农业,阻止工业的发展。银行家们与贵族阶层和平共处,而投身工业的企业家几乎和工人阶级一样沦为被压迫的阶级。西班牙富饶的矿产要么被忽略无视,要么被外国资本控制。在这种情况下,一个强大而团结的中产阶级无法成长,绝大部分群众都是饥肠辘辘的文盲,要么麻木不仁,要么只会以暴乱的方式表达自己的心声。早在十九世纪三十年代,修道院和教堂就已经开始被人民焚毁。

西班牙左翼运动的特征是无政府主义,它的一个极端是乌托邦主义,另一个极端是盗贼四起。那些"寡头统治阶层"只会以暴力镇压对付不满的群众,而自由派则无所作为,或是因为他们无能为力,或是因为他们害怕红色革命,或是因为令人窒息的思想气氛让他们将精力浪费于反对教权主义这类次要的问题。因此,西班牙的历史继续停滞不前,不时被枪声打断,而政治、军事和经济的权力一直掌握在同样一批人的手里。

奥利维拉先生讲述最近这场内战的章节或许没有这本书的其它部分那么令人满意。它们只是简单地讲述了内战前六个月的情况，从许多方面来说那是最有趣的时期，并且花费了太多的笔墨描写卡萨多①上校的政变，这场政变推翻了内格林②政府，并向敌人投降。奥利维拉先生一直与内格林博士有密切的来往，大度地没有特别强调英国政策在这场战争中所扮演的愚蠢而卑劣的角色，但前面他所提供的英国资本控股的数字道出了真相。这是一本很有价值的书，而且它收集了或许在别的地方很难获取到的关于西班牙工业和农业的信息。

---

① 塞吉斯蒙多·卡萨多·洛佩兹（Segismundo Casado López，1893—1968），西班牙军人，曾担任第二共和国司令。1939年3月28日，卡萨多联合右翼政党发动政变，推翻内格林政府，并与佛朗哥进行谈判。3月28日，佛朗哥的军队进入马德里，卡萨多流亡委内瑞拉，直到1961年才返回西班牙。
② 胡安·内格林·洛佩兹（Juan Negrín y López，1892—1956），西班牙政治家，西班牙社会主义工人党的领袖，1937年至1939年内战期间担任西班牙共和国总理。

评埃里希·玛利亚·雷马克的《凯旋门》、
德里克·吉尔平·巴恩斯的《生命的主人：
动物诗选集》、唐纳德·布鲁克的《五位伟
大的法国作曲家》①

那本著名的《西线无战事》的作者雷马克已经有很多年没有
出版过小说了，显然，这段时间里他的水平更进了一步。他不仅
抛开了 1914 年至 1918 年那场战争的痛苦回忆——那是他大部分
早期作品的主题——而且他的手法也改变了，变得更加隐晦微
妙，而且带有一种之前不曾有的玩世不恭的感觉。

这一次他描写的不是战争，而是慕尼黑会议前后那段动荡的
岁月里那些去国离乡、流落法国的难民的生活。

这则故事有几个互相缠绕的主题——恋爱、谋杀、贫穷、卖
淫、思乡——全部都掌控有方，但最有趣的是它们揭露了现代国
家严重的非人性化的愚昧。

男主角是一个德国人，自称拉维克(他的真名弗雷森堡直到全
书的最后才被揭晓，而且他用了许多个化名，几乎忘记了这个本
名)，职业是一名外科医生。自从 1931 年起，他就流落法国，没有

① 刊于 1946 年 11 月 14 日《曼彻斯特晚报》。埃里希·玛利亚·雷马克
(Erich Maria Remarque, 1898—1970)，德国作家，代表作有《西线无战
事》、《凯旋门》等。德里克·吉尔平·巴恩斯(Derek Gilpin Barnes)，情况
不详。唐纳德·布鲁克(Donald Brook)，情况不详。

文件也没有身份。

时不时地，他会被逮捕，并被递解到瑞士边境，还被威胁说如果再回来的话，就把他押送回德国。但他总是改名换姓又溜了回去，而法国的警察效率低下，没有认出他，因此没有更糟糕的事情发生，最多只是蹲一两个月的监狱。

但与此同时，他必须活下去。理论上他不能当一名外科医生，即使他有护照和资格证也不行，因为法国政府不承认外国的医科证书。

但实际上他在偷偷地从事外科医生的工作，因为许多法国医生乐意利用一个聪明的外科医生，帮他们进行困难而危险的手术。

冒着出了差错的话会有重罚的危险，拉维克进行了那些手术，雇用他的医生夺走了报酬的大头和荣誉。他的地位之吊诡——或许这是被纳粹政权驱逐的数以百计乃至数以千计的医生的情况——从几个精心构思的事件可以体现出来。

有一次他发现自己在为那个处理难民事务的部长做胆囊手术，拉维克的痛苦在很大程度上就是他造成的——他违心地救了部长的性命。还有一次，他见到一个女人在街上受伤了，给她止血包扎，被围观的群众认出他是一位医生，这使得他再次被捕并被递解出境。

这本书与其说是在讲故事，倒不如说是一篇"报道文学"。

拉维克谈了一场恋爱，但并不是很令人信服。而且他还杀了人，从他的角度看是可信的，但被害人就有点难以令人相信了。1933年在德国的时候，他曾被一名盖世太保酷刑折磨。他决心如果有机会的话一定会进行报复。那个男人时不时会到巴黎探访，最后，拉维克设法抓住了他，然后以冷血而高效的方式谋杀了他。在我们这个年代，很容易相信一个敏感而理智的人会做出这种事情，但很难相信一位盖世太保的高官会像书中所描写得那么傻帽或在没有保护的情况下出行。

但是，这本书的医院描写和对难民生活的反映很有可读性。当然，故事的结尾是战争刚一爆发，拉维克和所有其他反对法西斯主义的难民就统统被关进了法国的集中营。想到八年后那些没有国家的人的问题仍然没有解决就令人难过，或许有用的生命就以同样的方式被浪费掉了。

《生命的主人》里面的诗大部分属于"乔治亚时期"——即1910年到1920年的作品。通读全文之后你会意识到，关于动物几乎没有什么好的作品，至少就韵文诗而言是这样。被选中的诗人有约翰·马斯菲尔德①、西格弗里·萨松、威尔弗雷德·威尔逊·吉布森②、约翰·斯奎尔爵士③、哈罗德·门罗④、约翰·德林沃克⑤、威廉·亨利·戴维斯和戴维·赫伯特·劳伦斯。

有趣的是，劳伦斯的诗与其他人的诗截然不同。作为一位诗

---

① 约翰·爱德华·马斯菲尔德(John Edward Masefield, 1878—1967)，英国作家、诗人，曾获英国桂冠诗人称号，代表作有《午夜的民族》、《快乐的匣子》等。
② 威尔弗雷德·威尔逊·吉布森(Wilfrid Wilson Gibson, 1878—1962)，英国诗人，代表作有《生命之网》等。
③ 约翰·科林斯·斯奎尔(John Collings Squire, 1884—1958)，英国诗人、作家、编辑，代表作有《花语：文学作品的文字与形式》、《反思与回忆》等。
④ 哈罗德·爱德华·门罗(Harold Edward Monro, 1879—1932)，英国诗人，代表作有《黎明之子》、《青年的武装》等。
⑤ 约翰·德林沃克(John Drinkwater, 1882—1937)，英国剧作家，作品多描写英国王室及政治领导人，代表作有《克伦威尔传》、《玛丽·斯图亚特》等。

人，他太草率和随性，没有发挥出自己的最高水平，但无论是写散文还是韵文诗，当他描写动物时，他写出了最好的水平，因为他捕捉到了最根本的真相，那就是动物并不是人。当他看着一头动物时，他会尝试去想象它愚昧的意识是什么样子的，而大部分其他作家要么是在表达"大自然的美"，要么将人的思想植入了动物的脑袋里。

比方说，约翰·高斯华绥写过一首多愁善感的蹩脚诗，里面有这么几行（"他"指代的是人类）：

> 他由于悔恨而日渐憔悴，
> 当他拒绝了使命的召唤，
> 他剪下每一条马尾，
> 雕刻出一头头无助的动物。

不过，这本书制作精美，由凯瑟琳·加德纳小姐创作的木版画要比凸版印刷作品漂亮得多。对于任何有英国式动物情结的人来说，这本书会是一份挺不错的圣诞礼物。

不喜欢音乐的读者会觉得作曲家的生平有趣吗？会的，假如它们都像柏辽兹①的生平那样跌宕起伏的话。需要一个庞大的交响乐团为他的创作服务，因此他总是在为了筹钱而奔波，与批评家和高等艺术学府进行激烈的论战。

---

① 赫克托尔·路易·柏辽兹（Hector Louis Berlioz，1803—1869），法国作曲家，代表作有《幻想交响曲》、《庄严弥撒》等。

文中写到的其他作曲家——塞扎尔·弗兰克①、卡米尔·圣桑②、德彪西和莫里斯·拉威尔③——则没有那么幸运，但几乎每个人都有阴谋、嫉妒、抵制新理念的蒙昧主义的故事可以讲述。这本书所体现的一件事情是作为一位严肃的音乐家的不利之处——相比作家而言——他们需要仰仗政府的支持，因而受到戕害。它的文风很平易近人，但每一篇文章的最后会对该作曲家的主要作品进行介绍，包括了一些术语细节。

---

① 塞扎尔·奥古斯都·让·古雷莫·胡伯特·弗兰克（César-Auguste-Jean-Guillaume-Hubert Franck, 1822—1890），法国音乐家、作曲家。
② 卡米尔·圣桑（Camille Saint-Saëns, 1835—1921），法国音乐家、作曲家。
③ 莫里斯·拉威尔（Maurice Ravel, 1875—1937），法国音乐家、作曲家。

评汉能·斯瓦弗的《纳尔逊会怎么做?》、雷吉纳德·庞德的《论述》、霍华德·斯布林的《邓克礼报》①

　　汉能·斯瓦弗先生在书中的第一章就解释了纳尔逊一直是他的英雄之一,因此,当无数海军士兵给他在《人民报》的专栏写信,里面有这样的字句时——"为什么他们不让纳尔逊去死"、"纳尔逊情结毁了我们的生活"和"是时候埋葬纳尔逊,与时俱进了"——他感到很难过。

　　他决定更深入地了解这个问题。正如他所熟知的,纳尔逊在他那个时代是一位人道的海军司令,他为部下争取权利,并试图改善他们艰苦的生活。他会完全认可现在以他的名义所做的事情吗?

　　这本书的一部分内容是那些服役的海军士兵的信件,一部分是议会的辩论记录和海军的公告。斯瓦弗先生在他的专栏里提到海军征兵这个问题后,收到了近千封信件,大部分来自普通士兵,也有一小部分来自海军军官,所有的来信都在强调底层官兵

---

　　① 刊于 1946 年 11 月 21 日《曼彻斯特晚报》。弗雷德里克·查尔斯·汉能·斯瓦弗(Frederick Charles Hannen Swaffer, 1879—1962),英国记者,代表作有《幕后真相》、《昂扬的冒险》等。雷吉纳德·庞德(Reginald Pound),英国作家,代表作有《1914 年,失落的一代》、《世纪的镜子》等。霍华德·斯布林(Howard Spring, 1889—1965),威尔士作家、记者,代表作有《夕阳》、《此时此刻》等。

难以忍受的生活条件。抛开经过一场漫长的战争后自然会有的"不满"情绪不谈，还有那些心怀不满的人要比那些感到满意的人更愿意给报纸写信，它所揭露的事态仍然非常糟糕。

最强烈而且数量最多的投诉是舱房过度拥挤，实际情况就连牲畜的待遇都不如。在一艘新式驱逐舰上——1945 年服役——20 个男人只能在一间"普通人家的客厅"那么大的舱房里吃饭、睡觉和消遣。在另一艘船上，70 个男人住的地方才 30 英尺长 15 英尺宽。还有另一艘船，80 个男人住在 35 英尺长 17 英尺宽的地方，等等等等。

吊床架得很近，水兵们睡觉的时候可以触摸到彼此是司空见惯的事情。洗澡和洗衣设施总是非常糟糕，有时候甚至让人觉得很耻辱。一封接一封的信件提到了肮脏污秽的环境，写信人只能在那里吃饭和睡觉，而与此形成鲜明对比的是军官们的生活场所。

部分程度上，这种过度拥挤的情况是最新的技术发展的结果。船只必须配备雷达和其他设施，它们占据了很大一部分空间，并需要有额外的人手。但是，一封接一封的信件表明普通士兵挤在一起的一部分原因是军官们即使在小型船只上也拥有超越他们所需的宽敞空间。因此，一位低阶军官评价道："如果你说 20 个军官的生活面积要比 50 个士兵的生活面积更大，这么说可没有错。"

岸上的海军军营情况也好不到哪里去。另一方面，相同规模的美国战舰在每一个细节上的情况要好得多。水手们有更宽敞的生活面积，他们不用在睡觉的房间里吃饭，他们睡的是行军床而不是吊床，他们吃得更好，而且他们有良好的洗澡和洗衣服的设施。

小的抱怨有许多，但最主要的不满除了肮脏和拥挤的生活条件之外，是严苛而过时的纪律。军官和士兵之间有一道巨大的社会鸿沟，并通过征募方式拓宽这道鸿沟。一个愚蠢、自私、专制的军官有数不尽的机会做出不公的事情，而士兵几乎没有权力去进行纠正，也没有渠道去反映集体的不满。

显然，一个迫切的需要是让有才华的人更容易脱颖而出，并阻止军官演变成为封闭的阶层，不让他们从小就规划好从事这一职业。

如果不是有官方数字作为支持，斯瓦弗先生或许会被认为是在夸大其词。在战争末期，百分之五十的临时军官自愿继续在海军服役，而只有百分之二不到的士兵愿意留下来。事实上，海军比陆军或空军更难招募到士兵。主要的原因无疑就是斯瓦弗先生所描述的糟糕的生活条件，无论是在船上还是陆上。

这本书只是一本匆忙写成的宣传文章，但它值得被广泛阅读。

庞德先生的日常记录——虽然他的书里没有记载日期，那是1939 年至 1942 年的日志——似乎显得平淡无奇。

庞德先生的职业是记者，战争期间曾为英国广播公司服务，在电台新闻栏目工作过一段时间，那是英国广播公司最成功的节目之一。他还在英国南部的家里目睹了不列颠海战的情形，似乎认识每一个名人，从温斯顿·丘吉尔到詹姆斯·阿盖特[①]，从汤

[①] 詹姆斯·阿盖特(James Agate，1877—1947)，英国日记作家、批判家，代表作有《马的王国》、《昨日集、今日集》等。

姆·米克斯①到克姆斯利勋爵。

这本书写得最好的内容是对已经差不多被遗忘的战时那些细小的烦扰的记录——比方说，在灯火管制中走路撞到灯柱的痛苦经历。但许多事情虽然在杂谈专栏里似乎可以被接受，但并不值得写成一本书。

《邓克礼报》（这个书名是一份虚拟的周刊的名字）是一本虽古怪且不可信，但挺有趣味的小说。它的故事发生在十八世纪九十年代，讲述了几个人通过创办廉价报刊从贫民窟里的穷光蛋突然间成为有钱人的故事。

它的中心主题是摆脱过去的苦难，但这个主题是通过那些很不可信的事件进行表述的，以一场毫无意义的自杀作为结束。你会觉得斯布林先生真正想要描写的是流行报刊的浪漫（例如《回答》、《花边新闻》等）。如果它不是伪装成一本小说的话，会是一本更好的书。

不过，这本书是小说三部曲的第二部，如果你曾经读过第一部《艰难的事实》的话，或许书中的角色会更加真实可信。

---

① 托马斯·埃德温·汤姆·米克斯(Thomas Edwin "Tom" Mix, 1880—1940)，美国电影演员，曾主演很多早期西部牛仔片。

从班格尔飞驰而下[①]

　　《海伦的宝贝》又来了——它曾经是世界上最畅销的书，单是在大英帝国就有二十间不同的出版社将其盗印。这本书的销量得有好几十万本，甚至好几百万本，作者收到的版税总共却只有40英镑——对任何三十五岁以上的文人来说，实在是难以置信。目前的版本并不令人满意。那是一本廉价的小书，插图和内容可谓风马牛不相及，许多美国式的语言似乎都被删减了，之前的版本中经常收录进去的续篇《别人家的孩子》在这一版中也不见了。但是，看到《海伦的宝贝》重印是一件很开心的事情。近几年来这本书几乎无从寻觅，它是那些在世纪之交出生的人们小时候阅读的美国读物中最好的一部作品。

　　一个人在童年时所阅读的书或许大部分是烂书或蹩脚的好书，在他的脑海中形成了充满谬误的世界图景，那里有一个个你这辈子时不时会逃到里面去的传说中的国家，有时候甚至在去过所描述的国家之后，印象仍然留存。潘帕斯草原、亚马逊河、太平洋的珊瑚岛、山毛榉和俄式茶壶的俄国土地、贵族与吸血鬼的特兰西瓦尼亚、盖伊·布斯比[②]笔下的中国、杜·莫里

---

① 刊于 1946 年 11 月 22 日《论坛报》。
② 盖伊·纽维尔·布斯比（Guy Newell Boothby, 1867—1905），澳大利亚作家，代表作有"尼克拉博士"系列。

耶①笔下的巴黎——你可以列出长长的清单。但还有一个我从小就听说的幻想中的国度，名叫美国。如果我念到"美国"这个词的时候停下来，刻意将现实放在一边，回忆童年时对美国的想象，我会看到两幅画面——当然是构想的画面，许多细节已经被忽略了。

其中一幅画面是一个小男孩坐在刷了白灰的石砌的教室里，身穿吊带裤，衬衣上打着补丁，如果是夏天的话他是赤脚的。在教室的角落里有一桶可以喝的水和一把长柄勺。那个小男孩住在一间农舍里，也是石头砌成的，也刷了白灰，是分期付款买来的。他立志要成为总统，但他的任务是把柴火堆给垒满。画面的背景是一本大大的黑色的《圣经》，完全主宰了整幅画面。另一幅画面是一个高大瘦削的男人，一顶不成形状的帽子耷拉着遮住了他的眼睛，他正靠在木栅栏上，削着一根棍子。他的下颚在缓慢地动来动去，没有一刻消停。久久地，他会说出几句很有哲理的话，例如："女人是最平常的家畜，和骡子没什么两样"或"什么都不知道的时候就什么都别做"，但他更经常做的，是从门牙的缝隙间吐出一口烟叶汁。这两幅画面浓缩了我对美国的最初印象。在这两幅画面中——我想第一幅画面代表了新英格兰，第二幅画面代表了美国南方——第一幅画面给我留下的印象更强烈一些。

从这些画面所衍生的书籍中有一些现在还值得严肃阅读，例如《汤姆·索亚历险记》和《汤姆叔叔的小屋》，但最具美国风情的作品得在那些现在已经几乎被遗忘的次要的作品中才能找到。

---

① 乔治·路易斯·帕尔梅拉·布松·杜·莫里耶（George Louis Palmella Busson du Maurier，1834—1896），法裔英国作家、漫画家，代表作有《特丽比》、《社会讽刺漫画》等。

比方说，我不知道有没有人读过《桑尼布鲁克农场的丽贝卡》，这本书流行了很久，被翻拍成电影，由玛丽·璧克馥①担纲主演。苏珊·科里奇②写的《凯蒂》系列（《凯蒂的校园见闻》等）呢？它们虽然是女生的读物，因此很"多愁善感"，但很有异域风情。我想路易莎·梅·艾尔科特③的《小妇人》和《贤妻良母》仍然在断断续续地刊印，当然仍然有一些读者在阅读这两本书。这两本书我童年时都爱读，不过我不是很喜欢这套三部曲的第三本《小男人》。那间模范学校最严重的惩罚就是校长狠狠地揍你一顿，还说什么"打在你身，痛在我心"，我觉得实在是难以接受。

《海伦的宝贝》和《小妇人》基本上属于同一个世界，大概是在同一时间出版。然后是阿特穆斯·沃德④、布雷特·哈特和众多的歌曲、圣诗和民谣，还有描写美国内战的诗歌，如《芭芭拉·弗里奇》（"开枪打死这个头发花白的老头吧，如果你必须这么做的话，但请放过你的国旗。"她说道。）和《田纳西的小吉福德》。还有其他海淫海盗的书，几乎不值得提起，还有杂志上刊登的故事，我只记得老的宅邸总是得还房屋按揭。还有《美丽的乔伊》，美国版的《黑美人》，你可以在六便士的书堆里找到它。我所提到的所有这些书都远远早于 1900 年之前，但那种特别的美国

---

① 玛丽·璧克馥（Mary Pickford，1892—1979），加拿大电影演员，曾获奥斯卡最佳女主角奖和奥斯卡终身成就奖。

② 苏珊·科里奇（Susan Coolidge）是美国女作家莎拉·乔希·沃斯利（Sarah Chauncey Woolsey，1835—1905）的笔名，代表作有《凯蒂故事集》、《二八年华》等。

③ 路易莎·梅·艾尔科特（Louisa May Alcott，1832—1888），美国女作家，代表作有《小妇人》、《贤妻良母》、《小男人》等。

④ 阿特穆斯·沃德（Artemus Ward）是美国作家查尔斯·法拉·勃朗宁（Charles Farrar Browne，1834—1867）的笔名，代表作有《朴实的商人》、《尤蒂卡的专制暴行》等。

风味仍一直流连到这个世界。比方说,《巴斯特·布朗》①的彩色增刊,甚至在布斯·塔京顿②写于 1910 年左右的《彭罗德》的故事中。或许就连厄尼斯特·汤姆森·瑟顿③的动物故事(《我所了解的野生动物》等)也带有这种风味,现在已经不受欢迎了,但对于 1914 年以前出生的孩子们来说催人泪下,就像上一代人孩提时读《误解》一样。

后来,有一首歌让我对美国有了更加准确的了解,这首歌很有名,而且在《苏格兰学生歌谱》中还能找到(我认为)。和别的书一样,这本书现在很难找,我没办法找到一本,只能引用记忆中的一些片段。这首歌的开头是:

> 从班格尔飞驰而下
>
> 火车向东而去,
>
> 车上坐着一个学生,
>
> 一身古铜色的肌肤,
>
> 在缅因州的森林,
>
> 打猎几个星期,
>
> 他蓄着浓密的鬓须、
>
> 络腮胡和八字胡,

---

① 巴斯特·布朗(Buster Brown)是美国漫画家理查德·费尔顿·奥特科特(Richard Felton Outcault)创作的漫画人物形象。

② 布斯·塔京顿(Booth Tarkington,1869—1946),美国作家,曾获普利策奖,代表作有《了不起的安柏森一家》和《爱丽丝·亚当斯》等。

③ 厄尼斯特·汤姆森·瑟顿(Ernest Thompson Seton,1860—1946),苏格兰裔美国作家,美国童军运动的创始人,代表作有《我所了解的野生动物》、《两个小野人》等。

高大瘦削而英俊。

之后有一对年迈的夫妇和一个"村姑"，按照书里的描写，是个"娇小的美人"，上了车厢。漫天飞舞着煤灰，不久，一粒煤灰进了那个学生的眼睛，那个村姑帮他弄了出来，引得那对老夫老妻乱嚼舌根。很快，火车驶入了一条长长的隧道，"就像埃及的夜色那般漆黑"。等到火车驶入阳光下的时候，那个村姑满脸绯红，她为什么慌张，原因揭晓了：

> 一颗小小的耳环，
> 突然出现，
> 就在那个讨厌的学生的胡须上！

我不知道这首歌是什么时候写的，但那是一列很古老的火车（车厢里没有灯光，而且煤渣飞进眼睛里是很平常的事情）表明那是十九世纪早期的事情。

这首歌和《海伦的宝贝》这样的书之间的联系是，首先它们有一种亲切的天真气息——里面的高潮，让你觉得有点惊讶的事情，放在现代的幽默文章里会被打上星号。其次是矫揉造作的文化品位里夹杂着含糊而低俗的语言。《海伦的宝贝》的创作主旨是一本幽默甚至搞笑的书，但自始至终总是冒出"雅致"和"贤淑"这样的词语。它之所以有趣主要是因为那些小小风波发生的背景是有意识的装模作样。"美丽、睿智、安详、有品位的穿着，我没有去理会打情骂俏，也没有去在意身边那个呆滞的时髦女郎，她唤醒了我的每一份爱慕之情"——那个女主角在别处被描写为

"一个身姿绰约、清新优雅、明眸善睐、面容姣好、粉脸含春、善于察言观色的女子"。从"我想您去年冬天在圣·西番雅教堂的展会里布置了鲜花装饰是吗，波顿先生？那真乃最有品位的应季布置了"这样的话中，你瞥见了那个已经消失的世界的美妙风光。虽然有时候它会用"乃"①和其他古语，——用"厅堂"②表示客厅，"寝室"③表示卧室，"真的"④作副词用等等——这本书的"时代感"并不是很鲜明，许多喜欢读这本书的人认为它应该是写于 1900 年左右。事实上，它成书于 1875 年，你或许可以从书中的证据推测出来，因为主人公二十八岁，是内战的老兵。

这本书篇幅很短，而且故事很简单。一个年轻的单身汉受姐姐的嘱托帮忙看家和照顾她的两个儿子，一个五岁，一个三岁，让她好跟丈夫去度假半个月。两个孩子几乎把他逼疯了，他们不停地做出种种荒唐的事情：掉进池塘里，把钥匙丢进井里，吃了有毒的东西，拿剃刀刮伤了自己等等，却也帮助他和一个女孩订了婚，"她是一个充满魅力的女孩，我一直远远地爱慕着她有一年的光景"。这些事情就发生于纽约的郊区，在现在看来，那是一个严肃、正式而富有教养的阶层，而且按照当前的概念，他们不像是美国人。在那个阶层，每一个行为都受到礼仪的约束。遇到一辆坐着女士们的马车，而你的帽子却卷边了，那会是一个可怕的灾难；在教堂里和熟人交谈是无礼之举；刚谈恋爱十天就订婚是严重的失检行为。我们习惯于把美国社会想象得更加粗俗、喜欢

---

① 原文是 "twas"。
② 原文是 "parlour"。
③ 原文是 "chamber"。
④ 原文是 "real"。

冒险和在文化意义上比我们的社会更加民主。从马克·吐温、惠特曼、布雷特·哈特的作品以及周报里刊登的牛仔和红番的故事中，你会勾勒出一个狂野的无政府主义国度，到处是不受传统约束、不会在一处地方终老的怪人和亡命之徒。当然，这是十九世纪的美国风情画，它已经不复存在，而在人口稠密的东部各州，类似于简·奥斯汀笔下的社会阶层比英国的同一社会阶层存在的时间似乎更长。而且，你会觉得这个社会阶层要比兴起于十九世纪后半叶工业化的新贵要来得好一些。《海伦的孩子》和《小妇人》里的人物或许有点滑稽可笑，但他们没有堕落。他们品性正直，道德高尚，心里怀有不假思索的虔诚。当然，他们每个人星期天早上都去教堂，吃饭前会祈祷，睡觉前会祈祷，给孩子讲述《圣经》里的故事逗他们开心，如果孩子们要听歌他们可能会唱"得胜，得胜，哈利路亚！"[①]或许这个时期的文学作品轻松而健康精神的一个体现就是死亡可以随意提及。在《海伦的宝贝》的开篇，巴奇和托迪的弟弟"小菲尔"死掉了，有好几处地方还拿他那口"小小的棺材"开涮。一位当代作家在写这么一个故事时会对那口棺材避而不谈。

英国的孩子仍然受到美国电影的影响，但大体上，再也没有人说美国的书籍是最好的儿童读物了。谁会让孩子去读那些彩色"漫画书"时心里不觉得担心呢？在这些漫画书里，邪恶的教授在地下实验室制造原子弹，而超人呼啸着划破云际，机关枪的子弹击中他的胸膛就像豌豆一样掉了下来，金发碧眼的美女被钢铁

---

① "得胜，得胜，哈利路亚"（Glory, glory Hallelujah!）是美国爱国歌曲《共和国战歌》（the Battle Hymn of the Rupublic）的歌词。

机器人或长了五十条腿的恐龙强暴或险遭强暴。超人和《圣经》与柴火堆很不一样。早期的儿童书，或那些孩子们能够读懂的书，不仅天真烂漫，而且带着与生俱来的欢乐，一种轻快的无忧无虑的感觉，那或许是十九世纪的美国所享有的前所未闻的自由和安全的产物。那是看似风马牛不相及的《小妇人》和《密西西比河上的生活》之间的纽带。前一本书描述的是一个顺从、斯文和富有家庭观念和顾家的社会阶层，而后一本书描述了一个疯狂的世界，有强盗、金矿、决斗、酗酒和赌场。但从这两本书里你可以体会到一种隐含的对于未来的信心，一种对自由和机会的信念。

十九世纪的美国是一个富庶空旷的国度，独立于主流世界事件之外，困扰着几乎每一个现代人的两个梦魇：失业的梦魇和国家干预的梦魇还没有出现。那时候的社会分化比今天更明显，有人在挨穷（在《小妇人》中那家人一度困窘到其中一个女儿卖头发给理发师的地步），但不至于像现在一样达到无助感无处不在的地步。每个人都有用武之地，只要你努力工作就肯定能活下去——甚至肯定能发家致富，每个人都相信这一点，而大部分人真的应验了这一点。换句话说，十九世纪的美国文明是鼎盛时期的资本主义文明。内战过后不久，不可避免的衰败开始了。但至少几十年来美国的生活要比欧洲的生活有趣得多——更丰富，更多姿多彩，更多的机会——那个时期的书籍和歌曲有一种朝气蓬勃的天真烂漫的感觉。因此，我觉得，《海伦的宝贝》和其他"轻松"的文学作品的流行，让三四十年前的英国孩子带着对浣熊、土拨鼠、金花鼠、囊地鼠、山核桃、西瓜和其他美国风情不为人熟知的零零碎碎的理论知识长大成人是一件很正常的事情。

《动物农场》乌克兰语版序言①

　　他们让我为《动物农场》的乌克兰语译本撰写序文。我知道我的写作对象是我一无所知的读者，但他们或许也从未有过机会对我有所了解。

　　在这篇序文中，他们对我的期望最大的可能就是说一说创作《动物农场》的缘由，但我首先想介绍一下我自己和促成我的政治立场的经历。

　　我于1903年在印度出生。我的父亲是当地英国政府的一位官员，我的家庭是由士兵、神职人员、政府官员、教师、律师、医生等人所组成的普通中产阶层的一户寻常人家。我在伊顿公学接受教育，那是英国的公学中最昂贵最势利的一所②。但我能去那里上学是因为我获得了奖学金，否则我的父亲肯定供不起我读这么一所学校。

　　离开学校后（那时候我还不到二十岁），我去了缅甸，加入了印度皇家警察部队。这是一支武警部队，类似于西班牙国民卫队和法国机动卫队的宪兵部队。我服役了五年。这份工作不适合

---

　　① 发表于1947年3月。

　　② 原注：这些不是国家公立学校，恰恰相反，是排外、昂贵的高中寄宿学校，彼此间相隔很远。直到不久前它们还几乎只接纳贵族家庭的子弟。十九世纪时，那些暴发户对这些公学趋之若鹜，想把自己的儿子送进里面读书。在这种学校，最大的压力来自体育，要求树立高贵坚强的绅士形象。在这些学校里，伊顿公学特别有名。据威灵顿所说，滑铁卢的胜利是在体育场上决定的。不久之前，绝大部分统治英国的人士都曾经在公学就读。

我，使我痛恨帝国主义，虽然那时候缅甸的民族主义情绪并不是非常强烈，而且英国人与缅甸人之间的关系并非势同水火。1927年休假回英国时，我辞职了，决定当一名作家，但刚开始的时候并不成功。1928年至1929年我住在巴黎，写一些没有人会刊印的短篇和长篇小说（我将它们统统销毁了）。接下来的几年我的生活仅仅足以糊口，有几回还得挨饿。从1934年开始我才得以靠写作获得的报酬活下去。与此同时，有时候我连续好几个月同那些生活在贫民窟最糟糕的区域的穷人和潜在的犯罪分子生活在一起，或到街上乞讨和偷窃。那时候因为没钱我不得不和他们打交道，但后来他们的生活方式让我非常感兴趣。我花了好几个月的时间（这一次很有系统）去研究英国北部矿工的生活条件。直到1930年，我并不认为自己是一位社会主义者。事实上，那时候我还没有明确的政治观点。我支持社会主义更多的是因为我憎恨产业工人中那些比较穷苦的人被欺压的惨状，而不是因为我在理论上赞同计划社会。

1936年我结婚了。几乎就在同一个星期西班牙内战爆发。我和妻子都想去西班牙，为捍卫西班牙政府而战斗。六个月后，我完成了正在创作的那本书后，我们做好了准备。我在西班牙的阿拉贡前线呆了几乎有六个月，直到在韦斯卡，一个法西斯狙击手开枪击穿了我的喉咙。

在这场战争的最初阶段，外国人大体上没有察觉支持西班牙政府的几个政党之间的内部斗争。在一系列机缘巧合之下，我没有像大部分外国人那样加入国际纵队，而是加入了马联工党的民兵部队——而他们是西班牙的托派分子。

于是，在1937年年中，当西班牙政府开始搜捕托派分子时，我们俩发现自己成了被迫害者。我们幸运地活着逃离西班牙，甚至没有被逮捕过一回。我们的许多朋友被枪毙了，其他人在监狱里呆了很久，或就此人间蒸发。

西班牙的这些搜捕与苏联的肃反同时发生，是后者的一个补充。在西班牙和俄国，那些指控的本质（与法西斯分子勾结）都是一样的。就西班牙而言，我有充分的理由相信这些指控都是不实的。体验这一切是宝贵的实际教训，它教会了我极权主义宣传能多么轻易地控制民主国家的开明人士的想法。

我和妻子都看到无辜的人被关进监狱，就因为他们被怀疑有非正统思想。但是，当我们回到英国时，我们发现许多理性而且消息灵通的观察者都相信关于莫斯科审判的最荒诞不经的阴谋、背叛和破坏活动的媒体报道。

我从未去过俄国，我对它的了解仅限于通过阅读书籍和报纸所了解到的内容。即使我有权力，我也不想去干涉苏联的内政。我不会去谴责斯大林和他的党员野蛮专横，不讲民主。很有可能他们这么做是受形势所迫，虽然他们怀有最好的动机。

但是，另一方面，从1930年开始，我看不到多少苏联正朝真正的社会主义方向前进的真凭实据。恰恰相反，我惊讶地看到清晰的迹象，表明它正演变成为一个等级森严的社会，比起其他统治阶级，苏联的统治者并没有更多的理由放弃自己的权力。而且，在英国这样的国家，工人和知识分子无法了解到今天的苏联已经根本不是1917年时的政权，一部分原因是他们并不想去了解（也就是说，他们想要相信在某个地方，一个真正的社会主义国家确实存在），一部分原因是他们习惯了公共生活的相对自由和节制。

但是，你必须记住，英国并不是一个完全民主的国家。它也是一个资本主义国家，有着惊人的阶级特权和（即使到了现在，虽然战争似乎让人与人之间平等相待）贫富悬殊。但不管怎样，人们在这个国家生活了数百年，没有发生大的冲突，法律相对公平，官方的新闻和数据几乎可以完全相信，而最重要的是，信奉和说出少数派意见不会有生命危险。在这么一个环境里，街头的群众对集中营、大规模的流放、未经审判的逮捕、对媒体的内容审查等等并没有真正的理解。他所读到的关于苏联的一切都被自动地转化成英国的概念，使他天真地接受了极权主义宣传的谎言。直到 1939 年，甚至到了后来，大部分英国人仍无法了解德国纳粹政权的真实本质。这对英国的社会主义运动造成了很大的伤害，并给英国的外交政策带来严重的后果。

从西班牙回来后，我想过写一个故事，这个故事要能让几乎每一个人明白，而且能够很容易地翻译成别的语言。然而，故事的具体细节过了一段时间之后我才有了思绪。有一天（那时候我住在一座小村庄），我看到一个小男孩，大概才十岁，驱赶着一匹拉车的高头大马走在一条小径上，只要那匹马一想转头就鞭打它。这一幕让我想到，如果这些动物能够意识到自己的力量，我们根本无法管束它们，人类压榨动物不就像富人压榨无产者一样吗？

我从动物的角度进行分析。对它们来说，显然人类之间的阶级斗争这一概念根本不切实际，因为只要有必要压榨动物，所有的人类都会联合起来和它们作对。真正的斗争是动物与人类之间的斗争。以这个作为出发点，讲述这个故事就不是什么难事了。直到 1943 年我才动笔，因为我总是在忙碌别的事情，抽不出时间。最后，我加入了几个事件——比方说，德黑兰会议，它就发生在我创作的时候。也就是说，这个故事的主要情节在动笔之前已经在我的心里酝酿了六年。

我不想对这本书做评论，如果它不能证明自己的价值，那它就是失败的作品。但我想强调两点：首先，虽然许多事件取材于实际历史，但我对它们进行了统筹安排，而且改变了它们的时间顺序，为了故事结构的对称，这是必需的。大部分书评家遗漏了第二点，或许是因为我没有予以足够的强调。有几个读者读完这本书后或许会觉得，它的结局是猪与人达成了彻底的和解。那并不是我的想法。恰恰相反，我希望以不和谐的高音作为结束，因为我是在德黑兰会议刚刚开完时写这本书的，每个人都认为苏联和西方达成了可能实现的最好的关系。我个人不相信这一友好的关系会一直持续下去，而事实已经证明我并不是错得很离谱。

我不知道我还需要再说些什么。如果有人对个人细节感兴趣，我得补充说我是一个鳏夫①，有一个快三岁的儿子，以写作为生，自从这场战争开始后就一直从事记者的职业。

我最常供稿的期刊是《论坛报》，一份社会主义政治周刊——大体上说，代表了工党的左翼人士。下面这几部我的作品或许会让普通读者感兴趣（如果这个译本的读者能够找到它们的话）：《缅甸岁月》（一则关于缅甸的故事）、《向加泰罗尼亚致敬》（源于我在西班牙内战的经历）、《批判文章》（大部分是关于当代英国文学的书评，其社会意义大于文学意义）。

---

① 1935 年春天，奥威尔与艾琳·玛乌德·奥沙尼丝（Eileen Maud O'Shaughnessy，1895—1945）结婚，1945 年 3 月，艾琳因病去世。1949 年 10 月，奥威尔与索尼娅·玛丽·勃朗内尔（Sonia Mary Brownell，1918—1980）再婚。

李尔王、托尔斯泰与弄人①

托尔斯泰的宣传册是他的著作中最不为人所知的作品，而他对莎士比亚的攻讦②是一篇相当不容易找到的作品，至少其英文译本是这样。因此，或许在我们进行探讨之前我得先对它做概述归纳。

托尔斯泰开篇便说，他这辈子一读莎士比亚就有一种"无法抗拒的反感和厌烦"。托尔斯泰知道文明世界的意见与他相左，他一再尝试阅读莎士比亚的作品，读过了俄文版、英文版和德文版，但是"那些作品总是带给我同样的感觉：厌恶、疲惫和困惑"。在已年届七十五岁的时候，他又通读了一遍莎士比亚全集，包括那几部历史剧。"我的感觉还是一样，而且更加强烈——但这一次我并不觉得困惑，而是坚定不移地明确认为，莎士比亚所享有的不容置疑的伟大作家的荣耀——正是这份荣耀促使当代作家竞相模仿此人，也促使读者和观众在他身上发掘那些纯属子虚乌有的优点，从而扭曲了他们的审美观和伦理观——与所有的谎言一样，其实是一桩大恶。"托尔斯泰还补充道，莎士比亚不仅毫无才华，而且连"一般作家"的水准都达不到。为了证明这一事

---

① 刊于 1947 年 3 月 7 日《辩论》。
② 原注：《论莎士比亚及其戏剧》写于 1903 年，为厄尼斯特·克罗斯比的另一本宣传册《论莎士比亚及工人阶级》作序。

实，他将对《李尔王》进行探讨，通过引用赫兹里特①、布兰德斯②和其他人的论述，证明《李尔王》这部被公认为莎士比亚最好的作品其实得到了过分的赞誉。

接着，托尔斯泰对《李尔王》的情节进行了阐述，认为每一个情节设置都愚蠢冗长、造作浮夸、不知所云、庸俗乏味，充斥着种种离奇事件、"胡言乱语"、"蹩脚的笑话"、不合时宜、无关主旨、肮脏下流、满是俗套的舞台传统，而且在道德观和审美观上都有瑕疵。李尔王这个角色是剽窃了一部更早的、作者不详的戏剧《莱尔王》后塑造而成的，而后者要比《李尔王》好得多，莎士比亚盗用其创作思路后将其销毁。有必要引用一段文字，表明托尔斯泰是如何进行评论的。他对第三幕第二场（在这一幕中，李尔王和弄人一起站在暴风雨中）做了如下概括：

> 李尔王在荒原徘徊，喃喃说着一些表达内心绝望的话：他希望暴风雨刮得更猛烈一些，（暴风）将他们的面颊吹裂，暴雨将一切淹没，闪电将他的白胡子烧灼，雷鸣将世界扫平，摧毁一切"使人忘恩负义"的罪恶！弄人一直说着更加莫名其妙的话。肯特上场。李尔王说，这场风暴将暴露所有的罪犯，并将他们定罪。他没有认出肯特，肯特则一直劝说他到一间茅舍里避雨。这时弄人说了一个与此情此景毫无关

---

① 威廉·赫兹里特（William Hazlitt，1778—1830），英国作家、评论家，代表作有《时代的精神》、《艺术的批判》等。

② 乔治·莫里斯·科恩·布兰德斯（Georg Morris Cohen Brandes，1842—1927），丹麦评论家，对斯堪的纳维亚文学有深远影响，代表作有《十九世纪主流文学》、《当代变革时期的人》。

系的预言，众人离场。

托尔斯泰对《李尔王》的最终评价是，没有哪一个未被催眠的观众——如果真的有这么一个观众的话——能将这个剧本从头读到尾，而不感觉到"反感和厌倦"。其他备受推崇的莎士比亚戏剧，以及那些戏剧化的故事《伯里克利》、《第十二夜》、《暴风雨》、《辛白林》、《特洛伊勒斯与克瑞西达》也好不到哪里去。

评价完《李尔王》之后，托尔斯泰对莎士比亚进行了更具总结性的攻讦。他发现莎士比亚因为曾经当过演员，所以具备一定的创作技巧，除此之外一无是处。他没有刻画人物性格或撰写台词的能力，也没有能力依据情景设置合情合理的行为。他的语言夸张滑稽，千篇一律，总是将自己的奇思怪想通过任何一个刚好写到的角色之口表达出来。而这些想法"全无美感可言"，而他的文笔"根本与艺术和诗歌毫不沾边"。

"无论在你心目中莎士比亚是个怎样的作家，"托尔斯泰总结道，"但他根本称不上一位好作家。"而且，他的观点既无原创性，也无趣味性可言，他的创作倾向还"极端低下，极其不道德"。有趣的是，托尔斯泰的这个最后的评语并不是以莎士比亚的原文作为依据，而是以两位批评家格维努斯①和布兰德斯的言论作为依据。根据格维努斯（或者说是托尔斯泰对格维努斯的理解），"莎士比亚教导说……人不应该太善良。"而根据布兰德斯所说："莎士比亚创作原则……就是为达目的可以不择手段。"托尔

---

① 格奥尔格·戈德菲·格维努斯（Georg Gottfried Gervinus，1805—1871），德国作家、历史学家，代表作有《十九世纪的历史》、《论莎士比亚》等。

斯泰则补充了自己的观点：莎士比亚是最卑劣的沙文爱国主义者；但除此之外，他认为格维努斯和布兰德斯都恰如其分而真实地阐明了莎士比亚的人生观。

接着，托尔斯泰花了几段话重述了他在其他地方更加详尽描述过的艺术理论。简而言之，艺术创造需要有庄严的主题、真挚的情怀和高超的技巧。一件伟大的艺术作品必须探讨"对人类生活有重要意义"的题材，必须表达作者真挚的感受，必须运用能达到预期效果的创作技巧。而莎士比亚观点低俗，文风马虎，而且态度一贯很不诚恳，显然应该受到谴责。

但这里就遇到了一个难题。如果莎士比亚真如托尔斯泰所描写的那么不堪，他怎么会如此广受推崇呢？显然，答案只会是某种大众催眠，或"传染性暗示"。整个文明世界都被蒙蔽了，以为莎士比亚是个好作家，甚至连最简单明了的指向相反结论的证明都没有人相信，因为这已经不是在谈论一个理性的观点，而是一件类似于宗教信仰的事情。托尔斯泰说，纵观历史，这种"传染性暗示"的事件总是层出不穷——比方说，十字军东征、寻找炼金术、风靡荷兰的郁金香热等等。他举了一个当代很有典型意义的例子：德雷弗斯案①——无来由地，整个世纪都为了这件案子而群情汹涌。此外还有为了某个新的政治理论或哲学理论而兴起的短暂的狂热浪潮，或者对某位作家、艺术家或科学家的狂热追捧——例如达尔文，他（于 1903 年）"开始被人遗忘"。有时候，一

---

① 德雷弗斯案(the Dreyfus Case)，指 1894 年拥有犹太人血统的法国炮兵上尉阿尔弗雷德·德雷弗斯(Alfred Dreyfus)被指控与德国勾结出卖军事情报。1906 年因为指控没有证据，德雷弗斯被无罪释放，继续在法国军队服役，直至一战结束。

个毫无价值的流行偶像可能会接连几个世纪都很受欢迎，因为"这种狂热恰好与当时社会流行的生活观念，特别是与文学圈子里的生活观念相契合，因此它们得以维持很长一段时间"。莎士比亚的戏剧之所以一直广受推崇，是因为"它们迎合了他的时代和我们的时代那些上流社会人物信仰缺失又道德败坏的精神状态。"

至于莎士比亚是如何开始有名气的，托尔斯泰认为是十八世纪末几个德国教授把莎士比亚"炒作起来的"。他的名字"源于德国，然后再辗转流入英国"。德国人之所以如此抬举莎士比亚，是因为当时根本没有值得一提的德国戏剧，而法国古典文学正开始步入僵化矫情，他们着迷于莎士比亚"机巧的场景推进"，而且觉得他精彩地表达了英国人对于生活的态度。歌德宣称莎士比亚是一位伟大的诗人，之后所有其他文学批评家都跟着鹦鹉学舌，自此那种普遍的痴迷就一直持续至今。结果就是，戏剧的地位遭到进一步贬低——在托尔斯泰谴责当代戏剧时，他也小心翼翼地将自己的剧作列入了批判之列——并进一步腐蚀了主流的道德观。顺理成章地，"莎士比亚的虚名"是一件影响深远的坏事，对此托尔斯泰觉得他有责任与之抗争。

这就是托尔斯泰那份宣传册的主旨。你的第一感觉是，他认为莎士比亚是一个蹩脚作家的这一评价显然是不对的。但问题并不出在这里。事实上，没有人能找到任何证据或论点证明莎士比亚或其他任何作家是"优秀作家"，而且也没有任何方法可以明确地证明——譬如说——华威·迪平①是个"蹩脚作家"。说到底，

---

① 乔治·华威·迪平（George Warwick Deeping, 1877—1950），英国作家，其作品在二三十年代非常畅销，代表作有《福克斯庄园》、《猫咪》、《十诫》等。

评判一部作品的文学价值只有它能否经得起历史考验这个标准，而这一点反映了大众的意见。像托尔斯泰等人的艺术理论毫无价值，因为他们不仅以主观臆测作为评判的出发点，而且依赖一些含糊暧昧的概念（"真挚"、"重要"等等），而这些概念可以从任何角度进行诠释解读。确切地说，托尔斯泰的攻讦是无法回应的。有趣的问题是：为什么他要这么做？不过，顺带应该说的，他的论述大多软弱无力，而且有失诚恳。接下来我会对他的部分论述进行探讨，不是因为它们无法验证他的主旨，而是因为，可以这么说，它们反映了他内心的恶意。

首先，托尔斯泰对《李尔王》的分析并非如他再三所说的那样"执中而论，不偏不倚"。恰恰相反，他的分析是冗长的歪曲表述。显然，当你为一个没有读过《李尔王》的人总结这部作品时，如果你以这样的方式引用一段重要的话（当考狄莉亚死在李尔王怀中时他所说的话）——"李尔王又一次开始了他那可怕的胡言乱语，听到他那些话你只会感觉到尴尬，就像听到根本没有笑点的笑话一样"——这样根本不是持中而论。而且有许多回，托尔斯泰对他所批评的文本做了些微的变动或渲染，总是以某种方式让情节显得更加复杂和不合情理，或让语言更加夸张。例如，他告诉我们李尔王"逊位根本没有必要，也没有这么做的动机"，其实他逊位的原因（他年事已高，希望不再受国事纷扰）在第一幕中已经点明了。我们看到，就在前文我所引用的章节中，托尔斯泰刻意曲解了一句话，并略微改变了另一句话的意思，使得原本在语境中合情合理的话变成了胡说八道。这些误读从单独一个句子本身来说并非什么大不了的事情，但它们累加起来的效果却夸大了这部戏剧在心理描写上的不连贯性。而且托尔斯泰无法解释为什么莎士比亚的作品在他逝世两百年后（那时候"传染性暗示"尚未兴起）仍在刊印，并仍在舞台上演。他对莎士比亚成名经历的描述纯属猜度，充斥着种种不实言论。再有一点，他的许多指责其实自相矛盾：例如，他指责莎士比亚纯粹只是想取悦观众，"情感并不真挚"，而另一方面又说他总是将自己的想法通过各个角色之口说出来。总的来说，我们感觉不出托尔斯泰的批评是出于真心实意。他根本不可能完全相信自己的主要观点——他不可能相信一个多世纪来整个文明世界都被一个弥天大谎所蒙蔽，而只有他举世独醒。当然，他确实不喜欢莎士比亚，但不喜欢的理由可能和他所声明的不同，或有一部分不同。而这正是他这篇评论文章的有趣之处。

到了这里，你一定会开始揣测。然而，这里可能有一个线索，或者说吧，有一个可能会指向某个线索的问题。那就是：为什么托尔斯泰在三十多部戏剧中单单挑出了《李尔王》作为他的特定目标呢？确实，《李尔王》为人所熟知，而且广受赞誉，可以作为莎士比亚最高水平作品的代表。但是，托尔斯泰的分析是带着敌意的，或许他选择的是自己最不喜欢的作品。他之所以对这部戏剧特别怀恨在心，难道不可能是因为他有意或无意中察觉到《李尔王》的故事和他自己的故事有相似之处吗？但是，从相反的方向去追溯这条线索会比较好——那就是，通过研究《李尔王》本身，以及托尔斯泰没有提及的它所蕴含的品质。

在阅读托尔斯泰的这篇文章时，英文读者首先会注意到的一件事是，它几乎不把莎士比亚当成一位诗人看待，而只是把他看作一位剧作家。他确实受大众欢迎，但这被归结为他懂得舞台艺术的技巧，让聪明的演员获得了发挥的机会。就英语国家而言，这并不是事实。最受莎士比亚爱好者所推崇的几部作品（例如《雅典的泰门》）就很少或从未上演过，而几个最适合上演的作品，例如《仲夏夜之梦》，受推崇的程度是最低的。喜欢莎士比亚的读者首先看重的是他的文笔，"韵律般的文字"。甚至连另一个怀有敌意的批评家萧伯纳也承认莎士比亚的文笔是"不可抗拒的"。托尔斯泰罔顾这一点，似乎没有意识到一首诗对于它的母语读者来说或许有着特殊的价值。但就算一个人站在托尔斯泰的立场，将莎士比亚当作一个外国诗人看待，他仍然可以清楚地看到有什么东西被托尔斯泰遗漏了。诗歌并不仅仅是音韵和联想，一出了自己的语言群体就毫无价值。否则怎么会有一些诗歌，包括一些已死去的语言写成的诗歌，成功地跨越国界呢？显然，像《明天是圣瓦伦丁日》这样的诗不可能有传神的译本，但在莎士比亚的主要作品中，有的内容即使剥离了文字也是可以称之为诗的。托尔斯泰认为《李尔王》作为戏剧不是一部上佳之作的这个看法是对的。它太冗长了，角色和支线情节太多了。有一个坏女儿的角色就已经足够了，而埃德加是一个多余的角色——事实上，如果把格洛斯特和他的两个儿子删掉的话，这出剧或许会达到更高的水平。尽管如此，某种东西，一种模式或只是某种气氛，却在复杂的情节和冗长的描写中流传下来。《李尔王》可以被想象为一出木偶剧、一出默剧、一出芭蕾剧、一连串的画面。它的诗歌或许是最重要的构成部分，是它的故事所固有的，独立于任何词语之外，也不依赖于生动鲜活的描写。

　　闭上你的眼睛，想象一下《李尔王》，如果可能的话，不要想起任何对话。你看到了什么？我看到的是一个身披黑色长袍、白须白发的威严老人，就像布雷克的画作（有趣的是，长得很像托尔斯泰）里的人走了下来，在暴风雨中徘徊，诅咒着苍天，身边跟着一个白痴和一个疯子。很快，场景一变，那个老人仍然在骂骂咧咧，神志不清，怀里抱着一个死去的女孩，而那个白痴则被吊在背景中的绞刑台上晃荡着。这就是剧本的主要梗概，即便是这样，托尔斯泰还想要把大部分重要成分删掉。他认为暴风雨的设置根本没有必要；至于那个弄人，在他的眼中只是一个乏味烦人的角色，一个说些蹩脚笑话的借口；而考狄莉亚的死在他看来，撕下了这出戏道德的外衣。根据托尔斯泰的观点，之前的《莱尔王》，即莎士比亚改编的那一出戏，比起莎士比亚的作品"结尾更加自然，也更加符合观众的道德要求：高卢人的王国征服了两个姐姐的丈夫，考狄莉亚则没有被杀，而是帮助李尔王重登王位"。

换句话说，这出悲剧本应是一出喜剧或一出情节剧。悲剧的意义是否与对上帝的信仰相一致仍有待商榷，但不管怎样，它与对人的尊严的不信任是格格不入的，与正义不能取胜就会觉得上当受骗的"道德要求"也是格格不入的——当正义**没有**取胜，但读者仍感觉到主人翁要比摧毁他的力量更加高贵时，悲剧就诞生了。或许更重要的是，托尔斯泰认为弄人的出现是毫无意义的事情。那个弄人是整出戏不可或缺的人物。他的作用不仅是酬唱应和，比其他角色说出更有智慧的言论，使得中心主旨更加明确，以此衬托李尔王的癫狂。他的笑话、谜语和顺口溜，以及他没完没了地对李尔王的高尚与愚笨的嘲讽，从单纯的嘲笑到某种忧郁的诗歌（"您抛弃了所有其它的头衔，您与生俱来的头衔"），好像是理性的涓涓细流，贯穿全剧始终，提醒观众尽管不公、残暴、阴谋、欺骗和误解正在舞台上演，但现实的生活正在如常进行。从托尔斯泰对弄人不耐烦的情绪中，你可以了解到他与莎士比亚在更深层面的分歧。他反对莎士比亚戏剧水平的参差不齐、言不及义、离奇情节和夸张的语言，这些意见都不无道理。但是归根结底，或许他最不喜欢的是某种蓬勃的生命力，一种不是从生命的过程中获取快乐，而是对它感兴趣的倾向。如果将托尔斯泰看作是一个道学家在攻讦一位艺术家，这当然是错误的看法。他从未说过艺术本身是邪恶的或毫无意义的，他甚至没有说过文学技巧并不重要这样的话。但在他的晚年，他主要的目标是将人性意识的范围加以限制。一个人的兴趣、一个人对于现实世界和日常斗争的着眼点应该是越少越好，而不是越多越好。文学必须由说教寓言构成，去掉枝末细节，几乎独立于语言而存在。这些说教寓言——这是托尔斯泰与普通的乡愿腐儒的不同之处——本身必须是艺术精品，但必须剔除享乐和好奇。科学也必须摆脱好奇。他认为，科学的任务不是揭示什么，而是指导人类如何生活。历史和政治同样如此。许多问题（例如德雷弗斯案）根本不值得费心去解决，他宁可任其悬而未决。事实上，他的整个"狂热"或"传染性暗示"的理论把十字军东征和荷兰郁金香热联系在一起，揭示出他在主观上认为许多人类活动只不过就像蚂蚁的奔走忙碌一样，无法以理性解释，一点儿也不有趣。显然，他没有耐心去读一位像莎士比亚那样内容混乱，只注重旁支细节的东拉西扯的作家。他的反应就是一个脾气暴躁的老人正因为一个吵吵闹闹的小孩子而烦恼时的反应。"为什么你老是这样上蹿下跳呢？为什么你就不能像我这样静静地坐着呢？"从某种意义上说，这个老人家是对的，但问题是，那个孩子的四肢富于知觉，而这种感觉这个老人家一早就失去了。如果这个老人家知道这种感觉的存在，那只会徒增他的懊恼，要是可以做到的话，他会让小孩子们统统都变得年老力衰。托尔斯泰或许不知道，在读莎士比亚的作品时**他到底错过了什么**，但他知道自己肯定错过了什么，决心让别人也像他那样对其视若不见。本质上他是一个专横而且妄自尊大的人。直到他成年后，他仍然有时候会在盛怒之下殴打仆人，根据他的英文传记作家德里克·利昂①的描述，到后来，"如果有人意见与他相左，稍有得罪他就时常想扇那些人的耳光。"皈依宗教并不一定就能改掉那种臭脾气。事实上，显而易见，获得重生的幻觉可能会使得一个人天生的邪念更加肆无忌惮地滋生，只是形式要更加微妙一些。托尔斯泰能够戒掉肉体施暴，他理解肉体施暴意味着什么，但他无法学会宽容或谦卑。就算一个人对他的其它作品一无所知，也可以从单单这篇宣传文章中了解到他有精神施暴的倾向。

但是，托尔斯泰不仅仅只是想将他无法享有的乐趣从别人身上剥夺掉——他一直在这么做——他与莎士比亚的分歧要比这更加深远。那是对待生活的宗教态度与人文态度之间的分歧。这里我们回到了《李尔王》的中心主题上。托尔斯泰没有提及这个主题，但他相对详细地介绍了故事的情节。

《李尔王》是莎士比亚的戏剧中少数明确地**意有所指**的作品之一。托尔斯泰的抱怨不无道理，许多不入流的文章把莎士比亚吹捧为哲学家、心理学家和"伟大的道德导师"等人物。莎士比亚的思想没有体系，他最严肃的思想都是以间接的形式或在与主旨无关的情况下说出来的。我们不知道在何种程度上他带着"目的

---

① 德里克·刘易斯·利昂（Derrick Lewis Leon，1908—1944），英国作家，曾撰写过列夫·托尔斯泰和马塞尔·普鲁斯特的传记。

性"进行创造，甚至不知道有多少归于他名下的作品确实是他写的。在他的十四行诗中他从未把那些戏剧作品归为他成就中的一部分，虽然他确实略带羞涩地提到他的演艺生涯。很有可能，他觉得他的戏剧作品至少有一半只是大杂烩，几乎不去在乎主旨或合理性，只要他能将偷来的材料拼凑起来，能够在舞台上糊弄过去就行了。但是，这并不是事情的全部。首先，正如托尔斯泰本人所指出的，莎士比亚习惯将不必要的总结和反思通过笔下角色之口表述出来。对于一位戏剧家来说这是严重的缺点，但是，这并不符合托尔斯泰对莎士比亚的描述。他认为莎士比亚是个庸俗的、鬻文为生的作家，毫无自己的思想，只是想花最小的力气创造最大的效果。不仅如此，莎士比亚的十几部戏剧作品——大部分创作于 1600 年之后——其内容毋庸置疑有一定的意义，甚至有一定的道德色彩。它们围绕着一个中心主题，有时候可以用一个词进行高度概括。例如，《麦克白》写的是野心，《奥赛罗》写的是嫉妒，《雅典的泰门》写的是金钱。《李尔王》的主题是放弃权力，只有故意视而不见的人才会无法理解莎士比亚所要表达的意思。

李尔王放弃了王位，却又希望每个人继续以事君之礼待他。他不明白如果他放弃了权力，其他人就会利用他的弱点，而雷根和高纳利尔这两个最厚颜无耻的阿谀奉承之徒恰恰就是会和他翻脸的人。当他发现他再也不能像以前那样对别人颐指气使时，他就勃然大怒。托尔斯泰认为这是"奇怪而不自然的"，但事实上这正是李尔王性格的写照。在癫狂和绝望中，李尔王经历了在那种情况中再自然不过的两种心境，虽然其中之一可能是莎士比亚借以表达他自己内心的想法。一种心境是厌恶——李尔王可以说是后悔当了国王，他第一次了解到司法体制和庸俗道德的腐朽。另一种心境是枉然的愤怒，他幻想着对那些有负于他的人进行报复。

> 一千条通红炽热的火舌，发出嘶嘶的响声在他们的身上灼烧！

还有：

> 用毡呢钉在一队马儿的蹄上，
> 倒是一条妙计；我要把它实行一下，
> 悄悄地偷进我那两个女婿的营里，
> 然后我就杀呀，杀呀，杀呀，杀呀！

直到最后，他恢复了清醒，意识到权力、报复和胜利毫无价值：

> 不，不，不，不！让我们到监牢去……
> 我们就在那儿了此残生，
> 在囚牢的四壁里，我们将冷眼看那班奸党
> 随着月亮的圆缺而升沉。

但他意识到这一点时已经太晚了，因为他和考狄莉亚已经注定会死去。这就是整个故事，虽然讲述的过程略显笨拙，但不失为一个很好的故事。

但这不是与托尔斯泰本人的生平很相似吗？没有人会对这一雷同之处视而不见，因为和李尔王一样，托尔斯泰一生中最令人印象深刻的事件就是一桩无来由地放弃巨额财富的举动。在他的晚年，他放弃了他的庄园、爵位和版权，尝试摆脱他的贵族地位，过上农民生活——这一尝试确实是出于真心，但以失败告终。但更深层次的相似在于，托尔斯泰和李尔王一样，是出于错误的动机而如此行事，并没有得到期盼中的结果。托尔斯泰认为，每个人的目标都是获得幸福，而只有服从上帝的意志才能获得幸福。但服从上帝的意志意味着抛弃一切世俗的享受和野心，一心一意为了别人而活。于是，托尔斯泰最终放弃了世间的一切，以为这样做就会让自己更加幸福。但如果说他的晚年生活有一件事可以肯定的话，那就是他**并不**幸福。恰恰相反，他几乎被逼到疯狂的地步，他身边的人不停地迫害他，就因为他抛弃了一切。和李尔王一样，托尔斯泰不是一个谦卑的人，不擅长判断人品。有时候虽然他一副农民装扮，但他会摆出贵族的架子。甚至他的两个被他所信任的孩子最终也和他闹翻了——当然，不会像雷根和高纳利尔那么骇人听闻。托尔斯泰对性欲极端厌恶，这一点和李尔王也很相似。托尔斯泰认为婚姻是"奴役、餍足和厌恶"，意味着必须忍受与"丑陋、肮脏、体臭和褥疮"为伍的生活。这番话与李尔王那段著名的控诉不谋而合：

> 腰带以上是属于天神的，
> 腰带以下是属于魔鬼的，
> 那里是地狱，是黑暗，是硫磺坑，
> 大火熊熊地烧灼着，发出恶臭，消耗殆尽……

虽然托尔斯泰在写这篇关于莎士比亚的文章时并不能预见到这一点，甚至他生命的终结——突然间在没有计划的情况下就逃离家乡，身边只有一个忠心的女儿，在一个陌生的村子的一间茅屋里死去——似乎也与李尔王有着某种幻影般的相似之处。

当然，我们不能认定托尔斯泰意识到他和李尔王的人生如此相似，也不能认为如果向他指明这一点时他会承认。但他对这部戏剧作品的态度一定受到其主题的影响。放弃权力和分发土地应该会令他深有体会。因此，或许莎士比亚在这出戏里所表达的道德观格外令他感到愤怒和不安，而在别的戏剧里则不会这样——例如《麦克白》——后者没有如此紧密地触及他自己的生活。但《李尔王》的道德观到底是什么呢？显然，这部戏剧有两个道德主旨，一个是明言的，另一个是暗示的。

莎士比亚开篇就写明了放弃权力将会招致攻击。这并不是说**每个人**都会和你为敌（由始至终肯特和弄人一直站在李尔王的身边），但很可能**有些人**会这么做。如果你丢掉武器，某个不守规矩的人就会把那些武器捡起来。如果你凑上另一边面颊，你就会挨上另一记更重的耳光。这种事情并不必然发生，但这是意料之中的事情，如果真的发生，你不应该抱怨。也就是说，第二记耳光就是你凑上另一边面颊这一行为的一部分。因此，首先是那个弄臣得出的符合常理的庸俗道德观："不要放弃你的权力，不要将土地拱手让人。"但这里还有另外一个寓意。莎士比亚并没有详细加以表述，而且他是否完全意识到这一点也无关紧要。这个寓意蕴含于故事中，而说到底，故事是他编的，或经过改动以达到他的主旨。那就是："如果你愿意的话，你可以将土地拱手让人，但别指望这么做就会获得幸福。如果你为了别人而活，你就必须

'为了别人而活'，而不要把这当成为自己谋求好处的迂回手段。"

　　显然，这两个结论都不能让托尔斯泰满意。第一个结论表达了普通的、务实的自私心态，而这是他真心想要摆脱的。而第二个结论和他鱼与熊掌二者得兼的愿望不相吻合——那个愿望就是，摧毁他自己的自我中心观念，并借此获得永生。当然，李尔王不是主张利他主义的道德说教。它只是揭示出于自私的原因奉行舍己行为的结果。莎士比亚为人世故，如果非要让他在自己的剧本中选择支持哪一方的话，或许他会站在弄人那一边。但至少他能从全局去看待问题，并从悲剧的层面进行处理。邪恶受到了惩罚，但美德并没有得到报答。莎士比亚后期的悲剧作品中所蕴含的道德观并不是普通意义上的宗教道德，而且肯定与基督教无关。只有两部作品《哈姆雷特》和《奥赛罗》是在基督教时代发生的，即使在这两个剧本中，除了《哈姆雷特》中鬼魂的惨剧之外，根本没有提及能将一切拨乱反正的"来世"。所有的悲剧都从人文主义出发——生命虽然充满悲伤凄苦，但仍然值得活下去，人是高贵的动物——这个信念托尔斯泰在老年时并不认同。

　　托尔斯泰不是圣人，但他非常努力地想成为一个圣人，他对文学作品的评判标准是超越尘世的。重要的是，我们必须明白，圣人与凡人之间的区别是质的区别，而不是程度的区别。也就是说，不能把后者看作是前者的不完美形式。圣人，至少在托尔斯泰心目中的圣人，不会尝试去改善世俗生活，而是要结束它，并以别的事物去取代它。关于这一点，一个明显的表现就是，他宣称独身比婚姻更"崇高"。托尔斯泰表示，如果我们能停止繁衍、战争、斗争和享受，如果我们不仅能洗清自己的罪过，还能将俗世强加在我们身上的一切枷锁解除——包括爱情——那么整个痛苦的过程就会结束，天国就会降临。但一个正常人并不会期盼天国，他希望人世间的生活能继续下去。这并不只是因为他"软弱"、"罪孽深重"、耽于"享受"。大部分人从生活中获得了许多乐趣，但总的来说生活是悲苦的，只有年纪尚轻或无知愚昧的人才会觉得不是这样。在本质上，自私和追求享乐恰恰是基督教的态度。它的目的是摆脱人世间生活痛苦的挣扎，在某种天堂或极乐世界中获得永久的安宁。而人道主义的态度是，斗争必须继续，而死亡是生命的代价。"人必须忍受他们的逝去，就像他们迎来生命一样。成熟就是一切。"——这是一种反基督教的情感。人道主义者和宗教信徒之间似乎达成了休战妥协，但事实上他们的态度是不可调和的：你只能在今生和来生之间做出选择。大部分人如果了解这个问题，会选择今生。他们确实作出了选择，他们继续工作、生育、死去，而不是意气消沉，希望在别的地方获得新的生命。

我们对莎士比亚的宗教信仰所知不多，他的作品很难证明他是否有宗教信仰。但至少他不是圣人，也没有想过成为圣人。他是一个人，从某些方面来说不是什么好人。譬如说，他很喜欢结交达官贵人，以最谄媚的方式巴结他们。当他说出不受欢迎的意见时，他虽谈不上胆小怕事，但也非常审慎小心。他几乎从未让可能会被认为是他本人的角色说出离经叛道或愤世嫉俗的话。在他的所有戏剧中，尖锐的社会批判家，那些不接受已被接受的谬误的人，都是丑角、恶棍、疯子或装疯卖傻歇斯底里的人。在《李尔王》这部戏剧中，这一倾向尤为明显。剧中包含了许多加以掩饰的社会批判——这一点托尔斯泰没有注意到——但这些话都是借那个弄臣、装疯卖傻的埃德加或处于癫狂之中的李尔王之口说出来的。在李尔王清醒的时候，他很少说出睿智的言论。但是，莎士比亚不得不利用这些手段这一事实表明，他的思想有多么广博。他无法控制自己，对几乎每件事都要发表评论，虽然他说出这些话时脸上换了好多张脸谱。要是一位读者专注地读过莎士比亚的话，你很难经过一天而不去引用他的话，因为基本上没有哪个重要的话题他没有探讨过或至少在什么地方提及过。他的思想没有完整的体系，但发人深省。即使是那些点缀于每一部戏剧中的旁枝末节——双关语、谜语、人名、"报道"片段（像《亨利四世》中的脚夫之间的对话）、黄段子、失传民谣的零星片段——都是过剩精力的产物。莎士比亚不是哲学家或科学家，但他很有好奇心，他热爱这个世界和生命的过程——应该强调的是，它与希望享乐和长寿不是一回事。当然，莎士比亚的作品流芳百世并不是因为他的思想品质；要不是因为他是一位诗人的话，恐怕没有人会记得有过这么一位戏剧家。对于我们来说，莎士比亚主要的魅力在于他的语言。莎士比亚本人深深沉迷于文字那种铿锵抑扬的美感，这或许可以从毕斯托尔①的话语中略见端倪。毕斯托尔所说的话大部分是没有意义的废话，但假如读者一行行地去阅读他所说的话，就会发现它们都是用词美妙的诗歌。显然，那些铿锵有力的废话（"让洪水泛滥，让魔鬼为了食物而哀嚎"等等）总是自发地在莎士比亚的脑海中回响，他必须创造出一个半疯不傻的人把这些话说出来。

　　托尔斯泰的母语不是英语，无法欣赏莎士比亚的诗句，甚至

---

　　① 毕斯托尔（Pistol）是《亨利五世》中的一个士兵角色。

可能拒绝相信莎士比亚的文字功力不同凡响，这不能怪他。但他还否定了重视诗歌的质感这一理念——也就是说，重视它作为一种音乐形式的价值。如果有人能够向他证明他对莎士比亚的声名崛起的解释是错误的，证明至少在英语世界莎士比亚确实很受欢迎，证明他拥有组合音节并让一代又一代讲英语的民族得到愉悦的能力——所有这些都不会被托尔斯泰看作是莎士比亚的优点，而是他的缺点。它只是另一个暴露莎士比亚和他的崇拜者没有宗教情怀，只看重今生的本质的证据。托尔斯泰会说诗歌的评判标准是它的意义，而诱人的音韵只会让虚妄的意义被读者忽略。在每一个层面上这都是同一个问题——今生与来生之间的斗争，而文字的音韵肯定是属于今生的。

与甘地一样，托尔斯泰的人品总是受人质疑。有些人宣称他是个庸俗的伪君子，但他并不是这种人，要不是他每走一步，其身边的人——特别是他的妻子——总是阻挠他的话，或许他会作出更大的自我牺牲。可另一方面，像托尔斯泰这样的人，全盘接受其门徒对他们的评价是很危险的。他们有可能——很可能——只是将某一种形式的自我主义换成了另一种形式的自我主义。托尔斯泰放弃了财富、名气和特权，他拒绝任何形式的暴力，愿意为此承担苦难，但很难相信他摒弃了强迫的原则，或至少是想要强迫别人的欲望。在有的家庭，父亲会对孩子说："如果你再做出那种事情，我就会狠狠地揍你一顿。"而母亲则会眼泪汪汪地把孩子搂在怀里，充满慈爱地喃喃说道："好了，亲爱的，你这么做对得起妈咪吗？"谁会认为第二种方式没有第一种方式那么专制呢？真正重要的区别并不在于暴力与非暴力的区别，而在于有没有权力的欲望。有人相信军队和警察是邪恶的，有些人则相信在某些情况下使用暴力是有必要的，但比起后者，前者更加不宽容，更加严苛。他们不会对别人这么说："你得做这个或那个，否则你就得去坐牢。"但如果可以的话，他们会钻进别人的脑袋里，主宰他的每一个最细微的思想。像和平主义和无政府主义这样的信条表面上似乎暗示着完全放弃权力，其实是在鼓励这种思维习惯。因为如果你接受了一个似乎摆脱了政治肮脏的信条——你自己无法从中获得任何物质上的好处——这肯定就证明你是正确的吗？你越认为自己是正确的，你就会越认为应该强迫别人拥有同样的想法是天经地义的事情。

　　按照托尔斯泰在他的宣传册里的说法，他从未在莎士比亚身上看到任何优点，总是惊讶地发现他的同胞作家屠格涅夫、费特[①]等人有不同的观点。我们或许可以肯定在托尔斯泰的灵魂没有得到救赎的时候，他的结论是："你们喜欢莎士比亚——我不喜欢。就这么着吧。"后来，他不再认为世界是由多样性组成的，开始觉得莎士比亚的作品对他本人构成了威胁。人们越是从莎士比亚那里获得乐趣，他们就越不会听从托尔斯泰的劝导。因此，绝对不允许有人欣赏莎士比亚，就好像绝对不允许有人喝酒抽烟那样。确实，托尔斯泰不会以武力去阻止他们。他没有要求警察查禁莎士比亚的所有作品。但只要有可能的话，他就会抹黑莎士比亚。他会尝试进入每一个喜爱莎士比亚的读者的脑海里，以他所能想到的每一种方式去扼杀读者的快乐——就像我在总结他的那本宣传册时所展示的那样——提出自相矛盾甚至有可能并非出于

---

　　① 阿法纳西·阿法纳西耶维奇·费特（Afanasy Afanasyevich Fet, 1820—1892），俄国诗人，代表作有《万神殿》、《静夜》。

真诚的论点。

但说到底，最明显的一件事就是，它根本没有起到什么作用。正如我在前面说过的，你无法对托尔斯泰的文章作出回应，至少在它的主要论点上是这样。你无法通过争辩去捍卫一首诗。它只能通过流传于世为自己辩护，除此无它。如果这个考验成立的话，我认为对莎士比亚的作品的判决一定是"无罪"。和任何作家一样，莎士比亚迟早会被忘却，但不大可能对他作出更加严厉的控诉了。托尔斯泰或许是他那个时代最受推崇的文人，而且他肯定不会是最无能的宣传册执笔人。他倾尽全力对莎士比亚进行诋毁，就像一艘战舰炮火齐鸣一样。结果如何呢？四十年后莎士比亚的地位仍然丝毫未受影响，而诋毁他的尝试却已荡然无存，就只剩下一本书页泛黄的小册子，几乎没有人读过它，要不是托尔斯泰是《战争与和平》和《安娜·卡列尼娜》的作者，他早就被忘得一干二净了。

评勒诺克斯·罗宾逊编撰的
《格里高利夫人的日志》①

　　格里高利女士是爱尔兰文艺复兴的中心人物之一。想到她就会想到叶芝和艾比剧院②，就像你听到"九十年代"时就会至少想起比亚兹莱和《黄皮书》一样。但她的名字所唤起的联想并不都是美好的。值得一提的是，在《尤利西斯》中，她还是一个令人记忆深刻的嘲讽对象，因为虽然这本书很残酷和另类，但它确实以更真切的眼光去了解这个不幸的、心地善良的老女人。在《尤利西斯》中，乔伊斯让巴克·穆里甘说道："朗沃丝真是太让人恶心了……你写了关于那个老巫婆格里高利的那些东西。噢，你这个该上宗教法庭的醉醺醺的犹太耶稣会士！她给你找了一份文职工作，然后你就对她百般奉承。你就不能像叶芝那样吗？"

　　叶芝和其他人对她到底有什么样的想法呢？她只是一个受人奉承和利用的老傻瓜吗？显然，事情没有这么不堪，而且在她的晚年，她总是绞尽脑汁地在张罗房租和赋税，乘巴士来来去去，

---

① 刊于 1947 年 4 月 19 日《纽约客》。斯图亚特·勒诺克斯·罗宾逊（Stuart Lennox Robinson，1886—1958），爱尔兰剧作家、诗人，代表作有《爱国者》、《梦想者》等。伊莎贝拉·奥古斯塔·格里高利（Isabella Augusta Gregory，1852—1932），爱尔兰女剧作家、民俗学家，艾比剧院的创始人之一，曾担任艾比剧院的经理，支持爱尔兰民族主义运动和文艺活动。

② 艾比剧院（the Abbey Theatre），1904 年建于爱尔兰首府都柏林，1951 年焚于火灾。是 20 世纪初爱尔兰文艺运动的主要阵地。由格里高利夫人、叶芝和爱德华·马丁共同创建。

午饭吃的是面包、黄油和茶——她根本不值得去敲诈。但乔伊斯的用词或许在讽刺手法的层面上是成立的，而这种事情对于那些开明的贵族来说总是在某种程度上是成立的；作为艺术家的赞助人，特别是在这件事情上，除了阶级差异之外，还有人种、宗教和文化的区别。

奥古斯塔·格里高利（她出嫁前姓珀斯）生于爱尔兰的一个拥有土地的贵族之家——那些人生活在摇摇欲坠的宅邸里，有成群的仆人，穿着时髦的服装鱼贯经过郊野。而且，部分是因为贫穷和偏僻，他们喝的是干红葡萄酒，说话时带着十八世纪引用贺拉斯的优雅，他们的英国同仁已经不这么做了。他们称自己是爱尔兰人，是英国最头疼的政治敌人。但他们大体都是新教徒，正如他们的名字所展现的，大部分来自英国。勒诺克斯·罗宾逊编撰的《格里高利夫人的日志》由麦克米兰出版社出版，覆盖了从1916年到1930年共十四年的光阴，涉及非常广阔的话题，有一些是非常琐碎的题材。罗宾逊先生以或许是最合适的体系将日志进行重新编排，取最主要的六个主题，然后围绕这些主题将条目进行罗列；因此，你会一遍又一遍地遇到同样的日期。这些主题中最重要的是库勒庄园（就是叶芝所歌颂的郊野，格里高利夫人从她的丈夫那里继承下来的）、艾比剧院、恐怖时期①、内战和关于休吉·雷恩②爵士的画作收藏的冗长而复杂的斗争。在大部分内容里，格里高利女士与英国政府进行斗争，但自始至终，以间接而

----

① 恐怖时期（the Terror），指1916年4月24日至29日，爱尔兰独立分子在都柏林发动起义，被英国政府以武力镇压，随后英国政府展开搜捕，约有三千多人被逮捕并接受审问。

② 休吉·珀西·雷恩（Hugh Percy Lane, 1875—1915），爱尔兰画家、收藏家，都柏林现代艺术画廊的创建人。

下意识的方式，她在与土生土长的爱尔兰人进行斗争——她热爱他们，为他们奔走，却一点儿也不像他们。

格里高利夫人的立场摇摆在艰难时期暴露无遗。她同情土地革命，准备将土地卖给政府，在库勒庄园当一名佃农。她与丈夫是善良的地主，但这并不能阻止农民们经常在她日益减少的土地周边徘徊，将庄园里的小树砍倒，偷走她准备捐出来的水果和以要求"捐献"的方式勒索。她站在他们一方，但他们并不把她当自己人。看着她挣扎于政治和情感之间让人感到很心酸。她赞同将大庄园拆分，却又希望保住心爱的家宅和田园留给自己的儿孙。就连她对黑棕军团①的恐惧，对1919年英国政府故意放纵的盗劫行径也带着阶级感情的色彩。当听到15位自卫队的军官志愿参军时，格里高利夫人说道："我想说……绅士将就此绝迹。"她在英国的报刊上撰写文章谴责黑棕军团，但是——再次，为了孙子们着想——她没有署名，因为她不想库勒庄园被焚毁。

格里高利夫人的儿子罗伯特在第一次世界大战时为英国政府服役，在意大利遇害。即使经过了复活节起义，她似乎仍然觉得送孙子去哈罗公学读书和驳斥萧伯纳以捍卫英国的公学体制是天经地义的事情。在政治上，她总是维护爱尔兰，反对英国——甚至在某种程度上，维护共和党人，反对自由政府——但本能和学养将她拉往另一个方向。至于艾比剧院，它抗争的对象是爱尔兰天主教徒的道德拘谨和伪善。当奥卡西②的《北斗七星》第一次上

---

① 黑棕军团(the Black and Tans)，1920年由温斯顿·丘吉尔提倡建立的临时治安部队，协助维持爱尔兰的稳定局面。
② 肖恩·奥卡西(Sean O'Casey, 1880—1964)，爱尔兰剧作家、社会主义者，代表作有《一个枪手的故事》、《出发吧》等。

演时，观众们想上舞台发泄，因为舞台上演着国民军①的成员扛着他们的旗帜走进一间酒吧。观众们还反对角色里面加入了一名妓女，理由是都柏林没有妓女。从争取雷恩爵士的画作这件事情上可以看出在多大程度上，格里高利夫人愿意将自己的事业放在一边，以及她与英国的上流社会有着多么紧密的联系。她的侄子休吉·雷恩爵士收藏了许多极为珍贵的画作，在遗嘱里将它们留给了伦敦的国家美术馆。后来，在卢西塔尼亚号②沉没之际，他在遇难前增加了一则附注，将它们留给了都柏林。显然，他的意思是将它们送到都柏林，但附注没有证人，因此没有合法性，结果英国政府得到了大部分画作。格里高利夫人在经历了种种公共和私人的灾难的时候，仍多年在伦敦四处奔走——一个衣衫褴褛的老妇拎着一把滴着雨水的伞，但因为家族的关系能让众多大人物听她倾诉。她并不在意他们的政治色彩，只要他们能帮她一把，找回雷恩的画作。她甚至想过去找英国王室，别人告诉她"国王做不了主……或许王后能够帮上忙"。最奇怪的是，最大力帮助她的英国政治家是反动歹毒的联合主义者爱德华·卡尔森爵士③，是他在 1912 年武装乌尔斯特志愿军④，并在

---

① 爱尔兰国民军（the Irish Citizen Army），由爱尔兰民族主义运动的领袖詹姆斯·拉尔金、詹姆斯·康纳利和杰克·怀特创建的志愿军，曾参与 1916 年的复活节起义。

② 卢西塔尼亚号（Lusitania），英国豪华邮轮，于 1915 年 5 月 7 日在爱尔兰外海被德国潜艇击沉，共 1 198 人死亡，其中包括 198 名美国人，是促成美国参加一战的导火索。

③ 爱德华·亨利·卡尔森（Edward Henry Carson，1854—1935），爱尔兰联合主义者，曾担任爱尔兰联盟和乌尔斯特联合党的领导人。

④ 乌尔斯特志愿军（the Ulster Volunteers），创建于 1912 年，是北爱尔兰地区亲英国政府的地方武装，抵制爱尔兰自治运动。

1916 年指控凯斯门特①。

　　格里高利夫人几乎认识或见过英国和爱尔兰文坛的每一位作家，而且认识许多其他领域的杰出人士，她的日记中有许多关于萧伯纳、叶芝、吉卜林、克斯格雷夫②、德·瓦勒拉③、迈克尔·科林斯④和其他人的详实的轶闻。她自己本人几乎从未写过机趣或让人了解内情的评论，但她给人的感觉是一个好的观察者和忠于事实的记者。比方说，她对约翰·迪伦⑤评论复活节起义的记述或许具有真正的历史价值。在开始写日记的时候，这些日记只是描写了她丰富多彩的一生的末段。她生于 1852 年，1880 年结婚，嫁给一个比自己年纪大许多的男人。开始写日记的时候，她的丈夫已经辞世 25 年，而儿子在两年后死去，关于艾比剧院最艰苦的斗争已经结束，英国和爱尔兰达成体面和解的机会已经消逝。她的一生很勇敢，而且或许很有意义。没有她，叶芝或许不会写出那么多作品，奥卡西可能永远默默无闻。1930 年她 78 岁，罹患乳癌，钱财无多，但她大体上还是感到很满意："很久以前我就说过，我希望能活到理查德的 21 岁生日。明天就是他的生日了……

---

① 罗杰·戴维·凯斯门特(Roger David Casement，1864—1916)，爱尔兰民族主义者、政治活动家，爱尔兰独立运动精神领袖之一，因倡导爱尔兰独立被英国政府以叛国罪起诉，被判处罪名成立并处死。

② 威廉·托马斯·克斯格雷夫(William Thomas Cosgrave，1880—1965)，爱尔兰政治家，曾担任爱尔兰临时政府主席，1922 年至 1932 年担任爱尔兰自由邦的总理。

③ 伊蒙·德·瓦勒拉(Éamon de Valera，1882—1975)，爱尔兰民族主义者、政治家，爱尔兰宪法起草人之一，曾于 1959 年至 1973 担任爱尔兰第三任总统。

④ 迈克尔·科林斯(Míchal Collins，1890—1922)，爱尔兰民族主义者、政治家，曾担任爱尔兰临时政府主席和爱尔兰国民军总司令。

⑤ 约翰·迪伦(John Dillon，1851—1927)，爱尔兰政治家，长期担任爱尔兰地区议员(属英国下议院议员)。

和罗伯特的成年礼比起来就差远了。那时候家族的亲人们聚在一起享受盛宴，为那些佃农起舞——库勒庄园不再是我们的了。但地主的日子已经过去了，这样子更好。不过我希望我们的血脉能在我死后关注这个曾经是我们的家园的地方，让它一直开放。"

但是，没有人能让库勒庄园一直开放下去，因为格里高利夫人死后，它就被捣毁了。她出生的地方——罗克斯伯勒庄园——在几年前局势"动荡不安"时已经被焚毁了。从那时起，盎格鲁—爱尔兰贵族就不复存在或成为了化石，政府收紧了对他们的控制，爱尔兰的文学运动没有实现它的承诺。制造它的张力已经被消除，格雷高利夫人所代表的那类特别的人——认同被征服民族的征服者——不再发挥任何作用。

评毕福理奇勋爵的《印度对他们的召唤》^①

这本关于毕福理奇勋爵双亲的传记的大体内容正如他所说的，是对他们的品格的探讨，但对于大部分读者而言，或许它的价值更在于它描写了从印度兵变^②到吉卜林的《来自群山的朴素传说》的那段已经被遗忘的岁月。

毕福理奇夫妇亨利与安妮特两人都出身中产商人阶层，亨利是苏格兰人，而安妮特出生于约克夏。两人并非出身大英帝国传统殖民家庭或与之有联系，而是怀着对东方浓厚的兴趣来到印度的。亨利在 1857 年进入印度政府，是最早的一批"竞争者"^③之一。他是苏格兰知识分子的典范，奉行不可知论，性情温和但思想激进，而且富于理想，但在政坛中不会钻营逢迎以获得成功。终其一生，他似乎从未屈从于外部压力，而且他对印度的观点在当时并不受欢迎。他知道印度尚未能取得独立，但他认为英国统治的目标应该是"为其自行退出做好准备"，而实现这个目标的第一步——行政统治的本土化——应该大幅度加速推进。

---

① 刊于 1948 年 2 月 1 日《观察者报》。
② 印度兵变(the mutiny)，指 1857 年 5 月 10 日至 1858 年 6 月 20 日间以印度土兵为主力的反对东印度公司殖民统治的印度民族起义，之后由英国政府接替东印度公司实施对印度的殖民统治。
③ "竞争者"(competition wallah)指的是那些通过考试而不是通过关系进入印度行政部门的人，该考试制度于 1856 年创立。"wallah"是乌尔都语的后缀，相当于英语中的"-er"(者)。

在一代人之前，这些观点在麦考利^①看来似乎合情合理，而一代人之后，亨利·毕福理奇所倡导的许多事情即将发生。但从1858年至1893年他在职期间，英印关系并不友好。在英国内部，帝国主义情绪正步入僵化，对"土著"妄自尊大的态度成为义不容辞的责任，而开凿苏伊士运河或许是最根本的原因。英国至印度的旅程变得便捷轻松，在印度的英国妇女数量迅速增加，欧洲人第一次能够形成他们自己的、独立排外的"纯白人"社区。另一方面，民族主义运动开始变得尖锐。亨利·毕福理奇支持不受欢迎的改革，撰写不谨慎的杂志文章，使自己被视为一个持危险观点的不受待见的人物。结果，他迟迟未能获得晋升，终其一生大部分时间都在瘟疫横行的恒河三角洲从事低级职务。

　　他的妻子安妮特是他的精神伴侣，但她的思想演变则非常不同。她受印度资助来到这里管理一所为孟加拉女孩创立的学校，一开始的时候她满怀支持印度人的热情，比她的丈夫更加热心，但后来她一改立场，几乎可以被称为保守派，一部分原因是她很反感印度人对待妇女的态度。当她晚年回到英国时，她还担任反对妇女参与选举的全国妇联的地方秘书。

　　退休之后，两人度过了几乎可以被称为第二人生的三十五年，从事繁重的文字工作。安妮特翻译波斯童话，六十岁的时候学习土耳其语。亨利花了二十年的时间翻译阿克巴大帝^②的波斯

---

① 托马斯·巴宾顿·麦考利(Thomas Babington Macaulay，1800—1859)，英国历史学家、政治家，代表作有《英国史》、《论马基雅弗利》等。
② 阿布尔-法斯·贾拉尔·乌-丁·穆罕默德·阿克巴(Abu'l-Fath Jalal ud-din Muhammad Akbar，1542—1605)，印度莫卧儿王朝第三任皇帝，在位期间统一印度，提倡宗教宽容，缔造了莫卧儿王朝的黄金时期。

史。安妮特晚年耳聋，两人只能通过文字进行交流。1929 年两人先后逝世，时间相差几个月。除了一些好照片之外，这本书还有一份很有趣的年表，罗列了八十年代一户驻印度英国人家庭确切的构成。从这份年表里你会了解到为什么毕福理奇一家——夫妻两人和三个孩子，按照欧洲人的标准过着很节俭的生活——会有三十九个仆人。

评肯尼思·威廉姆森的《大西洋群岛》^①

从肯尼思·威廉姆森先生的照片判断,法罗群岛几乎没有长树。它们是火山岛,陡峭的悬崖从乌云密布风暴猛烈的海洋直耸而起,可耕种的土地非常狭窄,农民们甚至无法使用犁,只能用一种笨拙的、没有手柄的铁锹进行一切耕种活动。除了渔业之外,他们没有天然的财富。但是,当英国周边的大部分岛群人口锐减时,这些岛屿尽管更加贫瘠荒芜,过去一百年里人口却翻了两番。

或许一部分原因是法罗岛人一直保持着自耕农的身份,没有地主阶级,没有非常悬殊的财富差距。岛屿的大部分面积都以原始的带状系统进行耕种,土地由集体拥有。威廉姆森先生在战争期间驻守法罗群岛几年,发现法罗人是坚强纯朴的民族,但绝非没有教养的人,因为当地的学校很好,而且一部分孩子被送到丹麦完成教育。他们是纯正的维京人后裔,仍然说着古老的挪威方言,只有在官方场合才不情愿地使用丹麦语。岛上还有民间传说的片段(有一个关于海豹妻子的故事,似乎带有爱尔兰色彩),原来的凯尔特居民似乎没有留下任何痕迹。

当地的饮食主要由鲸鱼肉和海鸟肉构成,由此就可以了解到

---

① 刊于 1948 年 2 月 29 日《观察者报》。肯尼思·威廉姆森(Kenneth Williamson, 1914—1977),英国鸟类学家、作家,代表作有《天高任鸟飞》、《大西洋群岛:法罗群岛的生活及风景》等。

这些岛屿有多么贫穷。由于土地贫瘠，而且夏天气温很低，种粮食的收益很低，主要的庄稼是干草和土豆，这意味着没有多少牛羊能够过冬。除了像腊肉一样风干的羊肉之外，岛民们必须从海里获取肉类食物。每年的鲸鱼大屠杀——它们被成群地驱赶到首府托尔斯港，然后用钩镰将其屠宰，垂死挣扎的它们将海水染成了红色——是一个重要的活动，而捕猎海鸟则更加重要。法罗人不仅吃其他地方的人也吃的塘鹅，还吃海雀、海鸥、鸬鹚和海鹦鹉。威廉姆森先生对法罗人的饮食充满热情，但他所描写的大部分菜式读起来有点让人毛骨悚然，其基调似乎就是鱼肉和肥肉配以甜酱。

法罗人非常好客。威廉姆森先生写道，任何陌生人到了一间农舍都会被认为饥肠辘辘，主人会提供丰富的饮食。当人家给你煮海鹦鹉肉配草莓酱的时候，要接受美意肯定有点困难。

法罗人没有强烈的民族主义情感，只有极少数岛民反对在战争期间由英国人占领岛屿。而且，贯穿这场战争的始终，法罗人是我们最可靠的渔业供应者，一度曾供应英国四分之三的需求。在 1940 年和 1941 年的黑暗时刻，当冰岛的渔船在没有空中掩护的情况下拒绝出海，而英国无法满足其要求时，法罗人的那些小船来来去去，它们唯一的武装就是每艘船配备一挺布朗式轻机枪。它们遭受轰炸，被机关枪扫射，遇到水雷陷阱，甚至被鱼雷袭击。但他们也挣了不少钱，并将这笔钱用于更新捕鱼船队，认为与英国的贸易仍将继续。从某个权威的渠道你会了解到，他们是不会失望的。

评诺伯特·卡斯特雷的《我的洞穴》，罗伯特·洛克·格拉汉姆·艾文译本[①]

英国有多少人能够不翻阅字典就知道"spelaeology"（洞穴学）这个词与洞穴有关呢？或许知道的人不多，因为洞窟冒险虽然在奔宁山脉一带颇有一些重度爱好者，但一直不是热门的消遣活动。就连洞窟学家所说的像"虹吸口"和"猫耳洞"这样的行话，在英语里也没有完全对应的词语。

法国则是另外一番景象。那里有很多洞窟，特别是比利牛斯山和多尔多涅地区。有的洞窟在地下延绵很长的距离，不过法国的洞穴没有的里雅斯特附近的那个那么庞大，那个洞穴足以容纳罗马的圣彼得大教堂，穹顶和整体结构都可以轻松放进去。在你开始探索某个大型洞窟之前，你通常得顺着一个垂直的壶穴攀登，或者说下落到 1 000 或 2 000 英尺的深度。到了底部，你或许会发现一条地下河流，可以坐着橡皮筏顺流直下数英里之远。但你总是得爬着走——通常用的是"匍匐前进"这个专业术语，意思就是像蚯蚓那样蠕动前行——顺着宽仅容身的空隙往下走，身下是湿滑的泥土或锋利的石笋。

---

① 刊于 1948 年 3 月 14 日《观察者报》。诺伯特·卡斯特雷（Norbert Casteret，1897—1987），法国洞穴学家、冒险家、作家，代表作有《我的洞穴》、《十年的地底生活》等。罗伯特·洛克·格拉汉姆·艾文（Robert Lock Graham Irving，1877—1969），英国登山家、作家，代表作有《阿尔卑斯山之春》、《山峰会带来宁静》等。

大部分行程只能在漆黑一片中进行，因为所有的照明设施都不易携带，而且容易被水弄坏。一次满怀希望的探索总是会因为遇到虹吸口而中断。虹吸口指的是一处洞窟的顶部下陷到流经洞窟的河流的表面以下。要穿过虹吸口只能潜入水里，但下去之前没有人能预先知道岩壁没水的深度是几英尺还是五十码。

　　卡斯特雷先生是资深的洞窟学家，他自然坚持认为他所选择的这项休闲活动很有科学性，而且具有实用价值。它探索到了新的重要水资源，让我们了解到许多关于旧石器时代人类的情况，还增加了我们对蝙蝠习性的了解。但从他对这项探险活动的描述来看，显然真正的洞窟学家并不会去考虑任何功利的事情，而是出于神秘的冲动，想要到尽可能深的地下去，到人类从未踏足的地方去。这些地方有的遍布奇形怪状、如同大教堂支柱的钟乳石，美得令人瞠目结舌，就像卡斯特雷先生的书里那些照片所展现的那样。但在那些比较容易抵达的洞窟里，情况非常糟糕，那里有臭气熏天的蝙蝠群和叫人无法喜爱的动物，虽然卡斯特雷先生热情地为它们辩护。

　　探索洞窟的设备非常精密机巧。用钢缆做成的梯子一码长才大概三盎司重，能载人的橡皮艇排气后可以放进背囊里。要进行极深的探索，洞窟学家得绑在降落伞背带上，然后用一根绳子吊着降落下去，上面连着电话。他们穿的衣服非常重要，不仅是因为它应该保暖，而且更重要的是它不能被卡住。有不止一位洞窟学家在尝试挤过一个狭窄的猫耳洞时因为衣服被卡住而活活饿死。当然，还有其他危险，更不用提艰苦的环境——比方说，游过水温只有零下一二度的地下河流。但是，人类对快乐有不同的理解，洞窟探险并不比登山更加危险或更加艰苦，而且或许更有用处。这本书的所有相片都是用镁光灯在极其恶劣的条件下拍出来的，拍得都非常不错。

评詹姆斯·拉弗林编辑的《先锋文学：
美国的十年实验性写作》①

　　国与国之间的文学交流仍然远远称不上活跃，即使在没有政治阻碍的国家之间也是如此。前不久一位书评家在一份法国评论周刊上说，据他所知，自 1939 年以来，美国没有诞生任何新的作家。由于我们不需要依赖翻译，因此更加了解那边的情况，但即使如此，确实大部分美国年轻一代的作家只是偶尔在杂志投稿才被英国的读者们所认识。只有少数几个人的作品以书籍的形式在英国出版。詹姆斯·拉弗林先生的这本关于近期美国诗歌散文的选集《先锋文学》因此很有意义，但正如他自己承认的，它并不具有完全的代表性。

　　当然，一本这样的选集的意图并不是全面地描绘美国的文坛景象。拉弗林先生明确地表明他只考察实验性质的"非商业"写作，大部分内容是出自像《凯尼恩评论》和《党派评论》这样的杂志，或出自他自己的年度杂录《新方向》。即使如此，挑选出来的作品并不是那么有趣，因为它所包含的几乎全部都是"原创性"作品——即诗歌与故事——而过去十年来许多最好、最生动的美国作品是出自文学批评家和政治随笔作家之手。一本基于"短篇

---

　　① 刊于 1948 年 4 月 17 日《时代文学增刊》。詹姆斯·拉弗林（James Laughlin，1914—1997），美国诗人、文学评论家，代表作有《在另一个国度》、《光明之屋》等。

评论"的选集不会错过莱昂内尔·特里尔林①、德威特·麦克唐纳②、克里蒙特·格林堡③和尼古拉·基亚拉蒙特④——你甚至还会想到埃德蒙德·威尔逊⑤、玛丽·麦卡锡⑥和索尔·贝娄⑦。但是，这本书确实向英国读者介绍了几位年轻作家，他们原本应该更加出名的——比方说，保罗·古德曼⑧、卡尔·夏皮罗⑨、德尔莫尔·舒瓦茨⑩和兰德尔·贾雷尔⑪。当然，还有许多"成名"作家的文稿（威廉·卡洛斯·威廉姆斯⑫、卡明斯⑬、亨利·米勒和

---

① 莱昂内尔·特里尔林（Lionel Trilling，1905—1975），美国文学评论家、作家，代表作有《人在旅途》、《弗洛伊德与我们的文化的危机》等。
② 德威特·麦克唐纳（Dwight Macdonald，1906—1982），美国作家，编辑，代表作有《人民的责任：关于战争罪的散文》、《我们看不见的穷人》等。
③ 克里蒙特·格林堡（Clement Greenberg，1909—1994），美国作家、美术评论家，代表作有《本土美学：对艺术与品味的观察》、《艺术与文化》等。
④ 尼古拉·基亚拉蒙特（Nicola Chiaromonte，1905—1972），意大利作家，代表作有《有思想的蠕虫》、《历史的吊诡：司汤达、托尔斯泰、帕斯捷尔纳克与其他作家》等。
⑤ 埃德蒙德·威尔逊（Edmund Wilson，1895—1972），美国作家、评论家，代表作有《三重思想家：文学主题十二讲》、《四十年代文学纪实》。
⑥ 玛丽·麦卡锡（Mary McCarthy，1912—1989），美国女作家、文学批评家，代表作有《绿洲》、《冷眼以对》等。
⑦ 索尔·贝娄（Saul Bellow，1915—2005），加拿大裔美国作家，曾获1976年诺贝尔文学奖，代表作有《洪堡的礼物》、《晃晃悠悠的男人》等。
⑧ 保罗·古德曼（Paul Goodman，1911—1972），美国作家、剧作家，代表作有《文学的结构》、《帝国之城》等。
⑨ 卡尔·杰·夏皮罗（Karl Jay Shapiro，1913—2000），美国诗人，代表作有《捍卫无知》、《诗人的审判》等。
⑩ 德尔莫尔·舒瓦茨（Delmore Schwartz，1913—1966），美国诗人、作家，代表作有《世界就是一场婚礼》、《最后的和失去的诗歌》等。
⑪ 兰德尔·贾雷尔（Randall Jarrell，1914—1965），美国诗人、文学评论家，代表作有《动物之家》、《失去的世界》等。
⑫ 威廉·卡洛斯·威廉姆斯（William Carlos Williams，1883—1963），美国诗人，代表作有《农夫的女儿》、《帕格尼之旅》等。
⑬ 爱德华·伊斯特林·卡明斯（Edward Estlin Cummings，1894—1962），美国诗人、画家，代表作有《巨大的房间》、《郁金香与烟囱》等。

其他人），甚至有老一辈作家如埃兹拉·庞德和格特鲁德·斯泰因[①]的作品。

这本书所展现的一个事实就是，美国的文学知识分子仍然在很大程度上处于守势。作家是一个被追捕的异端这种感觉很明显，而所谓的那庄严的"先锋文学"与存在于英国的流行文学决然不同。但当你阅读拉弗林先生的序言和后面的文章时，你不禁会注意到，这种孤立的感觉在很大程度上是没有道理的。首先，"先锋文学"和"商业化"显然是有重叠的，甚至很难区分开来。这本书里有几则故事，尤其是杰克·琼斯[②]、罗伯特·劳利[③]和田纳西·威廉姆斯[④]的作品，很适合在发行量很大的杂志上刊登。此外，美国文学过去十年或十五年来是否具备拉弗林先生所声称的"实验性"品质值得怀疑。在那个时期，文学作品的创作主题无疑得到了拓展，但并没有多少技术创新可言。而且令人吃惊的是，散文没有得到多少关注，而且它全方位地容忍丑陋和马虎的写作。甚至在韵文诗方面，自从奥登之后，甚至自从艾略特之后就没有什么真正的创新者，奥登和他的同伴坦言他们从艾略特身上获益良多。

近些年的英国散文作家中，没有人能像乔伊斯那样把玩文字；另一方面，没有人像海明威那样刻意地简化语言。至于那种

---

① 格特鲁德·斯泰因(Gertrude Stein, 1874—1946)，美国女作家、诗人，代表作有《每个人的自传》、《世界是圆的》等。

② 杰克·琼斯(Jack Jones)，信息不详。

③ 罗伯特·劳利(Robert Lowry, 1826—1899)，美国作家、圣诗作者，代表作有《圣殿之歌》、《快乐的歌声》等。

④ 托马斯·拉尼尔·田纳西·威廉姆斯(Thomas Lanier Tennessee Williams, 1911—1983)，美国作家、剧作家，代表作有《欲望号街车》、《热铁皮屋顶上的猫》等。

由康拉德、劳伦斯或福斯特所写的韵律齐整的"诗歌式"散文，如今已经没有人尝试了。最近一位刻意创作有韵律感的散文的作家是亨利·米勒，他的第一部作品发表于1935年，那时候他已经不算年轻了。关于拉弗林先生的选集中那些散文作家，有一点很突出，那就是，他们的文风都很相似，当他们以土话进行创作时除外。以那位无政府主义者保罗·古德曼为例，他的故事主题很特别，但他的处理手法却非常保守。那些故事也是一样——主题没办法不落窠臼。这些作者包括卡普兰①和约翰·贝里曼②。如今没有人能写出一本像麦克斯·毕尔邦③的《圣诞节的花环》那样的书了。作者个体之间的差别，至少表面上的差别，已经很不明显了。然而，当代文章对于散文技巧不感兴趣，也有其好的一面：没有"风格"的作者不会尝试去以矫揉造作的方式创作。这一点在选集中的一位作者身上体现得最为明显，那就是祖娜·巴恩斯④，她似乎无可救药地受到了拉伯雷或乔伊斯的影响。

　　这本选集的诗作水平参差不齐，或许原本可以有更好的选择。例如，兰德尔·贾雷尔被选入了五首诗，包括那首很不错的《在普鲁士的森林露营》，但他的短篇杰作《炮楼的炮手》以及那句难忘的结尾"在我死后，他们用水管将我从塔楼里冲出去"却没有被收录进去。或许这本书里最好的一首诗是卡明斯写的。他是个让人觉得厌烦的作家，一部分原因是他大量地采用没有意义

---

① 卡普兰（H. J. Kaplan），信息不详。
② 约翰·贝里曼（John Berryman，1914—1972），美国诗人、学者，代表作有《梦中之歌》、《被剥夺财产的人》等。
③ 亨利·马克西米兰·毕尔邦（Henry Maximilian Beerbohm，1872—1956），英国作家、漫画家，代表作有《快乐的伪君子》、《朱莱卡·多布森》等。
④ 祖娜·巴恩斯（Djuna Barnes，1892—1982），美国女作家，代表作有《阿尔玛纳克的女士们》、《字母表里的动物》等。

的排版手法，另一部分原因是他不肯消停的坏脾气很快就引起了读者的应激反应，但他在遣词用字方面很有才华（比方说，他描写苏俄的一句话经常被引用——"孩童般的一齐高喊口号的王国"），在他最好的作品中，他能写出行云流水的整洁诗句。在这本选集中，他的才华在一首称颂奥拉夫的短诗中得到了最高的体现，奥拉夫是一位因为良心的谴责而拒服兵役的人，略有胡乱拼凑的《斯特鲁威尔皮特丛书》①的气质。他先是描写奥拉夫落入了军方的手中，遭受了几乎无法诉诸笔端的酷刑，然后：

> 一位长官，听取了他的审判，
> 将这个黄皮肤的杂种
> 关进了地牢，他在那里死去。
> 基督啊（无限仁慈的主）
> 我祈祷看到
> 奥拉夫获得胜利，因为
> 除非数字在撒谎，
> 否则他比我更勇敢，比你更英俊。

　　在这本选集中，最好的诗歌，几乎无一例外，都将普通的文章写成韵律诗的格式。许多"自由诗"只是将散文以随心所欲的长度变成一行行的诗句，有时候进行了精心的编排，将第一个单词在页面上挪来挪去，显然是遵循着视觉效果和韵律一样重要的

---

① 斯特鲁威尔皮特丛书（Struwwelpeter）：德国儿童图画书系列，由海因里希·霍夫曼（Heinrich Hoffmann）最初执笔。

文学理论。如果你将这些所谓的诗作重新编排成散文的格式，它们和散文其实没有什么不同，只有一部分在主题方面与散文有所区别。列举几个例子就够了：

> 那是寒冷的一天。我们埋葬了猫咪，然后在后院点着火柴，将猫窝给烧掉。那些跳蚤逃到土里，火焰在寒风中熄灭。（威廉·卡洛斯·威廉姆斯）
>
> 那个老家伙放下他的啤酒——小子，他说道（一个女孩来到我们的桌旁，以基督之名央求我们请她喝一杯），小子，我告诉你，一件没有人讲述过的事情。（肯尼斯·帕岑①）

肯尼斯·雷克斯洛斯②的长诗《凤凰与乌龟》如果重新编排的话读起来就是一篇散文，但它或许应该被归入不同的类别。比方说，像下面这一段诗：

> 制度就是工具，
>
> 因为它提供分子过程
>
> 欺骗性的凭证。
>
> 价值就是反思，
>
> 令人满意的嗜好。
>
> 张力的正式一面，

---

① 肯尼斯·帕岑（Kenneth Patchen，1911—1972），美国诗人、作家，代表作有《黑暗的国度》、《沉睡者醒来》等。
② 肯尼斯·雷克斯洛斯（Kenneth Rexroth，1905—1982），美国诗人、作家，代表作有《世俗智慧的艺术》、《龙与独角兽》等。

来自于革命，

事实上，是过度的专业化、增生和巨化症。

　　它不是普通意义上的韵文诗，但或许不是单单因为马虎应付，而是因为源自埃兹拉·庞德或中国诗歌翻译的观念，认为诗歌可以包括没有任何韵律的铿锵的阐述。这种创作手法的缺点是，它不仅牺牲了韵文的韵律感，而且失去了它帮助记忆的功能。正是有了耳熟能详的节奏和韵脚，韵文与散文才得以区别开来，成为不同的创作体裁。过去三四十年来产生了大量的"自由体"韵文，但只有一小部分能以耳熟能详的形式流传下来，就像在散文里不可能保持节奏一样。在英国和美国，摆脱传统的韵文形式兴起的主要原因是，英语在尾韵方面特别贫乏，上世纪九十年代的诗人已经清楚地意识到这一缺点，有一段话写道：

　　　　从奥斯汀追溯到乔叟，

　　　　我揉着疲倦的眼睛，

　　　　但我从来没有遇到过，

　　　　有与"爱"押韵的新词。

　　这一缺点自然而然地慢慢累积沉淀，到了乔治亚时代，它引发了不堪忍受的陈腐和矫揉造作。而出路就是，完全或部分地放弃韵律，或通过二重韵和使用俚语及俗语，而这在以前被认为是难登大雅之堂的，但能让可用的韵脚有所增加。但是，这并没有消除对于韵脚的需求，要真的有什么结果的话，这一需求反而增加了。事实上，成功的无韵诗——比方说，奥登的《西班牙》或艾略特的许多章节——通常都配上强烈的重音和没有抑扬顿挫的格律。你甚至可以从这本选集中看到，近来有一种回归传统的诗节形式的趋势，但总是带着一种"自由体"韵文的邋遢的感觉。例如，卡尔·夏皮罗在创作其实是民歌体裁的诗歌时非常成功，他的作品《烟火》：

> 在更新世的花园里，我们就像爱丽丝一样流连，
> 在那里，种子将茎秆送到天堂，从豆荚里迸发，
> 一朵蓝色的花在远处飘荡，打开它的花蕾，
> 掉落在尘土中，轻轻点头，然后枯萎。
> 毛茸茸的狼蛛在柔软的叶片上爬行，
> 百合花的花瓣在爬山虎丛中绽放，
> 花粉直冲月亮，在她的下方，
> 是一颗颗星星和悲伤的沉睡者！

这本选集中最好的短篇小说当数约翰·贝里曼的《想象中的犹太人》，描写了一个年轻人去参加一个政治会议。他是一个大度慷慨的青年，厌恶反犹主义思想，然后由于阴差阳错被误会是一个犹太人，从而突然间对犹太问题有了更加深入的了解。保罗·古德曼的故事《一场纪念仪式》据说发生在"合理的体制在我们的时代建立不久之后"——也就是说，经过无政府主义革命之后——故事热情洋溢地尝试对快乐进行描述，迄今为止没有其他作家能比得上。卡普兰的稍长一些的故事《伊斯兰信徒》属于那种你想说展现了高超的才华，但不能肯定它在描写什么的作

品。格奥格·曼恩①对共产主义的讽刺文章《布尔什维克官僚阿泽夫·威斯迈尔》要是篇幅只有十几页而不是将近五十页的话，原本会是很有趣的作品。选集中有亨利·米勒的《南回归线》的长篇节选。就像作者的所有早期作品一样，里面不乏精妙的章节，但要是从没有那么夸张的《北回归线》中挑选一章的话会更好一些，《北回归线》是亨利·米勒的杰作，仍然是一本非常罕见的书。它是如此成功，以至于所有国家的警察都在追踪封杀它。

除了文章之外，这本《选集》还收录了两组拍得不错但算不上特别突出的摄影作品。其中一组是由沃尔克·伊文斯拍摄的，由詹姆斯·阿格利②为南方的植棉农民写了一则"报道"。另一组由赖特·莫里斯拍摄，有建筑的照片，大部分是废墟，每一张都配了以散文诗形式写成的长篇说明。这些说明本身并不出色，但这个想法很好，或许会有很多跟风之作。这本书的另外一大亮点是拉弗林先生编撰的萨缪尔·格林堡的诗歌选集，他是一个犹太青年，父母出身贫寒，他在 1918 年就去世了，还不到二十岁。那都是些奇怪的诗，通篇都有拼写错误，而且有一些新的词汇，有时候就像是还有待完成的手稿，而不像是业已完成的作品，但它们展现了充沛的力量。通过平行比较，拉弗林先生表明哈特·克莱因③从格林堡那里借鉴了许多诗句，但没有予以承认。

不管怎样，这本书很有用处，介绍了大约五十位美国作家，其中有超过一半英国人并不了解或了解不多。但如果它能明确地

---

① 格奥格·曼恩(Georg Mann)，信息不详。
② 詹姆斯·鲁福斯·阿格利(James Rufus Agee，1909—1955)，美国诗人、作家，代表作有《一起家族死亡事件》、《流浪汉的新世界》。
③ 哈罗德·哈特·克莱因(Harold Hart Crane，1899—1932)，美国诗人，代表作有《白色的建筑物》、《桥梁》等。

为英国读者进行编撰的话，它本可以编得更好。事实上，它是一本面向美国的作品，显然是一页页地审查过后才被接纳进英国的（亨利·米勒最喜欢用的动词被辛苦地以手工形式涂黑，这种情况一连出现了五十页），可能会给英国读者造成不平衡的印象。应该再次强调的是，美国的写作在目前更加优秀的领域是文学批评和政治及社会散文。这无疑在很大程度上是因为在美国金钱更多，纸张更多，闲暇更多。那些杂志要厚一些，"主角们"有钱一些，而最重要的是，知识分子虽然遭受冤屈，数量依然多得足以组成自己的共同体。严肃的长篇探讨已经在英国绝迹，但在美国仍然存在，比方说，关于要不要支持那场已经结束的战争的探讨，或围绕着詹姆斯·伯恩汉姆或范·威克·布鲁克斯①的理念进行争论，诞生了比《先锋文学》的许多内容更值得重印也更有代表性的作品。另外，这本书因为它既不是毫不妥协的"高端读物"，也不是对当代美国文学的全面剖析而遭受戕害。它遗漏了几位美国最好的作家，原因是他们不是"先锋作家"；与此同时，它收录了凯伊·布伊尔②和威廉·萨罗扬③的作品。它还收录了一两篇纯粹的垃圾——但或许这是任何编撰当代作家的大部头选集所无法避免的。鹰隼出版社的编辑们值得为他们的勤勉而得到赞许，但下一次他们应该更懂得如何选择材料，网罗的范围要更广一些。

---

① 范·威克·布鲁克斯（Van Wyck Brooks，1886—1963），美国文学评论家、历史学家，代表作有《论今日之文学》、《自信的年代》等。
② 凯伊·布伊尔（Kay Boyle，1902—1992），美国女作家，代表作有《雪崩》、《白夜》等。
③ 威廉·萨罗扬（William Saroyan，1908—1981），美国作家，代表作有《我叫阿拉姆》、《人间喜剧》等。

评奥斯卡·王尔德的
《社会主义下的人的灵魂》[①]

奥斯卡·王尔德的作品如今又有许多回到了舞台和银幕上，我想提醒一句，他的作品并不只有《莎乐美》和《温德米尔夫人》。举例来说，王尔德的《社会主义下的人的灵魂》大概在60年前初版，已经不堪卒读。王尔德本人并不是活跃的社会主义者，但他是一个很有同情心和观察力的知识分子，虽然他的预言并没有实现，它们却没有随着时间的推移而变得无关紧要。

王尔德眼中的社会主义，或许是那个时候许多文笔没有他那么晓畅的人共同的想法，充满了乌托邦和无政府主义的色彩。他说废除私有财产将使得人的全面发展成为可能，并让我们摆脱"可怜地为他人而活的无奈"。到了社会主义的将来，不仅不会有贫困和动荡，而且不会有苦役、疾病、丑陋和将心思浪费在尔虞我诈之上。

痛苦将不再重要——事实上，人类在历史上将第一次能够通过享受而不是通过苦难去实现自己的个性。犯罪将会消失，因为再也不用因为经济上的原因去犯罪。国家将不再实施统治，只是作为一个分配必需品的机构而存在。所有讨厌的工作将由机器完成，每个人都可以完全自由地选择自己的工作和属于自己的生活

---

① 刊于 1948 年 5 月 9 日《观察者报》。

方式。事实上，世界将到处是艺术家，每个人都以自己心目中的最佳方式在追求完美。

如今这些乐观的预测读起来让人觉得心里不好受。当然，王尔德意识到社会主义运动有极权主义的倾向，但他不相信这种倾向会占得上风。他以先知的口吻俏皮地写道："我不认为如今会有社会主义者严肃地倡导由一位视察专员每天早上走进家家户户了解每个市民是否起床并从事八个小时的体力劳动。"——不幸的是，这正是无数的现代社会主义者会倡导的事情。显然，有什么事情出错了。凭借着经济集体所有制，社会主义正以60年前几乎被认为不可能的速度征服整个世界，然而，乌托邦，具体地说是王尔德的乌托邦，却没有离我们更近。那么，到底是哪里出了差错？

如果你仔细分析的话，你就会看到王尔德提出了两个普遍但未被证实的设想。其一是这个世界是极其富足的，只是苦于分配不均。他似乎在说，将百万富翁和十字街头清道夫的财富进行平均分配，那么每个人都可以有充足的物质供应。直到俄国革命之前，这一观念依然广泛传播——"朱门酒肉臭，路有冻死骨"这句话被挂在嘴边——但事实并非如此，它之所以存在是因为社会主义总是把高度发达的西方国家想象得太美好，忽略了亚洲和非洲可怕的贫穷。事实上，放眼整个世界，问题不是如何分配财富，而是如何提高生产力，没有这一点作为基础，经济上的平等只会意味着普遍的贫困。

其次，王尔德认为将所有讨厌的工作交给机器去完成是一件简单的事情。他说机器是我们的新奴隶，这是一个很有诱惑性的比喻，但会造成误导，因为有许多工作——大体上说，任何需要高度灵活性的工作——是机器无法完成的。在实际操作中，即使在最高度机械化的国家，许多枯燥和累人的工作仍得由人去做，虽然他们很不情愿。但这直接意味着劳动分工、固定工时、工资差别和王尔德所痛恨的所有严格控制。王尔德心目中的社会主义只能在比当前的社会富裕得多，而且技术上先进得多的社会才能实现。废除私有财产本身并不能将食物送进人的口中。它只是过渡时期的第一步，而这一时期注定会非常辛苦、艰难和漫长。

但这并不是说王尔德是完全错误的。过渡时期的痛苦是它所制造的那个令人难以忍受的前景似乎会是永恒。已经在苏俄发生的事情看上去就是这样。一个原本只是用于有限目的的专政体制固定了下来，社会主义被视为集中营和秘密警察的同义词。因此，王尔德的预言和其它类似的作品——如《来自乌托邦的消息》——体现了它们的价值。它们或许在呼唤不可能发生的事情，而且它们或许——因为乌托邦必然体现了它自身的时代的美学理念——有时候似乎"过时"又可笑，但它们至少超越了为买食物而排队和党派争执的时代，重申了社会主义运动业已几乎被遗忘的建立大同世界的初衷。

乔治·基辛[①]

在原子弹的阴影笼罩之下很难带着自信去谈论进步。但是，要是我们假设十年内我们还不至于被炸成碎片的话，有很多理由认为当前的时代要比过去的时代好得多，而乔治·基辛的小说就是理由之一。要是基辛还在世的话，他要比萧伯纳年轻一些，但他所描写的伦敦已经几乎像狄更斯笔下的伦敦一样遥远。那是八十年代的伦敦，浓雾笼罩，点的是煤气灯，满城是醉酒的清教徒，服饰、建筑和家具达到了丑陋的极点。一户十口人的工人家庭住在单间是几乎很平常的事情。大体上，基辛没有描写最贫穷的情况，但当你读到他对下层中产阶级的凄苦生活忠实的描写时，你一定会觉得我们已经大大改善了那个黑礼服和金钱统治的世界，而那只不过是六十年前的情景。

基辛的每一部作品——他临终前所写的一两部作品除外——都有令人难忘的章节。第一次接触他的作品的读者最好从《五十年庆那年》开始读。然而，很遗憾的是，他的两部次要的作品得以耗费纸张重印，而他那些应该为人所记住的作品却有很多年根本无从寻觅。比方说，《古怪的女人》已经彻底停印了。我手头有一本，是1914年那场战争前卖得很火的那种脏兮兮的红色封皮廉价版，但这是我见过或听说过的唯一版本。基辛的杰作《新格拉

---

① 成文于1948年5月至8月。

布街》我一直买不到，是从公共图书馆那堆带着汤汁印渍的旧书里借阅的，《人民》也是，还有《阴间地狱》和一两本其他作品。据我所知，只有《亨利·莱克罗夫的私人文件》、评论狄更斯的那本书评和《一个生命的早晨》在近期付梓。不过，现在重印的两部作品都值得好好读一读，尤其是《五十年庆那年》，更加阴郁黯淡，因此更具个人特色。

在他的序言里，威廉·普罗默①先生写道："大体上说，基辛的小说就是关于金钱和女人的。"而麦芬尼·伊文斯小姐②在《漩涡》的序言里也写了类似的话。我觉得，你或许可以把定义再扩大一些，说基辛的小说是对以体面为名义的自我折磨的抗议。基辛是一个书呆子，或许也是一个过于斯文的男人，热爱古典事物，发现自己被困在一个烟雾缭绕的、冰冷的清教徒国度，如果没有厚厚的一沓钱摆在自己和外部世界之间，根本别想过得舒服。在他的愤怒和牢骚后面是他认识到维多利亚晚期英国生活的悲惨在很大程度上是根本没有必要的。那种肮脏、那种愚昧、那种丑陋、那种性饥渴、那种鬼鬼祟祟的纵情声色、那种庸俗、那种粗鄙、那种吹毛求疵——这些事情都没有必要出现，因为它们是清教徒主义的残余，而清教徒主义不再是维系社会结构的支柱。人们原本可以在不降低效率的前提下过上很快乐的生活，但他们却选择了过着悲惨的日子，制造出毫无意义的禁忌用于吓唬自己。金钱是一个困扰，不仅是因为没有钱你就会挨饿，更重要

---

① 威廉·查尔斯·弗兰克丁·普罗默（William Charles Franklyn Plomer, 1903—1973），南非裔英国作家，代表作有《西塞尔·罗德斯》、《侵略者》等。
② 麦芬尼·伊文斯（Myfanwy Evans）：情况不详。

的是，除非你有很多钱——比方说吧，300英镑一年——社会是不会让你体面地生活下去的，甚至会让你不得安宁。女人是一个困扰，因为她们比男人更相信禁忌，即使在她们不体面时也仍然受体面的束缚。因此，金钱和女人是社会对勇敢的人和聪明的人进行报复的两件工具。基辛很愿意自己和别人能有更多的钱，但他对我们现在所说的社会公平并不是很感兴趣。他并不推崇工人阶级，也不信奉民主。他不想为人民大众鼓与呼，而是为那些在野蛮人中茕茕孑立的出众而敏锐的人代言。

《古怪的女人》里每一个主要角色的生活都被毁掉了，因为钱太少了，或因为大半辈子过去了才挣到钱，或遭到明显荒诞不经却不容质疑的社会习俗的压迫。一个老处女过着毫无意义的酗酒生活，一个年轻漂亮的女孩嫁给年纪足以当她父亲的老头儿，一个苦苦挣扎的学校老师一再推迟与情人的婚礼，直到两人都成了枯萎的中年男女，一个心地善良的男人忍受妻子的絮絮叨叨直至死去，一个特别聪明和富有活力的男人错过了结一次冒险的婚姻的机会而一辈子都结不了婚——每一个悲剧最终都归因于对社会准则的接受，或没有足够多的钱绕开它。在《一个生命的早晨》中，一个诚实而有才华的男人遭到了毁灭和死亡的命运，因为在一个大城市里走动不戴礼帽是不行的。他的帽子在乘火车的时候被风刮出了窗外，他又没有钱另外买一顶，只能挪用老板的钱，从而引发了一系列灾难。这是一个很有趣的例子，表明观念的改变能突然间让原本十分强大的禁忌成为滑稽的事情。如果你今天不知怎地丢掉了裤子，或许你也会挪用公款，而不是穿着内裤到处走。八十年代的帽子似乎是非常必要的东西。事实上，不过就在三四十年前，没戴帽子的人走在街上是会被人嘘的。接着，出于不明的原因，不戴帽子成为体面的事情，到了今天基辛所讲述的那一幕悲剧——在当时的情景下是可以理解的——变成了不可能发生的事情。

基辛的作品令人印象最深刻的是《新格拉布街》。对于一个职业作家来说，它还是一部令人难过而丧气的作品，因为它除了讲述其他事情之外，还谈到了那个令人恐惧不安的职业病——江郎才尽。确实，突然间失去了创作能力的作家数量并不多，但那是一种随时可能发生于任何人身上的灾难，就像性无能一样。当然，基辛将它与他惯用的主题——金钱、社会准则的压力和女人的愚蠢——联系在一起。

埃德温·雷尔顿，一个年轻的小说家——出版了一本侥幸成功的小说，刚刚辞掉了一份文职工作——娶了一个迷人而且似乎很聪慧的女孩子，她自己有点收入。在这里，还有其他一两处地方，基辛说了一些现在听来似乎很奇怪的言论——他说一个受过教育却又没有钱的人很难娶到老婆。雷尔顿做到了，但他的朋友就没有那么成功了，他住在阁楼里，靠当收入微薄的补习先生维持生计，只能理所当然地接受独身。基辛表示，如果他能娶到一个老婆，那只会是一个来自贫民窟的没有受过教育的女孩。精致而敏感的女人无法面对贫穷。这里你又注意到那个时代与我们这个时代的差异。基辛在他的所有作品中都暗示聪明的女人是非常稀有的动物，如果你希望娶一个既聪明又漂亮的女人，根据众所周知的算术定理，选择就更加有限，这无疑是对的。这就好比是你只能在白化病患者中作出选择，而且还是左撇子的白化病患者。但基辛对他那位可憎的女主人公的描写，以及他对笔下其他女性角色的描写，让人觉得在那个年代女人对精致、文雅乃至智慧的理解与优裕的社会地位和昂贵的物质生活是分不开的。作家愿意与之结婚的女人就是那种一想到住在阁楼里就会退缩的女人。基辛在写《新格拉布街》时，那或许就是实情，但我认为，今天的情况可以说并非如此。

雷尔顿婚后不久就发现妻子是一个傻乎乎的势利女人，那种认为"艺术品味"只不过是社会竞争力的掩饰的女人。她嫁给一个小说家，以为他会一夜成名，然后她可以夫荣妻贵。雷尔顿是一个典型的基辛笔下的主人公，一个刻苦、不善交际而一无是处的男人。他陷入了一个矫情而昂贵的世界，知道自己永远没办法保持自我的本性，立刻丧失了勇气。当然，他的妻子根本不明白文学创作到底是怎么一回事。有一个章节写得很可怕——至少对那些鬻文为生的人来说很可怕——她计算一天能写多少页书，然后算出自己的老公一年能写出多少本小说，然后得出这么一个结论：写书并不是一份很辛苦的职业。与此同时，雷尔顿被吓呆了。日复一日，他坐在书桌前，什么事情也没有发生，什么也写不出来。最后，在恐慌中他写出了一堆废话，而出版社因为雷尔顿的前一本书获得了成功，将信将疑地接受了投稿。除此之外他再也写不出任何可以出版的东西了。他完蛋了。

令人绝望的事情是，如果他能回去当一个小职员，当一个单身汉的话，他就会好起来。那个老于世故、娶了雷尔顿的遗孀的记者对他作出了恰如其分的评价，说他如果过着单身生活，每两年就能写出一本好书。但是，他当然不能回归独身。他不能重操旧业，不能安于靠妻子的钱生活：通过妻子而起作用的公众舆论逼得他江郎才尽，最后进了坟墓。书里面的其他文学人物绝大多数也好不到哪里去，困扰着他们的麻烦在今天依然还是那样。但至少书里所着重描写的灾难在今天不大可能以同样的情形发生，或为了同样的原因而发生。很有可能，雷尔顿的妻子不会那么愚蠢，而且如果她实在是让他觉得日子没法过了，或许他就会一走了之，没有那么多顾虑。在《漩涡》中有一个类似的女人，名字叫做阿尔玛·弗洛辛汉姆。与之相对比，在《五十年庆那年》里有三位弗兰奇小姐，她们代表了新兴的下层中产阶级——根据基辛的描写，这个阶层得到了金钱和权力，却没办法将其善用，都是一帮极其粗俗、吵闹、精明而道德败坏的人。乍一看，基辛笔下那些"贤淑高贵"的女人和"没有淑女风范"的女人似乎很不一样，甚至是截然相反的两种动物，这似乎否定了他所暗示的对女性大体上的谴责。然而，将她们联系在一起的纽带就是，她们都是目光短浅的可悲人物。就连《古怪的女人》里像洛姐那样活泼而聪明的女人（是新女性中一个有趣的早期标本）也无法进行抽象思维，无法摆脱现成标准的窠臼。基辛似乎打心眼里认为女人是天生的弱者。他希望她们受到更好的教育，但另一方面他又不希望她们获得自由，不然她们一定会不当地使用自由。大体上，在他的书里最好的女人都是那些隐忍的、持家有道的角色。

我非常希望基辛的作品全集能够在纸张充裕的时候出版。他有几本作品我没有读过，因为一直找不到，不幸的是，里面包括《生于放逐》，据说是他最好的作品。但光靠《新格拉布街》、《人民》和《古怪的女人》这几本书，我已经可以说英国没几位小说家比他更优秀了。这话或许说得有点武断，但如果你思考一下小说的意义就不会这么觉得了。"小说"一词通常用于指代任何种类的故事——《金驴》、《安娜·卡列尼娜》、《堂·吉诃德》、《即兴诗人》、《包法利夫人》、《所罗门王的宝藏》或任何你喜欢的作品——但它还有一个狭隘一些的定义，指代十九世纪之前几乎未曾存在、主要在俄国和法国兴盛的文学体裁。在这个意义上，小说指的是一个试图描述可信的人物形象的故事，不一定非得使用自然主义的手法，但要展现他们在日常动机的支配下如何行动，而不只是经历一连串不太可能发生的冒险。一本符合这一定义的真正的小说至少包括两个角色，或许更多，对他们的内心世界以同样程度的合理性进行描写——这实际上就排除了以第一人称进行描写的小说。如果你认可这一定义，那么小说明显不是英国擅长的艺术形式。那些通常被捧为"伟大的英国小说家"的作家要么不是真正的小说家，要么并非英国人。基辛所描写的不是奇闻异事或滑稽喜剧或政治文章，他感兴趣的是作为个体的人——事实上，他能带着同情心去描写几种不同的动机，从它们的冲突之中编出一个可信的故事，这使他在英国作家中显得不同寻常。

当然，在他想象的情景和人物中，并没有很多通常被称为美的东西，而在他的作品的字里行间，诗情画意的描写就更少了。事实上，他的文笔总是让人觉得难受，下面有几个例子：

> 她的思想总是会迷失于禁区而遭致惩罚，无论她下了多么坚定的决心，要坚持肉体的冷漠。（《漩涡》）
>
> 没有受过教育的英国女人在服装打扮上的愚笨是一个无以复加的事实。（《五十年庆那年》）

但是，他不会犯那些真正严重的错误。他的意图总是很明确，他从不"为了追求效果而写作"，他知道如何在朗诵和对话中保持平衡，如何让对话听起来可信，而不至于与对话前后的文体格格不入。比他缺乏文采要严重得多的毛病是他的经验范围的狭小。他只熟悉少数社会层面，虽然他对人物所背负的环境压力的理解非常鲜活生动，但他似乎对政治和经济的力量了解甚少。他的世界观有一点倾向反动，但这只是因为他缺乏远见而并非出于恶意。他被迫与工人阶级生活在一起，认为他们都是些野蛮人，而他这么说只不过是出于诚实。他不知道如果能给予他们机会的话，他们也能成为有教养的人。但说到底你对小说家的要求不是要他作出预言，而基辛的一部分魅力就在于，虽然他那个时代让他很不受待见，但他却确凿无疑地属于那个时代。

英国作家中与基辛最接近的似乎是和他生活在同一时代，或者说大致上同一时代的马克·鲁瑟福德①。如果你简单地归纳他们的突出特征，这两个人似乎很不一样。马克·鲁瑟福德的作品比基辛少一些，不像基辛那样是个纯粹的小说家，他的文笔要好得多，他的作品很难辨认出属于哪个特定的时代，他奉行改革社会的思想，而最重要的是，他是一个清教徒。但他们之间有一种令人难忘的相似之处，或许可以通过一件事情得以解释，那就是，他们俩都缺少英国作家的致命伤——"幽默感"。两人都带着消沉的意气和孤独的气质。当然，基辛的作品中不乏有趣的章节，但他的创作目的不是引人发笑。最重要的是，他没有撰写闹剧的冲动。他对所有的主人公都抱以多少严肃的态度，至少试图表示同情。任何小说都不可避免地包括了一些次要角色，他们或许只是滑稽可笑，或者被人带着纯粹的敌意加以审视，但小说创

---

① 马克·鲁瑟福德(Mark Rutherford)是威廉·霍尔·怀特(William Hale White，1831—1913)的笔名，英国作家，代表作有《解脱》、《坦纳街的革命》等。

作中有所谓"持中而论"这一品质，而比起大部分英国作家，基辛的态度要更加不偏不倚。他没有非常强烈的道德宗旨，这是他的一个优点。当然，他对自己所生活的社会的丑陋、空虚和残酷有着深刻的厌恶，但他关心的是描述社会，而不是改变社会。他的作品里总是没有一个能被斥为反角的人物。即使出现了一个反角，也总是没有得到报应。在描写性事时，考虑到他进行创作的年代，基辛的描写出奇地直白。他并没有写些诲淫诲盗的东西，或对性滥交表示认同。只不过他愿意面对事实。英国小说有一条不成文的法则，小说的男女主人公在结婚前应该保持贞洁，这一法则在他的作品中被抛到一边，几乎是自菲尔丁以来的第一人。

和十九世纪中期以后的大多数英国作家一样，基辛想象不出还有什么比当一位作家或有闲的绅士更值得念想的前途。知识分子和下里巴人的鸿沟已经形成，一个有能力创作严肃小说的人再也没有办法想象自己完全满足于商人、士兵、政治家或别的什么职业的生活。至少在意识层面上基辛并没有想要成为他那种作家。他的理想让人觉得很悲哀，那就是：有过得去的收入，住在郊区一座舒服的小房子里，最好不要结婚，他可以徜徉在书堆里，特别是希腊文和拉丁文典籍。要不是他在获得牛津大学奖学金后因为个人的浪荡行为而被抓进监狱，他原本可能实现这一理想的。结果，他一生都在从事在他眼中是苦工的工作中度过，当他最终可以不用争分夺秒地进行创作时，他立刻就亡故了，年仅四十五岁。赫伯特·乔治·威尔斯在他的《自传试验》中形容他的死是他的生命的一部分。他在1880年到1900年间所创作的那二十部左右的小说是他为了争取过上优裕生活的心血之作，而他从未能享受上那种生活，就算他能得到那种生活，或许他也无法将其好好地利用，因为很难相信他的气质真的适合过学术研究的生活。或许他的才华迟早会自然而然地吸引他进行小说写作。如果不是这样的话，我们必须感激他在年轻时做的那件荒唐事，这件事让他离开了舒舒服服的中产阶级生涯，迫使他成为庸俗、贫穷和失败的记录者。

评珍·波顿的《一位巫师的全盛时期》①

丹尼尔·但格拉斯·霍姆②是勃朗宁③的作品《斯拉奇先生》
的原型。他是唯一从未被揭穿真面目的灵媒师——确切地说，是
"形体"灵媒师。他的一生声名显赫，围绕着他诞生了不少文学
作品。沙皇亚历山大二世、尤金尼亚皇后④、普鲁士国王和一帮英
国贵族死心塌地地相信他，就连作家和科学家，像拉斯金⑤、巴尔
沃-立顿⑥、萨克雷、威廉·克鲁克斯爵士⑦、伊丽莎白·勃朗
宁⑧和哈里特·伊丽莎白·比彻·斯托都很信任他。霍姆有过不
计其数的漂浮于空中的记载，通常都是横着飘过，还能以看不见

---

① 刊于 1948 年 6 月 6 日《观察者报》。
② 丹尼尔·但格拉斯·霍姆(Daniel Dunglas Home, 1833—1886)，苏格兰灵媒
师，在维多利亚时期名噪一时，但也引发了众多争议。
③ 罗伯特·勃朗宁(Robert Browning, 1812—1889)，英国作家，代表作有《葡
语十四行诗》、《戒指与书》等。
④ 尤金尼亚皇后(Empress Eugénie, 1853—1871)，法兰西第三帝国拿破仑三世
的皇后。
⑤ 约翰·拉斯金(John Ruskin, 1819—1900)，英国作家、诗人、画家、思想
家，代表作有《现代画家》、《建筑学的诗艺》等。
⑥ 爱德华·乔治·厄尔·巴尔沃-立顿(Edward George Earle Lytton Bulwer-
Lytton，1803—1873)，英国诗人、作家，代表作有《尤金·阿拉姆》、《庞
贝古城的最后日子》等。
⑦ 威廉·克鲁克斯(William Crookes，1832—1919)，英国物理学家、化学家，
是铊元素的发现和命名者。其研制的阴极射线管为 1895 年 X 射线的发现
和 1897 年电子的发现提供了基本实验条件。
⑧ 伊丽莎白·巴雷特·勃朗宁(Elizabeth Barrett Browning, 1806—1861)及其
丈夫罗伯特·勃朗宁(Robert Browning, 1812—1889)，广受尊敬的英国文
坛伉俪，

的手隔空弹奏乐器，不用接触就让沉重的家具像芭蕾舞者那样穿过房间。只有一回有人能出示证据说他是在耍把戏，但情况颇有疑点。

而且，没有人知道霍姆的私生活，这表明他是一个心机深沉的骗子。他热衷与上流社会交往，和两个有钱的女人结过婚，而这在一部分程度上是由他的灵媒活动促成的，但他并不是一个唯利是图的人。他会接受像珠宝首饰这样的昂贵礼品，但他拒绝金钱，而且他不会听从别人的命令去"表演"。他嘲笑其他灵媒师是"见不得人的通灵师"并揭穿一些所谓的"显灵"的把戏，得罪了他们。虽然他有几个死敌，比如说罗伯特·勃朗宁，他与其他人的关系，以及他在生活中的言行举止，很难让人相信他是一个庸俗的骗子。

但是——这一点珍·波顿小姐没有着重强调——这一定是一场骗局。许多关于霍姆的故事根本不足为信，而由于每件事似乎都是在光天化日之下发生的，让人觉得更不可信。霍姆不像其他"形体"灵媒师，他是在大庭广众之下完成了最令人瞠目结舌的奇迹，而且它们大部分是魔术师在没有事先准备的情况下做不到的事情。比方说，威廉·霍威特①，《超自然的历史》的作者，声称曾经见过一张桌子从地上升起来，然后翻转过来，直到顶部与地面垂直，上面那个花瓶仍然保持在原位，似乎它是粘在上面的一样。然后这张桌子飘到了隔壁房间，漂浮在另一张桌子上面。显然，这种事情不可能真的发生。除非有其他记载下来的例证，

---

① 威廉·霍威特（William Howitt，1792—1879），英国历史学家、作家，代表作有《殖民地与基督教》、《人民之子》等。

否则你是不会相信这些事情的，而且自从霍姆之后就没有任何灵媒师被报道过能成功做到这些事情。但你将霍姆所施行的超自然现象斥为"谎言"或"纯属想象"并无济于事。因为，说到底，为什么那些理智而且声名卓著的人会串通起来说一些让人觉得可笑的故事呢？你只能得出这么一个结论：无论霍姆是有心还是无意，他拥有某种催眠力量，能让人群产生幻觉。

波顿小姐几乎没有对这个问题进行探讨。这本书大致上是一本传记，她只是描述了霍姆生平的故事，几乎没有进行评论，甚至没有反驳他是一个骗子的指控。已故的哈利·普莱斯①先生的序言并没有对这个问题作进一步的阐述，但他透露了一个有价值的提示，将霍姆列为"恶作剧的灵媒"。霍姆的全盛时期是六十年代和七十年代，并没有在如今所谓的实验条件下进行表演，而且参加他的通灵仪式的那些人早就死了，但通过研究保留的记录，仍有可能对他的魔术的本质有更多的了解。

他最负盛名的壮举——如果它真的发生的话，确实很了不起——是从三楼的一个窗户飘出去，然后从旁边的窗户飘进来。有两位目击证人对这件事进行了非常详细的描述，但贝奇霍夫·罗伯茨②先生在他那本关于通灵术的书中对其进行了分析，指出其有很多自相矛盾之处。波顿小姐的书读起来很有趣，内容详实，而且介绍了其他信息来源，但它最需要做的是对霍姆赖以成名的

---

① 哈利·普莱斯（Harry Price，1881—1948），英国精神研究学者、作家，曾揭穿许多灵媒师和通灵师的真面目，代表作有《灵媒的真相》、《追寻真相》等。
② 卡尔·埃里克·贝奇霍夫·罗伯茨（Carl Eric Bechhofer Roberts，1894—1949），英国记者、作家，代表作有《通灵术的真相》、《美国的文学复兴》等。

证据进行批判性的分析——通灵术现象就像恶作剧的鬼把戏一样,本身并不有趣。有趣的是为什么这些人会被诱导去相信它们,或许灵媒师的这种模式能对我们有所启示。

评奥斯波特·西特韦尔的《美妙的早晨》[①]

    接连不断的战争就像连绵的山脉，横亘在我们与过去之间，自传成为了一种恋古癖。任何一个年过四旬的人都记得一些就像锁子甲或贞操带那样过时的东西。许多人缅怀地说，在 1914 年你可以不带护照就环游世界，或许就只有俄国去不了。但当我回首往事时，让我更感到惊讶的是在那个时候你能走进一间单车店——普通的单车店，甚至不需要是五金店——买到左轮手枪和子弹，不会遭到盘问。显然，我们再也不会有那样的社会氛围了。当奥斯波特·西特韦尔爵士怀着遗憾描写"1914 年前"时，他的情感不能以"反动"来形容。反动意味着想要回到过去的努力，虽然这个世界或许会被推回到 1938 年的模式，但重回爱德华时代或复兴阿尔比教派[②]都是不可能的事情了。

    读过他的自传前两卷的读者会发现奥斯波特·西特韦尔的早年可谓命运多蹇。他的父亲，乔治·西特韦尔爵士，是一个很难打交道的人，一个误入歧途的建筑天才，花了昂贵的代价在浮夸的建筑蓝图上，这些建筑蓝图甚至要改变风景地貌和修筑人工

[①] 刊于 1948 年 7 月《艾德菲报》。奥斯波特·西特韦尔（Osbert Sitwell, 1892—1969），英国作家，代表作有《失去自我的男人》、《西奈山的奇迹》等。

[②] 阿尔比教派（Albigensianism），又称卡特里教派（Catharism），是中世纪兴盛于法国南部阿尔比城的基督教派别。后被罗马天主教会宣布为异端，遭到异端裁判所的暴力镇压而最终消亡。

湖，结果湖水渗入了下面的煤矿，引发了没完没了的官司——你得考虑到，那时奥斯波特·西特韦尔才十九岁，一周只有一先令的零花钱。老西特韦尔爵士甚至不肯去解救落入放高利贷者之手的老婆。除了建筑之外，他主要的人生目的——或许并非纯粹出于恶意，却是一个漫长的恶作剧——就是强迫身边的每一个人去做他或她最不喜欢的事情。众所周知，奥斯波特讨厌马匹，却被送进了骑兵营，然后逃到掷弹兵近卫团，然后当他在近卫团里似乎呆得很开心的时候，被安排了一份在斯卡保罗的镇政府办公室上班的工作，这是发生在他二十岁时被强迫练字（为了改善他的手写字体）之后的事情。战争拯救了他，但他的弟弟和姐姐也受到了同样的对待。但不管怎样，战前的那几年他过得很开心，享受着作为一个富家公子的特殊地位——或许，他觉得那时候的英国生活有着一种再也无法恢复的快乐其有道理。

在近卫团里的生活是快乐的，因为它意味着驻扎在伦敦，而这意味着剧院、音乐和画廊。奥斯波特那帮军官哥们儿都是有教养而且宽容的人，他的上校甚至同意他与穿着列兵制服的雅各布·爱泼斯坦①去咖啡厅。那是卡比亚平②和俄国芭蕾舞的年代，是英国对音乐与绘画的严肃兴趣方兴未艾的年代，也是拉格泰姆③和探戈、戴着灰色高礼帽的恶棍、游艇和莲步裙的时代，是自古罗马帝国早期之后全世界仅见的挥霍财富的时代。维多利亚时期的清教徒主义最终分崩离析，金钱从四面八方涌入，现在与特

① 雅各布·爱泼斯坦(Jacob Epstein, 1880—1959)，美裔英国雕塑家，参加过一战，作品以前卫大胆而著称，在当时引起了许多争议。
② 费奥多·伊万诺维奇·卡比亚平(Feodor Ivanovich Chapiapin, 1873—1938)，俄国歌剧演唱家。
③ 拉格泰姆(Ragtimr)，流行于 19 世纪末 20 世纪初的美式音乐。

权地位不可分割的罪恶感还没有形成。巴尼·巴纳托[①]和威廉·惠特利[②]爵士被视为模仿的典范，不仅有钱就是美德，而且还得显得有钱。伦敦的生活就是无休止的周而复始的娱乐，其规模前所未有，而且现在也会让人觉得不可思议：

> 一座房子里请一支乐队再也不够了，得有两支，甚至三支。电风扇在巨大的冰块上旋转，上面覆盖着成堆的绣球花，就像停泊着出征塞西拉岛的三桅帆船的海滩。以前从来没有这么多鲜花摆设……欧洲从未见到过堆积如山的四季常有的蜜桃、无花果、油桃和草莓，从雾气缭绕的玻璃棚里被运送过来。香槟酒瓶在餐具柜上堆积如山……各个种族中只有穷人才不得入座，就连外国人也能进去，只要他们有钱。

还有乡村别墅的生活，里面有成队的仆人。奥斯波特讨厌马匹，不擅长打猎，但他喜欢去狩猎，虽然（或许也正是因为）他从未打到过什么猎物。他与一个如今已经绝迹的那种乖戾的猎场老看守——他自认是家族的家臣——相处得很好，在猎场里能够享有相当大的自由。

当然，如果你碰巧不属于享受香槟和温室草莓的世界，1914年前的生活会很难过。即使到了今天，经过两场杀人如麻的战争，全世界的体力工人或许过上了从物质上说比以前好一些的生

---

① 巴尼·巴纳托（Barney Barnato，1851—1897），英国大亨，南非的钻石和黄金大王。

② 威廉·惠特利（William Whiteley，1831—1907），英国企业家，是惠特利百货公司的创始人。

活。而在英国，工人们的生活确实改善了。但是，到了第三次世界大战之后，这一次是用原子弹干架，情况还会是这样吗？或者说，再经过五十年的土壤流失和能源挥霍，情况还会是这样吗？而且，在1914年之前，那时候的人很幸运，不知道战争即将到来；或者说，即使知道，他们也没有预见到它会是怎样的情形。奥斯波特爵士所描写的，只不过是那时候的生活对于享有特权的少数人来说很好玩，就像任何读过《轰炸之前》的人所知道的，他将整个时代的低俗和怪诞描写得栩栩如生。他在这本书中所暗示的政治观点似乎是温和的自由主义。他写道："在那些日子里，他们受到了本不应有的尊崇，而现在则受到并不应有的羞辱。"但是，在1914年的金色盛夏，他尽情享受着财富，而且能诚实地说出来。

如今有一个广为流传的观念，认为对于过去的缅怀在本质上是邪恶的。显然，一个人应该永远生活在当下，每一分钟都在消除记忆，如果他会想起过去，那只是为了感谢上帝，让我们比以前活得更好。在我看来，这种想法就好像是思想的整容，其背后的动机是对于老去的一种势利的恐惧。一个人应该意识到人不可能无限地发展，尤其是一个作家，如果他批判否定其早年的经历，他就抛弃了他的传统。缅怀"战前"（我是说另一场战争之前）的失乐园从很多方面来说是可悲的不幸，但从其它方面来说，它又是一个优势。每一代人都有他们自己的经历和智慧，虽然知识上的进步确实存在，因此一个时代的思想有时候要比之前时代的思想更加睿智——尽管如此，一个人如果坚持他的早期思想，而不是徒劳无功地想要"与时俱进"，他就更有希望写出一本好书。贴近你的时代很重要，这包括了诚实地面对你的社会出身。

在三十年代，我们看到文学界整整一代人，至少是一代人里面最出类拔萃的精英，要么伪装成无产阶级，要么沉溺于公开的自我憎恨，只因他们不是无产阶级。就算他们能够保持这一态度（如今他们要么逃到了美国，要么在英国广播公司或文化委员会谋得了差事，数量之多令人吃惊），那也是愚蠢的态度，因为他们的资产阶级出身是无法改变的。奥斯波特·西特韦尔爵士的功劳在于他从不伪装自己是别的什么出身：他是上流阶层的成员，他的文风中流露出愉快轻松的姿态。这只能是锦衣玉食的生活的产物。凭借着回忆，他忠实地记录了自己的所喜所恶，这是需要道德勇气的。要以带着优越感的嘲讽姿态去描写伊顿公学或掷弹兵近卫团，暗示自己从小就有了开明的思想是多么容易的事情，但事实上，上一代人中没有哪一个养尊处优的人拥有开明的思想。又或者，以防御性的姿态试图去为他所生活的世界的不公平与不平等辩护也是很容易做到的事情，但他并没有这么做。这三卷书（《左手，右手》、《深红色的树》和《美妙的清晨》）虽然描写的范围很窄，却可以被列为我们这个时代最好的自传之一。

评罗伊·詹金斯的《艾德礼先生：一本未竟的传记》[①]

当你描写一个在生的人时，特别是一个你愿意接受他的领导的政治家时，要保持批判的态度并不容易。但是，这本非正式的或半正式的传记有着正确的英雄崇拜的态度；与此同时，它体现了艾德礼先生朴实无华的品质，这些品质帮助他在艰难时期站稳脚跟，并比许多更有才华的人拥有更长的政治生命。

艾德礼先生在 1922 年第一次赢得利姆豪斯的议席，但他与立法机构的联系早在 40 年前就开始了，并且几乎从未中断。他最早进入立法会是作为公学代表团的业余助手，那时候他仍然是一名坚定的保守党人。他告诉我们在牛津大学的时候他曾经崇拜那些"强势而无情的统治者"并"怀有极端的保守党思想"。但是，一年后，鉴于他在伦敦东区的见闻，他成为独立工党和费边社的成员，很快他就成为一名活跃的宣传作家和街头演讲者。

在一部分程度上，正是因为与同一个选区的长期联系，他才得以成为 1931 年的灾难中少数能够保住议席的工党议员之一。正是工党的凋零使他得以一展才华，不然的话他可能根本没有机会

---

① 刊于 1948 年 7 月 4 日《观察者报》。罗伊·哈里斯·詹金斯（Roy Harris Jenkins, 1920—2003），英国政治家、作家，曾历任英国内政大臣、财政大臣、欧盟主席等职务，曾撰写了多位历史名人的传记，如《丘吉尔》、《罗斯福》等。

出头。但是，正如詹金斯先生所着重强调的，他能成为工党的议会领袖并不只是出于兰斯伯利①辞职的偶然。这件事必须得到工党的首肯，是艾德礼先生的能力得到证明的结果。即使在他是反对党领袖的时候，如果工党能够赢得下一次的大选，他也不被看好是最有希望成为首相的人。但是，在战争年间，虽然他身处保守党首相的副手这个尴尬的位置，自然而然地，他在党内时不时会有点非议，但他的声望与日俱隆。

詹金斯先生总是为艾德礼先生的政治判断进行辩护，但并非一成不变。当然，他在战前抵制要求成立人民阵线的鼓噪，这是非常正确的，因为人民阵线只会削弱工党，而不会给选举带来什么好处。另一方面，英国要求对德国立场强硬却又反对重新武装，这种自相矛盾的政策在整个欧洲造成了不良影响，他必须为此承担一部分责任。不幸的是，詹金斯先生选择了讲述到1945年大选为止。这并不像表面看上去的那样是一个重大的转折点，因为工党现在所面临的困难一部分在它执政的两三年前就已经形成了。或许在战争已经明确将取得胜利的情况下，工党没有摆脱联合执政，要怪的是它自己。如果它那么做了，它就可以避免承受雅尔塔和约和波茨坦和约的后果，有机会在某些问题上表明自己的立场，而这些问题后来在竞选中被含糊带过或篡改。

这本书对艾德礼先生在海利布里迪的童年生活和牛津大学的大学生活作了相当完整的描述。你会清楚地了解到作为板球选手，他是一个蹩脚的击球手和投球手，却是一个优秀的外野手。

---

① 乔治·兰斯伯利（George Lansbury, 1859—1940），英国工党政治家，曾担任工党领袖，《每日先驱报》创建人之一，代表作有《你对贫穷的贡献》、《俄国见闻》等。

那些相片拍得平平无奇，但奇怪的是，它们验证了《每日邮报》的言论——那是在他成为工党领袖时所说的话——艾德礼先生的头形和列宁的一模一样。

评格雷厄姆·格林的《物质的心》[①]

　　过去几十年来，相当一部分杰出的小说是天主教徒的作品，它们甚至可以被称为天主教小说。出现这种情况的一个原因是，除了今生与来世的冲突之外，还有神性和美好的冲突是那些没有宗教信仰的普通作家所无法利用却能带来成果的主题。格雷厄姆·格林曾经在《权力与荣耀》一书中成功地运用过这一主题，在《布莱顿硬糖》中又运用过一回，但这一次是否成功则有待证实。他最新的作品《物质的心》（维京出版社），礼貌地说，并非他最好的作品之一，让人感觉结构死板，那些熟悉的冲突就像一则代数方程式那样被加以刻意安排，根本没有照顾到心理活动的合理性。

　　下面是故事的梗概：时间是1942年，地点是西非的英国殖民地，没有给出名字，但或许是黄金海岸[②]。一位名叫斯科比的少校，他是警察局副局长和皈依天主教的信徒，在一艘葡萄牙轮船的船长室里找到了一封印着德国地址的信件。这封信是私人信件，完全没有危害，但斯科比的职责是将它交给上司。不过，他很同情那位葡萄牙船长，将信件销毁了，没有透露这件事。按照书里的解释，斯科比是一个很有良心的好人。他不喝酒，不收受

---

① 刊于1948年7月17日《纽约客》。
② 黄金海岸（the Gold Coast）是非洲加纳的旧称。

贿赂，不包养黑人情人或浸淫于官场的勾当。事实上，由于他的正直不阿，所有人都讨厌他，就像义人阿里斯提德①。他对那个葡萄牙船长的一念之仁是他第一次行为失检。之后，他的生活变成了一个以"噢，我们的生活有如一团乱麻"为主题的寓言，每一次都是他的好心使他走上歪路。他爱上了一个从被鱼雷击中的船上救出来的女孩，而一开始时对她只是抱以同情。他继续这场恋爱，大部原因是出于责任感，因为如果抛弃那个女孩的话，她会心碎的。他还对妻子隐瞒了关于这个女孩的事情，为的是不让她感到嫉妒。因为他决定继续进行通奸，他没有去做告解，为了消除妻子的疑惑，他欺骗她说自己去做过告解。由于他于德有亏，在接受圣餐礼时，他的内心感到极度恐惧。此外还有其它旁枝末节的故事，全部都是以同样的方式发生的，到最后斯科比决定，为这一不可原谅的罪孽赎罪的唯一方式就是自杀。他不能让自己的死给别人惹麻烦，因此，他得精心安排，让它看上去是一场事故。碰巧的是，他笨拙地暴露了一个细节，大家都知道他是自杀的。该书的结尾是一位天主教神父暗示或许斯科比并不会遭到谴责，其教义的内容有点可疑。但是，斯科比感到绝望。他是个百分百坚强的白人，却因为纯粹的君子风度而被逼到走投无路的地步。

我并没有夸张歪曲故事的情节。即使它以现实主义的细节作为掩饰，正如我说过的，其内容依然很滑稽可笑。最明显的谬误就是斯科比的动机，他以为它们可以被人所理解，因此没有对他

① 阿里斯提德（Aristides，前530—前468），古希腊雅典城邦政治家，为人正直不阿，富于荣誉感，曾被古希腊历史学家希罗多德与哲学家柏拉图称为"雅典最值得尊敬的人"。

的行为进行充分的解释。另一个出现的问题是：为什么这个故事的背景被安排在西非？除了有一个角色是叙利亚贸易商之外，整个故事也可以发生在伦敦的郊区。那些非洲人只是偶尔被提及的背景角色，而一直存在于斯科比脑海里的事情——黑人与白人的仇视和抵制当地民族主义运动的斗争——根本没有被提起过。事实上，虽然我们对他的思想有细致的了解，他似乎却很少想到自己的工作，就算有也只是一些非常琐碎的事情。他从来没有考虑过战争，虽然当时是 1942 年。他所感兴趣的就是自己渐渐沦落。这种情况在殖民地是不可能出现的，在《布莱顿硬糖》中也出现了这一不合理性，这是将神学上的问题硬加在普通人身上的必然结果。

这本书的中心思想是，当一个犯错的天主教信徒要比当一个拥有美德的异教徒更好一些，更高尚一些。格雷厄姆·格林或许会引用马里坦①对莱昂·布洛伊②的评论："世上只有一种悲伤——那就是无法成为圣人。"这本书的扉页引用了佩吉③的一句话，宣称这个罪人"在内心深处是一个基督徒"，除了圣人之外，比任何人都更了解基督教的教义。所有这些言语包含着非常恐怖的暗示，认为普通人的正直根本毫无价值，任何一种罪孽并不比其它罪孽更糟糕，或可以这么去理解。此外，格林先生的态度不可能不让人感到某种势利，在这本书里有，在他的其他从清晰的

---

① 雅克·马里坦（Jacques Maritain，1882—1973），法国天主教神学家，复兴中世纪基督教神父托马斯·阿奎那的神学理念，是《人权普世宣言》的起草人之一。

② 莱昂·布洛伊（Léon Bloy，1846—1917），法国作家，代表作有《绝望》、《穷人的血》等。

③ 查尔斯·佩吉（Charles Péguy，1873—1914），法国诗人、作家，代表作有《神秘的希望之门》、《夏娃》等。

天主教徒的观念出发而写成的书里也有。他似乎拥有自波德莱尔以降广为流传的观念，那就是：成为罪人自有其高贵之处。地狱似乎是高档的夜总会俱乐部，其大门只对天主教徒敞开，因为其他人，那些不信奉天主教的人，太愚昧无知，无法成为罪人，只能像野兽那样步入毁灭。它们精心地告诉我们天主教信徒并不比其他人优越，他们甚至或许要比其他人更糟糕，因为他们面临着更大的诱惑。事实上，在法国和英国的当代天主教小说里，加入坏神父，至少是不合格的神父是流行的写法，这是自布朗神父①之后的一个转变。（我觉得年轻的天主教作家的主要目标之一就是不去模仿切斯特顿。）但自始至终——纵使他们酗酒、纵欲、犯罪或遭到谴责——那些天主教徒保持着他们的优越感，因为只有他们能够区分善恶。顺便提一句，《物质的心》和格林先生的大部分其它作品都认定出了天主教会，没有人对基督教的教义有最基本的了解。

在我看来，这种描写拥有神性的罪人的狂热很肤浅，在它的下面或许隐含着信仰渐渐式微这一事实，因为当人们真的相信地狱的存在时，他们不是很喜欢外在优雅的姿态。更重要的是将神学思想套在血与肉上的尝试产生了心理上的荒谬。在《权力与荣耀》中，今生与来世的价值之间的斗争让人觉得信服，因为它并不是在一个人的内心里发生的。一方面，书中的那个神父在某种层面上是一个可怜虫，但他坚信自己的神性力量，这使他成为一个英雄人物。另一方面，书中的那个中尉代表了人类的公正和物

---

① 布朗神父是英国作家吉尔伯特·基思·切斯特顿(Gilbert Keith Chesterton)笔下的人物。

质的进步，也不失为一个有自己风格的英雄人物。他们或许能够彼此尊重，但无法彼此了解。不管怎样，那个神父并没有被赋予非常复杂的思想。而在《布莱顿硬糖》中，故事的主要情节令人难以置信，因为它的设定是最愚昧鲁钝的人也能拥有深刻的思想，只需要接受天主教徒的教育就可以了。平基，那个跑马场的恶棍，是撒旦的化身，而他那个思想更加狭隘的女朋友居然明白，甚至指出了"对与错"和"善与恶"之间的区别。比方说，在莫里亚克①的《特蕾莎》的故事中，精神上的冲突并没有高度的合理性，因为它并没有假装特蕾莎是一个普通人。她是被选中的灵魂，艰辛而漫长地追求救赎，就像一个病人在精神病医生的沙发上长伸一个懒腰那样。举一个反面的例子，伊夫林·沃的《故园风雨后》虽然有种种不合情理之处——这在一部分程度上是因为这本书是以第一人称写成的——但它仍是一部成功的作品，因为故事的情景本身是正常的。那些信奉天主教的角色会遇到现实的问题，当内容涉及他们的宗教信仰时，并没有突然间跳跃到一个不同的智力层面。斯科比不让人觉得可信，因为他的正邪两部分无法相容。如果他会陷入书中所描写的那个困境，早在多年前他就应该已经堕落了。如果他真的觉得通奸是道德犯罪的话，他就不会一直进行下去；如果他一直通奸的话，他的罪恶感就不会那么重。如果他相信有地狱，他就不会只是为了照顾几个神经兮兮的女人的感情而甘冒下地狱的风险。你或许可以补充说，如果他真的是像书里所写的那种人——也就是说，一个性格特征是对造

---

① 弗朗索瓦·查尔斯·莫里亚克(François Charles Mauriac，1885—1970)，法国作家，曾获 1952 年诺贝尔文学奖，代表作有《血与肉》、《夜的尽头》等。

成痛苦怀有恐惧的男人——他就根本不会在殖民地的警察部队里任职。

还有其他不合理的地方，有些是由于格林先生处理恋爱的手法。每一个小说家都有自己的惯用手法，就像爱德华·摩根·福斯特总是会让小说里的角色在没有充足理由的情况下猝死一样，在格雪厄姆·格林的小说里，他总是让人们一见面就上床，而这么做并没有给双方带来明显的快乐。这种行为通常是可信的，但在《物质的心》里，从故事的主旨考虑，它的效果是削弱了一个本应很强烈的动机。再一次，里面出现了那个或许无法避免的常见错误：他把每个人都写得太有修养了。斯科比少校不仅是一位神学家；他的妻子被描写成一个几乎彻底的傻瓜，却在阅读诗歌；而那个被国安部门派遣监视斯科比的侦探甚至会写诗。这里你所遇到的情况是，对于大部分当代作家来说，要想象一个不是作家的人的心理历程不是一件容易的事情。

当你记起在别的作品中他对非洲的描写是多么令人叫绝时，你不禁会想，格林先生应该以战时他在非洲的经历去写这本书，却没有这么做，实在令人觉得遗憾。事实上，这本书的背景定于非洲，但故事几乎都是在一个狭小的白人社区里进行的，给人一种不足为道的感觉。然而，你不能过于吹毛求疵。看到格林先生在沉默良久后再次写书实在是一件愉快的事情，而且，在战后的英国，一个小说家写出一本小说已经是一件了不起的事情了。不管怎样，格林先生没有像许多人那样因为战争时期沾染的习惯就此一蹶不振。但你或许希望他的下一本书能写不同的主题；如果不是的话，他至少会记得，看破红尘虽然能让人进入天堂，却并不足以让人写出一本小说。

评休·金斯米尔的《迟来的黎明》^①

这四篇故事由休·金斯米尔先生最初出版于 1924 年，内容都是幻想故事，其中两篇以未来作为背景。事实上，其中一篇设想的背景就是现在。设置在这个时间并没有特别的理由，但有趣的是，构成背景的公众事件并不比现实中所发生的事情更加荒唐或恐怖。

有两篇故事只是讽刺短文，但其中一篇——《世界末日》，描写了一颗将摧毁一切的彗星并没有依时降临——内容非常有趣。另外两篇更有分量的故事是《W.J.》和《威廉·莎士比亚的归来》。《W. J.》是一篇人物研究，虽然以滑稽的手法对一位神经过敏的天才进行描写，但读来很是感人。这位天才准备写出世界上最伟大的作品，却从来没有开始动笔。《威廉·莎士比亚的归来》虽然情节复杂而且几乎可以说很有可信度，但其实是一篇深入探讨莎士比亚作品的文学评论。

故事讲述了一位科学家发明了一种让死者复活的方法，于是莎士比亚在 1943 年死而复生，活了大概六个星期。他从未公开露面——事实上，他复活后一直躲起来，避开两位打对台戏的报业老板的纠缠，他们都想利用莎士比亚为自己捞点好处。在隐居时莎士比亚读到了批评家对他的评论，并撰写了关于他的作品的意

---

① 刊于 1948 年 7 月 18 日《观察者报》。

义的一篇长文——当然，这就给了金斯米尔先生发言的机会。

这个时候很难不记起已故的洛根·皮尔索·史密斯①说过的话："所有莎士比亚的评论家说到底都是疯子。"无论一个人的思想一开始时是多么开放，最终他似乎都不可能不去提出一个包罗万象的理论，就连莎士比亚的无心之语也可以套入这个理论中。这一倾向最糟糕的莫过于对哈姆雷特的"诠释"。譬如说，哈姆雷特在戏剧开始之前就已经引诱了奥菲莉娅；他对母亲有一种病态的执着；他其实是一个假扮男子的女人；他是一个疯子；他是莎士比亚的儿子；他是埃塞克斯伯爵。

金斯米尔先生并不至于如此夸张，但你会觉得莎士比亚在一定程度上被加以扭曲以切合先入为主的想法。金斯米尔先生认为，爱与权力或成功之间的斗争贯穿莎士比亚的作品始终，这在不同时期的戏剧里都有体现，而这对应着莎士比亚生平的起起落落。这个理论被加以精心构建，但金斯米尔先生在处理文字时偶尔会略显武断。举一个例子，《黑女士》这首诗（她被认为是玛丽·菲顿②）被认为怀着惆怅哀伤的基调，因为有"her mourning eyes"③这么一句描写，但在这首十四行诗的语境里，"mourning"的意思只是黑色。另一方面，他围绕福斯塔夫和莎士比亚对他的态度这个难题的探讨（他希望我们认同福斯塔夫还是可恨的哈尔王子呢？）写得非常精彩。

---

① 洛根·皮尔索·史密斯（Logan Pearsall Smith，1865—1946），英国作家、文学批判家，代表作有《词汇与成语》、《难以忘怀的年头》等。
② 玛丽·菲顿（Mary Fitton，1578—1647），英国伊丽莎白女王的侍女，据传闻与彭布罗克伯爵威廉·赫伯特有染，有文学评论家认为她是莎士比亚诗作中提到的"黑女士"的原型。
③ mourning 有"哀伤"、"服丧"之意。

这些故事，尤其是《世界末日》，体现了二十年前那种相对轻松随意的心态。我希望出版社能够多再版几部金斯米尔先生的早期作品。

评巴林顿·朱利安·沃伦·希尔的 《伊顿杂忆》[①]

当你在 1948 年得知伊顿公学比起它在 1918 年的时候几乎没有改变时，很难辨别清楚你是感到钦佩还是难过。如果从希尔先生的书中照片能看出什么改变的话，那就是现在孩子们都不戴帽子了，因为高礼帽很紧缺，真是让人难过。除此之外，他们的衣服是一样的，其他事情也没有改变。6 月 4 日仍然放烟花，在河上划船，墙球比赛仍然在泥沼中举办，学生们接受鞭笞的高台仍在那儿，有一小块在高中部遭受轰炸时被炸掉了，但仍然可以使用。

希尔先生说一位新西兰的空军军官在战争期间来到英国，写信给他，希望他介绍伊顿公学和它的教育体制。这个问题太大了，一封信没办法解释清楚。希尔先生转而对伊顿公学的日常生活进行描述，并附上许多相片和几张雕刻的拓本。这本书文笔优美，而且内容详实，但不可避免地 —— 事实上几乎是无意识地 —— 对一种很有可能将会消失的教育方式做了哀悼。

最后希尔先生平静地说，伊顿公学无疑将随着岁月的流逝而改变。但他希望改变是自发的，而且不会太快。另外他指出，作

[①] 刊于 1948 年 8 月 1 日《观察者报》。巴林顿·朱利安·沃伦·希尔（Barrington Julian Warren Hill，1915—1985），英国作家，曾在伊顿公学任教多年，代表作有《伊顿杂忆》、《伊顿公学历史》等。

为活力的标志，战后有更多的人愿意支付高昂的学费。但不幸的是，除了父母的态度之外，还有其他问题牵涉其中。无论当我们的教育体制在重组时那些名牌公学会发生什么，伊顿仍然以现在的形式继续存在下去是几乎不可能的事情，因为它所提供的培训原本针对的是拥有土地的贵族，而在 1939 年之前这就已经不合时宜了。高礼帽、燕尾服、成群的小猎犬、迷彩西装、仍然刻着历任首相名字的书桌，当它们仍代表了某种令人肃然起敬的优雅时有其魅力和作用。而在一个破败的民主国家，它们只是讨厌的东西，就像拿破仑的大部队的辎重，满载着大厨和理发师，在色当大败时堵塞了道路。

另一方面，伊顿公学或许会作为一座学校继续下去。它有很理想的教学环境。它有堂皇的大楼和操场，而且，除非它最后被斯洛吞并，它周围的风景很漂亮。而且它有一大优点，在希尔先生的这本书中得以淋漓尽致地体现，那就是宽容而文明的气氛，使每个男生都能依照自己的个性成长。或许原因就是，作为一座非常有钱的学校，它请得起数目庞大的员工，这意味着老师们不会过度辛劳，而且伊顿公学在一定程度上摆脱了阿诺德博士[①]进行的公学改革，保留了属于十八世纪乃至中世纪的氛围。不管怎样，无论它以后会如何，它的一些传统值得缅怀。不过，这本书的价格实在是贵得有些离谱[②]。

---

① 托马斯·阿诺德（Dr. Thomas Arnold，1795—1842），英国教育家、历史学家，曾担任著名的拉格比公学（Rugby School）校长及牛津大学特级客座教授。

② 这本书的价格是 1 英镑 10 先令。

评巴拉钱德拉·拉扬编撰的
《作为思想家的小说家》①

　　一本书是否应该取名为《作为思想家的小说家》似乎很值得商榷，除非它有明确的目的，要将小说当作思想的载体进行研究。事实上，这本"文集"有超过三分之一的内容（它是《焦点》的第四期，确切来说这不是一本期刊，而是一本每年出版一期的书籍）与题目无关。它的主要内容是六篇关于当代英国和法国小说家的文章，分别由四位作家执笔，而且筛选时显然没有什么规划。在这六篇文章中，德里克·斯坦利·萨维奇②先生探讨了奥尔德斯·赫胥黎和伊夫林·沃的作品，杰弗里·赫尔曼·班托克先生③探讨了克里斯朵夫·伊舍伍德和利奥波德·汉密尔顿·迈尔斯④的作品，托马斯·古德⑤先生探讨了让·保罗·萨特的作品，华莱士·福尔利⑥先生探讨了弗朗索瓦·莫里亚克的作品。此外

① 刊于 1948 年 8 月 7 日《时代文学增刊》匿名发表。巴拉钱德拉·拉扬（Barachandra Rajan，1920—2009），印度诗人、学者，代表作有《黑舞者》、《失乐园与十七世纪的文学》等。
② 德里克·斯坦利·萨维奇（Derek Stanley Savage，1917—2007），英国评论家、和平主义者，代表作有《自足的乡村生活》、《秋天的世界》等。
③ 杰弗里·赫尔曼·班托克（Geoffrey Herman Bantock，1914—1997），英国教育家，代表作有《工业社会的教育》、《教育、文化与情感》等。
④ 利奥波德·汉密尔顿·迈尔斯（Leopold Hamilton Myers，1881—1944），英国作家、诗人，代表作有《根与花》、《远近》等。
⑤ 托马斯·古德（Thomas Good），情况不详。
⑥ 华莱士·福尔利（Wallace Fowlie，1908—1998），美国文学评论家，代表作有《小丑与天使：当代法国文学研究》、《超现实主义的时代》等。

书里还有一篇文章——虽然它与小说或小说家无关，却对几个早前提出的问题有着间接的影响——是由哈利·列温①先生执笔的文学批评，内容是关于詹姆斯·乔伊斯的名作。

萨维奇先生有两个不是很对等的贡献。第一个是对奥尔德斯·赫胥黎先生从《铬黄》之后的作品(出于某个原因，那篇早期的精彩短篇《地狱的边缘》没有被提起)进行了相当中肯的研究，并得出或许正确的结论：赫胥黎先生的神秘和平主义只是一种基于虚无感的死亡愿望。正如萨维奇先生所指出的，赫胥黎先生在他最早的作品中就暗示了他的最终立场，而戴维·赫伯特·劳伦斯的教导对他并没有产生永久的影响。另一方面，关于伊夫林·沃的那篇文章则有失偏颇，而且会对那些还没有读过被探讨的书目的人造成误导。萨维奇先生一开始的时候将沃先生与东施效颦的小丑进行比较，认为作者最突出的特征是"不成熟"，并拒绝从其它角度对他进行探讨，甚至没有提到沃先生皈依了天主教。而在对他的作品进行严肃的探讨时，这显然是不能忽略的。在《故园风雨后》中，萨维奇先生只看到了对青春岁月的缅怀，似乎并没有注意到这本书的主题是普通人的道义与天主教的善恶观之间的冲突。

华莱士·福尔利先生对莫里亚克的研究也有以偏概全的缺点，因为他完全只关注莫里亚克的早期作品，并没有提到《特雷泽·德斯克洛》或《法利赛女人》。但是，他正确地着重指出莫里亚克在本质上是一位天主教小说家这一事实——也就是说，他的

---

① 哈利·图克曼·列温(Harry Tuchman Levin, 1912—1994)，美国文学批评家，比较文学理论家，代表作有《花花公子与大煞风景，漫谈戏剧理论与实践》。

主题有别于一位新教徒的主题——或许相关的事实就是"他写不出善良正直的角色"。托马斯·古德先生评述萨特先生的文章与其说是批判，倒不如说是对他的普及介绍，至少在英国，很多人都在谈论萨特，却很少有人去阅读他的作品。作为存在主义的杰出人物，当然，萨特必须由其他哲学家进行评判，但作为一位小说家和政治散文家，他给人的印象是——古德先生并没有消除这一点——在纸上记录思想的过程而不是结果，在写了许多页热烈的精神活动之后，以平淡无奇的内容作为结束。杰弗里·赫尔曼·班托克先生的两篇文章中，那篇关于利奥波德·汉密尔顿·迈尔斯的文章更加富于好感——或许过了头。迈尔斯是一个可爱的人，一位精致而谨慎的作家，但他缺少活力，但班托克先生似乎虔诚到拿他和爱德华·摩根·福斯特先生相提并论的地步。在另外一篇文章中，班托克先生对伊舍伍德先生的评价是"算得上是一位思想家"，实际上就是在说他并不是思想家。他承认伊舍伍德的作品的可读性，却似乎低估了那份并非任何作家都天生拥有的能力。

这本书的中间部分是爱德华·伊斯特林·卡明斯先生、克里福德·科林斯①先生和其他人的几首不是很突出的诗。最后三篇文章都是由美国作家执笔。哈利·列温先生的《文学作为一种制度》对泰纳②提出并由马克思主义者加以发展的"社会批判理论"进行了研究，根据这个理论，文学是环境的产物。他提出传统和师承同等重要，它们使得文学能够沿着自己的脉络进行演变，而

---

① 克里福德·科林斯(Clifford Collins)，情况不详。
② 希波吕忒·阿道夫·泰纳(Hippolyte Adolphe Taine，1828—1893)，法国历史学家，代表作有《艺术的哲学》、《英国文学的历史》等。

并不一定反映当时的社会环境。安德鲁斯·万宁①先生对美国当代的文学活动进行了一次迅速的调查，从《党派评论》到幽默连环画，最后是亚瑟·米兹纳先生②写的一则很没意思的短篇《无心睡眠》，讲的是一位被低估了的诗人。

---

① 安德鲁斯·万宁(Andrews Wanning)，情况不详。
② 亚瑟·米兹纳(Arthur Mizener，1907—1988)，英国文学评论家，代表作有《欢乐之家》、《当代短篇小说集》等。

评乔治·伍德科克的《作家与政治》 [①]

"任何诚实的艺术家，"乔治·伍德科克写道，"都是一个煽动者、一个无政府主义者、一个纵火犯。"这番大胆的宣言可以被当成他这本书的基调。这是一本散文集，内容芜杂，主旨各异，缺乏共性，却总是回到那个痛苦的，而且——在今天看来似乎是这样——几乎无法解决的难题：文学与社会之间的关系。

开篇的文章对这个问题进行了直接的表述。在我们这个时代，一位严肃的作家无法像在十九世纪那样无视政治。政治事件深切地影响着他，而且他清楚地知道他那似乎属于个人的思想其实是社会环境的产物这个事实。因此，他就像过去二十年来许多作家所做的那样，尝试直接投身政治，却发现他来到一个思想诚实被认为是一种罪行的世界里。如果他循规蹈矩，他就毁灭了自己作为作家的身份；而如果他拒绝这么做的话，他会被斥为叛徒。这迫使他只能当一名业余作家，或更糟糕的是，在两种态度之间摇摆不定。伍德科克先生认为，只有接受无政府自由主义，作家才能在不失去自身诚实的情况下在政治上有所作为。他成功地表明无政府主义与稀里糊涂的乌托邦主义不是一回事。但是，他没有完全实现揭示无政府主义只是另一个主义，所有的运动都

---

① 刊于 1948 年 8 月 22 日《观察者报》。乔治·伍德科克（George Woodcock，1912—1995），加拿大作家，代表作有《印度的侧面：旅行札记》、《沙漠中的洞窟》。

意味着思想接近的群体的卷入这个目标。

接着是另一篇关于政治造神运动的文章，接着是三篇关于革命思想家的研究，这三位思想家的作品在英国的知名度与其实际地位并不相符。他们是蒲鲁东，法国社会主义运动的发起人之一；赫尔岑，巴枯宁的朋友和资助人；还有克鲁泡特金，身兼生物学家和社会学家，他富于创造性和务实的思想使他成为最具说服力的无政府主义作家之一。之后是关于一系列当代作家的文章——席隆、科斯勒、格雷厄姆·格林等人①——大部分人都很像，既有"左倾思想"又对正统共产主义持敌视态度。席隆几乎得到了伍德科克先生的完全赞同，但他对格雷厄姆·格林也颇有好感——虽然格林是一位天主教徒，却似乎天生是无政府主义者。科斯勒被加以谴责，因为他在《深夜的窃贼》中似乎改变了立场，这本书原谅了之前他在《正午的黑暗》中抨击的极权主义方式。

在其它文章中有一篇讲述了社会学研究——一个很有趣的题材，但篇幅太短了，因为伍德科克先生几乎只对复兴时期的赞美诗感兴趣，没有探讨中世纪的拉丁文赞美诗和它们的译本，也没有对那些有文学价值的现代赞美诗（比方说亨利·纽曼②的作品）进行探讨。

---

① 第七章的内容探讨的就是奥威尔的作品。
② 约翰·亨利·纽曼(John Henry Newman, 1801—1890)，英国宗教人士，十九世纪牛津运动的领导人之一，代表作有《英国圣人列传》、《宗教谬误的形成》等。

评埃德温·贝里·伯尔甘的
《小说与世界的困局》^①

在这本对当代小说的相当详尽的研究的开头，伯尔甘先生宣称"小说在现代世界的重要性再怎么强调都不为过"，并补充说在我们这个时代，主流的文学形式是散文而不是诗，因为共同文化不复存在。在共同文化中，大部分词语对于每个人来说拥有大体相同的意思。因此，诗歌必须运用的某种简约手法只有一小群人才能理解。所有的写作都必须进行解释，在小说里可以这么做，但如果在写诗时这么做，它就会变成一篇散文。因此，文学只有以小说的形式才能走近大众。或许这种情况在美国比在其它更加同质化的国家，比如说法国或英国更符合真实情况，但不管怎样，本世纪出版的优秀诗歌数量非常少，而有许多小说家被视为严肃的思想家，而且他们很受欢迎，拥有很大的影响。即使是纯粹的社会学研究，尽可能地忽略文学品质，也是很有价值的。

不幸的是，伯尔甘先生用的并不是社会学的方式，而是政治学的方式。事实上，他对小说家的要求是"现实社会主义"，不过他的思想很宽容，认为以其它指导思想写成的小说也有能让我

---

① 刊于 1948 年 10 月 2 日《时代文学增刊》，匿名发表。埃德温·贝里·伯尔甘(Edwin Berry Burgum, 1894—1979)，英国评论家，代表作有《小说与世界的困境》、《新的文学批评》等。

们了解个中症结的价值。他考察了大约十五位作家，其中有近一半是欧洲人，他们包括普罗斯特、乔伊斯、卡夫卡和另外三四位作家。美国作家有格特鲁德·斯泰因①、海明威、福克纳、萨罗扬、斯坦贝克②、德莱塞、托马斯·沃尔夫③和理查德·赖特。章节的标题——《弗朗兹·卡夫卡与信仰的崩溃》、《理查德·赖特的〈本土的太阳〉中的民主承诺》等等——充分体现了伯尔甘先生的态度。他承认像普鲁斯特或乔伊斯这样的作家是优秀的艺术家，但他们的作品的价值体现在它们是资产阶级腐朽没落的例证。最好的作家是"进步"作家。

　　大体上这听起来似乎很有道理，但当伯尔甘先生一谈到具体作品时就站不住脚了。他热情洋溢地称赞斯坦贝克先生的《愤怒的葡萄》和黑人小说家理查德·赖特先生。赖特先生确实是一位很有天分和活跃的作家，但和他同时代的作家里起码有几十位作家能和他相提并论。显然，伯尔甘先生单单把他挑出来是因为他是黑人，而且同情共产主义。《愤怒的葡萄》是一部优秀作品，因为斯坦贝克先生在罗斯福新政改革的激励下思想很乐观，这本书是罗斯福新政的一个副产品。在几篇文章中，事实似乎被扭曲或记错以迎合理论。关于奥尔德斯·赫胥黎先生的那篇文章里有几个错误，而且伯尔甘先生对《针锋相对》的解读一部分程度上是基于他记错的一个情节。但总的来

---

① 格特鲁德·斯泰因(Gertrude Stein, 1874—1946)，美国女作家、诗人，代表作有《每个人的自传》、《世界是圆的》等。
② 约翰·恩斯特·斯坦贝克(John Ernst Steinbeck, 1902—1968)，美国作家，曾获 1962 年诺贝尔文学奖，代表作有《愤怒的葡萄》、《伊甸园之东》等。
③ 托马斯·克雷顿·沃尔夫(Thomas Clayton Wolfe, 1900—1938)，代表作有《迷茫的孩子》、《时间与河流》等。

说，读者会觉得虽然本世纪的许多最好的作家确实从某种意义上说是堕落的，但一个小说家或一个评论家除了对进步和民主的信仰之外，还需要有别的品质。

评路易斯·费舍尔的《甘地与斯大林》[①]

"以自由作为支点，"路易斯·费舍尔先生写道，"并以个人的力量作为杠杆，甘地在努力撬动这个地球。"当然，这句话听起来很了不起，但是，因为它显然是一个政治理念的基础，你会很想问："如果甘地没有了支点，他将何去何从？"

事实上，这个问题从来没有得到清晰的回答，而这戕害了这本书的价值。费舍尔先生的论点概括起来很简单：俄国是对世界和平的威胁，必须加以制止。我们西方各国，只有让民主体制有效运作才能成功地抵抗俄国。而要让民主体制有效运作，就要遵循甘地的教导。关于头两个前提没有什么异议，而且费舍尔先生为阐述这两个前提作了有益的工作。他以生动的纪实报道反对斯大林政权，以他在俄国的长期个人经历作为证明，而且他正确地指出英国人民还没有清醒意识到的事情：那就是，俄国与西方之间的斗争或许取决于有色人种的态度。目前我们正在输掉亚洲和非洲的战斗，要赢下这场战斗需要态度的改变，而这在可预见的范围内还没有发生。但是，引用甘地去支持一个反极权主义的"进步"纲领是不合逻辑的推论。

事实上，甘地的政治手段几乎完全不适应当前的形势，因为这些手段依赖于公关宣传。正如费舍尔先生所承认的，甘地从未

---

① 刊于 1948 年 10 月 10 日《观察者报》。

与极权主义政权打过交道。他对付的是一个旧式的不坚定的专制体制，它对他相当仁义，还允许他采取每一步行动时都能向世界呼吁。

很难想象他的绝食和不服从等斗争策略能够应用在一个政敌会人间蒸发和群众从来无法听到政府不希望他们听到的内容的国度。而且，当费舍尔先生告诉我们要遵循甘地的教导时，他似乎并不是想说我们真的应该遵循甘地的教导。他希望阻止俄国帝国主义的扩张，如果可以的话，以非暴力的方式，如果有必要的话，用暴力方式也可以。而甘地的中心信条是：即使遭受失败也绝对不能使用暴力。当有人问他对德国的犹太人作何评论时，甘地的回答是：他们应该大规模自杀，以此"唤醒世界"——这个回答似乎令费舍尔先生也感到尴尬。费舍尔先生的大部分政治结论是任何心怀善意的人都能够衷心认同的，但他尝试将这些结论归因于甘地似乎是基于个人崇拜，而不是真正的认同。

评让-保罗·萨特的《反犹人士的写照》，埃里克·德·马乌尼译本①

　　反犹主义显然是一个需要进行严肃研究的主题，但这似乎在短期内是不可能做到的事情。问题在于，只要反犹主义简单地被视为一种不体面的失常，几乎是一种罪行，任何稍懂文墨的听过这个词的人都自然会声称自己不受反犹主义的影响，结果就是，关于反犹主义的书籍通常总是往眼里揉沙子。萨特先生的这本书也不例外。它成文于 1944 年，那是欧洲大陆解放后自命正义地搜捕卖国贼的动荡的年代。

　　萨特先生在开头告诉我们反犹主义并没有理性的基础，在一个没有阶级的社会里它将不复存在，与此同时或许可以通过教育和宣传与之进行抗争。这些结论本身不值一提，虽然得到许多赞誉，却没有多少内容对主题进行真正的探讨，也没有值得提及的实际证据。

　　这本书严肃地告诉我们工人阶级几乎不知道什么是反犹主义。那是资产阶级的弊病，而我们的所有罪恶都由"小资产阶级"作为替罪羊。在资产阶级里面，并没有多少科学家和工程师有反犹思想。人们以继承的文化去界定民族性，以地域去界定财

---

① 刊于 1948 年 11 月 7 日《观察者报》。埃里克·德·马乌尼（Erik de Mauny，1920—1997），英国记者、作家，曾是英国广播公司在二十世纪六十年代驻莫斯科的第一位通讯记者。

富，真是很奇怪。

为什么这些人会挑选犹太人而不是其他受害者，萨特先生并没有进行探讨，只是在一处地方提到了那个非常暧昧的古老的理论，那就是犹太人遭人痛恨是因为他们把耶稣钉上了十字架。他没有尝试将反犹主义和那些明显有关联的现象，比如说，肤色歧视，联系在一起。

萨特先生的错误论述一部分体现在他的标题上。在整本书里他似乎在暗示"那些"反犹人士，在整本书里他似乎在暗示总是同样一帮人在反对犹太人，一眼就可以看出来，也就是说，一直都是这帮人在捣鬼。事实上，只要稍微观察一下就可以发现反犹主义的传播极为广泛，并不局限于某一个阶级，而且最糟糕的是，它的存在是时断时续的。

但这些事实并不与萨特先生的原子化的社会理论相吻合。他就差没说出没有共同的人类，只有不同种类的人，比方说"那些"工人和"那些"资产阶级，就像昆虫那样可以分门别类。另一种类似于昆虫的生物是"那些"犹太人，似乎总是可以通过其样貌辨别出来。确实，有两种犹太人，"纯正的犹太人"，他们想要一直保持犹太人的身份，还有那些"不纯正的犹太人"，他们想要与其他民族同化。但无论是哪一种犹太人，他们都不是人。在当前的历史阶段，如果他想要让自己与其他民族同化，他就错了，如果我们想要忽略他的民族出身，那我们就错了。他应该住进犹太人的社区，而不是一个普通的英国人、法国人或其他什么人，而是一个犹太人。

可以看出这种态度本身就很危险，接近于反犹主义。任何种族歧视都是神经衰弱症，通过争论能否将其消除或助长其气焰尚未可知，但这种书所能达到的效果，如果它们真能起到效果的话，或许只会使得反犹主义比以前更加兴盛。对反犹主义进行严肃讨论的第一步是不再认为它是一种犯罪。与此同时，少一点谈论"那些"犹太人或"那些"反犹分子，把他们当成与我们不一样的生物，这样做会比较好。

评艾略特的《对文化定义的注释》^①

在他的新书《对文化定义的注释》里，托马斯·斯特恩斯·艾略特争辩说，一个真正的文明社会需要一个阶级体制作为它的基础的一部分。当然，他只是在说反话。他并不是在说有什么方式能够建立一个高度发达的文明。他只是在说这么一个文明在缺乏某些条件的情况下不大可能获得发展，而阶级区别就是条件之一。

这番话勾勒了一番阴沉的景象，因为一方面，几乎可以肯定旧的阶级差别即将消亡，另一方面，艾略特先生的论证至少在表面上是成立的。

他的论述的主旨是，只有一小撮人达到了文明的最高层次——或许是某个社会阶层，或许是某个地域群体——他们在漫长的时间里能使传统臻于完美。在所有的文化影响中，最重要的就是家庭。当大部分人认为在自己出身的社会阶层里度过一生是天经地义的事情时，对家庭的忠诚是最强烈的。而且，由于没有前例可以观察，我们不知道一个没有阶级的社会将会是怎样的。我们只知道，由于劳动分工仍将存在，统治阶级将会被"精英阶层"所取代，这个名词是艾略特先生从已故的卡尔·曼海姆^②那里

---

① 刊于 1948 年 11 月 28 日《观察者报》。

② 卡尔·曼海姆（Karl Mannheim，1893—1947），德国社会学家，代表作有《思维的结构》、《意识形式与乌托邦》。

借用的，而且显然他并不喜欢这一说法。精英们将进行规划、组织和管理，他们能否像过去的某些社会阶级那样成为文化的守护者和传承者，艾略特先生表示怀疑，或许这是有道理的。

和以往一样，艾略特先生坚持认为传统并不意味着膜拜过去。恰恰相反，传统只有在发展的情况下才拥有生命力。一个阶层能保存文化，是因为它本身是一个有机的改变中的事物。但有趣的是，艾略特先生在这里忽略了本来或许能是他最强有力的论述。那就是，一个由精英领导的没有阶级的社会或许会很快僵化，原因很简单，因为它的统治者能挑选他们的继任者，而且总是倾向于选择与他们相似的人。

继承制度——艾略特先生或许会争辩说——的优点是不稳定。它一定会是这样，因为权力总是移交给没有能力去掌控它或将其用于他们的父辈无意进行的目标的下一代。很难想象会有哪个组织采取继承制而能像采取继任制的天主教会那样历经长久而不至于发生大的改变。至少可以想象另一个采取继承制的组织——俄国共产党——会有相似的历史。如果它僵化为一个阶级，某些观察家认为这种情况已经在发生，接着它就会发生改变，和以往一样演变出不同的阶级。但如果它继续从社会的各个阶层吸纳成员，然后将他们的思想塑造成它想要的样子，那么它或许将一代代地传承下去，几乎不会发生什么改变。在贵族统治的社会里，古怪反常的贵族阶层是熟悉的形象，但古怪反常的政委则非常罕有。

虽然艾略特先生没有通过这一点进行争辩，但他确实提出，即使是阶级之间的仇视在大体上也会为社会带来富有成效的结果。这一观点或许也是正确的。但是，纵观整本书，你一直会有一种什么地方不对劲的感觉，而他自己也察觉到了这一点。事实上，阶级特权，比如说奴隶制，已经无法为其开脱。它与艾略特先生似乎认同的某些道德前提是相悖的，尽管在思想上他或许对这些道德前提并不认同。

在整本书里，可以注意到，他是持抵御性的态度。当阶级区别被坚信不疑时，没有人认为有必要以社会公平或效率的方式去使之调和。统治阶级的优越性被认为是不言自明的，不管怎样，现存的秩序是上帝的意旨。身败名裂的沉默的弥尔顿是一个悲伤的例子，但在今生并非无可弥补。

但是，这绝对不是艾略特先生所表达的意思。他说他喜欢看到阶级和精英的并存。对于普通人来说，在命中注定的社会阶层上度过一生是很平常的事情，但另一方面，必须让合适的人去从事合适的工作。说出这番话的时候，他似乎完全暴露了自己的全盘思想。因为如果阶级区别本身是好事，那么，相比较而言，浪费才华，或高层的碌碌无为，都不是什么重要的事情。社会上的那些未能找到自己合适位置的人，不应该被引导向上流动或向下流动，而是应该学会满足于自己的位置。

艾略特先生并没有这么说，事实上，我们这个时代很少有人会这么说。这么说在道德上太咄咄逼人了。因此，艾略特先生或许并不像我们的父辈那样相信阶级区别，对它的认同只是从反面出发。也就是说，他不明白任何值得存在的文明能在一个消除了社会背景区别或地域出身区别的社会存在下去。

很难对此作出任何正面的回答。从所有的方面看，各个地方的旧的社会区别开始消失，因为它们的经济基础开始被摧毁。或许新的阶级正在出现，或许我们正看到一个真的没有阶级的社会正在到来，而艾略特先生认为那将是一个没有文化的社会。或许他是对的，但在几处地方他的悲观情绪似乎被夸大了。他说道："我们可以肯定地认为，我们的时代正在衰落，比起 50 年前，文化的标准下降了，人类活动的方方面面都可以证明这一点。"

当你想到好莱坞电影或原子弹，这番话似乎是正确的，但如果你想到 1898 年的衣服和建筑或那时候伦敦东区的失业体力工人过着怎样的生活时，你就会觉得事实并非如此。不管怎样，正如艾略特先生本人一开始所承认的，我们不能通过有意识的行动去逆转当前的趋势。文化不是制造出来的，它们是自发生长的。寄希望于没有阶级的社会能自发诞生文化是太过分的事情吗？在贬低我们的时代，认为它无可救药之前，是不是应该想一想，时光倒转三百年的话，马修·阿诺德、斯威夫特与莎士比亚都认为他们生活在一个衰落的年代。

评莱纳德·拉塞尔与尼古拉斯·宾利编撰的《英国漫画册》^①

人们都承认英国漫画的笔触技法水平在 1850 年后就下降了，但这本刚刚出版的漫画选集表明过去十五年来英国漫画的水平有了很大的提高。即使现在罗兰森^②或克鲁克襄已经不在人世，有楼尔^③、吉尔斯^④、尼古拉斯·宾利、罗兰德·瑟尔塞尔^⑤和奥斯伯特·兰卡斯特^⑥在进行创作，情况并不是那么糟糕。

这本选集从一个世纪前的作品开始，那时候独立的"笑话图片"正开始出现。不幸的是，那个时候为了照顾新的大部分是女性的公众群体，英国的幽默正被"净化"。譬如说，拿腾尼尔^⑦和

---

① 刊于 1949 年 1 月 2 日《观察者报》。莱纳德·拉塞尔(Leonard Russell)，情况不详。尼古拉斯·克莱里休·宾利(Nicolas Clerihew Bentley, 1907—1978)，英国漫画家，以幽默漫画见长。

② 托马斯·罗兰森(Thomas Rowlandson, 1756—1827)，英国画家、幽默漫画作家。

③ 亚历山大·塞西尔·楼尔(David Alexander Cecil Low, 1891—1963)，新西兰漫画家，长期定居英国进行创作。

④ 罗兰德·"卡尔"·吉尔斯(Ronald "Carl" Giles, 1916—1995)，英国画家、漫画家。

⑤ 罗兰德·威廉·福德汉姆·瑟尔塞尔(Ronald William Fordham Searle, 1920—2011)，英国画家、漫画家。

⑥ 奥斯伯特·兰卡斯特(Osbert Lancaster, 1908—1986)，英国漫画集，曾担任《每日快报》漫画专栏的作者。

⑦ 约翰·腾尼尔(John Tenniel, 1820—1914)，英国漫画家，曾担任《潘趣》杂志政治漫画主笔逾 50 年。

查尔斯·基恩①甚至爱德华·利尔与"菲兹"②和克鲁克襄进行比较是一件让人感到难过的事情。事实上，拉塞尔与宾利先生在十九世纪中后期所能找到的最好的漫画是一位无名氏的明信片画家画的讽刺醉酒的题材。

八十年代和九十年代的主流画家是乔治·杜·莫里耶③和同一流派的其他画家，他们画的都是自然笔触的白描，再配上一则笑话，而如果这些笑话内容有趣的话，其实根本不需要配图。此外还有菲尔·梅④、马克西米兰·比尔邦⑤爵士（不过他最好的作品出现在 20 年后）和两位才华横溢的法国人卡兰·德亚奇⑥和戈德弗罗伊⑦，他们被介绍进来是因为他们影响了英国的漫画技法。

从 1900 年到 1930 年是一段非常糟糕的时期。所幸的是还有马克西米兰·比尔邦爵士的讽刺漫画，以及乔治·贝尔彻⑧的作品，与其说他是一个漫画家，倒不如说他是一位社会历史学家。除此之外，那个时候几乎全部所谓的漫画要么是柔弱的自然主义手法的作品，要么在展现傻帽的滑稽，就像那时候的壳牌石油

① 查尔斯·萨缪尔·基恩（Charles Samuel Keene，1823—1891），英国艺术家、插画家。
② 哈布洛特·奈特·勃朗宁（Hablot Knight Browne，1815—1882），笔名"菲兹"（Phiz），曾为狄更斯的作品绘制插画。
③ 乔治·路易斯·帕尔梅拉·布松·杜·莫里耶（George Louis Palmella Busson du Maurier，1834—1896），法裔英国作家、漫画家，代表作有《特丽比》、《社会讽刺漫画》等。
④ 菲尔·梅（Phil May，1864—1903），英国画家、漫画家。
⑤ 亨利·马克西米兰·比尔邦（Henry Maximilian Beerbohm，1872—1956），英国作家、漫画家，代表作有《快乐的伪君子》、《朱莱卡·多布森》等。
⑥ 卡兰·德亚奇（Caran d'Ache，1858—1909），法国画家、漫画家。
⑦ 路易斯·戈德弗罗伊·贾丁（Louis Godefroy Jadin，1805—1882），法国画家、漫画家。
⑧ 乔治·弗雷德里克·亚瑟·贝尔彻（George Frederick Arthur Belcher，1875—1947），英国画家、漫画家。

广告。

这类漫画仍是主流,但自从三十年代起,"美国笑话"已经被移植过来。没有人会再认为每一个阅读杂志的人都是上流或中产阶级的成员,害怕被迫思考,而且大家都认为一幅漫画应该本身有趣,而且应该不需要进一步的解释就能表达它的含义。宾利先生的《穿过曲棍球场的伐木亚马逊人》几乎不需要在下面写着:"通行,格维尼思!"而兰卡斯特先生的双联版进化史漫画没有介绍,也不需要介绍。但是,维多利亚时期那些长长的说明文字确实自有其魅力。在像萨克雷这样的作家的笔下,它有时候自身就成为一件艺术小精品,这种情况可以再次出现,就像多米尼克·贝文·温德汉姆·刘易斯①先生几年前在与托波尔斯基②先生合作出版的一本书③里所展现的那样。

要评论一本选集很难不提出一些批评意见。楼尔和马克西米兰·比尔邦爵士的最佳作品没有被选入。萨克雷没有得到应有的篇幅,而介绍利奇时如果采用他为苏迪斯画的插图而不是他给《潘趣》的供稿会比较好。这本书还介绍了广告和连环漫画,那为什么不包括海滨度假地的明信片呢?但这是一本结构平衡的选集,最倦怠的读者在阅读的时候也会哈哈大笑几回。

---

① 多米尼克·贝文·温德汉姆·刘易斯(Dominic Bevan Wyndham Lewis,1891—1969),英国作家,罗马天主教徒,曾担任《每日邮报》的文学编辑。
② 菲利克斯·托波尔斯基(Feliks Topolski,1907—1989),波兰裔英国画家、漫画家。
③ 指《伦敦的风景》,由菲利克斯·托波尔斯基插图,由温德汉姆·刘易斯作序和撰写注解。

评弗兰克·雷蒙德·里维斯的《伟大的传统》①

里维斯博士的这本书的副标题是《乔治·艾略特、亨利·詹姆斯、约瑟夫·康拉德》，大部分内容是对这三位作家的探讨。此外还有一篇关于狄更斯的《艰难时世》的短文，以及一篇序文，在里面里维斯博士试图将他选择的这几位作家统一起来，但不是很令人信服。

英国似乎只有四位"伟大的"小说家，就是上面提到的三位和简·奥斯汀，在这本书里没有对她进行深入的探讨。在现代作家里，可以说只有戴维·赫伯特·劳伦斯延续了传统。其他被正面提及的作家有彼科克②、艾米莉·勃朗特③和西奥多·弗朗西斯·鲍维斯④，而菲尔丁、哈代和乔伊斯被承认有才，却不是好的作家。剩下的英国小说家不仅作品低劣，而且应该被加以谴责——至少这就是你得出的印象。

这本书最好的文章是对康拉德的评述。它做到了评论作品通

---

① 刊于 1949 年 2 月 6 日《观察者报》。弗兰克·雷蒙德·里维斯（Frank Raymond Leavis，1895—1978），英国文学批判家，代表作有《伟大的传统》、《英国诗歌的新坐标》等。

② 托马斯·拉弗·彼科克（Thomas Love Peacock，1785—1866），英国作家、诗人，代表作有《修道院的梦魇》、《雪莱回忆录》等。

③ 艾米莉·简·勃朗特（Emily Jane Brontë，1818—1848），英国女作家、诗人，代表作有《呼啸山庄》。

④ 西奥多·弗朗西斯·鲍维斯（Theodore Francis Powys，1875—1953），英国作家，代表作有《两个窃贼》、《亚当神父》等。

常能够做到的事情——即它引起了对于某一个有被忽视危险的作家的关注。在一个每一本小说都被认为带有某个地域特征的时代，康拉德被贴上了"海洋作家"的标签，他一直无法摆脱这个标签，而他所写的优秀政治小说直到今天仍没有受到关注。他被记住的作品是《吉姆爷》，而不是《密探》和《在西方人的眼中》，这些作品不仅比当时英国作家的手法更加成熟，而且拥有康拉德很少能做到的结构上的美。他最好的作品在他生前大部分被忽视，仍然需要进行宣传，而里维斯博士的文章将会起到一定的作用。那篇关于狄更斯的文章或许也能为《艰难时世》争取到新的读者，这本一流的小说总是被忠实的读者拒绝，原因是"不像狄更斯的风格"。

但"传统"到底是什么时候开始的就说不准了。显然，里维斯博士所选择的这四位"伟大作家"并没有展现出某种延续性。有两位并不是英国人，其中一位，康拉德，受到的是法国和俄国的文学作品的影响。你会觉得里维斯博士最想做的是让读者对这几位"伟大作家"产生敬意，并去鄙夷其他作家。你应该读得出他似乎总是一只眼睛关注着价值的天平，就像一个酒鬼每喝一口酒就会在心里提醒自己酒的价格。

而且他的文风很随意，总是会突然间用上非正式的表达（譬如说，用"isn't"代替"is not"等等）。你似乎听到一个声音在断断续续地说道："记住，孩子，我也曾经年轻过。"虽然孩子们知道这番话是真的，但他们并不觉得安心。他们仍然能够听到冷冰冰的教袍摩擦发出的沙沙声，他们也知道桌子下面藏着一根教鞭，稍一激怒就会劈头盖脸地打过来。譬如说，被逮到阅读乔治·摩尔的作品会被处六鞭之刑。阅读斯特恩、特罗洛普的作品也一样，或许还有夏洛蒂·勃朗特。萨克雷的作品可以阅读的只有《名利场》，但其它作品就不行。菲尔丁或许可以在假期阅读，只要你记住他绝对不是"伟大作家"就行了。另一方面，在阅读班扬①、笛福或狄更斯的作品时（除了《艰难时世》之外），重要的是记住他们并不是小说家。

如果里维斯博士不去崇拜西奥多·弗朗西斯·鲍维斯的话。或许你能更加接受他的指导。但是，他的三篇主要文章进行了有意义的阐述，特别是当他忘记了与其他批评家的争执的时候，特别是与戴维·塞西尔爵士的争执。但一本谈论英国小说的作品至少应该提到斯莫利特、苏迪斯、萨缪尔·巴特勒、马克·鲁瑟福德和乔治·基辛，难道不是吗？

---

① 约翰·班扬（John Bunyan，1628—1688），英国基督教作家、布道家，作品《天路历程》是著名的基督教寓言文学出版物。

评伊夫林·沃的《斯科特-金的现代欧洲》^①

　　伊夫林·沃先生的新书《至爱》是对美国文明的抨击，而且绝非出于善意，但在《斯科特-金的现代欧洲》里，他表明自己对欧洲故乡同样毫不留情。美国崇拜僵尸，而欧洲则盛产僵尸，这似乎是他所表达的内容。这两本书在某种意义上互相补充，但《斯科特-金的现代欧洲》显然没有另一本写得好。

　　这本书很像《憨第德》，或许就是想要成为现代版的《憨第德》，不同之处在于男主人公一开始就是个中年人。书里暗示如今只有中年人才有顾虑或理想：年轻人生来都冷漠无情。斯科特-金四十三岁，"略微秃顶，而且稍显臃肿"，是格兰切斯特公学的资深古典科目教师，那是一所受人尊敬但没什么人想读的公学。他是一个不受重视的小人物，缅怀赞美过去，是一个纯粹的学术热爱者，与他所认为的堕落的现代教育进行斗争，却节节败退。

　　这本书告诉我们，"呆子"是形容他的绰号。他的兴趣是研究一个比他更呆的名叫贝洛留斯的诗人，他活跃于十七世纪哈布斯堡王朝的一个行省，现在是独立的纽崔利亚共和国。

　　有一天一大早斯科特-金就收到一份邀请去探访纽崔利亚，它正为贝洛留斯逝世三百周年举行庆祝。那是 1946 年多雨的夏天——一个艰苦的夏天——斯科特-金想到了蒜香美食和一瓶瓶的

---

① 刊于 1949 年 2 月 20 日《纽约时报书评》。

红酒。他接受了邀请，但心里隐约觉得它可能是一场骗局。

任何读过沃的作品的人这时都会预料到斯科特-金将会迎来不愉快的冒险，而他的想法是对的。纽崔利亚是南斯拉夫和希腊的结合体，由一位"元帅"进行统治，那里有司空见惯的密探、盗贼、为仪式而举行的盛宴和关于青春与进步的演讲。贝洛留斯的纪念活动其实是一场骗局，目的是让游客拥戴那位元帅的政权。他们上钩了，后来才知道他们被其它国家视为"法西斯禽兽"。然后纽崔利亚的热情突然间消失了。

有的游客被杀了，其他人被困住了，无法逃离这个国家。飞机只有贵宾才能乘坐，以其他途径离开纽崔利亚意味着好几周甚至好几个月缠着大使馆和领事馆。经过一番历险——沃先生对此没有过多着墨，因为它们对于一本轻松的小说来说太痛苦了——斯科特-金最后光着身子被关进了巴勒斯坦的非法犹太移民集中营里。

回到格兰切斯特公学，回到划痕累累的书桌和阴风阵阵的走廊，校长难过地告诉他古典学者的职位越来越少，并提议他应该以更加与时俱进的方式去教授古典知识。

"父母不再关心培养'完整的人'了。他们希望自己的孩子能在现代世界里找到工作。你不能去责怪他们，不是吗？"

"噢，不，"斯科特-金回答，"我当然会责怪他们。"

后来他补充道："我认为让一个孩子去适应这个现代世界是非常邪恶的事情。"当校长反驳说这是非常短视的观点时，斯科特-金却说："我认为这才是最有远见的观点。"

值得注意的是，最后这番话是很严肃的。这本书很短，并不比一则短篇小说长多少，而且笔触非常轻松，但它有明确的政治意义。它希望我们了解到现代世界已经陷入疯狂，可以肯定在不久的将来就会自行崩溃。尝试去理解它或与它达成妥协是毫无意义的自甘堕落。在即将到来的动荡中，你可以坚守住道德准则，甚至牢记贺瑞斯的几首颂歌或欧里庇得斯的合唱曲，它们比所谓的"启蒙"更有意义。

这种观点自有其合理之处，但是你必须对"无知是福"这样的话保持警惕。过去五十年来，在欧洲斯科特-金所代表的那种顽固的无知态度促使了沃先生所嘲讽的情况的发生。革命在专制国家发生，而不是在自由的国度，沃先生没有理解这一事实的含义，不仅使他的政治视野受到局限，也使他的故事失去了一部分意义。

斯科特-金的观点，或者说他的观点，是保守党人的观点——也就是说，不相信进步，拒绝区别对待不同的对进步的看法——而且他没有兴趣去了解敌人不可避免地导致内容有点敷衍了事。比方说，将纽崔利亚描写成一个右翼独裁体制国家，却又赋予了它左翼独裁体制的大部分特征。沃先生似乎在说："在共产主义和法西斯主义之间别无选择。"但这两个信条并不是同一回事。而且，如果沃先生对所谓的"人民民主体制"不是那么轻蔑，愿意去了解它具体是如何运作的，或许他对纽崔利亚那些勾心斗角的官员的描写能更有启示意义。

这是一本很有可读性的书，但它缺少政治讽刺作品应有的热忱。你能够接受斯科特-金对现代世界的判断，甚至或许能够认同他的观点：古典教育是防止疯狂的最佳方式，但你仍会觉得如果他能偶尔去翻阅一本六便士的马克思主义宣传册，他将能更有效地与现代世界进行斗争。

为埃兹拉·庞德颁奖①

　　颁奖是一种公众行为，总是会有许多困难。当颁发的是文学奖时，不仅会遇到文学评判方面的所有困难，而且由于这个奖项的公共性质，评委们既是文学评论家，同时又是公民这个事实使得情况变得更加复杂。

　　波林根基金会最近宣布年度各个奖项中的第一个奖项波林根诗歌奖颁发给了埃兹拉·庞德，他的《比萨诗篇》被评为1948年出版的最佳诗集。评委们是国会图书馆美国文学的研究员，其中有托马斯·斯特恩斯·艾略特、威斯坦·休·奥登、艾伦·泰特②、罗伯特·潘·沃伦③、凯瑟琳·安妮·波特④和罗伯特·罗威尔⑤。在颁奖的公开宣言中，评委们告诉我们，他们知道选中庞德会引起反对，他们简短的宣言暗示他们已经仔细地考虑到这些反对意见，并以类似于对一条基本原则的声明作为结束。

---

① 刊于1949年5月《党派评论》。

② 约翰·奥利·艾伦·泰特(John Orley Allen Tate，1899—1979)，美国诗人、作家，代表作有《冬天的海》、《绝望的魔鬼》等。

③ 罗伯特·潘·沃伦(Robert Penn Warren，1905—1989)，美国诗人、作家，代表作有《所有人皆是国王的臣民》、《在天堂的门口》等。

④ 凯瑟琳·安妮·波特(Katherine Anne Porter，1890—1980)，美国记者、作家，代表作有《中午的美酒》、《一船傻瓜》等。

⑤ 罗伯特·斯宾塞·罗威尔(Robert Spence Lowell，1917—1977)，美国诗人，代表作有《生命的研究》、《旧时的荣耀》等。

让评奖为诗歌成就以外的因素所左右决定将会毁灭该奖项的意义，并会在原则上否定对价值的客观感受，而它是任何文明社会的基石。

我们唯一的兴趣就是坚持对这一原则的应用……

这一番话背后的情怀似乎冠冕堂皇。有几位作家受邀对这一奖项发表评论，乔治·奥威尔正是其中之一。他们的评论被刊登在《党派评论》的五月刊上，下面是奥威尔的回应：

我认为如果波林根基金会认为庞德的诗作是本年度的最佳作品，那么他们为庞德颁发这个奖项是对的，但是，我也认为你应该记住庞德所做过的事情，不能因为他获得了一个文学奖，就认为他的理念也变得高尚体面起来。

由于公众普遍对同盟国的战争宣传感到厌烦，一直以来——事实上，早在战争结束前——就有一种倾向认为庞德"并非真的"是法西斯分子和反犹主义者，他以和平主义者的立场反对战争，而且他的政治活动只是局限于战争那几年。不久前我看到一份美国期刊说庞德只是在他"心智迷乱"的时候在罗马电台上做广播节目，还说（我想是同一份期刊）是意大利政府威胁了他的亲人，逼迫他进行广播宣传。所有这些都是不实之词。从二十年代起庞德就是墨索里尼的狂热追随者，而且从来不隐瞒这一点。他为莫斯利的评论杂志《英联邦季刊》撰稿，并在战前就接受了罗马政府授予的教授身份。我得说，他的热情主要都倾注于意大利式的法西斯主义上面。他似乎并不是热情的纳粹支持者或俄国的反对者，他真正隐藏的动机是对英国、美国和"犹太人"的仇恨。他的广播很让人倒胃口。我记得在至少一篇报道中，他对屠杀东欧的犹太人表示赞同，并"警告"美国的犹太人他们很快就会大难临头。这些广播——我没有收听它们，只是在英国广播电台的监听报告中读过——我并不觉得是出自一个疯子的手笔。巧合的是，有人告诉我，庞德会拿腔拿调地用他平时不会说的美国腔进行广播——无疑，他是想向那些孤立主义者示好和利用反英情绪。

这些都不是反对将波林根奖颁发给庞德的理由。这件事如果发生在某些特定时刻，或许会显得不合时宜——比方说，当犹太人真的在毒气室里被杀害时——但我并不认为此刻存在这样的问题。但由于评委们已经选择了"为艺术而艺术"的立场，也就是说，将美的品质与良知截然分开，那就至少让我们将它们分开，不因为他是一位优秀作家而原谅他的政治生涯。他或许是一位好作家（我必须承认，我自己总是认为他是一个极其虚伪的作家），但他试图通过他的作品传播的思想都是邪恶的，我觉得评委们在为他颁奖时应该说得更坚定一些。

评温斯顿·丘吉尔的《他们最美好的时刻》 [①]

　　对于一个仍有政治前途的政治家来说，要透露他所知道的一切是很困难的。在政坛里，人到五十岁仍资历尚浅，到了七十五岁才算人到中年。任何没有蒙受耻辱的人当然应该会觉得自己仍前途无量。比方说，像齐亚诺[②]的日记这么一本书，如果作者仍有良好声名的话，或许是不会出版的。但说句公道话，温斯顿·丘吉尔分批出版的政治回忆录一直都很有水准，不仅态度坦诚，而且文笔不错。丘吉尔多方面的才华包括撰写新闻的能力，对文学怀有真挚的情感，而且思维活跃，很有好奇心，对具体事实和动机分析很感兴趣，有时候包括他自己的动机。

　　大体上，丘吉尔的作品不像出自一个公众名人的手笔，更像是普通人。当然，他当前的这本书有些章节给人的感觉就像是进行选举演讲，但它也表明他很愿意坦承自己的错误。

　　这本书是整个系列的第二卷，讲述了从德国开始入侵法国到1940 年末这一时期。因此它的主要事件是法国的沦陷、德国人对英国的空袭、美国的逐步参战、德国潜艇战的升级和北非长期抗战的开始。这本书内容详实，每一环节都引用了演讲和信函的节

[①] 刊于 1949 年 5 月 14 日《新领导者》(纽约)。

[②] 吉安·加莱亚佐·齐亚诺(Gian Galeazzo Ciano，1903—1944)，意大利政治家，墨索里尼的女婿，曾担任二战时意大利的外交部长。1944 年 1 月由于纳粹德国的压力，齐亚诺被枪毙。

选，虽然这导致了大量的内容重复，但借此读者能对他当时的所思所言和实际发生的事情进行比较。

正如他本人所承认的，丘吉尔低估了战争技术的改变所带来的影响，但当战事在 1940 年爆发时，他立刻作出了反应。他的伟大成就是在敦刻尔克大撤退的时候就知道法国战败了，英国虽然表面上已经战败，但并没有战败。这个判断不只是出于好勇斗狠，而是基于对形势的合理判断。

德国人能够迅速取得战争胜利的唯一方式是征服英伦群岛，而要征服英伦群岛，他们必须登陆，这意味着掌握英吉利海峡的制海权。因此，丘吉尔坚定地拒绝将整支英国空军投入法国战区。这是个艰难的抉择，在当时激起了强烈不满，或许削弱了雷诺①对抗法国政府内部失败主义者的立场，但它是正确的战略。不可或缺的二十五个飞行中队被留在英国，击退了入侵的威胁。早在那一年结束之前，英国就顺利摆脱危险，能将大炮、坦克和人员从英国调派到埃及前线。德国人仍然可以靠潜艇战或轰炸战胜英国，但那将会耗时数年之久，而且与此同时，这场战争应该会继续蔓延。

当然，丘吉尔知道美国迟早会参战，但当时他几乎没有想到最终会有百万美军来到欧洲。他甚至在 1940 年的时候就预见到德国或许会进攻俄国，而且他准确地算计到佛朗哥在这场战争中不会站在轴心国一方，无论他许下什么承诺。他还看到武装巴勒斯坦的犹太人和在阿比西尼亚挑起叛乱的重要性。他也有判断失误

---

① 保罗·雷诺（Paul Reynaud，1878—1966），法国政治家，曾担任第三共和国总理，法国沦陷后拒绝与德国人合作，被囚禁于德国，战后获释。

的时候，这主要是因为他对"布尔什维克主义"一视同仁的仇恨，以至于忽略政治上的区别。

他坦诚地说，当他派斯塔福德·克里普斯爵士以大使的身份去莫斯科时，他并没有意识到苏共厌恶工党比厌恶保守党人更甚。事实上，英国的保守党似乎没有人意识到这个简单的事实，直到1945年工党政府的成立。而没有意识到这一点在部分程度上导致了西班牙内战时期英国采取了错误的政策。

丘吉尔对墨索里尼的态度虽然或许没有影响到1940年的事件进程，但也是基于错误的算计。他曾经崇拜墨索里尼，说他是"对抗布尔什维克主义的堡垒"，相信有可能以贿赂的方式将意大利拉出轴心国团伙。他坦言自己不会在阿比西尼亚这样的问题上与墨索里尼争执。当意大利参战时，丘吉尔当然没有丝毫退让，但如果英国保守党能够早十年意识到意大利的法西斯主义并不是保守主义的另一种形式，其本质一定是对英国持仇视态度，局势或许会有所好转。

《他们最美好的时刻》最有趣的一个章节讲述了拿英国在西印度群岛的基地交换美国的驱逐舰。丘吉尔和罗斯福之间的信件往来是对民主政治的嘲讽。罗斯福知道英国拥有驱逐舰对美国有好处，而丘吉尔也知道美国拥有这些基地对英国并没有坏处——而是有好处。但是，除了法律和制度上的困难之外，要让这些船只易手少不了一番讨价还价。

大选在即，罗斯福得一面注意那些孤立主义者，装出努力讨价还价的样子；一面还要保证即使英国战败，英国的舰队也绝不会落入德国人的手中。当然，提出这么一个条件是愚蠢的。可以肯定，丘吉尔不会将舰队拱手相让，但另一方面，如果德国人征服了英国，他们会成立一个傀儡政府，而丘吉尔将无力约束他们的行动。因此，他无法对这个要求作出坚定的承诺，因此谈判被一拖再拖。要立刻达成协议，一个方法就是从全体英国人民那里得到保证，包括战舰的船员。但奇怪的是，丘吉尔似乎不愿意公开这些事实。他说让人们知道英国离战败有多么接近是非常危险的事情——或许在这段时期，他只有这么一次低估了群众的士气。

这本书以1940年黑暗的冬天作为结束，当时沙漠战场意外地获得胜利，俘虏了大批意大利战俘，却被轰炸伦敦和越来越多的海船被击沉的噩耗所抵消。你在阅读的时候不可避免地会不时浮现出这么一个想法："丘吉尔拥有多大说话的自由呢？"因为这些回忆录的重头戏一定还在后面，我们都等着丘吉尔来告诉我们（如果他决定告诉我们的话）在德黑兰和雅尔塔到底发生了什么事情，在那里制定的政策是他本人首肯的还是出于罗斯福的强迫。但不管怎样，这本书和前面几本书的基调表明，在合适的时机他将会告诉我们比迄今为止所揭示的更多的真相。

无论1940年是不是其他人最美妙的时刻，它肯定是丘吉尔最美妙的时刻。无论你对他有多么大的意见，无论你对他和他的政党没能赢得1945年的选举感到多么庆幸，你会崇拜他的勇气、宽容和温文，这些都体现于哪怕是这么正式的回忆录中，比起《我的早期生涯》它并没有揭露过多的个人隐私。英国人普遍拒绝他的政策，但他们总是很喜欢他，从那些关于他的故事就可以了解。无疑，这些故事有很多是杜撰的，有时候根本不能刊印出来，但它们流传广泛。比方说，在敦刻尔克大撤退时，当丘吉尔作了他那番经常被引用的战争演讲时，有传闻说，录下来准备广播的内容其实是："我们将在海滩上战斗，我们将在街道上战斗……我们会朝这帮狗娘养的扔燃烧瓶，这就是我们要干的。"当然，英国广播公司的内容审查员在合适的时机将拇指摁在了按钮上。你或许会觉得这则故事不是真的，但在当时大家都觉得它应该是真的。人们觉得这是对这位幽默而坚强的老人很得体的恭维，他们不会接受他担任和平时期的领袖①，但在危难时刻，他们觉得他会是他们的代表。

---

① 丘吉尔后来于 1951 年至 1955 年担任英国首相。

评赫斯凯茨·皮尔森的《狄更斯：他的性格、戏剧与生涯》^①

文人总是不适合当传记的主角，特别是狄更斯这种一早就取得了成功的人。狄更斯一生最具冒险意义和最戏剧性的部分是他25岁之前的时候。之后他那旺盛的精力——事实上旺盛得惊人——几乎都花在了写作和演讲上，并从事与文学有关的活动，像编辑杂志和与出版商争执。而且，他的中年生活几乎一路顺风，而成功大体上说没有失败那么有趣。赫斯凯茨·皮尔森还写过王尔德和萧伯纳的传记，他努力将这个故事写得很有可读性，并提供了关于约翰·福斯特、萨克雷、威廉·科林斯和其他与狄更斯同一时代的作家详实的内容，这些都是从其它地方很难了解到的。

关于狄更斯的书要么强烈"支持"他，要么强烈"反对"他，而皮尔森先生属于"支持"的一派。只要有可能，他就会支持狄更斯，不仅反对他的出版商（狄更斯喜欢用这句话形容他们："瘌痢头的秃鹫"），而且还反对他的家人、形形色色的同事和时不时与他争吵的论敌。但是，即使皮尔森先生对狄更斯抱以热烈的同情，这也无法掩盖狄更斯是一个很难相处的人这个事实。而且他

---

① 刊于1949年5月15日《纽约时报书评》。爱德华·赫斯凯茨·吉本斯·皮尔森（Edward Hesketh Gibbons Pearson, 1887—1964），英国剧场导演、作家，曾撰写莎士比亚、狄更斯、萧伯纳等文化名人的传记。

私底下的品质和他在作品中的品质差距之大比大部分作家的情况更甚。

他是个以自我为中心而且虚荣的人，一刻也不肯消停，在金钱上很慷慨，但感情上很自私，是一个不体贴而且感情不忠的丈夫，此外——虽然皮尔森先生没有这么说——或许是一个专制而且不体谅人意的父亲。如果要为他辩护，只能说如果他对家人不像一位暴君的话，他根本无法完成那么大的工作量。虽然从某种程度上说他没有长大，他的文学个性却得到了发展，比皮尔森先生对几部小说的短评所体现的更加明显。

狄更斯生于一个中产阶级的中下阶层家庭，和那个时候无数类似的家庭一样，其社会地位和经济地位都在提升。他的父亲是一个管家的儿子，在海军财务部从事一份待遇优厚的文职工作，即使被关进监狱也能继续领到工资。他是个自负、慷慨、挥霍无度的人，在他儿子的小说里以米考伯先生和约翰·杜利特（一个更具伤害力的人物）的形象出现。1824年，他的债主把他送进了马歇尔希监狱，小狄更斯当时大约12岁，到一间鞋油仓库工作，情况就像他在《大卫·科波菲尔》里面所描写的那样。

但这段只有六个月长的插曲对狄更斯的伤害极深，直到中年的时候，他甚至对妻子隐瞒这件事。他真的挨穷的经历似乎只有两年。15岁的时候他就辍学了，进了一家律师事务所，但后来投身新闻业，并很快就成为一名优秀的记者。他开始尝试写作，所写的每一部作品都能带来金钱。30岁的时候他就已经是一位富有的知名小说作家，在美国进行了成功的巡回宣传，美国人为《小耐儿》哭得死去活来，愿意为狄更斯做任何事情，但就是不愿意为他的作品支付版税。

首次美国之行让他创作了《马丁·瞿述伟》中那些描写美国的章节，那是狄更斯的作品中唯一有失公允的嘲讽，而他对整个民族发起抨击也只有这么一回。无疑，没有支付版税是问题的根源，但除此之外还有其他缘由，而且并非全是单方面的问题，因为我们了解到狄更斯张扬的举止和艳俗的服装(比方说：猩红色的马甲配苹果绿的裤子)给波士顿人带来了不好的印象。可以理解，美国公众对《马丁·瞿述伟》感到不悦，但狄更斯很快就被原谅了，而时隔二十五年后，他的第二次美国之旅得到了更热烈的欢迎。

狄更斯的一生有大量的时间花在了旅行上，但主要是为了寻找安静的地方进行创作。人到中年的他除了写作，最重大的事件就是婚姻破裂。他很年轻的时候就仓促结婚，而在一大家子姐妹中，他偏偏就选上了最不适合他的女人。这件事在《大卫·科波菲尔》里面有所体现，那个漂亮而傻气的朵拉就是狄更斯的妻子凯瑟琳，而圣洁的艾格妮丝就是他的小姨子乔治安娜。狄更斯与乔治安娜之间从未传出直接的暧昧关系，但她渐渐地取代了姐姐在狄更斯心目中的地位。

她在狄更斯家里住了很多年，一力操持家务，并充当狄更斯的精神伴侣，而头脑愚笨的凯瑟琳则生养了十个孩子，搞得自己精疲力尽。最后，狄更斯将妻子赶出家门——当然，给她留下了每年600英镑的年金——并在报纸上刊登启事，为这件很不地道的事情辩护。或许在此之前女演员埃伦·特南已经成了他的情妇，当然，他否认了这一点。她生了一个孩子，但夭折了。《远大前程》中的埃丝特拉·普罗维斯、《我们共同的朋友》中的贝拉·薇尔芙和《埃德温·德鲁德》中的赫琳娜·兰德莉斯都被认为是她的写照。乔治安娜仍然是狄更斯的管家，直到他去世。

在他人生的最后十年，狄更斯只写出了两本完整的小说，一部分原因是到了这时他已经几乎将公共朗诵变成了第二职业。他总是为舞台表演感到心醉神迷，而且他有很了不起的模仿能力和朗诵能力——与其说那是朗诵，倒不如说是在表演——似乎与他的作品一样精彩。不幸的是，它们消耗了他大量的精力，与此同时，也刺激他越来越渴望在公众面前露脸。在他的第二次美国之行中，他从未回绝过一次约见，身体又虚弱得无法进食，靠兴奋剂勉力维持。

　　皮尔森先生认为，狄更斯决定在剧目中增加谋杀南希的一幕（在《雾都孤儿》一书中）无异于自杀。这一幕——非常恐怖，每次演出时观众中晕过去的人最多达到了二十个——使得狄更斯精疲力竭，但他仍坚持每次都演这一场戏。1870年，在一个平常的早上工作二十四小时后，年仅58岁的他倒下了，如此突然，接着去世了。虽然他曾明确地表示反对，他的遗体仍被葬在了威斯敏斯特大教堂。尽管一直被那些"痫痫头的秃鹫"纠缠，他还是留下了9万英镑的遗产，并且多年来一直过着奢华的生活，并养活了一大家子，还能提携许多穷亲戚。

　　没有一本传记能令人满意地记述狄更斯的生平。福斯特的"正传"不堪卒读，而且遗漏了许多重要的事情。乌娜·康斯坦丝·波普-轩尼诗[①]的传记内容丰富而且立意公允，但它依序对每本小说进行总结却没有成功。休·金斯米尔的传记或许是描写狄更斯的作品中最好的，但它是坚定的"批评派"，或许会对那些不

---

① 乌娜·康斯坦丝·波普-轩尼诗（Una Constance Pope-Hennessy，1876—1949），英国女作家，作品多为传记，代表作有《爱伦·坡》、《查尔斯·狄更斯》等。

熟悉狄更斯作品的读者造成误导。

　　皮尔森先生的书比上面这几本书更加"受欢迎"。它的角度很正确，而且成功地阐述了狄更斯作品的改变和他生活的改变这二者之间的关系。作为一位批评家，皮尔森先生或许不如一位传记作家那么可靠。他喜欢狄更斯描写流浪汉的题材，而且似乎严重低估了他后期的小说，甚至将《远大前程》说成是一部一定程度上失败的作品。

　　或许，你应该警惕他将狄更斯描述得太美好的倾向。例如，狄更斯无情地讽刺他的朋友，而皮尔森先生似乎轻易地原谅了他，说不要指望天才会有好的人品。你会希望了解狄更斯如何对待自己的孩子，还有他那个微不足道、几乎无影无踪的妻子。但是，大体上，这是一本详略得当而且可读性非常高的书，或许任何人都会感兴趣，包括那些只是对狄更斯的小说略有所闻的人。